中国证券业
高质量发展论文集
(2024)

中国证券业协会 ◎ 编

中国财经出版传媒集团
中国财政经济出版社
北京

图书在版编目（CIP）数据

中国证券业高质量发展论文集. 2024 / 中国证券业协会编. -- 北京：中国财政经济出版社，2024.12.
ISBN 978-7-5223-3260-4

Ⅰ. F832.51-53

中国国家版本馆CIP数据核字第2024NL9955号

编辑人员：李　曦　刘相君　　　责任校对：张　凡
　　　　　李劭琛　王运星　　　封面设计：孙俪铭
责任编辑：翁晓红　　　　　　　责任印制：党　辉

中国证券业高质量发展论文集（2024）
ZHONGGUO ZHENGQUANYE GAOZHILIANG FAZHAN LUNWENJI（2024）

中国财政经济出版社 出版

URL：http://www.cfeph.cn
E-mail：cfeph@cfeph.cn

（版权所有　翻印必究）

社址：北京市海淀区阜成路甲28号　邮政编码：100142
营销中心电话：010-88191522
天猫网店：中国财政经济出版社旗舰店
网址：https://zgczjjcbs.tmall.com
中煤（北京）印务有限公司印刷　各地新华书店经销
成品尺寸：185mm×260mm　16开　44印张　1 050 000字
2024年12月第1版　2024年12月北京第1次印刷
定价：160.00元
ISBN 978-7-5223-3260-4
（图书出现印装问题，本社负责调换，电话：010-88190548）
本社质量投诉电话：010-88190744
打击盗版举报热线：010-88191661　QQ：2242791300

《中国证券业高质量发展论文集（2024）》编委会名单

主　　　编：赵山忠

委　　　员：（按照姓氏笔画排序）

　　　　　　王常青　　王琳晶　　邓　舸　　朱　健
　　　　　　刘　健　　刘元瑞　　刘志辉　　李　军
　　　　　　李　康　　李俊杰　　何之江　　张佑君
　　　　　　张纳沙　　张剑文　　陈　亮　　林传辉
　　　　　　范　力　　周　杰　　周　易　　陶永泽
　　　　　　章宏韬　　阎卫星　　曾　山　　霍　达

执 行 主 编：王燕红　　孟宥慈　　张冀华　　刘方义
　　　　　　汪兆军　　李亚琳

执行副主编：曹永强　　于　佳

前 言

2024年中央经济工作会议指出，要深化资本市场投融资综合改革，打通中长期资金入市卡点堵点，增强资本市场制度的包容性、适应性，这为未来资本市场改革指明了方向。证券行业作为资本市场的重要组成部分，将深入贯彻中央经济工作会议精神、党的二十届三中全会精神和新"国九条"决策部署，紧扣强监管、防风险、促高质量发展的主线，坚持稳中求进、以进促稳，充分发挥证券行业专业引领和研究"智库"作用，为推进金融强国建设、服务中国式现代化贡献智慧与力量。

近年来，中国证券业协会积极主动履行《证券法》赋予的"组织会员就证券业的发展、运作及有关内容进行研究"重要职责，发挥自律组织的共建、共治、共享平台作用，组织证券业开展研究工作，借鉴境外成熟市场发展经验，形成了大量具有指导性、借鉴性、针对性的研究成果。这些研究成果多数为一线证券从业人员的所思、所感、所悟，现实意义和应用价值突出，为资本市场与证券业高质量发展提供了理论支持、实践经验与政策建议。

为集中展示证券行业年度研究成果，我们精选2023年中国证券业协会内部资料《中国证券》《传导》96篇文章结集出版，包括资本市场服务金融强国建设26篇、证券业高质量发展24篇、防范化解重点领域风险24篇、数字化转型与金融科技运用22篇，涵盖资本市场服务实体经济、党建引领证券公司高质量发展、ESG评级、场外市场发展、内控体系建设、财富管理转型、大数据和人工智能应用等行业热点研究,供学习交流。在此,感谢每一位作者的辛勤贡献!

由于编写时间紧迫,《中国证券业高质量发展论文集(2024)》的编撰工作难免有疏漏、错误之处,敬请业内同仁、广大读者提出宝贵意见和建议。

中国证券业协会

2024 年 12 月

目 录

资本市场服务金融强国建设

资本市场支持四大城市群发展的效果研究 …………………………… 程　强　张黎阳（ 3 ）

资本市场服务"专精特新"中小企业发展研究 ………………… 国信证券股份有限公司（ 14 ）

转型金融支持实体企业转型的问题与建议 ………………… 钱俊文　宋鸿羽　张旭华（ 19 ）

我国上市证券公司信息披露研究
——基于43家上市证券公司2022年年报的案例分析
………………………… 中国证券业协会财务会计专业委员会专题研究小组（ 25 ）

我国高收益债券市场建设及监管机制完善研究 ……………… 天风证券股份有限公司（ 33 ）

民营企业债券融资支持机制完善研究 ………………………… 红塔证券股份有限公司（ 38 ）

资本市场参与"双碳"治理研究
………………… 中国银河证券股份有限公司　中国社会科学院经济研究所（ 43 ）

"双碳"目标视角下的绿色金融发展研究与建议 ……… 张　青　卫以诺　楚明润（ 50 ）

国内外公司环境、社会和治理（ESG）评价标准比较和评价结果应用的研究
………………………… 中国证券业协会绿色发展专业委员会专题研究小组（ 60 ）

ESG评级和投资研究 ……………………………………………… 兴业证券股份有限公司（ 66 ）

场外结构化证券的基础制度设计研究
——基于场外债务融资工具的比较视角
………………… 中证机构间报价系统股份有限公司　华泰证券股份有限公司（ 76 ）

场外市场估值应用研究
——构建以总市场价值为核心的场外衍生品动态风险监控监测体系
…… 中证机构间报价系统股份有限公司　华泰证券股份有限公司　浙江工商大学（ 81 ）

场外衍生品服务实体经济的运用及功能分析
………………… 申万宏源证券有限公司　中信证券股份有限公司（ 88 ）

境外场外衍生品对实体企业及宏观经济发展的影响研究
………………… 申万宏源证券有限公司　中信证券股份有限公司（ 94 ）

境外权益类场外衍生品集中清算研究 ……………………… 中国国际金融股份有限公司（100）

境外场外衍生品履约保障机制研究 ………………………… 中信证券股份有限公司（106）

我国投资者适当性义务的法律性质及其制度完善
………………………………………… 丁建强　刘　博　高聪伟　杨一帆（111）

适当性管理中投资者评估机制优化研究 …………………………………………… 陈　尧（119）

投资者教育纳入国民教育体系教学大纲研究
………………… 中泰证券股份有限公司　山东财经大学（126）

证券行业投资者适当性管理机制优化研究
　　……………………………… 东北证券股份有限公司　中国政法大学法与经济学研究院（133）
注册制下投行保荐业务投资者保护工作难点与对策研究
　　………………………………………………… 陈代全　骆锦田　韩　康　王雪丹（139）
证券行业场外衍生品投资者适当性管理体系优化完善研究
　　………………………………… 贺　新　刘晓霞　鲁滢滢　黎天怡　郑雪婧（146）
雪球产品投资者保护机制完善研究 ………………… 鞠鲁洲　付建波　王　雯（153）
资本市场新兴技术监管的国际比较与启示研究
　　………………………………… 韩开创　高伟俊　陶　茜　曹　雷　申晓宇（163）
中介机构"合理信赖"专业意见的裁量逻辑与演进
　　——美国市场若干典型案例分析 ………………… 中国证券业协会自律管理部（169）
FINRA 提升市场融资功能的工作经验 …………… 中国证券业协会自律管理部（177）

证券业高质量发展

党建引领证券公司高质量发展研究 ………………………… 兴业证券股份有限公司（185）
证券行业党建与文化融合赋能的实践研究 ………………………… 程　涛　张强强（190）
党建引领证券公司 FICC 业务高质量发展的路径探析 …… 谢　丹　冯诗婷　杜永良（196）
证券公司企业文化建设国际比较研究
　　——如何建设具有中国特色的证券公司企业文化 …… 中国国际金融股份有限公司（203）
证券行业文化建设视角下的声誉管理研究 ………………………………… 鲍双双（208）
推动理想信念教育常态化制度化对合规文化建设的启示 ………… 刘亚林　李思懿（216）
证券公司声誉建设研究 ……………………………… 中信建投证券股份有限公司（223）
证券公司内部信用评级体系建设研究 ……………………………… 高　玮　陶　丽（228）
关于中国特色证券公司内部控制体系建设的思考
　　………………………………………………… 唐建龙　吴　桐　贾天明　张　纤（236）
证券经营机构投资银行业务差异化创新发展研究
　　………………………………………………… 路　颖　李明亮　朱　蕾　纪　尧（242）
证券公司主经纪商业务研究
　　………………………… 中国证券业协会证券经纪与财富管理专业委员会专题研究小组（253）
证券公司财富管理转型：形势与任务 ……………………………… 李　喜　魏　俊（261）
国内外财富管理市场与商业模式研究 ………………………… 广发证券股份有限公司（267）
证券公司资产负债管理方法研究
　　……………………………… 国元证券股份有限公司　上海金仕达软件科技股份有限公司（273）
证券公司高质量发展路径研究
　　——基于资产负债管理视角的分析
　　………………………… 中国证券业协会财务会计专业委员会专题研究小组（279）
稳中求进背景下利用衍生品市场推动证券业高质量发展专题研究
　　………………………………………………………………… 国投证券股份有限公司（284）

证券公司场外衍生品业务中后台支持措施及政策建议研究
.... 刘智祥 张 寅 应增进 汪官镇 苏 岩 罗晓晗（289）
中国证券业 ESG 实践问题及对策研究 .... 陶 丹（293）
证券经营机构践行 ESG 理念及投资研究 .... 王 涵 薛 宬（300）
证券经营机构投资者保护工作难点与对策研究 .... 黄 力（307）
投资者教育与证券经营机构业务融合发展研究 .... 陈思宇 张 颖（313）
证券公司互联网防非打非工作的研究 .... 施 非 周 斌 黄诗涵（320）
金融业态综合化、平台化、数字化下的证券公司高质量发展研究
.... 上海申银万国证券研究所有限公司（326）
证券研究智库系统构建研究 .... 林喜鹏（331）

防范化解重点领域风险

资本市场系统性风险研判与防范研究 ... 东北证券股份有限公司 复旦大学经济学院（341）
中小券商信用风险管控多元数据融合解决方案研究 .... 华金证券股份有限公司（347）
证券公司机构客户风险画像的构建及应用
　　——基于信用风险管理角度 .... 唐 凯 李微茜 张 尉 董 淼 吴晓东（354）
证券公司构建廉洁从业风险防控体系研究
　　——以 C 证券公司为例 .... 王琰珏（364）
证券公司境外子公司风险防控策略研究
.... 李 滨 张 敏 李亚辰 张 悦 柴 杉（372）
浅谈证券公司流动性风险计量及预警机制 ...... 东方证券股份有限公司资金部课题组（381）
融资融券风险管理体系优化思路探讨
　　——基于全面注册制下证券评估的实证分析
.... 冯玉泉 吉 濛 董子珍 刘 诚 李春洪（389）
基于大数据的融资融券业务精细化管理探索
.... 闫晓华 李记宝 马保明 冯 飞 许良玉（399）
证券公司融出证券风险的期权对冲方法研究
.... 国元证券股份有限公司融出证券风险研究课题组（407）
量化、高频等新型交易方式风险分析与防范研究 .... 申万宏源证券有限公司（415）
量化投资的潜在风险与管控建议
　　——基于证券公司风险管理的视角
.... 国泰君安证券股份有限公司风险管理部课题组（421）
我国场外衍生品业务风险传导与防范管理研究
...... 中证机构间报价系统股份有限公司 中信证券股份有限公司 华泰证券股份有限公司（427）
场外衍生品业务风险管理方法探索
　　——隐含波动率曲面构造方法及风险管理应用
.... 湘财证券股份有限公司市场风险管理课题组（434）

证券虚假陈述责任视角下证券公司注意义务界定及投行执业评价建议
………………………… 华泰联合证券有限责任公司 北京市中伦律师事务所（444）
投资银行业务中证券公司虚假陈述责任和应对调研报告
………………… 中国证券业协会合规管理与廉洁从业专业委员会专题研究小组（451）
"大资管"背景下的资产管理人民事责任及风险防范研究
………………………… 国融证券股份有限公司 北京市天同律师事务所（458）
赋能风险管理，助力危机应对
——基于专项事件的压力测试实践分享 ……… 华泰证券股份有限公司风险管理部（465）
压力测试在场外期权风险管理中的应用探讨
………………………………………… 国信证券股份有限公司风险管理总部（472）
证券公司股票质押式回购业务压力测试实践研究
………………………………………… 广发证券股份有限公司风险管理部（479）
证券公司市场风险压力情景设置方法研究 ……… 海通证券股份有限公司风险管理部（484）
证券公司压力测试体系建设及情景设置研究
——中泰证券压力测试实践分享 ………… 中泰证券股份有限公司风险管理部（490）
证券公司从业人员执业领域违法犯罪及风险防范研究
………………………………… 中信证券股份有限公司 北京市天同律师事务所（495）
基于同群效应的上市公司财务舞弊的识别及防范研究
………………………………… 海通证券股份有限公司 复旦大学经济学院（505）
证券公司自研指数合规管理研究 ………………………… 中信证券股份有限公司（511）

数字化转型与金融科技运用

生成式 AI 大模型在证券行业的应用研究
………………………… 李剑戈 马金龙 蒋 卓 殷宪晨 曹 震（519）
人工智能技术在证券公司机构业务中的应用探索 ……………………… 张朝晖（528）
基于大数据以及人工智能的持续督导合规科技平台建设研究
…… 申万宏源证券承销保荐有限责任公司 深圳价值在线信息科技股份有限公司（537）
基于大数据和人工智能的特定股东股份智能管理系统研究
………………… 中国银河证券股份有限公司 深圳价值在线信息科技股份有限公司（546）
基于区块链的数字证券交易系统设计研究 ……………………………… 李爱娅（553）
证券公司数据安全管理体系建设研究 ……………………… 瞿任雄 陈海芳（560）
证券行业智能化全生命周期数据治理建设实践研究
………………………… 天风证券股份有限公司 北京数语科技有限公司
深圳市长亮数据技术有限公司（567）
基于隐私保护计算的证券公司数据安全共享与实践研究
………………………… 中信证券股份有限公司 上海富数科技有限公司（577）
数字时代证券公司数据共享和跨境的法律困境与对策建议研究
………………………… 国泰君安证券股份有限公司 上海市协力律师事务所（582）

我国证券期货基金行业数据跨境研究报告
………………… 中国证券业协会国际合作专业委员会专题研究小组（587）
数字化转型提升证券公司企业级投研能力
………………… 国信证券股份有限公司投研中台（鑫投研）项目组（593）
证券公司数字化转型价值度量体系建设研究 ………… 董红涛 张洁玉 刘 迅（601）
互联网视角下证券公司运营模式研究 ………………………………… 张 彬 罗 叶（608）
证券经纪业务数字化运营质量管理体系及实践研究 ………… 长江证券股份有限公司（619）
金融科技推动财富管理投顾线上化的五个关键方面
………………………………………………… 王洪涛 熊友根 李 艳 王青丹（629）
KYC在场外衍生品业务中的应用 ………………… 中国银河证券股份有限公司（636）
AI学习视角下用户风险评级数据与投资者保护研究 ……… 刘汉西 李思成 王 莹（642）
联邦学习在证券公司适当性管理中的应用研究 ………………………………… 方 程（653）
证券行业技术标准化提升金融科技系统交付能力的研究与实践
………………………………… 中信建投证券股份有限公司 中国标准化研究院（659）
分布式数据库在行业信创核心系统的研究与应用 ……… 国泰君安证券股份有限公司（669）
零信任在证券行业中的应用探索 …………… 西南证券股份有限公司网络安全课题组（676）
证券反洗钱工作的数智化实践与展望
………………………… 东莞证券股份有限公司金融科技应用研究课题组（685）

资本市场服务金融强国建设

资本市场支持四大城市群发展的效果研究

程　强　张黎阳*

一、研究背景

党的二十大报告强调，要坚持以推动高质量发展为主题，"着力推进城乡融合和区域协调发展"。京津冀、长三角、粤港澳和成渝四大经济高度集聚的区域城市群，是引领全国经济增长的重要引擎。党中央和国务院高度重视区域协调发展，先后制定了《京津冀协同发展规划纲要》《长江三角洲区域一体化发展规划纲要》《粤港澳大湾区发展规划纲要》《成渝地区双城经济圈建设规划纲要》，以期通过政策安排增强四大城市群发展的协调性，夯实发展的后继动力。四大城市群的区域协调发展模式是全国的范本，研究这些地区的区域协调发展状况，对理解和推动我国整体区域协调发展战略的实施具有重要意义。资本市场作为现代金融的核心，其在配置资本资源、促进经济可持续发展方面有着不可替代的作用，对于新时代促进区域协调发展能够发挥重要作用。党的二十大报告也强调，要健全资本市场功能，提高直接融资比重。因此，研究资本市场支持四大城市群产业升级与协同发展的效果有重要意义。

针对资本市场支持区域经济发展的效果，现有研究大部分采用纯定性分析的方法阐释现状与作用机理。聂明华和杨飞虎（2006）强调，多层次的资本市场体系有助于通过支持中小企业发展促进区域经济结构优化升级与持续稳定的发展。肖金锋（2015）强调，江西省的资本市场建设存在证券化率较低、流动性偏弱、金融资产总量不足、上市公司数量较少且质量不高的不足，一定程度上掣肘了江西的区域经济发展。也有少数研究采用实证分析的方法，研究资本市场发展对区域经济增长的支持作用。张宗新（2006）从资本动员能力、资本形成能力、资本配置效率、经济结构优化效率这四个角度出发，评估了资本市场在长三角

---

* 本文写作于2023年1月。作者简介：程强，经济学博士，中信证券股份有限公司宏观经济首席分析师；张黎阳，经济学博士，中信证券股份有限公司宏观研究员。实习生李相霖对本文成稿作出了重要贡献。

经济成长中的功效优劣,并对其资本市场效能不足的内在动因进行剖析。但是已有研究均停留在城市或者省份层面,没有从城市群角度出发研究资本市场支持区域间产业升级与协同发展的效果。基于上述考虑,本文以我国四大城市群的上市公司为主要研究对象,考察资本市场服务我国四大城市群的产业升级与协同发展的现状与不足。

二、研究设计与指标构建

本文从行业结构变迁、重点行业发展态势、上市公司综合实力等维度构建指标体系,分析资本市场支持四大城市群产业升级和协同发展的成效与存在的不足,详细的指标构建情况见表1。行业结构方面,本文选取2012年和2022年各区域、各行业上市公司数量反映四大城市群行业结构的变迁,行业分类使用万得资讯(Wind)二级行业分类。重点行业方面,依照国家统计局发布的《战略性新兴产业分类(2018)》,将其中制造业行业单列为高端制造业行业,其他行业作为战略性新兴产业,结合Wind行业四级分类划分高端制造业、战略性新兴产业和一般行业。同时,结合四大城市群规划纲要中的要求,本文着重围绕经营效率、融资状况、创新能力三个方面选取指标评估四大城市群上市公司的综合实力。

表1 评估角度与指标体系说明

评估角度	指标名称	指标说明	资料来源	数据年份
行业结构	上市公司行业结构	用Wind二级行业分类区分各城市群上市公司行业结构	Wind	2012,2022
重点行业	高端制造业上市公司行业结构	根据国家统计局《战略性新兴产业分类(2018)》,将其中制造业行业单列为高端制造业行业,其他行业作为战略性新兴行业,结合Wind行业四级分类划分高端制造业和战略性新兴产业	国家统计局、Wind	2012,2022
	战略性新兴产业上市公司行业结构			
经营效率	固定资产周转率	营业收入/期初期末平均固定资产	Wind	2011,2021
融资状况	有息债务率	带息债务/资产总计	Wind	2012,2022
创新能力	研发费用占营收比重	研发费用/营业收入	Wind	2017,2021

资料来源:中信证券研究部绘制。

三、资本市场支持四大城市群发展的助力作用

(一)四大城市群发展状况概述

1. 社会融资规模

近些年四大城市群的社会融资规模均有明显提升,并且股权融资在社会融资中的比重均有所上升,体现在以证券市场为代表的资本市场对经济增长的贡献提升。

京津冀城市群方面,社会融资规模从2014年的61 253亿元上升至2021年的68 422亿元,其中非金融企业股票融资规模从3 072亿元上升至6 037亿元。股权融资在京津冀社会融资中的比重显著上升,资本市场对实体经济的支持力度明显提升。

长三角城市群方面,社会融资规模从2014年的93 765亿元上升至2021年的253 188亿

元，其中非金融企业股票融资规模从2 346亿元上升至9 159亿元。社会融资规模的快速提升，对长三角经济增长注入了强大推动力，股权融资比重的提升则助力长三角地区上市公司群体实力增强。

粤港澳城市群方面，社会融资规模（仅广东）从2014年的37 108亿元上升至2021年的101 663亿元，其中非金融企业股票融资规模从1 032亿元上升至3 824亿元。社会融资规模增速显著快于国内生产总值（GDP）增速，反映了粤港澳地区资本市场较为活跃，有力推动了粤港澳GDP增幅快于京津冀和长三角地区。

成渝城市群方面，社会融资规模从2014年的33 837亿元上升至2021年的57 458亿元，其中非金融企业股票融资规模从526亿元上升至939亿元。股票融资占社会融资比重显著偏低，反映了成渝地区未能充分利用股权融资支持企业发展，其上市公司数量和规模相应小于其他三大城市群。

2. 上市公司数量和市值

在过去十年，四大城市群的上市公司数量和总市值均有较为明显的增加，资本市场的活跃度显著提升。

京津冀城市群方面，上市公司数量从436个上升至840个，增长92.66%，总市值从23.6万亿元上升至39.9万亿元，增长69.07%。上市公司小型化特征明显，反映资本市场对京津冀地区中小企业的支持力度明显增强。

长三角城市群方面，上市公司数量从874家上升至2 151家，增长146.11%，总市值从6.3万亿元上升至29.7万亿元，增长371.43%。上市公司规模显著扩大，反映了长三角地区上市公司数量与质量均明显提高。

粤港澳城市群方面，上市公司数量从1 557家上升至2 441家，增长56.78%，总市值从13.2万亿元上升至29.6万亿元，增长124.24%。上市公司规模显著扩大，反映了粤港澳大湾区上市公司数量与质量均明显提高。

成渝城市群方面，上市公司数量从145家上升至279家，增长92.41%，总市值从0.85万亿元上升至4.36万亿元，增长412.94%。上市公司规模虽显著扩大，但上市公司市值与GDP之比仍低于其他三大城市群，反映了成渝地区上市公司有待进一步培育。

（二）四大城市群上市公司综合实力

1. 经营效率

（1）京津冀城市群。京津冀地区上市公司经营效率明显提升，资本市场促进要素自由流动、提高要素配置效率的作用进一步显现。表现在固定资产周转率方面，上市公司固定资产周转率显著提升，战略性新兴产业提升最为明显。根据图1中的数据，在过去十年，京津冀地区上市公司的平均固定资产周转率从10上升至20，高端制造业上市公司的平均固定资产周转率从11.2上升至12.2，战略性新兴产业上市公司的平均固定资产周转率从9.4上升至19.7。

（2）长三角城市群。总体而言，长三角地区上市公司经营效率明显提升，战略性新兴产业效率提升最为明显。根据图2中的数据，在过去十年，长三角地区上市公司的平均固定资产周转率从7.4上升至8.9，高端制造业上市公司平均固定资产周转率从5.7上升至7.6，战略性新兴产业上市公司平均固定资产周转率从12.3上升至17.4。不过，长三角地区上市公司经营效率整体水平低于京津冀地区。

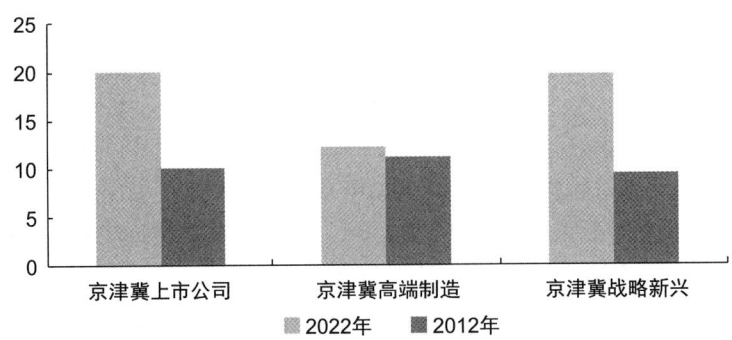

图 1　京津冀上市公司固定资产周转率

资料来源：Wind，中信证券研究部。

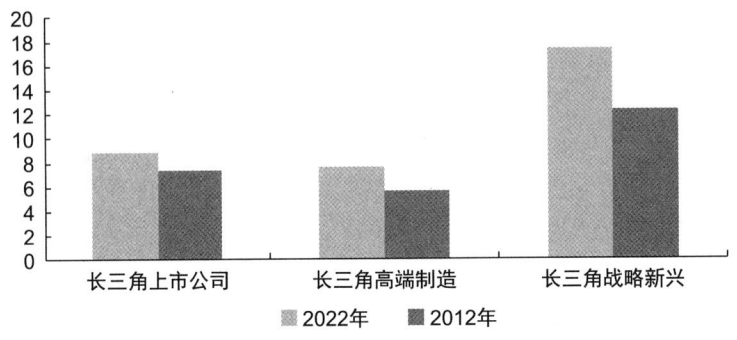

图 2　长三角上市公司固定资产周转率

资料来源：Wind，中信证券研究部。

（3）粤港澳城市群。粤港澳大湾区上市公司经营效率同样有较为显著的提升，战略性新兴产业表现尤为亮眼。根据图3中的数据，在过去十年，粤港澳大湾区上市公司的平均固定资产周转率从11.7上升至21.5，高端制造业上市公司平均固定资产周转率从9.2上升至11.8，战略性新兴产业上市公司平均固定资产周转率从11.7上升至28.4。

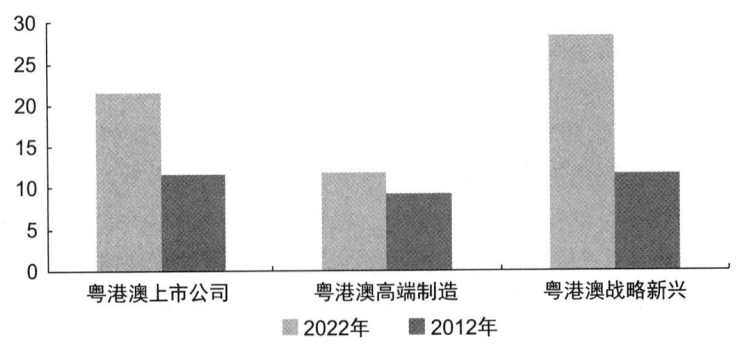

图 3　粤港澳上市公司固定资产周转率

资料来源：Wind，中信证券研究部。

（4）成渝城市群。成渝城市群上市公司经营效率有所提升，上市公司固定资产周转率整体上升。根据图4中的数据，在过去十年，成渝地区上市公司的平均固定资产周转率从

4.2上升至7.9,高端制造业上市公司平均固定资产周转率从5.8略微下降至5.7,战略性新兴产业上市公司平均固定资产周转率从11.7上升至23.1。

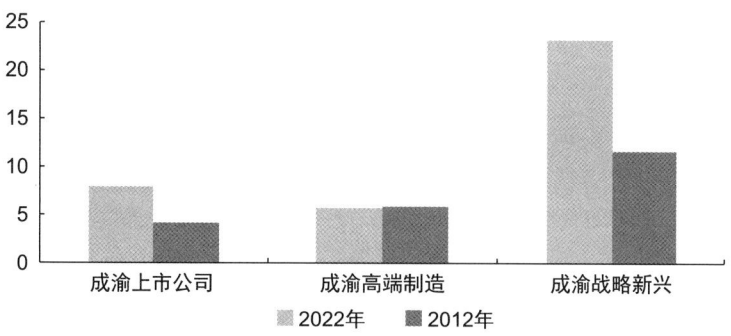

图4 成渝上市公司固定资产周转率

资料来源:Wind,中信证券研究部。

2. 融资状况

(1)京津冀城市群。总体来看,京津冀地区上市公司融资成本有所下降,股权融资占比上升,反映了资本市场发展对降低企业融资成本起到了积极作用。根据图5中的数据,在过去十年,京津冀城市群上市公司有息债务率整体下降,高端制造业降幅较大。其中,京津冀地区上市公司整体有息债务率从1.73%下降至1.71%,高端制造业上市公司有息债务率从3.99%下降至3.23%,战略性新兴产业上市公司有息债务率从1.63%上升至1.67%。

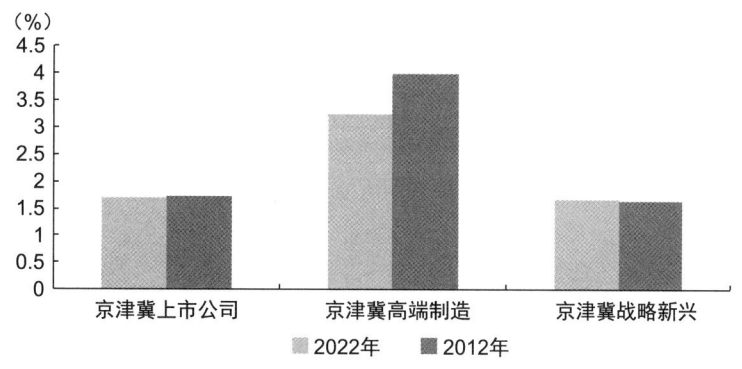

图5 京津冀上市公司有息债务率

资料来源:Wind,中信证券研究部。

(2)长三角城市群。总体来看,长三角地区上市公司融资成本有所下降,股权融资占比上升,说明资本市场发展降低了企业融资成本。根据图6中的数据,在过去十年,长三角地区上市公司有息债务率从2.21%下降至2.15%,高端制造业上市公司有息债务率从4.94%下降至3.69%,战略性新兴产业上市公司有息债务率从2.00%下降至1.96%。与京津冀地区相比,长三角地区上市公司融资成本偏高,股权融资比重偏低,反映了资本市场发展对长三角上市公司融资状况的改善效果不及京津冀地区。

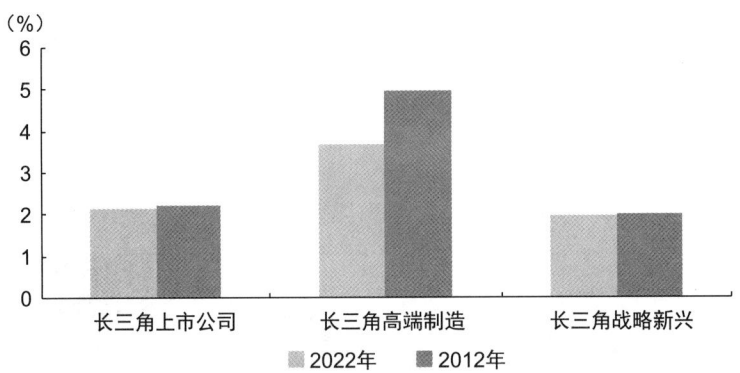

图 6　长三角上市公司有息债务率

资料来源：Wind，中信证券研究部。

（3）粤港澳城市群。总体来看，粤港澳大湾区上市公司融资成本有所下降，但高端制造业和战略性新兴产业融资成本上升，股权融资占比大幅下降，这与香港金融管理局面向实体经济的支持性政策力度不及内地有关。根据图 7 中的数据，在过去十年，粤港澳大湾区上市公司有息债务率从 1.73% 下降至 1.67%，高端制造业上市公司有息债务率从 4.05% 上升至 4.30%，战略性新兴产业上市公司有息债务率从 1.50% 上升至 1.55%。

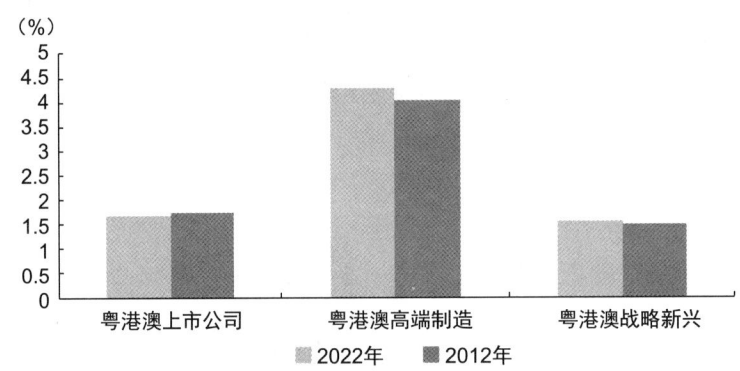

图 7　粤港澳上市公司有息债务率

资料来源：Wind，中信证券研究部。

（4）成渝城市群。总体来看，成渝地区上市公司融资成本有所上升，融资成本高于京津冀、长三角和粤港澳地区。股权融资占比有所提高，反映上市公司融资渠道更多元化。根据图 8 中的数据，在过去十年，成渝地区上市公司有息债务率从 2.22% 上升至 3.07%，高端制造业上市公司有息债务率从 5.26% 上升至 6.49%，战略性新兴产业上市公司有息债务率从 3.50% 下降至 1.85%。

3. 创新能力

（1）京津冀城市群。总体而言，京津冀地区上市公司创新能力有所提高，战略性新兴产业创新能力提升较为明显，但高端制造业创新能力有所下降。根据图 9 中的数据，在过去十年，京津冀地区上市公司研发支出占营业收入比例从 5.45% 上升至 8.33%，高端制造业上市公司研发支出占营业收入比例从 12.39% 下降至 11.19%，战略性新兴产业上市公司从 7.13% 上升至 9.21%。

资本市场服务金融强国建设

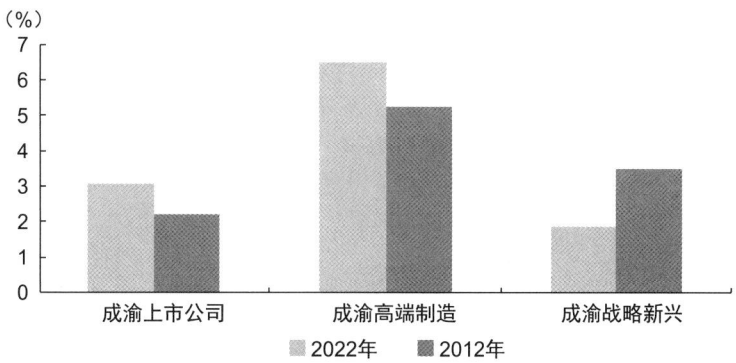

图 8　成渝上市公司有息债务率

资料来源：Wind，中信证券研究部。

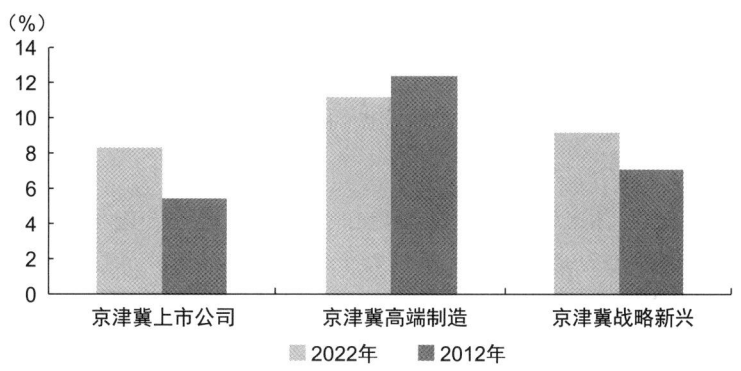

图 9　京津冀上市公司研发支出占营业收入比例

资料来源：Wind，中信证券研究部。

（2）长三角城市群。总体来看，长三角地区上市公司创新能力提升明显，但创新能力较京津冀地区仍有一定差距。根据图 10 中的数据，在过去十年，长三角地区上市公司研发支出占营业收入比例从 4.13% 上升至 5.53%，高端制造业上市公司研发支出占营业收入比例从 5.73% 上升至 8.04%，战略性新兴产业上市公司从 5.00% 上升至 7.53%。

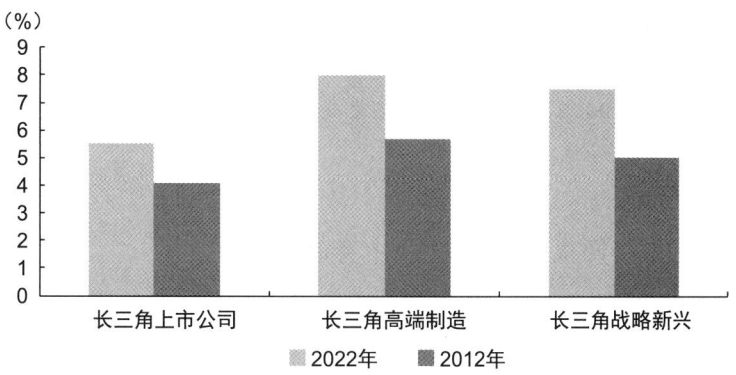

图 10　长三角上市公司研发支出占营业收入比例

资料来源：Wind，中信证券研究部。

（3）粤港澳城市群。总体而言，粤港澳大湾区上市公司创新能力全面提升，但创新能力同样较京津冀地区有一定的差距。根据图11中的数据，在过去十年，粤港澳大湾区上市公司研发支出占营业收入比例从4.90%上升至6.20%，高端制造业上市公司研发支出占营业收入比例从6.51%上升至7.98%，战略性新兴产业上市公司从4.71%上升至6.45%。

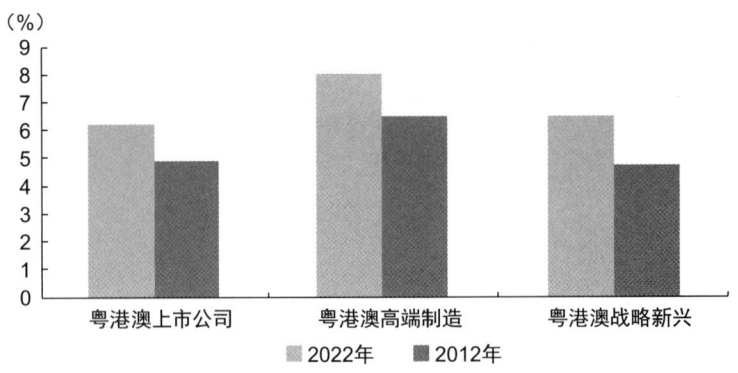

图11 粤港澳上市公司研发支出占营业收入比例

资料来源：Wind，中信证券研究部。

（4）成渝城市群。总体来看，成渝地区上市公司创新能力普遍增强，但高端制造业研发投入有待提高。根据图12中的数据，在过去十年，成渝地区上市公司研发支出占营业收入比例从3.97%上升至4.91%，高端制造业上市公司研发支出占营业收入比例从6.34%下降至5.50%，战略性新兴产业上市公司从6.73%上升至11.68%。

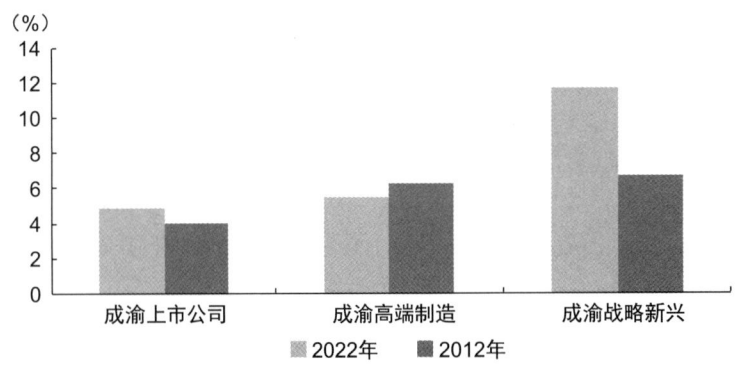

图12 成渝上市公司研发支出占营业收入比例

资料来源：Wind，中信证券研究部。

四、资本市场支持四大城市群发展中存在的不足

（一）京津冀地区上市公司在北京聚集的比例较高

京津冀地区78.69%的上市公司集中在北京市。天津市和河北省上市公司数量在京津冀地区中偏少。天津市和河北省上市公司数量在京津冀地区的占比低于二者的GDP占比。天津市2022年有72家上市公司，占京津冀地区的8.57%，2012年有44家上市公司，占京津

冀地区的10.09%，而2021年和2012年天津市GDP占京津冀地区的比例分别为16.29%和22.48%。河北省虽然与北京市GDP总量相差不大，但其上市公司数量明显低于北京。河北省2022年有97家上市公司，占京津冀地区的11.55%，2012年有55家上市公司，占京津冀地区的12.61%。而2021年和2012年河北省GDP占京津冀地区的比例分别为41.92%和46.34%。总体来看，天津市和河北省的上市公司数量占比分别为GDP占比的1/2和1/4，未来有一定的提升空间。

（二）江浙沪地区金融资源对安徽省的辐射带动作用有待提升

安徽省2022年有171家上市公司，占长三角地区的7.95%，2012年有84家上市公司，占长三角地区的9.61%，上市公司占比有所下降。但安徽省GDP占长三角地区的比重在2021年和2012年分别为15.56%和13.65%，占比提升了约2个百分点。GDP和上市公司占比变化的背离反映安徽省上市公司培育能力较弱，原因是安徽省金融资源较少，且距离上海较远，江浙沪地区金融资源不能很好地配置到安徽省。

（三）我国香港特别行政区战略性新兴产业结构较为单一

根据图13中的数据，在过去十年，香港战略性新兴产业在上市公司中的占比保持在17.50%附近。行业结构上，多元金融行业占据绝对优势，占战略性新兴产业上市公司总数的近一半。香港的信息科技咨询服务、互联网软件与服务、医疗技术与服务、技术产品经销商、航空货运与物流产业等现代服务业仍需继续培育。

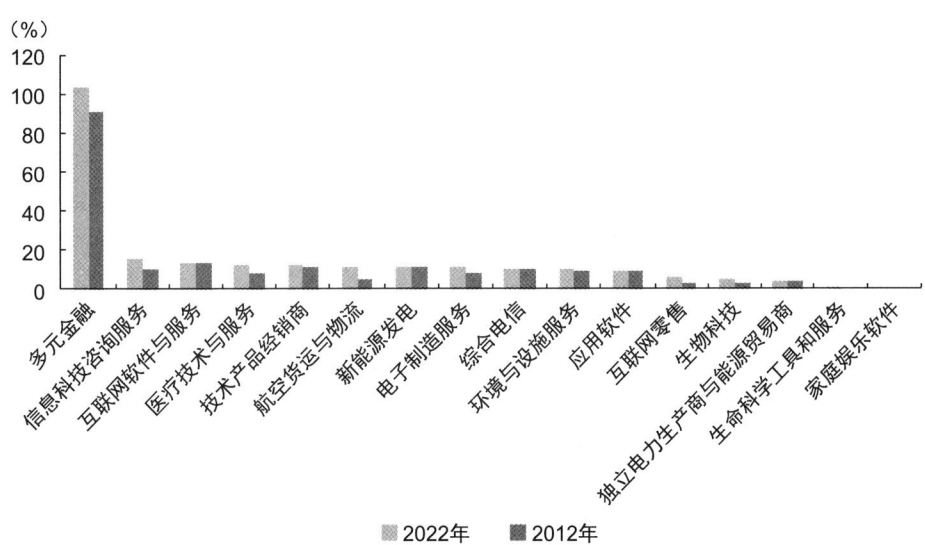

图13 香港战略性新兴产业上市公司行业结构

资料来源：Wind，中信证券研究部。

（四）重庆市产业结构转型升级有待进一步推进

根据图14中的数据，在上市公司行业结构方面，重庆市上市公司主要以材料、汽车与汽车零部件、工业设备、房地产、公用事业、制药与生物科技为主，房地产和公用事业上市公司仍占据较大比重，产业结构转型升级有待进一步推进。并且重庆市产业链龙头企业数量较少，部分重点发展产业，如半导体的基础还比较薄弱，高端制造业和战略性新兴产业的行业结构较为单一，信息技术、智能终端领域尚未有公司上市，产业链韧性与实力有待进一步提高。

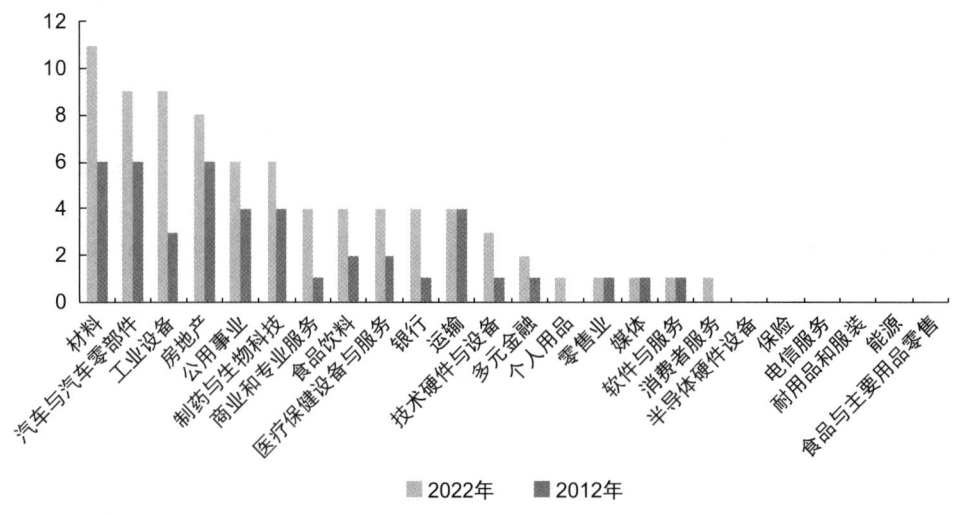

图 14 重庆市上市公司行业结构

资料来源：Wind，中信证券研究部。

五、政策建议

本文研究了资本市场支持城市群产业升级与协同发展的效果与作用机制。研究发现，资本市场支持城市群产业升级和协同发展效果明显，主要表现在各城市群的高端制造业和战略性新兴产业上市公司总体培育效果更优，各城市群上市公司的综合实力明显提高。根据上述研究成果，本文提出以下政策建议：

第一，推广市场化运营的地方性产投平台，培育战略性新兴产业集群。建议引导地方产业投资平台建立市场化投研体系，聚焦规划纲要重点布局的产业，深化行业理解，加深对产业链发展格局和趋势的认知，以产业链视角审视项目经济效益与可行性，在各地区打造推动产业结构转型升级的"产业投行"。各地区的产投平台应加强相互交流和同市场机构的交流，不断提升研究、募资、投资、投后、封控等领域的专业能力，努力将投资基金效益最大化。

第二，用好资本市场创新工具，助力区域产业园区增量扩容、高效运作。建议稳步扩大基础设施公募房地产信托投资基金（REITs）试点范围，为产业园区投资提供便捷通畅的退出机制，促进产业园区"开发建设"和"运营服务"的分离，构建良性活力的市场生态。利用 REITs 工具推广契机，扩大各类高端制造业园区规模，带动区域经济发展和产业转型升级。

第三，建立区域金融中心和实体经济产业集群相互依存的协同发展生态。建议以现有区域经济发展格局为基础,加强区域金融中心建设,形成分布合理、结构均衡、覆盖全面的金融服务网络。根据规划纲要确立的区域产业发展重点,差异化配置银行、证券、租赁、咨询机构比重,开发与辖区企业融资结构、经营久期、风险偏好、盈利稳定性、社会贡献等特点相匹配的金融产品,引导金融机构以实体经济需求为锚开展经营活动。

第四,地方政府应出台地区性金融支持政策,引导重点布局产业率先发展。建议各地区地方政府在全国性金融支持政策的基础上,结合自身产业规划纲要和区域产业协同需要,出台地区性金融支持政策,对重点布局产业投融资予以贴息支持,在提高投资回报率和降低融资成本方面发力,鼓励金融资源流入重点布局产业,支持重点布局产业实现跨越式发展。

参考文献

[1] Levine R, Zervos S. Stock Markets, Banks, and Economic Growth [J]. American Economic Review, 1998, 88 (03): 537—558.

[2] 林毅夫, 章奇, 刘明兴. 金融结构与经济增长: 以制造业为例 [J]. 世界经济, 2003 (01): 3—21+80.

[3] 刘伟, 王汝芳. 中国资本市场效率实证分析——直接融资与间接融资效率比较 [J]. 金融研究, 2006 (01): 64—73.

[4] 聂名华, 杨飞虎. 资本市场、中小企业与区域经济发展 [J]. 武汉金融, 2006 (09): 12—14.

[5] 肖金锋. 多层次资本市场推动江西区域经济跨越式发展研究 [J]. 企业经济, 2015, 34 (03): 158—161.

[6] 张宗新. 长三角经济成长中的资本市场功效及其完善 [J]. 社会科学, 2006 (01): 23—33.

[7] 倪鹏飞, 刘伟, 黄斯赫. 证券市场、资本空间配置与区域经济协调发展——基于空间经济学的研究视角 [J]. 经济研究, 2014, 49 (05): 121—132.

[8] 陈明华, 刘玉鑫, 刘文斐. 金融发展是否增强了长三角地区经济发展的协调性 [J]. 宏观经济研究, 2019 (01): 65—76.

资本市场服务"专精特新"中小企业发展研究

国信证券股份有限公司*

党的二十大报告提出"高质量发展是全面建设社会主义现代化国家的首要任务",并进一步部署了构建高水平社会主义市场经济体制等方面的工作,其中"支持专精特新企业发展"被重点提及。"专精特新"中小企业发展是建设现代化产业体系的重要内容,也越来越成为经济发展行稳致远的新动能,资本市场有责任、有义务把广大"专精特新"中小企业服务好。基于此,充分借鉴和吸收境外资本市场的经验、大力发展多层次资本市场、健全完善市场基础制度、提升市场包容性与活力、落实中介机构主体责任是促进资本市场服务"专精特新"中小企业发展的关键要素。

一、资本市场服务"专精特新"中小企业发展的境外实践

(一)政策支持资本市场服务"专精特新"企业

通过对欧洲、美国、韩国等境外资本市场服务"专精特新"中小企业发展的实践及特点进行分析不难发现,政策支持为"专精特新"企业营造了良好的生态环境。例如,为统筹中小企业与资本市场对接,欧洲建立了证券和市场管理局,并出台长期投资基金条例(ELTIFs),为企业提供股权投资支持。此外,欧盟还通过建立资本市场联盟、出台绿皮书等方式加强资本市场对中小企业的支持,取得了良好的成效。

(二)采用灵活标准降低"专精特新"企业上市门槛

多元化的上市标准有助于帮助不同类型的"专精特新"企业对接资本市场。美国NAS-

---

* 本文为中国证券业协会2022年优秀课题。课题负责人:张立超,管理学博士,副研究员,国信证券股份有限公司经济研究所研究员。课题组成员包括:薛冰,经济学博士,国信证券股份有限公司经济研究所研究员;卢宗辉,经济学博士,副研究员,国信证券股份有限公司经济研究所研究总监;林珊珊、白云,国信证券股份有限公司经济研究所研究员。

DAQ 市场将股票市场分为三个层次，其中 NASDAQ 资本市场保持三套上市标准，NASDAQ 全球精选市场和 NASDAQ 全球市场拥有四套上市标准，均综合考虑了盈利能力、公众持股数、股价、市值等因素。伦敦证券交易所的 AIM 市场挂牌标准较低，若申请在 AIM 市场挂牌，挂牌文件仅须取得伦敦证券交易所的同意即可进行交易，而无须取得英国上市管理署的核准。针对不同发行主体，韩交所三个市场层次设立了不同的上市标准，主板、KOSDAQ、KONEX 的上市门槛依次降低，创业企业在 KOSDAQ 上市能够享受比一般企业更优惠的条件。

（三）明确的退市制度有助于筛选优质企业

明确的退市标准和退市制度可以使市场筛选出更加优质的企业，加快"专精特新"企业在各板块之间的流动。美国 NASDAQ 三大市场板块拥有具体的退市标准，可操作性强，其退市制度也是从投资者角度设计，关注市值、公众持股、流动性等维度。从退市去向看，美国上市公司的退市并非"一退到底"，企业退市后的直接去向通常与其退市原因挂钩，且退市后选择较多。此外，韩国 KOSDAQ 在信息披露、经营状况、流动性、公众股份等方面也有着明确的标准。

（四）资本市场服务"专精特新"企业需要有清晰的板块定位

以港交所创业板为例，2018 年其改革后，由于门槛较高、监管较严，导致新上市企业逐渐放弃创业板上市，年均上市企业数量较快下降，创业板流动性受损严重。近些年，港交所创业板对于支持中小企业上市起到了一定的作用，但逐渐被边缘化。港交所创业板发展的教训表明：如果在板块定位、制度设计、上市门槛等方面有所欠缺，将会严重影响服务"专精特新"企业的效果。

（五）鼓励股权投资发展，培育风险投资市场

美国政府较早引导股权投资行业发展，小企业管理局（SBA）于 1958 年创建了美国小企业投资公司（SBIC）计划，通过利用其股权资本，SBIC 能够降低加权平均资本成本并提高股本回报率。同时，美国通过降低资本利得税与鼓励养老基金进入风险投资领域，为中小企业的培育提供了广阔的资金来源。韩国通过出台《风险企业培育特别措施法》等政策支持和设立政府引导母基金等方式鼓励风险投资行业发展，推动了一批"专精特新"企业的成长壮大。

二、当前中国资本市场服务"专精特新"中小企业存在的问题

（一）资本市场对"专精特新"中小企业的覆盖面窄

通过资本市场直接融资是解决中小企业融资难、融资贵等问题的有效途径，但是当前"专精特新"中小企业在资本市场上的覆盖面依然偏低。具体表现在：一是场内融资市场仍有待完善。由于"专精特新"中小企业普遍存在着信用等级偏低、缺少有效的抵质押物、知识产权价值难以评估等情况，导致其面临较大的融资难题。

二是场外融资市场发挥作用依然有限。近年来，场外市场的发展有效支持了非上市公司

股权的有序流转，对进一步拓展金融市场功能发挥着积极作用。但整体上看，目前中国场外市场还存在融资功能欠缺、法律制度体系不完善、流动性低等方面的问题，也存在区域股权市场分散、证券公司柜台市场发展缓慢等挑战。这些问题的存在整体上制约了场外市场功能的发挥。

（二）资本市场对"专精特新"中小企业的包容性不足

对"专精特新"中小企业包容性不足是中国资本市场面临的主要问题。一方面，国内上市标准仍偏重于财务指标。以北京证券交易所与美国 NASDAQ 市场的上市标准对比为例：北京证券交易所上市标准体系中的每一套指标体系均包含多个财务指标组合，而在美国 NASDAQ 市场的上市标准中，每套指标体系仅侧重单一的财务指标要求。另一方面，对特殊公司治理结构缺乏包容性。大量"专精特新"中小企业涉及新的技术、新的产业、新的业态以及新的商业模式，其组织架构和所有制结构经常处于动态调整当中，因此，其公司的产权和经营状况往往也存在着双重产权、协议控制（VIE）架构等情形，难以满足国内 A 股市场的上市要求。

（三）资本市场的转板制度仍不顺畅

首先是法律法规层面的制约问题。国内现行关于转板的相关法律规定效率较低，权利和义务的定义模糊，缺乏可操作性的条款。其次是分散化的市场带来的协调问题。当前国内各层次市场之间仍处于相对分散的状态，给转板工作的开展带来了一定的障碍。最后是相关配套制度的不完善问题。要建立各板块市场之间畅通的转板通道，除转板制度本身外，也需要其他配套制度，包括资金或股票的划转、风险管理、结算、监管、交易机制、信息披露制度、双向转板制度，以及停复牌、转板上市后的再融资、股份限售安排等内容。

（四）证券公司服务"专精特新"中小企业的能力有待提升

一是综合金融服务能力有待加强，对"专精特新"中小企业需求覆盖面仍不足。以往证券公司在投资和融资领域扮演"通道提供者"角色，整体的专业化水平和综合服务能力不高，亟待从"通道类中介"向"专业型中介"转型。二是缺乏与"专精特新"中小企业的高效对接平台，存在信息通道不畅的现象。由于并没有专门的中介机构与"专精特新"企业的对接平台，因此，导致不少优质的科技创新项目未被及时发现，进而衍生出"专精特新"中小企业与资本市场存在信息通道不通畅、项目与资本融合速度慢的现象。三是研究需提升广度与深度，增强对"专精特新"企业的价值判断能力。"专精特新"中小企业在发展过程中，其自身的不确定性对证券公司的研究、定价能力等提出了全方位的考验和挑战。

三、资本市场服务"专精特新"中小企业发展的政策建议

（一）做好资本市场服务"专精特新"企业发展规划顶层设计

资本市场的每一次改革进步都与顶层设计密切相关。为此，应大力做好资本市场服务"专精特新"企业发展规划的顶层设计，具体包括：一是拓展多层次资本市场的覆盖广度，

为不同发展阶段、不同规模的"专精特新"中小企业形成有效匹配的资本市场融资环境，更好地满足不同类型"专精特新"企业的融资需求；二是加强资本市场基础制度的完备性建设，通过对发行上市、登记结算、并购重组、再融资等基础制度的完善，提高其包容度，多元化发展；三是提高资本市场监督与治理能力，围绕发展与规范并重，保障中国多层次资本市场的高质量发展，特别是在注册制改革的大背景下，努力优化上市标准，支持更多优质的"专精特新"中小企业上市融资；四是进一步增强上市的可预期性，持续提高上市规则和流程的透明度，建立完善"专精特新"中小企业与监管部门的沟通渠道。

（二）加强多层次资本市场体系建设，丰富"专精特新"中小企业服务层次

一是提升全市场对"专精特新"中小企业的包容性建设。要建立成熟的法律法规体系、合理的投资者结构、完善的退市制度。二是做大做强北交所，提升北交所服务"专精特新"企业能力。要拓宽市场覆盖面，推动更多"专精特新"企业上市；要完善投资者数量结构，促进市场交投活跃；要丰富多元化的投融资产品体系，实现"投融两扩"；要细化市场品牌服务，构建专业化的服务平台；要引入做市商交易，推动出台混合交易制度。三是发展区域性股权市场和柜台交易市场，培育"专精特新"中小企业群体。其中，区域性股权市场要积极筹建设立"专精特新"专板，将其打造成培育和服务"专精特新"企业的重要阵地；要持续完善多元化的融资服务，以融资服务吸引"专精特新"企业资源。柜台交易市场要面向"专精特新"中小企业，在信息披露层面进行重点监督与管理；要继续提高证券公司做市的综合能力，为"专精特新"企业开辟专门的融资渠道。四是构建多层次市场之间顺畅的转板机制，激发"专精特新"中小企业发展动能。要按照"升板自愿"和"降板强制"的原则，将转板审核权限下放到市场，尽量简化"专精特新"中小企业的上市程序；要建立各交易所间的转板制度，以北交所设立为契机，建立通道，让符合条件、有意愿的公司能够从北交所到沪、深证券交易所上市继续发展，并探索建立沪、深证券交易所向北交所的双向转板制度；要充分保护投资者的合法权益，可设置转板的缓冲期，在公司申请转板前一个月内进行转板事宜的披露，给予投资者充分的缓冲时间。

（三）创新和丰富"专精特新"股权、债权类金融产品

首先，大力发展私募股权和创投基金，积极完善创业投资引导机制，围绕处于不同成长阶段"专精特新"企业的差异化投融资需求，建立投贷联动模式。其次，加快发展债权融资，构建政府主导、市场运作、社会参与的直接融资平台，出台并细化政策，支持符合条件的"专精特新"中小企业通过企业债等债务工具开展直接融资。探索各类债券创新产品先行先试，推广债贷组合、可续期债券、项目收益票据等债券创新品种，积极推动沪、深证券交易所中小企业私募债融资。最后，通过设立"专精特新"产业专项基金，以"股权+债权"的综合融资服务机制，围绕"专精特新"企业的差异化融资需求，形成股权投资与融资担保贷款的双向联动机制，发挥机构投资者"压舱石"作用，为支持"专精特新"中的"明星"企业发展壮大提供长期稳定资金。

（四）积极发展"专精特新"中小企业并购市场

并购重组是广大中小企业拓宽融资渠道、优化结构盘活存量、整合资源快速发展的一种有效手段。为此，应做好以下几方面：第一，推动"专精特新"中小企业以并购重组的方式实现整体上市或主业上市。鼓励和支持产业优势突出的"专精特新"企业跨地区、跨所有制实施收购兼并，通过延链拓链强链，提升产业集聚力，促进形成现代产业集群。第二，加快设立并购基金，探索政府引导基金向相关并购基金出资，以财政性资金出资发起设立或参股设立促进"专精特新"中小企业发展的并购式基金。第三，充分发挥资本市场作用，支持符合条件的"专精特新"中小企业通过挂牌上市、配股、增发融资以及其他非金融企业债务融资工具为并购重组融资。

（五）提升证券公司对"专精特新"中小企业的综合金融服务能力

一是加强证券公司综合金融服务能力建设，扩大对"专精特新"中小企业各类需求的覆盖面。证券公司要围绕党的二十大提出的新一代信息技术、人工智能、生物技术、新能源、新材料、高端装备、绿色环保等产业领域，加大对"专精特新"中小企业的培育力度，做好企业全价值链服务。二是持续压实中介机构责任，不断提升保荐的专业能力和执业质量。证券公司必须建立健全全流程的风险管控与内控机制，把主动防范风险放在更加突出的位置，科学防范，做到早识别、早预防、早发现、早处置。三是积极搭建资本与项目的对接平台，畅通创新资本的对接及退出渠道。包括与上海、深圳证券交易所以及北京证券交易所搭建沟通桥梁；加强与外部金融服务机构、行业智库、社会组织与企业园区、科研机构合作等。四是不断推动专业研究能力建设，做好行业主题研究、新兴产业和未来产业价值链条研究、方法论研究以及"专精特新"企业的定价研究，为"专精特新"中小企业发展提供智力支持。

转型金融支持实体企业转型的问题与建议

钱俊文　宋鸿羽　张旭华[*]

一、前言

中国提出"双碳"目标以来，国内关于碳中和路径及绿色金融的讨论热度不断提升（见图1）。据不同机构的估测，实现碳中和所需的投融资规模是百万亿元量级的。其中，一部分属于绿色金融范畴，而另一部分则属于转型金融范畴。

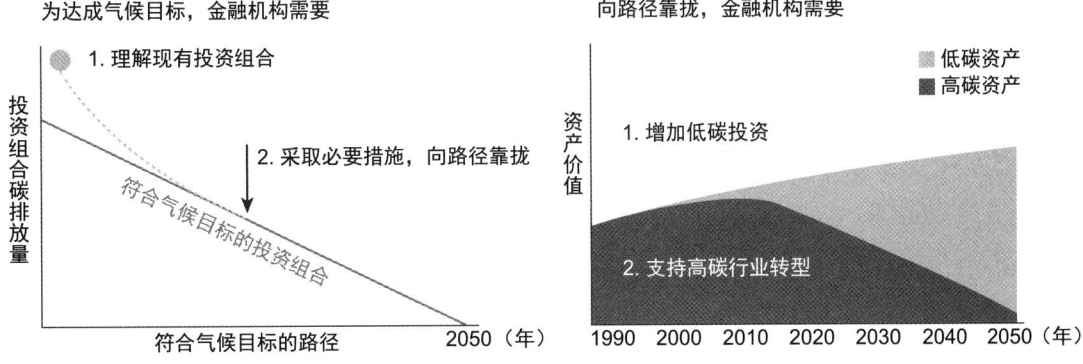

图1　金融机构投资组合的转型路径

资料来源：欧盟可持续金融平台。

关于绿色金融的界定已经较为清晰，早在2016年，中国人民银行、财政部等七部委就发布了《关于构建绿色金融体系的指导意见》，其对绿色金融的定义、目的、金融工具及配套支持都有了指导性的阐述。此后，《绿色产业指导目录》《绿色债券支持项目目录》等更

---

[*] 本文写作于2023年1月。作者简介：钱俊文，东海证券股份有限公司原董事长；宋鸿羽，东海证券股份有限公司固定收益部总经理；张旭华，东海证券股份有限公司固定收益部执行总经理。

是为绿色金融体系的完善和发展提供了明确指引，既接轨国际，又符合国情。

然而，大部分高碳排放行业的转型活动并未纳入绿色金融体系中，在其低碳转型过程中，在融资难度、融资成本等方面面临着诸多难题。转型金融在此背景下应运而生。2019年，经济合作与发展组织（OECD）提出了转型金融概念，即在经济主体向可持续发展目标转型的过程中，提供转型所需融资的金融行为[①]。欧盟在《可持续金融分类方案》（EU Taxonomy）中提及了转型活动。二十国集团领导人峰会在2021年发布了《G20可持续金融路线图》，提及应建立转型金融框架[②]。行业协会、金融机构也对转型金融进行了界定。

社会各方普遍认同，转型金融更加强调对高碳排放行业的转型主体或活动提供金融支持，是对绿色金融的有力补充。绿色金融涉及的通常是增量的项目或资产，而转型金融则涉及存量的高碳排放项目或资产的转型，前者被视为"绿色资产"，后者则被视为"棕色资产"。实现碳中和目标应该是渐进式的。高碳排放企业在低碳转型过程中，仍然需要金融支持。为实现"双碳"目标，金融机构需要逐渐增加对低碳活动的投资，同时也要支持高碳排放行业的转型，直至其金融投资组合以绿色资产为主。

在此背景下，金融市场有必要积极探索，利用转型金融支持实体企业向碳中和目标转型迈进。本文将从转型金融框架、转型金融工具、企业信息披露、转型金融监管及激励等方面具体展开分析探讨。

二、转型金融框架亟待完善

由于转型金融服务对象的特殊性，转型活动的识别、验证难度相对较高。如果没有明确的转型金融框架及标准，转型金融将会"徒有其名，未见其实"，使实体企业没有清晰明确的转型路径，金融机构无法准确识别真实转型活动或项目，监管部门则难以实现有效监管，降低"转型漂洗"的可能。因此，转型金融框架及标准是转型金融的首要条件。

（一）国际转型金融框架繁多

目前，转型框架众多，不同制定者的转型关注点也不尽相同。欧盟、中国、经济合作与发展组织（OECD）等都陆续提出了转型相关的概念。同时，行业协会、咨询机构、金融机构等也都在转型及转型金融方面作了不同的探讨。国家层面政策制定者针对转型的定义相对宏观，而各行业协会层面对转型的关注点则更为具体和聚焦，其视角也不尽相同。

例如，转型路径倡议（TPI）等是站在投资者的角度看待转型的；科学碳目标倡议（SBTi）则是为实体企业提供切实可行的转型路径建议；国际资本市场协会（ICMA）、气候债券倡议组织（CBI）则为金融市场提供了转型金融框架或标准，分别推出了《气候转型融资手册》和《为可信赖的低碳转型提供金融支持》相关手册或报告；此外，金融机构，如中国银行、中国建设银行、星展银行等，都提及了转型金融。

[①] 参见 OECD, Transition Finance: Introducing a New Concept, 2019 年 3 月，网址：https://www.oecdiLibrary.org/docserver/2dad64fb–en.pdf，最后访问日期：2022 年 12 月 22 日。

[②] 参见 G20 Sustainable Finance Roadmap, 2021 年，网址：https://g20sfwg.org/roadmap，最后访问日期：2022 年 12 月 22 日。

以气候债券倡议组织（CBI）的转型金融框架为例，在转型原则基础上，CBI 针对经济活动分为五大类，分别是净零排放类、零碳转型类、暂时过渡类、不可转型类、搁浅类。其分类细致，具有一定的应用性，但后续仍然需要针对每个行业制定更为详尽的转型标准[①]。

（二）国内转型金融框架待明确

国内转型金融框架制定也正在加速。在 2022 年 4 月召开的二十国集团财长和央行行长会议上，中国人民银行行长易纲指出，中国人民银行将继续牵头推进制定转型金融政策框架等工作，推动落实《G20 可持续金融路线图》，促进可持续金融发展。国内研究机构也针对转型金融框架提出了相关建议。北京绿色金融与可持续发展研究院院长马骏认为，转型金融框架应包括五大核心要素，即转型活动的界定标准、转型金融的信息披露要求、支持转型活动的金融工具、转型金融的激励政策及公正转型[②]。

总体而言，转型金融不属于框架空白阶段，国际上不同层面和机构已经推出不少转型金融框架及标准，国内也在积极推进转型金融研究。基于"双碳"目标，国内应进一步加快研究和推出符合中国实际情况的转型金融框架及标准，充分考虑实体企业、金融机构、政策监管等各方需求，共同推动低碳转型。

三、转型金融工具有待优化

虽然转型框架及标准众多且暂未统一，但是基于特定框架及标准，金融市场已经出现了不少转型金融工具。转型主体可以分为经济实体和经济活动两个维度，资产类型则可以分为股权类、债权类等。根据转型主体和资产类型，我们可以将不同的转型金融工具归类如下（见表 1）。

表 1   转型金融相关金融工具

资产类型	实体整体转型	特定经济活动转型
股权类	公开市场：IPO、股票增发 私募市场：私募股权融资	—
债权类	可持续发展挂钩债券/贷款等	转型债券/贷款、绿色债券/贷款、蓝色债券/贷款、可持续债券/贷款、资产支持证券等

（一）债权类转型金融工具条款进取性待加强

国内已经推出了可持续发展挂钩债券及贷款（Sustainability—Linked Bond/Loan，简称 SLB 和 SLL）、转型债券等金融工具。具体而言，中国银行间市场交易商协会（简称"交易商协会"）在 2021 年 4 月推出了可持续发展挂钩债券，并汇总形成了《可持续发展挂钩债券（SLB）十问十答》，其品种的基础就来自国际资本市场协会（ICMA）的《可持续发展

---

① 参见 CBI, Financing Credible Transitions, 2020 年 9 月，网址：https://www.climatebonds.net/transition-finance/fin-credible-transitions，最后访问日期：2022 年 12 月 22 日。
② 北京大学国家发展研究院：《气候政策与绿色金融》2022 年 7 月版，第 8—11 页。

挂钩债券原则》。2022 年 5 月，交易商协会又发布了《关于开展转型债券相关创新试点的通知》，推出转型债券。上海证券交易所（简称"上交所"）也推出了可持续挂钩公司债，并在 2022 年 6 月发布了《上海证券交易所公司债券发行上市审核规则适用指引第 2 号——特定品种公司债券（2022 年修订）》，其中专门定义了低碳转型公司债券。

可持续发展挂钩债券或贷款不限定募集资金用途，但是其融资成本等与发行主体的可持续目标完成情况挂钩。转型债券或贷款限定募集资金用途，通常用于高碳排放行业中具有明显低碳转型效益的项目，但这些项目又未纳入相关的绿色项目支持目录。相比较而言，可持续发展挂钩债券或贷款的适用范围更为广泛，且其条款中的奖惩机制设置可有效地与实体企业转型相关的目标和路径挂钩，可以说是为转型金融"量身定制"的金融工具。

但是，通过对可持续发展挂钩债券的分析，我们发现其在关键绩效指标（KPI）设置、可持续绩效目标（SPT）进取性、债券条款、发行期限等方面存在一定的不足：一是 SPT 的进取性不足。如果 SPT 的达成只不过是"一切照常"运行下的"举手之劳"，那么其转型进取性存疑。同时，国际上的可持续发展挂钩债券 SPT 通常覆盖 7—10 年的时间长度，而国内的 SPT 过于短期化，只关注 1—2 年的目标绩效。当然，这也与国内企业平均债务融资期限较短有关。二是债券条款惩罚程度较轻。虽然大部分可持续挂钩债券设置了利率上调条款，但是其中大部分上调区间在 5—20BP，其上调幅度对发行人的融资成本不产生实质性影响，也失去了其促进转型的意义。同时，债券条款也可以是激励性的，在企业达成 SPT 的情况下，可以设置利率下调条款，进一步激励企业完成合理转型目标。

（二）股权类转型金融工具等需进一步丰富

与此同时，我们也需要发展股权类投融资，通过公开市场发行、定增或私募股权等形式，支持特定企业进行转型，或者支持转型赋能型企业获得融资。转型赋能型企业的产品或服务对转型起到"赋能"或"辅助"的作用，例如新能源零部件生产、能源存储、工业碳捕存、材料回收等。

2021 年 8 月，上交所总经理蔡建春曾指出，要大力支持"双碳"融资，在股权融资方面，应支持和鼓励符合条件的绿色低碳企业上市融资、再融资及并购重组。据统计，科创板上市公司中，有近六成企业与绿色或转型赋能相关，涉及节能环保、新材料、新能源等行业。股权类金融工具是支持总体经济转型的必要条件之一。

在此基础上，我们也可以积极探索制定相关转型指数或基准，将符合要求的转型资产标的纳入指数，并最终形成转型投资组合，进一步促进投资者参与到转型金融领域。例如，欧盟委员会在 2019 年发布了气候转型基准（CTB）和巴黎协定一致基准（PAB）。基于此，不少指数公司推出了相关的气候转型指数，如标普 500 净零 2050 气候转型 ESG 指数、MSCI 全球气候变化指数等。

总体而言，转型金融工具还有进一步优化、丰富的空间，以更好地满足不同转型路径企业在不同阶段的融资需求。

四、企业信息披露应加强

企业实体的转型过程是漫长的，不是 1—3 年的短期过程，通常是 5—10 年，甚至更长的过程。这就要求企业应尽早建立中长期转型目标,确立转型路径,实现平稳转型。高碳排放企业主动披露转型战略、目标、路径等信息,也有助于稳定投资者预期,降低风险溢价水平,甚至挖掘发展机遇。

(一) 转型企业应制定合理的转型目标和路径

在转型框架披露方面,国际上已有不少公司披露了自身的可持续发展或转型框架,明确了自身的可持续发展或转型发展路径和目标,以及达成目标的时限。在其框架下,公司可以进行持续融资,并定期由第三方评估机构对可持续绩效目标进行评估验证,以此来分析发行人绩效目标达成情况,并决定是否触发相应的债券条款,增加或降低发行人融资成本。

例如,意大利 A2A 集团发布了《可持续金融框架》,在框架下设置了 3 个关键绩效指标(KPI),对应了 3 个可持续绩效目标(SPT)。目标一是在 2030 年前二氧化碳排放浓度降至 226 克/千瓦时($g/kW·h$);目标二是在 2030 年前可再生能源装机容量达 5.7 吉瓦时(GWh);目标三是在 2026 年前废物处理量达到 1.7 吨(Mt)。其转型目标也经由科学碳目标倡议(SBTi)所认证,符合巴黎协定的 2℃ 目标。在此框架下,A2A 集团可以发行可持续发展挂钩债券等,并定期披露相关指标[①]。

国内电力、钢铁、交通等行业皆有强烈的转型压力和动力。相关的转型企业应尽早制定合理的转型目标和路径,明确转型框架,向资本市场披露自身转型的强烈意愿和方案,从而在后续融资中获得更多认可。

(二) 可持续信息披露准则是转型关键环节

企业低碳转型并不能仅仅停留于"喊口号"层面,必须在后续中长期转型过程中加强信息披露,以证明自身满足转型目标和路径要求。

国际上,可持续信息披露相关的框架准则就有全球报告倡议组织(GRI)、可持续会计准则委员会(SASB)、气候相关财务信息披露工作组(TCFD)等。国际财务报告准则(IFRS)基金会在 2021 年 11 月宣布成立国际可持续发展准则理事会(ISSB),吸收和参考了 SASB 等相关的框架准则[②]。

ISSB 在 2022 年 3 月发布了《国际财务报告可持续披露准则第 1 号——可持续相关财务信息披露一般要求(征求意见稿)》和《国际财务报告可持续披露准则第 2 号——气候相关披露(征求意见稿)》(简称《1 号准则》和《2 号准则》)。《1 号准则》涉及治理、战略、风险管理、指标和目标等内容。《2 号准则》要求企业披露所面临的气候相关风险,包括但不限于气候变化的物理风险以及向低碳经济转型的相关风险。

总体而言,可持续信息披露准则的统一和施行,将会成为转型企业披露低碳转型信息的关键环节。投资者对转型或可持续信息披露的需求正在逐步增加。企业也应尽快制定相关转型框架,进行长远规划,加快内部治理改革,明确转型路径,并给予相应准则披露可持续信

[①] 参见 A2A, Sustainable Finance Framework, 2022 年 2 月,网址:https://www.gruppoa2a.it/en/investors/debt/sustainable-financing,最后访问日期:2022 年 12 月 22 日。

[②] 参见《Consolidated organisations (CDSB & VRF)》,网址:https://www.ifrs.org/about-us/consolidated-organisations/,最后访问日期:2022 年 12 月 22 日。

息，向金融市场传递有效信息，有助于投资者作出合理的投资决策。

五、转型金融监管及激励需配合

绿色金融方面，中国人民银行在货币政策、绿色金融评价等方面提出了相关的监管或激励措施。例如，2021年5月，中国人民银行发布了《银行业金融机构绿色金融评价方案》，鼓励银行业金融机构积极拓展绿色金融业务，加强对绿色低碳发展的金融支持。同年7月，中国人民银行又发布了《金融机构环境信息披露指南》，旨在引导金融机构向绿色低碳领域进行金融资源配置，并管理环境相关金融风险，支持实体经济绿色低碳发展。

转型金融的建设与发展也离不开金融机构及金融监管的积极参与。随着转型金融框架的确立和完善，相关部门可以在转型金融评价、转型金融风险控制、融资便利、交易成本等方面，与原有的绿色金融实施相似的监管和激励，进一步促进金融机构在转型金融中的积极性和参与度。

在"双碳"目标背景下，转型金融的重要性不亚于绿色金融，棕色和绿色并重的情形仍将持续。转型金融不仅能促成气候目标的达成，还能降低转型过程中的次生危害和公平问题。可以说，转型金融不但与碳排放有关，更与经济发展、就业稳定息息相关。从现在到2060年，转型将会是未来近40年的重要主题之一。

我国上市证券公司信息披露研究

——基于43家上市证券公司2022年年报的案例分析

中国证券业协会财务会计专业委员会专题研究小组

截至2022年末,中国A股市场上市公司数量逾5 000家,沪、深两市市值达到78.8万亿元,证券市场已成为中国市场经济的重要组成部分。证券市场的健康发展离不开良好的信息披露制度,建立一个公平高效的信息披露制度,能够有效化解信息不对称,保证投资者的合法权益。2019年,新《证券法》修订发布,新增"信息披露"专章,进一步完善、充实了信息披露制度。2020年9月,中国证监会修订《关于加强上市证券公司监管的规定》,优化了上市证券公司信息披露机制;2020年10月,国务院印发《关于进一步提高上市公司质量的意见》(以下简称《意见》),明确提出要充分披露投资者作出价值判断和投资决策所必需的信息,并做到真实、准确、完整、简明清晰、通俗易懂,切实提升信息披露质量;同年11月,中国证监会召开工作会议,研究部署提高上市公司质量工作,推动《意见》落地见效。

上市证券公司具有证券公司与上市公司的双重属性,作为资本市场的重要参与者,在服务实体经济的同时,也需积极做好自身信息披露工作。本文基于43家A股上市证券公司2022年年报,对年报的整体框架和具体内容进行比较分析,并提出优化建议,为证券公司在求同存异中进一步提升信息披露质量提供参考。

一、我国信息披露规范体系

经过三十多年证券市场的探索和发展,我国已初步形成以基本证券立法为主,会计信息披露规则体系、会计准则体系、审计准则体系为辅的信息披露规范体系,为保障证券市场稳定发展、投资者公平参与起到了积极作用(见图1)。

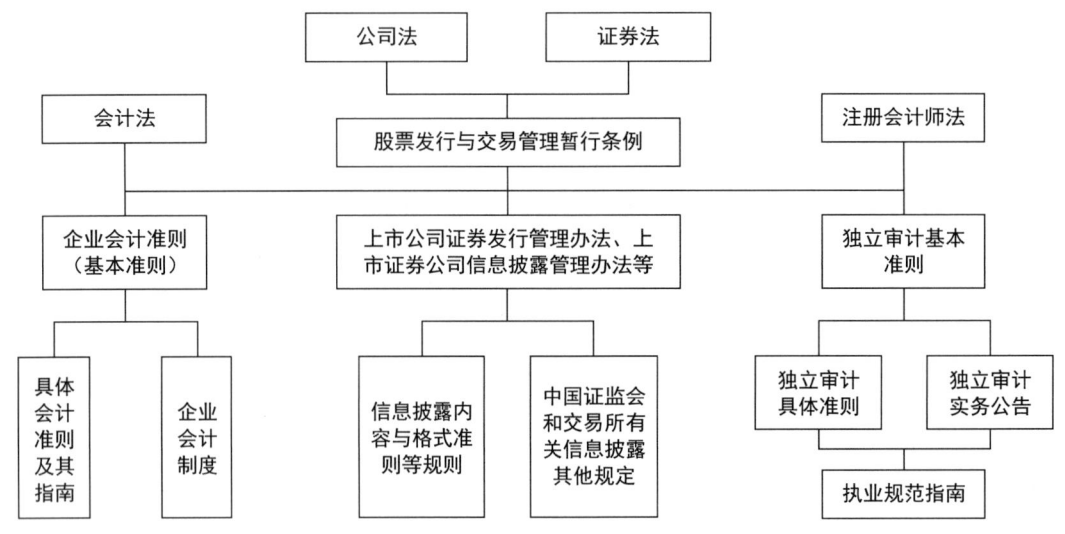

图 1 我国目前信息披露规范体系

（一）第一层次：基本证券立法

新《证券法》对信息披露的主体、内容、范围、形式、基本要求及法律责任等方面均作出了概括性规定，是中国证监会、交易所等机构制定规则的基础性文件；《公司法》《会计法》《注册会计师法》也对信息披露的基本规定进行了明确。

（二）第二层次：会计信息披露规则体系

会计信息披露规则体系进一步对证券立法的披露要求进行规范，主要由中国证监会、交易所制定，包括《公开发行证券的公司信息披露内容与格式准则》《证券公司年度报告内容与格式准则》《上海证券交易所上市规则》和《深圳证券交易所上市规则》等，对上市公司信息披露内容和形式进行了详细规定。

（三）第三层次：会计准则体系

会计准则是财政部制定、对披露信息的确认和计量作出的规范，我国现行会计准则体系保持与国际财务报告准则持续趋同的总基调，不断更新完善形成，为资本市场的健康发展提供了高质量会计信息支持。

（四）第四层次：审计准则体系

我国现行审计准则体系于 2006 年颁布，对业务质量控制、审计程序和工作底稿等提出了严格要求，促使注册会计师更加勤勉尽责，努力防范审计风险，不断提高执业质量，为维护社会公众利益提供了更好的制度保障。

二、信息披露研究分析

（一）整体框架方面

1. 基本规定

根据中国证监会发布的《公开发行证券的公司信息披露内容与格式准则第 2 号——年度报告的内容与格式（2021 年修订）》，年报主要分为重要提示、目录和释义，公司简介和主要财务指标，管理层讨论与分析，公司治理，环境与社会责任，重要事项，股份变动及股东情况，优先股相关情况，债券相关情况，财务报告 10 个章节。在此基础上，上交所增加"证券公司信息披露"章节，主要披露报告期内公司重大行政许可事项和监管部门对公司的分类评价结果①等内容。

2. 披露情况

43 家上市证券公司基本按照中国证监会和交易所的规定框架进行年报披露，主要差异在于：（1）15 家公司披露了董事长、总裁、执行委员会主任等公司主要领导致辞；（2）8 家公司因不适用，删除了"优先股相关情况"章节，并在"股份变动及股东情况"章节中简要提及优先股情况；（3）1 家公司对章节顺序进行了重新排列。

3. 相关建议

为进一步提升上市证券公司资本市场形象，根据证券公司披露实际，结合相关规定及要求，对年报整体框架披露提出优化建议如下：（1）鼓励上市证券公司披露"致辞"内容，阐述公司经营理念，提振投资者信心；（2）考虑到自 2022 年起中国证监会不再公布证券公司分类评价结果，建议交易所删除相关披露内容，同时，建议监管部门对相关制度进行修订。

（二）业务分类方面

1. 基本规定

根据中国证监会发布的《证券公司年度报告内容与格式准则（2013 年修订）》，上市证券公司应全面分析公司各项主要业务，包括报告期内的经营概况、业内竞争状况、所处的市场地位和核心竞争力等；《公开发行证券的公司信息披露内容与格式准则第 2 号——年度报告的内容与格式（2021 年修订）》提到，公司编制年度报告时可以图文并茂，采用柱状图、饼状图等统计图表，以及必要的产品、服务和业务活动图片进行辅助说明，提高报告的可读性；关于业务分类的标准、业务内涵等，新《证券法》《证券公司分类监管规定》等制度中都有所涉及，但并不统一，也不够细化。

2. 披露情况

业务分类相关内容主要披露在"管理层讨论与分析"章节，以上市证券公司 2022 年年报为例，以下方面存在差异：

（1）业务分类存在差异。43 家上市证券公司中，一级业务分类大多集中在 4—5 类，最

---

① 《关于加强上市证券公司监管的规定》（2020 年版）中明确："上市证券公司应当在年度报告中披露近三年监管部门对公司的分类结果。"

少的只有 3 类（自营投资业务、财富管理业务、机构服务业务），最多有 10 类，数量迥异，且同一类业务的名称、所包含的主要内容范围、具体内涵等不尽相同，缺乏可比性。

（2）地区划分标准存在差异。对主营业务分地区披露时，主要有四种情况：2 家公司按华东、华北、西南、东北等行政区划披露；39 家公司按省市披露（其中，20 家公司仅列示主要省市或地区）；1 家公司按大陆和大陆以外地区披露；1 家公司未分地区披露。

（3）展现形式存在差异。在对经营情况进行讨论分析时，16 家公司仅简单地进行同比分析；21 家公司按照"市场环境、经营举措及业绩、下一年度展望"的框架进行详细分析；华泰、国泰君安、银河等 6 家公司还利用多种图表的形式进行披露。

3. 相关建议

为进一步丰富披露维度，提升报告可读性，根据证券公司披露实际，结合相关规定及要求，对业务分类披露提出优化建议如下：（1）构建业务分类框架，统一业务分类名称及标准，并明确业务基本内涵，对业务信息披露提供指导，以提高可比性，减少报告使用者对公司业务理解的障碍；（2）鼓励上市证券公司按市场环境、报告期内经营举措及业绩、下一年度展望三部分对经营情况进行分析，并积极采用图表等形式，多层次、多角度揭示公司业务的经营概况、所处市场地位等；（3）统一地区分布的口径，并要求上市证券公司明确按监管报表口径对地区分布数据进行统计、展示，便于提升不同公司在同一地区经营情况的可比性。

（三）金融资产方面

1. 基本规定

截至 2022 年末，43 家上市证券公司金融投资资产规模达 5.42 万亿元，占总资产 48.22%，已成为证券公司的主要资产。目前，关于金融投资资产的披露要求，《公开发行证券的公司信息披露内容与格式准则第 2 号——年度报告的内容与格式（2021 年修订）》规定，上市公司需对报告期内持有的以公允价值计量的境内外股票、基金、债券、信托产品、期货、金融衍生工具等金融资产的初始投资成本、资金来源、报告期内购入或售出及投资收益情况、公允价值变动情况等进行披露；关于披露内容，深交所要求披露 3 张表，即"以公允价值计量的资产及负债表""证券投资情况表""衍生品投资情况表"；上交所要求披露"以公允价值计量的金融资产表"（含证券投资情况、私募基金投资情况、衍生品投资情况）。

2. 披露情况

（1）以公允价值计量的资产及负债。深交所要求披露各项资产及负债的期初数、本期公允价值变动损益、计入权益的累计公允价值变动、本期计提的减值、本期购买金额、本期出售金额、期末数等；上交所要求与深交所相同，但不涉及各项以公允价值计量的金融负债。以 2022 年年报为例，上市证券公司主要有如下做法：

① 所有深交所上市证券公司（共 13 家）基本按深交所规定格式披露，其中，2 家对于购买和出售金额，合并为"本期成本变动金额"进行披露，表中勾稽关系不明确。

②11 家上交所上市证券公司基本按上交所规定格式披露，其中，4 家按照股票、债券、私募基金、衍生工具等资产类别进行披露。

③19 家上交所上市证券公司未专门披露该部分，而是援引年报中其他部分。其中，11 家直接或间接引用"公司简介与主要财务指标"中的"十二、采用公允价值计量的项目"；6 家引用财务报告附注中相关内容；2 家同时引用两者。

（2）证券投资情况。上交所和深交所均要求披露证券投资情况，其中，深交所要求披露报告期末持仓前十大及所有证券的基本信息、期初账面价值、本期公允价值变动损益、计入权益的累计公允价值变动、本期购买金额、本期出售金额、报告期损益、期末账面价值等内容；上交所要求披露格式与深交所相同，但未要求披露期末持仓前十大证券。以2022年年报为例，上市证券公司主要有如下做法：

① 13家深交所上市证券公司均按规定格式披露，但表中勾稽关系不明确，且披露时并未将上市证券公司为开展衍生品客盘交易、风险对冲策略交易等而持有的大量挂钩的标的资产与证券公司自营投资的证券投资进行区分，导致披露出来的单一证券投资的持仓规模和盈亏规模①均很大，不利于投资者全面了解证券公司在不同业务模式下持有证券投资面临的真实风险敞口，容易引发投资者误解。

② 30家上交所上市证券公司在披露"以公允价值计量的资产"后均未专门披露该部分，其中，5家援引财务报告附注中的相关内容。

（3）衍生品投资情况。上交所和深交所均要求披露衍生品投资情况，其中，深交所规定非金融类公司须披露报告期末投资衍生品的基本信息、期初投资金额、报告期内购入金额、报告期内售出金额、计提减值准备金额（如有）、期末投资金额、报告期实际损益金额等，对金融类公司未作明确披露要求；上交所未规定具体披露格式。以2022年年报为例，43家上市证券公司中除7家援引财务报告中"衍生金融工具"等附注内容外，其余36家均未披露。

3. 相关建议

近年来证券公司场外衍生品业务快速发展，证券公司衍生品业务规模以及为开展衍生品业务而持有的证券投资规模大幅增加。为准确揭示上市证券公司持有金融资产的真实风险状况，便于投资者更好地阅读和理解报告，同时全面展示证券公司业务经营情况，对金融资产披露提出如下建议：

（1）对于"以公允价值计量的资产及负债表"，一是考虑到证券公司自营交易频繁，统计购买出售金额的意义不大，建议将购买出售金额合并为"本期成本变动金额"，即"购买或出售净额"进行披露；二是建议进一步明确表格勾稽关系，为数据填列提供指导，确保数据准确性。

（2）对于"证券投资情况表"，建议参考深交所要求，统一披露该表，并从以下三方面对披露内容进行优化：一是明确该表中披露的证券投资持仓规模不包含客盘交易挂钩的标的资产以及已认定风险对冲的底层资产，相关资产规模在该表下用文字表述进行备注；二是将购买出售金额合并为"本期成本变动金额"，即"购买或出售净额"进行披露；三是进一步明确表格勾稽关系。

（3）对于"衍生品投资情况表"，鉴于衍生品快速发展现状，建议统一披露该表，并从以下三方面对披露内容进行优化：一是明确应根据衍生品的功能用途，按照其风险实质进行披露；二是对于以客盘交易为目的的衍生品投资，以及以风险对冲为目的的衍生品投资，不在该表进行披露，仅需在该表下备注客盘交易相关衍生品规模及净风险敞口；三是对于以自营为目的的衍生品投资，出于投资者对上市证券公司信息披露了解的全面性和重要性，在报

---

① 以2022年年报为例，13家深交所上市证券公司披露的前十大证券持仓合计1 475.53亿元，其中单券最大持仓规模达117.2亿元，单券最大亏损达3.72亿元。

告中进行披露。

(四) 社会责任方面

1. 基本规定

随着中国"碳达峰、碳中和"目标的提出，国内企业进入了由"双碳"目标带来的全新加速变革时代，公众对社会责任信息披露质量的要求也随之提高。《公开发行证券的公司信息披露内容与格式准则第 2 号——年度报告的内容与格式（2021 年修订）》明确指出，对于重点排污单位之外的公司，应当披露因环境问题受到行政处罚的情况和其他环境信息，并鼓励披露有利于保护生态、防治污染、履行环境责任的相关信息、在报告期内为减少碳排放所采取的措施及效果，积极履行社会责任的工作情况（已披露社会责任报告全文的，仅需提供相关查询索引），巩固拓展脱贫攻坚成果、乡村振兴等工作具体情况。总体上，现有制度对于社会责任以鼓励披露为主，无过多强制披露要求。

2. 披露情况

以 2022 年年报为例，43 家上市证券公司基本按照规定对社会责任相关内容进行披露。从披露方式上看，43 家上市证券公司均设立"环境和社会责任"专章对社会责任内容进行披露；从披露内容上看，43 家上市证券公司按照规定，从环境信息情况（深交所上市证券公司披露标题为重大环保问题）、社会责任工作情况（均提供社会责任报告的查询索引）、巩固拓展脱贫攻坚成果、乡村振兴等工作具体情况进行披露。

从 2022 年度社会责任报告来看，43 家上市证券公司均披露了该报告（其中，国元证券通过第三方机构对报告进行了鉴证），报告内容虽大多采用不同架构，但主要包含环境、社会及公司治理（ESG）理念及管理，重要性评估，党建工作，合规管理，行业文化建设，商业道德，投资者管理，乡村振兴，环境保护，员工权益，量化数据资料十一部分内容（见表 1）。

表 1　　　　　　　上市证券公司 2022 年社会责任报告披露内容

项目	披露的证券公司数量（家）	14 家"A＋H"股上市证券公司披露数量占比（％）	29 家 A 股上市证券公司披露数量占比（％）
ESG 理念及管理	33	100	66
重要性评估	30	100	55
党建工作	32	57	83
合规管理	43	100	100
行业文化建设	30	71	69
商业道德	35	100	72
投资者管理	43	100	100
乡村振兴	43	100	100
环境保护——绿色金融	43	100	100
环境保护——绿色运营	38	100	83
员工权益	43	100	100
量化数据资料	36	100	76

3. 相关建议

从披露现状来看，本着提升信息披露质量的目的，结合证券行业自身特点，基于有利于投资者作出价值判断和投资决策的披露原则，对社会责任相关披露提出优化建议如下：一是加强专业指导，可结合深交所推出的国证 ESG 评价体系和证券行业实际，出台具体披露指引，明确披露框架和内容，提高信息披露可比性；二是鼓励上市证券公司寻找第三方机构进行社会责任鉴证评价，提高信息披露可靠性；三是完善激励机制，出台相关鼓励政策，如通过将社会责任履行情况作为证券公司评级加分项目、制定行业社会责任工作专项评价排名等，提高信息披露的积极性。

（五）职工薪酬方面

1. 基本规定

（1）董、监、高薪酬披露。《公开发行证券的公司信息披露内容与格式准则第 2 号——年度报告的内容与格式（2021 年修订）》规定，年报中应披露每一位现任及报告期内离任董、监、高在报告期内从公司获得的税前报酬总额（包括基本工资、奖金、津贴、补贴、职工福利费和各项保险费、公积金、年金以及以其他形式从公司获得的报酬）及全体合计金额，并说明是否在公司关联方获取报酬；《证券公司年度报告内容与格式准则》规定，应披露的薪酬情况包括在报告期内计提的薪酬金额、实际获得的薪酬金额、薪酬延期支付和非现金薪酬情况；《证券公司治理准则》规定，证券公司高级管理人员的绩效年薪由董事会根据高级管理人员的年度绩效考核结果决定，40% 以上应当采取延期支付的方式，且延期支付期限不少于 3 年，延期支付薪酬的发放应当遵循等分原则。

（2）应付职工薪酬披露。《企业会计准则第 9 号——职工薪酬》及其应用指南规定，职工薪酬应当分类为短期薪酬、离职后福利、辞退福利、其他长期职工福利（除短期薪酬、离职后福利和辞退福利以外的所有职工薪酬，包括长期带薪缺勤、长期残疾福利、长期利润分享计划或长期奖金计划等）；企业应当在财务报表附注中分别披露短期薪酬、离职后福利、辞退福利和其他长期职工福利相关信息，并在有关财务报表内予以恰当列示。

2. 披露情况

（1）董、监、高薪酬披露。年报非财务信息部分通常有两处会涉及董、监、高薪酬，一是董、监、高基本情况表中的"报告期内从公司获得的税前报酬总额"；二是"董事、监事、高级管理人员报酬情况"中的"董、监、高报酬的实际支付情况"和"报告期末全体董、监、高实际获得的报酬合计"。以 2022 年年报为例，主要有以下情形：

① 4 家上市证券公司明确董、监、高"报告期内从公司获得的税前报酬总额"口径为"含当年度递延发放的归属于往年的绩效工资"，其中，3 家在"董事、监事、高级管理人员报酬情况表"的备注及"董、监、高报酬的实际支付情况"或"报告期末全体董、监、高实际获得的报酬合计"等部分单独披露薪酬延期支付情况。

② 31 家上市证券公司明确董、监、高"报告期内从公司获得的税前报酬总额"口径为"归属于当年度计提并发放的金额"（1 家披露税后金额），其中，29 家在"董事、监事、高级管理人员报酬情况表"的备注及"董、监、高报酬的实际支付情况"或"报告期末全体董、监、高实际获得的报酬合计"等部分单独披露薪酬延期支付情况。

③ 8 家上市证券公司未明确董、监、高"报告期内从公司获得的税前报酬总额"（1 家

披露税后金额）的具体口径。

（2）应付职工薪酬披露。应付职工薪酬一般在年报财务信息部分作为附注披露，证券行业业绩受资本市场影响波动明显，受监管规定、风险项目、应收款项、考核周期等多重因素影响，职工薪酬递延支付具有一定的普遍性，但上市证券公司目前有关应付职工薪酬长短期的披露不尽相同，以2022年年报为例，主要有以下情形：

①11家上市证券公司在应付职工薪酬附注中披露了递延奖金情况，其中，2家列示在"其他长期职工福利"项下；3家作为一个单独项目列示；6家将长短期薪酬合并为"短期薪酬及长期薪金"披露（其中3家以注解的形式注明了长期薪金余额）。

②5家上市证券公司在应付职工薪酬附注中披露了其他长期职工福利，但未注明是否为递延奖金。

③27家上市证券公司未在应付职工薪酬附注中披露其他长期职工福利及递延奖金情况。

3. 相关建议

考虑到近年来媒体和公众对证券公司薪酬高度关注，为全面、客观、真实、准确反映证券公司职工薪酬情况，根据披露实际，结合相关规定，对职工薪酬披露提出优化建议：

一是董、监、高薪酬披露方面，进一步明确薪酬披露的具体口径，"报告期内从公司获得的税前报酬总额"可填列"归属于当年度计提并发放的金额合计数"，并在其他相关部分注明董、监、高薪酬延期支付情况。

二是应付职工薪酬方面，建议根据企业会计准则"企业按照短期奖金计划向职工发放的奖金属于短期薪酬，按照长期奖金计划向职工发放的奖金属于其他长期职工福利"的规定，在披露应付职工薪酬时，区分长短期，并将递延奖金区分为1年以内和1年以上，对于1年以内递延支付的，结转至"短期薪酬"；对于1年以上递延支付的，在"其他长期职工福利"项中列示。此外，建议丰富薪酬数据披露维度，考虑披露员工税后工资薪金所得的平均数、中位数等数据。

我国高收益债券市场建设及监管机制完善研究

天风证券股份有限公司*

一、高收益债券的产生、发展和机遇

高收益债券起源于美国，经过多年发展，美国高收益债券日趋成熟，已成为美国债券市场的重要组成部分。同时，在欧洲、亚洲的部分国家，高收益债券市场也在快速发展并日渐成熟，成为债券市场不可或缺的组成部分。我国监管部门为完善债券市场体系，近年来不断尝试推出各种债券品种的试点，虽然这些试点中并没有直接命名为"高收益债券"的品种，但有不少与高收益债券性质相似的债券品种的尝试，其中包括中小企业私募债、"双创"债等。

高收益债券在国际市场上通常是指信用等级低于投资级别（标普或惠誉评级为BB＋级及以下或者穆迪评级为Ba1级及以下）的债券[1]，又被称为垃圾债券或投机级债券。但国内目前并未对高收益债券形成一个明确的定义，一方面是因为国内高收益债券发展相对较缓，仍处于起步阶段；另一方面是因为国内评级机构缺乏独立性，评级结果存在虚高等问题，无法按照债券评级来确定高收益债券的标准。

当前我国处于经济转型的加速时期，优化资源配置、服务企业融资是当下的重要任务和主题，高收益债券作为融资工具的重要一员，也迎来了空前的发展机遇。

---

* 本文为中国证券业协会2022年优秀课题。课题负责人：洪琳，天风证券股份有限公司副总裁。课题组成员包括：付春明，天风证券股份有限公司合规总监；张彬，天风证券股份有限公司合规法律部副总经理（主持工作）；谭佳妮，天风证券股份有限公司合规法律部总经理助理；赵潇光、马学倩、王婷玉、江娜、冻若冰，均供职于天风证券股份有限公司合规法律部。

[1] 杜金富、张红地：《高收益债券市场与实体经济发展》，载《中国金融》2021年第19期，第54页。

二、高收益债券市场的境外经验及借鉴

(一) 高收益债券的境外经验

1. 美国是全球高收益债券市场的发源地及主力军

经过多年的发展,美国债券市场的监管形成了非银行发行的公司债券的发行、交易由美国证券交易委员会(SEC)进行统一的管理监督,证券交易所、美国金融业监管局(FINRA)、全美存托与清算公司协助配合管理的监管模式。其监管特色包括:一是简化高收益债券发行程序,明确转售标准;二是满足基本信息披露要求,降低高收益债券发行成本;三是加强投资者适当性管理,助力市场稳健发展;四是健全投资者保护措施,多角度保护投资者利益;五是建立相对完善的市场保护机制。

2. 欧洲高收益债券市场监管层次更丰富

相较于美国作为一个独立主体对高收益债券进行管理,欧洲高收益债券市场的监管层次更多,主要是从欧盟层面搭建整体框架,提出指导性纲领,再由欧盟各成员国依据总体框架,在"相互承认(Mutual Recognition)""母国控制(Home Country Control)""协调(Harmonization)"三项证券监管基本原则下,根据自身监管实际情况进行具体业务的管理。其监管特色包括:一是在欧盟层面搭建保护投资者权益整体框架;二是构建信用评级机构管理共同框架;三是设置限制性条款保护投资者权益。

3. 亚洲高收益债券市场的后起之秀

在区域监管方面,由于亚洲各国市场的基础设施建设参差不齐,各国的发展差异较大,无法形成区域体系化的发展,每个国家的高收益债券发展情况各有不同。其中拥有较为健全的投资者保护机制的中国香港市场、新加坡市场受到了亚洲发行人、国际投资者的青睐,因而亚洲区域高收益债券的发行也主要集中在这两个市场。其监管特色包括:一是次贷危机后,加强对信用评级持牌机构的要求;二是加强对底层投资者的权益保障;三是设立破产管理法定机构,加强对债权人的保护。

(二) 境外高收益债券的共性和不足

1. 共性

(1) 主要以信用评级结果划分债券。目前市场上对高收益债券的普适性认定方式主要是基于国际信用评级机构对债券的信用等级划分,往往为信用等级低于投资级别的债券或无信用等级评级的债券。而信用评级机构的管理是各地区监管的重点,均建立了与信用评级相关的管理制度,通过确保信用评级机构评级的方式及标准、独立性、客观性、透明度等,来判断债券发行主体的好坏以及相对的违约风险。

(2) 建立相对完善的市场机制。为了满足市场化的需求,海外高收益债券主要从设计限制性条款、提供担保抵押等增信措施、创新工具的适用等方面进行了完善。

(3) 拥有健全的投资者保护和违约处置机制。高收益债券发展相对完善的地区都拥有健全的投资者保护和违约处置机制,从事前预防、事中应急、事后处置等多个方面保护投资者权益。

2. 不足

一方面,对于债券风险的判断过度依赖信用评级,导致出现评级膨胀的现象,且易受主权、政治等因素的干扰;另一方面,缺少专门针对高收益债券的监管制度和依托。由于境外相对宽松的监管环境,境外监管并没有将高收益债券作为一个单一品种进行管理,也就没有专门针对高收益债券统一管理的监管制度规则。

三、我国高收益债券的实践及标准设想

(一) 我国高收益债券的探索实践和挑战

1. 我国高收益债券市场实践情况

虽然各市场参与者对境内高收益债券的筛选标准存在差异,但是按照多数标准筛选而成的我国高收益债券市场,呈现出一些共性特征。本文以市场上被认可较多的标准之一,即到期收益率不低于8%来筛选我国高收益债券分析样本,从而更为直观地阐述我国高收益债券市场的特点。

(1) 市场规模较小,信用评级普遍较高。与国外成熟的高收益债券市场不同的是,我国高收益债券市场发展尚处于探索阶段,目前高收益债券仍属于小众品种,整体规模较小,且信用评级普遍虚高。

(2) 二级市场方兴未艾,一级市场仍待开发。我国现阶段的高收益债券发行人主要集中在"堕落天使",高收益债券也主要形成于二级市场,一级市场仍处于探索和起步阶段。

(3) 发行人行业相对集中,中小企业并非主力。结合我国高收益债券主要所处市场的特点,高收益债券发行人主体的中坚力量并非中小企业。

(4) 投资机构参与度与日俱增,但稳定的投资者群体尚未形成。一方面,越来越多的投资者将目光转向了高收益债券,探寻新的收益获得点;另一方面,多数主流投资机构又受到外部监管限制、内部风控管理要求等多重约束,尚未形成稳定的投资者群体。

2. 我国高收益债券市场面临的问题与挑战

高收益债券在我国债券市场中仍属于小众债券品种,对其研究及其自身发展均面临不少问题和挑战:一是定义尚不明确,标准众说纷纭;二是流动性不充足,市场活跃度不佳;三是信息存在不对称,披露质量有待提高;四是信用衍生品开发有限,风险管理手段有待丰富;五是缺少针对性投资者保护措施,违约处置手段有待完善。

(二) 我国高收益债券标准设想

本文从一、二级市场维度对目前业内提出的主要标准进行分析与探讨,并在此基础上提出未来高收益债券标准的设想。本文认为,适合我国未来发展的高收益债券认定标准应为"以发行人主体评级为主、兼顾对部分特定品种债券扬弃吸收为辅"的标准。

1. 未来高收益债券认定的主要标准——发行主体评级

综合考量各种标准优劣之处,本文认为发行主体评级仍应是未来高收益债券的主要标准,有以下三个理由:一是发行主体评级标准明确,受市场、周期性、发行人意愿影响相对较小;二是高收益债券的差异化政策安排和制度试点需以边界清晰、相对稳定的市场作为前提;三是与国际市场通行高收益债券界定标准一致,有利于全球化背景下与国际接轨,也能

较为客观地反映标的风险大小。

2. 未来高收益债券认定的辅助标准——对部分特定品种债券的扬弃吸收

未来高收益债券的认定标准不能完全以发行主体评级为主，原因如下：一是单纯将未来高收益债券的认定完全取决于主体评级，在适用范围上过于绝对和机械，容易导致高收益债券范围的覆盖性不足；二是在当前我国债券市场体系中，确实存在一些特定品种债券（如"双创"债、科创债、小微企业集合债等）在功能定位、发行主体、发行条件等方面与高收益债券在内涵上有类似之处，在未来高收益债券的认定标准中可予以借鉴吸收。

四、我国高收益债券市场的完善建议

（一）债券信用评级体系及机制完善建议

1. 探索官方评级补充机制，完善评级机构评价机制

本文认为应从评级市场层面入手，引导评级机构从目前市场化、营利性组织向中立性组织过渡。一方面，设立官方评级机构，作为市场评级的补充。可考虑设立国有独资的专门机构作为官方指定的信用评级机构。另一方面，完善评级机构评价机制。对于评价周期内能够及时准确反映发行人实际的经营风险变化情况、充分发挥信用风险预警功能的评级机构给予政策性的优惠和经济层面的奖励，鼓励其客观、真实、准确地发挥自身作用。

2. 优化评级机制，强化风险监测及预警效果

一是要优化评级模型。淡化国资背景对于评价结果的影响，聚焦企业自身的经营状况等关键要素，采用定性研究与定量分析相结合的方式综合评估企业情况。二是要完善动态跟踪评价机制。一方面加强对企业负面舆情的监控力度；另一方面提高评级报告出具的频率，及时准确地反映主体及标的信用情况。

（二）担保机制及增信措施完善建议

一是要探索专利、商标、著作权等知识产权担保方式，丰富发行人自身偿债担保手段。二是要引入专门的担保机构，多元化外部担保措施，包括鼓励设立专门的高收益债券担保公司为民营中小企业发行人提供增信措施、对于愿意为民营中小企业提供增信措施的担保机构给予一定政策上的优惠以鼓励其加大对民营中小发债主体的支持力度等。三是要创新债项增信机制，引入债券保险、偿债基金。

（三）高收益债券市场参与主体的完善建议

1. 降低准入门槛，引入"明日之星"

可考虑尝试适当降低发债主体的净资产、负债率等硬性准入门槛，更多关注企业发展前景，重视其潜在价值，丰富发债主体的多样性。

2. 丰富投资主体类型，适当降低集中度限制，拓宽资金流入市场渠道

一方面，鼓励设立私募高收益债券基金。高收益债券是信用风险较高的投资品种，鼓励对于高收益债券市场较为了解、有着丰富资产配置经验的私募基金管理人设立私募高收益债券基金，有助于提高市场流动性。另一方面，适当降低集中度限制。可以考虑根据资金类型、客户情况等因素适当降低集中度限制，让更多的专业机构能够有充足的资金参与到高收

益债券市场投资中。

3. 完善做市商机制，提高高收益债券市场流动性

一方面，扩大现有做市商范围。针对高收益债券，适当放宽做市商准入门槛，扩大现有做市商范围，让更多类型的机构成为做市商，进而提高高收益债券市场的流动性。另一方面，鼓励做市机构创设信用衍生工具对冲信用风险，有效分离和转移信用风险，提高做市商管理信用风险的能力。

五、我国高收益债券监管制度的完善建议

（一）高收益债券的发行监管制度

1. 发行人的资格监管

未来国内高收益债券发行人的主体资格监管建议为：以发行人主体评级为基础，参照部分类型化的特种公司债券发行人条件为补充的复合型发行人资格监管制度。

2. 投资者的资格监管

一方面，严格限制自然人和非专业机构投资者的准入；另一方面，放宽对专业机构投资者的要求，允许更多的专业机构投资者参与这一领域。

（二）高收益债券的信息披露监管制度

一是以转变中介机构付费模式为抓手，提升中介机构信息披露文件的真实性、准确性、客观性。二是以推动强制信息披露为抓手，强化转售阶段的信息披露文件质量。三是以压实发行人、中介机构行政责任为抓手，强化发行人全面披露和中介机构的勤勉尽责。

（三）投资者保护监管制度

在债券发行阶段，应运用监管制度夯实高收益债券投资的信用基础；在发行后至债券到期阶段，应健全投资者转让流通高收益债券的配套措施；在违约阶段，应完善违约债券交易制度，丰富违约债券处置手段。

民营企业债券融资支持机制完善研究

红塔证券股份有限公司*

一、我国民营企业债券融资的发展历程

我国民营企业债券市场发展大致可以分为三个阶段。

第一阶段是1986—2002年,在社会主义市场经济的推动下,企业对于资金的需求迅速提升,债券市场应运而生。但这一阶段更多是对于债券市场基础设施的建立以及制度的探索,配套法规尚未完善。

第二阶段是2003—2016年,债券市场法律法规和相关制度建设逐步完善,民营企业债券在债券市场中的地位逐步提升。同时,民营企业债券创新工具层出不穷,我国民营企业债券融资市场快速发展,整体规模迅速扩张。

第三阶段是2017年以来,随着市场环境变化,民营企业债券发行规模萎缩,民营企业违约增加。为解决民营企业的融资难题,一系列支持政策也相继推出,2019—2020年民营企业债券融资问题得到一定程度的改善,但受疫情等多重因素影响,2021年至今,民营企业债券融资仍面临一定的困难。

二、民营企业债券融资存在的问题及其成因分析

(一)债券融资要求日趋提高

2022年1—8月共有78家民营企业发行了250只信用债,合计规模达2 021.6亿元,平均净资产为516亿元,比同期发债国企的净资产平均值高出105亿元。而截至2022年8月底,A股民营上市公司净资产均值为34.7亿元。从动态变化来看,2022年前8个月发债民

---

* 本文为中国证券业协会2022年优秀课题。课题负责人:李奇霖,红塔证券股份有限公司首席经济学家、研究所所长。课题组成员包括:殷越、卢婉琪、杨欣、潘谷雨,均供职于红塔证券股份有限公司。

营企业的净资产均值相对2021年全年上升85亿元，体现出市场对发债民营企业的资质要求有所提高。

民营企业债券发行的流程涉及立项、审批、发行等多个环节，各个环节均有可能由于企业信用资质发生变化而受阻。有的民营企业尽管符合最初申报条件，但是其他资质，如净资产、现金流低于市场平均水平，也可能会被投行承揽或者证券公司内部审核环节否决。即使顺利完成了立项、内核、监管审核等程序，发行阶段也可能因为没有足够的投资者认购而导致发行失败。

（二）资金偏好与民营企业债券风险收益特征难以匹配

针对民营企业的融资难题，政策方面前期已有布局，比如鼓励证券公司设立资管计划支持民营企业融资。但证券公司资管业务的投资决策很大程度上依赖于银行的风险偏好，而银行的风险偏好往往较低，与民营企业债高风险高收益特征不匹配。

（三）信息披露制度以及投资者保护制度有待完善

2014—2021年，共有72家发债民营企业因虚假信息传播、财务会计报告违规、信息披露虚假等问题被处罚，不真实不清晰的财务信息加剧了投资者对企业信用分析和风险识别的难度。

同时，我国当前投资者保护制度并不完善。一方面，由于企业申请破产、实控人没有能力偿还债务等原因，导致最终的赔付责任落在中介机构上。当民营企业出现财务欺诈行为时，对与其相关的证券公司、会计师事务所等中介机构予以处罚是有必要的，但若处罚力度太大，有可能导致最终没有投行愿意承揽民营企业债项目，结果就是民营企业债被逆向淘汰。

另一方面，民营企业债券违约后清偿率低、追偿难，存在各类"逃废债"现象。截至2021年末，违约的民营企业债中有42只债券进行兑付，已完成的累计兑付规模为314.63亿元。而2021年末的累计民营企业债违约规模已达4 135.95亿元，违约债券的回收率仅有7.6%，远低于美国超过50%的水平。

（四）评级质量有待进一步提升

一是信用评级存在虚高现象。根据中诚信数据，我国发行人评级在AA级及以上的数量占比91.2%，其中AA级主体占比43.7%，AA+级占比26.7%，AAA级占比为20.8%，AAA级主体占比远超美、日等成熟市场不足5%的水平。

2014年至2022年8月底，违约的民营企业信用债中有29.4%的债券在发行时评级为AAA级或A-1级，AA级及以上的债券数量占比达59%，这些高评级债券占总违约金额比重高达72%。

二是信用评级机构对债券以及发行人信用资质变化前瞻性不足。这主要体现为评级跟踪不及时，30家有评级的、发生过民营企业债券违约的主体中，在其首次违约前半年主体的评级仍然较高，高评级（AA+级及以上）主体占比达到32.3%，A-级至AA级的占比也有57.6%。在这些主体首次债券违约前一个月，主体评级有所下滑，但幅度不大。而在首次违约后30天，CCC级及以下评级的主体数量大幅增加，占比上升至56.1%。

（五）高收益债市场基础设施有待进一步完善

一方面，目前我国市场缺乏专项支持民营企业债的高收益产品。过去专户资管、信托、理财产品等是配置民营企业债的主力军，而如今随着去刚兑、净值化转型的压力，这些产品对于民营企业债配置的动力和需求有所下降。目前市场上与民营企业债券相关的资管产品、公募基金产品较少，更多的是同业存单基金、短债基金等流动性较好的产品，但是这类产品对流动性管理的要求较高，难以缓解民营企业债券的融资困境。

另一方面，当前创新型金融工具支持力度不足。先来看增信工具，银行间市场和交易所市场均设置有信用保护类工具。银行间信用风险缓释凭证（CRMW）的主要问题一是规模小，截至 2022 年 8 月底，国内 CRMW 存量仅有 439 亿元，相比于信用债存量，CRMW 规模不足。二是创设机构和交易商数量少，大多数中小银行无法参与到 CRMW 中来。三是由于 CRMW 的创设机构主要为商业银行，而商业银行存在资本金占用的问题，若 CRMW 规模不断扩大，将会影响商业银行资本金，这将会降低商业银行参与创设 CRMW 的积极性。

交易所信用保护工具的创设机构主要是证券公司，2021 年全年创设的信用保护工具规模仅 37.1 亿元，规模较 CRMW 更小。对于证券公司来说，创设信用保护工具会放大其风险敞口；此外，高门槛还将大多数中小证券公司排除在外。这也体现出交易所市场的信用保护工具对民营企业债的支撑作用有限。

再来看资产证券化，2022 年 1—8 月民营企业资产支持证券（ABS 和 ABN）发行量为 3 126.5 亿元，已成为民营企业在债券市场上的主要募资方式。但每年资产支持证券的偿还量也较大，净融资额为负，对于民营企业融资约束难以起到很好的缓解作用。

不动产投资信托基金（REITs）当前还处在试点阶段，规模较小且涉及的行业及企业少，多集中在基础设施建设领域，目前来看公募 REITs 对于民营企业融资的支持作用也相对有限。

三、境外高收益债市场经验借鉴

（一）美国

美国高收益债对我国民营企业债券融资具有较大的借鉴意义。美银美林的研究显示，截至 2017 年底，美国高收益债市场的存量规模占全球高收益债市场规模的 60% 左右，保险机构、养老基金、共同基金是美国高收益债市场中最主要的参与者。综合来看，美国高收益债市场具有以下几个特征和优势：

第一，美国高收益债在 144A 规则下可根据自身情况选择差异化发行方式和披露方式。在该规则下，发行人非公开发行高收益债时，不必向美国证券交易委员会（SEC）进行登记注册，披露要求较低，高收益债可以在二级市场的机构投资者内部交易流通。

第二，美国政府对于投资者的保护有较严格的规定，主要体现在附加的约束性契约条款和投资者保护制度两方面。契约条款内容包括主要约定事项、相关发行人的财务比率限制、赎回条约、违约事件、约定内容修改等。投资者保护制度主要包括"破产清算制度"和"偿债担保追索制度"，意在降低高收益债实质违约后带来的危害。

第三，美国拥有客观、科学的信用评级体系和独立、专业的信用评级机构。

第四，美国信用违约掉期（CDS）、债券抵押证券（CBO）能够有效对冲信用风险，推动高收益债市场的风险定价机制形成，协助投资者有效规避和管理风险。

（二）日本

日本公司债券市场有两项可借鉴之处：第一，2011年东京证券交易所设立专门面向专业机构投资者的东京Pro—Bond市场，高度简化了专业机构的发行手续和披露要求，推动日本公司债券市场市场化进程的发展。第二，近年来，日本特色信用担保体系持续完善，对于中小企业债券融资形成担保支持。日本中小企业信用担保的申请流程简单方便，企业可通过民间金融机构或直接向地方信用担保协会申请信用担保，而日本政策金融公库（JFC）为地方信用担保协会的担保提供再保险（见图1）。

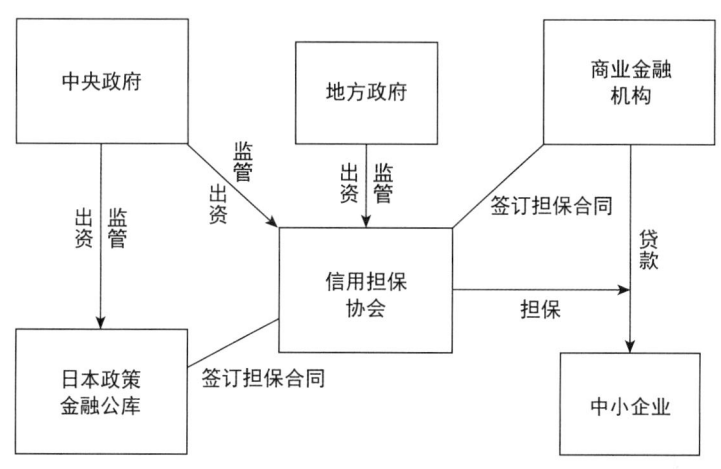

图1 日本信用担保体系

资料来源：日本政策金融公库官网，课题组整理。

四、完善民营企业债券融资机制的建议

为了维护民营企业债券融资市场健康平稳运行，促进我国经济高质量发展，本文提出以下建议，以完善我国民营企业债券融资支持机制。

（一）完善债券市场制度体系建设

第一，加强民营企业信息披露监管。对民营企业和相关中介机构等主体建立全流程、全方位信息披露及监管机制；进一步细化信息披露准则；鼓励企业积极探索多元化信息披露方式和加强自愿性信息披露。此外，还可以鼓励专业投资者强化研究，提升整体的信息披露透明度和质量。

第二，健全信用评级制度。加强对信用评级机构的监督管理，落实中介责任；推广国内投资人付费模式，引导评级机构之间合理竞争。

第三，完善惩治机制。推动证券公司、律所等中介机构加强对发行人的财务信息监督，

调动市场主体参与企业信息披露监督的积极性；加大对财务造假企业、实控人以及高管的处罚力度。

第四，健全投资者保护制度。简化企业破产司法程序，提高资产处置及兑付效率；建立统一的违约信息披露制度，提高信息披露效率；拓宽债券违约后投资者的退出渠道，改善违约债券的流动性；进一步完善特别代表人诉讼制度；推动发展投资者保护基金。

（二）加大对民营企业的帮扶力度

第一，加强对民营企业债的增信机制。其一，大力发展和运用CRMW。降低CRMW创设机构的门槛，明确银行创设CRMW的风险资金占用，避免侵蚀银行资本金，鼓励银行投资已经有CRMW等信用风险缓释工具配合的信用债，进一步推进CRMW结算方式等的改善，如推进现金结算交易安排。其二，进一步推动组合型增信工具发展，如组合型信用保护合约（CDX），降低机构的风险对冲成本、增强增信工具的流动性。其三，大力发展外部增信方式，比如由地方政府出资设立专门的担保公司或债券融资风险缓释基金，也可以由政府推动区域内优质国企、金融企业对优质民营企业进行担保增信。其四，考虑重新推进中小企业集合债。

第二，鼓励金融创新产品。可转债方面，一是适度降低门槛，鼓励科技创新型企业发行可转债；二是简化发行流程，对新能源、国产替代等核心领域民营企业设立绿色通道。资产证券化（ABS）方面，一是加强对民营企业ABS的研究；二是推进金融科技在资产证券化中的使用；三是完善担保机制建设，鼓励ABS设立多样化搭配的增信机制。

（三）健全高收益债市场

第一，逐步培育风险偏好不同的多层次投资者。适当放宽保险机构、银行理财子公司的投资限制；允许理财产品在一定比例额度内投资AA级以下信用等级的债券；鼓励设计与民营企业债相关的专项基金和资管产品；建设专门面向海内外专业机构投资者的债券市场。

第二，改善高收益债市场流动性。建立多层次的做市商联络网，支持做市商之间缓冲头寸，提高做市效率；缩短高收益债转售的时间限制。

第三，进一步发展信用衍生工具。发展高收益债的期权市场；通过投资一揽子债券或者进行指数化投资，在降低投资者风险的同时增强债券的流动性。

第四，完善高收益债市场的法律体系建设，特别是加快完善债券出现违约之后的处置机制。在借鉴美国经验的基础上，一方面加大对债券违约后的调查和相关违法违规企业的惩治；另一方面完善司法救济机制、企业破产清算制度，加强破产清算对于债权人优先偿付的力度。

资本市场参与"双碳"治理研究

中国银河证券股份有限公司 中国社会科学院经济研究所[*]

一、研究背景与意义

中国作为全球第二大经济体,已向全世界作出"3060'双碳'目标"的庄严承诺。当前我国"双碳"产业发展依然是以银行信贷为主,且总融资规模距离百万亿元"双碳"资金需求尚存明显缺口。

"双碳"治理是一场集能源科技、低碳科技、零碳科技为一体的技术变革,表现出资金投入大、研发周期长、不确定性高等特征。显然,仅仅依靠以银行为主体的间接融资金融服务体系已远远不能满足"双碳"产业对资金的需求,亟须资本市场充分发挥直接融资、碳价格发现、优化要素资源市场化配置、防范化解风险等功能,将长期低成本的社会资金引入"双碳"领域,同时给予投资者以股东或债权人身份分享"双碳"发展红利的机会。在此背景下,探讨如何合理推进资本市场更有效地服务"双碳"目标是我国可持续高质量发展道路上面临的重大课题。

二、资本市场参与"双碳"治理过程中存在的问题

本课题组分别从监管层、上市公司本身、机构投资者和中介机构四个主体出发,全面研

---

[*] 本文为中国证券业协会2022年优秀课题。课题负责人:解学成,中国银河证券股份有限公司研究院副院长;张平,中国社会科学院经济研究所研究员、中国社会科学院研究生院教授、国家金融与发展实验室副主任、中国社会科学院上市公司研究中心主任。课题组成员包括:肖志敏,中国银河证券股份有限公司研究院博士后研究员;王莹,中国银河证券股份有限公司研究院博士后工作站资深研究员;马宗明,中国银河证券股份有限公司研究院策略分析师;武赟杰,中国银河证券股份有限公司研究院博士后研究员;张自然,中国社会科学院经济研究所经济增长理论研究室主任、中国社会科学院大学(研究生院)教授;王宏淼,中国社会科学院经济研究所研究员、中国社会科学院大学经济学院教授、博士生导师;张小溪,中国社会科学院经济研究所经济增长研究室副研究员。

究了资本市场参与"双碳"治理的实践现状。研究发现中国资本市场参与"双碳"治理发展迅速，但尚存以下问题：

（一）环境、社会和公司治理（ESG）信息披露规则需要进一步规范和完善

我国对上市公司披露 ESG 相关信息是非强制性的，监管部门鼓励上市公司主动进行 ESG 信息披露，但缺乏详细的披露标准和规范指引。虽然越来越多的上市公司主动进行 ESG 信息披露，但企业披露信息的广度和深度参差不齐，而且披露的信息很少涉及相关负面信息。ESG 信息披露质量的不确定性使得利益相关方较难获取有价值的信息甚至容易被误导。对于投资者而言，缺乏高质量、标准化和可比性的 ESG 数据成为开展 ESG 治理的难点，还会影响 ESG 评级体系的建立。

（二）ESG 投资市场还需要进一步培育和发展

从 ESG 理念过渡到实践，面临着诸多现实障碍。在缺乏监管约束与要求的情况下，很多企业对于 ESG 仍在摸索、观望，而且推行 ESG 理念的前期会给企业带来大量的成本投入，短期内也不会给企业带来明显收益，这使很多企业缺乏参与 ESG 投资与建设的内生动力。虽然，近年来 ESG 主题基金发展逐步加快，但是还未出现较为明显的增长趋势，仍有较大的发展空间。

（三）ESG 报告的审核机制还需要进一步建立和健全

通过对比特斯拉发布的影响力报告和国内几家汽车公司发布的社会责任报告（CSR 报告）发现，特斯拉除自身的可持续发展委员会对公司影响力报告进行了内审，公司还拥有独立第三方审计机构的审计鉴证，为特斯拉影响力报告出具了审计报告，提高了报告的公信力和权威性。而我国国内上市公司的 CSR 报告仍停留在内审阶段，与发达国家健全的内外部综合审核机制相比仍有较大差距。因此，审核机制的建立和健全对于 ESG 投资来说起着尤为关键的作用。

三、资本市场参与"双碳"治理的机制

资本市场可通过以下微观机制和传导机制来推动经济的高质量发展，助力实现碳达峰和碳中和（见图 1）。

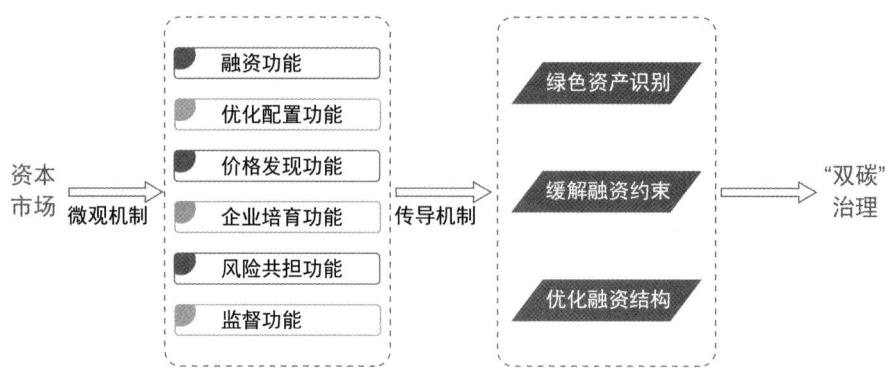

图 1 资本市场参与"双碳"治理的机制

（一）绿色资产的识别

资本市场的价格发现功能能够对碳排放这种具有一定负外部性的公共资源进行影子价格的测算，金融机构所采取的信贷政策作为中国企业融资工具使用成本和融资交易成本的重要参考部分，必然更有助于金融机构为随后企业"三废"污染处理费价格的制定和实施提供重要的市场化分析依据，同时也会为后续碳权价格的网上挂牌交易发挥更广泛更有效的市场信息功能。资本市场在支持低碳经济中以其高度的专业性、参与性和共享性极大地提升了各种生产要素的配置效率，为企业绿色创新营造了一定的韧度空间。

（二）融资约束的缓解

资本市场能够将低碳环保的生产发展理念引入金融领域，鼓励金融机构直接参与企业或政府的环保治理项目融资，通过发挥杠杆和信用作用，并由此发送信号，吸引更多的社会资本通过直接融资或间接融资的方式进入绿色投资领域。金融政策的宏观审慎和微观调节方向可向生态文明产业进行适度倾斜，引导直接融资成为激发要素流动、扶植中小微企业成长的主要支柱，为生态产业链带来资金、技术、人才和管理经验，实现绿色产业上下游的互联互通，促进生态产业资本的良性循环，促进产业结构和经济布局优化，构建高效、集约、健康的经济、社会、生态循环系统。

（三）融资结构的优化

资本市场的资金流向要更加注重竞争中性原则，缓解拥有更强创新能力的民营企业的减碳压力。绿色债券、绿色基金、碳排放权交易等金融工具可以有效促进产业结构向低碳、节能、高效、环保的方向转变，实体经济中高耗能行业的融资也能向战略性高新科技行业、清洁生产行业、服务行业等低碳行业阶梯形渐进转移，将绿色化、清洁性作为关键绩效指标（KPI）纳入企业生产和金融机构信贷发放的考核。融资走向的清洁化、低碳化将有效引领产业结构升级优化，为国内国际双循环格局下的高质量发展和"双碳"目标的实现保驾护航。

四、资本市场参与"双碳"治理的实证检验

本文采用上市公司数据，构建双向固定效应模型进行实证检验。企业降低碳排放量或者提高节能降碳的效率是"双碳"治理的根本目的，使用企业碳排放量和碳排放强度作为衡量"双碳"治理效果的指标，上市公司ESG表现作为衡量"双碳"践行水平的指标，试图通过回答上市公司提高ESG实践水平是否促进企业减排和承担社会责任，来检验资本市场的"双碳"治理效果。进一步从资本市场投资倾向和企业融资两个视角切入，检验上市公司提高ESG实践水平能否带来资本市场青睐和融资成本降低，进而厘清资本市场参与"双碳"治理的作用机理。

实证逻辑如下：资本市场参与"双碳"治理的重要工具是ESG，当前ESG已成为资本市场贯彻"双碳"目标、推动绿色金融的重要抓手。对于企业而言，企业提高自身ESG表现和可持续发展能力能否实现社会价值与经营发展的"双赢"，是企业是否具有可持续ESG

发展的内在动力的关键。即如果较好的ESG表现能够带来资本市场青睐和融资成本降低，那么加大在可持续能力建设上的投入便会成为企业经营的自主选择；反之，如果较好的ESG表现不能带来正面回馈，则会损害企业的积极性，进而对经济绿色转型的可持续性造成不利影响。

（一）资本市场"双碳"治理的效果检验

1. 模型构建

$$CO_2 = \beta_0 + \beta_1 ESG_{it} + \beta_2 Z_{it} + \mu_i + \gamma_t + \varepsilon_{it} \tag{1}$$

其中，CO_2 为碳排放量或碳排放强度，ESG_{it} 为ESG表现，包括ESG总评分和环境（E）、社会责任（S）、公司治理（G）分维度评分，μ_i 为个体固定效应，γ_t 为时间固定效应，Z_{it} 为其他控制变量。

2. 实证结果分析

根据回归模型（1），实证回归结果显示[①]，公司ESG总评分表现显著降低了公司碳排放。E、S和G单维度评分与碳排放均在1%统计水平下为负。

以上结果说明，上市公司ESG表现越好，节能降碳效率就越高。这一结论反映了上市公司进行ESG信息披露、开展ESG实践确实可以促进企业减排和承担社会责任，具有积极的社会影响。以上结果印证了虽然有些企业进行ESG实践的目的是在公众面前树立良好形象，采取象征性行动进行"绿色清洗"和建设"面子工程"来获得更高评级，但大部分企业的ESG实践对企业减排还是具有实质性正面促进作用的。因此，积极推动上市公司ESG信息披露，提高上市公司ESG评级，是资本市场参与"双碳"治理的有效途径。

（二）资本市场"双碳"治理机制检验：绿色资产识别

1. 模型构建

$$IDENTI_{it} = \beta_0 + \beta_1 ESG_{it} + \beta_2 Z_{it} + \mu_i + \gamma_t + \varepsilon_{it} \tag{2}$$

本文选取被泛ESG基金重仓频次和被纯ESG基金重仓频次2个变量表示上市公司是否被资本市场绿色资产识别及识别程度。其中，IDENTI1表示绿色资产识别（泛ESG基金），依据2018年、2019年、2020年和2021年泛ESG基金四个季度报告披露数据，选取重仓的A股前十大公司作为研究对象，计算A股上市公司被同一年该类基金重仓的频次。类似的，IDENTI2表示绿色资产识别（纯ESG基金）。

2. 实证结果分析

根据回归模型（2），回归结果显示[②]，公司ESG总评分表现与其被纯ESG基金重仓频次在1%统计水平下为正，说明ESG表现好的上市公司可以更容易被纯ESG基金重仓。一方面，从信息不对称角度，高质量的ESG信息披露（较高ESG评分）有助于被资本市场绿色识别；另一方面，ESG综合表现好的上市公司具有较好的企业声誉和社会形象，其交易成本和潜在风险较低，被相关主题基金选中的概率也会越大。

---

① 因篇幅所限，此处省略实证数据表格，只分析回归结果。读者如需要，可向作者索取。
② 因篇幅所限，此处省略实证数据表格，只分析回归结果。读者如需要，可向作者索取。

另一结果显示[①]，公司 ESG 总评分表现与其被泛 ESG 基金重仓频次的影响未通过显著性水平检验，说明上市公司 ESG 表现与被泛 ESG 基金重仓的概率无明显关系。与纯 ESG 基金相比，泛 ESG 基金未采用完整的 ESG 投资理念，仅考量了环境、社会和公司治理其中任意一个因素的基金，包含范围更为广泛。而且泛 ESG 基金并非行业基金，也未在募集说明书中界定 ESG 投资策略与投资说明，故无法界定为依据 ESG 标准进行投资的 ESG 产品。但在实践中，泛 ESG 基金是资本市场中 ESG 相关产品的主要构成。因此，ESG 投资产品的信息披露不足，缺乏规范与标准，使资本市场发掘 ESG 优质公司的有效性不足。

（三）资本市场"双碳"治理机制检验：融资成本

1. 模型构建

$$FC_{it} = \beta_0 + \beta_1 ESG_{it} + \beta_2 Z_{it} + \mu_i + \gamma_t + \varepsilon_{it} \tag{3}$$

本文选取债务融资成本和股权融资成本 2 个变量表示企业面临的融资成本。其中，FC1 表示债务融资成本，表示为（净资本支出－利息收入）与（短期债务＋长期债务）的比值；FC2 表示股权融资成本，表示为托宾 Q 即市值与（总资产－无形资产净额－商誉）的比值。

2. 实证结果分析

根据回归模型（3），回归结果显示[②]，企业 ESG 表现能够降低股权融资和债务融资成本，环境、社会责任或公司治理单方面的实践均有助于获取相对便宜的股权融资，但只有环境方面的实践对债务融资成本有明显的降低作用。股权融资方面，以上结论符合收益与风险匹配的原理，在"双碳"背景下，如果企业践行 ESG 可以降低经营风险，那么投资者对该类投资标的期望的报酬率也会同步降低，即融资成本同步降低。债务融资方面，企业债务成本主要取决于贷款利率，受制于国家自上而下的政策。自我国"双碳"目标提出以来，央行的"碳减排工具"和"支持煤炭清洁高效利用专项再贷款"工具等绿色贷款支持政策不断推出，而针对社会责任和公司治理专项贷款相对缺失。与之不同的是，股权市场呈现出自下而上的市场特征，自 ESG 投资在我国资本市场兴起，ESG 理念逐渐成熟，资本市场对于环境、社会、公司治理三方面的关注均较为重视。因此，相对债务融资，ESG 相关信息在股权市场传递更为迅速，渗透更为广泛。

五、政策建议

（一）尝试探索建设中国绿色股权标准

我国可以借鉴美国纳斯达克交易所的做法（见图 2），推出适应我国资本市场实情的绿色股票"贴标"计划，满足那些专注于气候变化风险与机遇的股权投资者的特殊需求，填补我国金融市场对权益类资产绿色属性界定标准的空白。

---

① 因篇幅所限，此处省略实证数据表格，只分析回归结果。读者如需要，可向作者索取。
② 因篇幅所限，此处省略实证数据表格，只分析回归结果。读者如需要，可向作者索取。

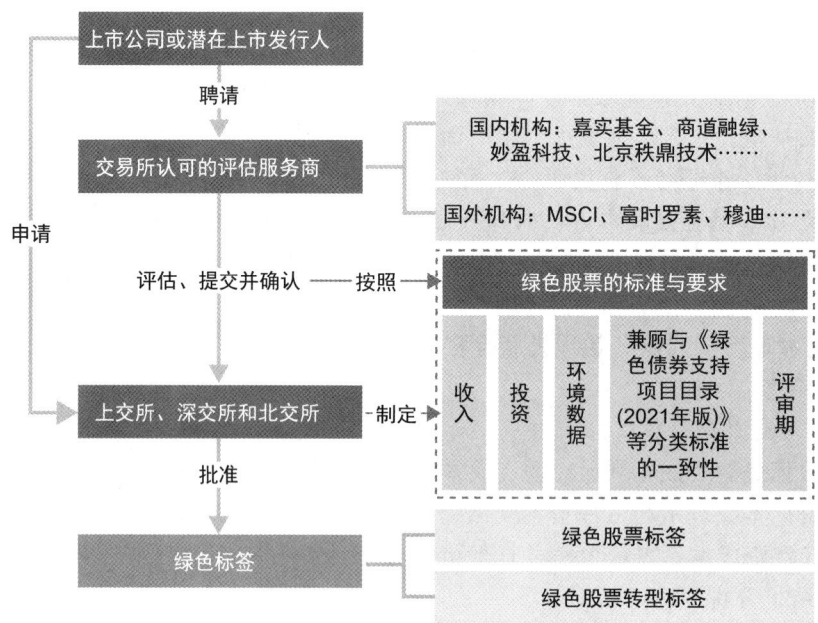

图 2　我国"绿色股票标签"制度示意

我国上交所、深交所、北交所可以牵头制定绿色股票标准，适当引入第三方评估服务商，为即将上市或已上市公司进行绿色认证评估。监管机构应为绿色股票"贴标"计划各参与主体制定合规管理制度。金融机构（尤其是证券公司）可先行先试，借助国外的标准为我国上市公司进行评估认证，增强我国绿色企业的国际认可度，提高国内投资者对绿色股票的重视程度，在市场上形成示范引领效应。

（二）完善"绿色证券"相关的政策法规

第一，加快"绿色证券"信息披露强制性与规范化进程。通过持续推动金融机构、证券发行人、公共部门来分类提升环境信息披露的强制性和规范性。第二，适度放宽"绿色证券"发行上市的准入门槛。第三，通过激励和约束机制引导绿色证券发行人提升信息披露透明度。通过资本市场业绩评价、贴息补贴等政策，激励金融机构增加绿色资产配置、强化环境风险管理；也可通过强化认证评估机构外部监督职能来约束信息披露主体，为投资者提供更加透明充分的投资决策信息，提升对"绿色证券"市场的信心。

（三）增强对绿色产业的直接支持和间接引导力度

第一，引导金融机构加大对绿色实体经济的直接支持力度。用好货币政策和金融市场工具，增强金融机构服务实体经济的能力。第二，有效引导绿色证券市场的 ESG 责任投资。积极鼓励引导机构投资者建立并完善 ESG 责任投资的公司战略，制定明确的 ESG 投资业务目标和标准化绿色投资制度体系。第三，证券公司要充分发挥证券金融机构业务优势，综合运用多种业务形式及专业能力服务实体经济发展，为绿色企业及企业绿色业务提供综合性、创新性的金融解决方案，助力绿色企业通过直接融资实现高质量发展。

(四) 加大碳交易市场的金融产品创新

证券公司应继续深化对区域碳市场的参与，除了直接参与区域碳配额现货交易外，还应依据监管指导文件，积极布局碳远期、碳期货、碳期权、碳掉期等交易工具产品，创新碳资产回购、碳债券等融资工具产品，引入或创设碳基金、碳指数等支持工具产品。同时，证券公司还应积极探索碳做市、碳经纪、碳互换、碳中介、投资或收购碳资产管理公司等新型碳参与方式，为市场引入更多的流动性。

"双碳"目标视角下的绿色金融发展研究与建议

张 青 卫以诺 楚明润*

一、我国绿色金融市场体系建设现状

当前,我国经济结构正面临着绿色发展转型的关键时期,如何行之有效地推动产业绿色发展、推动金融赋能实体产业、构建合理的绿色金融市场体系是举国上下共同面临的课题。从我国绿色金融市场发展角度看,绿色金融市场指资金专门用于符合标准条件的绿色项目,或为这些绿色项目进行再融资的直接投融资市场。狭义的绿色金融市场仅指与环境以及绿色行业有关的,使用绿色金融一揽子工具箱进行的投融资活动。广义的绿色金融市场则囊括了绿色证券体系建设、绿色金融工具创新、绿色普惠行动等新方式、新方法进行绿色改革探索,并与环境、社会和公共治理(ESG)的综合绩效密切相关。总体来说,绿色金融市场需要金融市场、金融媒介、控排企业、自然人个人共同参与,发挥协同效应,推动我国实现"碳达峰、碳中和"目标。

在我国资本市场发展内部运行机制中,市场主导下的运行机制是核心,政府作为引导资本市场的政策实施者,目前已向资本市场提供了绿色金融相关的政策指导并指定委派有关部门进行监管与宏观调控,主要包括生态环境部、地方环交所等。其中,绿色金融市场主要由四大参与主体构成,分别为:国家主管部门,作为需求方的控排企业和供给方的减排企业,绿色金融服务机构,碳监管核证机构。以林业碳汇业务开发为例(见图1),围绕市场价格机制、供求机制和竞争机制的共同效用,整体开发过程需要以上四大类机构共同参与项目开发,因涉及评估测量及资质审批审核,项目周期一般较长,资金需求压力大。

随着在绿色金融市场的深化发展,作为项目外部的金融机构所起到的作用越发重要。金融机构利用已有工具,为需求企业设计、提供绿色金融产品,为市场提供融资渠道,引入资

---

* 本文写作于2023年1月。作者简介:张青,华宝证券股份有限公司研究创新部负责人;卫以诺,华宝证券股份有限公司研究创新部战略研究负责人;楚明润,华宝证券股份有限公司研究创新部战略研究研究员。

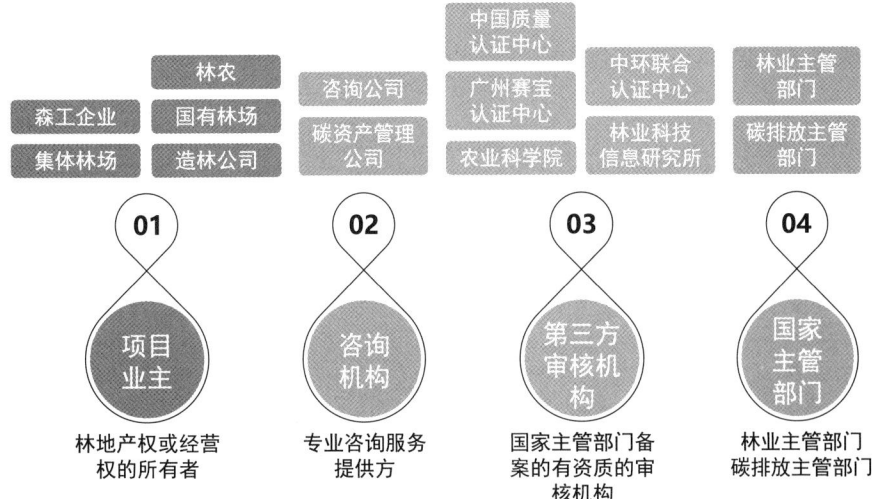

图 1　四大参与主体在林业碳汇开发过程中的角色

资料来源：华宝证券研究创新部。

金活水，同时在企业和投资者之间起到了连接器的作用，在绿色金融市场中的桥梁作用越发明显，并逐步成为实现我国"碳达峰、碳中和"目标中必不可少的一环。

近年来，随着我国资本市场的改革深化，绿色金融也迎来了新一轮迅猛发展。全国金融机构绿色贷款余额从2018年12月末的8.23万亿元迅速增长至2022年9月末的20.9万亿元（见图2）。我国绿色债券发行市场也迅速发展成为仅次于美国的世界第二大市场。绿色融资行业分布日渐多元化，其他行业绿色信贷占比也不断提升，但从整体上看，我国绿色金融市场发展仍处于起步阶段，绿色债券数量与规模虽然增速较快，但存量依旧偏小，而有关绿色工具创新的发展也面临一定的障碍。

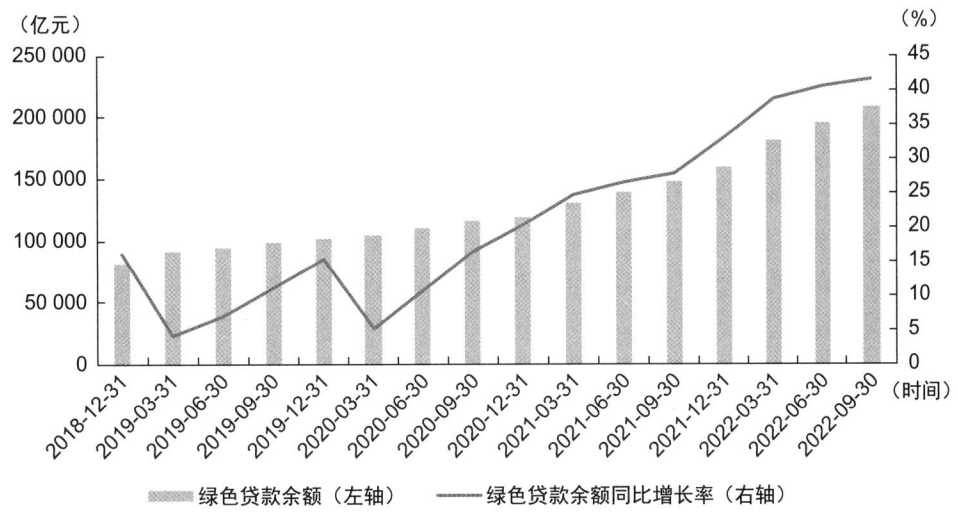

图 2　绿色贷款余额及同比增长率

资料来源：iFind，华宝证券研究创新部。

二、绿色金融市场中的金融工具现状与发展问题

（一）绿色债券

绿色债券作为资助符合规定条件的绿色项目或为这些项目进行再融资的债券工具目前已被广泛应用。相较于海外市场，我国绿色债券当前定价并无特殊优势，融资期限相对较短，对于海外投资者的吸引力不大。截至 2022 年 12 月末，近 50% 存量绿色债券发行人的票面利率仍高于发行当日同期限同评级的中债估值收益率，且总体期限较短；超过 80% 的绿色债券存续期短于 5 年，难以满足如碳普惠、碳捕集等低内部收益率的碳中和项目的长期资金需求。

（二）绿色股权

在证券公司与地方企业共同努力下，绿色股权上市融资在 2022 年取得显著成果。截至 2022 年末，共有 59 家绿色企业在 A 股市场完成 IPO 上市融资，IPO 首发募集资金 823.08 亿元。环保类股票再融资中，证券公司主要作为承销保荐机构发挥着积极的作用，2022 年全年环保类股票首发加再融资共实现 235.75 亿元的融资规模，有效引导社会资本投向污水处理/净水、生物质发电、垃圾焚烧发电等绿色环保项目，支持绿色产业发展。相比海外市场，我国绿色股权市场处于发展初期，股权投资机构的绿色投资开展不足，股权投资机构整体缺乏全局性、长期性的绿色投资战略安排，企业上市规模及再融资市场规模相对海外也较小，不利于企业构建绿色生态的长期发展格局。

（三）绿色基金

我国绿色基金数量不断增长，以低碳、环保、ESG 等为主题的绿色基金近年来在中国发展较快。目前我国已参考海外设立了多项 ESG 主题评价体系，如中证 ESG120 策略指数、沪深 300ESG 基准指数等企业评级参考体系，从气候变化、污染与废物、责任管理、治理结构与运作、营运管理等多个方面设置多级评价指标，综合评价企业所承担的社会环境保护义务。

较之欧美等发达市场，我国在 ESG 方向上的研究进展迅速。包括 ESG 负面剔除、ESG 合并等策略的基金产品近两年发售较多，从增速来看，绿色基金在经过 2016—2018 年的低迷期后，在中央及地方一系列政策支持下，近 3 年以来增长明显（见图 3）。尽管中国当下绿色基金仍多是以绿色、低碳、新能源为主题的概念型基金，缺乏对环境、社会等多方面因素的综合考量，但在体系建设过程中，证券业在推动绿色指数编制、开展绿色投教活动及相关研究工作、促进绿色投资规模增长等方面，均取得了一定成效。

（四）碳市场相关工具

碳市场交易工具以碳排放权配额及项目减排量等现货合约为标的，对标解决市场信息的不对称问题，包括"碳期货""碳期权""碳远期""碳掉期""碳指数交易产品""碳资产证券化"等多样化的碳指标相关金融工具。碳市场融资工具包括以碳配额或项目减排量等碳资产作为标的的"碳质押""碳回购"和"碳托管"。碳市场支持工具包括目前在各地

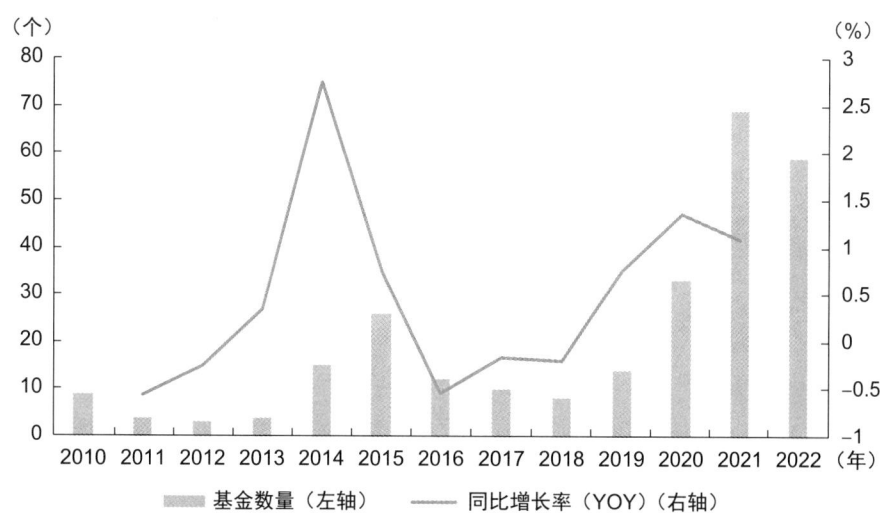

图 3 ESG 基金数量及增速（截至 2022 年 10 月）

资料来源：iFind，华宝证券研究创新部。

环交所上线的"碳指数"和减排项目开发的担保工具"碳保险"。通过发行有关金融工具，能够对资本市场增量进行有效控制，促进碳资产价格的平稳增长。

当下海外资本市场中的绿色金融相关内容发展相比国内较为成熟，绿色标的资产交易量大，涉及国际标准制定起步早，因此，海外各类绿色金融工具相比我国更为多样化。相较之下，我国各类资本支持工具尚处建设期内，在差异化的市场环境中，完善我国各类绿色金融工具、打造特色化绿色金融市场未来发展空间广阔。

三、多层次绿色金融及资本市场体系建设的海外经验

（一）海外绿色金融交易市场的情况介绍

《京都议定书》生效后，为实现碳减排承诺目标，各国及地区间碳交易体系逐步建立。仅 2005—2015 年十年间，已建成遍布四大洲的 17 个碳交易体系（见图 4）。尽管全球统一碳交易市场还未形成，但不同地区碳市场已开始尝试连接，其中各个领先市场的成功经验可以为我国碳市场建设提供借鉴参考。

全球范围未形成统一的碳交易市场，不同市场间正在尝试连接。欧盟碳市场是全球规模最大的碳市场，美国是排污权交易的先行者，但由于政治因素，全球一直未形成统一的碳交易体系。当前多个区域性质的碳交易体系并存，并开始尝试进行连接。2014 年，美国加州碳交易市场与加拿大魁北克碳交易市场成功对接，2018 年其又与加拿大安大略碳交易市场进行了对接；2020 年，欧盟碳交易市场已与瑞士碳交易市场进行了对接。

欧盟碳排放交易体系是世界上规模最大、最成熟的碳排放权交易市场。从市场规模看，欧盟碳交易体系的碳交易额达到 1 690 亿欧元左右，占全球碳市场份额的 87%。从减排效果来看，截至 2019 年，欧盟碳排放量相对 1990 年减少了 23%（见图 5）。随着建设过程的不断深化，欧洲碳交易市场也趋于成熟，各项指标政策标准严格。欧盟碳交易市场当前处于第四阶段，各项政策逐渐趋严。第四阶段已废除抵消机制，同时减少碳配额的市场稳定储备机

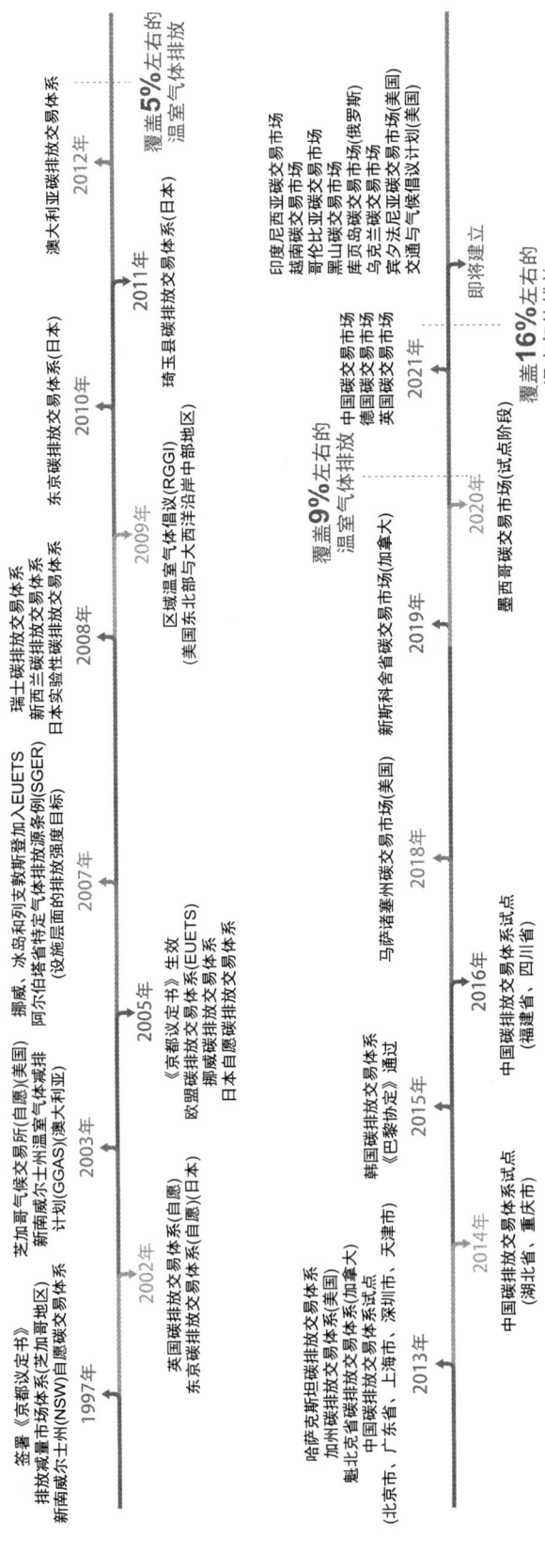

图 4 碳交易体系发展历程

资料来源：国际碳行动伙伴组织（ICAP）、华宝证券研究创新部。

制，碳配额分配方式也从免费分配过渡到 50% 以上进行拍卖，并计划在 2027 年实现全部有偿分配。

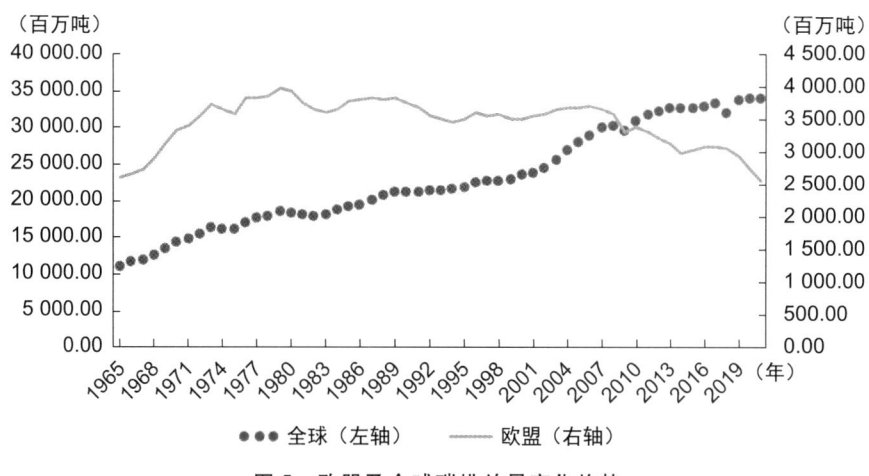

图 5　欧盟及全球碳排放量变化趋势

资料来源：英国 BP 石油公司，华宝证券研究创新部。

美国加州碳交易市场的成功经验首先在于明确的法律和行政约束。其次，不同行业的分配机制也有助于碳市场平稳运营，包括为受到贸易冲击的产业免费发放以缓解企业减排压力，给配电行业免费发放以抑制电价上涨等。最后，包括政府配额预留策略、政府公开操作策略、绿色产业激励策略等，形成了高效灵活的绿色金融及资本市场机制，值得我国借鉴。

（二）国际绿色金融市场发展经验对于我国证券行业的启示

在当前碳关税、碳边界调整机制下，证券业可以考虑在创新绿色金融产品、以绿色金融工具为桥梁便利资本跨境投资、积极参与碳交易三个方面推进"双碳"布局，进一步与国际碳市场对接。

第一，金融机构广泛参与、衍生品种类丰富且交易活跃是国际绿色金融市场的显著表现。"双碳"背景下，证券行业应积极在政策层面提供行业建议，形成一批有深度的研究文章，深入探讨绿色信贷和绿色证券亟待解决的问题，并进一步创新绿色金融产品。积极探索气候债券、蓝色债券以及转型债券等创新产品，大力研究环境权益产品，开展对应权益产品的设计研发，同时探索碳相关衍生产品。

第二，积极协助制定绿色国际标准，便利绿色资本跨境投资。以绿色债券国际交易为突破口，推进绿色债券业务标准及规则制定等方面的国际交流。在绿色债券基础上制定绿色产品国际标准，吸引境外投资者投资境内绿色产品，允许境外投资者以绿色产品作为质押品进行回购交易，打造跨境绿色金融产品，实现资本市场境内外的资金有效流动。

第三，参考国际市场已设立的碳基金，建立完善我国的碳边界调整机制，以巩固碳减排效果，减少碳价扭曲、降低碳泄露问题。证券业应积极开展碳中和工作，包括碳核查、碳减排、购买碳汇等方式，并参与碳交易，研究设计碳排放权相关产品，并积极参与碳排放权交易制度建设。

四、应对国际化潮流,建立多层次绿色金融及资本市场体系

(一) 建设多层次绿色金融及资本市场的相关政策指导意见

我国绿色金融及资本市场建设开始于20世纪70年代,其中2011年之前为理论探索时期;2011—2015年是实践探究阶段,该时期我国在碳排放量上的交易试点正式起步,并且伴有众多的政策措施出台发布,对碳排放的市场交易形成了基本管理体系;2015年至今是完善时期,陆续发布相关文件鼓励推进绿色金融发展。"双碳"目标背景下的绿色金融及资本市场体系建设既是加快农业生态文明建设的重要内容,也是落实绿色普惠金融赋能乡村振兴的重要举措。近年来,我国出台多项绿色金融政策,极大促进了绿色金融发展(见表1)。

表1　　　　　　　　我国出台的有关绿色金融文件梳理

时间	出台部门	文件名称	主要贡献
2016年	中国人民银行	《关于构建绿色金融体系的指导意见》	首次提出"绿色金融体系"
2017年	生态环境部、中国保监会	《环境污染强制责任保险管理办法》	填补了我国环境污染强责险的空白
2018年	中国人民银行	《关于开展银行存款类金融机构绿色信贷业务评价的通知》	首次对金融机构绿色信贷提出评价要求
2018年	中国证券投资基金业协会	《绿色投资指引(试行)》	规范绿色机构的投资活动
2019年	国家发展改革委	《绿色产业指导目录(2019年版)》	制定了绿色债权的认定标准
2020年	深圳市人民代表大会常务委员会	《深圳经济特区绿色金融条例》	我国第一部绿色金融法规
2021年	中国人民银行、发展改革委、证监会	《绿色债券支持项目目录(2021年版)》	从标准上统一绿色债券的概念

资料来源:政府官网、华宝证券研究创新部。

随着相关政策落地速度的不断加快,政策落地方案逐步由区域性小范围试点扩大到多点多地联合实验,与申报地区建设试点城市,发展形势也呈现出多样化、多层次化的趋势。随着后续政策建设力度的不断强化及建设成果的不断完善,我国资本市场体系下绿色金融建设工作体系也将不断向好,促进我国围绕"双碳"目标完善绿色金融服务,健全多层次资本市场建设。

(二) 证券行业引导绿色金融参与多层次资本市场的思考

证券行业发展绿色金融助力"碳中和"是服务国家战略的积极体现,也是践行社会责任的应有之义。在助力绿色金融及资本市场发展方面,证券公司需要进一步发挥资本中介职能,服务于实体经济的绿碳转型。一是以光伏、风电、新能源汽车为代表的新能源行业。这类行业在"碳中和"实现路径中将不断替代化石能源,并且规模效应会促进成本进一步降低,进而发挥正反馈作用。二是高碳依赖性行业面临低碳转型。例如建筑、钢材、水泥、化工等行业领域,这类行业的碳排放来源于生产过程,需要资金投入对传统制造方式进行低碳改造。三是以碳汇林为代表的"吸碳类"行业。碳汇林成本远低于工业减排,随着碳排放

交易市场的发展,碳金融产品流动性和价格公允性不断上升,通过碳汇减排实现的收益将进一步上升。

在服务投资者、加大产品创新供给方面,证券公司同样面临机遇与挑战。一是抓住ESG投资市场快速发展机遇。面对疫情、气候变化等潜在的环境和社会风险,实现可持续发展势在必行,这正与ESG理念不谋而合。随着"碳中和"目标进一步促进经济转型的大潮,机构投资者对ESG策略的重视程度不断提升,证券行业在投资端可进一步加大ESG金融产品创新,积极宣导ESG投资理念,扩大投资者ESG投资需求。二是加大碳金融产品创新投入力度,以市场机制应对气候变化。"碳中和"目标将增加碳市场的供给和需求,碳期货、期权等碳金融衍生品或将迎来快速发展,同时全国碳市场建设的加速也将使碳金融业务空间逐渐打开。证券公司可加大碳金融产品创新,丰富可交易品种,扩大其范围,提高碳资产流动性与价格公允性,以市场机制应对气候变化,促进资源合理配置。

从资本市场中介视角来看,证券公司作为市场中的主要中介机构,应当充分参与到当下的绿色金融及资本市场体系建设中。华宝证券作为聚焦钢铁生态圈的特色券商,在绿色金融及资本市场蓬勃发展的当下,持续不断地发挥着资本市场中介机构的作用,持续为客户提供专业金融服务,助力推动产业升级和实体经济高质量发展,为全面建设社会主义现代化国家、全面推进中华民族伟大复兴作出贡献。

(三)华宝证券绿色金融发展的实践助力

从促进地方资本市场的角度看,华宝证券作为服务产业生态圈的特色券商,联合宝武集团牵线地方政府,通过签署战略合作协议,为地方相关产业提供了可持续的绿色生态战略规划支持,协助补充完善区域主要树种的碳汇计量模型,细化碳汇监测方案,形成可复制、可推广的林业碳汇测算方案,结合碳汇开发工作共同实现提升乡土森林产业产值、变"输血"为"造血"这一目标。在巩固脱贫成果、助推乡村振兴战略落地的同时,也在市场中进行了由券商领头的碳汇资本开发引导区域资本振兴的探索尝试,这一努力成果对完善资本市场建设有着重要的参考价值。

在此工作基础上,华宝证券陆续同多个企业签署减排金融咨询服务协议,围绕"双碳"目标、新能源及综合智慧能源、生物质能源、碳普惠平台体系搭建、企业ESG框架体系建设等领域展开合作。通过为县域经济、实体产业、实体企业提供融资与咨询一体化服务,联合跨地域企业及有关部门构建生态化的协同发展战略,履行证券公司为实体经济发展提供支持的金融企业本职。

(四)华宝证券林业碳汇预期收益权质押贷款成功实践简介

林草资源是十分宝贵的碳汇资源宝藏,是未来实现碳减排乃至碳中和的压舱石。但受限于全国自愿减排市场尚未重启,无法直接签发CCER(全国核证自愿减排量)等原因,林业碳汇生态产品价值实现较难,且现有贷款产品更多面对的是控排企业已有的碳排放权贷款。

2022年10月,华宝证券碳金融团队实地考察宁洱县林业资源,针对宁洱县科茂林业开发有限公司实施的宁洱碳汇造林项目51 365亩林地,牵头收集、整理、评估碳汇价值和申请融资所需的材料,包括林地内不同树种(思茅松、西南桦、桉树)相关信息、种植时间、面积(亩)、初植密度、目前平均胸径、目前单株蓄积等核心参数并区分碳层测算碳汇价值量。根据不同树种的材积—碳储量转换系数，测算得到该林地碳汇总量达 719 680 吨二氧化碳当量（tCO_2-e）。经三方认证，项目共计可产生碳资产经济价值 4 000 余万元。

对比多家国有银行及股份制银行在云南省的贷款政策后，华宝证券推荐项目方选定具有政策优势的农业银行质押融资，即通过创新实践林业碳汇预期收益权质押贷款。项目以企业植树造林产生的碳汇收入作为还款来源，以预期森林碳汇收益权质押作为增信措施。最终云南省农业银行宁洱支行向普洱科茂林化有限公司发放贷款 1 200 万元，授信 3 年期，利率 3.65%，有效解决了客户存量碳资产盘活的难题。

五、构建完善我国绿色金融市场体系的建议

（一）试点并完善绿色金融牌照，促进多元化参与主体

首先，通过发放绿色金融牌照，进一步规范资本市场中有关绿色金融概念产品的准入机制，并通过牌照机制促进市场参与主体多元化发展，包括金融机构（证券、银行、保险、基金等）和非银机构（评级公司、非政府组织等）。尤其是证券行业应利用绿色金融牌照优势，为处于不同发展阶段的绿色产业、企业及项目的直接融资提供多元化服务支持。同时加快绿色金融产品创新，充分学习并借鉴发达国家绿色金融产品经验，研究丰富 ESG 投资产品、创新碳金融产品工具，吸引更多境内外投资者参与绿色投资，促进绿色融资需求与投资供给相匹配，引导绿色金融产品深入社会各个领域。

（二）金融科技赋能绿色低碳投融资发展

在绿色投融资领域，运用金融科技对绿色产业主体和项目进行识别和金融支持，减少信息不对称，防范"三高"企业以资"漂绿"和贴标认证的意义越来越重要。金融科技不仅可以为碳金融相关应用端提供系统化解决方案，也可以为企业"减碳"转型提供全过程量化与认证服务。一方面，金融科技公司应促进金融科技与绿色金融两者联动，在深度了解应用场景的前提下开发金融科技系统性解决方案；另一方面，金融科技有助于建立产业和金融两部门间的环境数据共享机制，解决金融部门获取企业碳排放等环境数据时的壁垒问题。

（三）引入沙盒监管体系，完善相关监管约束机制

沙盒监管是在保护投资者权益、控制金融风险的前提下，监管部门适当放宽限制，在真实环境下测试相关业务的机制，一定程度上可以激发金融创新并提升效率。绿色金融工具在资本市场中的创新性强，引入沙盒监管，有助于平衡新型绿色金融产品的金融风险和产品创新，降低产品推广后的监管成本，从而进一步促进金融科技激发以"双碳"目标为蓝图的中国资本市场的创新与活力。

（四）探索绿色业务加分项设计，完善激励机制

建议中国证券行业积极探索证券机构开展绿色业务的加分项评价体系，并根据评价结果完善激励机制。绿色业务评价指标及权重不仅应根据绿色金融发展的需要适时调整，也要结合证券机构日常经营实际不断完善，具体可包含国家及地方绿色金融政策执行度、机构绿色业务实施情况、金融支持绿色产业程度等内容。

参考文献

[1] 王遥,任玉洁."双碳"目标下的中国绿色金融体系构建[J].当代经济科学,2022,44(05):1—13+139.

[2] 刘学敏.绿色金融赋能科技型中小企业发展路径研究[J].河南科技,2022,41(19):132—136.

[3] 苏博,瞿亢.绿色金融发展的国际经验及启示[J].国际金融,2016(05):75—80.

[4] 杜朝运,丁超.推进绿色资本市场建设的国际实践与中国路径[J].福建金融,2017(01):12—16.

[5] 杨慧玲,张璇.江西省绿色金融体系构建研究[J].现代商业,2020(11):80—81.

[6] 邵帅.绿色发展视角下中国绿色金融发展问题探讨[J].经济动态与评论,2018(01):155—164+193.

国内外公司环境、社会和治理（ESG）评价标准比较和评价结果应用的研究

中国证券业协会绿色发展专业委员会专题研究小组*

一、前言

当今世界面临百年未有之大变局，在国际形势复杂严峻、风险挑战多发情况下，可持续发展已成为各国普遍关注的问题。联合国于 2004 年提出的 ESG 理念，是一种强调经济、环境、社会协调发展的理念，能引导资本市场追求长期价值和关注综合价值创造，成为可持续发展的重要助力。ESG 投资已经在全球资本市场形成共识。党的二十大报告指出"高质量发展是全面建设社会主义现代化国家的首要任务"。ESG 理念与党中央的重大决策部署高度契合，既响应了国家战略，又能够作为科学的评价依据，贯通政府治理、市场治理和公司治理。

ESG 是全球可持续发展的通用语言，在我国融入国际大循环、企业走出去的过程中，ESG 已成为"必答题"。当前国际上有影响力的 ESG 评价体系都源于国外，植入了西方国家的价值观，在西方价值体系里中国企业作出的贡献难以得到体现，有必要结合国情建立有中国特色的 ESG 评价体系。

二、国内外 ESG 信息披露的监管现状

（一）国外资本市场 ESG 信息披露规则

国际上已有多个组织发布 ESG 信息披露标准：GRI 可持续发展报告指引、ISO 26000 社会责任指引、SASB 可持续性会计准则、IFRS 可持续发展披露准则等。发布机构的背景决定

---

* 研究小组成员：长城证券股份有限公司、兴业证券股份有限公司、海通证券股份有限公司。

了各项披露标准有不同的侧重点，海外资本市场普遍采用偏强制性的 ESG 信息披露制度。

（二）国内资本市场 ESG 信息披露规则

目前，我国 ESG 信息披露仍以自愿披露为主，尚未形成系统性、规范性的制度体系。中国 A 股上市公司 2022 年度报告显示，仅有 1 408 家发布 ESG 报告（含社会责任报告、可持续发展报告等），占全部 A 股企业约 30%，比例仍相对较低。

面对这种情况，中国香港 ESG 信息披露发展模式值得借鉴。近年来，香港按照"循序渐进"的发展模式，在与市场参与者的广泛沟通中，不断对 ESG 监管政策进行修订，逐渐强化监管力度。主要体现在五个方面：一是披露责任要求逐渐提高，由鼓励、建议慢慢转为强制责任；二是充分的市场沟通，确保新规留出合理过渡时间；三是逐步引入国际准则，与全球市场保持一致；四是作出未来规划说明，引导上市公司提前行动；五是推出配套工具手册，提高上市公司对规则的理解和应用能力。

在"循序渐进"模式背后，港交所明确了两条 ESG 监管发展主线：一方面，持续向更高标准的国际最佳实践看齐；另一方面，通过不断强化的政策，推动 ESG 报告向财务报告看齐。

三、国内外主流 ESG 评价体系对比与评价结果应用

（一）国外主流 ESG 评价机构简介

国外 ESG 评价体系发展较早，体系较为完善，覆盖对象范围较广。明晟（MSCI）、标普全球、富时罗素（TSE Russell）、晨星等 ESG 评价机构是认可度较高、影响力较大的国际主流 ESG 评价机构。国际主流 ESG 评价内容涉及环境可持续性、合规程度、利益相关方、风险管理等方面。但各评价机构侧重面不同，如明晟以全面性评价为主，富时罗素将企业绿色收入占比纳入 ESG 评价，晨星以 ESG 风险评价取代全面性的 ESG 评价。

（二）国内主流 ESG 评价机构简介

国内影响力较大的 ESG 评价机构有 Wind、华证、商道融绿、盟浪、价值在线、评安国蕴等。评价数据主要来源于公司年报、公司社会责任报告、媒体报道、监管部门公告、公开定量数据等。从评估对象来看，国内 ESG 评价机构主要以 A 股上市公司为评估对象，也涉及港股。从评价体系来看，国内的 ESG 评价体系在指标选取、方法设计上都更符合国情。

（三）国内外 ESG 评价体系对比

总体来看，国外 ESG 评价体系发展程度较高，数据来源广泛且具有较高的客观性，信息披露制度更完善，且评价主体面向全球，更具普适性。国内评价体系主要面向国内上市企业，指标设计具有中国特色。但我国当前的 ESG 评价体系仍依赖于企业的自主披露，以偏重于宣传各自的业绩和环保、社会责任成绩的社会责任报告为主，对一些负面指标涉及较少。

研究发现，对相同的公司，国内外都存在评价结果相关性不高的情况。主要原因有三个方面：一是评价方法中的指标、权重设计主观性较强，不同评价机构对同一指标的赋权差别

较大。二是 ESG 理念不仅局限于财务和环境领域,也注重外部影响,而外部影响评价标准难以统一。三是社会文化背景会对 ESG 评价体系造成影响。

此外,国外评价体系的指标设置和打分方法反映出对中国的歧视:一是否认中国国企的社会责任贡献。中国国企在精准扶贫、乡村振兴等方面作出了大量贡献,但外 ESG 评级机构认为这些是政府而不是企业应该做的事,影响公司利润,从而不升反降中国国企 ESG 评级。二是用未具认可的劳工指标打压中国企业。这导致在中国设厂或者上市的公司在劳工实践方面的风险升高,从而拉低整体评级。

(四) ESG 评价数据的实证分析

明晟 ESG 领导者指数是挑选市场 ESG 评级最高的公司编制而成。回测该指数可以发现,ESG 策略在新兴市场(含中国)有明显超额收益,但在发达市场没有。在新兴市场,大公司的 ESG 评级普遍更高,因此超额收益可能是规模因子和价值因子带来的,而不是 ESG 策略本身。而 ESG 评价高的公司往往是优质赛道里的龙头公司。

ESG 策略有助于投资者进行长期风险管理。根据中国证券投资基金业协会的调研,在已开展 ESG 投资的中国机构中,85% 的机构认为 ESG 可以有效降低个股及组合风险,其中 58% 的投资机构将降低风险列为首要驱动力。整体看,高 ESG 评价的公司股价表现更加稳定,年化波动率更低,遇到极端事件时回撤更小。

四、国内外 ESG 投资现状和国内 ESG 投资主要问题

(一) 国内外 ESG 投资现状

根据全球可持续投资联盟(GSIA)统计,全球五大主要市场(美、加、日、澳、欧)的 ESG 投资规模已突破 35 万亿美元。其中,欧洲和美国合计规模占比超过总量的 80%。

海外通用的 ESG 投资策略分为三类:一是筛选类,包括负面筛选、正面筛选、国际惯例筛选、可持续主题投资。二是整合类,将 ESG 理念与传统财务信息相融合。三是参与类,包括参与公司治理、影响力和社区投资。其中最主流的是整合策略和负面筛选策略,前者占美国 ESG 投资规模的 64%,后者占欧洲 ESG 投资规模的 61%。

中国 ESG 投资类型分为绿色信贷、可持续证券投资和可持续股权投资。根据《中国责任投资年度报告 2021》的数据,绿色信贷市场规模最大,达到 147 800 亿元。ESG 公募基金市场规模虽不如绿色信贷和绿色债券,却是个人投资者最常见的 ESG 投资标的。

国内 ESG 基金以泛 ESG 基金(未采用完整的 ESG 投资理念,涉及 ESG 三项任意一项)为主,占总体基金比例偏低。虽然近年来 ESG 基金在中国发展较快,但根据 Wind 数据,截至 2022 年 9 月 30 日,中国 ESG 主题基金规模仅占总体基金规模的 1.3%,远低于欧洲的 15%。

中国一级股权市场相比于二级市场,在 ESG 发展上处于更早期的阶段。调研结果表明,仅 10% 样本机构对投资标的开展了 ESG 尽职调查,但均未对不符合 ESG 尽职调查要求的投资一票否决;所有样本机构均未制定 ESG 投资信息披露机制,只有 60% 的机构有计划制定 ESG 投资信息披露机制。

（二）国内 ESG 投资的主要问题

1. ESG 投资理念有待提升

近年来中国泛 ESG 基金的扩容主要受益于相关主题投资概念的推动，如新能源、光伏、碳中和等主题。而采用完整的 ESG 投资理念、主要依照 ESG 评价进行投资的纯 ESG 基金数量仍相对较少。ESG 投资理念尚未广泛地应用在投资领域。

2. ESG 投资相关基础数据还较薄弱

国内对上市公司 ESG 信息披露的要求以自愿披露为主，缺乏严格的约束机制，ESG 信息披露质量参差不齐、标准不统一，整体可比性差。同时，市场上缺少统一发布和汇总 ESG 相关报告及评价结果的官方渠道。

3. 中国 ESG 评价体系有待完善

国外 ESG 评价体系已在国际上占主导，而符合中国国情的 ESG 评价体系发展滞后，导致我国在这一领域缺乏国际话语权，这严重影响了中国企业——特别是在中国经济起压舱石作用的传统能源企业的海外 ESG 评价和估值水平。

五、政策建议

（一）建立中国 ESG + 政策引导体系，促进"ESG +"生态体系健康发展

在复杂多变的国际形势下，要以"两个结合"的思想方法，创新完善 ESG +，通过抓住主要行业——能源、金融、科创，坚持先立后破，确保能源安全和绿色低碳发展，助力中国高质量发展。

"ESG +"在内涵上是加入了中国国情议题的 ESG 体系。中国"ESG +"是从国家政策方针和发展战略出发，制定 ESG 政策引导体系，贯通政府治理、市场治理和公司治理，是 ESG 的一种新内涵。如引入党委融入公司治理的议题，鼓励符合中国国情的"党委领导核心，董事会战略决策，监事会独立监督，高级管理层全权经营"的现代公司治理体系。"ESG +"在功能上是高质量发展的有效助力。国际社会普遍从投资者的角度出发，关注如何让投资者规避 ESG 风险并获得更好的投资回报。中国需要通过 ESG 来解决实体经济的高质量发展问题，运用 ESG 的影响力助力中国资产、中国企业获得公正的估值，如为能源转型存量资产（REITs）提供 ESG 信评等。

监管部门的引导与推动是 ESG 发展的重要力量。建立统一的"ESG +"政策引导体系，有助于实现各部门、各地方政策协同整合，从而实现"ESG +"框架下政策协同的一盘棋。国资委于 2022 年初已成立社会责任局，负责中央企业社会责任体系构建工作，指导推动中央企业积极践行 ESG 理念。建议在央企、国企领域 ESG 实践示范成功的基础上，逐步将成熟的 ESG 评价体系向其他领域推进。

建议建立中国上市公司 ESG 信息披露与评价发布平台。搭建共有的、客观的、全面的、可量化的、可持续更新的数字化平台，为市场提供统一的中英文 ESG 报告管理、披露、评价结果查询的一站式平台。

（二）将我国香港作为中国"ESG+"的国际舞台，提升中国 ESG 国际话语权和影响力

香港作为老牌国际金融中心，有着深厚的金融土壤，且在长期实践 ESG 过程中积累了大量经验。依托内地绿色产业发展的大机会，将促进大湾区城市群互联互通，在"一带一路"建设过程中，也能够更加有力地推动投资绿色化。香港特首李家超在施政报告中提出，要将香港建设成为国际绿色融资平台及国际碳市场。借这个机会，要充分利用在两地上市的中国大型能源、金融企业资源，展现中国企业可持续发展的优秀案例，提升中国 ESG 的国际影响力和话语权。

（三）完善 ESG 信息披露标准，推行强制与鼓励结合、循序渐进的 ESG 信息披露要求

企业 ESG 信息的真实披露是 ESG 评价体系构建的基础，建议监管机构在现有上市公司社会责任披露要求的基础上，建立并完善适应中国国情的上市公司 ESG 信息披露标准，进一步清晰明确 ESG 的具体项目及指标含义，规范和优化披露指标要求。同时，也要建立和完善相应的法律法规（如公司法、国企管理办法等），以加强对企业的约束。

可借鉴香港 ESG 信息披露体系循序渐进的经验，如采用"不遵守就解释"的半强制性 ESG 信息披露制度，待市场条件成熟后再过渡到强制披露阶段，最终实现按照披露财务报告的标准，要求企业披露 ESG 报告。建议增加分行业特色指标，使中国上市公司 ESG 信息披露更完整、系统，行业可比性更强。

（四）培育中国 ESG 评价机构，大力推动 ESG 评价体系国际化

中国在碳减排、脱贫攻坚、保证能源安全等方面取得了巨大成就，但中国 ESG 评价机构缺乏国际影响力和公信力，导致中国企业在国际 ESG 评级中受到歧视。因此，培育中国自己的 ESG 评价机构势在必行。

建议确定 ESG 评价行业主管部门，建立 ESG 评价的行业规范，加快建立符合中国国情的 ESG 评价标准，更好地服务国家发展战略和方向。各部门、金融机构应加强与中国本土 ESG 评级机构的合作，将业务覆盖到金融产品、投资策略、一级市场等并进行广泛结合，促进中国 ESG 评级的应用与推广。

建议在相关部门的支持下，多种途径推动中国 ESG 评价体系在国际上的运用，抢占国际投融资市场话语权，包括但不限于：在中国境内进行的海外资金投融资评估需基于中国本土评价体系；鼓励中国企业在境外进行对外投融资时采纳基于中国本土评价体系的评价结论等。

（五）发挥政策性资金引导作用，鼓励形成 ESG 生态体系正反馈机制

形成 ESG 话语权和影响力的关键是通过 ESG 信息披露主体、评估机构、投资机构、监管、交易所组成的 ESG 生态体系，引导更多的资金支持可持续发展，形成正反馈机制，给予利益相关者相应的回报。例如，为绿色资金匹配绿色资产，为绿色项目筹集低成本资金；帮助高成长企业更绿、绿色企业更有成长性和可投性；为普通投资者推荐 ESG 金融产品，并获得高于基准的投资回报。

建议引导养老金、保险、社保等具有一定社会属性的长期资金在投资决策中尽快纳入

ESG 原则，有效提升 ESG 投资在市场内的占比，提升 ESG 理念传播的速度。

调整财税政策，对 ESG 评价领先的企业给予一定的优惠，包括补贴、贴息、减免税等财税政策，对 ESG 评级高的上市公司在招标、采购、税收减免等方面给予一定的鼓励措施，提升 ESG 投资吸引力。此外，金融监管部门在首次公开募股（IPO）、再融资、发行债券等方面可增加 ESG 辅助条件，对 ESG 评价高的公司给予便利。

ESG 评级和投资研究

兴业证券股份有限公司*

一、ESG 投资发展

ESG 投资是环境（Environmental）、社会（Social）、公司治理（Governance）投资理念的简称，也被称为可持续投资。该投资决策不仅以传统分析框架中的财务绩效等因素来评价公司，更是将环境保护、社会公益和公司治理方面的因素纳入其中。从全球资本市场看，随着气候变化和绿色金融被各国纳入金融政策框架内、资本市场避险情绪升温，ESG 投资从小众市场渐入主流。近年来，全球 ESG 投资体系逐步完善，ESG 投资规模不断扩大，ESG 评级标准日益丰富，ESG 投资策略愈加多样。ESG 指标已成为衡量企业可持续发展的重要指标，并逐步形成了以"标准制定—信息披露—评估评级—投资决策"为主体的 ESG 投资体系（见图 1）。

中国的"十四五"规划和"双碳"目标开启了社会经济的全面绿色低碳转型，ESG 投资理念与我国"创新、协调、绿色、开放、共享"的新发展理念相契合，在中国也日益受到关注。相较海外发达国家的成熟市场，国内 ESG 投资起步较晚，仍存在如统一标准欠缺等问题，但 ESG 投资得到了政府、监管机构和市场投资主体的重视，投资规模稳步扩张，迎来了新的发展机遇。

---

* 本文为中国证券业协会 2022 年优秀课题。课题负责人：黄奕林，经济学博士，现任兴业证券股份有限公司党委委员、副总裁，兼任兴证全球基金管理有限公司监事会主席、兴证（香港）金融控股有限公司董事、兴证国际金融集团有限公司非执行董事兼董事会主席。课题组成员包括：薛虓，兴业证券股份有限公司经济与金融研究院宏观智库分析师；王珮琪，雷靖宇，兴业证券股份有限公司博士后工作站博士后研究员；罗玉，兴业证券股份有限公司经济与金融研究院金融工程分析师。

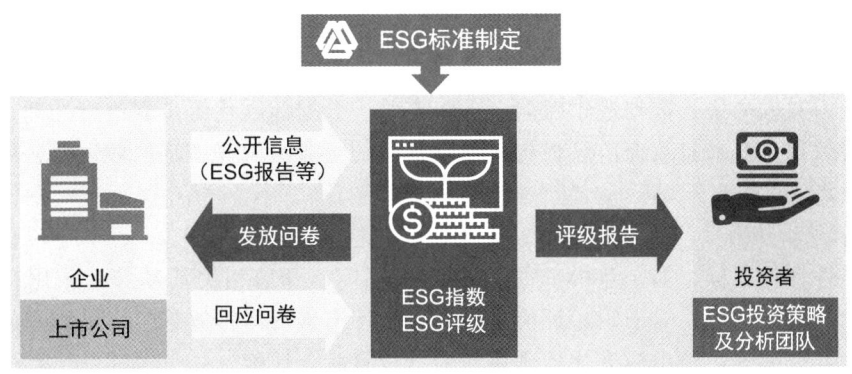

图 1　"标准制定—信息披露—评估评级—投资决策"为主体的 ESG 投资体系

二、构建中国特色的 ESG 评级体系

(一) 构建 ESG 量化评价体系

本文的 ESG 评级体系建设遵循两个原则：一是与国际上主流的 ESG 评级体系具有一致的核心要义，与 SASB、GRI、TCFD、ISSB 等国际组织发布的相关信息披露准则接轨，同时借鉴 MSCI、标普、富时罗素等国际上具有广泛认可度的 ESG 评级体系。二是基于中国特色和国内资本市场的特点，对相关指标进行调整，剔除不符合中国国情的指标和我国相关企业披露率不高、披露意愿不足、数据有限的指标，设计具有中国特色的评价指标（如党建、共同富裕等），使其能够全面、客观地反映我国上市公司的 ESG 水平。详细指标体系共分为 3 个维度、11 个议题、20 个二级指标、85 个底层指标（见表 1）。

表 1　ESG 指标议题层构建

维度	议题	主要指标
环境	环境管理政策	环境管理体系认证、环境应急预案、环境风险评估等
	环境治理实践	环保总投入、污染物减排措施、温室气体总排放量、生物多样性管理等
社会	员工基本管理	反歧视、工作时间管理、社会保险费、员工薪酬、职业健康与安全措施、工伤数量等
	员工发展与多样性	员工多样性、员工关怀项目等
	社区影响	公益项目、精准扶贫投入金额等
	产品责任	产品质量与安全管理措施、客户满意度管理等
	供应商管理	供应商环境政策、供应商社会政策等
公司治理	商业道德	反腐败、企业党建等
	风险管理体系	ESG 风险管理等
	ESG 治理	董事会 ESG 委员会的设置等
	公司治理架构	女性董事占比、董监高独立性等

在 ESG 量化评价体系构建环节，通过底层数据采集和处理、确定指标逻辑映射方式、关键议题赋权、ESG 评分计算等关键环节，建立 ESG 量化评价体系。

1. 底层数据采集

ESG 披露数据主要来自公司发布的可持续发展报告、年报、公司治理报告等各类自主披露文件，经由数据采集、数据逻辑校验、人工审验、数据标准化等步骤进行处理；ESG 另类数据和舆情数据主要来自政府监管机构、学术机构、行业组织等广泛的数据源，从中深度挖掘各类数据点。

2. 指标逻辑映射

对于定性评价指标，如企业内部的 ESG 政策制度、开展相关活动等，采用布尔值的方式对各指标点进行评价；对于定量评价指标，如全年温室气体排放量、污染物排放量、员工人数、员工流失率等，经由标准化处理后按照分位置赋分评价。

3. 议题权重确定

采用行业特定权重法，充分考虑行业特征，并引入行业分析师的定性分析，评估企业 ESG 绩效的潜在影响。最终的指标权重设置结合了具有行业特征的关键议题框架，对重要性高、实质影响大、指标数据质量高、区分度佳的议题分配更高的权重。

4. ESG 评分计算

由底层指标开始，依次计算出指标、议题、支柱（环境、社会、公司治理）分和 ESG 总分，在完成指标分数计算后，根据权重对议题、支柱和总分进行分数加权合成（见图 2）。

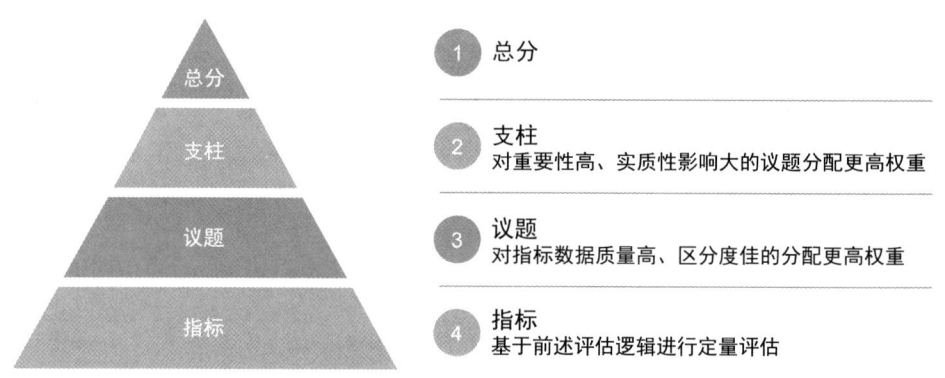

图 2　ESG 指标计算方法

（二）兴证 ESG 评级结果统计分析

1. 兴证 ESG 评级结果概览

从环境、社会、公司治理以及 ESG 四个不同维度对中证 800 指数成分股进行分析，社会得分、公司治理和 ESG 得分都类似正态分布，在 30—70 分区间的占比最多，低于 20 分或高于 80 分的公司占比很少。而环境得分则呈现了明显的右偏分布，得分在 10—50 分的公司占比最高，高于 70 分的公司占比相对较少（见图 3）。

2. 兴证 ESG 评级结果的行业分布

从不同行业的评分看，2021 年各个行业在环境、社会、公司治理和 ESG 得分上参差不齐，银行、非银金融、通信等行业 ESG 平均得分以及环境、社会和公司治理的分项得分较高，表明以上行业的头部公司在 ESG 理念的实践上处于领先水平。

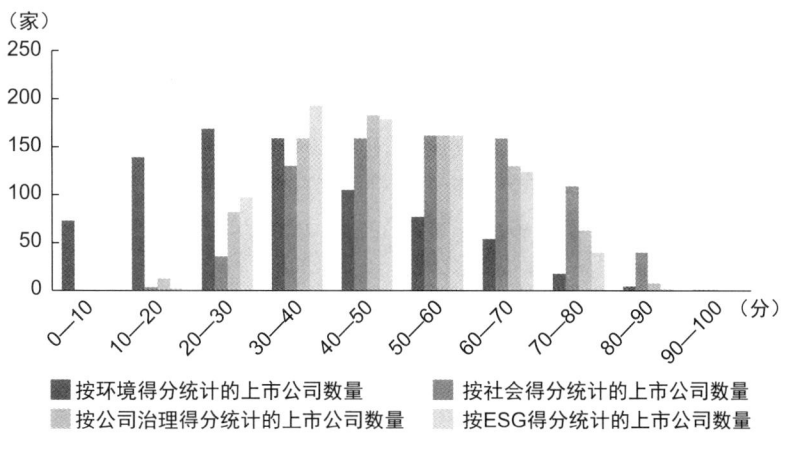

图 3　中证 800 指数成分股 ESG 评级结果分布

3. 兴证 ESG 评级与其他评价体系对比

由于在数据来源、数据处理、权重设计等流程上与其他 ESG 评价体系具有一定差异，为了对比验证兴证 ESG 评级体系的有效性，本文选取了其他 5 家机构（MSCI、富时罗素、商道融绿、华证和 Wind）的 ESG 评级结果，筛选出 400 家可获得数据的上市公司，考察评级结果的相关性。不同评级机构两两相关性分布在 0.157—0.735（见表 2）。尽管不同评级体系的评级方法和评级过程大致相同，但由于各个评级体系在覆盖范围和指标的实质上有所侧重、存在差异，对于争议指标和风险敞口认定也各不相同。

表 2　中证 800 指数成分股分行业 ESG 评级结果与其他 ESG 评级体系对比

	兴证	华证	富时罗素	商道融绿	MSCI	Wind
兴证						
华证	0.386					
富时罗素	0.635	0.260				
商道融绿	0.735	0.418	0.628			
MSCI	0.315	0.157	0.394	0.292		
Wind	0.518	0.336	0.362	0.548	0.204	

注：颜色越深代表相关性越高。
资料来源：妙盈，兴业证券经济与金融研究院整理。

三、ESG 评级与上市公司绩效的关系

（一）ESG 绩效对企业财务预测的影响

ESG 评级可以纳入基本面分析，进而对企业的财务预测产生影响。ESG 因素的具体影响和相应财务预测调整包括以下几方面。

1. 营业收入

将 ESG 因素纳入营收预测，通过增加或减少公司的收入增长率来反映 ESG 机会或 ESG 风险。长期来看，遵循可持续发展原则和 ESG 表现较好的公司更有可能提供高质量的产品

与服务，建立正面的品牌形象，提高顾客忠诚度，从而有望通过提高市场份额和定价来改善收入增长，预测其收入增长率时应适当调高。

2. 营业成本

对 ESG 因素给未来营业成本带来的影响作出假设，从而直接调整未来营业成本预测或调整经营利润率、息税前利润率。有些运营成本可以明确地预测出来，比如雇员人数的改变；而有些运营成本不会披露，需要对运营利润率作出假设与调整。

3. 账面价值和减值费用

ESG 因素可以影响资产的预期现金流。例如，某些不可持续业务线在未来可能会被迫长期或永久性关闭，从而改变资产的净现值，导致减值支出，账面价值相应降低。

4. 资本支出

ESG 因素会导致公司增加资本支出。例如，为实现减排，企业进行现有设备排污改造或购置新设备而付出一定成本。

（二）ESG 绩效对股票估值的影响

当公司存在明显的 ESG 风险（如腐败、管理质量和诉讼风险等）或 ESG 机会，但很难量化计入公司财务数据时，可以直接调整估值模型的参数从而反映 ESG 因素。本节利用现金流贴现 DCF 模型，分析兴证 ESG 评级分数对企业盈利现金流、特质性风险和融资资本成本的影响，探究 ESG 得分对股票估值的影响。图 4 为 ESG 得分传导股票估值路径。

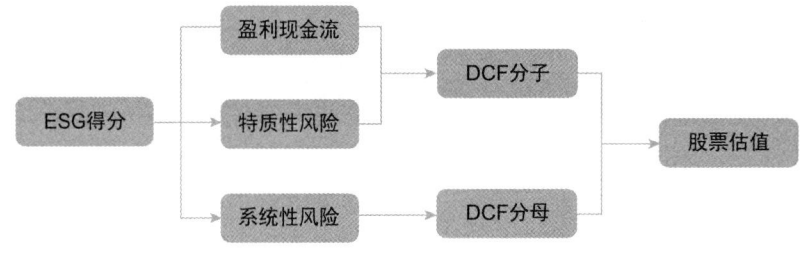

图 4 ESG 得分传导股票估值路径

1. 盈利现金流

通过投资组合的比较分析，高 ESG 得分组合的平均净资产收益率（ROE）数值和股息率明显高于低 ESG 得分组合的平均 ROE 和股息率（见图 5、图 6）。高 ESG 得分的企业，能够更好地争取内外部资源，有更强的研发能力和创新管理能力，在市场中竞争优势更明显，因此获得更高的盈利水平，使公司产生红利，通过提升 DCF 模型中分子现金流 CF 来提升企业的股票估值。

2. 特质性风险

通过对企业治理和生产标准的统计与分析可以看出，ESG 得分高的公司的管理标准、整体风险控制标准与合规要求往往高于行业的平均水平，相关的负面事件，如行政处罚、诉讼案件、环境污染和产品安全的发生次数较少（见图 7、图 8），降低了公司价值和股票价格发生急剧波动的概率，提升了公司估值的稳定性。

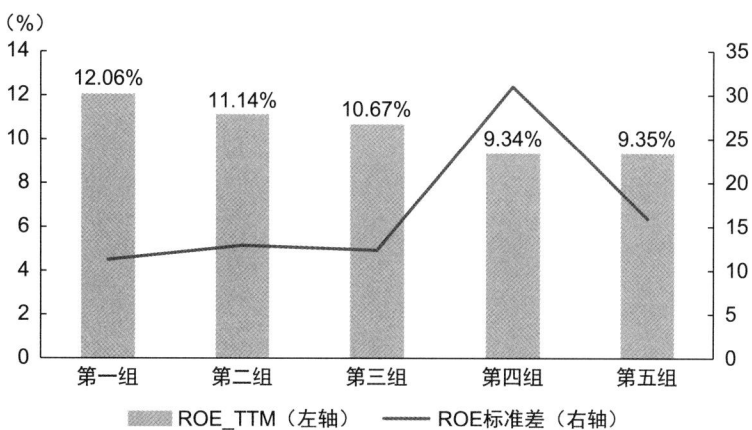

图 5 ESG 表现与 ROE_TTM

资料来源：Wind。

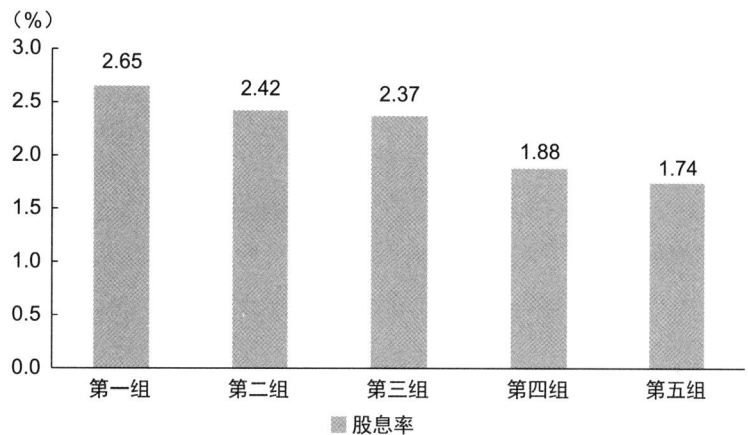

图 6 ESG 表现与股息率

资料来源：Wind。

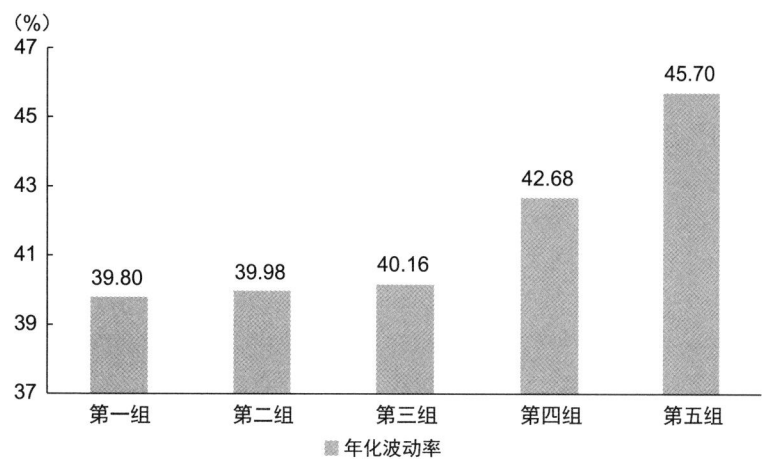

图 7 ESG 表现与年化波动率

资料来源：Wind。

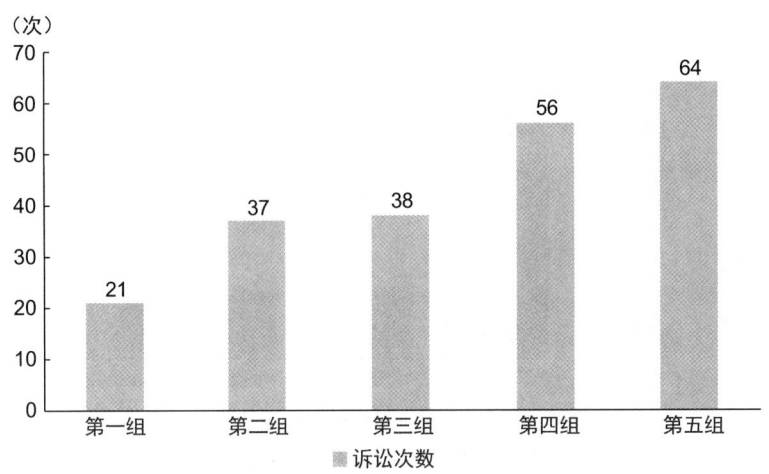

图 8　ESG 表现与诉讼次数

资料来源：Wind。

3. 融资成本

通过对公司的历史收益率分析可以看出，高 ESG 得分的企业往往呈现较低的系统性风险敞口（β），面对系统风险的冲击，具有较强的抵抗力（见图 9）。所以，高 ESG 得分公司也具有更低的融资成本，DCF 模型中分母 r 的值降低，从而提升公司的股票估值。最高 ESG 得分的组合 beta 系数明显低于其他四组，说明其具有更低的系统性风险暴露，高 ESG 组合的加权平均资本成本（WACC）小于低 ESG 组合（见图 10）。

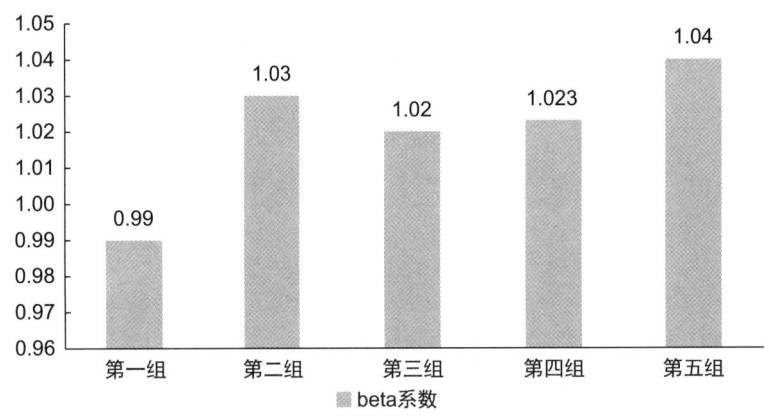

图 9　不同 ESG 投资组合 beta 系数

资料来源：Wind。

四、深入分析 ESG 评级，助力 ESG 基金发展

（一）ESG 因子有效性测试

本文将各议题指标得分进行等权合成，作为 ESG 评级季度因子得分。基于 IC 以及分组收益率测试的方法，对 ESG 评级季度因子的有效性进行测试，测试范围为 Wind 全 A 指数成

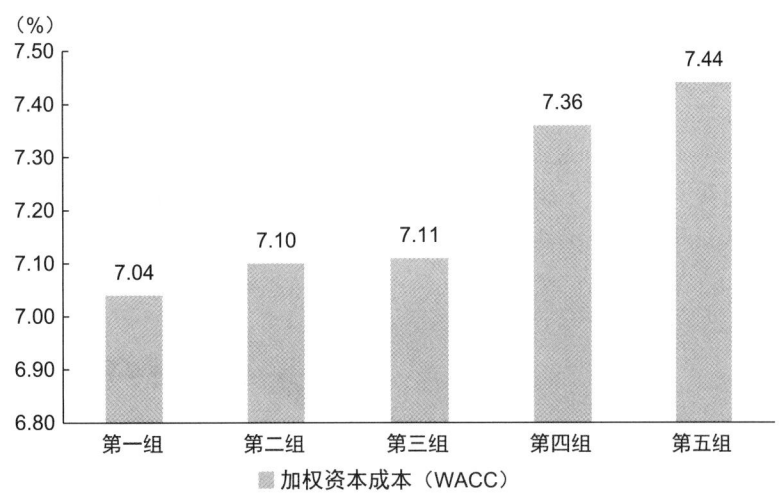

图 10 不同 ESG 投资组合加权平均资本成本

资料来源：Wind。

分股，回测区间为 2017 年第四季度至 2022 年第三季度，按照当期因子值的大小将股票分为十个等权的分位组合进行测试。

从 ESG 因子 IC 测试结果来看，ESG 因子月度 IC 均值为 2.10%，t 统计量为 1.77，因子有效性较强。从时序上看，ESG 因子月度 IC 胜率为 52.63%，因子方向与效果较为稳定。从分位数组合收益率表现来看（见图 11），在季度换仓的情况下，各组收益单调性一般：Top 组收益率为 0.51%，L—S 组年化收益率为 1.09%。

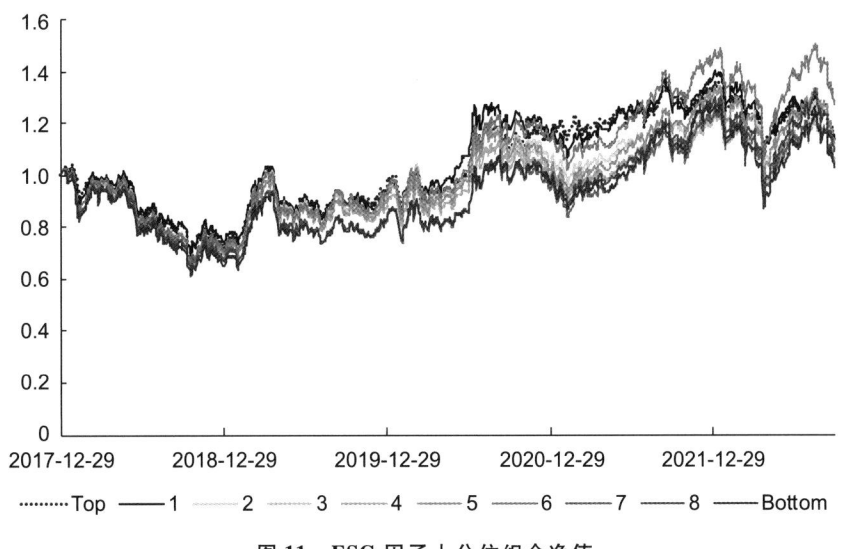

图 11 ESG 因子十分位组合净值

资料来源：Wind，妙盈，兴业证券经济与金融研究院整理。

（二）ESG 因子选股策略构建

结合兴证 ESG 评级结果以及成长、质量以及价值三方面的基本面财务数据因子，进一步构建 ESG 正向筛选策略，筛选出 ESG 优质标的龙头，进一步分析 ESG 评级投资实践的有效性。在构建的选股策略中，首先，基于基本面因子对股票成长及质量进行打分，筛选出成长能力强的优质标的；其次，基于标的估值以及流通市值，挑选出投资价值凸显的龙头股票；最后，根据 ESG 得分得到最终的投资组合样本股。

从策略净值曲线来看，近 1 年来，正向筛选策略收益率开始稳定超越基准，投资者出于对可持续发展的认知和重大系统性风险的防范正相应地调整其投资行为（见图12）。

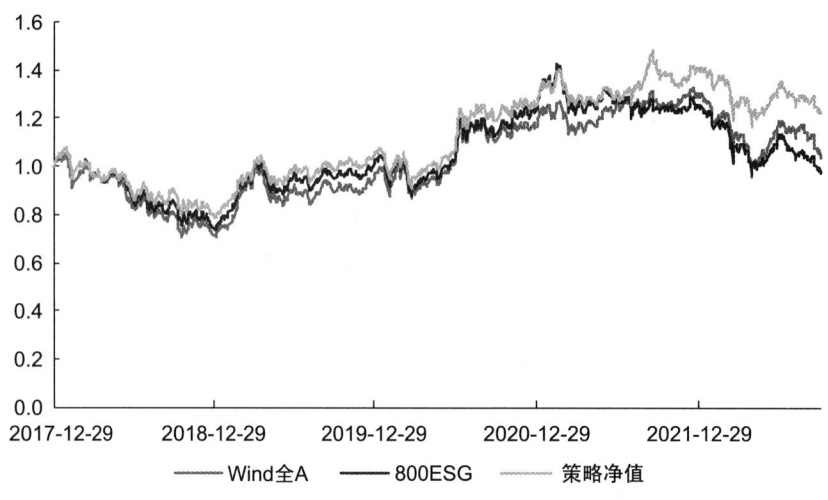

图 12　ESG 正向筛选策略净值

资料来源：Wind，妙盈，兴业证券经济与金融研究院整理。

同时，从统计数据来看，正向筛选策略相对 800 ESG 指数以及 Wind 全 A 指数均具有正超额收益率。相对 Wind 全 A 年化超额收益率为 3.0%、相对 800 ESG 指数年化超额收益率达到 4.6%（见图13）。从风险角度来看，策略年化波动率小，体现出了较强的抗风险能力，最大回撤小于 Wind 全 A 和 800 ESG 指数。

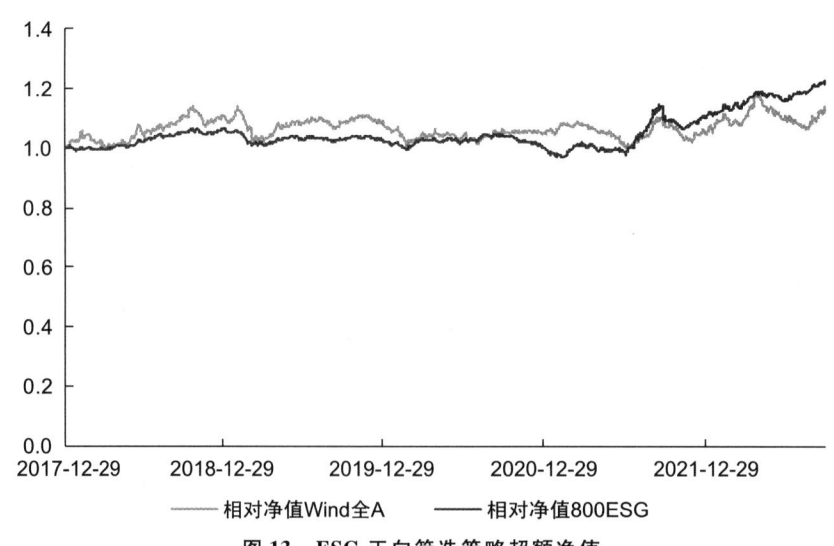

图 13　ESG 正向筛选策略超额净值

资料来源：Wind，妙盈，兴业证券经济与金融研究院整理。

五、结论

本文在梳理国际 ESG 发展历程和我国企业 ESG 及投资领域应用现状和发展的基础上，借鉴国内外主流的 ESG 评价体系，结合国情及行业特点确定了有关指标及权重，建立了具有中国特色的证券公司 ESG 评级体系，利用回测分析证明了该 ESG 评级体系的客观性、科学性和实践性。根据评级结果，构建相应的 ESG 指数，对指数策略进行实证分析，利用被动化的指数投资策略，基于 ESG 评级理念构建投资组合标的。通过与市场上主要指数的对比得知，该投资组合具有更高的超额收益和较强的抗风险能力，最终证明了本文所建立的 ESG 评级体系的有效性。

场外结构化证券的基础制度设计研究

——基于场外债务融资工具的比较视角

中证机构间报价系统股份有限公司　华泰证券股份有限公司*

一、场外结构化证券的内涵及其基础制度设计理念

（一）场外结构化证券的内涵

目前，场外结构化证券并无法律上的定义。从构成要素来看，场外结构化证券构成要素主要包括三个方面：基础金融产品、衍生合约以及挂钩标的。场外结构化证券具备结构化产品的基本特性①，具有固定收益的特点，还具有风险金融产品的特征，通过产品设计使得投资者的收益增强，或者通过产品结构将投资者对市场未来的判断具象化。由于金融衍生品内嵌在结构化证券中，所以其收益和风险与其产品要素的表现相关联。

场外结构化证券需要同时具备"场外""结构化产品""证券"的特点，我国的收益凭证业务具备了以上特点。从产品结构看，收益凭证虽然可以简单地描述为"债券+衍生品"，但从构成要素看，是固定收益证券、衍生合约、联动资产②。

---

* 本文为中国证券业协会 2022 年优秀课题。课题负责人：尤力，法学博士，中证机构间报价系统股份有限公司监测业务三部部门总监。课题组成员包括：加丽果、王倩、井维维、董晶晶、于子豪，均供职于中证机构间报价系统股份有限公司；孙祥霄、李京书、温晶、张晓强、郑仲民、苏晓、付治宽、姚成、吉蓝玉、韩鸣飞，均供职于华泰证券股份有限公司。

① 即运用金融工程技术，将存款、债权等固定收益率产品与金融衍生品（如期权、互换、远期等）组合在一起而形成的一种新型金融产品。

② 根据中国证监会 2013 年 3 月公布的《证券公司债务融资工具管理暂行规定（征求意见稿）》（以下简称《暂行规定》）：证券公司债务融资工具包括证券公司债、次级债和收益凭证等，收益凭证是指证券公司依照本办法发行，约定本金和收益的偿付与特定标的相关联的有价证券，特定标的包括但不限于货币利率、基础商品、证券的价格或者指数。2014 年《证券公司开展收益凭证业务规范（征求意见稿）》中将收益凭证定义为："约定本金和收益的偿付与特定标的的挂钩的有价证券。特定标的包括但不限于股权、债权、信用、基金、利率、汇率、指数、期货及基础商品。"

(二)场外结构化证券基础制度的设计理念

理念即制度设计希望达到的目的,其贯穿在法律施行的过程中,是重要的价值支撑。适度的金融创新有利于市场的发展,但如果任由金融创新沦为不当套利的工具而不加以规范和管控,则会给市场的安全和稳定带来巨大的隐患。因此,兼顾融资便利与交易安全的平衡、在鼓励金融创新的同时保护投资者权益是场外结构化证券基础制度设计的重要目的以及所遵循的价值主张,需要通过合理的基础制度设计来避免和消除不当套利行为,为投资者的权益保护和金融市场的稳定运行保驾护航。

首要理念是保持融资便利与交易安全的博弈、平衡。与债券等融资方式相比,场外结构化证券在风险、回报率方面表现出更强的优势,因此,在设计场外结构化证券的基本制度时更应当注重以下三方面:一是充分考虑市场发展与制度规范之间的平衡。结构化证券的市场发展影响了相关基础制度的设计,反过来基础制度设计为结构化证券市场的平稳健康发展奠定基础。二是体现宏观调控与交易公平之间的融合。场外结构化证券基本制度设计属于经济法,国家通过该制度设计完善对各参与主体的规范性监管,促进市场的信息透明及风险管控;同时场外结构化证券法律规制也具有商法的特点,其基础制度设计的理念应当是追求宏观调控与交易公平的交融与配合,在经济法和商法的特点中做到有机结合。三是体现鼓励创新和避免不当套利之间的平衡。结构化证券所具有的产品嵌套及杠杆叠加特性,增加了市场风险的不透明和监管难度,可能导致场外结构化证券市场的风险被放大、催生不当套利行为,因此,基础制度设计应当在保护创新的同时,兼顾避免不当套利行为对市场的危害。

另外,在鼓励金融创新的同时保护投资者权益。基于场外结构化证券市场的独特性,一套完整且有效的投资者保护制度是不断创新的结构化证券市场基础制度设计的重要组成部分。大部分成熟的场外证券市场均建立了投资者分级分类管理制度以及信息披露规范等标准,以降低系统性风险,不断推动场外结构化证券的规范化与投资者准入保护、纠纷解决之间的有机统一。总的来说,场外结构化证券投资者及其权益保护的法规制度既要鼓励市场在理论上的创新,又要为市场的平稳发展形成助力。

二、场外结构化证券基础制度的境外经验借鉴

以美国、欧洲、韩国和中国香港、中国台湾地区为代表的场外结构化证券市场已发展多年,其制度建设为我们提供了一定的经验。

(一)法律属性明确,制度体系健全

上述主要国家和地区均已通过法律的形式确定了结构化产品的法律属性,并建立了较为完善的法律制度体系。比如美国、德国、中国香港地区将结构化产品定义为"有价证券"而非金融衍生品,从而排除了期货及衍生品相关法律的适用;中国台湾地区以发行主体是否为境外机构,分别将结构债定义为证券及衍生品。上述各国和地区对结构化证券监管的共同之处主要体现在产品的披露要求和投资者适当性上。一方面,均明确了产品发行人信息披露的义务,需要向投资者披露产品的各项风险特征,尤其是针对复杂的结构化证券,强调要充分披露其收益结构;另一方面,建立了严格的投资者适当性制度,有些地区还要求强制冷静

期，使投资者有充裕的时间进行理性投资选择。

（二）以自行登记结算为主的灵活模式

场外发行的结构化证券一般不设特殊规定，由发行人自主选择登记结算场所。由于结构化证券定制化的收益结构，因此，在风险可控的前提下，灵活登记结算模式提高了结构化证券发行和兑付的便利性。

（三）投资者保护制度完善，投资者类型多样化

上述国家和地区在做好投资者适当管理的基础上，允许普通投资者参与投资结构化证券，并在一定程度上放宽对于专业投资者的适当性要求，且不设立特殊的认购门槛。加强对普通投资者教育，增强其对产品的理解，确保投资者的风险承担能力与产品的风险等级相匹配。

（四）发行交易机制完善

境外市场结构化证券的发行一般分为公开发行和私募发行，发行人在取得相应发行资质后就可以发行相关产品。私募发行相较公开发行的限制更少（如信息披露要求更低），但对发行人资质和投资者适当性要求更高。产品发行时，发行人可以选择多个销售商，拓展销售渠道。结构化证券发行前，一般需要向监管机构提交说明书等材料，经批准后方可发行。发行人还需要定期向监管机构报告产品压力测试情况，制定极端情况下的应急处理措施。

三、我国的场外结构化证券

目前，我国的结构化产品市场处于发展初期，与境外市场相比，挂钩资产类别尚不丰富，保本产品比例较高。我国现有的场外结构化产品主要包括证券公司收益凭证、商业银行结构化存款以及避险策略基金。由于避险策略基金在2018年资管新规发布后大幅萎缩，所以不在本文讨论范围之内。

（一）证券公司收益凭证业务概况

收益凭证业务作为证券经营机构探索新融资渠道的新型融资工具，经过多年发展，已成为证券公司重要的中短期债务融资工具之一，在风险管理、服务客户和丰富场外市场产品体系等方面都发挥了重要作用。

产品类型方面，根据是否嵌入金融衍生品，收益凭证分为固定收益型和浮动收益型；按照挂钩标的价格波动的市场风险是否由本金承担，浮动收益型又可分为本金保障浮动型和非本金保障浮动型。截至2022年底，本金保障型收益凭证存续规模为2 889.74亿元（68.41%），非本金保障型收益凭证1 334.47亿元（31.59%），可见全市场收益凭证以本金保障型为主。

产品运行机制方面，收益凭证发行的主要参与者为证券公司以及代销机构；一般通过机构间私募产品报价与服务系统（以下简称"报价系统"）以及证券公司柜台发行；对于固定收益型以及本金保障浮动收益凭证，目前并无具体的投资者适当性管理规定，非本金保障型收益凭证投资者适当性参照场外衍生品相关规定进行管理；发行收益凭证时，需与投资者签

订认购协议、发行说明书和风险揭示书，风险揭示书应当向投资者充分揭示收益凭证的市场风险、信用风险、流动性风险等。

（二）我国场外结构化证券业务基础制度存在的不足

一是顶层设计不足。目前针对场外结构化产品缺乏统一的监管规则，对于结构化产品适用的上位法、部门规章缺乏明确的制度支持，从业务开展至今尚未出台规范收益凭证业务的监管规则。二是具体规范不足。主要是产品结构设计、发行文件及信息披露文件管理方面的规范不足等。三是投资者适当性管理制度要求不完备。2019 年发布的《关于规范证券公司收益凭证业务的通知》，仅对非本金保障型收益凭证投资者适当性管理作出要求。

四、境外监管实践对我国场外结构化证券市场制度设计与完善的启示

经过近十年的业务探索，收益凭证作为我国场外结构化证券的重要载体，在拓宽证券公司融资渠道的同时促进了证券公司资本中介与财富管理业务的发展，满足了客户多元化财富管理与风险管理需求，因此，发展好、规范好收益凭证业务是加快构建多层次资本市场体系、服务实体经济发展的重要抓手。通过对境内外场外结构化证券市场的比较研究发现，我国场外结构化证券的基础制度尚不能满足实践中收益凭证业务蓬勃发展的需求，需要进一步完善。

（一）明确界定收益凭证的概念和法律属性

通过对各国（地区）证券法的梳理发现，对"证券"进行抽象性、概括性定义一直是各国立法机构探寻的目标，而我国《证券法》也明确规定相关政府部门有权判定该资本工具是否属于"证券"，为收益凭证的法律适用留出了一定的空间。建议监管机构出台相关的部门规章或自律规则，明确收益凭证的定义以及证券的属性。

本金保障型收益凭证具有到期还本付息的特性，债务融资工具属性鲜明，而非本金保障型收益凭证是否为债务融资工具仍存在分歧。根据我国《企业会计准则第 22 号——金融工具确认和计量》（CAS22），收益凭证中嵌入的衍生品应与基础金融工具作为一个整体，按照"应付债券"进行分类计量。因此，从法律属性上看，非本金保障型收益凭证也具有债务融资工具的属性。

（二）加强对收益凭证结构设计规范与风险防范

目前，收益凭证债务融资工具的性质与法律属性争议主要集中在内嵌衍生品可能导致产品本金损失的问题上。一方面，从保护投资者权益角度，应当对收益凭证的衍生品特性加以管理，对于非本金保障型产品的投资者适当性、挂钩标的管理、合约设计、对冲管理等各项工作，参照场外期权或收益互换相关监管要求执行，明确产品设计的本金保障底线，防止证券公司将收益凭证业务作为变相开展场外衍生品业务的工具，从而实现对收益凭证业务回归本源属性的规范管理；另一方面，为加强信用风险与流动性风险控制，可按当年待偿还收益凭证余额不超过证券公司净资本的一定比例，对收益凭证采取分级余额管理，夯实以净资本为核心的额度管理体系，将收益凭证纳入证券公司整体债务融资额度与期限结构的统一管理。

(三) 规范收益凭证业务登记结算机制

目前,收益凭证登记总体呈现报价系统和证券公司并行格局,即在柜台发行转让的收益凭证由各证券公司分别自办登记结算;在报价系统发行转让的收益凭证由证券公司委托中证机构间报价系统股份有限公司办理登记结算。

报价系统作为场外市场重要的基础设施,为在报价系统发行的收益凭证提供集中登记及交易相关服务,有效降低了市场运行成本,提高了业务规范度、透明度、管控能力和公信力。证券公司通过自有柜台发行收益凭证并自行登记,有效弥补了集中登记模式下交易时效性、交易灵活性、产品结构多元化方面的不足。当前报价系统集中登记和证券公司自行登记并行,与当前业务开展现状是较为契合的。从长远来看,可以兼顾从规范性与灵活性角度、推动维持现有登记格局的前提下解决收益凭证份额权属确认问题,对现有模式进行整合、优化。

(四) 建立符合场外结构化证券实质及实践的投资者适当性管理制度

本金保障型收益凭证本质上是以证券公司信用为担保对投资者进行偿付,非本金保障型收益凭证产品结构的复杂程度与场外衍生品类似。据此,应当将收益凭证业务投资者适当性管理工作统一纳入证券公司投资者适当性管理工作中。对于非本金保障型的收益凭证,秉承"合适的产品卖给合适的人",参照场外衍生品的投资者适当性标准管理,即非本金保障型收益凭证的投资者适当性提高至专业机构投资者。从现行法规来看,目前非公开发行债券等私募产品的适当性标准限定为专业投资者,结合我国收益凭证业务整体风险状况,可借鉴境外国家或地区的经验适当放开本金保障型收益凭证认购门槛及投资者适当性要求。基于投资者的风险承受能力评估结果以及收益凭证风险等级的分级结果,确保投资者的风险承担能力与产品的风险等级相匹配。

(五) 构建场外结构化证券统一的监管规则

考察境外结构化证券市场,结构化证券均具有以统一法律将法律属性相同或相似的金融产品集中进行规制为主、分散性制度作为重要补充的特性。我国场外结构化证券基础机制的设计也可借鉴国外的做法,避免制度分散而导致的法律规制非系统化、重复化以及空白化。

结合我国当前金融监管模式和监管效率,可以参考借鉴"大资管"的监管方式,即通过立法形式,制定统一规范场外结构化产品的制度,明确产品法律属性与基本范围,规范产品结构设计,加强产品销售管理与投资者适当性管理等,统一各监管机构对场外结构化产品的监管理念,实现顶层设计的监管框架。各监管机构在各自的监管领域内分别规定创设场外结构化产品,如发行人的权利义务、投资者适当性管理、信息披露、登记结算等具体规章以及自律规则等基础制度,避免监管灰色地带和重复监管,以便在分业监管、经营的格局下,提升法律规制的效力位阶,发挥特别法的作用,以弥补现有场外结构化证券基础制度设计的不足。

场外市场估值应用研究

——构建以总市场价值为核心的场外衍生品动态风险监控监测体系

中证机构间报价系统股份有限公司　华泰证券股份有限公司

浙江工商大学[*]

一、场外衍生品第三方估值标准体系

为了解场外市场总市场价值（Gross Market Value，GMV）的全貌，动态把控市场风险，应先从合约维度出发，估计单个合约的公允价值，再采用合理方式汇总计算总市场价值。

（一）场外衍生品第三方估值的产品矩阵

目前，境内场外衍生品的形态主要为场外期权与收益互换。不同结构类别的收益规则、结构参数有所差异，导致其适用的估值方法可能存在较大差异（见表1）。

表1　场外衍生品结构特征分类说明

产品形态	结构大类	细分结构	简要说明	重要参数
收益互换	线性结构	线性结构	交易双方根据有效约定在约定日期交换收益金额的互换交易，其中交易一方或交易双方支付的金额与标的的表现相关	交易费用、保证金比例

---

[*] 本文为中国证券业协会2022年优秀课题。课题负责人：潘燕，中证机构间报价系统股份有限公司数据服务部助理总监，财政部全国会计领军人才；邓弋威，浙江工商大学金融学院副教授。课题组成员包括：王磊，华泰证券股份有限公司固定收益部总经理；张辉，产超平，朱赫喧，李岱阳，陈钟平，均供职于华泰证券股份有限公司。

续表

产品形态	结构大类	细分结构	简要说明	重要参数
场外期权	香草结构及其组合	价差、跨式、蝶式等期权结构组合	由香草期权构造而成，根据不同市场情况获得浮动收益，组合结构简单，构造成本较低	行权水平、参与率
	二元结构及其组合	阶梯、蛋糕等期权结构组合	由简单二元结构构造而成，根据不同市场情况获得固定收益，组合结构简单，收益选项有限，构造成本低	行权水平
	奇异结构	区间累积结构及其组合	结构中具有一定的累积区间，按观察日逐日进行收益累积，结构最大风险及收益均有限	行权水平
		障碍类结构，如鲨鱼鳍、触碰类结构	结构中具有障碍条件，在观察日触及障碍价格后结构收益特征发生变化，一般情况下转化为固定收益	行权水平、敲出水平、参与率
		提前终止结构，如本金保障Autocall、大雪球、凤凰结构等	结构中具有提前终止条件，在观察日触及提前终止条件后期权提前了结，一般情况下提前终止时可获得较高收益	敲出水平、敲入水平
	多标的结构	多标的	标的资产为多个资产组成的标的篮子，结构收益与标的篮中所有标的表现相关	上述单标的结构所有可能参数

（二）场外衍生品第三方估值的模型标准

非线性结构品种可根据挂钩标的的种类、流动性及估值要素，构建模块化的估值矩阵，对应选用相应的模型。对于场外期权标的存在活跃发行商的品种或场内期权合约品种，应考虑活跃发行商在产品定价、估值上的差异，制定更能被市场接受的公允价值估值方法（见表2）。

表2　　　　　　　　　　　　非线性结构的场外衍生品估值方法矩阵

	挂钩标的	商品	权益指数	利率	多标的
不存在活跃发行商或场内期权品种	香草类	BSM模型，历史波动率	BSM模型，历史波动率，基差参数模型	BSM模型，历史波动率	BSM模型，历史波动率，历史相关系数
	奇异类	PDE方法，历史波动率	PDE方法，历史波动率，基差参数模型	PDE方法，历史波动率，基差参数模型	PDE方法，历史波动率，历史相关系数
存在活跃发行商或场内期权品种	香草类	BSM模型，局部波动率模型	BSM模型，局部波动率模型，基差参数模型	BSM模型，局部波动率模型	BSM模型，历史波动率，历史相关系数
	奇异类	PDE方法，历史波动率	PDE方法，历史波动率，基差参数模型	PDE方法，历史波动率	PDE方法，历史波动率，历史相关系数

（三）第三方估值的参数标准

1. 可观察参数计算标准

可观察参数是基于市场直接输入模型的行情数据，如无风险利率。其标准包括以下几点：
(1) 准确性：准确、真实地反映实际信息。
(2) 完整性：数据完整，满足估值系统需求。
(3) 时效性：及时获取，对当前市场情况作出及时的反应。
(4) 一致性：不同数据源的同一数据实体应当对应一致。
(5) 适当性：在合法、可控的范围内获取。

除了挂钩标的行情数据，估值产品的合约数据是模块化估值矩阵必要的数据源。产品合约数据应与行情数据一致，统一数据质量标准，及时准确地获取产品发行数据，实时更新产品所属的估值模块，保证估值模型的准确性与实时性。为确保数据获取的一致性，应对数据进行定期检验与评估，及时匹配、检验来自不同数据源的相同数据实体；为确保数据获取的适当性，应定期梳理数据获取的授权情况以及相应数据供应商的运营资质。在数据源质量可靠的前提下，进行标准化数据清洗，保证后续不可观察参数的正确计算以及估值模型有效拟合。

2. 不可观察参数计算标准

此类参数无法通过市场直接输入，需要通过估计或定价模型校准。例如，对于波动率参数，一类是基于历史波动率的计算方法，另一类则是通过活跃产品的市场报价数据得到波动率曲面的计算方法。与波动率参数不同，相关系数、基差参数等缺少校准工具等参数，在模型矩阵中均基于历史行情数据进行计算。

二、场外衍生品动态总市值计算配套系统构建

（一）数据支持体系构建

1. 场外业务数据治理是 GMV 计算体系数据支持系统的重要保障

构建 GMV 计算体系数据支持系统，是依据我国法律法规相关要求，通过对交易报告库存储的数据实施数据治理，从根本上解决数据质量问题，高效配置交易报告库数据资源，满足数据风险管理和数据服务创新的需要。构建 GMV 计算体系配套的数据系统，需要强大的数据平台。交易报告库可通过数据平台实现数据的源头管控，将数据标准、数据治理、数据需求等贯穿至 GMV 计算数据生命周期管理。

2. 数据采集是 GMV 计算体系数据支持系统的核心

GMV 计算体系数据源是交易报告库的核心资源，涵盖场外衍生品全生命周期、全链条数据，覆盖所有与场外衍生品合约生命周期内价值变动相关的市场交易数据，分散在场外衍生品的各类合约及相关文件中。GMV 计算体系的运行离不开高质量数据的支撑，通过可靠的、安全的、高效的信息技术支持系统为数据层、模型层、服务输出层的数据流转、交互提供基础支持。

（二）信息支持系统构建

中证报价场外业务报告系统采集的备案信息包括场外衍生品、收益凭证、非公债、债券交易、柜台市场和区域市场等业务。其中，场外衍生品业务包括场外期权、收益互换等，涵盖 SAC、NAFMII 和 ISDA 三大主协议项下的各类交易。场外业务报告系统逐笔采集了证券

公司类主体自业务开展以来的场外衍生品业务基础信息和交易信息。GMV 第三方估值计算体系的核心功能是计算衍生品的公允价值。GMV 第三方估值计算体系为衍生品价值计算和对手方信用风险敞口计算提供信息技术支持，需要满足金融工具支持广泛、参数校验要求高、GMV 估值运算量大、估值结果可追溯和校验等要求。GMV 第三方估值计算体系信息技术支持系统框架由数据层、模型估值与应用服务三大功能模块组成（见图1）。

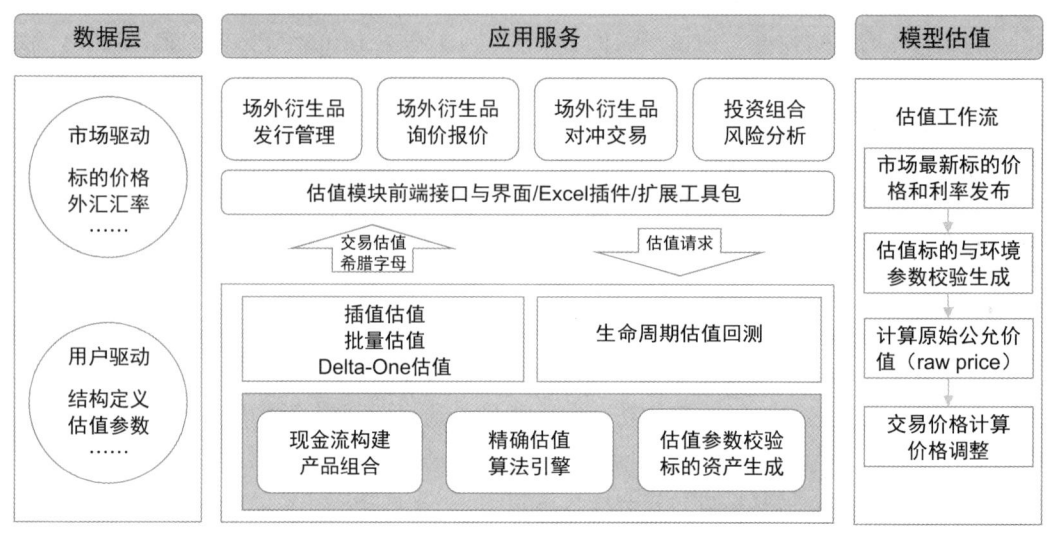

图 1　GMV 第三方估值计算信息技术支持系统

（三）基于动态总市值的交易报告库基准服务体系

《期货与衍生品法》要求，国务院授权的部门、国务院期货监督管理机构应建立衍生品交易报告库，对衍生品交易标的、规模、对手方等信息进行集中收集、保存、分析和管理，并依规向市场披露有关信息。交易报告库为提高市场透明度提供市场服务也是国际金融监管达成的共识，构建基于 GMV 基准服务体系具有充分的必要性。考虑到中证报价遵循监管框架建设交易报告库，持续推动行业系列标准化工作，按照《金融市场基础设施》（Principles for Financial Market Infrastructures）相关原则开展系列工作，基于 GMV 的基准服务体系构建具有可行性。

1. 以 GMV 为核心的交易报告库基准服务定位

基准管理包括搜集、分析市场数据和报价信息，选用适当的模型和参数，实施计算、复核、校准等操作，以及向基准用户发布场外业务基准。基准服务产品包括 GMV 相关的估值参数和指数，如收益率、收益率曲线、隐含波动率曲面、利差曲线等。

2. 以 GMV 为核心的交易报告库基准服务商业模式探索

交易报告库基准服务对象，包括内部用户、行业机构用户和公众用户三类。市场数据是金融基础设施开展基准服务的核心资源，交易报告库在此基础上形成的估值服务质量相对更高。同时，金融基础设施成为第三方估值机构的天然优势在于其中立性、专业性和与市场的紧密联系，这些优势为第三方估值的客观性、公允性及科学性提供了基础。

3. 以 GMV 为核心的基准服务的主要用户及应用场景

基准服务可应用于市场不同用户群体，包括场外品种的监管机构、发行机构、投资者、审计机构等。对于监管机构，GMV 相关指标的基准服务可为监管机构补充提供动态的、整体的市场风险指标，有助于监管机构实现"看得清"的监管思路；对于场外品种的发行机构，基准服务可提供市场基准，帮助其合理确定发行价格和交易价格，为发行机构的业务会计核算、风险管控提供参考；对于投资和服务机构，基准服务可为资管产品管理人和托管人提供场外衍生品独立估值参考，提高市场透明度，更好地保护场外投资者的合法权益；对于审计机构，场外品种的基准服务可以帮助审计机构合理判断公允价值，降低审计风险。

三、场外衍生品 GMV 风险监测应用场景搭建

（一）基于动态总市值的场外衍生品风险定义

衍生品交易的首要风险是市场风险，场外衍生品风险监测的重要项目之一是监测市场风险，监测风险时所用希腊字母的估计依赖于估值，从而在行业层面体现为对 GMV 的依赖。此外，GMV 还可以辅助 VaR 值、CVaR 值等传统监测指标的计算。场外衍生品交易中的另一重要风险是对手方信用风险。在以 GMV 为基础的估值中，需要引入信用风险因素调整，这种调整通常称为信用价值调整（CVA），对它的评估基于对手方违约后造成的重置成本。利用 GMV 可以模拟未来风险情景，辅助评估信用价值调整。除盯市数据和合约数据外，交易报告库需要尽快搭建包含各市场参与方在内的信用状况、流动性状况、履约历史等数据要素，从而满足监控对手方风险的基础数据要求。

（二）场外衍生品估值场景

场外衍生品具有非标准化的特性，其 GMV 计算需要明确合约结构、市场参数和正确的盯市价值计算方法。一个完善的场外衍生品估值引擎应当包括以下三部分：

1. 现金流解析模块

可以将复杂的现金流进行拆分，便于用数值方法或解析解快速估值，也可使用蒙特卡洛框架解析。

2. 估值参数校验模块

使用场内或场外期权价格构建隐含波动率曲面及局部波动率曲面，并用公允方式明确标的的基差、分红率。

3. 估值计算引擎模块

利用生成的参数，计算场外衍生品的合约估值。确定合约的盯市价值后，可引入市场风险内部模型法。该方法通过 Delta、Vega 和 Gamma 三个风险因子，评估场外衍生品合约的敏感度。汇总交易报告库中所有存续合约，可得到合约整体价值对市场风险的敏感性。实务中，应不断更新库中的最新数据，以反映实时的 GMV 敞口规模。图 2 为 GMV 随市场变化和时间的变动情况。

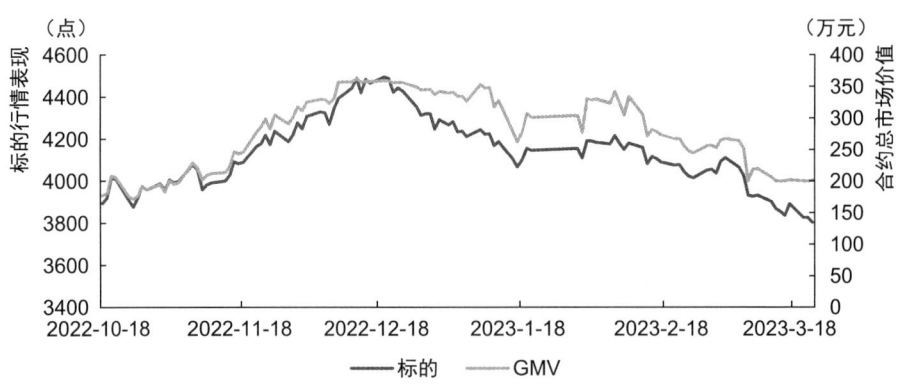

图 2　模拟 GMV 随市场行情变化情况

（三）基于 GMV 的场外衍生品市场风险监控监测

在国际金融监管体系中，在险价值（VaR）是一个被广泛接受、易于沟通理解的风险度量指标。由于场外衍生品灵活、广泛的特征，相比于参数分析法，蒙特卡洛模拟更适用于 VaR 的计算。此外，预期尾部损失 ES（CVaR）也是常见的风险监控指标，可用于获取左侧尾部风险特征信息。

基于交易报告库中数据生成的 GMV 可以动态计算 VaR、CVaR 等市场风险度量指标，但仍需要其他更细致、具体的指标进行辅助监控。

（四）基于 GMV 的场外衍生品对手违约风险监控监测

GMV 可用于估算信用风险敞口，在评估违约概率后，计算信用风险价值调整（CVA），用于监控信用风险。监测对手方信用风险需要对未来敞口进行评估，通过情景模拟得到敞口的估计值，在此基础上汇总市场价值。汇总过程中还需要正确处理抵消和保证金的影响。在原始未抵押的敞口上，还可计算未来时点抵押后敞口暴露水平。新的巴塞尔协议的内部模型法要求在进行市场风险测量时考虑信用价值调整。信用价值调整在上述对手方风险敞口计算的基础上，还可根据历史数据、信用评级等估计违约概率，也可基于市场数据，如信用利差等估算风险中的违约概率。在掌握违约概率和相应敞口信息的基础上，可计算信用风险价值调整。信用风险调整后的衍生品价值为盯市价值和信用风险价值调整之和。

信用风险调整后的衍生品估值是对基于 GMV 的场外衍生品监控监测体系的完善。对于市场参与各方，有利于为衍生品合约合理定价并确定重置成本；对于监管机构，可以通过信用价值调整、信用利差等更及时地监测市场系统性的信用风险，通过信用风险调整后的 LCR、NSFR 等指标，更精准地反映监测对象的流动性风险。

四、总结与建议

以现有的金融技术和金融基础服务设施为支持，构建以 GMV 为核心的场外衍生品风险监控监测体系具备可行性。推动这一风险监控监测体系的落地，有效实现交易报告库服务监管、服务市场的功能，还需重点加强模型体系、配套体系和应用场景系列工作。

（一）强基础，构建高效第三方估值体系服务于场外市场动态风险监控监测

场外衍生品准确估值是 GMV 核算的核心，高效的第三方估值服务体系是 GMV 体系构建的基础，应进一步强化交易报告库估值能力建设，利用好数据报送体系；构建矩阵式场外衍生品估值模型体系，提高计算效率；完善场外衍生品估值的参数体系，保证不同产品的 GMV 自下而上计算过程具有方法和逻辑上的自洽性；厘清服务边界，确立第三方估值服务监管、服务市场，而非替代市场主体基于自身盈利和对冲需求的场外衍生品交易价格决策。

（二）促治理，构建稳定高效的数据治理闭环服务于场外衍生品 GMV 核算

场外衍生品 GMV 的核算关键问题在数据，交易报告库需要以标准化和规范化来加强源头数据治理，提高数据质量，加强金融科技运用提升 GMV 核算效率，丰富数据服务维度，实现数据治理闭环，进一步增强 GMV 核算的稳定性和可靠性。

（三）拓场景，充分发挥场外衍生品以 GMV 为中心的风险监控监测体系服务效能

以 GMV 为核心的场外衍生品风险监控监测体系真正立足于衍生品估值，实现了从标的到衍生品的可归因、精细化、实时化的风险监控监测，可服务于风险归因、日常风险管理、极端风险评估等场景。同时，交易报告库的建设也需要重点推进更高效的估值引擎、更充分的市场信息来源、更有效的交易对手合约存储体系等方面的工作。

场外衍生品服务实体经济的运用及功能分析

申万宏源证券有限公司　中信证券股份有限公司

一、场外衍生品在企业经营中的运用

在实体经济发展过程中，衍生品相关金融机构可根据企业的发展需要灵活定制场外衍生品。广泛的运用场景也出现了不同类型的场外衍生品。

（一）商品类衍生品运用及价值

在商品类衍生品的发展历程中，主要以标准化的场内期货为主，同时场外衍生品以场内期货为挂钩标的进行灵活化定制。商品类衍生品发展，是适应产业转型与发展的具体要求，立足实体经济结构和产业价值链进行品种创新。其中，场内商品类衍生品的发展，是适应当时经济结构调整和产业转型的需要，在横向拓宽产业覆盖面的同时，纵向深化延伸相关产业链上的期货品种系列，夯实了服务实体经济的基础。

场外商品类衍生品可挂钩场内商品期货，运用产品设计灵活的优势，进一步协助实体企业进行风险管理。以服务"三农"新模式——"保险+期货"服务植胶企业为例。近年来在天然橡胶价格持续低迷背景下，产业发展的稳定性和可持续性存在隐忧，保险公司为种植户提供了橡胶价格相关保险产品，再向衍生品交易商购买挂钩天然橡胶期货的场外衍生品对冲，实现对天然橡胶价格风险的定价和转移，有效降低胶农承受的价格风险，为涉农主体提供稳定的收入保障，利用衍生品为橡胶产业转型升级、全面推进乡村振兴贡献了力量。

（二）利率类衍生品运用及价值

利率类衍生品在企业日常经济活动、融资和信贷业务中发挥着重要的作用，实体企业在发展壮大到一定阶段，需要利用各类融资手段支持其进一步扩大发展，此时利率类衍生品具有广泛的运用场景。

对于有存量债券的企业（一般负债形式为固定利息），如果预期未来市场收益率存在下行可能性,则可以通过利率互换(IRS)收取固定利率、支付浮动利率来降低存量债券的融资成本。对于有增量负债管理需求的客户,当利率处于上行窗口时,投资人一般偏好浮动利率的债券品种。如果企业有发行债券融资的客观需求,可以迎合投资人的偏好,发行浮动债券,同时做一笔收取浮动利率、支付固定利率的利率互换交易,锁定融资成本。当利率处于下行窗口时,投资人一般偏好固定利率债券。企业可以通过推迟发债时间或者发行债券后进行固定利率换浮动利率的利率互换交易降低融资成本。利率互换也可以用于企业锁定远期负债成本。企业如果担心未来市场利率会上行,为了锁定远期负债成本,可以进行收取浮动收益、支付固定利率的利率互换交易来锁定发债成本。

企业也可以利用利率期权降低融资成本。假定企业A在2021年9月22日发行1年期的固息债券,票面利率3.5%,如市场普遍预期央行会降低以贷款市场报价利率(LPR)为代表的市场利率水平来刺激经济(LPR为企业贷款基准利率,走势如图1a),企业A若想享受市场利率可能降低带来的融资成本降低,可以在发行日购买挂钩标的为LPR 1Y的利率下限期权,行权价3.85%(为2021年9月22日LPR 1Y利率),期权费率0.05%。对于企业A来说,在发行完债券后不进行任何对冲,企业需在债券存续期背负3.5%的融资成本,而采用期权对冲,则平均融资成本可降低至3.46%(如图1b所示,其中获得0.09%行权收益)。

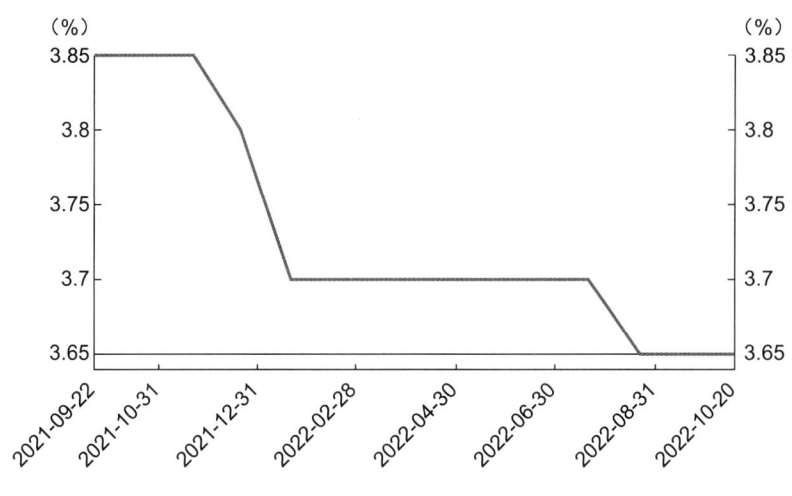

图1(a) LPR 1年利率

起息日	2021-9-22	2021-12-22	2022-3-22	2022-6-22
结束日	2021-12-22	2022-3-22	2022-6-22	2022-9-22
重置利率	3.85%	3.80%	3.70%	3.70%
期权收益	0.00%	0.05%	0.15%	0.15%
债券成本	3.50%	3.50%	3.50%	3.50%
综合成本	-3.50%	-3.45%	-3.35%	-3.35%
			总综合成本	-3.46%

图1(b) 企业融资现金流

（三）外汇类衍生品运用及价值

实体企业在跨国贸易、融资等业务过程中，由于有外币收入或支出，涉及外币的转换或外币计价，其现金流往往会受汇率变动影响。即使产、供、销都在国内的企业，其经营也会受到汇率变动影响，因为其面临的竞争者可能来自海外，随着汇率波动，进口产品的价格会影响到该企业的价格竞争力，进而间接地影响其未来现金流，使得该企业也会暴露在汇率风险中。

涉及跨境贸易的企业往往会预测和分析汇率变动趋势，利用外汇类场外衍生品来制定外汇风险管理策略，降低汇率风险可能带来的损失。远期结售汇或外汇掉期可帮助实体企业在进口原材料中规避汇率贬值风险，在货物出口中规避汇率升值风险，完美匹配经常项下贸易商的汇率避险需求。而目前标准化合约服务实体企业力度相对有限，未来场外非标准化订制化合约有充足的发展空间。远期结售汇适用于有真实交易背景、未来有收付汇且有意愿通过套期保值规避汇率风险的企业。外汇掉期适用于未来有收付汇、跨币种业务投资等需求的企业，可同时锁定资金流入与流出的兑换汇率。二者均有助于实体企业在开展外贸业务中规避汇率风险。因此，外贸整体情况越好的时候，对外汇衍生品的需求越大，数据上也表现为进出口总额增速与外汇衍生品规模增速基本匹配。

（四）信用类衍生品运用及价值

信用衍生品（Credit Derivatives）是指用来分离和转移信用风险的各种工具和技术的总称，最初主要用于信用风险管理领域，即当信用事件（Credit Events）发生时，提供与信用有关的损失保险（见图2）。全球信用类衍生品目前蓬勃发展，2021年上、下半年全球信用衍生品的名义本金分别为9.121万亿美元与9.061万亿美元，相比于2020年同期分别增长0.78%与4.76%[①]。

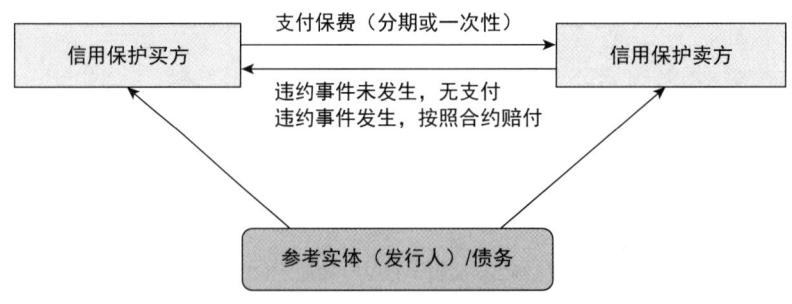

图2 信用衍生品交易结构

信用衍生品交易的开展一方面可以支持实体企业融资，另一方面可以帮助债券类投资者转移发行人的信用风险。例如，某实体企业在交易所市场发行债券时，可能因市场上的投资者对该企业缺乏了解，认购其发行的债券意愿较低，导致该实体企业无法顺利募集预期的资金。此时，如某衍生品交易商对该企业经营情况较为了解，配套发行挂钩该债券的信用保护

---

① 数据来源于国际清算银行（BIS）网站：https://stats.bis.org/statx/srs/table/d5.2。

合约，那么相关债券可能会更加受到投资者的青睐。在银行间市场经验证的实例中，2018年以来以红狮控股集团有限公司为参考实体的信用风险缓释工具（CRMW）共有29只，为银行间受信用保护单数最多的发行人。红狮集团2018年单只受信用保护债券平均发行规模仅为4.3亿元。随着CRMW的发行，市场对于该发行人的了解逐渐提升，2020年该企业单只受信用保护债券平均发行规模提升至7.5亿元。

（五）权益类衍生品运用及价值

在资本市场中，市场主体可以利用权益类衍生品来管理持仓市值的波动风险，不同的市场主体通过定制不同的个股期权结构，将一定的市场风险转嫁于衍生品交易商。相比传统的大幅减持、分散投资等避险方法，权益类衍生品可部分避免震荡市下冲动逃逸、离场观望的行为，降低股市在震荡行情中的波动性，减轻市场主体资金被迫离场对实体经济带来的负面影响。

此外，部分期权结构可以将个股、指数等权益类资产波动率转化为可以投资的资产，帮助资管产品、私募基金管理人长期配置，形成资本市场的一股稳定资金，从而稳定股票定价，有利于实体企业在资本市场发行或定增融资。

最后，上市公司为做好资产负债表或产业结构管理、完善公司治理机制等，可利用权益类场外衍生品工具，进行创新并购、回购、员工持股等。例如，企业在制订并购方案时，利用场外衍生品，如领子期权，可以高效地消除并购业务中的股价波动风险。吉利集团收购境外的戴姆勒是利用衍生品并购的典型案例。吉利集团在收购过程中使用了杠杆资金，并利用领子期权来控制股价波动的风险。2018年2月24日吉利集团公布收购计划时，戴姆勒股价高达71.33欧元；之后戴姆勒股价连续下跌，2020年3月19日下跌至21.05欧元低点，回撤幅度高达70.49%。领子期权不仅降低了吉利集团的风险，也降低了资金提供方（投资银行等）的风险，有助于促成投行的杠杆并购、投资咨询等业务。

二、场外衍生品对实体企业的影响

企业在应用场外衍生品工具前，一般都需要详尽考量并确定企业面临的全部风险，最大限度地实现使用衍生品工具降低整体经营风险的效果。以下从微观层面分析场外衍生品对实体企业的具体影响。

（一）融资政策和资本结构的影响

从融资政策和资本结构的角度看，衍生品工具可以提升公司的财务杠杆、提高流动性资产比例、增加债务融资等，从而增加公司预期现金流和降低资金成本，增加公司的价值。具体包括：一是当公司资产价值波动较大时，通过风险管理活动，减低公司未来出现财务困境的可能性。但由于套期保值需要支付成本，所以公司必须权衡套期保值成本和其能降低的财务困境成本。二是解决公司内部投资不足的问题。当有优质的投资机会发生，且内部现金存量较低时，由于向外部融资需要花费较高的成本，因此公司将更倾向于使用较多的金融衍生品来管理风险，减少投资不足的问题，增加公司的投资机会，并平滑投资中的市场风险。三是降低公司的融资成本。公司可以依据市场利率的变化和期限结构，通过衍生品安排融资活动降低资金成本；通过特定的互换工具降低跨市场的交易成本等。

（二）对企业经营业绩的影响

随着全球经济一体化的快速发展，实体企业在生产经营过程中利用衍生品可以降低大宗商品市场价格波动带来的各种风险，稳定经营业务：一是利用场外衍生品进行套期保值，通过衍生品市场与现货市场交易盈亏对冲，稳定企业自身稳定发展。二是降低企业税前所得的波动性，实现降低税收支出的好处。境外学者通过样本研究发现，使用金融衍生品使得应税收入波动平均每下降5%就会带来税收成本5.4%的下降，极端情况下的下降幅度可以达到40%[①]。

（三）对实体企业股东权益的影响

对于股东来说，实体企业通过场外衍生品会对股东权益造成影响：一是增加企业股份的权益价值。公司价值最大化论认为公司使用衍生产品进行风险管理主要是通过降低市场摩擦成本改变公司现金流量，提升公司股份权益价值。二是提高分红收益。使用衍生品可以显著提高公司的资金流动性，因此对于公司股东来说，衍生品的应用一般也意味着更多的股利分红。

（四）对实体企业员工及管理层的影响

对于公司员工及管理层来说，实体企业可以运用场外衍生品，在员工持股计划、股权激励计划以及高管增减持行为中，对冲股价波动的不确定性，降低在股市非理性波动、股票价格偏离公司内在价值情形下对员工及管理层利益的损害。

（五）对实体企业财富管理的影响

在市场利率持续走低的"微利时代"，实体企业可以将通过衍生品构建的结构性产品作为比传统定期存款回报率更高的投资解决方案。

三、场外衍生品服务实体经济的发展机遇

场外衍生品是现代金融市场不可或缺的一部分，作为实体经济的"缓冲垫"、金融创新的"风向标"、市场发展的"助推器"，对维护金融长效稳定、促进金融平稳增长，发挥着重要的作用。《期货和衍生品法》的实施，为构建包含场外衍生品市场在内的多层次化资本市场带来了历史发展机遇。

（一）实体企业对衍生品的认识程度和参与程度将进一步提高

目前国内大宗商品产业经营者一般经营现货经验丰富，但对金融市场缺乏了解，尤其缺乏商品期货、期权、场外衍生品相关知识，其认知接受水平与我国场外衍生品市场的高速发

---

① Graham J R, Smith C W. Tax incentives to hedge [J]. The Journal of Finance, 1999, 54 (6): 2241–2262. 转载于鹿波：《金融衍生品降低企业成本研究综述》，载《甘肃金融》2017年2月。

展不匹配。以深交所上市公司数据为例，近七成为制造业企业，1/4 的公司海外业务收入占比超过 20%，这些公司受大宗商品价格、汇率波动等因素的影响较大。但是，近十年来在深市开展过套期保值业务的上市公司占比仅约 20%，仍有较大的提升空间[①]；一些国有企业，因开展衍生品的内控要求较高，压制了其参与的积极性；一些上市公司及股东单位，在开展一些挂钩自身股票的权益类衍生品方面，因不熟悉信息披露要求，也一定程度限制了权益类衍生品的运用。衍生品相关金融机构如持续加强场外衍生品功能价值的正面宣传，将有效提高各类主体在衍生品市场的参与程度。随着衍生品市场的发展，市场主体的参与程度和范围将获得大幅提升。

（二）交易商将以服务实体经济为导向构建综合风险管理服务

交易商未来将把党的二十大精神贯穿于金融服务全过程，坚守金融报国初心，注重为实体企业量身定制综合性场外衍生品业务服务方案，提供全品类、跨品种、跨周期的风险对冲方案。目前证券公司往往缺乏外汇类业务牌照，而无法为外贸类实体企业提供外汇类衍生品服务；对于利率类和商品类衍生品，尚缺乏与银行及期货子公司统一的合格投资者准入标准；场内期货品种未来需要进一步扩展，以便于场外衍生品合约的灵活定制；由于缺乏跨境衍生品业务外汇结算额度，为实体企业提供挂钩国际性商品期货类衍生品时，对冲手段受到一定限制。未来证券公司还有更多的业务拓展空间，以服务实体经济为导向，进一步为实体企业打造综合的衍生品服务。

（三）服务实体企业的各类衍生品基础设施将进一步完善

目前场外衍生品的行业基础设施还需完善，无法满足实体企业便捷参与衍生品交易的需求。在发达的境外衍生品市场，开展场外衍生品交易可以依托电子化确认平台提供的交易确认服务；第三方估值机构可提供衍生品合约的估值服务；集中清算服务机构可以提供衍生品的清算交收服务。目前国内实体企业开展场外衍生品时，相关服务均依赖于提供衍生品服务的证券公司或银行，场外衍生品的行业基础设施，未来会进一步建设完善。

---

① 深交所副总经理于 2022 年 6 月"深市上市公司期货业务系列培训"上的发言，具体见《助力上市公司行稳致远》，期货网，http://www.qhrb.com.cn/articles/303807，最后访问时间：2022 年 9 月。

境外场外衍生品对实体企业及宏观经济发展的影响研究

申万宏源证券有限公司　中信证券股份有限公司

一、境外场外衍生品的发展

（一）境外衍生品市场的发展历程

金融衍生工具自 20 世纪 70 年代产生后保持了较快的发展速度。布雷顿森林体系的彻底瓦解，以及其后不少国家逐步放弃利率管制，导致了汇率和利率的波动加剧，使得基础金融工具价值稳定性变差。为了降低基础工具的风险，真正现代意义上的衍生金融工具应运而生。

20 世纪 80 年代以来，在客户需求推动下，以利率、外汇、股票、商品以及信用类产品为挂钩标的的场外衍生品市场越发活跃，发达国家的资本市场逐渐演变出场外市场为客户量身定制满足个性化需求、场内市场为客户提供标准化合约的分工。交易所市场与柜台市场由最初的并驾齐驱，逐渐发展为场外衍生品交易规模超过场内衍生品交易。

20 世纪 90 年代以来，金融衍生产品仍保持了强劲的发展势头，柜台交易市场呈现出加速增长的趋势。各国普遍对场外衍生品市场采取较为宽松的监管政策，使得场外衍生品市场风险持续累积、蔓延，最终以雷曼兄弟破产为导火索，通过连锁反应传导至整个金融市场，造成 2008 年金融危机。

2009 年之后，全球监管机构开始重视对场外衍生品市场的监管。G20 峰会针对场外衍生品市场的透明度及风险问题，提出了三大监管方案。随后，包括国际掉期与衍生工具协会（ISDA）、国际清算银行（BIS）以及旗下的巴塞尔银行监督管理委员会（BCBS）等主要国际组织，组成了"场外衍生品工作小组"，进一步将监管目标确定为标准化、集中清算、有组织的交易平台及交易报告库四个方面。

（二）境外场外衍生品在实体企业中运用的特点

从存量规模看，全球场外衍生品规模远大于场内，根据国际清算银行（BIS）统计[①]，2007—2021年场外衍生品平均名义本金为586.7万亿美元，场内衍生品平均名义本金为68万亿美元，场外衍生品规模是场内的近9倍。通过分析各国对实体企业运用衍生品的样本，我们可以总结出如下特点：

1. 衍生品的使用率在发达国家远高于发展中国家

根据国外的一项统计，选取美国、英国等发达国家以及个别发展中国家的非金融公司为样本，对其衍生工具使用率进行了统计研究（时间跨度从2003年至2016年），发达国家的非金融公司衍生工具使用率均值分别为56%和59%，而发展中国家的非金融公司衍生工具使用率均值为36%，体现出发达国家的公司衍生工具使用率整体高于发展中国家[②]。

2. 产业链位置和国际化程度对衍生工具的运用有很大影响

根据历史上对各国上市的414家500强企业使用衍生工具的统计[③]，500强企业中使用衍生工具较多的行业分别是工业、可选消费、日常消费和能源等行业。其中，由于工业处于产业链中游，日常生产面临原料和产品价格波动的双重风险，风险管理需求较为迫切。可选消费行业包括汽车、耐用消费品和服装等企业，该类企业产品销往全球，经营易受各国汇率、利率影响，需要利用衍生工具进行风险管理。因此，对于实体企业而言，其所处的产业链位置和国际化程度对衍生工具的运用有很大影响。

3. 在利用场外衍生品的企业中，利率、外汇及商品类衍生品运用最多

宾夕法尼亚大学沃顿商学院在20世纪90年代对350家公司的有效问卷表明，使用衍生品管理汇率、利率和商品价格风险的比率分别是76%、73%和37%，后续英国和德国也进行了样本研究，其企业使用衍生品的种类排序与美国一致[④]。此外，从国际清算银行（BIS）发布的2021年末全球存量场外衍生品规模占比来看，与相关国家样本调查结论一致，其中利率衍生品占比最高，为79.4%，外汇类占比在17.4%左右，其他信用、权益和商品衍生品占比较小。

二、场外衍生品市场对宏观经济的影响

为探求全球衍生品市场与宏观经济之间相互影响的关系，我们根据1998—2021年全球GDP及场外衍生品名义价值进行样本数据分析，其中，选取BIS全球场外衍生品名义本金作为观测变量，宏观经济方面，选取全球GDP数据作为观测变量。经过分析，全球衍生品市场与宏观经济的关系可大致分为3个阶段：快速渗透期、加强监管期和平稳发展期。

[①] 数据来源于国际清算银行（BIS）网站：https://stats.bis.org/statx/srs/table/d5.2。
[②] 李庆华：《上市公司衍生工具使用的影响因素与效应研究》，中南财经政法大学博士学位论文，2021年5月。
[③] 李正强，孟祥怡，王曦：《世界500强企业衍生工具使用》，载《中国金融》2021年第9期。
[④] Bodnar G M, Hayt G S, Marston R C, et al. Wharton survey of derivatives usage by US non-financial firms [J]. Financial management, 1995, 24 (2): 104-114. 转载于鹿波：《金融衍生品降低企业成本研究综述》，载《甘肃金融》2017年2月。

(一) 各阶段发展情况

1. 快速渗透期 (2008 年之前)

该阶段衍生品市场整体跟随宏观经济发展周期快速发展，敏感度较强。1998—2008 年全球场外衍生品市场快速发展，增速远快于全球 GDP 增速，年复合增长率 (CAGR) 达 21.3%，同期 GDP 的 CAGR 为 3.2%；渗透率快速上升，2008 年全球场外衍生品名义本金占全球 GDP 总量的 2.0%。同时，该阶段衍生品市场对于宏观经济的波动敏感度较高，即衍生品市场对于 GDP 变动较为敏感，其跟随 GDP 的增速加快及放缓而进行同步甚至更大幅度的波动。

2. 加强监管期 (2009—2015 年)

该阶段衍生品市场与宏观经济的相关性相对不稳定。2008 年金融危机之后，衍生品作为金融市场波动放大的因素之一，逐渐受到不同程度的监管（尤其是场外市场），导致该阶段衍生品市场与宏观经济的相关性呈现不稳定的波动。

3. 平稳发展期 (2015 年至今)

该阶段衍生品市场整体跟随宏观经济发展周期稳定发展，敏感度稳定在较低水平。2015 年之后，场外衍生品名义本金与 GDP 的相关性恢复平稳，二者增速趋势逐渐趋同，2015—2021 年 CAGR 分别为 2.1%/2.0%，并且场外衍生品占 GDP 的比例稳定在 1.5% 左右。此外，该阶段场外衍生品名义价值对 GDP 变动的敏感度较第一阶段大幅下降，即 GDP 变动对场外衍生品市场的波动影响程度降低并逐渐平稳，敏感度稳定在相对较低的水平，二者逐渐进入健康平稳的共同发展模式（见图 1）。

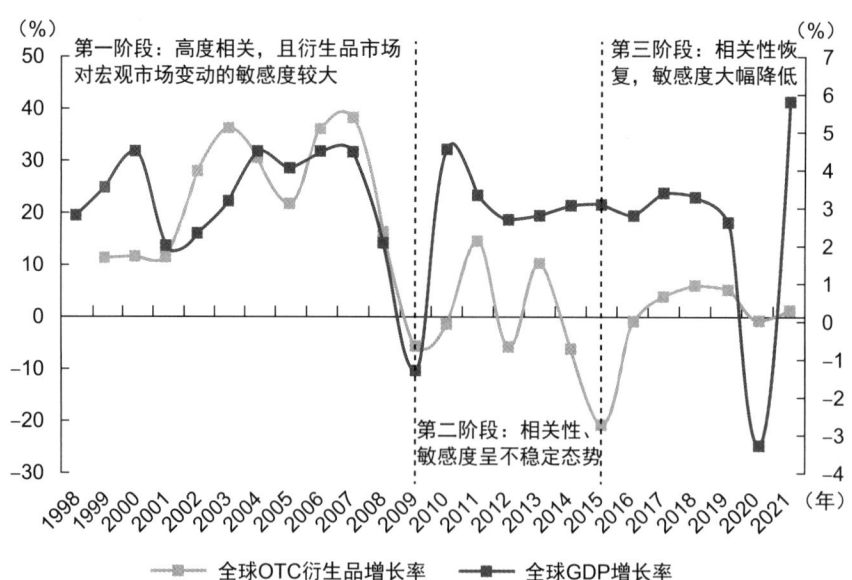

图 1　1998—2021 年全球场外衍生品名义本金（左轴）及全球 GDP 增速（右轴）

资料来源：BIS，Wind。

(二) 回归模型分析情况与结论

根据参数对比结果,我们发现对变量进行对数处理后的模型调整后 R^2 更高,即模型解释度更高。同时,将数据中 2009 年受监管之前的数据从模型中剔除会大幅提高模型的准确度与变量之间的相关性。综上,模型 3 为最终选取的模型,其公式可表达为:

$$\log(全球 OTC 衍生品名义价值) = -32.29 + 3.06 \times \log(全球 GDP) + e$$

该模型可解释为:1% 的全球 GDP 的增长或减少将引起全球衍生品名义价值 3.06% 的增长或减少(见表 1)。

表 1　　　　　　　　　　　　回归模型分析参数对比

回归模型数据	调整后 R^2	变量相关性	变量系数	变量系数 p-value
1998—2021 年全球 OTC 与全球 GDP	64.65%	81.36%	0.03	0.000134%
1998—2021 年 log 全球 OCT 与 log 全球 GDP	73.71%	86.52%	3.20	0.000005%
2009—2021 年 log 全球 OCT 与 log 全球 GDP	95.22%	97.79%	3.06	0.000001%

总体来看,全球衍生品市场与宏观经济总体呈现较强的正相关关系,并跟随宏观经济总量同时波动,属于同步变化变量。此外,数据显示二者的波动敏感度在不同的时间段内有一定的差异。现阶段,衍生品市场与宏观经济存在较强的敏感度,并稳定在较低的系数。在当前全球监管模式下,预计衍生品市场将伴随经济的总体发展健康成长。

三、境外对实体企业开展衍生品的监管概况

2008 年金融危机后,境外市场的监管机构均对衍生品业务采取了较强的监管措施,包括美国、欧盟在内的各个国家和经济体都掀起了一场金融市场改革。但境外的监管措施中,除加强要求衍生品业务与投资者适当性匹配之外,均未限制实体企业利用场外衍生品进行风险管理。

(一) 美国与欧盟市场加强适当性管理保护实体企业

1. 美国

美国加强对参与衍生品交易的相关金融机构的监管,而对作为投资者的实体企业未进行限制。金融危机后美国采取了一系列措施,包括将场外衍生品市场纳入监管范围、限制银行从事高风险的衍生品交易、建立场外衍生品市场交易记录和报告制度增加场外衍生品市场的透明度、对所有场外衍生产品市场交易商以及其他能够对其对手方形成大的风险头寸的机构实行稳健和审慎的监管。但美国并未针对实体企业开展场外衍生品进行限制,而是采取措施加强对实体企业的合法权益保护,赋予美国商品期货交易委员会(CFTC)和证券交易委员会(SEC)对场外衍生品市场中的市场欺诈、市场操纵及其他不公平竞争行为拥有独立的监管处置权,相关监管举措仍对实体企业参与衍生品采取支持和保护的态度。

2. 欧盟

欧盟市场监管措施主要是加强基础设施与监管机制的建设,加强对实体企业参与衍生品

的适当性管理。金融危机之后欧盟委员会出台了一些条例监管,基础法规包括《欧洲市场基础设施条例》(EMIR)和《金融工具市场指令》(MiFID),针对实体企业参与场外衍生品,主要体现在投资者适当性方面进行规范：MiFID 就金融机构向非专业投资者类客户推荐和销售产品或服务方面勤勉义务的履行作出了详细的规定,按照"合格对手方""专业客户""零售客户"这三个主要类别对新老客户进行重新界定和分类。在此基础上,金融机构按照这一分类对其产品或服务进行适当性评估和适合性评估。除对客户的分类外,MiFID 还将投资产品分为"非复杂金融产品"和"复杂金融产品"两大类,以便金融机构在适当性和适合性评估中分别使用。

(二) 中国香港出台原则性指引指导实体企业进行风险管理

中国香港作为国际金融中心,拥有较为发达的金融衍生工具市场,主要基础金融工具几乎涵盖了对应的衍生产品,其中,场外衍生品市场的发展主要由中国香港大型投行推动。针对实体企业开展场外衍生品,香港金融管理局的监管原则是：在进行有效的风险监管、保护金融机构和衍生工具用户安全的同时,不阻碍衍生工具市场的发展和新产品的开发,对于实体企业开展衍生品,采取较为开放的规范举措。

1. 通过原则性指导,明确实体企业进行风险管理

香港金融管理局先后于 1994 年 12 月和 1996 年 3 月向认可机构发出《衍生金融工具活动风险管理指引》和《衍生工具及其他交易工具的风险管理指引》①,适用于所有被认可从事衍生品交易的机构,包括交易商和客户,规定了审慎的制度并解释了衍生品交易风险基本准则。指引强调了董事会和高级管理层的适当监督,整合了衍生品业务的风险管理流程、风险限额、风险计量、风险监控及报告程序方法,明确了内部控制对于防范衍生品风险事件发生的重要性。对于从事衍生品交易的交易商和客户,指引要求机构交易的规模和复杂性应与衍生品业务实际风险管理程序的精细程度相对应,并有效识别和控制各类风险,包括但不限于信用风险、市场风险、流动风险、操作风险、合规风险等。

2. 持牌机构对实体企业需要履行适当性管理义务

中国香港持牌机构如果在日常开展衍生品,除了需要遵守《证券及期货条例》与《持牌人或注册人操守准则》等确立的适当性基本要求外,中介机构制定了更为严格的审查标准,用于日常的开户与交易操作中。由于期货以及其他金融衍生品风险较高,一般情况下,部分公司也会在客户协议中设置《风险披露声明及免责声明》等条款,参照香港交易所衍生产品《风险披露条文》向客户揭示期货的杠杆效应、期权的不同风险程度,以及期货及期权的其他常见风险。

四、境外场外衍生品在实体经济中运用的启发

通过对境外实体经济运用衍生品、衍生品对宏观经济的影响以及境外监管举措的分析,我们可以得到以下三方面的启发。

---

① 具体见：https://www.hkma.gov.hk/chi/regulatory-resources/regulatory-guides/guidelines/。

（一）境内场外衍生品市场相较境外起步晚、规模小，但市场空间巨大

从境外场外衍生品市场发展经验来看，境外市场已经发展多年，历经了放松管制—蓬勃发展—发生金融危机—加强管制的过程。境内市场起步晚，充分享受了业务的后发优势，在发展过程中吸取了境外相关产品创新和监管的经验，也促进了近年来境内市场的快速稳定发展。过去三年境内场外衍生品业务获得高速发展，但是从衍生品市场容量与资本市场容量的比重来看，境内场外衍生品市场发展还有巨大空间。以权益类衍生品为例，根据国际清算银行（BIS）披露数据，2021年末美国权益挂钩OTC衍生品名义本金3.5万亿美元，占美国股市总市值的比重为5.1%；我国权益挂钩衍生品占A股总市值比重估计低于1.5%，显著低于美国市场，还有比较广阔的发展空间。

（二）衍生品市场的发展与实体经济发展息息相关，需注重和加强场外衍生品市场的建设和投入

从对全球衍生品市场与宏观经济总体的关系分析中可以看出，衍生品与经济的发展息息相关。衍生品的平稳发展对促进实体经济发展、金融平稳增长发挥着重要的作用，构建包含衍生品服务的多层次化资产市场，为服务实体经济提供更加多样、丰富的金融工具，具有重要的现实意义。随着《期货和衍生品法》的实施，未来可在规章层面的制度、权益类衍生品所涉信息披露规则等方面不断完善；引导和鼓励第三方机构参与到衍生品市场的基础设施建设中；鼓励和支持衍生品交易商在衍生品领域守正创新，激发场外衍生品市场活力，让衍生品服务实体经济得到进一步拓展。

（三）金融机构需积极引导实体企业参与衍生品市场，同时注重适当性管理，确保衍生品的运用匹配其经营发展

2008年金融危机爆发导致全球经济衰退，国际市场虽然出现了一些质疑衍生品促进经济发展的声音，但参与衍生品的热度并没有消失，在随后两年中衍生品规模仍有较大幅度增长。对比国内市场，由于对场外衍生品认知尚不充分，叠加关于开展衍生品业务导致企业巨额亏损的案例频发，导致境内企业主体对衍生品的误解根深蒂固，一定程度上阻碍了衍生品的推广和深入开展，实体企业的认知程度和参与程度有待提高。行业及经营机构可以结合《期货和衍生品法》出台这一契机，通过投资者教育、舆论宣传等方式，引导市场主体进一步对衍生品的正面认知与理解，提高市场主体的参与度。同时，在业务开展过程中，需要注重适当性管理，强化场外衍生品业务的风险揭示，在制订产品结构或避险方案时，避免实体企业出现套期保值工具不合理（使用风险较高的工具）、套期保值方式不合理、套期保值规模不合理（套期保值规模远超自身风险敞口）等情形。

境外权益类场外衍生品集中清算研究

中国国际金融股份有限公司

2008年金融危机使得各国更加注重系统性金融风险的管控,具体在场外衍生品领域,G20组织在2009年达成协议,以期对所有标准化的场外衍生品合约进行集中清算。通过引入中央对手方(Central Counterparty)成为每个买方的卖方和每个卖方的买方,多边净额结算的方式减少了市场整体的交易量及信用风险敞口,较为集中的信息处理中心也提高了市场的流动性与透明度。

国内场外衍生品市场规模正迅速扩大,双边结算方式蕴藏着一定的信用风险,市场也在关注权益类衍生品集中清算的可能性。本文将依次从境外场外衍生品集中清算历程、权益类衍生品集中清算现状、集中清算细节及对国内市场的启示三个方向进行研究。

一、境外场外衍生品集中清算的发展历程

在2009年G20峰会后,美国于2010年7月颁布了《多德-弗兰克法案》(Dodd-Frank Act),明确了场外衍生品集中清算的具体要求,包含交易记录创建、报告制度、掉期业务交易商注册登记等内容。欧盟方面,《欧洲市场基础设施监管条例》(EMIR)于2012年8月也明确了针对场外衍生品的监管新框架,主要分为风控制度、交易信息报告及清算要求三个方面。根据监管规则,欧洲证券与市场管理局(ESMA)在2013年6月开始制定需要强制集中清算的场外衍生品品种。截至2021年底,除美国和欧盟外,澳大利亚、加拿大、巴西、日本、新加坡等国家均进行了场外衍生品监管立法,合计正在运行的中央对手方超过60家[①]。

目前,集中监管措施大部分集中在利率、信用及外汇类场外衍生品上:伦敦清算所(London Clearing House)通过其互换清算部门(SwapClear)为利率掉期类产品提供清算;洲际清算所(Intercontinental Exchange)通过旗下清算所(ICE Clear Credit)提供信用违约

---

① Fundamental questions on central counterparties: A review of the literature, Ron Berndson, September 2021.

互换类产品的清算;中国香港交易所提供无本金交割远期外汇的外汇类场外衍生品集中清算。

二、权益类场外衍生品集中清算现状

不同于信用、利率衍生品,权益类场外衍生品由于合约复杂性和定制化程度较高、杠杆及单标的名义本金较小,导致转向集中清算的成本较高。截至2022年6月底,各国权益类衍生品的集中清算并没有明确法条规定,且仍局限于特定类别与特定标的。本章将分别对美国、欧盟、英国、新加坡的权益类场外衍生品集中清算现状进行研究。

(一)美国场外权益衍生品市场

作为金融衍生品业务发展最早、发展程度最高的金融市场,美国存在一类交易模式类似场内的场外衍生品结构——交易所弹性式期权(Flexible Exchange Option,FLEX)。FLEX的交易模式和要素灵活性处于场内期权和典型的场外期权之间。一方面,FLEX的期限、执行价等要素都是通过买卖双方协商确定,能减少交易规模对成交价格带来的影响;另一方面,FLEX合约中一方通过交易所进行询价,找到市场中的最优报价进行匹配,最终统一由期权清算公司(Options Clearing Corporation,OCC)进行清算。

截至2022年7月,FLEX支持的结构包括标准化程度最高的欧式及美式期权,还包括特定标的类型的亚式和棘轮期权。但FLEX模式自1993年出现至今,成交规模相较于场内或场外衍生品仍有较大差距。据OCC网站统计数据[①],2022年7月FLEX的成交规模大约是场内权益类衍生品的千分之一。

(二)欧盟国家场外权益衍生品市场

欧洲证券及市场管理局制定的欧洲市场基础设施法规是欧盟针对场外交易衍生品、中央对手方和交易存储库的法规。目前可清算的场外交易产品分为两大类:一类为高度定制化可能性较低(即标准化程度高)的产品,另一类为流动性较好的指数标的产品(如标普500指数期权)。

EMIR从下列三个方面对场外衍生品市场的风险进行管控。

1. 提高透明度

首先,市场参与者需要将欧盟金融和非金融公司签订的场外衍生品合约的详细信息报告给交易资料库并提供给监管机构;其次,交易资料库按类别发布所有市场参与者都可以使用的衍生品。

2. 降低信用风险

首先,对CCP的审核(如需要持有资本的数量)、组织(如风险委员会的角色)和业务标准(如价格披露)进行严格规范;其次,对已标准化的合同进行强制性CCP清算。

---

① https://www.theocc.com/market-data/market-data-reports/volume-and-open-interest/volume-query.

3. 降低操作风险

操作风险是由于内部流程、人员和系统不完善或失败或外部事件导致损失的风险。规定要求使用电子方式及时确认场外衍生品合约的条款，并确保准确的簿记。

目前欧洲部分中央对手方对场外权益衍生品进行集中清算，具体对手方以及集中清算的权益衍生品标的如表 1 所示。

表 1　　　　　　　　　　　欧盟国家集中清算情况

中央对手方	国家	场外权益衍生品
Nasdaq OMX Clearing AB	瑞士	纳斯达克运营上市衍生品市场的单一股票：瑞典、芬兰、丹麦和挪威股票；纳斯达克偶尔批准的其他单一股票名称；纳斯达克指数，如 OMXS30、OMXS30 ESG、OMXSB、OMXO20 和 OMXC25；根据具体情况商定的定制指数和股票篮子
European Central Counterparty N. V.（EuroCCP）	荷兰	指数如 CBOE UK 100、Eurozone 50、Netherlands 25、Switzerland 20、Germany 40、France 40、Sweden 30、Norway 25、Italy 40、Spain 35

（三）英国场外权益衍生品市场

自 2020 年 12 月 31 日起，"脱欧"后英国的中央对手方逐渐作为欧盟 EMIR 法则下的"第三方"，同时欧盟的中央对手方作为英国 EMIR 法则的"第三方"。其中伦敦清算所作为英国中央对手方，覆盖场外权益衍生品标的（见表 2）。

表 2　　　　　　　　　　　英国集中清算情况

中央对手方	国家	场外权益衍生品
LCH Clearnet	英国	以国际个股为标的的期货；以欧洲个股为标的的期权；荷兰 AEX 指数、布鲁塞尔 BEL20 指数、巴黎 CAC40 指数、英国金融时报 100（FTSE100）指数、FTSEurofirst80 和 100 指数、FTSEEPRA/NAREIT 欧洲和欧元区指数、葡萄牙 PSI20 指数

中央对手方能够通过不同的电子清算平台对产品进行清算。伦敦国际金融期权期货交易所（NYSE Liffe）作为欧洲领先的衍生品交易所和世界第二大衍生品交易所，提供商品、利率、指数和股票等各类期货及期权产品。2005 年，NYSE Liffe 推出 Bclear 清算平台为欧洲的场外衍生品提供清算服务，清算产品类型包括固定收益、股票、大宗商品这三大类。其中，可清算的权益类场外衍生品包括个股期权、指数期权、ETF 期权和存托凭证期权。一经推出，Bclear 迅速获得市场认可，现已占据欧洲市场上权益类场外衍生品清算量的主要份额，在降低市场信用风险和操作风险的同时，通过收取一定手续费的方式也为交易所带来了可观收益。

在准入方面，Bclear 对其清算会员的资本规模、运营情况和信誉程度都有严格的审核标准。其清算过程包括前期协商、信息获取、信息处理、交易确认、交易清算、交易反馈六个环节，涉及投资者、中介结构、NYSE Liffe 这三方参与者。严格且规范的清算流程能充分降低系统性风险，保障清算透明性和客观性。在保证金制度方面，Bclear 采用 SPAN（Standard Portfolio Analysis of risk）方法实时计算保证金率，实现合约风险的动态管理。出现交易对手违约情况时，Bclear 遵循其内部 Waterfall 违约处理机制进行赔付，赔付顺序为：违约会员缴纳的保证金、违约基金中由违约会员缴纳的部分、清算所自有资本、违约基金中其他会员缴纳部分。

（四）新加坡场外权益衍生品市场

目前亚洲中央对手方场外权益衍生品集中清算的相关模式还处在探索阶段，通过新交所交易注册平台 Titan OTC 注册的权益类场外衍生品交易可以在 Titan DC 平台进行清算。Titan DC 是一个整合清算功能和抵押品管理功能的综合性平台，其允许会员实时查看他们的交易、头寸、抵押品和保证金并进行实时维护。会员也可以利用 OMnet API 在 Titan 和其他内部系统之间进行直接转换。

三、集中清算具体流程及对国内市场启示

（一）集中清算带来的新增风险

总体而言，虽然集中清算降低了整个市场的系统性风险，但中心化的组织方式对中央对手方的风险控制能力提出了更高的要求。需要配套怎样的政策建设，才能发挥出中央对手方在日常运行中的效率优势以及在极端风险中的稳定优势，是我国场外衍生品集中清算制度设立中亟待思考的重要问题。

集中清算制度从根本上改变了金融系统中的联系与风险，用市场参与者和中央对手方之间的网络结构取代了传统场外市场的双边交易模式。这意味着市场中所有的信用风险敞口都堆积在中央对手方处。为了降低参与者违约带来的风险，中央对手方会依据逐日盯市原则，当参与者保证金账户发生穿仓，中央对手方会依据先前设立的明确程序，将其头寸进行拍卖或直接进行平仓。而清算会员违约带来的损失，会依次从违约参与者缴纳的保证金、清算基金、中央对手方的自有资金以及非违约清算会员缴纳的清算基金中弥补损失的资金。当这些资金仍不足以弥补亏空时，中央对手方会额外向未违约的清算会员收取违约基金，或是选择性撕毁一部分存续合约。

当"损失瀑布"的前两层资金不足以弥补亏空，需要使用非违约清算会员缴纳的清算基金时，便会造成市场参与者的广泛损失，近年来有两起这样的案例。以 2018 年的纳斯达克清算所事件为例。该交易所在 2018 年 9 月 11 日宣布其一家私人清算会员违约。为弥补该会员带来的损失，清算所动用了全部自有资金和大部分清算基金（1.66 亿美元中的 1.07 亿美元），并在清算结束后，要求所有清算会员补齐清算基金且增加保证金比例。自此次事件后，各国政府更关注集中清算模式带来的系统性风险。一是场外合约较场内合约更加复杂，风险评估也需更加谨慎，集中清算和风险共担会产生相应的逆向选择和道德风险；二是双边交易可以选择定制化的抵押物，而中央对手方仅接受特定一种或几种抵押品，这对市场参与者的流动性提出了更高的要求；三是清算所的"顺周期性"会助长极端风险的冲击扩散，当发生系统性冲击时，一连串合约发生违约，中央对手方的自有流动性不足以覆盖所有损失，便会抽走未违约交易商的流动性，同时为了自我保护，清算所会提高对所有对手方的流动性需求（如提高初始及维持保证金），给所有参与方带来财务压力，从而引发多米诺效应。

(二) 各国对集中清算的配套监管措施

集中清算制度对金融合约的标准性、交易商的资产流动性和市场整体的规模及流动性都有一定要求。各国也在设立配套的监管措施以更好地管控集中清算有关的风险。监管工作沿着以下两条主线进行。

1. 加强中央对手方的韧性及恢复能力

首先，中央对手方堆积了市场全部的信用风险敞口，需要比双边清算更积极的风险管理体系。国际证监会组织因此通过了《金融市场基础设施原则》①，增加了对中央对手方健全风险管理体系的要求［CPSS – IOSCO（2012a）］，尤其提高了对其管理信用及流动性风险的要求，例如要求中央对手方在面临高风险时（在多个司法管辖区运作，或是清算复杂衍生品），流动性能够弥补两个最大市场参与者同时违约的损失；同时，该法案要求保证金模型不能有过度的顺周期性以加强市场的极端风险。

其次，健全的风险管理体系可以提高系统的韧性，但在极端情况下，再健全的风险管理体系也无法阻止中央对手方的破产，因此监管部门也在尝试提高中央对手方的恢复及重建能力［CPSS – IOSCO（2012a）、CPSS – IOSCO（2014）、FSB（2014a）］，以保证中央对手方在进入恢复或处置阶段时仍能完成交易清算工作。同时在恢复、重建阶段，监管部门需要对系统性重要实体进行流动性支持。怎样识别系统重要性实体、救助的触发时间和触发程序等问题需要监管部门进一步进行系统的法律规则建构。

最后，由于场外衍生品通常更加复杂且涉及多个司法管辖区，标准制定机构在相应的风险管控中引入了广泛的国际原则，而不是详细的量化需求，使中央对手方的组织结构、功能和设计能够有充足的弹性和多样性，并由支付及清算市场基础设施委员会（CPMI）和国际证监会（IOSCO）评估这些标准在各辖区的具体实施情况。

2. 加强银行对中央对手方风险暴露的资本要求

《巴塞尔协议Ⅲ》对银行引入了最低资本要求，以涵盖银行对中央对手方的风险敞口。场外衍生品的保证金要求［BCBS – IOSCO（2015）］和回购等证券融资交易的最低限额［FSB（2014b）］提高了非集中清算交易的保证金要求，进一步激励银行转向使用集中清算。

(三) 境外权益类衍生品集中清算的发展历程对国内相关业务的启示

1. 充分考虑业务的标准化程度及流动性

集中清算制度对业务的标准化程度和资产的流动性有更高要求，可以从目前场外交易量较大的标的和结构入手进行试点。

2. 加设配套监管措施以应对中央对手方的相关风险

中央对手方的交易特点，尤其是其顺周期性会产生新的系统性风险，监管部门需要出台更清晰、更贴近中央对手方实际特点的监管政策，以提高中央对手方的韧性及恢复能力，同时也应关注银行对中央对手方风险暴露的资本要求以及国际监管协作，共同管理集中清算相应的金融风险。

---

① PFMI, Principles for Financial Market Infrastructures.

3. 数字化改革是集中清算制度的必需品和助推器

集中清算需要极高的业务处理效率，包括询价、成交、簿记在内的整个交易流程都需要完全在线上完成，这对从清算所到交易双方的系统数字化有很高要求。当整个数字化改革完成后，场外衍生品市场的效率及透明性会有很大提高，同时集中处理的数据可以帮助更准确快速地识别并控制违约风险。

境外场外衍生品履约保障机制研究

中信证券股份有限公司

一、引言

2008 年全球金融危机后，G20 领导人在美国匹兹堡会议上就监管场外衍生品市场的问题达成一致，以降低系统性金融风险为目标提出了四个改革核心：一是所有标准化的场外衍生品交易都应在适当情况下通过交易所或电子平台交易；二是所有标准化的场外衍生品交易均应通过中央对手方清算；三是场外衍生品合约应向中央交易数据库报告；四是非集中清算的衍生品交易应执行高于场内标准的保证金要求。

此次改革的主要方向之一是改进场外衍生品交易的履约保障制度，使其能更好地覆盖场外衍生品带来的风险。本文将在梳理境外场外衍生品交易，特别在非集中清算场外衍生品交易履约保障机制的基础上，提出完善境内履约保障机制的建议。

二、境外集中清算场外衍生品履约保障机制介绍

（一）模式概述

在集中清算模式下，场外衍生品清算与场内产品类似，由中央对手方负责清算，通过合约更替，即与双方分别进行一笔数量相同、方向相反的合约。中央对手方充当所有卖方的买方、所有买方的卖方，承担对手方信用风险。

境外交易中中央对手方通常为大型金融交易所的附属机构，如洲际交易所信用清算所（ICE Clear Credit）是洲际交易所（ICE）的一部分；芝加哥商品交易所清算平台（CME ClearPort）是芝加哥商业交易所（CME）的一部分等。

（二）保证金要求

2012 年 4 月，国际清算银行（CPSS）和国际证监会组织（IOSCO）发布新的金融市场

基础设施标准（PFMI），针对场外衍生品市场的中央对手方清算，提出了中央对手方在资本、风险管理、保证金与操作管理上的标准，成为各国实施监管的重要参考。PFMI 对集中清算对手方的保证金要求进行原则性规定：中央清算对手方需要具备一套有效的、基于风险的保证金体系，覆盖清算会员交易组合的信用风险敞口。中央对手方一般根据未来潜在的风险暴露确定清算会员的保证金要求，如采用 SPAN（Standard Portfolio Analysis of Risk）方案，根据定价数据、估值及结算曲线，按 N 天的平仓时间、一定比例单尾置信区间覆盖风险为基础确定结算会员的初始保证金比例，用以弥补在一般情况下中央对手方因结算会员违约所蒙受的潜在损失。

（三）模式特征

中央对手方在为场外衍生品结算提供组合保证金服务、降低系统性风险的同时，一定程度上也存在合约标准化与场外交易个性化矛盾、场内基础设施建设成本高无法充分支持业务创新发展等问题。因此，境外的集中清算场外衍生品交易发展过程，通常是场外交易品种逐渐实践、成熟、标准化后推进场内化清算的过程。集中清算模式适合衍生品市场相对成熟、业务模式及品种相对稳定的市场。

目前境外市场主要推动利率、汇率和信用类衍生品交易，尤其是结构相对简单的互换类产品的集中清算，对于权益、大宗商品类衍生品交易尚未提出明确集中清算要求。

三、境外非集中清算场外衍生品履约保障机制介绍

（一）模式概述

在非集中清算模式中，市场参与者互为交易对手方开展交易，并由交易一方或双方各自清算、对账、交收。此模式的优势是自由度高、交易效率高，双方可自主确认履约保障品及其他交易有关事项，缺点则是交易双方暴露对方信用风险。

在 2008 年金融危机爆发前，各国几乎没有针对此类交易的监管要求；金融危机爆发后，国际组织及各国监管部门均加强对非集中清算衍生品交易的监管，提高履约保障品要求。

（二）监管原则

巴塞尔委员会和国际证监会组织对非集中清算衍生品交易的履约保障机制提出了多项主要原则：一是所有未经中央对手方清算的场外衍生品交易都应实行适当的保证金制度。二是所有从事非集中清算场外衍生品交易的金融公司和系统重要性非金融实体，必须根据交易对手信用风险交换初始保证金和变动保证金。三是保证金收取标准应在各交易实体间保持一致，且能充分反映投资组合的未来风险敞口（初始保证金）和当前风险敞口（变动保证金）。四是作为保证金的资产应具有高度流动性，并应富余适当折扣，以确保在不利市况下仍保持价值。五是交易双方应交换初始保证金；初始保证金不应按净额收取；初始保证金在被持有时，应确保对交易双方的破产隔离。六是保证金要求应在适当的期限内逐步实施，以确保新框架造成的过渡成本能够得到有效管理。

(三) 业务实践

1. 交易商资本金要求

各国监管委员会普遍认为,非集中清算的衍生品交易的对手方风险是显著高于集中清算衍生品交易的。因此,无论是《巴塞尔协议Ⅲ》,还是巴塞尔委员会于2014年4月发布的信用风险暴露值标准,均设置了相关条款,提升交易商开展非集中清算衍生品交易的成本和门槛。

以2014年信用风险暴露值标准为例,根据资本充足率计算公式:资本充足率 = 资本÷(资产×风险权重),对于非集中清算的场外衍生品交易,需按较高的风险权重计算,如果中央对手方达到国际证监会组织提出的标准,则风险权重可以调为零。较高的风险权重,意味着交易商开展非集中清算的衍生品交易将会降低其资本充足率,需要提高资本准备。

2. 保证金规则适用对象

针对非集中清算的衍生品交易,各国监管部门普遍认为,保证金规则的核心目的是管控场外衍生品给金融体系带来的系统性风险。只要交易任何一方对金融体系不会带来显著系统性风险,相关交易都不在保证金要求的覆盖范围内。例如,非系统重要的非金融机构(通常以其交易规模或清算阈值作为划分标准),其交易的系统性风险一般被视为很小或没有。因此,保证金规则通常要求交易双方均为金融机构或高于清算阈值的系统重要性非金融机构。任何一方为低于阈值的非金融机构或其他豁免主体,则交易双方均无须适用保证金规则。

3. 初始保证金要求

巴塞尔银行委员会和国际证监会组织规定,初始保证金的金额应当能反映极端但确实可能发生的压力情景下的风险暴露,应能反映10天范围内、99%单尾置信水平下衍生品价值损失的估计,从而确保在保证金需求水平最高时,公司依然有足够的保证金可用。这样做也可以抑制保证金的顺周期性,有助于企业在逆境中渡过难关。累计平均交易规模低于规定阈值的主体,可以豁免初始保证金要求。

4. 变动保证金要求

对于变动保证金,巴塞尔银行委员会和国际证监会组织要求,为减少不利的流动性冲击并有效降低交易对手信用风险,交易双方交换变动保证金的金额必须能够完全担保非集中清算衍生品交易按市值计价的风险敞口,以覆盖交易一方在当前市况下的风险。同时,变动保证金的交换应当具有足够高的频率(如每天),且纳入净额结算安排。

5. 信用支持附件的相关内容

在非集中清算的衍生品交易中,交易对手间通常会签订 ISDA 协议或其他类似文件,以规范未来交易的清算操作。以 ISDA 协议为例,该协议附有一个信用支持附件(Credit Support Annex,CSA),其中对履约保障的细节将进行详尽约定,例如协议效力、履约保障形式、担保品类型、再抵押限制、计算担保品数额的周期等。以下介绍 CSA 的部分重要条款,以及国外对这些条款的常见具体约定。

(1)履约保障法律形式。衍生品的履约保障法律形式主要分为质押式和转让式履约保障。前者类似于国内法律中的现金或权利质押,出质人可以通过出质现金、有价证券等作为质押物,担保其在场外衍生品交易项下的债务;后者则是将履约保障作为场外衍生品交易结算机制的一部分，将履约保障品与衍生品主协议项下产生的债务合并，用于净额结算。

在各国监管部门推行前述初始保证金和变动保证金要求过程中，对于初始保证金，交易双方通常选择质押式履约保障，即在确保收取方可控制合约未来风险敞口的同时，也防范了收取方破产给转让方带来的风险；对于变动保证金，则通常选择转让式履约保障，即确保收取方可以充分利用、使用履约保障品以覆盖当前的合约风险敞口，提高交易效率。

（2）履约保障品类型。为确保金融机构能在提供足量担保品的同时保持较强的流动性，巴塞尔委员会并未将担保品局限于现金、国债等流动性最好的资产，还额外给出了一些符合监管主要原则（具备流动性和安全性）的合格担保品示例，包括优质公司债券、优质担保债券、主要股指成分股、黄金等。这一做法也是为了和集中清算的通行做法接轨。

（3）再抵押限制。再抵押（Re-Hypothecation）是指交易商将来自某对手方的担保品作为提供给另一对手方的担保品。再抵押在2008年金融危机爆发前的交易中极为普遍。据统计，在危机爆发前，美国衍生品市场所需的担保品总规模大约为4万亿美元。然而由于再抵押，投入市场的原始担保品的总价值仅为1万亿美元，只有所需价值的1/4。再抵押的次数越多，担保品经过的交易商链条就越长，发生损失的风险以及由此造成的影响范围也就越大。

有鉴于此，巴塞尔委员会在新规定中对再抵押进行了一定限制。具体而言，对于初始保证金，新规则规定在满足以下条件的情况下，初始保证金最多可再抵押一次，并要求再抵押前应得到提供初始保证金转让方的同意；对于变动保证金，出于防范合约当前风险的目标，可由交易双方自行约定。

四、境内衍生品交易履约保障机制发展建议

（一）逐步完善国内衍生品交易履约保障机制

目前境内场外衍生品市场仍处于相对初级阶段。截至2022年初，我国证券场外衍生品名义本金额不到2万亿元人民币。如今《期货和衍生品法》已正式实施，行业基础设施仍有待进一步完善。

为促进场外衍生品市场的持续健康发展，我国应进一步完善衍生品交易的履约保障机制，借鉴国际成熟市场经验，结合国内参与者结构特征，建立起高质量的履约保障机制，明确我国的衍生品交易履约保障机制监管原则，包括但不限于：

一是守住不发生系统性风险的监管底线，交易商管理是关键，交易商资本金要求是核心。不适当的交易商准入及履约保障品管理要求，可能触发交易商无法依约支付结算款项等信用事件，从而引发连锁反应，酿成系统性风险。

二是建立市场有效、透明、公允的衍生品市场。在充分考虑转让式履约担保对于发展初级阶段市场效率的促进作用和实践需求的前提下，进一步深化交易报告库、第三方估值、场内清算等机制发展，共建市场有效、透明、公允的衍生品市场。

（二）基于防范系统性风险目标，提高交易商标准及履约保障品管理要求

从境外经验看，衍生品交易中，通常需要交易商利用资产负债表吸纳对冲或合约损失，以达到分散或管理风险的目标。交易商本质为衍生品交易的信用和资金中介，需要较高的资

本金准备。

一个净资本规模较小的金融机构,作为衍生品交易商,所收取的转让式履约保障品规模很容易达到自有资本金(净资本)的数倍,甚至十几倍情况。在吸纳大量转让式履约保障的情况下,会使用客户提交的履约保障品开展大量投资或对冲交易。一旦市场行情异动,交易商出现对冲损失,其净资本不足以完全吸纳损失,则只能占用其他客户提交的履约保障品,从而风险外溢,出现类似 A 交易商无法支付 B 交易商结算款项,引发 B 交易商无法支付后续其他交易商乃至客户结算款项等情形。

为防范交易商信用风险,建议监管部门多措并举进一步优化监管措施及要求。

一是进一步完善代客型衍生品交易商以净资本和流动性为核心的风险控制指标体系机制。代客型衍生品交易商应建立统一的净资本风险管理体系,并进一步对衍生品交易的净风险控制指标进行精细化计量,以加强对交易商风险承载能力和流动性情况的评估。净资本规模较低、抗风险能力较差的交易商开展衍生品交易的规模及类型应给予约束。

二是限制净资本不足的交易商收取转让式履约保障品。区别于质押式履约保障,转让式履约保障本质为净额结算机制的一部分,受让方在收取履约保障品后,可自由使用履约保障品。倘若管理不当,出现流动性风险,容易造成风险传递,酿成系统性风险。

三是为规范交易商执行标准,建议行业推行履约保障品管理示范机制,引导交易商建立规范的担保品价值评估、交易盯市、风险化解及处置的管理流程,并对交易商投入履约保障品管理的人员和系统提出一定要求。

(三)基于市场有效、公允、透明的原则,逐步发展衍生品交易所需的行业基础设施

履约保障机制作为衍生品交易风险防控机制的重要一环,并不是单独存在的,需要与其他行业基础设施共同发展、良性互动,方可构建出稳健、健康、坚韧的衍生品市场。一方面,建议进一步发展交易报告库的深度和广度,丰富数据报送的内容并细化颗粒度,为后续的行业创新和风险防控机制奠定基础;另一方面,考虑到衍生品交易具有非公开和个性化等特征,建议进一步推动衍生品合约第三方估值机制的发展,确保衍生品交易合约的透明、公允,防范利益输送等风险。

相比欧美发达国家相对稳定的衍生品交易市场,我国的场外衍生品业务仍属于早期发展阶段。对于相对标准化的利率类、汇率类等衍生品交易,需引导场外衍生品交易的场内集中清算,持续降低系统性风险。对于其他非标准化衍生品交易,重点落实加强交易商的净资本风险管理、完善履约保障机制、制定履约保障品协议框架等基础措施,在交易报告库制度和第三方估值机制等基础设施逐渐完备的条件下,通过报送数据的搜集整理,归纳行业的成熟做法,形成"市场发展有效、透明公允、防范系统性风险"的全面的衍生品交易市场运行和监管机制。

我国投资者适当性义务的法律性质及其制度完善

丁建强　刘　博　高聪伟　杨一帆[*]

一、我国投资者适当性义务的含义

（一）投资者适当性义务的历史沿革

投资者适当性义务是现代金融法的一项重要制度规定，要求金融机构将适当的产品与服务销售、提供给适当的投资者，切实保护投资者尤其是普通投资者的合法权益。适当性义务发源于20世纪30年代的美国，为保护纽约证券交易所成员免受不诚信及破产投资者的侵害，投资者适当性被设定为证券经纪自营商的自律性义务，并不断在自律规范与监管规则中被确认[①]。之后，投资者适当性义务也被世界各主要经济体相继继受，除美国外，绝大多数国家、地区针对投资者适当性义务以制定法确定了其立法根据，并集中规定在一部或几部制定法中。另外，国际清算银行、国际证监会组织、国际保险监管协会于2008年联合发布的《金融产品和服务零售领域的客户适当性》第23条对适当性要求的定义作了概括规定："中介机构提供的产品或服务与客户的财务状况、投资目标、风险承受程度、财务需求、投资知识和经验间的契合程度"[②]。

我国监管规定中最早关于要求金融机构履行了解客户与适当匹配等投资者适当性相关义务的规定见中国证监会2003年发布的《证券公司客户资产管理业务试行办法》第四十五条；中国银监会2005年发布的《商业银行个人理财业务管理暂行办法》第三十七条，除了解客户与适当匹配外，还进一步对商业银行在产品与服务推介中告知说明、妥善保存方面的义务作了规定，但前述规定均未明确引入适当性概念。2008年国务院发布的《证券公司监

---

[*] 本文写作于2023年8月。作者简介：丁建强，中信建投证券股份有限公司执委会委员、合规总监、法律合规部行政负责人；刘博，中信建投证券股份有限公司法律合规部财富管理业务法律合规团队负责人；高聪伟、杨一帆，均供职于中信建投证券股份有限公司法律合规部。

[①] 任宏达：《美欧适当性义务制度建设的再审视》，载《银行家》2022年第10期，第134—136页。

[②] Customer suitability in the retail sale of financial products and services.

督管理条例》第二十九条首次明确规定了证券公司"推荐适当的产品或者服务"的义务，在监管层面正式引入投资者适当性义务要求。

（二）我国证券行业投资者适当性法律法规体系

我国不断建立健全投资者适当性义务的法律法规体系，主要法律法规包括：一是在法律层面，《证券法》第八十八条、第八十九条，《期货和衍生品法》第三十一条分别针对证券公司销售证券、提供服务与开展衍生品交易的适当性义务作了规定；二是部门规章层面，中国证监会于2016年发布了关于投资者适当性义务的专项制度——《证券期货投资者适当性管理办法》，2023年发布的《证券经纪业务管理办法》也规定了经纪业务的适当性管理规则与标准；三是自律规则层面，中国证券业协会、中国期货业协会、各证券交易所等针对各行业也发布了更细化的投资者适当性义务规则，如《证券经营机构投资者适当性管理实施指引（试行）》等。上述规则共同构成了我国现有的投资者适当性义务制度体系。另外，在司法适用领域，最高人民法院于2019年发布的《全国法院民商事审判工作会议纪要》（以下简称《九民纪要》）也在专门部分就适当性义务纠纷案件的审理规则作出指引，其也成为司法裁判中的重要参照。

（三）投资者适当性义务的内涵

从制度层面对我国投资者适当性义务要求进行概括总结，我国对金融机构投资者适当性义务的要求应主要包括五个方面：一是充分了解投资者的义务，具体包括基本情况、财产状况、金融资产状况、投资知识和经验、专业能力、投资目标等；并在此基础上要求对投资者进行分类，除专业投资者与普通投资者的划分外，还应进一步对普通投资者进行细分。二是充分了解产品或服务的义务，并根据其风险特征与程度进一步划分风险等级。三是适当性匹配义务，要求金融机构向投资者出具明确的适当性匹配意见，即投资者的风险承受能力等级与产品或服务的风险等级是否匹配。四是说明告知义务，要求金融机构说明产品、服务的重要内容，并充分揭示投资风险等。五是其他义务，包括但不限于开展内部适当性自查、档案管理、投资者回访、特定业务环节录音录像等。

二、我国投资者适当性义务的性质与相应民事责任

金融机构是否充分履行投资者适当性义务直接关涉投资者权益，行政责任手段仅能在一定程度上实现对金融机构行为的规制，难以对投资者民事权益因金融机构适当性义务履行瑕疵所造成的损害起到损失填补作用。尤其伴随着我国适当性义务纠纷案件数量的逐年增加，明确投资者适当性义务的民事法律性质、确认适当性义务履行瑕疵后的法律责任，对厘清金融机构与投资者的权责边界尤为重要。但我国现行适当性规范并未对投资者适当性义务的法律性质作出明确规定，制度规定的不足导致司法机关缺乏统一的裁判标准，对金融机构违反适当性义务时的责任认定难以一致，无法有效规范裁量权的行使。

目前学界与实务界对如何界定适当性义务及其对应责任的法律性质，主要有三种观点：一是认为适当性义务是一种先合同义务，履行瑕疵时构成缔约过失责任；二是认为适当性义务是法定义务，履行瑕疵时构成侵权责任；三是认为适当性义务是合同义务，履行瑕疵时构

成违约责任①。下文将结合相关规范性文件要求、司法实践中的认定分析逻辑对以上三种义务、责任认定观点分别展开分析,并提出相应的观点。

(一) 法定义务——侵权责任

从规范角度来看,《证券法》《期货和衍生品法》等规范性文件确定了证券公司等金融机构就履行适当性义务的具体行为要求构成其法定义务,在未尽该等义务要求的情况下应当承担侵权责任。尽管《九民纪要》第73条将原《合同法》规定为确定卖方机构适当性义务内容的依据之一,而缔约过失责任相关规定在我国《民法典》置于"合同编"下,似有确认其为缔约过失责任之嫌;其第72条关于"适当性义务"具体行为模式的规定也被普遍认为构成先合同义务,进而在义务瑕疵时要求承担缔约过失责任②。但《九民纪要》关于责任主体和损失赔偿数额等问题的规定又体现出侵权责任的色彩;且根据其将履行适当性义务规定为推介、销售两个阶段,并规定了"高风险等级投资活动提供服务的过程",其所规制的义务阶段显然不限于先合同阶段,将其单纯认定为先合同义务不妥。即使从适当性义务作为合同履行前阶段的先合同义务角度出发,该义务规定来源于法律制度本身,缔约过失责任究其本质也可被认为是一种侵权责任,现代合同法以法定义务方式确立的在缔约前的先合同义务具有法定性③;其作为原则基础的诚实信用原则也是我国《民法典》规定的法定原则,进一步提供了其法定性基础。另外,在《〈全国法院民商事审判工作会议纪要〉理解与适用》(以下简称《九民纪要理解与适用》)中,最高院民二庭在对适当性义务的法律性质作出认定时认为应当根据规范层级的不同将其法律性质认定为法定义务和先合同义务两类,其中法律、行政法规规定的适当性义务属于法定义务,也对《九民纪要》规定的适当性义务属于法定义务性质作了阐释。

司法实践中也普遍认可金融机构适当性义务的法定性,并以此认定了义务主体在履行适当性义务出现瑕疵时承担侵权责任。相关案例常以财产损害赔偿纠纷、侵权责任纠纷为案由,但法院一般不会对何以确认该责任的性质作辨析说理。如在杨某与某银行沈阳分行财产损害赔偿纠纷案中④,一审、二审法院均直接认定了行为人因过错侵害他人民事权利,该案为侵权责任纠纷,并将案件争议焦点确定为是否违反了适当性义务与赔偿责任范围两点。对争议焦点的说理围绕行为人行为展开,因认定行为人行为不符合《商业银行理财业务监督管理办法》中对适当性义务具体行为的规定确认其违反了应承担的适当性义务,那么此处即将该等义务确定为法定义务,对该法定义务的违反构成侵权责任。

---

① 李游:《金融机构适当性义务的履行判断和责任承担——基于834份裁判文书的分析》,载《政治与法律》2022年第11期。
② 关于认为其构成缔约过失责任的观点也可见《〈全国民商事审判工作会议纪要〉理解与适用》中最高院民二庭的认定,将在下文"先合同义务——缔约过失责任"部分具体说明。
③ 高俊鹏:《投资者适当性义务的责任机制检视——以〈资管新规〉出台以来相关案例实证分析为基点》,载《金融发展研究》2022年第8期,第77—78页;李游:《金融机构适当性义务的履行判断和责任承担——基于834份裁判文书的分析》,载《政治与法律》2022年第11期,第104页。
④ 该案案号为(2020)辽01民终14338号。

(二) 先合同义务——缔约过失责任

1. 《九民纪要》对适当性义务为先合同义务的确认

《九民纪要》对司法实务具有重要的指导意义，目前普遍认为其将卖方机构违反投资者适当性义务的民事责任定性为缔约过失责任。从规定文本来看，其一，根据其第 72 条对卖方机构承担适当性义务目的的规定①，其体现出与同样以诚信原则作为理论基础的先合同义务的一致性，且就该义务的要求在阶段上也被确定在合同成立前与缔约过程中，与《民法典》第五百条就承担缔约过失责任具体情形的规定相一致。其二，《九民纪要》第 74 条的适当性义务责任条款对责任要件的规定尽管也体现出侵权责任的规制色彩，但也明确表明了其是一种发生在金融消费者购买金融产品前的先合同义务的行为。

另外，在《九民纪要理解与适用》中，最高院民二庭认为应当根据规范层级的不同将适当性义务分为法定义务和先合同义务两类，其中法律、行政法规未规定的即属先合同义务，并在违反规定时承担缔约过失责任。同时就适当性义务的先合同义务属性作了阐述，认为："对于尚未被法律、行政法规规定的适当性制度，卖方机构的适当性义务应当被视为一种特殊的诚信义务，即《合同法》第 42 条规定的先合同义务。"因此，对法条文本进行文义解释，适当性义务可以构成先合同义务。

2. 缔约过失责任的司法实践认定

结合相关司法案例中法院对金融机构未尽适当性义务承担缔约过失责任的认定情况，首先，金融机构承担适当性义务并不当然以其与投资者间存在合同关系为前提，这也与缔约过失责任的承担条件相一致——无论有效的合同关系最终是否成立，先合同义务的不履行都能导致缔约过失责任的发生。如在吴某与某银行金融委托理财合同纠纷案中②，法院即认定吴某和该银行之间并不构成委托理财关系，但由于银行无法证明其已尽到合理的告知义务（适当性义务），故应承担相应责任。其次，不履行先合同义务带来缔约过失责任，表现形式往往是承担赔偿信赖利益损失的赔偿责任，其在构成要件认定路径上与一般的侵权责任有相似之处，仍需从金融机构是否有缔约过失行为、是否存在过错、投资者的利益损失以及缔约过失行为与投资者损失间是否具有因果关系入手，其中缔约过失行为应发生于合同订立期间而不包括履行阶段。这里也反映出该规制路径与将适当性义务确认为法定义务进而要求承担侵权责任的一致性。如在某银行北京玉泉路支行与肖某合同纠纷案中③，法院认为卖方机构在推荐、销售高风险理财产品中应履行适当性义务要求，该适当性义务明显属于法定义务。认为如果卖方机构未履行上述法定义务，在缔约阶段使得金融消费者基于对专业金融机构的信赖而购买不适当的产品造成损失时，其明显违反了诚实信用的要求，理应按照上述规定承担赔偿责任。总的来说，将违反适当性义务构成缔约过失责任的司法归责路径仍常体现为侵权责任路径下的认定逻辑，也反映了适当性义务的法定性。

---

① 参见《九民纪要》第 72 条："卖方机构承担适当性义务的目的是为了确保金融消费者能够在充分了解相关金融产品、投资活动的性质及风险的基础上作出自主决定，并承受由此产生的收益和风险。"
② 该案案号为（2012）沪中民六（商）终字第 164 号。
③ 该案案号为（2020）京 01 民终 8093 号。

3. 缔约过失责任作为适当性义务归责路径的不足

首先，由于适当性义务不仅存在于缔约阶段，还存在于合同履行阶段，因此"缔约过失责任说"无法兼容合同履行阶段产生的责任，而根据上文分析，适当性义务显然不局限于合同缔约阶段。其次，我国现有法规已明确适当性义务是金融监管范畴中的公法义务，如果采取缔约过失责任理论则将扩张对先合同义务的界定，也会忽略适当性义务因金融机构的专业知识和信息优势而由其单方承担的特殊性。

（三）合同义务——违约责任

关于适当性义务的合同义务属性，有观点指出，如果在投资者签订的投资合同或其他类型的合同中规定了关于适当性义务的表述作为合同条款，发生纠纷时投资者即可主张违反适当性义务的行为构成违约行为，违约责任与侵权责任竞合，择一主张；另外还有观点认为，投资者与金融机构可以约定超出适当性规则要求范围的适当性相关义务，此时即同样适用合同义务保障路径；并且适当性义务要求作为对合同履行阶段的义务要求，也可与其作为先合同义务的合同缔约阶段衔接。但从规范角度来看，适当性义务本身具有法定性，其并不因合同约定而变为约定义务，不属于双方当事人的意思自治范畴；另外，若存在合同履行阶段义务主体未能履行合同约定的适当性义务且该等义务未由法律规则明确作出要求的情况，结合对"适当性义务"词源含义本身的理解，也可纳入法条规定的"等"字解释中，与适当性义务的法定性保持一致；再者，由于适当性义务主要存在于行政监管规范及行业自律规则中，若将该等要求直接推定为金融机构的合同义务，是对合同法基本原则即合同自由原则的过度介入，双方难以自由协定合同之内容。

同时，根据案例实践，并非所有的合同都将适当性义务作为条款内容；即便合同中没有相关条款，也不影响适当性义务本身作为法定义务履行。在我国司法裁判中关于金融机构的行为违反其与投资者之间的服务协议，进而构成违约责任的认定思路，对存在于监管规范的适当性义务如何转换为金融机构的合同义务，也未见法院对此进行解释、阐明。

总的来说，关于以上三种违反适当性义务产生责任性质的主流观点，在现有司法实践下金融机构可能成立违约责任、缔约过失责任、侵权责任，亦可能发生上述责任的竞合。虽然从现有适当性规则角度出发，结合《九民纪要》的规定，似乎将适当性义务确定为先合同义务最为恰切。但《九民纪要》本身不具有规范效力，其未就适当性义务的性质作出规范层面的确认；其对适当性义务的规定具有解释空间，从文本解释角度也体现出适当性义务的法定性；尤其考虑到与司法实务相结合，采用适当性义务为法定义务的情况最多，案例中法院针对违反适当性义务构成缔约过失责任的归责路径也并未反映出与构成侵权责任的认定逻辑差异。至于合同履行中的违约责任说，其本身在解释逻辑上对投资者适当性问题的保障有不足；另外在司法实践中投资者主张违约责任路径的情况也较为有限，金融机构抗辩思路及法院对其是否构成违约的认定围绕合同约定条款本身展开即可。侵权责任认定路径更有助于保障投资者的权益。

三、我国投资者适当性义务的制度完善建议

（一）完善投资者适当性规范体系

完善我国投资者适当性义务制度，统一义务性质规定，首先应完善我国投资者适当性规

范体系，统一制度标准。具体来看，层级较高的规范性文件中对投资者适当性义务的规定简略，《证券法》第八十八条也仅明确违反该义务应承担民事责任，并未形成较清晰的规范层面指引。在不同部门规章体系下，适当性义务的内涵与要求针对金融行业细分的不同在具体规定上也有所差异，这与我国适当性统一监管的趋势不符。另外，尽管《九民纪要》在适当性问题相关司法实践中发挥了重要作用，提供了部分指引，但其不属于规范性文件，不能作为裁判依据直接援引，且在具体规定上还存在与其他适当性规则要求不一致的情况。综上，应进一步完善投资者适当性规范体系的构建。首先要提高适当性规则的规范层级，在更高位阶的法律、行政法规层面统一立法，针对适当性义务具体要求及相应责任进行统一规定，确保适当性义务要求不因行业的不同而存在差异，明确监管的统一标准，同时调动行业监管中交流与配合的积极性。其次是保留自律规则层面对适当性义务规定的细则解释，进行可操作性的规定。自律规则可针对特定金融产品与服务提出更具体的要求，保证制度的针对性，更有效地实现事前的监管要求。另外，自律规则可以更好地保证规则更新，保证制度的灵活性，弥补较高位阶制度可能存在的僵化问题。

（二）完善对侵权责任构成要件的规定

根据上文结论，确认适当性义务的法定义务性质，进而确认其为侵权责任的规则路径最为合理。那么在该分析路径下，认定经营机构未履行适当性义务承担侵权责任应满足加害行为、损害结果、因果关系、过错构成要件。结合司法案例实践，投资者适当性问题在该等要件规定上尚有不足，应考虑进一步细化投资者适当性义务的评判标准，引导经营机构规范操作，指引监管部门与裁判部门统一审查标准。具体完善建议如下。

1. 加害行为构成要件的完善建议

建议在司法解释中明确关于适当性义务侵权行为"要件审查＋实质检验"的认定标准指引。在适当性义务问题中，相关规范性文件对金融机构作为义务主体提出在了解客户、了解产品、适当匹配等方面的具体行为要求，构成其法定义务，此处的加害行为即为金融机构未尽该义务要求的行为。针对行为要件的审查，结合司法实践应考虑从"要件审查＋实质检验"两方面入手，综合判断是否未尽行为要件要求，违反适当性义务。要件审查偏向于对适当性义务履行内容的形式审查，如对基金销售机构，要求提示投资人阅读基金合同、招募说明书、基金产品资料概要，提供有效途径供投资人查询，并以显著、清晰的方式向投资人揭示投资风险[①]。若适当性义务主体履行上述程序性事项有瑕疵，则可直接认定其存在加害行为，满足侵权责任的行为要件要求。但当金融机构履行了适当性义务相关程序要求，且无明显形式瑕疵，但仍存在适当性义务履行争议时，法院则不能再依据卖方机构的测评结果以形式审查来定纷止争，即不能仅根据金融机构行为来证成其行为具有正当性[②]。此时则需要从实质公平视角审查，依据专业人员标准考量金融机构是否履行了足够的作为合理性基础的义务内容[③]。如在与"风险揭示"相关的李某与某银行邳州支行、郑某财产损害赔偿纠纷

[①] 见《公开募集证券投资基金销售机构监督管理办法》第十七条。
[②] 曹兴权，凌文君：《金融机构适当性义务的司法适用》，载《湖北社会科学》2019年第8期，第166页。
[③] 李游：《公司担保中交易相对人合理的审查义务》，载《政治与法律》2018年第5期，第155页。

案中①,法院就认为:"对'以充分、必要、显著的方式'的标准而言,签字同意达成的契约也只是一种形式化的合意,不能仅依此种形式上的合意就认定已充分履行风险揭示义务。"由于实质审查标准难以通过规范性文件实现统一的指引,其常需在个案中综合多种因素以实现,因此可以考虑在司法解释中增加关于投资者适当性案件行为要件实质检验标准的指引原则,以保留法院行使自由裁量权的解释空间。

2. 损害结果构成要件的完善建议

建议明确规定违反适当性义务承担侵权赔偿责任的计算逻辑。损害结果要件要求存在民事权益损害,在投资者适当性义务问题中主要表现为对客户造成损失。基于侵权损害赔偿的填补性功能,损害应包括投资本金及利息,不包括可期待利益。《九民纪要》第77条关于金融机构未尽适当性义务导致金融消费者损失的条款中也作了如是规定②,其就损失认定确定了较为明确的指引标准,但《九民纪要》并非司法解释,效力位阶较低,仅可作为司法机关裁判时说理的依据。在此基础上,可考虑在规范性文件层级或通过司法解释确定该认定标准,进一步明确其作为裁判依据适用的效力。

3. 因果关系构成要件的完善建议

建议在司法解释中明确适当性义务案件中因果关系认定的"相当性"标准。适当性义务问题中因果关系的认定难点在于投资者的损失后果往往不仅由金融机构未尽适当性义务导致,还常受如资本市场本身波动等因素影响。针对因果关系的认定主要存在"条件说"与"相当性"两种判断标准。

在"条件说"判断标准下,当金融机构相关行为构成导致投资者损失的必要条件时即成立因果关系,这也反映在部分适当性义务案件的认定中。如在王某诉某银行甘肃省分行营业部侵权责任纠纷案中③,法院认为原告在不知情状况下购买涉案基金系基于被告的不当推介行为,若无该行为则原告不会购买该涉案基金,就无从发生相应损失。举一反例:吴某诉某银行金融委托理财合同纠纷案④,法院运用"条件说"以阐明违反适当性义务与投资者本金损失间的因果关系。二审法院指出,吴某购买的理财产品并非该银行开发,该产品也并非由该银行管理,并得出吴某的损失与甲银行推介行为无必然因果关系的结论。但实则银行的参与介入,确实影响了吴某的交易意愿,故很难完全切割与其资金受损损失后果间的因果关系。这反映出"条件说"判断标准的局限性。

"相当性"因果关系说是目前确定因果关系的主流观点,要求在确认某行为是损害发生的条件的基础上,进一步判断该条件是否具有"相当性"。在具体判断上,针对消极的侵权行为,常适用"替代法"的分析方法,即将被告的实际行为替换为合法、适当的行为,如果此时损害后果仍然发生,那么被告的不作为与损害后果间没有因果关系⑤。违反适当性义务的案件中经营机构行为常为不作为,可考虑从该角度讨论识别导致损害后果的真正原因。关于适当性案件中法院采用"相当性"判断标准进而认定关于赔偿责任的承担比例,在徐

---

① 该案案号为(2019)苏0382民初8940号。
② 《全国民商事审判工作会议纪要》第77条规定,卖方机构未尽适当性义务导致金融消费者损失的,应当赔偿金融消费者所受的实际损失,实际损失为损失的本金和利息,利息按照中国人民银行发布的同期同类存款基准利率计算。
③ 该案案号为(2019)甘01民终1327号。
④ 该案案号为(2012)沪一中民六(商)终字第164号。
⑤ 林庆强:《侵权责任纠纷中,如何认定和应用因果关系》,https://mp.weixin.qq.com/s/ff7IAh9FO20V_a8dJRpoVQ。

某与深圳某公司金融委托理财合同纠纷案中①，法院首先基于了解客户、了解产品、风险告知、适当推荐几方面认定了经营机构在推介销售产品时未尽到适当性义务，在此基础上，法院同时考量了金融市场变动对损失结果出现的影响，构成一定的相当性，酌情确定了损失的分担。考虑到在违反适当性义务侵权问题中，投资者的损害往往是多种因素结合在一起导致的，为实现对投资者合法权益的有效维护，采用"相当性"因果关系理论作判断更合适，建议在司法解释中确定该因果关系认定指引原则。

4. 过错

民事侵权责任要求行为人因过错侵害他人民事权利造成损害，即行为人在主观上应有过错，包括故意与过失两种情形。过错责任原则是侵权责任的一般原则，且根据《证券期货投资者适当性管理办法》第34条第1款，其明确规定了金融机构承担责任的前提为其"存在过错"。适当性问题中对侵权责任的认定参照该标准即可。

参考文献

[1] 曹川. 金融消费者保护之适当性原则研究 [D]. 上海：上海社科院, 2014.

[2] 井漫. 投资者适当性制度构建：国际经验与本土选择 [J]. 证券市场, 2020 (04)：69.

[3] Louis Loss. The SEC and the Broker – Dealer [J]. Vanderbilt Law Review, 1995, 52 (04)：1271.

[4] 最高人民法院民事审判第二庭. 《全国民商事审判工作会议纪要》理解与适用 [M]. 北京：人民法院出版社, 2019.

[5] 陈洁. 证券公司违反投资者适当性原则的民事责任 [J]. 证券市场导报, 2012 (02)：57.

[6] 宋晓燕. 证券民事赔偿制度的经济分析 [J]. 法学评论, 2002 (04)：77.

---

① 该案案号为 (2019) 粤0391民初2634号。

适当性管理中投资者评估机制优化研究

陈 尧[*]

投资者适当性管理制度作为资本市场的一项基本制度，在维护投资者合法权益、保障资本市场健康稳定发展方面发挥着重要作用。2017年以来，我国证券行业已建立健全投资者适当性管理制度，并取得积极成效。全面实施注册制改革，对投资者适当性管理工作提出了更高要求。销售或提供与投资者相匹配的产品或服务是适当性管理制度的核心要求，而落实该要求的前提与关键则是投资者评估机制的建立与执行。在行业实践中，投资者评估机制方面仍存在难点与问题，有待进一步解决与完善。本文旨在分析投资者评估机制中的实践难点与问题，提出相关优化措施，以期为行业提供借鉴思路，把好投资者入市"安全门"。

一、证券行业适当性管理制度的发展及投资者评估机制要求

（一）我国证券行业投资者适当性管理制度的发展

虽然投资者适当性管理制度在我国实施的时间与西方国家相比较晚，但其在证券行业的发展速度并不缓慢。

2008年，《证券公司监督管理条例》提出，证券公司应根据投资者实际情况向其提供相匹配的产品或服务。2009年起，适当性管理制度在创业板试运行，逐步在融资融券、股指期货等业务领域展开。后续，管理部门又相继出台了《关于加强经纪业务管理的规定》《证券公司投资者适当性管理制度指引》等规定。该阶段，证券行业对投资者评估缺少统一的标准和操作细则。

2016年5月，为了规范投资者适当性管理，中国证监会发布了《证券期货投资者适当性管理办法》（以下简称《办法》），使投资者适当性管理有了统一的制度标准。2019年，我国最高人民法院发布了《全国法院民商事审判工作会议纪要》（以下简称《九民纪要》），在法律法规层面规范金融机构的适当性管理义务。2019年修订的《证券法》第一次从法律

---

[*] 本文写作于2023年8月。作者简介：陈尧，兴业证券股份有限公司合规管理部运营业务合规管理岗。

层面明确提出了适当性管理要求，适当性管理义务被提升到国家法律高度。2023年2月，《证券经纪业务管理办法》实施，进一步明确了证券经纪业务的内涵及风险等级强匹配的要求。

（二）投资者评估机制的相关要求

适当性管理制度的核心要求之一是证券公司在进行金融活动之前，应对投资者进行了解与评估。而对投资者进行全面的了解与评估，需要具备完善的投资者评估机制。投资者评估机制的主要要求如下：

1. 了解投资者、投资者分类

全面了解投资者的基本信息、资产状况、收入与负债情况、投资知识和交易经验、专业水平、诚信情况、投资偏好等；设计风险承受能力评估问卷，综合评估投资者风险承受能力，进行分类管理。

2. 建立投资者评估数据库

投资者评估内容与结论具有时效特征，持续更新投资者风险承受能力状况才能体现投资者的成长变化，这需要对投资者适当性信息进行跟踪管理，因此需要建立动态的投资者评估数据库。

3. 后续评估

建立监测、核查机制，持续跟踪了解投资者适当性匹配情况，至少每两年进行一次投资者适当性是否匹配的后续评估。

二、相关理论

（一）代理理论

代理理论是美国最早的经纪商适当性义务理论。证券公司为投资者提供服务时，双方即是代理与被代理的关系。作为代理人，证券公司只能在代理范围内行使权利，证券公司要想为投资者谋求最大利益，就应充分了解投资者的相关信息，如投资目的、风险偏好等，并根据收集的信息进行分析，利用自身的专业能力，为投资者提供适合的建议，推荐合适的产品和服务。

（二）招牌理论

美国学者路易斯·罗斯教授提出，经纪商挂出招牌从事证券业务，要取得证券行业的经营资质，具有相应的专业能力，公平公正地对待客户。该理论认为，证券公司销售的产品或服务，应与客户的投资目标、风险承受能力水平等相匹配。

（三）特殊情况理论

特殊情况理论源于英美信托法，金融机构与投资者之间存在特殊的信赖关系，基于该信赖，金融机构拥有特殊地位并对投资者负有特殊义务。由于信赖关系，投资者更容易相信金融机构的推介或建议，金融机构则有义务确保其推介或建议的适当性。

三、投资者评估机制的现状、实践难点与问题

(一) 现状

为落实《办法》规定,各证券公司均建立了适当性内部管理制度体系,规定了投资者分类、产品或服务分级、适当性匹配的方法、流程等。证券公司在开户等环节进行投资者信息采集,通过填写风险承受能力问卷等方式评估投资者风险承受能力,了解分析投资者总体情况及风险喜好,开展客户分类管理。在购买产品或提供服务环节,结合产品或服务的风险特征,通过签署适当性匹配意见、风险揭示、业务知识测试等方式进一步了解投资者情况,提供与投资者情况相匹配的产品或服务;持续关注投资者信息及适当性匹配情况,开展后续评估。

投资者评估机制建设,核心就是评估数据库的建设。各证券公司基本都已建立了投资者评估数据库,目的是为了避免重复采集信息,提高评估效率。要对投资者进行持续评估,就需动态跟踪投资者的基本情况、财产状况、投资知识和经验等信息。但在实际操作中,客户信息准确性有待完善,投资者风险承受能力评估的科学性还需提升。多数证券公司未实现投资者数据库与内部其他信息系统的打通,对客户信息的持续跟踪、更新机制和手段不足;而基于投资者的客观交易记录进行分析评估,行业内实际应用较少,缺少行业统一的标准和可借鉴的优秀案例。部分证券公司依赖外包系统开发商来升级改造投资者评估数据库,这在一定程度上影响了投资者评估机制的正常运行。

另外,2021年11月1日,《中华人民共和国个人信息保护法》(以下简称《个保法》)实施。根据该办法,对适当性管理涉及的投资者相关信息,其收集和运用需进行保护,避免违法。这客观上也对投资者评估机制的运行提出了挑战。

(二) 实践难点与问题

1. 证券公司对投资者信息采集形式单一、验证存在困难

(1) 证券公司采集到的投资者信息,一般是由投资者自行填写或提供相应的证明材料,采集形式单一。而在开户申请、业务办理、履行反洗钱管理等法定义务环节中,证券公司也存在反复收集信息的情形。因此,在信息采集中,会出现客户资料填写不规范的情况,例如在不同业务环节提供的信息不一致、甚至同一份风险承受能力问卷信息存在前后矛盾等。

(2) 证券公司对投资者提交的信息或"合格投资者"证明材料进行有效核验存在一定的困难。证券公司在获得投资者提供的年收入、金融资产、家庭金融净资产证明等材料后,需进一步核实或验证,但由于核验手段、人力物力有限,想要及时并准确地核对投资者提供的信息及证明材料存在实际困难。例如,很多非上市公司没有审计需求,《公司法》也废除了对新公司注册验资报告的要求,客观上加大了证券公司对于此类机构客户"净资产""实收资本"的核实难度。

2. 投资者风险承受能力评估主观性较强

(1) 风险承受能力评估问卷是了解投资者现实情况的重要途径之一,有助于投资者规避投资风险。但部分证券公司风险承受能力评估问卷存在测评问题过于笼统、主观性题目比重过大、客观性与针对性不足等问题,易导致评估结论偏离投资者真实的风险承受特征。同一投资者面对不同证券公司设计的不同内容的问卷,得到的评估结果可能不同,这会导致投

资者面临困扰。

（2）部分投资者在填写风险评估问卷时会存在主观性，不能客观地对自身当前状况进行分析。个别投资者为了匹配相关产品或服务的风险等级，明知实际情况不符合，却提供虚假信息以达到购买条件；甚至会要求工作人员帮其填写评估问卷、指导其故意粉饰收入、职业等信息，以此来获得对高风险产品的投资机会。这些情况使证券公司不能获取投资者真实信息，直接后果是提供的产品或服务满足了投资者暂时的意愿却不能匹配其真实的风险承受能力。

因此，仅采用风险承受能力问卷对投资者进行评估，主观性较强，评估结果不能全面、真实地反映投资者的风险承受能力。

3. 投资者如实提供、及时更新信息的意识不足

虽然我国投资者对适当性管理已有一定的认识，但仍存在部分投资者把适当性管理看作"走过场"的情况，导致投资者如实提供信息、及时告知变化情况并更新的意识不足，主观能动性不强。有些投资者也只是根据工作人员要求进行信息填写，随意性较大，信息的真实性有待认证。投资者信息发生变化后，主动告知的意识不足、意愿不强；甚至个别投资者已被通知要更新，仍不配合更新。虽然《九民纪要》规定了金融机构相应的免责事由，但在实务中责任多由证券公司承担，客观上易导致投资者放松对自我行为的管理。

4. 投资者评估数据库建设和应用存在困境

《办法》提出了投资者评估数据库的建设要求，但未明确数据库的使用场景和应用范围。部分证券公司建设数据库，是为了应付监管检查，缺乏应用的内在动力和自身需求，依靠外包软件开发商来维护，数据库的升级更新存在滞后性。而头部证券公司自主研发能力强，但因行业没有成型方案可借鉴，只能靠自身经验摸索前进。

投资者信息和状况不是一成不变的，需要持续更新和动态管理，信息的动态更新能产生有效的时间序列数据。多维的客户信息与时序数据有利于对客户的大数据分析与挖掘。证券公司传统的客户评估数据库依然停留在基础信息统计、适当性管理信息日常维护等方面，已难以满足新时代需求，急需升级。

5. 与第三方合作机构的权责义务约定不清

个人金融信息处于个人信息保护与金融市场监管的交叉领域，信息之于金融行业至关重要。《个保法》确立了以"告知—同意"为核心的个人信息处理规则，对投资者个人信息保护的义务被提升至强制性法律要求。在三方存管、产品代销等业务中，投资者个人信息与第三方合作机构的互通存在双向风险，输出的信息存在泄露、篡改、丢失等风险，输入的信息存在来源违法违规等风险。《证券期货业网络和信息安全管理办法》对证券公司与第三方机构合作中的投资者个人信息未进行明确规范。业务开展中，证券公司与第三方机构在投资者信息保护方面，信息处理行为的定性、双方权责义务的规定不够明晰；一旦发生风险事件，较难作出双方责任的合理认定。

6. 后续评估缺乏统一的行业标准和操作指引

根据《证券经纪业务管理办法》要求，证券公司对经纪业务服务适当性匹配原则进行调整，以符合风险等级强匹配要求。《证券经纪业务管理实施细则》要求，至少每两年进行一次投资者适当性是否匹配的后续评估，首次提出对"是否匹配"进行后续评估。目前行业内尚未形成统一标准和操作指引，后续评估结果为"不匹配"时应如何处理客户已有的业务权限是落实的难点，还有待行业探讨和实践探索。

四、优化措施

(一) 加强对投资者信息的审核和校验

1. 优化各项业务的办理表单及系统信息采集功能

在临柜办理或线上办理业务环节,增加对留存客户信息的审核校验和对比机制。投资者风险承受能力问卷、基本信息表、提供的其他材料之间存在一定的逻辑关联性,通过人工或技术手段加强投资者信息之间的逻辑性校验,可提升信息的准确性。

2. 特殊情况理论中提及金融机构与投资者之间存在特殊的信赖关系,基于该信赖,金融机构有义务确保其推介或建议的适当性。

证券公司应加强对投资者异常信息的监测或检查。当发现信息异常时,要与客户进一步核实,或要求补充提供佐证材料;如有信息发生变化,要提醒督促客户及时更改信息并重新进行风险评估。若客户拒不更新,应审慎为客户开通新权限,甚至拒绝为其提供相关服务。

(二) 投资者评估引入客观数据分析

代理理论指出,作为代理人的证券公司要想保护被代理人的最大利益,就必须充分了解投资者的相关信息。所以,对投资者进行评估的第一步就是调查投资者。目前多数证券公司仅采用主观测评问卷来评估投资者风险承受能力,具有明显的局限性,容易导致风险评估及客户分类出现偏差。因此,证券公司应辅助采取更加客观的方式来完善投资者风险承受能力评估,优化投资者适当性管理。在进行风险承受能力测评的基础上,将动态评估数据模型引入投资者评估数据库中,进行综合评估。

证券公司可通过算法训练主观数据因子与客观数据因子的权重,来构建投资者动态评估数据模型,弥补主观测评的局限性。通过投资者的大数据信息(个体资产、投资品种、产品特征等),研究影响个体投资行为的具体因素,从而量化和模拟投资者自身风险承受能力和投资偏好,依此向投资者推荐相匹配的产品或服务。当出现投资者主观的风险承受能力测评结果与数据分析得出的客观风险偏好不一致的情形,可以与客户进行沟通,了解其实际情况,做好风险揭示,减少主观与客观风险测评偏差带来的风险。

(三) 加强投资者教育与宣导

1. 做好投资者教育是完善适当性管理工作的基本要求

证券公司应根据自身实际情况制订适当性管理方面的投资者教育与宣导方案。积极制作投放适当性管理主题的投教产品,充分利用线上线下平台,进行投资者教育与宣导,保持投资者教育工作的普及面与频率。加强投资者教育与宣导,使其认识到适当性管理的善意与提醒。投资者教育是在投资者履行"买者自负"契约精神以外的一种保护,充分体现了证券公司坚守"卖者有责"的诚信原则。

2. 目前适当性管理知识的宣导,主要以证券公司单边推动为主,投资者对适当性管理制度认知不深,要加强立法、司法、监管政策的引导,强化投资者如实、准确、完整提供信息的责任意识。

（四）优化投资者数据库的应用

1. 以投资者知情同意为前提，对其个人数据进行收集、处理和应用

《个保法》第七条指出，个人信息处理者须公开处理规则，并明示处理目的、方式与范围。因此，证券公司应将征询投资者知情同意作为基本前提，列入数据采集工作的步骤中。

2. 将投资者主观意愿和客观测评结果相结合

投资者评价模型应利用两种数据的差异与互补，通过充分训练得到投资者认知，存入数据库，使其在尊重客户意愿与适当性管理中发挥重要的参考作用。

3. 数据库信息具有动态性，维护与更新数据需要持续性

投资者的风险承受能力不是一成不变的，及时更新投资者信息是保证适当性管理的基本要求。在实际操作中，证券公司应持续跟踪客户信息，周期性开展客户评估工作，动态更新客户分类与产品等级，持续评估二者匹配情况才能规避适当性管理不到位的风险。

（五）厘清与第三方合作机构的权责义务

《个保法》所规定的个人信息对外合作的法律关系主要有：共同处理、委托处理、提供、受托处理、技术支持等。证券公司要梳理各种合作模式分别对应的法律关系，厘清与第三方合作机构的权责义务，并明确约定，避免纠纷。例如，与产品管理人就代销产品投资者个人信息处理约定为"共同处理"，因侵犯投资者个人信息权，使投资者利益遭受侵害，双方需承担连带责任；在此类合作关系下，需要对合作机构就投资者信息保护的能力进行充分评估，避免因对方过错而承担连带责任。又如，将相关信息的处理界定为"向个人信息处理者提供个人信息"，则需要告知投资者接收方的名称、处理目的、联系方式等相关信息，并取得投资者的"单独同意"。

（六）行业探索形成后续评估的统一标准和操作指引

根据契约精神，证券公司应在相关协议中与投资者约定，当后续评估不再满足适当性管理条件时可采取的措施；并在签约环节对投资者进行充分阐释说明，使投资者理解相关条款。

通过系统对投资者适当性匹配情况进行持续跟踪、监测，对后续评估不再匹配的投资者，应采取能有效留痕的告知与风险提示措施。针对投资者原先已取得的交易权限，应结合业务具体情况采取差异化的管理措施。例如，风险等级为 R4、R5 或有严格准入门槛的业务，可结合业务规则、客户实际情况采取调整或限制交易权限的措施。以股票期权业务为例，在调整客户交易权限之前，应根据具体的告知流程做好事前告知工作，对告知内容和告知行为也要做到记录留存。

前期，证券交易所对债券专业投资者、股票期权等业务后续评估的内容、评估后的措施进行了明确规定，便于各家证券公司执行。针对"是否匹配"的后续评估及评估后证券公司可采取的措施，建议行业积极探讨、总结优秀实践经验，进一步明确统一标准和操作指引。

自《办法》实施以来，我国证券行业已建立健全了投资者适当性管理制度。在资本市场全面深化改革的新形势下，证券公司应及时总结制度实施的经验、梳理查找工作实践的不足，有针对性地加以完善，进一步提升适当性管理水平，切实保护投资者利益。

参考文献

[1] 秦川. 我国投资者适当性制度研究 [D]. 西安：西北大学，2020.

[2] Loss, L. THE SEC AND THE BROKER-DEALER [J]. VANDERBILT LAW REVIEW, 1948, 1 (04)：516—530.

[3] 任自力. 金融机构适当性义务的规范逻辑 [J]. 法律适用，2022 (02)：36—47.

[4] 赵兴盼. 加强证券公司投资者适当性管理的对策研究 [J]. 中国市场，2022 (19)：34—36.

[5] 朱芸阳. 个人金融信息保护的逻辑与规则展开 [J]. 环球法律评论，2021，43 (06)：56—73.

[6] 晋小江. 投资者适当性管理的提升对策 [J]. 银行家，2020 (02)：77—78.

[7] 张旭东. 金融数据安全与个人信息保护 [J]. 清华金融评论，2021 (12)：93—95.

[8] 朱芸阳. 大数据技术在投资者适当性管理中的应用 [J]. 金融博览，2020 (01)：52—53.

投资者教育纳入国民教育体系教学大纲研究

中泰证券股份有限公司　山东财经大学*

一、引言

随着我国经济社会发展壮大，人民群众的财富也实现了大幅增加，中小投资者逐步成为资本市场的主体。在此背景下，资本市场投资方式、投资产品日益丰富，而中小投资者的金融综合素养通常相对有限，其面临的风险日渐增大，从而导致我国金融市场风险防范难度与投资者保护压力也有所加大，影响我国资本市场健康稳定发展。

自投资者教育工作开展以来，国内许多机构纷纷启动将投资者教育纳入国民教育体系工作，以促进投资者素质提升。2017年9月，中国证监会推动将投资者教育纳入国民教育体系试点，在20余个省、市、自治区开展试点，将金融知识教育纳入中小学、大学、职业院校等课程设置，提升我国公民财经素养。在试点基础上，我国各地及金融机构如大连商品交易所、广东证监局、上海浦东新区等先后开展了关于投资者教育的积极探索。

在探索过程中，也发现投资者教育工作存在一定不足：一是缺乏理论与实践相结合的教学，教育效果不明显，学习效率不高。二是缺少对投资者教育的规划，没有形成系统的、长期的培养计划，也没有将金融课程纳入基本课程。三是缺少投资者教育的资源，师资力量薄弱，教材质量参差不齐。为了解决上述问题，构建较为系统的教育教学方案是最为基础、也是极为有效的路径。

高等教育是国民教育体系的重要构成，且大学生群体较中小学生群体与社会实际接触更为密切，投资者教育课程在高等教育体系中更有条件得到普及推广，因此后续研究将以高等教育体系为例。

---

* 本文为中国证券业协会2022年优秀课题。课题负责人：郑韩胤，中泰证券股份有限公司总经理助理、财富管理委员会主任；李鑫，山东财经大学齐鲁企业发展研究院常务副院长，北京大学金融学博士后。课题组成员包括：迟法勋，山东理工大学管理学院副教授；张玮、潘嘉骊、赵尚琪，均供职于中泰证券股份有限公司。

二、投资者教育纳入高等教育体系研究

（一）课程与专业设置

通常而言，高等教育本科的专业属性包括"主修专业""辅修专业""微专业"三类。"微专业"开设简单，普及面也更广，因此，投资者教育纳入高等教育体系较为可行的方式是将其开设为"微专业"，在此之前，有必要先通过通识选修课与专业选修课推广投资者教育，形成"通识选修课→公共选修课→微专业"的演进逻辑（见图1）。

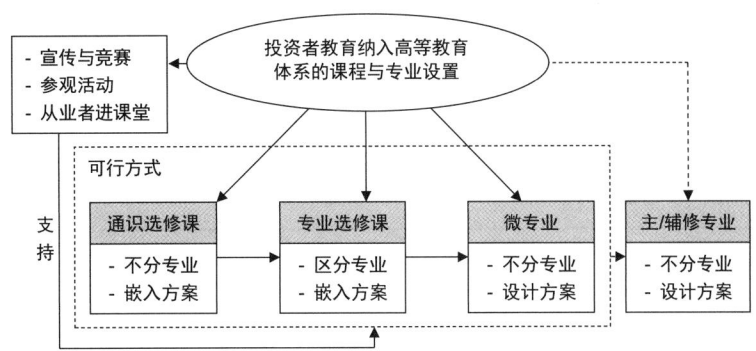

图 1　投资者教育纳入高等教育体系的课程与专业设置框架

（二）培养方案编制

培养方案是高等教育专业建设的核心内容，需要在培养方案中对一些问题进行明确说明。如果将投资者教育设计为通识选修课或专业选修课，需要结合相应专业的培养方案来进行课程教学大纲设计；如果将投资者教育设计为微专业，则必须设计相应的培养方案，针对课程体系中的各门课程设计课程教学大纲（见图2）。

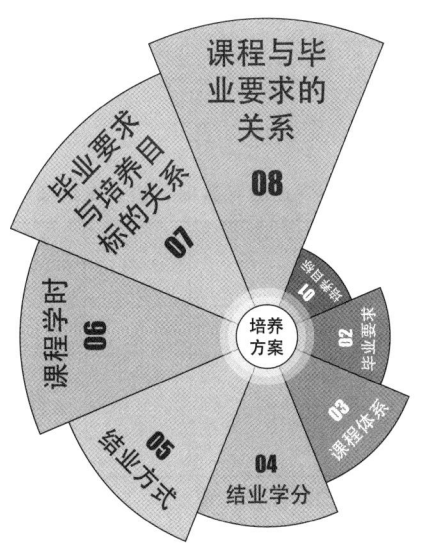

图 2　投资者教育融入高等教育体系的培养方案框架

（三）具体方案制订

1. 开设为通识选修课

（1）课程设置。通识选修课应当涵盖投资者教育的主要内容，并且要易于理解，服务于不同专业的人才培养需求，本文认为可开设"大学生财商教育基础"课程，根据课程内容编制相关教材（见表1）。

表1　　　　　　　　　"大学生财商教育基础"课程信息卡

课程名称：大学生财商教育基础	课程性质：通识选修课	开课时间：大二学期第2—8周	课时：16	选课人数：≤100人	学生专业：不限
课程简介：					
课程模块：					

（2）嵌入理工类专业培养方案。"大学生财商教育基础"课程可设置为人文社科通识教育选修课，在理工类专业设置中具体体现见表2。

表2　　　　　　　理工类专业"大学生财商教育基础"培养方案

课程类别	课程代码	课程名称	学分	总学时	讲课学时	实验实践学时	开课学期	备注
人文社科通识教育课程	人文社科通识教育选修课程	×××	大学生财商教育基础 College Students' Financial Intelligence Education Base	1	16	10	6	4

（3）嵌入人文社科类专业培养方案。一方面可设置为必选通识教育选修课，另一方面也可以设置为非必选形式。

若设置为通识选修课（必选），则具体见表3。

表3　　　人文社科类专业"大学生财商教育基础"通识选修课（必选）培养方案

课程类别	课程代码	课程名称	学分	总学时	讲课学时	实验实践学时	开课学期	备注
通识教育选修模块	×××	大学生财商教育基础 College Students' Financial Intelligence Education Base	1	16	10	6	3	

若设置为通识选修课（非必选），则具体见表4。

表 4　　　人文社科类专业"大学生财商教育基础"通识选修课（非必选）培养方案

课程类别	课程代码	课程名称	学分	总学时	讲课学时	实验实践学时	开课学期	备注
通识教育选修模块	×××	大学生财商教育基础 College Students' Financial Intelligence Education Base	1	16	10	6	3	

2. 开设为专业选修课

（1）课程设置。本文认为可分别开设针对低年级大学生的"投资理财工具"以及针对高年级大学生的"投资理财技术"两门课程，详细讲解各种投资理财工具以及常用的分析方法，提升学生实践能力（见表5、表6）。

表 5　　　　　　　　　　"投资理财工具"课程信息卡

课程名称：投资理财工具	课程性质：专业选修课	开课时间：大二学期第1—16周	课时：32	选课人数：≤50人	学生专业：经济、金融
课程简介：					
课程模块：					

表 6　　　　　　　　　　"投资理财技术"课程信息卡

课程名称：投资理财技术	课程性质：专业选修课	开课时间：大三学期第1—16周	课时：32	选课人数：≤50人	学生专业：经济、金融
课程简介：					
课程模块：					

（2）培养方案制订。以高校经济学专业为例，其专业选修课中已开设了投资者教育相关课程，"投资理财工具"和"投资理财技术"与已有课程方向相近但并不冲突，适合嵌入培养方案中。若设置为经济学专业的专业选修课，其在经济学专业设置中体现如下（见表7）。

表 7　　　"投资理财技术""投资理财工具"专业选修课培养方案

课程类别	课程代码	课程名称	学分	总学时	讲课学时	实验实践学时	开课学期	备注
选修课	专业教育选修模块	×××	投资理财技术 Investment and Financing Technology	2	32	26	6	6
		×××	投资理财工具 Investment and Financing Tools	2	32	32	0	4

3. 开设为微专业

（1）专业简介。投资者教育微专业涉及多个学科与领域，面向全球化、知识化、信息化、网络化时代，致力于培养既具有扎实理论基础，又具备实际应用能力的高层次人才。

（2）培养目标。投资者教育微专业按照厚基础、宽口径、重素质的培养原则，遵循新学院、新学科、新任务、新机制基本定位，创新、交叉、融合、共享的人才发展理念，通过广泛而充实的通识教育、平台教育和专业基础课程的学习，使学生打下扎实的知识基础，同时强化实践能力，熟练运用与创新，为将来从事关于投资理财理论研究及实践操作等相关工作建立知识和技能基础。

（3）毕业要求。投资者教育微专业通过理论教学、实训操作与投资理财实战，使学生具备分析和解决投资理财问题、从事投资理财工作的基本能力，在知识结构、能力结构、素质结构等方面达到相应要求。

（4）核心课程设置。

主干课程：金融市场基础知识、投资理财基础知识；

核心课程：投资理财工具、投资理财技术、投资理财实务操作、投资者风险管理、财富管理规划、证券投资顾问实务等；

实践性教学环节：证券投资仿真实验、毕业论文。

（5）结业学分及结业方式。修满20学分且通过毕业论文答辩，授予投资者教育微专业证书。

三、投资者教育纳入高等教育体系的教学大纲编制内容

在制订培养方案后，应开展课程教学大纲编制工作，完整的课程教学大纲应包括以下内容。

（一）课程基本信息

主要说明课程的名称、基本学时等内容（见表8）。

表8　　　　　　　　课程基本信息

项目	具体内容
课程名称	××××
课程学时	××学时

（二）课程性质和目标

课程性质需要对所开设课程的内容进行概括性表述，以对课程整体有一个大致了解。课程目标方面，需要分门别类地对课程所要达成的目标进行描述。

（三）课程目标与毕业要求的关系

重点从知识结构、能力要求与素质结构要求三个方面着手，明确课程目标与毕业要求之间的关系。

（四）教学内容与课程目标关系

需要对课程所涉及的知识点进行详细罗列，将知识点与课程目标关联，确保通过学习知识能真正达成课程目标（见表9）。

表9　　　　　　　　　　　　教学内容与课程目标关系举例

知识点	学习要求	教学方法建议
1. 个人理财的资产配置 2. 资产配置的必要性 3. 资产配置的基本步骤	1. 了解资产配置的含义、类型、目标、原则 2. 理解资产配置的必要性 3. 掌握资产配置的基本步骤	1. 多媒体教学 2. 问题导向教学

（五）教学方法和学习建议

教学方法包括多媒体课堂教学、实践教学法等。在学习建议上，需要根据实际情况，对学生学习提供一些切实可行的建议。

（六）考核方式和成绩评定方式

考核应明确计分项目以及不同项目比例，还需要说明课程目标、考核内容与评价依据之间的关系（见表10）。

表10　　　　　　　课程目标、考核内容与评价依据对应关系举例

序号	考核内容	占比（%）	评价依据
课程目标1	1. 资产配置与风险管理的内涵； 2. 项目选择风险、操作风险、道德风险等风险的内涵与表现形式； 3. 项目选择风险、操作风险、道德风险等风险的识别与评价方法	35—45	1. 课堂讨论 2. 课后作业 3. 期末考试

在成绩评定方式上，需要对课堂表现、期中考试等各类成绩评定项目进行详细区分，并给出相应的评分标准。

（七）建议教材与参考书

向学生提供主要参考书籍以及推荐可自行阅读的参考书。

（八）其他说明

主要汇报课程实际讲授过程中，如果出现与大纲要求不一致的情况应当如何处理。

四、研究结论与实施对策

（一）研究结论

如图3所示，本文对投资者教育纳入高等教育体系教学大纲进行研究后得到如下结论：

第一，投资者教育纳入高等教育体系教学大纲设计应围绕"专业设置""培养方案""课程大纲"三项内容依次开展，先进行专业设置，再编制培养方案，最后设计出课程教学

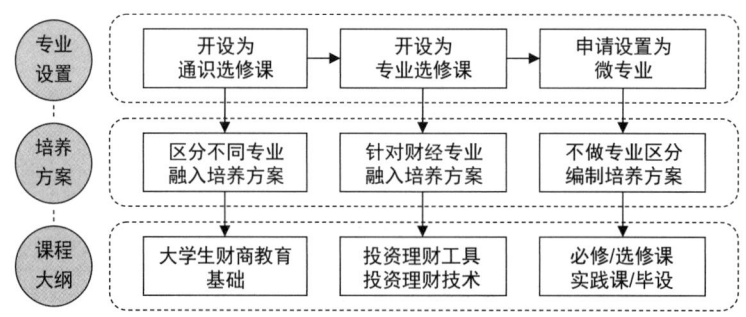

图 3 投资者教育纳入高等教育体系教学大纲方案

大纲。培养方案与课程大纲应保持更新,而专业设置则相对稳定。

第二,投资者教育纳入高等教育体系的专业设置应遵循"通识选修课—专业选修课—微专业"的逻辑逐步开展。通识选修课的作用在于保障投资者教育的广度,为进一步推广奠定基础;专业选修课的作用在于提升投资者教育的深度,以展示出独特的教育价值;微专业的作用在于全面推行投资者教育,系统化讲授投资理财知识。

第三,严格对应专业来编制培养方案。无论是理工科专业还是人文社科专业,都有将投资者教育课程纳入其中的空间。如果将投资者教育开设为微专业,则需要围绕培养目标、毕业要求等方面编制培养方案。

第四,投资者教育开设为通识选修课时,可着力打造好"大学生财商教育基础"这门基础课程;投资者教育开设为专业选修课时,可开设更为具体且有一定深度的课程;若投资者教育设置为微专业,则需要构建课程体系,包括必修课、选修课、实践课、毕业论文等,通过答辩后获得结业资质与证书。

(二) 实施对策

本文认为,围绕"教材""师资"与"教学评价"三个方面需做好如下工作:

第一,编写专业化的课程教材。一是首先开展"大学生财商教育基础"教材编制,该课程知识面广,应当由专业教师组成编写团队,保障教材内容科学;二是投资者教育具有实践属性,因而编写团队应纳入相关从业人员,保证教材内容实践可行;三是某些特定课程的教材可考虑采用"一拖三"的方式,即在编写一本课堂教材的同时,围绕该教材分别编写工具参考书、实务操作指南,以及结合考试内容编制练习题,创造更多学习价值。

第二,打造专业化的师资队伍。一是师资来源应保持多元性,既包括高校教师,也应将实践领域的讲师纳入师资队伍;二是组织试点学校与教师进行专业培训,调动专业工作人员对学生进行辅助教学,鼓励教师考取相关证书,提高自身教学水平;三是可以在金融机构中选择志愿者,组织一支高水平、高素质、高亲和力的队伍,作为高校教师的有力补充。

第三,推进投资者教育教学质量评价。设定多元化的评价指标,找到改进之处,保障投资者教育水平持续提升。评价过程应遵循如下原则:一是成绩与能力相结合。既要通过考试等形式来为学生成绩打分,更应当通过实操等方式评价实践能力。二是指导与评价相结合。做到师资培训后指导,指导后评价,评价中提高,不断总结经验。三是规范与创新相结合。及时融入投资理财市场新的发展需求,结合新需求更新教育内容、方式和教学评价方案,持续引导教师转变观念,采取更为合理专业的方式来开展教学活动。

证券行业投资者适当性管理机制优化研究

东北证券股份有限公司　中国政法大学法与经济学研究院[*]

一、投资者适当性管理制度的功能定位

保护投资者的合法权益是我国《证券法》的三大立法目的之一，也是国际证监会组织（IOSCO）制定的《证券监管目标和原则》确定的证券市场监管三大目标之一[①]。投资者适当性管理制度是平衡金融市场中信息不对称情况、买卖双方交易不平等地位的有效安排。

（一）平衡金融市场中信息不对称情况

投资者与证券经营机构之间存在天然的信息不对称。金融产品和服务高度复杂，与普通商品相比，具有金融产品价格波动大等独特的风险特征，金融机构作为产品的销售者和服务的提供者，掌握产品和服务的详细信息。而普通投资者恰恰相反，普遍缺乏相应的专业知识，缺乏了解产品和服务信息的信息渠道和理解能力，只能信赖信息能力与交易能力等处于强势地位的金融机构。

（二）平衡买卖双方交易不平等地位

除信息不对称问题无法真正消解外，证券经营机构与普通投资者相比，处于一种无可争议的优势地位。由于买卖双方交易地位不平等，因此有必要通过投资者适当性制度来增加证券经营机构的责任，从而促使双方地位趋于平衡。投资者适当性制度的初心与根本功能所在是为身处窘境的"沉默大多数"提供帮助，适当性义务最初被称为"保护孤儿寡母"的法

---

[*] 本文为中国证券业协会 2022 年优秀课题。课题负责人：王爱宾，东北证券股份有限公司合规总监，中国证券业协会合规管理与廉洁从业专业委员会委员；任泽宇，中国政法大学法与经济学研究院副教授。课题组成员包括：赵文忠、乔雪、张晨晖，均供职于东北证券股份有限公司。

[①] 参见《国际证监会组织证券监管目标和原则》，网址：http://www.csrc.gov.cn/csrc/c100217/c1003383/1003383/files/P020180614634661101643.pdf，最后访问日期：2022 年 11 月 4 日。

律制度①。

二、当前证券行业投资者适当性管理存在的主要问题

(一) 尚未建立清晰实用的投资者适当性分类标准

1. 投资者分类标准不统一

《证券法》将投资者分为普通投资者和专业投资者。但监管规则与司法实践中还存在不特定社会公众和合格投资者、个人投资者与机构投资者等其他分类。

2. 投资者分类标准不够细化

《证券法》没有对普通投资者和专业投资者作进一步的细分，只是规定专业投资者的标准由国务院证券监督管理机构规定。《证券期货投资者适当性管理办法》将5类机构和人员作为专业投资者，但没有对专业投资者进行细分，只是规定由证券经营机构来细化专业投资者的分类和管理。

3. 未根据投资者分类进行差异化管理

目前证券经营机构在提供相关服务或者销售金融产品时，对不同投资者适当性管理需要履行的程序并未具有明显差异。

(二) 未建立金融产品或服务分类体系

我国尚未根据金融产品、服务进行大类划分，并针对不同类别的产品或服务明确差异化的适当性管理要求。如需要提供投资咨询建议的投资顾问业务和仅提供通道服务的证券经纪业务差异较大，适当性要求也应不同。

目前，投资者与金融产品或服务的匹配仅依据证券经营机构内部的金融产品或服务风险评级，容易造成不同证券经营机构针对同一金融产品或服务风险划分不一致，增加了适当性管理工作的落实难度，也可能给部分投资者增加不必要的负担。

(三) 未形成个性化的适当性管理体系

我国投资者准入标准多由监管部门、自律组织针对特定市场、产品或者服务，考虑风险性、复杂性以及投资者的认知难度等因素，从资产规模、收入水平、风险识别能力和风险承担能力、投资认购最低金额等方面，规定投资者准入要求，如监管规则对个人投资者参与相关市场股票交易的准入标准作出了明确的规定。投资者只有符合准入的条件，才能购买特定的产品或服务。投资者准入是通用性的、形式化的适当性，证券经营机构的投资者适当性管理工作主要是判断投资者是否符合相应的准入标准。

(四) 投资者适当性的持续管理有待完善

经营机构对于投资者有持续管理的义务，而投资者的风险承受能力随着个人或家庭的实际情况而不断发生变化，例如配偶离世、婚姻状态改变、失业、重病等均可能影响其金融状

---

① 王锐主编:《金融案件裁判规则:适当性义务纠纷审理》，法律出版社2021年8月版，第70—71页。

况或风险偏好。实践中，我国法律法规或自律规则未明确投资者应当通知证券经营机构的具体情形及投资者不通知的后果。

三、境外证券行业投资者适当性管理经验借鉴——以德国为例

（一）投资者适当性制度的法律与规则适用

德国的金融行业投资者适当性管理以欧盟的《金融工具市场指令》为基础，并在该指令基础上颁布了《德国证券交易法》。德国的适当性管理要求主要是针对投资建议和投资组合，即广义的投资顾问业务[①]。

在行政监管层面上，德国联邦金融监管局和外部审计师对金融机构适当性管理进行监管。在自律规范层面上，德国银行业协会等协会通过积极与监管机构讨论适当性管理制度修订、设计投资者适当性测试标准问卷和理财协议书等标准版本、制定协会会员执行准则、加强对协会会员适当性管理的培训等方式，有效促进了适当性管理要求的实施[②]。

（二）投资者分类管理

根据《金融工具市场指令》，投资者分为零售客户（Retail Clients）和专业客户（Professional Client）；专业投资者根据专业能力的强弱，进一步细分为"合格对手方（Eligible Counterpart）"和一般专业客户[③]。专业客户是指拥有较为丰富的投资经验及专业知识，能够自主地进行投资决策，并能够独立评估投资所涉及风险的客户。根据《金融工具市场指令》2004/39/EC号指令规定，合格对手方包括投资公司、信贷机构、保险公司、集合投资计划及其管理公司、养老金基金及其管理公司、获欧共体立法或者成员国国家法律核准或监管的其他金融机构等[④]。这类投资者拥有丰富的经验、知识和专长来承担风险。除此之外，其他普通客户被认为是零售客户。在符合一定的条件和程序下，不同类别的投资者之间可以相互转化。零售客户在满足以下至少两项要求时，即投资规模不小于50万欧元、在所投资领域具有相当的投资经验及知识、最近4个季度每季度完成10笔以上交易的，经过申请，投资公司可将其视为专业客户。这类投资者也可称为可选择的专业客户（Professionals On Request），但不能申请成为合格对手方。专业客户也可以要求被视为零售客户，以获得更为严格的保护。

投资公司针对不同类型的客户可以执行差异化的保护措施，对零售客户、专业客户、合格对手方在适当性管理义务方面是逐步降低的。《金融工具市场指令》2004/39/EC号指令第24条规定，投资公司在代接收和传送客户指令、进行自营交易或接收和传送客户指令可以促成与合格对手方的交易，或直接与合格对手方交易时，可以豁免指令第19条、第21条、第22条第一款相关规定。第19条主要规定投资公司在提供服务时应从客户最佳利益出

---

① 陈勇：《德国及欧盟投资者适当性制度概要》，载《创新与发展：中国证券业协会2014年论文集》，中国财政经济出版社2015年9月版，第850页。
② 袁熙：《德国投资者适当性管理制度及其启示》，载《创新与发展：中国证券业协会2012年论文集》，中国财政经济出版社2013年8月版，第973页。
③ 中国证券监督管理委员会组织编译：《欧盟金融工具市场指令》，法律出版社2010年4月版，第71页。
④ 中国证券监督管理委员会组织编译：《欧盟金融工具市场指令》，法律出版社2010年4月版，第149页。

发而行事；第 21 条主要要求投资公司在执行指令时应当充分考虑多种因素，为客户获得可能的最佳执行结果；第 22 条第一款要求投资公司要明确实施程序及安排，以确保客户的指令能够得到迅速、公平和及时的执行[①]。

（三）产品或服务的分类管理

德国金融机构在向客户提供服务时引入了"适当性测试"（Suitability Tests）以及"适合性测试"（Appropriateness Tests）。适当性测试要求投资公司以获取客户或潜在客户的必要信息为基础，包括客户的投资目标、财务状况、知识和经验等，使其能够有合理的理由相信其推荐或在投资组合管理过程中进行的特定交易符合投资者的情况，而了解客户信息的详细程度要取决于为客户提供的服务类型和投资者自身情况。适合性测试要求投资公司了解客户或潜在客户是否拥有投资领域相关产品或服务的必要知识和经验，评估投资服务或交易对客户来说是否适合，但不需要了解客户财务状况和投资目标。

德国将投资服务分为三类，并采取不同的适当性管理措施：

A 类服务，是指投资公司向客户提供投资建议和投资组合管理建议，或者代表客户做交易。投资公司对零售客户既要进行适合性又要进行适当性测试，且在测试不通过时，投资公司不得为客户提供前述服务；而对于专业客户，投资公司只需了解适当性中的投资目的。

B 类服务，是指投资公司向客户提供投资建议或投资组合管理建议以外的其他服务，且投资产品为复杂的金融产品时，或者非复杂金融产品的交易执行是由投资公司主动提出而非由客户主动提出。对于零售客户，投资公司应当进行适合性测试，如测评结果为不适合，但已尽警示义务的，仍可以提供前述服务或执行交易指令；如果是客户自主要求的非复杂金融产品的交易执行，投资公司则无须进行适合性或适当性测试。对于专业客户，则既无适当性也无适合性测试要求。

C 类服务，是指投资公司仅是对客户交易指令的执行，或接收和发送（无论是否搭配有辅助服务）。在满足以下条件后，投资公司可以豁免对客户的适合性及适当性测试：（1）该项服务是投资者主动提出的；（2）服务针对的是非复杂金融工具，例如货币市场工具、债券或其他形式的证券化债券；（3）满足投资公司关于利益冲突的运作条件。但投资公司应当明确告知客户其无须进行适当性和适合性评估，且客户也不能受到相关规定的保护[②]。

四、优化我国证券行业投资者适当性管理制度的建议

（一）完善证券投资者适当性监管规定的建议

1. 优化我国投资者的分类

投资者管理制度的功能是为了平衡金融市场中买卖双方信息不对称、交易不平等情况。投资者适当性管理并不要求对所有投资者无差异地覆盖，而是在了解投资者的基础上对投资者进行分类，在了解金融产品、服务的基础上对金融产品、服务进行分类，并实行差异化的

[①] 中国证券监督管理委员会组织编译：《欧盟金融工具市场指令》，法律出版社 2010 年 4 月版，第 59—67 页。

[②] 袁熙：《德国投资者适当性管理制度及其启示》，载《创新与发展：中国证券业协会 2012 年论文集》，中国财政经济出版社 2013 年 8 月版，第 974 页。

管理。专业投资者，特别是专业投资者中的金融机构等机构投资者，通常具有专业知识、技能和投资经验或者具备自我保护能力，并不需要通过法律进行专门的保护。

建议参考德国关于投资者的分类①，进一步细化投资者分类，将专业投资者划分为合格对手方和其他专业投资者，并将专业投资者中的金融机构、金融机构面向投资者发行的理财产品作为"合格对手方"，从而对这两类投资者在豁免适当性义务时进行差异化要求。同时进一步放宽对需申请的专业投资者范围的适当性要求，与普通投资者的适当性要求进一步差异化。此外，建议将普通投资者划分为可转化为专业投资者的普通投资者和不可转化为专业投资者的普通投资者，并将未成年人等无民事行为能力人、限制民事行为能力人，享受低保、以退休金为生活来源、以工资为主要收入来源且工资收入较低的人员作为不可转化为专业投资者的普通投资者。

2. 增加对金融产品或服务的分类

不同的金融产品、服务中，投资者与金融产品或服务提供者之间信息不对称的程度并不相同，所以对金融产品或服务进行分类，也是有针对性地开展投资者适当性管理的基础性工作。如在证券经纪业务关系中，证券经营机构只是单纯地执行客户交易指令，客户交易指令是由客户自身做出的，并不存在信息不对称的问题。德国从投资者适当性的角度，将投资服务分为三大类型：A 类"投资建议和投资组合管理服务"、B 类"向客户提供投资建议或投资组合管理建议以外的其他投资服务"和 C 类"仅执行客户交易指令服务"②，具有其合理性。

建议我国借鉴德国的规定，在法律法规或自律规则层面对金融产品或服务进行基础分类。例如，可将金融产品、服务分为 A、B、C、D 四类，即"投资顾问、单一资产管理服务和复杂金融产品""集合资产管理产品和私募基金产品""公募基金产品""证券经纪服务"。

3. 建立适当性的分类匹配机制

建议完善投资者与金融产品、服务匹配的规则，按照金融产品、服务的分类与投资者进行匹配。将不同类别的金融产品、服务针对不同类别的投资者规定差异化的适当性要求，如 D 类证券经纪服务，除了解投资者的基本信息外，不再需要证券经营机构履行其他适当性管理义务。各证券经营机构在每一大类产品中，可以自行对相应产品或服务按照现行制度进行风险评级。

4. 建立投资者适当性承诺制度

证券经营机构在了解投资者信息时，应当勤勉尽责，穷尽合理手段了解客户的信息。对于证券经营机构难以核查的投资者信息，如投资者的财务状况，可以建立投资者适当性承诺制度，由投资者承诺其提供证明材料的真实性、准确性和完整性，证券经营机构可以合理信赖投资者提供的信息。在持续管理阶段，除了证券经营机构能够主动获取的投资者变化的信息，投资者应及时向证券经营机构提供可能影响财产状况和风险偏好的重大变化信息，包括

---

① 袁熙：《德国投资者适当性管理制度及其启示》，载《创新与发展：中国证券业协会 2012 年论文集》，中国财政经济出版社 2013 年 8 月版，第 974—975 页。

② 陈勇：《德国及欧盟投资者适当性制度概要》，载《创新与发展：中国证券业协会 2014 年论文集》，中国财政经济出版社 2015 年 9 月版，第 851 页。

小孩出生、配偶离世、婚姻状态改变和失业情况等；如没有提供，应视为未发生重大变化。

（二）完善证券经营机构内部适当性管理机制的建议

1. 健全投资者适当性管理内部管理制度

证券经营机构应根据最新的法律法规、监管规定及自律性规范，及时修订完善内部投资者适当性管理规定，确保内部制度和规程符合最新监管要求。加大对监管案例及司法案例的跟踪、分析，针对其反映出的风险点完善管控措施，并落实到公司内部管理制度及工作流程当中。

2. 夯实客户身份识别义务

证券经营机构需要完善投资者风险承受能力测评问卷，保证对投资者的风险认知、风险偏好和风险承受能力等测试参数设置的合规、合理，尽最大可能反映投资者的实际情况。健全投资者信息核查清单，针对交易经历、年收入、金融资产等外部证明较难核实的情况，明确需验证的资料清单及核查方式，在优化客户体验及落实监管要求间寻求平衡。推动投资者评估数据库的建设，利用技术手段对客户身份基本信息、风险测评基础信息与办理业务留存的基础信息不一致进行自动抓取、识别及预警，减少基础信息不一致导致的适当性管理风险。

3. 进一步明确风险告知要求

针对高风险产品或服务，建议证券经营机构在产品推介及销售时进一步明确风险告知要求，并设计个性化的风险提示书。在履行告知说明义务时，语言、措辞清晰明了、简单易懂，能为一般理性人理解。针对不同理解能力的消费者进行不同程度的告知与说明，直至该消费者真正领会为止。

4. 加强对高龄投资者的适当性管理

针对70岁以上的高龄投资者，在了解客户环节，应当详细核查其投资目标及风险偏好；在推荐产品和服务时，应当充分考虑其投资期限、投资产品的变现能力等因素；在风险告知环节，应当更加详细说明产品的风险，且对于高风险金融产品、服务应当较其他投资者而言作出更为清晰、详细的提示。

5. 加强投资者适当性持续管理

建议针对投资者不配合更新风险测评时，可以通过投资者在非交易时段登录交易软件时设置强制风险测评、推送适当性动态测评系统推算出的测评结果由投资者进行确认，以及对投资者其他业务资格或权限进行限制等方式促使其予以配合。

注册制下投行保荐业务投资者保护工作难点与对策研究

陈代全　骆锦田　韩　康　王雪丹[*]

一、注册制下投行保荐业务投资者保护工作现状

（一）法律法规规制要求

自新《证券法》确立证券发行上市注册制以来，时至今日注册制的全面落地实施，监管机构、自律组织针对证券公司在注册制过程中保荐职责的履行，陆续修订、制定了相关业务的规定、规则，明确了证券公司在投行保荐业务中所应履行的职责，以实现对投资者权益的保障。

新《证券法》对信息披露进行了专章规定，对信息披露形式提出了要求，即信息披露应简明清晰、通俗易懂；明确了应当披露的重大事件类别。新《证券法》在第六章"投资者权益保护"中，对证券公司提出了相应规制要求。一是适当性管理的规定，要求证券公司在了解客户、充分揭示风险后，销售、提供与投资者状况相匹配的证券与服务。二是先行赔付机制的确立，给证券公司处理欺诈发行等重大违法行为导致的纠纷提供了一个便捷的处理方式。三是诉讼代表人机制尤其是特别代表人诉讼机制的建立，为投资者权益保护提供了程序上的便利。

监管机构、自律组织陆续发布了《首次公开发行股票并上市辅导监管规定》《关于注册制下提高招股说明书信息披露质量的指导意见》《证券发行上市保荐业务管理办法》《保荐人尽职调查工作准则》《证券公司保荐业务规则》《上海证券交易所上市公司持续督导工作指引》等规定，对保荐机构在上市辅导、发行上市保荐、持续督导的全流程工作作了细化

---

[*] 本文写作于2023年8月。作者简介：陈代全，硕士，华福证券有限责任公司合规总监；骆锦田，硕士，华福证券有限责任公司合规管理部副总经理；韩康、王雪丹，均供职于华福证券有限责任公司法律事务部。

规定，明确了保荐机构的职责。

（二）实践现状

在国家对证券违法行为的零容忍态度下，一方面，证券发行上市中各类主体职责边界不清晰，各类主体职责不明确；另一方面，保荐业务存在"机械照搬监管机构发布的关于尽职调查工作要求，片面追求形式上的尽调到位，实质上却并没有实现尽职调查的目的""信息披露方面没有做到真实、准确、完整，监管检查发现存在大篇幅、无重点、缺乏针对性、语言晦涩等情形"的问题。

二、注册制下投行保荐业务投资者保护工作难点分析

本文通过对2022年1月1日至2023年6月30日保荐业务相关处罚进行统计分析，发现在全面注册制下投行保荐业务中关于投资者权益保护方面尚存在如下需改进问题。

（一）尽职调查工作问题

部分证券公司在保荐业务过程中存在如下问题：事项核查不到位、未对异常情形保持充分关注并进行审慎核查、未按规定履行内核程序、保荐人内部控制执行有效性存在缺陷、对信息披露的核查把关不到位、项目组协助发行人脱离实际编制回复材料、未重新履行内核程序即对外报送、出具的持续督导跟踪报告相关描述与事实不符等问题。从上述检查发现的问题来看，部分保荐人从事尽职调查工作的第一目标并非减少证券市场的虚假陈述事件，而是通过对自身行为与监管规则的对比，尽可能满足监管规则中的勤勉尽责标准[①]。这些证券公司在尽职调查工作中之所以仅关注形式合规，与监管、法院在行政处罚、民事判决书中对于证券公司违法责任的认定依据密切相关。监管机构在作出行政处罚时，从其检查维度来看是按照业务规则要求进行逐项检查，处罚决定书更只是笼统指出违反了哪条规定，并未分析指出违规事项所可能导致的后果以及可采取的弥补措施，或者未分析证券公司采取的其他弥补措施所能达到的效果。法院民事判决书中亦存在类似情况，在判决书说理部分，法院要么直接引用监管处罚决定不进行分析阐述，要么只笼统说明违反了哪些监管要求的工作标准，并未对证券公司在当时情况下是否有能力增加其他尽调措施以及替代性尽调措施的效果进行阐述分析。

证券公司尽调工作开展不充分的原因还在于某些体制、机制的不尽完善，诸如发行人相关人员银行账户信息调查不充分，目前保荐代表人只能通过一家家银行调查银行开户信息，这无论是从效率还是成本效益角度来看都存在需改进的地方。尽管监管机构通过《保荐人尽职调查工作准则》对发行人相关事项作了尽调工作要求，但对于证券公司尽调工作细节并未作出规定，这样，如果部分证券公司通过自身制度规定严格的尽调程序，而市场上仍有部分证券公司仅满足于形式上符合工作准则，则容易产生"劣币驱逐良币"的情况。

[①] 余今朝：《保荐人民事赔偿责任的激励困境与出路——一个法律经济学的分析》，载《金融法苑》2020年第4期，第13页。

（二）信息披露问题

全面注册制对信息披露提出了更高的要求，即"充分披露投资者作出价值判断和投资决策所必需的信息""简明清晰，通俗易懂"。相较于复杂晦涩文本给读者带来的糟糕阅读体验，简明清晰、通俗易懂的文本形式无疑是更加"读者友好"的，它可以帮助我们更加便捷准确地获取文本中的信息；清晰明确的结构逻辑还可以帮助读者抓住文本重点，对文本信息建立系统全面的认识[1]。

根据公开信息可见，目前信息披露文件普遍存在篇幅冗长、合规性信息较多、投资决策相关性和信息披露针对性有待增强、语言不够简明等问题，未能达到目前所要求的简明清晰、通俗易懂等要求。部分证券公司在持续督导期间，未充分督促发行人及时、真实、准确、完整地进行信息披露；履行督导义务时未采取适当合理的核查措施，轻信发行人提供材料而发表意见。

本文通过分析发现，信息披露工作方面存在三个方面比较突出的矛盾：一是信息披露的简明性与准确性如何平衡的问题；二是通俗化语言与行业专业性用语的平衡问题，即如何简洁表述又避免出现误导；三是普通投资者与专业投资者信息需求差异问题。

（三）证券公司对先行赔付、行政执法当事人承诺等制度的观望态度

目前仅有少数证券公司实际运用了先行赔付、行政执法当事人承诺等制度，为了解证券公司对先行赔付、行政执法当事人承诺制度的接受度以及关注的主要问题，我们对证券从业人员开展了相应的问卷调查。调查结果反映了如下问题：首先，有半数人员表述其公司愿意采用前述两项制度以解决欺诈发行等重大证券违法纠纷。其次，关于先行赔付的使用时间问题，被调查对象中有一半的比例认为应在行政处罚前，一半的比例认为应在行政处罚后、民事赔偿诉讼程序前。最后，受访人员最为关注的是对其他责任主体的追偿、先行赔付金额计算标准、承诺金确定标准等问题。

实践中，一旦选择成为先行赔付主体，则不仅将承担因自身过错而需要向受损适格投资者进行赔付的民事责任，还将面临自身没有过错或者自身存在过错下超出自己应承担民事赔偿责任部分以及其他连带责任主体没有能力进行赔付的风险责任[2]。在欣泰电气项目欺诈发行案中，兴业证券即面临前述问题，因其他责任主体并未主动赔偿，故而引发了一系列的追偿诉讼。行政执法当事人承诺制度作为保护投资者权益的一项路径，其前身为行政和解制度，但该制度对于当事人承诺赔付有关投资者损失的标准及比例、相关责任主体之间责任追偿等问题并未作明确规定。截至目前，仅在2019年、2020年成功实施高盛亚洲证券及上海司度行政和解案。

---

[1] 程海宁：《信息披露的简明性要求——比照美国简明英语规则经验》，载《证券法苑》2020年第3期，第274页。

[2] 郭艳：《新〈证券法〉视角下证券市场先行赔付主体的确定机制探讨》，载《私法》2020年第2期，第504页。

三、投行保荐业务投资者保护完善建议

(一) 保荐工作理念的调整

新《证券法》加大投资者保护力度，重点解决投资者信息不对称、容易受侵害、维权成本高、寻求救济难等问题，着力提高中小投资者地位和话语权，进一步调动投资者积极性，增强市场信心[①]。然而部分证券公司更多是从如何规避自身责任的角度来开展保荐业务工作，而忽视了法律法规、监管规则关于投资者权益保护的立法目的。

对于前述理念的调整，可以从证券公司内部与监管机构、司法机关外部两个方面采取相应的应对措施。首先，证券公司应组织开展内部培训，如规则学习、案例分享等，灌输投资者保护目的理念，避免机械理解、形式化运用监管关于尽职调查工作准则的规定。其次，监管机构、法院在作出行政处罚决定、民事赔偿判决时应明确突出对投资者保护的考量。监管机构在作出行政处罚决定时，一是在业务违规检查时淡化行政处罚完全依据尽调工作准则逐项检查来确定这一归责方式；二是注重说理工作，明确违规行为所可能导致的后果，尤其是对投资者决策的影响，而不是仅笼统地指出违反哪条规定；三是在处罚决定中指出当时条件下证券公司事实上可以采取的替代尽调措施。法院在审理此类民事赔偿案件时，一方面，在庭审阶段法官应围绕尽调工作的本质，即从投资者保护角度对原告和被告进行充分发问，跳出尽调工作准则要求的局限；即使证券公司存在部分未能按照尽调工作准则要求实施的事项，如有其他有效替代弥补措施的，亦可认定尽调工作目的的实现。另一方面，法院在判决书说理部分应从投资者保护角度充分说明各项争议尽调措施的效果，替代尽调措施的实施效果。

在证券公司调整保荐工作理念的同时，也应开展对投资者的教育工作。一方面，鉴于注册制的全面落实，主板发行上市证券风险可能会进一步提升，因此，在日常宣传中要结合不同类型投资者展开更有针对性的宣传，使投资者准确理解注册制与核准制的区别、注册制下信息披露的核心作用、注册制下股票的风险点及股票投资的专业性；另一方面，也要培育投资者形成无违法情形下风险自担的理念，社会媒体在宣传时，应避免导向型宣传，既要宣传投资者成功索赔案例，也要宣传投资者索赔失败的案例，进而使投资者知晓投资者保护是在法律法规范围内的保护，并非只要投资者出现损失，作为保荐人的证券公司就要承担赔偿责任，保荐机构不是投资者损失的担保方。

(二) 尽职调查工作的完善

1. 证券公司工作完善

在上市辅导阶段，证券公司除采取常规的自学、授课、专业咨询、案例分析等形式，亦可采取联合法院、监狱等政府机构开展警示教育等形式，并统计出勤率，严格纪律要求，以保证培训效果；开展公司运营规范性检查，形成问题清单，并在此基础上着重纠正，并做好留痕记录。证券公司在开展尽职调查工作时，应注意工作实效，结合发行人自身业务特点、

[①] 吴弘：《新〈证券法〉保护投资者理念提升与制度创新》，载《投资者》2020年第4期，第109页。

开展有重点的重点风险尽职调查，而不是无重点式千篇一律的尽调模式。证券公司应结合发行人申请文件、募集文件是否具备专业机构签字背书等情况设定不同的核查、审查手段和标准，尤其对于无专业机构签字背书的文件，更应注重自身的独立调查。因此，有必要加强相关人员的专业性，提升复核人员的独立性、专业性，同时应为复核、内核人员留有充足的核查时间，并对内核相关人员设立相应的激励与考核机制，以促使其更好地履行职责。

2. 外部机制完善

正如前文所述，如果仅是个别证券公司自身内部设立严格尽调程序要求，可能会导致其丧失市场竞争力，且对于整个市场的改善亦不会发挥太大的作用，故有必要通过监管机构等主体制定相应指引、规则，以统一相关尽调细节性要求。

（1）尽调工作细节性要求的制定。为了扩大保荐人信息获取面，防止发行人等主体隐瞒重要信息，监管机构应制定相应的工作指引等，规定由相关单位在其网站设立检举信息平台以便于统一收集检举信息，检举信息平台内以各证券公司作为独立的板块进行检举信息的收集，同时要求证券公司设立相应的检举奖励机制，并规定发行人、证券公司应在各自网站发布对应项目检举奖励信息并链接至相关单位网站检举信息收集平台。证券公司应充分利用证券公司三道防线机制，由公司内核部门负责收集相关线索并反馈项目组，项目组应及时开展调查，查实存在问题的应提出改进措施方案，并反馈发行人及内核部门，形成工作底稿。公司内核部门应做好检举人身份保密工作及调查反馈工作，并根据项目组线索核查情况，通过发行人设立的基金进行相应奖励，如实做好记录。对于前文提及的发行人相关主体银行账户信息的查询问题，中国人民银行亦可通过制定相应的工作指引，明确保荐代表人在被查询人同意的前提下，可持保荐人印章介绍信直接查询其名下所有银行账户信息。

（2）行政处罚的精细化。最高人民法院《关于审理证券市场虚假陈述侵权民事赔偿案件的若干规定》第十三条对于新《证券法》第八十五条"过错"进行了解释，从字面意思上看司法解释确立的过错标准是故意、重大过失，但实际中对于过失是否为重大的定义主观性较大，且监管机构在对保荐人作出处罚时，并没有设定需重大过失以上才能进行处罚，而一旦监管机构作出了处罚，法院在审理时必将受行政处罚的影响甚至是决定性影响，从而判决保荐人承担一定比例的赔偿责任。法院在审理过程中，亦会调取监管机构调查档案记录作为相关事实认定的依据。鉴于此，监管机构在作出行政处罚决定时，有必要提升工作的精细化程度。一是监管机构在调查中，应注意调查笔录的客观性，避免带有主观倾向性的调查问讯；二是管监机构在作出处罚决定时，参考最高院关于"过错"的认定，明确违法主体主观过错的程度，以及作出此认定的依据。

（三）信息披露的改进

信息披露作为注册制的核心要素，也是投资者进行投资决策的重要依据，故应以投资者需求为导向进行信息披露。

首先，信息披露的简明性。在用简化语言进行信息披露时，应优先保障信息的准确性，以此作为简明表述的选择标准，同时对于未采取简明披露又重要的内容可进行重点提示。其次，信息披露的可理解性。一方面要做到信息披露文字表述符合正常的行文逻辑，符合一般人惯常的阅读标准；另一方面要做到避免误导性陈述：虽然文字表述能够读懂，但其真实含义却使读者感到困惑。坚持从投资者角度来鉴定信息披露的可理解性，充分考虑投资者的总体特点，有针对性地提升可理解性，注意专业术语、科普语言、结构体例等的合理使用。最后，在信息披露时，不应当采取无所不包的形式，也不应当过分强调"简明清晰、通俗易懂"，可充分利用索引和附件等方式，一方面实现主文信息披露的"简明清晰、通俗易懂"，另一方面又使投资者通过附件、索引等形式获得更多的信息以作出更专业的决策。

（四）协助股东权利的行使

证券公司对于在持续督导阶段发现的问题，尤其涉及公司治理方面的问题，除了前述提及的通过发表独立审核意见、现场检查报告、督促信息披露外，如发行人仍然未能纠正，此时保荐人可考虑运用新《证券法》第九十条关于公开征集股东权利的规定。尽管从条文的规定来看，证券公司在股东权利征集过程中是被动的，但作为保荐人的证券公司在持续督导阶段发现发行人存在问题又不纠正的情况，可主动提示投资者发起股东权利征集，并配合征集人征集股东权利，亦可协助征集人提出有针对性的提案，使发行人及时纠正公司治理方面不规范的问题。

（五）在投资者损失追偿方面的工作建议

1. 证券公司以投资者身份及时发起维权诉讼

证券公司作为专业机构，对于发行人、保荐人等主体，证券违法行为的敏感度势必强于其他投资者，尤其是中小投资者，且现阶段证券虚假陈述纠纷诉讼案件已无须行政处罚或刑事制裁作为前置程序，故具备投资者身份的证券公司应及时对证券虚假陈述相关主体提起诉讼。如此既可中断所有受损投资者诉讼时效，又可避免投资者因自身原因不及时提起诉讼的弊端。

2. 完善先行赔付、行政执法当事人承诺制度

相对于诉讼、仲裁、调解机制，证券公司在先行赔付、行政执法当事人承诺制度的选择适用上更具主动性、选择性，且化解纠纷效果最为显著，因此有必要通过各项措施完善该制度，从而推动证券公司主动适用。

（1）先行赔付机制。首先，先行赔付协议效力的确定。投资者基于自身利益最大化的目标，不排除"两头通吃"情形，即接受先行赔付后再通过诉讼寻求民事赔偿，接受保荐机构的赔付后再向其他连带责任人索赔[①]。因此，有必要将先行赔付与和解协议司法确认程序结合起来。在先行赔付主体与投资者协商确定和解协议时，可由证券业第三方调解机构居中调解，并在此基础上形成和解协议，明确凡是接受先行赔付的投资者，需同意先行赔付主体就赔付和解协议有权直接向法院申请司法确认，从而确保协议的法律效力。

其次，先行赔付金额的确定。万福生科先行赔付案保荐机构设立3亿元赔偿基金，欣泰电气先行赔付案保荐机构兴业证券设立5.5亿元赔偿基金，近期紫晶存储案中信建投证券组织设立10亿元赔偿基金。基于先行赔付实例以及新《证券法》的规定，先行赔付的金额基本是以受损投资者的损失额为基准确定的。在确定先行赔付额时，应根据法律法规的规定确定受损投资者范围，并依据相关司法解释规定的计算方法计算损失额。且对于系统性风险以

---

① 杨文明，周敏：《保荐机构先行赔付规则研究》，载《人民司法（应用）》2018年第31期，第90页。

及发行人自身经营环境变化等非系统性个体因素导致的损失,可借鉴法院在审理类似案件所采用的计算模型予以排除。监管机构可作为第三方在先行赔付金额确定方面给予支持,如对于受损投资者范围的确定给予专业指导;在投资者损失排除方面,对测算机构选择、模型确定方面给予指导帮助,并以书面文件形式予以背书确认。

最后,先行赔付后对其他责任主体追偿问题。一是先行赔付主体之间责任分配,证券公司可联合各责任主体共同设立赔偿基金并商定各自先行赔付的比例,以此作为各自出资基础;或者在先行赔付前与其他责任主体商定事后责任分担比例。二是对发行人追偿。大多数情况下,发行人此时可能已经资不抵债,因此有必要在制度上确认先行赔付债权的优先性,其清偿顺序劣后于其他优先债权,但建议考虑在立法上确认其优先于无担保的普通债权。

(2)行政执法当事人承诺机制。行政执法当事人承诺机制的核心是违法当事人承诺纠正违法行为、赔偿投资者损失,并履行承诺后,监管机构即不再对其进行行政处罚,这样既能及时保护投资者权益,也能避免自身再遭受行政处罚。

首先,证券公司在采取行政执法当事人承诺机制后,应积极主动联系投资者,推动其向承诺金管理机构申请损失赔偿,一方面使投资者及时获得损失赔偿,促使已支付的承诺金得到充分利用;另一方面亦可避免投资者通过其他途径诉请赔偿,导致自身产生额外的支出。

其次,承诺金数额的确定。监管机构应结合类似证券违法行为处罚力度及受损投资者范围、损失额(可参考先行赔付有关投资者损失金额的认定),同时考虑目前司法判例通常采取比例连带赔偿责任的方式,结合证券公司等主体的过错程度,针对个案设定相应的承诺金缴付比列,由违法主体按比例缴付赔偿投资者损失的承诺金。监管机构自身可建立排除系统性风险及非系统性个体因素导致的损失的计算模型,以便确立投资者损失赔偿范围。

最后,责任追偿问题。由于承诺是违法主体向监管机构作出的,如承诺金并非是参照自身过错程度按比例交付的,则在制度上应明确赋予违法承诺主体向其他责任主体追偿的权利,一旦投资者向承诺金保管机构申请赔偿后,证券公司应及时向其他违法主体提起追偿诉讼,以保护自身权益。

证券行业场外衍生品投资者适当性管理体系优化完善研究

贺 新 刘晓霞 鲁滢滢 黎天怡 郑雪婧*

一、美国和中国香港的场外衍生品投资者适当性管理制度发展历程

美国和中国香港均对衍生品投资者适当性有专门的制度规定。

(一) 美国衍生品投资者适当性制度的发展历程

适当性管理制度起源于美国,1939年美国证券交易商协会(NASD)(即美国金融业监督管理局"FINRA"的前身)为保护其会员经纪商免受"恶意"投资者纠缠,规定了公平执业规则①,该规则规定了NASD会员的适当性义务,本质上属于对投资者道德范围的提示,但实施效果上起到了保护投资者的作用。1985年美国联邦期货协会发布"了解你的客户"规则(NFA2-30),该项规则一定程度上属于金融机构的义务性规定。1990年美国修订的《证券法》第144条(Rule 144)正式规定了私募证券认购的投资者资格,标志着投资者适当性管理义务成为法定义务。2008年全球性金融危机的爆发使得衍生品的风险暴露无遗,由此美国开始进一步加强对衍生品的监管。2009年,美国场外衍生品交易的监管职能同时赋予美国证券交易委员会(SEC)和商品期货交易委员会(CFTC)②,在此背景下诞生了《多德-弗兰克华尔街改革和消费者保护法》(Dodd-Frank Wall Street Reform and Consumer Protection Act)(以下简称《多德-弗兰克法案》),对衍生品市场参与主体进一步进

---

* 本文写作于2023年8月。作者简介:贺新,中国国际金融股份有限公司固定收益部董事总经理;刘晓霞,中国国际金融股份有限公司固定收益部副总经理;鲁滢滢、黎天怡、郑雪婧,均供职于中国国际金融股份有限公司固定收益部。
① 王伟:《多个国家和地区投资者适当性管理经验教训》,载《中国证券报》2012年4月17日。
② 赵刚:《SEC携CFTC出手 衍生品场外交易监管时代来临》,新浪财经,2009年6月24日,网址:http://finance.sina.com.cn/stock/usstock/economics/20090624/03166389613.shtml,最后访问日期:2023年7月17日。

行分层,同时设定了更为细致的准入条件与标准①。

从美国上述立法过程看,投资者适当性管理经历了从最初因市场风险的出现而产生的简单的提示义务逐渐演变为信义义务,从行业规范逐渐上升为法律层级的法定义务,同时 Rule 144 并非美国投资者适当性制度完善的终点,2009 年针对场外衍生品的《多德 - 弗兰克法案》一定程度上是对投资者适当性制度更为实操性和细化的落地规定。

(二) 中国香港衍生品投资者适当性制度的发展历程

中国香港自 1973 年发行认股权证,随着金融市场的蓬勃发展,香港衍生品市场的种类也日渐繁多,从仅有的商品期货逐渐增加到金融期货、期权、恒生指数期货等股指类产品,其中不乏一些结构复杂、风险性高的创新型产品。2003 年香港颁布《证券及期货条例》,确立了衍生品市场投资者适当性的制度框架,将专业投资者划分为两大类:一是市场专业人士,主要指金融机构;二是高资产净值投资者,主要指满足 800 万元投资组合最低总额限制的自然人及满足 800 万元投资组合最低总额限制或 4 000 万元总资产最低总额限制的法团。第二类投资者划分的标准主要依据投资者掌握的金融知识及投资经验。

2008 年金融危机对香港也产生了重大影响,雷曼兄弟的破产直接导致其发行的雷曼兄弟迷你债券无法兑付,大量投资者血本无归。雷曼兄弟迷你债券的释义是以信贷违约掉期(CDS)为标的的金融衍生品工具。对于此事件香港成立小组委员会展开调查,调查结论为由于多家银行缺乏监管机制,导致大量雷曼迷你债被销售给许多不适格投资者②。此事件提示了一个问题:在金融产品创新过程中一定要高度重视投资者适当性原则,做好信息披露及投资者教育、投资者适当性测评等相关工作。该事件后,香港在《证券及期货事务监察委员会持牌人或注册人操守准则》中进一步对衍生品投资者适当性管理作出规定,主要从"认识你的投资者、衍生品风险揭示、客户认知情况及财务能力"三个方面来进行认定。2010 年至今,为使上述制度更具可操作性,香港证监会公布加强投资者保障措施提供指引,在《给持牌法团及注册机构的有关投资者分类及专业投资者规定的指引》中分别对销售或分销投资产品有关的责任、投资者分类及评估投资者对衍生工具的认识等操作性内容进行了详细规定并定期进行视察。

纵观中国香港关于投资者适当性的立法过程,其与美国立法过程相似,制度的产生与发展均来源于市场风险,制度发展过程均经历了由行业规范逐渐上升至法律层级,在完善法律层面的顶层设计后,又逐步细化到具体指引,从而完成由下至上、再由上至下的制度完善过程。

二、我国境内场外衍生品投资者适当性制度的发展历程

我国境内场外衍生品发展起步相对较晚,20 世纪 80 年代境内场外衍生品市场开始缓慢起步,但由于金融市场基础较为薄弱,加上市场环境有所欠缺,初期发展较为曲折。而投资

---

① 《Dodd - Frank Wall Street Reform and Consumer Protection Act》Sec. 721,译文参考《多德 - 弗兰克华尔街改革与消费者保护法案》,董裕平等译,中国金融出版社 2010 年 12 月出版,第 33 页。
② 刘燕,楼建波:《银行理财产品中的金融衍生交易法律问题研究——以 KODA 血洗大陆富豪为标》,载《金融服务法评论》2010 年第 1 期,第 64 页。

者适当性管理制度最先仅出现在 2005 年原中国银监会颁布的《商业银行个人理财业务管理暂行办法》中[①]。2011 年中国银监会修订《金融机构衍生产品交易业务管理暂行办法》（该制度已更名为《银行业金融机构衍生产品交易业务管理暂行办法》），明确了银行业金融机构衍生产品交易业务的适当性管理义务，但从制度颁布主体不难看出，当时的立法以银行立法为主。

（一）起步阶段

2012 年，中国证券业协会发布《证券公司柜台交易业务规范》，对参与证券公司柜台交易的投资者有了明确的规定，即"参与柜台交易的投资者应当是合格投资者"。同年末，中国证券业协会又发布了《证券公司投资者适当性制度指引》[②]，对证券公司的投资者适当性管理明确了具体要求。2013 年是我国场外衍生品迅猛发展的一年，中国证券业协会发布了《证券公司金融衍生品柜台交易业务规范》以及 SAC 主协议、补充协议的范本。该制度体系的建立一定程度上对于"野蛮生长"的场外衍生品市场有了强有力的规制，但是因为当时市场整体的投资者适当性管理体系尚未完善，因此场外衍生品的投资者适当性管理仍有待发展。

（二）发展阶段

2016 年，中国证监会颁布《证券期货投资者适当性管理办法》。从制度发布主体看，本次制度颁布将适当性管理规定由行业规范提升至部门规章，同时，也逐渐将经纪业务以外的其他业务纳入规制范围内。2018 年 5 月，中国证监会发布《关于进一步加强证券公司场外期权业务监管的通知》（以下简称《通知》），进一步规范了场外期权业务的投资者适当性管理要求，场外衍生品业务的适当性管理工作也逐渐引起重视。

2017 年 6 月中国证券业协会发布了《证券经营机构投资者适当性管理实施指引（试行）》（以下简称《实施指引》），《证券期货投资者适当性管理办法》与《实施指引》的发布对投资者适当性管理正式作出细致的规范，也为证券公司投资者适当性管理工作的开展提供了具体指导，明确了专业投资者在实操层面的认定标准。

（三）成熟阶段

2019 年我国修订《证券法》，在第六章"投资者保护"中增加了投资者适当性管理相关的具体内容，是我国首次在法律层面规范投资者适当性管理要求。2020 年、2021 年中国证券业协会分别发布《证券公司场外期权业务管理办法》（以下简称《场外期权规定》）、《证券公司收益互换业务管理办法》（以下简称《收益互换新规》）。以上规则进一步明确了场外衍生品投资者适当性管理的标准。

2022 年 8 月 1 日，我国正式实施《中华人民共和国期货和衍生品法》（以下简称《期货和衍生品法》），其中第 31 条规定了"金融机构开展衍生品交易业务，应当依法经过批准或

[①] 中国银监会（现国家金融监督管理总局）《商业银行个人理财业务风险管理指引》（2005 年发布，已于 2018 年失效）第 22 条："商业银行向客户提供财务规划、投资顾问、推介投资产品服务，应首先调查了解客户的财务状况、投资经验、投资目的，以及对相关风险的认知和承受能力，评估客户是否适合购买所推介的产品，并将有关评估意见告知客户，双方签字。"

[②] 《证券公司投资者适当性制度指引》已于 2017 年 7 月 1 日起实施，《证券经营机构投资者适当性管理实施指引（试行）》时同时废止。

者核准，履行交易者适当性管理义务，并应当遵守国家有关监督管理规定"。《期货和衍生品法》的颁布标志着专门针对衍生品业务的监管制度在立法层级上有了重大改变。由此，我国场外衍生品的投资者适当性管理制度进入了相对成熟的阶段。

综合境内外关于投资者适当性管理制度的发展脉络来看，一项制度的产生往往来源于实践中遇到的问题，随后逐渐演变为行业规范，再后逐渐上升为法律法规。而法律并非一个制度完善的终点，而是走向制度体系成熟的转折点，在形成法律框架后，依据法律而逐层细化，制度趋于完善。

场外衍生品业务对投资者的专业知识和风险承受能力的要求往往高于一般经纪业务，而衍生品产品的复杂性和专业性也决定了其应真正做到产品与投资者相匹配。而从制度落地性方面看，较为成熟的投资者适当性管理体系需在法律框架内，对场外衍生品的投资者适当性进行专项细化，打通制度与实操之间的最后一公里。

三、境内场外衍生品业务投资者适当性管理实务操作中的"困境"

（一）证券公司履行投资者适当性义务积极性的"困境"

投资者适当性管理其本质上是一种法定义务，证券公司作为商事主体具有逐利性，而投资者适当性管理义务的履行并不会给其商业行为本身带来收益，反而会增加其运营成本。该项义务的履行对于证券公司的作用是尽量避免交易风险和纠纷，同时避免监管处罚。如上文所述，在投资者适当性管理制度发展过程中，证券公司作为投资者适当性管理义务的履行主体，其义务属性在逐渐明晰，同时投资者的"卖者负责"意识也在逐渐增强，而逐年增多的与投资者适当性相关的司法案件也证明了这点。

截至2023年6月30日，在中国裁判文书网以"投资者适当性"为关键词检索到的民事案件共有1 196件，具体分布情况如图1所示。仅从案件增长数量来看，与投资者适当性相关的案件基本是逐年递增，仅在2022年略有下降，分析其原因，与投资者投资需求的增加、金融产品规模的扩张都有着直接或间接的关系。这类数据也表明无论从投资者角度出发，还是从监管机构、司法机关角度出发，都对证券公司的投资者适当性管理义务有着更高的要求，如何把握证券公司"权利义务的对等关系"是未来投资者适当性管理的发展方向之一。

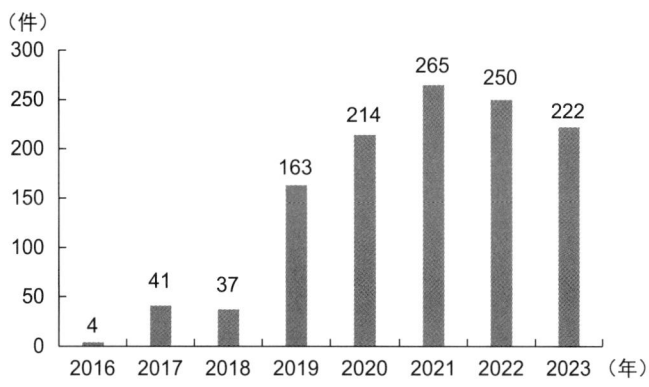

图1　2016—2023年投资者适当性相关案件数量

资料来源：中国裁判文书网。

（二）投资者适当性管理义务履行程度差异产生的"困境"

当前，我国虽然在法律层面对投资者适当性管理义务作出了原则性的要求，同时《场外期权规定》和《收益互换新规》也作出了进一步的规定，但目前不同机构间对于场外衍生品的投资者适当性管理义务履行程度参差不齐，总体原则基本符合投资者适当性准入相关制度的要求，但是具体执行层面仍有一定程度的主观判断空间，如材料清单的差异、尽职调查程度的差异等。参与场外衍生品投资者适当性准入的客户往往已有参与交易的实际需求，而投资者被尽职调查的意愿却与实际交易需求相反，其被动参与尽职调查往往也被认为是一种义务的履行，而非自身权益的保护，这就会导致投资者相对更愿意选择适当性准入过程较为简易的机构从事交易，从而出现一种"劣币驱逐良币"的现象：完全履行投资者适当性管理义务的证券公司因其细致而复杂的流程而丧失投资者，"非完全义务履行方"反而会因简化的投资者适当性准入流程而获取更多机会。

（三）投资者对场外衍生产品的认知"困境"

场外衍生品作为复杂的金融产品，对投资者的金融、技术以及法律知识均有着较高的要求。虽然衍生品市场参与者均为专业投资者，但其中不乏一些非金融机构投资者，因此存在"很多公司都与金融衍生品有了联系，但是人们对于这些衍生工具知之甚少，可能也包括公司的总裁们在内"的说法[①]。当然，随着场外衍生品市场的发展，投资者的投资经验也在逐渐增长，但日益复杂的衍生品产品结构很难保证让每一个市场上的专业投资者均能完全理解。同时，面对专业性极强且材料繁多的衍生品产品文件，投资者很难完全理解产品并从根源了解相关风险。

出现这种"困境"的原因，也是由于买卖双方的信息不匹配，双方信息地位不对等。卖方作为掌握产品结构、熟知市场风险及市场规则的一方，在场外衍生品交易中掌握的信息是超过投资者的，而投资者所能获取的信息一是来源于公开信息，二是来源于销售推介，这两类信息来源实际上都是卖方筛选过滤后的信息，因此这种天然的信息地位不对等也是造成投资者认知"困境"的原因之一。

四、境内场外衍生品业务投资者适当性管理之优化完善建议

根据中国证券业协会的数据，截至 2023 年 5 月，我国境内证券公司场外衍生品存续规模超过人民币 2 万亿元[②]，相较 2022 年同期存续规模基本持平，场外衍生品业务由迅速扩张时期已过渡到平稳开展时期。同时，在当前金融市场不确定性加剧的环境下，实体企业在日常生产经营和投融资过程中面临的利率、外汇、大宗商品等风险管理需求不断增加，证券公司作为资本市场的重要中介机构，应当积极帮助实体企业进行风险管理和防范，践行证券公司服务国家战略的责任和使命。下文从境内外法规差异、经营机构开展准入管理实操层面的

[①] 刘哲昕，刘伟：《金融衍生工具的法律解释》，载《法学》2006 年第 3 期，第 48 页。
[②] 参见《场外业务开展数据（2023 年 5 月）》，中国证券业协会网站，时间 2023 年 7 月 14 日，网址：https：//www. sac. net. cn/hyfw/cwsc/202307/t20230714_ 60805. html，最后访问时间：2023 年 7 月 21 日。

难点和审查实质重于形式的原则出发,提出以下优化建议。

(一) 整合场外衍生品的适当性管理义务执行标准

如上文所述,我国当前的投资者适当性制度实际上已较为成熟,但存在适当性管理标准统一性和适用性的问题。

证券行业现行《场外期权规定》《收益互换新规》和相关配套制度虽已基本覆盖主要场外衍生品业务类型,但是业务准入尽调材料涉及内容丰富,不同证券公司仍对法规有着不同程度的解读,如制度可以明确准入清单及履责边界,相信会更有利于行业统一执行标准。此外,在场外衍生品业务的监管上,证券行业较银行业的要求和标准更为严格,需为各类金融机构营造公平良好的竞争环境,促进市场有序发展。同时就客户而言,投资者适当性准入的难易程度也不应作为其考量是否在某家机构展业的唯一依据。因此,建议对于相同性质的场外衍生品业务统一监管口径。

(二) 增加场外衍生品专业知识的投资者适当性评估和投资者教育工作比重

投资者的专业知识水平是影响场外衍生品交易风险的重要因素之一,因此宜提高投资者专业知识水平的认定比重。我国当前的场外衍生品市场存在大量的Ⅱ型专业投资者,其专业知识水平与Ⅰ型专业投资者相差较远,为尽量减少因缺乏专业知识而产生的投资风险,建议在适当性准入工作开展环节加大对投资者专业知识水平的尽职调查力度,并据此进行投资者专业等级评估。此外也可加强相关业务投资者教育,以此提高投资者专业水平、缩小信息地位不对等造成的投资风险。

(三) 完善细化法规配套要求,满足投资者多样化投资和风险管理需求

近年来,各类场外衍生品业务发布了配套管理细则,在对各类业务配套风险管理机制要求、法律法规和业务监控持续完善的背景下,建议考虑投资者多样化的业务需求,按照实质重于形式原则,适度降低企业风险管理和套期保值需求为目的场外衍生品业务的准入门槛,同时让有需求的普通投资者可以在证券公司有序通过相关场外衍生品进行风险管理。参考美国和中国香港的法规,对于服务实体经济进行风险对冲的衍生品业务,可考虑适度降低准入门槛或材料豁免,以此支持企业开展风险管理。从细化角度出发,对于投资者适当性管理义务履行程度差异产生的"困境",建议从制度具体执行的角度出发,考虑业务实质对场外衍生品的适当性准入标准进行细化。

投资者适当性制度是保护投资者、降低市场风险的必要措施,场外衍生品的业务复杂性和高风险性也决定了其需要被特殊规制的必要性。我国场外衍生品的投资者适当性管理制度发展至今,随着场外衍生品市场专业化、规范化程度不断加强,已步入较为成熟的发展阶段,在具体业务框架逐层建立的同时也应关注实践层面更为细化的需求。相信随着市场的逐渐完善,场外衍生品的投资者适当性管理准入制度也会实现理论和实践的结合,形成一整套从上到下不断完善的制度体系,更好地实现金融衍生品服务实体经济的金融使命,促进证券行业和场外衍生品市场高质量发展。

参考文献

[1] 任自力. 金融机构适当性义务的规范逻辑 [J]. 法律适用, 2022 (02): 36—47.

[2] 葛永波, 曹婷婷. 我国衍生品市场投资者适当性管理制度体系解读及评价 [J]. 武汉金融, 2019 (05): 45—48.

[3] 吴紫艳. 证券公司场外衍生品业务投资者适当性管理探讨 [A]. 中国证券业协会. 创新与发展: 中国证券业2018年论文集 (下册) [C]. 中国财政经济出版社, 2019: 651—658.

[4] 姜立文, 崔丹丹. 复杂金融衍生品侵权诉讼适用举证责任倒置的若干问题 [J]. 南方金融, 2018 (11): 85—91.

[5] 鲍彩慧. 衍生品交易中买者自负向卖者有责的嬗变——以投资者适当性民事责任为视角 [J]. 上海金融, 2017 (12): 70—77.

[6] 窦鹏娟. 金融衍生品投资者适当性的制度改进与规则完善 [J]. 证券市场导报, 2016 (06): 71—78.

[7] 王超. 香港衍生品市场投资者适当性制度研究 [J]. 金融理论探索, 2016 (05): 61—66.

[8] 鲍晓晔. 我国场外衍生品市场适当性规则的立法研究 [J]. 金融监管研究, 2014 (09): 88—97.

[9] 张美玲, 谭金可. 论金融衍生品投资者适当性规则的构建——欧盟经验与借鉴 [J]. 湖南师范大学社会科学学报, 2014, 43 (05): 102—108.

雪球产品投资者保护机制完善研究

鞠鲁洲　付建波　王　雯*

一、引言

近年来，雪球产品凭借"进可攻、退可守"的盈利模式及良好的投资体验迎来了较快发展。目前市场雪球产品存续规模已超千亿元，成为理财市场的重要组成部分。但雪球产品作为一种结构复杂、风险较高的场外衍生品，在满足投资者多元化资产配置需求的同时，也对交易商投资者权益保护提出了更高要求。

二、雪球产品结构特征与发展历程

（一）雪球产品概述

雪球产品是雪球型场外期权、雪球型非本金保障收益凭证及以上述资产为主要投资标的的私募资管产品的统称。尽管产品表现形式不同，但底层资产均为带有自动敲入敲出结构的场外期权。投资者持有该产品后，只要挂钩标的价格不发生大跌，期间所获得的收益是不断累积的，持有期限越长获利越多，类似于滚雪球，这也是其名称由来。

1. 结构要素

自动敲入敲出结构的主要特点是当挂钩标的价格触碰自动赎回价格（敲出价格）时，合约自动触发结束，客户获得收益；当价格低于敲入价格时，合约自动触发敲入，客户面临亏损的可能。该结构一般具有挂钩标的、敲出/敲入观察日、敲出/敲入价格、敲出收益率、保证金比例等要素，要素说明见表1，结构示意见图1。

---

* 本文写作于2023年8月。作者简介：鞠鲁洲，中泰证券股份有限公司金融市场委员会委员，衍生产品部联席总经理、董事总经理；付建波，中泰证券股份有限公司金融市场委员会投资交易管理部副总经理、执行总经理；王雯，中泰证券股份有限公司风险管理部执行总经理。

表 1　　　　　　　　　　　　　　　雪球产品要素

产品要素	要素说明（示例）
挂钩标的	中证 500 指数
期限	6 个月至 2 年
期初观察价	期初观察日挂钩标的收盘价格
敲出观察日	每月某一指定交易日
敲入观察日	产品存续期内每一交易日
敲出价格	期初观察日挂钩标的收盘价格的 103%
敲入价格	期初观察日挂钩标的收盘价格的 80%
敲出情景	敲出观察日标的收盘价格高于敲出价格
敲入情景	敲入观察日标的收盘价格低于敲入价格
敲出收益率/红利票息	15%（年化）
保证金比例	30%—100%（视客户资质确定）

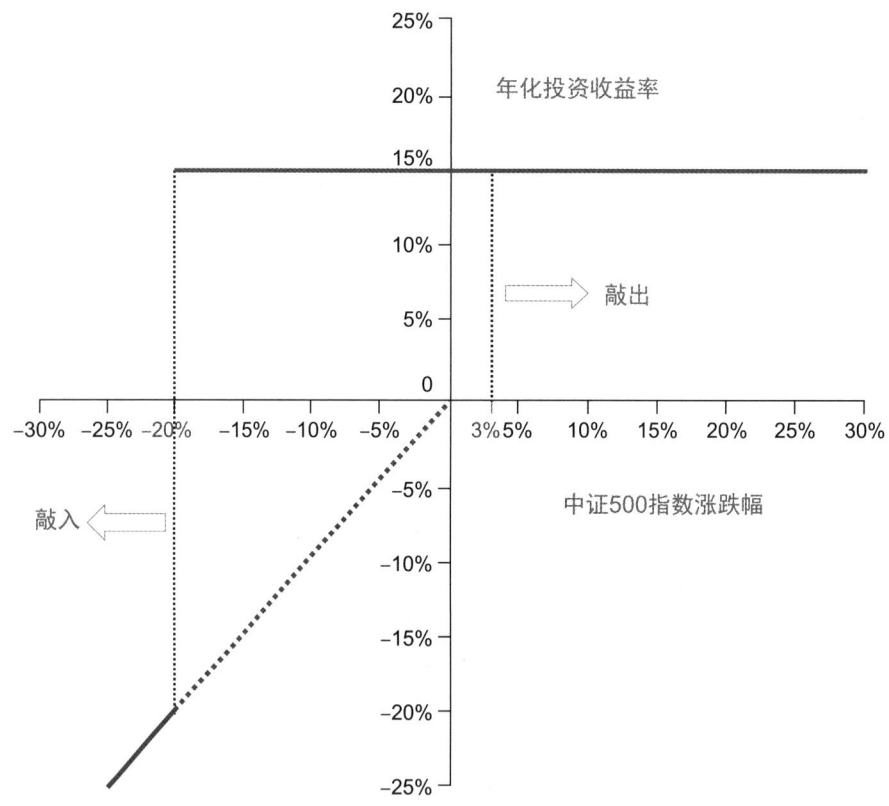

图 1　雪球结构示意

2. 损益情景

根据挂钩标的价格变化，雪球产品可以细分为 5 种损益情景（见图 2 和图 3）。

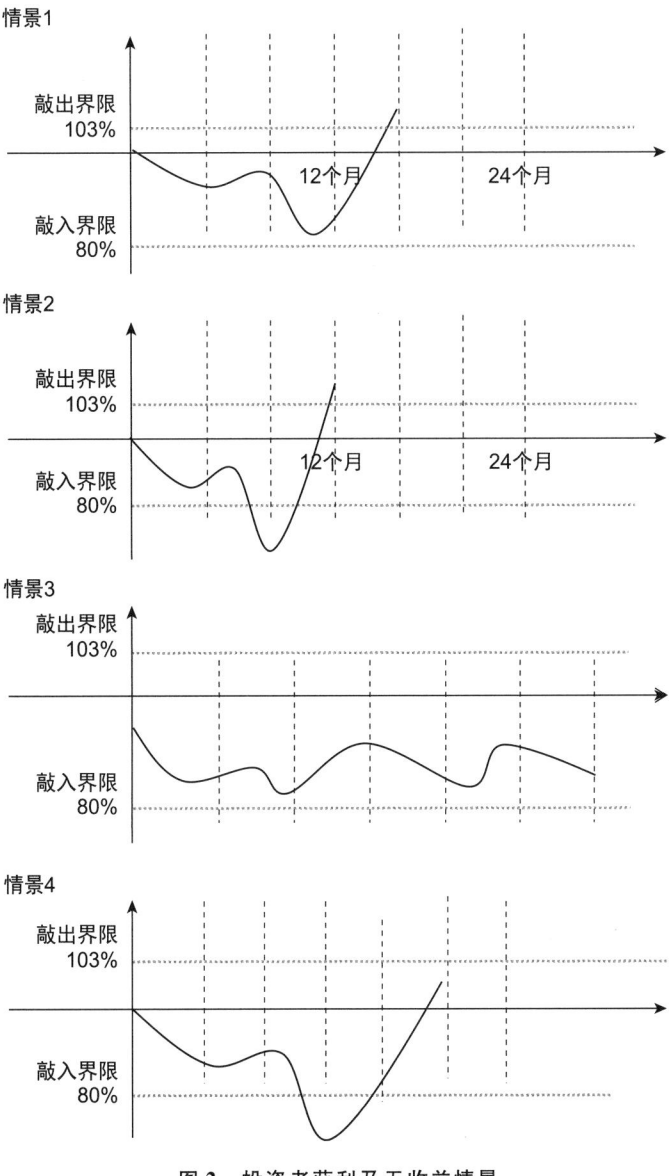

图 2 投资者获利及无收益情景

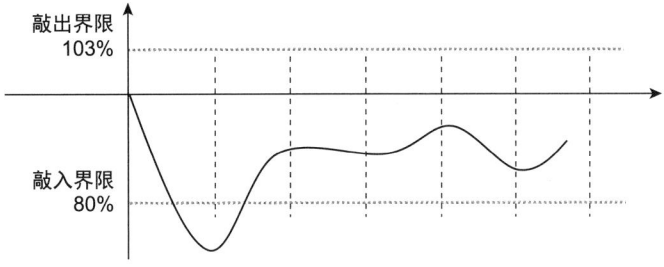

图 3 情景 5——投资者亏损情景

情景 1 投资者获利：合约在敲出观察日直接敲出终止，客户获得年化敲出收益率；

情景 2 投资者获利：合约在敲入观察日敲入后，又在敲出观察日敲出，客户获得年化敲出收益率；

情景 3 投资者获利：合约在存续期内始终未敲入也未敲出，客户获得存续期红利票息；

情景 4 投资者无收益：合约在敲入观察日敲入后一直未敲出，但挂钩标的期末价格大于期初观察价，客户收益为 0；

情景 5 投资者亏损：合约在敲入观察日敲入后一直未敲出，且挂钩标的期末价格小于期初观察价，客户损益为挂钩标的期间跌幅。

3. 希腊值

希腊值体系（Delta、Gamma、Vega 等）① 是雪球期权风险计量最重要的工具之一，能够衡量标的价格、波动率等因子变动下雪球产品的估值变化，分解并量化各类风险暴露，从而辅助交易商调整交易对冲策略以应对风险。雪球期权希腊值变化相对复杂，在敲入价格前后，Delta 变化方向相反，交易商需采取不同的对冲操作，以保证风险中性；Gamma 指标也会发生"跳变"，由正转负，交易商需通过情景分析或压力测试方式提前测算指标变化，并采取相应的对冲措施；交易商也会参考 Vega 指标情况，判断后期波动率走势对交易的影响，采取相应的风控措施（见图 4）。

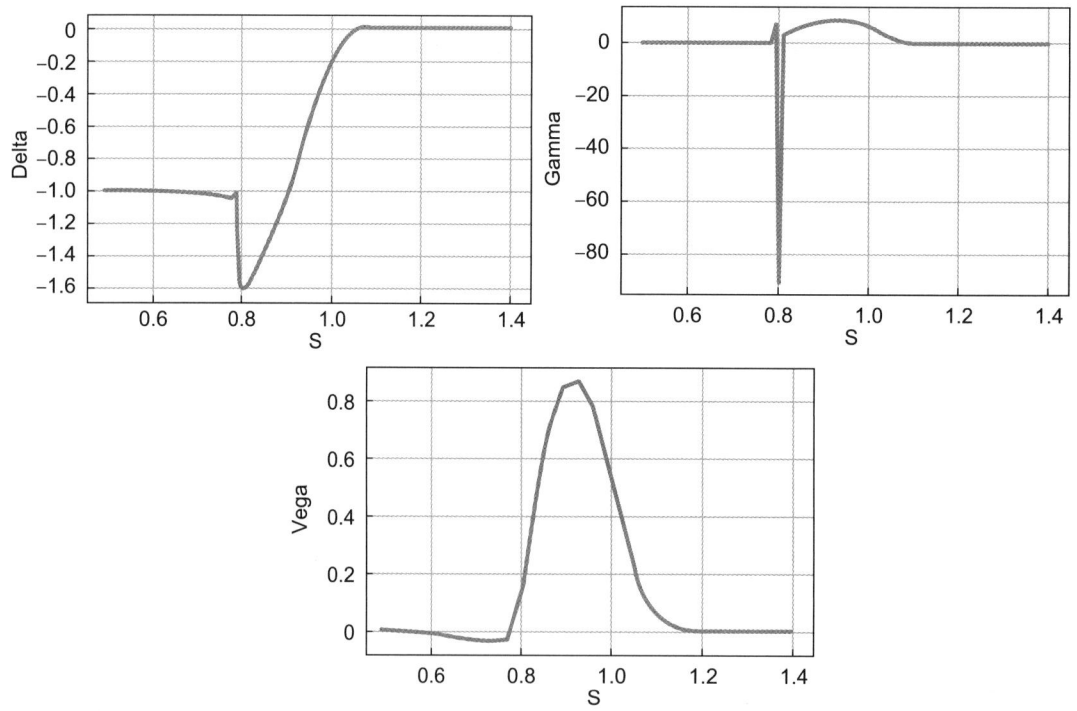

图 4　雪球期权 Delta、Gamma、Vega 变化

---

① Delta 指标衡量挂钩标的价格变化对雪球期权价值的影响；Gamma 指标衡量挂钩标的价格变化对 Delta 指标的影响，是雪球期权价值对挂钩标的价格二阶导数；Vega 指标衡量挂钩标的波动率的变化对雪球期权价值的影响。

4. 适当性管理

雪球型场外期权和雪球型非本金保障收益凭证（以下统称雪球型衍生品）发行主体为具有场外期权交易商资格的证券公司，雪球型资管产品发行主体为具有资产管理业务资格的金融机构及在中国证券投资基金业协会备案的私募基金管理人，上述产品的适当性管理标准见表2。

表2　　　　　　　　　　　　　　不同类别雪球产品适当性管理标准

具体项目＼产品类别	雪球型场外期权	雪球型非本金保障收益凭证	雪球型资管产品*
投资者类别	专业机构投资者		个人、法人或其他组织
投资者数量	1名	小于200名	小于200名
认购起点	无明确限定	100万元	100万元
产品风险等级	R5	R5为主	R4—R5
投资者风险承受能力	C5	C5为主	C4—C5
自然人客户准入标准	禁止参与		《指导意见》第五条第（一）项规定
法人机构客户准入标准**	同时满足： （1）《适当性管理办法》第八条第（一）项和第（四）项规定； （2）《场外期权业务管理办法》第二十四条第（一）项规定		《指导意见》第五条第（二）项规定或《适当性管理办法》第八条第（一）项规定
产品类客户准入标准	同时满足： （1）《适当性管理办法》第八条第（二）项和第（三）项规定； （2）《场外期权业务管理办法》第二十四条第（二）项和第（三）项规定		《适当性管理办法》第八条第（二）项和第（三）项规定

注：*雪球型资管产品主要包括资管计划、信托计划及私募基金三类。此处的投资者准入标准为私募基金及投资雪球衍生品比例不超过25%的资管计划、信托计划的投资者准入标准。投资雪球衍生品比例超过25%的资管计划、信托计划投资者准入标准为专业投资者且最低投资金额在1000万元以上。

**文中《适当性管理办法》全称为《证券期货投资者适当性管理办法》，《场外期权业务管理办法》全称为《证券公司场外期权业务管理办法》，《指导意见》全称为《关于规范金融机构资产管理业务的指导意见》。

（二）雪球产品发展历程

以雪球产品为代表的结构化产品（Structured Products）在境外资本市场有较长的发展历史，法国巴黎银行早在2003年就首次推出了雪球产品，其在境外市场的发展历程大致可以分为三个阶段。

第一个阶段：20世纪90年代初到90年代中。当时市场利率较高，资产波动率较低，期权成本较低，投资者主要用债券的利息部分购买一个香草期权来构造收益，结构化产品以"保本"加浮动的模式为主。

第二个阶段：20世纪90年代后期到2000年。受到亚洲金融危机和俄罗斯债券违约的影响，资产波动率上升，期权成本升高，此时价差、鲨鱼鳍等期权费较低的结构受到市场青睐，但结构化产品仍是"保本"加浮动的模式。

第三个阶段：2000年之后。随着互联网泡沫破裂和无风险利率下行，固收资产的收益率不断下降，市场主流不再是用固收资产的利息来买期权构造收益，而是卖出一个触发概率较小的看跌期权来获取高票息收入，结构化产品的主流开始从买权向卖权发生迁移，而这一类产品被称为雪球产品①。

在国内市场，直到2015年证券公司才首次发行雪球产品，其发展历程大致也可以分为三个阶段。第一个阶段是2015年之前。该阶段与海外第一个阶段相似，投资者会利用固收资产的高利息去买一个香草期权，构造收益结构。第二个阶段是2015—2017年。该阶段固收产品收益降低，投资者期权购买力下降，开始转为买价差、鲨鱼鳍等较为便宜的期权。第三个阶段是从2018年开始，市场上稳定、高息的固收资产越来越稀缺，投资者"寻找收益"变得越来越困难，此时代表投资者卖权的雪球产品迎来了较快发展，成为理财市场的重要补充。

三、雪球产品投资者保护机制现状

（一）境外场外衍生品市场投资者保护机制分析借鉴

在场外衍生品投资者保护上，境外市场在不同发展阶段采取了不同的措施，整体来看，监管"先松后紧"，投资者保护和教育机制逐步完善。从形式上看，境外市场主要以法律法规约束为主，相关规定较为原则。

投资者保护方面，美国先后于1989年、1999年、2000年推出《金融机构改革、复兴与实施法》《金融服务现代化法》《商品期货现代化法案》，废除"格拉斯—斯蒂格尔法案"中对银行分业经营的限制，而且限制了美国商品期货交易委员会（CFTC）和美国证券交易委员会（SEC）对场外市场的管辖范围，使场外衍生品市场发展更为迅速，但也为2008年的次贷危机埋下了伏笔。金融危机后，美国于2010年颁布《多德－弗兰克华尔街改革和消费者保护法》，确定了以功能监管为主、机构监管为辅的混合监管模式；建立了衍生品交易商注册机制，强调交易信息报告的重要性，提高业务透明度；建立了保证金机制，降低投资者杠杆率；提出了中央对手方清算机制，强制场外衍生品集中清算。类似的，英国于2000年出台了《金融服务与市场法》，将监管职能划分至金融申诉专员服务局（FOS）。日本先后于2001年和2006年颁布《金融商品销售法》《金融商品交易法》，纷纷提高了投资者保护程度。

投资者教育方面，2007年美国金融业监管局（FINRA）成立，其主要职能为注册和教育市场相关参与者，通过媒体宣传和召开研讨会等多种形式，帮助投资者了解金融知识，熟悉基础的投资工具。其官网为投资者提供了丰富的金融衍生品信息，帮助投资者明确自身风险承受能力，进而匹配符合需求的产品。此外，FINRA还负责"FINRA投资者教育基金"

---

① 在上述发展历程里面有两个比较重要的因素：波动率和利率。其中，波动率主要影响期权的价格，而利率主要影响投资者"购买力"。波动率变化的时候，会影响投资者购买期权结构的选择，而利率变化的时候，则会影响投资者整体投资模式，即由买权向卖权变化。

的管理，资助投资者教育研发及培训项目。类似的，英国和日本也分别设立了金融行为管理局（FCA）和日本证券业协会等机构承担投资者教育职能，主要负责开展公开投资者教育，普及相关衍生品知识等。

（二）国内场外衍生品市场投资者保护机制现状

虽然场外衍生品在国内发展较晚，但国内监管机构、自律组织向来重视投资者权益保护，投资者保护和教育机制已较为成熟。与国外不同的是，国内主要以行政和自律管理为主，相关监管和自律规定细致明确，可操作性高。

投资者保护方面，2018年，国内正式推行交易商管理机制，以资本实力、分类评级等因素为基础标准，将45家证券公司分类为一级和二级交易商[①]，提高了雪球等场外衍生品发行方的资质门槛，促进了业务规范开展和投资者权益保护。在产品结构设计方面，国内也制定了诸多要求，如合约期限不得过短、行权价偏离不得过大、挂钩标的应具有良好的流动性等，保障交易的合法合规性。在营销宣传方面，规定不得公开或变相公开募集，不得通过任何方式向不特定对象宣传，不得以任何方式承诺投资本金不受损失或者承诺最低收益等。此外，国内在数据信息报送方面也制定了较为严格的要求，推行了电子化数据报送接口，交易商需在达成交易后的下一交易日将各核心交易要素进行监管报备。

投资者教育方面，中国证监会督导促进派出机构、交易所、协会以及市场各经营主体开展风险揭示、教育服务、咨询建议、投诉举报等工作，提高服务投资者的水平。中国证券业协会建立"投资者之家"互联网投资者教育平台，传递市场重要资讯，普及投资知识，编辑、制作投资者教育产品；提供维权途径，引导投资者依法维权。提供证券纠纷调解在线申请平台，为投资者方便、快捷、经济、高效地解决证券纠纷创造条件。此外，监管部门还积极推动在各个地域设置证券期货投资者投教基地，开展投资者教育宣传，普及证券期货知识以及提高投资者维权意识。

（三）国内雪球产品投资者保护机制存在的问题

尽管国内场外衍生品投资者保护机制已相对完善，但考虑到雪球产品的复杂性，通用性保护措施难以完全适用该产品类型，在投资者适当性管理、营销宣传、产品设计、风险处置、数据共享机制等方面仍有一定的完善空间。

1. 适当性标准不一致，产品管控标准不统一

首先，适当性标准不一致。目前不同产品类型适当性标准不一致，雪球型衍生品的准入标准和风险等级明显高于雪球型资管产品（见表2）。尽管不同类型雪球产品的形式和认购方式不同，但投资者面临的风险基本一致，因此，可设置相同的准入标准和产品风险等级。

其次，产品管控标准不统一。2021年中国证券投资基金业协会发布新的《证券期货经营机构私募资产管理计划备案关注要点》、2022年信托监管部门对信托公司进行窗口指导，主要就投资雪球衍生品的投资比例、适当性条件、信息披露、销售渠道等进行了从严要求。而私募基金受影响较小，使不同类型资管产品在雪球衍生品投资上的管控标准不统一。

---

① 交易商管理为动态管理机制，对于经评估不符合交易商条件的，设置一年过渡期；过渡期结束，仍未符合交易商条件的，调出相应级别交易商名单。

2. 营销宣传不规范，风险揭示不到位

雪球产品具有高票息但非保本的特点，在特定情况下投资者面临本金较大亏损的风险，但存在部分销售机构、销售人员未就产品结构、要素、收益情景进行准确介绍，未对投资者可能承担的亏损风险进行充分揭示，片面强调"高收益""稳赚不赔"，甚至以"类固收产品"进行宣传推广的情况。

3. 产品结构设计单一，敲入敲出要素安排趋同

目前市场上雪球产品结构较为单一，收益情景类似，这一方面会导致交易商对冲行为的趋同，在障碍价格附近时会加剧标的资产的价格波动；另一方面会导致难以匹配客户的真实需求和不同市场环境，不利于投资者的资产配置和风险分散。

在产品要素安排方面，交易商仅依据产品成立日期及对应市场点位被动确定各产品要素，未进行科学合理安排，造成产品观察日、敲入敲出价格分布比较集中，在极端行情下易导致一定的系统性风险和流动性风险。

4. 风险处置机制不完善，投资者权益保护有所不足

对于常规雪球结构，产品敲入后，除非后续价格大幅上涨至期初观察价以上，否则客户将面临亏损。对于产品敲入后的亏损情景，目前市场上处置机制不成熟、不完善，产品结构备选方案较少，客户既无及时止损机会，也无期限延长选择，只能被动接受投资亏损，影响投资者的投资体验。

5. 数据共享机制有待完善，业务透明度不高

目前场外衍生品市场基础设施有待进一步完善，数据信息标准化和数据共享程度有所不足，交易商无法准确获取产品的整体规模、挂钩标的情况、观察日及敲入敲出点位分布等重要信息，不利于产品排期和风险管控。

四、完善投资者保护机制的对策建议

为进一步促进雪球产品快速健康发展，不断完善投资者保护机制，针对上述问题，提出如下政策和实操建议。

（一）统一适当性管理标准，严格产品投资管控

第一，统一适当性管理标准。对于投资雪球型衍生品比例为100%的资管产品，建议从严管控，其投资者准入标准和产品风险等级划分参照雪球型衍生品；对于投资比例超过25%的产品，建议适当性标准参照资管计划备案关注要点的相关规定。第二，统一产品管控标准。对于不同类别的雪球型资管产品，建议研究制定统一的产品管控标准，规定统一的投资比例限制、风险揭示要求、信息披露规则及销售渠道选择标准等。

（二）强化投资者教育，充分揭示风险

建议销售机构营销人员以通俗易懂的方式，真实、准确、完整地向投资者披露雪球产品的各个要素，客观揭示产品亏损情景及最大潜在损失，避免使用"类固收产品"等误导性措辞，与投资者签订风险揭示书，充分揭示产品风险并进行留痕。

(三) 丰富产品结构设计，科学管理产品排期

第一，推出更多的雪球类结构，丰富投资者的选择需求。建议交易商根据投资者需求，设计并发行更多结构种类的雪球产品，如限亏型、阶梯型、彩虹型雪球产品，为投资者提供更多资产配置选择和风险管理工具。第二，建立指标化管控机制，优化产品排期管理。建议交易商设计相关控制指标，科学、动态管理产品排期，如设计集中度管控指标、敲入敲出名义本金监控指标，并根据各项指标情况合理安排产品排期。

(四) 完善风险处置机制，加强投资者权益保护

第一，完善合同约定。建议交易商提前在产品合同或交易确认书中明确产品敲入后风险处置的基本原则，为后续风险处置预留空间。第二，丰富完善处置方案。交易商应不断优化产品敲入后的结构设计，提供更多可供选择的处置方案。如将合约展期为指数增强合约，以达到投资者损失的递延实现，并增加在后续获益的概率。第三，强化客户沟通。产品敲入后，建议交易商及时通知客户，并与客户沟通后续处置方案，在确保客户对处置方案风险及损益情况充分了解的情况下，与客户签署补充协议。

(五) 完善信息共享机制，加强协同监管

第一，建立完善行业基础设施，促进数据共享。为充分掌握雪球产品的发展情况，建议建设并在行业推广第三方线上询报价平台、成交平台、估值平台等基础设施，并促进行业自律组织的数据共享，打通场内场外产品、估值、对冲等各类数据。第二，完善标准化数据机制，定期公开产品相关数据。考虑到雪球产品非标准化特点，建议进一步完善标准化数据机制，提升雪球产品监测监控质效；定期对雪球产品相关数据进行公开，便于各市场主体合理安排产品认购、发行及合约要素设置。

雪球产品是伴随着投资者财富管理需求产生和发展的，满足了投资者资产配置和管理价格波动风险的内在需求，且有助于提高资本市场的流动性，维护二级市场的价格稳定，是目前国内理财市场上重要的创新产品之一。未来，行业应不断优化雪球产品投资者保护机制，协同解决目前存在的问题，提高投资者保护程度，促进雪球产品更好、更快地发展。

参考文献

[1] 唐嘉伟. 雪球结构性产品评述及启示 [J]. 银行家，2021 (05)：112—114+7.

[2] 吕博，梅贞. 当前结构化金融产品发展及影响 [J]. 银行家，2021 (09)：98—100.

[3] 徐千惠. 结构性产品在国际金融衍生品市场上的发展及其启示 [J]. 商场现代化，2018 (04)：116—117.

[4] 熊莉，刘颖出，陶潜. 场外衍生品市场国际监管经验介绍与我国立法建议 [C]. 创新与发展：中国证券业 2020 年论文集，中国财政经济出版社，2021：469—473.

[5] 郑彧. 新证券法下"投资者适当性义务"的实现路径——从"规则监管"到"原则监管"的转变 [J]. 证券市场导报，2021 (03)：62—68+77.

［6］证券期货投资者适当性管理办法［EB］. 中华人民共和国国务院公报，2017（21）：47—53.

［7］证券期货经营机构私募资产管理业务运作管理暂行规定［EB］. 中华人民共和国国务院公报，2017（12）：103—107.

［8］人民银行，银保监会，证监会. 外汇局关于规范金融机构资产管理业务的指导意见［EB］. 中华人民共和国国务院公报，2018（26）：55—63.

资本市场新兴技术监管的国际比较与启示研究

韩开创　高伟俊　陶　茜　曹　雷　申晓宇[*]

近年来,资本市场开放政策不断深化,注册制改革深度推进,叠加新兴技术赋能带来的助力,资本市场迎来高速发展期。然而,随着科技与资本市场深度融合,科技应用风险逐渐凸显,网络安全事件时有发生。对此,监管机构对新兴技术在资本市场应用监管的重视程度不断提高,对新兴技术应用监管的前瞻性研究不断加强。

本文通过深入分析美国、英国、新加坡等资本市场发达国家新兴技术应用监管实践,总结其先进经验,结合我国资本市场科技监管情况,为我国监管机构开展科技监管工作提供参考。

一、新兴技术在国际资本市场的应用

随着人工智能、区块链、云计算、大数据等技术不断落地,科技与金融业务融合程度持续加深,资本市场金融科技应用开始从聚焦于前端服务渠道互联网化转移到强调业务前台、中台、后台的全流程变革。具体看来,各国资本市场金融科技应用主要集中在推动实现业务增长、提升客户体验、实现流程智能化和自动化等方面。例如,将智能化投顾应用于财富管理类业务,2014年开始美国、英国、新加坡的投资银行、证券经营机构纷纷相继推出智能化投顾平台;交易类业务领域,打造智能化、自动化、高效、精准的交易系统,如摩根大通、高盛、花旗集团等国际头部投资银行近两年探索量子计算在产品定价、交易算法等场景中的应用;投行业务领域,美国投资银行不断探索利用大数据、人工智能技术实现业务智能化、自动化;英国、新加坡的金融机构则探索利用区块链技术发行证券产品等。

---

[*] 本文写作于2023年1月。作者简介:韩开创,腾讯金融研究院副院长;曹雷,华锐金融科技研究所所长;高伟俊、陶茜,腾讯金融研究院高级研究员;申晓宇,华锐金融科技研究所资深研究员。

二、资本市场应用新兴技术面临的风险

资本市场新兴技术应用的风险主要来源于以下三个方面：

一是系统稳定性风险。新兴技术在资本市场上的应用已经覆盖了经纪、财富管理、资管、投行等各领域，系统涉及前、中、后台各个环节，系统的安全稳定对于经营机构十分重要。然而，应用系统的构建首先基于电力、网络、主机、柜台、服务器等硬件设施，一旦基础设施发生故障将导致系统瘫痪，进而引发技术风险；此外，技术系统仍然建立在代码基础上，如果技术部门未能排查代码漏洞，导致交易系统故障，也会影响市场的正常运行。

二是操作风险。技术系统尽管具有一定的智能化，但部分环节还是要通过人为操作，因此，存在因为操作规则不清晰或者操作失误导致的操作风险。例如，2020年某基金公司测试人员误把实际环境当作测试环境进行操作，最终导致交易异常，拉抬市场股价而受到监管处罚；2022年1月，由于摩根士丹利未能妥善关闭两个客户数据中心，并由于软件漏洞使得客户信息被泄露，货币监理署（OCC）对摩根士丹利处以6 000万美元的罚款，并提起诉讼。

三是外部攻击的风险。科技在应用于资本市场的同时也被众多黑客使用。近年来，网络攻击事件频发，网络空间安全形势日益严峻，证券行业作为资金流动性较大的行业也已经成为网络攻击的重要目标。例如，2016年国内某证券公司短信平台系统被不法分子从外部攻入，向85万名客户发送诈骗短信；2021年12月中国台湾多家券商的交易系统，疑似遭遇了撞库攻击，大量投资者的证券账号被暴力破解后，其账户被自动下单，最终导致用户损失惨重。诸如此类攻击事件频发，进一步表明新兴技术面临一定风险。

三、国际资本市场新兴技术监管现状

（一）美国

1. 监管体系及监管范围

美国市场监管体系主要是分级分层监管，形成金字塔式的监管体制。美国证券交易委员会（SEC，Securities and Exchange Commission）居于金字塔顶部，对整个市场进行监管，拥有法定的最高监管权力；金字塔的中部是自律组织，如证券交易所、金融业监管局（FINRA，The Financial Industry Regulatory Authority）、清算机构等，主要负责监督市场主体的交易行为和经营活动；上市公司的监督部门、证券交易中介机构和社会舆论形成金字塔的基础，监督金融机构与投资者的市场交易。SEC作为享有最高权威的监管单位，不仅要对整个市场的交易情况进行监督管理，还特别注意新兴技术在市场上的应用情况。

2007年以来，SEC分别成立交易和市场部、经济和风险分析部门、创新和金融技术战略中心（FinHub），协调SEC对新兴技术在金融、监管和监督系统中的应用情况进行监督和反馈，包括分布式账本技术、自动投资建议、数字市场融资和人工智能等。目前，SEC将Finhub从部门升级为独立办公室。

2. 监管思路及措施

在过去几年里，SEC不断根据市场发展情况、市场产品更迭和市场意愿调整监管方式及方向。

首先，基于技术的应用进行监管。SEC 设立的 Finhub 办公室主要对四个方向进行监管：一是区块链/分布式账本技术，SEC 监管该技术在数字资产合约上的合法合规使用；二是对数字市场融资，主要监管融资门户平台等进行的数字市场融资活动；三是自动化投资建议，针对基于算法的在线程序提供资管服务的投资顾问，目的是确保新兴技术应用在改变投顾服务方式的同时，依然履行证券法规定的义务；四是人工智能/机器学习，目前 SEC 对该类技术的监管仅限于讨论阶段，尚未出台针对性的政策法规。

其次，从事后监管转向事前监管。自 1991 年开始，SEC 要求每个市场参与主体都应由独立审查员每年对其自动化交易系统的交易负载评估、规划周期、压力测试、应急预案、系统漏洞风险等进行审查，并出具完善建议，即构建自动化交易审查政策（ARP, Automation Review Policy）。如今，美国 SEC 设立了分布式账本技术小组，启动了创新和技术战略中心，任命了数字资产和创新高级顾问以及召开金融科技论坛，主动与市场参与者互动了解市场的金融科技创新情况，在技术刚开始应用或者尚未应用时就评估其可能对金融领域产生的影响。

（二）英国

1. 监管体系及监管范围

2015 年，英国金融市场行为监管局（FCA，Financial Conduct Authority）率先提出监管科技的概念，且不断寻求创新。FCA 通过名为"Project Innovate"的计划开始探索创新监管，并逐渐从仅两人负责创新金融商业模式提供监管意见反馈发展至独立的创新部门，通过外部创新合作、阶段性整合和推动大规模创新多种方式提高行业在金融科技上的创新能力。如面向涉及创新想法企业提供直接的监管援助；面向开发自动化模型公司提供的监管咨询服务；面向金融服务行业，如监管科技公司、金融科技公司、相关研究学者、技术专家和创新创意团队的黑客马拉松（TechSprint）竞赛；面向处于早期开发阶段产品和服务的数字沙盒；面向金融服务公司和前沿技术创新公司的监管沙盒，以及通过举行圆桌会议和研讨会等，吸收金融科技发展的优秀思路，进一步改进和增强监管方式。

2. 监管思路及措施

英国新兴技术监管主要采取以下思路：一是基于公司金融活动进行监管。在实际监管过程中，并不规范特定技术的使用场景，而是监管使用这些技术的金融活动是否合规以及开展金融活动的公司是否合规。二是要求企业建立全面的技术风险控制防线。FCA 认为行业内所有经营机构需要强化自身系统评估能力，并汇报出公司所有部门的技术能力和需要改进的领域。三是提供讨论新兴技术在金融领域应用方向的平台。FCA 于 2020 年 10 月和英格兰银行共同定期举办人工智能公私应用论坛，探讨人工智能应用在金融行业的潜在优劣点以及技术变革如何产生对投资者和市场有益的创新。

（三）新加坡

1. 监管体系及监管范围

目前，新加坡形成以金融管理局（MAS）为核心的监管框架。新加坡政府授权 MAS 作为金融科技创新发展的政策主体，全面负责金融科技发展的战略规划、政策框架和政策协调等工作，监管范围涵盖银行、保险、证券、支付等领域，具体包括营销获客、移动支付、财富管理、智能风控等广泛的金融行为,并将金融科技公司纳入监管范畴。

MAS 为推动金融科技高效发展,2015 年 8 月成立金融科技及创新团队(FTIG),主要负责制定金融创新计划、建立创新和研发中心、构建新加坡智能金融中心等,并任命首席金融科技官领导 FTIG。2016 年 10 月联合新加坡创新机构(SG—Innovate)成立金融科技署(Fintech Office),主要承担国家金融科技的监管协调和政策制定职能,负责对金融科技企业提供监管一站式审批援助。

2. 监管思路及措施

新加坡作为早期开展金融科技建设的国家之一,MAS 已逐渐牵头形成了应用领域、新兴技术、国际合作三大方面的金融科技生态系统。其中,电子支付和绿色金融科技的高度被提高到行业级别,金融行业的智能化、可持续化发展受到重视。在合作协议方面,不仅覆盖了国内外金融组织,MAS 还特别设立了技术咨询小组,探索新兴技术与金融服务的结合方式。在技术方面,除了新兴技术,MAS 还强调了 API 和知识产权保护等注重提高细节效率和持续创新保障的技术。新加坡金融科技政策主要围绕监管沙盒、人工智能与数据分析以及数字支付法案等方面展开。

四、国际资本市场新兴技术监管经验借鉴

(一)新兴技术监管的国际经验

纵览国际监管机构在新兴技术融合过程中的监管思路及措施,总结以下三个特点。

一是监管机构发力提升自身新兴技术能力。如果不够了解新兴技术的基本原理和应用方向,就无法判断这项技术与金融业务结合的方式和场景,无法控制技术应用后为行业带来的变化和风险,从而丧失对市场的监管能力。为了大幅提高监管效率,提升自身技术能力,美国 SEC 设立了信息技术办公室为内部工作人员提供技术支持,并考虑将技术能力作为入职考试的重要部分,还通过访问学者计划吸收技术领域的先进思想;新加坡方面则提到了利用技术提升对金融科技的监管,以完善整体监管措施。

二是扩展行业技术相关创新渠道。为了在控制金融风险的同时鼓励金融行业应用新兴技术,监管机构纷纷开通了金融科技相关项目监管的咨询通道,例如英国 FCA 提供的直接支持和监管咨询服务;美国 SEC 设立的创新和金融技术战略办公室;日本 FSA 设立的金融市场准入办公室。监管机构还通过监管沙盒和行业峰会等活动为有创新想法的金融机构提供平台和监管支持,且各有特色。例如,英国 FCA 将监管沙盒由阶段性开放变为全年开放;新加坡 MAS 将监管沙盒分为普通版、快捷版和升级版;日本的监管沙盒则直接由内阁主办,允许所有行业参与试验。

三是探索构建监管科技生态体系。随着各国金融行业的发展和技术的深入应用,监管机构发现市场运行的"短板效应"日趋明显,各市场主体的技术能力都限制着市场整体的运行效率,因此需要在行业内构建监管科技生态体系,共同应对市场风险和突发情况。例如,英国 FCA 通过鼓励监管科技行业峰会或举行 TechSprint 活动强化行业交流,提高金融机构运用技术解决合规、行业风险问题的能力,包括反欺诈技术、数字化监管报告、市场风险监测、舆情分析、审慎分析等。

(二) 对我国新兴技术监管的启示

针对我国监管机构在资本市场新兴技术应用领域监管存在的难题，在借鉴国际监管经验的基础上，结合我国资本市场监管现状，带来以下启示：

1. 进一步强化新兴技术监管协同机制

资本市场新兴技术监管涉及核心机构，证券、基金、期货等经营机构，以及新兴技术公司等多类主体，且随着新兴技术的应用广度、深度不断增加，面临的风险越来越多，监管难度也越来越大。鉴于目前我国资本市场新兴技术的监管体系尚待完善，存在专业人员不足等问题，监管机构亟须强化协同监管机制，一方面可以统一监管口径，避免出现不同辖区监管要求不一致问题；另一方面可以通过构建协同机制减少各机构间的沟通障碍，提高监管效率。如建立统一数据报送和风险监测反馈机制等，通过统一的数据报送系统，实现数据的统一归口管理、减少数据多头报送；还可以建立统一的风险事件互通机制，利用大数据分析，提高风险监测和预防能力等。此外，各部委在新兴技术监管方面，也可以借鉴国际经验，通过信息共享进一步提高监管效率。

2. 逐步完善新兴技术监管法律法规体系

目前我国资本市场新兴技术监管体系主要是以《证券基金经营机构信息技术管理办法》《证券期货业信息安全事件报告与调查处理办法》为核心，同时配套出台《信息安全等级保护管理办法》《证券公司证券营业部信息技术指引》等相关法规对新兴技术在资本市场的应用进行监管。但从政策法规的细分程度来看，除上述总括性监管，以及基金投顾、投行电子化底稿、程序化交易出台细分领域的监管规定外，对于新兴技术应用于更具体的场景、环节的相关政策还较少，亟待完善。同时，国际监管机构已经将资本市场新兴技术风险作为经营机构全面风险管理体系的一部分，而我国尚未将其纳入经营机构全面风险监管规则，重视程度尚须强化。此外，在强化资本市场新兴技术应用监管过程中，不仅要加强对经营机构信息技术应用的监管，也要注重对信息技术服务机构的监管，例如美国、英国等国际监管机构均建立了较为完善的新兴技术事前评估体系，能够从一定程度上提前评估新兴技术应用的安全性，有效降低风险发生。基于上述国际经验，监管机构一方面可以修订《证券公司全面风险管理规范》将技术风险从操作风险中分离，明确纳入经营机构全面风险管理范畴；另一方面可以不断完善新兴技术监管细则，建立针对经营机构及新兴技术相关信息技术服务机构的各项管理政策或行业标准，如《资本市场新兴技术风险评估标准》等，将风险监管前置，有效防控新兴技术应用风险。

3. 建立健全金融科技创新试点相关机制

目前国内资本市场"监管沙盒"主要通过各地证监局组织的金融科技创新试点开展，截至2022年上半年，已有5地陆续开展试点工作，成效显著，行业呼声很高，后续可总结经验，进一步完善相关工作。例如，完善事中事后监督机制，考虑将金融科技试点与经营机构分类评价考核体系挂钩等；建立健全试点退出机制，对于参与试点的创新技术，在确保其稳定运行前提下，建立有效的退出机制，有序退出并向行业推广。

4. 联合外部力量加强监管科技应用及创新

资本市场新兴技术应用监管不仅要依托监管政策、治理机制，还要注重强化监管科技的应用及创新，否则新兴技术在业务领域的应用远远超过监管科技可以监测追踪的范围，监管的诸多措施将受到极大的掣肘。然而，从我国监管机构现有编制来看，仅仅依靠自身研发实现监管科技的创新难度较大，成本较高，对此可以借鉴国际经验，通过完善信息技术服务机构监管评估体系，并将监管科技创新情况作为一项评估标准，以此激发信息技术服务机构创新热情，使其能够为监管机构提供源源不断的新技术、新产品，以满足新兴技术快速发展背景下的监管需求。此外，监管机构还可以不定期组织行业技术相关交流，使科技企业能够更好地理解监管需求，实现高效自主创新，为监管提供科技支持。

5. 丰富新兴技术监管人才团队培养手段

新兴技术监管对于监管人员的要求较高，特别是懂监管、懂技术又懂业务的复合型人才稀少，且复合型人才培养需要较长的时间和丰富的从业经验，最好是从事过监管工作又同时对新兴技术应用场景有深入研究的人员。如果仅仅通过监管体系内人员自学来培养，则需要较长的时间和精力，给本就承担繁重监管工作的人员带来更大压力。因此，监管机构一方面可以通过去各类相关机构信息技术条线挂职来进一步了解行业现状，另一方面也可以通过与外部高校、研究机构、科技企业合作，借助研讨会、论坛、沙龙等方式进行交流学习，还可以订阅新兴技术相关专业资讯类信息，时刻把握市场新兴技术应用动向，提高监管人才培养效率。

6. 推动经营机构建立新兴技术主动合规意识

从国际监管情况来看，对于新兴技术应用，美国、英国、新加坡等国家监管机构采用了加强事前评估技术风险以及事后监管处罚的监管方式，对于新兴技术在业务场景中的应用主要依托经营机构主动管理的方式。例如，通过监管沙盒或者技术沙龙事前评估某一业务场景下新兴技术应用的风险程度，一旦通过评估，经营机构可以在金融活动中使用该技术，但经营过程中需要审慎使用，如果发生重大网络安全事件，监管机构将会对使用该技术的机构重罚。例如，美国投行摩根大通 2021 年 12 月 17 日承认在监管员工通信方面存在过失，将向美国证券交易委员会、美国商品期货交易委员会两家监管机构支付共计 2 亿美元罚款。对此，我国可以借鉴国际经验，在给予创新包容的同时，同步建立"事前审慎评估＋事后重罚"的措施，激发经营机构主动管理新兴技术应用风险的意识，从而有效降低风险。

7. 鼓励相关机构借助新兴技术强化投资者教育

在资本市场实际运行过程中，面临最多问题、承担损失风险的往往是没有足够金融知识的投资者，在越来越多的技术工具出现的金融科技时代，投资者教育的重要性越发凸显。因此，经营机构不仅要被动式地保护投资者，还要主动帮助投资者学会如何在使用技术工具时保护自己。一方面，经营机构可以借助技术工具了解和持续矫正投资者的风险承受能力及投资需求，针对不同风险偏好的投资者，结合市场状态精准投放适合投资者的投教内容，划清交易功能和投资建议边界，审慎推荐金融产品，避免功能"娱乐化"引导投资者投资；另一方面，经营机构可以通过基础金融知识、市场解读、资产配置月报等内容，详细讲解不同技术工具实现的功能以及需要承担的投资风险，帮助用户理性投资，也可以通过解析典型案例，让投资者识别投资陷阱，避免资金损失。

中介机构"合理信赖"专业意见的裁量逻辑与演进
——美国市场若干典型案例分析

中国证券业协会自律管理部

美国证券市场围绕信息披露与反欺诈两块基石,以《1933年证券法》和《1934年证券交易法》为基础构建了证券中介机构的责任框架,并通过长期司法实践逐步厘清了各自的职责界限。

与我国《证券法》相似,美国《1933年证券法》第11条(a)款规定,发行人、发行人董事和注册报告书的签署人、承销商、会计师和其他专业人士应对注册报告书中的虚假陈述承担法定的连带赔偿责任;第11条(b)款采用过错推定责任,但设置了"辞职抗辩""不知情抗辩"以及"勤勉尽责抗辩"三种免责事由。其中,第11条第(b)(3)款的"勤勉尽责抗辩",通过二分注册报告书中专家陈述和非专家陈述,将判断标准进一步细化为"积极行动"与"消极信赖"。所谓"积极行动",指专业人士对自己出具的专家陈述,必须证明其已通过客观的"合理调查",就该陈述的真实性和准确性形成内心确信;所谓"消极信赖",指非专业人士对专家陈述的真实性并无作为义务,即便有无视或忽视,只要不存在不应相信的理由就可能免责。前者称为合理调查抗辩,后者便是合理信赖抗辩。由于法条文本表述的抽象与概括,二者的区分适用主要由法院在个案裁判中具体解释。

一、美国证券市场典型案例

(一)Escott v. BarChris 案(1968 年)

本案是巴克里斯公司 15 年期可转换次级债购买者提起的诉讼,原告声称该债券的注册报告书包含重大虚假陈述和重大遗漏。纽约南区法院最终裁定,注册报告书确实存在实质性的误导信息,全体被告均未合理履行尽职调查义务。

在责任划分方面,法院认为:董事作为公司的管理层和上市申请文件的签字人,是最了解公司情况的人,应承担最大责任。承销商的责任与发行人相同,因为投资者往往依赖承销商的声誉来决定是否购买债券。在承销商内部，主承销商全面掌握相关信息，需承担高于其他承销商的合理调查义务，但可信赖经审计过的财务报告。会计师的勤勉尽职抗辩被驳回，因其在审计后的检查中没有遵循通常会计标准要求的程序。律师出具的材料不属于专家陈述，其责任是未尽法律事项的核查验证义务。

本案中，法院通过不同中介机构获取与掌握有价值信息的能力差异来界定责任主次，并在此基础上开创性地以"审慎人"标准衡量其是否尽到勤勉尽责义务。法院虽然处理了合理信赖问题，但在区分专业与非专业外未作深入探讨。

（二）John Nuveen & Co. v. Sander 案（1981 年）

本案上诉人 John Nuveen 公司是在美国证券交易委员会（SEC）注册的经纪商和交易商，在承销 W&H 公司短期本票时，根据经审计的财务报表等材料发布了一份类似招股说明书的商业报告，指出 W&H 金融状况良好。上诉人与投资者不知道的是，公司管理层与会计师事务所联手篡改了公司的财务报表，以掩饰严重的财务问题。

地区法院认为，上诉人的报告具有误导性且买入的建议缺乏"合理的审慎"，应承担责任。联邦最高法院的鲍威尔法官对此提出异议，认为承销商信赖经审计的财务报表是一种行业合理的惯例。如果出现会计违规行为，则是会计师的责任，而不是诚信地依赖他们职业技能的人的问题，即"谁有过错谁负责任"。鲍威尔法官的异议提出了关于"合理信赖"的第一个也是最具有影响力的观点，即为维持短期融资市场的效率，法院应保护中介机构合理依赖"专家权威"的权利。

（三）Laven v. Flanagan 案（1988 年）

本案是一起证券集团诉讼案，原告投资者声称西联公司 500 万存托优先股的注册报告书与招股说明书存在误导，并进一步指控西联公司与相关人员存在证券欺诈行为。

新泽西地区法院认为，与熟悉公司情况的内部董事相比，三位新任外部董事对公司进行全面调查的义务相对要轻。他们详细阅读了招股书，听取了公司管理层的陈述。尽管这样的调查并不完美，但有普华永道审计以及美林银行独立调查的背书，他们确实有合理的理由信任注册报告书的内容是真实的。他们付出了合理的努力去验证注册报告书中的内容，因此法院裁决三位外部董事合理信赖抗辩成功。

本案是法院明确采纳被告合理信赖抗辩的案例。法院判决显示，尽管当事人仍可就专家陈述支撑的部分主张合理信赖，但法院对"合理"的理解已不再局限于完全消极被动地援引专家陈述，而需积极进行相关调查才可免责。

（四）In re Software Toolworks Inc. Sec. Litig. 案（1992 年）

Toolworks 公司股价在第二次公开发行后持续下跌。投资者提起集体诉讼，指控承销商公司、会计师事务所不顾会计分录中的"危险信号"（red flag），在该公司首次公开募股前出具了虚假的、有误导性的注册报告书和招股说明书，夸大了公司的财务前景。

其中一个"危险信号"是原始设备制造商发给公司的一份备忘录，指出其倒填了软件授权合同的日期，以便公司能在 1990 财年而非 1991 财年确认合同收入。加州北区联邦地区法院认为，虽然承销商知晓这一情况，但其通过多种方式对审计报告的准确性进行了验证，并从德勤以及其他会计师事务所那里获得了保证,承销商的信赖并没有因此变得不合理。另一个"危险信号"则与软件授权收入相关。原告声称,公司与原始设备制造商签订的部分合同"是附条件且是表面上的""公司并不会获得收入"。法院认为,承销商审查这些合同"并非为分析确认收入的准确性"。承销商已通过其他手段验证了收入的真实性,而具体收入数字应由德勤负责确认。由于会计问题的复杂性,承销商有权依赖审计师的专业知识。

本案是承销商尽到审慎核查义务而对审计错误免责的经典案例。法院在论证合理信赖的过程中,实际总结并回答了承销商排除合理怀疑的一般手段,如询问发行人所有业务情况、联系发行人的主要客户和合作伙伴等确认真实性、检查发行人年度预算报告、针对特定事项询问外部律师等。

(五) In re Worlds of Wonder Sec. Litig. 案(1993 年)

本案是一起集团诉讼,原告声称德勤在 1987 财年错误地确认了公司某些重大交易的收入,导致公司债券发行说明书披露的财务报表存在错误。上诉中,原告特别指控公司的管理层、董事以及承销商未达到合理信赖标准,因为"他们不仅了解,而且积极参与了这些导致财务报表出错的交易"。

加州北区联邦地区法院认为,公司管理层已向德勤充分披露了相关交易的所有信息,公司具体收入由德勤审计确定。确定收入是否符合审计行业标准是一个极为复杂的问题,双方为此提供了超过 100 页相互冲突的专业意见。这种情况下,原告主张非会计师的其他被告掌握财务报表的任何错误是荒谬的。即便财务报表存在错误,也应由德勤承担责任。上诉法院指出,争议焦点不在于被告是否知道或参与了交易,而在于他们信赖德勤关于交易的审计结果是否合理。考虑到这些交易的性质已向德勤充分披露,法院认为信赖是合理的,因为"原告提出指控所依赖的这些财务报表,恰恰代表了允许非专家可依赖的'经认证'的信息类型"。

本案再次确认"合理信赖"是法律判断事项而非事实判断事项,并结合案件具体情况明确论述了合理信赖的裁量标准。

(六) In re Enron Corp. Sec. 案(2002 年)

本案是安然财务造假案的派生诉讼和养老金证券法案诉讼。德州南区地方法院休斯敦分院认为,安然公司涉及欺诈的多起重大交易均未在注册报告书中明确、充分地披露。原告提出的诸多"危险信号"和"警报",至少有部分足以提醒承销商在尽职调查时应更加深入并提出更多问题。因此,法院裁定被告承销商未勤勉尽责。此外,法院认为 Vinson & Elkins 律师事务所深度参与了安然公司众多业务的设计和构建,推定其掌握并了解安然公司的持续性欺诈行为。由于 Vinson & Elkins 律师事务所频繁地向公众公布安然公司虚假的业务和财务状况,法院裁定其向潜在投资者、信贷机构和银行进行了欺诈性的虚假陈述,从而构成了第 10 条(b)款索赔的基础。

本案首先将"危险信号"要素纳入第 11 条项下考量,要求承销商发现存在"危险信号"或"警报"事项时,应当深查多问,否则无法根据"合理信赖"主张免责。

(七) In re Worldcom Inc. Sec. Litig 案 (2004 年)

本案是一起合并审理的集团诉讼案件。首席原告声称，世通公司两次发行说明书中的财务报表存在无可争议的重大虚假陈述，而承销商几乎没有就此进行任何调查，更没有对财务报表中如此重大且明显的错误提出"警示"。承销商则强调，公司管理层对内部几乎所有人、外部审计师以及承销商隐瞒了财务造假的欺诈行为。他们有理由相信，世通公司经审计的财务报表准确地描述了公司的财务状况，也有权信赖世通公司的外部审计师就此提供的宽慰信。

纽约州南区联邦地区法院认为，世通公司采取的虚增收入方式使其成本收益比（E/R）明显低于其两大主要竞争对手。同时，公司大量业务的业绩恶化商誉却没有减值，四年内还出现了三次准备金变动。这些异常情况是尽职调查可轻易发现的，承销商却没有进一步调查，不能基于"合理信赖"免责。

本案是世纪初安然事件后又一起重大财务造假案，在合理信赖方面的判例法意义有两点：一是通过案例总结详细阐述了《1933 年证券法》第 11 条下"危险信号"的概念；二是要求中介机构在存在"危险信号"的情况下，不得主张合理信赖，而是要对异常警示线索进行核验。

(八) In re Countrywide Financial Corp. Sec. Litig. 案 (2008 年)

本案是由 Countrywide Financial 公司诸多证券诉讼合并审理的三起集团诉讼之一。原告提出索赔要求的原因是，集团证券诉讼期间，公司管理层依然公开否认降低放贷标准，直至 2007 年才对具有误导性的"次贷"一词进行澄清。原告指控五种争议证券的注册声明材料中包含虚假或严重误导的陈述。

加州中央区联邦地区法院认为，公认会计原则是确定财务报表是否虚假或误导的衡量标准。法院按时间先后顺序分析了 2003—2007 年每份财务报表中被指控为虚假或误导性的陈述，最终确认仅 2006 年的财务报表中出现了承销商应当意识到的"危险信号"。由于原告没有针对 2006 财年的情况提出索赔要求，法院判决承销商合理信赖财务报表成立，但允许原告对其指控内容进行修改。最终，公司在被美国银行收购后同意支付 6.24 亿美元与投资者达成和解，其中 2 400 万美元由审计机构毕马威承担。

本案是 2008 年金融危机背景下关注较高的案件之一。由于涉案证券采取了储架式注册发行的方式，法院以公认会计原则为标准，逐年分析、核查财报是否存在虚假陈述的部分，并确认"在没有出现危险信号的情况下，承销商可以合理地依赖审计师的报告"。

(九) Feyko v. Yuhe Intern. , Inc. 案 (2013 年)

本案被告昱合国际在第二次普通股发行的招股说明书补充材料中披露，公司自大江农场收购了 13 个鸡场，鸡场数量增加一倍。原告则声称昱合国际从未购买过这些农场。由于该补充材料是第二次发行注册报告书的一部分，原告指控被告虚假陈述致其投资受损。

法院指出，"承销商不需要对经审计的财务报表进行尽职调查"；但"承销商仅仅有权在没有出现危险信号的情况下合理信赖审计师的陈述"。承销商援引经 CVB 金融审计的文件中包含"大江农场将于 2010 年开始运作"内容，不代表这种预期必将成为事实。法院认为原告已为指控承销商未勤勉尽责提供了足够的证据，驳回了承销商的撤销动议。

本案法院借助 Toolworks 案判决中的语句——"法院希望原告指出危险信号，这些信号本应向承销商表明财务报表是不可信的"，确定"危险信号"相关的举证责任应当由原告投资者承担。

（十）International Union of Operating Engr. Benefit Funds of E. Pa. and Del. v. Camping World Holdings, Inc. 案（2020 年）

原告指出，Camping World 公司所谓按照公认会计原则编制的 2016 年 10 - K 表格，分别多报了第四季度基本和稀释每股收益（EPS）的 37.5% 和 28.6%，虚增第四季度净收入 29.8%。被告辩称，原告未提出证明存在"危险信号"的任何证据，其有权信赖公司审计人的专业声明。

纽约州最高法院认为，公司董事拥有广泛的信息渠道，理应对发行人的真实情况有更深入的了解，但承销商不是公司董事。如果原告没有提出充分证据证明存在"危险信号"就径行驳回承销商的合理信赖抗辩，实质上是在没有任何正当理由的情况下要求作为非发行人的承销商承担过重的虚假陈述核实义务。因此，法院驳回了原告提出的索赔要求。

本案是合理信赖抗辩较近的司法实践。法院在分析过程中依然遵循了前案确立的先例范式并多次援引判决内容，并在前案基础上进一步总结指出，合理信赖的底层逻辑是建立在承销商的信息掌握能力上的，否定这一免责事由必须具有正当的理由，这就是原告投资者需承担"危险信号"举证责任的原因。

二、合理信赖的法律逻辑与政策脉络

纵观美国资本市场百年间界定中介机构责任态度的演变，其注意义务的认定标准选择源于行业惯例，后与司法判断相融合，最终演变为行业管理"动态调整"与司法判断"静态固定"的选择模式。其中，"合理信赖"保护边界几经变迁，从最初的"绝对信赖"缩限为如今的"相对信赖"，体现了司法政策始终以社会整体利益最大化为目标的调整功能。

（一）立法背景与法律渊源

渊源上，美国《1933 年证券法》第 11 条始于英国《1890 年董事责任法案》。该法案首次在英语世界中对证券销售中的不实陈述规定了法定责任。《1929 年英国公司法》进一步作了细微修改，提出了区分专家意见和非专家意见的雏形。美国证券法很大程度上继承了《1929 年英国公司法》的做法，二者之间的细微差异主要体现在美国国会的立法意图。《1933 年证券法》的总体指导思想是"尽可能使证券的所有者（投资者）与公司的管理层处于同等地位；并在可获得的信息范围内，使买方与卖方处于同一水平"。总体上，《1933 年证券法》第 11 条是一条要求相对更为严格的救济条款。

第 11 条的专家意见支持部分主要采纳了美国众议院报告的观点。该报告强调了合理注意的义务，同时肯定了受托人在不具备相关专业技能或才能的情况下将某些调查职责委托给他人的合理性，并承认强迫董事承担保证每一项陈述都绝对准确是一种"不可能的负担"。然而，由于报告集中较大篇幅谴责怠于行使职责的董事，在最终体现为立法内容后导致行业产生了恐慌。为此，国会在通过《1934年证券交易法》时，以修正案的方式对非专家援引专家意见尽责辩护的表述进行了修改，用目前的否定形式——"没有合理的理由相信，事实上也不相信，专家陈述部分有误导性陈述或遗漏"，取代了原来的肯定形式——"有合理的理由相信且的确相信专家陈述部分是真实的，没有误导性的遗漏"；衡量标准也舍弃了要求相对较高的"合理性"标准，转而以"理性人"的表述代之。中介机构的责任框架至此初步建立。

（二）案件裁量中"合理信赖"的区分适用原则

前文案例表明，承销商以及证券服务机构是否可以基于"合理信赖"免责很大程度上取决于法院、陪审团对案件事实的认定与主观判断。此外，行业专家证人的意见对判断中介机构是否符合执业规范也起到了重要作用。美国法院在运用"合理信赖"区分承销商、会计师、律师责任时所遵循的原则主要有以下方面：

1. 承销商与会计师的责任分担——"合理信赖"与"示警"

承销商可以"合理信赖"会计师出具的审计意见而免责。如果承销商已尽到审慎核查义务，即使最终出现财务型虚假陈述，其责任也仅由会计师承担。但承销商需对"危险信号"保持职业怀疑，盲目信赖审计师认证的意见不能当然免责。当承销商在其自身调查中可以发现公司财务、内控等有异常线索或"危险信号"时，有理由怀疑会计师的审计结论或相关信息而未能进一步核验，就不能主张"合理信赖"，危险信号的举证责任则由投资者承担。

2. 会计师与律师的责任分担——"合理信赖"与"明知不能免责"

会计师与律师各自对专业范围内事项负责，对非专业事项可以"合理信赖"对方的专家意见免责。如果律师对财务类造假主观上可推定为明知，则不能免责。例如安然案中，Vinson & Elkins律师事务所深度参与交易结构的设计并提供咨询，法院认为其对安然公司隐藏债务的行为可推定为明知，因而不能免责。

3. 责任承担与追究——责权相适应原则

1995年的《私人证券诉讼改革法案》将证券法原规定的无限连带责任改为有条件的"公允份额"比例责任，相关责任主体根据各自过错承担按份连带赔偿责任。实践中，绝大多数案件通常在后期以民事和解结案。从和解金额的承担比例看，承销商依然承担了主要的赔偿责任。此外，为敦促承销商自身在发行过程中的勤勉尽责，法院通常不认可承销商通过事先合同约定发行人对承销商给予赔偿的做法，除非该承销商本身不存在过错。

三、完善境内合理信赖机制的相关建议

"合理信赖"仅仅是中介机构责任分配机制中一小片功能性的"拼图"。针对目前存在的部分现实问题，可在以下方面有所借鉴。

（一）明晰注意义务区分标准

美国法院一般要求特定主体在其专业领域内达到一般执业标准即可，不会将该主体的特定能力、商誉等因素纳入考量。对于非专业事项，不强调该主体的职业属性，根据社会大众

的一般理性来判断其是否存在过失。

我国区分不同注意义务的规定与美国法较为接近，但中介机构承担的注意义务相对较高。因此，司法解释或相关规定可进一步明确，法律规范中"特别注意义务"是指特定主体根据其专业知识和技能标准判断所担负的勤勉敬业、积极履职的义务；"一般注意义务"则是行为人仅根据社会一般人的标准判断所担负的谨慎行事的作为或者不作为义务。前者是积极履责的高标准要求，强调的是中介机构在其专业领域内而非整个证券行业应达到的一般执业标准；后者是相对消极的底线要求，强调的是中介机构作为普通大众所能达到的标准。

（二）适当限缩责任范围

专业意见具有一定的客观局限性，有必要从专业区分的角度对各中介机构的责任范围进行限缩，减少重复或重叠的领域，或者尽快设立各专业不同的尽职调查标准。中介机构文件相互援引、相互担保，应坚持"合理信赖"原则下保护中介机构所主张的免责权，同时鼓励中介机构之间就交叉引用的各自权利、义务、责任达成协议，并通过发行人的公告文件对外披露。

此外，还可考虑进一步充实中介机构免责抗辩理由。例如，可将官方文件纳入"专业意见"的范围，中介机构有对官方出具的文件具有合理信赖的权利，不需要履行查验的义务，只需要证明其真伪和效力即可；对于会计师事务所和律师事务所出具的专业意见中包含的主观判断，例如审计工作中的"重要性判断"、会计政策变更的合理性以及律师的合法性判断中本身就属于在专业领域存在一定争议的，可借鉴《私人诉讼证券改革法》的"安全港制度"，除了在客观上"合规性"判断尽职调查的过程是否符合执业规则、法律法规等，还需要从主观上"合理性"考察和判断中介机构是否履行了必要程序和获得足够材料，采纳中介机构一些合理的、属于基于客观信息主观判断上出现与事实不符合的免责抗辩理由。

（三）重视行业惯例作用

美国司法实践的多个案例表明，行业惯例与司法判断是注意义务判别的重要标尺，也是中介机构正确定责的两大支柱，二者在具体案件的适用不宜偏废，均应得到应有的彰显。司法判断效能的有效发挥，依赖于行业惯例的经验提炼。在缺乏具体要件确定与认定标准识别的情形下，司法规则的强势认定实则削弱了行业惯例的应有效能。只有当行业整体的自我矫正、自我调节功能失灵时，司法判断才能在对行业惯例充分理解和应用的基础上，进而充分发挥其外部介入的有效功能。

行业惯例更多体现为对于行业因素的考量，并非必然需要以具体的条文外观出现。充分结合行业惯例与司法判断在注意义务认定过程中的优势发挥，厘清二者间的适用边界，有助于构建一套更为科学合理、刚柔并济的注意义务判断规则体系。

（四）统筹设定举证责任

最高人民法院于2022年1月21日新修订的《关于审理证券市场虚假陈述侵权民事赔偿案件的若干规定》（以下简称《虚假陈述司法解释》）不仅规定中介机构需证明其已尽审慎核查和调查、复核义务，还需自证已排除职业怀疑并形成合理信赖，实质让中介机构承担了几乎全部的举证责任。在保护投资者利益优先的理念引导下，法院天然具有否定合理信赖的倾向，而自我证明是否成立往往由法院职能决定。对此，美国法院在实践中将证明存在重大矛盾或者危险信号的举证责任放在了投资者（原告）身上，以平衡原告与被告间的责任义务。在《虚假陈述司法解释》已明确举证责任的前提下，为更好促进中介机构归位尽责，可淡化或缩限其中部分要求的内涵。例如，除非投资者可以证明中介机构应当注意到或没有合理理由不注意到存在重大差异、重大异常，可允许中介机构合理依赖其他中介机构的专业意见。考虑到美国集团诉讼的繁盛和普及，投资者承担举证责任较少受到能力上的限制，在淡化或缩限中介机构举证责任时还需结合我国证券集体诉讼的发展与案件具体情况，做出统筹有序的调整。

FINRA 提升市场融资功能的工作经验

中国证券业协会自律管理部

一、FINRA 发展沿革与职责

美国金融业监管局（FINRA）是依据美国《1933 年证券法》成立的全国性证券市场自律组织，其与美国公众公司会计监管委员会（PCAOB）分别负责证券经纪交易商与会计师事务所的自律监管，共同接受美国证监会（SEC）的监督和指导，从而形成美国资本市场独具特色的"1+2"监管格局。

FINRA 前身是成立于 1939 年的全美证券交易商协会（NASD）。20 世纪 70 年代，为了规范场外交易和为小企业提供融资平台，NASD 成立全美证券交易商协会自动报价系统（NASDAQ），作为纽约证券交易所（NYSE）的补充。但随着市场发展，交易所纷纷从会员制机构转变成营利性公司。为避免监管职能与市场经营之间的利益冲突，NASD 出售纳斯达克市场股份，转为独立的非营利自律监管组织。2007 年 7 月，NASD 和 NYSE 将会员监管、执法和套利监管职能合并，成立 FINRA。2010 年，FINRA 又承接了 NYSE 部分市场监管职能。

目前，FINRA 的监管职能主要源于法律规定以及与其他交易场所的协议约定，包括：（1）在美国证监会（SEC）的监督指导下，监管美国全境的证券经纪商、交易商，履行制定规则、合规检查、自律惩戒等法定监管职能；（2）建立和完善会员制度，提供注册登记、考试培训等会员服务职能；（3）依据 NYSE、NASDAQ 等交易所的协议提供交易监管等服务；（4）提供仲裁调解服务；（5）投资者教育。

2023 年 5 月 9 日，FINRA 发布 23-09 号监管通知，围绕市场融资方面的规则、程序等工作向社会公众征求意见和建议。FINRA 希望通过自身制度规则的完善以及程序的优化，在保护投资者的基础上为会员公司（主要包括登记在册的证券经纪商和交易商、股权众筹平台公司）减轻不必要的负担，使会员公司充分发挥融资中介的作用，提升资本市场融资功能。

2017年,FINRA曾就此进行过一轮意见征求活动,并在公众意见的基础上,对涉及的融资规则、程序进行了完善。从近年的工作内容来看,FINRA 主要是从会员公司、投资者、自身三个角度入手,通过完善规则、优化程序、加强沟通和指引等方式实现提升资本市场融资功能的目的。

二、针对会员公司的具体优化内容

(一)简化会员公司拟参与项目的材料审核过程

根据 FINRA 规则 5110、5122,会员公司拟参与证券公开发行或者私募发行项目前,必须向 FINRA 提交项目发行材料以及与承销相关的材料,包括注册申请表、发行通告、分销协议等。

1. 公开发行项目的材料审核

FINRA 要求会员公司在向美国证监会(SEC)提交公开发行注册登记材料后的 3 个工作日内,必须向 FINRA 提交相应的材料。经 FINRA 审查并出具无异议意见后,会员公司方可继续参与并推进发行流程。审核重点主要包括:会员公司参与项目是否存在利益冲突[①]以及是否存在不公平、不合理的承销安排等。

FINRA 主要在三个方面进行优化:(1)修改规则,明确并减少需提交的文件和信息,扩大豁免备案的范围;(2)简化审核流程,在全面审核的基础上新增有限审核程序,减少审核内容,并扩大有限审核的适用范围;(3)优化备案系统,通过自动技术直接抓取美国证监会(SEC)系统以及 FINRA 各类系统中的相关信息,免于会员公司提交。

2. 私募发行项目的材料审核

据美国证监会(SEC)的统计,2019 年,美国企业通过私募发行方式募集的资金占总募集资金的 69%。目前大约有 20% 的私募发行项目有证券公司的参与。由于私募发行市场存在缺乏流动性、投资者缺乏有效信息来源、市场定价机制不透明、缺乏独立审计的财务说明等各类风险,为了保护投资者,同时压实中介机构的责任,FINRA 主要做了以下工作:(1)修改备案表,通过增加、整合问题选项,明确具体问题要求,在减轻公司信息提交负担的基础上提高公司信息披露的质量;(2)发布相关指引,明确会员公司的行为规范。

(二)缩短联合承销费用结算时间以增加会员流动资金

根据 FINRA 规则 11880,公司联合承销公开发行项目时,联合承销账户资金结算必须在项目结束后 90 天内完成。2022 年 11 月,FINRA 对该类项目结算时间进行了调整,要求主承销商在项目结束后 30 天内,至少将 70% 的资金结算给其他承销商。通过缩短承销收益结算时间,增加会员公司流动资金以及参与其他项目的机会。

---

① FINRA 规则 5121 规定了公开发行项目中所涉及的利益冲突的情形以及对会员公司的要求。会员公司满足信息披露规定或者独立承销商勤勉尽责的要求,可以在存在利益冲突的情况下继续参与该项目。

三、针对投资者的具体优化内容

(一) 豁免部分研究报告的备案义务以提高投资者信息获取速度

根据 FINRA 规则 2210，会员公司对外发布研究报告或向投资者提供涉及投资的相关书面材料前，需要向 FINRA 提交相关材料进行备案。2019 年，FINRA 根据美国证监会（SEC）的规则修订情况[①]进行适应性修改，允许公司在参与基金发售的过程中发布独立撰写的研究报告，并且免于向 FINRA 备案，也无须受到静默期限制（开始销售后的 10 天内）。这就使投资者能及时获得热门基金产品的信息，增加投资选择。与此同时，规则保留了必要的投资者保护条款，要求公司确保信息真实准确，防范潜在的利益冲突。

(二) 拟修改规则允许会员公司在定制化投资策略中进行业绩预测

根据 FINRA 规则 2210，会员公司在与投资者交流时，不得暗示所推介的产品能保持原有优秀的业绩表现，或做出其他任何夸大的预测，从而保护投资者免受此类业绩预测的误导。目前 FINRA 想要通过设立例外规则，允许会员公司向公众提供定制化的预测性投资计划。计划可以预测某项资产配置或投资策略未来的表现，但不能针对单个证券。会员公司作出的所有假设、结论和建议必须有合理的依据，并且明确告知投资者该投资计划的假设性以及适用其中的所有重要假设和具体限制。

四、私募发行项目的指导性监管通知

除了针对会员公司以及投资者的优化措施之外，FINRA 还通过完善备案系统、加强监管机构之间信息共享，不断提高备案信息审核效率。同时，定期与其他监管机构、会员公司开展圆桌会议，积极听取行业和其他机构的意见建议，完善自身的监管制度。定期发布监管通知，指导会员公司工作，规范会员行为，也使自身的监管工作更为透明化。

截至目前，FINRA 就私募发行业务领域发布过两个监管通知，分别为 2010 年 4 月发布的 10-22 号监管通知以及 2023 年 5 月发布的 23-08 号监管通知。

(一) 10-22 号监管通知

10-22 号监管通知主要明确了会员公司推荐私募发行的证券产品时应尽的合理调查义务和投资者适当性管理义务。该通知解释了两大义务的具体要求，并为会员公司总结示范经验作为参考。

1. 明确会员公司合理调查义务

(1) 会员公司在调查推荐的产品时，应结合产品具体情况，具体分析需要调查的内容。主要考量因素包括：①推荐产品的具体情况；②会员公司承担的角色；③会员公司与发行人

[①] 2018 年，SEC 根据《2017 年公平获取投资研究法》（Fair access to investment research act）修改了规则 139b，允许证券经纪商、交易商在参与部分基金 [共同基金、交易所交易基金（ETF）、注册的封闭式基金、业务发展公司和类似投资基金的研究] 的发售过程中，向公众发放就该基金的研究报告，并且该类报告不会认定为基金的发售材料。

的关系以及其对发行人的了解程度（如果会员公司对所推荐的证券或者发行人了解不足，则必须要明确告知投资者，并披露相应的风险）；④发行人的具体情况，包括经营规模、稳定性，越小的公司越要深入调查。

（2）要保持调查行为的独立性。具体要求包括：①根据发行人的性质确定对发行人信息的信赖程度。如果发行人是上市公司，那么会员公司可以将公司的注册登记表及其定期披露的报告作为合理调查的基础材料；同时，会员公司要对发行人提供的信息进一步审核。②涉及高风险项目或者募集资金可能用于投机性内容的，要特别注意发行人作出的有利于自身的相关陈述，以防虚假陈述。③投资者本身的成熟度不会豁免会员公司的调查义务，即使部分私募发行项目只针对合格投资者，会员公司也要履行合理调查义务。

（3）出现以下特殊情形时，会员公司应及时调整其调查工作：①发行人与会员公司存在关联关系时，会员公司必须确保该关联关系不会引发利益冲突，不会对会员公司调查的独立性造成影响。②会员公司发现危险信号时，必须进行更为深入的调查。可能构成危险信号的情形包括：发行人拒绝提供重要信息；发行人提供过期或无关信息；发行人没有准备私募发行备忘录。③会员公司聘请第三方机构履行调查义务时，必须严格审核第三方机构的资质和能力，并且要对第三方意见进行审核，确保调查全面准确。④会员公司与其他机构联合并想要依赖主承销商的调查内容时，会员公司必须与主承销商会见交流，确保主承销商已经进行深入、独立的调查。如果发现主承销商对部分问题并没有调查到位，会员公司必须进行独立调查。

2. 明确投资者适当性管理义务

适当性管理义务包括合理性基础分析与特定投资者适当性分析。

（1）合理性基础分析要求会员公司在合理调查的基础上，有合理性基础相信自身推荐的产品适合投资者。FINRA建议会员公司进行调查时重点考察：①发行人及其管理层情况；②发行人的商业前景；③发行人的资产情况；④募集资金的用途。合理调查仅限于特定的发行项目，同一发行人有不同项目的，会员公司需要逐一调查。

（2）特定投资者适当性分析要求会员公司确定推荐的证券产品适合投资者，这就需要会员公司充分收集、分析投资者的信息，包括：①投资者的净资产或收入，确定其是否属于满足合格投资者的要求；②其他产品的持有情况；③纳税情况；④投资目标等。同时，会员公司要确保投资者充分理解交易风险并且有能力承担风险。

3. 明确建立内部审核程序以及档案记录

（1）会员公司应当建立内部审核程序，对项目工作人员进行审查，确保相关工作人员符合以下要求：①严格遵守法律法规规定的义务要求；②已进行投资者适当性分析；③已确定投资者符合法定的要求；④给投资者的发行材料或营销材料不存在虚假陈述等违反反欺诈规定的情况。

（2）会员公司应当建立合理调查档案记录。档案内容包括：①调查的时间、主要参与人员；②所有会议的记录；③核查的文件或者其他信息材料；④核查的结果。

4. 提供示范经验

FINRA收集汇总了各会员公司的有益经验，梳理形成合理调查清单，主要包括以下三个方面：

（1）发行人及其管理层情况，主要包括：①发行人自身的情况，包括发行人制度文件、历史财务报表、历史业务经营情况及其未来的业务重点变化、内部审计情况、历史发行项目及其后续情况（特别关注发行人是否一直在筹集新资金）、监管处罚以及诉讼情况等；②发行人关联方的情况，包括关联方的历史财务报表、业务情况、目前的现金流情况等对发行人业务前景的影响、发行人的客户以及供应商情况等；③发行人管理层情况，包括管理层的专业知识能力、历史以及未来可能变动的情况、管理层受到的处罚情况、发行人或其关联方与管理层之间存在交易情况、管理层薪酬管理情况等。

（2）发行人的商业前景，主要包括：①发行人现有的专利或者其他知识产权转化可能性；②发行人业务所属行业及行业前景，现有业务是否受到任何现有或者潜在的监管限制，以及发行人的业务竞争力；③发行人及其管理层制订的业务计划、业务模式、对业务发展的期望等及其制订前述计划的依据，会员公司可以通过发行人的代表性资产信息来测试业务模式的合理性，验证该业务模式下的预期业绩、盈亏平衡点等；④发行人用于预测目标的财务模型。

（3）发行人的资产，主要包括：①走访检查发行人的资产、设备，确定财务报表资产评估的合理性；②检查第三方机构出具的关于土地使用、工程等方面的意见，特别是可能构成危险信号的内容；③在能源开发和勘探计划方面，必须获得相应工程师、地质学家等专家的专业意见。

（二）23－08号监管通知

自2010年10－22号监管通知发布以来，无论是市场规则还是市场发展情况都有了较大的变化。美国证监会（SEC）就证券经纪交易商的义务方面也制定了新的《最佳利益规则》，明确了证券经纪交易商向零售投资者进行产品或者相关投资策略推介时应当遵循的义务，包括注意义务、信息披露义务、利益冲突防范义务以及合规义务。FINRA也进行了适应性修改，制定了规则2111，明确了会员公司向投资者进行推介时的适当性管理义务，包括合理性基础义务、特定投资者适当性管理义务以及数量适当三个部分。

2023年5月，FINRA结合现有规则以及行业实践变化，对10－22号监管通知的内容进行了更新和补充，发布了23－08号监管通知。

1. 明确最佳利益规则以及适当性规则下的义务

（1）注意义务要求下的合理调查。新增建议调查内容，包括：①发行人及其管理层情况，以及关联方的监管处罚以及诉讼情况，包括刑事处罚、行政处罚、自律处罚、民事诉讼等可能会实质影响发行人业务的情况；②发行人新的实质性变化，包括在发行期间应当了解到的所有发行人的信息，如进行中的诉讼或者监管调查等；③发行人与关联方之间涉及募集资金的交易，包括交易条款内容、是否涉及利益冲突及其披露情况；④发行人及其管理层对历史表现的相关陈述，特别是有利陈述。

明确会员公司自证调查独立性的方式，包括：①保留所有调查、研究以及分析活动的文件材料；②从发行人处获取第一手资料并进行独立分析；③批判性分析第三方报告。如果会员公司通过自身的核查发现危险信号，则必须在进行推介之前进行进一步调查。

提醒注意发行人的时间安排。特别注意当发行人的时间安排不足以会员公司完成全面的合理调查时，会员公司应当考虑该情况是否构成危险信号以及如何履行好调查义务。

（2）特定投资者适当性管理义务。会员公司必须充分获取投资者信息，从而证明自身的推介行为建立在合理基础之上且遵守投资者利益优先原则。如果会员公司通过合理调查仍然无法获取投资者信息，那么会员公司必须仔细考量自己的推介活动是否满足投资者的最佳利益，决定是否推介。

在推介高风险产品时（包括私募发行产品），则需要履行更高的调查义务。会员公司需要考虑目前推介产品的描述是否符合投资者具体交易目标，投资者是否能理解可能的损失风险。此外，还需考虑是否有其他更为合适的替代产品可供投资者选择。例如，相较于私募产品，其他低风险、更简单的产品是否能够同样满足投资者的投资目标。

（3）信息披露义务。会员公司在推介前要向投资者提供全面完整的书面材料，内容包括：①所有与此次推介等服务相关的内容，包括相关经纪人的资质、相关的费用和成本、服务类型及内容等；②所有与此次推介有关的利益冲突情况。

（4）利益冲突披露义务。会员公司应当识别并防范可能发生的利益冲突，应当建立并实施相应的制度流程，确保做到：①识别、披露、限制所有与推介行为有关的利益冲突；②识别并消除任何可能会使其工作人员违反投资者利益优先原则的情形；③识别并披露会员公司为了防止利益冲突所做的相关限制，如限制性产品名单；④识别并尽可能减少设置针对特定时间段内特定产品的销售比赛、目标销售额、奖励等。

（5）合规义务。会员公司必须制定并执行与遵守最佳利益规则相关的制度、程序，包括：①明确涉及复杂或者高风险产品时应当履行的勤勉尽责义务，确保所推介的产品已经经过专业人士的评估；②明确工作人员的培训和内部稽核程序，确保工作人员充分理解所推介的复杂产品的特点、风险等；③将工作人员推介高风险产品时的考量过程书面化，包括是否考量其他备选方案以及该产品与特定投资者之间的适配度等。

2. 提供示范经验

FINRA 总结了各会员公司在合理调查以及实施公司内部审核时的有益经验，明确了调查程序和内核程序清单。

（1）建议调查程序包括：①审核项目的发行条件，确保发行人完全符合相关规则要求。②会员公司要和发行人保持定期沟通，确保能够及时获得发行人的最新动态。③对于项目比较复杂或者涉及投资者特殊利益的，会员公司要提高核查标准。例如，如果潜在的税收优惠是该项目的重要内容的，会员公司必须重点了解此次项目涉及的税收要求、潜在的风险、特殊的法律要求、特殊的估值方式等。④在给同一个发行人提供不同项目的服务时要及时更新尽职调查材料。例如，在上市公司定增项目中，首次公开发行的尽职调查材料必须根据公司情况的变化进行更新。

（2）建议内核程序包括：①建立科学合理的内核清单。核查清单应当包括：明确对备案材料以及相关文件的要求，具体的核查人及其职责，批准通过核查的证据清单。②建立个人责任制。明确合理调查和备案义务的具体责任人，并就相关政策、流程及备案要求等加强培训。③建立文件提交警示系统，及时提醒相关负责人截止日期。④明确全流程资料留存要求。应当要求项目组及时记录调查的过程及其结果，保留相应的文件资料。部分公司还要求保留调查过程中的相关会议材料、执行的任务、审查的文件材料以及相关信息、调查的结果等内容，并记录调查过程中评估潜在危险信号或者相关风险因素的情况。⑤根据不同的发行类型建立特定的尽职调查执行标准。例如，对于经常参与复杂产品或者高风险产品的会员公司，可以建立特定业务指引或者标准，明确特定产品的限制推荐对象。⑥建立明确的流程，确保调查先于发售。

证券业高质量发展

党建引领证券公司高质量发展研究

兴业证券股份有限公司*

一、证券公司高质量发展的内涵及特征

证券公司高质量发展是指证券公司以服务实体经济发展和居民财富管理为定位，积极发挥资本市场核心中介功能，追求高水平、高层次、高效率的经济价值和社会价值创造，以及塑造卓越的企业持续成长和持续价值创造素质能力的目标状态或发展范式。从企业发展系统、价值实现层次以及价值对象三个维度出发，证券公司高质量发展的特征概括为十个方面，即良好的公司治理、强大的服务实体经济能力、强大的居民财富管理能力、强大的创新发展能力、强大的合规风控能力、强大的金融科技能力、较强的国际竞争力、优秀的人才队伍、优秀的企业文化、积极履行社会责任。

二、党建引领证券公司高质量发展的意义、现状及存在问题

（一）重要意义

党建引领为证券公司高质量发展提供政治保证和动力支持，实现高质量发展也是证券公司坚持党建引领的必然要求和中心任务。坚持党建引领，就是要充分发挥党的各项建设的功能、作用、优势，通过政治引领、思想夯基、组织赋能、作风塑形、纪律护航、制度保障来全方位、整体性推动证券公司高质量发展。

（二）发展现状

证券行业认真贯彻落实中央决策部署，坚持以高质量党建工作引领保障行业高质量发

---

* 本文为中国证券业协会2022年优秀课题。课题负责人：杨华辉，兴业证券股份有限公司党委书记、董事长。课题组成员包括：孙国雄、陈德强、唐序、梁谦、王宇超、康嘉、王燕燕、许登、徐国军，均供职于兴业证券股份有限公司。

展,已取得积极成效。思想认识上,坚持党建引领高质量发展已成为行业共识;行为实践上,证券公司整体党建工作质量水平不断提升;成效结果上,证券公司坚持党建引领高质量发展成效显著,公司治理水平不断提升,服务实体经济及居民财富管理成效显著,内控堡垒更加夯实,人才队伍不断发展壮大,文化建设取得良好成效,社会责任践行有力。

(三) 存在问题

当前行业党建引领证券公司高质量发展的作用发挥仍不够充分,存在党建与业务结合不紧、理论与实践转化不实的"两张皮"的问题,党的各项优势未能充分转化为推进高质量发展的动能;党建工作发展在多个方面仍有待平衡,各证券公司之间的党建工作、证券公司内部基层党建工作以及证券公司党的各项建设发展不平衡;党建工作应对和适应新时代新挑战的能力还需要不断提升,异地党建和境外党建难以推进,"新新人群"教育引导难度较大。

三、党建引领证券公司高质量发展的实现路径

(一) 党建引领公司治理现代化

强化党建与公司治理有机融合。落实"两个一以贯之"的重要要求,把党的领导融入公司治理全过程各环节,推动企业决策建立起中国特色现代国有企业制度。一是推动党建入章;二是坚持和完善"双向进入、交叉任职"的领导机制;三是坚持党组织研究讨论重大事项前置程序;四是正确处理党组织和其他公司治理主体的关系,形成科学有效的治理格局。

全面推进公司治理现代化。持续完善公司治理结构,持续改善证券公司股权结构,做实董事会与经营管理层的各类专业委员会,提高监事会的权威性以及监事依法独立监督能力。持续完善公司治理机制,建立授权管理机制,设计科学合理的激励约束机制,建立薪酬递延机制,完善信息披露机制。

(二) 党建引领业务发展提质增效

1. 强化党建与业务发展有机融合

(1) 用党的理论体系引领公司发展战略。发挥党的科学理论优势,为证券公司高质量发展提供科学指南。一是强化党的创新理论武装,全面深入贯彻习近平新时代中国特色社会主义思想特别是习近平经济思想;二是科学制定公司发展战略,制定企业中长期发展规划,调整和丰富完善企业战略策略体系;三是认真落实金融工作"三项任务",将中央决策部署贯彻到企业发展各方面。

(2) 用党的责任体系推进工作落实执行。紧紧牵住党建工作责任制这个"牛鼻子",以党的责任体系强化抓党建促发展的责任意识,推进党建、业务相融并进、互融互促。一是建立责任体系,建立完善抓党建工作责任制和相关激励、奖惩等制度,真正把责任落实到位;二是落实"四个一同",坚持围绕中心抓党建、抓好党建促发展,找准切入点、融合点、发力点,把党建与业务工作同谋划、同部署、同推进、同考核,把党建工作融入部署、推进、落实、考评等各个环节中。

(3) 用党的组织体系激发改革发展动能。一是建强基层党组织，持续严密基层党组织的组织体系，实现"两个全覆盖"，真正使党的领导在公司范围得到全面巩固和强化；二是发挥示范作用，引导各级党组织、广大党员、群团组织发挥好战斗堡垒、先锋模范和桥梁纽带作用，在服务中心大局、推进公司高质量发展方面展示作为；三是创新共建形式，积极创新党建共建等模式，以党建为切入点，加强与目标客户等党建交流，以共建促合作；四是加强激励关怀，建立党建荣誉表彰体系，关心关爱一线党员干部，提高党的创造力、凝聚力、战斗力。

2. 持续提升业务竞争力

(1) 提升服务实体经济高质量发展的能力。一是积极助力提高直接融资比重。积极服务各类企业通过多层次资本市场直接融资，不断丰富与完善股权、债权融资服务供给，为客户提供全产业链、全生命周期的综合金融服务解决方案。二是持续加大对科技创新领域的服务力度。加强引导和促进资源向科技创新领域配置，通过培育并辅导优质科创企业至科创板及创业板上市，推动更多科技创新型企业、"专精特新"型企业通过资本市场实现跨越式发展。

(2) 提升居民财富管理能力。一是构建特色化财富管理业务体系，串联起财富管理、资产管理、投资银行、股权投资等服务链条，满足不同类别客户多元化一站式综合金融服务需求；二是持续丰富产品种类，扩展产品配置范围，为客户带来优质资产配置服务；三是积极向以客户为中心的买方投顾模式进行转型，通过"投顾团队+数字化"的力量努力拓展全光谱客群，优化投资顾问分层分级服务体系，强化投资顾问服务精细化运营。

(3) 提升创新发展能力。一是通过业务发展模式创新实现差异化发展。找准定位，根据各证券公司比较优势，专注于优势行业、优势区域、优势业务，走出一条差异化、精品化、特色化的创新发展之路。二是通过产品与服务创新打造自身核心竞争力。积极进行产品创新，延伸服务领域，创新直达实体经济的金融产品与服务。大力发展资产证券化业务，积极开拓绿色债、科创债、乡村振兴债、公募REITs、熊猫债、可交债、可转债等创新业务，持续推动权益类、FICC类复杂创新业务的发展。

(4) 提升国际竞争力。一是继续稳步推进国际化布局，打造高质量综合性跨境金融服务平台，着力打造跨市场的资本服务能力，努力在全球资本市场赢得更多话语权和定价权。二是积极服务产业资本、金融资本的"引进来"以及"走出去"，在中资企业境外IPO、境外债发行、跨境并购、跨境交易等领域加大投入力度，持续打造并完善全周期服务链条。三是通过探索并购具有国际竞争力的证券公司、组建合资证券子公司、建立战略联盟等方式，获取国际金融机构成熟的运作经验。

(5) 提升金融科技能力。持续加强金融科技战略布局，构建开放化前沿金融科技生态，以领先的科技能力驱动业务创新，赋能数字化转型，构建"金融科技+业务"深度融合机制。持续提升财富管理的智能化、数字化水平，持续推进平台化展业和数字化转型，为机构客户提供全链路、高智能、低延时的整体交易服务。全面推进企业级投研中台、产品中台、行情中心、资讯中心、算法交易平台等业务中台的深化建设。强化科技与业务、服务的超融合，不断提升交易、清算、用户体验等业务场景性能。

（三）党建引领内控堡垒夯实筑牢

要强化党建与合规风控有机融合。认真贯彻落实习近平总书记关于防范化解重大风险特别是系统性金融风险的重要论述精神，把廉洁从业建设与党风廉政建设，与党的纪律建设、作风建设和反腐败斗争有机统一起来，坚定做到驰而不息纠"四风"、刮"廉风"、树"新风"，努力营造风清气正、海晏河清的政治生态，以严明的纪律、清正的作风为证券公司各项业务高质量发展提供坚强保障。

要夯实内控管理基础。一是强化内部合规管理。重在加强合规管理体制机制建设、证券公司合规一体化管理、持续推进重点领域合规管理能力建设、借助金融科技赋能合规管理提质增效。二是强化全面风险管理。要设置科学合理的风险管理组织架构、加强风险管理的全覆盖、健全风险管理工具方法、完善风险管理信息系统。

（四）党建引领人才队伍建设

强化党建与人才队伍建设有机融合。把坚持党管干部、党管人才原则落实到干部人才引进、培养、管理、使用、保留等各环节，抓好各级班子和干部队伍建设，将政治标准与市场化用人机制并行，加强多岗位锻炼和一线锻炼，完善干部选聘、转任、晋升、挂职、薪酬绩效、考评等管理机制，构建系统完备、科学有效的干部教育使用管理制度体系。认真落实谈心谈话等制度，及时分析研判员工思想动态，加强员工心理建设，让员工与企业同发展、同成长、同收获。

做好人才队伍"选育用留"。一是加大人才引进力度，积极探索人才的市场化引进方式，完善人才选拔机制。二是加大人才培养力度，建立内部人才储备库，开展跨组织、跨条线、跨专业人才交流，选派各单位优秀人才进行跨单位挂职锻炼，合理优化人才资源配置，促进人才在内部的良性流动。三是提升人才使用效能，通过采取统一职务和职级体系、完善绩效考评机制、加强外派人员管理等手段，有效开发人力资源价值。四是做好人才保留工作，拓宽员工职业发展通道，稳定和保留核心骨干队伍。探索事业合伙人制度、期权激励等中长期措施，促进公司长期、持续、健康发展。

（五）党建引领企业文化建设

强化党建与文化建设有机融合。坚持把党的全面领导融入文化建设的全流程各环节，推动党建与文化建设同向发力、深度融合、互融互促。以政治建设把牢文化建设的前进方向，以思想宣导塑造文化建设的价值品格，以组织动能激发文化建设的协同合力，以纪律作风保障文化建设的落地执行，以为民宗旨推进文化建设的共建共享。

推动企业文化建设走深走实。一是完善文化建设顶层机制，建立党委统一领导，董事会、监事会、经营管理层各司其职的企业文化建设领导机制，将企业文化与公司治理、发展战略、发展方式和行为规范深度融合，将文化嵌入公司内部管理制度和业务流程。二是加大文化建设宣导力度，构建企业文化的立体式传播体系，对外积极发声，对内积极宣导，打造团结协作、多元包容、合规专业、奋发进取的文化氛围。三是落实文化建设工作安排，建立配套业务细则，不断将行业文化及公司企业文化核心理念深刻贯穿于公司经营管理全过程，深刻融入员工的日常行为规范中，将公司的文化价值观内化于员工内心、外显于员工行为。

（六）党建引领勇担社会责任

坚守金融工作的政治性和人民性，深入开展党建民心工程和近邻党建行动，扎实推进"我为群众办实事"实践活动，践行金融担当，在赈灾救灾、乡村振兴等领域贡献力量。主动精准地服务中央大政方针和国家发展战略，服务地方经济社会和区域资本市场发展，为"国之大者"作出贡献。在发展绿色金融、服务"双碳"目标方面，要推动绿色证券标准建设，丰富绿色证券品种，完善环境信息披露制度，加快碳金融市场发展，提升气候风险管理能力，加强绿色投资培育引导。在加强投资者教育与保护方面，要完善投资者适当性制度。加强中小投资者保护，培育价值投资理念。在积极践行普惠金融方面，助力中小微企业精准对接多层次资本市场，以普惠性财富管理助力共同富裕，以金融科技推动普惠金融数字化转型。

四、政策建议

一是充分发挥行业自律组织的桥梁纽带作用，建立行业党建交流常态化机制，积极鼓励并持续引导证券公司加强党的建设，探索差异化的党建工作模式，形成既有特色又整体提升的党建格局。二是推出证券行业高质量发展行动纲领，为行业高质量发展提供借鉴范本。三是支持证券公司建立常态化资本补充机制，在依法合规前提下做大做强，深化内地与香港资本市场互联互通，提升证券公司核心竞争力与国际化水平。四是以注册制改革为牵引，统筹推进资本市场基础制度建设、法治体系完善、监管转型与能力提升等重点改革任务落地见效，优化市场结构和生态，更好发挥资本形成和资源配置功能。

证券行业党建与文化融合赋能的实践研究

程 涛　张强强[*]

引言

2023 年 6 月，在全国文化传承发展座谈会上，习近平总书记强调："在新的起点上继续推动文化繁荣、建设文化强国、建设中华民族现代文明，是我们在新时代新的文化使命。"习近平总书记在党的十九大报告中指出："文化是一个国家、一个民族的灵魂。文化兴国运兴，文化强民族强。"文化能为人民提供坚强的思想保证、强大的精神力量、丰润的道德滋养，必须不断加强文化建设。

习近平总书记在 2017 年全国金融工作会议上指出："必须加强党对金融工作的领导，保障国家金融安全。"证券行业作为中国金融市场的核心组成部分，在国民经济和社会发展中扮演着举足轻重的角色。改革开放以来，中国证券市场取得了长足的发展，其规模和影响力在国际舞台上逐步崛起。这个行业的发展与稳定，不仅影响着国家的宏观经济运行，也直接关系到广大投资者的财富增值和国家的金融安全。然而，在证券行业高速发展的背后，也存在着风险与不稳定因素，例如市场波动、金融诈骗、信息不对称等问题。党建和文化作为这个行业的内生因素，对于行业的稳定发展和风险防范至关重要。在此背景下，2021 年《证券行业文化建设十要素》正式发布，强调要将"合规、诚信、专业、稳健"的行业文化理念落实落地。全面加强证券行业党的建设，能够为资本市场长期稳定健康发展提供价值引领和精神支撑，引领行业文化建设的政治方向，塑造行业文化的价值导向。

---

[*] 本文写作于 2023 年 11 月。作者简介：程涛，浙商证券股份有限公司党委书记；张强强，浙商证券股份有限公司党务专员。

一、证券行业党建与文化融合赋能研究的必要性

党建作为中国特色社会主义制度的重要保障和领导力量,对于企业的发展和管理起着至关重要的作用。在证券行业,党建理念和制度的贯彻落实,可以直接影响企业内部管理模式、员工的思想政治觉悟、企业对外形象等方面。党建不仅是一种政治领导,更是一种企业管理的理念和制度体系。

与党建相伴随的是企业文化的建设与传承。企业文化不仅是企业内部凝聚力和战略执行力的重要保障,也是企业形象的外在展示和对外传播。在证券行业,行业文化的价值观、规范和行为准则对于员工的行为操守、服务态度、风险意识等方面产生深远影响。

近年来,随着中国证券市场的逐步开放和国际化发展,证券行业不仅需要面对国内复杂多变的经济形势,还需要适应国际金融市场的竞争和规范。党建和文化的融合在这个过程中变得尤为关键。党建与文化的相互渗透与融合,不仅可以提升证券公司的核心竞争力,也能够更好地适应市场的变化,确保企业的稳定运营、行业的健康发展。

本文旨在通过深入的案例分析,探讨证券行业党建与文化融合的实践状况、现实困境、突破口以及取得的成就。同时,试图通过对案例的剖析,总结经验和教训,为整个证券行业提供借鉴和参考。

二、理论框架

(一)党的建设与金融业发展

党的建设在中国特色社会主义制度下,对于推动金融业发展和建设现代化经济体系具有特殊的意义。金融业作为国家经济的重要组成部分,必须坚持党的领导。党的领导能够为金融业提供清晰的政治目标、正确的发展方向、有效的组织保障,从而推动金融业实现稳健发展。具体体现在以下三个方面:一是企业战略发展规划。党的建设强调全局观念和长远规划,这对于金融机构制定正确的战略发展方向、创新金融产品与服务具有重要的指导意义。二是企业治理与风险防控。党建强调制度建设和风险意识培养,这对金融机构的治理结构、风险管理和防控体系的建设产生积极影响。三是员工价值观引领。党建强调社会主义核心价值观,对金融从业人员的职业道德和社会责任意识进行塑造,推动金融业履行社会责任,为社会稳定和谐发展贡献力量。

(二)文化在金融领域的作用

文化是一个企业的精神家园,是企业的灵魂和核心竞争力所在。在金融领域,文化发挥着重要作用,体现在以下方面:一是塑造企业特色和形象。企业文化是企业形象的外在表现,具有独特性。通过精心打造企业文化,可以树立企业在金融领域的特色和形象,提高企业的市场竞争力。二是凝聚员工向心力。文化可以形成一种共同的价值观和认同感,凝聚员工的向心力。在金融行业,员工的向心力和团队协作至关重要,这直接关系到金融产品与服务的质量和效率。三是规范行为和提升服务质量。行业文化可以规范从业者的行为,明确服务标准和行为规范,提高服务质量,增强客户的信任。

（三）证券行业党建与文化建设工作的内在关系

证券行业的党建和文化建设工作存在千丝万缕的联系，如能采取恰当的融合方式，能够充分推动两项工作朝着更加高效、专业、科学、精准的方向发展，为企业的良好运转提供更强大的动力和更坚实的基础。

一是党建为文化建设提供思想保障。证券公司在激烈的市场竞争环境中，面临崭新的挑战和机遇，各大证券公司都非常重视党建工作，发挥独特的组织优势与政治优势，在管理与发展中打造独特的核心竞争力。党建工作关乎企业的思想政治工作水平，也关乎整体的管理水准以及企业形象。党建工作是推动证券行业朝着科学高效的方向发展的重要前提，具有强大的现实意义和社会价值，能够有效推动证券公司内部思想政治工作，而思想政治工作对于文化建设工作而言，也是十分重要的一个环节。由此可以说明，党建工作为文化建设工作提供了强大的思想保障，能够让文化建设工作拥有更加坚实的思想政治基础以及更明确的企业思想建设方向。

二是文化建设为党建提供重要载体。证券行业对于社会经济发展与人民生活提升而言起到了至关重要的作用。为了有效提高证券行业的服务质量，不仅要从实际的业务创新、项目管理等方面入手，还应当着力加强推进文化建设工作。证券行业只有持续创新文化建设，完善文化建设方案，才能够进一步推动行业向上发展。当行业文化建设的内容愈加多样化、结构形式更加完整且优质，那么也可以在很大程度上提升证券行业的党建工作。证券行业党建工作离不开行业在文化以及思想层面上的交流与创新，当员工整体的基本素质和文化素养有了进一步的提高，就可以在参与和拓宽党建工作的过程中发挥更强大的生命力。

三是党建与文化建设相互赋能。证券行业想要保持良好的形象，逐步提高行业水准，就需要在多方面的建设工作中下足功夫，保证各项工作符合标准，各具特色。党建工作和文化建设工作是必不可少的两项工作，在持续推进这两项工作的过程中，存在着可以相互融合的部分，所以证券行业文化建设和党政建设工作是相辅相成的。它们相互促进，并且朝着积极的、良好的方向发展。党建思想政治工作能够有效引导员工树立正确的价值观、人生观，以便员工在学习文化、交流文化的过程中拥有正确的判断价值。而文化建设工作也能够从更加全面、多元化的方向调动员工的积极性，提高员工的思想修养。

三、基于浙商证券的个案研究

在全面加强国有企业党的领导、深入推进企业文化建设、全面落地行业文化建设的大背景下，浙商证券坚持党建引领、文化铸魂，积极探索实践党建与文化深度融合赋能的新路径，走出了一条从"融先锋"到"浙商红"的蝶变升级之路，努力为行业党建文化建设提供有益探索。

（一）"十三五"融合探索：融先锋1.0版本

"十三五"期间，证券业经历蓄势期，驶入"快车道"，证券公司并购整合提速，竞争与发展成为核心主题。浙商证券基于"同创、同享、同成长"的企业文化，党建工作以推动发展为使命，致力于协同、融合，打造了以"融"为主题的党建工作1.0版本——"融先锋"，形成"五融五化"特色。

一是推进思想融通工程，着力化解思想错位。加强思想理念的融合统一，是企业发展的内生驱动力，有助于解决业务条线领导抓党建工作意识薄弱的问题。主要通过深入开展"两学一做""不忘初心、牢记使命"等主题教育，提升党性修养，形成党建与业务齐抓共管的共识；加强典型标杆宣传推广，形成"党建是生产力、是凝聚力、也是竞争力"的共识。

二是推进机制融入工程，着力化解管理弱位。加强党建工作制度的顶层设计，推进党的领导与现代企业治理一体推进、全面融入，有利于从根本上解决党的领导在基层层层递减的问题。主要通过全面推进党建进章程，出台《关于规范党总支及党支部议事决策的指导意见》，健全与公司治理结构相适应的党建工作机制，建立与公司业绩考核相挂钩的党建考核机制。完善与公司经营管理相结合的党建联系机制，将后进网点振兴计划与薄弱党支部脱薄工作相结合，每位领导人员包干负责指导2—3家基层点，推动基层党建和经营发展双提质。

三是推进组织融合工程，着力化解组织缺位。全面加强党委班子建设，提升基层组织建设，从根本上解决党的领导不到位、基层组织覆盖难的问题。推进基层组织全覆盖，建立"党委—党总支—党支部"的三级管理模式。推进党政班子交叉任职。充分吸纳经营班子成员，壮大党委班子领导力量，推动党委班子决策更加科学；优化调整党支部班子配置，逐步实现支部书记、行政负责人一肩挑。

四是推进文化融聚工程，着力化解文化低位。推动党建纪检文化与合规文化、企业文化相融合，使文化建设与企业经营管理互融互促，涵养良好的政治生态和从业环境。将廉洁文化与合规文化相结合。围绕"清廉券商"建设主线，深化清廉券商"八大工程"，着力培育崇廉尚洁文化土壤。同时，将合规管理融入清廉营业部建设，推动党风廉政建设、廉洁从业建设、合规管理工作开展鲜明生动、扎实有效。将群团文化与特色文化相结合，组建跑团、书法、摄影、篮球等各类兴趣小组，定期举办各类文体活动与职工文化活动，凝聚团队力量。将党建文化与企业文化相结合。主动践行企业"三同"文化，积极履行国有企业使命，助推江西上饶、安徽岳西、安徽灵璧、湖北恩施、四川仪陇五个"一对一"帮扶县市实现脱贫。

五是推进发展融汇工程，着力化解党建"虚位"。深入开展美丽营业部、"党建+"、廉洁文化示范点、党建标准化示范点、工人先锋号、青年文明号六大创优工程，找准党建与发展的结合点，推动党建融入中心。扎实推进"党建结对共建"工程，做大外部朋友圈，推动分支机构与当地政府部门、协会联盟、金融同业、企业客户等党组织结对共建，拓宽发展渠道，从根本上解决基层党建在发展中的"虚位"问题。

（二）"十四五"融合探索：浙商红2.0版本

2021年《证券行业文化建设十要素》正式发布。站在新的历史起点，公司党委决定升级打造党建工作2.0版本——浙商红。在"融先锋"1.0版本的坚实基础上，立足行业文化，充分汲取"浙商精神"与"红船精神"的精神力量，更加突出党建统领作用，以高质量党建引领企业持续稳健发展。提出浙商红2.0版本——共谱"红、鑫、正、道"四部曲，奏响新时代浙商证券党建最强音。

一是立足"红"字，打造理论塑魂主阵地。开展红色研学活动，先后组织各子公司、各营业网点负责人、党务工作者到井冈山、延安等红色革命根据地开展红色专题研学。组织红色文化活动，举行"红歌传唱"活动，讲好"浙商好故事"、唱响"浙商好声音"、树好"浙商好形象"，用党建文化引领企业文化，凝心聚力，铸魂赋能，推动行业文化在浙商证券落地。开展形成党建理论研究。依托高校、结对单位等智库平台，围绕高质量党建、文化建设、品牌矩阵等主题构建起"1＋N"课题研究体系，定期推出高质量成果，探索证券行业党建工作模式，提升行业党建工作质量。

二是突出"鑫"字，筑牢党建统领主根基。发展是根本，也是企业永恒的主题。将党的领导贯彻到公司治理全过程，完善国有企业法人治理结构，持续推进董事会建设，试点探索经理层任期制和契约化管理。稳妥推进子公司浙商期货混合所有制改革，通过产权市场、股票市场等多途径混改有序展开。在公司党委的领导和决策下，每年确立一项头号工程，全司上下聚焦聚力推动落实。把发展管理工作难点作为基层党组织工作重点，充分发挥好党建优势，为经营发展搭平台、解难题、出思路、拿举措、促落实。主动服务浙江省委、省政府"凤凰行动""共同富裕"等重要战略与决策部署，在服务实体经济、脱贫攻坚等重大任务中发挥国企责任担当。

三是围绕"正"字，唱响清廉券商主旋律。牢牢抓住作风建设这个关键点，从"正规""正风""正气"三方面发力，构筑清廉券商，积极营造风清气正的政治生态。加大员工廉洁从业及规范执业管理力度，从严问责。压实业务一线人员的投资者适当性管理职责，加强前端合规控制。加快数字风控系统一体化建设和运用，重点建设提升内评系统、市场风险系统、风险指标并表管理系统和统一授信系统，加强风控系统底层数据质量。将廉洁文化与合规文化建设一体推进，将廉洁风险与合规风险同步防控，分批次培育若干廉洁文化标杆点，营造积极向上、风清气正的文化氛围。

四是聚焦"道"字，坚守浙商发展主渠道。从"浙商古道行"中发扬浙商精神，共组织百家营业部，走过近百条古道，推动古道开发保护，深入体悟古道中蕴含的浙商精神，激励浙商证券全体员工走好团结奋斗新征程。从"浙商股道行"中展现浙商担当，主动扛起"凤凰行动""共同富裕"的重任，勇担服务实体经济的使命，持续开展"浙商股道行"活动，对浙江省上市公司开展深度调研，密切关注上市公司并购重组等做大做强需求，为企业提供各类融资服务，为浙江省实现金融强省建设目标做出更多贡献。从"文化之道"中彰显社会责任，推动证券营业部、金融扶贫工作站向基层延伸，组织金融专家一对一服务，为边远贫困山区提供多样化金融工具和金融服务。

四、经验与启示

党建是国有企业的根和魂，文化是核心竞争力和原动力。党建工作只有扎根文化润土，才能落地生根；文化建设只有在党的领导下，才能更有先进性。党建引领，文化铸魂，是推动国有企业高质量发展的坚实保障。证券行业要实现党建与文化融合赋能，党建工作不仅要融合企业文化、贯穿企业发展，还要立足行业文化、突出行业特色，培育融合土壤。

一是党建与文化融合要坚持党的领导。中国特色社会主义的本质、党的执政规律和国有证券公司的政治属性决定了党是国有证券公司的领导核心。坚持党的领导、加强党建工作是国有证券公司的独特优势和重要原则。坚持党的全面领导是文化高质量发展的必要前提。高扬思想旗帜，在把方向、管大局、保落实方面发挥把舵定向作用，不断推进文化铸魂，增强企业的凝聚力、向心力和创造力。

二是党建与文化融合要贯穿企业发展。企业在不同的发展阶段有不同的使命和任务，党建工作和文化工作的侧重点也有所不同。党建和文化工作唯有适应企业发展要求才能实现两者的有机结合，将党建优势和文化优势相互转化，最终推动企业核心竞争力不断攀升，在激烈的竞争环境中实现企业的可持续发展。

三是党建与文化融合要突出行业特色。经济是肌体，金融是血脉，服务实体经济是证券行业的重要使命，也是提升证券行业经营水平、实现资本市场高质量发展的重要着力点。中国证监会主席易会满在证券基金行业文化建设动员大会上强调，文化建设是资本市场健康发展的支柱，是资本市场长期稳定健康发展的价值引领和精神支撑。证券行业唯有坚持"党建引领"，深化行业文化理念，认真对照证券行业文化"十要素"要求，坚持守正创新，将党建工作与行业文化建设高度融合、形成合力，才能夯实企业红色根基，推动行业文化建设行稳致远，切实发挥出自身优势，强化实体经济帮扶力度，为经济社会发展提供有力保障，不断增强高质量发展的韧劲和动力。

四是党建与文化融合要培育融合土壤。文化是一家企业、一个行业逐步积淀、长期形成的价值理念和规范标准。任何企业的党建工作不能脱离企业与行业文化实际，否则就会成为空中楼阁。良好的党建成效能有效促进企业文化始终沿着正确的方向健康发展，良好的企业文化又能为更好地开展党建工作打好思想与文化基础，推动党建与文化更深层次融合。

党建引领证券公司 FICC 业务高质量发展的路径探析

谢 丹 冯诗婷 杜永良[*]

一、证券公司 FICC 业务的发展概况及其意义

(一) 证券公司 FICC 业务的发展概况

FICC 业务的资产种类包括固定收益、外汇和大宗商品,以及以这些基础资产为标的的金融衍生品,业务类型涵盖承销、代理交易、产品结构设计、做市交易、投资交易、管理风险敞口、研究支持等服务模式。FICC 及衍生品业务海外金融市场起步较早,具有活跃的交易市场、丰富的交易种类,FICC 及衍生品的一级市场发行量与二级市场交易量均已超过权益类资产,在全球金融市场中占据举足轻重的地位。2008 年美国金融危机的爆发,以及随后颁布的以《巴塞尔协议Ⅲ》、"多德-弗兰克法案"、沃尔克法则为代表的一系列监管法规,对 FICC 业务进行严格监管,由此,FICC 业务总体规模压缩,业务结构呈现较为明显的变化[①]。

与海外金融市场相比,我国 FICC 市场起步相对较晚,但随着机构客户对融资、做市、风险管理的需求增加、我国理财产品市场的快速增长、人民币国际化和利率市场化的迅速发展,以及金融创新的不断推进、信息技术的发展、量化工具的应用等因素的出现,FICC 业务不断深化发展。目前,我国已初步形成包括交易所市场、银行间市场和证券公司柜台市场的 FICC 业务相关的多层次市场体系,其中银行间市场是固定收益和外汇交易的主要市场,规模较大。而国内证券公司的 FICC 业务主要发力于固定收益类市场,外汇和大宗商品市场则相对发展滞后。因 FICC 业务的开展涉及的金融工具品种丰富、交易模式复杂、业务环节繁复,对系统的分析能力及复杂逻辑业务的处理能力有较高要求,提升 FICC 业务的数字

---

[*] 本文写作于 2023 年 11 月。作者简介:谢丹,中信建投证券股份有限公司固定收益部董事总经理;冯诗婷,供职于中信建投证券股份有限公司固定收益部;杜永良,中信建投证券股份有限公司固定收益部行政负责人。

[①] 赫凤杰:《美国投行 FICC 业务发展经验及启示》,载《证券市场导报》2016 年 10 月号,第 45 页。

化、信息化水平,建设跨市场、多币种、全品种的前中后一体化交易平台、合规与风控管理平台成为提升FICC业务发展质量的基础条件。

(二) FICC业务促进证券行业高质量发展的表现

党的十八大以来,证券公司围绕服务实体经济、共同富裕、深化资本市场改革的方向,以满足机构风险管理、居民资产配置为目标,以提升专业服务能力与金融科技赋能为抓手,不断推进FICC业务的高质量发展。证券公司大力发展FICC业务对于促进证券行业的高质量发展具有微观和宏观多个层次的作用。

一是能够提升证券公司的竞争力。长期以来,我国证券公司收入较为依赖证券经纪业务,2022年证券公司经纪业务实现收入1 287亿元,占总收入的33%,为证券公司第一大收入来源[①]。然而,近年来证券经纪等传统中介业务呈现竞争激烈态势,收入来源单一、经营模式同质化成为影响我国证券行业高质量发展的因素之一。拓展FICC业务有助于完善证券公司的业务结构,固定收益产品、外汇产品、大宗商品等金融资产和服务逐渐从独立的业务整合形成FICC大类业务,一方面有利于更便捷高效地为客户提供综合性金融服务,另一方面有助于证券公司稳固包含代理业务手续费、做市业务差价收入、设计产品收入、管理风险敞口利息在内的多元化盈利模式。FICC业务在市场低迷期间,能够以稳健价差收益的逻辑,稳定证券公司的收入;在市场波动期间,综合运用多种金融工具与量化工具,在波动中服务于客户的保值和增利需求。此外,FICC业务具有国际化、开放化等特征,业务开展涉及境内外的联动与协作,在人才配备、风险管理、专业分析判断能力方面对证券公司提出了更高的要求,有助于提升我国证券公司在国际金融市场中的竞争力。

二是有助于更好地服务实体经济。在风险管理方面,FICC业务能够更好地满足经济活动中的风险管理需求,企业需要通过大宗商品期货规避相关商品的价格波动风险时,FICC业务可以为其提供商品交易及相应的期货衍生产品,识别风险并设计对冲策略;企业在参与国际贸易活动中需要对冲汇率风险时,FICC业务可以为其提供全球范围的外汇及利率产品,并设计套期保值策略;在标准化产品无法满足企业风险管理需求时,企业可以通过参与FICC业务获得为其量身定制的产品和交易策略,以充分贴合自身业务和发展战略。在资产配置方面,FICC业务能够为企业投融资提供专业服务,通过固定收益产品的承销服务、做市服务、代理交易服务以及投资顾问服务为企业的投融资活动提供支持。

二、党建引领FICC业务高质量发展的思想图谱

党的十八大以来,习近平总书记高度重视金融在经济社会发展和人民生活中的重要作用,多次强调金融回归服务实体经济的本源;同时也将文化建设摆在了全局工作的重要位置,指出"在新的起点上继续推动文化繁荣、建设文化强国、建设中华民族现代文明,是我们在新时代新的文化使命。"上述思想为我们做好新时代金融工作、开拓中国特色金融发展新境界提供了思想图谱,发挥党建在塑造过硬专业本领、长远发展路线、健康文化生态方

---

① 毕马威中国金融服务:《二零二三年中国证券业调查报告》,第31页。

面的引领与指导作用，是 FICC 业务高质量发展的根本保障。

（一）以人民为中心的金融观，FICC 业务以服务实体经济为本源

党的二十大提出坚持以人民为中心的发展思想，走共同富裕道路，是中国式现代化的题中之意。中国式现代化需要人民群众的广泛和积极参与，现代化建设成果也需要由人民群众共享，中国式现代化就是以人民为中心的现代化。金融现代化是中国式现代化的重要组成部分，金融发展也必须始终坚持以人民为中心，要始终坚持以人民为中心的发展思想，更好地满足人民群众和实体经济多样化的金融需求。

证券公司践行以人民为中心的发展思想，一方面，应深刻领会金融工作的政治性、人民性，增强金融报国情怀和事业心、责任感。要把为实体经济服务作为出发点和落脚点，全面提升服务效率和水平，把更多金融资源配置到经济社会发展的重点领域和薄弱环节，更好地满足人民群众和实体经济多样化的金融需求。加强对小微企业、"三农"和扶贫等领域的金融支持，优化新市民金融服务，持续提升金融服务覆盖面、可得性和满意度，满足居民资产配置与机构风险管理需求，使金融发展成果惠及广大人民群众。另一方面，应重视"群专结合"建设，发挥与企业、社区、研究机构等各类社会组织的合力，注重更有效地保护人民群众的合法金融权益，提升金融活动参与者的金融素养和法治意识，使群众成为防风险的重要参与者、治乱象的生力军。

（二）可持续发展的金融观，FICC 业务以践行绿色金融为己任

党的十九大报告提出，发展是解决我国一切问题的基础和关键，发展必须是科学的发展，必须坚定不移地贯彻创新、协调、绿色、开放、共享的发展理念①。实现绿色发展是实体经济高质量发展的内在要求，习近平总书记多次强调要发展绿色金融，要求完善绿色低碳政策和市场体系，完善能源"双控"制度，完善有利于绿色低碳发展的财税、价格、金融、土地、政府采购等政策，加快推进碳排放权交易。在 FICC 领域践行可持续发展观，应加大对绿色发展领域的金融支持，以推动绿色与可持续发展、支持科创产业发展、助力乡村振兴作为固定收益产品的扩容方向，加大力度丰富绿色、低碳金融产品的创新，为市场主体提供绿色转型资金，支持企业生产方式的绿色转型，促进污染防治和生态保护，推动经济社会发展的绿色化及"双碳"目标的实现。

（三）国家战略安全的金融观，FICC 业务以防范金融风险为前提

金融是国家经济的重要发展阵地，改革开放以来，我国金融发展经受住了多次重大风险考验，其中一个重要原因就是坚持预防为先、防患未然，从最坏处着眼，做最充分准备，争取最好的结果，把风险消灭在萌芽状态和早期阶段。新的发展阶段，习近平总书记的一系列重要论述深刻阐明了作为国家战略安全层面的金融观，"金融是国家重要的核心竞争力，金融安全是国家安全的重要组成部分，金融制度是经济社会发展中重要的基础性制度""维护金融安全，是关系我国经济社会发展全局的一件带有战略性、根本性的大事""必须充分认

---

① 习近平：《决胜全面建成小康社会 夺取新时代中国特色社会主义伟大胜利》，载《人民日报》2017 年 10 月 28 日。

识金融在经济发展和社会生活中的重要地位和作用,切实把维护金融安全作为治国理政的一件大事,扎扎实实把金融工作做好"。

FICC 业务具有范围广泛、模式丰富、业务复杂、国际化等特征,潜在市场风险、流动性风险和信用风险,叠加利率波动不确定、汇率双向浮动等因素,使防范金融风险成为 FICC 业务能否高质量发展的重要前提。证券公司推动发展 FICC 业务需以"维护金融安全是贯彻总体国家安全观的必然要求"为指导理念,主动应对各类风险隐患,坚持早识别、早预警、早发现、早处置,避免出现严重的风险事件,筑牢保障 FICC 领域金融安全的屏障。

三、党建引领 FICC 业务高质量发展的现实困境

相较于其他金融业务,FICC 业务具有复杂多样、专业化强、从业人员文化背景多元等特点,而传统党建活动形式较为单一、内容具有规范性但个性化较弱,多因素影响 FICC 业务高质量发展所需的人才培养机制、考核评价体系、党建业务融合发展机制,制度的建立和完善面临一定的困境。

(一) 党建规范性与 FICC 专业性的融合困境

在明确党建引领 FICC 业务高质量发展思想图谱的基础上,需要进一步剖析并切入 FICC 服务实体经济、服务 ESG 等领域的业务实质,具体化从业务现状迈向高质量发展阶段所面临的问题与障碍,再将高屋建瓴的党的政治思想瞄向具体问题,达到党建引领 FICC 业务高质量发展的效果。然而,FICC 业务具有高度专业性、复杂性特征,党建思想具有基石性、规范性特点,党建思想能够在顶层指导 FICC 业务的宏观方向,但仅单一通过党建活动在顶层方向发力,难以切入业务肌肤纹理、找准业务发展的具体症结所在,致使党建难以具体指导 FICC 业务实践。

因此,实现 FICC 业务高质量发展的拐点,必须坚持党建与业务同频共振、深度融合,找准党建与 FICC 业务融合的连接点与关键点,以该连接点为抓手,形成党建—抓手—业务发展之间的良性传导机制,从而提升党建引领业务高质量发展的精确度和实效性。

(二) FICC 业务人员的多元背景与思想认同的冲突

FICC 业务的高质量发展需要包括党员在内的全体从业人员凝聚力量、共同努力。FICC 从业人员背景与价值取向多元化、行为选择实用化的趋势不断增强,部分非党员一方面对党的思想理论把握不全面、不深刻,对党建工作的重要性和紧迫性认识相对有限,容易忽视党建工作对业务发展的引领作用,工作中缺乏以党的政治思想指导实践工作、评价工作效果的自觉;另一方面党员身份荣誉感的缺失,既容易使其入党意愿降低,也可能导致对党员主体作用的认同感不够强,在业务发展中难以主动担当作为。

此外,如果党建活动对 FICC 行业特点和从业人员个性化、多样化需求考虑不足,容易造成党建活动缺乏针对性和吸引力,降低从业人员参与党建活动的积极性与主动性。在从业人员对党建与金融政治思想认同不够深入的情况下,以党建引领业务高质量发展还需加强。

（三）融合发展目标与单一考核评价机制的冲突

对于党建和 FICC 业务的发展来说，公平公正的考核评价机制是重要的制度保障。部分证券公司现阶段对评价考核机制的设置，仍存在"重业务、轻党建"的现象。具体来看，一是在年度考核、晋档升职、业务表彰中，仍是主要评价业务指标完成情况，党建基础工作与专项工作所占比重均较低，或者处于模糊状态；二是缺乏充分考虑党建和业务工作联动发展情况的考核评价机制，未以党建推动本部门业务工作、促进各项任务完成情况作为重要评价内容，尚未形成既看党建实际成效又看业务完成情况的完整的评价考核体系。上述现象客观上影响了党员参与党建活动的积极性与投入度，限制了专业人员在探索党建指导业务开展路径和方法方面的创造力发挥。

党建工作成效的表现方式与时间具有与开展金融业务不同的特点，量化存在较大难度，若仅以短期阶段性成果作为考核指标，则有违实质公平的评价原则。例如，FICC 业务党建品牌建设是一个长期过程，党建融入人才建设、业务发展也是一个润物无声的过程，而且党建对业务高质量发展的促进作用难以单独抽离评估，因此，单一的、传统的业务考核评价机制不能完全适用于党建与 FICC 业务融合发展的实效评估中。

四、提升党建引领 FICC 业务高质量发展效能的路径

推动党建工作与业务开展的深度融合，采取多种形式丰富党建模式与党建内容，加强党建品牌与 FICC 业务品牌的联动建设、充分发挥文化建设在人才培养、评价考核等方面的抓手作用，破除党建引领 FICC 业务高质量发展面临的现实困境，提升党建引领 FICC 业务高质量发展的效能。

（一）升级党建引领业务发展的模式

为进一步提升党建引领高质量发展的效能，党建引领 FICC 业务发展的方式应从"零散式"升级至"系统性"，从"单兵作战"发展至"聚力齐发"。

一是拓宽联合党建活动的范围和内容，拓宽"走出去、请进来"的共学共建思路。证券公司 FICC 部门在开展同业、银证联建活动之外，应加强与非金融企业、社区、研究机构之间的共学共建，充分吸收聚合社会各行业的先进党建经验，实现"资源共享、优势互补、互相促进、共同提高"工作局面，将各个党组织的力量拧成"一股绳"，以创造共同价值为目的，为相同的事业奋斗，形成合力，努力将党建成果转化为促进业务高质量发展的强大动力。

二是建立党建促进 FICC 业务高质量发展的常态化长效化工作机制，以善始善终的理念加强统筹协调，把握好党建与 FICC 业务发展的整体性、关联性、契合性，不断强化党建和 FICC 业务硬指标、软实力的各方面、各环节、各平台之间的有效协同，实现党建与 FICC 业务发展同频共振，互促共赢。

（二）扩大党建引领业务发展的范围

现阶段党建引领 FICC 业务高质量发展的实践效果主要体现于债券等固定收益产品的发

展上,要实现FICC业务全面高质量发展,则需要依托债券等固定收益产品业务的传统优势,在持续丰富衍生品、外汇、商品等FICC相关产品类型的同时,以科技赋能提高交易的安全性与效率,从而提升FICC全品种服务实体经济的效果。

实现这一目标,一是丰富党建学习内容,优化专项党建活动,加大对FICC业务领域各品种如何服务实体经济、促进绿色发展的研究探讨。通过科学设计、精细化开展党建活动,提升学习的时效性、扎实性及与业务的贯通性,积极发挥FICC业务在绿色"双碳"、创新创业、扶贫纾困、普惠金融等国家重点战略方面的担当责任;积极利用衍生品创设、财富管理、国际业务等方面的特长特色,持续创新产品与服务模式,推动FICC业务在ESG领域的贡献。此外,在开展系列专题党建活动过程中,推动党员同志、从业人员在本职工作中加强内功修炼,提高开展FICC业务的科学性、预见性、主动性和创造性,自觉遵循政治思想领航FICC业务发展的方向与路径,主动探索践行可持续发展战略、普惠金融的新路径、新方法,不断提升FICC服务实体、服务ESG领域的效能。

二是探索"党建+科技赋能"促进业务高质量发展的路径,深化买方投研与客需交易"双平台"体系建设。在投研能力方面,着力探索FICC领域更多品种、模式、策略、组合,丰富特征库和因子库,研发抗风险能力更强的低波非方向性策略、全球宏观对冲等各类组合;在风险防范方面,运用大数据、人工智能等技术,拓展风险信息获取维度,提高风险监控计量的准确性、科学性、时效性。

(三) 充分发挥文化建设的抓手作用

求木之长者,必固其根本;欲流之远者,必浚其泉源。行业文化构成行业全体成员共同的价值观、行动指引和精神信仰,良好的文化生态是行业和企业健康发展的重要支撑[1]。在党建促进FICC业务高质量发展的逻辑链条中,充分发挥文化建设的抓手作用,是解决党建与FICC业务融合不足的重要途径。

一方面,党的思想理论建设与企业文化建设同属于企业软实力的重要组成部分[2],党建与文化建设具有联通的思想基础与组织基础,易于将党建工作与文化建设相互融合,以党建的权威性引领文化建设工作,以文化建设的多元性丰富党建活动。通过党建与文化建设的互融共建,将以人民为中心、可持续发展、国家战略安全等党的思想,转化为合规稳健、益他共荣、长期发展、金融报国等文化理念。另一方面,文化具有统一思想、凝聚人心的重要功能,文化通过发挥"教化""化人"等功能,促进个体与组织将良好的价值观念内化于心,外化于行,最终能够以更高的认同水平实现治理与发展目的。在促进FICC业务高质量发展方面,文化这一"柔"的特性与党建"刚"的特征互为补充、发挥作用。文化理念更易于潜移默化、润物无声地浸入日常的业务发展、人才建设中,形成共同的价值理念,文化建设通过发挥积极的观念倡导作用、评估激励作用及效能提升作用[3],形成党的思想建设—文化

---

[1] 鲁剑雄:《内外兼修 稳健前行——证券行业文化建设的内涵与外延浅析》,载《中国证券业高质量发展论文集》,中国财政经济出版社2022年出版,第143—147页。

[2] 周秀红,孔宪峰:《国有企业党建与企业文化创新的共生效应》,载《武汉理工大学学报(社会科学版)》2011年4月,第164—168页。

[3] 冯诗婷:《以文化建设促进债券市场高质量发展》,中国金融新闻网,2023-08-04,网址:https://www.financialnews.com.cn/sc/zq/202308/t20230810_276735.html,最后访问时间:2023年10月17日。

建设—业务高质量发展的良性传导机制。

（四）加强党建引领业务的品牌建设

加强党建品牌建设，是科学提升党支部凝聚力的必然选择、是彰显党支部使命担当的重要途径，也是充分发挥党建引领作用的重要保障。FICC 在金融业务领域具有较显著的特征，适合进行差异化品牌建设。建设 FICC 领域的特色党建品牌，并以此指导业务品牌、文化品牌的建设，既能够解决证券公司存在的品牌缺乏特色、同质化严重、品牌建设缺乏系统性等问题，又有助于凝心聚力，有效激发党支部的创造力，引领高质量发展。证券公司在升级党建引领业务发展模式、扩大党建引领业务发展范围的基础上，提升党建品牌建设的战略高度，找准品牌创建与提升业务水平、服务人民群众、凝聚员工团结奋斗的合力点，通过构建干部带头、党员示范、群众参与的良好格局，打造 FICC 领域党建示范工作的精品样板、模范标杆，能够为进一步依靠党建引领、提升 FICC 业务高质量发展水平积蓄持续动能。

证券公司企业文化建设国际比较研究

——如何建设具有中国特色的证券公司企业文化

中国国际金融股份有限公司[*]

一、证券公司企业文化要遵循证券行业及资本市场的一般规律

（一）证券行业和资本市场的特点

高收益亦高风险，是证券行业从事金融活动的特点。一家金融企业的破产倒闭，可能造成千千万万的家庭分崩离析，给社会稳定带来负面影响。证券公司与银行融资方式不同，风格也不同。银行倾向于保守的融资方式，证券公司则更愿意进行高风险、高回报、创新的金融行为。资本市场的运行规则是特殊的。客户在资本市场投资，不同于在一般商品市场中的消费。金融产品的价格形成机制也区别于普通商品，价格变化更快，波动更大。基于这些特点，各国证券公司在文化建设上呈现出以下共同特征。

（二）证券公司企业文化的共同特征

1. 遵守法律法规、监管规范和自律规则

证券公司要守规矩。金融市场是规则导向的市场，证券行业是受到强监管的行业。合规是底线，这既是国家和行业的要求，也是企业自身专业素质的体现。合规的"规"字，内容广泛：大到国家出台的法律法规和规范性文件、行业规范和自律规则，小到证券公司内部的规章制度，再到约定俗成、共同认可的道德准则，都需遵守。证券公司必须把合规作为执业准绳，保持对规则的敬畏之心。

---

[*] 本文为中国证券业协会2022年优秀课题。课题负责人：查向阳，中国国际金融股份有限公司董事总经理。课题组成员包括：曾军，夏潇，均供职于中国国际金融股份有限公司。

2. 倡导诚实守信

证券公司要讲诚信。"诚招天下客，誉从信中来"，证券公司做"受人之托、代人理财"的生意，自然要靠诚实可信的口碑赢得好声誉，客户才敢放心把资金交予机构打理。然而，资本市场的信息不对称和种种乱象对证券公司建设诚信文化提出了更高的要求。内外兼修是国内外证券市场擦亮诚信招牌的共同做法。荷兰的《金融监管法》和《审慎监管法规》要求公司把诚信政策内化于日常管理，并用外部规则打击失信行为。中国证券业协会发布的《证券行业执业声誉信息管理办法》则建立了行业声誉数据信息库。

3. 崇尚专业精神

证券公司在专业上要"卷"。证券是智力密集型的行业，做的是"技术活儿"，要想在激烈的市场竞争中长盛不衰，就必须不断提升专业水准。具体来说，专业有三层含义：第一，专业技术和水平高。证券公司要提升研究、定价、销售、交易、资产配置、金融科技等核心能力，提供更优质的金融服务。第二，对客户的服务态度要专业。一份好方案，不仅要在业务和技术层面精益求精，更要得到客户的认可和信任。同时也不能一味迎合，要敢于对客户提出真问题，说出真心话。第三，要有社会责任感和担当。证券公司的客户不仅是投资人，还有社会和国家。做业务除了考虑营利，更要为实体经济服务。

4. 严格防范风险

证券公司行稳才能致远。证券行业在促进资本形成方面发挥重要作用，而资本带有双重属性。一方面，资本推动生产力发展、科技进步和社会财富的创造；另一方面，它贪婪逐利、暗藏风险。金融的本质是在收益与风险之间寻求平衡。如果无节制地求利而不控制风险，就会导致恶劣的后果。历史上明星投行的覆灭、2008年金融危机引发的动荡，无不是过度扩张、风险失控造成的。我国也曾经历过证券行业的三年综合治理，应从代价中吸取教训，并将其转化为文化建设的方向指导。

二、建设具有中国特色的证券公司企业文化

党的二十大报告指出，"马克思主义是我们立党立国、兴党兴国的根本指导思想"。习近平新时代中国特色社会主义思想实现了马克思主义中国化时代化新的飞跃。我国证券公司牢牢把握习近平新时代中国特色社会主义思想的世界观和方法论，深刻领悟"两个确立"的重要意义，自觉肩负金融报国的使命担当，全力服务国家重大部署，坚决落实金融三大任务，把习近平新时代中国特色社会主义思想的立场观点方法贯彻落实到企业文化建设的过程当中。

（一）以马克思主义为指导、以党建为引领

我国证券公司坚持以马克思主义为指导，坚持中国特色社会主义文化发展道路，发展具有价值引导力、思想凝聚力和精神推动力的企业文化。坚持党建为引领是国有证券公司开展企业文化建设的基础。民营证券公司也在积极开展党建工作，成为推进党建引领企业发展的探索实践。

（二）从中华优秀传统文化中吸收养分，不断丰富企业文化内涵

中华优秀传统文化蕴含丰富的内涵，对全社会具有一般性的指导意义，并且对于从业人

员修身养性、提高道德水准也具有明确的指导意义。在实践中，要辩证地将中华优秀传统文化融合运用。儒家成仁取义、积极进取的价值取向，鼓励员工正心修身，锤炼品德修为。法家的"法""势"和"利"，同样能够用于企业经营：满足员工利益需求，同时在制度和纪律上严格要求、强化管理。道家的"柔"，是顺势而为。企业的高层管理者需要"道"，在更宏大的价值观和愿景驱动下，把握"无为而无不为"、顺势而为的精髓。

中华优秀传统文化源远流长、博大精深。随着挖掘成果不断涌现，证券公司应及时运用并将其内涵丰富并发展到企业文化之中。

（三）结合中国特色现代资本市场的特点，体现中国式现代化的时代特征

与成熟资本市场相比，我国资本市场只有三十多年历史，还在学习发展的阶段。中国特色现代资本市场科学认识资本的特性和行为规律，既发挥资本作为重要生产要素的积极作用，又限制其消极作用，是与中国特色社会主义制度相结合相适应、开放发展、市场化程度很高的市场。结合其特点，建设具有中国特色的证券公司企业文化，有利于营造良好的资本市场发展生态。

党的二十大报告深刻揭示了以中国式现代化全面推进中华民族伟大复兴的重大意义，明确阐述了中国式现代化的科学内涵，即中国式现代化的中国特色、本质要求和重大原则。这决定了我们在开展具有中国特色的证券公司企业文化建设过程中必须坚持以人民为中心的发展思想，体现推动高质量发展、服务实体经济、平衡各方利益、推动实现共同富裕、秉承人与自然和谐共生的理念等中国式现代化的时代特征。

在中国式现代化新征程上，我国证券公司围绕党的二十大报告要求，推动合规、诚信、专业、稳健的文化理念，遵循中国特色证券行业文化建设方向，打造具有凝聚力、引领力的先进的企业文化。努力做好中华优秀传统文化的挖掘和总结，古为今用，实现传统文化精华的创造性转化和创新性发展。同时学习吸收国际先进投行优秀文化，推动文化交流互鉴，坚持正确的价值观、发展观、义利观、风险观，不断丰富证券公司的共性文化内涵，建设具有中国特色的证券公司企业文化，为奋力推进中国式现代化贡献更大力量。

三、证券公司企业文化具有多维度的类别特征

在具有一般规律和中国特色以外，证券公司的文化还有多维度的类别特征。以下将从业务类型、法律背景、公司形态、历史与文化、所有制属性等多个维度进行类别特征的剖析。

（一）业务类型

1. 机构投行与零售投行

面向不同的客户群体，证券公司表现出文化差异。机构投行的客户主要是大型金融机构或企业，零售投行则面向个人客户。机构投行获客不依赖广告宣传，而是关注对客户的长期服务，风格低调，精益求精，重视团队合作。零售投行则更关注个人客户，实践中更鼓励竞争，团队协作更为困难。

2. 精品投行与综合投行

展业范围同样影响着证券公司的文化。与业务量大、服务类型全的综合投行相比，精品

投行通常在投行业务的某一方面深度发展，业务"少而精"。由于规模小，精品投行更容易控制宏观风险，风控要求低，灵活性更高。综合投行规模大，业务线多，二级市场等价值链长的业务占比高，资本金业务带来的风险大。也因此，综合投行对管理稳定性、组织严密性、制度流程规范性都有着更高的要求。综合投行与精品投行的一个较大差别在于对资产负债表的运用。

（二）法律背景

不同的法律土壤会孕育出不同的证券公司企业文化。秉承罗马法传统的大陆法系，法律规则系统明确，应用上却相对僵化，法律制定也会滞后。当资本市场出现新的问题时，没有明确规定就难以应对。对证券公司来说，大陆法系相对保守，对风险的容忍度更低。习惯用归纳进行法律适用的英美法系在实践中则更加灵活。以美国为典型，相对宽松的法律框架极大鼓励了金融界的创新和各类衍生产品的出现。但也正是这样宽松自由的状态使得风险难以受控，最终引发全球金融危机。

（三）公司形态

1. 合伙制投行

美国早年的证券公司和律师事务所、会计师事务所一样，以合伙制为主。因为合伙人需要承担无限连带责任，合作伙伴之间必须互相信任、团结协作。但是随着证券公司的规模变大，对资本的依赖程度更高，"资合"占到了主要比重，"人合"就成了其次。

2. 上市投行

上市投行采取股份有限公司制度，股权相对分散。上市投行资本金获得相对容易，来源更加广泛。高盛早期股权集中在合伙人手中，资本金来源有限。上市以后，股权分散给各个股东，资本金来源变得更加广泛，资金规模更大，更易于开展资本金业务，同时二级市场链条长，流程也会更长。因此，上市投行往往更看重短期利益，风险偏好较高。

3. 商业银行附属投行

商业银行附属投行是商业银行的下设机构。因为商业银行注重稳健经营，风险控制严，不鼓励冒险，其附属投行也更为保守，在风险控制、激励机制和业务上都没有独立投行灵活。

（四）历史与文化

证券公司创立的历史，潜移默化地影响其文化。美林是爱尔兰人创立的，这个民族在社会中相对边缘，美林早期主要是做零售业务，在街头巷尾招揽客户。高盛是犹太人创立的，最初因为证券核心业务被处于社会优势地位的盎格鲁—撒克逊白人把控，犹太人的企业也只能做行业中零散的事务。但犹太文化的团结协作与顽强奋斗写进了高盛的 DNA，帮助它发展壮大至今。摩根士丹利则流淌着盎格鲁-撒克逊的白人血液，形成强调个人价值的精英文化。今天的摩根士丹利以高薪酬作为强激励，通过淘汰促进竞争，风格强势。

文化基因同样区别着证券公司的企业文化。今天中国证券公司对于文化建设的思考，是几千年来对商业伦理探索的延续。"诚信无欺、以义制利、和厚生财"，这些儒家古老的义利观是中国人共同认可的信念。西方文化的起源则决定着证券公司更强调利益至上、个人至上。缺乏道德约束的利益取向一定程度上使得行业暗藏危机与风险。

（五）所有制属性

证券公司的所有制属性也影响着企业文化。在以美国为代表的西方资本主义国家中，通常只有涉及国计民生的垄断性行业才会是纯国有控股，比如电力、基础设施等。而在我国，绝大多数证券公司都是国有控股。相对而言，国有企业更强调政治性、人民性和稳定性，要求证券公司为社会服务。

总的来说，文化归根结底源自公司实际，又服务于企业发展的需要。在具有一般规律和中国特色之外，证券公司要结合自身业务、组织特点和实际情况，建设有自身特征的企业文化。

四、结语

综上所述，我国证券公司企业文化既要遵循行业与资本市场的规律，也要具有中国特色。对于每家证券公司而言，要在此基础上考虑多维度的类别特征，并结合自身特点形成独有的文化。

党的二十大报告将文化建设摆在突出位置，对文化建设工作作出重要部署。报告提出"把社会主义核心价值观融入法制建设、融入社会发展、融入日常生活"，说明了文化建设的着力点从法制建设、社会发展，延展到了人民群众的工作生活。在具体路径上，既有固化于制、加强制度建设的系统性工程，又有细化于行、融入日常生活的针对性举措。

"求木之长者，必固其根本；欲流之远者，必浚其泉源"。党和国家推进文化建设工作如此，一个企业亦然。

固化于制，指的是证券公司企业文化要通过强化机制建设，推动"有形"落地。例如，在招聘环节加强文化考察，提高对候选人文化匹配度的关注与重视；丰富文化培训的层次与形式，加强文化渗透；将文化融入绩效考核，在能力维度中添加文化的考核，发挥考核的指挥棒作用。在上述内容的基础上，还可以持续探索如何将文化融入员工发展，使得分配导向更好地向业绩突出、能力优异、文化良好的员工倾斜。

细化于行，关注员工行为促进"知行合一"。作为企业文化的重要载体和关键环节，员工行为体现着企业文化建设的成效，因此，要关注和重视日常行为，通过细化员工行为规范，让每个人在工作生活中有章可循。同时，应建立员工个人声誉（信用）体系，对于财务报销不规范、没有引起严重后果的合规风险事件等违反规定但又未达到问责处罚的行为，进行信息记录并适当应用。唯有在行为管理方面做到"细"和"严"，以约束促进文化落地，才能使员工真正"知行合一"。

道阻且长，行则将至。站在新的历史阶段，深入贯彻党的二十大精神，坚持中国特色社会主义文化发展道路，要在全面把握上下功夫、在全面落实上下功夫。证券公司应当对照党和国家推进文化建设的系统方法和创新举措，持续丰富企业文化内涵并使之落地，以优秀的文化铸魂育人、立志塑形，着力将文化软实力转化为经营发展的硬实力，为行业与社会发展贡献自己的力量。

证券行业文化建设视角下的声誉管理研究

鲍双双[*]

一、声誉管理的内涵

20世纪80年代,"企业声誉"开始进入理论研究领域,逐步发展成为企业管理中的重要概念。20世纪90年代,美国纽约大学的查尔斯·佛布伦(Charles Fombrun)教授在梳理前人研究成果的基础上首次系统性地阐述了声誉理论,还创造性地提出了"声誉资本"(Reputational Capital)概念。声誉资本概念提出后,西方学者从不同领域和角度对其开展研究,包括"企业如何创建和管理声誉资本""如何量化声誉风险"等主题。从定量角度分析,美联储官员杰森·佩里(Jason Perry)于2005年提出一个假设:企业运营亏损事件中,股票市值下降超过实际损失的部分可视为对声誉的影响,并基于这一假设设计了声誉风险计量模型。我国关于声誉风险的研究大多是基于杰森·佩里的逻辑,根据所研究的行业选取变量、建立模型,并通过分析特定样本一定时期内的风险损失和市值变化数据来校验参数。

从定性角度分析,声誉广义上可以认为是被传播的评价。具体地讲,是某个主体在被内外部议论和传播过程中带来的社会认可度。回到查尔斯·佛布伦(Charles Fombrun)教授最初提出的"声誉资本"概念,其认为声誉即是一种资本,能够创造价值,而"声誉价值"就是声誉资本带来的企业价值的增值,其中包含无形价值和有形价值。声誉资本的这种增值效用是企业声誉受到企业管理者重视的主要原因,也是企业声誉评价中关注的核心。

从以上学术研究可以得出结论:声誉作为一种重要的无形资产有其自身价值。声誉价值的不确定性形成声誉风险。因此,从根本上说,声誉价值与声誉风险是声誉管理的一体两面,声誉风险是表现,声誉价值是内核,二者由表及里共生共存,声誉风险最终反映的是声誉价值。声誉管理的目的就是降低声誉风险,提升声誉价值。

---

[*] 本文写作于2023年11月。作者简介:鲍双双,供职于东兴证券股份有限公司董事会办公室。

二、证券行业声誉管理的背景

（一）宏观背景

在 2008 年金融危机中，美国五大投行在前后不到半年时间里相继倒闭。此类系统性危机的爆发固然在于金融机构本身业务模式激进、风险管理不力，但声誉风险的迅速传导无疑起了推波助澜的作用，成为压垮骆驼的最后一根稻草，也暴露出金融机构在声誉风险冲击下的脆弱性。近年来，我国经济发展遇到国内外多重超预期因素冲击，金融风险防控成为防范化解重大风险攻坚战的重点。在证券行业机构运行方面，随着证券机构规模的逐渐扩张、证券公司产品的日益多样化，行业风险生成机制和表现形式更加多元，隐蔽性、复杂性、突发性、传染性和危害性增强，对证券机构风险管控能力形成重大考验。

（二）政策背景

2016 年 12 月，中国证券业协会修订发布的《证券公司全面风险管理规范》中将声誉风险纳入全面风险管理体系，券商声誉风险首次被提及。2021 年 2 月，原银保监会发布《银行保险机构声誉风险管理办法（试行）》。2021 年 5 月 22 日，中国证监会主席易会满在中国证券业协会第七次会员大会上强调证券业高质量发展要走专业化道路和进行全链条监管，提出要"注重培养具备专业主义精神的人才队伍，才能行稳致远，逐步积累声誉资本""切实加强自身的技术、资本、流动性、声誉等方面的风险管理"等要求。2021 年 10 月，中国证券业协会发布《证券公司声誉风险管理指引》，被视为维护证券行业形象和市场稳定的重磅举措。

三、证券行业声誉管理与行业文化建设的关系

声誉管理一方面应从立足于风险管理的角度，将声誉风险作为行业、公司风险因素的一种，纳入全面风险管理体系，从风险识别、监测、评估、应对等环节进行全流程管理，目的在于减少、弱化负面；另一方面应从品牌口碑的打造与维护角度，重视声誉资本的积累，目的在于增加、强化正面。而证券公司的声誉管理，无论针对负面的风险防范还是弘扬正面的品牌宣传，声誉管理都应与文化建设有机融合，从观念、组织、行为三个层面，通过涵养良性文化生态，有效防范声誉风险，提升公司的社会声誉口碑，累积公司声誉资本。

声誉管理与文化建设虽然内涵外延不尽相同，但二者相互交织、相辅相成。一方面，声誉风险管理是文化建设的应有之义，是文化建设成果的集中体现之一。从文化的外延来看，证券行业文化本身涵盖声誉文化，理应大力培育。从风险管理的角度来看，对于声誉风险的管理也是文化建设的重要组成部分。《证券行业文化建设十要素》中即包含加强声誉约束的内容，强调声誉约束是文化建设的有力保障。另一方面，文化建设对声誉管理也有正向带动作用。仅就证券行业核心价值观而言，崇尚"合规、诚信"，倡导"稳健"发展的行业文化显然有助于从源头上防范声誉风险；而强调"专业"，致力于以专业精神服务实体经济，突出专业能力、专业特色、专业优势，则对于积累行业声誉资本、彰显声誉价值有着重要的促进作用。

四、证券公司文化建设年报中的声誉管理

本文从2022年度证券公司文化建设实践评估结果为AA类（5家）、A类（7家）、BB类（10家选取3家）及B类（24家选取5家）的公司中选取20家为样本，以其公示的2022年度文化建设年度报告为主要研究对象，简要分析了证券公司文化建设与声誉管理的结合情况。

（一）总体情况

对20家证券公司文化建设年报中提及"声誉"的次数（不含年报附件）进行粗略统计，结果如下：20次以下（AA类2家，A类1家，B类2家）；20—30次（A类3家）；30—40次（A类3家，BB类1家）；40—50次（A类1家，BB类2家）；50—60次（AA类1家，BB类1家，B类1家）；60次以上（AA类2家）。从文化建设年报中体现的声誉管理内容看，全部20家样本公司都提及的主要包括声誉风险管理制度机制和员工声誉约束机制两方面。制度机制方面，各家均已制定了声誉风险管理办法，开展了有效的舆情监测；员工声誉管理方面，各家均建立了员工声誉信息管理机制，将声誉约束与评价机制纳入公司人事管理体系。除此之外，从20家样本中摘取比较具有特色的声誉管理内容总结如下。

（二）特色分析

1. "声誉"纳入公司文化理念

20家样本公司中有3家公司明确将"声誉"融于公司文化理念中。国泰君安证券在由"利益观、业务观、人才观、处世观"组成的"企业共识"中，将"珍惜声誉"作为公司"处世观"的内容之一。中信证券将"像爱护我们的生命一样爱护公司的品牌和声誉"凝结在公司核心价值观中。中信建投证券将"始终维护和珍惜公司的口碑和声誉"作为公司倡导的"四个始终"之一纳入公司文化理念。

2. 构建声誉风险管理的制度体系

20家样本公司中有12家公司在文化建设年报中除提及公司《声誉风险管理办法》以外，还制定了相关配套制度，形成了较为完善的声誉风险管理制度体系。有诸如《声誉风险管理细则》《声誉风险管理工作操作手册》《重大声誉风险事件应急预案》等操作层面的细则，还有如申万宏源证券针对重大声誉事件开展应急演练。在舆情管理、自媒体管理、新闻发言人、执业声誉信息报送等方面亦有公司制定相应制度予以规范。

3. 将品牌建设与声誉管理有机融合

20家样本公司中有8家公司在文化建设年报中将声誉管理与公司品牌相联系，通过品牌建设积累声誉资本。

银河证券在"健全声誉管理体系，打造银河品牌形象高地"一节中提到，"在公司内部控制评价中的公司治理部分评估公司有关声誉价值管理三年工作计划的落实情况，并根据实际调整公司声誉价值工作的重点与方法"以及"对外加强媒体沟通，不断扩大媒体交流范围；增强正面宣传供给，提高宣传内容质量和数量；讲好银河故事"等。

兴业证券对于声誉建设与品牌建设的结合这样表述,"在对外品牌形象建设方面,夯实声誉风险管理、强化媒体关系管理,树立公司有责任、有温度的专业金融机构形象。在外规指引下完善声誉风险制度建设,持续推进声誉风险监测系统本地化部署""以企业文化作为品牌传播的基石,以声誉风险管理作为处理品牌危机的保障,构建兴证文化品牌体系"。

中信证券在"强化声誉约束管理,成为行业形象的捍卫者"部分这样表述:"不仅关注负面舆情危机处理,更持续整合开展品牌传播,积极传播公司正面形象和声誉,制定有效的传播策略,增强中信证券品牌形象和社会声誉。"

此外,国海证券提出"统筹推进文化品牌工程建设,持续积累声誉资本";东吴证券表述为"通过公司的企业文化建设和品牌宣传,将'合规、诚信、专业、稳健'等文化理念结合,丰富品牌内涵,形成独特的党建品牌、文化品牌、投教品牌等,不断厚积声誉资本""积极服务国家战略,相继在多家权威媒体发表署名文章,厚植东吴品牌声誉资本"等;浙商证券在品牌文化建设部分提到了"加强声誉风险管理,维护好媒体关系"等。

总体来看,证券公司一方面从管控风险减少失分项的维度,将声誉风险管理作为品牌建设的重要组成部分,从品牌形象维护的层面看待声誉风险管理与声誉事件处置;另一方面也通过积极有效的媒体宣传争取加分项,以服务实体经济、落实国家战略、践行社会责任等切入点强化正面品牌形象,以积累声誉资本,提升声誉价值。

五、文化建设视角下优化声誉管理的路径

(一)观念层面

1. 声誉管理应明确政治属性

证券行业声誉管理应以习近平新时代中国特色社会主义思想为指导,全面贯彻落实党的二十大、中央金融工作会议等关于加强社会信用体系建设、建设文化强国、防控金融风险、推进治理体系和治理能力现代化的决策部署,以建设中国特色的证券行业文化为总体目标,以培育证券行业良好声誉为核心,推动促进证券行业高质量发展。从文化建设的视角看声誉管理,首先应提高政治站位,明确政治属性,用习近平新时代中国特色社会主义思想凝心铸魂,牢牢把握金融工作的政治性、人民性,不忘金融服务实体经济的初心,践行金融报国的使命。

2. 声誉管理应坚持党建引领

中国共产党的领导是中国特色社会主义最本质的特征,是中国特色社会主义制度的最大优势。中国资本市场是具有中国特色的资本市场,建设中国特色的证券行业文化必须始终坚持中国共产党的领导,证券行业声誉管理应探索以党的组织体系嵌入声誉管理组织体系,逐步形成党委全面领导、党组织贯彻落实、党员引领示范的党建融合声誉管理及党建引领声誉建设的机制。同时,注重将思想政治建设融入声誉文化建设,把提高从业人员的道德水平融入声誉意识教育,充分重视发挥思想政治工作在声誉理念培育中的作用,注重从业人员的灵魂塑造、品性培养、价值观改造。着力提升证券行业从业人员的道德水平,自觉抵御拜金主义、享乐主义和个人主义等不良风气侵蚀是防范行业声誉风险的治本之策。一个人只有思想端正,言行才不容易失格;一个企业只有具备良性的文化、健康的风气,才有可能从源头上减少声誉事件,真正提升社会对其的评价即声誉口碑。

3. 声誉意识应融入文化理念

《树立证券行业荣辱观的倡议书》要求从业人员深刻认识行业发展的初心使命，秉持金融服务实体经济、服务居民财富管理的理念，始终坚持以人民为中心，以提高社会认可度和人民群众满意度为目标，积极践行金融报国思想，坚决摒弃自娱自乐的错误理念，坚决摒弃无视风险外溢、无视投资者利益保护的逐利行为，坚决摒弃无视国家利益与社会公德的极端个人主义行为。从声誉建设的角度看，声誉文化是行业核心价值观、行业荣辱观培育的应有之义，是行业文化建设的重要组成部分。珍惜、维护公司声誉应纳入公司文化理念体系，并将声誉文化纳入公司文化建设活动，积极通过制度建设、宣贯培训、实操演练、同业交流等方式开展声誉文化建设，形成良好的声誉文化共建、共治、共享氛围。

（二）组织层面

1. 声誉管理应融入公司治理

公司治理是现代企业制度的核心，企业深化改革已全面进入公司治理时代，必须将声誉管理融入公司治理架构，探索形成董事会决策部署、监事会独立监督、管理层执行落实的声誉管理组织体系。同时，在操作层面构建跨部门协作的综合应对机制，形成吸纳多元主体综合治理的新格局。

《证券公司声誉风险管理指引》中明确："证券公司应建立有效的声誉风险管理组织架构，明确董事会、监事会、经理层、各部门、分支机构及子公司在声誉风险管理中的职责分工。"其中，董事会、监事会、经理层分别承担最终责任、监督责任和主要责任，首席风险官牵头负责声誉风险管理工作，同时应指定部门或团队牵头负责声誉风险管理工作。实践中鉴于声誉风险来源可能涉及各层面、各条线，声誉事件处置也需要协调各种资源，整合各种力量，因此，声誉风险管理作为一项系统工作应在公司内部建立有效协作机制。有证券公司建立了跨部门的声誉风险管理委员会或工作组，负责具体落实声誉风险管理各项工作。例如，中信证券采用垂直管理、分级授权的模式构建了声誉风险管理的三道防线：各单位及分支机构（第一道防线，负责识别、防范、应对风险）；声誉风险管理工作小组（第二道防线，负责建章立制、处置声誉事件）；公司风险管理委员会（第三道防线，负责推进文化、保障资源、重大决策）。其中，公司声誉风险管理工作小组由董事会办公室、风险管理部会同总经理办公室、合规部、稽核审计部、人力资源部、法律部、信息技术中心、财富管理委员会及相关部门组成。工作小组人员由各组成部门所指定业务骨干组成，各司其职，共同推进公司声誉风险管理工作。国金证券也是在由首席风险官牵头负责声誉风险管理工作的原则下，组建了由风险管理部、董事会办公室、合规管理部、法律事务部、人力资源部等各部门联合的声誉风险管理工作组，共同应对可能出现的声誉风险事件，维护公司的品牌声誉。

2. 声誉管理应健全机制流程

在制度机制体系方面，以声誉风险管理办法为中心建立健全配套制度。从风险应对角度，可建立重大声誉风险事件的应急处置预案、重大舆情突发事件应急处置预案或舆情管理制度等，必要时开展应急演练。从声誉建设角度，可延伸至新闻宣传、品牌管理、执业声誉管理等方面，通过建立相应制度流程进行规范。在流程管理方面，应坚持前瞻、主动、及时的原则，前移声誉风险管理关口，加强实时监测和定期隐患排查，实现声誉风险管理对经营管理全业务全流程覆盖。建立联系人工作机制，明确和落实防范化解声誉风险、改进工作的责任机构和责任人，完善信息共享、流程衔接与处理反馈流程，防止声誉风险发酵传导。如银河证券、浙商证券等通过建立声誉风险管理联络员机制，压实第一道防线主体责任，促进管理流程从"串联式"向"平台化"转变。

3. 声誉管理应注重外部沟通

声誉本质上是外部主体对公司的评价，因此，声誉管理切忌闭门造车，而应注重吸纳外部各评价主体意见，保持对外沟通顺畅，努力与各外部主体建立并维护健康和谐的关系，为公司发展营造良好环境。证券公司声誉管理的考量范围应涵盖政府、市场、社会公众三方力量，构建多元主体共同参与的声誉管理体系。积极与监管机构、自律组织等部门保持沟通，了解监管动向与最新形势；加强与各级新闻宣传、网络信息主管部门的密切联系，扩大与主流媒体的朋友圈范围，确保对外沟通中各级相关单位的充分认知和彼此配合；妥善处理好与利益相关者、社会公众的意见和建议，积极回应投资者、社会公众关切，合理评估后可考虑予以改进；不断提高信息披露质效，真实、有效、合理传递公司价值；密切关注宏观环境、经济因素、市场波动等变化情况，始终保持公司对外部环境的敏锐感知，始终保持对外部主体的有效沟通。

（三）行为层面

1. 声誉管理应以舆情管理为基础

舆论导向作为公众态度评价的直观反映，既是衡量文化建设成果的参考维度，也是实施声誉管理的重要基础。现实中负面舆情往往是声誉损害的主要表现形式，舆论导向对社会公众评价的高低好坏起着决定性影响。因此，声誉管理从风险管控角度看必然需要充分关注舆情管理。首先，科技赋能加强舆情监测与预警对提升风险防控的及时性和有效性至关重要。目前大部分券商采取聘请专业第三方机构方式实施舆情动态监测，也有部分数字化水平较高的券商使用自研系统。对于使用外包服务的券商，应重点关注舆情监测系统对于舆情信息在语义提取、识别、分析、预警等方面与公司整体舆情管理策略的匹配度，与公司全面风险管理系统及相关交易系统的融合度，以及信息的保密安全性等。如东方证券将舆情预警系统接入自营债券、股票头寸、交易对手等底层数据，结合第三方舆情数据源，使用自研的基于人工智能的多模态预警模型对舆情事件自动预警，实现了智能识别与分析，再结合人工研判，提升了舆情风险防控的效果。

其次，在有效监测舆情、分级分类的基础上，应对声誉危机还要适时主动发声，正面引导。特别是随着新媒体的兴起并向纵深化、垂直化转型的趋势不断发展，舆情管理也应顺应外部环境变化，及时调整媒体公关策略。在声誉事件发生导致公司甚至整个行业受到社会质疑时，一方面要主动澄清事实、回应关切，另一方面应积极与媒体沟通，争取得到主流和专业媒体的理解与配合。此外，行业监管机构、自律组织等也可利用社会威信，适时通过专家发声、参与评论等方式稳定公众情绪，积极引导舆论导向，从而更好地应对化解危机，维护行业声誉。

2. 声誉管理应以员工行为为侧重

《证券公司声誉风险管理指引》明确提出"应建立工作人员声誉约束及评价机制，防范和管理工作人员引发的声誉风险"。通过对证券行业声誉事件的梳理可以发现，除了诸如违规展业受到处罚、产品亏损引发客户投诉等内部经营类风险间接引发的声誉事件，以及诸如媒体不实报道、利益方相关方声誉事件传导等由外部主体间接引发的声誉事件外，员工不当言行、高管违法违纪这类由个人行为通过网络传播发酵直接引发公众负面评价的案例已成为声誉事件的重要驱动因素，并随着自媒体的普及呈现高发趋势。因此，从管控声誉风险的角度来看，引导从业人员树立"维护声誉，人人有责"的意识，规范执业、谨言慎行至关重要。"从业人员"既指普通一线员工，也包括重要管理人员、关键岗位人员。因此，要尤其注意同公司的合规风控工作、纪检工作密切配合，狠抓合规执业、廉洁从业，同时紧盯"关键少数"，聚焦资金密集、资源富集、权力聚集的重点领域、重点岗位，加强廉洁从业的监督管理和教育培训。"规范行为"既指执业行为，也包括非工作场景下的日常行为，特别是网络自媒体环境下的个人言论。证券行业因资本、资金集聚的特性天然受到公众关注，因此，除了执业行为管理毫不松懈外，还要关注对员工非执业行为的教育引导，特别是要规范员工合理使用社交媒体，应严格划定底线、红线。此外，行为管理特别是非执业行为的管理必须要以加强人员的道德水平建设为基础。以树立正确价值观为指引，坚持入细入小入微常抓不懈，教育引导公司员工积极践行行业荣辱观，持续提升守法合规、诚实守信、专业精进、勤勉尽责、廉洁自律、珍惜声誉的职业道德水平，从而自觉规范个人言行，自觉维护行业声誉。

3. 声誉管理应以品牌建设为中心

从文化建设的视角看声誉管理，除了负向声誉风险的防范应对外，正向声誉资本的积累尤为重要，其中品牌建设尤为重要。品牌既是一种文化理念的外显形式，也是声誉价值的重要载体，甚至可以归结为公司竞争力的核心要素。目前，各家证券公司日益重视品牌建设并探索将其与文化建设、声誉管理、社会责任、ESG管理等相融合。从品牌文化内涵来看，大券商的品牌文化侧重于金融报国、社会责任，注重作为行业领军企业发挥带头作用；中小券商品牌文化则更注重特色差异化。从品牌建设进程来看，大券商的品牌建设普遍成熟，通过品牌形象的确立、品牌意识的宣导、品牌故事的传播等环节串联建立了较为完善的品牌建设整体框架并有规划、分步骤予以实施。从品牌建设策略看，不少证券公司在业务母品牌下搭建系列子品牌梯队，或者以业务品牌为基础拓展建立公益品牌、文化品牌等开展系统性品牌工程建设，从单一的品牌宣传战术发展成相对成熟的品牌建设战略体系，实现了品牌文化与声誉价值、企业价值之间的正向循环、相互促进。

六、总结与展望

综上所述，声誉管理既包括负向的风险防范以维持声誉资本，又包括正向的品牌宣传以提升声誉价值，而二者的实现都与文化建设中的若干要素相联系。以文化建设反哺声誉管理，不仅有助于声誉风险管理由事中、事后风险应对处置向事前源头治理风险防范转变，提升声誉风险管理效果；更有助于将声誉管理由风险防范向厚积声誉资本、提升声誉价值转变。因此，证券公司的声誉管理在纳入全面风险管理体系下持续加强风险防范的同时，还应注重与文化建设工作有机融合，形成双向促进的良性循环；并探索将声誉管理、文化建设、品牌建设、社会责任、ESG建设等相关工作进一步打通，统筹规划，综合施策，互为补充，在公司和行业"软实力"打造方面形成合力，以取得事半功倍的效果。

面对全球经济金融形势日趋复杂的严峻挑战，证券公司作为资本市场核心力量，应深入推进文化建设，持续加强声誉管理，致力于打造资本市场的"百年老店"，推动实现可持续高质量发展，在防范化解经济金融风险、更好地服务实体经济发展方面发挥更大作用。

参考文献

[1] 陈锋，赖炜炜. 厚积声誉资本促金融业高质量发展 [J]. 中国金融，2021（12）.

[2] 俞仕新，胡甲，刘涛. 证券业文化建设中的声誉风险治理研究. 中国证券业协会网站.

[3] 蔡咏. 实践的回眸：证券公司、资本市场与文化建设 [M]. 合肥：安徽人民出版社，2020.

推动理想信念教育常态化制度化对合规文化建设的启示

刘亚林　李思懿[*]

党的二十大报告明确指出要全面推进依法治国，"在法治轨道上全面建设社会主义现代化国家""全面推进国家各方面工作法治化"，全方位营造遵法学法守法用法的文化氛围。随着2022年《中央企业合规管理办法》的颁布，企业已经掀起了合规经营的浪潮。证券公司是典型的风险管理型企业，合规始终是证券行业文化的应有之义。作为"合规先行"的参与者，证券公司逐步积累了丰富的合规风控管理经验，为行业稳健高质量发展保驾护航。但随着市场的持续发展和行业情况的不断变化，"强监管、严监管"成为常态化趋势，证券公司合规管理工作也面临一些困难和挑战。据统计，2022年共有监管罚单382张，涉及证券公司58家（母子公司未合并统计）、证券分支机构46家、证券从业人员325人次被处罚问责。在这些数字背后，反映出的还是合规问题，究其根本其实是合规文化体认与内化不足的问题。有鉴于此，本文尝试分析合规文化建设面临的难点，并提出合规文化是推动理想信念教育常态化、制度化整体构架中的一项具体内容，合规文化建设应该充分吸收推动理想信念教育常态化、制度化的理论构建与实践经验，以推动合规文化建设进一步升华、深化，提升合规文化的认同价值、行为价值。

一、合规文化是推动理想信念教育常态化、制度化的应有之义

"一个国家，一个民族，要同心同德迈向前进，必须有共同的理想信念作支撑。"党的十八大以来，以习近平同志为核心的党中央深刻认识到理想信念对治国理政及实现中华民族伟大复兴的重大意义，将理想信念教育提到新的高度。党的十九届五中全会进一步指出要推动理想信念教育常态化制度化的时代命题，并指出理想信念教育不能就理想信念谈理想信念，其与政治认同、爱国主义、道德修养、法治意识、传统文化等密切相连。

---

[*] 本文写作于2023年11月。作者简介：刘亚林，红正均方投资有限公司董事长；李思懿，供职于红塔证券股份有限公司合规法律部。

法治是理想信念整体架构中的细分部分，是我们实现理想的必经之道，是我们信念之塔中的应有之义。坚持全面依法治国必须坚持依法治国和以德治国相结合，以法安天下，以德润人心。"德"是人们内心的价值观约束，可以通过法治合规文化予以熏陶。推动企业合法合规是全面推进依法治国、全面推进各方面法治化在企业中的落实举措。一个企业的合规文化建设也恰如一个企业长远发展的"理想信念"。所以，合规文化建设应当充分借鉴推动理想信念教育常态化、制度化在实践路径中积累的丰富经验。

一是推动理想信念教育常态化要求保持稳定性、日常性与长期性。习近平总书记指出："一种价值观要真正发挥作用，必须融入社会生活，让人们在实践中感知它、领悟它。要注意把我们所提倡的与人们日常生活紧密联系起来，在落细、落小、落实上下功夫。"个人的理想信念与社会共同的理想信念不是天然一致的，理想信念是深层次的意识和精神，其形成是一个从外到内、从认知到情感再到信仰不断转化、不断跃升的过程。合规文化作为一种价值观的养成，也是让员工个人的价值理念与企业的共同价值观相统一的过程，并非一朝一夕之功。因此，合规文化应该坚持常态化这一理想信念教育规律的必然要求：保持稳定性，不能突击式、运动式进行；形成日常性，把合规文化培育融入日常生活；坚持长期的、不懈的努力，使合规文化建设成为一项常抓不懈的工作。

二是推动理想信念教育制度化，以制度的方式将理想信念教育的任务与内容、方式与渠道等固定下来，形成一种系统的、有序的活动。制度化统筹价值认同、目标认同与主体协同，统筹考虑价值观的引领、形成一体化目标、促成教育方与受教育方的协同发力，实现制度由外在规范性向人的内在自觉性的转变。所以，合规文化建设也必须建立科学有效的、统筹企业与员工价值观的制度体系，在制度框架内有序推进，为合规文化建设的常态化提供制度保障。

三是推动理想信念教育常态化、制度化需要完善的执行监督体系。制度的执行不仅需要自觉的行动，而且需要外在的强制性约束，防止制度成为"纸老虎""稻草人"，确保制度执行不会出现虚化和空转，进而有效提升制度效能。合规文化建设应该充分汲取上述经验，在合规文化建设中既要重视合规理念入心、合规行为规范，更要形成有效的执行监督体系，保障合规文化成果有效落地。

二、合规文化建设主要方式分析

为充分了解目前证券行业合规建设的实践方式，本文选取了部分证券公司在 2022 年度社会责任报告中披露的合规文化建设情况（见表 1），以摘其精华，析其阙漏。

表 1　　　　　　　　　　2022 年度部分证券公司合规文化建设情况

证券公司	提升合规意识方面	强化合规行为方面
中信证券	拓展合规宣传新方式，利用线上平台向员工普及合规知识，宣传合规理念。开设合规微信公众号和视频号 "CITICS 合规之窗"，通过文章、长图和小视频等多种形式开展宣传，平台实现每日更新，开展了反洗钱、廉洁从业、反垄断等多项专题宣传	公司合规部积极跟进相关业务部门涉及的法律法规变化，每周更新《合规管理动态》并发送至分支机构，内容涵盖监管动态、法规跟踪、最新监管案例等多个维度

续表

证券公司	提升合规意识方面	强化合规行为方面
招商证券	不断深化合规培训及合规文化体系建设，围绕《保荐人尽职调查工作准则》《证券发行上市保荐业务工作底稿指引》等新规、子公司合规管理要求及业务管理中的关键点，开展有针对性、高频度的法律合规培训和合规文化宣导，强化执业规范及典型案例警示教育，加强法律合规培训和合规文化宣导的针对性，从源头上降低合规风险 通过线上和线下的方式，共开展法律合规培训75次，覆盖公司全体从业人员	持续密切关注监管和行业自律动态，积极开展各项新规和征求意见稿研究，加强与监管机关和自律组织之间的沟通与联系，有效落实各项监管要求
国泰君安证券	在公司"看见"平台开辟合规文化、廉洁文化专栏，加大宣传频次，提升宣传可阅读性与可视化程度 在办公楼道电视屏幕上循环播放合规培训课件，扩大宣传受众面 组织线上线下合规培训，定期统计线上培训课程完成情况，加强督导各单位内部传达学习，打造合规宣导闭环	制定《从业人员投资行为管理办法》、修订形成《员工合规手册（2022版）》《分支机构一线合规与风控管理办法》《投资银行类业务利益冲突管理办法》等系列制度、规范
兴业证券	定期编写《兴业证券合规周报》，及时跟踪监管动态，解读监管政策，并建立合规风险提示机制，实时收集公司业务相关的违规案例，深入剖析，强化员工合规意识 合规管理部定期组织开展月度分公司合规负责人培训交流会，季度重点业务部门、子公司合规管理工作沟通交流会，组织合规人员开展有针对性的培训学习	将合规管理基本要求嵌入规章制度、业务流程之中，以制度承载合规理念、固化合规要求、强化合规意识 编制合规手册，组织员工签署合规与廉洁从业承诺书，引导其规范开展业务，筑牢员工底线思维 通过解读监管新规，剖析典型案例，及时有效解答各类重点、难点问题，提升合规人员专业素养及履职能力
申万宏源证券	共开展合规培训9次，形式包括线下培训、线上视频课程、法律合规快讯推送等，合规培训员工覆盖率达100%	制定并下发合规人员履职情况考核实施方案，明确考核标准和要求。在年度合规考核基础上，增加季度合规考核，强化对合规人员履职过程的管理和监督，有效发挥合规考核的指挥棒作用 为提升合规人员业务能力，开展15期合规部门内部培训，培训主题涵盖业务规范、法规解读、风险介绍、反洗钱等内容 开展合规管理人员持证上岗培训与考试，安排丰富的培训课程资源，包括公司内部课程和外部课程，课程结束后的考试分为合规基础卷、合规专业卷。对于考试成绩合格人员，公司发放成绩合格证书，并明确成绩有效期
海通证券	确定2022年为"合规内控文化建设年"，在集团层面全面推进合规内控文化建设 通过专项活动、现场培训、政策解读、定期传导等开展新法新规、政策导向、处罚态势的分析与宣导，累计超4万人次参与，2022年共发布26期《金融监管动态》、4期《合规内控文化建设年动态》	

续表

证券公司	提升合规意识方面	强化合规行为方面
中国银河证券	开展4期对投行全体人员的季度合规培训，涉及15个部门，共计428人；通过"银河我心"专题讲座活动对相关子公司、业务部门进行合规培训	结合最新监管新规、监管案例编写季度合规考试试题，组织业务人员参加合规考试
国信证券	每年组织员工签署《国信证券股份有限公司工作人员学习并遵守重要合规制度承诺书》《国信证券股份有限公司员工执业禁止行为规定》承诺书》等系列承诺文件之外，组织全体员工参与多种多样的合规培训，强化对员工的合规警示教育 通过发送新法规速递、合规简报、每周新规动态等方式进行常态化宣导，通过"小信话合规"培训与宣导可视化课件、"小信合规讲堂"等方式提升宣导效果 更新制作合规管理体系建设画册、发布合规管理动画视频，旨在全面强化员工审慎执业与合规风险防范意识	
东吴证券		开展上半年合规风控专员培训和下半年合规风控专员培训，参与人员均为子公司合规风控负责人、总部部门及分支机构合规风控专员。培训内容为董监高及从业人员管理新规解读、声誉风险管理相关规定简介。提高一线人员的风险防范意识及技能
华泰证券	持续加强合规文化建设，寓合规管理于服务宣导之中，增进全体人员合规理念共识及合规价值认同，不断提升合规内生动力 2022年全年累计开展合规法律宣传48次，开展"第三届'Legal泰'普法宣传月""全民国家安全教育日"普法宣传、"合规有你"、"《期货和衍生品法》专题宣导"等普法活动5场次，营造"知法、懂法、守法"的法治氛围 扩大宣传对象范围：宣传对象涵盖各部门、分支机构、境内子公司 丰富宣传形式：通过知识竞赛、讲座直播等形式，举办线上线下全覆盖普法活动	聚焦数据安全和信息安全，覆盖平台机制建设下的数据安全和信息安全合规领域

从表1可以看出，证券公司持续在建设合规文化方面努力探索，合规文化建设内容不断拓展、方式不断丰富，对于合规文化内涵的理解也逐步深入。在合规文化建设的逻辑理路上也基本遵循"合规文化入心"——"合规规范行为"，所以本文将其划分为"提升合规意识""强化合规行为"两个方面。

"提升合规意识"是大多数证券公司合规文化发力的重点，这与合规理念入心，才能使员工从情感体认与理性认知全面接受合规文化，并自觉地引导和规范其行为有关。作为合规文化建设的第一步，合规如何入心是合规文化建设取得成效的成败之举。提升合规意识是每个证券公司建设合规文化都加大举措的内容，在方式上主要以培训、宣导为主，并辅之以专题活动及签署承诺书等形式。受众以全面覆盖所有人员为目标，频率上保持高频度或常态化。

"强化合规行为"是确保合规文化外化于行的重要保障，但往往与整体的合规管理体系相连接，而不被单独作为合规文化建设的一项具体内容。所以部分证券公司在合规文化建设的内容中，即使已有相应制度或机制将合规文化贯穿于公司经营管理全流程，但并未进一步从文化建设的角度去理解和深化规范合规行为对于合规文化建设的保障与促进作用。在强化合规行为的方式上，主要以举办业务针对性的培训、专门面对合规人员的培训、明确行为禁止性规定为主，内容上突出对具体规定及案例的分析解读，强调业务人员及合规管理人员在落实具体合规行为时应该做什么和不应该做什么的引导。

三、合规文化建设中存在的不足

结合笔者所在公司合规文化建设情况及上述证券公司合规文化建设方式的探究，笔者认为，证券公司在着力推进合规文化建设的过程中还存在着以下问题：

（一）合规文化效果方面

一是对合规文化建设重要性的认识不够统一。部分业务部门"重业务、轻合规"的心态仍未完全改变，尚未完全消除合规是公司高层或合规管理部门的事情、合规有时候阻碍业务发展的认知。这与"主动合规、全员合规"的合规文化建设目标相悖。

二是对合规文化的内涵及合规管理的基本要求仍存有误区。部分人员虽然知道需要合规，但是在理解监管规定及制度要求时，倾向于做对业务有利解释的心理。比如在制度规定存有模糊或矛盾之处，会倾向于认为可以优先开展业务再争取差异化的政策支持。这反映出合规文化培育不够，专业性的合规培训成效不足，合规理念与底线思维的认知还存有偏差。

（二）合规文化建设方面

一是尚未形成以制度化保障合规文化建设常态化开展的模式。目前，暂无体现已建立合规文化建设规划、建设制度的实践案例，没有将合规文化的建设目标、任务与具体内容等通过制度予以明确。

二是合规文化建设的常态化有待加强。合规文化意识以主题宣传、引导为主，合规行为规范偏向于业务人员的合规培训，合规文化与日常工作全方面的融合有待深化，合规文化宣导、培训的长期性、稳定性与日常性需进一步加强。

三是合规文化建设的形式有待进一步丰富。面对推陈出新的新规，面对不断改革创新的发展，合规文化的建设形式如果只停留在传统模式，则难以产生良好的效果。与此同时，部分宣传还停留在"做过""参与过"的表面要求，没有将合规文化理念深入地内化于心、外化于行，没有产生预期的效果。

四是合规文化建设体系中的执行监督机制有待完善。目前，证券公司的合规文化建设突出的是培育、宣传、引导，个别公司在培训中加入考试，或进一步强化考核，但对整个合规文化建设的落实情况、对每位员工合规文化的贯彻情况仍缺少执行监督的保障。

四、深化合规文化建设的工作建议

（一）高位推动，强化党对合规文化建设的领导

首先，坚持全员合规、合规从管理层做起，坚持领导垂范，坚持全员参与的合规理念，有效发挥"关键少数"对合规文化宣导的重要作用：一是注重对公司管理层的合规文化宣导，从公司高度布局"合规文化建设总体规划"。二是利用开展"合规文化培育主题活动"发布"合规倡议书"、重要会议强调合规文化建设等多种形式，在全公司营造浓厚的合规文化氛围，让全体员工从感官认知与情感体验的角度自发产生对"合规"的敬畏感、亲切感、认同感。

其次，应将党建引领与合规文化建设相融合。一是充分发挥基层党组织在合规经营和稳健发展中的战斗堡垒作用，尝试将合规文化培训纳入党课学习，以身边事教育身边人，引导员工知敬畏、存警戒、守底线。二是有效利用党支部学习等集体活动，以合规承诺、交流研讨等方式宣导合规理念。发挥党员在切实践行合规理念方面的模范带头作用，借力党员联系群众，帮助发现风险隐患和薄弱环节，推动合规理念入脑入心，形成党员主动学规、自觉守规、带头合规的良好氛围。

（二）建章立制，以制度化推动合规文化建设常态化

一是在公司整体构建合规战略文化与合规价值文化，提供有目标、有步骤的合规文化建设蓝图。

二是完善合规制度体系。一方面要将合规文化建设的基本要求制度化、规范化，嵌入业务流程、内部控制、合规管理之中，以制度承载道德理念、固化良好品行、强化文化认同。另一方面要及时结合外规变化开展制度梳理工作，通过开展评估、强化监测、专项治理等切实的合规管理活动，把制度要求落实到具体的行为规范之中，将合规文化外化于行。

三是以行为准则为抓手，引导员工知规守规。比如制定"合规手册""业务操作手册"等，明确每个岗位的合规职责、风险提示与违规责任，规范员工的职业行为。

四是完善合规文化培训教育制度。形成合规文化核心价值观、合规文化培训的目标与方式，形成系统化、常态化的合规文化培训机制。

（三）创新拓展，将合规文化浸润到企业的精神气质

坚持"以人为本，循序渐进"，深入持久地开展合规文化培育，持续强化合规理念的传播渗透。

一是紧抓"常态化"，让合规理念成为员工日常的耳濡目染。充分利用多媒体形式定期发布"合规动态""监管案例解读""新规速递"等内容，让员工养成"每日必学规"的习惯，让合规文化与合规要求潜移默化地融入员工行为日常。

二是探索创新多样的宣传方式，提升合规文化建设效果。在覆盖面上，要以全员覆盖、全流程覆盖为导向，将合规文化贯穿于经营日常；在受众上应区分"全员""合规人员""业务人员"，精心设计不同的培训方案，既要寓学于常，深入熏陶合规文化，使合规理念与核心价值观如春风化雨般浸润全员内心，又要做好合规文化建设与业务操作的有机契合，发挥合规文化对行为规范的价值。

三是注重合规文化培训的起承转合，充分营造合规文化建设人人参与的浓厚氛围。建立多层次的合规培训体系，构建"公司培训专员—专员培训员工"的多层次合规培训机制，将合规重点进行传导，自上而下地提高公司人员的合规意识。强化合规培训讲师队伍培养，教学相长齐发力，扎实推动合规文化建设常态化，有效发挥合规培训的实用价值。

（四）约束与激励并举，推动合规文化根深叶茂

以制度为制度的落实提供保障。一是建立健全合规监督检查的闭环管理机制，保证合规文化的落地执行。将专项检查与日常检查、现场检查与非现场检查、业务检查与行为自查相结合，增大检查监督的广度、深度和力度，提高检查与合规文化建设的紧密性、承接性。

二是突出合规养成的有效引导，强化理念传播、推广与根植。突出合规典型的示范带动作用，调动全员积极性，引导形成更加重视合规、关注合规、宣扬合规的正能量。

三是突出考核问责的有效约束，健全完善合规考核的约束机制，加大对内控评价、内控合规专业条线考核结果的应用。畅通监督举报渠道，建立更为全面、科学的问责机制，强化失责必问、问责必严的震慑效应，使每名员工都对制度心存敬畏，守住底线，保障合规文化建设常态化、制度化有效落地。

参考文献

［1］习近平新时代中国特色社会主义思想学习纲要（2023年版）［M］. 北京：学习出版社、人民出版社，2023.123—126.

［2］习近平新时代中国特色社会主义思想专题摘编［M］. 北京：党建读物出版社、中央文献出版社，2023.275—301.

［3］冯建军. 理想信念教育常态化制度化的实践内涵、理路与策略［J］. 思想理论教育，2021（12）.

［4］郝一博，陈建兵. 新时代推动理想信念教育常态化制度化发展路径探析［J］. 学术探索，2021（05）.

［5］国家开发银行法律合规局课题组. 国家开发银行合规文化建设调查研究报告［A］. 全国金融系统思想政治工作和文化建设优秀调研成果（2020）［C］.

［6］中国证券业协会证券行业文化建设委员会课题小组. 证券行业完善社会责任管理，提升品牌建设研究［A］. 全国金融系统思想政治工作和文化建设优秀调研成果（2020）［C］.

［7］宁敏. 以合规文化为核心 为高质量发展提供价值引领［N］. 中国证券报，2022-1-6：A04.

证券公司声誉建设研究

中信建投证券股份有限公司*

一、证券公司声誉建设概述

(一) 证券公司声誉相关概念辨析

证券公司声誉是指证券公司及其工作人员在日常经营活动中,通过践行廉洁规定、职业道德、业务规范、行规行约等规范,展现自身良好信用,提供高质量的产品和服务,促成投资者、发行人、监管部门、自律组织、社会公众、媒体等对证券公司形成的正面评价。

证券公司声誉建设是指证券公司通过客观开展声誉建设活动,以期与证券公司存在行政监管、自律管理、业务往来等社会联系的外部主体提高对其主观声誉评价。其中,证券公司自身开展的客观建设活动是证券公司声誉建设的核心内容。

(二) 证券公司声誉建设的内涵和外延

证券公司声誉建设的内涵,是指证券公司积极开展声誉建设的相关举措。以"证券公司声誉建设举措是否主动、声誉影响因素是否可控"为标准,证券公司声誉建设的内涵包括主动可控类的"声誉资本积累和声誉激励约束"举措,以及被动应对类的"声誉风险管理和声誉受损恢复"举措等。证券公司声誉建设的外延是对其内涵的补充,是其开展声誉建设的外在约束,主要包括监管部门行政监管、自律组织自律管理、第三方评选机构合理评选、新闻媒体公正报道、投资者和客户理性认知等。

(三) 证券公司声誉建设的特点和指导理念

证券公司声誉建设的特点主要包括:统一性,即反映公司各方面行为能力,且客观建设

---

* 本文为中国证券业协会2022年优秀课题。课题负责人:丁建强,中信建投证券股份有限公司执行委员会委员、合规总监、法律合规部行政负责人。凤雯杰、钟玉玮、石济尘、亚云浩,均供职于中信建投证券股份有限公司法律合规部。

与主观评价相统一；高盈利性，即能够给公司带来更多业务收入；差异性，即提高对市场的"信用定价能力、持续服务能力、信息披露水平"是声誉建设的业务重点；时滞性，即对公司的影响具有一定的滞后；易耗性，即声誉事件对公司声誉影响更大、恢复难度更高。

证券公司声誉建设的指导理念主要包括：执行国家政策，践行社会责任；提升行业影响，改善行业形象；培育证券市场，赋能优质客户；提升业务标准，促进高质量发展。

二、证券公司声誉建设现状、必要性及可行性

境内外证券公司（投资银行）均面临声誉风险问题，且均较为重视维护自身声誉，并采取了一些声誉管理举措。

（一）境内外证券公司（投资银行）声誉建设现状

境外出现了美国次贷危机、"世纪大爆仓"比尔·黄事件等系统性或机构类声誉事件。为提升和维护声誉，高盛集团、摩根大通等采取了部分措施，散见于企业文化、社会责任、风险管理等方面。

境内亦出现投行业务虚假陈述、资管业务"老鼠仓"、经纪业务"飞单"、互联网平台炫富等声誉事件。境内主要由监管部门、自律组织指引行业声誉建设工作，监管部门多次强调行业声誉的重要性，自律组织积极组织证券行业探索有效的声誉管理机制。当前，以诚信准则、声誉风险防控、声誉信息管理等基本规则为基础，以各类业务具体执业标准、操作指南为支撑的分类分层执业声誉管理规则体系已搭建，具有中国特色的证券公司声誉建设已起步。

（二）证券公司声誉建设的必要性和可行性

在必要性方面，证券公司声誉建设是对国家金融秩序和行业高质量发展新要求的回应，也是夯实发展基础、抑制行业乱象、促进长期稳健发展的有力保障。在可行性方面，监管部门提供了制度保障，为证券公司声誉建设指明了建设方向、内容，提供了声誉建设的有效制度抓手；证券公司通过开展声誉建设，可以实现自身可持续高质量发展，增加业务机会、提高风险抵御能力，因此证券公司对声誉建设具有充分的内生动力。

三、证券公司声誉建设的体系构建

鉴于当前学界对声誉建设理论尚未形成充分共识，本文基于一般性企业声誉理论和证券从业经验，理论探讨证券公司声誉建设之体系构建。

（一）证券公司声誉建设之内外部二元结构

证券公司声誉建设具有内外部二元结构。证券公司作为金融机构在组织声誉建构时，既需要在内部建立健全自身声誉建设的相关机制，又需要积极回应外部主体的关切，以期实现内部系统建设与外部评价约束的二元统一，推动市场化证券公司声誉生态实现良性循环，促进行业实现高质量发展。

（二）证券公司声誉建设之内部机制探究

证券公司声誉建设应当在内部构建"声誉资本积累机制""声誉激励约束机制""声誉风险管理机制""声誉受损恢复机制"。第一，在主动作为方面，证券公司既要建立"声誉资本积累机制"，在经营活动中注重声誉资本的积累，夯实声誉基础，培育声誉增长点，又要建立"声誉激励约束机制"，在内部治理中注重应用声誉激励和约束措施，激励员工和公司各部门多做有利于声誉积累的积极活动，约束员工和公司各部门不做有害于声誉积累的消极活动。第二，在被动应对方面，证券公司既要建立"声誉风险管理机制"，在风险管理中加强对声誉风险系统性防范，类型化制订声誉风险管控方案，又要建立"声誉受损恢复机制"，在声誉事件或声誉风险发生后分类处置，以期及时恢复受损的声誉。

1. 关于声誉资本积累机制的理论探究和实务分析

现有声誉资本量化理论无法有效支持证券公司声誉资本积累的实务实践，存在基础概念不清晰、理论应用场景受限、理论本身不甚完善等问题，无法从量化因素角度推导出声誉资本积累要素。

从实务分析角度看，证券公司的声誉建设可划分为管理层、业务层和宣传层三个维度。第一，声誉建设应当规划先行，管理层负责统筹公司整体声誉建设的原则、方针，宏观顶层设计与声誉建设相关的制度安排、人员配置、考核方式等。第二，声誉建设应当立足专业，业务层负责在业务层面真抓实干，以过硬的本领夯实证券公司声誉之基。第三，声誉建设应当加强宣介，宣传层负责打造证券公司的品牌形象，宣传公司正面事迹，扩大公司行业影响力。

2. 关于声誉激励和约束机制的理论探究和实务分析

声誉激励和约束机制旨在研究以声誉为影响因子的激励约束机制。管理学视角下激励约束理论可划分为多因素理论、过程激励理论、行为改造理论和综合激励模式理论。综合激励模式理论借鉴吸收了过往理论的可取之处——通过采取内外激励因素，在激励约束措施的实施过程中，强化行为者实施被期待的行为，是声誉激励约束机制宜采用的模式。

证券公司声誉激励约束机制是指证券公司为了推进声誉建设、积累声誉资本，通过事前拟定规范、事中积极引导、事后奖优惩劣等措施，引导员工在公司所有的经营活动中珍惜公司及个人声誉，激发公司各单位及员工主动积累公司声誉资本，同时避免发生损害公司声誉相关行为的机制。证券公司声誉激励约束机制包括以下要素：实施目标、实施主体、实施对象、实施措施。其中，实施措施可以根据作为激励约束的标的类型、经营活动的开展流程等标准，进一步细化措施内容。

3. 关于声誉风险管理机制的制度介绍

中国证券业协会发布的《证券公司声誉风险管理指引》（以下简称《指引》）顶层设计了声誉风险管理的规范框架：明确声誉风险管理"全程全员、预防第一、审慎管理、快速响应"的原则；确立声誉风险组织框架和管理职责；建立声誉受损恢复机制；落实声誉风险管理自律要求。证券公司应在公司制度层面内化落实《指引》的各项要求，有效管理声誉风险。

4. 关于声誉受损恢复机制的理论探讨和实务分析

证券公司声誉受损恢复机制应当立足危机管理理论，强调恢复的有效性。从实务角度来看，证券公司如需恢复声誉，需要完成"梳理声誉事件类型、分析声誉风险性质、拟定声誉风险应对措施"三个步骤。梳理声誉事件类型可依据声誉事件严重程度、对应业务条线、信息真实性等标准划分。分析声誉风险性质可依据起因来源、研判严重程度、分析所处阶段、明确责任划分来进行。拟定声誉风险应对措施应结合潜伏期、爆发期、淡化期的具体阶段采取风险识别预警、风险应对处理、事后反思总结的措施进行应对。

（三）证券公司声誉建设之外部约束探究

根据"看门人"理论，证券公司作为证券市场核心中介机构应当具备良好的职业声誉，并以之向各市场主体传递证券市场有效信息。

在我国证券市场，证券公司面临多维度审视。按照与证券公司的社会联系类型，证券公司声誉建设的评价主体主要可以分为四类：行政监管类、自律管理类、评选报道类和业务联系类。前述主体对证券公司声誉建设构成外部约束。

四、证券公司声誉建设的困境与实务建议

基于对证券公司声誉建设体系构造的理论梳理和实证分析，针对证券公司声誉建设面临的困境，本文对应提出相关实务建议。

（一）证券公司声誉建设的当前困境

我国证券市场市场化声誉机制发挥作用有限，目前主要存在以下四个问题：证券公司声誉意识不强，投资者和客户声誉敏感度不高，声誉建设理论不完备，声誉机制体系不健全。

（二）证券公司声誉建设内部机制之实务建议

为解决上述问题，证券公司应当根据声誉建设的内外部不同情况完善相关机制。

1. 关于声誉资本积累机制的实务建议

证券公司可以采取"管理层、业务层、宣传层"的分层策略，结合相关监管规范在业务实践中积累声誉资本。管理层应加强声誉建设科学治理，将声誉建设纳入党建活动、公司章程、战略规划，树立声誉建设管理意识，明确声誉建设全局观念，树立重大决策声誉观念。业务层应将声誉建设活动执行落地，加强廉洁从业、公平竞争、执业质量、统一客户、员工行为管理、投资者保护、社会责任、配合监管声誉建设。宣传层应主动维护声誉，加强品牌形象管理，加强舆论宣传引导，加强舆情系统开发使用，慎重参加第三方评选活动。

2. 关于声誉激励约束机制的实务建议

证券公司应当根据自身企业文化、业务导向，建立符合自身的声誉激励约束机制。明确整体导向、实现目标、实施战略，拟定公司声誉激励约束制度，组建相关机构牵头实施声誉激励约束措施，完善配套业务流程配套适用的具体激励约束方法；根据实际运作情况进一步完善机制并实现系统化运作。以实施对象层级为标准，证券公司可以按照公司管理层、部门落实层、员工执行层来分层实施相应的声誉激励约束措施。

3. 关于声誉风险管理机制的实务建议

《指引》出台后，证券公司已建立"向下管理"的风险管理制度。但证券公司声誉风险

可能传导自证券公司股东，证券公司有必要就声誉风险启动"向上管理"。在今后的相关制度规范中，可考虑补充"证券公司股东声誉风险"的相关内容，如"明确证券公司股东发挥自身声誉建设带动作用，加强证券公司股东合规经营、杜绝声誉风险传导"等，以便证券公司完善声誉管理相关制度。

4. 关于声誉受损恢复机制的实务建议

证券公司遭遇声誉风险后，应当及时恢复声誉，梳理声誉事件的类型，详细分析声誉风险的情况，在声誉风险潜伏期启动识别预警，进行风险排查、舆情监测、建立风险防控机制；在声誉风险爆发期启动风险应对方案，及时汇报公示、统一口径适时发声；在声誉风险淡化期开展反思总结，完善管控措施，全方位恢复公司声誉。

（三）证券公司声誉建设外部约束之实务建议

证券公司声誉建设除了需要做好自身建设，还需要相关外部主体的参与，内外部相结合，以期推动市场化证券公司声誉机制发挥作用。

1. 监管部门

监管部门可以进一步指引声誉建设方向。例如，增加制度供给；增强声誉评价应用场景，将声誉纳入评价体系；丰富声誉表现形式，完善证券期货市场失信记录查询平台、证券期货市场诚信档案数据库等声誉信息数据平台；支持声誉长期良好的证券公司先试先行监管政策、探索新业务；加强声誉激励，引导证券公司及从业人员珍视自身声誉；督促引导证券公司积极开展声誉管理培训宣导；扩大全媒体的主动策划宣传力度，多维度展示声誉建设成果等。

2. 自律组织

自律组织可以进一步传导声誉建设路径。例如，结合监管政策，跟进配套证券行业声誉建设自律管理规则；以《证券行业诚信准则》为指引，联合监管部门开展证券行业诚信评估，将评估结果纳入证券期货市场诚信档案数据库；开展证券公司和从业人员声誉画像，强化对机构及人员的诚信自律和声誉约束；开展分层分类自律管理和提供服务，实施差异化管理，细化自律管理和服务提供的区别度；完善行业执业声誉信息库；以行业培训、投资者教育、编制业务示范实践等方式引导证券公司重视声誉等。

3. 第三方评选机构

第三方评选机构应当严肃开展证券公司声誉建设第三方评选活动，加强评选行业自律准入管理，加强公开、公平、公正的评选规则管理。同时，新闻媒体应当秉持专业精神和中立视角，客观报道证券公司声誉建设评选结果。

监管部门、自律组织、证券公司、第三方评选机构和新闻媒体等都应当加强引导投资者和客户关注证券公司声誉建设，培育声誉敏感度。

以声誉建设为切入点，各方可共促证券市场形成"高声誉等同高执业质量"的认知共识，推动证券公司形成"共建良性声誉生态"的行动共识。

证券公司内部信用评级体系建设研究

高玮 陶丽[*]

一、证券公司构建内部信用评级体系的必要性

（一）随着业务发展，基于内部信用管理一致性、有效性的需求，对内评体系工具构建诉求增强

随着行业竞争加剧，佣金率下降，自2015年以来，证券公司传统经纪业务收入贡献度呈现下降趋势（见图1），且在2017年出现了自营业务首次超过经纪业务占比，证券公司纷纷开启了业务转型发展。

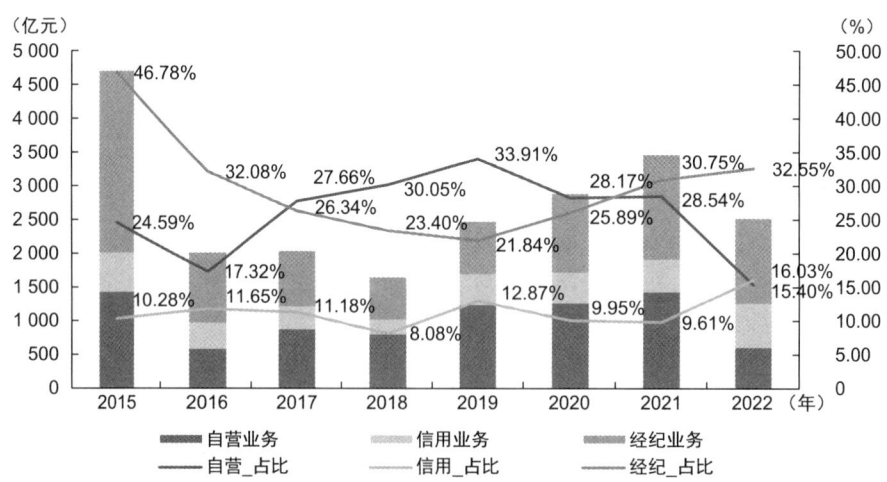

图1 2015—2022年券商主要收入结构分布

资料来源：中国证券业协会。

---

[*] 本文写作于2023年9月。作者简介：高玮，浙商证券股份有限公司原副总裁、首席风险官；陶丽，供职于浙商证券股份有限公司风险管理部。

证券公司在固定收益类、"两融"、场外衍生品等多种承担信用风险类业务方向上不断拓展发力，涉及业务规模不断扩大，信用风险已是证券公司经营管理面临的主要风险之一。截至2022年末，按合并报表总资产排名前10位证券公司的自营固定收益类证券规模合计为2.58万亿元，占其资产合计超35%，资产规模领先的证券公司靠承担信用风险获取收益的趋势在增强，对有效的信用风险管理工具诉求增强。内部信用评级体系（以下简称"内评体系"）可以整合内部资源，统一信用风险同类型业务的制度、模型、数据和系统等，作为一套评价体系和量化工具，将内评结果作为客户信用评价的一套语言体系，解决多部门间的沟通信息差异，提升运行效率和管控手段的一致性、有效性。

（二）监管要求证券公司需构建具备风险区分能力的内评体系

2019年7月，中国证券业协会发布《信用风险管理指引》，对内评体系机制建设提出一定要求：应建立具备风险区分能力的内评体系，应能够有效识别信用风险；另外，从内评管理制度、流程、内评管理工具、方法、标准等方面均进行构建要求。同时，监管要求相关内评信息的及时性、准确性、完整性。因此，证券公司如需搭建符合监管要求且运行良好的内评体系，需从制度、模型、数据、流程、系统等多方面进行构建。

（三）证券公司深度参与的债券市场总量扩容，违约多元化，给信用研究带来一定挑战

自2015年以来，我国债券市场开始进入发展快车道，发行规模增速明显加快（见图2）。2015年各类债券发行总量同比增长高达108%，其中公司信用类债券发行量①同比增长40%。2022年，债券市场共发行各类债券为61.9万亿元，其中公司信用类债券发行量为13.67万亿元；自2015年以来，各类债券存续规模复合增长率达11.47%，其中公司信用类债券复合增长率8.39%。

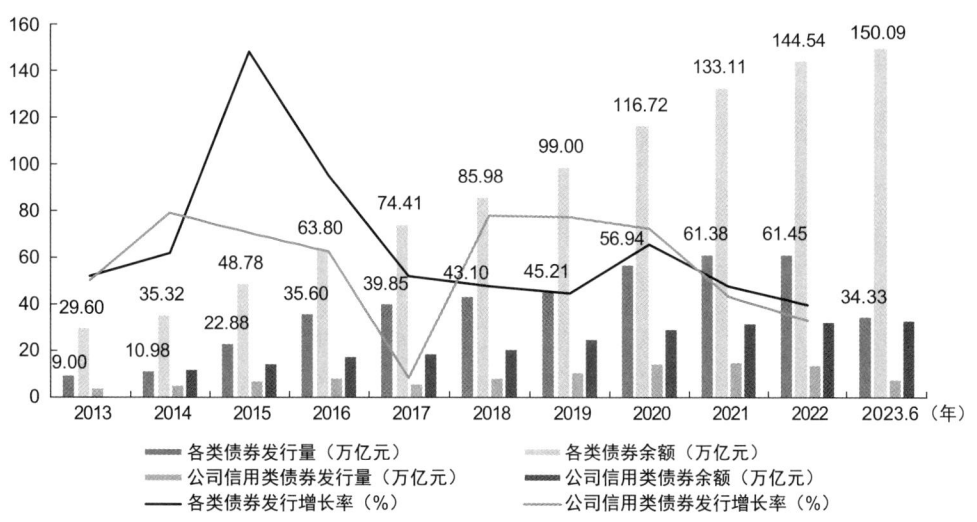

图2 我国债券市场发展情况

资料来源：中国人民银行。

---

① 公司信用类债券包括非金融企业债务融资工具、企业债券以及公司债、可转债等。

一方面，2015年以来，伴随发行规模的增长，债券市场发行主体扩容。据Wind数据，截至2023年6月末，历史发债主体数量累计近1.14万家，2015年以后新增主体数量超6 600家（含已无存续债主体），增长超一倍，主体数量大幅增加，行业扩容，品种不断丰富。另一方面，自2014年"11超日债"违约打破信用债市场的刚兑以来，信用债市场违约呈现多元化，新增违约主体不断涌现，违约债券品种、违约行业等均呈现多元化，违约主体也逐步由民营向国企蔓延，由低评级向高评级延伸。

随着债券市场发行规模和发行主体的快速扩容，以及信用刚兑信仰打破后，违约趋势日渐多元、复杂化，给债券市场信用研究带来一定挑战。

（四）外评等级区分度不强，风险揭示效果不足

目前，我国外评主要采用发行人付费模式，商业模式一定程度上决定了其独立性欠缺。从外评等级来看，存在区分度不高、有效性不足等弊端，基于实际信用风险管理需求，证券公司对内评级体系构建诉求增加。

1. 外评等级集中度过高，区分能力不强

截至2022年末，从存续债外评等级分布来看，等级分布于AAA级、AA+级和AA级的信用债市值占全市场比例高达91%，其中AAA级分布占比63.22%。外评结果在高评级扎堆，区分能力不强（见图3）。

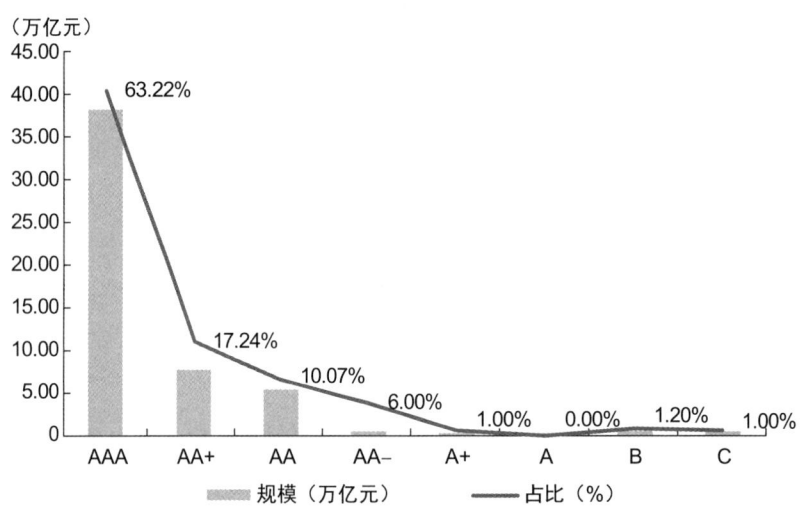

图3 我国债券市场外评等级分布

资料来源：wind；其中等级B统计数据包含B-到BBB+等级，C包含CCC、CC和C等级。

2. 违约率和等级间呈现倒挂，风险揭示效果不足

根据中国证券业协会2023年5月24日发布的《2023年第一季度债券市场信用评级机构业务运行及合规情况通报》信息来看：不同外评机构间同一等级违约率差异较大，评级一致性较差，可比性不强；同一外评机构不同等级违约率呈现倒挂情况，存在高信用等级违约率显著高于低等级情况。例如，东方金诚AAA级违约率为1.18%，AA级违约率却为0.36%，高等级债券违约情况频发，信用风险揭示能力不足（见图4）。

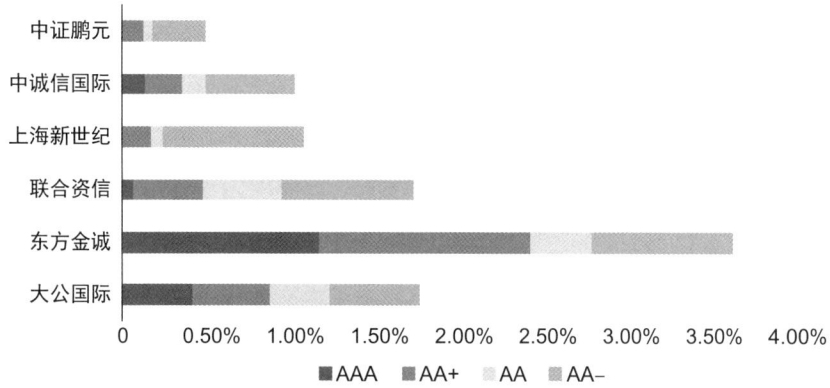

图 4　2022 年外评机构各级别 1 年期违约率分布

资料来源：根据中国证券业协会、交易商协会业务通报：《2023 年第一季度债券市场信用评级机构业务运行及合规情况通报》内容整理。

二、证券公司内评体系搭建运行发展阶段

证券公司涉及信用风险业务条线较多，其中包括直接承担信用风险的自营固收、场外衍生品、信用业务等，也包括可能存在间接信用风险的资管和投行等业务，在实际管理中，行业普遍会将资管、投行纳入统一内评体系。证券公司内评体系搭建包含业务制度、数据、模型、系统等多方面，从现阶段运行来看，行业普遍是优先进行债券发行人搭建的针对机构客户的内评体系，现阶段呈现的问题多是围绕债券市场衍生，在下文具体分析中主要围绕债券投资业务角度，进行内评体系运行阶段、问题及完善建议的研究。

2015 年债券市场高速发展以来，信用研究在几次信用风险大量暴露的市场环境中的地位和重要性也随之不断提升，逐步从风控进阶到定价，从单一避免踩雷进阶到寻找价值低估品种、行业、区域研究。信用评级作为信用研究的开始，证券公司围绕债券市场的内评体系搭建在外部监管、内部管理需求和信用研究升级多种因素下不断进阶演变，大致发展阶段如下：

第一阶段：按需进行个券评级，主要依赖专家经验主观判断，通过线下方式进行信用评估。

第二阶段：按照监管要求和实际业务开展需要，完成了包含制度、模型、数据、流程、信息系统支持的内评体系搭建，通过内外部数据获取、模型搭建、系统化流程，对专家经验进行固化。此阶段关注风险量化排序，注重定期、不定期的跟踪评级。

第三阶段：随着大数据、人工智能、云计算等技术应用，引入舆情、价格等高频数据，搭建综合智能信用评价体系，强化系统自动监控，整体效率和准确性提升。此阶段关注全面性、深度和时效性。

现阶段，证券公司已基本完成了内评体系第二阶段的搭建，部分大型机构在向第三阶段进阶。但在实际运行过程中，在覆盖全面性、精细化、准确性和时效性等运行深度方面，普遍存在一定的提升空间。

三、现阶段证券公司内评体系构建运行存在的问题及原因分析

内评体系受评对象是全市场主体，证券公司普遍面临受评主体行业和数量多、信评人员覆盖不足情况。现阶段，内评体系主流有两种模式：一般中大型证券公司业务量相对较大，部分业务时效性高，大多采取针对市场存续主体覆盖面全的定期批量评级，个别单笔发起流程模式；针对业务量较小的证券公司，一般采取业务开展前单笔发起评级流程模式，未对全市场主体进行批量覆盖。不同内评管理模式，呈现问题的原因存在些许差异。

（一）内评结果准确性和可用性不足

目前，内评结果普遍存在准入线以内级别精细化不足，准确性不够。主要原因分析如下：首先，评级模型有效性、及时性不足，内评模型作为评级结果输出的关键，有效性不足，尤其存在部分中小证券公司直接外购标准化内评模型，实用性效果较差，使内评流于形式，基本上满足准入线即可，准入线以内精细化区分度并不关注。其次，部分证券公司在批量评级模式中过度依赖模型，专家经验参与不足。由于模型存在局限性，会存在小比例复杂主体需凭专家经验参与调整，批量评级覆盖全市场主体，由于人员配置、资源投入等各种原因，一定程度上对全市场批量评级结果覆盖的深度参与较难，存在部分准入线以内的级别精细化不足现象。最后，内评模型背后的重要指标数据缺失、数据错误、数据口径差异等，可导致内评模型入模指标数据失真，对最终内评结果准确性带来一定影响。

（二）内评结果调整的时效性不足

目前，大部分证券公司内评跟踪频率包含年度定期跟踪和不定期跟踪，但实际应用中普遍存在内评系统实际记录内评结果更新频率较低，内评结果调整时效性不足。主要原因是：大多数证券公司已搭建并运行了内部评级系统和舆情监控系统，但两个系统存在割裂状态，在内部评级联动舆情信息方面建设不足，内评调整主要依赖人工操作。但实际应用中，在准入门槛以内主体，不定期跟踪发起驱动力不足，尤其对于批量评级更新期间非持仓主体，关注度很低，内评系统记录的主体等级时效性不足，对外部舆情反应较为滞后。

（三）同一客户组内评结果一致性和基于关联关系的内评结果联动调整机制构建不足

目前，证券公司大多基于单一主体进行内部评级，但从信用分析逻辑来看，信用风险发生往往具有关联性，虽然内评模型构建一定程度上会考虑企业股东支持等因素，但同一客户组内主体内评结果仍相对独立，在评级时未进行同一客户信用一致性考量、未基于同一客户组的内评结果关联性识别进行进一步验证构建、未充分将同一客户关联关系应用于评级联动调整。主要在于同一业务同一客户涉及的业务种类多、条线多、涉及外部数据、内部数据交叉结合，整体管理体系较为复杂，建设成本较高，绝大部分证券公司在对同一客户认定标准未定、整体应用体系未明朗的政策监管下，未进行基于同一业务同一客户管理的内评体系普遍升级。

(四) 内评系统数据质量需进一步提升

内评系统是内评体系整体业务流的承载，内评数据是内评系统运行的入口。现阶段，证券公司内评模型实际运行较为突出的问题包括数据标准未统一、数据不全、人工调整占比高、数据收集难度大等涉及底层内评数据质量。主要原因是：一方面，内评模型构建过程中对数据系统自动获取调研考量不足，建模使用了较多公开较难获取的指标，实际应用发现此类数据质量核验困难较大；另外，针对公开获取较难指标，如外部资讯商无法提供，实操中会要求手工输入，收集效率较低，很多模型对数据缺失按默认值或者最低分处理，存在部分准入线以内等级主体数据缺失现象。另一方面，内评系统涉及数据包括财务数据、工商信息、经营信息、标的基础信息等，会涉及多个数据源采购情况，针对多数据源的一致性识别、校验机制未构建完备，对数据一致性、准确性都造成一定的影响。

(五) 内评结果和其他工具整合应用的有效性可进一步加强

内评结果可与客户分级、业务准入、客户授信、资产分类、风险计量等其他工具联合应用。现阶段，证券公司内评实际应用中，存在内评结果作为授信因子模型不够精细、内评调整风险预警提醒作用不足、风险计量指标实用性不强等问题。主要是因为国内债券市场违约率积累发展周期不够，目前国内违约率数据大多采用国外三大评级机构（穆迪、标普、惠誉）公布的数据，或者用国内情景模拟构建一套主标尺，国内外市场差异较大，违约率数据的准确性、有效性缺乏验证数据基础，进一步导致现阶段整体上对内评应用的监管要求或者内部管理要求的预期不强，应用场景普及难度较大。

四、证券公司内评体系优化建议

(一) 强化内评作为公司客户评价一套标准管理体系的理念

信用风险管理工具主要包括尽职调查、信用评级、授信管理、资产分类、风险计量、风险预警处置等，评级作为重要工具之一，贯穿于管理全流程中。2008—2012 年，国内大型商业银行普遍开始构建内评体系，经历 10 多年发展，内评体系在银行内部已从构建初期的"花瓶论"，发展为到目前自上而下普遍把内评作为一套语言体系、一套评价体系和量化工具，实现了统一管理。随着业务规模扩张，工具的边际效用和实际风险管理效果逐步显现，内评体系在整个银行风险管理中的作用越来越被认可。

证券行业内评体系普遍开始于 2019 年前后，整体时间不长，整体理念还在不断提升，但随着业务规模扩大，种类复杂，内评体系作为一套统一的语言体系会发挥重要作用的趋势是确定的。因此，证券公司自上而下需强化内评作为公司内部客户评价的一套标准管理体系的理念，对内评体系发挥的作用充分认可，在人员配置、预算等资源上进行倾斜，对底层数据质量、模型、系统等做细致扎实的工作，提升内评结果的整体有效性。一旦内评结果准确、有效，整个公司业务层面逐步会对内评有一定依赖，会深入参与业务应用。通过业务的不断应用，在使用中建立反馈优化机制，内评结果有效性会不断优化提升，整个体系会稳健运行。

（二）加强内评模型可用性和专家经验有效结合的应用，提升准确性

目前证券公司普遍存在覆盖面较广的批量评级和单个逐笔发起的流程模式。针对覆盖主体较广的批量评级模式对内评模型依赖度较高，目前行业内通用操作是通过定期采购评级数据，进行系统自动更新等级。从模型构建层面，建立周期性模型有效性回测检验机制，对模型定期进行评估，确保区分能力、稳定性检验指标在有效阈值内；此外，可通过构建业务部门实际使用问题反馈机制，结合自身公司风险偏好，对内评模型进行不断检视、优化升级。在模型外方面，由于模型存在一定的局限性，针对批量评级结果中部分复杂主体异常等，需线下强化专家经验分析调整，确保定期更新内评结果的准确性和有效性。

（三）利用金融科技手段，构建内评调整机制，提升时效性

目前大部分证券公司已构建舆情系统，可建立内部评级和舆情预警联动机制。可通过构建舆情对内评等级影响调整机制，在信用评级人力资源有限约束下，利用金融科技手段，将调整机制规则进行系统自动化，构建覆盖面广、时效性强的内评调整体系。具体可将内评系统和舆情系统数据进行联动对接结合，构建自动触发的预警调整机制。针对持仓主体，具体预警规则可结合各家公司内部业务存续期间管理相关条款规定，或者借鉴外部监管、其他行业风险资产分类预警规则等，构建规则调整体系，针对系统触发的持仓主体预警调整，可系统自动提醒、更新或人工流程复核更新。针对批量评级模式中系统存在评级结果的非持仓主体，由于非持仓，一般只能由后台部门牵头调整，在后台人力资源有限情况下，可通过和公司内部其他工具，例如黑名单、负面清单等手段结合，构建调整规则，实现系统自动更新调整等级，调整超过一定等级后，可考虑增加人工复核流程。

（四）基于同同管理进行内评体系升级，提升有效性

2023 年 6 月，中国证券业协会发布了《证券业务示范实践第 4 号——证券公司同一业务同一客户风险管理》（以下简称《示范实践》），对证券公司同一业务同一客户风险管理机制制定了更为详细的规范引导。按照《示范实践》对同一客户认定标准和同一客户在内评中的应用提出更全面的经验指导下，证券公司可对现有内评体系进行优化升级。首先，可将公司内评体系应用到同一业务中去，将具备同一风险属性业务纳入同一业务范畴管理，建立此类业务客户内评的一致性，内评系统数据和相关业务系统对接，确保整个公司层面客户评级的一致性。其次，在同一客户层面，关注同一客户组内客户信用的一致性，将同一客户认定结果和内评系统进行联动，构建同一客户组内主体内评结果交叉核验机制，关注异常等级预警提醒，供相关业务人员审慎参考查询评估。最后，可将同一客户认定结果和舆情系统、内评系统联动，在业务存续期内基于同一客户关联关系，针对同一客户组内关联舆情，关注风险传导，及时评估同一客户组内关联客户是否需要进行内评等级调整，进一步确保评级的时效性和有效性，以实现对客户内评的统一有效管控。

（五）检视模型指标底层数据源，构建数据质量管控机制

针对内评系统实际应用过程中行业普遍反馈的数据获取较难、口径不统一等数据质量问题，可通过检视优化模型指标数据源、构建内部数据质量管理机制等手段持续提升。一方

面,在内评模型构建优化过程中,可提前对入模指标数据源的调研工作做深做细,将指标数据是否可系统自动获取纳入重点考虑因素,减少手工输入数据指标占比,兼顾模型的有效性。针对部分入模效果好但获取较难的数据,可通过建模手段,用其他相关度高易获取指标替代入模。另一方面,证券公司内部需构建一套完整的数据质量管控机制,建立标准化数据校验流程,规范数据采集、清洗、整合以及监控过程中的数据校验、评估等各个环节,完善数据校验制度和标准化管理规范,确保指标数据审查流程、审核标准和数据源码管理标准等方面的统一规范,提高数据的准确性和可信度;加强数据验收和监控质量评估,并进行定期质量评估和分析,及时发现并治理数据问题;采用人工智能和大数据等先进技术手段,提高数据的自动化与智能化,持续提升数据质量。

(六)强化内评体系应用整合,构建应用反馈、优化机制,持续提升应用效果

内评体系作为客户分层工具,可与其他授信管理、资产分类、信用计量、风险预警等工具进行整合应用,同时构建相关业务应用反馈、优化机制。首先,证券公司可参考监管要求、借鉴同业经验,完善内评在准入、授信、预警等方面的应用体系,完善基于内评结果的授信管理模型,建立内评调整自动预警机制等。其次,可将上诉应用嵌入系统业务流中,管理工具一旦深入应用到业务流程中,就会在业务层面去关注整个体系的有效性和可靠性。最后,构建业务使用、反馈、持续优化的机制,在持续优化过程中,会让整个内评体系的准确性和科学性得到不断完善。另外,针对目前证券公司内评在信用风险计量中的应用,由于国内债券市场发展时间较短,债券违约概率(PD)、违约损失率(LGD)数据确实存在一定程度不完善的现象,针对内评结果在信用计量方面的应用有效性、实用性不足的问题,后续还需进一步探讨研究。

参考文献

[1] 万联证券课题组. 证券公司信用债违约预警与防范机制探讨 [J]. 中国证券业协会. 中国证券, 2021 (11): 52—57.

[2] 姚可. 中国信用评级的30年与高质量发展之路 [A]. 中国证券业协会. 创新与发展: 中国证券业2020年论文集 [C]. 北京: 中国财政经济出版社, 2020: 288—294.

[3] 包煜楠. 债券违约常态化下证券公司信用风险管理体系建设浅析 [J]. 上海财经大学风险管理校友俱乐部. 上财风险管理论坛, 2019 (04): 49—55.

关于中国特色证券公司内部控制体系建设的思考

唐建龙　吴　桐　贾天明　张　纤*

证券公司内部控制作为资本市场治理的重要工具，在规范和引导资本市场高质量发展中发挥着重要作用。我国证券公司内部控制体系建立的基础是COSO（由美国反对虚假财务报告委员会下属的5家机构成立的"发起组织委员会"）早期提出的内部控制理论①，而COSO内部控制体系根植于美国社会经济和文化土壤，体现的是美国"外弱内强"的控制环境。因此，构建体现中国特色的证券公司内部控制体系成为业界普遍关注的问题。

一、我国证券公司内部控制的开展情况

（一）基于COSO早期框架

2001年中国证监会发布的《证券公司内部控制指引》（2003年修订）（以下简称《指引》）和2008年财政部等五部委颁布的《企业内部控制基本规范》（以下简称《基本规范》）是当前我国证券公司构建内部控制框架体系的重要参考性文件。从内容来看，无论是控制目标还是控制要素与COSO早期内部控制框架及理念基本是一致的。

不过，中国内部控制体系和美国内部控制体系还是存在差异的。美国内部控制的显著特点是企业在设计内部控制时要达到一个基本目标——财务报告目标，要求企业确保财务报告真实、可靠，这在《萨班斯-奥克斯利法案》颁布后尤为明显。财务报告是投资者判断一家企业是否具有投资价值的重要依据，出于对投资者的保护，美国更加强调财务报告目标的重要性。明确的财务报告目标也使得内部控制效果更易衡量。我国证券公司内部控制虽然采用的是比COSO更全面的五目标体系，但是在实际执行过程中，目标定位更多倾向于具体的

---

* 本文写作于2023年9月。作者简介：唐建龙，德邦证券股份有限公司高级副总裁兼首席风险官；吴桐，德邦证券股份有限公司风险管理部总经理；贾天明，德邦证券股份有限公司风险管理部风险研究副总监；张纤，德邦证券股份有限公司稽核督查部董事总经理。

① COSO早期内部控制框架指1992年COSO委员会发布的《企业内部控制——整合框架》。

业务控制。

(二) 较早纳入风险防范目标

《指引》指出："证券公司内部控制是指证券公司为实现经营目标,根据经营环境变化,对证券公司经营与管理过程中的风险进行识别、评价和管理的制度安排、组织体系和控制措施。"证券公司内部控制总体目标是:经营的合法合规及内部规章制度的贯彻执行,防范经营风险和道德风险,保障客户及公司资产安全完整,保证信息的可靠完整和及时,提高公司经营效率。证券公司内部控制应充分考虑控制环境、风险识别与评估、控制活动与措施、信息沟通与反馈、监督与评价等要素。从定义、控制目标及控制要素可以看出,我国证券公司对内控目标进行了拓展,除了COSO框架的三目标——营运、财务和合规外,还增加了风险防范和资产安全目标。因此,《指引》制定之初就已经接纳了风险管理的思想,与早期COSO框架相比,具有一定的超前性。

从内部控制与风险管理关系来看,COSO在2004年发布的《全面风险管理框架》中解释到,内部控制是风险管理的组成部分,是以风险为导向,针对风险环节实施的系列管理措施。由此推断,内部控制针对的是业务及管理流程的控制,可将其理解为"正确地做事",而风险管理除了业务和流程管理之外,更注重决策流程,倾向于"做正确的事",可以说风险管理的层次更高。从这一点可以看出,虽然我国证券公司内部控制体系一开始就引入了风险防范的目标,但是在资本市场发展的早期阶段,证券公司因不合规、不规范运营而被监管处置的现象屡见不鲜[①],内部控制体系更难言成熟,这也从侧面反映出我国证券公司尚未完全实现内部控制与风险管理的有效衔接。

(三) 外部监管推动为主

在我国证券公司发展早期,内部控制建设较为滞后,客户资金被挪用、资产隔离机制缺失、大股东占用资金等违规现象时有存在,虽然证券公司也有内部控制,但基本是根据《公司法》及交易所的要求建立起来的相关制度,大多属于合规管理范畴。直到1998年《证券法》出台,在外部行政力量的强力推动下,证券公司在操作的规范性方面才开始有所改进和提升。但是2002年后,连续5年的"熊市"让资本市场因制度缺陷引发的矛盾充分暴露,大量证券公司出现风险甚至破产。在这段时间内,中国证监会颁布了《指引》,但由于缺乏微观主体的内在需求和主动配合,内部控制建设在一定程度上流于形式。为了有效推动证券公司内部控制和风险管理水平,2008年中国证监会发布《证券公司风险控制指标管理办法(修订版)》,并推出风险资本准备的计算标准及调整净资本计算标准的规定。2009年中国证券业协会发布《证券公司分类监管规定》,规定细分了包括内部控制在内的六大类近七十项评价指标,以此作为考核内容,对证券公司进行等级分类,并将分类结果作为证券公司申请新业务的重要依据。两种制度的陆续推出,对证券公司内部控制建设形成了强大的外部推动力。2010年后出现关闭、撤销以及政府救助的证券公司明显减少。

由此可见,我国证券公司内部控制机制的构建更多是在监管机构的推动下发展起来的,

---

① 据不完全统计,这段时间内被中国证监会责令关闭或撤销的证券公司达20多家。

其中分类监管制度和以净资本监管为核心的监管制度在推动我国证券公司内部控制建设中发挥了重要作用。从两份监管文件中不难看出，其对指标设计目的、指标计算标准等均具有明确的指向性且更容易衡量，能有效反映出证券公司的风险暴露程度，这对证券公司产生了强大的外部压力，推动其不断健全内部控制制度。

二、美国证券公司内部控制演进路径及启示

（一）演进路径

在美国，早期内部控制制度的建立是为了解决资本主义发展过程中出现的企业所有权与经营权分离所引发的财务舞弊问题，主要聚焦会计控制，之后控制范围开始向外延伸，增加了管理控制，但是与会计控制分属于两个种类。进入20世纪80年代，审计人员发现，工作中较难区分会计控制和管理控制，在此背景下，内部控制开始向体系化方向发展，范围进一步扩大，并开始重视控制环境，将会计控制和管理控制结合，形成了内部控制三要素理论，即环境、制度和程序三要素。虽然内部控制体系逐渐成熟，但是财务造假现象仍然严重，1992年COSO委员会发布了《企业内部控制——整合框架》，标志着内部控制发展到了整合框架阶段。即便如此，仍未有效遏制财务舞弊现象的发生。2001年美国最大能源公司安然公司申请破产，通信巨头世界通信公司曝出会计丑闻，这对美国资本市场造成了重大打击，也从侧面反映出仅靠外部自发组织和公司内在动力推动的内部控制无法阻止企业财务造假。2002年由美国众议院和参议院联合提出，美国总统签署的《萨班斯－奥克斯利法案》出台，明确要求公司的首席执行官和首席财务官为公司内部控制体系负责，签署内部控制有效性的保证声明，并承担个人责任。该法案的实施，在推动美国企业内部控制建设方面发挥了重要作用。与此相对应，2004年，COSO委员会发布《企业风险管理——总体框架》（以下简称ERM报告），提出了风险管理的概念，开始从更高的层次看待企业内部控制，认为内部控制是企业风险管理的一部分，内部控制可以使风险管理更加全面。但是因其与内部控制框架具有很多相似性，导致无论是理论界还是企业界，对内部控制和风险管理之间的关系争论了多年。2017年9月COSO委员会发布了新版企业风险管理框架，完全抛弃了2004年的立方体风险管理框架，不再对全面风险管理设置"牢笼"，开始强调风险管理活动的独立性。

（二）启示

基于美国企业内部控制演变路径，立足中国国情，结合中国证券公司的特殊性，至少有四点值得我们思考。

一是COSO理论是否完全适用我国证券公司内部控制体系建设？COSO内部控制理论产生于美国，根植于美国的社会经济和文化土壤，反映的是西方海洋法系下"内强外弱"的控制环境，自由竞争是整个经济运行的主基调。因此，COSO理论关注的是企业的内部控制，希望通过有效的内部控制来解决企业财务造假问题。而我国证券公司多数脱胎于原计划经济体制，股东多数为国有或国有控股企业，这就决定了我国证券公司较少存在委托代理问题，从这一层面来看，相比美国企业（见表1），我国证券公司的外部控制因素更强，内部控制体系的建设需要统筹内部和外部两方力量。

表 1　　　　　　　　　　中美两国企业内部控制的外部环境比较

外部环境	美国	中国
政党与企业的关系	实行两党制，不同党派轮流坐庄，组织结构是间接性的，与企业没有直接关系	共产党领导下的中国特色市场经济体制，国有企业坚持党管企业
政府与企业的关系	内强外弱，即在政府设定的"规范"内，公司自主决策，外部政府实施的是弱控制	外强内弱，证券公司多数由国家和地方政府控制，政府实施的是强控制
股东与企业关系	股东大会是股份公司的最高权力机构，并设有董事会和监事会	董事会是权力中心，股东大会基本不参与公司决策

资料来源：根据公开资料整理。

二是证券公司内部控制体系构建是否应以证券公司内部推动为主？《萨班斯－奥克斯利法案》对美国内部控制的发展产生了重大影响。美国采用的是自由市场经济体制，自由市场经济奉行的是政府不干预主义，企业主要在政府设定的"规范"体系下开展经营活动。在法案出台前，美国内部控制主要是在COSO委员会持续完善内部控制框架体系的基础上由企业内部自发推进，但是安然事件的发生，让美国政府意识到单纯通过企业内生动力驱动的内部控制不能达到有效遏制上市公司财务造假的目的，最终推动了萨班斯法案的出台，法案旨在通过强力措施推动美国企业内部控制的执行。可以说在监管的强力推进下，企业内部控制管理得到了显著提升。

三是证券公司是否应加强内部控制情况的评价和审计披露？2001年后，在美国连续曝出系列财务丑闻后，市场焦点转向关注企业内部的控制有效性和信息披露的真实性。《萨班斯－奥克斯利法案》不仅体现了强制性，还针对内部控制进行了详细的制度规定。如第103条要求对企业的内部控制活动进行详细记录并通过内部控制评价报告将记录反映出来，这使企业在运行管理时需要注意遵循各个相关的法律条款，大大提升了内部控制的有效性。然而在我国证券公司内部控制年度评价和审计过程中，会计师事务所仅针对证券公司财务相关的内部控制情况进行审核，实际并未对整个内部控制情况进行全面审核，内部控制报告的有效性不能完全保障。

四是证券公司内部控制如何落实风险管理导向的内控理念？早期的COSO版内控框架虽然将"风险评估"也整合到了体系之中，且在顺序上置于"控制活动"之前，但是并未体现出风险管理与内部控制之间的关系。为了体现风险导向，2004年COSO推出ERM报告，但是从内容来看，仅仅将内部控制框架中的"风险评估"扩展成了目标设定、事项识别、风险评估和风险应对，换句话说两套框架本质上仍是一套内容。由此可见，虽然COSO强调风险导向的内部控制，但是在贯彻执行方面还是有所欠缺。与COSO报告一样，我国《指引》和《证券公司全面风险管理规范》也是两套并行的框架体系，但是从我国证券公司发展阶段来看，实现二者的有效衔接还需要一个过程。

三、建议

构建中国特色证券公司内部控制体系是一项系统性的工程，本文基于我国证券公司内部控制发展状况，立足中国国情，建议中国特色证券公司内部控制体系的建立应关注以下几方面。

（一）形成党建引领下的外部控制与内部控制合力

我国证券公司多数为国有或国有控股企业，这就要求必须坚持和加强党的全面领导，体现在公司治理层面就是党管企业、党管干部，这是我国最大的制度优势，也是构建我国证券公司内部控制体系的基本国情。

中国证券公司内部控制体系的构建应当坚持在党建引领下充分发挥内部控制和外部控制两种力量的合力。一是证券公司需将政治建设摆在首位，充分发挥党组织在公司战略制定方面的引领作用，保障证券公司的发展方向与国家大政方针相吻合；二是打通外部控制与内部控制间的流程体系，并置于统一框架下进行通盘考虑；三是将管理者个人和职务相关风险纳入内部控制体系，强化"领导责任"，不能割裂组织与个人之间的风险关联，对一些风险，如政治风险、廉洁风险、重大事故风险应实施"零容忍"。

（二）构建以监管机构为主的外部监督体系

美国企业内部控制的发展历程说明，单纯依靠企业自身的内部控制无法有效避免企业财务造假现象的发生。我国证券公司发展历程较短，基础制度不完善，内部控制的建立也主要是基于监管的外部推动。加强证券公司内部控制的外部监督是提升证券公司内部控制水平的重要途径。首先，应充分发挥监管机构的监督指导作用，做实对证券公司内部控制有效性检查工作，积极引导、协助证券公司健全内部控制，同时对内部控制不健全的公司，采取一定的惩治措施，形成有效的外部监管压力。其次，发挥中介机构的评估监督作用，确保外部中介机构保持对证券公司审计的独立性，客观阐述内部控制的不足与缺陷，保障信息披露的真实、准确。最后，还需发挥证券公司利益相关者、新闻媒体以及社会大众的舆论监督作用，虽然这些监督均在制度体系之外，但是舆论一旦形成，将会形成强大的威慑力，有利于间接推动证券公司不断去强化内部控制，避免陷入负面舆论中。

（三）进一步明确内部控制的限度和内容

安然事件后，美国在规范企业内部控制方面不仅体现强制性，还制定了详细的规定，且2013年更新版COSO内部控制框架的一个重要改变是新增关于非财务报告目标、经营目标及合规目标的案例与方法。

本文认为中国证券公司内部控制体系在构建过程中有必要对内部控制披露的某些内容加以确定。从投资者保护的角度来看，应当重视关于内部控制信息披露的准确性和真实性，建议对内部控制信息披露形式、内容及责任主体进行明确规范。比如在披露形式上，可考虑采用自愿披露与强制披露相结合的方式进行；在披露内容上，按照重要程度、清晰程度、是否由审计师发现三个维度进行划分，同时明确责任主体，建立相应的处罚机制；在责任权利方面，明确公司治理结构各层级，尤其是公司董事会、监事会和管理层对内部控制实施和信息披露的职责与权限。另外，在内部控制的外部审计方面，建议建立针对非财务内容的审计标准和操作指引。

（四）逐步建立风险导向的内部控制体系

COSO委员会于2004年发布了ERM报告并于2017年修订，指出内控是风险管理的组成部分，体现了风险对管理和内控的导向作用。中国证监会在2003年修订版《指引》中提出了风险导向的内控理念，具有一定的超前性，但是在落地执行方面效果不尽如人意。原因可能是在证券公司发展早期，其内部控制体系还未成熟，风险导向的内部控制较难实现。

建立以风险为导向的内部控制体系应是证券公司内部控制体系建设的目标，但是需要渐进式地完成。第一，首先要明确内控与风险的关系，正如前文所述，本文认为内控是基于风险评估结果开展的一系列程序，内部控制结果应基于风险评估结果进行设计，在流程上表现为风险评估前置，即先进行风险评估，再进行内控流程设定，而要做到风险评估前置需要建立在较强的风险预警能力基础上。但是从当前我国证券公司的风险管理现状来看，还较难实现风险评估前置下的内控流程设计，更多的是倾向于先设计流程（主要参考监管要求），后对流程中可能出现的风险点进行识别评估，甚至存在部分证券公司将风险评估后置的现象。第二，需要发挥"外部力量"的推动作用。证券公司作为高风险、脆弱性的行业，仅靠证券公司自身的力量无法实现风险的全面管理，还需要发挥"外部力量"，主要表现为监管机构的监督和引导，对国有证券公司而言，还包括上级党组织、政府机关、出资人（国家级金融集团）等的风险管理力量，形成证券公司风险管理内部和外部两种力量的集合，而非单纯内控意义上的风险管理。因此，当前我国证券公司内部控制的发展路径应是在证券公司和"外部力量"的共同努力下先建设好内部控制体系，在此基础上稳扎稳打，提升风险管理水平，逐步实现风险导向的内部控制体系建设目标。

（五）建立有层次的内部控制要素框架

从制度体系构建的角度来看，《指引》和《基本规范》均存在一个普遍问题：内部控制五要素不是基于问题提出的，而是直接沿用了COSO的研究结果，忽略了要素之间的层次关系，企业不能充分理解内部控制的内涵和重要性，易导致其在执行过程中流于形式。建议进一步明晰五要素间的关系，可将内部控制环境设为第一层，强调突出内部控制环境的重要性。将相关实施性要素设为第二层，包括风险评估、控制活动和监督与评价，体现以风险评估为导向的系列控制活动，形成"确定——实施——反馈"闭环。信息沟通与反馈既有控制环境的因素，又有控制措施方面的因素，在框架制定的过程中应对其进行一定的原则性描述，如信息获取路径、沟通的内容、沟通的方式、沟通要达到的效果等，以使其更好地与其他控制要素相融合，也有利于推动内部控制评价工作的实施。

参考文献

[1] 李心合. 企业内部控制的新解读 [J]. 财务与会计, 2022 (01): 16—24.
[2] 马广奇. 证券公司内部控制论 [M]. 北京: 科学出版社, 2009.
[3] 黎洁. 我国投资银行内部控制研究 [D]. 西南财经大学, 2014.
[4] 宋建波, 苏子豪, 王德宏. 中国特色内部控制规范体系建设的思考 [J]. 会计研究, 2018 (09): 11—16.
[5] 李正. 党组织参与国有企业内部控制建设研究 [J]. 会计之友, 2021 (23): 2—7.

证券经营机构投资银行业务差异化创新发展研究

路 颖　李明亮　朱 蕾　纪 尧*

党的二十大报告指出，高质量发展是全面建设社会主义现代化国家的首要任务。习近平总书记指出，金融是实体经济的血脉。服务实体经济高质量发展是新发展格局下金融业的核心功能，高质量发展的多元化内涵以及创新、协调、绿色、开放、共享五大新发展理念是证券经营机构差异化创新经营服务实体经济的内在要求。

一、差异化创新发展是证券经营机构服务经济高质量发展的必然要求

坚持差异化创新发展，不仅是证券经营机构深入实施创新驱动发展战略的题中之意，也是促进产业和金融良性互动、助力国家区域发展战略的客观需要，更是证券行业健康发展的根本保障。

（一）差异化创新发展是证券经营机构深入实施创新驱动发展战略的题中之意

创新在五大新发展理念中占据核心位置。2019 年以来，科创板开市、注册制试点并全面推行等举措，大大提升了资本市场对优质创新企业的吸引力。中国证监会主席易会满（2022）指出，要不断强化创新主体地位，利用好资本市场支持创新的各类工具，引领经济转型升级。

（二）差异化创新发展是证券经营机构促进产业和金融良性互动的客观需要

党的二十大报告指出，推动高质量发展，要建设现代产业体系，坚持把发展经济的着力点放在实体经济上，推进新型工业化。高培勇（2019）指出，在高质量发展阶段，要提升

---

* 本文写作于 2023 年 11 月。作者简介：路颖，经济学博士，海通证券股份有限公司研究所所长；李明亮，经济学博士，海通证券股份有限公司研究所经理；朱蕾，经济学硕士，海通证券股份有限公司研究所副经理；纪尧，经济学博士，海通证券股份有限公司研究所分析师。

产业链水平，注重利用技术创新和规模效应形成新的竞争优势，培育和发展新的产业集群。证券经营机构通过差异化发展覆盖不同类型的企业全生命周期的产品体系，促进科技、产业、金融良性循环。

（三）差异化创新发展是证券经营机构助力国家区域发展战略的重要举措

协调发展是五大新发展理念之一。党的二十大报告指出，目前区域发展差距仍然较大，要推动高质量发展，要深入实施区域协调发展战略，推动西部大开发形成新格局，推动东北全面振兴取得新突破，促进中部地区加快崛起，鼓励东部地区加快推进现代化。提升区域服务力、助力区域协调发展，是证券行业助力国家区域发展战略的客观需要。

（四）差异化创新发展是证券行业健康发展的根本保障

证券行业健康发展是金融服务新发展格局的基础条件，证券公司差异化创新发展则是行业健康发展的前提与保障。王贞洁等（2021）指出，在市场逐渐饱和的情况下，企业一味扩大生产规模无法建立起有效的低成本优势，反而会影响产业的健康发展。因此，差异化创新经营策略是我国金融行业健康发展的发展方向。

二、证券经营机构投行业务竞争格局与业务模式分析

投资银行业务是证券公司服务实体经济的关键业务条线，也是证券公司综合实力的重要体现。在资本市场注册制改革契机下，投资银行业务竞争加剧，在市场多层次发展、制度深化改革背景下，证券经营机构投行业务竞争格局究竟如何、差异化创新实践情况究竟如何，本部分将进行深入剖析。

（一）投行业务头部化趋势有所显现，行业竞争依然激烈

近年来，我国证券公司投资银行业务集中度不断提高，头部化趋势加速发展。根据Wind数据统计，2015—2018年证券公司证券承销业务收入的前五大和前十大年度平均占比分别为29.57%、45.28%，而2022年证券承销收入集中度则创下前五大42.42%和前十大55.76%的新高，头部化趋势正在逐渐显现。更明显的是，"注册制"改革加速推动了股权融资业务集中度的提升。2019—2022年股权融资业务募资规模前十大的平均集中度为73.21%，比2015—2018年50.09%的平均水平提高了23.12个百分点（见表1）。但承销业务收入排名前5位的机构仍在持续变化中。同时，排名第10位以外的证券公司市场竞争更为激烈。

表1　　　　　　　　我国投资银行证券承销业务收入集中度　　　　　　　　（单位:%）

年份	证券承销净收入 CR5	证券承销收入 CR10	股权融资募集金额 CR10	债权融资募集金额 CR10
2015	27.00	43.74	46.87	57.71
2016	26.71	43.44	46.29	44.44
2017	29.45	45.52	32.56	39.37

续表

年份	证券承销净收入 CR5	证券承销净收入 CR10	股权融资募集金额 CR10	债权融资募集金额 CR10
2018	35.11	48.41	74.65	62.66
2019	33.56	45.61	74.39	61.72
2020	36.66	49.61	72.00	61.45
2021	38.50	52.08	72.11	64.53
2022	42.42	55.76	74.34	66.86

资料来源：Wind 终端，海通证券研究所。

（二）投行业务模式尚未呈现明显的差异化发展趋势

业务模式决定了业务发展态势。当前，证券公司投行业务竞争激烈，主要原因在于业务模式的趋同，具体表现为：行业布局不均衡；区域覆盖面不足；业务偏好于投行前端业务、向投行后端业务延伸不足，产品创新服务经济动能转换仍需提速。

第一，投资银行服务产业协调发展意识不足，实际展业过程中行业集中度持续提高。按照中国证监会三级行业分类，2015—2018 年投行股权融资市场募资规模最大的前十大行业分别为货币金融服务，计算机、通信和其他电子设备制造业，资本市场服务，电力、热力生产和供应业，化学原料和化学制品制造业，电气机械和器材制造业，房地产业，土木工程建筑业，汽车制造业和医药制造业，募资总和约为 3.33 万亿元，超过剩余 71 个行业募资总和（约 3.08 万亿元）。近年来，投行业务行业集中度持续高企，2019—2022 年前七大行业的股权融资总规模就超过了全市场的一半，总计约 3.36 万亿元（见图 1、图 2）。

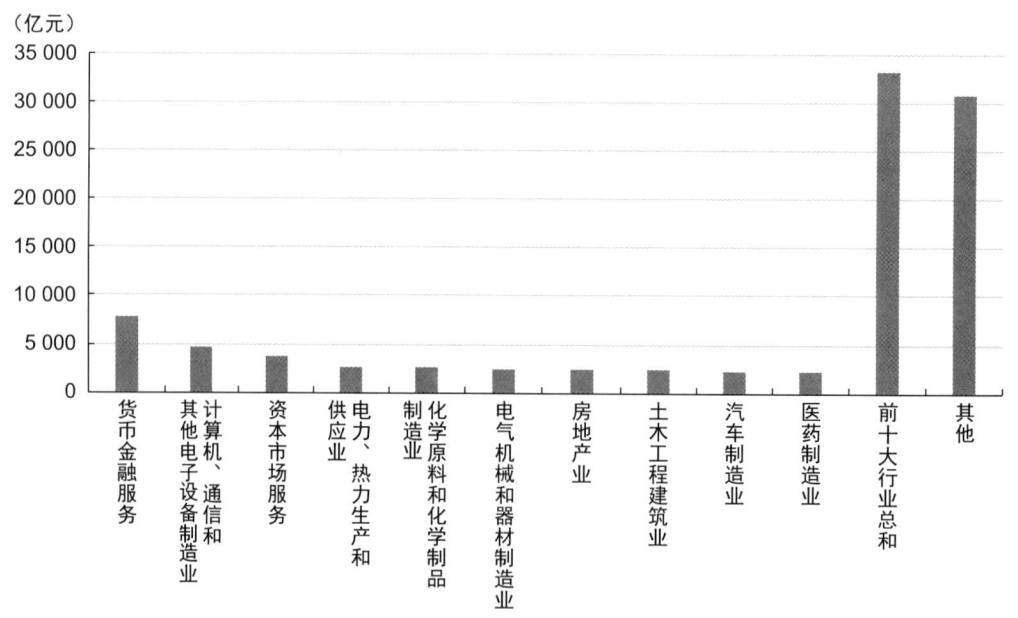

图 1　2015—2018 年投资银行业务行业分布

资料来源：Wind，海通证券研究所。

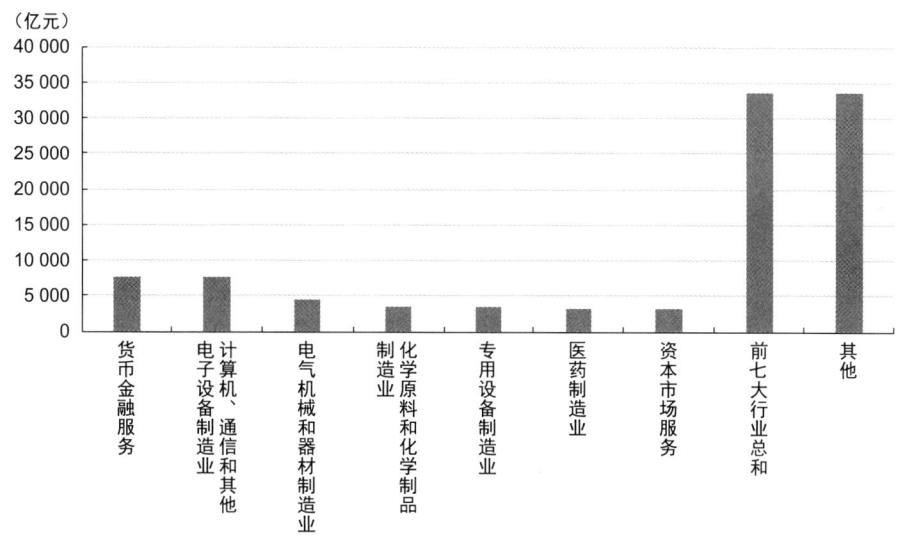

图 2 2019—2022 年投资银行业务行业分布

资料来源：Wind，海通证券研究所。

IPO 排队公司行业格局也从侧面反映出投行业务行业集中度高企现象。截至 2023 年 9 月，拟募集资金额度最高的 6 个行业分别为计算机、通信和其他电子设备制造业，化学原料和化学制品制造业，专用设备制造业，农业，电气机械和器材制造业，软件和信息技术服务业，拟募集资金总和约为 4 751.50 亿元，超过其他 95 个行业拟募集资金总和（见图 3）。

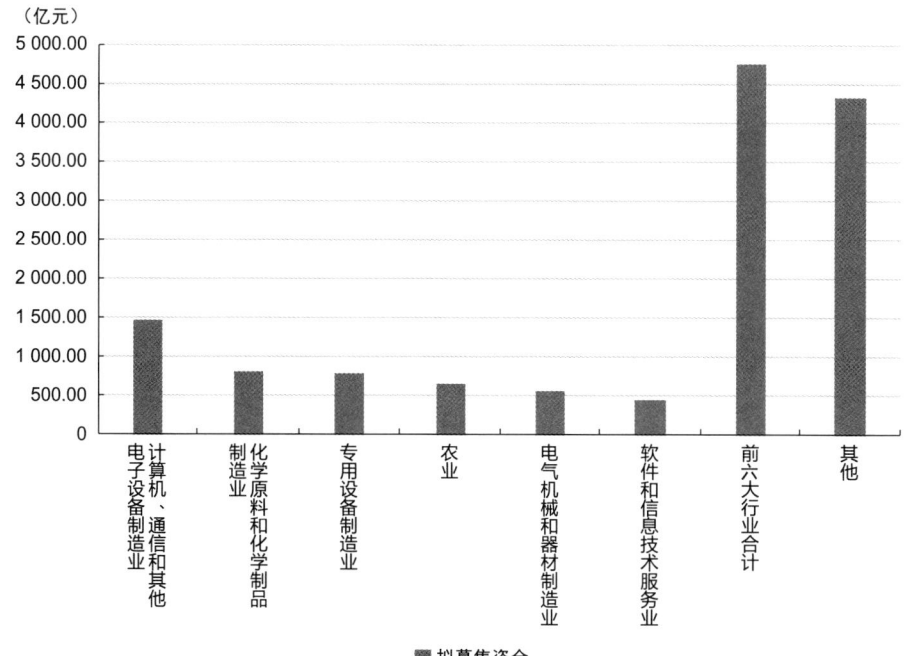

图 3 截至 2023 年 9 月 IPO 排队公司行业分布

资料来源：Wind，海通证券研究所。

第二，投行业务区域集中度持续提高，业务区域差异化竞争意识不足。投行业务扎堆集中于东部较发达地区，对西部、东北和中部覆盖面不足。统计2015—2018年股权融资市场数据发现，北京、广东、上海、江苏、浙江是股权市场融资规模最大的5个地区，其中北京、广东、上海、江苏4个省（市）的首发募资和再融资总额超过了其他27个地区的募资金额总和。2019年科创板开市并试点注册制，拓宽了资本市场服务实体经济和区域协调发展的空间，但是从2019—2022年股权融资数据来看，投行业务集中于东部发达地区的格局并没有发生本质变化（见图4、图5）。

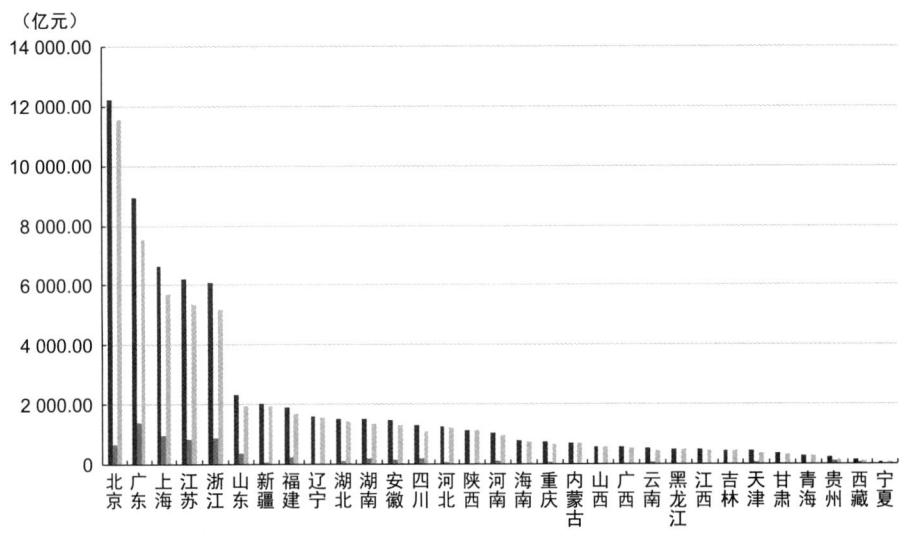

图4 2015—2018年投资银行业务区域分布

资料来源：Wind，海通证券研究所。

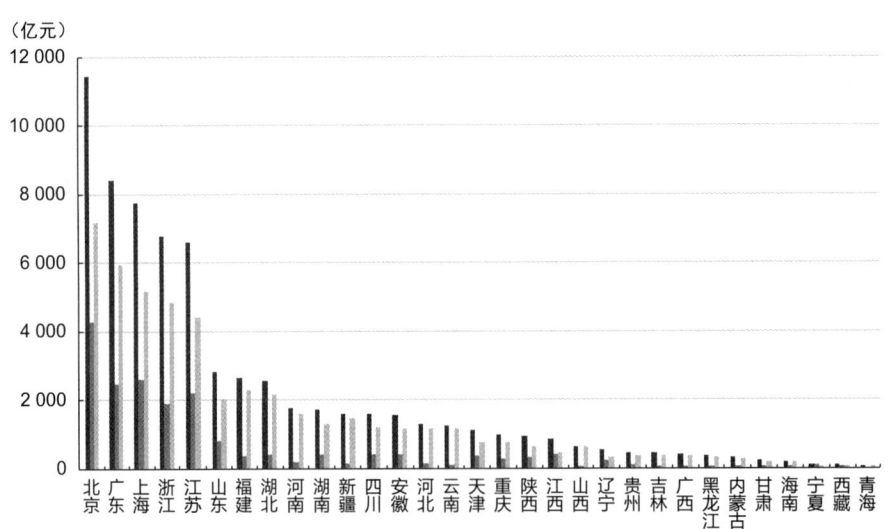

图5 2019—2022年投资银行业务区域分布

资料来源：Wind，海通证券研究所。

第三,证券经营机构存在投行前端业务偏好、向投行后端业务延伸不足,再融资产品单一,产品创新服务经济动能转换仍需提速。

其一,证券经营机构投行业务存在前端偏好,向后端延伸不足,并购重组财务顾问收入持续降低,投资银行并购重组规模与上市公司存量不成比例。并购重组是上市公司进行资本运作的重要方式,然而,根据中国证券业协会数据,2016年以来证券公司财务顾问收入规模持续下降,2020年后该收入在证券承销业务收入中的比重不足11%(见图6)。截至2022年底,境内上市公司总市值达到78.80万亿元,而2022年全年A股上市公司完成重大资产重组交易数量为95单,交易规模约3152.80亿元,交易规模不到上市公司总市值的0.5%。

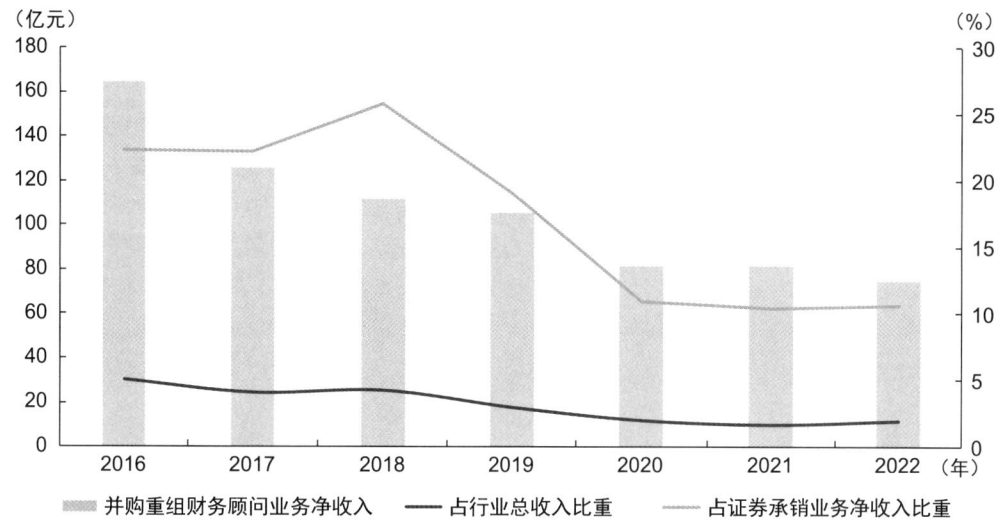

图6 证券公司并购重组业务收入及其占承销业务收入的比重变化

资料来源:Wind,海通证券研究所。

其二,证券经营机构参与再融资方式单一,增发和可转债是主要产品形式。再融资是上市公司获取资金的重要渠道之一,其中,增发募集和可转债募集是最主要的再融资方式,2022年两者规模占再融资比重分别为73.41%和19.34%,其他再融资方式合计占比仅有7.25%(见图7、图8)。

其三,"绿色""新""兴"产品体系发展方兴未艾,投行产品创新服务经济动能转换仍需提速。近年来,投行业务服务经济动能转换,债券市场创新产品频出。ABS产品创新不断涌现,包括绿色ABS、信用风险缓释工具、"专精特新""乡村振兴""战略新兴"等具有特色发展的资产支持产品。其中,绿色ABS发展较快,2022年绿色ABS发行802.73亿元,增速达47.85%。2021年,特色发展支持类创新产品"专精特新""乡村振兴""战略新兴"等ABS发行11单,金额合计67.86亿元。2022年,科创支持类创新产品"高新技术""科技创新"等资产支持专项计划发行22单,金额合计140.45亿元。除了ABS以外,可持续发展相关公司债券以及科技创新公司债也是投资银行"绿色""新""兴"产品体系的重要组成。2022年,低碳转型债券和低碳转型挂钩债券分别发行27.00亿元、223.90亿元,科技创新公司债发行70单,发行规模818.50亿元。2022年交易所市场债券合计发行规模55 085.34亿元,不难看出,与市场总量、经济动能转换需求相比仍显不足。

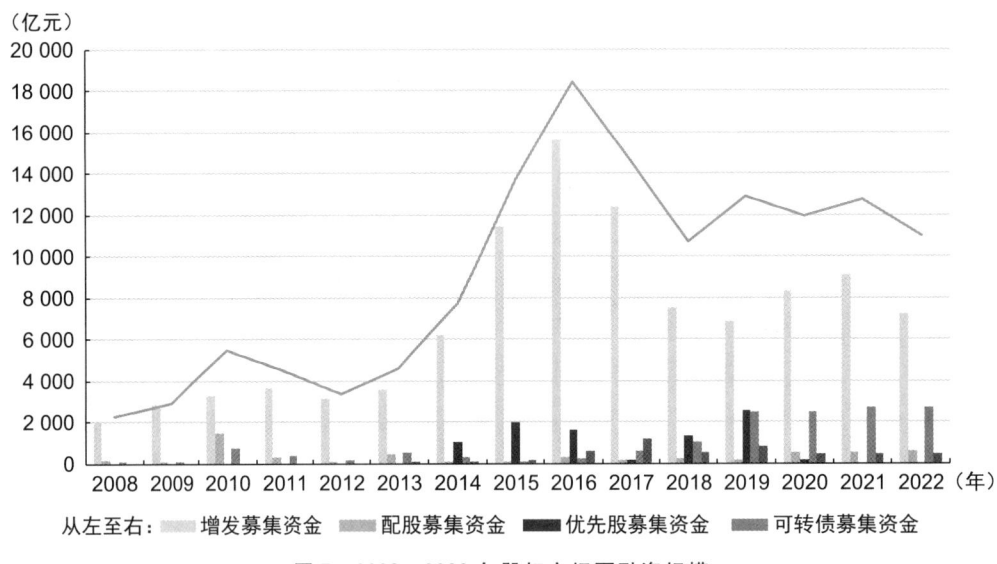

图 7　2008—2022 年股权市场再融资规模

资料来源：Wind，海通证券研究所。

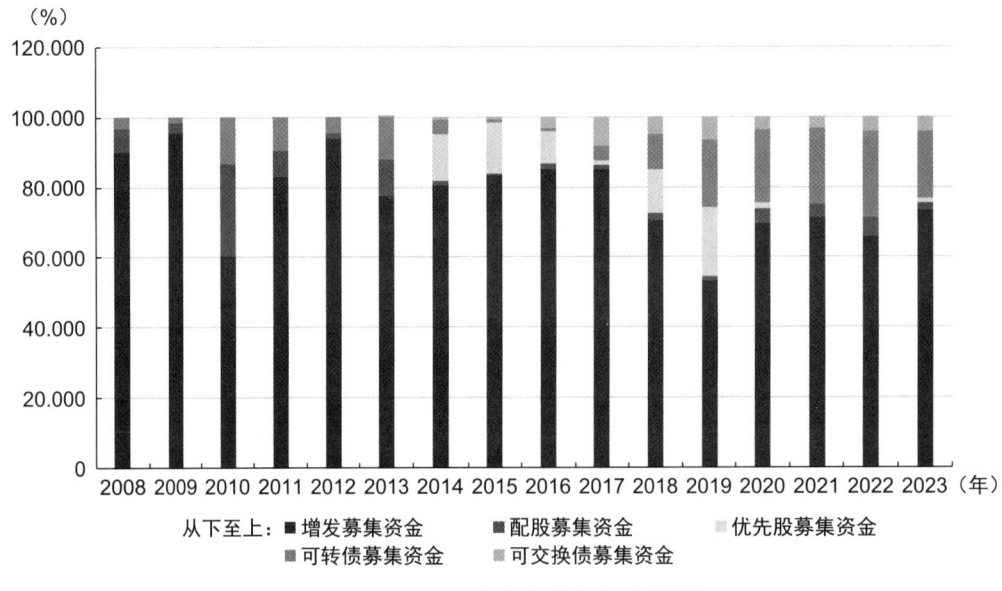

图 8　2008—2022 年股权市场再融资结构

资料来源：Wind，海通证券研究所。

（三）投行差异化发展现存堵点

我国资本市场注册制改革以来，投行定位逐步由以往的通道业务向价值发现者的本源回归。注册制改革虽然给投行业务向上下游延伸、打造以投行为中心的特色业务协同带来了广阔的发展空间，但投行差异化发展仍存在堵点。

第一，投行资源过度集中于热点区域，存在一定的路径依赖，前瞻性战略布局不足。根据 Wind 数据，2019—2022 年全国股权融资规模前 5 位区域——北京、广东、上海、江苏、浙江的企业股权融资总额占全国比重达到61%，而5地的GDP总和全国比重为34%。与之形成对比的是，山东、河南、四川、湖北、福建、湖南、安徽、重庆同为我国经济大省，2022年GDP总和的全国占比达到36%，而股权融资总额占全国比重仅为12%。由此显示出投行区域开拓能力不足的问题。2021年，《成渝地区双城经济圈建设规划纲要》正式印发，计划到2035年，将成渝经济圈建成为具有国际影响力的活跃增长极和强劲动力源。截至目前，成渝地区融资方式仍以信贷融资为主，根据中国人民银行数据，截至2023年4月，成渝地区各项贷款余额14.3万亿元，仅成都银行一家银行，2022年向成渝经济圈信贷投放就超过1 700亿元，而2019—2022年，成渝地区股权融资总额仅为2 572亿元，由此折射出投行前瞻性战略布局不足。

第二，区域间金融要素流动仍存在一定边界，制约投行实行区域差异化战略。Bontje&Burdack（2005）指出，根据国际经验，金融基础设施的完善会推动金融资源从过剩的中心地区流向相对稀缺的外围城市。一般认为，长三角地区具有较为完善的金融基础设施，已具有了较高的经济一体化水平。而相关研究指出，即使是国内市场壁垒较低的长三角地区，其金融市场仍然存在市场壁垒（吴凤菊，2021）。已有文献认为，行政区划形成的地方保护壁垒、跨区域金融信息共享服务平台建设滞后是造成金融要素流动壁垒的主要原因，作为大部分金融机构实际控制人的地方政府存在干预当地金融市场，优先满足本地企业融资需求以及扶持本地金融机构发展的倾向（郑荣年，2013）。

第三，注册制背景下，投行从轻资本业务向资本密集型业务转型，并对投行的业务团队建设、业务协作能力、投资专业性提出了更高挑战。随着2019年科创板以及2020年创业板通过引入跟投制度强化投行的市场核心作用以来，投行业务的跟投资金投入增加；并且，随着注册制改革畅通了退出通道，投行项目竞争逐步前移，"投行+股权投资"的业务协同模式被头部券商采用，中小型投行资本金和项目承揽压力倍增。

三、注册制改革下投行业务差异化创新发展案例

根据上述讨论，针对目前投行业务趋同化趋势，证券经营机构应根据自身发展特点，因地制宜制定差异化创新发展模式。中信证券最先在行业内主张"产业+区域+产品"立体布局，海通证券在集成电路和生物医药等"硬科技"领域打造了"海通品牌"，东吴证券、国元证券等形成显著地域特征的展业模式，平安证券形成了产品特色化发展。

（一）中信证券投行："产业+区域+产品"立体布局的先行者

自2012年以来，中信证券投行业务收入一直居行业首位，市场份额持续稳定，并在2019年注册制改革后迎来两位数的投行业务收入占比（2022年达到12.20%），逐渐拉大与第2名的差距。从股权融资、债权融资和财务顾问三大细分业务看，2022年中信证券相关业务规模均列于行业第一位；2019—2022年，国内IPO规模前20大项目中，中信保荐了7个项目，参与承销了14个项目。中信投行业务占据绝对领先的市场地位，与其在业内最先主张"产业+区域+产品"的立体组织架构密切相关，人才战略则是业务规模持续扩张的重要保障。

立体的投行业务组织架构是中信证券多年来投行业务在业内遥遥领先的重要原因。公司

最早在全国按行业和业务条线设置投行业务组织架构。中信证券 2012 年报首次披露，公司投行管理委员会下设各行业组及业务线。2013 年进一步以区域分部加强客户覆盖，加强服务新兴产业及地方政府融资平台等非上市客户，当年公司投行管理委员会下设金融组、能源化工组、装备制造组、基础设施与房地产组、信息传媒组（TIME）、医疗健康组、消费组和区域投资银行客户关系服务组（IBS）等。2015 年明确了债券承销业务线、资产证券化业务线、并购业务线三个产品条线。2016 年增设了浙江、山东、江苏、广东、湖北、湖南、河南 7 个区域分部，由此形成了"行业＋区域＋产品"的立体的组织架构雏形。

根据 2021 年报披露，当前中信投资银行管理委员会下设 7 个行业组、北上深 3 个综合行业组、12 个区域分部、3 个业务线及股权资本市场部门（ECM）、债券类资本市场部门（DCM）和其他中后台部门。

投资银行业务是典型的人才密集型业务，在注册制带来投行业务规模化发展的机遇下，中信证券投行大举实施人才战略，为投行业务的开展提供充足的人才保障。根据中国证券业协会公开数据，截至 2023 年 8 月 31 日，中信证券保荐代表人达到 613 人，在行业内居于首位。注册制改革实施后公司加大人才投入，2018—2022 年中信证券保代人数年化复合增速达到 36%，高出行业整体增速 20 个百分点。

（二）海通证券投行：专注"硬科技"领域

注册制改革后，海通证券为进一步强化投行业务在产业和区域方向的专业实力，于 2021 年新增了电信、媒体和科技（TMT）行业部、医疗健康行业部和先进制造行业部，同时推进属地化战略，服务长三角一体化、粤港澳、京津冀等重点区域。

事实上，海通证券在集成电路、医疗健康等"硬科技"领域打造了"海通品牌"，投行业务差异化发展成效显著。根据 Wind 数据，在 2019—2022 年集成电路行业的 IPO 融资中，海通证券作为保荐人，为 13 家集成电路上市公司募资 823 亿元，市场份额达到 38.7%，位于行业首位，是第 2 名业务规模的 1.86 倍。

在医疗健康行业，海通证券同样具有产业优势，4 年内保荐 18 家 IPO 项目，募资规模达到 229.57 亿元，市场占比达到 9.56%，居行业第 3 位。2020 年 3 月公司债实施注册制后，海通证券在 2020—2022 年医疗健康领域承销债券规模位于行业首位，市场占比约 12.20%。

海通证券投行项目在产业化实践中取得积极进展。截至 2022 年第三季度，股权投资（PE）板块在集成电路领域已累计投资 41 家集成电路企业，其中 6 家已上市，投资金额共计 41 亿元，覆盖了集成电路产业链中的材料、设备、芯片设计、晶圆制造、封测等主要环节。

（三）东吴证券和国元证券投行：区域领先

根据 Wind 2019—2022 年股权融资和债券融资的区域规模数据，在不少经济相对发达的省份，其地方国资背景的证券公司在属地具有明显的业务优势，包括安徽的国元证券、福建的兴业证券、山东的中泰证券、浙江的浙商证券、江苏的东吴证券等。

东吴证券扎根苏州、深耕长三角。2019—2022 年，公司在江苏地区债权融资规模 3 036.94 亿元、股权融资规模 254.86 亿元，分别列于地区市场第 2 位和第 6 位。根据 2022

年公司年报披露，东吴证券全年保荐项目数量江苏市占率第一，年内过会的江苏项目数量也排名第一，主力债券品种承销规模在江苏省内位列第一，在江苏省内具有市场竞争优势。

国元证券自身定位为"安徽省内有地位、业界有口碑、全国有影响"的现代投资银行。2019—2022年，国元证券在安徽地区实现债融业务规模500.13亿元、股融业务规模377.82亿元，均列于地区市场第一位。根据2022年公司年报披露，国元证券连续12年荣获安徽省政府服务地方实体经济发展评价最高等次，为安徽上市公司提供资本市场服务过半。

（四）平安证券投行：做优特色产品

平安证券投行业务定位为"精品投行"，资产证券化（ABS）是其投行业务的特色产品。2022年公司ABS承销规模居行业第2位，2021年交易所ABS承销规模第1位，显著高出其投行业务整体的行业排名。具体来看，2018年平安证券ABS业务规模由行业第18名上升到第8名，在供应链、融资租赁、应收账款、消费金融、商业抵押支持证券（CMBS）、资产管理公司（AMC）类ABS业务中均居市场领先地位。以产品创新为驱动，成功运作多个市场首创案例。比如，发行全市场首单以小额贷款为基础资产类型的"高新投知识产权1号"ABS产品，为国家探索发展知识产权证券化提供了重要实践；发行全国首单N—N中小企业供应链资产证券化产品，通过数字化、标准化、智能化的科技手段，解决中小企业融资小、急、频的需求。

不难看出，不论是全能型投行还是寻求差异化创新发展的产业投行、区域性投行或精品投行，其一方面在重点产业、重点区域或产品创新上寻求特色化发展路径；另一方面也存在动态变化，与行业政策、经济环境、股东背景等密切相关。

四、证券经营机构投行业务差异化创新发展建议

证券经营机构投行业务差异化创新应遵循从宏观到微观的逻辑。

（一）从宏观来看

投行业务差异化发展应响应国家战略方针的需求，以产业结构和行业结构变革方向为指引，加强投行业务在"绿色""新""兴"等行业的布局。

首先，从行业来看，投行业务的行业集中度较高，在投行业务集中度较高的行业，企业应提供与其他投行具有差异化的产品和服务。例如，在集中度较高的行业中，通过打造能覆盖完整产业链的服务来加强证券行业在产业链的金融连接作用，逐渐摆脱同行业务同质化竞争的恶性循环。

其次，行业集中度和区域集中度某种程度上具有一定的重叠性。投行业务集中度较高的行业为货币金融服务、计算机、通信和其他电子设备制造业等，这些行业相对集中在东部发达地区，因而投行区域集中度本质上也是行业集中度的侧面体现。基于此，应秉持产业布局和区域布局协同并行的方针来制定产业发展战略和区域发展战略。在区域布局中，证券投行业务应以该地域的产业调研和政策偏好为基础，结合投行业务优势，加强与地方政府的合作，提供具有地域政策特征的产品和服务。同时，在产业跨区域融合的大背景下，应发挥投行业务的金融链接作用，打通产业链的关键节点，构建被投企业相互联动的生态。

（二）从微观来看

结合新业态以及宏观战略发展需要，创新投行业务产品。在证券内部自上而下地构建以投行业务为中心，协同发展资管、研究、销售交易等业务，并根据宏观战略布局，持续加强产品创新和客户服务体系的动态构建。在产品创新上，构建人才到产品的创新改革路径。

首先，通过人才激励机制和人才培养机制激活员工的创新能力。

其次，以客户的区域特征、行业特征、规模特征为基础，发展既具有一定通用性、又兼具差异性和特色性的层次化的产品和服务。在此基础上进行精细化管理，借鉴海外经验，围绕不同客户需求，联合各业务部门联合输出服务，借助数字化技术加速发展定制化服务。

参考文献

[1] 高培勇．理解、把握和推动经济高质量发展［J］．经济学动态，2019（08）：3—9．

[2] 刘成．为实体经济提供优质金融服务［N］．经济日报，2023年7月10日．

[3] 王贞洁，王惠，李真真．竞争战略、资本经营与企业绩效［J］．经济经纬，2021（06）：103—112．

[4] 武英涛，茆训诚，张云．长三角金融市场一体化中的行政边界壁垒测度——基于企业债务融资成本的实证研究［J］．河海大学学报（哲学社会科学版），2019（05）：41—50．

[5] 吴凤菊．长三角区域金融一体化的现状及障碍分析［J］．当代经济·月刊，2021（07）：30—33．

[6] 习近平．高举中国特色社会主义伟大旗帜 为全面建设社会主义现代化国家而团结奋斗［R］．在中国共产党第二十次全国代表大会上的报告．

[7] 易会满．努力建设中国特色现代资本市场［J］．求是，2022（15）．

[8] 易会满．奋发有为 迎难而上 努力开创上市公司高质量发展新局面［R］．在上市公司协会第三届会员代表大会上的讲话．

[9] 郑荣年．中国城市商业银行的股权结构与政府控制［J］．金融经济学研究，2013（03）：119—128．

证券公司主经纪商业务研究

中国证券业协会证券经纪与财富管理专业委员会专题研究小组

中央金融工作会议指出,要加快建设金融强国,培育一流投资银行和投资机构。主经纪商业务的规范发展,能够提升证券公司专业服务能力,帮助投资人实现全球化运营、多资产配置,助力专业投资者的成长和发展,为培育具有国际视野和专业配置能力的投资机构添砖加瓦,同时也对券商提出了更高的要求,使之不断提升业务规模和服务质量,有利于培育具有国际一流竞争力的投资银行。

一、主经纪商业务现状

(一)国内主经纪商业务开展情况

1. 国内主要业务模式介绍

目前国内券商主要基于券商结算模式及"两融"信用账户(可实现二级托管)为客户提供交易、托管、清算、融资融券、证券出借、估值、技术支持、资本引荐等一揽子全方位服务与支持。国内券商的主要主经纪商(PB)业务模式有如下几类:

(1)兼顾全产业链模式。该模式券商突出"研发能力+托管实力+销售能力+资金实力+主券商PB系统"全业务链服务模式:

在产品设计方面,为客户提供全面的产品通道、优质的产品形式及相关产品服务方案;

在投研服务方面,为有投研服务需求的客户提供优质的投资研究和金融工程服务,协助开发个性化交易策略或产品;

在托管外包业务方面,为产品提供专业创新支持、综合的全面服务、迅速的业务响应速度,形成独特竞争力和差异化的展业模式;

在资本中介方面,打造完善的产品代销业务体系,与多家大型私募管理人开展代销合作,并与多家第三方销售平台开展合作,大力拓展私募基金多样化融资渠道;

在系统平台建设方面,打造金证、迅投及恒生三大PB交易系统,还为投资机构提供个性化、全方位的特色系统解决方案。

（2）主打托管外包模式。该模式券商采用的是"服务驱动、产品驱动、技术驱动"的运营管理策略。券商可为各类资产管理机构提供支持产品"T+0估值"的投资者查询系统、签约全程无纸化的电子合同系统、投资指令流程化处理的电子划款指令系统、支持全市场全品种交易的PB投控服务系统。

（3）突出融资功能模式。该模式券商尤其重视突出融资服务优势，将证券金融条线作为私募基金的平台和接口，对私募基金托管、外包、产品发行等服务所收取费用都较低，与私募基金合作的收入来源主要是资本中介服务。

该模式券商通过股指期货、融资融券、信用挂钩收益互换产品（TRS）、种子基金等融资工具，协助私募基金管理人放大杠杆，并建立了涵盖所有标的证券的股票池，可以最大限度地满足客户的融资融券、衍生品需求。

2. 券商主经纪商结算模式和托管行模式对比的优势

主经纪商（PB）业务起源于20世纪70年代的美国，在国内起步于2010年，并在2014年券商可以开展基金托管与基金服务（外包）业务、2017年券商可以开展券商结算业务后得以兴起发展，因此国内通常将基金托管与外包业务、券商结算业务作为PB业务的鉴定标志（见表1、表2）。

表1 体系区别

类别	券商结算			托管行结算			区别
	管理人	经纪商	托管人	管理人	经纪商	托管人	
账户	资金管理账户、产品账户	资金账户	银行托管账户、证券账户	资金管理账户，产品账户	—	银行托管账户、证券账户	—
资金	通过银证转账户指令	建立三方存管关系	托管账户即为存管账户	通过转账户指令	—	托管账户与各市场资金结算	纳入券商三方存管体系，保证交易资金安全性
交易	交易头寸控制	实资金验资控制	—	交易头寸控制	—	—	券商进行前端验资验券控制，防范交易风险，满足交易所合规要求
清算交收	—	与中国结算清算交收、与客户二级交收	—	—	—	与中国结算清算交收、与客户二级交收	券商承担最终交收义务，出现交收风险时进行垫资
估值	TA清算、估值对账	—	估值对账	TA清算、估值对账	—	估值对账	—
数据	—	接收交易所、登记公司数据并分发	—	接收交易所、登记公司数据	—	接收交易所、登记公司数据	券商统一对数据进行分拆，保证管理人、托管人估值效率
交易单元	—	专用接入交易单元	—	租用券商交易单元直接进场交易	向交易所申请出租交易单元	—	纳入券商交易通道管理，满足监管对交易接入方的要求

表 2　　　　　　　　　　　　　　　模式区别

类别	券商结算	托管行结算
可投资范围	拓宽可投资范围，可以参与股票质押式回购、融资融券、报价回购、约定式购回、ETF期权等交易业务	上市交易的股票、债券、货币市场工具、资产支持证券、权证等
前端监控	证券公司对管理人的证券交易委托进行验资，进行更精确的实时控制	日交易总额度控制，未进行实时监控
清算交收	证券公司不存在履行交收责任的政策障碍	托管行在向中国结算垫付资金履行交收责任方面存在政策障碍
结算备付金缴纳	证券公司一般不向经纪客户单独收取结算备付金，而是从其客户交易结算资金总池中划付	需自行缴纳结算备付金
资金划拨效率	资金划拨效率降低； 1. 场外交易需通过托管账户交收，管理人需按照实际投资计划提前分配资金头寸，并根据交易情况及时在托管账户、三方存管账户之间完成资金调拨 2. 场内交易方面，管理人需管理在不同证券公司开立的多个三方存管账户，资金划拨操作较为频繁	1. 场内、场外交易资金均通过托管账户完成交收，管理人可以统筹安排资金头寸 2. 场内交易清算资金仅涉及托管账户与备付金账户之间的划拨，且目前由托管行自动处理，无须管理人出具资金划拨指令
资金使用效率	资金使用效率降低，管理人必须于T日交易前将足额交易资金划拨入账，管理人证券投资额度将从可用头寸余额调整为实头寸余额	资金使用效率高，管理人只需在T+1日交收前筹足资金即可，管理人进行证券交易时其资金余额与托管账户的实头寸可以不严格一致
数据清分和发送	所司将场内交易、交收数据发送至证券公司，证券公司数据拆分后发送给管理人和托管人，管理人和托管人整合若干证券公司数据，再进行估值核算	所司统一发送场内交易、交收数据至管理人和托管人，可直接读入系统进行估值核算
投资信息安全性	管理人需通过证券公司交易系统交易，其投资信息存在被证券公司及其员工获悉并利用的可能	投资信息保密性较好

（二）国外主经纪商业务开展情况

1. 国外主经纪商业务发展阶段

国外的主经纪商业务发展主要分为萌芽期、探索期、扩张期和成熟期四个阶段。

（1）概念与萌芽。20世纪70年代，美国券商在经济滞胀与股市低迷的双重阴影中逐渐失去了个人经纪业务这个可供依赖的收入增长点，开始探求新的利润来源和创收途径。主经纪商（Prime Brokerage）这一概念在70年代末首次被美国券商弗曼·塞尔兹公司（Furman Selz）提出。

（2）初创与探索。20世纪80年代的主经纪商业务范畴主要集中在股票业务及基础的债券清算，最早期的服务旨在为基金管理人提供交易、清算、托管方面的服务。这种模式一方面提升了基金的管理效率，把管理人从运营压力中解放出来，让他们能够更专注于提升净值；另一方面为券商探索出一条可行的创收道路。摩根士丹利、高盛等国际投行纷纷瞄准主经纪商业务。在此基础上，券商不断探索新的服务，从融资融券到组合报告，利润来源更加丰富。

(3) 扩张与繁荣。20 世纪 90 年代对冲基金数量随着股市上涨而显著增加，策略扩展到量化和多策略，美国机构投资者开始将其投资组合的大部分分配给对冲基金。这种规模和数量的扩张为主经纪商（PB）业务扩量提供了新的蓝海。在 21 世纪的第一个十年，对冲基金在全球范围内广受欢迎，到 2008 年，全球对冲基金行业的管理资产（AUM）达到约 1.93 万亿美元，2011 年 4 月接近 2 万亿美元。同时由于 PB 服务模式的成熟、国际投行独立设立 PB 部门以及 IT 技术的发展和应用，极大丰富了 PB 业务范畴，彼时券商为其主要服务对象对冲基金提供的产品和服务逐渐扩展至固收、衍生品和定制化服务等，并开始提供包括资本引荐、风险管理、投研顾问在内的附加业务。21 世纪的 PB 业务竞争日渐激烈，并成为投行重要的业绩来源。

(4) 转型与成熟。次贷危机直接影响了主经纪商（PB）业务态势，美股受创、对冲基金发展受阻、业内竞争加剧，使得 PB 业务进入转型期。PB 业务头部公司贝尔斯登的破产，为市场让出了市占空缺，瑞银、德银等综合性投行的 PB 业务快速发展，业内竞争更加激烈，PB 服务商的选择更加多元。次贷危机之后，PB 业务从"一对一"向"一对多"转变，很多基金出于分散风险的考量，由指定 1—2 家券商作为主经纪商，转向将资产分配在多个主经纪商（一般为 3—6 个）之间，多主经纪商模式（Multi-Prime Brokers）逐渐形成。危机前，前三位主经纪商市占率逾六成，次贷危机后几年时间降至四成，行业集中度急剧下降。随着监管趋紧、交易成本上升，PB 业务开展难度加大，竞争向综合化、差异化、定制化发展。

2. 国外主经纪商业务市场格局

根据市场业务发展和监管要求，海外投行通过不断优化公司业务架构、战略布局和同业兼并整合，形成了四大类典型发展模式，即大型全能券商、精品投行、财富管理机构和交易做市商。以高盛、摩根士丹利为代表的全能型券商，专注于为各类机构客户提供全生命周期一站式综合金融服务，机构业务范围多元布局，具备明显的行业竞争壁垒和品牌优势，业务模式呈现机构化、国际化、资本化等特征。在协同组织架构设计和主经纪商服务内容方面，高盛、J. P. 摩根和摩根士丹利布局也有明显区别（见表3）。

表 3 高盛、J. P. 摩根和摩根士丹利组织架构设计和主经纪商服务内容

服务内容	高盛	J. P. 摩根	摩根士丹利
协同组织架构方面	2022 年第三季度将投资银行和机构交易业务合并为全球银行与市场部，为企业及机构客户提供高协同性服务，包括原 Equity 业务板块下设的股权部门（销售团队、交易及执行服务、量化）和主经纪商部门（Prime Brokerage）	J. P. 摩根分零售业务线和机构业务线，其证券业务集中在机构业务线下的企业与投资银行条线（CIB），其中主经纪商业务分布在该条线的市场与证券服务部	分为三大业务条线：机构证券、投资管理、财富管理。PB 业务部门是隶属于机构证券 - 销售交易下面 Institutional Equities 的重要部门
主经纪商服务内容	主经纪商服务主要特色在于：帮助基金提供现金管理、资产托管、融资融券、交易执行、风险管理、监管报送等综合性解决方案	主经纪商服务的主要内容包括融资、清算、交易执行、托管及优化保证金方案、资本引荐、基金管理、证券借贷、资产服务产品、融资等	PB 业务作为进入公司的门户，帮助客户触达公司的大量资源，如股票销售和交易、衍生品、证券借贷、技术和运营等

2022年第三季度高盛宣布调整后新的组织架构,将投资银行和机构交易业务合并为全球银行与市场部,为企业及机构客户提供高协同性服务,包括原Equity业务板块下设的股权部门(销售团队、交易及执行服务、量化)和主经纪商部门(Prime Brokerage)合并其中。主经纪商服务主要特色在于:帮助基金提供现金管理、资产托管、融资融券、交易执行、风险管理、监管报送等综合性解决方案。另外将资产管理和财富管理业务合并成资产与财富管理部,把面向个人的零售平台Marcus并入该部门(见图1)。

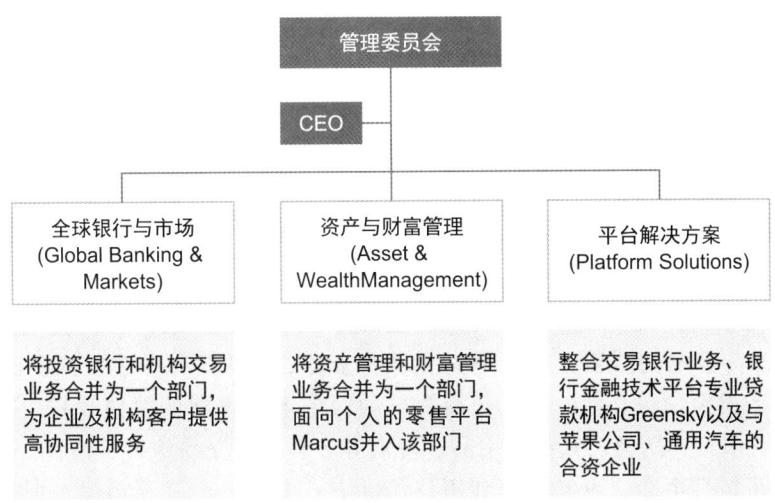

图 1 高盛组织架构设计

以高盛跨资产类别、打通交易前、中、后的平台型产品Marquee为例,其定位为高盛Global markets向机构客户打造的机构业务一体化平台,对外高效协同一、二级市场业务,吸引新客户转化并服务老客户提升用户体验,对内塑造跨多资产的电子化交易能力,实现"端到端"直连,降低人力成本。Marquee非物理大一统的架构设计,而是通过调用四大功能模块(研究、交易、数据与风险分析、主经纪商服务),配合强劲的中、后台系统承接,统一管理提升客户体验。Marquee将所有功能模块化,并进行灵活调用和组装。

3. 国外主经纪商业务服务范畴

国外大型的PB服务商一般会设立客户关系部、技术部、中台运营部、交易结算部、账目核对部、估值定价部、基金会计部等部门,在对冲基金的全周期中提供以下层级的服务内容(见表4)。

表4 国外主经纪商各层级业务内容

业务层级	业务目的	业务内容
核心业务	交易、杠杆	融资融券、交易、股票回购融资、权益互换和其他线性衍生品的设计与执行
基础服务	清算、托管	清算、托管、估值、风险管理、运营、技术支持、业务报告
附加服务	咨询、引资	对冲基金咨询、资本引进、定制化服务

具体来看,主经纪商主要提供的服务如图2所示。

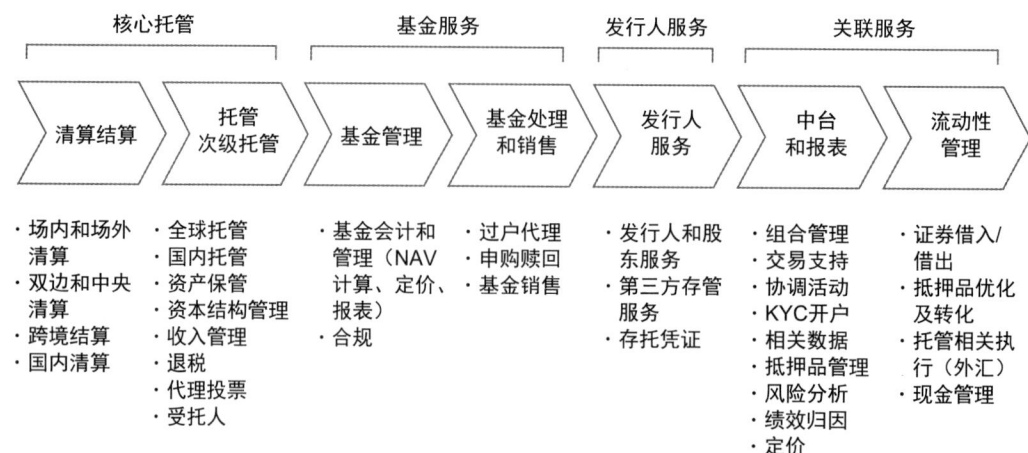

图 2　海外主经纪商主要提供的服务类型

4. 国外优秀主经纪商特点

（1）全球化运营。头部主经纪商特别注重国际化全球服务能力。高盛通过在世界多地建设的交易中心为客户提供多达 50 个国家的借券业务，在报告部分也支持多币种。

（2）跨资产类别。综合性的主经纪商提供的服务远超普通的股票投资，在其服务清单中不乏权益类、债券、期货、其他衍生品、外汇等多资产的交易执行、清算、报告等服务。

（3）自主可控性更高。主经纪商利用技术优势，集成多个交易市场，通过统一的"交易中台"的形式对外提供服务，可以直接对接客户独立开发的系统。

二、国内主经纪商业务面临的问题

（一）行业共识内涵不明晰

由于"主经纪商"概念是从国外引入的"舶来品"，国内相关的业务法律法规、制度设计以及业务实践都与国外有较大区别，实际上并不存在与国外完全相同的"主经纪商"业务。因此，在发展初期行业内就出现了对"主经纪商"业务的不同理解。在此情况下，证券公司相应的业务组织架构以及后期的业务发展实践也不完全相同，而接受服务的客户则更加无从知晓，不利于业务的整体推广和品牌打造。

（二）缺乏监管的统一指导

在行业缺乏主经纪商业务内涵统一共识的同时，主经纪商业务可能包含的各子项业务、服务都有所对应的监管政策或自律规定。例如，托管业务有中国证监会发布的《证券投资基金托管业务管理办法》及相关配套法规，结算服务则是在中国证监会《证券登记结算管理办法》下，由中国结算发布的一系列规则进行规范。

（三）技术投入和信息建设不足

主经纪商业务的开展依托于各类交易系统和柜台，客户对于系统速度、多样功能模块、个性化方案支持有各种专业诉求，交易系统是否完善对主经纪商业务的开展有着重要影响。

因此，未来应加大信息技术的投入和支持，推动交易系统进一步向智能算法、极速柜台等方面延伸，通过金融科技降低业务成本，提高差异化和特色化竞争。

（四）券商内部组织架构尚不清晰

目前因行业主经纪商（PB）业务定义不明晰，各家券商暂无统一的架构设置，但无论设置在哪个部门，PB业务作为券商获客的触点和客户交易需求的通道，都是非常重要的。建议进一步提升PB业务在证券公司的战略定位和部门组织架构层级，建立前台营销、中台服务和后台支持的人员分工，建设一支具有私募、理财子公司等客户服务经验、合规背景和IT背景的专业人才队伍。

三、国内主经纪商业务的完善建议

推进主经纪商业务高质量创新发展，既需要监管部门完善主经纪商业务相关定义和监管措施，设置准入资质要求，规范行业健康发展，也需要金融企业大力发展券结模式，构建差异化服务体系，提升服务质量和行业竞争力，不断满足经济社会发展和人民群众日益增长的金融需求，开创新时代金融工作新局面。

（一）建立主经纪商业务行业共识

目前，行业对主经纪商的服务内容、目标客户、业务边界、技术系统等方面暂没有统一的认识。主经纪商业务与现有的常规经纪业务以及运营外包、托管业务等业务资质之间的关系、边界仍未厘清。建议对主经纪商业务的定义和所包含的业务内容明确规定或者发布指导意见。

（二）建议设置开展主经纪商业务的基本资质要求

主经纪商服务的本质是经纪业务，确切地说是经纪业务的拓展延伸，是经纪业务的增值服务，且主经纪商服务的客户是专业的投资者，具有较高的专业素养和创新、创造能力，对服务机构的综合服务能力、强大的中后台支持能力、全面有效的风险管理能力等方面提出了很高的要求。因此，建议对券商开展主经纪商业务设立一定的资质要求，如设置近三年券商评级、公司净资本等准入指标。

（三）鼓励发展券商结算模式

随着证券市场的交易品种不断丰富，专业投资者的类型和数量爆发式增长，对交易结算处理的及时、准确等诉求逐渐增加。

目前，场内证券交易结算模式存在券商和托管人两类。托管人作为结算主体已无法满足日益多样化的交易品种、交易方式、结算模式需求；以证券公司为核心的券商结算模式，因交易与结算体系的统一管理已经获得越来越多专业投资者的认可。建议大力发展券商结算模式，让交易和结算统一由券商结算参与人负责处理，充分发挥券商在资本市场结算业务领域的专业优势和风险控制能力。

(四)建立差异化竞争,打造品牌优势

在现阶段市场竞争中,品牌、体验和服务是避免同质化竞争的关键。因此建议明确业务品牌定位,对客户进行画像分层,用有特色的服务吸引客户,构建差异化服务体系。如从定制化入手,依靠个性化的解决方案拓展对机构客户的服务深度,满足客户的定制化操作需求,为客户充分创造附加价值,根据客户交易需求提供丰富的交易策略和智能算法服务,为投资者充分创造附加价值。

推动证券公司主经纪商业务的研究和发展,树立国内券商主经纪商服务品牌,是贯彻落实好中央金融工作会议精神、确保相关工作部署落实落地的重要举措。这有助于贯彻中央金融工作会议中提出的"培育一流投资银行和投资机构"和"完善机构定位,支持国有大型金融机构做优做强"发展的战略方针,更好地推进我国金融事业实践创新、理论创新、制度创新,奋力开拓中国特色金融发展之路。

证券公司财富管理转型：形势与任务

李 喜 魏 俊[*]

金融业已经迈进财富管理新时代，财富管理转型已经成为各类金融机构的共识。证券公司财富管理转型既面临银行、基金、保险、信托、第三方金融机构的激烈竞争，又要适应证券行业头部加速集中的发展态势。本文结合公募基金投资顾问改革试点，分析证券公司财富管理转型的发展形势与存在问题，初步厘清未来关键任务并尝试提出若干具体举措、政策建议，以期助力证券行业财富管理转型。

一、现状：初级阶段中的强者恒强

（一）发展历程

不同机构、不同个人对财富管理的内涵有不同理解。央行颁布的官方行业标准主要包括几个关键词：人的生命周期、系统规划与服务、财富良性循环[①]，大致分别对应财富管理的主要客体、服务方式和根本目标。以此为观察基准，券商财富管理转型实践总体尚处于发展的初级阶段，可粗略划分为几个时期。

一是通道阶段。券商财富管理萌芽于零售经纪业务，虽然个别券商开始小规模研发、销售金融产品，行业投资咨询业务也稳步开展，但主要服务客体仍是长尾客户的"炒股"需求，服务方式为提供"炒股"技术通道代理买卖，目标是获取佣金。由此衍生出的主要特征是服务同质化，主要竞争点是以营业部数量为代表的规模水平。

二是代销阶段。2020年7月，中国证监会发布《关于修改〈证券公司分类监管规定〉的决定（证监会公告〔2020〕42号）》，新设财富管理类业务相关指标。券商上一年度投资咨询业务收入或者代销金融产品业务收入位于行业前10名、前20名的，分别加1分、0.5

---

[*] 本文写作于2023年11月。作者简介：李喜，光大证券股份有限公司财富管理总部总经理；魏俊，海通证券股份有限公司法律事务部总经理助理。

[①] JR/T 0238.3—2021，金融从业规范 财富管理。

分（按孰高分值加分）。受此影响，2020 年行业整体代销金融产品收入及其占营收比重开始大幅上升，当年行业实现代销金融产品净收入 134.38 亿元，同比增长 148.76%。

三是投顾阶段。2019 年 10 月，中国证监会启动基金投顾试点改革。2021 年 9 月以来，中国证券业协会就多个业务规范公开征求意见，拟对开展基金投顾业务的各类技术细节做出统一规范。2023 年 6 月，中国证监会就《公开募集证券投资基金投资顾问业务管理规定》向社会公开征求意见，标志着基金投顾试点转常规的开始。

可见，券商财富管理转型始于近两三年，展望未来，券商财富管理转型还有很长的路要走，在主要客体、服务方式和根本目标方面均有巨大的提升空间。行业普遍开始从组织架构、业务布局方面开始行动，但从长远看，竞争才刚刚开始。

（二）竞争格局

从监管认知、行业惯例看，目前一般用代销金融产品（净）收入、投资咨询业务（净）收入、投顾人数等指标说明券商财富管理转型效果及竞争水平，即便上述指标各有缺陷。从指标反映的排名看，"强者恒强、赢者通吃"依然是基本结论，中信证券等头部券商全面领先（见表 1）。

表 1　部分券商财富管理相关指标排名（截至 2022 年底）

证券公司	代销金融产品业务收入	投资咨询业务收入	投顾人数
中信证券	1	2	2
中金公司	2	1	14
华泰证券	3	9	7
国泰君安	4	4	4
中信建投	5	3	6
广发证券	6	12	1

资料来源：中国证券业协会，wind，choice。

上述指标排名不能说明全部问题，如东方财富各指标排名均不靠前，但其牢牢抓住销售渠道、科技、成本等核心优势，在财富管理转型中差异化、专业化发展态势良好。即便数据可得，在全面考虑财富管理核心内涵、特征，将客户数量及其变化、活跃水平，客户资产规模及其变化，甚至投顾服务的客户资产规模增值比例等指标统筹考虑，基本结论应该也不会有大的偏差。

基金投顾试点改革启动以来，行业普遍认为基金投顾业务更接近财富管理本质，其发展水平也相对更能体现券商财富管理的真正实力。截至 2023 年 3 月底，共有 60 家机构纳入试点，服务资产规模 1 464 亿元，客户总数 524 万户，10 万元以下个人投资者占比 94%。大的格局上，各机构立足其比较优势差异化发展。具体到券商，"强者恒强、赢者通吃"的逻辑不变，但个别中小规模券商表现突出（见表 2）。

表 2　　部分券商基金投顾业务规模（截至 2022 年底）

证券公司	试点资格获批时间	客户数量（万户）	资产规模（亿元）
华泰证券	2020 年 8 月	61.76	139.13
国联证券	2020 年 8 月	24.03	68.8
东方证券	2021 年 6 月	约 16	约 149
国泰君安	2020 年 8 月	—	57.22
中信证券	2021 年 6 月	近 14	超 100
中金公司	2020 年 8 月	约 5.3	约 145
招商证券	2021 年 6 月	4.02	96.52

资料来源：相关券商年报；中金公司数据来源于财联社报道，截至 2022 年 11 月末。

二、问题：理念与模式的路径依赖

从前述证券行业财富管理转型阶段看，代销与投顾的发展在时间上并行，代销金融产品发展迅速但尚未真正触达财富管理实质；投顾业务试点改革启动时间不长，品种限于公募基金，试点范围也尚在控制之中。总体而言，现阶段券商财富管理仍以产品为中心，尚未完全摆脱对旧有模式的依赖。

一是在发展观念上，总体要求仍然是先盈利。代销金融产品优先追求申（认）购费及保有类费用，而相对忽视客户的真正需求，近几年的兴起实际上是券商经纪业务寻找新盈利点的尝试，叠加监管机构调整分类评价体系的因素。基金投顾主要以客户资产管理规模（AUM）为基准收取"投顾服务费"，客观上更可能避免引导用户追涨杀跌、频繁申赎，转向为客户财富的保值增值。但这种转变更多的是对收费激励调整的被动反应，而以客户为中心的财富管理则更多的是对业务实质的主动适应。实际上，盈利与否是服务效果的逻辑必然。如果观念不转型，包括组织架构、业务模式、人员调整等一切形式上的转型意义都会大打折扣。

二是在服务客体上，总体仍然集中在短期需求。券商一次代理销售、客户一次购买行为构成一次短期投资，证券公司、产品方各获其利，后续动作是重复开展新的销售，而非继续服务前次投资；基金投顾注重销售后端的客户长期体验，所谓"三分投，七分顾"。但从长期体验到全生命周期体验尚有差距，后者持续时间更长且伴随着财富管理需求演变及服务方式的调整。相关文献指出的券商财富管理个性化服务高净值客户能力不足便是该问题的一个缩影[1]。实际上，同一客户在不同生命周期的服务需求不同；不同客户，包括不同净值类型客户，甚至同净值客户群的不同个体，在同一生命周期的财富管理需求更加多样化，未来财富管理业务的服务客体应当全面覆盖差异化客群的全生命周期。

三是从服务方式上，配置手段短期受限较多。证券即时交易通道代理服务、销售导向的纯粹金融产品供给与财富管理相去甚远，但受制于全权委托的法律障碍，配置型财富管理思维生根缺乏制度土壤。基金投顾改革允许开展管理型基金投顾服务，标志着全权委托、账户

---

[1] 陆岷峰，沈黎怡：《关于证券公司中财富管理业务痛点及策略研究》，载《经济与管理》2018 年第 1 期。

管理模式改革取得实质进展。但涉及证券范围限于基金，参与机构尚需审批，券商暂时无法综合利用组织赋能、科技赋能、投研赋能，整合运用既存金融产品与工具、创设新型金融产品与工具、统筹券商整体内部资源及外部资源，因此也难以针对具体客户的个性化需求，精准匹配量身打造的服务，实践中产品与服务高度同质化的问题依然突出①。

三、破局：认识、战略及抓手

财富管理转型是行业的根本性变革，适应这种变革需要持续开展长期战略、基础能力、短期策略、具体举措等方方面面的工作，组织协同能力、金融科技能力及产品、营销、服务能力建设都至关重要②。可以考虑从以下几个方面加强工作：

（一）转变成本认识视角，化压力为竞争力

财富管理转型，尤其在初期，可能伴随着成本快速上升但收入增幅不与之匹配。全员投顾化、投研再强化、金融科技赋能、监管持续加强都会推动成本增加，这可能对券商财富管理转型带来压力，也考验着转型决心。实际上，对于财富管理转型中的智力资本（全员投顾化、投研再强化）、金融科技、合规投入，如果转变认识视角，坚决科学合理地投入，反而可以提升竞争力。智力资本方面，财富管理联结券商大部分业务类型，在长期业务交流、协同、扩展的基础上，财富管理板块专业水平的提升会促进其他板块提升专业水平；金融科技方面，由于其自身的外溢性特征，财富管理领域金融科技应用成果很可能对券商经营管理其他领域形成启发和反哺；监管要求方面，财富管理天然涉众性、数据与科技的扩散必将推升合规成本，但合规管理水平本身就是竞争力。例如，近年来投资者适当性管理的要求越发趋严，部分财富管理从业人员不太适应。但适当性管理本身也是客户分类分层的一种形式，从实质上做好投资者适当性管理必将树立市场形象，也将直接支持财富管理业务开展，对其认识不应该停留在被动满足监管形式要求的层面，这既容易滋生风险，还容易徒增成本。

（二）找准券商比较优势，集中资源投入

一般认为，券商在客户基础、销售能力等方面与银行、第三方机构存在差距，但在投研能力、产品创设、权益投资、人才队伍等方面有一定优势。本质上，券商的比较优势只有智力资本。但这也是相对的，券商相较于银行在客户基础、销售渠道方面的绝对差距巨大。短期券商在客户、销售等方面很难有大的突破，但银行相对券商的智力资本绝对劣势却不大，缩小差距的可能性相对较高。因此，券商或可选择把有限资源持续在智力资本上集中投入，如全员投顾、投研扩容，在场外市场业务等领域继续夯实与银行等金融机构的差异化赛道③。科技、渠道、合规方面，在自我投入的同时，应该更加重视外部合作、采购。事实上，近年来多家券商已在加大与腾讯、蚂蚁金服、华为等大型科技企业及第三方金融产品销

---

① 孟醒，申曙光：《证券公司财富管理业务的竞争优势、战略目标与转型路径》，载《南方金融》2018年第4期。
② 中银国际证券股份有限公司课题组：《借鉴国际投行经验发展我国证券公司财富管理业务研究》，载《中国证券》2022年第3期，第76—80页。
③ 中国证券业协会场外市场委员会：《场外证券业务转型财富管理路径研究》，载《传导》2020年第9期。

售机构的合作。

(三) 培育特定环节优势，兼顾价值链整体

正如财富管理绝不是当下流行的金融产品销售，财富管理也绝不是单纯的投资服务。尽管效果，即财富保值增值基础上的良性循环，是财富管理的重要内容，但辅助客户理解需求、理解产品、发现机会、形成方案、辅助决策、达成交易、投后检视反馈的全过程才是关键[①]。理论上说，一切价值创造都是一系列活动的集合体，财富管理也不是"一锤子买卖"，本质上是价值链管理。因此，从纵向看，需要寻找、培育特定环节优势，以此作为形成并扩大差异化竞争优势的"抓手"。例如，如果在理解客户需求方面成功打造"撒手锏"，那么一方面必将在获客能力、客户规模扩大及维持上带来长足进步；另一方面在渠道建设乃至产品开发方面都可更多地寻求外部市场化采购，从而集中资源，降低内部交易成本。从横向看，则需要兼顾价值链整体，不能有明显的短板。例如，即便在理解客户需求上非常突出，但如果渠道和产品自我建设少、外部采购缺，仍然会切断价值创造链条，导致"短板效应"。

(四) 搭建适宜组织架构，实现业务协同

除了代销金融产品之外，组织架构调整也是近年来伴随证券行业财富管理转型的另一个热门话题。实践中，券商多将原先的经纪业务部门直接改名为财富管理单位，在决策体系上设立类似财富管理委员会之类的组织。但组织架构调整应当是顺应行业变革、高效整合资源的需要，而并非有形无神的改头换面或其他宣示性意义。具体到适应财富管理转型变革，调整组织架构的出发点应当是通过更加高效的内外部协同，推动更加高效的内外部资源配置，实现更加高效的客户需求服务。于大财富管理业务板块而言，应当更加有利于客群输送、产品筛选、研究共享、从业人员考核的统一部署；于不同业务板块而言，应当更加有利于客户引流、产品创设及风控、大类资产配置的整体协同，从而打破部门、业务板块壁垒，共同、及时、高质量满足客户需求。受制于券商历史、战略、类型、禀赋等实际条件，是否采用财富管理子公司、事业部或独立部门，不可一概而论。但除了上述组织架构调整的出发点外，尚有若干其他基本因素可以确定。例如，考虑到业务协同工作本身的复杂性，需要有专门的团队或机构专司此职；考虑到业务协同跨部门、跨板块的特点，需要在操作层面有更加灵活的协调机制。

(五) 做好客户分类分层，夯实精准服务基础

不同客户的不同需求，决定了科学客户分类分层及其精准需求发现成为财富管理转型的基础。分类分层是客户"标签化"工作的延续，宜多不宜少、宜细不宜粗、宜交叉不宜平行。目前，行业多从财富状况、风险承受能力、年龄、投资组合目标、行业或领域、兴趣等角度划分客户种类[②]，但同一类别客户下的层次划分、同一客户在多个维度分类分层下的标签交叉甚至更加重要。客户标签越多，分类分层越具体，识别和挖掘客户需求、提供精准服

[①] 石磊：《让财富管理更有用》，载《财新周刊》2021年第45期。
[②] 毕马威：《未来财富管理——全球及中国行业趋势及展望》。

务的效率就越高、成本就越低。金融科技的发展，使得客户行为数据化程度越来越高，进而导致需要收集、整理、分析数据的范围越来越广，数据作为生产要素驱动财富管理转型的效能越来越强。挖掘分析公司内外部客户数据，打造精准的客户360°画像，实现更加精细化的"千人千面"客户运营和价值转化，已成当下亟须开展的工作。

国内外财富管理市场与商业模式研究

广发证券股份有限公司*

一、研究背景

伴随着中国经济和居民财富的持续增长,国内财富管理行业获得了高速发展。近年来,在"房住不炒"、资管新规和资本市场深化改革等共振下,以公募基金为代表的标准化、净值型资产管理行业成为金融子领域里最具活力和增长潜力的板块。2021年公募基金年度新增份额首次突破4万亿份,规模达25.5万亿元,同比增长27.1%,并且2022年规模进一步提升至超过26万亿元;私募证券投资基金管理规模增长2.3万亿元,总规模突破6万亿元。中国居民资产配置正在经历从实物资产到配置更多金融资产拐点的大趋势,这将成为中国财富管理行业发展的重要驱动力。

我国财富管理行业目前仍处于初期发展阶段,相比国外发达国家,我国财富管理行业由卖方财富管理模式主导,即财富管理机构担任金融产品代销的角色并且持续扩充和巩固客户数量和代销资产规模,同时不断探索向买方投顾模式转型的机会。而以美国为代表的发达国家则已经全面进入财富管理买方业务模式。财富管理买方模式是以客户为中心,围绕客户财富管理需求构建整体供给生态,实现全面的金融产品、服务和综合解决方案提供,以客户的财富配置和财务规划为导向,最终帮助客户达成财富的保值、增值、传承等各项需求场景(见图1)。

从发展路径、阶段商业模式以及不同禀赋财富管理机构业务模式的差异来看,国外财富管理行业发展经验值得国内财富管理机构比较借鉴。本文将从横向和纵向角度,比较分析国内外不同财富管理市场发展成因、特点与不足、商业模式差异和借鉴意义。研究比较国内外财富管理市场和商业模式有利于构建新生态下我国财富管理服务模式,在持续完善财富管理

---

* 本文为中国证券业协会2022年优秀课题。课题负责人:方强,广发证券股份有限公司总经理助理,兼任财富管理部总经理。课题组成员包括:谢军、郑峰、史惠子、陈强、陈韵杨、钟泽宇,均供职于广发证券股份有限公司。

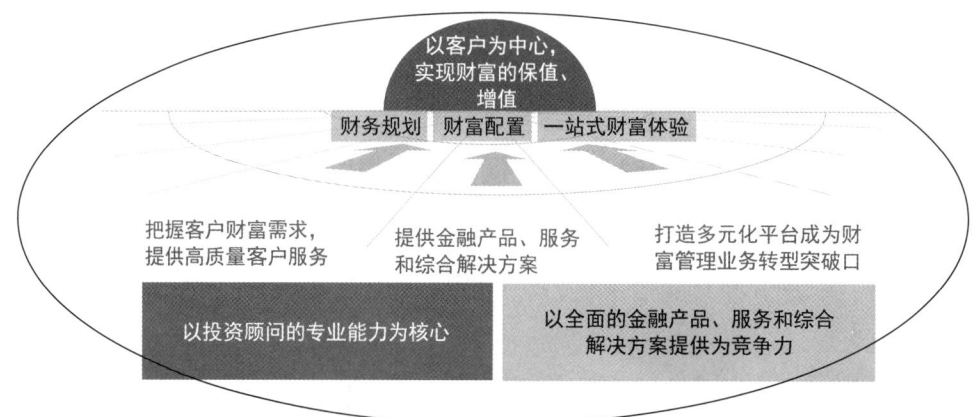

图 1　买方投顾模式下的财富管理生态建设

业务体系、实现居民财富保值增值以及共同富裕方面均有积极意义。

二、美国金融机构财富管理商业模式分析

对于商业模式分析，Johnson 和 Christensen 提出了商业模式四要素模型，认为商业模式由客户价值主张、盈利模式、关键资源和关键流程四个相互影响的要素构成。客户价值主张是商业模式的首要因素和起始点，盈利模式描述企业如何为自身创造价值，关键资源是企业向目标客群传递价值主张的必备要素，关键流程是企业成功运营和管理的元素。

本文按照财富管理业务特点，重构财富管理商业模式的四要素模型，从客户价值主张、盈利模式、关键资源、关键流程四个角度，分别阐释和对比瑞银集团、摩根士丹利、嘉信理财三家头部机构的财富管理业务商业模式特点，得出相关启示（见图2）。

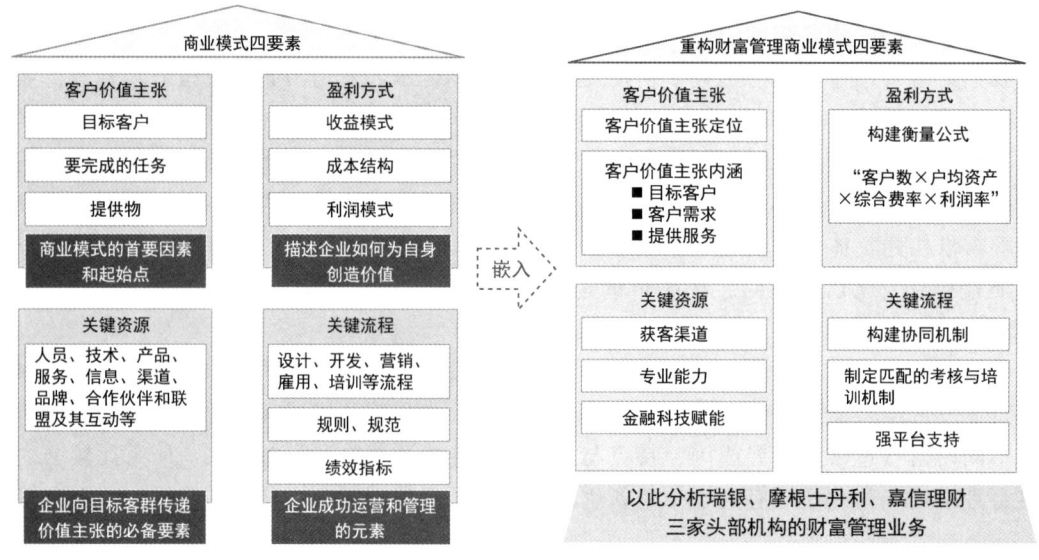

图 2　商业模式四要素模型

(一) 客户价值主张

海外财富管理机构对于客户价值主张的定位主要体现在突出共鸣点,向客户展示产品性能,立足于客户需求,提供服务并实现客户的需求目标。在展业过程中,由于天然禀赋及后天战略选择,各类机构形成了差异化的客户结构与相应差异化的服务体系,形成对客户价值内涵的差异化阐释。

客群分层分类是客户服务的基础。瑞银集团在历史沿革中不断沉淀高净值及超高净值客户,并在 2011 年确立了"以全球财富管理和瑞士商业银行为核心,辅以资产管理和投资银行"战略,成本和人力均向财富管理部门转移;摩根士丹利选择成为客户下沉和全渠道覆盖的大型综合体,在 2004 年,公司个人投资者事业群提出"成为大众富裕客户与高净值客户的第一选择"的战略目标;嘉信理财乘着混业经营的东风,完成了证券经纪、财富管理和零售银行三大支柱业务的布局,实现了与 TD Ameritrade 等折扣经纪券商的差异化发展,目标群体从主体长尾客户向大众富裕客户延伸及沉淀。服务提供方面,基本遵循对高净值客户服务个性化、产品服务综合化、依赖人工专属投顾等原则,客户净值越低,服务丰富性与定制化程度递减,更依赖科技智能及远程服务等,帮助规模化服务客户及降低成本。

(二) 盈利方式

价值创造与盈利方式的变化密切相关,盈利模式衰弱和新的工具产生,往往会倒逼机构发掘新的价值创造点,形成新的商业模式。通过构建"客户数 × 户均资产 × 综合费率 × 利润率"的衡量公式以及结合美国财富管理行业发展阶段,阐述不同发展阶段的财富管理机构盈利发展特点和侧重点。

在第一阶段,财富管理主要面向高端个人及家族,以银行为主导,提供理财、税收、遗产及账户服务等,核心要素是客户资产门槛与规模,侧重点在于发展户均资产规模;在第二阶段,财富管理业务快速发展,在佣金自由化背景下,客群发生分层分流,财富管理机构需要根据客群特点提供差异化的产品服务,侧重点在于扩大客户数和产品费率差异;在第三阶段,财富管理业务逐渐成为业务支柱,但客户数量增速放缓,竞争激烈,费率承压,因此发力点在于大财富管理板块强化聚合和以客户为中心的部门协同,侧重点在于进一步提升户均资产和利润率。

(三) 关键资源

获客渠道、专业产品与服务、金融科技赋能是当下财富管理业务做大规模与提升服务效率的三个关键资源要素。

获客渠道包括线下渠道搭建、降费获客、投顾引入、外部并购等途径。摩根士丹利注册投资顾问约 16 000 名,占公司员工总人数比例约为 25%,并且通过 2008 年以来的多次并购迅速扩展高净值客户数量。专业产品与服务方面,综合型机构的专业能力体现在高质量投研与产品团队。例如,瑞银财富管理部下辖三个部门进行协调统筹,包括首席投资办公室、客户策略办公室、投资方案平台,而平台型机构则更着重在外部获取与开放生态。金融科技赋能方面,在通过平台提高客户便捷度和黏度的同时,提升投资顾问的服务能力以及更加全面服务客户的能力。例如,嘉信理财开设专注于活跃交易的在线社区,推出 Street Smart Edge

优质平台、ETF One Source 平台等。

（四）关键流程

构建业务协同机制、制定匹配的考核与培训机制、提供强平台支撑是头部财富管理机构的三大关键流程。综合型财富管理机构构建板块交叉协作的价值链闭环，践行"One-Firm"策略，通过组织架构及业务整合、建立内部协同利益切分的支持制度、设立中间协调部门专职协同沟通等方式，推动构建财富管理业务价值链闭环（见图3）。

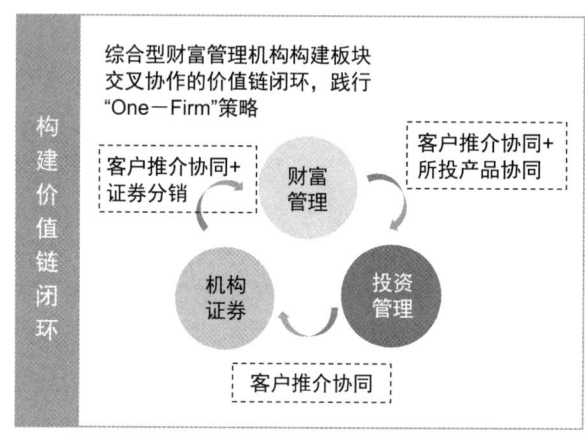

图3 构建业务协同机制

制定匹配的考核与培训机制方面，瑞银、摩根士丹利较嘉信理财的人力成本投入更高，且薪酬中激励奖金占比更高。另外，瑞银对外提供定制培训计划及权威的认证，对内部新人投顾则推出为期24个月的财富规划助理计划。强平台支持方面，大平台、多平台建设战略双线进行，摩根士丹利 Next Best Action 平台加强投顾的定制化服务能力，财富管理计划系统为客户提供多方面的规划建议；瑞银构建了财富管理大平台 One WMP，将瑞银所有产品、服务和能力整合到一个平台。

三、证券公司财富管理商业模式联动机制

财富管理的商业模式各个要素之间彼此孤立的形态显然不是最终目标。事实上，证券公司财富管理业务发展需要各个要素之间形成联动关系，在实践中因地制宜构建成熟的联动机制，以此推动财富管理业务更好更快地发展（见图4）。

（一）构建客户价值主张与关键资源联动机制

客群的需求定位是所有业务发展的基础，根据客群的分层分类确立并发展获客渠道和产品服务体系，可以更加精准地满足客户需求、推动实现以客户为中心的买方投顾理念，是提高财富管理业务竞争力不可缺少的重要基础。将客群大致分为大众零售客户、大众富裕客户、高净值客户，三类客群特点不一，因此，获客渠道和服务打造需要有所针对。大众零售客户基数大、客均价较低、价格敏感高、对行情资讯和市场交易型机会较感兴趣，因此，获

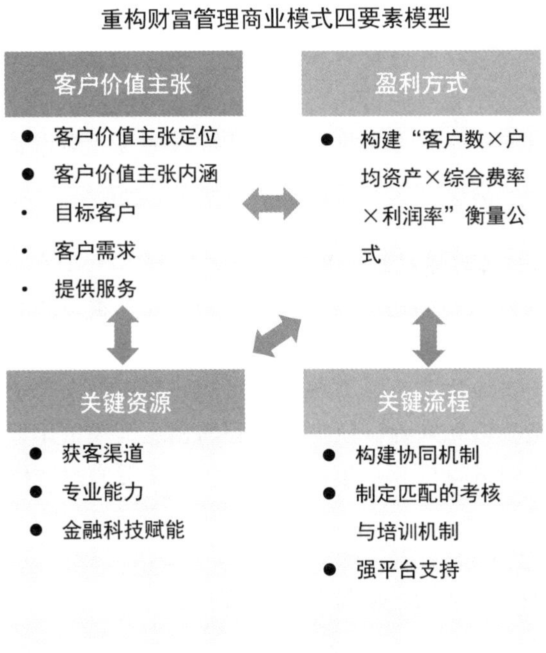

重构财富管理商业模式四要素模型

```
┌─────────────────────┐      ┌─────────────────────┐
│     客户价值主张      │      │      盈利方式        │
├─────────────────────┤      ├─────────────────────┤
│ ● 客户价值主张定位    │      │ ● 构建"客户数×户     │
│ ● 客户价值主张内涵    │ ←──→ │   均资产×综合费率   │
│ · 目标客户           │      │   ×利润率"衡量公    │
│ · 客户需求           │      │   式                │
│ · 提供服务           │      │                    │
└─────────────────────┘      └─────────────────────┘
          ↕                           ↕
┌─────────────────────┐      ┌─────────────────────┐
│      关键资源        │      │      关键流程        │
├─────────────────────┤      ├─────────────────────┤
│ ● 获客渠道           │      │ ● 构建协同机制       │
│ ● 专业能力           │      │ ● 制定匹配的考核     │
│ ● 金融科技赋能       │      │   与培训机制        │
│                     │      │ ● 强平台支持         │
└─────────────────────┘      └─────────────────────┘
```

图 4 财富管理商业模式四要素模型四种联动机制

客渠道多是低成本获客,如佣金价格比拼、线上零售拓展,产品体系打造侧重于低费率产品和交易服务、市场行情分析、产品咨询、股票信息咨询等。大众富裕客户具备一定的资产规模,对资产配置及投顾类服务有需求,优秀的产品竞争力和高级财富网点构建铺设对此类客群更具吸引力,产品体系打造侧重于多样化金融投资和投资组合,对应高级研发报告、个人和家族信托、对冲基金、私募股权等相关服务。高净值客户财富聚集更明显,资产增速更快,需求更加复杂多元,往往需通过高级投顾引入、内生增长、投行等部门协同引入,产品体系打造侧重于主动咨询、高级组合管理、特殊投资组合、大型和结构化交易、定制信托等。

(二) 构建客户价值主张与盈利模式联动机制

基于客群特点发展盈利方式更能事半功倍,主要体现在以下四个方面:一是认识自身资源禀赋,在明确定位主要客户群体的基础上,拓宽现有优势,打造鲜明的客户服务特色方向;二是建立差异化优势和收费模式,根据客户分层分类挖掘客户需求,建立多层次收费和服务体系,如打造高净值客群高端优质服务体系、为高端客户提供定制化深度研究服务等;三是提升投研服务价值水平,包括建立产品投研体系、完善全资产类别的研究体系、发展投顾的"投"和"顾"的能力;四是完善产品结构,满足客户多样需求,包括覆盖全资产类别、扩大产品供给数量、拓展海外底层资产标的、为不同客群形成专属产品和权益体系等。

(三) 构建关键资源与盈利模式联动机制

发展关键资源的最终目的是为业务盈利服务,因此在拓展渠道、打造产品货架和资产配置体系以及确立金融科技赋能方向时需要将盈利模式纳入考量的。主要体现在三个方面:一是提高财富管理战略地位,整合完善组织架构,围绕财富管理实际情况,设计并成立独立的一级部门集中运行财富管理相关业务,并且不断扩充业务规模和组织复杂性。二是保持金融科技较高投入,多维度提高数字化赋能水平,通过完善客户数字画像、推动线上线下渠道的融合发展,加强对客户的数字化经营能力等,与业务战略深度协同形成合力。三是不断打造客户一站式数字财富管理平台,推动从交易型应用软件向综合型财富管理平台转型,打造并完善个性专业、实用便捷、极致体验的零售客户一站式平台。

(四) 构建关键流程与盈利模式联动机制

一是建立跨业务协同机制,加强投行、财富管理、资管板块相互引流推荐。投行的企业客户可以为财富管理提供丰富的客户来源,财富管理的企业客户存在融资需求的可以推荐到机构证券开展业务,优质企业家的企业有资管需求的同样可以推荐给资管板块跟进。二是创新投顾精英化培训。打造投资顾问专注研究和擅长的领域,注重用数字手段赋能投顾,提高其专业水平;推动团队之间进行取长补短的合作,进一步提升投顾满足各类客户复杂、独特的财富管理需求的能力。

四、国内证券公司财富管理业务的监管建议

(一) 统一财富管理展业的监管政策和标准,并加快出台新业务模式的制度规范

长期以来,国内银行、证券等各领域机构的财富管理展业分属于不同的监管体系。建议借鉴美国及我国香港注册投资顾问制度的有益实践,推动形成大财富管理统一监管规范及政策体系,建立财富管理的功能监管机制,对银行、证券、互联网金融平台等各类机构的投资咨询、财富管理等方面展业进行有效管理和统一规范,保持在统一监管环境下的公平竞争。

建议在现有的基金投顾业务常态化发展基础上,总结目前基金投顾试点经验,出台正式的基金投顾行业规范;适时拓展资产委托管理范围,推进基于财富账户的大类资产配置全权委托服务;允许优质证券公司开展全权委托和盈利分成模式试点,真正形成证券公司与客户的利益共享机制。针对平台展业等新业务场景,建议制定专门针对平台直播、视频、IP展业的监管办法与细则,明确责任主体,完善监管规范。与此同时,建议中长期在投资咨询与资产管理的牌照管理及业务资质上实现兼容互通。

(二) 优化完善账户管理体系

建议监管机构进一步探索推进账户管理业务,适时发布《账户管理业务规则》,为证券公司开展账户管理业务提供业务界定、业务资质、业务规范以及内控管理等方面的制度指引;探索通过账户体系优化,推动证券公司财富管理、交易投资、投行业务的高效融合。现有的账户体系对证券公司财富管理形成一定制约,建议积极推动建立纳入一码通账户管理体系的综合财富管理账户,整合融资融券、期权、基金、期货、贵金属等账户的功能。同时,适时拓展该账户的交易、理财、投资、融资、支付、取现等其他功能,充分发挥该账户的财富归集功能。

财富管理不同于股票交易,限定客户在交易日才能进行账户资金的进出对客户较不方便,建议账户管理功能优化中能支持客户7×24小时转账,支持同一证券公司多账户之间资金划转,提升客户体验。

证券公司资产负债管理方法研究

国元证券股份有限公司　上海金仕达软件科技股份有限公司[*]

目前国内关于资产负债管理（ALM）的研究大多集中在银行和保险领域，证券公司ALM的学术研究和实践案例相对稀缺。我国证券行业资产负债规模快速发展，为助力证券公司资产负债高质量发展，有必要从理论和实践上，探索建立一套适合证券公司的ALM方法体系。本文从财务分析方法、计量分析模型和ALM方法实践三个维度研究和验证证券公司ALM方法。

一、证券公司ALM财务分析方法

证券公司ALM财务分析方法分别从资产、负债以及资产负债间的关系三个维度入手，为做好证券公司大类资产配置管理、负债融资管理以及资产负债匹配度管理提供一套完备且可行的方法（技术路线见图1）。

（一）证券公司大类资产配置管理

以杜邦分析法为基础，将证券公司净资产收益率（ROE）拆解为杠杆率（LR）和资产回报率（ROA）两项，并分别从资产规模和业务收益两方面对证券公司大类资产和业务收益进行划分，得到大类资产的LR贡献值及各业务收益的ROA贡献值。通过比较与样本证券公司LR贡献值和ROA贡献值的差异，得到证券公司大类资产配置的方向、目标及所需提升收益的业务。综合考虑证券公司内部管理和外部环境因素，调整大类资产配置结果，建立证券公司大类资产配置定期回溯和动态调整机制。本方法有助于证券公司实现"自上而

---

[*] 本文为中国证券业协会2022年优秀课题。课题负责人：司开铭，国元证券股份有限公司总会计师；徐建程，上海金仕达软件科技股份有限公司量化实验室负责人。课题组成员包括：沈义君、叶斌斌、柯宇晨，均供职于国元证券股份有限公司；张治国、蒋锐权、万宇雷、王艺滢、赵禹平、田孟奇、张哲、孙科、武向光，均供职于上海金仕达软件科技股份有限公司。

下"的大类资产配置方向及目标,对证券公司优化资产结构、提升业务收益具有指导意义。

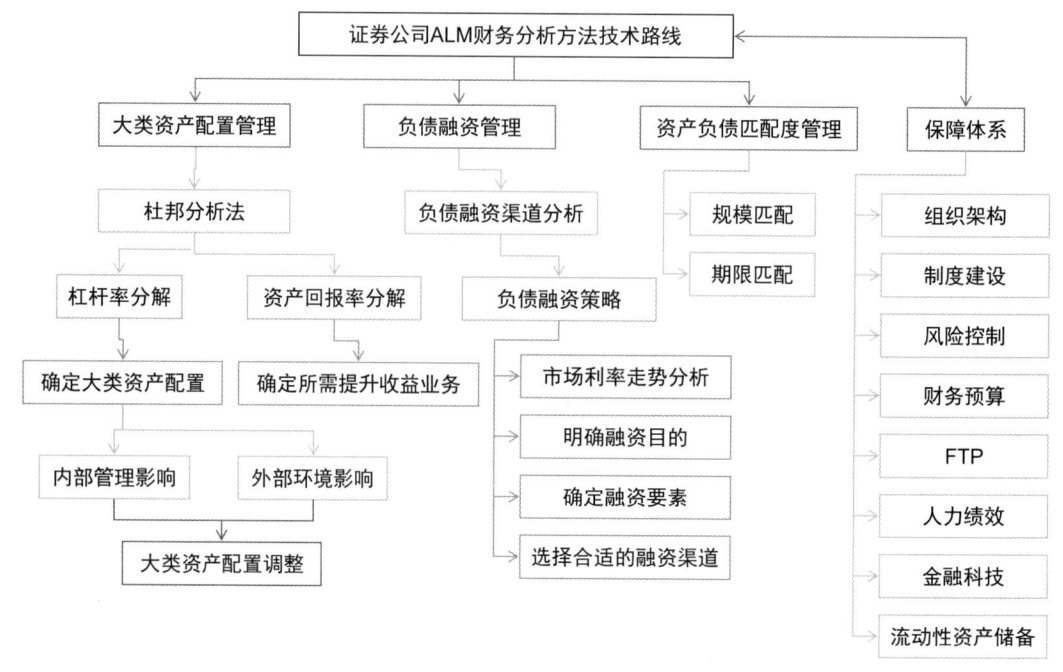

图 1 证券公司 ALM 财务分析方法技术路线

(二) 负债融资管理

证券公司的负债融资包括公开发行公司债券、公开发行次级债券、永续债券等。证券公司负债融资策略需要"四步走":第一步,掌握市场利率走势;第二步,明确融资目的,重点掌握大额到期债务以及业务用资;第三步,确定融资时间、期限、规模等要素;第四步,根据现有融资渠道额度,选择合适的融资渠道。本方法有助于证券公司完善负债融资事前工作,防范流动性风险,降低负债融资成本。

(三) 资产负债匹配度管理

为预防证券公司资产负债不匹配可能引发的流动性风险和利率风险,证券公司应以风险监管指标的要求为底线,分别用"净资产/负债""资产负债率""流动性覆盖率(LCR)""净稳定资金率(NSFR)"作为资产负债匹配度指标,进行证券公司资产负债匹配度管理。该方法有助于证券公司资产负债的稳健发展,在证券公司监管指标的规则范围内,合理调整资产负债结构,提升证券公司流动性安全。

(四) 保障体系

证券公司 ALM 涉及证券公司大部分业务部门以及战略、风控、人力、财务等中后台部门,对证券公司业务部门执行力及跨部门协作要求较高。为保障证券公司 ALM 工作的正常开展和实际落地,证券公司应当从组织架构、制度建设、风险控制、财务预算、内部资金转移定价(FTP)、人力绩效、金融科技等多个维度构建一整套证券公司 ALM 保障体系。

二、证券公司大类资产价格和风险预测模型

为了更好地帮助证券公司 ALM 决策,本文运用证券公司大类资产收益率及风险预测模型完成了 8 大类资产(中证 800 指数、中证 800 下行波动率、十年期国债到期收益率、国债收益率曲线斜率、信用利差、中债浮动利率债券全价指数、中债信用债总指数和商品指数)的归因和预测(技术路线见图 2)。

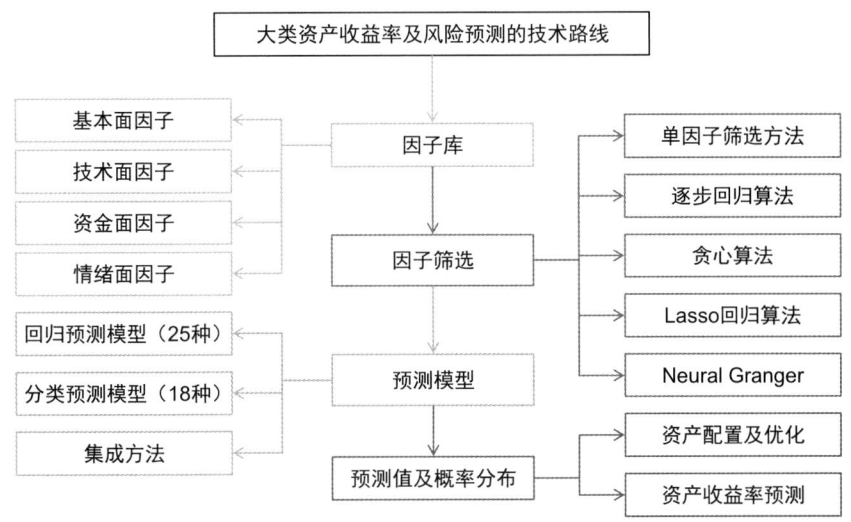

图 2 大类资产收益率及风险预测的技术路线

(一)因子库及因子筛选

因子筛选流程可以从金融大数据中提取每类资产对应的具有稳定预测能力的因子。因子筛选流程分为三步:单因子筛选(平稳性检验、相关性分析和单因子回归分析),多因子筛选(贪心算法、逐步回归算法和 Lasso 回归算法)和基于深度神经网络格兰杰因果推断的筛选。

(二)预测模型

本文使用 18 种机器学习模型分别预测 8 大类资产价格变化状态(上涨状态、震荡状态和下跌状态)及其概率值,最后采用 Voting 方法实现模型集成。案例结果表明:集成模型在三分类的测试集中,中证 800 指数、中证 800 下行波动率、十年期国债到期收益率、国债收益率曲线斜率、信用利差和商品指数的预测准确性分别从三分类随机分布的 1/3 提升到 0.52、0.60、0.55、0.44、0.53 和 0.58,这验证了该预测方案的有效性。

(三)预测值及概率分布

本文利用因子筛选流程和预测模型,预测 8 大类资产在 2022 年 7 月、2022 年 8 月、2022 年 9 月、未来 1 个月(2022 年 10 月)、未来 6 个月(2023 年 3 月)和 12 个月(2023

年9月）的变化状态及概率分布。结果表明：若上涨状态、震荡状态和下跌状态的预测概率值比较接近时，预测结果可靠性较低；若某一种状态的预测概率值大于0.45时，则预测结果可靠性较高。未来6个月预测结果表明：中证800指数和商品指数处于上涨状态的概率分别为55.6%和52.0%；十年期国债到期收益率处于震荡状态的概率为55.5%。未来12个月预测结果表明：中证800指数、十年期国债到期收益率和商品指数处于上涨状态的概率分别为62.1%、60.8%和76.4%（见表1）。该结果有助于证券公司预判资产未来走势，并进一步作为ALM计量模型的输入参数，具有重要的应用价值。

表1 大类资产价格变化状态预测结果

大类资产类别	2022年								2023年	
	7月		8月		9月		10月		3月	9月
状态	预测	实际	预测	实际	预测	实际	预测		预测	预测
中证800指数	震荡	下跌	下跌	下跌	下跌	下跌	下跌		上涨	上涨
中证800下行波动率	震荡	震荡	上涨	上涨	上涨	上涨	下跌		下跌	下跌
十年期国债到期收益率	下跌	下跌	下跌	下跌	下跌	下跌	上涨		震荡	上涨
十年期国债价格	上涨	上涨	上涨	上涨	下跌	下跌	下跌		震荡	下跌
国债收益率曲线斜率	下跌	上涨	下跌	下跌	下跌	下跌	上涨		下跌	上涨
信用利差	震荡	震荡	震荡	震荡	震荡	下跌	震荡		下跌	下跌
信用债总指数							震荡		下跌	下跌
商品指数	下跌	下跌	震荡	震荡	震荡	上涨	下跌		上涨	上涨

三、证券公司ALM方法与实践

证券公司ALM应对自营业务、信用业务等常规业务进行多重验证，以财务分析为基础，以市场分析为指导，并以计量模型来确认和优化。本文通过构建多元线性回归模型、线性规划模型、资产配置模型，以评价证券公司ALM的大类资产配置结果（技术路线见图3）。

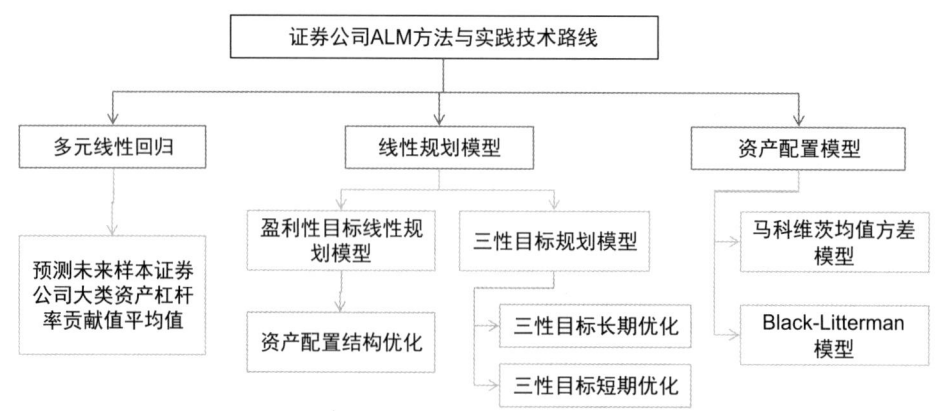

图3 证券公司ALM方法与实践技术路线

(一) 多元线性回归模型

本文分析了样本证券公司 10 类业务（自有资金及自有备付金、客户保证金、融出资金、固收类资产、权益类资产、买入返售金融资产、长期股权投资、母公司总资产、子公司并表和合并总资产）的平均 LR 贡献值与 8 大类资产（中证 800 收益率、中证 800 下行波动率变化量、十年期国债收益率变化量、国债收益率曲线斜率变化量、商品收益率、信用利差变化量、利率债指数收益率和信用债指数收益率）之间的线性关系。案例结果表明：10 类业务平均 LR 贡献值的回归 R^2 分别为 0.6896、0.7259、0.7224、0.3599、0.5993、0.0711、0.5958、0.7001、0.5941 和 0.7042，即除固收类资产、买入返售金融资产外，其他业务 LR 贡献值的 R^2 较多地在 0.59—0.75 区间，拟合效果良好（见表 2 和表 3）。

表 2　　　　　　　　　　　多元线性回归模型结果展示 1

类别	自有资金及自有备付金	客户保证金等资产	融出资金	固收类资产	权益类资产
常数项	-0.0083	-0.0941*	0.0139	0.0149	-0.0078
中证 800 收益率	0.4331*	1.8842*	1.3966*	-0.1608**	
中证 800 下行波动率变化量	0.5361*		-0.5142**	0.2072**	0.1073**
十年期国债收益率变化量					
国债收益率曲线斜率变化量	0.1398*	0.2641**			
商品收益率					-0.229*
信用利差变化量		0.1792***			
利率债指数收益率		7.6075**	15.2101*		-2.1978*
信用债指数收益率			-8.206**	1.6686***	1.5662**
R^2	0.6896	0.7259	0.7224	0.3599	0.5993

注：其中 *、**、*** 分别代表该项在 1%、5%、10% 水平下显著；空白格为此因子经过筛选无通过。

表 3　　　　　　　　　　　多元线性回归模型结果展示 2

类别	买入返售金融资产	长期股权投资	母公司总资产	子公司并表	合并总资产
常数项	0.0021	0.0034*	-0.1055***	-0.0123	-0.1178***
中证 800 收益率		-0.0359*	3.4568*	0.7335*	4.1902*
中证 800 下行波动率变化量		0.0231**			
十年期国债收益率变化量	0.0519	0.0196*			
国债收益率曲线斜率变化量			0.5026**	0.1253***	0.6279**
商品收益率		-0.0338**			
信用利差变化量					
利率债指数收益率			15.4593**	3.2584***	18.7178**
信用债指数收益率					
R^2	0.0711	0.5958	0.7001	0.5941	0.7042

注：其中 *、**、*** 分别代表该项在 1%、5%、10% 水平下显著；空白格为此因子经过筛选无通过。

通过预测 8 大类资产未来 6 个月和 12 个月的变化，得到样本证券公司 10 类业务平均 LR 贡献值在未来 6 个月和 12 个月的理论值，可为证券公司 10 类业务 LR 贡献值的调整提供具体的、可量化的指导意见，具有重要的应用价值。

（二）线性规划模型

线性规划模型主要用以解决证券公司在风险监管指标和财务指标双约束下资产优化配置问题，并规划证券公司实现盈利最大化的资产负债配置路径。该模型计算得到的证券公司融出资金、权益类资产、固收类资产、买入返售资产、长期股权投资、自有资金及自有备付金的最优资产配置比例分别为 24.99%、5.01%、35.01%、12.03%、7.01%、15.95%。该结论为证券公司实现盈利最大化提供了理论指导意见，同时为证券公司 ALM 提供参考意见。

（三）建立基于大类资产价格预测的 BL 资产配置模型

本文运用马科维茨模型和 BL 模型进行资产配置，其中后者加入了基于大类资产价格预测结果（未来 6 个月和 12 个月股票、利率债和信用债的预期收益率及置信度），计算结果见表 4 和表 5。

表 4　　　　　　　　　MVO 模型和 BL 模型的计算结果

模型	信用债（%）	利率债（%）	股票（%）
MVO_06	65.64	32.82	1.55
MVO_12	65.64	32.82	1.54
BL_06	53.91	26.95	19.14
BL_12	58.07	29.03	12.90

表 5　　　　　　　　　样本证券公司股债配置比例

项目	信用债（%）	利率债（%）	股票（%）
初始权重	53.23	26.23	20.54

结果表明：加入预测结果的 BL 模型配置比例比马科维茨模型更接近样本证券公司，验证了基于大类资产价格预测的 BL 资产配置模型的有效性。针对未来 6 个月，BL 模型给出的信用债、利率债和股票的占比分别为 53.91%，26.95% 和 19.14%，该配置比例对证券公司主动配置自营类资产及调整结构具有一定的应用价值。

四、总结

本文旨在探索建立一套适合证券公司的资产负债管理方法。使用财务分析方法，建立证券公司大类资产配置管理、负债融资管理以及资产负债匹配度管理方法。运用大类资产归因和预测模型，预测资产的涨跌状态及概率分布。构建多元线性回归模型、线性规划模型、资产配置模型，以评价证券公司 ALM 的大类资产配置结果。本文的研究以期进一步辅助证券公司进行 ALM 决策，优化资产负债结构，提高风险管理水平。

证券公司高质量发展路径研究
——基于资产负债管理视角的分析

中国证券业协会财务会计专业委员会专题研究小组

一、证券公司资产负债表发展历程

截至2021年末，证券公司总资产已经超过10万亿元，近9年复合增长率达到22%，高于银行业、保险业（见表1）。证券行业总资产规模实现跨越发展的阶段分别是2013—2015年和2018年至今，两个阶段均是行业深化改革红利集中释放时期，一方面表现为市场从底部起步进入牛市而带来客户保证金的增量沉淀，另一方面表现为监管机构支持证券公司多路径补充资本，资产负债经营能级提升。

表1　　　　　证券公司资产负债经营情况（2012—2021年）

行业经营指标	2012年	2015年	2017年	2018年	2019年	2020年	2021年	复合增长率（%）
总资产（万亿元）	1.72	6.39	6.08	6.20	7.18	8.78	10.53	22
净资产（万亿元）	0.69	1.43	1.80	1.84	1.96	2.23	2.51	15
净资本（万亿元）	0.49	1.21	1.58	1.58	1.61	1.80	1.99	17
客户保证金（万亿元）	0.6	2.05	1.06	0.94	1.29	1.65	1.90	14
自有总资产（万亿元）	1.12	4.33	5.02	5.27	5.88	7.13	8.63	25
杠杆水平*	1.62	3.03	2.79	2.87	3.00	3.19	3.44	9
ROE（%）	4.99	22.78	6.73	3.56	6.29	7.82	9.23	

注：*杠杆水平=（总资产-代理买卖证券款）/净资产
资料来源：中国证券业协会。

总体来看，行业资产负债表发展包括以下四个阶段。

第一阶段：2013年之前，证券行业采用以投行、经纪等收费类业务为核心的轻资产负债表运营模式，证券公司的资产业务主要是固定收益证券投资。

第二阶段：2013—2015年，证券公司以融资融券业务为核心，大力发展场内资本中介业务，行业杠杆水平提升，资金来源主要为同业负债。

第三阶段：2015—2018年，行业资产负债表规模虽未发生重大变化，但外部市场和信用环境经历一轮周期，证券公司资产结构显著变化，资产规模和资产质量的平衡成为配置特征。

第四阶段：2018年至今，场外衍生品业务迈入规范化发展阶段，驱动证券公司围绕客户需求提供综合服务，带来资产负债表全方位的发展。

随着行业的跨越式发展，证券公司的资产负债表相对过去变得"更重""更复杂"，如何打造强健有韧性的资产负债表，以支撑高质量发展，正在成为行业面临的共同课题。

二、基于调研问卷的证券公司资产负债经营现状分析

一般而言，金融机构资产负债管理是指在业务经营过程中，在给定的风险承受能力和约束下，对各类资产和负债进行预测、组织、调节和监督，以达到资产负债总量上平衡、结构上合理、风险上可控，最终实现价值最大化目标[①]。本部分对证券公司目前的资产负债经营现状进行分析，为充分反映行业差异化发展路径，对调研样本进行分层处理。选取2021年净资产（专项合并口径）规模超过700亿元的11家公司列为大型证券公司，将外资股东持股比例超过50%的8家公司列为外资证券公司，其余列为中小型证券公司。其中大型证券公司净资产合计规模达到全部证券公司净资产规模的50%。

（一）证券公司发展定位情况

调研结果表明，大部分公司将自身发展定位为综合型证券公司，7家（3家为外资证券公司）定位为精品化投行，3家定位为互联网证券公司，另有10家定位为特色型精品化证券公司。

近年来，大型证券公司持续丰富业务模式，不断开拓增量发展空间，而中小型证券公司更多以经纪、融资融券、自营等业务为基本盘，把握机遇创新发展。行业竞争格局初步体现差异化，但要构建形成高质量发展的生态体系，还有待证券公司根据自身资源禀赋进一步明确发展定位，逐步形成特色化、精品化、专业化的行业发展格局。

（二）资产负债经营管理架构

资产负债管理委员会（或同类组织）是证券公司经营层统筹实施资产负债经营的专业管理委员会。参与调研的公司中，设置该委员会的占比63%，其中大型证券公司占比明显更高，达到82%。资金配置为资产负债管理委员会核心职能，同时超过半数的证券公司资产负债管理委员会还涵盖资本补充和债务融资内部决策、配置效能评估、资本配置与监管指

[①] 王良，薛斐：《商业银行资产负债管理实践》，北京：中信出版社2021年版。

标配置等职能。

(三) 资产负债表的发展方向

资产负债表未来发展方向呈现出行业内部总体趋同、分层差异化的特征。总体来看，超半数的证券公司将重点发展场外衍生品业务、股权投资业务（含 PE 跟投）、股票自营业务、FICC 业务及融资融券业务。其中大型证券公司与外资证券公司更注重 FICC 业务、股权投资及场外衍生品等业务开拓，中小型证券公司则以融资融券业务为核心。

(四) 资产负债管理工具运用情况

问卷调研显示，为实现资产负债高质量经营，证券公司综合运用了多种资产负债管理工具，如杠杆管理、资本管理、收益率评价、内部资金利率管理及子公司管理等。

1. 杠杆管理工具运用情况

调研中占比 66% 的证券公司设定杠杆率上限，此外 44% 设定适度的目标杠杆率，16% 以业务发展为导向，不设定杠杆率目标。从结构来看，大型证券公司设置上限或目标杠杆率的占比低于中小型证券公司。

2. 资本及收益率评估工具运用情况

在资本配置方面，56% 的证券公司运用经济资本、监管资本等工具进行资本配置，其中大型证券公司与外资证券公司运用更为充分。在收益率评估方面，43% 的证券公司计算风险调整后的收益率，且其中占比 75% 的公司将其纳入绩效评估体系。

3. 内部利率定价工具运用情况

证券公司在内部资金利率政策制定过程中综合考虑多重因素，其中存量融资成本、资金使用期限与公司战略导向为前三大因素。此外，考虑边际融资成本和流动性指标占用的证券公司占比超过 60%。

4. 子公司管理机制建立情况

在对子公司资产负债、资金及流动性领域管理方面，过半数证券公司已建立子公司定期报告机制，推进垂直化管控。其中大型证券公司在对子公司管理方面相对领先，集团化推进效果更为明显。

(五) 资产负债表相关业务的风险管理情况

1. 风险管理架构

依托于行业全面风险管理体系的建设要求，大部分证券公司建立了多层次风险管理组织架构。在人员配置方面，市场风险与信用风险管理人员人数在公司风险管理部门占比均值分别为 20% 和 24%。

2. 市场风险管理工具

目前证券公司运用多种成熟工具进行市场风险管理，包括设定风险限额管理体系、运用压力测试对极端情形进行评估、使用 VaR 风险计量模型等。在利率风险管理方面，大部分证券公司通过设定业务年度利率风险敞口及限额，每日计量、监控敞口及限额使用情况，使用衍生金融工具等方式进行利率风险管理。在汇率风险管理方面，多数中小型证券公司与外资证券公司暂未涉及境外资产负债汇率管理；大型证券公司使用外汇衍生品对冲、设定年度汇率风险敞口及限额、调整外汇头寸等方式进行汇率风险敞口管理。

3. 信用风险管理工具

在信用风险管理方面，大部分证券公司开发内部信用风险管理模型进行统筹把控；通过交易对手及产品准入与限额管理，合理控制信用风险敞口；采用盯市追保等措施，动态跟踪，及时预警，防范化解潜在风险。运用信用衍生品工具进行信用风险敞口对冲的证券公司相对较少，其中大型证券公司运用更为充分。

三、证券公司资产负债表经营的发展机遇

国家"十四五"规划提出，要完善资本市场基础制度，健全多层次资本市场体系，大力发展机构投资者，提高直接融资特别是股权融资比重。同时，要稳妥推进各金融领域开放，深化境内外资本市场互联互通。证券公司作为资本市场最重要的中介机构，以自身资产负债表助推资本市场发展壮大，面临巨大发展机遇。

（一）服务多层次资本市场建设，做流动性提供者

证券公司在多层次资本市场体系中发挥着市场组织者的作用。特别是在场外市场，市场对更加丰富、广泛的表内金融产品有着迫切需求，证券公司应更好地连接投融资两端。同时，为活跃市场，增强价格发现功能，证券公司可以用自有资金为场内外各类金融产品提供做市服务，增强市场流动性。

（二）服务机构投资者，提供综合金融服务

大力发展机构投资者是改善我国资本市场资金结构的内在要求。在此过程中，证券公司可利用自身资产负债表，通过连接场内金融产品、创设场外金融产品等，为机构投资者提供收益增强、策略执行和风险对冲等一站式综合金融服务。

（三）服务实体经济发展，成为稳健投资者

一方面，证券公司以自有资金通过私募股权投资、另类投资及科创板跟投等撬动社会资本的同时，直接为股权市场融资提供资金，对宏观稳杠杆、微观增活力，提升经济运行稳定性提供支持；另一方面，证券公司积极参与债券市场，为不同类型的发行主体提供资金支持。总体来看，以"看得清、管得住"为底线，审慎控制业务规模，证券公司作为稳健投资者，将能长期分享资本市场发展的成果。

四、政策建议

证券公司是资本市场重要的中介机构，其自身资产负债表的持续健康发展是资本市场发展的重要基础。当前，证券公司资产负债表相关业务面临巨大发展机遇，如何把握监管指标、风险和业务空间的关系，实现资产负债有效平衡，不断提升资产负债表承载能力、盈利效率、资本运用效能，是行业面临的重要课题。证券公司应持续加强能力建设，基于客户需求本源，发展资产负债表相关业务；加强主动配置，提升资产负债管理能级；提升穿透式风

险管理能力；促进资产负债表的跨境一体化发展。证券行业的高质量发展离不开监管部门的支持和引导，为推动证券公司丰富资产负债表发展模式，走好资本节约型、高质量发展新路，提出具体建议如下：

（一）支持创新业务发展

建议在监管层面加大创新支持力度，鼓励行业围绕服务实体需求和居民财富管理路径，丰富创新供给，激发行业活力。一是进一步制定出台证券公司收益凭证发行管理办法，支持具有相关资质的证券公司开拓外币收益凭证类型。二是在现有收益互换制度基础上，充分考虑挂钩标的的公允性、流动性实质，研究将证券公司自行创设的指数类产品纳入收益互换挂钩标的的范围。三是在经纪客户证券托管使用等方面加强探索，进一步丰富证券公司资产负债表相关业务模式，提升发展能级。

（二）优化风险控制指标规则

一是对于并表试点公司，建议统一并表于母公司风控指标计量标准与口径，提升监管协同性。二是随着REITs、衍生品等制度体系不断完善，相关创新业务迎来较大发展机遇，建议结合业务特点，不定期对其风控指标计量的适用性进行评估，进一步促进行业规范健康发展。三是把握资产流动性本质，将银行现金管理类理财、债券型基金、公募REITs等参照一定折算比例计入优质流动性资产。四是在集中度控制方面，适当放宽已对冲风险的对客资产持仓限制，以更好地满足客户财富管理需求。

（三）增强证券公司融资便利性

一是适度优化可转债发行机制。全面注册制下上市公司公募发行可转债须满足"本次发行完成后，累计债券余额不超过最近一期末净资产额的50%"，该条款较大程度限制了中长期融资依赖交易所市场的证券公司公开发行可转债的空间。建议根据行业特点，对证券公司公募发行可转债实行单独额度管理，并尽快推动私募发行可转债规则细化，为证券公司多元化资本补充创造更好的环境。二是在相关风险管控要求明确的前提下，探索重启证券公司交易所资产证券化（ABS）融资工具审批，增加抵押融资型品种。三是对发行短期融资券的流动性监管指标要求适度调整，并研究金融债工具常规运用。

（四）丰富行业资产负债管理领域交流机制

建议进一步丰富中国证券业协会财务会计专业委员会职能，搭建起证券公司资产负债管理专业领域的行业交流平台。通过建立专业委员会或在财务会计专业委员会下设专业性小组，吸纳证券公司资产负债管理领域的专家，构建广泛的交流平台，共同促进行业资产负债表高质量发展。

稳中求进背景下利用衍生品市场推动证券业高质量发展专题研究

国投证券股份有限公司[*]

一、绪论

2017年中国共产党第十九次全国代表大会上，习近平总书记正式提出"经济高质量发展"。金融业作为经济的核心，金融的高质量发展对经济高质量发展具有重要作用，所以我国必须要建立多层次、多功能、多样化的现代化金融体系，以服务实体经济为目标，走金融的高质量发展道路。对于证券公司而言，随着证券公司业务的多元化，证券公司服务实体经济的途径不断增多，其中衍生品就是当前重要的途径之一，衍生品业务可以提升中国实体经济的国际化水平，实现证券业高质量发展。

本文重点论证了证券业高质量发展的理论基础，研究了衍生品业务推动证券业高质量发展的内在逻辑，从国际化视角论证了衍生品如何服务中国实体经济。研究表明，证券行业高质量发展的理论基础是新时代中国特色社会主义经济思想和金融业高质量发展观。衍生品可以推动证券业更高水平开放、优化中介机构责任体系、提升投资银行核心能力、加快财富管理转型、推进证券服务数字化发展、促进行业文化和市场生态建设。进一步分析国际化方面，衍生品业务的发展有利于争取国际定价权，扩大国际原物料市场，对冲汇率、利率、信用、股票价格风险，实现中国证券业高质量发展。

二、证券业高质量发展的理论基础

经济高质量发展体现了经济、社会、环境的协调发展，在发展过程中充分考虑创新、协

---

[*] 本文为中国证券业协会2022年优秀课题。课题组成员包括：刘俊文、张斯会、王宜峰、赵永杰、龙蕴翰、黄遒舜、孔得成、刘博洋、项博凯、王翔宇、赵洋伯，均供职于国投证券股份有限公司。

调、绿色、开放与共享的理念。经济高质量发展是对中国经济社会发展规律的科学归纳与概括。在金融发展的本质方面，习近平总书记指出"金融是实体经济的血脉，为实体经济服务是金融的天职，是金融的宗旨，也是防范金融风险的根本举措"[1]。这奠定了新时代金融发展的核心目标，也是证券业高质量发展的核心诉求。习近平总书记高瞻远瞩，充分了解中小微企业在国民经济中的重要作用，指出要"疏通金融进入实体经济特别是中小企业、小微企业的管道"[2]。经过多年努力，全国股转公司适时转型，成立北京证券交易所，为中国富有创新能力的中小企业提供进入资本市场的通道。"要为实体经济发展创造良好金融环境，积极规范发展多层次资本市场，扩大直接融资"[3]，这是习近平总书记对中国金融市场发展的重要指示。在金融监管方面，习近平总书记指出"要继续按照稳定大局、统筹协调、分类施策、精准拆弹的基本方针，抓好风险处置工作。要依法合规，加强金融法治建设，探索建立定期修法制度"[4]。在金融开放方面，新时代金融发展观认为中国的金融开放要融合人民币国际化和"一带一路"国家建设，不断提升中国金融业的竞争力水平。显然，新时代金融发展观完全可以指导中国证券市场的发展，是中国证券业高质量发展的理论基础。

新时代金融发展观与新时代中国特色社会主义思想内在有机统一：中国特色社会主义经济思想主旨内容包括现代化经济体系和新的发展理念。现代化经济体系要求建立现代金融体系。新时代金融发展观要求建立现代化金融体系、明确现代化金融主要目标和现代化金融体系特征，这三个方面与中国特色社会主义经济思想既有机统一，又相互补充，是未来我国经济发展的指导性方针，也是本文在稳中求进背景下研究衍生品业务推动证券业高质量发展的理论基础。

三、衍生品市场推动证券业高质量发展的内在逻辑

（一）衍生品业务的专业性和复杂性要求证券市场扩大开放

衍生品业务是当前中国资本市场的新兴业务，它来源于18世纪后期的美国和欧洲市场，在欧美发达国家已经有了几百年的发展历程。反观我国，自国内2015年2月9日推出首只上证50ETF期权至今，中国场内期权市场发展仅8年，而场外期权也是自2015年后才逐渐有了一定的发展。相比较而言，国内衍生品市场发展时间较短，很多国际先进的组织架构、产品类型、对冲经验、监管要求等都值得国内学习，这必然要求中国的衍生品市场扩大开放，吸引国际化人才到国内共创衍生品市场。因此，衍生品业务的不断兴起会带来国际人才和资本的流动，会进一步促使我国证券市场的对外开放。

（二）场外衍生品的对客性质提升证券公司责任感，进而优化中介机构责任体系

场外衍生品交易是整个衍生品市场的重点。场外衍生品是一种典型的"对客"交易业务，通过市场研究、结构设计、合约定价、文本草拟等各个步骤，与客户达成交易。为了能

---

[1] 出自2017年全国金融工作会议。
[2] 出自2015年7月召开的部分省区党委主要负责人座谈会。
[3] 出自2017年4月中共中央政治局第四十次集体学习时的重要讲话。
[4] 出自2021年12月中央经济工作会议上的讲话。

够长期稳定地合作，必然要求证券公司提高责任感，不断梳理业务流程、提升产品报价、提高客户服务能力，进而可以优化金融中介机构的责任体系。

（三）衍生品业务可以对投行业务进行有效补充，提升全面服务能力

实现证券业高质量发展需要提升投资银行的核心能力。场外衍生品看似与投资银行业务关系不大，但可以通过一级市场和二级市场的联动，利用衍生品业务对投资银行业务进行有效补充，实现客户需求从发行到交易的全生命周期的服务。

（四）衍生品业务可以构造各类结构化产品，实现财富管理业务的转型升级

随着中国经济的不断发展，中国老百姓的收入日益增加，财富管理需求不断增加。随着资管新规的落地，传统的投资理财已经不再满足人们的需求，老百姓需要财富管理的"定制化"服务。而衍生品业务正是实现财富管理转型升级的有力工具，通过深入分析客户的风险偏好、市场观点、投资期限等，向"客需型"财富管理市场转变，实现财富管理业务的转型升级。

（五）衍生品业务需要强大的系统支持，推动证券公司的数字化转型

场外衍生品业务是一个"高周转""高频次""高复杂性"的业务，在业务开展的过程中，需要一整套惠及前、中、后台的业务系统，需要实现客户信息维护、衍生品及时定价、交易文本输出、审批流程集成、风控管理及时、资金流水明细、监管汇报准确等一系列要求，需要重塑整个公司的系统架构。在全面数字化转型的今天，衍生品业务可以作为数字化转型的一个抓手，以此为突破点，加快证券公司的数字化转型。

（六）衍生品业务有利于健全行业自律规则，促进市场生态建设

衍生品业务具有一定的复杂性，尤其是场外衍生品市场，场外期权结构多变，不同结构的适应场景不一样，法律法规无法直接对每一种衍生品实施监管，此时就需要场外衍生品的自律管理。在场外衍生品业务快速发展的今天，越发凸显出证券公司定价能力和风险管理能力的重要性，这正是中国证券市场不断改革发展的目标。

四、衍生品市场推动证券业高质量发展的国际化视角

服务实体经济水平是证券业高质量发展的硬性标准。衍生品的国际化发展可以帮助实体经济"走出去"，从而实现证券业的高质量发展。衍生品市场的发展对中国实体经济发展具有如下积极作用。

（一）加大衍生品交易，争取国际定价权

我国衍生品交易量可观，但并没有掌握这些衍生品的实际定价权，对我国实体经济的发展较为不利。我们应在国际市场上发出中国声音，可以从以下几个方面入手：首先，以国内的交易所为核心，做大做强国内市场；其次，推动衍生品交易的人民币结算，如原油期货和原油期权，依托国内强大的市场资源，在原油交易过程中充分发挥买方优势，与区域市场加

强合作，如中东等原油产区，逐步获得在区域市场的衍生品定价权；最后，进一步推动人民币国际化，随着人民币国际化水平的不断推进，加强国际社会对人民币的信心，加上国内衍生品交易量的不断增大，我国有望逐步掌握衍生品交易的定价权。

（二）扩大国际原物料市场，进一步保证实体企业经营发展

对于实体企业而言，衍生品市场的发展帮助实体企业"走出去"，最直接体现为将我国实体企业原物料的供给方扩展为国际市场，在国际市场寻找最优的原物料价格，不断降低国内实体企业生产经营过程中的成本，帮助实体企业本身和其产品不断走向国际市场。推而广之，随着我国企业不断深入国际市场，在国际市场上可以吸收更先进的生产技术，提升我国企业的科技水平，将我国从生产大国逐渐转变为科技大国。

（三）对冲汇率风险，降低国内企业"走出去"的风险

当前，国际市场由于地缘政治、经济下行、疫情反复等原因，汇率波动较大。汇率波动对于国内企业"走出去"造成了一定影响，需要对外汇风险进行有效管控。利用汇率衍生品，包括外汇远期、互换等，可以有效对冲国际外汇市场波动带来的风险，为我国企业国际化经营创造稳定的外部环境。

（四）对冲利率风险，帮助企业控制利率成本

利率类衍生品在全球经济活动、融资和信贷业务中发挥着重要作用，国内企业在"走出去"的过程中，融入国际资本市场，需要充分利用其融资体系支持其全球化发展。企业在国际市场进行融资，面临着国际市场诸多的不确定性，尤其是在利率大幅波动时，会给中国企业"走出去"带来不可忽视的影响。中国企业在国际市场融资过程中一般利用利率互换、利率远期协议、利率期权等金融衍生品来对冲利率风险。

（五）转移信用风险，支持实体企业融资

中国企业"走出去"的时候，利用信用类衍生品既可以对冲风险，又可以支持实体企业融资。例如，国内企业在国际市场上通过发行债券进行融资时，国际市场对该国内企业缺乏了解，对其信用风险状况把握不足，认购该企业债券的意愿较低，这会使国内企业无法在国际市场上融入所需要的资金。此时，信用违约互换就可以发挥重要作用。投资银行根据该国内企业的历史表现、资产负债、债券基本情况等，计算出企业潜在违约概率，就可以为此债券配套发行信用违约互换，当该国内企业发生违约事件时，信用违约互换即发生作用，保障债券投资者的利益。该信用违约互换可以看作是对实体企业的一份担保，有了此担保，投资者对该企业更为放心，可以帮助国内企业更好地进入国际市场，实现低成本融资。

（六）对冲股票价格风险，帮助实体企业在国际市场开展并购等业务

境内企业通过跨国公司的合并，走出了一条快速汲取国际先进技术的道路。在国内实体企业对外拓展时，可能会面临拟收购公司股票价格的波动风险，收购过程中股价的暴涨暴跌都不利于整个收购过程。此时，境内企业就可以利用挂钩该公司股票的权益类衍生品进行套期保值，稳定整个收购过程，助力国内企业的国际化。

五、总结

中国衍生品业务蓬勃发展,证券行业朝着服务实体经济的目标推动自我革新,贯彻高质量发展。本文重点梳理了证券业高质量发展的理论基础,寻找中国证券行业高质量发展的立足之本;从六个方面分析了衍生品推动证券业高质量发展的内在逻辑,为衍生品业务和证券业高质量发展之间架起了"桥梁";从国际化角度分析了衍生品如何服务实体经济,帮助实体经济在"走出去"的过程中实现"又快又远"的发展。这就是我国证券行业在当前环境下发展衍生品的根本初心,它将为我国证券业高质量发展提供源源不断的动力。

证券公司场外衍生品业务中后台支持措施及政策建议研究

刘智祥　张　寅　应增进　汪官镇　苏　岩　罗晓晗[*]

一、证券公司场外衍生品业务流程概览

当前,证券公司涉及场外衍生品业务的全链条工作流程如图1所示。其中,业务部门主要负责客户开发、产品设计、交易对手尽职调查、标的及敞口管理、对冲管理、询报价管理、盘中簿记及日终管理等;风险部门主要负责市场风险、信用风险、操作风险的管理;中后台部门则更关注运营支持、财务管控、估值管理等环节。

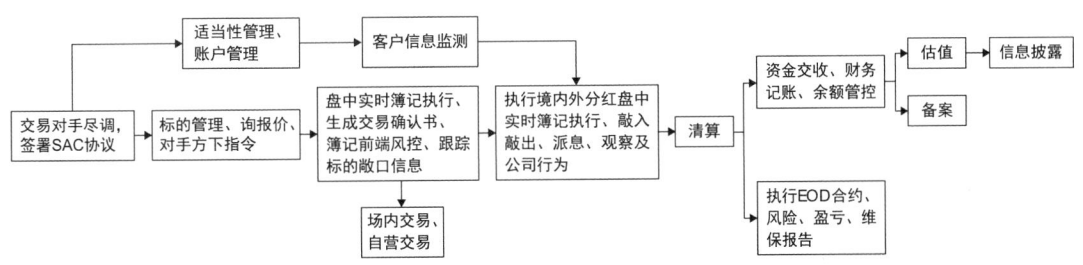

图1　证券公司场外衍生品业务工作流程

相较于场内衍生品,场外衍生品具有非标准化、定制化、没有集中交易市场的特点,产品结构和交易模式更多依赖买卖双方实际磋商决定。同时,高市场敏感性、复杂量化模型的应用,给场外衍生品业务管理增加了困难。与成熟市场相比,我国场外衍生品还处在发展初

---

[*] 本文写作于2023年1月。作者简介:刘智祥,申万宏源证券有限公司计划财务管理总部副总经理;张寅,申万宏源证券有限公司计划财务管理总部财务主管岗;应增进、汪官镇,申万宏源证券有限公司计划财务管理总部财务主办岗;苏岩,申万宏源证券有限公司运营中心运营支持部经理;罗晓晗,申万宏源证券有限公司运营中心运营支持岗。

期,市场格局和顶层设计仍需不断完善,在如何支持场外衍生品分散化、个性化特征的同时推动标准化体系建设,如何满足业务创新的同时实现有效的风险预警与监督,如何发展行业基础设施建设和生态体系建设,如何发挥新兴科技在场外衍生品领域的应用等方面还任重道远。当前,我国证券公司场外衍生品业务在基础管理的规范化、流程化、标准化等方面,还有待在实践过程中不断完善。

二、证券公司场外衍生品运营财务支持工作的难点

(一)客户适当性管理难点

场外衍生品客户准入流程有待持续优化。准入是客户信息管理的关键入口,相较于传统经纪业务,场外衍生品客户的准入流程普遍较为复杂,且业务凭证电子化程度低、客户资料管理不便。

(二)业务数据管理难点

场外衍生品业务数据管理难度加大。场外衍生品业务多为非标准化交易,缺少可借鉴的业务流程与职责划分,现阶段部分证券公司内部仍涉及较多的人工处理环节,容易产生信息不对称、高核对成本的风险和困难,影响数据质量和工作效率。

(三)清算与交收管理难点

1. 场外衍生品业务对运营清算人员的专业性和能力提出更高要求

因场外衍生品具有产品灵活性高、可定制、更新迭代快等特性,对运营清算人员把握业务深度、持续跟踪业务发展的能力提出了更高要求,若运营清算人员的专业性不足,将可能增加清算过程风险。

2. 传统的清算交收方式无法满足场外衍生品业务复杂灵活的特性

场外衍生品业务规模不断增长,手工清算、记账、划付的工作方式已无法满足场外衍生品业务在时效性、准确性方面的要求,需要证券公司开发更加智能化的系统,支持清算交收工作的有效开展。

(四)估值核算管理难点

1. 估值基础数据的处理过程较为复杂

因场外衍生品业务交易数据源多、分布分散,且不同数据源间存在重叠的情况,估值人员常常难以明确使用哪类原始数据,影响了估值效率。同时,若出现交易数据记录模式不统一或数据本身差错、遗漏等情况,也会增加估值前的数据核对成本。

2. 估值模型和方法的选择缺乏统一标准

由于场外衍生品业务目前缺乏统一的估值标准,业务部门、估值部门、风控部门、财务部门往往在估值方法、估值模型、估值参数选取上难以形成完全一致的意见,需进一步加强对场外衍生品业务的估值管理。

（五）信息披露管理难点

1. 沪、深证券交易所关于衍生品信息披露的要求存在差异

深圳证券交易所和上海证券交易所对于是否需要披露"证券投资情况"表和"衍生品投资情况"表的要求有所不同，如深圳证券交易所要求披露（其中"衍生品投资情况"表仅要求非金融类公司披露）、上海证券交易所不要求披露这两张表。同时，上市证券公司在合并财务报表附注中披露"衍生金融工具"的格式也存在差异。

2. 现有证券投资、衍生品信息披露格式可能造成投资者误解

深圳证券交易所要求在"证券投资情况"表披露前十大证券的具体投资品种。由于证券公司开展场外衍生品业务主要以客户需求为驱动，为满足交易结构要求、达到风险中性的目的，证券公司通常会大量持有挂钩的标的资产。将衍生品客盘交易挂钩的标的资产与证券公司自营投资的资产合并披露，不利于报告使用者全面了解证券公司真实自营部分面临的风险敞口，容易引发投资者误解。

3. 衍生金融工具的列报口径有待规范

衍生金融工具规模较小时，对于不通过中央对手方集中结算的衍生合约，证券公司往往根据不同合约类型按期末合约公允价值净额轧差列报衍生金融资产和负债。随着衍生品业务的快速发展，按照净额轧差净额列报的方式已不能准确反映证券公司因衍生合约产生的收取现金权利或交付现金义务的情况，需采用逐个合约确认的方式对衍生工具进行会计处理和列报。

三、证券公司场外衍生品业务发展的相关建议

2022年8月1日《期货和衍生品法》正式实施，进一步明确了场外衍生品业务的法律地位，为场外衍生品业务的规范发展带来新的机遇。为更好地推动证券公司场外衍生品业务的持续健康发展，结合当前证券公司的工作实际，建议如下：

（一）推动完善场外衍生品规则和数据标准体系

为推动场外衍生品规范发展，建议监管部门可进一步完善场外衍生品规则和数据标准体系，满足证券公司统一的数据采集、数据备份、估值计算、数据治理、交易管理、客户适当性管理等需求。同时，建议继续推动场外衍生品数据标准化的建设，实现衍生品业务数据口径统一，进而有助于行业监管以及证券公司内部管控。

（二）加强场外衍生品估值研究

根据中国证券业协会制定的《证券公司金融工具估值指引》第二十六条"非交易所交易衍生品的估值方法"规定，非交易所交易的衍生品，可依据第三方估值机构提供的价格数据或采取相应的衍生品模型确定公允价值。由于场外衍生品结构、估值模型复杂，上述指引未明确指出具体的估值方法，目前市场上也没有针对场外衍生品估值的第三方权威机构。实际操作中，各家证券公司采用各自不同的估值方法和参数计算方法，缺乏统一性和规范性。因此，建议行业协会在《证券公司金融工具估值指引》的基础上，积极开展场外衍生

品估值专题研究，向行业征集场外衍生品估值模型，形成估值案例，为行业加强场外衍生品估值管理、提升风险管理水平提供参考。

证券公司作为场外衍生品业务专业服务机构，建议结合实际情况，进一步完善估值管理制度办法，建立公司层级的估值管理机构，统筹协调业务部门、估值部门、风控部门、财务部门，规范估值工作流程和基础数据管理，确保估值结果客观公允。

（三）规范并统一证券公司衍生品信息披露要求

1. 建议统一沪、深证券交易所关于衍生品的信息披露要求

对于"证券投资情况"表，建议参考上海证券交易所要求，不再要求披露；或参考深圳证券交易所要求，统一披露该表，并对披露内容进行优化，明确该表中披露的证券投资持仓规模不包含客盘交易挂钩的标的资产以及已进行风险对冲的底层资产。对于"衍生品投资情况"表，建议参考上海证券交易所要求，不再要求披露；或参考深圳证券交易所要求，统一披露该表，并对披露内容进行优化，明确应根据衍生品的功能用途，按照其风险实质进行披露：对于以客盘交易为目的的衍生品投资，不在报告中进行披露；对于以风险对冲为目的的衍生品投资，仅披露净风险敞口；对于以自营为目的的衍生品投资，出于投资者对上市证券公司信息披露了解的全面性、重要性，在报告中进行披露。

2. 建议优化"衍生金融工具"附注披露格式

参考当前大多数上市证券公司的做法，建议明确按照挂钩的基础资产类别进行披露，主要包括权益衍生工具、利率衍生工具、商品衍生工具、信用衍生工具、货币衍生工具、其他衍生工具六大类，并在此基础上细化披露持有衍生金融工具的合约品种，丰富披露维度，提高披露质量。

3. 建议进一步规范场外衍生金融工具的列报

根据《企业会计准则第37号——金融工具列报》第三十三条有关规定，针对具有相同的主要风险敞口的金融资产和金融负债，但涉及不同交易对手方等情形，不得抵消按净额列报。建议证券公司对照准则要求，结合具体合约分析判断，按实际情况披露衍生金融资产和负债，准确反映企业面临的风险实质，提高财务数据的准确性和有用性。

中国证券业 ESG 实践问题及对策研究

陶 丹[*]

一、引言

ESG 是环境（Environment）、社会（Social）和治理（Governance）的缩写。ESG 倡导企业在关注财务绩效的同时也关注环境、社会、治理等非财务绩效，实现利益相关者利益与股东长期利益的统一。2004 年，全球最大的推进企业可持续发展的国际组织——联合国全球契约组织（UN Global Compact）在报告《有心者胜——连接金融市场与变化中的世界》中首次提出 ESG 概念，建议将 ESG 因素引入金融分析、资产管理和证券交易中，以利于全社会的可持续发展。2006 年，联合国全球契约组织与联合国环境规划署可持续金融倡议联合发起联合国负责任投资原则组织（Principles for Responsible Investment，PRI），PRI 将负责任投资定义为：将环境、社会和治理（ESG）因素纳入投资决策和积极所有权的投资策略和实践。2019 年 8 月，包括亚马逊、苹果、沃尔玛在内的 181 家美国顶级公司首席执行官（CEO）在商业圆桌会议（the Business Roundtable）签署《公司宗旨宣言书》，宣称每个利益相关者都至关重要，承诺为所有的利益相关者提供价值，为公司、社区和国家未来的成功作出贡献。《公司宗旨宣言书》将企业宗旨引向统一利益相关者利益与股东长期利益，将企业社会责任（CSR）引向可持续发展，而 ESG 在实践中成为实现企业宗旨、践行企业社会责任的重要抓手。

2018 年 9 月，中国证监会修订《上市公司治理准则》，要求上市公司在公司治理中贯彻落实"创新、协调、绿色、开放、共享"的发展理念，强化上市公司在环境保护、社会责任方面的引领作用；同年 12 月，中国证券投资基金业协会发布《中国上市公司 ESG 评价体系研究报告》，积极研究、推广、倡导 ESG 理念。在监管部门和行业协会的推动下，中国证券业展开 ESG 实践。

---

[*] 本文写作于 2023 年 1 月。作者简介：陶丹，第一创业证券股份有限公司董事会办公室首席研究员。

在 ESG 信息披露方面，上市券商社会责任报告（形式包括企业社会责任报告，环境、社会及治理报告，可持续发展报告）的披露比率在各行业中排名首位，41 家 A 股上市券商全部披露了 2021 年度社会责任报告。

在 ESG 治理方面，兴业证券、红塔证券、财通证券、中金公司和中信证券等公司在董事会层面设立了战略与 ESG 委员会，对公司 ESG 治理进行研究并提供决策咨询建议，包括 ESG 治理愿景、目标、政策等；第一创业证券、华泰证券、天风证券等公司在经营管理层设立 ESG 委员会，推进落实 ESG 实践。

在 ESG 投资方面，截至 2021 年末，140 家证券公司中有 22 家开展了 ESG 相关投资，其中最为常见的方式为承销或投资绿色债券、社会债券。据 Wind 数据，2021 年，我国共发行绿色债券 485 期，发行总规模达 6 075.4 亿元，较上年分别增长 124.54% 和 172.58%；发行乡村振兴专项债 162 只，发行规模 1 791.34 亿元；发行扶贫主体债 231 只，发行规模 7 975.34 亿元；发行可持续发展挂钩债券 31 只，发行规模 311 亿元。

二、证券业 ESG 实践问题及原因分析

（一）实践问题

当前，中国证券业的 ESG 实践尚处于起步阶段，不仅较少有直接以 ESG 命名的披露报告，而且证券业 ESG 责任投资品种少、整体规模也小。据统计，截至 2021 年末，证券 ESG 责任投资规模为 2.11 万亿元，其中绿色债券 1.1 万亿元，社会债券 0.98 万亿元，可持续发展挂钩债券 0.03 万亿元；基金 ESG 责任投资规模为 0.56 万亿元，其中，ESG 公募基金 0.24 万亿元，绿色产业基金 0.12 万亿元，ESG 私募股权基金 0.2 万亿元。2021 年末，证券基金业责任投资资产仅占我国 ESG 责任投资资产总额的 13.53%，而我国 ESG 责任投资产品规模只占同期投资资产规模的 2%，远低于美国和欧盟的 48% 和 34%。

根据上市券商社会责任报告和其他公开信息，目前我国证券公司的 ESG 实践有两个突出特点：一是虽然多由顶层设计发起，源于自上而下的推动，但将 ESG 融入发展战略和经营规划的较少；二是 ESG 投资策略以主题投资策略和负向筛选策略为主，其他投资策略实践较少。

作为经营实体，鲜有证券公司将 ESG 理念真正融入公司经营；作为机构投资人（资产所有者和资产管理者），尚未能充分行使法律权利和发挥自身影响力，推动投资对象的积极转变。《中国 ESG 发展白皮书（2021）》指出，如何将可持续投资由品牌宣传转换成实际投资应用，是亟待行业共同解决的难题①。

（二）问题原因分析

概括地说，证券公司 ESG 实践中遇到的问题主要来自两方面原因：一是缺乏内外部激励约束；二是缺乏必要的资源支持。

---

① 中国资本市场研究院：《中国 ESG 发展白皮书（2021）》，证券时报网，2022 年 4 月 22 日，网址：https://static-web.stcn.com/history_images/images/esg/web/viewer.html，最后访问时间：2022 年 12 月 9 日。

1. 缺乏内外部激励约束

（1）证券公司践行 ESG 缺乏内生性动力。证券公司作为经营机构，在经营活动中需要考虑成本收益；作为资产管理人，需要考虑客户信托资产的回报。

证券公司开展 ESG 投资，至少需要两项资源配置：第一，建立或购买完善的 ESG 数据库，为 ESG 研究和投资决策提供支持；第二，配置适当人数的研究团队，协助投资团队选取适合其风格偏好的 ESG 因子，建立可行的评估方法。

作为经营性企业，配置资源是希望带来回报，比如提升投资收益、进而提升资产管理规模等。聚焦于 ESG 策略如何影响企业财务绩效的哈佛商学院塞拉芬（George Serafeim）在著作《目的与获利》中，以数据实证了重视 ESG，公司能更成功、更永续经营与获利提升。然而，华泰证券对 ESG 因子有效性的量化分析显示：践行 ESG 理念的投入未必能快速转化为产出，部分场景下 ESG 在成本端的体现更为明显。

随着全球能源危机的爆发，被 ESG 摒弃的传统化石能源行业走强，部分严格执行 ESG 原则的投资机构收益不尽如人意，更形成短期负面反馈。

（2）证券公司践行 ESG 缺乏外部性推动。2018 年 1 月，中国人民银行发布《关于建立绿色贷款专项统计制度的通知》（银发〔2018〕10 号），建立绿色贷款专项统计制度。同年 12 月，发布《银行业存款类金融机构绿色信贷业绩评价方案（试行）》，设置定量和定性两类指标，其中，定量指标权重 80%，定性指标权重 20%，每季度开展一次绿色信贷业绩评价，评价结果纳入银行业存款类金融机构宏观审慎考核。

在中国人民银行的引导与推动下，商业银行成为我国 ESG 责任投资的最大主体。截至 2021 年末，我国商业银行 ESG 责任投资规模达 16 万亿元，其中，绿色信贷 15.9 万亿元，银行 ESG 理财产品 0.1 万亿元，绿色信贷占到 ESG 责任投资资产的 80.55%。

证券公司践行 ESG 缺乏外部性推动，监管评级仅设置了社会责任专项评价，主要评价内容涉及结对帮扶、乡村振兴和绿色债券发行，对于 ESG 其他议题（环境和治理）未涉及。证券公司践行 ESG，尚无法获得提升监管评级、获得有分量的荣誉等带来长期收益的外部回报。

2. 缺乏必要的资源支持

（1）缺乏公开透明、全面完整的拟投企业 ESG 数据。ESG 投资，需要对拟投资对象的 ESG 情况进行评估。然而，国内上市公司 ESG 数据披露不全面，已披露信息缺乏一致性、完整性和准确性，评估分析面临巧妇难为无米之炊的困境。

就国际而言，目前已有多个国际组织发布了 ESG 信息披露原则，其中，全球报告倡议组织（GRI）发布的可持续发展报告指引是全球使用率最高的信息披露标准，部分公司结合使用多种信息披露标准，但迄今尚未像公司财务指标那样形成全球通行统一、一致的指标体系。

就国内而言，环境、社会和治理三个方面，上市公司需要强制披露的内容仅为环境信息，且沪、深证券交易所未对环境信息提出具体的内容与格式要求。

由于沪、深证券交易所目前未对 ESG 信息作强制披露要求，2021 年 A 股市场仅有 29.42% 的上市公司披露了社会责任报告。与此同时，由于披露要求规范性不足，上市公司 ESG 信息数据缺乏一致性、完整性和准确性。

（2）缺乏可直接用于投资评估的 ESG 评价体系。根据麻省理工学院统计，全球六家主流 ESG 评级机构——明晟 MSCI、标普、穆迪、晨星、汤森路透、KLD 公司旗下的 ESG 评级，在同样的标的样本下，评级结果的相关系数平均仅 0.5 左右。

国内的 ESG 评级机构，评级体系、数据、方法各具特色，不同评级机构对同样标的样本 A 股公司的评级结果也呈现差异化。

更重要的是，市场现有 ESG 评价体系，其构建方式基本为主观、自上而下的议题选取。议题选取的原则通常基于 ESG 重要性，即该因素会切实对 ESG 某个维度造成影响，但对 ESG 重要性指标的执行结果与证券市场表现的相关性，尚缺乏长期数据跟踪评估，评级结果很难直接应用于投资评估。

三、境外最佳实践案例的启示

Investor's Business Daily（投资者商业日报）评选的 2021 年最佳 100 ESG 实践企业中，有三家金融投资企业，其中，精品投行 Moelis & Co.，排名第 29 位；资产管理机构 Artisan Partners，排名第 33 位。这两家公司在可持续发展实践中，不约而同地把重点放到了"S"（社会）。

（一）精品投行 Moelis & Company

公司 CEO 和首席独立董事在《2021 年度可持续发展报告》[①] 中，均着重强调公司通过一系列的制度和计划，建立了多元包容文化，吸引和招聘到多元化人才，培植了互信的合作关系，为员工健康和福祉进行投资，以确保公司客户能接受公司员工最专业的服务。

一是多元化招聘计划，包括：针对大二学生的多元领导项目，针对退伍军人和代表性不足群体的付费实习项目。公司还与 BLK（黑人非营利团体）合作进行招聘，资助 OUT4UNDERGRAD（LGBTQ 群体本科金融社团）和其他本科、研究生金融社团。

二是多维度培训计划，包括：员工培训计划、依托沃顿商学院的领导力培训计划、为女性员工提供技能和职业发展培训的 Moelis Compass 计划。

三是各具特色的员工社团，三分之一的员工参加了公司的各类员工社团，其中，多元化员工社团包括女员工社团、亚裔社团、黑人及非裔社团、拉丁社团、退伍军人社团等。管理团队为这些社团提供资助，以提升公司的包容文化，支持多元员工职业发展，增强全球员工的联系。

四是健康和福利计划，针对疫情带来的精神健康压力，公司为全球员工及家庭提供心理咨询和精神治疗援助；进一步为员工提供生育支持，主要照料者享有 20 周带薪育儿假，全薪育儿假后亦可灵活地重返工作岗位。

公司还通过捐赠和志愿者活动支持公司所在社区和非营利组织，公司全球企业社会责任计划反过来又促进了团队合作。

---

① 参见 Moelis & Company Sustainability Report 2022，网址：https://www.moelis.com/wp-content/uploads/2022/09/Moelis-Sustainability-Report-2022.pdf，最后访问日期：2022 年 11 月 9 日。

（二）资产管理机构 Artisan Partners

Artisan 在其可持续发展报告①中明确了"可持续性对我们意味着什么"。Artisan 认为，可持续意味着：一是以正确的条款和正确的长期投资计划与正确的客户建立关系，并通过优先考虑客户回报来促进客户关系。有时候，对客户回报的优先考虑会限制客户现金流入和控制总的管理资产规模，Artisan 称之为容量管理。二是致力引入新的投资人才，推出新的战略和建立可持续的特许经营权，以增加获得穿越市场周期的、长期优异投资回报的可能性。三是量身定制工作环境，为员工提供长期机会。以绩效薪酬和长期激励鼓励员工取得成功，在理想的情况下，取得全职业生涯的成功。四是遵守财务纪律的同时，提升商业价值，持续为股东创造和分配收益。

Artisan 围绕为客户创造长期财富的企业目标，在经营活动中贯彻可持续理念。

Artisan 建立了强大的 ESG 数据库，投资团队可以获得全球 130 个国家 2 万多个机构的 ESG 研究报告，还可以根据投资需求各自独立地寻求外部合作资源。投资团队将 ESG 因素纳入投资全过程，根据所投资对象所在的国家、行业、公司及管理层特点，选取对该项投资机会有意义的 ESG 因子，用各团队自己的评估方法和独立流程作出投资决策。

Artisan 认为，行使代理投票权是其履行信托义务的关键要素。除非客户另有明确指示或投票成本过高，Artisan 对其持有的投资组合中的所有股份履行代理投票权。最终的投票决定权取决于投资团队，有些团队自行行使代理投票权，有些团队将投票责任委托给公司的代理投票委员会。2021 年，Artisan 对 42 个不同国家（地区）的 715 场股东大会中的 712 场行使了代理投票权。

在人力资源管理方面，公司设立多元化和包容性委员会，由首席执行官（CEO）和首席厅政官（CAO）及总法律顾问担任执行发起人。公司认为，多元经验和背景提供了丰富的视角和独特的观点，让公司作为一个整体更加强大。公司还与国际、国内和员工居住社区的多元组织合作，目前已与 11 家外部组织合作，这个名单还会不断扩大。

公司已成立 5 个由员工领导、面向全体员工的亲和团体，举办各种活动，为员工个人、职业发展和社交提供支持。公司的圆桌对话，以小组形式，开展深入的思想交流。

公司致力于最大限度地利用长期职业机会培养高素质人才，创造一个让员工茁壮成长的环境，其成功体现在员工的长期任职和低流动率。公司员工的平均任职时间为 7 年，离职率为 6%。公司除了常规培训外，还建立了导师制度。

公司为员工提供有竞争力的薪酬，并向所有员工提供股权或与股权挂钩的激励措施。截至 2021 年 12 月 31 日，员工合计持有公司约 13% 的股份。

四、对策建议

（一）政府层面，进一步在全社会普及 ESG 理念

ESG 理念在欧美已成为社会主流共识。建立在"股东至上"原则下的"企业有且仅有

---

① 参见 Artisan Partners Corporate Sustainability Report 2021，网址：https://www.artisanpartners.com/content/dam/documents/esg/Artisan-Partners-Corporate-Sustainability-Report-2021.pdf，最后访问日期：2022 年 11 月 9 日。

增加利润一项责任"的理念，引发了非常多的社会问题，如制造劣质产品、侵犯员工权益、污染自然环境等。随着社会问题的激化，民众的理念发生了巨大的变化。Net Impact 在 2012 年的调查显示，59%的千禧代、49%的 X 世代和 52%的婴儿潮一代以及 72%的在校大学生表示，他们希望在自己能够发挥影响力的公司工作；2014 年一项全球范围的调查则显示，员工和消费者强烈要求企业采取负责任的行为，并愿意为负责任的产品支付额外费用。在这种社会背景下，利益相关者利益与股东长期利益的统一成为可能。

ESG 在中国依然是新生事物，消费者为施行 ESG 理念公司的产品支付额外费用的意愿不强，投资时更多考虑投资回报，而不是 ESG 属性。推动证券公司践行 ESG，需要首先在全社会转变意识，让投资者建立重视社会效益、长期价值的投资理念。建议政府引领，行业协会和非政府组织（NGO）跟进，广泛宣传普及 ESG 对社会可持续发展的意义。

（二）监管层面，予以适当的外部激励约束

对证券公司践行 ESG，不仅要予以宣导和鼓励，还要有具体的激励约束措施。

可借鉴《银行业存款类金融机构绿色信贷业绩评价办法》，要求证券公司定期报告 ESG 投资金额及其投资占比，设定最低比例要求及增长比率要求。对于执行优秀的证券公司，在监管评级中适当加分；对于未达最低要求的，在监管评级中适当扣分。

（三）交易所层面，强化和规范 ESG 信息披露

建议沪、深证券交易所借鉴香港交易所，尽快发布《环境、社会及管治报告指引》，对社会关键绩效指标的披露由"鼓励"调整为"不披露就解释"，推动上市公司按统一标准披露 ESG 信息；鼓励上市公司对 ESG 报告进行独立第三方鉴证，提高数据的可信度以及投资者对数据的信心。

（四）证券公司层面，积极探索有行业特色的 ESG 实践

从境外最佳实践案例中可以清晰地看到，ESG 是实现企业经营目标、创造企业长期价值的手段，ESG 策略既有行业特点，也有企业特色。比如，对于金融企业而言，人才是核心竞争力，因此，精品投行 Moelis & Co. 和资产管理机构 Artisan Partners 公司均将人力资本建设与管理作为 ESG 管理关键因子，为公司长期发展提供长期人才，从而为客户创造良好回报和长期价值。公司并未设立独立的 ESG 策略，而是融入经营战略，与开拓新商业模式、提升公司绩效高度协同。

此外，尽责管理已成为欧美和日本机构投资者的主流实践，而国内证券公司在 ESG 实践中尚未给予尽责管理足够的重视。所谓尽责管理，又称积极所有权，指投资者通过各种工具和权利对当前或潜在被投方、发行人施加尽责影响，包括与投资对象开展沟通和投票，以及在股东大会上提出股东提案、影响被投资方的董事会构成、监督服务提供商或与之协商以及诉讼。其中，沟通和投票是两个被境外投资机构广泛使用的工具。

据统计，中国 A 股上市公司的所有权集中度一直稳步下降，从 2000 年的超过 45%下降到了 2019 年的 34%左右，而机构投资者的所有权比例从 2003 年的不足 10%快速提高到 2020 年的 50%左右（按自由流通市值口径计算），机构投资者对 A 股上市公司的影响力不断提升。

建议我国证券公司建立尽责管理团队,参与沟通、代理投票,增强投资者与被投资方之间的相互信任,为投资决策提供更多信息,为投资对象实现可持续发展提供长期指导和支持。

参考文献

[1] 王磊.我国金融机构的ESG责任投资实践、问题与对策[J].绿色金融,2022(07):31—37.

[2] 李芹.ESG理念在中国的发展——以中国平安为例[J].现代营销(学苑版),2021(05):6—7.

[3] Arielle Sigel. CRS Statements: Incentives And Enforcement in the Wake of the Business Roundtable, s Statement on Corporate Purpose [D]. USA: Boston University School of Law, 2021.

[4] Geralyn Ritter. Why You Don't Need a Dedicated ESG Strategy [J]. PharmExec, May 2022: 10.

[5] Stephan Scholl. Elevating the Employee Experience in ESG Strategy [J]. NACD Directorship, Winter 2022: 56—57.

[6] Florian Berg, Julian F Kolbel, Roberto Rigobon. Aggregate Confusion: the Divergence of ESG Ratings [J]. Forthcoming Review of Finance, 2022, https://doi.org/10.1093/rof/rfac033.

证券经营机构践行ESG理念及投资研究

王 涵 薛 宬[*]

"坚持绿色发展是发展观的深刻革命"是在习近平生态文明思想"八个坚持"基础上的新增内容,是贯彻新发展理念的重要组成部分,是促进经济社会全面绿色转型的必由之路。当下,中国正处于向高质量发展转型的关键期。党的二十大报告指出,推动经济社会发展绿色化、低碳化是实现高质量发展的关键环节。积极把握高质量发展的机遇和方向,是我国全面建成社会主义现代化国家的首要任务。

在"双碳"目标和我国经济高质量发展的趋势推动下,越来越多的市场参与者践行ESG投资理念。ESG投资理念衡量了企业经营过程中对环境、社会等方面的外部性影响,顺应全球发展趋势,且与我国"双碳"目标和高质量发展的政策方针一脉相承。践行ESG投资有助于挖掘具有可持续发展能力的优质标的;同时,政策体系的不断完善与ESG投资产品的创新实践有望形成合力,引导更多资金投向应对气候变化和推动经济高质量发展的领域。证券行业是资本市场服务绿色经济发展、助力碳达峰碳中和目标的重要金融力量,在ESG生态圈中扮演着多重角色,对于充分发挥金融资源配置功能、促进实体经济高质量发展具有重要作用。

一、ESG投资为资本市场带来发展新机遇

随着中国经济绿色转型的步伐加快,ESG作为衡量企业可持续发展提效和长期投资价值的重要维度,愈发受到资本市场的重视与投资者的热捧,也为资本市场带来了发展的新机遇。

---

[*] 本文写作于2023年11月。作者简介:王涵,兴业证券股份有限公司董事总经理、首席经济学家、经济与金融研究院联席院长;薛宬,兴业证券股份有限公司ESG研究员。

（一）ESG 理念逐步深入催生了新的投资需求

在我国高质量发展与碳达峰碳中和目标指引下，ESG 金融产品体系持续丰富、规模不断扩大，越来越多的投资者将 ESG 因素作为风险和机遇管理方面的重要考量。截至 2023 年 6 月底，全球可持续的基金产品规模近 2.8 万亿美元，我国泛 ESG 基金产品数量达到 473 只，基金管理规模已经接近 6 000 亿元。与此同时，随着近年来全球极端气候现象的加剧以及双碳"1 + N"系列政策落实，气候议题作为 ESG 框架的核心议题，得到越来越多市场参与者的关注。实体企业积极探索将"双碳"目标与其长期战略相结合，通过提高能效、采用清洁能源、减少废弃物等方式来减少经济活动对气候的影响。金融机构、资产管理人通过创设 ESG 产品以及评估投资组合的碳足迹，帮助投资者理解其投资行为对环境气候的影响，有效引导了资金向环境气候友好型标的倾斜，进一步助力"双碳"目标的实现。因此，积极应对气候变化、有效落实"双碳"目标作为促进 ESG 理念进一步发展应用的助推器，为 ESG 领域带来新的投资机遇。

（二）ESG 作为投资端改革的重要抓手，推动资产的高质量供给

扎实推进投资端改革是落实党中央、国务院决策部署，推动中国特色社会主义市场建设重要内容之一。近年来，ESG 信息披露越来越受到市场各方重视，上市公司 ESG 专项报告披露呈加速之势，被称为上市公司的"第二财报"。目前，中国证监会正在指导沪、深证券交易所研究起草《上市公司可持续发展披露指引》，对上市公司的 ESG 信息披露要求逐渐完善。截至 2023 年 9 月底，全部 A 股上市公司中有 1 818 家独立披露了 2022 年度 ESG/社会责任报告，披露企业数量同比增加 25.29%，其中金融业上市公司的披露率已超 90%。企业全面有效的信息披露是 ESG 投资得以存在和发展的基石，弥补了财务信息无法充分揭示的企业潜在风险和不确定性因素，减少了信息的不对称。同时在高效资本市场运营机制推动下，上市公司通过不断提升公司的 ESG 治理水平，为其高质量发展提供了内在驱动力，这也为夯实投资端改革打牢了资产基础，尤其在国内全面注册制的背景下，ESG 信息有助于提高市场效率，完善估值投资模型，协助投资者更好地筛选优质企业，也有利于强化可持续投资，优化产品供给，促进资本市场功能的持续深化，服务实体经济的可持续发展。

（三）ESG 投资有助于引导长期理性的投资文化，助力中国特色估值体系的建设

ESG 从环境、社会责任和公司治理多维度揭示了公司的内在价值，反映了企业长期风险与收益特征，有利于推动上市公司的治理能力、竞争能力、创新能力、抗风险能力和回报能力提升，实现高质量发展。中国特色估值体系与 ESG 投资在降低风险管理、重视资产安全性方面高度契合，中特估赋予安全、稳定等要素以更高的估值溢价，关注重大民生安全领域的企业；ESG 投资重点关注的环境、社会等因素，同样降低了环境政策、社会冲突、公司治理等方面的潜在风险，帮助投资者预防未来的不确定性。同时，ESG 也契合了中国式现代化建设蕴含的共同富裕、人与自然和谐共生、创新驱动发展等国家战略要求，ESG 理念与中国特色估值体系息息相关，均是基于长期视角的投资，强调协调可持续的发展。ESG 投资的逻辑应用将在构建中国特色估值体系背景下进一步得到强化。结合中特估企业在环境、社会、公司治理领域的优秀实践，ESG 体系的建立健全将有助于推动中特估企业估值修复。随着 A

股市场逐步走向规范化，相信未来会有更多的 ESG 与中国特色估值体系结合的投资策略、指数工具、金融产品的出现。

二、证券行业积极践行 ESG 理念，有效助力 ESG 投资发展

证券公司作为金融市场的重要组织者和供应者，在发挥直接融资功能、引导社会资本投资、促进绿色金融创新、推动碳金融市场体系建设等方面扮演着重要角色，是助力高质量发展和碳达峰碳中和的重要金融力量。新形势下，证券公司持续加强可持续金融领域的探索、创新，积极践行 ESG 理念，不断丰富 ESG 相关证券产品供给，为实体经济可持续高质量发展提供有力的金融支持。

（一）将 ESG 理念融入发展战略，积极落实 ESG 运营实践和信息披露

越来越多的证券公司将 ESG 理念纳入公司发展战略，积极开展 ESG 及环境信息披露。已有证券公司通过开展环境信息披露加强投融资业务的碳足迹管理，积极探索应对气候变化带来的机遇和挑战，防范气候风险带来的潜在系统性金融风险，引导更多资金支持绿色低碳融资助力国家碳中和目标实现。同时，在自身运营方面，也有证券公司制订了自身低碳运营行动方案，积极倡导低碳环保的经营方式，号召员工将节能环保理念融入工作和生活，最大限度地节约社会资源、减少环境污染，打造低碳节能办公场所。截至目前，已有证券公司提前实现自身运营层面的碳中和，为行业落实碳中和作出了表率。

（二）发挥行业智库作用，积极参与可持续金融顶层设计

证券行业坚决贯彻落实党中央、国务院和中国证监会的决策部署，坚持回归本源，切实推进实体经济高质量发展。一直以来，证券行业积极践行新发展理念，服务绿色发展和生态文明建设，推动构建绿色与可持续发展体系。多家证券公司参与《企业 ESG 信息披露指南》团体标准、《企业 ESG 报告编制指南》《ESG 投资产品信息披露研究》等标准的制定及相关研究，积极为绿色金融顶层设计建言献策。同时，中国证券业协会也连续发布了《证券公司履行社会责任情况报告》《证券行业助力碳达峰碳中和目标行动报告》等一系列报告，突出引导证券行业增强服务实体经济高质量发展的初心和使命。

（三）凝聚行业专业赋能，担当乡村振兴社会责任

证券行业是资本市场服务实体经济、支持全面实施乡村振兴战略的重要金融力量。自 2016 年起，在中国证券业协会"一司一县"结对帮扶倡议下，证券公司不断发挥金融产品、金融服务、行业智库、人才团队等方面的专业优势，以直接融资为核心，为提高农业质量效益和竞争力、实施乡村建设行动、深化农村改革增添动力。截至 2022 年末，证券行业 102 家证券公司结对帮扶了 343 个脱贫县，占脱贫县总数的 41%，其中 59 家证券公司结对帮扶 79 个国家乡村振兴重点帮扶县，占县域总数的 49%。在这一过程中，证券公司积极助力构建乡村振兴和绿色发展的有机融合，为提高农业质量效益和竞争力、实施乡村建设行动、深化农村改革增添动力，助力改善乡村人居面貌、建设美丽乡村，为实现巩固拓展脱贫攻坚成果同乡村振兴有效衔接贡献力量。

（四）积极促进 ESG 基金投资，做长期主义的践行者

证券公司作为资产管理机构，能够通过 ESG 投研和资产配置，促进市场形成更有效的 ESG 评价和定价体系，帮助投资者筛选和甄别契合可持续发展理念的标的；通过 ESG 指数编制与 ESG 基金产品创设，有效引导社会资本投资 ESG 表现较好的公司。目前，已有多家券商的资管部门将 ESG 纳入投研的具体流程中，在投前、投中、投后环节开展了 ESG 投资管理，并在估值中逐步纳入 ESG 考量。ESG 基金在中国的发展可追溯至 2008 年，兴证全球基金发行市场上首只社会责任投资基金——兴全社会责任基金。自 2019 年开始，国内市场 ESG 基金产品进入高速发展的状态，且随着"双碳"目标的推进和经济高质量发展观念的提出，市场对 ESG 理念的理解也在不断深入，投资需求随之增长，国内 ESG 产品发行火热。据 Wind 数据显示，2019 年 12 月至 2023 年 9 月，我国 ESG 基金发行数量从 136 只增加至 487 只，增幅 258%；累计发行规模从 2 161.55 亿元升至 5 949.11 亿元，增幅 175%（见图 1）。

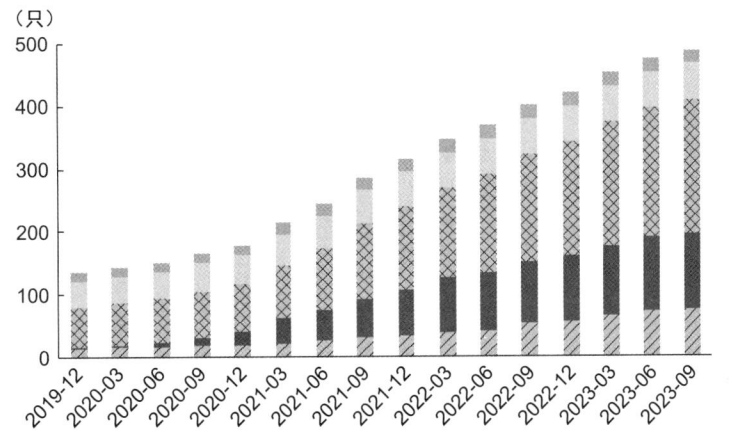

图 1　ESG 基金发行数量

资料来源：Wind，兴业证券经济与金融研究院整理。

（五）做好资本市场桥梁，丰富深化 ESG 债券市场发展创新

证券公司是资本市场的重要中介机构，应积极发挥自身在资金融通方面的天然优势，助力 ESG 债券市场的持续创新发展。据 Wind 数据显示，截至 2023 年 9 月底，我国已发行 ESG 债券达 3 827 只，排除未披露发行总额的债券，存量规模达 5.80 万亿元人民币。其中绿色债券余额规模占比最大，达 56.91%。得益于碳达峰碳中和目标带来的低碳转型加速效应与绿色融资需求扩大效应，证券公司积极拓展绿色债券承销业务，参与设计发行各类创新型绿色债券产品，提升绿色公司债券、绿色企业债券、碳中和债券、蓝色债券、绿色资产证券化等各品种的发行规模，吸引广大境内外投资者购买和持有绿色债券产品，满足绿色项目多样化融资需求。2023 年上半年度作为绿色公司债券主承销商或绿色资产证券化产品管理人的证券公司共 48 家，承销（或管理）80 只债券（或产品），合计金额 768.74 亿元；其中，资产证券化产品 28 只，合计金额 446.87 亿元。据 Wind 数据统计，近 3 年在境内发行的各类绿色债券产品中，由证券公司参与主承销或作为计划管理人的绿色债券数量占比达

60.4%，为整个市场的发展贡献显著（见图2）。

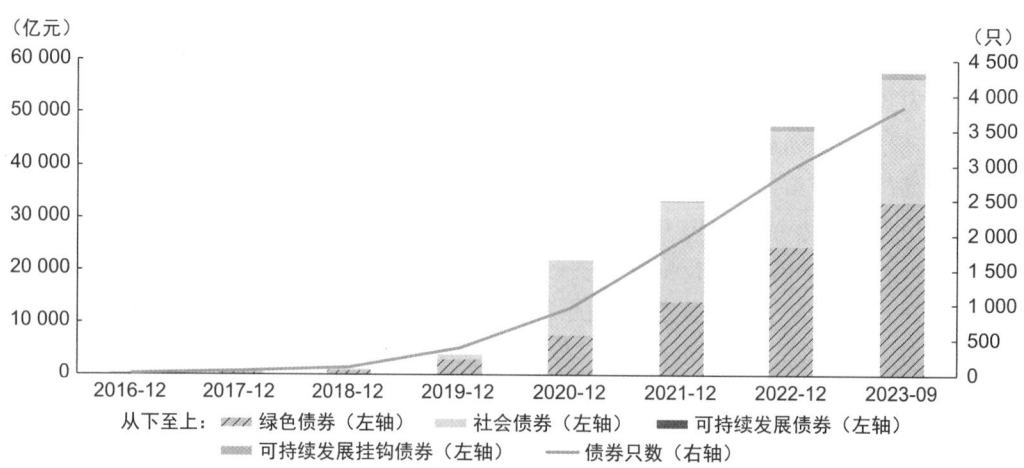

图2　ESG债券年度产品存续统计

资料来源：Wind，兴业证券经济与金融研究院整理。

（六）精准对接绿色企业上市及再融资需求，促进长期资金融通

服务绿色低碳企业上市是证券公司进一步发展的主要引擎，是改善公司治理结构、提高知名度、增强资产流动性的助推器，是帮助企业持续发展的长期稳定融资渠道。在国家绿色可持续发展的背景下，证券公司充分对接不同阶段绿色企业发展需求，通过上市辅导、孵化及上市后再融资等方式，加大对节能环保、新能源、低碳交通运输装备、高碳企业转型等领域企业的上市融资及再融资支持，帮助更多符合条件的企业通过多层次资本市场融资，提高融资效率，降低融资成本。根据Wind数据显示，截至2023年9月底，在环保及电力设备行业中，共有492家公司已在A股市场完成IPO上市融资，首发募集资金4 669.54亿元（见图3）。

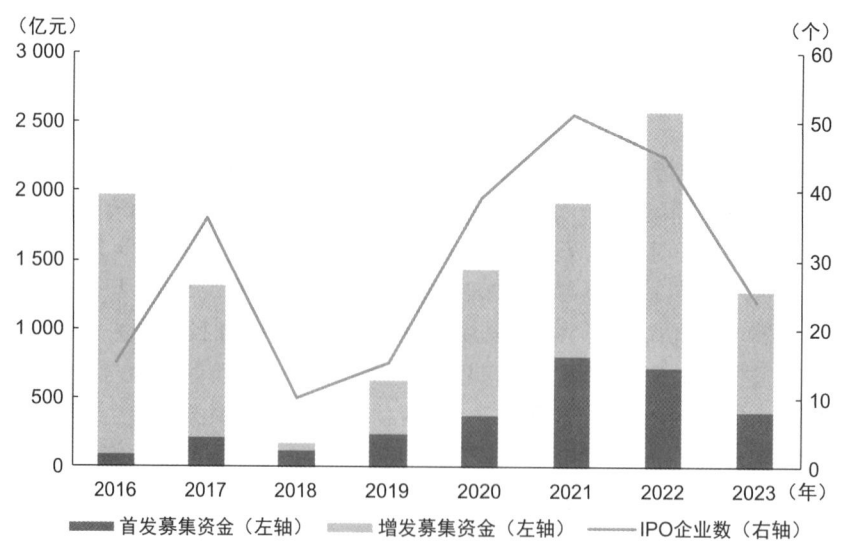

图3　绿色股权融资年度统计

资料来源：Wind，兴业证券经济与金融研究院整理。

三、兴业证券深入践行 ESG 理念，打造绿色金融新名片

兴业证券致力于做资本市场绿色金融的倡导者和先行者。2021 年兴业证券发布了集团的"十四五"规划，进一步明确坚持绿色金融发展战略，以战略和承诺彰显公司支持实体经济长期可持续发展的决心。

（一）牢固树立 ESG 发展理念，加强 ESG 顶层设计

兴业证券在业内率先将 ESG 理念融入长期发展战略，并深入贯彻到公司经营管理和业务发展的各个环节。在 ESG 治理机制方面，在董事会层面设立"战略与 ESG 委员会"，提升 ESG 管理的有效性；针对绿色金融业务，专门设立绿色证券金融领导小组和工作小组，推动集团绿色金融与 ESG 管理工作层层落地。在 ESG 配套制度方面，2020 年起公司陆续发布、修订《兴业证券股份有限公司负责任投资政策》《兴业证券股份有限公司环境、社会和公司治理（ESG）管理声明》等多项制度或声明，为集团 ESG 理念系统贯彻到公司经营管理与业务发展提供有效体制机制保障。在资源配套政策方面，采用年度考核和财务投入两大指挥棒强化内部引导激励，积极支持绿色金融业务发展。在专业人才队伍建设方面，2021 年成立证券业第一个碳中和投资银行行业部，并在创新投资子公司、固定收益业务总部、研究院等多个下辖单位设立主要从事绿色金融的专业团队。

（二）立足卖方研究优势，持续完善 ESG 投研体系

兴业证券着力构建"产、学、研"跨领域的绿色金融发展体系，依托行业一流的研究团队，发挥扎实、专业的研究优势，持续完善 ESG 投研体系，助力 ESG 投资生态体系发展。2020 年与中证指数有限公司联合发布"中证—兴业证券 ESG 盈利 100 指数"，在助力中国资本市场践行可持续发展理念、提升可持续投资专业能力等方面产生了显著的积极影响，对中国 ESG 事业的发展提供了积极助力。同时，兴证研究也在不断完善兴证特色的上市公司 ESG 评价体系，将 ESG 评价纳入个股研究评价，持续推动 ESG 及可持续投资策略、指数开发等研究工作。2022 年，研究院荣获新财富最佳 ESG 实践研究机构第 2 名，ESG 投资研究工作获市场肯定。2023 年，与联合国开发计划署（UNDP）联合发布《中国"双碳"投资地图》报告，引导更多社会资本投资于中国的低碳与可持续发展领域。

（三）持续践行 ESG 投资理念，引导资金支持高质量发展

作为责任投资的开拓者、践行者和倡导者，兴业证券将责任投资、绿色投资的理念运用到集团投资业务的各个条线，建立了倡导绿色投资、鼓励绿色投资的配套体制机制。兴业证券子公司兴证全球基金早在 2008 年就开始布局 ESG 投资，将绿色、社会责任等理念落地为具体的策略和产品，引导资金合理高效地流向符合 ESG 理念的实体领域。同时，作为联合国负责任投资原则组织（UN PRI）的签署成员，兴证全球基金积极将 ESG 标准引入投资分析和投资决策框架，持续以专业资管服务积极履行社会责任。截至 2022 年末，兴证全球基金的责任及绿色投资规模超过 200 亿元，是目前国内 ESG 投资领域最大规模的公募基金之一。同时，集团积极运用股权投资基金引导社会资本支持绿色经济发展，全资子公司兴证创

新资本、兴证投资一直以来积极支持培育绿色产业发展，不断探索并引导社会资本支持绿色相关项目和企业可持续发展。

四、结语

面向"十四五"，中国经济社会进入高质量发展时期，绿色发展是应有之义。中国碳达峰碳中和目标的实现需要国际国内各方积极助力，对于金融市场和投资领域来说，也蕴藏着巨大的可持续投资机遇。兴业证券是证券行业绿色证券金融先行者、探索者、践行者，在先行先试中，已经积累了一定的发展经验和先发优势。兴业证券集团将坚定推进和实施绿色发展战略，积极发挥绿色证券金融服务商的职能，不断丰富绿色证券产品供给，继续加强绿色金融领域的探索和发展，积极践行ESG投资，为实体经济可持续高质量发展提供有力的金融支持。

参考文献

[1] Morningstar. 2023年第二季度全球可持续基金回顾，https：//www.morningstar.cn/#/pages/index/index，2023.

[2] 中央财经大学绿色金融国际研究院．中国上市公司ESG行动报告（2022—2023），https：//iigf.cufe.edu.cn/info/1014/7437.htm，2023.

[3] 中国证券业协会．中国证券业协会发布2022年度证券公司履行社会责任专项评价数据统计结果，https：//www.sac.net.cn/shzr/hyfpdt/202306/t20230619_60563.html，2023.

[4] 中国证券业协会．中国证券业协会发布2023年上半年度证券公司债券承销业务专项统计，https：//www.sac.net.cn/hysj/yjpm/202307/t20230718_60827.html，2023.

证券经营机构投资者保护工作难点与对策研究

黄 力[*]

一、引言

近几年，中国经济飞速发展，我国GDP总量在2022年底突破120万亿元关口，社会财富不断增长，资本市场持续繁荣，居民投资理财意识高涨。截至2023年6月底，中国投资者数量已突破2.19亿，其中个人投资者数量占比99.76%。2022年证券经营机构代理客户证券交易额和代销金融产品保有规模分别为733.25万亿元和2.75万亿元。与此同时，伴随着资本市场业务品种的丰富、金融产品的创新、交易技术的迭代，市场呈现出专业化、多样化和复杂化的特征，金融机构和中小投资者的信息不对称，有可能给中小投资者带来一定的投资风险，中小投资者保护的重要性日益凸显。

结合国外成熟资本市场的实践经验，投资者保护工作在促进资本市场健康稳定发展、提升市场效率和公平性、维护投资者权益等多个方面起到了重要作用，主要表现在以下四个方面：一是维护市场公平性。投资者保护工作可以确保市场的公平交易环境，避免信息不对称、内幕交易和市场操纵等不公平现象，从而增强投资者对市场的信任和参与度。二是提升市场效率。当投资者权益被充分保护，他们更可能基于公开的、透明的信息作出理性的投资决策，从而促进市场价格更准确地反映资产的真实价值，提升市场效率。三是促进经济发展。资本市场对于经济发展至关重要，保护投资者的权益可以鼓励更多的投资，从而为企业提供更多的融资机会，推动经济的发展。四是建立和维护投资文化。投资者保护工作也是塑造和传播正确投资观念的重要手段，通过投资教育，使投资者形成理性、专业的投资行为，对于建立和维护良好的投资文化具有重要意义。综上，只有保障投资者的合法权益，才能吸引更多的投资者参与到证券市场中，更好地促进金融与实体经济之间的良性循环。

本文探索讨论目前证券行业高质量发展的背景下，证券经营机构在投资者保护工作中存

---

[*] 本文写作于2023年8月。作者简介：黄力，海通证券股份有限公司财富管理总部投资者保护部副经理。

在的困难点，提出相对应的解决策略，抛砖引玉，共同提升行业投资者保护工作水平。

二、国内外投资者保护情况概述

国际证监会组织（IOSCO）在章程中表达了国内和国际市场的证券监管机构，应将持续保护投资者作为其工作指导原则，并就证券监管提出三项目标，其中一项目标是保护投资者利益。其在阐述"保护投资者利益"工作目标时，提及证券投资者尤其容易受到中介机构行为不当的影响，而个人投资者所能采取的行动是有限的。在加强投资者保护工作方面，一方面需要监管部门完善法规制度并严格执法，另一方面需要证券经营机构健全内部管控机制，确保投资者保护工作实施的有效性、独立性和完整性。

（一）美国投资者保护体系概述

美国在投资者保护方面的立法非常完善。在《证券法》中要求公开发行的公司披露关于其业务、证券的性质以及财务状况的重要信息，以便投资者能够作出明智的投资决策；在《证券交易法》中规定了在二级市场进行交易的规则和要求，包括禁止操纵股价、内幕交易和欺诈行为等；在《投资公司法》中规定了投资公司（例如共同基金和封闭式基金）必须遵守的各种要求，包括投资策略、风险管理、费用和费用披露，以及投资者赎回权等，以保护投资者的权益；在《投资顾问法》中规定投资顾问必须注册并接受美国证券交易委员会（SEC）的监管，禁止欺诈和误导行为，要求投资顾问向客户披露重要信息；在《证券投资者保护法》中设立了证券投资者保护公司（SIPC），其目的是保护投资者免受证券经纪人破产的损失。如果证券公司倒闭，SIPC会尽力恢复投资者的证券和现金；在《多德-弗兰克法案》（Dodd-Frank Act）中提出加强对金融机构的监管，提高了披露的要求，保护消费者和投资者免受欺诈和虐待。美国成熟的资本市场，其投资者保护体系处于领先地位，主要具有以下特点：完善的法律制度、强有力的执法、全面的投资者教育、纳入业务环节的适当性管理、特殊群体的保护、高效的纠纷解决机制。

（二）日本投资者保护体系概述

日本投资者保护体系是一个综合性的系统，涵盖了立法保护、监管保护、投资者教育、投资者赔偿和投诉及争议解决等方面。从立法保护上来看，日本的《金融商品交易法》是保护投资者的主要法规，目标是保证证券交易市场的公平性和透明性，防止市场滥用和欺诈行为。从监管保护上来看，日本金融服务机构（FSA）是主要的金融监管机构，负责对金融市场进行监管并保护投资者。从投资者教育上来看，日本金融服务机构和其他相关机构也投入了大量的资源在投资者教育上，以提高公众的金融素养和自我保护能力。从投资者赔偿制度上来看，日本设立了投资者保护基金，主要是为了保护投资者免受证券公司破产的损失。从投诉和争议解决上来看，如果投资者对证券公司的服务或产品有投诉，他们可以向金融服务机构或金融仲裁机构提出，这些机构提供投诉处理和争议解决服务，有助于保护投资者的合法权益。

尽管日本投资者保护制度相对健全，但仍面临一些挑战：如何在保护投资者权益的同时兼顾市场创新和发展，也是日本在当前投资者保护工作中考虑的问题。

(三) 我国证券公司投资者保护情况概述

随着我国资本市场的快速发展，全面注册制改革落地，投资者保护体系正在逐步完善。投资者保护工作是"防范金融风险，切实保障投资者权益"的重要环节。新《证券法》设立"投资者保护"专章，推动完善投资者保护工作的有效执行。

从现有的监管规则来看，我国证券经营机构目前正加强以下几个方面的投资者保护重点工作：

1. 适当性管理

适当性管理是金融市场投资者保护的一项重要原则，证券经营机构根据《证券期货投资者适当性管理办法》《证券经营机构投资适当性管理实施指引》及各交易场所的业务适当性规定，将适当性管理纳入各业务环节，完善投资者开通业务权限的管控措施，迭代客户类系统，持续对投资者适当性情况进行监测和分析，对投资者进行风险提示。

2. 投资者教育

证券公司依据《关于加强证券期货投资者教育基地建设的指导意见》《证券经营机构投资者教育工作指引（试行）》要求，通过设立"投资者教育基地"，大力开展投资者教育工作，提升投资者获得感。

3. 投资者赔偿

我国的投资者赔偿机制仍在不断进行优化和完善，多元化的投资者赔偿机制正逐步建立。证券经营机构在投资者诉讼求偿中，起到了"传、帮、带"的作用。我国投资者数量多，但维权意识尚且不足，证券经营机构通过传递投资者保护机构信息，帮助投资者了解赔付事项和流程，在带领投资者进行赔付中起到了良好的作用。

4. 投诉和纠纷解决

证券经营机构对客户投诉和纠纷解决采取了众多措施，各证券公司均设有热线电话接受投资者投诉，并设有专项流程了解具体情况。证券公司一般将客户投诉处理妥善解决纳入客户管理部门的考核中，有效解决客户投诉问题。

5. 信息公示

《证券经纪业务管理办法》明确了有关内容的公示要求。证券公司目前对投资者公示的信息内容主要有：人员信息、对外展业系统信息、投资者资金收付渠道、交易佣金收取标准、投诉电话（传真和电子信箱）。

三、当前我国证券公司在投资者保护工作中面临的难点

随着我国资本市场改革开放持续深化，投资者保护是一个核心的议题，涵盖了从公平交易、产品透明度，到适当性管理、数据安全、投资者教育等方面。以下主要从产品透明度、适当性管理、公平交易、数据安全、投资者教育、特殊人群保护等几个维度分析我国证券公司目前在投资者保护工作上所面临的难点。

（一）金融产品信息透明度

产品信息透明度是投资者保护的重要环节。证券公司应提供全面、准确、及时的信息，

使投资者有足够的数据作出明智的决策。目前证券公司在产品透明度上主要存在以下问题：一是有的金融产品设计较为复杂，投资者不易理解。随着金融创新的发展，证券市场的产品越来越复杂，这使得投资者理解产品性质、风险、预期收益等信息的难度大大增加。即使证券经营机构提供了相关信息，投资者也可能因为专业知识的缺乏而难以全面理解。二是产品信息公开保持敏捷的时效性和有效的传达性的成本和难度较大。在快速变化的金融市场中，产品信息经常会发生变更，证券公司需要在短时间内收集、整理、发布大量信息并且及时传递至持有的投资者。

（二）投资者持续适当性管理

适当性管理是防止投资者过度风险化投资的关键，其中证券经营机构在履行"充分了解投资者信息"和"持续对投资者进行适当性管理"环节中存在难度。"充分了解投资者信息"的前提是证券公司需要对每位投资者进行详细的评估，以确定他们是否理解和能够承担投资的风险，证券经营机构缺少对投资者信息的完整理解，其客观评估往往是局限的；"持续对客户进行适当性管理"的难点在于投资者的需求和期望可能会随着市场状况、个人状况等因素的变化而变化，证券公司需要定期重新评估投资者的适当性，这一方面会增加公司的运营成本，另一方面对于不适当或者无法判断适当性的投资者需要采取措施，可能会导致投资者无法交易。这需要具备完整的管理流程并且符合相关法律规定，避免因缺乏依据或者流程缺陷引起客户投诉。

（三）公平交易

已有研究证明，量化、高频交易具有一些优点，可以增加市场的成交量、促进交投活跃、有利于形成合理价格，但是如果盲目发展，会使得中小投资者的权益受到损害。证券公司出于"股基交易量"的考虑，往往倾向于引进量化或高频机构投资者，这些机构可以帮助他们更好地完成业绩指标，因此证券公司将会分配一定的内部资源给这些机构投资者。这种资源分配不对称会使量化、高频机构更具有交易优势，损害其他中小投资者的利益。

（四）投资者数据安全与隐私保护

在大数据时代，个人信息安全和隐私保护成为投资者保护的重要一环。证券公司需严格保护投资者的个人信息，防止数据泄漏、未经授权的访问和使用。同时，证券公司也应公开其数据收集、使用、存储等方面的政策，让投资者了解自己的数据是如何被处理的。但从实践经验来看，各证券公司虽已根据《个人信息保护法》及相关规定落实投资者信息安全工作，但证券经营机构在落实具体事项时缺少一定的标准。例如，为了向投资者提供服务，证券经营机构需要收集和分析投资者信息，但采集的投资者信息范围没有细化的标准。

（五）投资者教育效果评估

投资者教育是提高投资者自我保护能力的关键，是证券公司落实投资者保护的前置环节。投资者教育的最终目标是提高投资者的金融素养，帮助投资者作出理性的投资决策。然而，这种效果往往难以直接衡量，而且可能受到多种因素的影响。因此，如何有效衡量投资者教育的效果，也是对证券经营机构的挑战。

（六）特殊群体保护

对于特殊群体，如高龄投资者、聋哑人等，证券经营机构对该类特殊群体的投资者保护缺乏一定的保护力度，在内部管理制度和系统管控流程中，未充分体现对特殊群体的保护，缺少对特殊群体的保护措施。

四、投资者保护工作难点的对策研究

对于我国证券公司在投资者保护工作中存在的问题，可以通过以下几个方面进行完善。

（一）推广证券经营机构适当性管理的示范性案例

适当性管理是履行投资者保护的重要环节。目前行业内已实现对投资者准入端的管理，但在持续适当性管理中各证券公司做法仍有较大不同。建议通过推广适当性管理的示范性案例，统一标准，明确操作规程，避免投资者在不同证券公司的管理措施不同。

（二）完善证券经营机构投资者教育效果评估机制

投资者教育已逐步从"数量"向"质量"发展，行业内普遍认同建立以"客户为中心"的投资者教育方式，普及知识教育，提示业务风险，提升投资者专业能力。投资者教育效果的评估可以结合投资者学习时长、知识测试、调查问卷等方式进行，通过"工作开展—效果评估—迭代优化"的方式，提升投教的"质"，不断增强投资者服务的获得感。

（三）制定投资者数据安全保护的场景

建立行业数据采集标准，针对各类应用情形制定场景，落实证券经营机构各部门职责。例如，这些数据场景可以包括：投资者基本信息（账户实名制、适当性、异常交易管理、反洗钱等）；投资者交易类信息，包括IP、MAC地址、地点、交易方式、交易记录等；投资者营销活动类信息，包括客户年收入、年度缴税、持仓情况等。通过制定应用场景，明确相应的归口数据管理和应用部门。

（四）明确金融产品信息披露内容

金融产品的复杂性导致投资者难以理解，比较好的解决方式是通过制定金融产品信息披露的标准和披露时效性要求，明确证券经营机构所需要公示的内容。同时，对于产品中涉及的"收费项目"可考虑采用示例方式向投资者充分说明。

（五）完善老龄化、特殊人群的投保措施

针对老龄化、特殊人群的特点，从线上和线下两个渠道完善相关内容。目前很多证券公司已经推出适老化的 App，主要是字体放大、清晰度增加、常用栏目加强显示等，后续可以增加声音播放、案例教学等内容，现场可以增加老花镜、拐杖等便民设备。

（六）加强机构量化与高频交易的信息披露

向个人投资者提供更多关于机构量化和高频交易的信息，使投资者充分知晓这种交易技术的原理及其运作方式，告知投资者交易技术的主要特点，使个人投资者能够采取相对应的投资策略。

五、总结

投资者保护是资本市场的一项重要议题，证券经营机构起着举足轻重的作用。当前我国资本市场已实施全面注册制，生成式人工智能、量化高频计算等新型技术正影响着整个资本市场的发展。市场整体呈现出复杂性、专业性和多层次性的特点，这种特点将加大机构与个人投资能力的分化。我国拥有庞大的个人投资者，证券公司是联结投资者和市场的重要环节，但出于短期利益考虑，其公司行为也可能会影响投资者权益。证券公司应进一步优化内部治理结构，提高自身投资者保护的独立性、完整性和全面性。同时，针对产品信息透明性、适当性、投资者教育、个人信息保护等重点事项，应细化标准，树立行业内的示范性案例，使投资者保护工作流程内化至各业务环节。投资者保护是一项长期工程，证券经营机构需久久为功，采取有效举措，增强投资者信心，促进资本市场高质量发展。

参考文献

[1] 冯果，吴国舫，李安安等．投资者保护法律制度完善研究 [J]．证券法苑，2014（10）：393—436．

[2] 王建平，陈穑，吴伟央等．金融消费者保护制度的境外动态及启示 [J]．证券法苑，2013（08）：379—401．

[3] 裴桂芬．日本金融领域金融监管与竞争监管关系的演变 [J]．日本问题研究，2021（04）：11—21．

[4] 刘新荣，陈波，陶钧．对建立完善地方金融监管工作协调机制的思考 [J]．西南金融，2016（04）：60—63．

[5] 王涛，秦建文．我国地方金融监管框架优化问题研究：基于动态演化博弈模型的分析 [J]．上海经济研究，2016（04）：14—22．

[6] 李慧敏，王忠．产业政策与竞争政策能否协调——日本产业政策与竞争政策协调机制及其启示 [J]．日本学刊，2019，4（02）：98—116．

[7] 郑学勤．从美国证券市场投资者保护制度谈起 [J]．投资者，2018（02）：205—214．

[8] 郑宇佳，邓斌．美国债券市场监管体制研究 [R]．上海：2021．

[9] 刘亦千，江牧原，李柯柯．我国基金产品风险等级评定制度与完善 [R]．上海：2020.1—23．

投资者教育与证券经营机构业务融合发展研究

陈思宇 张 颖[*]

一、引言

成熟市场的经验表明,资本市场的持续健康发展与投资者的成长成熟紧密相关。加强投资者教育、保护投资者合法权益,是培养成熟理性投资者的必然之举。证券公司作为资本市场"看门人",要适应投资者权益保护新要求,充分认识资本市场的人民性,不断完善投资者保护工作,更好地保护投资者合法权益。作为开展投资者教育的重要主体之一,证券经营机构应切实履行好投资者教育与保护的社会责任,推动投资者教育融入业务经营与客户服务,实现投资者教育与业务融合发展。

然而实践经验表明,证券经营机构因其商业属性带来的与投资者教育工作的天然动力冲突,导致投资者教育与业务发展难以充分融合,投资者教育工作延续性不足、流于形式等现象屡见不鲜。本文重点分析了目前投资者教育与证券经营机构业务融合发展存在的动力冲突,并基于破除动力冲突的视角构建证券经营机构持续经营、融合发展的体系框架,最后对照体系框架提出促进投资者教育与证券经营机构业务长期融合发展的针对性建议。

二、投资者教育与证券经营机构业务融合发展研究

2023年,随着股票发行注册制改革全面落地,我国资本市场进入高质量发展新阶段。面对新形势下制度更新、理念转变、产品创新等多方面变化,投资者教育的重要性日益凸显。投资者教育与证券经营机构业务融合发展,是监管机构对于投资者教育长效开展的重点要求,也是新形势下投资者教育落地生根的必由之路。不少专家学者多角度分析了投资者教育与证券经营机构业务融合发展的观点,有学者建议现代的投资者教育应该定义为:通过有

---

[*] 本文写作于2023年8月。作者简介:陈思宇,张颖,东方财富证券股份有限公司零售业务部投资者教育岗。

效且适当的科学方法及技术平台,"精准"提供个别投资者所需要的各层次资本市场投资及交易的知识与风险管理方法,并同时呼吁业界及早改变较被动的"以满足监管合规要求为基础"的投资者教育实践方式,而转向更积极、主动的"以客户需求为中心"的投资者教育。有学者提出,差异化服务和适当性管理代表着未来证券经纪业务转型的发展方向。单纯依靠渠道、降低佣金作为竞争手段的证券经纪业务模式已经结束,证券公司正在通过细化经纪业务环节,优化经纪业务流程,通过客户分类,建立在系统、人员、场所、产品以及与客户沟通方式等方面的差异化教育与服务体系,不断提高适当性管理水平,提高投资者分类教育和服务水平。有学者以我国台湾元大证券为例,通过业务嵌入式的投资者教育,即将投资者教育内涵融入券商业务,建立专业的客户系统,投放大量的业务人员,推出主动式的客户互动以及持续不断的每日教育训练等,从而充分了解投资者,做好风险评估和客户分类,提供适合的产品和服务,最终盈利水平显著提升。

由此可见,投资者教育与证券经营机构业务融合发展,既是资本市场新形势下证券经营机构变革盈利模式的重要突破口,又是证券经营机构投资者教育连续性、纵深化发展的核心要义。然而现有研究大多基于业务层面分析投资者教育与证券经营机构业务融合路径,缺乏从二者融合内生动力视角的分析研究。而实际中证券经营机构往往满足于完成监管部门的投教安排,缺乏将投资者教育持续深化的自觉性和主动性,导致二者融合效果欠佳。因此从动力视角分析投资者教育与证券经营机构业务融合发展,有利于从根本上解决动力不足问题,从而促进二者实现长远、有效的融合。

三、证券经营机构投教工作与业务融合发展的内在矛盾及动力冲突

证券经营机构自主进行的投资者教育工作难以开展和持续优化,主要源于其与证券经营业务融合的过程中存在着许多内生矛盾与利益冲突,矛盾各方互相牵制、影响,增添了投资者教育的脆弱性与薄弱性,一旦监管、市场等外在力量减缓或者撤离,将可能带来投资者教育进程的极大波动。

(一)投资者教育的公益性与证券业务经营趋利性之间的矛盾

证券经营机构作为与投资者产生直接联系的经营主体,拥有证券投资的信息与专业优势,已成为我国进行投资者教育最重要的主体。但投资者教育的社会性、长期性、公益性等公共品属性与证券经营机构的商业属性存在天然背离,证券经营机构只能自主地将投教工作转换为公司考核指标的完成情况,以此来提升公司整体对投资者教育工作的重视程度。

在实践中,因为投教工作短期内很难形成立竿见影的业绩产出,管理精力的投入与回报往往不成正比。将投教工作直接增加到公司考核指标中,投资者教育的落实单位需要承受来自业绩考核和投教工作考核的双重压力,难以聚焦于单项工作的推进。考核的矛盾性在经营过程中又催生了人力发展等更多的新问题。例如,双重考核对从业人员的能力与精力都有更高的要求,导致网点负责人流失率高、招聘难度大;此外基层从业人员也往往难以兼顾专业和服务的综合能力,与公司发展目标不能有效匹配。

(二) 证券经营机构功利化、短视化的投教与客户经营长期性之间的矛盾

随着证券市场不断走向成熟和市场化，依靠佣金价格战和产品同质竞争的盈利模式已经不再匹配新形势下的客户需求，证券经营机构亟须转向"客户导向"，通过产品创新、科技赋能、客户分群等多种方式来提升客户服务的质量，改变传统的证券营销模式。而将投资者教育与客户服务深入融合，需要从客户需求入手，对客户资产、投资习惯、投资需求等方面进行长期、深入的了解，使得产品创新和服务创新为投资者所接受，稳定提升客户的忠诚度并取得预期盈利效果，从而达到改善盈利模式的初衷。

目前，证券经营机构通过数字化转型等在客户服务优化上取得了一定的成效，但不少投资者仅仅享用了证券经营机构的线上交易通道，未能与证券公司形成真正的良性沟通。同时，证券经营机构投教工作自上而下的短视现象较为普遍，在投教对象上往往选择那些见效快、易触达、金融素养较低、投资经验匮乏的人群，未能充分发挥自身的专业优势以匹配多层次、多样化的投资者结构；在投教时机的选择上，则更多集中于客户开户、购买产品或进行交易时的被动投教，未能形成系统性、体系化的投教流程，投资者无法充分感受到受教育的连贯性和持续性，难以形成对证券公司的长期信任。

(三) 投教工作的整体性与落实单位分散化之间的矛盾

投资者教育是一项复杂的系统工程，证券经营机构要实现投资者教育与业务发展的深入融合，就需要从上至下强化对投教工作的认知和重视，充分调动人力、物力、财力等各项资源。只有建立起总部和分支机构的联动机制，实现总部层面的同心合力、协同推进，发挥各分支机构点多面广、专业性强、直达投资者的宣传阵地作用，才能真正构建起证券经营内部的投资者教育共同体，打造出有特色、有口碑的投教品牌，并通过将投教口碑有效转化为品牌影响力最终形成公司整体层面的商业价值，从而进一步强化投资者教育对证券经营机构业务发展的带动作用，保障投教工作的持续协同开展。

目前，证券经营机构虽然制定了投资者教育相关的管理制度和流程，但在细节层面仍有待加强，投资者教育的长效机制还有待完善。在总部层面，各部门在各自职责范围内开展投资者教育工作，虽然由特定的部门进行统筹组织，但同级部门之间进行推动在实际开展中难以协同，各部门的配合度和执行力度略显不足，导致很多投资者教育内容的重复和资源浪费；在分支机构层面，由总部到分公司再到营业部的传播链条较长，总部对于投教工作的规划和统筹在落地执行的过程中难免产生偏差，各分支机构在资金投入、投教产品内容、产品形式等方面重视程度不一，缺乏公司统一价值凝聚力，从而无法形成品牌影响力来创造行业价值与提升行业竞争力。

证券经营机构投教工作与业务融合发展的矛盾点，也是其内在动力的挖掘重点。首先，证券经营机构的商业属性决定了营利是其主要目的，持续经营是证券经营机构各项工作得以开展的根本保障，也是其最根本、最深层的动力源泉。其次，在实践中实现绩效激励、客户经营、人才储备、品牌建设则是证券经营机构发展的次级动力。而内生矛盾的存在在一定程度上抑制了我国证券经营机构推进投资者教育工作内生动力机制的运作，证券经营如果受制于各方矛盾带来的负效应而使得动力要素无法有效发挥作用，投资者教育工作与证券经营机构的业务发展便难以协同推进（见图1）。

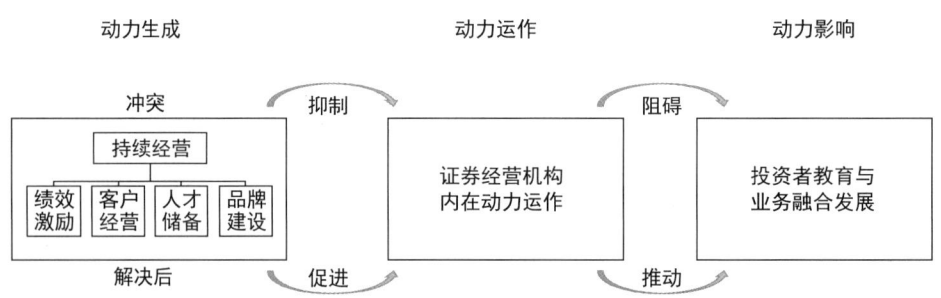

图 1 证券经营机构的内在动力结构及其运作机制

四、投资者教育与证券经营机构业务融合发展的内生动力冲突化解路径

投资者教育要突破现有的阻碍,就应立足证券经营机构的内生动力冲突,并寻求各个动力要素间的自然顺畅流通与良性循环的运作机制与路径,激发投资者教育工作的活力,从而为其与证券业务的交织发展提供源源不断的动力支持。

在绩效激励方面,需重点解决落实单位承担业务和服务双重考核的痛点。一方面,证券业务经营发挥着基础性作用,经营网点战斗力的提升是证券经营机构持续经营的根基,也是其开展投资者教育等其他工作的物质保障;另一方面,促进证券经营机构盈利模式转型,将投资者教育等多种形式的客户服务纳入证券业务的外延,实现客户服务和业务经营交织融合发展,这是证券经营的新生增长极。在此过程中,业务和服务考核的承受主体应该相对独立,只有让服务成果的考量独立于业务经营,服务的落实单位才能聚焦于服务优化,真正从客户需求角度出发开展投教工作;同时也能充分减轻业务的管理及成本压力,使业务的开展更加高效。

客户经营方面,研发创新和数字优化是两个重要的切入点。一方面,从客户需求出发,加强产品的研发创新,改变单一化、同质化的产品现状,真正做到投教为客户所需、为客户所用;另一方面,随着互联网及新媒体的普及,投资者教育工作必须迎合客户信息获取渠道及方式的变迁,为客户运营平台增加数字实效,提升宣传教育的时效性、直观性与便捷性,更好地被客户接受。随着客户对证券经营机构的产品及服务认可度提升并形成自身的信息获取习惯,客户与证券经营机构的联系将更加紧密,逐步转化为高忠诚度的优质客户。

人才储备方面,需重视业务人才和技术人才的培养。随着经营网点的完善和强化,证券经营机构从核心区域及网点建设出发,以业务发展的逻辑聚拢人才、培养人才、使用人才,使具备专业业务能力的人才能够聚焦于业务,充分发挥自身价值,才能使人才更好地留存与发展;同时,在证券经营机构数字化改革的发展进程中,需引进和培养证券经营机构自身的专业科技人才,打造一支扎根内部、服务长远的科技人才队伍,为投教工作与证券经营业务融合提供技术支持,实现发展需求与科技手段的深度适配。

品牌建设方面,需强调统筹规划和品质管理两个方向。只有打通投教的统筹管理路径,提升投教工作的组织力,才能改变零散的单部门、单网点推进难以形成规模的痛点,形成强大的服务竞争优势,举合力打造专属投资者教育品牌;此外,做好投教产品的品质管理是提升投资者教育水平的源泉活水,结合大数据信息采取更加精准高效的优化措施对投教的过程及成果进行监控与管理，能够极大地提升产品的品质，减少因产品质量良莠不齐带来的投诉风险、诉讼风险、声誉风险等负面影响，从而形成口碑和影响力。

从绩效、人才、品牌、客户四方面针对性地化解投资者教育与业务发展内生动力冲突，有助于证券经营机构打造经营为本、服务融合、效率变革、质量变革的新发展格局，形成良性循环的动力运作机制，进而推动投资者教育与证券经营机构业务长期融合发展（见图2）。

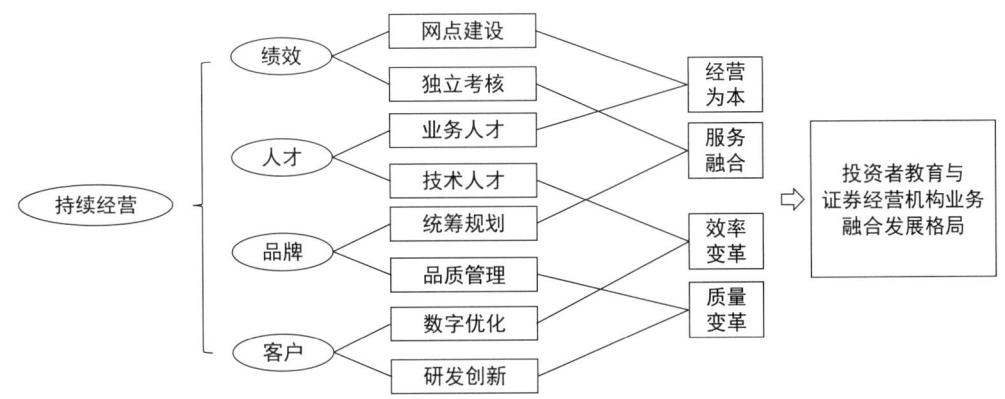

图2　投资者教育与证券经营机构业务融合发展的动力冲突化解路径

五、投资者教育与证券经营机构业务融合发展的对策建议

（一）重构业务网点发展逻辑，强化综合型人才储备，打造差异化竞争优势

围绕"以客户为中心"的发展理念重构线下网点发展逻辑，是新形势下证券经营机构业务转型升级的必经之举。证券经营机构与投资者的天然关系，决定了其为客户提供优质服务才是实现长期盈利的重要保障，因此要从发展理念、人才储备、管理模式等方面思考破局、重整之道。发展理念上，要聚焦传统产出模式已达上限的网点变革，打造"类投资者教育基地"服务型网点，以投资者教育作为提供优质服务的突破口，从被动的业务办理服务转向全方位的主动服务，实现口碑向品牌影响力的转化，从而挖掘潜在客户、提高客户信任度与忠诚度；人才储备上，要强化投教及业务综合型人才储备，从证券经营机构角度打造满足经营型、服务型标准的柔性人才队伍，从员工个人角度打开更为畅通的职业规划与发展路径；管理模式上，要构建经营型和服务型双条线管理模式，纵向垂直深耕经营、服务领域，积蓄专业化条线力量，横向协同打造"以客户为中心"的高品质服务，形成差异化竞争优势。通过践行"以客户为中心"的发展理念、人才储备、管理模式变革，从经营角度破解投资者教育与证券经营机构业务融合发展掣肘，从而助力全面提升线下网点综合竞争力与行业影响力。

（二）立足客户服务视角，构建专项考核评价体系，激发纵深推进投资者教育动力

构建科学有效的投教考评机制是投资者教育管理体系中的重要环节。为合理评估投教工作效果，最大化激发分支机构投教人员的主动性、自觉性，证券经营机构需立足投资者服务需求视角，对标营销业务考核管理体系，构建具有同等竞争力的投资者教育考核体系，在考

核体系的设计上实现投资者教育与业务发展并驾齐驱，形成证券经营机构长远发展的双核动力。投教考核体系需从开展投教工作的实际出发，全方位覆盖制度建设、投教经费、投教产品、投教活动、宣传渠道等方面，同时细化指标，切忌"一刀切"，需从量质并举、过程与结果指标相结合等多维度跟踪、衡量投教成效，从而实现对投教工作的流程化管理与阶梯形激励。例如，从投资者认知成长路径来看，投资者教育可以分为初始的群体性投教及后期的个体性投教，群体性投教可以通过大众化、浅显易懂的宣广方式快速渗透和扩大受众覆盖面，但很难得到准确而全面的信息反馈以衡量投资者教育工作的实际效用，因而实际中多以投教活动场次数量、产品件数、满意度等为考核依据，即侧重于"量"的考核；个体性投教多指根据单个客户在投资全流程阶段性需求及特点进行的专业化一对一陪伴式投教，可通过持续跟踪客户实际投资情况分析投教成效，因此个体性投教更侧重体现"质"的要求。由此可见，构建科学合理的投资者教育考核评价体系，一方面可约束施教人员对不同认知层次投资者一视同仁开展投教工作；另一方面也可充分激发施教人员纵深推进投资者教育的动力，从客户成长性角度实现与业务发展的有机融合。

（三）统筹投教工作管理，融入企业文化建设，打造专属品牌形象

为推动投资者教育实现长效化、规模化发展，证券经营机构务必统筹投教工作管理，自上而下构建"专组引领、全员参与、上下联动、内外协同"的投资者教育大格局，充分贯彻投资者教育理念，营造全员投教氛围。内部建设上，要加快促进投资者教育工作价值、意义融入企业文化内涵，通过自上而下的企业文化宣导，加强员工对投教工作的价值认同，加快投资者教育理念渗透到企业日常经营中，形成内部各主体协同开展投教工作的行动自觉。对外推广上，要着力强化投资者教育品牌建设，可通过打造证券经营机构投教 IP 形象形成差异化竞争优势。各证券经营机构可结合经营理念、文化特色、客户群体等要素，打造专属投教 IP 形象，建设以适应资本市场发展、满足投资者需求为核心的投教内容矩阵，统一策划和开发观众喜闻乐见的投教产品及活动，通过专属 IP 形象加强品牌辨识度，扩大品牌影响力，在迅速传播中形成特定的记忆符号，从而突破既有客户圈层壁垒，促进与业务的融合发展。例如，国元证券倾力打造"投基派"IP，聚焦热点话题，以亲民、接地气的投教方式拉近与投资者距离，并借助互联网流量火速"出圈"，从而通过 IP 账号影响力增强客户黏性，最终促进客户价值转化。

（四）强化投教科技赋能，优化管理及服务流程，提升客户体验感与获得感

证券经营机构业务数字化转型已成为行业发展趋势，抓住转型突破窗口期机遇，利用科技赋能促进线上线下投资者教育与业务融合发展，是新一轮竞争中实现弯道超车、获取竞争优势的有利时机。线下经营中，要重点布局智能化网点建设，利用先进的信息技术手段，推进柜台业务的总部集中化运营，完成证券服务的标准化、一体化升级，实现"自助办理＋远程服务"的操作模式，达成基层人员柔性化管理目标，聚焦优化客户线下服务体验。线上经营中，充分利用大数据等先进技术，完善客户标签、客户痕迹、客户动态评价体系建设，构建集成化的客户智能陪伴系统，将投资者教育嵌入客户全生命周期服务流程，立足客户视角，从知识层次、投资体验、风险偏好出发，建立可视、可知、可感的陪伴过程，完善千人千面的个性化陪伴生态建设。在投教的适配性上，综合利用大数据、智能化技术全面分析生成客户画像，根据客户画像特征，如入市时间、资金特点、操作风格等综合分析结果，自动生成适合不同投资者的投教内容，甄别投资者乐于接受的投教形式，从而带来差异化的投教新体验。因此，通过科技手段重构"大规模+标准化+立体化+个性化"的客户服务模式，能有效促进投资者教育与证券经营机构业务的长期融合与协同发展。

参考文献

［1］耿庆武．投资者教育是主动积极的客户关系管理［N］．证券时报，2018—10—08（A08）．

［2］马婧妤，刘玉凤，陈自强．券商应弃佣金战，提升差异化服务能力［N］．上海证券报，2010—09—07（F02）．

［3］江帆，李寅康，崔檬等．投资者教育与券商盈利模式研究——基于我国台湾元大证券案例［A］．中国证券业协会．中国证券市场发展前沿问题研究（2010）［C］．北京：中国财政经济出版社，2011：679—698．

［4］赵敏．加强投资者教育，夯实资本市场投资者保护基础［J］．清华金融评论，2017，43（06）：20—24．

［5］钱海波．基于动力机制的投资者教育管理机制研究［J］．财会通讯，2013（21）：89—91．

［6］李长安，徐宁．乡村振兴战略持续推进的内在动力机制研究［J］．甘肃社会科学，2023（03）：193—202．

［7］王澜漪．H证券公司中小投资者教育问题研究［D］．成都：电子科技大学，2022．

［8］郭明翰．中国投资者教育现状问题及对策［J］．中国高新科技，2020（11）：71—72．

［9］李立群．让投资者教育与理财业务成为银行理财子公司发展的"双核"动力——专访信银理财有限责任公司总裁谷凌云［J］．中国银行业，2022，106（10）：22—24．

证券公司互联网防非打非工作的研究

施 非 周 斌 黄诗涵[*]

打击和防范非法证券活动是投资者保护中的重要环节。近年来，随着互联网社交媒体的发展，非法证券活动逐渐从"线下"往"线上"转战，传播面更广、传播速度更快、隐蔽性更高，给证券公司处置相关活动带来了一定的难度。面对这一挑战，证券公司亟须对互联网非法证券活动进行深入研究，分析其作案手段，制定有效的打非防非机制，提高处置能力，对已发生的非法证券事件进行遏制，加大主动防控力度，维护国家金融秩序稳定，保护投资者的合法权益。

一、网上非法证券活动治理的背景

（一）政策背景

打击非法证券活动自实施以来，根据金融环境及国情的变化历经了多次调整：2006年国务院办公厅发布《关于严厉打击非法发行股票和非法经营证券业务有关问题的通知》，成立打击非法证券活动协调小组，明确了责任及工作要求；2016年中国证券业协会发布了《证券经营机构参与打击非法证券活动工作指引》，明确了证券公司参与打击非法证券活动的宗旨、依据和适用范围；2021年7月中共中央办公厅、国务院办公厅印发了《关于依法从严打击证券违法活动的意见》，意见指出打击证券违法活动是维护资本市场秩序、有效发挥资本市场枢纽功能的重要保障，提出了4个坚持"坚持零容忍要求、坚持法治原则、坚持统筹协调、坚持底线思维"的工作原则；2022年12月中央网信办、中国证监会联合印发了《非法证券活动网上信息内容治理工作方案》，方案以"网络强国"为指导思想，对证券公司、网络平台、相关机构提出了现阶段应对网上非法证券活动的明确要求，2023年3月底前针对网上涉股市"黑嘴"、非法荐股的信息、账号和网站平台得到基本处置；2023年6月

---

[*] 本文写作于2023年8月。作者简介：施非，东海证券股份有限公司运营管理总部副总经理；周斌，东海证券股份有限公司运营管理总部总经理助理；黄诗涵，东海证券股份有限公司运营管理总部客户服务中心经理。

底前，证券业务必须持牌经营的要求得到落实，网上证券信息内容明显改善，非法证券活动多发频发态势得到有效遏制。非法证券活动治理从制度的集中建立阶段到补充完善阶段再到现在的细化实施阶段，对证券公司防范和打击非法证券活动都提出了更高的要求。

（二）行业背景

通过查阅中国证券业协会打击非法证券活动投资者风险提示专栏（https：//www.sac.net.cn/wlzf/tzzfxts/）中各家证券公司发布的声明，2023年上半年，网上非法证券行为占比77%，假冒证券公司员工占比15%，电信网络诈骗占比8%，其中利用微信、QQ、抖音、快手、小红书等社交媒体、直播软件展开的非法咨询、非法荐股、虚假信息传播的行为呈现出上升趋势。不仅如此，还有一些不法分子假冒监管主体、上市公司实施诈骗，手段及形式层出不穷。互联网非法证券活动的高发及其案件处理的复杂性，给证券公司带来了新的挑战。

二、网上非法证券活动的特点

通过互联网实施的非法证券活动，在网络的掩盖下，和线下的非法证券活动相比，有着更多新的特点，其主要体现在以下几方面。

（一）隐蔽性强

从已发生的互联网非法证券活动来看，由于非面对面交流、通过互联网进行沟通，大多数情况下投资者无法有效甄别对方身份；通过即时通信工具进行沟通时，只见其表无法判断其真实性，犯罪分子通常会通过技术手段仿冒专业机构、工作人员、财经"大咖"的身份，展示处理过的假冒公文、"内部函件"，以骗取投资者的信任。

（二）团伙作案多

网上非法证券活动实施诈骗的过程中一般会涉及引流、诱骗、入金等阶段，每个阶段都有相应的一套诈骗话术，通过社交媒体利用高利诱惑、虚假内幕信息、所谓特权来吸引投资者的注意，锁定诈骗的目标群体，接着利用完整的诈骗话术一步步引诱投资者相信，利用第三方转账渠道让投资者进行转账以达到骗财的目的，尤其是通过群聊、直播等形式进行作案时，均有不同的犯罪分子进行角色分饰，让投资者无法辨别是"李逵"还是"李鬼"。

（三）可复制性高

在处置网上非法证券活动信息时，经常会发现同一类型的非法证券活动，换个包装、名头反复进行诈骗，各种手段相似度极高，所使用的违法软件也是大同小异，打击一批后，过一段时间又会同样发生，具有极高的可复制性，作案成本低，在打击的过程中时常是屡禁不止、阶段性频现，自我防范能力不足的投资者很容易上当受骗。

（四）涉案范围广

互联网平台信息传播速度快、范围广也给网上非法证券活动的蔓延提供了便利条件，线下面对面的诈骗，受骗群体相对集中，而网上非法证券的活动受害人分布在全国各地，且各受害者又较为独立，在遭受诈骗时无法及时反映，孤立无援，证券公司协助投资者进行调证、举报工作时难度也更大。

三、打击网上非法证券活动的实践

结合打击和防范非法证券活动的理论知识和实操经验，充分分析网上非法证券活动的特性，证券公司从自身角度出发主动作为，化被动为主动，具体实践的思路可以将"打"与"防"相结合，形成有效的互促机制，为投资者筑起保护的桥梁。

（一）做好防范网上非法证券活动的"守门人"

1. 完善网上展业公示

证券公司要"遵守持牌经营的展业原则"。互联网的各种信息鱼龙混杂，证券公司自身应该通过明显的标识，引导投资者找到正规的机构开展证券业务。如通过百度搜索引擎的"官网认证"功能，将公司官方网站冠以"官方"标识，与其他网站进行明显区别；微博、抖音、快手、微信公众号等互联网社交平台中，对证券公司自己经营的社交媒体账号进行加"V"认证，让投资者可以明确账号经营的主体，与其他名字相似的账号进行区分；通过报刊、互联网平台发表证券咨询、开展投资业务时，向投资者明示个人的真实姓名、职业编号及所属机构，树立企业形象、规范职业行为；应用商店的软件上架，以证券公司为主体发布上架信息，并通过图示明确告知投资者软件相关内容，帮助投资者从各方面确定软件的真实性。在互联网环境中，将证券公司的标识、主体的信息，通过明显的方式传达给投资者，这也是帮助投资者认准官方渠道的有力手段。

2. 规范员工展业行为

投资者在找到正确的"组织"后，还要帮助投资者能找到正确的"人"。证券公司员工在进行客户招揽、客户咨询时需通过明显的方式提示投资者其执业资格、展业范围。另外，在互联网渠道进行客户引流和客户招揽时，证券公司需保证客户招揽环节没有第三方载体介入，也就是说，在网上开展客户招揽时，应确保整个过程是由证券公司自身独立完成的，第三方载体作为引流的渠道，不介入招揽行为，同时在投资者招揽及服务开展的过程中，不可编造传播虚假证券信息、蛊惑交易、开展超出自身执业范围之外的投资咨询。一旦发现互联网平台中仿冒证券经营机构工作人员的信息和账号，证券公司也需要主动进行违法违规信息的举报和打击，通过有效的手段，维护公司和员工自身的形象。

3. 健全处置工作机制

《证券经营机构参与打击非法证券活动工作指引》以及《非法证券活动网上信息内容治理工作方案》等文件明确提到了，证券公司要建立健全非法证券活动网上信息内容常态化处置工作机制。网上非法证券活动花样百出、迭代快速，在打非工作的方式方法上，因时而变要有创新的思路，充分利用互联网渠道的便利性及信息处理快速和传播面广的特点，在应对各种非法证券活动时能快速响应并有效处理。近几年国家对网络内容的治理和打击面越来越大，结合各种专项活动，开展重点打击和重点治理，把事前防范、事中处理、事后跟踪完整地贯穿起来。

为投资者提供服务援助。通过已掌握的信息及时展开举报，尽可能控制非法证券事件的发酵，可利用网上举报渠道。如工信部委托中国互联网协会设立的公众投诉受理机构"12321网络不良与垃圾信息举报受理中心"，网站设有诈骗信息、骚扰电话、不良网站、不良应用等举报类型；中央网信办设立的"违法和不良信息举报中心"及公安部设立的"网络违法犯罪举报网站"，设有网络诈骗类型，可对违法App、网址等信息进行举报；国务院设立的反诈中心App，举报类型包含非法网址、App、银行卡号。针对应用商店中的虚假软件，证券公司可与各大应用商店进行对接，通过邮件、电话、书面等形式通知对方上架软件的违法行为，督促应用商店下架虚假软件。

4. 形成信息共享协同

处置网上非法证券活动时，证券公司并不仅仅是"守门人"，在掌握一定信息后可以联合各地网信办、证监局、公安局、经侦等部门共同展开工作，形成信息共享协同。《非法证券活动网上信息内容治理工作方案》发布后，中国证监会对此也作出了明确的工作指示。证券公司是最贴近投资者、能够便捷了解投资者反馈的窗口，在整个打非、整非工作中起到了至关重要的作用，不能各自为政，要加强联动配合，将非法证券信息层层传达；对于重大事件，应协同证监局、公安、银保监等部门多方参与；加强与网信、工信部门的合作，快速响应且有效对网上非法证券信息进行处理；对涉案金额较大、受害人数较多、影响恶劣的涉非案件，主动向公安司法部门寻求帮助，提高刑事打击震慑力度。通过层层加码，挤压涉非活动的生存空间，让犯罪分子知道互联网不是法外之地。

（二）充当防范网上非法证券活动的"宣导者"

证券公司除了扮演好"守门人"的角色之外，还要做好防范网上非法证券活动的"宣导者"，在证券公司内部形成人人共创清朗网络金融投资环境的氛围，加强员工教育，提高执业敏感性；对外加大对投资者的宣教，提升投资者自身的防范能力，引导投资者理性正确投资，并且利用金融科技手段，扩大打击面，深挖藏匿在互联网中的涉非信息，实现"查处一起、震慑一批、教育一片"的效果。

1. 强化员工教育，促进执业规范

证券公司员工作为打击网络非法证券活动中的重要参与者，要有较强的风险敏感性，在接待投资者反馈的相关信息时，根据打非工作机制快速响应；相关部门也要树立人人参与的氛围，提高各级员工的思想认识，加强非法证券防范和打击的力度；证券公司内部还可以定期组织打非工作的培训，结合互联网和社会发展，不断更新打非防非手段，扩大员工对非法证券活动的了解，更好地为投资者提供帮助；还需要加强对员工执业行为的规范，严守合规经营、合规展业底线，不参与非法证券活动，不为非法证券活动开展提供有利条件。

2. 扩大投教宣传，提高防非意识

打击和防范网上非法证券活动最重要的环节，就是加强投资者的教育。证券公司要利用投资者教育的各种渠道和手段，对投资者进行非法证券活动警示。通过各种实际案例的讲解，让投资者认识到什么是非法证券活动、网上非法证券活动的形式有哪些、为投资者树立防范网上非法证券活动的意识，以帮助投资者在遇到此类事件发生时，能够通过自身的能力来判断；另外，还要强化对证券知识的普及，尤其是针对中小投资者证券基础知识薄弱的特点，证券公司可以通过各种形式开展知识讲座、为投资者提供丰富多样的投教产品，全面覆盖各个年龄层，包括青少年财商教育、中老年适老化投教。投资者对证券知识及业务的了解，是投资者辨别非法证券活动的基础。加强对投资者业务风险的揭示、业务知识的普及是证券公司长期坚持要做的，尤其是中小投资者由于投资能力薄弱、信息不对称，更容易受到非法侵害。此外，证券公司还要加强建设与投资者的各种联络渠道，为投资者咨询服务提供便捷的通道，强化对投资者认准正规机构的意识，把证券公司的联系方式、官方网址、官方下载渠道等对投资者进行公示，方便投资者与证券公司进行沟通。

3. 探索金融科技，增强打非力度

如今证券公司都在加大金融科技的探索和研发力度，打击和防范非法证券活动也可以融入其中。在网上非法证券活动信息收集方面，可以使用 RPA 技术代替人工在各大互联网平台进行搜索，利用 NLP 自然语言处理能力对网络中的涉非信息进行识别，获取网络中与证券公司正规业务开展有悖的信息；通过智能化的手段进行内容的清洗和梳理，改变原来人工收集信息点多面杂的困境，利用技术手段，进行大范围的搜索和信息整理，人工对这些信息进行内容的甄别，减轻收集的难度；借助 AI 能力，加大对证券公司内部账户交易行为的管理，通过大数据及分析模型，对可疑交易进行甄别，通过对交易行为的判断，抓取涉嫌配资的账户，从技术层面加大对非法证券的打击力度和覆盖面，通过技术和人工的结合把原先藏匿在网络、客户交易行为里的各类非法证券活动挖掘出来，起到事前监控预警的效果。

四、证券公司打击网上非法证券活动的难点

在日常处理投资者遭受的涉非活动时，发现了一些工作上的难点，对打非工作的开展带来了一定的困难，主要体现在以下几点。

（一）自我保护能力不足

遭受侵害的投资者中，绝大多数是中小投资者，部分投资者由于缺乏基本的证券知识、风险防范意识，在受到高利诱惑、面对虚假信息时，常常抱有侥幸心理，甚至在上当受骗后仍然不愿意相信自己已经被骗了，还沉浸在一夜暴富的美梦中。

（二）调查取证困难较大

网上非法证券活动多数较为复杂，其中涉及多个社交软件、媒体平台，可能还有电话、网站等各种信息交杂在一起，投资者受骗后往往由于证据链保存不及时，在协助处理过程中无法快速掌握有效的关键信息，需要证券公司通过信息摸排、经验判断进一步挖掘。

（三）处置效率不尽如人意

在协助投资者进行非法证券信息举报过程中，举报渠道虽然是畅通的，但相关机构对处置结果的反馈速度不尽如人意，往往举报后需要一段时间才能见到实效，在这过程中仍然不断会有投资者受害，直接影响了打非工作的效果。

五、打击网上非法证券活动的思考

为进一步解决上述行业网上非法证券活动处置中遇到的共性问题,通过总结和思考,提出如下两点想法。

(一) 加强投资者协助机制建设

网上非法证券信息花样百出,为了更好地将这些信息与投资者共享、起到警示作用,可通过设立直接面向投资者的非法证券侵害援助中心,由证券公司、公安机关、司法机关、网信部等相关部门协同服务,进行案例警示、法律咨询、案件受理、协调取证等工作;针对高发、频发、多发的案件,建立专题工作小组,加大联合处置,提高案件处理的效力,提升对投资者保护的力度。

(二) 深化互联网金融信息监管

证券公司进行涉非信息处置时,发现部分网络社交媒体、信息发布平台虽设有涉非信息举报的入口,但证券期货金融诈骗的处置力度较弱,对方的客服人员无法给出较为明确的处理意见。金融类信息内容的发布也应当列入网络平台的日常监测工作中,可由相关监管部门牵头进一步明确互联网平台证券期货咨询服务的要求,对信息发布的主体进行资质审核,对未获得执业资格的发布主体进行内容封禁;建立网络平台防范非法证券活动的相关制度指引,包括内容治理、平台处理、软件清理等,要求网络平台定期组织非法证券活动信息专项核查,通过技术手段检验发布内容,监测涉非言论,进一步规范网络金融秩序。

证券公司打击和防范非法证券活动"始终在路上"。保护投资者的合法权益,提升投资者风险防范能力,需要社会各界合力共建、合力共治。

金融业态综合化、平台化、数字化下的证券公司高质量发展研究

上海申银万国证券研究所有限公司[*]

一、证券公司高质量发展的重要意义

(一)新发展格局对证券公司高质量发展提出新要求

当前我国经济发展进入转型关键阶段,实现高质量发展是中国式现代化建设的内在要求。在新发展阶段下,构建以国内大循环为主,国内国际双循环相互促进的新发展格局需要证券行业不断增强对科技创新、数字变革和绿色转型的服务能力。

资本市场在金融运行中具有牵一发而动全身的作用,健全资本市场功能是金融供给侧结构性改革的重要内容。资本市场融资功能的提升需要证券公司提升对科技企业和中小企业的服务能力,推进各类要素资产证券化。资本市场投资功能的提升需要证券公司不断夯实财富管理能力,提升资本市场的人民性。资本市场风险缓释功能的提升需要证券公司不断加大产品创新,创设更多的风险管理和风险对冲工具来平抑市场波动。

金融业态新变化也对证券公司发展模式提出新要求。金融综合化发展趋势要求证券行业形成差异化核心竞争力。金融平台化发展趋势要求证券行业注重系统化建设与整合,提升运营效率。金融数字化发展趋势要求证券行业加快数字化转型,借助数字赋能实现转型发展。

(二)证券公司高质量发展的内涵

从高质量发展的内在要求出发,证券公司高质量发展至少包括以下四方面的内涵:一是高质量发展强调集约性,要求有较高的投入产出比;二是高质量发展强调质量标准,要求有

---

[*] 本文为中国证券业协会2022年优秀课题。课题负责人:杨成长,上海申银万国证券研究所有限公司首席经济学家,全国政协委员。课题组成员包括:龚芳,袁宇泽,王婧文,均供职于上海申银万国证券研究所有限公司;赵新宇,供职于申万宏源证券有限公司。

较强的专业服务能力;三是高质量发展强调社会效应,要求有较强的社会服务能力和正外部性;四是高质量发展强调自主可控,要求有较强的自主性和安全性。

从"六个必须"出发,证券行业高质量发展至少包含以下内涵:一是证券行业高质量发展要主动融入国家战略中;二是专业化是证券行业高质量发展的基本要求;三是风险管理贯穿到证券行业高质量发展的始终;四是公司治理和文化建设是证券行业高质量发展亟须补齐的短板。

从企业经营的全过程来看,结合高质量发展的内涵要求,证券公司高质量发展具体表现为:在产出端要实现综合化发展,在生产端要实现平台化运营,在投入端要实现数字化赋能(见图1)。

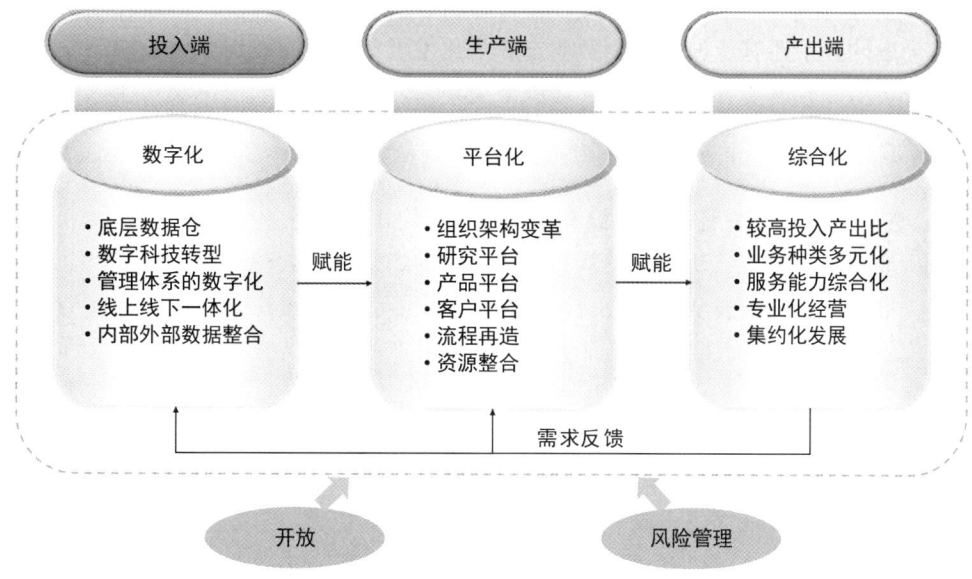

图1 证券公司高质量发展表现为"三端""三化"

资料来源:上海申银万国证券研究所。

二、综合化:证券公司高质量发展的产出效果

(一)证券公司综合化发展体现在五个方面

一是业务种类的综合化。我国证券行业发展的过程是证券公司业务种类不断拓展、业务复杂化程度不断提升的过程,当前证券行业已形成投资类业务、融资类业务、交易类业务和登记结算等功能型服务业务共同发展的格局。二是客户服务的综合化。证券公司针对机构和个人客户的服务广度和深度不断提升。三是场内场外的综合化。证券公司的业务种类及服务边界已从场内市场主导逐步向场内业务、场外业务均衡发展转变。四是境内境外的综合化。随着资本市场双向开放不断推进,我国证券公司的跨境业务及境外业务也快速发展,主要集中在投行、资管和交易领域。五是一级市场与二级市场的综合化。大型证券公司积极推进"研究+投资+投行"的业务模式,证券公司与银行、基金、保险之间业务的相互关联和相互合作也逐步加强。

(二) 当前证券公司综合化发展面临六大挑战

一是服务实体经济的能力有待进一步提升。近年来证券公司不断提升专业服务能力，但在服务科技创新企业、中小企业及初创企业上仍面临不足，在服务企业并购重组和产业链做大做强上还存在较大的提升空间。二是内部各业务条线之间的协同不够。战略部署和落实上相对不足，内部协同激励机制不够完善。三是客户资源整合和迁徙转换能力相对较弱。追踪客户个性化需求能力不够，数字化统一服务系统有待加强。四是国际业务与本土业务的整合能力有待提升。证券公司提供全球化资产配置服务的能力相对不足，海外核心竞争力不够。五是集团化运营能力相对不足。一方面，集团化运营下，子公司独立性和集团管控之间的平衡难以把握；另一方面，集团化运营对证券公司服务能力综合化的作用不显著。六是综合服务能力在金融同业中还有待加强。金融业态综合化发展使得不同类别金融机构业务相似性提升。证券公司的综合财富管理及资产管理服务受到商业银行、基金公司及其他机构的直接挑战，财富及资产管理服务能力有待提升。

(三) 五方面发力提升证券公司综合服务能力

一是从战略上重视，推动业务经营和服务功能的综合化。大型证券公司应以全球领先投行为目标，推动各业务条线全面发展；区域及特色证券公司要聚焦自身优势，立足自身资源禀赋，实施差异化发展的战略。二是证券公司要提升产品创设、资产定价、风险管理和资本补充四大能力，以专业化来推动金融服务的综合化。三是完善各业务条线、分支机构之间的协同机制。由战略部门参与制定各业务条线和分支机构的发展目标，统筹各部门目标与需求，加强总部与各分支机构管理人员间的交流。四是以国内优势业务的跨境经营来推进跨境和国际业务发展，提升证券公司服务企业全球资产配置的能力。五是做强证券控股集团，提升综合服务能力。证券公司要打通客户和风险管理系统，以资本为核心完善综合管理。

三、平台化：证券公司高质量发展的运营模式

(一) 证券公司平台化运营的三大表现

一是业务流程的平台化。近年来高净值人群及机构投资者快速增长，其对于综合金融服务的诉求更加多元，需要在资产获取、资产配置、投资管理等全流程方面得到更加专业化、定制化的服务支持，这在客观上要求证券公司延长综合金融服务链条，拓展综合金融服务价值。二是客户服务的平台化。当前传统证券公司的综合金融服务模式，多是以总—分—营为结构层层下沉，通过在省、市、村、镇设立营业网点的方式跑马圈地，锁定业务资源。为提升客户的服务体验，促进业务协同和交叉销售，打造平台化的敏捷组织形式势在必行，需要以客户为中心，将能够创造价值的业务模块通过新的组织形式整合在一起，共同面对客户，形成一体化服务。三是资源整合的平台化。实体经济的发展对证券公司资源整合能力提出更高要求，平台化发展能够让证券公司为客户服务的价值链条打开，让各相关的市场机构、市场主体在一个相对开放的环境下寻找自己最擅长、最能实现专业化的合作领域，发挥比较优势，形成规模经济。

(二) 当前证券公司平台化运营面临四大障碍

一是"业务墙""部门墙"现象突出，业务仍以纵向为主。证券公司业务流程的平台化水平不高，复合型人才的相对不足和考核激励导向在一定程度上导致"业务墙""部门墙"的加速形成。二是面向客户的综合服务平台往往是协调部门，话语权不高。当前已有33.03%的证券公司设立战略客户部门，牵头对战略性优质客户开展重点服务，但这类部门往往被定位为协调部门，或者本身就是中后台部门，在业务开展过程中话语权不高。与平台化运营相配套的交叉销售贡献、客户综合创收核算体系以及综合激励分配体系等也不够成熟。三是对外部资源的整合利用不够，缺乏内外部一体化的整合平台。证券公司在外部合作资源的选择主导权上面临一定的挑战，与知名的第三方平台合作，在掌控力和议价方面自然会处于劣势；与中小第三方平台合作，其客户基础薄弱，数字化能力有限。与第三方平台合作，很难真正做到以客户为中心。四是证券公司底层数据较弱，平台化缺乏数字基础。大多数公司的数据基础建设整体处于起步阶段，数据治理、分析和应用仍较为薄弱，传统的数据管理、应用思维和服务模式已无法满足新时代的业务发展需求。

(三) 推进证券公司平台化运营的四大举措

一是树立新理念，平台是共享的、开放的、流量化的。要秉承"开放、共享、合作、共赢"的生态思维和平台理念，拥抱金融科技，构建金融生态、延伸金融服务触点，将金融服务嵌入或输出到合作伙伴的生态中。二是大型证券公司可以输出综合平台服务。强化证券母公司对子公司在平台化运营上的赋能，打通业务服务链条，推进业务服务的平台化。三是提升外部资源整合能力，赋能平台一体化运营。通过探索金融科技赋能和共建开放式创新实验室的方式，内外兼举，探索多元化的外部资源整合方式。四是发挥考核的指挥棒作用，做实客户综合服务平台。在考核指标体系中适度增加过程类考评，在考评机制上探索使用派点打分、明确协同定价规则、关注项目互推成效等方式提高考评的客观性，同时也加强专业委员会在考核评估上的积极作用。

四、数字化：证券公司高质量发展的底层基础

(一) 数字化从三方面赋能证券公司高质量发展

一是优化交互体验，加快业务线上线下一体化发展。数字化转型推动证券公司整合线上和线下渠道资源，通过与流量巨头战略合作加之精准营销的方式提升线上引流的效率，通过构建分支机构"枢纽+网格"化发展格局提升线下引流的效率，并打通二者间的藩篱，做到渠道协同整合。数字化转型也推动证券公司加强对线下信息的线上化处理，从而进一步赋能线下业务的发展。二是升级管理模式，提升集约化运营能力。数字化转型能有效整合各部门、各条线的业务需求，推动证券公司建立全面的客户管理体系和统一的业务技术架构，打通证券公司内部人流、资金流、信息流，降低企业内部成本。三是改造业务决策流程。数字化转型能在一定程度上降低证券公司对规模的单一依赖，借助数字化赋能更好地发挥技术、数字要素在提升交易效率、实现专业定价以及完善全面风险管理上的能力，实现经营方式的数字化和现代化。

（二）当前证券公司数字化发展面临四大困境

一是数字化转型跟风式投入较多，尚未形成清晰的路线图。当前证券公司数字化转型战略的同质化程度较高，对数字化转型的理解不够全面，数字化转型尚未与公司自身业务结构、组织结构及企业文化特征有机结合。二是数据、组织、人才、技术基础薄弱。数据的一致性、完整性和标准化程度较低，数据质量不高；组织基础弱，传统组织架构与数字化转型不匹配；人才基础弱，高端人才与复合型人才储备不足；研发能力积弱已久，自主可控能力不强。三是数字化转型的场景抓手不够清晰有力。以零售经纪业务为主的场景抓手难以推动证券公司整体业务线的数字化转型。场景抓手的相对不足也使得证券公司数字化战略难以有效执行落地，数字化转型的效果及定力都大打折扣。四是数字化转型与业务转型间的正向反馈机制尚未建立。数字化转型对证券公司各项业务的带动和赋能作用需要长周期的投入以及业务自身改造才能体现，这也极大影响了证券公司在数字化转型上的定力。

（三）推进证券公司数字化转型发展的四大举措

一是要从战略上重视数字化转型，明确转型目标和实现路径。推动数字化转型从口号到切实可行的落地举措，将数字化转型的核心理念融入公司文化中，保证企业文化与数字化转型相适应。二是要建立健全数据治理制度，探索实现数据的安全可控。强化证券公司数据治理，保障内部数据质量，探索打造行业共享数据，共同打造核心数据库，并以此为基础丰富数字化转型的重要场景。三是建立匹配数字化转型的组织架构和人才队伍。在公司层面设立数字化总部负责牵头公司全面数字化转型需求的顶层设计和运营，在数字化总部下设立业务IT部门，派驻员工进入各业务部门。构建跨部门的敏捷组织，推动前、中、后台一体化运作。四是提升数字化投入产出比，推动业务运营平台化和服务综合化。积极在现有业务布局中挖掘数字化机会，实现新兴技术的有效应用，探索创新数字化产品和商业模式，延长数字价值链。

五、以"三化"相互融合推动证券公司高质量发展

一方面，证券公司要借助数字化、平台化和综合化的发展来提升竞争力和专业服务能力，以专业服务来提升核心竞争力，以业务种类的丰富、综合化来不断做大资产规模和市场份额，提升市场影响力和国际竞争力；另一方面，证券公司要借助数字化、平台化和综合化的发展提升服务国家战略和实体经济能力，吸引更多社会资本加大对科技创新、绿色转型和数字经济领域的投资，助力资本市场提升资源配置效率，为市场提供更多元、普惠的金融产品，推进金融服务下沉，让更多低收入阶层能享受到便捷、高效的金融服务，更好助力实现共同富裕。

证券研究智库系统构建研究

林喜鹏*

随着活跃资本市场等一系列改革政策的陆续推出,市场对高质量研究的需求尤为迫切。在投资领域,投资者需要深度、前瞻的产业链研究报告;在财富管理领域,资产配置和风险管理也依托于分析师的专业研究,提供投资建议。在此背景下,证券公司研究部门应该如何应对,值得深入研究并前瞻布局。我们认为,传统的研究模式难以完全满足高质量资本市场发展的要求,证券公司研究部门需结合自身资源禀赋,探索适合自身的转型路径,打造高水平的智库研究,提早布局深度产业链研究,积极探索大数据、智能化工具在证券研究领域的应用,创造研究应有的价值。

从一般意义上来说,智库是为政府、企业、社会等提供决策研究和咨询服务的机构,是经济社会发展的重要支撑力量。证券公司作为资本市场的核心中介机构,其研究部门在资源、数据、人才等方面具备先天优势和沉淀。因此,我们认为,智库研究不是简单回归对内研究服务的定位,而是在沉淀了十多年对外研究服务的基础上,内化到现有客户群体的价值链并产生相应的商业价值,推动证券公司业务实现有质量的增长。当然,这背后需要依靠前瞻性的战略部署以及配套的考核激励机制,否则也难以落地实施。本文拟借鉴参考国外投行智库经验,探讨证券研究智库如何定位以及智库系统构建的路径和方法,旨在为证券行业研究业务转型提供借鉴和参考。

一、国际投行智库系统构建经验

(一)高盛——数字化平台助力智库研究

高盛拥有全球领先的研究团队,其研究部门——全球投资研究部(Global Investment Research,GIR)是高盛最重要的部门之一,负责为客户提供宏观经济、市场策略、行业趋势、公司分析等方面的深度洞察和前沿观点。GIR研究领域覆盖了全球约3 300多种信贷和股票

---

* 本文写作于2023年11月。作者简介:林喜鹏,经济学硕士,招商证券股份有限公司研究发展中心董事。

证券，其内部经济学家撰写了48个国家的经济报告，涵盖了所有主要行业和地区。

高盛于2004年宣布组建全球市场研究所（Global Markets Institute，GMI），GMI隶属于公司的全球投资研究部（GIR）。成立全球市场研究所的初衷是向政策制定者和公众提供有关资本市场在社会中作用的信息。全球市场研究所是高盛全球投资研究部内部的研究智库①。

全球市场研究所的首个项目是在美国各城市举办一系列市政厅会议，讨论资本市场在创造就业机会方面的作用。同时，GMI发布了其首份白皮书《资本市场如何提高经济绩效并促进创造就业机会》。著名投资策略师艾比·科恩于2008年加入GMI，发表了一系列论文，涉及美国日益扩大的地域差距和金砖四国的替代能源等问题。此后，GMI出版了大量的研究成果，涉及金融市场监管、小型企业、性别薪酬差距、颠覆的幸存者指南和大数据的利弊等主题。2018年，GMI的研究为"万家小型企业峰会"（10000 Small Businesses Summit）提供了支持。如今，GMI致力于在影响公共政策、企业战略和社会的问题上发挥思想领导作用，其全球客户群包括政策制定者、监管者、商界领袖、投资者和公众。

高盛全球投资研究所不断推出具有创新性和前瞻性的研究成果，引领市场思潮和趋势。例如，在2001年首次提出"BRICs"概念，预测了巴西、俄罗斯、印度和中国等新兴市场的崛起；继金砖国家后，高盛又推出"新钻11国"（Next-11，简称N-11）概念，包括巴基斯坦、埃及、印度尼西亚等11个成长潜力仅次于金砖国家的新兴市场。这些由高盛提出的具有全球影响力的概念沿用至今，成为国际社会公认的划分准则之一，同时为新兴市场提供平台，增强其在国际社会中的声音和地位。

20世纪90年代初，高盛的"strats"团队（量化金融、工程和技术领域的多学科专家团队）开发了一个开创性的综合风险管理平台——SecDB（Securities Database），SecDB主要用于高盛内部的模型开发、风险管理和交易支持；高盛内部的交易员可以使用SecDB分析和监控潜在的交易风险，对证券进行定价。其功能包括如下几个方面：

一是模型开发和风险管理。SecDB为高盛提供了一个强大的工具，用于开发和执行复杂的金融模型。这些模型可以用于分析投资组合、估算风险和收益，以及支持交易决策。因此，SecDB在研究新的金融产品和策略方面具有关键作用。

二是数据分析。SecDB存储了大量的市场数据和交易信息，可以用于数据分析和研究。研究人员可以利用SecDB的数据来辨别市场趋势、分析历史交易以及执行风险评估。

三是交易支持。SecDB还用于支持高盛的交易活动。交易员可以使用SecDB的工具来管理他们的交易，并快速获取有关市场情况的信息，以作出交易决策。

2014年基于风险管理平台SecDB，高盛再次推出Marquee平台。Marquee平台是高盛为机构客户打造的一站式综合服务的数字化平台，通过API与客户的技术平台集成，提供市场洞察、分析工具、执行能力以及数据和开发等服务。Marquee为高盛的客户提供市场数据、研究工具和风险管理支持，帮助客户进行更深入的市场研究和投资决策，具体包括：

一是市场数据和研究。Marquee数据库为高盛的客户提供了大量的市场数据、研究报告和工具。客户可以访问这些数据和工具，以获取有关不同资产类别、行业和市场的信息，从而支持他们的研究活动。

---

① 参见高盛官网，网址：https://www.goldmansachs.com/，最后访问日期：2023年9月2日。

二是定制化工具。Marquee 还允许客户使用自定义的工具和应用程序接口（API），以根据其特定需求进行研究。这使得客户可以根据自己的投资策略和目标，定制化地分析市场数据和开展研究，以支持其投资决策。

三是风险管理。Marquee 还提供了风险管理工具，客户可以使用这些工具来监控他们的投资组合，并识别潜在的风险因素。这有助于客户更好地管理其投资风险。

SecDB 和 Marquee 两者互相协同，增强了高盛在金融领域的研究和交易能力，为公司提供了更全面、精确的市场数据、分析工具和风险管理支持，高盛在从事智库研究时，效率大幅提升。

（二）摩根大通——以数据分析为基础的智库研究

摩根大通拥有全球领先的研究团队，其研究所（J. P. Morgan Research）是摩根大通最重要的部门之一，负责为客户提供宏观经济、市场策略、行业趋势、公司分析等方面的深度洞察和前沿观点。摩根大通将其研究所（J. P. Morgan Chase Institute）定位为全球性智库，致力于为公众利益提供丰富的数据分析和专家见解，摩根大通研究所的使命是帮助政策制定者、企业和非营利组织领导人了解全球经济体系的规模、粒度、多样性和相互关联性，并利用事实、实时数据和深度分析作出决策，以促进全球繁荣[①]。

摩根大通研究所拥有全球摩根大通客户的实时动态数据信息，涵盖了个人银行存款、信用卡消费、抵押贷款和房屋净值贷款等信息，这些数据比政府数据更为丰富和及时。研究所利用摩根大通独有的专有数据、专业知识和市场渠道，侧重于利用大数据技术进行经济决策分析。与传统的统计抽样思路不同，摩根大通研究所使用大数据技术进行分析处理，可以实现实时更新和持续监测，为经济决策提供全新的数据来源。

摩根大通研究所注重技术驱动的创新，借助先进的大数据技术和云计算分布式架构，实现对海量数据的分布式挖掘。其大数据分析方法颠覆了传统的统计抽样思路，提供了更高效、更准确的数据分析方法。摩根大通研究所的大数据技术和方法学曾在智库领域引发探讨，尤其是在大数据技术的发展下，其对实时数据的关注和持续监测能力使其在经济决策方面具有极强的影响力。

摩根大通研究所重点研究主题包括以下七大方面：（1）家庭收入与支出：研究重点是美国消费者的收入和支出动态。（2）家庭债务：研究重点是各种形式的家庭债务，包括信用卡和抵押贷款。（3）劳动力市场：研究重点是劳动收入，包括劳动力市场趋势、在线平台经济的增长以及失业的经济影响。（4）医疗保健：研究重点是美国家庭的自付医疗保健支出，以分析现金流与医疗保健支出之间的关系。（5）城市和地方社区：研究重点是地方商业、居民消费以及城市和地方社区的经济活力。（6）小型企业：研究重点是小企业现金流管理的财务波动性、流入和净流入以及美国小企业的整体健康状况。（7）金融市场：以机构投资者行为为重点的研究。

（三）海外经验的启示

成熟市场的大型投行对研究的定位已经远远超越了服务机构客户的阶段，研究部门已经

---

① 参见摩根大通官网，网址：https://www.jpmorgan.com/，最后访问日期：2023 年 9 月 2 日。

从研究服务的提供者转向了研究商业价值的决策者和公司资源的整合者，智库在其中的地位和作用显而易见。具体表现在以下几方面：

1. 数据驱动决策

借鉴国外智库研究的经验，证券公司的研究智库可以将数据分析和大数据技术置于核心位置，积累和分析丰富的实时数据，包括市场数据、经济数据、消费者行为数据等，以便更深入地理解市场趋势和经济动态。

2. 多维度研究

国外智库通常涵盖多个研究领域，如家庭金融、劳动力市场、医疗保健、小型企业等，以提供全面的经济分析。证券公司的研究智库可以考虑多角度、多维度地研究金融和经济问题，以满足不同政策制定者、企业和投资者的需求。

3. 大数据技术和云计算

借鉴国外智库的经验，证券公司的研究智库可以采用先进的大数据技术和云计算分布式架构，以处理和分析海量数据，提高研究的效率和准确性。

4. 吸引多样化的客户群体

国外智库通常为政策制定者、企业领袖、投资者和公众等各种客户群体提供研究和数据服务。证券公司的研究智库也可以服务多样化客户群体，以扩大影响力和服务范围。

二、国内证券行业智库研究探索和实践

企业智库作为智库体系建设中的重要一环，是推动决策科学化、社会化的重要力量。证券公司作为资本市场的重要中介，与社会各类经济机构有着密切接触与关联，在专业知识、数据资源、市场洞察和社会影响力等方面拥有绝对优势。

（一）证券行业智库研究意义和价值

证券公司可以利用自身优势对国内外经济、金融、社会等领域的重大问题和政策进行深入分析和建言献策，能够为决策者提供不同于寻常视角的建设性意见，也就是我们所说的智库研究。具体包括以下几方面：

1. 提供专业洞察和政策建议

证券公司拥有专业的研究团队和数据资源，可以深入分析经济、金融和社会等领域的重大问题。智库研究能够为政府和社会决策者提供基于数据和专业知识的建议，帮助制定更科学、有效的政策，提高决策质量。

2. 促进社会影响力

证券公司在资本市场具有重要地位，其研究成果能够对市场参与者产生重大影响。提供有价值的智库研究，可以塑造市场预期，引导投资方向，从而对经济和社会产生积极的影响。

3. 促进行业发展

证券公司发挥资本市场中介的功能，深入了解并积极接触各行业领域，其研究可以为各个行业提供有价值的信息和建议，提供前瞻性视野，有助于行业发展与创新。

对于证券公司自身而言，积极开展智库研究不仅是一项社会责任，同时也带来了多种业

务机会:

(1) 有利于提升证券公司的品牌形象和社会责任感。证券公司作为资本市场的重要参与者和服务者,通过开展智库研究,可以展示自己的专业能力和社会担当,为国家经济发展和金融稳定提供有价值的建议和服务,增强自身在行业内外的影响力和公信力。

(2) 有利于提高证券公司的核心竞争力和盈利能力。证券公司通过智库研究,可以深入了解国内外经济金融形势和政策走向,把握市场机遇和风险,为自身的投资决策和业务发展提供有力的支撑。同时可以通过智库研究,为客户提供更加专业、全面、及时的咨询服务,增强客户的忠诚度和满意度,拓展业务渠道和收入来源。

(3) 有利于推动证券公司的创新发展和转型升级。证券公司通过智库研究,可以探索新的理念、模式、产品和服务,促进自身的创新能力和水平。证券公司也可以通过智库研究,为自身的转型升级创造更加有利的环境。

(二) 证券公司在智库研究方面的实践探索

目前,国内证券公司均在不同层面提出了智库研究的思路和想法,并结合自身业务实践进行了适合自身路径的探索和尝试,但截至目前,尚没有形成统一的标准和范式。表1对国内几家证券公司智库研究进展情况进行总结[①]。

表 1　　　　　　　　　　　　国内券商智库研究进展情况

券商	智库研究的思路	智库系统建设
中信证券	中信智库由中信金控牵头组建,依托中信集团旗下各子公司的研究实力和经验,提供高端、专业、前瞻性的研究服务,旨在为内外部企业提供发展建议,同时提升中信的"融资+融智"综合服务能力 中信智库目前拥有100多名专家,来自中信证券、中信建投证券、中信银行、中信信托、中信保诚人寿等各领域的专业人士。研究范围涵盖金融、高端制造、能源化工、医药健康、互联网及信息科技、房地产及建筑等多个领域,为客户提供多元化、专业化的智力服务	2022年9月中信证券投研魔方2.0上线,以达成中信研究数据服务平台化、业务协同服务闭环运作为目标,增强中信研究的内外部服务能力和客户黏性,提升管理和研究效率,并以个股研究为核心,整合研究部所有投研数据资产,定位为面向中信证券内部投研人员的工作平台和面向买方客户的服务窗口
中金公司	2020年11月27日,中金公司宣布中金研究院(CICC Global Institute,CGI)诞生。中金研究院是中金公司设立的高端智库,其定位和使命是在新时代、新形势下为中国的公共政策研究与决策提供支持,并积极参与国际政策讨论和交流,同时为中国金融市场特别是资本市场的发展提供建议和战略性支持。中金研究院通过多种方式提供服务,包括研究咨询、高端论坛、国际交流和系列讲座,适应不同类型和需求的客户 中金研究院作为一级部门与原研究部同级,研究院与研究部双轮驱动,为促进经济发展和社会发展提供全方位的研究支持	中金点睛是中金研究推出的一站式数字化投研平台,专注向机构投资者提供包括研报、活动、数据库、投研框架等一站式投研信息服务,其中中金特色数据库覆盖200多个行业子板块、200多个研究框架、1700多只A股港股海外上市公司,8万多个中金特色的精品指标库,以及各类量化数据库、研究框架、个股模型,聚焦关键变量,助力资管机构实现更高效更智能的投研决策 其功能包括数据分析、行业研究、公司报告、活动信息

---

① 参见各证券公司官网,最后访问日期:2023年9月2日。

续表

券商	智库研究的思路	智库系统建设
广发证券	2022年初，广发证券设立产业研究院，聚焦核心产业赛道开展产业链深度研究，打造行业高端智库	在企业端，广发证券精准识别并服务培育重点企业。提供政策解读、产业咨询、投资与技术引进、业务与人才交流、战略客户资源介绍等产业资源嫁接服务。在政府端，撰写包括《关于"挖掘产业新动能，打造新的万亿级产业集群的对策建议"》《资本市场支持科创企业高质量发展》等深度研究报告，积极为区域经济发展和产业链建设建言献策，助力广州传统产业升级与新兴产业培育
银河证券	银河研究院定位为银河智库，为公司整体发展和全产品线业务提供研究支持服务，发挥对公司财富管理、投融资和国际业务发展和经营管理的支撑作用；为机构客户和战略客户提供卖方研究服务，为政府部门、监管部门和各类企业等提供研究咨询服务，为国际投资者提供全球研究咨询服务	
天风证券	天风证券研究所的智库建设重点在于构建高端产业链智库，以研究能力为核心，通过构建多领域专家团队、建设高端产业链智库、数据支持、生态链拓展等方法，致力于为多样化的客户提供高质量的产业链研究和智库服务，成为中国金融行业的研究领军机构	

资料来源：上市证券公司年报、公开资料搜集、招商证券。

国内证券行业的智库建设反映了证券公司在积极适应市场变化，提供更全面，深入服务方面的努力。通过建立智库，证券公司不仅提供了更高水平的研究和咨询，还为客户提供了更多选择和深度洞察，为投资者、企业和市场监管机构提供了有价值的信息和建议，促进了中国资本市场的长期健康稳定发展。

三、招商证券在智库研究领域的实践思考和探索

招商证券研究发展中心根据公司的战略部署，前瞻性地探索研究业务转型的方式和方法，旨在通过智库研究为社会、股东和公司提供战略性支持和深度研究，同时也对公司的投行和投资业务进行深度赋能，并与地方政府或大型集团公司建立智库合作关系。智库研究服务对象包括监管部门、政府、企业集团、股东以及招商证券，提供研究报告、产业数据、政策研究、战略咨询和高端论坛等产品和服务。招商证券在实践中明确了智库的职能定位，以特色的"三投"联动模式，实现智库研究效用的最大化。

四、结语

证券公司积极开展智库研究不仅有益于社会，同时也会对证券公司的业务产生多方面的

增值，智库研究将成为证券公司的重要战略工具和资源。为了更好地推动证券行业智库研究建设，我们认为可以从以下几个方面入手：

第一，证券公司应充分利用自身资源禀赋，加强对新技术、新模式、新趋势的关注和应用，提高智库研究的技术水平和领先优势。证券公司需要紧跟时代的发展，积极探索和运用数字化、数据平台、金融科技等新技术，提升数据采集、数据分析、数据展示等方面的能力，提高研究的效率和质量，为智库研究提供更多的支持和保障。

第二，注重研究的创新性和前瞻性，避免陷入应付性和重复性的研究，提高智库研究的价值和贡献。证券公司鼓励智库研究提出特色观点和建议，从多个角度和维度对经济、金融、社会等领域的重大问题和政策进行深入分析和评估，提出有针对性和可操作性的解决方案。

第三，加强与政府、学术、媒体等外部机构的沟通和合作，提高智库研究的影响力和公信力。证券行业需要打开视野和思路，与其他领域的专家学者、政策制定者、舆论引导者等进行广泛的交流和合作，增进相互的理解和信任。同时，通过各种渠道和方式，将智库研究成果传播出去，提高智库研究公信力。

参考文献

［1］张兴荣．借鉴国际经验，打造全球一流银行智库［J］．银行家，2018（06）：105—109＋7．

［2］美国宾夕法尼亚大学"智库研究项目"（TTCSP）．全球智库报告2020［R］．美国：2020．

［3］高盛官网，网址：https：//www.goldmansachs.com/，最后访问日期：2023年9月2日．

［4］摩根大通官网，网址：https：//www.jpmorgan.com/，最后访问日期：2023年9月2日．

防范化解重点领域风险

资本市场系统性风险研判与防范研究

东北证券股份有限公司　复旦大学经济学院*

一、中国资本市场系统性风险的"四性"新特征及其生成演化机制

准确客观把握我国资本市场重大潜在风险的新特征,对我国资本市场系统性风险进行科学研判,是守住资本市场不发生系统性风险底线、完善资本市场风险监测与预警体系的重要基础。在全球百年未有之大变局下,我国资本市场面临内外部风险的双重冲击,潜在系统性风险呈现"突发性、复杂性、外溢性、传染性"的"四性"新特征,对资本市场重大风险的成因分析、精准测度、监测预警与有效防范提出了新挑战。

(一)中国资本市场的"四性"新特征分析

当前我国资本市场潜在重大风险的"四性"特征主要包括突发性、复杂性、外溢性和传染性。我国资本市场体系面临的风险源"点多面广",金融风险在资本市场各子市场间的交叉传染效应、溢出效应和共振效应,使我国资本市场体系面临的潜在金融风险传播性更强、破坏性更大。我国资本市场体系对于实体经济和国际经济金融环境的突发变化具有极强的敏感性,各个子市场极易出现突发性的异常波动,潜在风险呈现出"突发性"特征。同时,我国资本市场体系的逐渐完备使得各子市场间的联系更加紧密,这也给风险的跨市场传染提供了渠道,导致极端市场风险会快速外溢至其他子市场,形成子市场间的风险交叉传染,金融风险因此具有了显著的外溢性。此外,随着我国股票、债券、衍生品、大宗商品等子市场金融产品的完善,投资者的资产跨市场配置也使我国资本市场的潜在风险具有更显著

---

* 本文为中国证券业协会2022年优秀课题。课题负责人:董晨,东北证券股份有限公司副总裁兼战略规划部总经理;张宗新,复旦大学经济学院学术委员会委员、金融学教授。课题组成员包括:孔让峰,黄梓健,金佳琦,复旦大学经济学院博士研究生;张莉莹,东北证券股份有限公司战略规划部高级研究员;张帅,复旦大学经济学院访问交流研究生。

的跨市场关联性、交叉传染性特征。

(二) 中国资本市场系统性风险的复杂网络生成机制

当前,我国资本市场在金融市场系统性风险中处于脆弱环节,资本市场体系的风险不断涌现和集聚。根据本文研究,由我国"实体经济—虚拟经济"交互作用所导致的资本市场系统性风险复杂生成机制主要包括以下四点:第一,经济周期下行引发金融体系的内生脆弱性;第二,地方债务与杠杆、潜在或隐性风险、区域性金融风险凸显;第三,房地产债务违约对金融体系产生风险累积效应;第四,后疫情时代全球经济金融格局重构对我国金融体系造成一定的负面外部冲击,尤其中美博弈、大国竞争逐渐趋于常态化,全球经济与中国经济增长的确定性被不确定性取代,资本市场体系面临境内金融风险与境外金融风险双重叠加的金融风险"双冲击"。

基于上述分析,我国资本市场系统性风险的突发性、复杂性、传染性、外溢性特征,导致系统性风险生成演化机制的网络特征明显。我国资本市场系统性风险传染性强,具有明显的风险溢出、共振、交叉传染与传播的网络特征和系统性风险集聚特征。此外,我国资本市场体系潜在重大风险具有多源性、隐蔽性、显性风险与隐性风险网络交织特征,使资本市场系统性风险的识别、预警和防范难度加大。

二、中国资本市场压力指数的构建与系统性风险的动态研判

(一) 中国资本市场压力指数的基础指标选取

本文聚焦对我国资本市场压力状况监测,基于股票市场、债券市场、金融衍生品市场三个子市场构建我国资本市场压力综合指数,可客观、直观地监测中国资本市场系统性风险压力状态,并进一步根据资本市场的风险状况判断中国资本市场体系风险压力水平。三个子市场与资本市场综合压力指数如图1所示。

图2估计并展示了金融风险压力指数位于高位风险区制的平滑概率,能够总结出2008—2022年我国资本市场运行中的各个承压阶段。可见,马尔可夫区制转换模型估计结果能够较好地识别我国资本市场的重要压力事件。

(二) 中国资本市场系统性风险的动态研判

在资本市场风险等级划分的基础上,结合子市场压力指数的等级划分,分析资本市场所受压力的结构并解析压力构成。图3展示了资本市场风险分级的动态变化,并对近年来我国资本市场重大风险压力时段及其压力来源作出判断。

从我国资本市场重大风险压力的监测指标看,2008年美国次贷危机引发全球国际金融危机、2011—2012年欧债危机对我国资本市场产生明显的溢出效应;2013年金融市场体系"钱荒"导致债券市场压力攀升,成为资本市场风险的主要来源;2015—2016年,我国资本市场持续面临较高压力,压力来源主要是股市异常波动引发股市和衍生品市场较大的系统性风险压力;2017年,资本市场三次进入较高压力状态,金融"去杠杆"政策导致债券市场压力指数明显上升;2018年,三个子市场均进入较高压力状态导致资本市场压力指数升至高位,其中股票和衍生品市场主要受中美贸易摩擦影响,而债市则受债券违约事件影响;

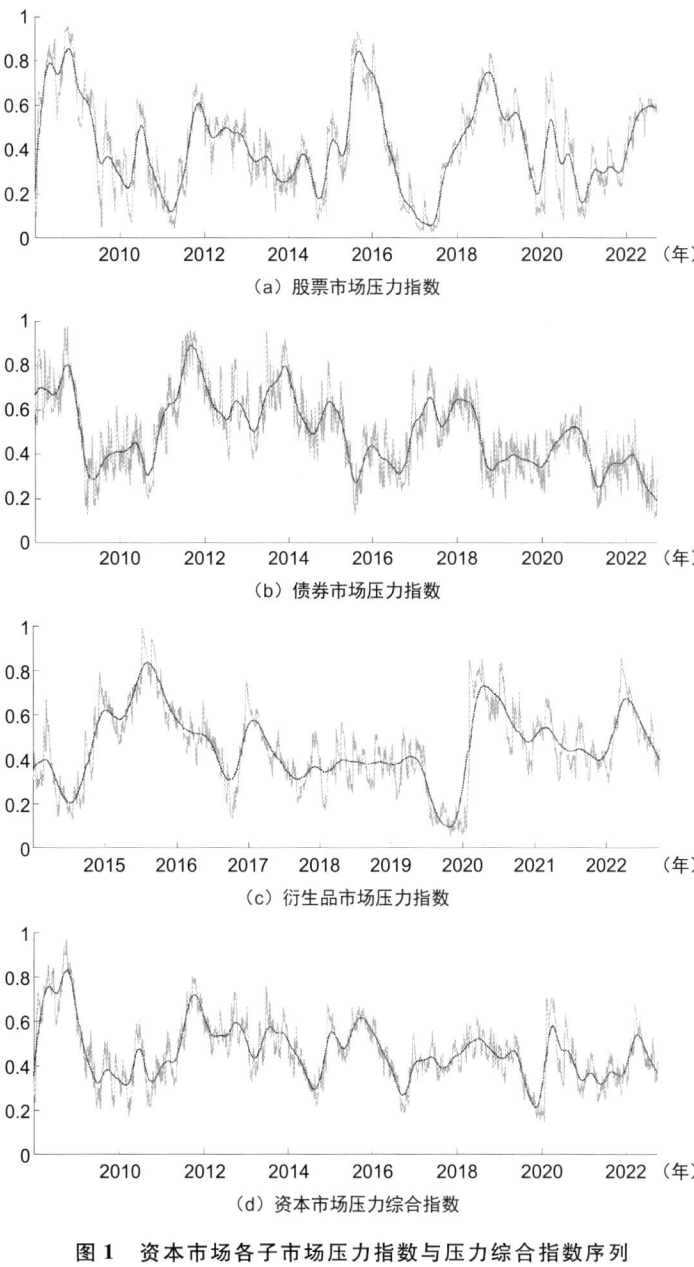

图 1 资本市场各子市场压力指数与压力综合指数序列

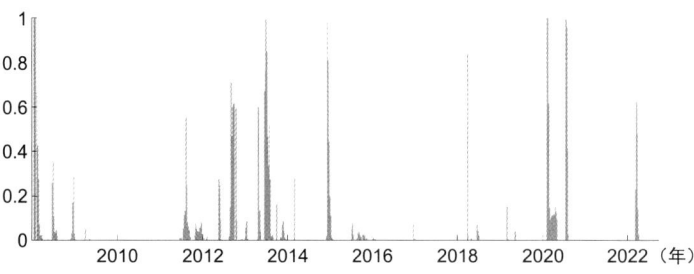

图 2 中国资本市场处于高风险区制的概率

2020年初，新冠疫情导致三个子市场同步承压，其中股票和衍生品市场风险尤其突出；2022年，在国内新冠疫情反复、海外美联储加息以及俄乌冲突等多重因素影响下，资本市场风险综合指数明显加大（见图3）。

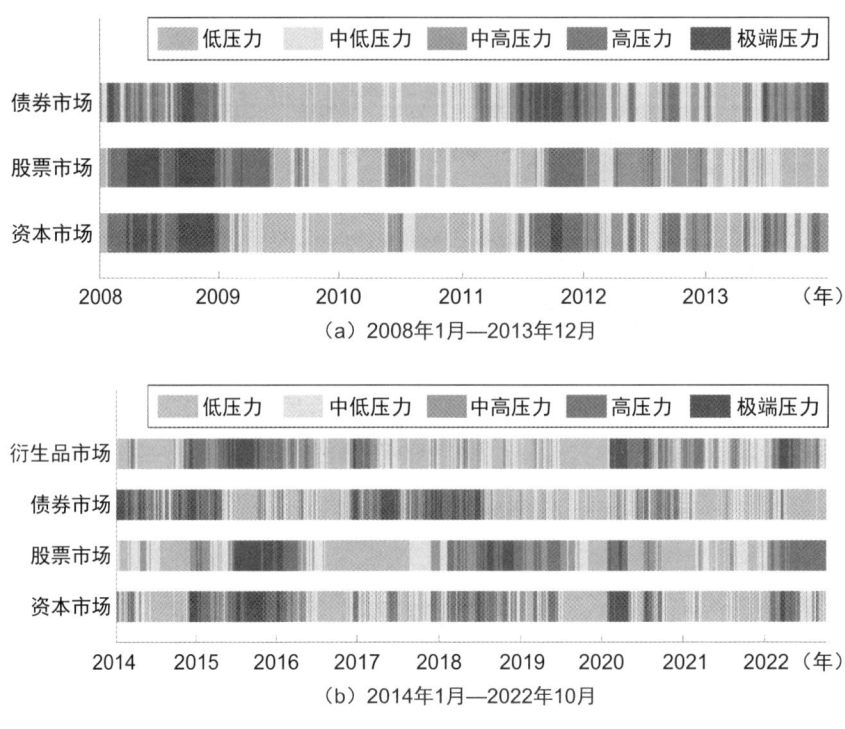

图3 资本市场及各子市场压力等级动态变化

三、科技监管视角下中国资本市场系统性风险的预警研究

（一）资本市场系统性风险动态预警及其效果分析

聚焦资本市场系统性风险的动态监测与前瞻性预警，构建基于金融科技监管的资本市场系统性风险监测预警体系。在构建适用于我国资本市场的重大风险监测预警指标体系的基础上，结合机器学习、深度学习等前沿科技，构建针对我国资本市场的最优系统性风险监测预警模型。研究结果表明，基于随机森林算法的资本市场系统性风险预警模型，其预警精准度高，预警准确率达到94.44%，该预警模型能够有效地对中国资本市场重大风险进行前瞻性预警。

（二）中国资本市场系统性风险的归因分析

进一步基于SHAP（SHapely Additive exPlanations）机器学习模型解释技术，对所得的中国资本市场系统性风险预测结果进行风险驱动因子的归因分析，进而评判系统性风险动态预警模型的合理性与预警性能。

综合对于历史风险事件的SHAP模型拆解结果，股票市场、货币市场、外汇市场、影子银行、政策干预与投资者情绪以及美股外部风险冲击，对推动我国资本市场系统性风险概率的贡献较大。同时，经过随机森林算法训练的 SHAP 拆解结果能够较好地反映资本市场重大风险事件的主要驱动因子，进而验证了基于随机森林算法的系统性风险动态预警模型的科学性与有效性。

四、中国资本市场系统性风险防范与化解的政策建议

（一）基于《金融稳定法》构建资本市场多部门风险协同防控体系

第一，在各部门的统一协调下，基于《金融稳定法》，健全"风险为本"的审慎监管框架，逐步建立中国资本市场宏观管理、微观运行监管、机构行为监管、重大风险处置管理，以及资本市场危机管理的五大监管支柱，通过构建多部门协同的立体化、多元化资本市场风险防控联动机制，编织资本市场系统性风险强化防控的金融安全网。

第二，继续加强跨市场、跨行业、跨区域和跨境风险监管，加强监管协同性和上下联动性，构建多维金融市场体系的安全性、稳健性，以及对于风险交叉与风险溢出、风险扩散的阻断机制。

第三，以资本市场机构建设与金融风险全口径监管协同为行动纲领，加快资本市场基础设施和系统重要性金融机构建设，切实发挥系统重要性金融机构"压舱石"的关键作用。

第四，加大底层经济金融数据与监管机构的对接程度，推进以金融数据驱动的金融风险治理，提高资本市场风险治理数据的真实性、质量性和共享性，完善系统性风险监管的信息共享机制。

（二）以提高经济韧性与资本市场韧性为抓手提升资本市场抗风险冲击能力

第一，为减少经济金融政策不确定性对于我国资本市场的风险溢出效应，我国应进一步加强宏观预期管理，尽可能消除经济与金融政策的不确定性，稳定投资者，尤其是机构投资者预期，从而平抑资本市场波动风险。

第二，继续聚焦服务实体经济、深化金融改革、防范化解风险这三条资本市场改革与发展的主线，深化资本市场改革，强化资本市场内生稳定机制，提升我国资本市场韧性和抗系统性风险冲击能力。

第三，科学评估资本市场制度创新、金融产品创新与系统性风险管控的关系，持续改革创新并在改革创新中突出对风险的把控。

（三）强化资本市场系统性重大风险动态监测与极端风险压力测试

第一，根据"资本市场综合压力指数—子市场压力指数—基础指标"的风险压力指数分解链条，尝试建立"系统性风险—单个市场风险—特定类别风险"的多层次资本市场风险实时监测体系。根据本文构建的资本市场风险压力指数，能够对我国资本市场所处的风险等级进行研判，并结合子市场压力指数判断潜在的子市场风险，从而实现对资本市场风险的总体评估、结构解析与来源追溯。

第二，以资本市场风险压力指数为抓手，动态研判我国资本市场的综合压力风险和各子市场风险压力，从而对我国资本市场及其各层次子市场运行状况与功能发挥状况进行及时有效的评估。

第三，为了精准测度我国资本市场及其各层次子市场的风险压力，应当进一步完善中国资本市场系统性重大风险动态监测的基础指标体系。可筛选有效的基础性指标，提高监管数据的质量和频率，构建中国资本市场重大风险指标因子的监测体系，对市场异常交易情况、债券违约风险、整体杠杆率、衍生市场杠杆率等进行跟踪监测；建立金融市场流动性与跨境资本流动性动态监测体系，动态监测国际收支与跨境资本流动。

第四，针对我国资本市场的"四性"新特征，可积极探索资本市场极端风险压力测试与"沙盘推演"，尤其是针对全球经济政策不确定性下中美竞争、大国博弈与中国资本市场系统性风险"双冲击"进行情景模拟，并寻求一揽子系统性风险管控方案，严防"股债汇三杀"。

（四）基于金融科技监管方案建立资本市场系统性风险预警与管控体系

针对我国日趋复杂的资本市场系统性风险，如何应用金融科技构建科学、精准、前瞻性的资本市场系统性风险监测与预警体系，是打破"金融危机不可预测"质疑、破除"系统性风险监管无效"悖论的关键切入点。

第一，我国应当基于系统风险学理与经济学因果关系，积极探索将大数据方法与机器学习结合的金融科技监管框架，构建中国资本市场风险防范的科技监管框架与体系，从而对中国资本市场系统性风险进行预警、监测与管控。

第二，在资本市场系统性风险预警方面，尝试引入迁移学习（Transfer Learning）、可解释 AI（Explainable AI）等前沿技术，持续提升资本市场系统性风险的监测精度与预警效率，从而构建能够精准预测更长期资本市场系统性风险状况的预警模型。

第三，在资本市场体系脆弱性与系统性风险水平的动态测度方面，应进一步细化金融关联网络的建设，通过引入大数据样本与复杂动力学模型，对资本市场系统性风险的传导机制与传染路径形成更为科学全面的认知，从而对我国资本市场体系的脆弱性及其系统性风险水平实现实时监测与动态评估。

第四，在资本市场系统性风险传染"断路器"机制的设计方面，应着力建设精确到主体、精确到产品的风险断路机制，及时完成风险拦截、隔离风险源。

第五，按照风险管控前置原则，健全资本市场系统性风险预警问责机制。建议建立健全中国资本市场系统性风险监测预警的定期（如季度、半年度、年度）和不定期（主要针对金融市场异常波动和资本市场压力风险黄色报警特殊时期）联席机制，对资本市场压力与风险状况进行定期与不定期评估，将资本市场系统性风险管控前置，对资本市场重大风险及时诊断、预警和管控。

中小券商信用风险管控多元数据融合解决方案研究

华金证券股份有限公司[*]

近年来,证券公司信用风险相关业务规模大幅增长,与此同时,行业也面临资本市场业务创新导致信用风险复杂化、内外部环境面临百年未有之大变局等因素带来的复杂市场环境。在此背景下,证券公司信用风险管理的复杂度日趋提升,对信用风险管理能力提出更高要求。相较大券商,中小券商信用风险管理资源不足、投入受限,在构建符合监管要求、贴近自身体量与业务特点需求的信用风险管控机制方面仍存在较大的优化需求。

一、中小券商信用风险管理的需求与现状分析

本文首先通过对中小券商、外部信用服务商的广泛深入调研,明确中小券商信用风险管理在全面性、准确性、时效性等方面的客观优化需求及可用外部专业资源。

(一)中小券商信用风险管理的需求归纳

监管方面,依据各项监管政策要求,完备的证券公司信用风险管理体系框架可总结为治理结构、数据管理与信息系统、政策制度与管理流程、计量工具和系统应用五个维度。在治理结构、政策制度与管理流程、系统应用方面着重强调信用风险管理的全面性,在数据管理与信息系统、计量工具方面更为重视信用风险管理的时效性和准确性,为证券公司应对市场变化、加强信用风险管理提出了全流程、立体化的管理要求和指引。

业务需求方面,中小券商业务发展对信用风险管理的需求特征主要体现在以下三方面:第一,各业务板块对信用风险管理的需求各有侧重;第二,信用风险管控工具需要兼具高

---

[*] 本文为中国证券业协会2022年优秀课题。课题负责人:燕文波,华金证券股份有限公司党委书记、总裁。课题组成员包括:郭晓晖,博士,高级工程师,华金证券股份有限公司首席风险官;傅昌銮,杭州师范大学经济学院金融系教授;俞宁子,德勤风驭智能科技(上海)有限公司合伙人,信用风险专家;汪世奎、吴承凯、李熙伟、段默涵、范艳韵、沈舒婷、蒋晨阳,均供职于华金证券股份有限公司;陈绿原、宁娇蓉、王晨旭,均供职于德勤风驭智能科技(上海)有限公司;茅嘉鹤,供职于德勤企业咨询(上海)有限公司。

效、实用、投入产出高等特性；第三，中小券商存在准确评估信用风险敞口与多样化应用风险管控工具的客观需要。

（二）信用风险管理的外部专业资源

金融机构普遍存在提升信用风险管理能力的需求，因而催生了专业外部信用服务商的发展，并逐渐成为该领域重要的外部助力。外部信用服务商基于大数据技术、人工算法提供多元化的产品服务，通过外包和三方维护为中小券商实现信用风险管理数字化、智能化转型提供了较为便捷的路径。

本课题组对 12 家国内主流的外部信用服务商进行了调研，结果显示外部信用服务商在业务发展方向上各有侧重，大致可分为数据、研究、系统三个方向，年度客单价主要集中在 20 万元至 100 万元，年收入在千万元至亿元级别，信用服务市场已具备一定规模。相比于中小券商，外部信用服务商在信用风险管理领域具备更多优势，包括领先的专业技术积累及金融科技应用、数据信息渠道集成优势、丰富的人力储备和行业研究经验、多元的金融风险管理产品经验等。

（三）中小券商信用风险管理的现状与差距分析

为系统调研中小券商信用风险管控机制的建设现状和对外部信用服务的应用情况，本课题组组织"证券公司信用风险管控引入外部信用服务的调研"（匿名），覆盖证券公司 68 家，收到问卷反馈 56 份，其中净资本 200 亿元及以上的证券公司反馈 10 份，净资本 200 亿元以下的证券公司反馈 46 份。

调研结果显示，证券公司对外部信用服务的使用率较高且应用范围广泛，借助外部信用服务中小券商已普遍构建信用风险管理框架，并建立舆情监控、内部评级体系及内部评级模型、同一客户同一业务管理、授信限额管理等必要的信用风险管理工具，但在充分落实监管指导意见、满足业务需求上仍存在较大的优化空间。相关差距具体表现在三方面：第一，在信用风险管理全面性上，少数中小券商需加强信用风险的全流程管理；内部评级覆盖的主体范围有限；信用风险管控工具未充分覆盖核心业务范围。第二，在信用风险管理准确性上，内部评级的准确性和可用度不足；部分信用风险计量模型建设缺位，系统化程度低；部分中小券商对于授信限额管理的精细度不足。第三，在信用风险管理时效性上，内部评级的跟踪监测频率较低；准入名单机制的更新维护时效性不足。

二、多元数据融合解决方案及分类场景运用方法探索

基于中小券商信用风险管理优化需求及资源限制，本文进一步探索中小券商差异化应用外部信用服务，通过多元数据融合加强工具应用效果，进而提升信用风险管理效能的解决方案。从构建外部信用服务工具箱、提出多元数据融合方案、实施风控及业务场景分类应用三个维度，阐述多元数据融合方案构建的可行性，实现信用风险管理的流程自动化、数字化、智能监测与风险预警，为中小券商针对性地提升信用风险管理效能提供借鉴。

(一) 外部信用服务工具箱的构建与应用分析

外部信用服务商在发展过程中积累众多成果及素材，可适用于风险监测、风险评估、风险预警及风险管控等信用风险管理全流程。本文基于中小券商的数据融合应用需求，结合信用服务市场中已有的各类产品服务构建外部信用服务工具箱（见图1），将外部信用服务分为底层数据、中间工具、应用产品三大类别，具备不同的加工深度和应用场景。中小券商可以根据具体业务的重要性和风控颗粒度要求，集合自身资源禀赋，自主选择工具箱中的适用类别产品，精准应用于重点业务，在避免盲目投入造成资源浪费的同时提升风险管控实效。

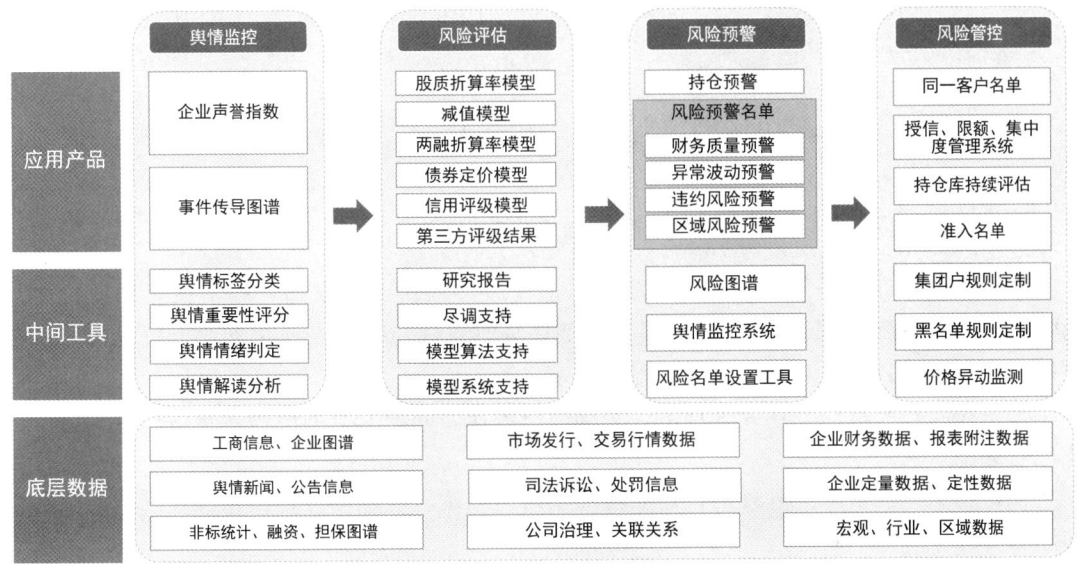

图1 外部信用服务工具箱

(二) 信用风险管控的多元数据融合解决方案

本文提出信用风险管控的多元数据融合解决方案，为中小券商高效利用已有资源，结合业务特点和风险偏好，形成匹配各家中小券商发展需求的特色信用风险管控机制提供基础方法。多元数据融合解决方案（见图2）包括三个主要维度：其一，基于市场信用服务资源，融合内外部资源，实现信用风险管理的全面性及经济性建设；其二，采用多元数据信息，通过量化模型融合实现信用风险预警，提升信用风险管理的时效性和准确性；其三，针对不同业务特征，针对性地加强关键环节风险管控，提升信用风险管理有效性。

(三) 多元数据融合解决方案的应用场景分析

本文以中小券商重点信用风险管控工具建设为例，阐述多元数据融合解决方案可应用于以下几方面。

一是在舆情监控上，构建全面、及时的智能化舆情监控系统；构建多元数据融合的舆情量化预警机制，提升预警准确性；舆情监控系统联动黑白灰名单及业务管理系统，提升管控时效性。

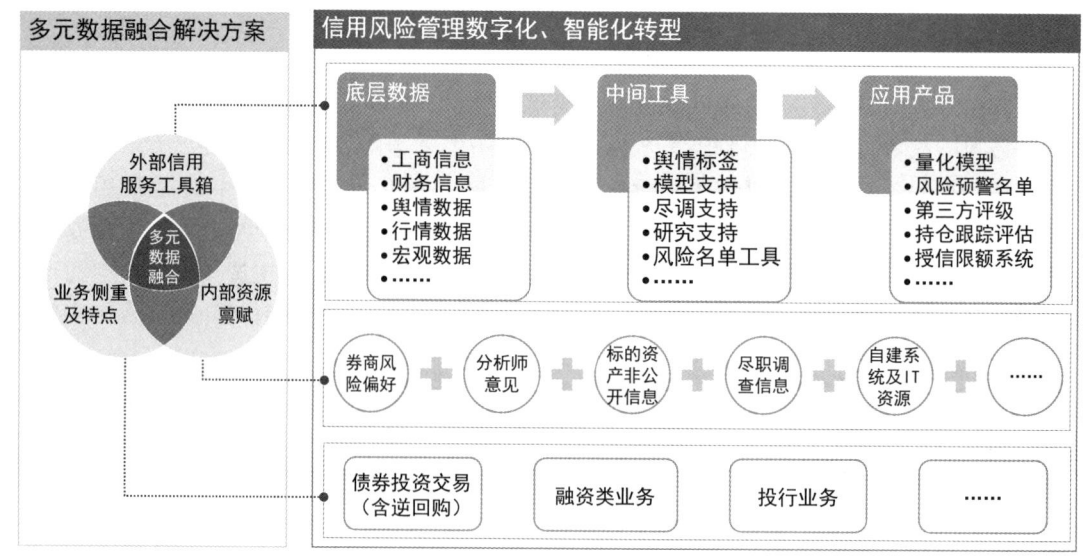

图 2　多元数据融合解决方案

二是在内部评级上，建立数据驱动的内部评级体系，提高内部评级覆盖全面性；建立"内部评级＋舆情预警"联动机制，提高内部评级时效性与准确性；根据业务特性构建多套评级符号并行的自动化、智能化内部评级体系。

三是在同一客户同一业务管理上，实现同一客户、同一业务的准确识别监控及全面系统集成管理。

四是在统一授信限额管理上，建立精细化的统一授信管理体系，加强统一授信系统联动与动态管理。

五是在减值计提上，建立体系化的基础数据库，服务于减值模型参数设定；联动内部评级和风险预警体系数据，提升减值模型精确度。

三、多元数据融合解决方案的实证研究

为考察多元数据融合解决方案应用效果，本文以多元数据融合在内部评级模型的应用为例开展实证研究。研究表明，方案对内部评级模型的准确性、时效性提升成效显著。本次实证研究基于两个主要目的：一是运用逻辑回归算法，在传统以财务指标为主的内部评级模型中融入舆情信息及固收交易行情信息，以验证多元数据融合模型相对于传统内部评级模型（以下简称"传统模型"）具备更强的信用违约风险预警效果（见图3）；二是基于外部信用工具箱构建模型有效性的偏离度监测，验证其可实现自动化监控和有效预警，有助于中小券商对信用风险管理实质的自主把控。

（一）数据说明

本文选取在境内市场公开发行过债券、证监会分类为房地产行业的175家房地产企业为研究样本，样本主体违约时间设定为同一主体境内境外债券的最早违约时间，统计时间区间为2018年4月至2022年8月，共筛选出违约样本主体32家。相关模型要素及预处理如下。

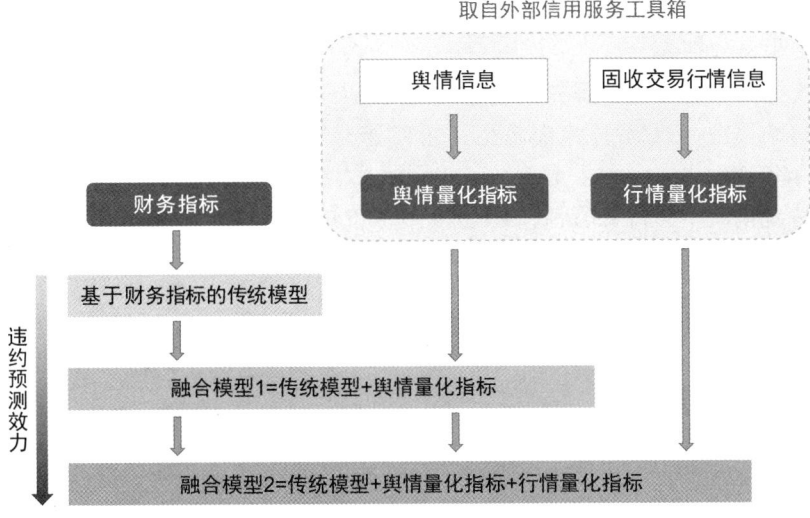

图 3 多元数据融合模型构建

1. 以财务数据为主的传统模型要素

选取企业性质和总资产、净资产收益率、剔除预收账款的资产负债率等财务指标。

2. 舆情信息来源及舆情风险因子计算

舆情信息由外部信用服务商提供，根据舆情预警分类和重要程度共分为 7 档，评分在 -3 到 3 之间。定义"舆情风险因子"为单一样本主体所有正负面舆情信息的评分按月加总的总得分。

3. 固收交易行情数据及债券最大折价幅度计算

定义"债券折价交易"为债券成交净价相对票面价格偏离大于等于 2% 且到期收益率（含回售权以行权到期收益率计）大于等于 8%。定义"债券折价幅度"为债券成交净价相对票面价格的偏离度。定义单一样本主体"债券最大折价幅度"为截至样本月度末该主体的历史最大债券折价幅度，如样本主体未出现"债券折价交易"，则"债券最大折价幅度"取 0 值。

（二）实证方法

模型设定方面，本文采用 Logistic 回归模型，具体形式如下：

$$E(def_i) = P\left(def = \frac{1}{x}\right) = \frac{1}{1 + \exp[-(\alpha + \beta_1 N + \beta_2 MBD + \sum_{i=3}^{n} \beta_i x_i)]}$$

其中，P 为预测违约概率，被解释变量 def 代表企业是否发生债券违约。传统模型选择房地产行业分析中常用的财务指标及企业性质作为解释变量，x_i 代表其中涉及的上述变量。N 为舆情风险因子，MBD 为债券最大折价幅度，两者为融合模型新增解释变量。

（三）实证结果

实证结果显示，在传统模型中融入舆情信息及固收交易行情信息后，模型的有效性得到逐步提升。

本文根据模型解释变量是否加入舆情风险因子（N）和债券最大折价幅度（MBD）得到三组模型结果，分别为：

一是传统模型评价结果，解释变量为财务指标与企业性质指标；

二是"传统模型+舆情"融合模型评价结果，在传统模型基础上融入舆情风险因子（N）作为解释变量；

三是"传统模型+舆情+行情"融合模型评价结果，在传统模型基础上融入舆情风险因子（N）和债券最大折价幅度（MBD）作为解释变量。各组模型违约预测结果见表1。

表1　　　　　　　　传统及融合模型违约预测结果对比

模型分类	p	准确率（Accuracy）	召回率（Recall）	精准率（Precision）	错杀率（False Positive Rate）
传统模型	p = 0.1	80.57%	12.50%	40.00%	60.00%
	p = 0.2	83.43%	12.50%	80.00%	20.00%
传统模型+舆情	p = 0.1	89.14%	71.88%	69.70%	30.30%
	p = 0.2	89.14%	56.25%	78.26%	21.74%
传统模型+舆情+行情	p = 0.1	89.71%	81.25%	68.42%	31.58%
	p = 0.2	92.57%	75.00%	82.76%	17.24%

注：准确率是指模型预测结果与实际违约情况一致的主体数占全部样本主体数的比值；召回率是指被模型预测出违约的违约主体数占全部违约主体数的比值；精确率是指被模型预测出违约的实际违约主体占全部模型预测违约主体数的比值。

本文通过准确率、召回率、精确率三个维度来评价模型的有效性。对P值选取为0.1和0.2时的模型效果进行比较后得出以下结论：其一，相比于传统模型，融入舆情信息和融入舆情、行情信息后，模型的违约预测准确率、召回率持续提升，错杀率基本稳定或下降；其二，融入舆情、行情信息的融合模型在违约预测准确率、召回率方面较传统模型均有显著提升，错杀率亦有所下降，在三组模型中表现最优。

（四）融合模型有效性的动态监控与偏离预警

为保证内部评级模型的适用性和有效性，在融合模型对样本违约预测具备优化效果的基础上，本文构建简单的评级偏离预警机制，将上述房地产行业内部评级模型的违约预测结果与中债隐含评级建立评级映射，并通过计算评级偏差监测模型偏离度，实现模型有效性的自动化监控和偏离预警。

实证结果显示（见图4），自2021年9月起，样本房地产企业内部评级模型的偏离度值开始显著上升，提示模型有效性下降风险，需对模型进行复核调整。其中"传统模型+舆情+行情"融合模型偏离度相对最小。而房地产行业自2021年9月以来信用风险加速暴露，地产企业违约集中爆发，显示偏离度监测预警具备有效性。

四、总结与优化建议

进一步加强信用风险管理能力对保障证券行业稳健经营，维护金融体系稳定性，更好地

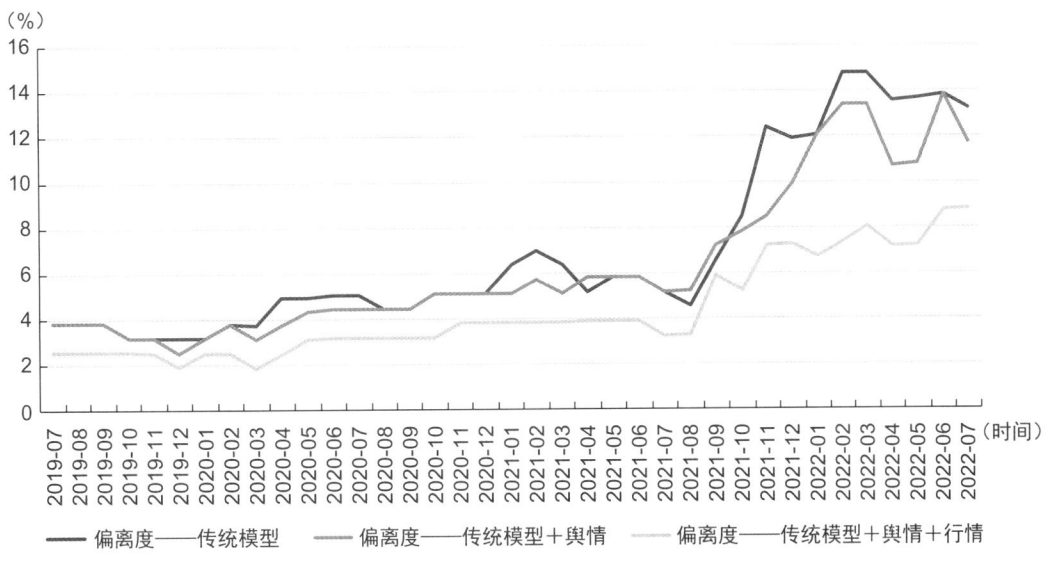

图 4 房地产内部评级模型与中债隐含评级偏离度预警监控

落实证券公司服务实体经济和有效防控风险的社会责任均具有重要意义。对于中小券商而言，信用风险管理不仅要避免"闭门造车"与"拿来主义"的两个极端，更要实现内外资源的充分整合和有效利用。

本文以调研为切入点，明确中小券商信用风险管控中存在的客观优化需求，针对性地提出多元数据融合解决方案，并以实证研究验证方案的可行性、有效性，为中小券商守住信用风险底线、提升风险防范的全面性和可操作性提供一定借鉴。进而，本文从监管层面提出政策建议，从中小券商层面给出优化建议，以供辩证参考。

（一）政策建议

一是通过建立信用服务商与证券公司的联动机制与交流平台，促进证券公司信用风险管理需求与市场专业技术资源的有效对接；二是加强信用服务商行业协会及自律体系建设，从而促进技术进步、服务提升与差异化经营，推动行业健康发展；三是细化监管要求，基于中小券商的业务侧重实施分类信用风险管控评价，引导中小券商构建与自身业务发展相适应的信用风险管理体系。

（二）优化建议

一是主动拥抱信用风险管理数字化、智能化转型浪潮，构建自身信用风险管理核心竞争力；二是深化信用风险管理中的多元数据融合应用，基于业务需求和风险偏好更具针对性地制定信用风险管控手段；三是集中资源优先提升重点业务的信用风险管控能力，以服务业务发展为根基实现资源高效利用。

证券公司机构客户风险画像的构建及应用
——基于信用风险管理角度

唐 凯　李微茜　张 尉　董 淼　吴晓东[*]

一、研究背景与意义

随着国内资本市场日益成熟，机构客户[①]已成为市场的重要参与主体，与证券公司广泛开展融资、债券投资、非标债权投资等各类信用业务。据统计，2017—2022 年末 A 股证券公司信用类资产规模[②]从 3.26 万亿元增至 7 万亿元，占总资产比例由 52.29% 提高到 60.04%。近年来，各证券公司在信用类资产上的配置比例维持较高水平，承担的信用风险敞口逐年增加，风险亦在不断累积（见图 1）。因此，在宏观经济下行压力加大、金融供给侧改革不断深化、刚性兑付逐渐打破的背景下，如何充分整合和利用各类风险信息，做好机构客户信用风险全流程管理，提高证券公司信用风险管理水平及精细化程度，是证券公司现阶段需解决的重点、难点问题。

当前大数据、人工智能技术的高速发展为证券公司整合内外部数据信息，通过描绘客户风险画像[③]，全面、直观、精准、高效地识别客户信用风险特征提供了技术支持。但是从现有文献来看，金融行业的客户画像研究大多集中在客户精准营销和改善客户服务体验等领

---

[*] 本文写作于 2023 年 9 月。作者简介：唐凯，广发证券股份有限公司风险管理部执行董事；李微茜，广发证券股份有限公司风险管理部总监；张尉、董淼、吴晓东，均为广发证券股份有限公司风险管理部资深信用风险分析师。

① 机构客户是指非自然人的社会组织类客户，包括但不限于企业、政府及事业单位、同业金融机构、专业投资机构及其他社会团体等。

② 信用类资产规模口径为申银万国非银金融 - 证券行业 A 股上市公司年报中融出资金、买入返售金融资产、其他债权资产、以公允价值计量且其变动计入当期损益的金融资产科目合计数，其中以公允价值计量且其变动计入当期损益的金融资产未剔除资管计划、基金、股票。

③ 客户风险画像是客户多维度风险信息的集中展现，通过分析客户的各类风险信息，从多维度描述机构的特征，为评估决策提供支持。

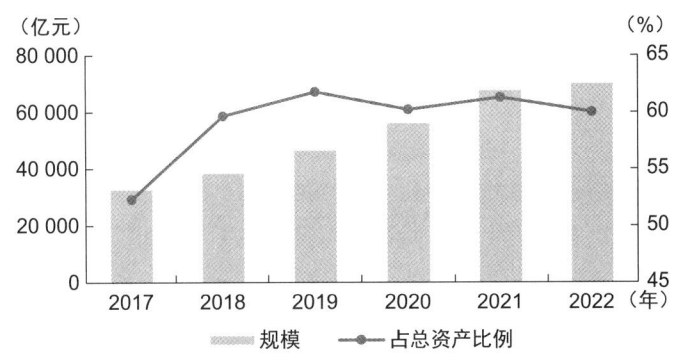

图 1　2017—2022 年末 A 股证券公司信用类资产规模及占总资产比例

资料来源：Wind。

域。即使有客户风险画像相关研究，也主要应用于银行业零售及中小微企业信用评分与准入等方面，针对证券行业机构客户信用风险管理的应用研究较少。

本文基于证券公司信用风险管理实践和项目建设经验，对客户风险画像构建方法进行了系统性的研究、探索和总结，设计了一套适用于证券公司机构客户的风险画像标签体系，详细介绍了有代表性的复杂标签构建方式，并结合具体业务场景对风险画像在信用风险全流程管控中的应用进行了详细阐述，在行业内具有创新性，对助力证券公司提高信用风险管理水平、加快推动行业风险管理数字化转型具有积极意义。

二、机构客户风险画像构建研究

（一）构建风险画像的维度和流程

用户画像概念最早由国外学者 Alan Cooper 提出，是指根据用户社会属性、生活习惯和消费行为等信息抽象出的标签化模型，其核心是给用户"贴标签"。因此，机构客户风险画像的核心在于对客户各类数据进行分析处理，提炼相关特征，通过专家经验、统计分析、构建模型等方法给客户贴上相应标签，通过标签来刻画客户风险特征，最后根据实际需求将不同标签组合形成特定的客户风险画像，为评估决策提供支持。

标签的分类可以相对具体，也可以高度概括和抽象，取决于实际需求、数据可获得性、数据颗粒度、模型复杂度等因素。

整个画像过程体现为数据—属性（特征）—标签—画像四个层次，随着层次递进，抽象和概括程度逐步加深，风险信息更加明确和精炼。

1. 数据

数据是风险画像的基础，数据的覆盖面、形式和质量决定了后续属性（特征）和标签的构建难度，最终决定风险画像的维度和质量。当前可获得的数据包括但不限于客户基础特征、财务、行业及业务竞争力、舆情、评级、业务合作、估值及交易等各类信息。

2. 属性（特征）

为进行统计分析、建模以及便于理解，需将原始数据处理成属性（特征）。可通过特征工程，如缺失值填充、异常值处理、标准化、归一化、分箱、数据转换、嵌入（Embedding)、降维、升维等,进一步提高模型的表现。因数据形式和数据量存在较大差异,不同数据应选择适当的方式进行特征提取、特征清洗和特征工程。

3. 标签

标签是属性(特征)的进一步提炼或抽象,根据其抽象程度,我们将其分为基础标签、初级抽象标签和高级抽象标签。其中,基础标签来自客观属性,进行简单处理即可形成,如简单的分箱、提取分位数等;初级抽象标签是特征提取后简单加工处理组合形成的标签;高级抽象标签则是经过相对复杂的模型处理后形成的标签,涉及较复杂的数据处理、参数优化、特征选择、模型验证等过程。

4. 画像

画像则是对不同标签的选择和组合。经过前期处理,最终形成画像的标签数量进一步减少,需要处理的信息维度大大降低,更利于准确把握客户风险特征和快速决策。可以直接选取风险标签组合,或构建与具体应用场景相融合的雷达图、关联图谱等展示画像结果。

(二)构建风险标签的方法

1. 风险标签数据

标签构建过程中,需考虑风险数据的可获得性、处理难度以及标签的颗粒度。应尽量涵盖相关性高、数据质量较好的数据源。在实际构建标签过程中,应充分结合应用需求选择合适的颗粒度。为尽量减少信息损失,建议采用多级标签的方式逐级构建,通过不断迭代的方式逐渐优化。最终画像可仅选择少数抽象程度最高或业务线最关注的标签进行组合。

2. 风险标签构建方式

主要采用三种方式构建标签,不同方式均有其优缺点。

一是根据专家经验,采用层次分析法(AHP)或直接给属性赋予权重的方式进行加权,该方法相对简单,但对专家的抽象能力和专业水平要求较高。

二是采用非监督性学习,如聚类、主成分分析(PCA)、熵值法进行,根据属性的实际分布情况进行分类。数据维度较高时,标签含义可能较难直观理解。

三是采用监督学习的方式,先对样本主体进行标注,然后构建分类模型,如逻辑回归、支持向量机(SVM)、决策树(DT)、随机森林(Random Forest)、XGBoost、深度学习等。该方法对样本分类质量要求较高,对样本量也有一定要求,实际建模可能受到一定限制。

由于输入数据类型不同,采用的标签类型也可能不同,最终的标签可以是类别(有序或无序),也可以是具体定量数值。

基于证券公司数据可获得性并结合业务专家经验,我们搭建了一套适用于证券公司机构客户信用风险管理,且兼具完整性、区分度及数据可获得性的客户风险画像标签体系(见表1)。

3. 风险标签构建

因基础标签和初级抽象标签的构建相对较简单,我们选取5个高级抽象风险标签案例对构建过程进行说明。

(1)内部评级标签。评级作为刻画客户偿付能力的一个维度,其抽象程度较高,评级符号本身作为风险标签评级的高低体现了差异化的信用风险水平。因此,内部评级(简称"内评")标签构建方法在风险标签构建中具有代表性。

表1 风险画像标签体系

标签大类	标签	说明
基础特征	基本信息	行业、公司属性、成立时长、经营范围、资本实力等
	股权结构	清晰度、穿透关系复杂度、稳定性
	关联关系	关联关系复杂度、关联方风险水平、关键人风险水平、关联交易频繁度和透明度、风险传导情况
	实际控制人信息	违法违规、司法诉讼、债务水平、投资风格、道德风险水平
	担保关系	第三方担保
财务信息	财务真实性	真实性判定打分、财务异常科目
	盈利能力	盈利规模、质量、波动性
	偿债能力	负债结构、偿债指标
	运营能力	周转水平、应收款结构
	成长能力	增长情况
	规模水平	总资产、净资产、营业收入、现金流
竞争能力	行业壁垒	技术、规模或资金壁垒、牌照稀缺性、特许经营
	上下游依赖度	上下游集中度、议价能力、产业链位置
	产品替代性	细分领域竞品数量、产品可替代性
	创新水平	研发投入、专利数量和水平、技术迭代速度
	行业地位	产品市占率、市场排名、行业竞争特性
	投资能力	投资规模、投资收益、投资行业前景和行业互补性
	融资能力	融资规模、渠道、期限、利率水平、融资品种
舆情	舆情分类及热度	舆情数量、正负面、信息热度、持续时间、影响力
	异常情况	违约、逾期、诉讼、处罚、经营异常、欠缴税费等
	行业负面信息	行业景气度、风险隐患等
	监管政策变动	利好、中性、利空
业务信息	持仓风格	白名单证券占比、成分股、流动性、估值情况、集中度
	交易行为	换手率、交易策略、收益率
	历史记录	强平、逾期、追保、违约、诉讼等
评级信息	内部评级	评级结果、评级展望及变动情况
	外部评级	国际评级、国内评级、评级展望及变动情况
估值及交易	估值	中债、中证估值绝对值及偏离度、利差变动情况等
	交易	异常交易、交易偏离度
其他	宏观经济增长前景	乐观、中性、悲观
	市场情况	市场活跃程度、估值情况、交易情况
	合作情况	合作业务类型、风险敞口、客户授信、综合价值
	极端或突发事件影响	

在构建评级标签过程中,评级指标采用了财务定量和定性两个维度(见图2)。前者包括规模、盈利、流动性、杠杆比例、运营能力、成长性等120多个属性;后者包括市场地位、股东背景、公司治理、融资能力、信誉状况等,且需进行结构化处理,最终表现为不同分档。

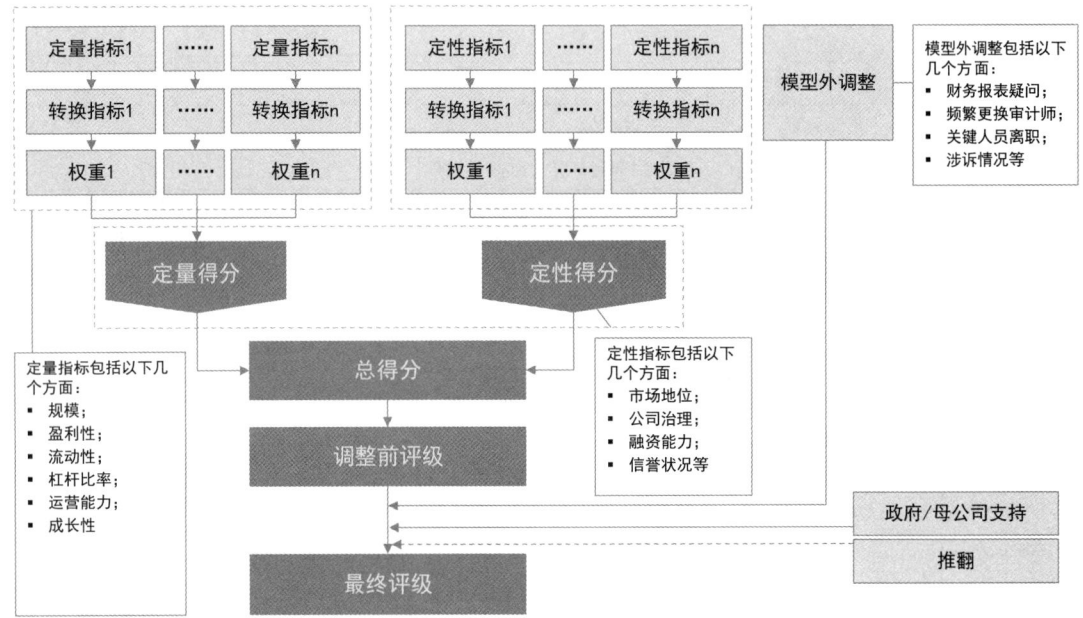

图 2 内部评级标签体系框架

模型采用监督学习中的逻辑回归,结合经济含义和模型评价指标(如 AUC 等),筛选出合适的指标(属性)和模型参数。模型结果经调整得到最后的评级标签。

(2)舆情标签。目前舆情预警已成为各家证券公司或数据供应商的重点研究领域,该类数据的主要特点是高频、非结构化、信息密度相对较低,需要采用各种特征提取技术及机器学习模型建模。我们采用 BERT + LSTM + CRF + CNN 模型提取舆情中的主体、事件以及情感倾向,然后给每篇文章贴上相应的标签。通过对标签进行统计、分类或建模处理,产生更高层级的标签,如热度指数、情感指数、风险分数等。具体模型架构见图3。

事件标签需先根据专家经验来进行总结和分类,赋予相应的分数或权重,可能还需要对事件的影响力衰减情况进行赋权(人工或通过模型进行迭代赋权)。上述准备工作完成后即可通过相应模型算法来计算各类舆情指数或分数,最终形成一个综合性的舆情风险分类标签。

(3)财务预警标签。为了反映 A 股上市财务健康度、财务粉饰及财务造假风险,我们构建了 A 股上市企业财务指标体系,建立专家规则模型和机器学习模型,预判企业财务风险等级。

专家规则模型通过对财务指标设置阈值,根据指标的触发情况来对风险进行提示。机器学习模型则构建各类特征,依靠其强大的非线性拟合能力,可以大幅度地提升模型性能。

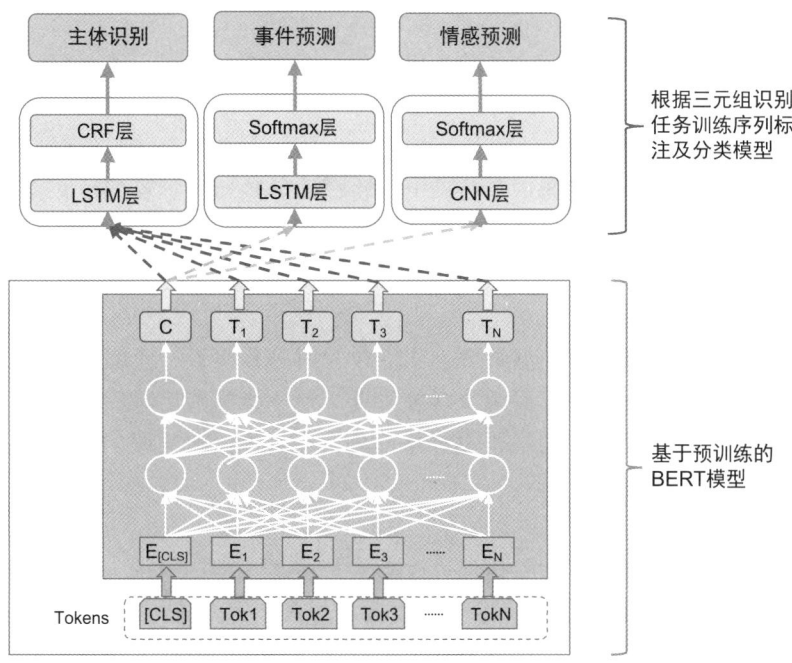

图 3 舆情标签框架

目前,我们综合两个模型结果给相关企业贴上不同的预警标签,并根据风险提示进行重点核查和分析。

(4) 动态高频预警标签。内评、财务标签刻画的主要是低频信号,动态高频预警标签则主要刻画的是舆情、价格、估值等高频数据的综合风险。通过构建大量特征,应用机器学习模型(现采用 XGBoost 模型),将评估结果标签化,同时通过风险分级标签动态刻画主体的即时综合风险,可以每日监测各主体的风险水平,并根据风险水平采取差异化的风险应对方案。

(5) 实际控制人风险标签。目前,证券公司证券金融等信用类业务中,存在大量机构客户的实际控制人(自然人,简称"实控人")作为债务人或担保方的情况;而在投行股权项目中,财务舞弊、上市公司侵害(资金占用、违规借款与担保)等案件,往往由实控人风险演化而来。因此,刻画实控人的风险是机构客户风险画像的重要补充。作为一个主体,实控人风险标签的构建方式与机构主体类似,但由于实控人的识别较为困难,我们在实控人舆情标签的处理上采用了与机构主体不同的方式。

实践中,我们利用人工智能大语言模型(AI LLM)强大的处理能力对舆情内容进行分析,识别出自然人同机构主体的关系,实现实控人的精准识别,同时利用接口总结发生的舆情事件,再与风险标签进行匹配。后续,我们还将采用"搜索引擎 + AI LLM"的方式进一步增加舆情分析的时间周期及舆情信息源,充分发掘实控人可能存在的各类风险。

(三) 客户风险画像体系构建

客户各类别风险标签构建完成后,我们从以下四个维度来描述和展示画像结果,搭建客户风险画像体系。

1. 风险标签组合

结合具体业务场景，从风险标签库筛选出风险标签组合，并尽可能去繁从简，最大限度展现客户的基本风险特征。

2. 关联图谱

在证券公司自建或外购关联图谱的基础上，将提炼后的风险标签标注在关联图谱上，生成含风险属性标签的关联图谱，优化关联图谱信息呈现维度及风险传导路径，为风险预警打好数据基础。

3. 综合信用评分模型

将优化后的风险标签与内评模型结合，建立包含财务真实性、负面舆情、价格异常波动等维度的综合信用评分模型，一方面减少财报失真、财务指标滞后等因素对传统内评模型有效性的不利影响，另一方面融入关联风险传导、交易价格等反映受评主体风险变化的信息因子，提高风险识别的前瞻性。

4. 风险雷达图

可根据不同应用场景，筛选标签构建风险画像雷达图。举例来说，图 4 含有两个客户风险画像雷达图，客户 A 以蓝色标注，客户 B 以黄色标注。其中左图为根据某一特定需求构建的综合风险画像，右图则是财务维度下的单独画像。从整体画像来看，两个客户在各维度互有优劣，总体差异并不明显。而单从财务维度，客户 B 则明显比客户 A 弱。若拟开展业务对财务要求较高，可根据右图提示作进一步的调查和分析。

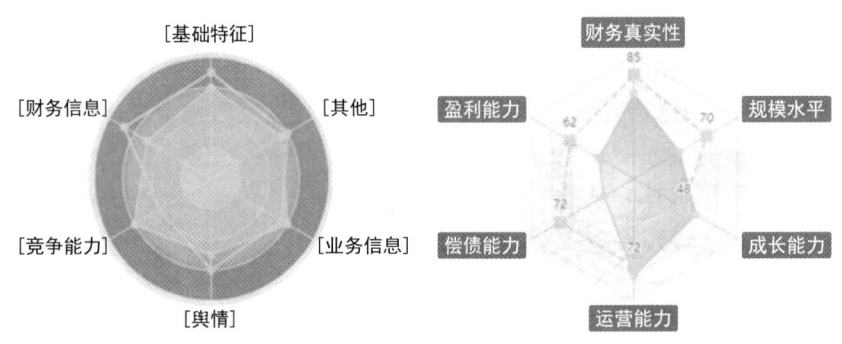

图 4　风险雷达图案例

三、机构客户风险画像的应用研究

将客户风险画像的研究成果应用到机构客户信用风险管理领域，可以搭建起覆盖业务事前、事中和事后的全流程风险管理机制（见表 2）。

（一）提升事前风险识别及客户分层分类管理能力

1. 风险识别及尽职调查

在事前风险管理环节，风险雷达图能够直观、形象地展示客户风险方面的突出问题和薄弱环节，协助高效开展风险识别及尽职调查工作。同时关联图谱结合实控人风险标签，形成关联客群风险画像，精准挖掘客户的潜在风险隐患。例如，在股票质押业务对标的上市公司

表 2　　　　　　　　客户风险画像成果在全流程风险管理中的应用

客户风险画像体系	全流程风险管理		
	事前	事中	事后
风险标签组合	准入标准：如战略客户白名单、"两融"担保品黑名单 客户分层分类管理	项目审核 风险预警 风险排查 信用资产风险分类	风险经验总结：调整与迭代
关联图谱	风险识别 同一客户生成与维护	风险传导 风险预警 风险排查	风险化解与处置：挖掘资产及增信要素等信息
综合信用评分模型	客户信用等级 同一客户授信管理：高等级高授信原则	风险计量：减值计提、经济资本压力测试	风险化解与处置：资产估值与定价
风险雷达图	提高现场尽调的有效性	提高风险评估的有效性及风险检查的针对性	风险经验总结：调整与迭代

尽职调查中，可通过风险雷达图识别公司与同行业相比，在经营能力、成长能力及财务健康度等方面的短板，重点对短板进行分析评估。同时还可通过关联图谱及实控人风险标签，进一步挖掘上市公司实控人的风险信息，围绕实控人及关联方资信问题深入分析和了解，做实做细尽职调查工作。

2. 客户分层分类管理

通过风险标签组合和综合信用评分模型，进一步优化客户准入和分类管理机制，增强机构客户风险管理的有效性。如在公司黑白名单客户管理中，可基于不同业务类型及行业特点，选取相应风险标签组合设置指标阈值，形成客户评价标准；又如在债券承销业务中，借助综合信用评分模型和财务预警标签，能更加有效准确地对发行人进行信用等级排序，作为立项及分层分类管理的依据。

3. 同一客户授信管理

一方面可结合客户关联图谱进行同一客户系统化生成与批量维护，另一方面可将综合信用评分模型与证券公司风险偏好和风险承受能力结合，对不同信用等级客户给予不同的授信额度，提升同一客户授信管理的有效性。

（二）增强事中风险监控与预警的灵敏性

1. 项目审核

风险标签组合及风险雷达图可提高项目风险评估的准确性和增信措施的有效性。以"两融"业务为例，基于业务信息、估值及交易信息等标签建立的风险标签组合，可识别客户交易风格、盈利波动性、集中度风险、担保品市场和流动性风险等。可同时结合实控人负面舆情标签、财务预警标签等风险标签判断该机构客户风险类型及程度，并基于此制订包括单一客户及同一客户授信额度、展期审批要求、担保品集中度管控措施等授信方案。

2. 风险预警

动态高频预警标签结合关联图谱，可对单一客户及同一客户进行实时风险预警，有效提高证券公司风险预警的及时性和灵敏性。例如，当某客户出现负面舆情、证券价格异常波动，或者发生违约风险事件时，动态高频预警标签能及时捕捉相关风险信息并转化为量化风险分级结果，借助关联图谱迅速汇集公司与该客户及关联方开展的所有业务类型和风险敞口，以便有效分析风险事件对公司的影响程度及需要采取的风险化解手段。

3. 风险排查与检查

专项风险排查时，可根据业务风险特性提炼或构建特定风险标签组合，再基于标签组合筛选出需重点排查的客户名单，提高风险排查效率。以存在退市风险的担保品专项排查为例，根据交易所发布的退市标准构建风险标签组合，从担保池中筛选出退市风险较大的股票名单，再进行专家判断，提高风险排查的有效性。以投行 IPO 现场核查为例，基于财务舞弊的财务预警标签和风险雷达图可提示可能存在财务舞弊的科目和途径，提高现场核查效率。

4. 信用资产风险分类

根据风险案例经验总结，筛选能有效预测信用资产风险迁移及损失率的风险标签组合，如逾期天数、履约保证变化、内外评级下调幅度和频率、增信措施落实情况等，对证券公司存量信用资产进行分层分类管理，提高资产存续期风险识别与预警能力。

5. 风险计量与压力测试

综合信用评分模型融合了客户财报等历史信息、当前交易价格信息以及舆情和关联风险传导的未来预期信息，输出的风险计量参数能更准确地反映机构客户风险特性，提高证券公司减值计提和压力测试的有效性。

（三）提高事后风险化解与处置的成效

1. 关联主体及资产信息挖掘

发生风险后，通过关联图谱并结合相应风险标签，证券公司可尽快收集客户关联主体及其资产信息，提高风险处置效率。如股票质押业务中，综合客户股权结构、关联关系、担保关系、司法诉讼等标签绘制关联图谱，形成关联客群风险画像，并进一步整合财务、竞争能力和舆情等标签信息，帮助证券公司更有针对性地开展资产调查，深入挖掘潜在的资产线索，尽早开展资产处置工作。

2. 资产估值与定价

证券公司风险资产处置的一大痛点在于风险资产的估值与定价。综合信用评分模型可助力证券公司从客户及担保品角度对风险资产的回收率进行有效估计，辅助处置决策、合理选择不同清收方式，最大限度地提升资产处置价值和处置效率。

3. 风险经验总结

通过复盘、总结过往风险化解和处置经验教训，对现有风险标签、综合信用评分模型和风险雷达图进行迭代和调整，可不断提升机构客户风险画像的全面性和准确性。

四、未来优化方向

本文系统性研究了构建机构客户风险画像的方法，设计了适用于证券公司机构客户的风险画像标签体系，详细介绍了有代表性的复杂标签构建方式，结合业务实践对风险画像在全流程风险管理中的应用进行了详细阐述。后续可进一步积累和整合更多高质量数据，探索利用更先进有效的技术手段加强信息挖掘，扩展机构客户风险画像在证券公司展业过程中的应用场景，对机构客户风险画像的构建及应用进行不断迭代和完善。

参考文献

[1] 田娟，朱定局，杨文翰. 基于大数据平台的企业画像研究综述 [J]. 计算机科学，2018，45（S2）：58—62.

[2] 郝胜宇，陈静仁. 大数据时代用户画像助力企业实现精准化营销 [J]. 中国集体经济，2016（04）：61—62.

[3] 曹汉平. 数字化银行转型：以"千人千面"的金融服务新模式为例 [J]. 中国经济报告，2020（01）：93—100.

[4] 张万军. 基于大数据的个人信用风险评估模型研究 [D]. 北京：对外经济贸易大学，2015.

[5] 赵惜茹. 基于大数据技术的银行客户画像构建的研究与应用 [D]. 北京：北京邮电大学，2022.

[6] 刘海鸥，孙晶晶，苏妍嫄，等. 国内外用户画像研究综述 [J]. 情报理论与实践，2018，41（11）：155—160.

[7] 吕辉，许道强，仲春林，等. 基于电力大数据的标签画像技术与应用研究 [J]. 电力信息与通信技术，2017，15（02）：43—48.

[8] 郜新江，姚再杰. 金融机构监管画像构建研究 [J]. 金融电子化，2021（11）：41—43.

[9] Trevor Hastie, Robert Tibshirani, Jerome Friedman. The Elements of Statistical Learning: Data Mining, Inference, and Prediction [M]. Second Edition. New York: Springer - Verlag New York Inc, 2009.

[10] Aaron Courville, Ian Goodfellow, Yoshua Bengio. Deep Learning [M]. Cambridge: The MIT Press, 2016.

证券公司构建廉洁从业风险防控体系研究

——以C证券公司为例

王琰珏*

习近平总书记多次强调,要"加大金融领域反腐败力度""做好金融反腐和处置金融风险统筹衔接"。二十届中央纪委二次全会明确要求:深化整治金融等权力集中、资金密集、资源富集领域的腐败。金融是现代经济的血液,防范化解金融风险,尤其是防止发生系统性金融风险是金融业的永恒任务。证券公司作为资本市场的中坚力量,不仅是连接资本市场和实体经济的重要桥梁,也是整个金融体系的重要组成部分。近年来,部分证券经营机构在各类业务快速发展进程中出现了直接或间接利益输送、商业贿赂等腐败问题,加剧了机构的合规与经营风险,造成了恶劣的社会影响。廉洁从业风险防控是从源头上整治证券行业腐败的重要举措,本文拟将风险管理相关理论与证券公司廉洁从业风险防控实践相结合,为证券行业构建系统化、规范化的廉洁从业风险防控体系提供实施方案,督促实现证券行业廉洁从业风险的有效防范。

一、廉洁从业风险防控应用的相关理论概述

(一)LEC 评价法

LEC 评价法是美国安全专家 K.J. 格雷厄姆和 K.F. 金尼针对具有潜在危险性作业环境中的危险源进行半定量分析的安全评价方法,该方法利用与风险有关的三种因素指标值的乘积来评价风险大小。即:D(Danger,危险性)= L(Likelihood,发生事故或危险事件的可能性)×E(Exposure,暴露于危险环境的频次)×C(Consequence,事故一旦发生可能产生的后果)。本文将借鉴该方法对廉洁从业风险进行评估。

---

* 本文写作于 2023 年 9 月。作者简介:王琰珏,财信证券股份有限公司稽核审计部总经理助理。

（二）PDCA 循环理论

PDCA（计划—执行—检查—处理）循环理论由美国质量管理专家沃特·阿曼德·休哈特提出，后由威廉·爱德华兹·戴明宣传、推广、普及至全世界。具体含义如下：

P（Plan，计划）：根据已知现状找出存在的问题，分析问题并找到主要原因，针对主要原因制定改善措施，提出实施计划和方案布局；D（Do，执行）：执行计划并及时修正；C（Check，检查）：通过定期或不定期检查，验证执行效果，发现问题；A（Action，处理）：对检查的结果进行处理，将成功经验标准化，对发现的新问题采取新的应对措施并开启下一循环。

PDCA 循环理论为管理活动提供了一个通用模型，可以不断迭代、重复执行并验证管理活动的工作思路和步骤。本文将以 PDCA 循环理论为基础制订证券行业廉洁从业风险防控体系的实施方案。

二、C 证券公司廉洁从业风险防控现状分析

（一）C 证券公司廉洁从业风险防控工作现状

C 证券公司为国有证券公司，现有投资银行、经纪、资产管理、自营四大业务条线，纪检、合规、风控、财务、人力等中后台部门，以及期货、私募股权基金、另类投资等子公司（以下统称"各部门"）。总结 C 证券公司廉洁从业风险防控工作现状如下：

1. 以制度机制为基础，夯实事前防控

C 证券公司制定了廉洁从业管理制度等基本制度，指导各部门制定了廉洁从业实施细则，并将廉洁从业融入公司内部控制体系；明确了从公司党委、董事会、监事会到经营层各层级的廉洁从业风险防控责任，指定纪检为廉洁从业管理部门，并在各部门成立廉洁从业工作小组，统筹开展廉洁从业风险防控工作；加强廉洁文化建设，全面推进廉洁从业宣导教育；建立廉洁从业风险识别与评估机制，每年开展廉洁从业风险大排查。

2. 以多种渠道为抓手，推进事中管控

C 证券公司将廉洁从业纳入公司人力资源管理体系，从员工入职到调动、晋升、评优评先、考核、离职等各环节，均组织开展廉洁从业考察评估；由纪检部门组织人员，对公司人员招聘、大宗采购、资产处置、中介机构选聘、防范利益冲突等重点领域关键环节开展日常廉洁监督；拟定了针对全体员工、董监高、分支机构负责人、采购人员等不同类型人员的廉洁承诺书并组织签署。

3. 以监督检查为重点，落实事后追责

C 证券公司每年定期组织各部门开展廉洁从业自查，并不定期抽查部分部门开展廉洁从业专项检查；审计部门将廉洁从业纳入稽核审计范围，在常规审计、专项审计、离任审计等过程中关注廉洁从业相关内容；合规部门在合规检查中抽查廉洁从业相关内容，多部门形成监督合力，以检查促整改，以监督促治理。同时，纪检部门积极运用"四种形态"加大对违纪违规案件线索的调查处置力度，强化问责，一体推进不敢腐、不能腐、不想腐。

（二）C 证券公司廉洁从业风险防控存在的问题

1. 风险评估具体方法有待完善

C 证券公司在开展廉洁从业风险排查时，围绕公司各业务环节，对可能产生腐败的行为进行了梳理，识别出了廉洁风险事项，但对廉洁从业风险的评估工作主要采取定性分析，较为简单。风险评估应当具备定量与定性分析相结合的评价标准，根据腐败行为发生的概率及危害性等因素进行综合评估，进而确定风险控制的优先等级。

2. 信息化转型及应用有待提升

C 证券公司建立了用于廉洁从业管理的信息系统，但该系统应用范围主要限于上传学习资料、签署线上承诺等日常宣教功能。应更加重视信息系统在廉洁从业风险防控体系中的作用，提升数据抓取与分析、风险预警与处罚等功能，以信息化为武器，强化廉洁从业风险防控的过程约束与监督预警。

3. 风险防控系统规划有待加强

C 证券公司廉洁从业风险防控工作整体上呈现出点多、面广但略为分散的特征。从领导机制来看，需更进一步强化党建对廉洁从业充分发挥引领作用的具体抓手；从执行层面来看，部分工作仍存在个别部门单打独斗现象，如纪检、审计、合规作为监督部门，开展廉洁从业监督检查活动时需更加强化协作与成果共享；从总体层面来看，对廉洁从业风险防控的系统性规划仍有待提升。

（三）构建 C 证券公司廉洁从业风险防控体系的步骤

根据 PDCA 循环理论，本文将通过以下四个步骤，对 C 证券公司的廉洁从业风险防控体系进行系统性规划，重点设计廉洁从业风险识别、评估、管控、建库的方案，提出具体防控措施，并利用信息系统健全廉洁从业风险防控体系的动态跟踪与持续完善（见图 1）。

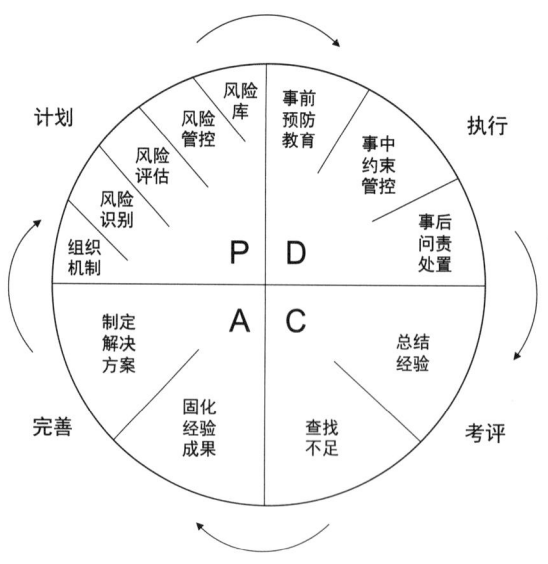

图 1　C 证券公司廉洁从业风险防控体系构建模型

计划阶段：设计廉洁从业风险防控工作的组织机制，确定廉洁从业风险识别、风险评估、风险管控措施制定的具体方法，建立廉洁从业风险库；

执行阶段：是廉洁从业风险防控工作的具体实施，制定事前预防教育、事中约束管控、事后问责处置的具体措施，打造廉洁从业风险"防、控、治"组合拳；

考评阶段：对廉洁从业风险防控工作进行考核评价，总结经验，并检查本次循环存在的不足；

完善阶段：对廉洁从业风险防控工作取得的经验成果予以标准化，对发现的问题或不足制订解决方案，并启动下一次循环。

三、建立 C 证券公司廉洁从业风险防控体系实施方案

（一）计划阶段

1. 组织机制

构建完善的廉洁从业风险防控体系，首先需要确立公司廉洁从业组织机制，设置廉洁从业管理架构，全面组织、领导、协调廉洁从业风险防控各项工作。C 证券公司应主动强化党委主体责任，将廉洁金融融入公司党建，充分发挥党建对廉洁从业的引领，建立包括以下三方面内容的廉洁从业风险防控组织机制：

在公司党委下设廉洁从业领导小组，由公司党委书记、董事长任组长，党委委员、纪委书记任常务副组长，各党委委员、副总裁任副组长，负责总体部署安排廉洁从业风险防控各项工作。

廉洁从业领导小组的成员单位包括纪检、党群、合规、审计、风控、人力、财务部门，其中纪检部门为常设办公室。各职能部门在各自职责范围内承担相应的管理与监督职责，组织公司各部门开展廉洁从业风险防控具体工作。

各部门成立廉洁从业工作小组统筹开展廉洁从业风险防控，并承担首要责任；各基层党支部对各部门廉洁从业风险防控工作情况履行日常提醒与监督职责，实现党建引领廉洁从业从上而下全覆盖。

2. 廉洁从业风险识别

廉洁从业风险识别，是结合 C 证券公司本身的经营特点，对所有业务环节、工作流程尤其是重点领域关键环节中存在的廉洁风险进行梳理、识别的过程。

纪检部门组织各部门开展全面的廉洁从业风险识别工作，根据各部门展业特点将廉洁从业风险点梳理为内部控制、一般性业务、特殊性业务 3 项一级业务环节，人事管理、执业行为管理、投资银行类业务等 27 项二级业务环节，招聘、项目招揽、投资决策等 132 项三级业务环节，共计 373 条廉洁从业风险点。

廉洁从业风险防控体系构建完成后，纪检部门应每年定期组织各部门开展廉洁从业风险大排查，做到动态识别、动态管控。

3. 廉洁从业风险评估

为了抓好抓牢廉洁从业风险防控工作的重点，在完成风险识别后，应对各项风险进行量化评估，确定风险等级。廉洁从业风险评估的方法，可借鉴 LEC 评价法。其中，LEC 评价法的 E（Exposure）指标对证券公司不具备可参考性，因此根据 D（Danger）= L（Likelihood）×C（Consequence）来确定廉洁从业风险等级。

通过分析 C 证券公司历年来发生廉洁从业风险事件的数据，结合其廉洁从业风险防控工作实际，大致可对 L、C 的取值标准作如下规定：

（1）L（Likelihood）：某项业务发生廉洁从业风险的可能性（见表 1）。

表 1　　　　　　　　　廉洁从业风险评估"发生可能性"分值表

发生可能性	衡量维度	分值
极高	完全可以预料；可能每年会发生多次	5
高	相当可能；可能约每年发生一次	4
中等	可能但不经常；可能在 5 年内会发生一次	3
低	可能性较小；可能 5—10 年才会发生一次	2
极低	不可能发生	1

（2）C（Consequence）：某项业务引发廉洁从业风险可能带来的后果（见表 2）。

表 2　　　　　　　　　廉洁从业风险评估"影响程度"分值表

影响程度	衡量维度	分值
极高	可能被追究刑事责任； 可能使公司被监管机构勒令暂停部分业务，停止批准新业务或者吊销该项业务的执照等； 可能造成公司极其严重的财产损失，给企业带来极为不利的经营压力； 可能造成公司企业形象的严重损害，恶劣影响难以消除； 可能造成其他十分严重的后果	5
高	可能被移送司法机关立案侦查； 可能使公司被监管机构持续观察，公司分类评级将受影响，但业务活动未受限制； 可能造成公司严重财产损失，给企业带来经营压力； 可能造成公司企业形象的损害，负面影响难以消除； 可能造成其他严重后果	4
中等	可能使公司受到监管机构实质性的处罚措施，包括但不限于公开警告、专项调查、出具警示函、责令改正，要求报送专门报告等； 可能被公司处以党纪处分、内部行政处分中的重处分； 可能造成公司一定的财产损失； 可能造成公司企业形象的损害，负面影响不易消除； 可能造成其他不利后果	3
低	可能使公司受到监管机构关注，包括但不限于被监管机构约谈、谈话提醒、重点关注、出具监管关注函等； 可能被公司处以党纪处分、内部行政处分中的轻处分； 可能造成公司轻微的财产损失； 可能对公司企业形象造成轻微的影响； 可能造成其他较为不利的后果	2
极低	可能在公司廉洁从业等各类检查中被要求整改； 可能造成公司较为轻微的财产损失； 可能对公司企业形象造成较为轻微的影响； 可能造成其他较为轻微的后果	1

(3) D (Danger)：D = L × C，根据 L 与 C 的取值确定某项业务存在的廉洁从业危险性（见表3）。

表3　　　　　　　　　　廉洁从业风险评估"危险性"分值表

发生可能性	影响程度				
	极低（1）	低（2）	中等（3）	高（4）	极高（5）
极高（5）	中（5）	中（10）	高（15）	极高（20）	极高（25）
高（4）	低（4）	中（8）	高（12）	高（16）	极高（20）
中等（3）	低（3）	中（6）	中（9）	高（12）	高（15）
低（2）	低（2）	低（4）	中（6）	中（8）	中（10）
极低（1）	极低（1）	低（2）	低（3）	低（4）	中（5）

(4) 根据 D 的分值，确定某项业务存在廉洁从业风险的风险等级，对应的管控力度也应当有所不同（见表4）。

表4　　　　　　　　　　廉洁从业风险评估"风险等级"划分表

分值	风险等级	危险程度
20 ≤ D ≤ 25	5级，极高风险	极其危险，需要立即实施特殊防控措施
12 ≤ D ≤ 16	4级，高风险	危险，需要立即采取纠正措施
5 ≤ D ≤ 10	3级，中风险	较为危险，需要采取措施进行纠正
2 ≤ D ≤ 4	2级，低风险	有一些危险，需进行关注
D = 1	1级，极低风险	可容忍的风险

如，"内部控制—财务管理—费用支出"环节的廉洁从业风险点——"未严格按照公司财经制度明确的费用标准及相关要求支出费用"，经评估 L 值为 5 分，C 值为 2 分，因此 D = 5 × 2 = 10 分，确定风险等级为第 3 级，属于中风险事项。

4. 制定风险管控措施

在计划阶段，针对风险制定管控措施是廉洁从业风险防控体系中的重要环节，关系着整个风险防控工作的最终实现效果及效率。风险管控方式一般包括制度规范、流程组织、职责分离、宣导教育、抽查检查等。

5. 搭建廉洁从业风险库

将风险排查与识别、评估与定级、管控及评价等相关信息进行整理、汇总，即可形成 C 证券公司廉洁从业风险库。其内容包括三级业务环节、责任部门、涉及岗位、具体风险点、风险综合评级、风险管控措施及有效性等信息。

廉洁从业风险库应在一定范围内公开，可与廉洁从业风险防控的信息系统相衔接，使相关岗位工作人员对廉洁从业风险能够进行深入了解，便于开展廉洁从业风险的自我防控，并接受廉洁从业风险管理的约束监督。

（二）执行阶段

廉洁从业风险防控的执行阶段，是对计划阶段的具体落实，应设置事前、事中、事后三个步骤。其中，事前控制侧重于预防，培育廉洁文化，着力推进制度机制建设和宣导教育，充分发挥引导作用；事中控制侧重于约束，加强过程管控，及时了解廉洁从业风险可能发生的情形并予以指导或修正；事后控制侧重于治理，通过处置违反廉洁从业的行为来减少或挽回损失，并以案示警。通过打好预防、约束、治理组合拳，保障C证券公司健康、有序展业。

1. 事前预防教育

（1）党的领导：落实党的全面领导，完善公司党建制度体系，切实将廉洁从业融入公司党建工作机制，从党委到各级党组织，充分发挥党建对廉洁从业管理的引领作用。

（2）制度规范：制定公司廉洁从业基本制度，建立各部门廉洁从业实施细则，在内部控制及各项业务制度中补充廉洁从业相关内容，建立健全防范利益冲突审查、聘请第三方管理等廉洁从业相关工作机制。

（3）风险排查：对公司从事的所有业务种类、环节等定期开展科学、系统的廉洁从业风险排查，识别廉洁风险点，评估风险等级，有重点、有针对性地制定管控措施。

（4）文化宣导：培育廉洁文化，通过打造廉洁文化基地、拍摄或观看廉洁警示片、组织线上学习及考试、开展专题培训、签署廉洁承诺、短信提醒等方式，将对全体员工的普遍教育和对关键岗位的重点教育相结合，将集中学习教育与日常提醒教育相结合，将正面教育与反面教育相结合，推动廉洁从业理念入脑入心。

2. 事中约束管控

（1）考察评估：建立廉洁从业考察评估的标准化表格，在人员招聘、晋级、提拔、离职、评优评先等工作流程中固化廉洁从业考察评估环节，切实将廉洁从业情况作为人事管理等事项的重要考量因素。

（2）日常监督：对人才招聘、财务营销、大宗采购、重大投资、资产处置、防范利益冲突等重点领域关键环节，指派人员开展线上或现场廉洁监督，持续强化对相关事项内部决策与操作流程的约束管控。

（3）抽查检查：构建廉洁从业大监督体系，在稽核审计与合规检查中抽查检查廉洁从业相关内容，汇集纪检、合规、审计等监督部门力量，拓宽廉洁从业专项检查的深度、广度、力度。

（4）信息系统：打造廉洁从业风险防控信息系统，前端为全体员工提供廉洁文化教育、廉洁风险库管理、廉洁承诺签署、廉洁风险防控工作考评等功能，后端与公司其他信息系统打通，实时抓取采购、人力、财务等数据并进行分析与预警提示，实现廉洁从业管理与监督的高效并行。

3. 事后问责处置

（1）绩效考核：建立廉洁从业考核机制，设置针对廉洁从业日常管理类行为的通用性考核指标，针对具体业务行为的专用性考核指标、针对接受处理的处分处罚考核指标等；将部门廉洁从业考核与个人廉洁从业考核相结合，并纳入公司整体绩效考核体系；对违反廉洁从业的重大违纪违规行为实行一票否决制。

（2）问责处置：对廉洁从业各类检查中发现的问题积极督促完成整改；对违反廉洁从业的各类违纪违规问题给予内部处分，违规人员为党员的，还应给予党纪处分；对违反廉洁从业的重大违纪违规行为，需要移交司法的应及时移交；将问责处置的相关问题及人员作为典型案例进行通报教育，以案促改、以案明纪。

（三）考评阶段

考评阶段，是对廉洁从业风险防控执行阶段所采取的各项措施的实施效果和效率进行考核评价。纪检部门应根据廉洁从业领导小组布置的年度考评计划，制订廉洁从业风险防控工作考评方案；利用信息系统组织全体员工开展考评工作，将对本部门的"自评"与对公司层面的"他评"相结合，对廉洁从业风险防控各项工作进行评价，总结较好的经验做法，并针对其中可能存在的不足或缺陷提出意见；纪检部门根据各部门反馈情况形成廉洁从业风险防控工作考评报告并报廉洁从业领导小组备案。

（四）完善阶段

完善阶段，是立足考评结果对廉洁从业风险防控体系进行改进和完善的环节。它既是本次循环的总结，也是下一循环的开始，经过计划—执行—考评后，对本次循环的廉洁从业风险防控工作进行分析，就总结的较好经验做法形成标准化成果继续实施，就存在的不足或缺陷制订修正解决方案，在下次循环中组织各部门采取措施进行完善，以此不断建立健全C证券公司廉洁从业风险防控体系。

综上所述，"计划—执行—考评—完善"形成了一个完整的PDCA循环，四个阶段前后相承，缺一不可。基于PDCA循环理论的廉洁从业风险防控体系实施方案，是一套设置科学、行之有效、动态循环的工作机制。通过应用该实施方案，证券公司切实强化党对金融工作的领导，科学、系统地开展廉洁从业风险识别与评估，打好"防、控、治"组合拳，持续跟踪、动态调整，从而形成廉洁从业风险防控长效机制，有效防范廉洁从业风险。

证券公司境外子公司风险防控策略研究

李 滨 张 敏 李亚辰 张 悦 柴 杉*

一、研究背景

近年来,我国资本市场双向开放不断升级,受"引进来"和"走出去"双向并举的导向驱动,国际大投行纷纷在境内申请证券业务牌照,国内证券公司也在积极布局海外。国内证券公司通过直接开展跨境业务以及设立境外子公司的方式,将业务范围拓展至境外。本文重点关注国内证券公司通过设立境外子公司开展国际业务,其中中国香港作为国内企业实现海外投融资的重要窗口,已然成为证券公司全球化布局的首选地。随着境外业务持续发展,证券公司境外子公司面临着业务发展模式复杂、风险管理难度加大、监管要求持续增加等诸多现实挑战。

(一)境外业务模式复杂且风险管控力度有限

受"出海"经验不足,境内外法律、文化、商业习惯不一致等因素影响,国内证券公司跨区域、跨条线业务开展难度增加,境外子公司在开展境外业务时不易找准公司定位,核心业务渗透能力不足,境外市场份额占比低,业务竞争力弱,且风险管控力度不强。例如,孖展业务成本较低、业务模式相对简单,吸引了境外子公司的广泛参与,但近年来香港股票市场整体流动性紧张,若不严格控制抵押证券资质,就容易发生风险;跨境收益互换业务在外汇管理、资金流动性管理等方面对证券的风险控制能力均有较高要求,专业能力不足容易造成损失。

---

* 本文写作于 2023 年 11 月。作者简介:李滨,博士,中泰证券股份有限公司风险管理部总经理;张敏,中泰证券股份有限公司风险管理部副总经理;李亚辰,中泰证券股份有限公司风险管理部信用风险总量管理岗;张悦,柴杉,中泰证券股份有限公司风险管理部子公司风险管理岗。

(二) 国内全面风险管理监管要求逐步加强

我国监管机构明确规定了证券公司子公司的风险管理要求。2016年中国证券业协会修订《证券公司全面风险管理规范》，明确指出："证券公司应将所有子公司以及比照子公司管理的各类孙公司纳入全面风险管理体系，实现风险管理全覆盖，对其风险管理工作实行垂直穿透管理，确保子公司在集团整体风险偏好和风险管理制度框架下，建立自身的风险管理组织架构、制度流程、信息技术系统和风控指标体系，保障全面风险管理的一致性和有效性。"此外，中国证监会发布的《证券公司风险控制指标管理办法》以及中国证券业协会发布的《证券公司信用风险管理指引》《证券公司流动性风险管理指引》《证券公司压力测试指引》均明确要求证券公司应将其子公司及各类孙公司纳入全面风险管理体系。

为加强对国有金融机构境外子公司的规范发展与风险管控，2020年，财政部发布《关于国有金融机构聚焦主业、压缩层级等相关事项的通知》，明确指出"国有金融机构应根据国有金融资本管理统一规制，对标境内子公司管理标准，对境外子公司实施授权管理、并表管理和穿透管理。"2021年，中国证监会修订《证券公司和证券投资基金管理公司境外设立、收购、参股经营机构管理办法》，强调境外子公司的业务发展应与其自身的风险承受能力相匹配，并明确指出"证券基金经营机构应当充分履行股东职责，依法参与境外子公司的法人治理，健全对境外子公司的风险管控，形成权责明确、流程清晰、制衡有效的管理机制。"

(三) 国内外金融集团并表管理实践未全面验证

经过数十年的发展，国内外对于金融机构的集团并表监管形成了完整的框架及翔实的内容。金融集团对于子公司的风险管理体现于并表管理要求之中，也是金融集团全面风险管理体系的拓展与延伸。巴塞尔银行监管委员会、国际证监会组织、国际保险监督官协会共同组建的金融集团联合论坛于2012年发布了《金融集团监管原则》，对金融控股集团并表监管提出了原则性要求。美国发布《国内大型复杂银行机构的并表监管指引》《银行控股公司法案》，欧盟发布《关于对金融集团中的信贷机构、保险企业和投资公司进行补充监管的指令》等对金融控股公司进行集团并表监管，子公司的管理是核心和重点。

国际金融集团并表监管的相关实践为中国金融集团并表监管提供了有益的借鉴，国内金融监管部门先后出台了针对商业银行、保险公司、金融资产管理公司等机构的并表监管规定，逐步形成框架较为完整的集团并表监管体系。中国证监会不断完善针对证券公司对其子公司管理的监管要求，要求证券公司将境内外子公司纳入并表管理范畴，对各类风险进行穿透管理。境外子公司由于面临双重的监管要求和复杂市场环境而成为管理难点，部分证券公司更是因对其境外子公司管控不力而受到境内监管机构的处罚，而境外子公司本身也面临境外监管机构的谴责、罚款、吊销业务牌照等处罚措施。2018年9月、2019年11月，经行业互评和外部专家评审，中金公司、招商证券、中信证券、华泰证券、中信建投、国泰君安6家证券公司已基本建立能够有效覆盖各类风险、各业务条线、各子孙公司的全面风险管理体系，初步具备实施并表监管条件。2020年3月，中国证监会决定将上述6家证券公司纳入首批并表监管试点范围。

二、境外子公司风险管理困境

根据中国证券业协会数据，截至 2021 年底，共有 35 家国内证券公司设立了境外子公司，其中 34 家位于中国香港，并主要通过二级子公司申请特定业务牌照的方式开展境外业务。国内证券公司境外子公司发展时间较短，部分证券公司在境外子公司独立法人治理结构的基础上，逐步推行母子公司垂直化管理，但尚未形成标准方案以及普适的管理模式，其主要面临的现实困境如下。

（一）境外子公司风险管控难度大

境外子公司业务的监管环境不同、金融市场环境不同、文化背景多元化、业务模式多样化，使得证券公司对其业务经营管控难度较大。一是部分证券公司境外子公司下属公司较多，导致穿透管理难度大。境外子公司虽实施集团化经营，但主要通过开设孙公司的方式将牌照分散到不同经营主体，如孖展业务、债券投资业务、资产管理业务等业务一般由不同孙公司持牌照展业。在境外业务复杂的背景下，公司层级的增加会放大信息不透明程度，若管理机制和手段不够健全，一定程度上会忽视业务风险。二是外部环境复杂，受境内外宏观经济双重影响，证券公司境外子公司在业务风险管理方面存在较大挑战。例如，相较于 A 股，港股无涨跌幅限制，且近年来流动性缺失问题日益严峻，导致境外子公司在开展孖展、控股权质押等业务时无法像境内"两融"业务有效化解风险；部分证券公司境外子公司的债券投资业务集中于中资美元债券，受境内房地产行业疲软和美联储加息的共同作用，自营业务亦可能产生重大亏损。上述问题均对证券公司开展境外子公司业务的风控能力提出了更高要求。

（二）信息技术系统建设滞后

整体来看，境外子公司的风险管理信息系统建设尚不如境内健全，业务管理信息化水平较低、数据质量相对较差，证券公司与境外子公司在业务系统和风险管理系统均存在不同程度的割裂现象，难以保证数据传输质效，使得证券公司对境外子公司风险监测难以真正实现"穿透式管理"，无法及时、动态、全面掌握境外业务的具体进展，更是难以保证高效地通过风险管理系统实现对同一客户风险信息的集中管控。

（三）建设并应用穿透管理工具的过程缓慢

证券公司对于子公司风险的穿透管理手段包括公司治理、风险限额、新产品新业务管理、交叉风险管理、集中度风险管理、风险管理绩效考核机制等，受境外差异化的隐私政策、法人结构以及信息系统建设滞后等因素影响，将上述管理工具充分应用至境外子公司管理，需要政策、制度、信息系统等多方面支持。

三、境外子公司风险识别、评估、监控和预警体系构建

结合国内证券行业实践，基于垂直风险管理的管控方式，对境外子公司实施穿透式管

理，一定程度上可以在公司治理以及风险管控方面实现对境外子公司的深度管理。一般来说，证券公司对境外子公司的垂直风险管理可以分为风险识别、评估和控制以及风险监测和报告两大过程，风险识别、评估和控制主要包括重大事项决策、风险偏好及限额管理、交叉性风险管理、集中度风险管理等事项，风险监测和报告主要包括风险监测、风险报告、压力测试管理、风险处置等事项。在实施垂直风险管理过程中，也需要建立配套的风险文化、管理制度、信息系统、绩效考核机制等作为支持保障。

（一）风险识别、评估和控制

1. 重大事项决策

除依照《证券公司和证券投资基金管理公司境外设立、收购、参股经营机构管理办法》有关规定履行境外子公司董事会、股东会重大事项审议要求外，证券公司应在制度层面细化对境外子公司的公司治理、人事管理、绩效考核、财务管理、合规及风险管理、审计监督等重大事项的管控要求。此外，证券公司也应健全对境外子公司管理的组织保障，由股权管理部门牵头，财务、人事、合规、风控、审计等职能部门充分参与各自领域的管理，尤其要明确规定须由证券公司决策机构集体审议的重大事项清单。

2. 风险偏好及限额管理

证券公司境外子公司风险偏好应与证券公司保持一致。结合具体实践，境外子公司风险偏好的设置主要分为两种方案：一是证券公司设置统一的风险偏好，包括境外子公司在内的各个子公司均应遵照执行；二是境外子公司自行制订风险偏好，经证券公司审批确认后生效。而对于境外子公司风险限额体系，一般是根据监管要求、证券公司及境外子公司管理需要，通过自上而下和自下而上相结合的方式建立（见图1）。证券公司根据境外子公司建议，结合历史数据和市场预测，经相应层级审批后下发执行。此外，证券公司及境外子公司还应建立风险限额监控、预警提示、超限管理等全流程的配套管控机制。通过限额管理，可以实现风险偏好自上而下的穿透、传导和分解，而且可以实现子公司重点事项的向上汇总。

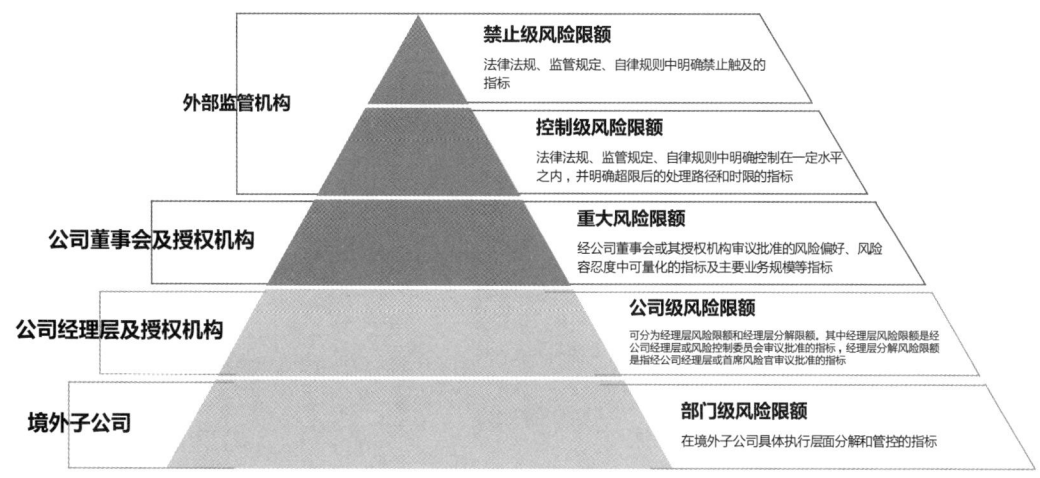

图1 证券公司境外子公司风险限额体系（示例）

资料来源：中泰证券股份有限公司。

3. 交叉性风险管理

证券公司业务逐渐向跨行业、跨市场、跨母子公司的模式发展，母子公司对客户及其关联方的业务交叉日益增多，经常会出现证券公司多个业务部门、子公司同时开展同类业务以及证券公司不同业务均涉及同一个客户的情况。比如证券公司资管子公司、期货子公司与境外子公司均开展资产管理业务，证券公司与境外子公司的债券投资业务均投资于同一标的等。同一业务、同一客户管理是交叉性风险管控有效的管控措施。通过在集团范围内制定同一业务、同一客户的管理制度，明确同一业务、同一客户的认定标准，对境内外同一业务、同一客户执行基本一致的风险管理要求。同一业务方面，一般将集团业务分为证券自营业务、融资类业务、资管业务等（见图2），并从业务源头出发，梳理各类业务可能发生的风险并进行排序，做到每项业务的风险点及其风控措施完备，最终实现对同一业务从数据治理、风险管理至业务系统的统一管控。同一客户方面，通过同一客户识别与标记，将同一客户区分为机构、个人、产品（见图3），对集团内同一客户实行从评级、授信、审批至后续管理的统一管控，并对客户信用风险敞口等进行汇总、计量，呈现同一客户集团层面统一的信用风险敞口。通过如上管理，一方面，可以保证同一业务的主要风险管理措施保持一致，提高境外子公司的管理有效性；另一方面，可以通过识别与监控交叉风险，开展有针对性的定期风险排查，进行前瞻性风险管理。

图 2　证券公司同一业务分类（示例）

资料来源：中泰证券股份有限公司。

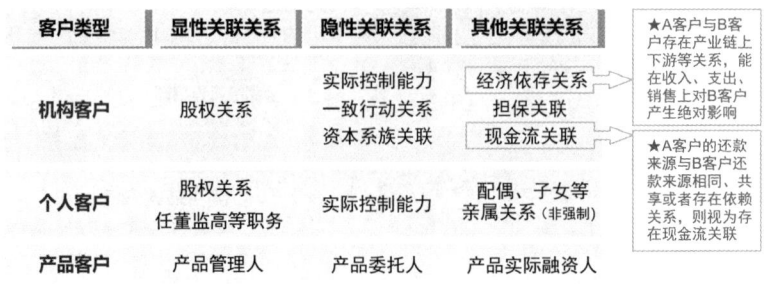

图 3　证券公司同一客户分类（示例）

资料来源：中泰证券股份有限公司。

4. 集中度风险管理

集中度风险是证券公司面临的重要风险类型，证券公司需以"分散风险"为道，以"集中度风险管理"为术，建立监测证券公司集中度风险指标体系，包括但不限于客户集中度、行业集中度、区域集中度等（见表1）。比如，客户集中度方面，证券公司普遍存在对同一客户多头授信、过度授信和不适当分配授信额度，以及同一客户风险敞口过大的情况，可以通过建立统一授信体系的方式管理客户集中度风险，通过系统实施授信管理，逐步深入境外子公司重点业务的事前风险管理阶段，帮助证券公司在开展境外业务时有效地避免客户授信、风险敞口集中度过高的风险。再比如，行业集中度方面，鉴于证券公司及境外子公司可能与同一行业客户开展业务，若不重视并加以管控，风险敞口可能会扩大到超过自身风险承受能力，所以应控制重点行业集中度。通过建立健全集中度限额指标体系，开展事前管理以及事后监控工作，实现集中度风险管理工作。

表1　　　　　　　　　证券公司集中度限额指标体系（示例）

一级分类	二级分类	集中度指标
客户	单一客户	单一客户授信金额
		单一客户授信占用
		单一客户风险敞口
	同一客户	同一客户授信金额
		同一客户授信占用
		同一客户风险敞口
行业	城投行业	债券投资业务规模
		资产管理业务规模
	房地产行业	债券投资业务规模
		资产管理业务规模
区域	高风险区域	高风险区域业务规模
	中风险区域	中风险区域业务规模
	低风险区域	低风险区域业务规模

资料来源：中泰证券股份有限公司。

（二）风险监测和报告

1. 风险监测

证券公司风险监测机制应包括境外子公司业务风险监测，通过对接境外子公司系统与数据，整合集团风险数据源，在遵守法人独立、风险信息隔离的前提下，共享境外子公司业务风险监测信息，如舆情信息、内评等级、工商信息、风险监控信息等，提升风险监测系统使用效率。实践层面，证券公司可以将境外子公司纳入集团风险监测信息系统体系（见图4），在系统中设置单独的功能模块，利用境外子公司提供的风险数据，实现风险限额和其他重要市场风险、信用风险、操作风险指标的监测和预警。此外，可以要求境外子公司直接报送风险限额和其他风险指标使用情况，这既可以强化子公司限额和指标管理的主体责任，又能通过交叉比对发现潜在数据错、漏报风险。

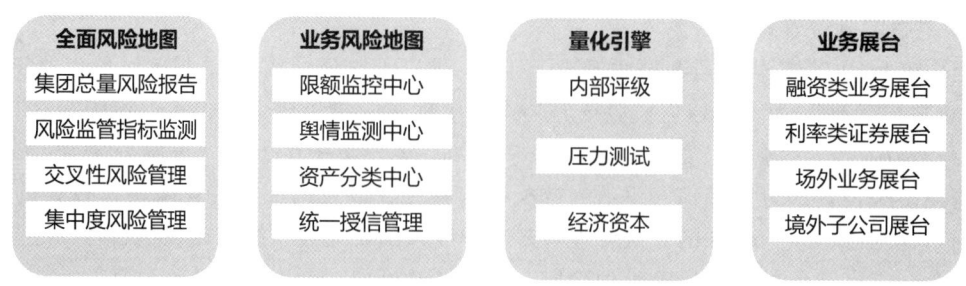

图 4　证券公司风险管理系统功能（示例）

资料来源：中泰证券股份有限公司。

2. 风险报告

首先，证券公司应建立子公司风险报告制度，规定风险报告的内容、频率及层级，根据外部监管要求和公司管理实际，并结合境外子公司业务开展情况及风险特征，制定具有境外子公司业务特色的风险报告机制。其次，证券公司应建立完备的风险事项报告清单，明确境外子公司需要上报公司具体事项、频率和层级要求，根据报告层级要求可以适当调整境外子公司内部报告路径。最后，除对口母子公司风险管理人员保持较高频率的联络外，证券公司应建立定期风险沟通机制，实现较高层级母子公司风险管理人员的直接交流，提高风险信息沟通的及时性。

3. 压力测试管理

一方面，证券公司要将境外子公司纳入集团风险计量和压力测试体系；另一方面，要明确境外子公司根据自身业务和管理需要自主开展风险计量和压力测试的工作要求。在重要风险参数和压力情景设置上，证券公司要有统一的规定和逻辑，也要允许境外子公司根据自身业务特点和风险要素审慎调整，涉及的模型须经过内部或外部的充分验证。风险计量结果和压力测试报告应定期呈报证券公司经营管理层作为日常风险管理和重大事项决策的必要依据。通过前瞻性的压力测试工作，测算公司可能承受的最大损失，并根据测算结果制定相应的应对措施。

4. 风险处置

证券公司应建立风险应急处置机制，明确风险处置架构与职责、事件分类分级原则以及相应的报告时间路径要求。在此基础上，境外子公司应建立覆盖各类事项的应急处置机制。一方面，加强证券公司与境外子公司风险信息沟通，境外子公司部分业务对象为境内实体，证券公司在风险信息的获取方面存在一定的优势，应协助境外子公司获取境内风险信息，及时处置风险。另一方面，与境内相比，境外市场波动更为剧烈，对境外子公司有更高的风险处置能力要求，因此，证券公司要对境外子公司提出更高的风险处置标准，及时发现，尽快化解风险。对于未能及时处置的风险，应根据业务特点，建立操作性强的风险处置规范，明确风险处置步骤流程。同时，证券公司和境外子公司应及时通过计提减值和调整估值等方式呈现风险。

（三）支持保障

1. 风险文化

风险文化是企业识别、理解、讨论面临的风险以及采取行动的行为规范和传统，代表公司的风险理念、价值准则、职业操守，其取决于公司的战略目标和商业模式。风险偏好是对风险的基本态度，风险限额是风险偏好传导的重要手段。证券公司应建立母子公司一致的风险文化，确保整个机构在风险意识、风险经营、风险管理上的一致性，具体体现在母子公司有一致、明确的风险偏好，风险管理部门在机构中的独立性与话语权，风险绩效考核机制健全，部门及员工高度重视机构的整体利益等。

2. 管理制度

一方面，要建立证券公司内部的子公司风险管理制度，重要风险管理制度也应涵盖子公司；另一方面，基于境外监管要求，结合境外子公司经营特点、风险特征以及母公司风险管理实际，建立境外子公司风险管理标准，精准施策，做到境外子公司业务风险管理的有效落地。

3. 信息系统

建设标准、统一、具备校验能力的业务数据中台，配套形成数据治理的体系与标准，将境外子公司业务及风险数据纳入数据中台管理（见图5）。通过建立数据中台，建立境外子公司风险监测模型，对境外子公司信用风险、流动性风险、市场风险等重点风险进行跟踪预警，对展业客户、行业、区域覆盖以及孖展业务、债券投资业务等重点业务的穿透监测，及时识别并深入分析上述业务中的关键风险点或薄弱环节。提升风险管理的有效性、前瞻性以及精准化、智能化水平。

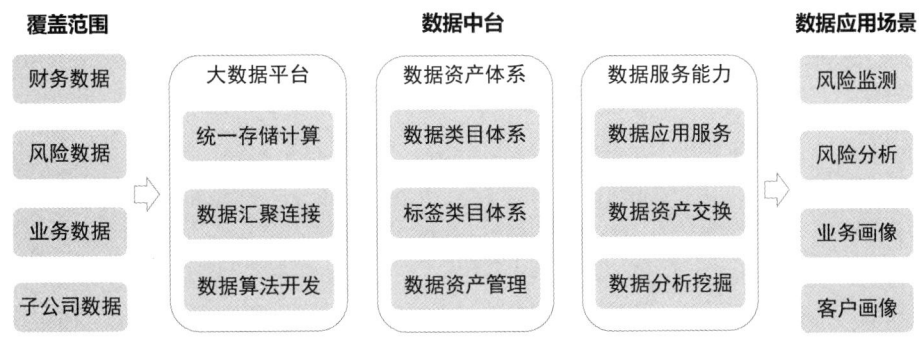

图5 证券公司数据中台（示例）

资料来源：中泰证券股份有限公司。

4. 绩效考核

绩效考核作为重要的管理工具，应起到"指挥棒"的作用。一方面，证券公司应建立子公司风险绩效考核机制，对子公司风险治理架构、风险管理制度、风险文化建设、风险管理工具、风险管理系统等方面的建设完备性与执行有效性进行考核评价；另一方面，应结合境外子公司业务及风险特征，有针对性地设置专项量化考核机制，如风险项目考核追责、存量违约风险压降考核，督促境外子公司提高风险管理水平，积极处置化解存量风险。

四、总结与展望启示

一是明确境外子公司发展定位。回顾探究证券公司境外子公司风险和困境的成因，大多与子公司定位不清有关。证券公司在设立和发展境外子公司前必须深刻认识到境外市场充分竞争和开放的特征，结合自身资源禀赋和特点优势，明确公司发展定位，切忌贪大求全，盲目举债扩张。

二是持续推进集团化统一管理。外部监管要求和自身精细化管理需要都在推动证券公司将境外子公司纳入全面风险管理体系内，证券公司必须在管理制度、组织架构、信息系统、风险指标体系、人才队伍、风险应对机制等方面持续加大对境外子公司的管控力度，并结合其独有的内、外部环境，逐步建立一套行之有效的风险管理体系。

参考文献

[1] 蔡晓斌，包鑫，黎沐松，宋芳，陈超，曾熙，蔡启宏. 证券公司子公司风险管控机制研究 [A]. 证券公司集团化管理与创新发展研究文集 [C]. 北京：中国金融出版社，2021.

[2] 马保明. 证券公司跨境业务穿透式管理机理，实践探索与现实困境 [J]. 金融发展评论，2022（05）：10.

浅谈证券公司流动性风险计量及预警机制

东方证券股份有限公司资金部课题组[*]

一、证券公司流动性风险管理现状及难点

(一) 证券公司流动性风险管理现状

次贷危机爆发后,全球金融体系经历了一系列监管强化的升级过程。巴塞尔委员会于2010年首次在银行业引入了包括流动性覆盖率(Liquidity Coverage Ratio,LCR)和净稳定资金率(Net Stable Funding Ratio,NSFR)在内的流动性监管指标。中国证券业协会于2014年2月发布《证券公司流动性风险管理指引》,将流动性风险定义为证券公司无法以合理成本及时获得充足资金,以偿付到期债务、履行其他支付义务和满足正常业务开展的资金需求的风险;LCR和NSFR分别用来衡量证券公司短期流动性风险和中长期流动性风险水平。中国证监会于2016年6月和2020年1月,对证券公司流动性指标计算标准进行进一步明确和改进,持续强化证券公司流动性风险控制。

时至今日,证券公司流动性风险管理经历近十年的发展,证券公司内部已基本形成完整的流动性风险管理组织架构,建立涵盖流动性、资金、资产负债、压力测试及应急预案等流动性风险管理相关的管理制度,并基本实现系统化手段支持流动性风险的识别、计量、监测和报告。但在目前的管理体系中,对流动性指标的可靠预测、预警仍然是需要进一步完善的重点领域。

(二) 流动性覆盖率指标波动较大,预测及管理难度高

为了对LCR进行前瞻性管理,需要对其进行一定时间范围内的预测,但LCR指标分子

---

[*] 本文写作于2023年9月。课题组成员:尤文杰,东方证券股份有限公司计划财务管理总部总经理兼资金管理总部总经理;冯熠,东方证券股份有限公司资金管理总部副总经理;丁知源、杨林、朱云迪、金晶,均供职于东方证券股份有限公司资金部。

"优质流动性资产"和分母"未来30日现金流出"受证券公司日常经营活动影响较大,特别是指标分母内的部分项目易受期限结构、业务开展和市场环境等因素影响,金额变动较大且无明显规律,导致LCR指标呈现明显的波动性,给指标的管理工作带来了一定的难度。

以A证券公司为例,使用其2021—2022年LCR日报数据(数据已经脱敏处理)进行说明。

如图1所示,观察A证券公司LCR分母中的"30日内须偿还的次级债务和其他债务"和"股指期货、卖出期权"两个具有代表性的项目,其中"30日内须偿还的次级债务和其他债务"主要受债务的期限结构影响,呈现出金额波动大且容易产生突变的特点;而"股指期货、卖出期权"主要受证券公司业务的扩张以及市场环境的影响,在规模增长时会对指标造成持续性的消耗,同时也会受市场环境的影响而产生较大的波动。

图1 A证券公司2021—2022年LCR指标部分项目规模情况

各类指标项目的频繁变动进一步加剧了LCR指标的波动,如图2、图3所示,在2021—2022年,尽管A证券公司通过分散债务到期日、储备弹性的优质资产等措施平滑LCR指标,LCR的波动仍十分明显,且整体上有36.29%的数据分布在指标均值的一倍标准差之外,频数的分布也不够集中,呈现平坦、正偏的态势(峰度-0.56,偏度0.39)。出现较多偏大、偏小的值,不但容易造成指标成本浪费,也给指标管理带来了较大的压力,加剧了指标预警工作的难度。

(三)净稳定资金率指标较为稳定,但是指标维护成本较高

净稳定资金率指标通过反映证券公司中长期资金运用与资金来源的期限错配情况从而衡量证券公司中长期流动性风险水平。净稳定资金率是可用稳定资金与所需稳定资金的比值。可用稳定资金是指在持续压力情景下,能够确保在一年内都可作为稳定资金来源的净资产及剩余期限一年以上的债务,所需稳定资金为证券公司表内外加权资产总和。根据指标计算逻

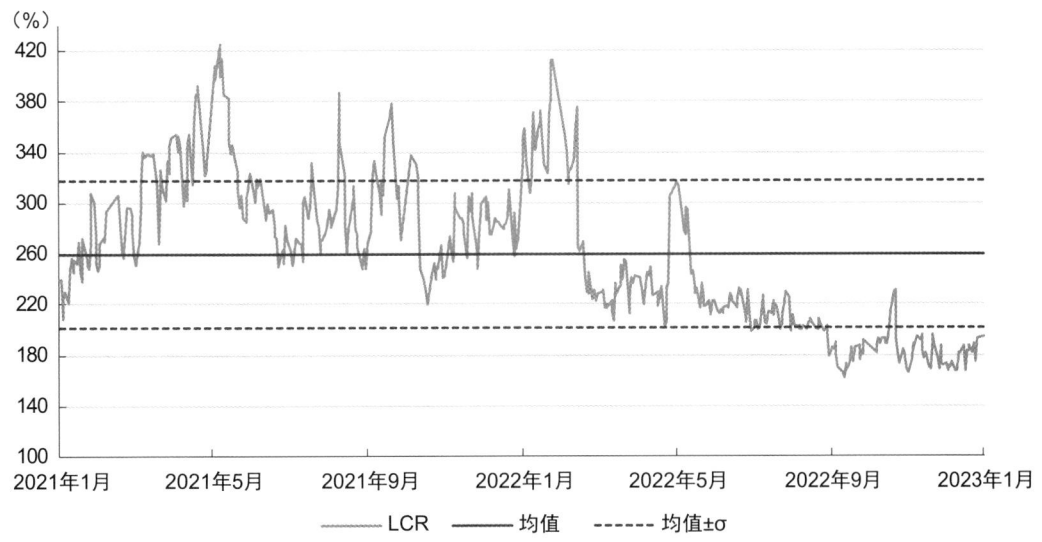

图 2　A 证券公司 2021—2022 年 LCR 指标（日）走势

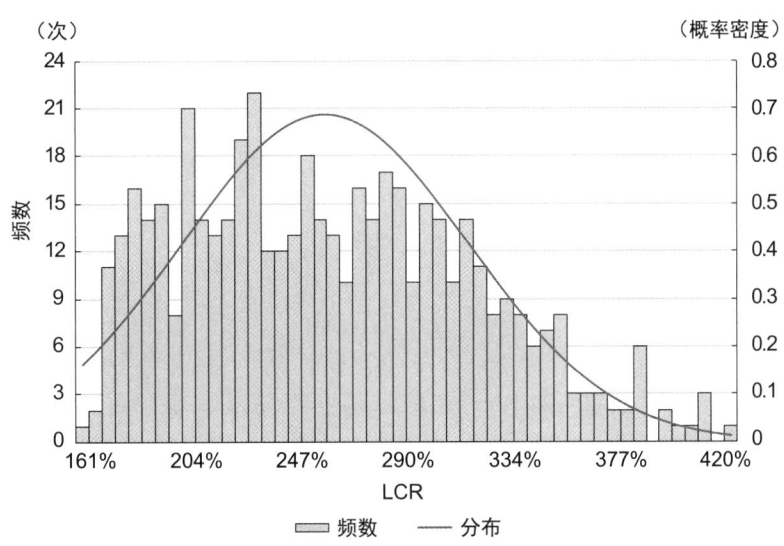

图 3　A 证券公司 2021—2022 年 LCR 指标（日）分布

辑，证券公司只能通过增加一年以上债务或权益融资优化指标表现。根据 Wind 数据，2022 年前十大证券公司平均净稳定资金率为 141.33%，头部证券公司在指标维护方面通常会更多地考虑财务成本因素。因此，在净稳定资金率可靠计量与预测的基础上做好指标资源分配，成为证券公司降本增效的有效路径之一。

二、流动性指标业务条线分解及限额管理方案解析

（一）流动性指标业务条线分解及限额管理的实践意义

针对 LCR 和 NSFR 指标的管理难点，将指标按照业务条线进行拆分，从而对各部门进

行流动性指标限额管理，对流动性风险计量及预警管理具有重要的实践意义。在流动性指标按照业务条线拆分的基础上，下发业务部门年度流动性指标限额预算，配合日常监控、限额管理等工作，打造事前—事中—事后完整的流动性风险管理架构。该模式意味着，将证券公司整体流动性风险向下拆分至各业务单元，不仅减轻了数据预测的难度，也有利于培养业务一线人员流动性风险管理意识，改变了流动性风险管理部门独自承担公司整体流动性风险的局面，具体表现为：

一是通过将流动性指标进行业务维度的量化拆分及业务部门映射，能够更加直观地反映各项业务的指标消耗水平及进程，极大地提升流动性风险的主动管理能力。

二是将各业务对流动性指标的占用以限额的形式进行分解，并进行每日跟踪监控，能够显著强化指标管理精度及指标预测准确度，切实保障证券公司监管指标安全。

三是以流动性指标限额为抓手，结合证券公司经营战略发展规划，可进一步合理、有效地分配指标资源，助推证券公司各项业务健康发展。

（二）两率指标分解及限额管理原则

一是公司层面预留一定的指标安全垫，扣除安全垫后对剩余指标空间进行拆分，确保流动性指标持续符合监管要求和公司级限额要求。

二是业务部门流动性指标限额需配合公司年度资产负债配置计划和其他风险限额方案进行拟定，避免各项指标限额矛盾冲突。

三是业务部门流动性指标限额将结合各个业务部门的投入情况、业务属性、是否具备指标优化工具（如拆出、逆回购投资以及融资工具）等维度进行差异化设置，并在期初业务规模上增加适度的增量空间，避免限制正常业务开展。

（三）具体方案

1. 流动性覆盖率（LCR）

业务部门层面的LCR指标分解及限额管理旨在推动负债和表外衍生品业务期限结构平滑，辅助指标的稳定性，确保公司短期流动性风险整体可控。根据业务部门业务属性不同和公司战略发展需要，采用比例型业务部门流动性风险限额和规模型业务部门流动性风险限额两种方式进行分配。

（1）LCR指标比例型业务部门流动性风险限额。比例型业务部门流动性风险限额旨在为业务部门下放更多的指标自主管控权，释放更多的业务调节空间。通常情况下，证券公司一级部门中的债券自营部门具备较多的融资工具，包括银行间和交易所的短期融资工具、黄金租赁、收益凭证等，金融衍生品部门具备收益凭证及衍生品业务融资工具等，优质流动性资产相比其他部门更为充裕，可依据自身业务发展需要自主调节流动性指标，因此，证券公司可考虑对于债券自营部门和衍生品业务部门下达比例型配置计划。

在LCR业务部门流动性风险限额的模型构建中，要以LCR指标公式为基础，并结合业务部门的发展情况。由于过去半年业务部门的资产或负债情况更能代表该业务部门未来的发展趋势，因此，分子分母分别参照过去半年该业务部门LCR指标各项业务折算后的均值乘以预计增长率，对于表内资产或负债的预计增长率参考上一年度资产或负债存量至新一年度资产负债配置计划中的上限确定增长幅度；表外业务预计增长率基于表外业务折算后现有金额和 NSFR 配置计划中的表外业务上限确定，具体公式如下：

$$\text{LCR 业务部门流动性风险限额} = \frac{A \times \left(1 + \frac{M_a - C_a}{C_a}\right)}{\sum_{i=1}^{n} X_i \times \left(1 + \frac{M_d - C_d}{C_d}\right) - \sum_{j=1}^{m} Y_j} \quad (2.1)$$

——A 为上一年度对应业务部门"优质流动性资产"均值；

——M_a 为新一年度对应业务部门资产负债配置计划资产上限；

——C_a 为上一年度对应业务部门资产余额；

——X_i 为对应业务部门最近半年"未来 30 天流出"各项目均值；

——Y_j 为对应业务部门最近半年"未来 30 天流入"各项目均值；

——M_d 为对应业务部门新一年度资产负债配置计划负债上限；

——C_d 为对应业务部门上一年度月末负债余额。

LCR 指标中金融衍生品业务项目与 NSFR 指标中金融衍生品项目相同，但折算率不同，因此可根据 NSFR 指标中各业务部门计算的金融衍生品业务项目、根据不同的折算率倒推 LCR 指标金融衍生品业务限额。

（2）LCR 指标规模型业务部门流动性风险限额。规模型配置计划的制订主要针对除债券自营和衍生品业务部门以外，持有优质流动性资产较低的其他业务部门，仅对其 LCR 指标的分母未来 30 日现金净流出进行约束，目的是推动业务部门自主平滑其负债期限结构曲线，进而降低 LCR 指标未来 30 日现金净流出曲线波动率，缓释短期流动性风险。制订标准参照比例型配置计划的分母进行分配。

2. 净稳定资金率（NSFR）

业务部门层面的 NSFR 分解及流动性风险限额管理旨在推动业务部门保持良好的资产结构，确保公司中长期流动性风险整体可控。基于 NSFR 指标本身属性，分子可用稳定资金通常通过发行一年以上公司级债务的方式优化 NSFR 指标，这通常是证券公司流动性风险管理部门的核心职责，因此 NSFR 业务部门流动性风险限额采用规模型配置计划，即 NSFR 业务部门流动性风险限额针对指标分母所需稳定资金进行分配。

在具体 NSFR 指标规模型业务部门流动性风险限额模型构建上，因过去半年业务部门的表内外资产情况更能代表该业务部门未来的发展趋势，因此数据基于过去半年各项业务折算前的均值，其中表内资产基于资产负债配置计划上限，表外业务基于 NSFR 指标公司级风险限额和过去半年 NSFR 指标分母所需稳定资金日均值，并参考证券公司新一年度净资产预计收益率水平。具体计算公式如下：

$$\text{NSFR 指标业务部门流动性风险限额} = A + B \quad (2.2)$$

——A 为表内所需稳定资金限额；

——B 为表外所需稳定资金限额。

$$A = \sum_{i=1}^{n} \frac{M \times X_i \times Y_i}{K} \quad (2.3)$$

——M 为新一年度资产负债配置计划对应业务部门资产上限；

——X_i 为对应业务部门过去半年各项资产日均值；

——Y_i 为各项资产对应的折算率；

——K 为对应业务部门各项资产日均值之和。

$$B = \frac{\partial + \beta \times R}{\gamma} - A \quad (2.4)$$

——∂ 为 NSFR 分子可用稳定资金对应业务部门过去半年均值；

——β 为公司上一年度末净资产；

——R 为公司新一年度净资产预计收益率；

——γ 为新一年度公司下发的风险限额中的 NSFR 指标公司级限额。

三、流动性指标限额管理及预警机制的应用

（一）搭建两率指标限额管理框架

为配合流动性两率业务部门流动性风险限额的顺利实施，证券公司需在以下方面进行明确：第一，明确两率指标年度配置计划编制流程，可参照年度资产负债配置计划和风险限额流程，提升公司对两率指标业务部门流动性风险限额的重视程度；第二，明确流动性风险相关部门为两率指标业务部门流动性风险限额制定、监测和报告部门，流动性风险管理部门作为日常监控两率业务部门流动性风险限额运行情况的第一责任人，致力于提升流动性风险管理系统化水平，做到风险自动化识别、自动化预警；第三，明确两率指标业务部门流动性风险限额达预警值和超限额情况处理方式和限额调整流程，将两率指标业务部门流动性风险限额的运行情况纳入证券公司对应部门绩效考核。

（二）设置日常监控及预警触发机制

两率指标业务部门流动性风险限额在日常管理过程中，设置统一的预警机制，有利于证券公司流动性风险管理部门更直观地监测两率指标业务部门流动性风险限额的运行情况。在制定两率指标业务部门流动性风险限额过程中，对于 NSFR 指标业务部门流动性风险限额可考虑在各业务部门资产负债配置计划资产上限基础上按照 90% 的计算比例，倒推各业务部门 NSFR 指标业务部门流动性风险限额预警值；对于 LCR 业务部门流动性风险限额，可考虑在公司级限额预警值基础上向上浮动 10 个百分点，倒推各业务部门 LCR 业务部门流动性风险限额预警值。

两率指标业务部门流动性风险限额的推广，并不意味着证券公司流动性风险管理部门流动性风险管理责任的下沉，相反，证券公司流动性风险管理部门须建立健全两率指标部门级限额控制机制，包括设置指标限额、日常风险监控和预警等，注重风险预测和应对能力的提升，及时制定应对措施，确保流动性风险得到有效控制。

1. LCR 指标日常监控与预警

LCR 指标制定业务部门流动性风险限额的本质是加强对业务部门融资工具的使用和杠杆水平的管控。LCR 指标波动较大，日常应从多维度加强监控。第一，考虑设置偏离度监控，即针对 LCR 指标的各项目设置较上月末和上一工作日偏离度，设置偏离度预警值。对于超出预警值情况，与对应业务部门保持沟通，把握业务的发展趋势，辅助 LCR 指标预测能力的提升，必要时适度干预业务部门对于融资工具的使用规划和安排。第二，加强流动性融资工具的管控。重点关注有抵质押物的回购工具和信用拆借工具来回切换对指标的影响，

可考虑开展单因素压力值测算,根据实际情况在压力值下方设置预警值,超出预警值情形,加强与业务部门的沟通和协调,必要时启动优化指标方案。第三,加强对债务融资剩余期限结构的管控。优化期限结构,针对债务融资剩余期限结构曲线波动幅度设置预警值,超出预警值不仅对LCR指标带来压力,也必然导致流动性缺口增加,必要时开展流动性风险压力测试。第四,针对LCR指标业务部门流动性风险限额设置预警值。超出预警值情形,原则上从超出之日起对应业务部门不得新增导致指标不利变动的业务;超出限额情形,将视情况实施扣分或绩效考核评价,最终实现公司整体融资工具的合理使用和杠杆水平的有效管控。

2. NSFR指标日常监控与预警

NSFR指标制定业务部门流动性风险限额本质是加强对业务部门资产结构的管控。NSFR指标相对稳定,但资产结构调整困难。分子可用稳定资金监控方面,日常应加强剩余期限一年以上负债落入一年以内时点的监控力度。在融资规划安排上,应尽量做到债务融资负债落入一年以内情景曲线的均衡,可考虑对于债务融资负债落入一年以内情景曲线波幅设置预警值,对于偏离曲线均衡基础较大的时点应重点关注,提前采取措施,并积极关注金融市场变化形势,关注融资成本是否高企和融资渠道是否受限可能对再融资维持NSFR指标带来的影响。所需稳定资金方面:第一,考虑设置偏离度监控,即针对NSFR指标的各项目设置较上月末和上一工作日偏离度,尤其对于指标消耗较大的股票类、股票质押类、非标类资产、卖出期权类等,设置偏离度预警值。对于超出预警值情况,及时与对应业务部门保持沟通,把握业务的发展趋势,辅助NSFR指标预测能力的提升,必要时适度干预业务部门对于流动性较差、折算率较高资产的配置力度或节奏,缓和对NSFR指标的冲击力度。第二,对于重大事项强化前置性审批,设置触发预警条件,包括重大对外投资或收购、重大对外担保、重大子公司增资等可能导致流动性指标发生明显不利变动的情形。预警条件触发情况下,对业务部门流动性风险限额进行评估,必要时应开展流动性风险压力测试。第三,对于新产品、新业务预留一定额度,及时确定填报规则,并根据公司配置计划开展单因素压力值测算。在测算超过预留额度情形时,考虑重新分配业务部门流动性风险限额或控制新产品、新业务投资额度。第四,针对NSFR指标业务部门流动性风险限额设置预警值,超出预警值情形,参照LCR指标业务部门流动性风险限额处理方式,最终实现长期债务融资成本的有效控制和保持良好的资产结构。

参考文献

[1] 陈致远,唐振鹏. 中国股灾回顾、证监会政策评价及启示——基于2015年中国股票市场案例分析 [J]. 亚太经济,2020 (03):31—35.

[2] 沈沛龙,闫照轩. 商业银行流动性缺口管理的改进方法及实证分析 [J]. 金融论坛,2011 (03):10—15.

[3] 王建平,徐彬,蔡如海. 证券公司流动性风险管理实务 [M]. 北京:中国财政经济出版社,2016:12—16.

[4] 王跃军. 我国证券公司债务融资工具发展研究 [J]. 大众投资指南,2020 (07):44—45.

[5] 喻博纯,张璐,王淇. 流动性覆盖率(LCR)指标对商业银行流动性风险预警作

用研究［J］. 经济视角（上旬刊），2014（07）：23—24.

［6］中国证券监督管理委员会. 证券公司风险控制指标计算标准规定［Z］. 2016.

［7］中国证券业协会. 证券公司流动性风险管理指引［Z］. 2014.

［8］中国证券业协会. 证券公司压力测试指引［Z］. 2023.

［9］Cochrane. Lessons from the Financial Crisis［J］. Regulation，2010，32（04）：34—37.

［10］Kopitin，Cyril. Managing risk of liquidity：a new dimension of risk management［J］. International Journal of Risk Assessment & Management，2013，17（02）：89—106.

融资融券风险管理体系优化思路探讨

——基于全面注册制下证券评估的实证分析

冯玉泉 吉 濛 董子珍 刘 诚 李春洪[*]

一、引言

2023年2月17日,随着中国证监会发布《上市公司证券发行注册管理办法》《首次公开发行股票注册管理办法》及相关制度规则,注册制全面实行。这是我国资本市场改革与发展进程中新的里程碑。这距2013年11月9日党的十八届三中全会第一次明确提出"推进股票发行注册制改革"已过去9年多时间。9年多来,资本市场改革稳步推进,交易机制不断健全,先后经历了科创板、创业板、北京证券交易所注册制试点,板块鲜明、层次丰富的市场格局逐步形成。与此同时,融资融券作为重要的证券交易基础性制度,自2010年业务开展以来就备受关注。随着资本市场改革的不断深入,融资融券业务从开展初期逐渐发展成熟,风控体系也从粗放单一向精细分层不断优化调整。

全面注册制改革意义重大,影响深远,上市条件拓宽及发行流程简化,使股票数量快速扩容,扩大了投资范围;新股定价市场化以及涨跌幅限制放宽,使股票估值差异拉大,促进市场分层;退市渠道多元以及退市机制完善,将减少壳资源炒作机会,促进市场"新陈代谢"。

市场环境的改变对融资融券业务产生了潜移默化的影响,本文通过梳理全面注册制下融资融券交易风险的新特征,发现股票分层分化越发明显,证券评估必要且关键。本文运用逻辑回归分析算法建立证券评估模型,为融资融券风控指标设置提供借鉴意义,同步提出融资融券风控体系优化建议。

---

[*] 本文写作于2023年9月。作者简介:冯玉泉,东吴证券股份有限公司首席风险官、总裁助理兼风险管理部总经理;吉濛,东吴证券股份有限公司风险管理部副总经理;董子珍,东吴证券股份有限公司风险管理部信用风险管理副总监;刘诚,东吴证券股份有限公司风险管理部总量风险管理副总监;李春洪,东吴证券股份有限公司机构业务部融资业务总监。

二、全面注册制下融资融券交易风险新特征

随着注册制改革的不断深化，市场发行机制、交易机制以及退出机制都发生了较大改变。我们通过解读注册制下的政策变迁，分析市场风险环境变化，观测市场表现是否与分析相符，梳理出注册制下融资融券面临的风险新特征。

（一）融资融券标的扩容，流动性可能出现分层

1. 政策分析

自 2010 年融资融券试点开展至今，遵循"从严到宽、从少到多、逐步扩大"的原则，主板股票融资融券标的范围已经历 6 次扩容，实现了对沪深 300 指数成分股全覆盖，但是仍有数量限制（上海证券交易所不高于 1 000 只，深圳证券交易所不高于 1 200 只），并且选取条件较为严格，对上市时间、流通股本、股东人数、交易指标均有要求。这说明针对注册制以外的股票，沪、深证券交易所在选取融资融券标的时已考虑了股票的估值合理性、股份流动性、价格波动稳定性等因素，大大减轻了证券公司依赖自身风控体系遴选标的证券的压力。

注册制股票标的的资格选取条件较为宽松，无流通股本、股东人数、交易指标等要求，上市首日纳入融资融券标的证券，无数量限制且逐日调整。该政策有利于优化融资融券标的结构，提升市场活跃程度，更好地发挥融资融券促进市场价格发现的作用。但是由于短期内市场整体流动性较为稳定，标的扩容可能使部分股票流动性被稀释，出现显著的流动性分层，甚至出现流动性枯竭的股票。流动性薄弱的股票股价易发生异常波动，建议审慎纳入融资融券标的。

2. 市场表现

股票交易的活跃程度出现明显分化。我们选取沪、深证券交易所全部融资融券股票标的为样本①，以 2023 年 5 月、6 月、7 月的日均成交额和日均换手率为分类指标，按交易活跃程度将融资融券标的划分为不活跃、较不活跃、一般、较活跃、活跃五档（见图 1）。

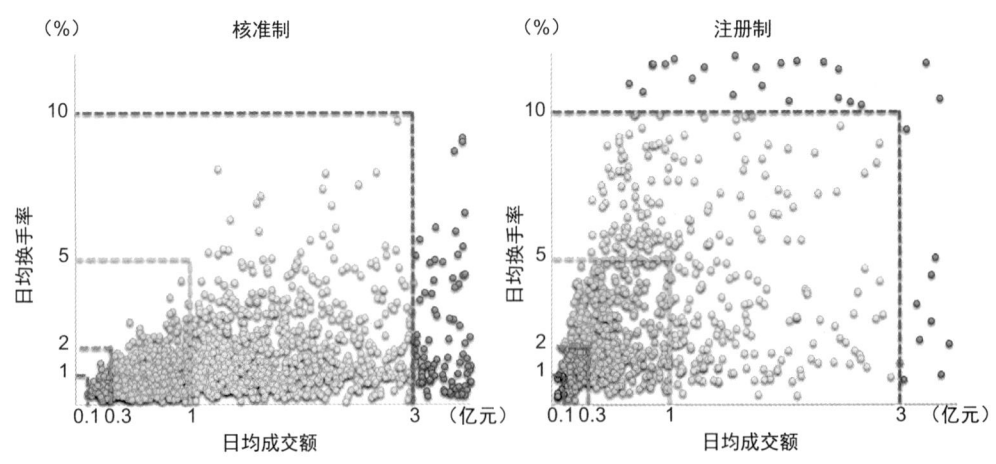

图 1 融资融券标的活跃程度散点图

---

① 数据来源，Wind 数据库，剔除上市不足 3 个月的股票，有效样本共 3 161 只标的股票，其中核准制 2 200 只，注册制 961 只。

结合图 1 与图 2 的核准制与注册制数据对比,可清晰感知注册制股票流动性分层更为明显:核准制标的呈现出流动性普遍较好的特征,成交额与换手率水平区分度不大,没有不活跃的股票,较不活跃标的占比仅 4%;而注册制标的流动性特征较为分散,各个分类层次均有标的分布,活跃标的占比与较不活跃、不活跃标的合计占比接近,层次更鲜明。

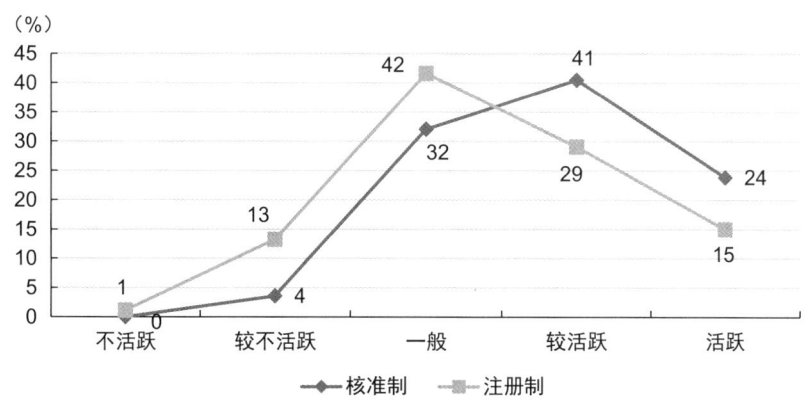

图 2　融资融券标的活跃程度分类家数占比

市场数据验证了我们的政策分析,融资融券标的流动性将进一步分化,证券公司应加强标的资格的主动管理,将极不活跃的股票排除在标的证券范围之外。

(二) 涨跌幅限制扩大,担保物价值波动可能加剧

1. 政策分析

全面注册制下,股票发行定价由基于市盈率的先验定价机制转变为市场化询价定价机制,并且上市前 5 日无涨跌幅限制,5 个交易日之后涨跌幅限制普遍放宽,科创板和创业板涨跌幅 20%、北交所股票涨跌幅 30%。这一系列变革显然能让资本市场价格发现功能得到更充分的发挥,逐步向国际成熟市场看齐。

但是中国资本市场散户化特征仍较为明显,股票价格波动空间加大,若叠加非理性交易因素,如羊群效应、噪音交易行为等,可能引起股价剧烈波动。对融资融券业务的直观影响表现为:融资融券账户内担保物价值剧烈波动,进而引起可用保证金和维持担保比例大幅波动,风险增加。

2. 市场表现

注册制股票价格波动幅度更大。我们选取 A 股市场全部担保物股票为分析对象,剔除折算率为 0 的股票①,以 2023 年 5 月、6 月、7 月的日均股价收益波动率为波动幅度衡量指标。

日均股价收益波动率:$\sigma = \sqrt{\dfrac{\sum_{i=1}^{n}[r_i - E(r)]^2}{n-1}}$ 其中,r_i 为股价日收益率,$E(r)$ 为股价日收益率的均值。

---

① 折算率为 0 认定标准:依据沪、深、北三家交易所《融资融券交易实施细则》要求,被实施风险警示、进入退市整理期、静态市盈率在 300 倍以上或者为负数的股票。

核准制与注册制担保物股票波动率分布情况如图3所示，图中标注线分别为核准制、注册制股票波动率中位数。核准制股票波动率中位数小于注册制股票，并且在低波动率区域（左侧），核准制股票占比较高，而高波动率区域（右侧），注册制股票占比较高；注册制波动率高于6的股票数量占比7.85%，而核准制股票波动率高于6的股票数量占比仅0.40%。可见注册制股票整体波动情况较核准制股票更为剧烈，与政策分析结论相符。

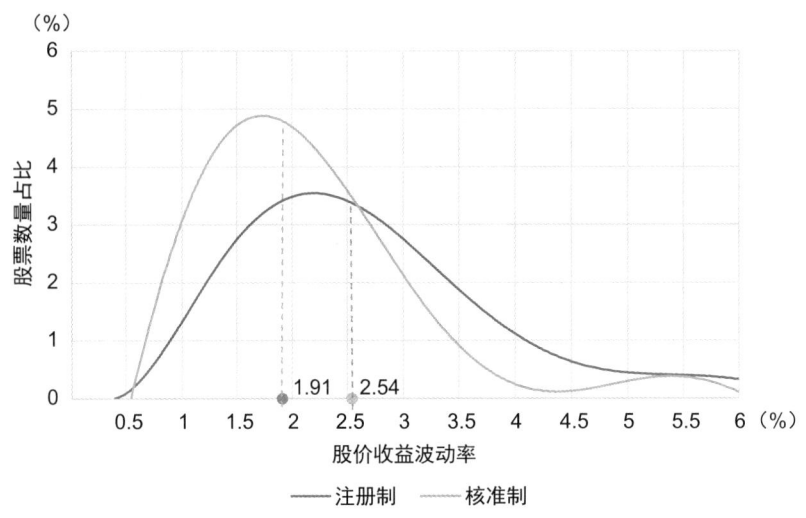

图3　注册制与核准制收益波动率分布趋势对比

为了应对股价波动幅度加大的风险，在现有评估机制的基础上，证券公司应在担保物折算率及集中度管理过程中充分考虑股票价格的波动性，同时应加强投资者教育，提高投资者风险意识，防范跟风投资带来的风险。

（三）退市常态化，可能出现穿仓风险

1. 政策分析

作为注册制的重要配套，退市制度近年一直在深化改革，在延续交易类、财务类、规范类、违法类四类退市方式的基础上，不断优化退市指标、加强信息披露以及简化退市流程，如从严设置造假类退市指标，降低财务造假容忍度；优化组合类财务退市指标，完善企业财务状况判定标准；细化交易类退市指标，使交易类强制退市指标更为合理；取消暂停上市和恢复上市环节，取消交易类退市情形的退市整理期，退市流程更为精简。

退市机制日渐完善，有助于促进市场"新陈代谢"，增强市场活力。但是，上市公司退市时，往往伴随着股票市值的大幅萎缩，投资者收益受损。若融资融券账户持有大量即将退市的股票，因退市整理期首日不设涨跌幅限制或连续多日跌停，账户总资产可能大幅缩水，维持担保比例急剧下降，融资人和证券公司将面临平仓困难甚至穿仓的风险。

2. 市场表现

退市趋于常态化，穿仓风险显现。如图4所示，A股退市公司数量近年来显著上升，其中2023年退市公司数量37家（仅统计至7月31日），除1家公司因换股吸收合并而主动退市外，其余36家公司均为强制退市。目前A股退市公司数量占比仍然较低，与国际成熟市

场存在一定差距，可预计未来 A 股退市数量还将持续上升，退市已趋于常态化。

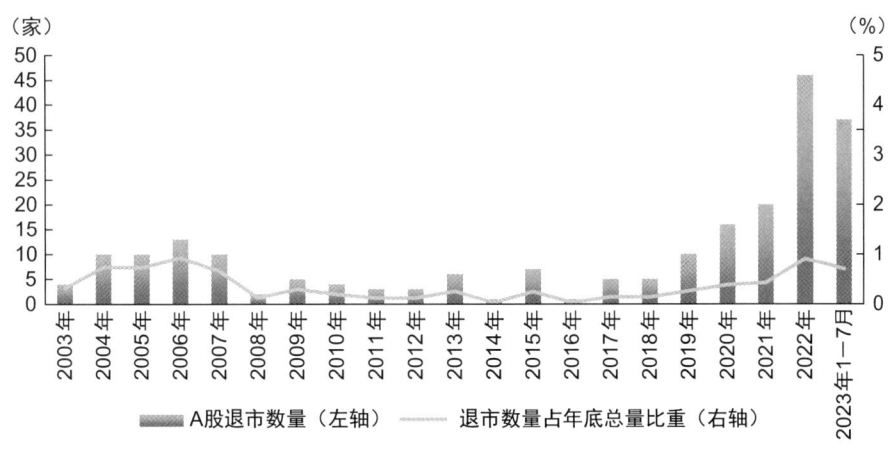

图 4 A 股退市公司数量及占比

资料来源：Wind 数据库。

以 2023 年强制退市的 36 只股票为例，它们自 2023 年初至退市时，股价平均跌幅为 -74.57%，其中 23 只股票退市前经历了退市整理期，进入整理期首日的平均跌幅为 -67.25%，其余 13 只股票因股价持续低于 1 元触发交易类强制退市，未进入退市整理期，但是均经历了较多的跌停交易日，2023 年内跌停天数平均为 17.62 天。

无论是退市整理期首日大幅下跌，还是退市前连续多日跌停，都会给融资人及证券公司带来平仓困难，可能引发融资融券账户穿仓风险。假设某退市股票退市整理期首日或经连续跌停后，累计跌幅为 70%，在不同初始维持担保比例和不同持仓集中度情况下，维持担保比例变化如图 5 所示。初始维持担保比例为 300% 时，退市股票持仓集中度高于 95%，将发生穿仓；初始维持担保比例为 180% 时，持仓集中度高于 63%，将发生穿仓。

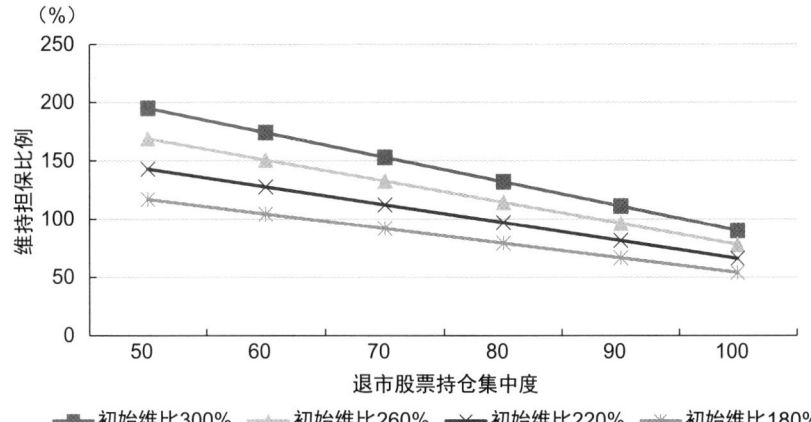

图 5 不同初始维持担保比例、持仓集中度下的维持担保比例变化情况

上述"维比—集中度"安排源自券商行业融资融券集中度管理要求的平均水平，可见目前行业普适的集中度管理体系无法应对退市股票带来的穿仓风险，证券公司应采取一些特

异性安排以防范该风险。

（四）融资融券账户套现动机可能增加

上海、深圳、北京三家交易所均明确通知，注册制下股票和存托凭证暂不作为股票质押回购及约定购回交易标的证券。该制度安排有助于防范股票质押、约定购回业务风险，保障市场稳健运行。但是由于持有注册制股票的大股东无法进行股票质押操作，其利用融资融券账户进行绕标套现的动机可能增加。绕标套现交易违背了融资融券业务初衷，存在合规隐患，规避了信息披露要求，扰乱了交易机制，还会引起融资融券与股票质押业务风险传染，信用风险加大。

融资融券账户套现操作较为隐蔽，难以通过市场表现捕捉该行为。为了防范融资融券风险扩大，切实保障市场稳健运行，证券公司应加强交易管理，采取有效管控措施，谨防绕标套现操作。

三、全面注册制下证券评估模型实证分析

全面注册制下，股票市场表现分化越发显著，如何有效评估证券并进行分层管理成为融资融券风险管理的关键。本文运用逻辑回归分析算法建模，在综合考虑证券估值合理性、股份流动性、价格波动性、财务状况、风险特征等维度的基础上，得到证券分层结果，并尝试将评估结果应用于风控指标设置。

（一）样本选取

模型评估对象为 A 股市场有担保物资格的股票，我们从 2021 年 7 月 1 日至 2023 年 7 月 31 日的市场数据中，每月随机抽取一个交易日数据，即 25 个交易日共 119 443 条数据作为建模样本，随机选取其中 80% 的交易日数据作为训练集，剩余 20% 作为测试集。自变量为样本股票估值指标、流动性指标、价格波动性指标、财务指标以及风险特征指标，因变量为样本股票观测日是否被实施风险警示、进入退市整理期、静态市盈率在 300 倍以上或者为负数，是则标记为 1，其余标记为 0。截至 2023 年 7 月 31 日 A 股市场担保物股票共 5 206 只，其中被实施风险警示、进入退市整理期、静态市盈率在 300 倍以上或者为负数的 A 股股票共 1 153 只。

（二）指标筛选

基于数据情况和业务理解，我们选取市盈率、市净率、总市值作为估值合理性指标；成交量、成交额、换手率、流通市值作为股份流动性指标；振幅、股价偏离度、股价波动率、β 作为价格波动性指标；每股收益、净资产收益率、每股经营活动产生的现金流量净额、商誉占比等作为财务状况指标；股票整体质押率、大股东质押集中度、负面舆情、成分股类型、上市板块、发行制度等作为风险特征指标。

上述待选指标中既有定量指标，也有定性指标，共 21 项指标。首先，计算信息价值（Information Value，IV）、相关性、结合业务逻辑判断等进行指标初筛，得到 14 个候选指标。其次，对初筛指标进行更细化的分箱调整和证据权重（Weight of Evidence，WOE）转

换。分箱调整主要采用卡方分箱，关注各指标分箱个数、保证每个分箱中的样本比例、业务可解释性等因素，使各个指标分箱更加合理。最后，计算 WOE 转换后各指标的方差膨胀因子（Variance Inflation Factor），对于多重共线性较强的一组指标，仅保留 IV 值较高或更加符合业务逻辑的一个指标，得到最终 9 个候选指标。

（三）模型拟合

在模型拟合方面，采用逐步回归的方法对候选指标进行筛选并拟合逻辑回归模型。为了综合考虑模型的简洁性和准确性，逐步回归时采用 AIC 信息准则（Akaike Information Criterion，AIC），同时为了衡量特征在训练集和测试集的稳定性，还计算了特征在训练集和测试集之间的样本稳定指数（Population Stability Index，PSI），得到最优逻辑回归模型结果如下：

$$\log \frac{p}{1-p} = -1.4676 + 0.9114x_1 + 0.0401x_2 + 0.2287x_3 + 0.4986x_4 + 0.3228x_5 + 0.5906x_6 + 0.1229x_7 + 0.0134x_8 + 0.1536x_9$$

x_1 至 x_9 为各入模指标经 WOE 转换之后的指标，具体含义见表1。

表1　　　　　　　　　　　　　　　　入模指标

指标筛选	转换指标	含义
估值合理性指标	x1	市盈率
	x2	总市值
流动性指标	x3	日均成交金额
波动性指标	x4	股价波动率
财务状况指标	x5	现金流净额
风险特征指标	x6	舆情得分类型
	x7	成分股类型
	x8	板块发行类型
	x9	整体质押率

（四）模型效果检验

我们用测试集数据来验证模型效果，模型检验结果如表2所示。

表2　　　　　　　　　　　　　　　　模型检验结果

股票数量		实际情况（%）		
		风险	正常	合计
预测情况	风险	17.31	9.39	26.70
	正常	2.08	71.23	73.30
	合计	19.38	80.62	100

结果显示，模型整体召回率为 89.32%，即实际为风险的股票中有 89.32% 被正确识别；准确率为 88.63%，即全部股票中有 88.63% 被正确识别；精确率为 64.83%，即模型识别为风险的股票中，有 64.83% 被正确识别。模型精确率相对不高的原因是进行股票风险监测的

主要目的在于发现和识别风险股票,因此更关注模型的召回率,即模型命中实际风险股票的比例越高越好,而扩大命中比例相应会降低精确率(见表3)。

表3　模型效果评价

评价方向	统计指标	数值
区分能力	AUC	0.96
	KS	0.78
准确性	精确率	64.83%
	召回率	89.32%
	准确率	88.63%
模型稳定性	PSI(训练集测试集打分对比)	11.89%

以上各指标表明模型对高风险股票的预测能力较好,对高风险股票和非高风险股票有较强的区分能力,模型效果良好;同时训练集和测试集分数对比的PSI较低,模型较为稳定。

(五)模型结果应用

我们尝试按模型结果将股票进行分层分类,分层结果可综合应用于标的资格筛选、折算率调整、集中度控制等方面①。

以测试数据集中的某单日数据为例,我们根据模型结果将所有股票综合评分进行升序排列②,等距划分为15个小组,股票排序分布如图6所示。左侧肥尾特征明显,主要为被实施风险警示、进入退市整理期,静态市盈率在300倍以上或者为负数的股票,风险突出,应针对性地设置较为严苛的风控指标。

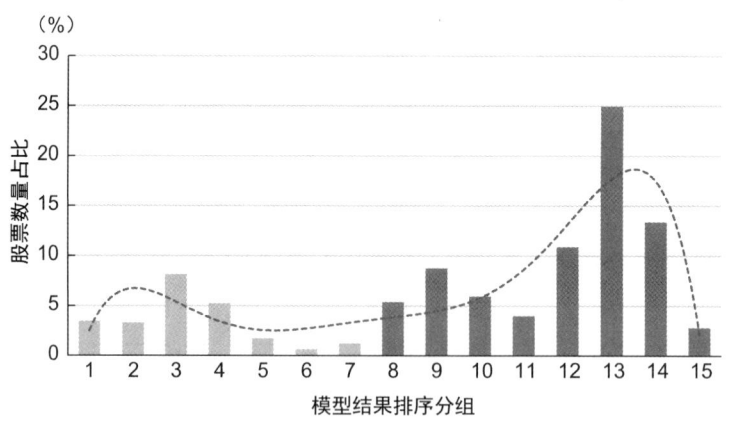

图6　模型结果排序分布

以模型构建过程中定义风险股票的基准分和股票最高得分为基点,中间按股票占比和分数区间划分档位,得到全市场担保物股票6档分层结果(见图7)。

---

① 关于退市风险和套现风险,亦可建立针对性的模型进行甄别和预警,限于篇幅,本文不再展开论述。
② 模型得分越高,则表示风险程度越低。

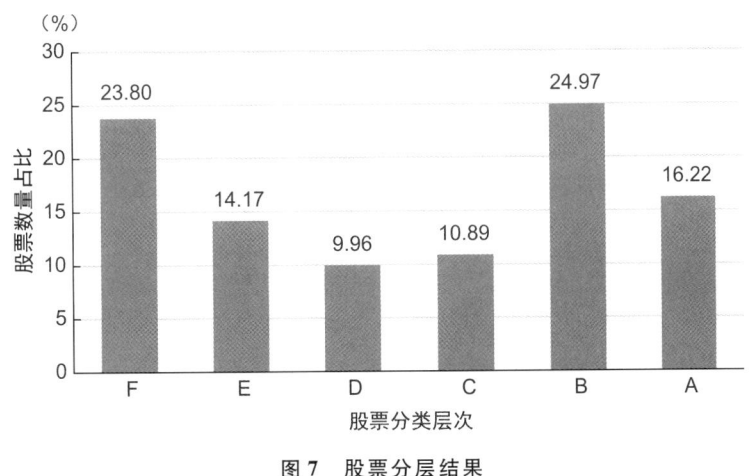

图 7　股票分层结果

其中风险特征最高的 F 档占比 23.80%，与被实施风险警示、进入退市整理期，静态市盈率在 300 倍以上或者为负数的股票在市场中的实际占比接近。该分档结果可应用于标的资格管理，比如落在尾部一定区间内的股票剔除融资融券标的资格；亦可应用于折算率调整，比如 A 类股票折算率设置为交易所折算率上限，后续分类股票依次在折算率上限的基础上降低对应基点；还可应用于集中度管理，比如结合维持担保比例档位，进行压力测试分析，形成集中度管理矩阵。

四、全面注册制下融资融券业务风险管理优化思路

综上所述，为应对全面注册制下市场风险特征的新变化，建议完善证券评估模型分析，从标的资格管理、折算率调整机制、集中度管理、退市风险应对、绕标套现管控等方面优化融资融券风险管理体系。

（一）完善保证金比例调整机制，细化标的证券资格管理

标的证券资格管理一直是证券公司融资融券风险管理体系中的薄弱环节，部分证券公司依赖交易所公布的标的证券资格名单，采用"照单全收"的被动管理模式，仅对个别风险突出的证券进行手工调整。保证金比例设置也大多采用"一刀切"的模式，或者仅针对特殊板块股票进行差异化设置，控制方式比较粗放。

由于全面注册制下，股票上市首日即纳入融资融券标的范围，新上市股票市场交易表现存在不确定性，且市场流动性分层越发明显，因此，建议证券公司建立完善的标的证券资格调整机制，将极不活跃的证券排除在标的证券范围外。针对已入选标的资格的证券，建议证券公司在充分考虑证券流动性、业务集中度、市场集中度等因素后，进行分层管理，分别设置不同的保证金比例要求，引导业务健康发展。

（二）优化证券评估模型，完善折算率评估及集中度管理机制

折算率评估及集中度管理是融资融券业务风险管控的关键手段，各证券公司关于折算率

评估和集中度管理的机制不尽相同。一些券商采用评估模型对证券进行评分，根据评分结果划分不同档位以对应不同的折算率调整幅度以及集中度管理指标；一些券商的证券评分模型仅应用于折算率调整，而集中度指标则以交易板块或是否注册制作为分类标准；还有一些券商尚未建立自动化的证券评估模型，折算率调整仍以手工操作为主。

全面注册制下，层次丰富的市场结构逐渐形成，折算率调整以及集中度管理的精细化是大势所趋，建议证券公司加强历史数据回溯和压力测试分析，不断优化证券评估模型，还可以考虑针对不同的证券类别、交易阶段等设置差异化的评估模型，以期对证券更精准地进行综合评估。评估结果可综合应用于标的资格筛选、折算率调整、集中度控制等方面，根据业务实际情况在调整频率、档位划分上分别独立设置。建议证券公司同步加强系统建设，以支持更智能的证券评估以及指标设置。

（三）增强主动管理能力，以应对退市常态化

上市公司退市常态化，有助于促进股市资源优化配置，但是股票退市时市值急剧下跌，可能引发个别融资融券账户的穿仓风险。建议证券公司在现行风控指标体系的基础上，加强证券主动管理，及时预警风险，可以考虑建立交易类退市指标预警模型并进行系统监测，同步建立舆情监控系统，加强舆情监控，关注上市公司是否存在财务类、规范类、违法类等其他退市风险，对存在退市风险的股票及时预警。

对于进入退市风险预警的股票，建议及时调降其折算率以及持仓集中度比例上限，或者将其调出担保物范围，同步梳理融资融券账户中退市风险股票持仓，并进行压力测试，对存在平仓风险的账户进行专项风险提示，提示融资人主动处置风险股票。

（四）针对融资融券账户套现问题，加强前端控制和定期排查

为防范绕标套现操作，建议证券公司从前端管控、交易管理、定期排查等方面加强风险管理。在客户引入环节，建议加强尽职调查力度，对客户的绕标交易需求进行甄别并予以拒绝，同时完善系统前端控制，防止大股东、董监高等主体将存在减持受限的股票转入融资融券账户进行套现操作；在融资交易环节，注意完善系统交易权限、规则等设置，不为客户绕标交易操作提供便利，同时加强投资者教育，引导融资融券客户规范交易；注意定期跟踪排查，利用技术手段清查进行绕标套现操作的融资融券账户，并通过风险提示、降低授信、禁止展期等方式要求其限期整改，规范操作。

参考文献

［1］王意德，张兵．注册制改革、投资者羊群行为与股票特质风险［J］．现代经济探讨，2023（06）：60—72.

［2］蒋焰．融资融券业务发展回顾及展望［J］．中国商论，2022（14）：074—076.

［3］巴曙松，朱虹．融资融券、投资者情绪与市场波动［J］．国际金融研究，2016（08）：82—96.

［4］王灿华．基于机器学习模型的制造业企业信用评级研究［J］．债券，2021（09）：70—74.

基于大数据的融资融券业务精细化管理探索

闫晓华 李记宝 马保明 冯 飞 许良玉[*]

一、引言

我国融资融券交易自2010年3月31日正式启动,融资融券业务规模2015年曾达到顶峰2.27万亿元。随后融资融券余额掉头向下,在2015年9月达到低点0.9万亿元;2020年以来融资融券余额进入窄幅震荡轨道。据中国证券金融股份有限公司统计,截至2023年8月1日,融资融券余额1.58万亿元,其中融资余额占比94.08%,融券余额占比5.92%。融资融券余额占A股流通市值的比重为2.16%,全市场融资融券业务的平均维持担保比例为279.2%。个人投资者数量665.7万名、机构投资者数量5.11万家,有融资融券负债的投资者数量为155.77万名,市场参与者稳步增加。

风险防控与业务发展从来就是"一体两面"的关系。证券公司业已建立覆盖事前、事中和事后的全流程风险管理体系。主要包括:投资者适当性管理、投资者评级及授信、担保品和标的证券管理、逐日盯市及强制平仓管理、融资融券业务风险限额、压力测试及报告、突发事件应急管理等。

融资融券(简称"两融")业务扩大市场交易量、提供做空途径,便于投资者保值增值。但因其杠杆属性,每当市场发生剧烈变化,无论是大盘还是个股大幅波动,个股持仓高度集中的账户,或者投资者高度集中持有一只股票或相关多只股票,就有可能会资不抵债,爆仓事件时有发生。投资者被强制平仓后资不抵债,给证券公司和投资者带来较大损失。客户账户是否爆仓,关键在于担保资产质量、数量和弹性。

2021年,中国证券业协会融资类业务委员会发布融资融券业务风险管理专题讨论会情

---

[*] 本文写作于2023年9月。作者简介:闫晓华,山西证券股份有限公司首席风险官;李记宝,山西证券股份有限公司信用管理部总经理;马保明,山西证券股份有限公司风险管理部顾问;冯飞,供职于山西证券股份有限公司信用管理部;许良玉,供职于山西证券股份有限公司综合风险管理部。

况通报。通报指出，融资融券业务担保资产质量与其内在价值、相关性、集中度、流动性等因素相关，需充分考虑可能影响资产可变现能力的各类因素，并要求加强对于担保品的管理，细化担保品监测模型，动态调整折算率。

综上所述，强化担保品监测，做实担保标的精细化管理，成为证券公司融资融券业务发展及改进重点。唯有尽早识别个股担保标的大幅波动风险，明晰变现程度，及时预警、快速处置，才能有效规避和降低平仓损失。因而，证券公司运用现代大数据技术，突出定量分析评测的价值和地位，深化融资融券业务风险管理举措，势在必行。

二、基于大数据的股票五级分层模型建构与集中度管控模式、动态折算率调整

基于大数据技术，结合实践经验，建构了山西证券智慧股票管理系统（以下简称"智慧股票"）。在个股风险分级模型、结合五级分层的担保品与集中度管控方式、动态折算率调整等方面，深化细化"两融"业务风险管理。

证券公司通过搭建融资融券业务风险管理平台，强化个股担保品的风险评估，做好客户融资融券账户事前、事中主动管理，对于融资融券业务增量客户而言费效比最佳。

（一）建构五级分层模型

出于事前管控需要，"智慧股票"一是要对个股风险打出足够的提前量，实现开仓集中度管控；二是要能够快速纳入市场信息、响应市场变化，体现高频交易行为特征。"智慧股票"内嵌模型将风险分为五个等级，故称为"五级分层模型"。

五级分层模型一方面挖掘与上市公司质地直接相关的财务、行情等数据，找出上市公司风险特征的根源；另一方面从股东行为、买方行为、卖方行为、管理层行为等上市公司利益相关方的行为信息出发，全面和中立地洞察风险事件发生的前兆。

1. 数据来源

主要包括企业基本信息、财务、行业、区域、工商、司法、股权、舆情、市场行情、买方、卖方、股东等行为数据。其中部分数据来自统计局网站、年报、评级报告等公开渠道，部分数据来自第三方机构，通过加工而成。

2. "坏"样本定义

股价连续3天跌停、连续5天跌30%、连续20天跌45%的股票为坏样本。

3. 指标长清单

指标筛选采用分层的结构，包括基本面、技术面和行为面三个大类，具体指标筛选如表1所示。

表1　　　　　智慧股票分层指标清单

基本面	财报粉饰嫌疑	收入增长异常、盈余质量异常、成本费用异常等
	偿债能力	流动比率、速动比率、现金比率
	成长能力	营业利润增长率、每股收益增长率
	盈利能力	每股营业收入增长率
	经营情况	商誉占比、经营活动现金流

续表

技术面分析	股价趋势性	短期反转、相对市场强度
	股票流动性	月换手率、季换手率、年换手率
	股价波动	Beta、历史 siqma、收益率日标准差
	股价估值	P/E、P/B、P/S……
行为分析	管理层行为	公司治理
		重大资产重组
		股利政策
	股东行为	主要股东减持
		股权质押关联交易风险
		实控人风险
	买方行为	投资者结构
		机构持仓比例
		机构持仓变动
	卖方行为	分析师一致预期
		分析师覆盖、分析师评级
	监管及中介机构行为	券商持续督导
		审计机构
		行政监管、自律监管

4. 模型输出与优化

为提升模型的业务解释性、强化模型的泛化能力，模型的构建分为统计建模算法构建基础模型和纳入业务经验规则调优模型两个步骤。其中统计建模思路是使用全市场数据训练分类模型，模型的目标变量根据未来一段时期内个股是否发生重要的价格风险事件，从而输出每日的"未来一段时期内发生重大价格风险事件"的概率。从模型输出在业务部门推广的角度出发，模型结构需选取广义线性模型、决策树模型等具备业务解释性的方法。算法调优阶段，基于专家主观经验对模型参数的合理性作出详尽评估，以降低模型过拟合的风险。

依据模型输出结果，最终将个股划分为：低风险、中低风险、中风险、中高风险和高风险五个风险层次（符号表示为 A、B、C、D、E）。与此对应，业务管理部门分别采用不同的风险应对措施，例如，将高风险（E）个股移出融资买入标的证券范围，并将其充抵保证金折算率调整为 0。

（二）结合五级分层的"两融"担保品标的与集中度管控模式

基于个股风险分级，对"两融"担保品标的实行分类管理。

第一，基于个股风险分级，一是对担保品及标的范围、折算率进行审慎调整；二是对客户风险进行主动管理和监控，如客户持仓中有大量的 D、E 类股票且集中度较高，就会对潜在风险客户账户启动排查。

第二，基于个股风险分级，优化现有个股集中度，不考虑不同个股风险水平都采用统一集中度控制的模式。

一是对信用账户中持有的单一证券集中度要求。对信用账户的单一证券持仓集中度，适用与风险分级及维持担保比例挂钩的集中度管理要求，从而对信用账户中单一证券风险进行管控（见表2）。

表2　　信用账户单一证券持仓集中度与维持担保比例对照表　　（单位：%）

维持担保比例	证券集中度				
	A	B	C	D	E
不高于180%	100	70	30	20	5
高于180%，且不高于240%	100	100	60	40	10
高于240%，且不高于400%	100	100	100	60	20
高于400%	100	100	100	100	100

二是对信用账户融券卖出且尚未偿还的单一证券集中度要求。对信用账户中融券卖出且尚未偿还的单一证券集中度，适用与风险分级及维持担保比例挂钩的集中度管理要求，实现对信用账户融券风险管控（见表3）。

表3　　信用账户融券卖出且尚未偿还的单一证券集中度与维持担保比例对照表　　（单位：%）

维持担保比例	证券集中度				
	A	B	C	D	E
不高于180%	100	70	30	20	5
高于180%，且不高于240%	100	100	60	40	10
高于240%，且不高于400%	100	100	100	60	20
高于400%	100	100	100	100	100

三是对信用账户中持有的或融券卖出的所属集中度分组为"E"的全部证券总和的集中度要求。在单一证券集中度要求的基础上，进一步提出分类为"E"的高风险证券集中度要求，对信用账户中持仓"E"类股票的总市值进行管控，从而控制担保品风险的集中暴露（见表4）。

表4　　信用账户中分类为"E"的证券集中度与维持担保比例对照表　　（单位：%）

维持担保比例	集中度分组	
	持有的部分	融券卖出且未偿还的部分
不高于180%	20	20
高于180%，且不高于240%	40	40
高于240%，且不高于400%	60	60
高于400%	100	100

（三）动态折算率调整

"智慧股票"基于全市场数据，采用机器学习和回归分析算法，通过量化建模，实现了日度、月度、季度的折算率动态调整。

1. 折算率模型

基于个股风险分级模型，得到个股五级分层对应的综合指标分数，指标分数为 0—100，此分数为逻辑回归的因变量。通过逻辑回归的测算，每个指标分数伴有一个参数。

由上述两个数据，则可算出每只股票的股票违约概率，公式为：

$$P(是否暴跌 = 1 | 指标分数,参数) = 暴跌概率 = 1 - \frac{1}{1 + e^{\text{Intercept} + \sum_{i=1}^{n} 指标分数_i \times 参数_i}}$$

样本统计区间：2023 年 8 月 18 日的全量样本。最大回撤区间：以 2023 年 8 月 18 日为限，回溯 63 个交易日。暴跌概率为智慧股票综合考虑基本面、技术面和行为面各个维度的指标所得出的个股在短期内发生股价大幅度下跌的风险概率，根据全量样本暴跌概率及其最大回撤之间的关系，绘制出散点图（见图 1）。

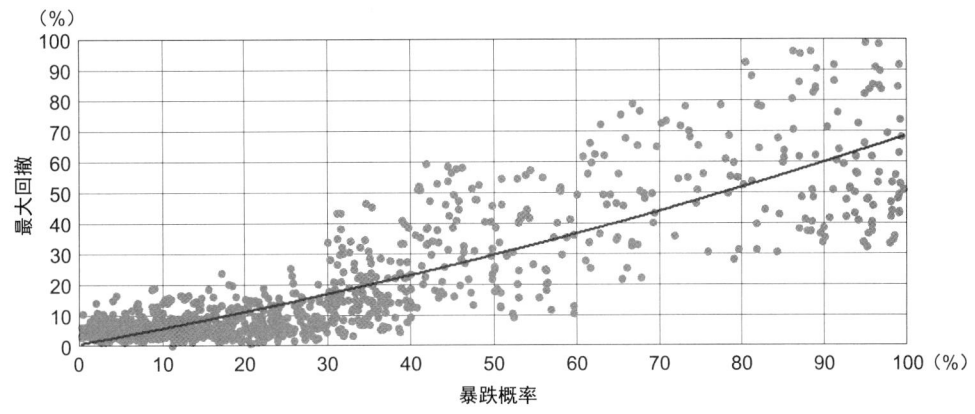

图 1　暴跌概率与最大回撤回归结果

由上可见，在全量样本中，随着暴跌概率的逐渐增加，股票在 63 个交易日内的最大回撤也是逐渐上升的，二者显著正相关。

2. 折算率调整

对于全量样本按照暴跌概率等量地分为 20 箱，箱数越高，暴跌概率和最大回撤也越高。因此，在建模过程中，为了兼顾业务开展和风险管理，对于暴跌概率较低的股票，赋予更高折算率以便于业务开展，对于暴跌概率较高的股票，为了降低风险赋予更低的折算率。本着"抓大放小"的原则，将 1 - 最大回撤分位点作为参考折算率，并将折算率以 0.05 为单位进行取整，最后将相同折算率的箱数合并，得到折算率的参数如下（见表 5）。

表 5　折算率映射表

暴跌概率取值区间	最小值	最大值	折算率
[0, 0.041]	0	0.0116	0.70
(0.041, 0.213]	0.0116	0.0798	0.60
(0.213, 0.358]	0.0798	0.189	0.55
(0.358, 0.586]	0.189	0.222	0.50
(0.586, 0.653]	0.222	0.302	0.45

续表

暴跌概率取值区间	最小值	最大值	折算率
(0.653, 0.786]	0.302	0.352	0.35
(0.786, 0.1]	0.352	0.488	0.15

资料来源：山西证券智慧股票管理系统。

基于此参数，在计算股票主体的增量折算率时，将根据计算出的暴跌概率进行映射得到相应的折算率。

三、对存量个股持仓高集中度客户的跟踪管理

对于各种原因转化成的存量高集中度信用账户，需高度重视。结合个股风险五级分层的集中度管理方式不仅适用于事前、事中的集中度管理，对于存量高集中度的信用账户的风险识别也很"在行"。利用大数据舆情跟踪，及时跟进处置识别到的高风险信用账户，对保护客户权益以及证券公司利益具有重要价值。

（一）及时识别并关注特殊类型高集中度客户、低维持担保比例的高集中度客户

上市公司大股东、特殊股东（持有减持限售股份的小股东）等客户有绕标套现的可能，同时融资规模也较大，个股集中度较高，一旦发生爆仓风险，很可能给证券公司及客户带来较大损失。

此外，定期排查集中度较高、维持担保比例较低的账户风险。例如集中度90%以上、维持担保比例在180%以下的账户等。

（二）对识别的个股集中度较高的账户进行风险评估

识别高集中度账户之后，进一步加强对风险水平的评估与排查。加强对融资人的了解，必要时进行尽职调查，对融资人的资产、负债和担保情况要做到深度透视。一方面保证账户有真实的资金实力参与融资融券业务，另一方面当维持担保比例降低或欠款时，可以及时追加担保或追偿客户的其他资产。

同时也要关注同一客户在公司的其他业务风险信息，防范同一客户风险超出公司的承受能力。

（三）第一时间采取有效的风险管理措施

针对识别出来的持仓高集中度账户且风险水平较高的，应尽早采取有效的风险管理措施。

1. 跟踪舆情风险

对识别出的持仓集中度高的账户的融资人和担保证券，进行舆情风险的持续重点跟踪，及时了解和监控融资人和担保证券的负面信息和交易异常波动。

2. 采取风险缓释措施

及时与融资人沟通，视情形采取限制展期，采取补充担保品、降低负债或更换担保品等

措施。提高维持担保比例、调高预警平仓线,在"两融"负债了结前缓释风险。

3. 建立风险预案

如是大股东、特殊股东等账户,在制订预案时,需考虑减持新规、上市公司董监高减持等对平仓期限的影响;如是产品类账户,需考虑产品账户内资产"承担有限责任"属性,规避产品账户资不抵债时无法追偿的风险。

4. 及时追索债务

证券公司业务部门应当联动风险管理、合规法律以及业务主管部门,完善债务追索流程标准,明确不同节点应当由哪些部门进行怎样的规定动作。对于客户在证券公司其他业务的资产,或信用账户有待确权的退市证券,应当及时采取法律诉讼等有效措施,认定可追索资产,合规有效地进行债务追索。

四、总结与建议

(一) 智慧股票有效提升融资融券风险管理边界

随着时代发展和技术进步,充分利用大数据技术和 AI(人工智能)手段,拓展融资融券业务管理视野,能够更精确更有效地进行风险计量,同时结合一线业务人员实操经验,可以及时应对、处置融资融券中突发问题,提高担保标的精细化管理水准,降低客户爆仓频率,提升客户获得感,实现公司和客户可持续发展。

(二) 持续加大投入,进一步提升风险管理数字化水平

证券公司需要持续加大投入,对融资融券业务客户实施精准画像,全方位提升风险管理部门数字化水平,从而有效实现对公司融资融券业务的定量监控,同时对各分支机构日常融资融券交易情况了如指掌,确保证券公司与投资者合理使用融资融券交易工具,避免过度投机。

(三) 债务追索是灵活性与坚决性的统一

证券公司在实际债务追索过程中,要具体问题具体分析。既要坚决维护本公司利益,也要因地制宜,多听取分支机构一线人员对客户及其家庭、社会关系等的分析,综合评估客户资金实力及还款意愿,帮助客户制订切实可行的还款计划。平衡证券公司的声誉风险及财务损失,防止"压下葫芦起了瓢",妥善处理客户纠纷,按照有针对性的追索程序,平稳收回债项。

(四) 存量高风险个股持仓集中度较高客户处置有待商榷

目前,对于高风险个股(如 ST、*ST、舆情风险个股及其价格波动巨大的个股),通过调出担保品及标的范围、折算率调为零等手段,来控制新增风险。但对于存量高风险个股持仓集中度较高客户,缺乏统一且能被客户接受的公允价值计算方法。若简单设为零,这对于高风险个股持仓集中度较高的客户,维持担保比例可能直接降到平仓线以下,若依据该维持担保比例进行平仓,则容易引起客户纠纷。如何建立合理、有效的公允价值计算方法值得进一步探讨。

参考文献

[1] 融资融券风险测度研究课题组. 融资融券账户的风险测度——基于 AHP 的实证研究 [J]. 金融发展研究, 2021 (08): 85—88.

[2] 熊飞. A 证券公司融资融券业务风险控制研究 [D]. 华东交通大学硕士论文, 2022.

证券公司融出证券风险的期权对冲方法研究

国元证券股份有限公司融出证券风险研究课题组[*]

防范化解金融风险,特别是防止发生系统性金融风险,是金融工作的根本性任务。当前,面对外部环境的不确定性,证券公司需要研究梳理在新形势下面临的主要业务风险和防范措施,对重点领域业务风险加强预研预判,早识别、早预警、早发现、早处置,提高风险防范能力。

一、研究背景与意义

目前运用衍生品进行风险对冲的研究多在投资风险管理领域,融出证券风险对冲的学术研究和实践案例相对稀缺。随着我国融资融券业务规模的快速发展,为助力证券公司"两融"业务高质量发展,有必要从理论和实践上,探索建立一套适合证券公司的融出证券风险对冲方法。

截至2023年6月30日,沪、深两市融资融券余额达到15 885亿元,其中融资余额占比94.1%,融券余额占比5.9%,融券业务的比重明显偏低。行业亟须寻求更多的发展融券业务的方法,提高融出证券风险管理能力是重要途径之一。

证券公司通过客户征信管理、信用交易账户维持担保比率监控等风控措施,可以有效管理融资融券业务的信用风险。证券公司承担融出证券的市场风险,并向客户收取相应的融券息费作为对价,因此对冲融出证券市场风险的能力是证券公司融券业务的核心竞争力之一。

目前学术界对融资融券业务风险管理的研究,多集中在信用风险管理上。对融资融券业务的市场风险,特别是证券公司融出证券持仓的市场风险研究并不充分。

综合文献分析,目前学术界和业内对市场风险对冲的研究大多采用股指期货,以股指期

---

[*] 本文写作于2023年9月。课题组成员:唐亚湖,国元证券股份有限公司合规总监、首席风险官;朱宸钰,国元证券股份有限公司风险监管部总经理;韩宇、王露,均供职于国元证券股份有限公司;万德洪,供职于上海金仕达软件科技公司。

权进行风险对冲的研究较少,并且研究的现货组合多为市场指数或者全市场融资融券标的,研究样本选取的时间跨度都比较短。

此外,兴业金工于明明提出用隐含融券成本对波动率曲面进行修正的方法。本文使用此方法进行波动率校正。

本文构建了一个可以在一定程度上代表中等融券业务规模证券公司融券持仓的模拟现货组合,为后续进一步研究证券公司融出证券的风险对冲提供参考;同时,通过风险对冲成本与对冲效果的模拟测算,论证了用期权合成现货空头进行融出证券风险对冲时进行期权波动率校正的必要性以及可行性,这为证券公司利用股指期权工具进行融券业务的风险对冲提供了有意义的参考。

二、融出证券现货组合构建及分析

证券公司融出证券的券源有多种,需要实际进行风险对冲的是自有融券持仓标的证券。此外,场内期权的标的证券及直接跟踪该标的的证券天然适合用该期权进行对冲。因此,我们定义融出证券现货组合的入选证券池为除跟踪场内期权标的的证券之外符合融资融券业务要求的融券标的证券。

各证券公司持有的除场内期权标的证券及跟踪该标的的证券之外的融券标的证券分布具有如下特点:行业融出证券余额权重高的头部证券被较多的证券公司作为自有融券标的证券,行业融出证券余额权重低的尾部证券则被个别证券公司作为自有融券标的证券。因此,不能直接按照行业融出证券余额构造代表证券公司自有融券标的证券的现货组合;同时,也不能选取太多的标的券来构造现货组合。经验上,各证券公司实际持有的融券标的证券的数量大约在数十只的数量级。选择超过这个数量级的证券构造现货组合,会高估风险对冲效果,降低各模型对对冲成本和对冲效果的相对差异。

(一) 代表组合构建

目前尚无如何构造代表证券公司自有融券标的证券的现货组合的论文和参考实践。基于经验分析,我们提出了参考行业融出证券余额数据的代表证券公司自有融券标的证券的现货组合构建方法。

第一,排除场内期权标的及跟踪该标的的证券。具体来说就是上海证券交易所、深圳证券交易所各 ETF 期权的标的证券,以及跟踪相同指数的 ETF。比如,沪深 300ETF 期权合约的标的证券华泰柏瑞沪深 300 交易型开放式指数证券投资基金("沪深 300ETF",代码为 510300)以及其他跟踪沪深 300 指数的 ETF 产品。

第二,将剩余的行业融出证券按照融券余额市值从大到小排序。将融出证券分为头部、中部、尾部标的。头部、中部、尾部排名分别为前 $A\%$、$A\%$—$B\%$、$B\%$ 以后。这里根据经验值,取 $A=10$,$B=90$。即排除场内期权标的及跟踪该标的的证券之外的行业融券余额市值排名前 10% 的证券为头部证券,10%—90% 为中部证券,剩下为尾部证券。

第三,从上述行业融出证券分类的头部、中部、尾部分别随机选取若干只证券,作为构造现货组合的证券。这里根据经验值,选取头部证券 25 只、中部证券 20 只、尾部证券 5 只,共 50 只证券代表中等融券业务规模的证券公司的融券持仓组合。

第四，按照头部证券、中部证券、尾部证券各占现货组合总市值 x%、y%、z% 的权重，将行业融出证券权重缩放到相应比例，确定上述 50 只证券在现货组合中的权重。

记各证券在行业融出证券余额中的市值为 P_i，则头部各证券的权重为 $w_i = \frac{p_i}{\sum_{i=1}^{25} p_i} \times x\%$，中部各证券的权重为 $w_i = \frac{p_i}{\sum_{i=26}^{45} p_i} \times y\%$，尾部各证券的权重为 $w_i = \frac{p_i}{\sum_{i=46}^{50} p_i} \times z\%$。这里参考行业融券余额市值在头部、中部和尾部的分布，设定头部、中部、尾部权重分别为 60%、35%、5%。

第五，为方便比价与测算，假定期初现货持仓总市值为 10 亿元整。

第六，模拟 2020 年 7 月 1 日至 2023 年 6 月 30 日数据。每月第一个交易日随机更换 5—10 只证券，根据当日行业融券余额确定现货组合。每期调整现货组合时，假定交易成本为 0，调整前后总市值不变。

（二）代表现货组合分析

这里选取相对于沪深 300 指数的 α、β 以及波动率 σ 和相关系数对各期选取的模拟现货组合进行分析。

从测算数据看，α 在 0.0018 和 -0.0003 之间，符合投资者对融券标的的 α 选择意愿，也增加了证券公司融出证券的 α 成本。波动率 σ 最高达 0.0192、最低为 0.0094，显然存在对融出证券风险进行对冲的必要性。β 在 0.7492 和 1.1950 之间，相关系数在 0.6882 和 0.9460 之间，尽管各期现货持仓的 β 和相关系数差异较大，但都具备使用挂钩沪深 300 指数的股指期权或 ETF 期权对冲其风险的可行性。

三、对冲策略、期权选择及对冲模型和波动率校正

（一）期权对冲策略选择

将期权合约按照不同类型、不同行权价、不同建仓方式互相组合，可以产生出多种的组合对冲策略。

我们将期权对冲策略大体上划分为四类：买入认沽期权策略、卖空认购期权策略、领口期权策略以及期权合成空头策略。以对冲价格下跌风险为例：买入认沽期权策略通过买入认沽期权来保护现货端头寸，可以有效地保护基础部位的风险最大损失是确定的；卖空认购期权策略通过卖出认购期权，获得权利金收入，以此抵消掉现货端部分下跌风险，权利金可以抵补基础部位的损失，但风险不能得到完全的转移；领口期权策略通过同时买入认沽和卖出认购期权，相当于同时限定了价格上行和下行的风险；期权合成空头策略是领口期权策略的特殊形式，在同一个行权价上同时买入认沽并卖出认购期权，从理论上说就相当于使用期权合成出一个标的空头头寸，从而与股票端形成对冲（见表 1）。

表 1　　　　　　　　　　　　　　　期权对冲策略分类

类别	买入认沽期权策略	卖空认购期权策略	领口期权策略	期权合成空头策略
价格上涨风险	买 Call	卖 Put	买低行权价 Call，卖高行权价 Put	同一行权价，买 Call 卖 Put
价格下跌风险	买 Put	卖 Call	买低行权价 Put，卖高行权价 Call	同一行权价，买 Put 卖 Call

极端市场环境下，期权隐含波动率的剧烈变化可能给对冲成本带来较大影响。对于买入认沽期权策略和卖出认购期权策略，其在不同市场环境下的对冲效果表现出较大差异，因此这两类策略或许并不适合作为"全天候"的对冲策略，需要针对不同的市场环境进行灵活调整。对于领口期权策略，选择平值或轻度虚值的期权合约构建领口策略具有较好的效果，随着所选取合约的实值程度增加，领口策略的对冲效果会变得越差。因此，本文研究通过期权合成现货空头的策略来对冲融出证券现货头寸。

（二）期权选择

目前境内上市交易的金融期权按照所挂钩的标的指数可以划分为七类产品。第一类是挂钩上证 50 指数的期权，主要是上交所上证 50ETF 期权、中金所上证 50 股指期权；第二类是挂钩沪深 300 指数的上交所沪深 300ETF 期权、深交所沪深 300ETF 期权以及中金所沪深 300 指数期权；第三类是挂钩中证 500 指数的上交所中证 500ETF 期权、深交所中证 500ETF 期权；第四类是挂钩创业板指数的创业板 ETF 期权；第五类是挂钩深证 100 指数的深证 100ETF 期权；第六类是挂钩科创 50 指数的期权，目前主要是易方达科创 50ETF 期权和华夏科创 50ETF 期权；第七类是挂钩中证 1000 指数的中金所中证 1000 股指期权。

对比目前场内期权品种挂钩的七个指数，沪深 300 指数在市值覆盖面、流动性及应用广泛性方面均具备相对优势。同时，沪深 300 指数的行业覆盖面基本齐全，指数成分股对于机构持仓股票的覆盖率也相对较高，因此本文选取中金所沪深 300 指数期权作为对冲工具进行研究。

我们采用如下的对冲策略：期初以及每月 10 日（非交易日顺延）选择当日行权价与沪深 300 指数最接近的虚一档认沽期权以及同一行权价的认购期权来建仓或移仓，合成现货空头。每日根据对冲模型测算的对冲比率调仓时，期权选择使用当前持仓中的期权。当期间出现所选期权趋于深度虚值或实值时，则移仓到行权价与当日沪深 300 指数最接近的虚一档认沽期权以及同一行权价的认购期权。趋于深度虚值或实值的判断标准可以用几个期权行权价或者用期权的取值范围来判断。本文采用取值范围来判断，其绝对值突破 0.25—0.75 区间时，认为趋于深度虚值或实值。

（三）对冲模型

期权合成现货空头，具备期货特征。由于融出证券现货组合并不是期权的标的证券，必然存在标的差异引入的风险暴露基差，现货组合和期权合成现货空头走势必然不符合协整性。

对冲比率决定了组合整体风险暴露的程度，净多空仓位都会影响组合波动和收益表现。

现货组合和期权合成现货空头的联动反映一直是在不断变化的,静态套期保值的结果包含有偏估计,动态套期保值也逐渐成为研究的重点。对冲比率可以通过统计回归模型得到。本文运用 OLS、VaR、ECM 和 GARCH4 种常见的统计模型求解对冲比率并进行比较。

(四) 波动率分析

根据欧式期权的 B—S 定价模型,很容易得知同一行权价的其他条款相同的认沽和认购期权,隐含波动率相同。

我们测算了沪深 300 指数期权当月合约在发行日为平价的认沽和认购期权随时间推移其隐含波动率的变化。从测算结果可以看出,认沽期权隐含波动率长期连续高于认购期权隐含波动率(见图 1)。

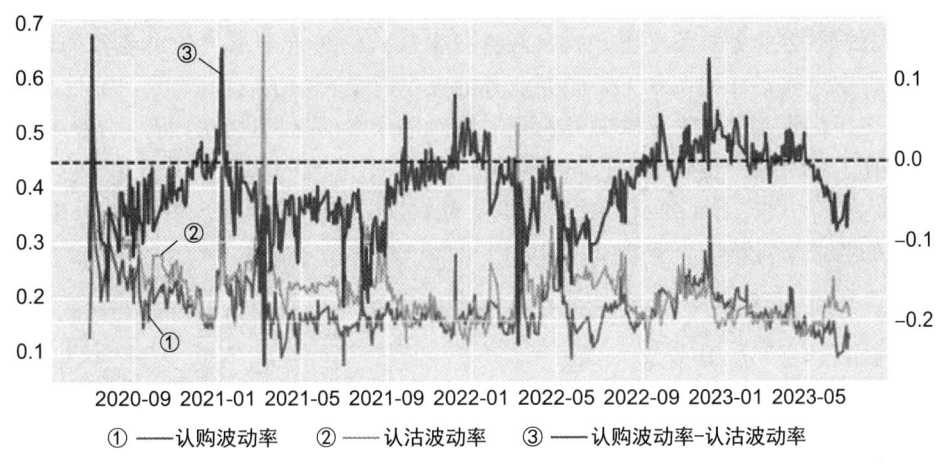

① ——认购波动率　② ——认沽波动率　③ ——认购波动率-认沽波动率

图 1　沪深 300 指数期权隐含波动率

(五) 波动率校正

兴业金工于明明徐寅团队在《从波动率曲面构建到隐藏在期权中的现货融券成本》一文中提出了用隐含融券成本对波动率曲面进行修正的方法。将欧式期权的 B—S 定价模型和期权平价公式中 r_f 项修改为 $r_f - r_b$,已知期权和现货的交易数据时,根据期权平价公式能够计算市场的隐含融券成本和经隐含融券成本调整后的隐含波动率。

我们记经隐含融券成本校正之后的认沽和认购期权的价格分别为 p'_p 和 p'_c,市场报价的认沽和认购期权的价格分别为 p_p 和 p_c。其中,p'_p 和 p'_c 使用欧式期权 B—S 定价模型进行计算,模型中的波动率参数使用隐含融券成本校正后的波动率。以此对理论上的对冲比率 h_{thr} 进行调整。本文中,理论上的对冲比率 h_{thr} 采用上文介绍的分别用 OLS、VAR、ECM 和 GARCH 模型测算出的对冲比率。校正之后,认沽和认购期权的买卖数量不再为 1:1,其比率分别为:$h_p = h_{thr} \times p'_p/p_p$、$h_c = h_{thr} \times p'_c/p_c$。在隐含融券成本为负值的特定行情下,不进行校正。

四、对冲成本及效果分析

为对冲证券公司融出证券现货组合的风险,本文分别采用 OLS、VaR、ECM 和 GARCH

模型测算对冲比率，在同一行权价买入认沽期权，同时卖出认购期权，通过期权合成现货组合的空头，形成风险对冲。

（一）套保组合

根据前文所述的现货持仓构建与调仓方法，以及期权对冲策略选择、期权选择及调仓、移仓规则，结合各对冲模型测算的对冲比率，以及波动率校正方法构建套保组合。

测算 OLS、VaR、ECM 和 GARCH 模型下，波动率校正前后，各自的理论对冲比率、期权持仓、资金变动、资金余额，以及校正后认沽认购期权各自的对冲比率、期权持仓和套保组合的资金变动、资金余额，为后续分析做准备。

（二）对冲成本分析

从证券公司融券业务的角度看，收取融券费率收入的对价是承担融出证券的价格波动，因而可以认为在风险对冲的情景下，融券业务的成本就是套保组合的收益。因此，我们用套保组合的平均年化收益率作为反映融券业务风险对冲成本的指标进行分析。

我们测算了各对冲模型波动率校正前后对应的套保组合在 2020 年 7 月 1 日至 2023 年 6 月 30 日的收益率序列。下面列示了对冲成本及对冲效果均可行的 OLS 模型和 VaR 模型波动率校正前后的收益率对比图（见图 2、图 3）。

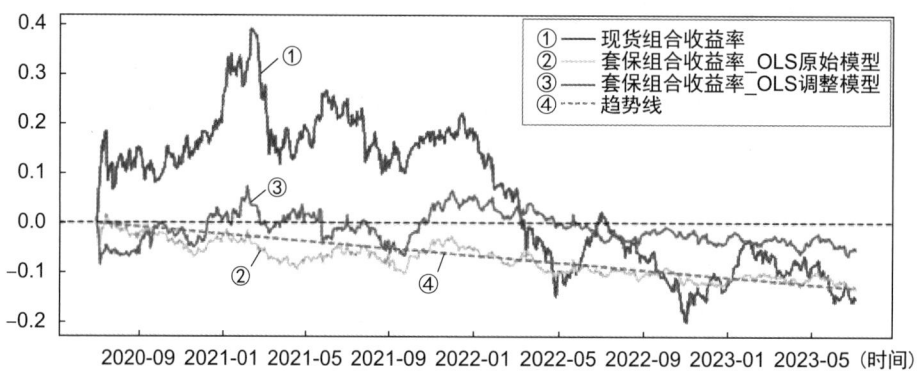

图 2　OLS 模型波动率校正前后收益率比较

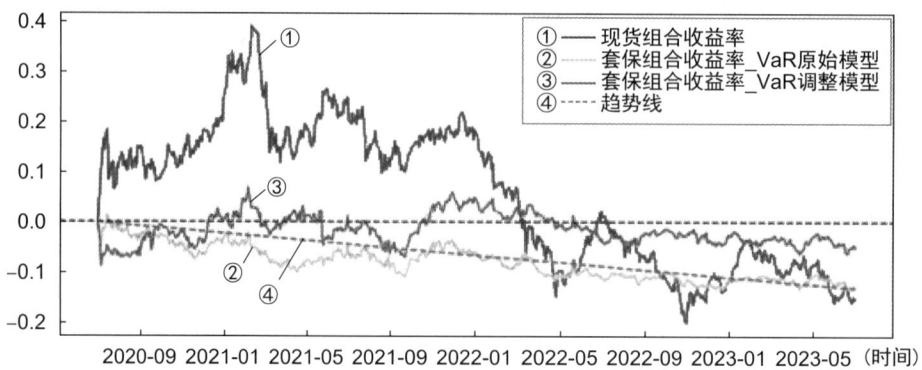

图 3　VaR 模型波动率校正前后收益率比较

通过对比可以看出，随着时间的推移，传统对冲策略的累计收益受认沽期权隐含波动率长期连续高于认购期权隐含波动率带来的期权对冲成本的累积影响明显。经波动率校正的策略，缓释了认沽期权隐含波动率长期连续高于认购期权隐含波动率的影响，但放大了风险；但即便放大了风险，也明显优于未对冲组合。

我们测算了各对冲模型对应的套保组合在3个月样本期间、6个月样本期间和3年样本期间的平均年化收益率。表2分别列示了2020年7月1日至2023年6月30日的样本平均年化收益率百分比。其中，3个月样本是指从各月初开始的连续3个月样本的各个平均年化收益率百分比的最坏值；6个月样本是指从各月初开始的连续6个月样本的各个平均年化收益率百分比的最坏值。

表2 对冲模型对应的套保组合结果

序号	对冲模型	3个月样本		6个月样本		3年样本	
		校正前	校正后	校正前	校正后	校正前	校正后
1	OLS	-2.47	-1.49	-2.00	-1.72	-4.32	-2.81
2	GARCH	-5.66	-3.07	-6.56	-4.65	-8.17	-5.85
3	VaR	-2.54	-1.62	-2.00	-1.75	-4.33	-2.77
4	ECM	-2.45	-2.55	-2.57	-1.80	-5.68	-4.56
5	未对冲	-8.78		-4.77		-5.34	-5.34

对冲成本分析：在认沽期权隐含波动率长期连续高于认购期权隐含波动率的环境下，短期分析时，除GARCH外的期权对冲模型都有财务上的价值，相对未对冲的情况明显降低了负的平均年化收益率；但随着样本期间的拉长，因认沽期权隐含波动率长期连续高于认购期权隐含波动率导致的额外支出累积影响明显侵蚀风险对冲的收益，使期权合成现货空头的传统策略不具备财务上的价值。经过波动率校正后，GARCH模型和ECM仍然不具备财务上的价值，究其原因可能是这两个模型都对波动率更加敏感，可以通过修改隐含波动率尖锐变化期间的期权调仓规则规避GARCH模型和ECM的缺点，使之可用。

（三）对冲效果分析

风险对冲的目的是降低市场价格波动对融出证券组合的影响。我们选取套保组合的最大单日亏损、期间波动率、期间历史模拟法VaR来对风险对冲效果进行分析。其中，期间波动率是指套保组合的市值在2020年7月1日至2023年6月30日的波动率。历史模拟法VaR为2020年7月1日至2023年6月30日的持有期为10日，置信度为99%的VaR（见表3）。

表3 对冲效果分析结果

序号	对冲模型	校正前			校正后		
		最大日亏损%	波动率%	VaR%	最大日亏损%	波动率%	VaR%
1	OLS	-2.02	0.50	2.70	-2.55	0.63	4.88
2	GARCH	-5.36	1.20	10.34	-9.05	0.93	5.87
3	VaR	-2.00	0.49	2.73	-2.62	0.63	3.19
4	ECM	-1.86	0.51	2.96	-2.86	0.65	3.57
5	未对冲	-6.19	1.20	8.87	-6.19	1.20	8.87

对冲效果分析：从数据看，除 GARCH 模型外，无论是否进行波动率校正，都能降低上述各个风险指标。从波动率校正前后进行比较，虽然波动率校正确实放大了风险，但相对未对冲组合来说，其风险已经显著降低到可以承受的范围。其中，GARCH 模型的问题可以通过特定的期权调仓规则的修订进行改善。

五、业务应用及推广

根据对模拟融出证券现货组合运用不同对冲模型进行风险对冲的成本与效果的分析来看，除 ECM 和 GARCH 模型对波动率敏感之外，波动率校正后套保组合的年化收益率在 3 年样本长度下 OLS 模型和 VAR 模型分别为 -2.81% 和 -2.77%，相对于未对冲组合的平均年化收益率 -5.34% 来说，结合当前的融券费率、资金成本来看，满足公司的财务和绩效考核要求。从最大单日亏损、期间波动率、历史模拟法 VaR 来看，除 GARCH 模型外，波动率校正后套保组合满足公司的风控要求。因此，选择恰当的对冲比率计算模型，用经波动率校正的期权合成现货空头的策略进行融出证券现货组合的风险对冲可以在实际业务中进行应用及推广。

但是，在实际应用中，我们需要根据证券公司自身的真实融出证券现货组合进行分析，以确定是否可以运用沪深 300 指数期权进行风险对冲。经调研，各证券公司融出证券持仓的差异非常大，尤其是中小规模的证券公司。融出证券标的数量、分布、权重都影响着融出证券现货组相对沪深 300 指数的相关性，影响着风险对冲的成本及效果。

行业融出证券规模在融资融券总规模的比重严重偏低。证券公司需要容忍投资者对标的证券的挑选，接受低 α，甚至负 α 标的证券。同时，需要采用多种业务模式扩展券源，提高外部券源的比重，控制自身承受的风险。此外，还需要采取更加先进的风险对冲策略和风险对冲模型，充分降低成本，提升对冲效果。

参考文献

[1] 李艾容. 融资融券渐进式扩容背景下股指期货套期保值效率研究 [D]. 云南：云南财经大学，2023.

[2] 李南南. 上证 50ETF 期权的 Delta 动态对冲研究 [D]. 湖北：中南财经政法大学，2019.

[3] 武乾坤. 上证 50ETF 期权定价模型与对冲策略的研究 [D]. 浙江：浙江理工大学，2020.

[4] 于明明. 利用期权市场进行择时之三：隐藏在期权中的现货融券成本 [R]. 兴业证券，2019.

量化、高频等新型交易方式风险分析与防范研究

申万宏源证券有限公司[*]

一、量化、高频交易发展现状与未来趋势

(一) 市场演变与策略发展

随着科技的进步,资产交易方式也随之发生了巨大变化。沪、深证券交易所在开市之初,交易执行方式主要依靠经纪人、场内的交易员进行竞价、交割与清算。随着技术的发展,时至今日,无论是订单输入、撮合成交还是后台清算,均实现了高度自动化。纵观全球市场,交易技术创新与电子化交易的发展都极大地提高了市场活跃度、增加了市场深度,新的交易策略也使市场的微观结构不断发生改变。

在电子化交易发展初期,投资者可以借助相对简单的模型与算法,通过提高交易执行速度、增加交易次数来获取较好的成交价格,或是通过频繁买卖来获取收益;与之相对应的是算法交易、程序化交易与高频交易策略。21世纪以来,算力的提升让基于神经网络的深度学习模型在许多领域得到广泛应用。金融市场中,越来越多机构投资者尝试将深度学习等复杂模型应用于投资决策,策略逻辑变得愈发复杂。量化策略也从程序化下单、高频交易策略发展到如今的基于复杂模型的量化交易策略,信号频率从月频、周频拓展至日内、分钟与Tick。

(二) 国内发展现状

目前国内量化市场中,量化私募是量化交易的主力军,相关产品数量和规模在迅速增长。百亿私募数量从2017年的31家增加到2022年的112家,其中量化私募已经增至28家。量化产品中,标签为量化对冲的产品在收益方面具有较大的吸引力。

---

[*] 本文为中国证券业协会2022年优秀课题。课题负责人:李雪峰,申万宏源证券有限公司执行委员会成员、证券投资委员会主任。课题组成员包括:许敫、庄凡、李庚、王超、陈杰珉、吴杰楠,均供职于申万宏源证券有限公司。

快速增长的量化基金规模及愈发复杂的交易算法，使量化模型逐渐引起市场的担忧。现如今，一旦股市出现异常波动，市场上就会出现关于量化投资的讨论。研究数据显示，量化类策略为市场贡献了约30%的成交量，如果将程序化交易与算法交易纳入统计，成交量占比可能在50%以上。但由于多数量化策略买卖的金额较为均衡，这些策略对市场的影响也较为有限。

（三）未来发展趋势

未来量化策略的发展主要有三个趋势：一是将更加多元、另类、海量的数据用于投研；二是策略更讲逻辑，注重金融、统计与人工智能技术的深度融合；三是程序化交易的使用范围进一步扩大，交易延时向纳秒挺近。

二、量化策略分类与相关金融理论

（一）量化策略分类

中国证券投资基金业协会于2021年11月向私募机构发布《关于上线"量化私募基金运行报表"的通知》中对量化策略进行了划分与定义（见表1）。其中，量化多头、指数增强、市场中性策略中的量化信号构建逻辑较为相似，在目前市场中规模占比较大。在这些量化策略中，除了基于复杂衍生品的套利策略外，其他策略均可以划分到股票策略和期货策略中。

表1　　　　　　　　　　　量化策略定义

策略名称	策略定义
指数增强	构建与对标指数具有相似特征持仓结构，通过主动管理创造相对于指数获取超额收益的策略
市场中性	同时构建多头和空头头寸以对冲市场风险的策略
多空灵活	根据市场情况灵活调整多头和空头比例的策略
量化多头	通过上市公司财务数据、宏观经济等基本面，或者波动、成交量、换手率等技术指标，灵活选股并进行投资决策的策略
期货CTA	在期货市场使用，依据模型的买卖信号进行投资决策的策略
参与新股发行	利用持有股票，参与新股首次公开发行的投资策略
量化套利	利用一个或多个市场存在的价格差异，或市场价格与理论价格存在差异获利的策略
日内回转	日内回转交易，获取日内波动价差的策略
其他	无

（二）策略研究方法

期货投资策略在国外被称为商品交易顾问（CTA，Commodity Trading Advisor），按是否量化可以分为主观CTA和量化CTA。权益二级市场投资产品也可以分为主动管理产品与量化投资产品两类。在量化策略中，建模分析方法主要有时间序列分析、截面分析和事件研究法等。

以股票量化策略为例，按研究方法进行划分（见图1）。根据时间序列预测可以构造TO

策略（又被称为日内回转交易）、中低频择时策略；根据截面分析结果，可以构建配对交易、截面多因子选股、股票多空、行业轮动、风格轮动等策略；根据事件研究分析的结果可以构建各类事件策略。

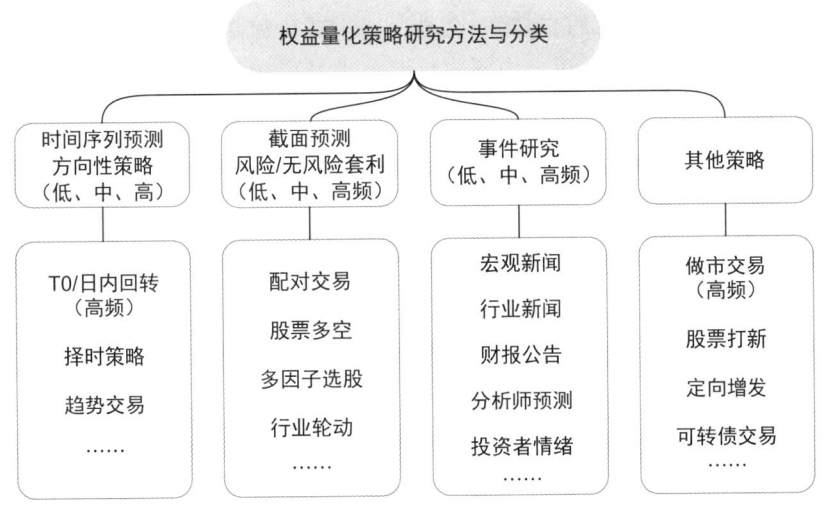

图 1 权益量化策略研究方法与分类

不同研究方法和投资逻辑开发的策略，收益特点也不尽相同。在最为常见的指数增强产品中（市场中性策略等于指数增强加衍生品空头的复合策略），策略开发时会同时用时间序列预测、截面预测和事件研究等方法，这会导致不同产品之间的收益风险特征差异较大。

（三）相关理论基础

无论是量化策略还是主观投资，一般都要通过分析数据，构建模型投资或是形成投资理念，力求投资在未来一段时间内获取目标收益或是超额收益。金融学理论认为，超额收益存在的前提之一就是市场并非完全有效，存在一定的错误定价与套利限制。

对于市场中的超额收益一般有两种解释，即风险承担与错误定价，其中错误定价反映市场无效的程度。市场有效性又可以从收益可预测性、事件研究和私有信息检验这三个角度去度量。其中，市场可预测性又可以分为不同时间维度上的时间序列可预测性与截面可预测性。

量化投资则是使用数据分析、统计学、AI模型等方法捕捉市场中的可预测性，以此获取投资收益。随着越来越多量化机构参与市场，市场有效性会不断提高；伴随着市场有效性提高，量化策略超额收益会逐步下降至与其风险相匹配的水平。

三、量化策略收益来源与风险分析

不同策略有着不同的收益来源与风险特征，量化投资只是专业投资者的一种投资方式，多数策略并不会影响市场交易的公平性。

（一）高频策略

高频策略具有高换手、交易量大、成交迅速、单笔盈利微薄的特点，因此，受交易费用、市场流动性和交易滑点的影响较大，除做市策略外，其他策略的规模都相对有限。高频做市策略收益来自买卖价差、敞口暴露、交易所费用减免和回扣，风险主要有逆向选择和存货风险。做市交易可以有效降低市场中买卖价差、提高市场流动性，但极端行情会导致流动性缺失。其他高频策略市场影响详见表2。

表2　部分高频策略原理与影响

影响	策略名称	策略原理	市场影响
有利	统计套利（Statistical arbitrage）	使用统计方法捕捉资产价格之间的短期差异，对由订单、信息冲击造成的价差进行套利	提升市场定价效率、为市场提供流动性
有利	方向交易（Directional trading）	基于事件驱动和短期价格预测构建方向性策略，一般使用市价单或贴近市价单的限价单交易	提升市场定价效率
有利	做市交易（Market making）	同时在订单簿上挂买卖价上下限价单，赚取价差收益和交易所补偿	为市场提供流动性
有害	抢跑（Front Running）	通过探测或预测低频交易者的大单（拆单）订单流，使用占优的价格提前交易买卖获利	凭借速度优势损害其他投资者利益
有害	幌骗（Spoofing & Layering）	在订单簿一侧距离成交价远一点的档位挂大量订单，在另一侧（真实成交意图）提交订单，真实意图成交后快速撤单	操纵市场，影响价格发现机制，损害其他交易者利益
有害	塞单（Quote stuffing）	短时间内报撤大量不可成交的订单来阻塞交易所系统，凭借自身信息优势与其他交易者进行反向交易获利	操纵市场，降低市场效率
有害	报价触发策略（Order Triggering）	依靠资金优势短期大量交易某一标的，制造趋势，诱导做市商或其他机构进入后反向交易获利出场	操纵市场，且未增加市场有效性
有害	动量点火（Momentum Ignition）	探测到其他交易商（做市商）的止损点位，依靠资金优势短期大量交易某一标的，使资产价格达到其他交易商止损位，导致其他投资者止损时，反向交易离场	操纵市场，牺牲其他投资者利益

（二）中、低频策略

目前市场中，低频股票量化策略主要包括日间量价策略和基本面量化策略两类。日间量价策略的盈利来源主要是市场中短期可预测性，这种可预测性主要源于交易行为或是信息导致的截面错误定价。日间策略会为市场提供大量的成交量，加速市场对信息的反映，减轻市场中的错误定价。同时，由于策略多是买卖同时进行，一般不会导致市场整体大幅波动。当市场可预测性减弱或是市场环境发生突变时，策略有较大亏损的风险。策略同质化会导致因子的失效，与之相对的就是策略收益下降，波动增加。可能出现模式（模型）抱团的现象，监控相对较为困难。

基本面量化策略的收益风险特征与主动管理基金类似，盈利来自对基本面信息的分析。这类策略整体的换手率较低，资金容量大，对交易费用不敏感。因此，同主观策略一样，可能会出现较为明显的策略报团的情况，具体表现为市场机构抱团某一风格或行业，相关产品净值随着对应风格一同变化。

（三）其他策略

除上述策略外，量化策略还包括量化资产配置策略、套保、对冲、衍生品组合等策略。资产配置策略的收益源于各个子策略的收益，利用子资产之间的低相关性与负相关性，通过模型平衡各类资产之间收益与风险来获取更为稳健的投资收益。风险主要来自子策略失效与极端行情下资产相关性增加。

衍生品策略的风险主要集中在杠杆的管理上。当投资者杠杆较高时可能出现穿仓的情况，市场杠杆较高、多空力量不平衡时会出现逼仓等风险事件。

四、量化策略的监管情况

国际市场中，对高频、量化交易的监管多集中在程序化交易和高频交易领域，难以在策略端实施监管。一方面，对于中、低频策略，交易信号虽然由量化的方法生成，但仍可使用手动的方式进行交易；另一方面，无论是主动管理还是量化策略，也都可以借助算法交易程序进行程序化交易。

（一）国际监管重点

美国、欧洲等国际市场针对量化交易监管，主要对程序化交易和高频交易实施针对性监管措施，具体包括如下几个方面：对使用高频交易的投资人与做市商实施单独监管；对异常交易行为进行明确定义，对市场操纵行为标准尽量细化；在交易过程中对订单实施流量监控，交易系统需要能够及时发现异常信息并及时制止；所有涉及程序化交易的信息做必要的留存，以便事后审查；交易机构制定相应的应急处置、错单处理机制，降低异常交易事件的影响；创新收费机制，实施差额收费制度；创新撮合成交机制，维护交易的公平性等。

（二）国内监管现状

随着《中华人民共和国期货和衍生品法》的出台和《中华人民共和国证券法》的不断修缮，我国程序化交易的监管体系也在加快完善，各交易机构陆续推出关于做市业务的细则，交易所发布关于程序化交易的征求意见稿。从这些文件中可以看到，各交易所均对市场交易监控制定过一些交易流量监控的指标细则，但也有部分监管文件尚在征求意见中，并未公开执行，这对投资机构策略开发、证券公司经纪业务开展均带来了不确定性。此外，我国股票市场实施的 T+1 交易制度也限制了股票市场高频交易的发展。

（三）风险事件总结

回顾近年来出现的关于量化、高频的风险事件，基本可以归结为自动化交易程序异常和有害高频策略两点。其中美股"闪电崩盘"、伊世顿操纵市场案和"负油价"等案例中，均出现了类似"幌骗"等高频交易策略的身影，相关监管机构也在事件发生后有针对性地制定了监管规则。程序异常方面，多是由于投资机构疏于对策略程序、程序化交易系统的审查所致，典型案例包括"骑士资本事件"等。

五、新型交易方式风险管控建议

针对量化、高频等新型交易方式风险防控，本文从资产管理人、证券公司与期货公司以及全市场监控三个角度，提出如下建议。

（一）量化策略管理人

对于量化策略的管理人与开发者来说，建议做到如下几点：首先，了解量化策略的收益来源与风险来源是做好策略风控的第一步。其次，从市场容量、交易冲击成本、策略趋同后果等方面评估策略的市场影响。再次，在开发策略时应保证交易的合规性，避免频繁报撤或是通过短期影响价格趋势并以此获利的交易策略。最后，尽最大可能保证策略代码、算法逻辑、数据的正确性。对于专业的量化投资机构，可考虑建立一套全流程的风险管控系统，以确保策略整体风险可控（见图2）。

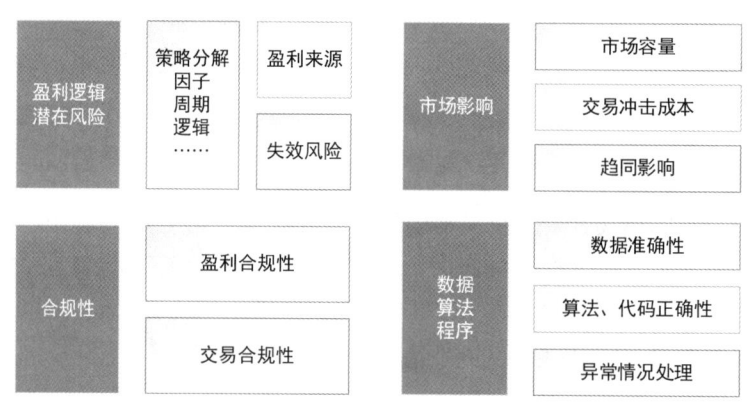

图 2　策略风控评估体系

（二）证券公司与期货公司

证券公司和期货公司作为交易平台的提供者，很难做到对投资者策略代码和投资逻辑进行监控，但是需要在程序化交易的市场准入、交易系统管理和交易风险控制等方面加强建设。程序化交易系统在建设时应充分考虑系统容量、交易公平、可拓展性等因素，实现必要的数据采集、流量监控与异常处理。

（三）市场风险防范

不同量化策略有着不同的风险特征，监管机构也应实施差异化监管。具体来说可以从做市业务、程序化交易和量化策略追踪三个方面加强监管。做市业务方面，可以在加强业务考核的同时，给做市商增加适当优惠，使其更好地为市场提供流动性。程序化交易、高频交易监管方面，可以尝试从全市场层面对做市业务交易量、程序化交易的交易量、资产回转交易强度等进行监控。量化策略追踪方面，尝试对主流因子、策略从收益回撤表现、拥挤度、因子组合换手率等方面实施监控。

量化投资的潜在风险与管控建议
——基于证券公司风险管理的视角

国泰君安证券股份有限公司风险管理部课题组[*]

近年来，量化投资基金快速发展，已成为证券公司重要的交易对手和业务对象，涉及场外衍生品、托管代销、资管 FOF 投资、融资融券、期货套保等多种业务类型。2022 年初以来，市场持续低迷，量化投资基金回撤明显，甚至出现严重的亏损并引发清盘，从而加剧证券公司交易对手风险暴露。目前，国内量化投资尚处于起步阶段，市场对于量化投资的认识尚不充分。有鉴于此，本文介绍了市场主流的量化投资策略框架与实施难点，梳理了量化投资的核心竞争力与关键风险，并在此基础上提出风险管理建议。

一、量化投资策略类型

量化投资尚没有一个公认的定义，泛指运用数量方法挖掘市场规律，搭建数学模型，形成投资策略，开发计算机程序以执行自动化交易的投资方式。自股指期货推出以来，量化投资在国内有了比较长足的发展，但受到投资工具可获得性、市场监管以及交易规则等多方面的限制，量化投资的标的主要集中在股票与期货。目前，国内的量化投资主要采用量化选股、量化择时、CTA（商品交易顾问）等策略；此外，也有极少量的高频交易、事件驱动、宏观套利等策略。相比之下，海外市场量化投资的高频套利、高频交易较多。

（一）量化选股策略

量化选股策略利用数量化的方法选择股票组合，可以进一步分为主动量化投资、指数增

---

[*] 本文写作于 2023 年 9 月。课题负责人：胡旭鹏，国泰君安证券股份有限公司风险管理部总经理，中国证券业协会风险管理专业委员会委员。课题组成员包括：张起、陈敏，国泰君安证券股份有限公司风险管理部副总经理；蒋瑛琨，国泰君安证券股份有限公司风险管理部总经理助理；程天笑、朱晟豪、林旭、谈悦、葛泽元、严西雅，均供职于国泰君安证券股份有限公司风险管理部。

强与量化对冲策略。

1. 主动量化投资

主动量化投资无对冲或空头头寸，其收益风险特征与主动权益型基金类似，其选股标准可以从基本面、市场行为或行业周期等不同角度出发，并由此衍生出不同的策略，较为常见的包括多因子投资策略与行业轮动策略。

（1）多因子投资策略。无套利定价理论为因子投资策略奠定了理论基础。在无套利定价模型框架下，资产预期收益率可以由一系列因子来解释。在该理论驱动下，多因子投资策略搜寻能够稳定获得正收益的定价因子，并通过交易符合该因子标准的股票以获取稳定的超额收益。例如，著名的 Fama – French 三因子模型使用了市场、规模、盈利等因子作为选股标准。

在此基础上，多因子投资策略发展出了基本面（如 PB、PE、EPS 等）、技术指标（如换手、均线、波动率等）、市场风格（如晨星 Matrix、美林时钟、夏普等）、动量指标（如行为金融、Alpha、分析师一致预期、极点判断、筹码仓位等）等不同因子类型，并由此产生了多因子模型、风格轮动模型、动量反转模型等不同的因子投资策略。

在策略运行过程中，因子挖掘存在较高的技术壁垒，需要使用回归、评分、相关性检验、随机数决策等一系列量化技术。因子是否有效是因子投资策略能否获取稳定收益的关键，而市场与政策的急转向是导致因子失效的重要原因，如新冠疫情后，市场环境改变导致大量历史因子失效。因此，多因子投资策略需要储备相当数量的后备因子，以应对当前因子失效的困境，而挖掘、储备与维护因子的过程则需要较高的研发投入。

（2）行业轮动策略。行业轮动策略包含经济学模型、动量模型、因子模型等多类。

行业周期与政策可能导致行业形成阶段性的波峰波谷。若能及时跟踪经济周期、切换一揽子强势行业组合，则能减少选股压力并获得持续性较强的超额利润。基于以上逻辑，经济学模型力求抓住表现较好的行业以及投资品种，选择不同时期的强势行业进行获利。

行业动量模型与股票动量模型类似，采用趋势动量交易和反转交易获得超额收益。不同的是，其往往交易行业指数或指数内的代表标的。

行业因子模型需要利用多因子模型预测各个行业的周期收益率，根据这些预测值判断该买入哪些行业，卖出哪些行业。

总体而言，行业轮动策略主动选择暴露贝塔敞口来获得超额收益，但是在市场交易过热、恐慌下行等极端场景下表现不稳定，其预期亏损可能超过主动投资。

2. 指数增强

指数增强，则对标某个指数，基于模型选一揽子股票，在跟踪指数的基础上增厚收益，以期望获得与指数偏离度最小情况下的更高收益。当前市场主流的指数增强策略有沪深 300 指增策略、中证 500 指增策略以及中证 1000 指增策略。实际上，指数增强是多种策略集合后的一种结果，往往通过"多因子选股 + 打新 + T0 + 择时 + IT 执行"等一系列策略混合获得，不同的指数增强产品可能在背后具有完全不同的增强逻辑。

3. 量化对冲

量化对冲策略构建相对市场中性的股票组合，寻求投资组合的阿尔法，其在特定的范围内选股，保持行业配置比例，同时卖空股指期货，对冲掉股票组合中指数涨跌的影响，在组合的 Beta 值等于零的前提下获取收益。

在实际运行过程中，量化中性策略为保证产品收益的吸引力，往往加入杠杆调节收益率。券商需要对于产品及产品外杠杆的情况进行重点关注。

此外，该策略将受到期指基差和无风险收益率的影响，由于股指期货是最主要的对冲贝塔的衍生工具，外加阿尔法本身超额的绝对值较小，其升贴水情况将很大程度影响策略模型的有效性。

最后，由于该策略模型聚焦于获取阿尔法收益，即非系统因素，其收益率从绝对意义上将受到产品以及同类策略产品总规模的制约，因为随着规模的扩大，阿尔法因子的效应将逐渐分散，这也是部分量化中性产品超额回撤的重要原因。因此，券商在评估其收益能力的同时，也应该将市场规模纳入考量因素。

（二）量化择时策略

量化择时策略是利用一系列指标寻找影响大盘走势的信息，以对未来走势作出一定预测的策略，其决策目标不是在同一截面中选取优质标的，而是对特定标的进行跟踪，当有确定的趋势信号发出时即刻进行交易操作。

量化择时策略可以分为两类子策略，即趋势追踪策略和均值回归策略。趋势追踪策略认为市场将在短期内沿着既有趋势运动，从而依据趋势变动方向交易获利。均值回归策略认为金融工具的价格将回归历史均值。因此，均值回归策略会根据所分析的时间序列，预期价格朝任一方向的过度移动将恢复到其价值平均或中枢水平。

此外，趋势择时策略的交易方法本质依赖于顺应或对抗当前的价格走势，而当价格走势延伸过远或出现突然的转向，则可能会导致难以克服的毁灭性亏损。在这种情况下，止损条件将至关重要。在理想情况下，对于均值回归策略的止损条件和主观干预机制也应当纳入券商尽调的范畴。

（三）CTA策略

CTA策略（Commodity Trading Advisor Strategy），称为商品交易顾问策略，又称为管理期货策略（Managed Futures）。其并非某种单独策略，而是针对专业投资期货市场的策略的统称，根据是否为量化策略可以将CTA策略分为主观CTA策略以及量化CTA策略，其中量化CTA为绝对主流。本文仅讨论量化CTA策略。

量化CTA策略包含量化择时与套利两类策略。对于套利策略而言，其包含跨期套利、期现套利、跨品种套利、跨市场套利四大类策略；对于量化择时策略而言，期货与股票市场逻辑类似，包含趋势跟踪与趋势反转两类，但是，期货市场品种较为集中，策略一旦趋同超额将迅速缩减，因此，该类策略存在市场容量上限。

此外，CTA策略面临着期货市场采用保证金交易制度的要求，通常CTA策略仅会将保证金使用率限制在整体仓位的10%—20%，并将其余资金投资于低风险策略保证流动性，但面对趋势性行情，管理人容易因过度追求收益而降低保证金规模，从而产生流动性风险。

二、量化投资的优势与风险

量化投资的发展得益于金融理论与信息技术的进步。一方面，以期权定价为代表的金融理论为量化套利奠定了理论基础；另一方面，面对激烈的市场竞争，一些稍纵即逝的套利机会需要依赖高频交易与高维资产组合才能实施，而信息技术的发展为其提供了可能，计算机程序被广泛应用于从海量历史数据中挖掘市场规律，并实现订单的自动生成与执行。

相较于主动投资，量化投资的优点首先体现为更高的系统性。实际上，量化投资和主动投资都基于市场非有效的假设，而且两者在策略实施上同样包含"博取超额收益"和"控制风险"两个组成部分。

所不同的是，为博取超额收益，传统的主动投资往往通过行业、政策研究挑选出适当的行业，通过基本面研究挑选出投资价值较高的个券，通过技术分析的手段对市场或个券趋势进行判断，虽然可能很深入，但大多是定性判断，投资成功与否很大程度依赖于基金经理与研究员的判断能力。量化投资同样要开展以上各类维度的研究，但研究方法主要基于统计学与数学方法，并开发与应用系统进行全市场筛选和挖掘，从大数据中寻找影响价格走势的因素与规律，对于基金经理与研究员的经验依赖水平不高。为控制风险，传统的主动投资需要对仓位进行调整，其投资模式决定了不能频繁调整仓位，每次交易都需要非常谨慎地判断；相比之下，量化投资则大量使用股指期货、场外期权等对冲工具来实现风险管理目标，收益不依赖于对市场走势的判断，而更加聚焦于强化选股与择时能力；此外，量化投资更加采用"广种薄收"的交易方式，即并不追求每一次交易的正确性，而是争取概率上取胜，交易规模可能是短时间内成千上万次，因此仓位比较分散，从而在客观上降低了个股波动风险以及投资组合的流动性风险。

量化投资具有更强的纪律性。在量化投资模式下，系统严格执行数据模型给出的投资指令，一定程度降低了情绪化操作与人的干扰因素。这是因为量化策略的持仓集中度很低并且大部分投资决定都是数学模型与系统自动决定的。尽管如此，从本质上而言，量化投资只是对人的理念的执行，面对模型的持续亏损，模型开发人员与基金经理仍然会质疑模型的合理性，因此，需要客观认识量化投资，其并不能完全克服情绪的影响。

随着越来越多的交易决策由量化模型自行判断，越来越多的交易指令由信息系统自动执行，市场的运行机制与微观结构也在经历一场变革。客观来讲，在正常市场状态下，量化投资所产生的高频交易对于市场流动性具有积极意义，且量化套利也有助于降低定价误差，加速价格对信息的吸收速度。

尽管如此，量化投资同样带来一些潜在的风险，需要高度重视。

（一）模型与 IT 风险影响实际收益

相比主动投资，量化投资对于个券的研究深度不够；在模型开发技术上，存在着幸存者偏差、前视偏差、过度拟合、异常值处理、信号衰减等多种潜在问题；在设计策略时，量化投资往往将曾经发生过的各种意外事件考虑在内，但是对于历史上没有发生过的"黑天鹅"事件难以充分考虑，一些宏观性因素也无法被数据量化；在系统开发方面，较高的技术要求可能引发潜在的系统隐患。这些因素叠加很容易导致模型收益虚高，而实际交易则表现不佳。此外，如果模型或系统不是足够先进，其策略缺陷会很快被市场发现，更聪明的模型或系统则会通过设计反策略来获取收益。加之量化投资的非情绪化特征，所以当与反策略进行交易时，模型或系统并没有恐惧，交易很难停止。

（二）政策与市场风险导致策略失效

量化投资策略的可持续性往往要求政策环境具有连续性。相反，很多政策干预与变化可能产生新的风险因素，导致策略失效。例如，以 CTA 策略为例，2015 年之前，CTA 策略以股指期货为主，但是 2015 年中金所提出股指期货交易规模限制之后，CTA 策略就涌入了商品期货市场。此外，市场环境以及科技水平的变化也会天然导致策略失效，如 2021 年初新能源行业彻底占据主线，大量交易沪深 300（以食品饮料标的为主）的量化策略集中失效导致大规模量化回撤，迫使市场主流转向 CTA 策略，而该类变化往往无法事前预知，即使对于环境动向有所察觉，由于缺乏数据也很难对策略进行预先调整。

（三）风险监管不容忽视

对于量化投资的监管关注来自多个方面。首先，量化投资策略存在较高的同质化程度，很容易产生共振；同时，一些量化投资策略具有正反馈特征，两者叠加影响，可能形成所谓的算法拥挤。面对市场压力，量化投资被迫减少存货，反过来消耗市场流动性，对整个市场造成系统性风险。尤其在市场效率不高的情况下，系统性风险的修复过程可能需要更长的时间。

其次，量化投资与程序化交易高度关联。根据《上海证券交易所程序化交易管理实施细则（征求意见稿）》，程序化交易是指通过既定程序或特定软件，自动生成或执行交易指令的交易行为。一般来说，量化投资需要利用或配套程序化交易来完成交易执行，以提高交易速度，降低交易成本，且量化投资自身的特性和自身利益决定了只有在对市场没有冲击的情况下，量化投资才能最好地发挥作用。但是，客观来讲，在缺乏必要监管的情况下，程序化交易容易放大系统性风险，增加对市场的冲击与干扰。此外，一些高频的程序化交易，可能涉及插队、谎骗、堵塞系统等微观市场操纵行为。

（四）存在"假中性""假量化"的情况

在量化中性产品的实际投资过程中，量化投资存在着明显的错位对冲现象，尤其在 2022 年中证 1000 股指期货上市之前，并不是真正意义上的"量化中性"。

此外，一部分产品打着量化投资的名义，只是为了方便募集资金，实际上采取的并不是真正意义上的量化投资方法。尤其是指数增强产品，该类产品驱动策略不明、风格不稳定，甚至名为量化指增实际背后由人主动管理的情况也较为明显。

三、风险管理建议

（一）交易对手风险评估与保证金管理双轮驱动

在事前审核中，由于量化投资基金将策略视为核心竞争力，严格控制相关信息披露，且存在投资范围广、交易频繁等其他因素，证券公司客观上存在风险穿透难的问题。目前，尽职调查信息一般通过问卷或第三方数据平台获取，信息来源较为有限，对交易对手风险评估提出了更高要求。在这种情况下，除完善交易对手评估框架，全面了解业务规模、交易能力、投研水平、量化系统、历史业绩之外，还需要高度重视保证金的风险缓释作用，在守住风险的前提下建立弹性的保证金管理框架。尤其对于信息披露水平或意愿较低、合作时间较短、风险管理配合度不高、净值下降较为明显的量化投资产品，应适度提高保证金比例要求。

（二）强化市场、政策与量化投资趋势预判

证券公司需要对市场、政策与量化投资策略保持敏感度。例如，当宏观经济可能出现下滑时，重点关注行业轮动策略产品，当市场波动较大时，重点关注趋势类策略产品等。目前，量化投资面临的监管关注正在逐步加大。证券公司需要紧跟相关规定变化，顺应监管改革，并且对于政策环境作出合理预判，将政策变动引发的短期负面效应降至较低水平。

（三）提高风险处置协同联动效率

在事后处置方面，除了追保、追偿、强制平仓等一系列常规流程外，对于该客户的其余产品，尤其是相似策略的产品同样需要进行风险排查。除此之外，对同一客户在不同业务部位进行的相关业务，应当在公司的全局视角下进行统一协调。

（四）加强新一代低延时系统跟踪关注

核心交易系统是证券公司服务量化投资基金的关键环节。新一代低延时系统上线时间不久，且量化投资基金交易对系统要求较高，需要持续跟踪关注新系统的运行情况。

我国场外衍生品业务风险传导与防范管理研究

中证机构间报价系统股份有限公司
中信证券股份有限公司　华泰证券股份有限公司[*]

一、场外衍生品业务的跨市场跨产品风险来源

(一) 场外衍生品业务风险特征

场外衍生品市场各主体之间、场内外市场之间具有大量且频繁的交互，这些交互将各市场主体、各产品、各市场相对独立的风险进行联动与传导。主要体现为：交易对手通过与交易商开展场外衍生品业务，实现风险在主体间的转移。交易商为保持风险中性进行对冲，实现了风险从场外市场向不同市场的传导。场外衍生品在财富管理、信用保证等业务中的应用带来了不同产品、业务间的联动。跨境标的等多样化交易标的也加强了不同金融市场之间的跨产品跨市场风险联系。

(二) 主要参与者对业务风险的影响分析

我国证券场外衍生品市场基本形成了以交易商为市场组织者、以交易商与客户为市场核心的主要组织形式（见图1）。交易商与客户作为场外衍生品业务风险的核心交互主体，其典型行为会强化客户与交易商之间、交易商彼此之间的关联紧密度，一定程度上决定风险传导的发生概率及影响程度。

---

[*] 本文为中国证券业协会2022年优秀课题。课题负责人：赵恒珩，中证机构间报价系统股份有限公司执行委员会委员；薛继锐，中信证券股份有限公司执行委员会委员。课题组成员包括：刘洋，中证机构间报价系统股份有限公司监测业务一部负责人；熊莉、赵智松、丁灵，均任职于中证机构间报价系统股份有限公司监测业务一部；邓力，中信证券股份有限公司股权衍生品业务线行政负责人；吕阳，中信证券股份有限公司股权衍生品业务线产品设计负责人；牛文慧，供职于中信证券股份有限公司股权衍生品业务线；胡锡莎，华泰证券股份有限公司金融创新部总经理；吴昭翼、徐培智、陶潜，均供职于华泰证券股份有限公司金融创新部。

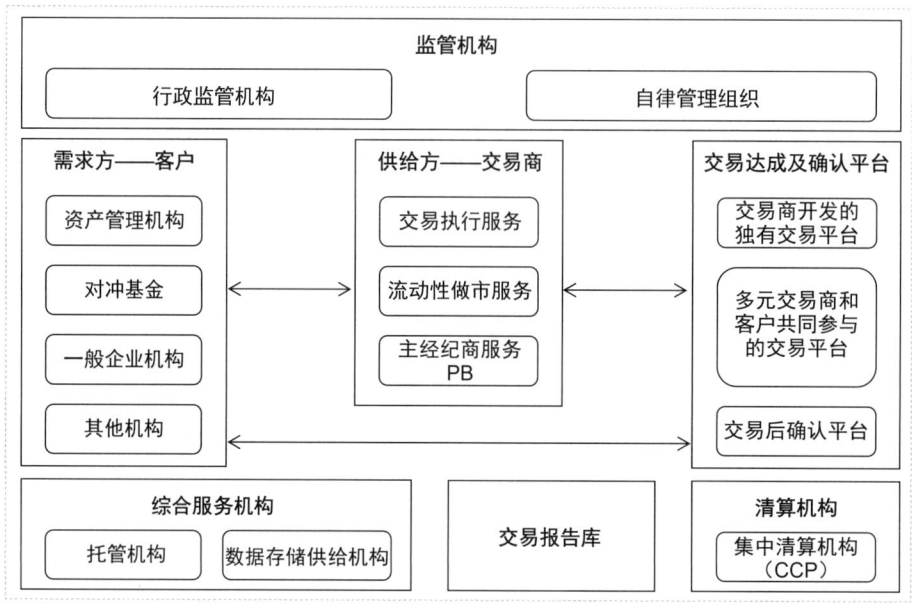

图 1　场外衍生品市场组织形式示意

1. 交易商典型行为特征

一是业务模式趋同。交易商开展的业务具有同质化特点，在相同的监管标准下，内控标准、策略模型等也极为相似，风险敞口暴露存在趋同。

二是承担过多尾部风险。风险管理模型多依赖于历史数据且模型假定相对稳定，对于尾部风险较难预计、推演，对尾部风险的定价、内控管理并不充分。传统的基于资本的监管措施在管理尾部风险时也存在局限性。

三是市场顺周期性。包括风险管理指标、市场情绪的顺周期性。市场上行时，VaR 值[①]相对较低，市场情绪乐观，业务进入扩张期。市场下行时，VaR 值增加，市场情绪悲观，交易商倾向于收紧业务规模。对景气时积累的高存量业务规模的压降也容易放大风险影响。

2. 客户典型行为特征

一是寻求风险回报最优化。客户通常多方询价寻求最有利的报价，会造成交易商间的价格竞争。若发展为不当价格竞争，将导致交易商承担较大的模型风险。

二是交易商间分散化交易。出于保护投资目标、保密交易策略等目的，专业对冲基金客户往往倾向于与不同交易商达成交易。由于交易商之间不会共享客户交易信息，将影响交易商对交易对手真实风险的评估。

三是羊群效应。产品委托人、产品服务客群的偏好相对单一，容易出现羊群效应。羊群效应导致交易商业务趋同、产品品类单一，若叠加交易商不当价格竞争，可能对场外衍生品市场产生负面影响。

---

① 在险价值（VaR）的计算方式为标的资产过去一段样本时间内的极端下跌或上涨幅度。

二、场外衍生品业务风险联动机制和传导路径

（一）场外衍生品业务跨市场跨产品风险联动机制

1. 市场价格联动机制

标的资产价格是场外衍生品市场中的核心变量之一，既影响合约价值，驱动交易双方间信用风险的变化，也是影响交易商场内市场风险对冲的重要因素。基于市场价格方向性变化、波动程度变化之间的关联，场外衍生品业务中的多种风险会实现跨市场跨产品的联动，其联动的核心市场基础是交易商的风险对冲行为（见图2）。

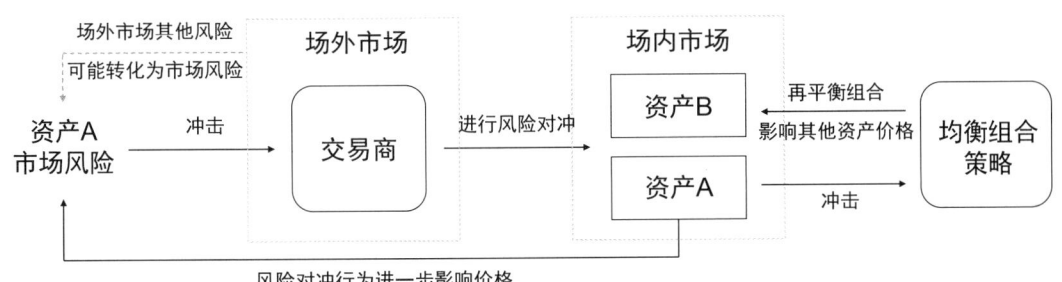

图2　场外衍生品业务风险的市场价格联动机制示意

2. 信用联动机制

在双边交易、以交易商为核心的市场组织形式下，交易商之间互相持有因场外衍生品交易而形成的资产与负债，形成了基于资产负债表的交易商间网络。基于此，交易商之间、交易商与客户之间的信用风险将产生跨市场跨产品的联动。此外，在客户无法完成追保、标的资产丧失流动性等情形下，市场风险与流动性风险也会转化为信用风险，通过信用联动机制产生跨市场跨产品的风险传导（见图3）。

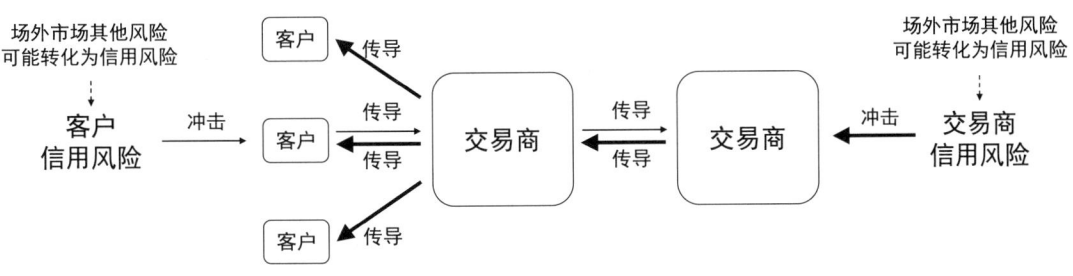

图3　场外衍生品业务风险的信用联动机制示意

3. 流动性联动机制

以资产流动性为中枢，基于交易商日常风险对冲、客户违约处置中因流动性不足导致的市场价格冲击，将产生市场风险、信用风险等的联动传导。场外衍生品的盯市制度往往具有顺市场周期特点：当资产价格出现快速下跌时，交易商的卖出或强平行为将引发资产价格进一步下跌；同时，资产价格的下跌常伴随资产流动性的下降，导致交易商提升保证金要求。交易对手方为响应追保，可能引发更多的资产出售，造成市场价格进一步下跌、流动性下

降、保证金要求提高（见图4）。

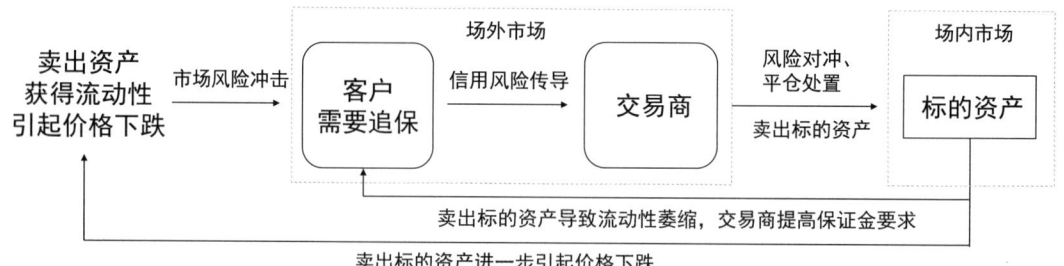

图4　场外衍生品业务风险的流动性联动机制示意

4. 信息联动机制

场外衍生品交易达成中的询价、报价过程、风险对冲行为均可能引发信息的跨市场跨产品联动。询价、报价过程有可能加剧市场中信息的不对称、引发市场舆论的进一步传导联动；交易商风险对冲行为则可能导致信息风险在场内外市场间出现传导联动（见图5）。

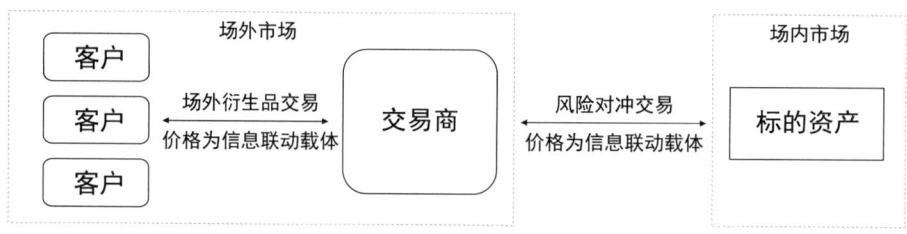

图5　场外衍生品业务风险的信息联动机制示意

（二）场外衍生品业务风险联动机制传导案例

1. 价格波动风险的联动

以瑞士信贷发行的 ETN（交易型票据，Exchange Traded Note）产品 XIV 为例，XIV 主要持有 VIX 期货空头头寸，具有反向跟踪 VIX 指数的属性。2018 年 2 月 5 日，因 VIX 指数在 1 天之内上涨超过 100%，理论上价值归零的 XIV 在盘后由收盘价 99 暴跌至 15，并于第二日日内录得最低价 5.5。标的资产 VIX 指数与衍生产品 XIV 之间的价格关联属性将市场风险传导至 XIV 产品。

2. 信用联动

"2008 年美国次贷危机"中，基于金融衍生产品的链接，在实现风险转嫁的同时，不同主体的信用被联结起来，包括贷款购房者、投资银行、保险公司以及资产证券化产品的广大投资者。当贷款购房者出现大面积违约时，该信用风险通过产品链条在不同主体之间传导（见图6）。

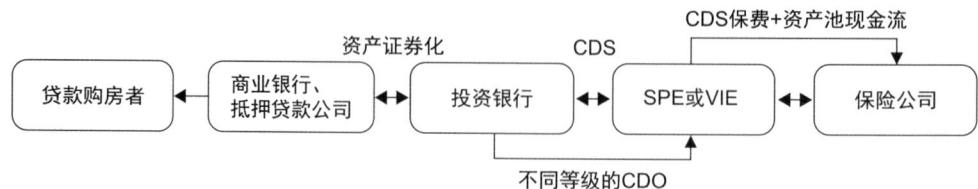

图6　抵押贷款证券化示意

3. 流动性联动

美国家族理财基金阿奇戈斯（Archegos）案例中，当阿奇戈斯基金通过杠杆衍生工具持有的维尔康姆和Discovery股价大跌触发巨额追保时，高盛、摩根士丹利作为交易对手方率先在二级市场大量抛售百度、唯品会等该基金重仓标的，使得前述中概股股价跌幅在交易时段内超过20%，引起部分中概股的流动性紧缩，市场成交量下滑。

4. 信息联动

阿奇戈斯案例中，阿奇戈斯基金同时与多家交易商开展衍生品交易，各交易商基于其单独的交易信息判断风险状况。而合并来看，阿奇戈斯基金的名义风险敞口预估超过800亿美元，各交易商与阿奇戈斯基金存在严重的信息不对称。

2008年以来，国内外场外衍生品市场各类风险传导案例可供借鉴：

2008年下半年，中信泰富为对冲澳元、欧元升值风险，与13家银行签订了24款外汇累计期权合约。2008年9月和10月，澳大利亚央行连续两次降息，加速澳元贬值，中信泰富2008年期权累计亏损超180亿港元。

2014—2015年，韩国市场发行挂钩HSCEI的ELS（equity—inked security）雪球结构产品，当HSCEI经历大幅上涨和回落，交易商先高价买入看跌期权后低价卖出；当HSCEI持续下跌达到敲入水平，交易商Vega敞口由正转负，叠加对冲产生的空头敞口，被迫做多波动率。对冲交易成本的上升增加了交易商的亏损。

2019年，中拓（福建）实业有限公司利用关联企业（以下简称"中拓系"）与多家期货公司风险管理子公司进行场外期权业务，卖出了大量PTA看涨期权；PTA期货在7月1日和7月2日连续两日涨停，触发场外期权交易追保，但中拓系未能补交保证金，最终被强平。该事件给中拓系和期货公司风险管理子公司均带来损失。

三、完善场外衍生品业务风险防范管理的建议

对比境内外场外衍生品市场，主要呈现以下几方面差异：一是基于发展阶段呈现不同的市场特征。境内市场处于初级发展阶段，与境外成熟市场在交易商结构、投资者结构、产品类型、履约保障类型等方面存在差距。二是市场基础交易机制有所不同。国内特有的涨跌停板、T+1等基础交易制度，对场外衍生品对冲行为产生了一定影响。三是基础设施建设各有所长。国内交易报告库在数据全面性、时效性等方面均处于国际领先水平，但在清算、第三方估值等方面存在差距。四是监管思路和框架存在差异。境外为混业监管、功能监管，强调原则性监管；境内监管是分业监管，侧重于微观行为监管。

基于境内外场外衍生品市场与监管的差异，我们提出场外衍生品业务风险防范管理的总体思路：一是我国仍处于场外衍生品初级发展阶段，应当坚持高质量发展场外衍生品的总体方向，同时严守不发生系统性风险的基本底线；二是深刻理解场外衍生品的跨界属性与场外衍生品风险传导的复杂性，站在整体与全局的视角考虑应对，加强金融监管机构之间的协同与配合；三是坚持从中国国情出发，结合国际最佳实践，发挥我国的制度优势，提出既符合国际趋势又具有中国特色的场外衍生品风险防范思路；四是坚持"人民至上"，加强对资管产品的投资者保护，切实满足居民的财富管理需求。建议从以下方面完善场外衍生品业务风险防范管理。

（一）完善交易商管理机制，加强交易商场外衍生品综合能力建设

交易商作为场外衍生品市场的组织者，是防范场外衍生品业务风险传导的核心环节。建议：一是完善交易商准入标准，优化交易商分级管理机制；二是加强交易商动态管理，提升交易商业务能力、风险识别与管理能力和合规管理能力。

（二）完善市场组织形式和市场机制，构建多元、健康的场外衍生品市场体系

一是丰富客户群体，完善产品创新机制，构建多元、丰富的市场体系。积极引入保险资管、公募基金等长期专业机构投资者参与场外衍生品业务；适度放宽市场准入条件，满足不同市场主体投融资需求；优化业务创新机制，鼓励优质交易商持续创新交易模式和产品结构，充分满足客户风险管理和资产配置的需求。

二是优化市场交易机制。完善场内交易机制，为建设更加抗风险、有韧性的资本市场提供有利的场内环境；完善场内产品品种，丰富场外衍生品业务对冲工具。

三是完善跨境机制，打造更加稳健的跨境业务体系，防范风险的跨境传导。通过设置专项合格境内机构投资者（QDII）额度、提供跨境业务专项结售汇跨境额度等方式为证券公司跨境业务提供跨境资金汇划的便利途径；允许符合条件的证券公司在指定的境内外商业银行开立一对一跨境业务专项账户，用于跨境业务所必需的交易结算；允许境内母公司通过借款向境外子公司提供流动性，防范风险事件。

（三）加强监管协调，完善跨产品跨市场风险监测机制

一是建立统一监管标准，提升跨市场跨产品风险监测水平。对相同和相似业务的机构在准入门槛、销售适当性标准、风险计量标准等方面采取同一标准；持续完善场外业务交易报告制度，统一报送口径，加强数据标准化建设；加强功能监管的相机协调机制，完善场内外数据共享机制，持续优化场内外市场的联动监测管理。

二是完善风险控制指标体系，综合考虑场外衍生品业务实质，增强指标之间的关联，保持合理弹性要求，发挥风险预警功能，引导场外衍生品业务健康发展。

（四）完善交易报告制度，提升风险监测监控水平，提高市场透明度

建议顺应场外业务发展趋势及日益完善的监管要求，搭建数字化、智能化监测分析体系。一是建立合约价值、希腊值、VaR等多维度的场外衍生品风控指标；二是建设场外业务统一编码体系，实现对场外业务的代码化及标准化管理；三是对交易对手尤其是产品类交易对手实现穿透管理，完善场外衍生品大户持仓管理；四是对冲端实现场内场外联动监测，完善交易商对冲集中度、标的集中度等监测监控，防范跨市场风险传导；五是建立常态化与专项化相结合的压力测试，防范极端行情下的尾部风险；六是建立风险监测预警机制，进行信息披露与风险提示，提高场外衍生品市场透明度。

（五）完善行业基础设施和配套制度，丰富风险防控管理手段

一是完善履约保障机制，防范交易对手信用风险的传导。完善履约保障协议体系，发布行业统一的履约保障协议，研究建立履约担保品的行业统一标准；完善履约担保品品类，研

究扩大保证金范围至证券类资产等；完善行业基础设施，推动建立衍生品合约第三方估值机制；搭建保证金风险监测平台，将客户缴纳的现金保证金纳入监测范围。

二是完善场外衍生品信息披露规则，明确上市公司及控股股东、董监高等主体参与场外衍生品交易的信息披露规则，防范内幕交易、市场操纵等合规性风险。

三是探索打通场内外账户体系，完善场外衍生品支付结算体系，防范资金结算风险。

（六）规范资管产品参与场外衍生品业务，切实保护投资者利益

一是加强具有资管属性的产品参与场外衍生品的统一监管，防范因监管要求不一致引发的产品多层嵌套、产品链条过长滋生的风险传导和风险外溢问题。

二是完善参与场外衍生品的资管产品的相关要求。禁止零售客户直接参与场外衍生品业务，配套建设零售资金通过资管产品参与场外衍生品的制度规则，明确产品发行方的责任，完善投资者适当性要求。规范风险管理及信息披露要求。

场外衍生品业务风险管理方法探索
——隐含波动率曲面构造方法及风险管理应用

湘财证券股份有限公司市场风险管理课题组[*]

一、引言

近年来我国场外衍生品业务迅速发展。根据中证报价公开数据，截至2023年5月，证券公司场外衍生品期末存量规模达到20 712.25亿元，挂钩标的资产和场内对冲工具越来越丰富，场外衍生品业务风险管理体系也逐渐完善。由于市场参与者在开展场外衍生品业务时普遍使用量化模型，使得场外衍生品定价模型所引入的风险也越来越受到重视。对资产的科学合理定价是场外衍生品业务风险管理的必由之路，定价是否准确同时也会影响衍生品业务中常用的风控指标（如期权希腊字母）的准确性，波动率作为场外衍生品定价中必需的关键参数，得出准确的波动率在风险管理的实践中非常重要。另外自有的波动率数据可以作为成交记录中监控波动率偏离情况的参照标准，防止出现利益输送等合规风险。

本文从场外衍生品定价的基础理论出发，结合场外衍生品业务实践，介绍隐含波动率对衍生品定价的重要性、建立隐含波动率曲面模型的必要性及模型在风险管理中的应用。基于此，本文探索了一种无套利波动率曲面的构造方法，并使用中证500ETF期权市场数据进行实证分析。从实证检验的结果来看，无套利波动率曲面可以为期权的估值与风险管理提供更贴合市场的波动率数据，进而通过提高定价模型输入端的参数数据质量来提高定价模型的精确度，最终提升场外衍生品交易商对场外衍生品业务进行风险管理的效果。

---

[*] 本文写作于2023年9月。课题负责人：郑武生，湘财证券股份有限公司合规总监兼首席风险官。课题组成员包括：刘小平，湘财证券股份有限公司风险管理总部总经理；尹冬伟，湘财证券股份有限公司风险管理总部市场风险管理部副经理（主持工作）；秦璟琳，艾健轩，湘财证券股份有限公司风险管理总部市场风险管理岗。

二、场外衍生品定价基础理论

(一)布莱克-舒尔茨模型

衍生品定价是指通过对标的资产进行定量分析,在合理的假设下,利用模型和统计方法计算衍生品价格。目前在衍生品定价和风险管理中主要使用布莱克-舒尔茨(Black-Scholes)期权定价模型,该模型可以对欧式期权的价格进行理论估计,为新兴的场外衍生产品的合理定价奠定了基础。布莱克-舒尔茨期权定价公式的抽象化表达如下:通过输入标的资产价格 S、无风险利率 r、股息率 q、剩余期限 T、行权价 K 和波动率 Vol,即可计算出期权的理论价格:

$$Call = f(S, r, q, T, K, Vol)$$

布莱克-舒尔茨模型涉及的多个变量中,除了波动率外,标的资产价格、行权价格、剩余期限等都是可以直接观察得到的确定参数,因此波动率参数的选择对期权价格的计算结果引入了主观影响。

(二)隐含波动率

当前波动率的获取方法主要分为历史波动率与隐含波动率。历史波动率即通过计算标的资产某一历史区间内收益率的标准差获得,隐含波动率是将期权交易价格代入期权定价模型中反推出来的波动率数值。"隐含"二字恰当说明了其不可从历史数据中观测得到,而是从市场的期权价格数据反推求得之特性。

以中证500ETF期权为例,2023年2月24日的前100个交易日历史波动率与剩余期限为125日的期权隐含波动率见图1、表1。

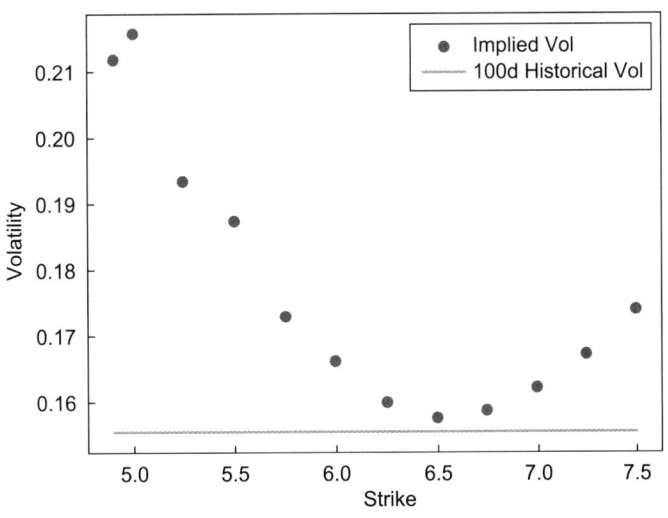

图1 中证500ETF期权历史波动率与隐含波动率对比

资料来源:Wind。

表1　　2023年2月24日上交所中证500ETF看涨期权（T=125日）数据

行权价（元）	期权价格（元）	隐含波动率
4.90	1.4366	0.2118
5.00	1.3411	0.2156
5.25	1.0805	0.1935
5.50	0.8563	0.1873
5.75	0.6422	0.1730
6.00	0.4412	0.1662
6.25	0.2788	0.1598
6.50	0.1622	0.1575
6.75	0.0882	0.1586
7.00	0.0471	0.1620
7.25	0.0251	0.1671
7.50	0.0139	0.1739

资料来源：Wind。

可以发现对于给定的历史区间，历史波动率是客观唯一的，而隐含波动率是通过市场上的期权价格反解得出，因此隐含波动率包含市场对未来的预期，是标的资产未来价格分布的风险概率。将隐含波动率的散点连接成隐含波动率曲线，可以发现隐含波动率曲线通常呈现两边高、中间低的弧度，由此市场也形象地将波动率曲线称为隐含波动率微笑。通常认为，隐含波动率包含了更多市场信息，相比历史波动率是更好的参数选择。

（三）隐含波动率在风险管理中的应用

对资产的科学合理估值是风险管理的关键部分，而波动率数据是影响定价结果的关键因素之一；另外自有的波动率数据可以作为成交记录中监控波动率偏离情况的参照标准，防止出现利益输送等合规风险，因此得出准确的隐含波动率在风险管理的实践中非常重要。

三、隐含波动率曲面构造

（一）隐含波动率曲面及其常见模型

目前，市场上期权价格和成交数据并非是连续的。以上交所中证500ETF期权的行权价为例，行权价为间隔为0.25元的序列（见表1），即在行权价为5.50元、5.75元、6.00元、6.25元等节点都有活跃的期权来提供隐含波动率数据，但因为场外衍生品业务的灵活性，交易商需要对非标准的期权进行定价与风险管理，此时如何根据现有的数据，估计出行权价为6.1元的期权对应的隐含波动率就是波动率曲线模型所需要解决的问题。推而广之，在期限的维度，交易所期权通常仅有固定到期时间的期权。此时如何根据剩余到期日1个月、2个月、4个月、7个月的期权数据，估计出剩余期限为6个月的期权对应的隐含波动率就是波动率曲面模型所需要解决的问题。

在确定的时间点上，每个期权会有自己的隐含波动率，如果将单个期权的隐含波动率看作一个"点"，将不同期限、不同行权价格的期权对应的隐含波动率绘制到三维空间中，就可以得到隐含波动率曲面。隐含波动率曲面的样图见图2。

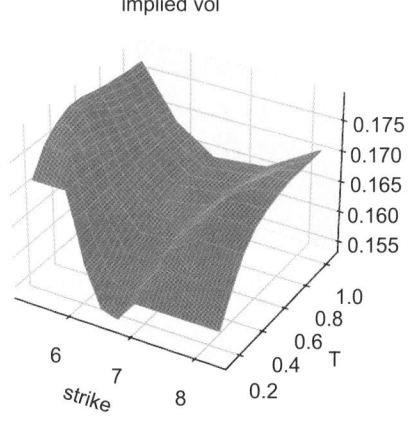

图 2 隐含波动率曲面样例

资料来源：Wind。

隐含波动率曲面模型众多。Derman 等在《The Volatility Smile》一书中将波动率微笑模型分成了三类：第一类策略放弃标的资产价格符合传统几何布朗运动的假设；第二类策略直接对布莱克-舒尔茨模型的隐含波动率曲面进行建模；第三类策略绕过上述两种建模过程，从实务角度出发，利用对冲理念解决定价问题，如 Vanna-Volga 模型。Homescu（2011）对于隐含波动率曲面模型进行了更细致的分类和总结，其认为主要的建模方法可以分成如下几类：随机波动率模型、参数化或半参数化模型、基于 Levy 过程的模型、对隐含波动率的动态变化进行建模、基于插值方法的模型。

常见的随机波动率模型包括赫斯顿（Heston）模型与 SABR 模型。相比于布莱克-舒尔茨模型，赫斯顿模型不再假设波动率是一个定值，而是一个带有均值回归特性的随机过程，其优点在于模型参数数量适中，不容易过拟合，但难以对结构化产品进行有效估值。SABR 模型则将标的资产的远期价格和波动率都分别作为一个随机过程进行处理，SABR 模型对隐含波动率曲面有很好的拟合效果，但不能保证构建曲面是平滑的。参数化模型的代表则是经典的多项式模型，通过校准多项式的系数来拟合波动率曲面。基于插值方法的模型则包括线性插值模型与三次样条插值模型。

下文介绍的无套利隐含波动率建模方法属于插值方法的模型，相比于上述模型，其在算法上易于实现、低算力需求、模型相对光滑且自身不存在套利空间。

（二）无套利隐波曲面构造方法

1. 无套利理论的阐述

借鉴 Carr（2003），文中所述的"套利"一词指静态套利（Static Arbitrage），静态套利是指通过买多卖空形成一个无成本的交易策略，该交易策略获得正收益的概率不为零，但出现损失的概率为零。在动态完备市场中，无套利空间意味着存在一个唯一转移概率函数的等价鞅测度（Harrison and Kreps 1979，Harrison and Pliska 1981）。假设该测度的概率密度函数为 $\varphi(t, T, S_T)$，S_T 代表 t 时刻的标的资产价格，则行权价为 K 的欧式看涨期权定价函数为：

$$C(K,T) = e^{-\int_t^T r_s ds} \int_0^\infty [\max(S_T - K, 0) \phi(t, T, S_T) dS_T]$$

根据上式，可以得出看涨期权定价函数是一个单调的凸函数。

最后一点，无套利看涨期权的价格函数应当满足：

$$\max(e^{-\int_t^T \delta_s ds} S_t - e^{-\int_t^T r_s ds} K, 0) \leqslant C_t(K,T) \leqslant e^{-\int_t^T \delta_s ds} S_t$$

从剩余期限的维度来看，总隐含方差需要单调递增来防止出现套利空间。假设总方差 $v^2(k,\tau) = \sigma^2(k,\tau)\tau$，其中 τ 代表期权剩余期限，$\sigma(k,\tau)$ 是将期权市场价格代入布莱克－舒尔茨方程解出的隐含波动率。根据 Reiner（2000），假设 $\tau_1 = T_1 - t \leqslant \tau_2 = T_2 - t$，当期权价格满足 $C(K_2, T_2) \geqslant e^{-\int_{T_1}^{T_2} \delta_s ds} C(K_1, T_1)$，此时不存在日历套利空间。

2. 无套利条件下的三次样条平滑

将上述无套利理论作为约束条件，引入三次样条插值方法的框架构造无套利模型。假设未折现看涨期权函数 $c = f(x_i)$，$p = f''(x_i)$，其中 x_i 表示插值的行权价，$u_i = x_{i+1} - x_i$。定义 $\vec{c} = (c_1, \cdots, c_N)^\top$，$\vec{p} = (p_1, \cdots, p_{N-1})^\top$，使用自然边界 $p_1 = p_N = 0$。令矩阵：

$$Q_{N-2 \times N} = \begin{bmatrix} 1 & -2 & 1 & 0 & \cdots & 0 \\ 0 & 1 & -2 & 1 & \cdots & 0 \\ \vdots & \vdots & \vdots & \vdots & \ddots & \vdots \\ 0 & \cdots & 0 & 1 & -2 & 1 \end{bmatrix}$$

$$R_{N-2 \times N-2} = u^2 \begin{bmatrix} 2/3 & 1/6 & 0 & 0 & \cdots & 0 \\ 1/6 & 2/3 & 1/6 & 0 & \cdots & 0 \\ \vdots & \vdots & \vdots & \vdots & \ddots & \vdots \\ 0 & \cdots & 0 & 0 & 1/6 & 2/3 \end{bmatrix}$$

则基础三次样条模型满足 $Q\vec{c} = R\vec{p}$。此时设计关联曲线粗糙程度的损失函数：

$$cost = \int_a^b f''(x) dx = \vec{p}^\top R \vec{p}$$

令 $\vec{x} = (\vec{c}^\top, \vec{p}^\top)^\top$，权重矩阵，$W = diag(w_1, \cdots, w_N)$
$\vec{y} = (w_1 p_1, \cdots, w_N p_N, 0, \cdots, 0)$，$A = (Q, -R)$，$B = diag(W, \lambda R)$

引入无套利理论中所述的约束后，对曲线的平滑问题就转化为无套利约束下的二次凸优化的问题：

$$\min_x \quad -y^\top \vec{x} + \frac{1}{2} \vec{x}^\top B \vec{x}$$

$$\text{subject to } A^\top \vec{x} = 0$$

$$p_i \geqslant 0$$

$$\frac{c_2 - c_1}{u_1} - \frac{u_i}{6} p_2 \geqslant -e^{-\int_t^T r_s ds}$$

$$-\frac{c_n - c_{n-1}}{u_{n-1}} - \frac{u_{n-1}}{6} p_{n-1} \geqslant 0$$

$$c_1 \leqslant -e^{-\int_t^T \delta_s ds} S_t$$

$$c_1 \geqslant -e^{-\int_t^T \delta_s ds} S_t - e^{-\int_t^T r_s ds} u_i$$

$$c_n \geqslant 0$$

上述二次凸优化问题求解得到的 $\vec{C}$ 即为无套利看涨期权价格，通过布莱克－舒尔茨方程即可求得对应的隐含波动率，得到无套利隐含波动率曲面。

四、实证分析

（一）实证数据选取

本文以中证 500ETF 期权为研究对象进行实证比较，使用从 Wind 数据库获取 2023 年 2 月 24 日的国债利率、期权价格、期权隐含波动率数据进行实证研究。近月隐含波动率曲线与远月隐含波动率曲线见图 3、图 4，其中市场期权的买、卖价格分别用红、绿颜色表示。

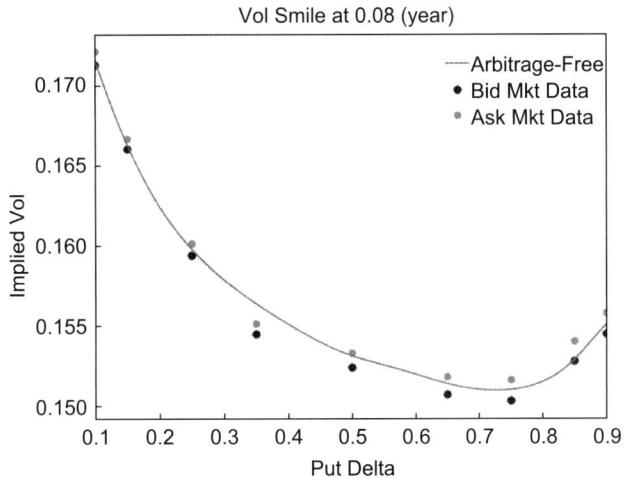

图 3　近月隐含波动率曲线

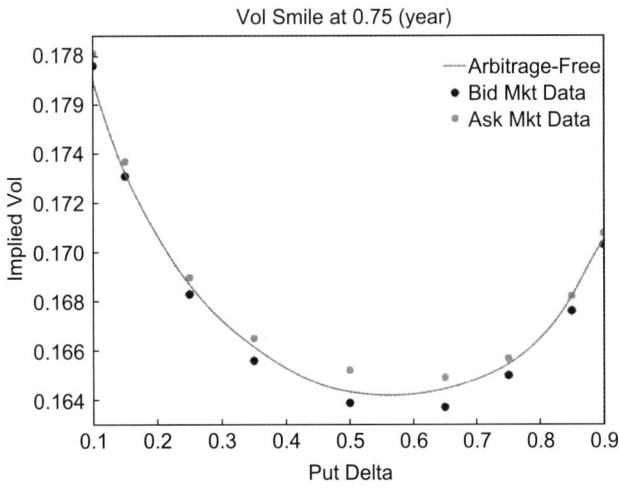

图 4　远月隐含波动率曲线

得到的整个无套利隐含波动率曲面见图 5。

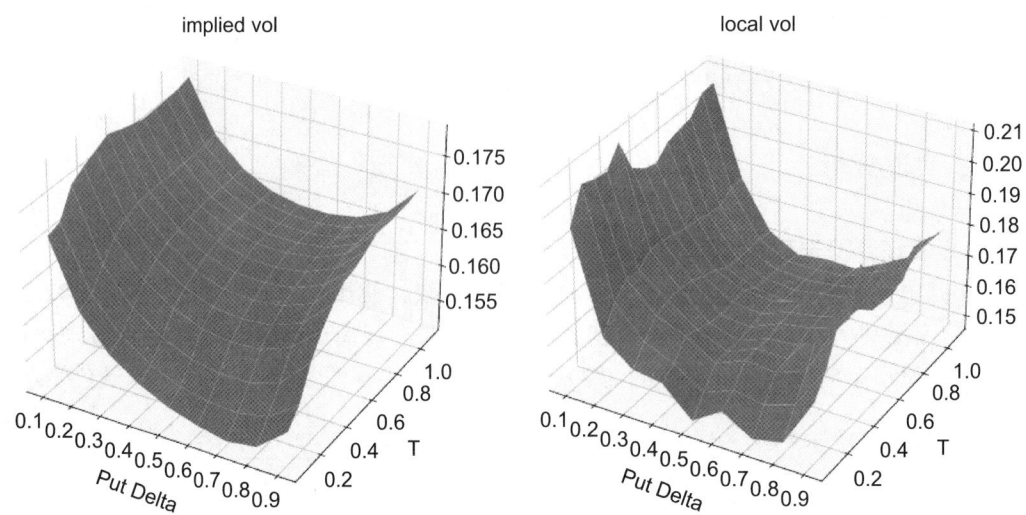

图 5　无套利隐含波动率曲面

（二）实证分析结果

1. 无套利模型准确拟合市场数据

通过使用深交所中证 500ETF 期权数据进行模型检验，考虑到期权在接近行权日时价格波动加剧，选取 2023 年 2 月 24 日至 2023 年 3 月 17 日所有隐含波动率不为零的数据样本采用等权重处理的方式，计算无套利模型、三次样条插值模型、线性插值模型得到的波动率同市场数据的均方根误差（RMSE）与对应期权价格同市场数据的均方根误差（RMSE）见表 2，可以发现无套利模型无论从波动率维度还是期权价格维度与样本外市场数据的偏差都小于三次样条插值模型与线性插值模型。这说明无套利模型能对衍生品进行更贴合市场的估值，又因为期权希腊字母是期权价格在各参数维度的偏导数，因此无套利模型提供更准确的估值时，计算的期权希腊字母也更准确。

表 2　各模型波动率/期权价格均方根误差

类别	当月合约	次月合约	季月合约	远月合约
线性插值模型均方根误差（波动率）	0.150386	0.032993	0.013402	0.007460
三次样条插值模型均方根误差（波动率）	0.150381	0.032957	0.013336	0.007314
无套利模型均方根误差（波动率）	0.149203	0.030508	0.010545	0.006982
线性插值模型均方根误差（期权价格）	0.056687	0.051333	0.050689	0.058393
三次样条插值模型均方根误差（期权价格）	0.056735	0.051350	0.050689	0.058318
无套利模型均方根误差（期权价格）	0.056680	0.051267	0.050833	0.058363

2. 无套利模型的光滑特性提供更稳健的风控指标

截取相同时间的无套利模型、三次样条插值模型、线性插值模型，可以看出对比线性插值模型，无套利模型得到的隐含波动率曲线更为光滑，线性插值模型的波动率曲线在校准点两侧会出现较大的斜率变化。而对比三次样条插值模型，无套利模型添加了无套利条件约束，生成的曲线在减少粗糙度的前提下满足了无套利空间的特性，同时在曲线两端边界的校准点附近受边界条件假设的影响更小（见图 6、图 7）。

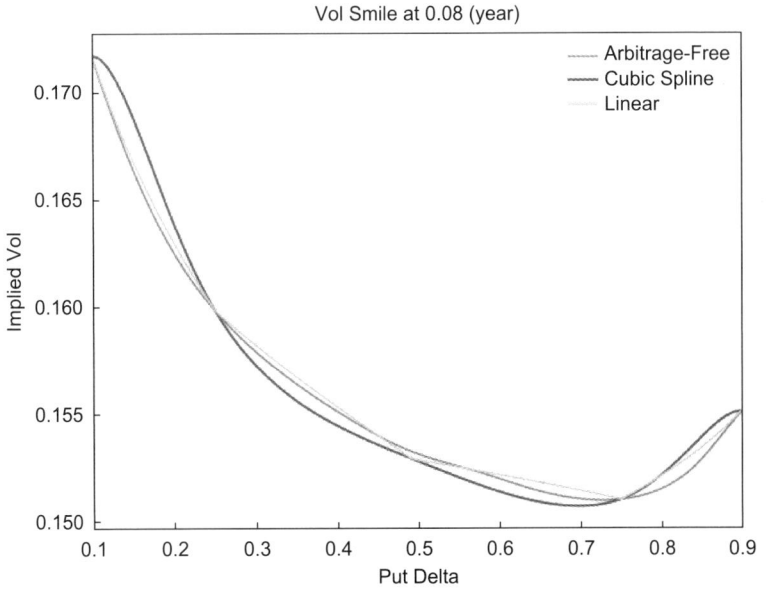

图 6　各模型隐含波动率曲线对比（近月）

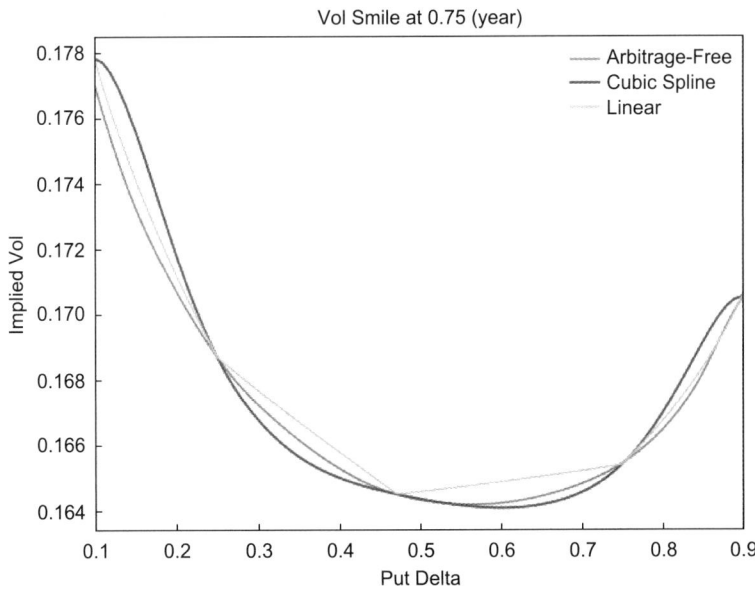

图 7　各模型隐含波动率曲线对比（远月）

为更好地说明无套利模型的稳健性，构造一个场外衍生品业务中常见的看涨敲出鲨鱼鳍期权，设定其敲出障碍为标的资产价格的 1.2 倍，期限为 3 个月，则该鲨鱼鳍期权在部分行权价时的 Delta 值见图 8、表 3。由图 8、表 3 可知，其一，在行权价为 5.73 元附近时，线性插值模型的 Delta 出现弯折，即 Gamma 值出现大幅跳变，这是违反直觉的，可能是线性插值模型校准点左右两侧斜率突变引入的缺陷。其二，在行权价格为 5.9 元附近时，三次样条插值模型计算的 Delta 与无套利模型、线性插值模型计算结果均出现较大偏差，这可能是三次样条模型在边界条件设置上引入的缺陷。

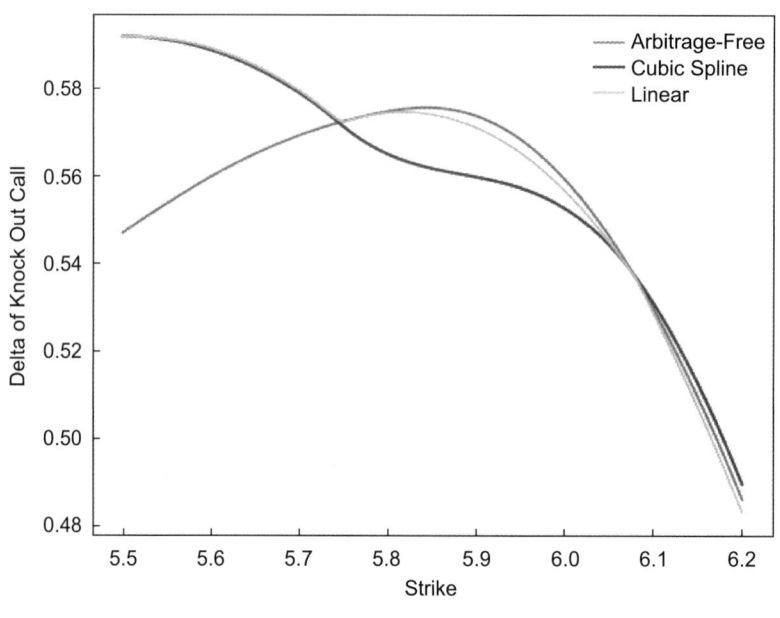

图 8 看涨敲出鲨鱼鳍期权 Delta 曲线

表 3 各模型下鲨鱼鳍期权 Delta 值

行权价（元）	无套利模型 Delta	三次样条插值模型 Delta	线性插值模型 Delta
5.70	0.569169835	0.578942489	0.579527953
5.75	0.572425223	0.571229248	0.572186681
5.80	0.574726196	0.564927081	0.574349734
5.85	0.57555185	0.561705196	0.574007167
5.90	0.573718325	0.559750322	0.571032727
5.95	0.56840035	0.55730349	0.565320701
6.00	0.559346492	0.552689687	0.556734623

证券公司在开展场外衍生品业务时普遍使用模型进行定价与风险管理，因此需要采取稳健、可靠的方法进行波动率计算，而希腊字母风险属于参数和模型风险的衍生风险，在合理控制参数和模型风险后，依托希腊字母进行风险管理将更准确且有意义。如线性插值模型、三次样条插值模型由于模型缺陷导致交易商对波动率的估计有较大偏差，或致使希腊字母在一些价格节点发生跳变而影响对冲操作结果，将可能导致相应的损失。无套利模型相比于线性插值模型、三次样条插值模型更为平滑稳健，减少模型希腊字母的跳变情况，对冲管理和风险管理操作更加平稳。

五、结论

因场外衍生品相对交易所标准期权合约具有更显著的非标性质，且相比于交易所集合竞价,场外市场询报价成交的交易机制对证券公司的估值定价能力与风险管理能力提出了极高的要求。文中展示的无套利模型提供了一个易于实现、低算力需求、自身不存在套利空间的隐含波动率曲面构建方法。

本文认为,目前证券公司对衍生品风险管理的两个重要维度就是期权希腊字母的风险限额与期权报价与市场的偏离程度。首先,无套利模型相比于线性插值模型、三次样条插值模型,对样本外市场数据的拟合程度更好,也意味着可以捕捉更贴合市场的波动率。目前场外衍生品的估值方法中,波动率都是一个关键参数之一,对衍生品价格起关键作用。因此该模型可以为场外衍生品提供更为精准的估值与更准确的期权希腊字母,提高风险管理部门的估值定价能力与风险识别能力。

其次,无套利模型相比于线性插值模型、三次样条插值模型更为平滑,在应对参数节点的微小波动时,其给出的波动率参数是相对合理稳健的。相应的,更为稳健的波动率会使得期权希腊字母更加稳定,在实际风险管理过程中就能减少微小的市场波动引起希腊字母剧烈抖动的蝴蝶效应,使得证券公司拥有更加合理科学的风险监控及管理能力。同时,稳定的希腊字母也有利于其减少对冲端频繁调仓的交易成本。

最后,由于无套利模型自身不存在套利空间,因此当业务部门参考该模型进行对外报价的过程中,模型从源头减少了报价出现套利空间的可能,有助于防范由于报价偏差从而被市场套利并为公司带来损失的风险。

参考文献

[1] 场外业务开展数据(2023年5月),中证报价公众号,时间:2023-07-20,网址:https://mp.weixin.qq.com/s/1-f4KJI0FFu2npjx1SCaeQ,最后访问日期:2023年8月17日.

[2] Emanuel Derman, Michael B. Miller, The Volatility Smile, Wiley, 26 August 2016, Page163-173.

[3] Homescu C. Implied volatility surface: Construction methodologies and characteristics [J]. arXiv preprint arXiv:1107.1834, 2011.

[4] Bergomi L. Smile dynamics I [J]. Available at SSRN 1493294, 2004.

[5] Carr P, Geman H, Madan D B, et al. Stochastic volatility for Lévy processes [J]. Mathematical finance, 2003, 13 (03): 345-382.

[6] Harrison J M, Kreps D M. Martingales and arbitrage in multiperiod securities markets [J]. Journal of Economic theory, 1979, 20 (03): 381-408.

[7] Harrison J M, Pliska S R. Martingales and stochastic integrals in the theory of continuous trading [J]. Stochastic processes and their applications, 1981, 11 (03): 215-260.

[8] Breeden D T, Litzenberger R H. Prices of state-contingent claims implicit in option prices [J]. Journal of business, 1978: 621-651.

[9] Reiner E. Calendar spreads, characteristic functions, and variance interpolation [J]. Mimeo, 2000.

证券虚假陈述责任视角下证券公司注意义务界定及投行执业评价建议

华泰联合证券有限责任公司　北京市中伦律师事务所*

证券公司虚假陈述责任的认定备受理论界关注，而该责任认定问题的核心在于如何精准界定证券公司不同业务类型下的注意义务，以及如何审慎评价其执业质量。本文对证券公司注意义务界定及投行执业评价等问题进行深入研究，为作为实践主体的证券公司的业务开展，作为监管主体的监管机构、交易所及行业协会开展精准、有效的行政监管和自律监管，作为司法主体的人民法院科学、合理地认定证券公司虚假陈述责任，提供全面、积极的参考依据，助力我国资本市场平稳健康发展，保护投资者的合法权益。

一、证券公司业务人员对其注意义务认知的实证调研

为广泛了解证券公司投行业务的实践情况，以探寻不同投行业务类型因为市场需求和融资效率需求的不同而导致的尽职调查的制约因素以及执业的中位数标准，课题组向不同规模共计25家证券公司的从业人员以问卷形式进行了调研，最终回收有效问卷208份。经全面分析问卷调研结果并比对法律法规规定及监管案例、司法案例情况①，课题组发现：从尽职调查范围与标准、尽职调查所涉重点问题、尽职调查主要核查手段、尽职调查周期、尽职调查对象的配合程度、证券公司对证券服务机构的依赖程度等角度看，证券公司不同投行业务类型的特点存在很大不同。通过对比分析、梳理投行业务人员在不同业务条线中的客观执业

---

* 本文为中国证券业协会2022年优秀课题。课题负责人：李洪涛，华泰联合证券有限责任公司合规总监兼首席风险官。课题组成员包括：邵年，漆潇，宿洁，张文骞，冯博，商敬骑，均供职于华泰联合证券有限责任公司；张保生，周伟，李瑞轩，金曼特，牛馨雨，杨苏豫，均供职于北京市中伦律师事务所。

① 就股权保荐、承销业务，课题组梳理法律、法规、规章、规范性文件60余部，监管案例130余件，司法案例9件。就重大资产重组独立财务顾问业务，课题组梳理法律、法规、规章、规范性文件20余部，监管案例70余件，司法案例5件。就债券承销、受托管理业务，课题组梳理法律、法规、规章、规范性文件40余部，监管案例近100件，司法案例60余件。

情况，可得到行业执业的中位数水平，进而找到弥合行业实操与监管实践、司法实践差距的方法，为共建"卖者尽责，买者自负"的健康资本市场提供新的思路。

（一）尽职调查范围与标准方面

在 IPO、并购重组、债券承销等业务中，多数受调研人员认为需要对尽职调查对象的财务、法律、业务等方面的问题进行全面核查。在股权再融资业务中，多数受调研人员认为实践中对尽职调查对象的核查应聚焦于相关主要问题及重点事项（见图 1）。

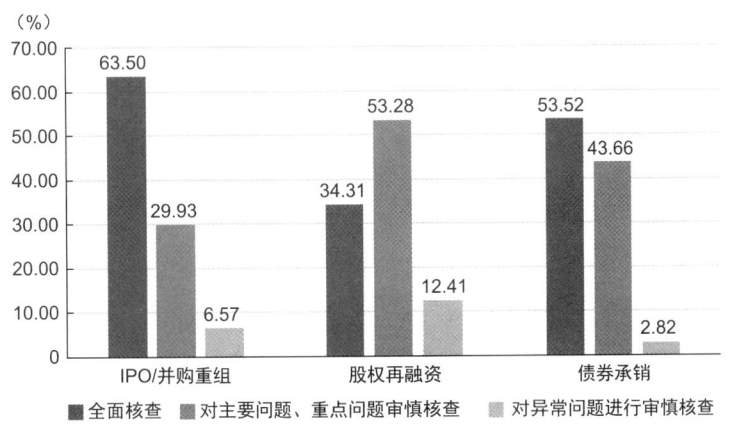

图 1　证券公司各投行业务尽职调查范围及标准不同

（二）尽职调查所涉重点问题

虽然大多数受调研人员认为 IPO、并购重组与债券承销业务均需要对尽职调查对象全面核查，但从问卷统计结果及访谈情况看，其对"全面核查"的理解亦存在较大差异。在股权业务中，绝大部分从业人员认为，发行人财务真实性、重大会计处理、内控有效性是尽职调查中的突出重点问题。但在债券业务中，大部分从业人员认为发行人的股东背景、资产质量、偿债能力的变化是尽职调查中的重点问题。而该选项，恰恰是股权业务中选择人数最少的一项（见图 2）。

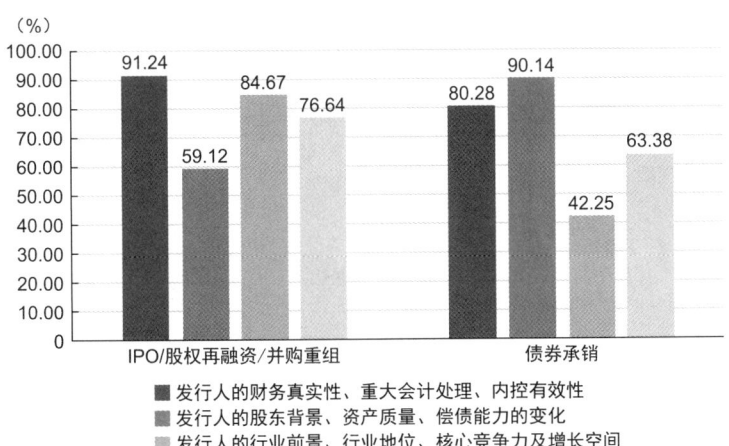

图 2　证券公司各投行业务尽职调查所关注的核心问题各有侧重

(三) 尽职调查主要核查手段

尽职调查的主要核查手段方面，绝大多数受调研人员认为，对IPO企业及并购重组标的的尽职调查以现场核查为主。对于其余业务类型的项目，大多数受调研人员认为除现场核查外，亦有部分相关工作以非现场核查的方式进行（见图3）。

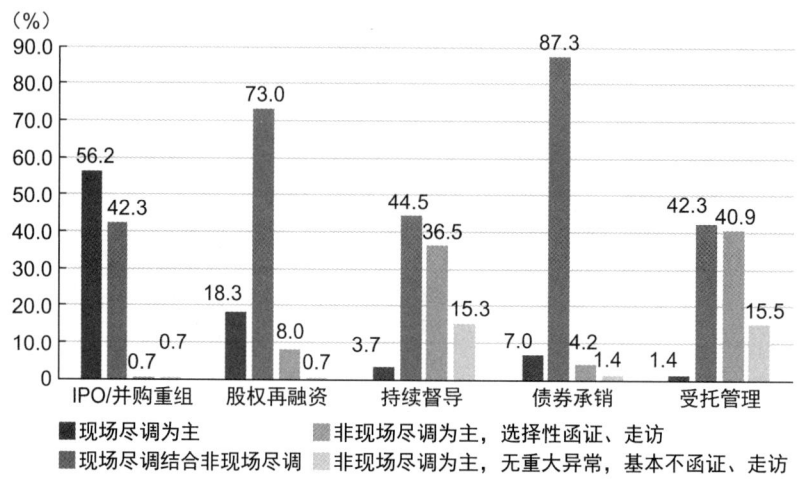

图3 证券公司各投行业务尽职调查核查手段存在显著差异

(四) 尽职调查周期

问卷结果显示，在投行各类业务中，股权业务的尽职调查周期均大于债券业务。尤其是在大多数受调研人员认为IPO、并购重组与债券承销业务均需要对尽职调查对象全面核查的情况下，IPO项目的尽职调查时间远大于债券承销项目。在债券承销项目中，对于首次发行债券的发行人和多次发行债券的发行人，证券公司的尽职调查时间也存在较大差异。大多数受调研人员认为，实践中对多次发行债券的成熟发行人，尽职调查周期通常在1个月以内（见图4）。

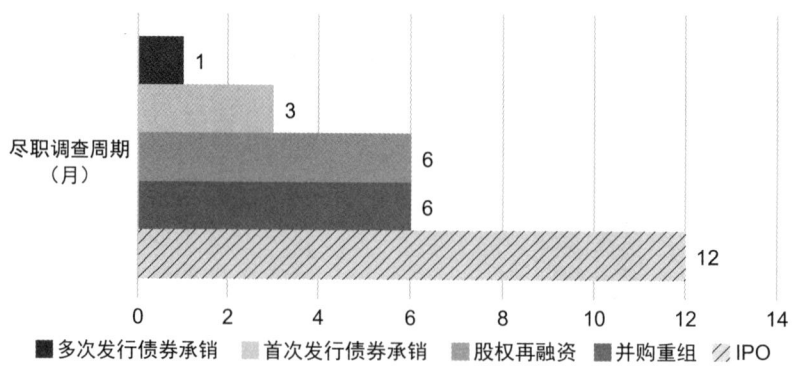

图4 证券公司各投行业务尽职调查周期显著不同

(五) 尽职调查对象的配合程度

尽职调查对象的配合程度方面,债券承销业务存在突出特点。在该类业务中,超过一半的受调研人员认为,尽职调查对象的配合程度与发行人类型存在较大关系。通常来讲,央企配合程度相对较低,地方国企、民企配合程度相对较高(见图5)。

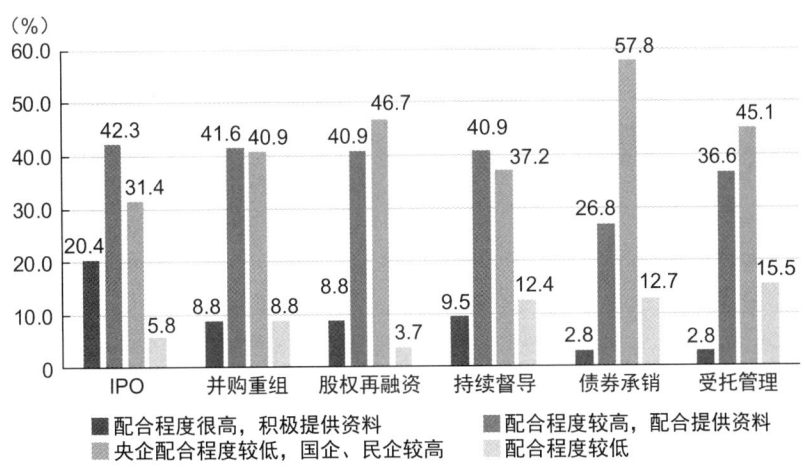

图5 证券公司各投行业务尽职调查对象配合程度不同

(六) 证券公司对证券服务机构的依赖程度

除债券分销业务外,大多数受调研人员认为证券公司在其余投行类业务中对证券服务机构为中度依赖关系。在股权再融资和债券主承销业务中,持该等观点的受调研人员在七成以上(见图6)。

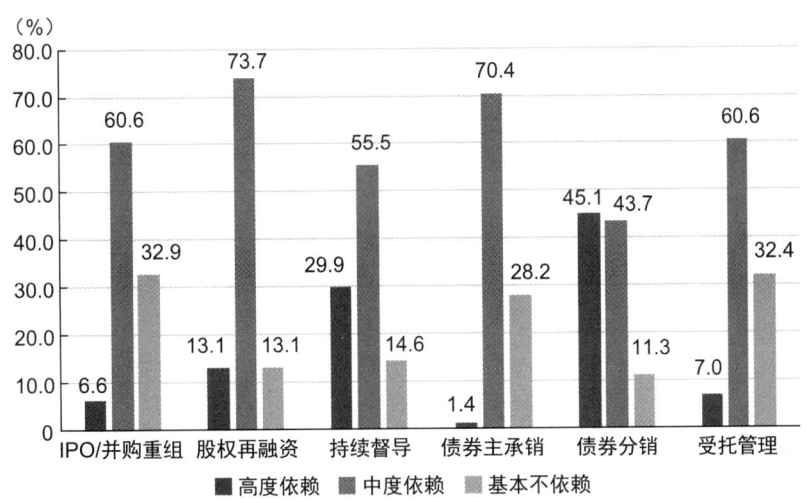

图6 证券公司各投行业务对中介机构依赖程度不同

二、对证券公司不同投行业务注意义务的分析

虽然问卷调研出的"行业惯例"或"通行做法"尚无法完全达到监管要求,但根据其反映出的行业现状,反思其产生原因,课题组得出如下三个结论:

(一)各投行业务勤勉尽责的要求存在本质不同,不宜将股权业务(尤其是 IPO 业务)勤勉尽责标准作为各类业务的统一标准

问卷结果和课题组的访谈情况显示,部分从业人员对勤勉尽责的标准存在一定困惑甚至是些许担忧,表示并不清楚勤勉尽责的确切边界,担心承担过重的行政或民事责任。

就该等问题,监管规定为证券公司投行各类业务设置的执业标准并不完全一致;从调研问卷结果来看,实践中证券公司各类投行业务间的差异可能更为明显,其尽职调查的广度与深度均不相同。虽然"勤勉尽责"是对投行类业务的总体要求,但不同投行业务类型中勤勉尽责的内涵存在不同,这种不同从根源上是由不同证券品类的市场需求和相应的融资效率决定的,是证券市场各参与主体权衡收益与风险之后的一种经济学选择,一旦趋同,则可能使其所对应种类的证券失去存在价值和商业意义。如果各类投行业务均比照 IPO 标准执行,则企业融资效率将会大打折扣,不利于实体经济发展,境内资本市场的国际竞争力也可能受到一定影响。

(二)各投行业务阶段的法定职责存在显著差异,持续督导阶段应围绕证券公司发表的意见来确定其责任边界

在持续督导的重点问题方面,从业人员普遍认为:证券公司在 IPO 或再融资的持续督导期间,主要侧重于上市公司募集资金使用、规范运作、信息披露、承诺履行等情况。证券公司在并购重组持续督导期间,主要是侧重于与交易相关的实施情况、业绩承诺实现及补偿、配套募集资金使用、信息披露等情况。

目前,监管规定并未明确要求证券公司在持续督导阶段对上市公司披露的全部文件保证真实、准确、完整,相关司法判例亦认为证券公司具有"对上市公司发布信息披露文件进行事前或事后'审阅',发现问题督促上市公司及时纠正,而非审慎核查以及保证信息披露文件真实、准确、完整的职责。"[①] 问卷显示,超过半数的受调研人员亦持该等上述观点。课题组认为,持续督导阶段的核查义务应区别于尽职调查阶段,应围绕证券公司发表的意见来确定其责任边界。

(三)债券虚假陈述诉讼不应适用"推定交易因果关系",举证责任不应倒置

我国的证券虚假陈述制度是以股票市场虚假陈述为蓝本设计的。《虚假陈述司法解释》基于"欺诈市场"理论和"推定信赖"原则确立的举证责任倒置规则和推定交易因果关系在债券市场可能无法完全成立。

第一,在我国当前的债券市场中,债券的投资主体主要为专业投资者,其中机构投资者

---

① 参见(2021)粤 03 民初 5209 号《民事判决书》。

占据主导地位。据统计，即使在能够面向个人投资者发行"大公募"债券的上海、深圳两大交易所债券市场中，仍是机构投资者占据绝对主力，个人投资者持有债券余额不足400亿元，持债占比仅0.3%[①]。在银行间债券市场，投资者更是以银行等金融机构为主——这与以个人投资者为主的股票市场存在本质不同。换言之，在债券市场上，投资者与发行人或中介机构在地位上并不具有"强势"与"弱势"之分。因此，如仍适用举证责任倒置原则，要求承销商"自证清白"，则对专业机构投资者的保护可能过于倾斜，不符合民商事诉讼中的公平原则。

第二，从实践情况来看，债券市场上的专业机构投资者可能也并不完全或不单一依据募集说明书等债券发行文件进行投资。该等判断源于课题组的如下观察：

一是根据相关规定和实践情况，各类债券募集说明书挂网至簿记仅有1—5天时间[②]，簿记至缴款仅有0—3天时间。在这短暂的时间内，难以认定各类专业机构投资者仅依赖债券募集说明书和中介机构发布的相关文件，并按其内部规定程序进行认真研判进而作出交易决策。

二是根据2017年原中国银行业监督管理委员会发布的《中国银监会关于银行业风险防控工作的指导意见》相关规定，各类银行应将债券投资纳入统一授信范围和统一监测范围，全面掌握资金真实投向和底层债券资产的基本信息、风险状况、交易变动等情况[③]。全面了解债券发行人、底层债券资产的真实情况，系各银行类专业机构投资者的法定义务，其尽职调查的义务和标准并不亚于证券公司。

三是不少银行类专业机构投资者自身就是债券发行人的授信行，其基于地缘优势及与发行人长期的合作关系，沟通更及时、渠道更畅通，无论从授信审批还是贷后管理方面，往往都比证券公司更能及时洞察到发行人的各项变化。此外，银行类专业机构投资者通常内部有"白名单"制，即如果其已投资过同一发行主体的往期债券，或者发行主体已经经过了该银行投资授信的内部流程，均意味着该银行对发行人从主体资格上是认可的，投资审批程序和时间都极大地简化。

四是对于央企等信誉程度极高、内部管理严格的企业而言，证券公司在承销过程中的话语权较弱，由此导致全面开展独立尽职调查的难度较大。更低的配合度、更短的尽职调查时间，并不妨碍市场上各类投资者仍然对高资质发行人发行的债券积极认购。该等现象说明，

[①] 参见《中国经营报》报道，http://www.cb.com.cn/index/show/zj/cv/cv13469771267，最后访问日期：2022年10月21日。

[②] 具体为企业债3—5天、金融债3天、公司债1天、非金融企业债务融资工具1—3天。

[③] 原中国银行业监督管理委员会《中国银监会关于银行业风险防控工作的指导意见》第3条"加强债券投资业务管理，密切关注债券市场波动"规定：（九）健全债券交易内控制度。银行业金融机构要建立贯穿债券交易各环节、覆盖全流程的内控体系，加强债券交易的合规性审查和风险控制。坚持"穿透管理"和"实质重于形式"的原则，将债券投资纳入统一授信。（十）强化业务集中管理。银行业金融机构应将直接债券投资以及通过特殊目的载体（SPV）、表外理财等方式开展的债券投资纳入统一监测范围，全面掌握资金真实投向和底层债券资产的基本信息、风险状况、交易变动等情况，实现准入集中、数据集中和退出集中管理。（十一）严格控制投资杠杆。银行业金融机构要审慎开展委外投资业务，严格委外机构审查和名单管理，明确委外投资限额、单一受托人受托资产比例等要求，规范开展债券回购和质押融资，严格控制交易杠杆比率，不得违规放大投资杠杆。（十二）加强风险监测防控。银行业金融机构要严格债券信用评级准入标准，做好债券投资久期管理。高度关注债券集中到期的企业、出现债券违约的企业，防控债券违约风险向信贷业务传导。各级监管机构要督促风险管理能力薄弱、债券投资占比高的银行合理控制持债余额。

投资者可能并不单一依赖发行文件进行投资决策，企业本身资质和市场影响力也是投资者是否认购债券的决定因素。

此外，我国公开发行债券的市场交易尚不活跃，难以达到"有效市场"标准，非公开发行的债券市场仅限特定投资者，交易更不活跃。债券市场明显不满足"推定信赖"原则的适用前提。

综上所述，在债券市场中，专业机构投资者应负有更高的注意义务，不应适用"推定交易因果关系"原则，应对自身的交易行为和虚假陈述行为之间的因果关系自行举证。

三、投行执业质量评价建议

（一）执业上，证券公司应加强自身能力建设，完善各项机制，提高执业质量，切实把好事前风险防控关

目前，行业中存在部分从业人员对执业规范理解不到位的现象。就此，证券公司应从提高前端项目甄别、提高执业质量、提高风险控制、完善内控机制等角度，全面提高自身的执业质量和风险防控能力。

（二）监管上，监管机构可适当提高作出否定性评价的"证明标准"

建议监管机构适当提高作出否定性评价的"证明标准"。尤其监管机构在作出行政处罚时，应遵循"明显优势证据证明标准"，不宜要求当事人承担过高的举证责任。

（三）立法上，合理确定证券公司法定职责的边界

建议进一步细化证券公司就其特别注意义务的尽职调查范围、标准，回归行业执业水平的中位数；同时进一步明确证券公司就其普通注意义务的合理信赖标准，提高投行业务人员执业过程中的可预期性。

（四）司法上，法院应精细化认定证券公司不同业务中的具体注意义务边界

建议推动建立法院与监管机构的良好互动机制，加大向法院解释、说明投行业务实践情况的力度，让法院在充分了解证券公司不同业务类型中具体注意义务标准的基础上，综合考虑证券公司履职情况、过错程度以及因果关系等因素，精准厘定证券公司的责任。

投资银行业务中证券公司虚假陈述责任和应对调研报告

中国证券业协会合规管理与廉洁从业专业委员会专题研究小组*

本次调研覆盖了112家证券公司（含子公司）2019年1月至2022年11月投行业务虚假陈述风险情况。调研情况如下：

一、涉及虚假陈述的监管处罚情况

调研期间内，共23家证券公司因投行业务虚假陈述被出具监管处罚①61项，涉及43个项目②。具体情况如下：

1. 从项目类型看

涉及虚假陈述被出具监管处罚的43个项目中，IPO项目13个，并购重组项目14个，上市公司再融资项目3个，新三板项目（含原精选层项目）7个，公司债项目5个，可交换债券项目1个（见表1）。

表1　　　　　　　　　　监管处罚项目类型

项目类型	IPO	并购重组	再融资	新三板	公司债	可交换债	合计
数量（个）	13	14	3	7	5	1	43

2. 从处罚出具机构看

中国证监会及地方证监局分别出具22项及19项处罚，证券交易所、全国股转公司、中国证券业协会分别出具15项、4项、1项处罚（见表2）。

---

* 本文作者：陈勇、张可、伍磊、伍玉玲，均供职于国信证券股份有限公司。
① 包括行政处罚、行政监管措施、书面自律监管措施和纪律处分。
② 同一发行人分期发行的债券项目按1个项目统计。

表2　监管处罚出具机构

处罚机构	中国证监会	地方证监局	证券交易所	全国股转公司	中国证券业协会	合计
数量（项）	22	19	15	4	1	61

3. 从违规事项所处阶段看

42 项处罚涉及尽职调查不到位，16 项处罚涉及持续督导或存续期管理违规情形，3 项处罚涉及内部控制不到位等其他违规情形（见表3）。

表3　监管处罚违规阶段

违规事项所处阶段	尽职调查	持续督导或存续期管理	内部控制	合计
数量（项）	42	16	3	61

4. 从发行人/其他中介机构被处罚情况看

43 个被处罚的项目中，15 个项目仅证券公司被出具监管处罚，28 个项目的发行人同时也被出具监管处罚。19 个项目涉及其他中介机构被出具监管处罚，其中 18 个项目相关会计师事务所被处罚，4 个项目相关律师事务所被处罚，7 个项目相关资产评估公司被处罚。

调研结果显示：一是 IPO 和并购重组项目占监管处罚项目一半以上，成为虚假陈述监管处罚的"重灾区"，新三板和公司债项目相关监管处罚也有所增加。二是中国证监会及地方证监局持续强化证券监督管理，出具的处罚数量占比较高，同时随着注册制下审核权限下放，证券交易所出具的处罚比重持续增加。三是尽职调查不到位是导致虚假陈述风险的主要原因。

二、证券公司涉及的虚假陈述案件情况

（一）正在处理的虚假陈述案件情况

调研期间内，48 家证券公司正在处理共计 125 个项目的虚假陈述民事诉讼。

1. 从项目类型看

涉及债券类项目 61 个，并购重组项目 19 个，再融资项目 14 个，新三板项目 14 个，IPO 项目 5 个，其他项目 12 个（见表4）。

表4　正在处理的虚假陈述案件类型

项目类型	债券	并购重组	再融资	新三板	IPO	其他	合计
数量（个）	61	19	14	14	5	12	125

2. 从代表人诉讼情况看

越来越多证券公司涉及代表人诉讼，主要为普通代表人诉讼。

3. 从是否已被监管处罚看

47 个项目已被监管处罚，78 个项目暂未受到监管处罚。

调研结果显示：一是近年来债券市场信用风险集中暴露，违约事件频发，债券类案件数量已占据证券公司正在处理的虚假陈述案件的近半数。此外，再融资、新三板等业务相关虚

假陈述诉讼案件数量也有所增多。二是随着前置程序的取消,证券公司未受到监管处罚,也可能面临虚假陈述民事诉讼风险。三是随着代表人诉讼机制逐步完善,越来越多案件涉及代表人诉讼。

(二) 关于判决已生效的虚假陈述案件情况

调研期间,23家证券公司共计35个项目的民事诉讼判决已生效,具体情况如下:

1. 从项目类型看

涉及债券类项目13个,并购重组项目9个,新三板项目6个,IPO项目2个,再融资项目1个,其他项目4个(见表5)。

表5　　　　　　　　　判决已生效的虚假陈述案例类型

项目类型	债券	并购重组	新三板	IPO	再融资	其他	合计
数量(个)	13	9	6	2	1	4	35

2. 从承担责任比例看

证券公司承担5%的连带赔偿责任1件,承担10%责任的1件,承担20%责任的1件,承担25%责任的1件,承担100%连带责任的4件(见表6)。

表6　　　　　　　　　判决已生效的虚假陈述案件承担责任比例

责任比例	5%	10%	20%	25%	100%	合计
数量(件)	1	1	1	1	4	8

3. 从赔偿金额看

证券公司承担赔付责任在1亿元以下的共5件,赔付责任在1亿—2亿元的1件,赔付责任在2亿—3亿元的1件,赔付责任在5亿元以上的1件。

表7　　　　　　　　　判决已生效的虚假陈述案件赔偿金额分布

赔偿金额	1亿元以下	1亿—2亿元	2亿—3亿元	5亿元以上	合计
数量(件)	5	1	1	1	8

4. 从虚假陈述实施日、揭露日、基准日的认定看

实施日主要以公告发布具有虚假陈述内容的信息披露文件之日来认定,还可能以披露相关信息期限届满后的第一个交易日来认定;揭露日的认定在司法实践中缺乏统一标准,但以监管部门立案调查的信息公开之日为揭露日最为普遍;基准日的认定争议相对较小,均以自揭露日或更正日起被虚假陈述影响的证券集中交易累计成交量达到可流通部分100%之日来认定。

5. 从是否区分普通或特别注意义务看

35件案件中,3件案件的判决书区分了证券公司的特别或普通注意义务,32件未区分。

调研显示:一是司法实践已逐步开始区分中介机构的责任比例,但是已生效的案件中,判决证券公司承担100%连带责任的案件占比仍较大。如何进一步厘清证券公司与发行人及其他中介机构之间的责任边界,合理界定民事赔偿责任比例,成为行业普遍关注的问题。二

是司法实践开始对证券公司的特别注意义务或普通注意义务作出区分，对虚假陈述民事责任的认定朝着更加精准化的方向探索。

三、关于虚假陈述的防范与应对措施

注册制改革实施以来，压实中介机构责任效果显著，证券公司因投行业务虚假陈述面临的监管处罚压力和民事诉讼压力也日益突出。有效防范和化解投资银行业务虚假陈述风险已成为投资银行业务稳健发展的重要课题，证券公司普遍认为应当加强事前管控和事后应对，防范和妥善处置虚假陈述相关风险，并提出了一些可供借鉴的经验。

（一）事前管控措施

如前，尽职调查不到位、持续督导或存续期管理等方面存在问题是引发虚假陈述风险的主要诱因。证券公司应当筑牢"三道防线"，强化内部控制，切实提高投行业务执业质量，归位尽责，防微杜渐。

第一道防线的履职能力是影响执业质量和产生虚假陈述风险的关键原因。应当重视前端客户筛选，加强对客户诚信状况的深度核查；加强项目人员配备，挑选适当人选作为项目负责人；注重项目执业质量，做到项目问题可识别、底稿可举证、风险可把控；充分借助第三方专业机构力量，协助对项目进行尽职调查，提高核查质量和信息披露的严谨性；摒弃"重承做、轻督导"的思想，严格履行持续督导责任；注重日常工作底稿的规范留存，做好勤勉尽责的底稿证据支持。

第二道防线是把控、检验执业质量和防范虚假陈述风险的重要保障。质控部门提前介入项目，采取专人专项负责的方式全过程跟踪项目进展，提前关注项目风险；优化立项标准和尽职调查要求，完善质量控制机制；合理确定各类业务现场核查的项目比例，保证足够的进场时间；加强底稿验收、问核意见的跟踪落实，完善内控部门对业务人员的执业质量跟踪评价考核，发挥激励约束机制对提高执业质量的引导作用。

第三道防线对投资银行业务风险进行整体管控，是防范虚假陈述风险的最后屏障。合规风控内核部门介入立项、内核等主要业务环节，把控业务关键合规风险，做好内核审核工作，强化内核意见的跟踪落实和信息披露的规范完善；加强合规风控的日常管理，管控项目的利益冲突、廉洁从业、包销等事项；强化合规培训和风险警示，提高项目人员的合规风控意识；加强内部检查力度，加大检查频次、提高检查深度。

此外，证券公司普遍认为还应当从四方面加强管理：一是重视企业文化引领。以企业文化引领业务人员坚守并践行合规底线，以质量控制为导向把控项目风险。二是完善薪酬激励约束。建立质量导向的业绩评价、薪酬和晋升机制，营造质量导向的执业环境。三是重视项目的监管检查。充分重视监管部门对项目的现场检查和督导，积极组织自查自纠。四是重视项目风险迹象。保持职业敏感性，重视项目的风险迹象并及时排查，切实履行督导职责。

（二）诉讼风险发生后的应对措施

依法追究证券虚假陈述侵权民事赔偿责任，是对资本市场违法行为进行立体式追责的重要一环，也是提高资本市场违法违规成本的重要措施。诉讼风险发生后，证券公司应当内部

合理分工处置，积极推进诉讼纠纷的妥善解决，保护投资者及自身的合法权益，履行相应的赔付责任。

1. 证券公司内部应妥善分工处置

诉讼风险发生后，证券公司处置工作主要有以下三种形式：成立专门风险处置委员会统筹处置，由业务部门牵头联合内控部门处置，由法务部门牵头联合业务部门处置。分工方面较为类似：业务部门充分整理承做项目的相关底稿，并将其与相关文件及结论做好勾稽关系验证，厘清公司在项目中的责任，多渠道收集公司勤勉尽责相关证据材料；质控、内核等部门复核项目工作底稿，评估项目组是否勤勉尽责及相关风险；合规部门对业务承做过程的合规性进行评估，加强监管沟通；风控部门及时进行风险监测和处置；法务部门负责及时掌握诉讼进度，协调做好处置预案，并制订应诉方案，积极配合案件审理工作。

2. 做好应诉准备工作

（1）做好诉讼证据的收集。工作底稿是服务过程、履职过程的固化体现，是证明自身勤勉尽责、没有过错的关键证据。通常情况下，纸质底稿的效力强于电子底稿，建议对纸质底稿的齐全度与一致性等问题给予足够重视。

（2）将内控意见的落实情况作为排除合理怀疑的证明材料。质控内核意见或内核委员会意见等内部控制文件，在一定程度上可评估作为判断"已经产生了合理怀疑"[①]的依据，项目组就意见的落实情况，可在一定程度上作为证明"排除了原先的合理怀疑"[②]的依据。

（3）及时聘请律师事务所梳理材料，结合具体履职情况合理确定诉讼目标，寻找抗辩证据，避免因应对不当或抗辩不利而导致责任不当扩大。

此外，部分证券公司还提出应诉工作中存在如下问题或困难：一是项目成员离职可能造成项目执行过程中的细节信息较难查找和还原。二是实务中合理信赖标准较难把握，认定标准不清晰。三是司法实践中中介机构通过引用相关规定成功免责的案例尚不多见，举证工作存在一定的现实难度。

四、关于虚假陈述的相关问题探讨

为全面研究防范虚假陈述风险，此次调研针对行业普遍关注的勤勉尽责认定、证券公司先行赔付后的利益保障等共性问题组织了探讨，总结提出了以下建议：

（一）证券公司勤勉尽责认定

证券公司主要存在四方面困惑：一是证券公司勤勉尽责的标准不明确，责任范围存在泛化的现象、专业定位不清。二是证券公司未勤勉尽责导致的赔偿责任过重，一般过失仍可能被判决承担较重的责任。三是中介机构各自责任尚待合理划分，证券公司存在重复执行其他中介机构工作的问题。四是证券公司勤勉尽责的举证责任较重，导致对证券公司施加超出核

[①] 《全国法院审理债券纠纷案件座谈会纪要》29. 债券承销机构的过错认定之（4）条：对信息披露文件中相关债券服务机构出具专业意见的重要内容已经产生了合理怀疑，但未进行审慎核查和必要的调查、复核工作。

[②] 《全国法院审理债券纠纷案件座谈会纪要》30. 债券承销机构的免责抗辩之（3）条：对信息披露文件中相关债券服务机构出具专业意见的重要内容，在履行了审慎核查和必要的调查、复核工作的基础上，排除了原先的合理怀疑。

查能力范围的举证责任。

部分证券公司建议：一是探索合理划分发行人与各中介机构的虚假陈述责任，明确勤勉尽责的认定标准，充分考虑不同中介机构的专业领域和职责分工，适当减少中介机构之间的重复工作。二是尝试在司法裁判领域引入专家意见裁定中介机构是否勤勉尽责，建议由无利害关系的专业人士出具意见，力争形成相对明确的裁判标准。

（二）证券公司先行赔付后的利益保障

针对证券公司承担的民事诉讼赔付金额较大，且民事诉讼案件数量日益增多等突出问题，证券公司普遍反映亟须有效完善先行赔付的利益保障机制。证券公司通常通过协议约定，在欺诈发行、虚假陈述情形下，证券公司可在先行赔付后向其他中介机构或发行人追偿；同时，部分证券公司要求发行人控股股东、实际控制人等相关方将其相关股份托管在证券公司作为履约担保。但实践中，因发行人签署先行赔付条款并非强制性规定，部分项目的发行人及其相关方配合度不高。

部分证券公司建议：一是探索建立先行赔付保险机制，证券公司可通过投保先行赔付责任险等降低损失。二是鼓励证券公司与发行人及其控股股东、实际控制人共同成立"虚假陈述事件投资者利益补偿专项基金"，将控股股东、实际控制人纳入赔偿的责任主体，增加先行赔付的资金供给。三是探讨将证券违法责任主体相关罚没款纳入先行赔付资金来源的可能性。

五、相关政策建议

全面实行股票发行注册制后，中介机构看门人的责任被进一步压实，中介机构归位尽责才能把好项目入口关。为了防范虚假陈述风险，证券公司普遍认为应当苦练内功、加强自我约束，勤勉尽责强化执业质量。同时，针对上述证券公司反映的投资银行业务面临的问题和困难，本文提出了政策层面的完善建议。

（一）建立健全勤勉尽责的评价体系

一是细化勤勉尽责的责任边界。如证券公司已按要求履行了相应的核查和管控程序，建议审慎认定相关责任，合理适用免责条款，避免根据结果和社会影响倒推责任。二是认可中介机构核查手段受限的客观性。证券公司已采取访谈、函证、现场走访、公开信息查询等执业规范要求的尽职调查程序仍未发现虚假情况的，建议审慎认定证券公司未尽勤勉尽责义务。

（二）厘清证券公司与其他中介机构之间的责任边界

一是建议区分证券公司的普通注意义务和特别注意义务，对于仅承担普通注意义务的事项，不因未尽到特别注意义务而存在过错并承担责任，避免不加区分而一刀切地要求证券公司承担连带责任。二是建议进一步明晰证券公司、律师事务所、会计师事务所等中介机构之间的责任边界，可借鉴成熟证券市场的做法，将会计师、律师等出具的意见明确为专家意见，认定其具有较高的公信力，证券公司在对示警信息保持职业怀疑的前提下，可以对专家意见合理信赖。三是合理确定证券公司对于其他证券服务机构的复核义务，细化需要证券公司复核的"重大事项"的标准及程序，明确证券公司"全面核查验证"的标准和程序。

（三）区分不同业务种类、不同项目角色的法律责任

一是建议结合不同业务类型区分法律责任。例如，IPO业务与再融资业务在保荐职责、法律责任上应当有所区分。二是建议结合不同项目阶段区分法律责任。证券公司在证券发行阶段和持续督导阶段职责有所不同，应当适用不同的责任认定标准。三是建议结合不同项目角色区分法律责任。例如，保荐业务中证券公司担任保荐人和承销商的职责有所不同，应当适用不同的责任认定标准。

（四）强化惩处首要责任人，区分不同过错程度的法律责任

一是建议压实发行人等的法律责任，适当提高发行人及其控股股东、实际控制人、管理层等虚假信息提供方及首要责任人的惩处力度，从源头控制虚假信息的生成。同时，建议尽快推动落实欺诈发行的上市公司股票责令回购机制。二是建议区分中介机构故意、重大过失、一般过失等不同责任，分别确定其应当承担的法律责任。

（五）探索建立主动报告违规线索的减免责机制

在"申报即担责"的原则下，实践中，项目申报后，证券公司、会计师事务所等中介机构发现发行人存在刻意隐瞒重大事项等情形的，因缺乏主动报告的减免责机制，主动暴露问题可能会影响项目审核或被监管处罚，而容易铤而走险"带病闯关"。建议探索建立主动报告违规线索的减免责机制，对于主动报告问题、及时进行信息披露的，予以减责或免责，降低虚假陈述风险。

"大资管"背景下的资产管理人民事责任及风险防范研究

国融证券股份有限公司　北京市天同律师事务所*

一、引论：资管业务的法律性质与法律适用

目前国内主要的资管业务类型包括：信托计划、银行理财、券商资管、公募基金资管、期货资管、私募基金资管、保险资管等。明晰上述资管业务的法律性质与法律适用是分析和判断管理人责任的前提。

就资管业务的法律性质而言，在《关于规范金融机构资产管理业务的指导意见》（以下简称《资管新规》）和《全国法院民商事审判工作会议纪要》（以下简称《九民纪要》）出台之前存在"委托关系说"[①]和"信托关系说"[②]之争，该等争议的核心在于，信托关系更强调管理人发挥自主管理能力和履行信义义务，凸显管理人的核心地位。《资管新规》和

---

* 本文为中国证券业协会2022年优秀课题。课题负责人：张智河，国融证券股份有限公司总裁；周卫青，北京市天同律师事务所合伙人。课题组成员包括：陈冬涛，国融证券股份有限公司副总裁；郭鹏，国融证券股份有限公司资产管理业务总部投资经理；王融擎、游冕、袁野、高西雅，均为北京市天同律师事务所律师；杜奔，太平洋证券股份有限公司合规部副总经理；黄小妹，万联证券股份有限公司合规法律部业务合规管理副总监；雷林，国融证券股份有限公司资产管理业务总部投资助理；李海宸，国融证券股份有限公司资产管理业务总部投资经理。

① 例如，原银监会曾明确认为商业银行个人理财业务的基础法律关系是委托代理关系。详见《银监会就商行个人理财业务管理办法答记者问》，载大众网：http://www.dzwww.com/caijing/jrbx/t20050930_1210429.htm，最后访问日期：2022年11月4日；其他支持"委托关系说"的有高民尚：《审理证券、期货、国债市场中委托理财案件的若干法律问题》，载《人民司法》2006年第6期，第28页。

② 参见《吴晓灵接受两会媒体采访：将修改证券投资基金法》，载网易网：https://www.163.com/money/article/46KGBR1I00252G50.html，最后访问日期：2022年11月4日。

《九民纪要》出台后，无论是监管①、司法②还是学理③，基本都倾向于认可大资管当事人之间的法律关系本质上应为信托关系。

虽然当前业务实践中仍存在如公司制基金、合伙制基金、按照委托代理关系设计的"专户"产品等非信托关系的资管业务，但由于该等产品中管理人可能同样负有信义义务，且该类产品多已向信托关系转型，因此，并不影响大资管业务下管理人责任的本质。

基于上述界定，大资管业务的上位法应是《信托法》④。不过，由于《信托法》制定时间相对较早，且多为原则性规定，司法实践在认定管理人民事责任时也会参考各监管部门出台的监管规范、行业自律规范以及各交易所的规则文件等。

二、管理人责任的核心：管理人信义义务

信义义务是大资管行业的基石，明晰信义义务的来源、内容以及豁免是厘清和细化管理人职责和履职标准的基础。

就信义义务的来源而言，管理人基于其和投资者之间的信义关系，对投资者负有信义义务。具体而言，投资者和管理人之间的关系满足信义关系产生的四项要件：（1）管理人提供专业服务；（2）管理人被授予财产或权力；（3）存在财产或权力滥用的风险；（4）市场无法避免此等风险或因交易成本原因无法建立保护机制⑤。

就信义义务的内容而言，可进一步将信义义务区分为忠实义务和注意义务（或称为"勤勉义务"）分别讨论。忠实义务要求管理人忠于受托目的，管理与投资者发生的利益冲突、公平对待客户；注意义务则要求管理人应尽到谨慎义务，尽最大努力为投资者最佳利益行事⑥。

就信义义务的豁免而言，忠实义务通常是法定的、强制的，但在管理人与投资者达成事前合意，或者管理人充分披露利益冲突的信息并取得投资者同意等特定情形下仍可约定相应减免；注意义务属于意定义务，可由当事人通过约定调减，但在通道业务中亦不可完全免除。

---

① 参见中国证券投资基金业协会：《信托法与大资管行业发展——信托法律关系治理资管乱象》，载《声音》2018年第10期，第12—15页；《证监会相关部门负责人就〈证券期货经营机构私募资产管理业务管理办法〉及其配套规则答记者问》，载中国政府网，http：//www.gov.cn/zhengce/2018—10/23/content_ 5333724.htm，最后访问日期：2022年11月4日；《中国银保监会有关部门负责人就〈商业银行理财子公司管理办法〉答记者问》，载中国政府网，http：//www.gov.cn/zhengce/2018—12/03/content_ 5345361.htm，最后访问日期：2022年11月4日。
② 参见最高人民法院民事审判第二庭编著：《〈全国法院民商事审判工作会议纪要〉理解与适用》，人民法院出版社2019年版，第467页。
③ 参见宋凌瑶：《资管产品法律关系研究》，载《甘肃金融》2021年第8期，第51页。
④ 参见中国证券投资基金业协会：《信托法与大资管行业发展——信托法律关系治理资管乱象》，载《声音》2018年第10期，第11页；最高人民法院民事审判第二庭编著：《〈全国法院民商事审判工作会议纪要〉理解与适用》，人民法院出版社2019年版，第467页。
⑤ 参见中国证券投资基金业协会：《基金管理人信义义务研究（上）》，载《声音》2019年第9期，第4页；郭雳、彭雨晨：《新发展格局下资管业务管理人信义义务研究》，载《江汉论坛》2021年第7期，第140页。
⑥ 参见中国证券投资基金业协会：《基金管理人信义义务研究（下）》，载《声音》2019年第10期，第11页。

三、管理人的职责与履职标准

资管行业的业务流程大致可以划分为"资金募集""投资决策""运营管理"和"清算退出",即"募投管退"四个阶段。因此,本文将按照资管业务的上述四个阶段,对管理人信义义务的内容予以细化分析,特别聚焦管理人的职责内容以及履职风险。

(一) 募集阶段:适当性管理是核心职责

在资管产品的募集阶段,管理人对投资者的适当性管理是其核心职责,《资管新规》第6条特着重予以强调。从学说理论和规范实践来看,适当性管理职责具体可细化为四项内容:(1) 了解投资者;(2) 了解产品;(3) 将适当产品推介销售给适当投资者的适当匹配义务;(4) 对投资者的说明和揭示风险的义务。

根据课题组对业务实践和司法裁判的观察,管理人履行适当性管理职责的高频风险点在于:(1) 业务实践中存在"先投资,后(补)适当性"的适当性匹配虚化以及"推介"行为难以界定等疑难问题;(2) 司法裁判会特别关注风险评估问卷中的具体问题,并将投资者对特定问题的回答内容作为判断风险匹配是否适当的重要依据[1];(3) 对于风险揭示义务的履行,司法裁判除了在形式上审查是否签署《风险揭示书》外,往往还要实质审查投资者是否实际充分知悉风险[2]。

(二) 投资阶段:投前尽调充分、投资决策审慎、交易执行公平是主要职责

结合相关监管规范,管理人在投资阶段的主要职责在于投前尽调充分[3]、投资决策审慎[4]、交易执行公平[5]。

根据课题组对司法裁判的梳理和行业调研结果,发现该阶段实践中较为突出的问题是:第一,因缺乏行业统一的尽调标准,判断管理人是否充分尽调是司法实践审查的难点。对此,本文认为,可从形式和实质两个角度判断。形式方面,审查管理人是否依据相关尽调规则开展了尽调程序并形成相应文件;实质方面,可从信义义务、合理审查义务、审慎经营义务等多角度综合判断管理人的尽调行为是否合理。第二,实践中,管理人未在"合理的范

---

[1] (2018) 京01民终8761号民事判决书。

[2] (2017) 苏01民终10111号民事判决书;(2020) 粤03民终19093、19097、19099号民事判决书;(2020) 辽民申485号民事裁定书;(2019) 京02民终15312号民事判决书;(2018) 京01民终8761号民事判决书;(2017) 苏01民终8972号民事判决书。

[3] 关于管理人尽职调查的规定:《资管新规》第22条、《公开募集基础设施证券投资基金尽职调查工作指引(试行)》、《证券期货经营机构私募资产管理业务管理办法》第61条、《商业银行理财业务监督管理办法》第45条第1款。

[4] 例如,《证券期货经营机构私募资产管理业务管理办法》第60条规定:投资经理应独立且客观地履行职责,投资决策应当有详细的研判和风险分析报告支持;银保监会《保险资金委托投资管理办法》第15条第2款规定:管理人管理保险资金,应当根据保险资金特性,独立进行风险评估并履行完整的投资决策流程,对投资运作承担合规管理责任;《证券期货经营机构私募资产管理业务管理办法》第37条、第39条对允许类投资范围和禁止类投资范围作出规定;《理财公司理财产品流动性风险管理办法》第4条对管理人的风控措施作出规定。

[5] 《证券投资基金法》第4条、《证券期货经营机构私募资产管理业务管理办法》第64条第1款、《商业银行理财子公司管理办法》第43条第2款、《保险公司内部控制基本准则》第37条第3款。

围内"行使投资决策方面的自由裁量权,"风格漂移"的现象较为常见①,管理人实际投向的标的若与投资人约定及法定投资范围差距较大,则会有较大的担责风险②。第三,对于是否"公平对待投资人"的判断,司法实践已发展出管理人和投资人"是否存在利益冲突"的判断标准③。

(三) 管理阶段:主要职责包括估值核算、收益分配、信息披露、决定合同展期

管理人在投后管理阶段的主要职责包括估值核算④、收益分配⑤、信息披露⑥、决定合同展期⑦等内容。

实践中的高频争议在于:(1) 何种情形下管理人可调整估值方法,本文认为,应结合个案所涉情形与估值的相关性以及对估值的影响程度对合同进行解释,判断是否触发调整估值方法的条件⑧;(2) 经检索相关案例,实践中较为常见的义务违反情形包括披露的信息失实⑨、未及时披露信息⑩、未按照约定方式予以披露⑪等;(3) 管理人可否对合同进行展期是常见的纠纷类型,在缺乏明确约定时,管理人是否展期都可能面临履职风险,对此,本文建议可通过合同解释寻找管理人的权限依据,或者结合产品类型、参考《证券投资基金法》等已有的监管规范作出决策。

(四) 退出阶段:资管产品未清算,管理人并非当然不承担责任

通常而言,投资者通过清算与分配退出资管计划是常规路径,所以管理人在退出阶段的主要职责在于组织和参与清算和分配⑫。资管纠纷实践中的突出问题在于,资管产品未清算完毕,投资者能否要求管理人赔偿。

---

① 中新经纬:《多只基金"风格漂移":监管严查下,基金经理为何仍爱追热点?》,新浪财经网,https://finance.sina.com.cn/money/fund/jjyj/2022—07—27/doc—imizirav5630175.shtml,最后访问日期:2022 年 11 月 4 日。
② (2021) 粤民终 3752 号民事判决书。
③ (2019) 粤 01 民终 21112 号民事判决书。
④ 行业协会出台了多部专项估值指引或征求意见稿,明确不同类别资产估值方法。例如,中国证券投资基金业协会发布《中国基金估值标准》等专项估值指引,明确股票等六大类十一项标的品种的估值方法;银行业协会、保险业协会先后发布《保险资产管理产品估值指引(试行)》《商业银行理财产品核算估值指引(征求意见稿)》《信托公司信托产品估值指引(征求意见稿)》等专项估值指引或征求意见稿,明确不同类别资产估值方法。
⑤ 《资管新规》第 8 条规定:管理人负有"及时向投资者分配收益"的义务,收益分配方案原则上可由合同自由约定,但特殊资管产品则适用特别规定。
⑥ 《资管新规》第 12 条对金融机构信息披露的内容、披露方式、履职标准作出规定。
⑦ 实践中,为防止资管产品因所投标的陷入资金链断裂等危机而无法兑付或赎回的流动性风险,管理人和投资者往往会在合同中约定管理人有权根据资管计划运作情况决定延长资管计划。例如(2019) 最高法民终 1594 号民事判决书;(2021) 京 74 民终 482 号民事判决书;(2020) 京 0101 民初 4908 号民事判决书。
⑧ 例如,在均未对调整估值方法的情形作出明确约定的情形下,(2018) 粤 03 民终 17646 号民事判决认为,管理人不需要调整估值方法;但 (2018) 京 0102 民初 40684 号民事判决则认为,当原有估值方法计算得出的单位净值过高,无法公平、合理、准确地反映投资者收益时,管理人有义务对估值政策和程序进行调整。
⑨ (2020) 沪 74 民终 1045 号民事判决书。
⑩ (2013) 南民三初字第 125 号民事判决书;(2022) 京 74 民终 458 号民事判决书。
⑪ (2018) 京 03 民终 13860 号民事判决书。
⑫ 关于清算分配的准则,《证券期货经营机构私募资产管理业务管理办法》第 56 条区分集合资管计划与单一资管计划作出不同规定。

理论上，无论投资者基于违约责任①抑或侵权责任要求管理人承担赔偿责任，投资者均需要证明其损失金额。既往大量案例中，裁判机关倾向于认为资管计划未清算完毕的，无法确定损失②，甚至在一定程度上抽象出"未经清算不得判赔"的代表性裁判规则③。

但近年亦涌现出部分资管计划未经清算、法院合理认定损失已客观产生的裁判观点，例如"推定说"与"推定＋退回说"等观点。"推定说"系法院合理行使自由裁量权，在资管计划未经清算的情况下，结合案件实际情况酌定投资者损失④。"推定＋退回说"系在"推定说"的基础上，法院进一步对资管计划清算后的财产分配作出处理，即如果资管计划清算后尚有清算财产，管理人有权在其赔偿范围内扣留所收回的款项，就余额部分再行向投资者依约进行分配⑤。

本文认为，在清算已无实际价值或管理人拖延清算的情况下，可以酌定投资者损失。其中，"推定＋退回说"进一步全面考虑了后续处置实际情况，值得借鉴推广。

四、管理人的责任承担及与其他主体的责任划分

承接前述分析，管理人违反"募投管退"任一阶段的职责均可能向投资者承担违约责任、侵权责任或缔约过失责任（管理人违反适当性管理职责时）。虽然投资者追责路径或有不同，但就管理人民事责任的成立与否以及责任范围的界定而言，并无显著差异。对此，本文将分别讨论管理人民事责任的成立以及与其他主体的责任划分，以期进一步厘清管理人民事责任的范围。

（一）管理人民事责任的成立：以信义义务违反为核心，监管意见对民事责任的司法裁判具有重要参考价值

管理人民事责任的成立以信义义务违反为核心，并无疑问。依据《九民纪要》第94条，管理人负有证明其已履行相应信义义务的证明责任，不存在争议。

值得关注的是监管意见和司法裁判之间的关系。本文注意到，自《九民纪要》明确提出"注意处理好民商事审判与行政监管的关系"以来，法院在司法审判过程中愈发重视行政监管意见。例如，当监管部门明确就管理人未履行信息披露义务作出行政处罚时，法院可能会参考该行政处罚认定管理人违反义务⑥。但监管部门的意见并不等于司法审判的最终认定。例如，在监管部门所作意见仅为行政调查中的过程性文件时，是否存在违规事项尚未形

---

① 参考中国证券投资基金业协会《单一资产管理计划资产管理合同内容与格式指引（试行）》第56条、《集合资产管理计划资产管理合同内容与格式指引（试行）》第80条。
② (2018) 最高法民终173号民事判决书；(2021) 最高法民申5263号民事裁定书；(2022) 津02民终1732号民事判决书；(2022) 津02民终1742号民事判决书；(2020) 沪74民终566号民事判决书。
③ 详见上海高院研究室：《首期上海金融司法沙龙"金融资管纠纷中的热点法律问题"综述》，载"中国上海司法智库"微信公众号，https://mp.weixin.qq.com/s/tVsaWt5htkG4XVfAL5lTeg，最后访问日期：2022年11月4日；《北京仲裁委员会/北京国际仲裁中心私募基金纠纷案件裁判指引（2021版）》。
④ (2019) 湘01民终2307号民事判决书；(2020) 京02民初302号民事判决书。
⑤ (2021) 沪74民终422号民事判决书。
⑥ (2020) 鲁民终2633号民事判决书。

成定论①。即便监管意见所认定的违法事实已构成民事责任中的过错，司法审判也仍需考虑管理人民事责任成立的其他要件。例如，管理人违反监管规定与投资者损失之间的因果关系②。

（二）管理人民事责任的边界：以投资本息或预期收益为限，特定情形下可减免管理人责任范围

一方面，管理人的民事责任应以投资本息或预期收益为限。多数情况下，管理人违反信义义务产生的民事责任不应超过投资者支付的本金及相应的资金（占用）利息③。但在管理人对信义义务违反的后果"有所预见"的情况下，投资者可主张赔偿预期投资收益④。

另一方面，在投资人明确同意豁免管理人特定的信义义务时，管理人无须就豁免事项赔偿投资者损失⑤。此外，如果投资者对损失发生亦具有过错，则应调减管理人的责任⑥。

（三）管理人与其他主体之间的责任划分

就管理人与销售者之间的责任划分，司法实践并未普遍、一概判令管理人和销售者就违反适当性义务承担连带责任，而是发展出另一套相对减轻管理人责任的运行规则。实践中，适当性义务的承担主体多为资管产品的销售者。虽然《九民纪要》第74条规定，销售者和发行人（管理人）承担违反适当性义务的连带赔偿责任。但本文基于广泛的案例梳理，发现司法实践对连带责任的适用较为克制⑦，这与课题组调研了解的代销实务亦相吻合。在代销实务中，管理人可能需要同时对接多个代销机构，且存在代销机构较管理人更为强势、适当性匹配工作配合程度较弱（例如，不向管理人提供客户信息或不移交材料）等情况。

就管理人与托管人的责任划分，二者的权责边界更为模糊。基于课题组对司法实践的观察，托管人在募集阶段负有提示管理人义务、监督基金运作的义务，或将承担补充赔偿责任⑧；投资阶段，多数法院认为托管人仅对划款指令进行形式审查，并不对资管产品的投资和风险负责，不应承担赔偿责任⑨；管理阶段，托管人负有基金报告复核、信息披露、召集投资者等信义义务，或将承担连带责任⑩；而在退出阶段，托管人一般只在合同明确约定的情况下承担责任⑪。

---

① （2020）苏民终1036号民事判决书。
② （2020）京0101民初12756号民事判决书；（2020）鲁民终2633号民事判决书。
③ （2008）豫法民二终字第120号民事判决书；（2017）沪民再11号民事判决书。
④ （2004）沪一中民三（商）初字第201号民事判决书；（2021）京0101民初23386号民事判决书。
⑤ （2018）最高法民申1423号民事裁定书。
⑥ （2019）京0105民初70915号民事判决书。
⑦ 课题组共收集407份裁判文书。其中，以管理人（发行人）为被告或部分被告的案件共78件，法院支持了28件，占比约36%，驳回了44件，占比约56%。上述28起案件中，有23件中的管理人同时具有销售者的身份。有5件案件中法院判决发行人与销售者共同承担损失赔偿责任，其中有2件案件中的发行人与销售者之间的责任形式为补充责任[（2017）粤03民终17328—17342号民事判决书]，基于销售者未尽适当性义务而判决发行人（管理人）承担连带责任的仅有2起，且法院均是因管理人对适当性义务的履行存在过错而判定其承担连带责任。
⑧ （2018）粤03民终16127号民事判决书；（2019）湘02民终2409号民事判决书。
⑨ （2021）鲁71民初2号民事判决书；（2018）粤0304民初31073号民事判决书。
⑩ （2020）鲁1311民初180号民事判决书。
⑪ （2018）苏1003民初2116号民事判决书。

就管理人与投资顾问之间的责任划分，实践中争议较少，司法裁判尚未对此形成清晰的态度。课题组在调研时注意到，业务实践中对于投资顾问是否负有信义义务，以及投资顾问是否需要直接向投资者承担赔偿责任，存在较大分歧。本文认为，基于现有监管规范和业务操作，投资顾问原则上不对投资者负有信义义务，但在以下两种情形中，当投资者对投资顾问的行为产生合理信赖时，应当认为投资顾问负有信义义务。即：（1）在投资顾问主导的被动管理型资管业务中；（2）投资顾问与投资者之间存在合同权利义务关系，且在资管产品运作过程中投资顾问与投资者发生了直接往来。信义义务违反的担责认定应在个案中判断。

五、管理人风险防范指引及政策建议

结合前述分析，采用管理人落实风险防范工作、监管部门细化监管规则、立法与司法协力构筑完善资管行业的底层法律架构的"三管齐下"方略，是推进资管业务良性发展的关键。

在管理人方面，应全面落实和细化"募投管退"各阶段的履职要求。募集阶段，应细化风险测试评分标准，严格落实风险告知义务；投资阶段，应细化尽职调查步骤，构建专业团队，提升投研水平；管理阶段，应加强估值管理，强化信息披露；退出阶段，应切实履行风险处置职责。

在监管方面，针对行业实践中存在分歧与争议的内容，监管部门在及时出台细化规则的同时，在监管方式层面也应并举"穿透式监管"和事中事后监管，回应行业诉求。

在立法与司法方面，除了立足行业需求和发展特点，逐步推进资管行业底层基础法律规范的立法和司法解释工作之外，也应继续加强与特定监管部门或专业人士的沟通和协作，提升立法和司法判断的专业化程度，以达到法律效果、经济效果和社会效果的统一。

赋能风险管理，助力危机应对
——基于专项事件的压力测试实践分享

华泰证券股份有限公司风险管理部[*]

一、专项事件压力测试助力公司前瞻性、针对性地应对突发风险事件

近年来，公共卫生、国际形势和气候变化等领域突发性风险事件频发，对国内外金融市场构成显著且持续的负面冲击。突发性风险事件具有不可预测性高和涉及风险范围广等特点，为证券公司风险管理工作带来了很大挑战。压力测试作为常用的风险管理工具之一，能有效辅助证券公司识别突发风险事件带来的各种尾部风险，评估极端损失程度，以专项事件驱动的压力测试则是积极应对突发风险事件的有效手段。与常规的单项专业风险压力测试相比，专项事件压力测试在突出时效性和针对性的同时具有更好的前瞻性和综合性。针对"黑天鹅"型风险事件，专项事件压力测试能够在风险事件萌发初期提供更有针对性的风险识别和分析结论，辅助决策者迅速了解影响程度，尽早制订应对方案。

二、专项事件压力测试执行和应用的典型实践案例

（一）权衡专项事件压力测试的时效性和全面性要求

在开展专项事件压力测试之初，风险管理者需要权衡压力测试的执行效率、内容覆盖广度和分析深度，确立适当的压力测试目标。在实践中，专项事件压力测试首先应基本覆盖市场风险、信用风险和流动性风险等专业风险类基础风险监控指标。但证券公司应避免为产出更多的指标结果临时重构复杂程度高的压力测试模型，这将影响执行专项事件压力测试的时

---

[*] 作者简介：周而立，华泰证券股份有限公司风险管理部总经理；孟岩，华泰证券股份有限公司风险管理部风险综合治理团队负责人；张健，华泰证券股份有限公司风险管理部负责压力测试管理核心骨干成员。

效性。确保对风险事件的迅速分析和提供及时的应对建议应是专项事件压力测试的首要目标。

（二）根据事件的主要风险传导脉络设计压力测试情景

设置合理且有针对性的压力情景是开展专项事件压力测试的挑战之一。证券公司需在审慎原则的基础上结合历史风险事件情景库和专家意见，对专项事件进行从定性到定量的压力测试情景设计。本部分介绍设计中的三个关键环节。

1. 锁定主要风险因子，结合历史风险事件拓展专项情景

主要风险因子的选定，本质上是对风险类别的判定。在实践中，证券公司首先要确立与风险事件有最直接关联的风险因子，明确波动方向和幅度，再由此出发对其他风险因子进行情景扩展和推演。在设置压力测试情景风险因子参数时，历史风险事件情景库将作为关键依据和重要基础。通过参考类似历史情景中风险因子的数据，证券公司可以对风险因子波动方向、幅度和关联性进行初步判断，结合专业风险和业务专家的意见，形成一个综合性强、覆盖多项主要市场指标的专项事件压力测试情景。以能源危机作为实践案例进行推演。首先可锁定能源价格为主要风险因子，然后梳理出主要风险传导脉络，最后进一步参考2008年石油价格暴涨对金融市场和经济的冲击，设计出新的能源危机压力测试情景（见图1）。

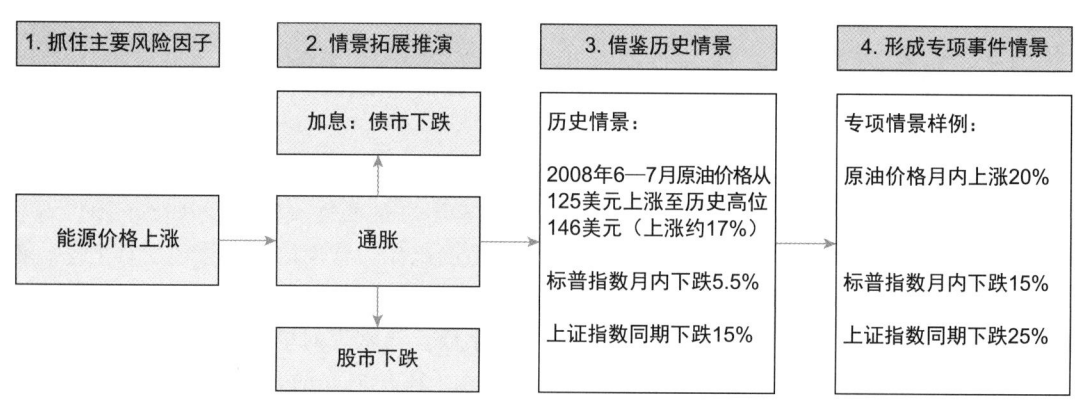

图1　能源危机专项事件风险因子推演

2. 涵盖不同期限因子，体现情景波动的时间维度

借鉴海外监管和大型证券公司压力测试设计，优秀的情景设计一般包括明确的期限时间节点。以"一日、一周、一月"的情景设置为例，资产价格波动参数设计时可以将对应时间节点的历史高位作为参考，基于历史数据也可实现压力测试的期限越长波动参数越高的设计。时间节点设计也为流动性风险中的到期资金流出估算提供所需的剩余期限信息。

3. 同时设置多个组合情景，增强压力测试灵活性

当风险事件的变化方向或影响程度极度不明朗时，压力测试可考虑设置多个组合情景，即在一个或多个风险因子上设定不同方向的波动或多级波动程度，增加对不同风险态势发展的分析覆盖。例如，同时考虑"股债双杀"和"股涨债跌"的情景，证券公司需研判股市下跌的市场风险，也要分析股票市场上涨、交易量增加导致的融资流动性风险。基于简单的压力测试模型，情景参数可直接用于估算压力测试损益。例如，沪深300成分股的损失等于

敞口乘以情景设置的下跌幅度（见表1）。情景参数也可以应用于估值模型计算压力情景下的损失，例如，将利率债收益率的波动应用在债券的贴现法估值模型，从而计算出敞口损失。

表1　　　　　　　　　专项事件压力测试多情景设置样例和应用节选

资产类别	压力测试风险因子	情景	1日/1周/1月	情景	1日/1周/1月
股票市场波动	沪深300	股债双杀	-5%/-10%/25%	股涨债跌	-3%/-10%/15%
	创业板指数		-7%/-15%/30%		-7%/-15%/25%
债券市场波动	利率债期限1年收益率波动		0.3%/0.6%/0.9%		0.3%/0.6%/0.9%
	利率债期限3年收益率波动		0.15%/0.3%/0.6%		0.15%/0.3%/0.6%

注：其中数字只作展示，非正式压力测试数据。

（三）深化风险传导模型，捕捉专项事件极端风险特征

区别于独立的专业风险压力测试，专项事件压力测试在统一情景下可实现深入研究不同风险间的传导，根据危机事件的不同特性，通过定制化构建或调整压力测试模型，更好地识别常规压力测试中未被囊括的特定风险影响。本文将通过三个实践案例浅析如何在压力测试风险模型构建过程中加入不同风险之间的传导关系，以进一步完善压力测试模型。

案例一：特定行业的信用风险爆发向市场风险传导。

当特定行业出现风险爆发时，压力测试需要对不同行业的冲击进行风险传导模型上的细分处理。例如，在行业头部企业出现债务违约的情景下，市场对所在行业板块失去信心，继而发生信用风险向市场风险传导的典型事件。在此类情景下，证券公司应考虑行业级的压力测试模型，针对受影响行业设计压力情景参数，并引入行业间关联系数，更科学地预判特定行业的资产价格在压力测试中的波动（见表2）。

表2　　　　　　　　　专项事件压力测试——行业级压力测试样例

压力情景	1日	1周	1月
受影响行业A	-10%	-20%	-30%
其他行业	历史价格相关性系数		
	1日	1周	1月
行业B	0.9	0.8	0.85
行业C	-0.1	-0.2	-0.3
所在行业	行业级压力测试模型调整		
受影响行业A权益资产	资产价格×（1-压力测试下跌幅度）		
其他行业权益资产	资产价格×（1-压力测试下跌幅度）×相关性系数		

注：其中数字只作展示，非正式压力测试数据。

案例二：流动性风险向信用风险的传导。

极端情况下金融资产的市场流动性缺失会导致融资客户信用风险的增加。例如，疫情反

复压力情景下,悲观情绪主导股市大幅波动,融资融券和股票质押将面临更大的穿仓风险。常规的融资穿仓压力测试通常假设市场有一定的流动性,来计算资不抵债客户数量和潜在追保金额等主要指标。在专项事件压力测试中,可进一步考虑市场流动性出现短期紧缺情景导致的无法平仓或者追保情形及资产变现价格下跌导致资不抵债客户数和损失金额的增加(见表3)。

表3　　　　　　　　无流动性市场下融资风险压力测试模板样例

业务单位	压力测试情景	有一定流动性追保		无流动性不追保	
		合计资不抵债客户数(个)	新增理论损失金额(亿元)	合计资不抵债客户数(个)	新增理论损失金额(亿元)
融资融券	1日	40	-0.01	40	-0.01
	1周	45	-0.01	45	-0.05
	1月	100	-0.1	200	-0.5

注:其中数字只作展示,非正式压力测试数据。

案例三:市场风险加剧和公司信用评级下跌导致流动性风险增加。

流动性风险相对于其他风险类别具有后置性,可由其他专业风险传导而来,在执行跨境专项事件压力测试情景设计时,应特别关注海外市场中更复杂的风险因子和传导模式引发的跨境流动性风险。例如,欧美经济衰退主导的金融危机虽然对国内整体业务冲击可控,但对国际化证券集团境外子公司业务的直接冲击可能引发集团层面的流动性风险,专项压力测试模型中则需要增加相应的风险因子和传导路径,并针对跨境流动性风险提前制定应对措施(见图2)。

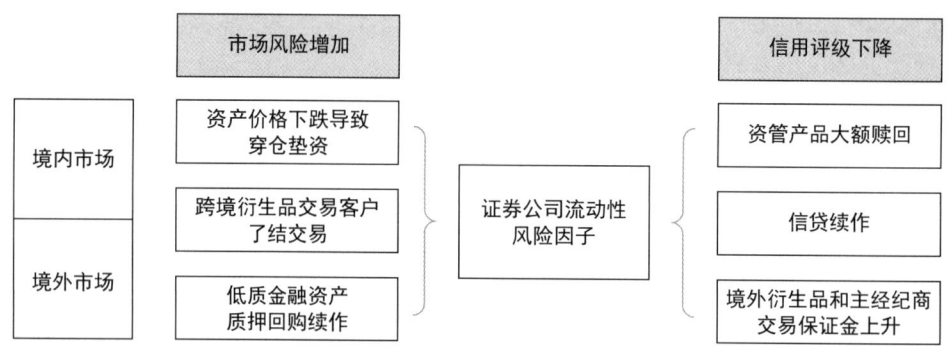

图2　市场风险和信用评级下降对流动性风险的影响

(四) 构建一体化压力测试中心支撑专项事件压力测试

在实践中,借助已有系统功能运行压力测试或构建一体化压力测试中心平台是有效提升专项事件压力测试效率和专业性的关键技术手段。压力测试中心平台建设有四个主要优势:一是统一口径的业务数据采集和接入,保证基础数据的准确性和时效性;二是可以通过公司级的情景库管理系统迅速形成定制化情景并发布至计量引擎;三是针对专业压力测试模型相对分散情形,解决了独立模块间交互和共享不充分的问题;四是强大的系统自动化运算功能实现支持多级情景高频调整和复杂组合分析计量(见图3)。

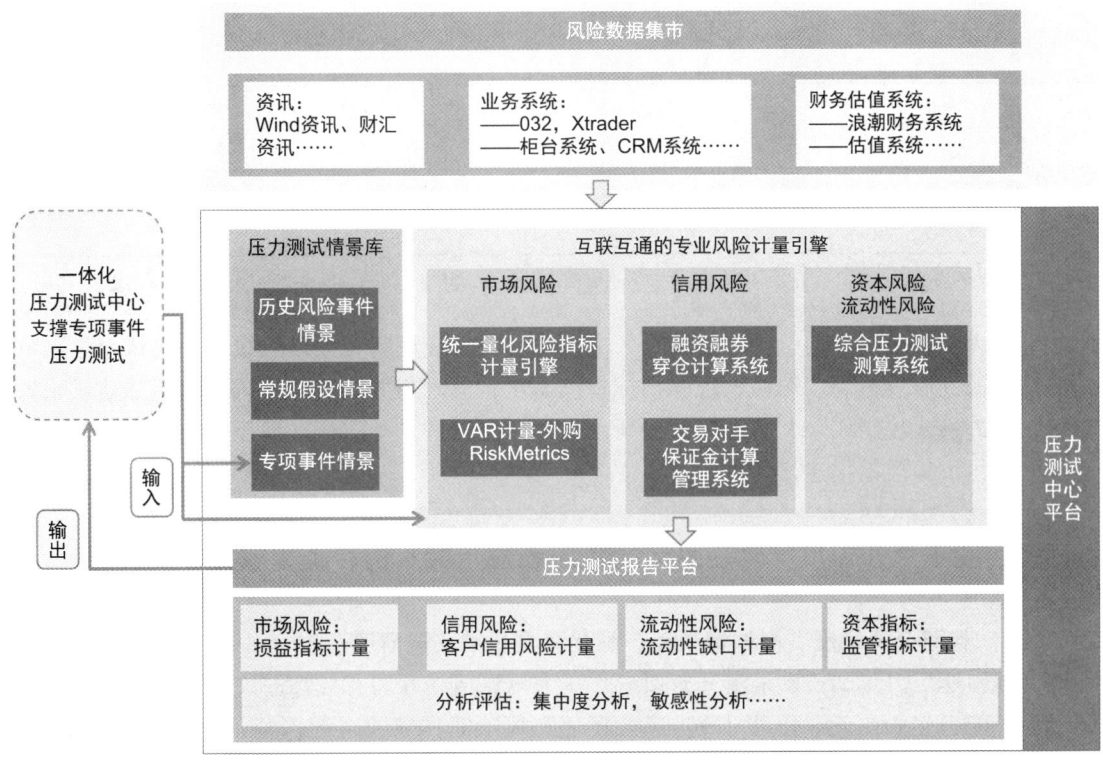

图 3 压力测试中心平台搭建样例

(五)深入分析压力测试结果,落实跟进应对措施

应对措施应针对性地就事件直接引发或次生的各类风险进行处理。按照公司部门和资产架构进行汇总的压力测试结果报告可以高效地识别主要风险所在。例如,压力测试结果显示,受事件直接冲击的特定资产敞口过大,须提示相关业务部门考虑减持和执行有效对冲(见表4)。

表 4   压力测试结果样例

业务单位	风险敞口 (亿元)	1% Gamma/Vega (万元)	1日/1周/1月损益 (亿元)	主要投资品种
证券投资部	10	—	-0.3/-0.6/-1.2	自营股票、股票、股票及混合基金
固定收益部——场外衍生品	3	-300/-4000	-2/3.5/-5	代客场外衍生品
金融创新部	2	-150/-3000	-1.5/-2/-3	股指期货多头对冲

注:其中数字只作展示,非正式压力测试数据。

集中度分析在专项事件压力测试中是一项分析特定风险水平和制定应对措施的有力工具。通过展示分析特定业务或交易类别前十位资产或者交易对手，证券公司可精准判断高集中度项目是否受专项事件压力情景影响，并制定相应的风险应对措施（见表5）。

表5　　　　　　　　　　　　集中度分析样例

证券名称	担保市值（亿元）	涉及客户数（户）	负债规模（亿元）	平均维持担保比例（%）	清仓平均天数（天）
融券业务第一大证券	50	500	65	300	10
融券业务第二大证券	40	400	80	280	8

注：清仓平均天数计算：假设公司成交额占市场总成交额10%；其中数字只作展示，非正式压力测试数据。

对于风险应对措施的执行效果检验，风险管理部门应更新相关风险报告并确认超过限额的风险已得到有效控制。例如，跟踪指标持续恶化，应对相关业务进行风险提示并建议采取应对措施进一步控制风险，必要时可更新前次压力测试情景并重新开展压力测试，基于最新结果向公司决策层汇报建议。

三、关于提升专项事件压力测试执行和应用效果的相关建议

（一）构建公司级压力测试情景库，深化各类风险关联研究

合理构建压力测试情景是提升专项事件压力测试前瞻性和有效性的关键基础。压力测试情景设计能力建立在证券公司对重大风险事件和风险间传导关系的深刻理解和认识基础上。建议证券公司在日常风险管理工作中重视分析和复盘境内外重大历史风险事件，尽可能全面地收集并梳理市场数据和各类机构应对信息，进而形成并持续丰富公司级压力情景库。压力测试情景库的建设应兼具"广而深"的特点，既要捕捉风险事件全貌，又要深挖风险事件的根源问题，展示清晰的风险传播方式。此外，建议证券公司须加强不同专业风险传导和关联性分析，积累相关典型案例，充实对各类历史极端风险事件的理解，持续提升预判潜在风险事件和其发展态势的能力。

（二）加强压力测试系统化建设，科技赋能压力测试提频增效

高效完备的压力测试系统是支持准确的风险分析和及时的风险应对的关键。证券公司应借助自动化系统实现专业风险压力测试日频运行，相关系统也应至少具备支持客制化定制情景和新情景的快速替换功能。同时，压力测试系统建设可以考虑进一步向构建压力测试平台中心迈进，实现各风险压力测试间的信息互联，从而辅助和支持管理层的经营战略制定和即时危机应对。

（三）围绕压力测试机制构建和应用，推广行稳致远的风险管理文化

建立公司层级的风险事件压力测试触发机制，确保专项事件驱动压力测试工作得到公司决策层的支持。证券公司应自上而下组织开展专项事件压力测试，联合协调多业务和风险部门，确保公司各部门对事件的理解和判断基本一致，形成合力，共同推动专项压力测试机制

的构建和应用。专项事件的情景设计和风险推导要做到科学和有依据，风险的分析要突出重点，应对措施要明确和可执行，后续的监控要持续到位。证券公司要促使员工深刻认识到压力测试是重要的风险管理工具，使压力测试成为风险管理的有力抓手，确保公司风险可测、可控、可承受，真正实现风险管理为业务经营发展保驾护航。

压力测试在场外期权风险管理中的应用探讨

国信证券股份有限公司风险管理总部

近年来，证券公司积极布局金融创新领域，大力推进场外期权、收益互换等场外衍生品业务，相关业务规模持续上升。

受资产基础回报率持续走低、A股市场近几年持续震荡等因素影响，挂钩A股市场主要指数的雪球、凤凰等场外期权类型受到市场青睐。雪球类期权带敲出、敲入结构，属于结构复杂的奇异期权，相较于香草期权等普通期权而言，其非线性风险更加突出，波动率等风险敞口缺乏较好的对冲工具，特别是挂钩标的价格临近敲入或敲出点时，Delta、Gamma等指标将发生剧烈波动，证券公司对冲及风险管理面临较大挑战。此外，由于雪球类期权在敲入点附近客户潜在风险敞口急速增加、在敲出后证券公司面临大额支付，所以雪球类期权的市场风险容易向信用风险和流动性风险传导。

一、韩国证券公司场外期权风险案例和启示

2014年底至2015年上半年，HSCEI恒生中国企业指数从10000点左右最高涨至14962点。韩国证券公司发行的绝大多数挂钩雪球期权的可赎回收益凭证（以下简称"雪球期权"）都因为标的大涨而敲出，同时，证券公司对冲卖出的深度虚值看跌期权因为HSCEI的暴涨导致估值趋向于零，Greeks与VaR等风险指标亦未超限，因此未在雪球期权敲出后及时了结用于对冲虚值看跌期权。

随后市场大幅下跌，留存在交易簿的虚值看跌期权经历了由深度虚值向浅度虚值、平值、实值的转化，对冲交易台上裸露的Gamma和Vega敞口越来越大。后续情况持续恶化，众多韩国证券公司因触及止损线而发起平仓，进一步推高了期权卖价波动率，而对手方因同步做空平仓引发指数加速下跌，进而导致波动率和标的资产两方面挤兑。在两个挤兑效应下，韩国证券公司产生了巨额亏损。类似的情景在2018—2020年再次发生。

韩国证券公司连续两次因雪球期权而引发的大幅亏损表现出两方面问题。一方面，在场外合约即将批量敲出结束时，进行风险计量和测算仅考虑当前市场情况下的盈亏及Greeks

分布，未考虑大量留存的对冲头寸在市场反转后极端下跌的压力情景下潜在的敞口和亏损；另一方面，在进行对冲交易时，未能根据合约端及对冲端的特性匹配相关 Greeks 和流动性，并且忽略了压力情景下因产品相关性增加而造成的流动性挤兑。

证券公司在进行场外衍生品展业时应吸取相关经验，增加压力测试机制，以评估极端情境下的风险，提前做好风险应对，降低类似风险事件的发生。

二、压力测试机制在场外期权风险管理中的应用场景

根据《证券公司压力测试指引》，压力测试是指证券公司采用以定量分析为主的风险分析方法，评估风险承受能力，并采取必要应对措施的过程。针对场外期权结构复杂、资金流出时间不确定和交易对手潜在风险敞口动态变化等特点，压力测试可聚焦于如下场景。

（一）预估潜在市场风险敞口和损失

测算持仓在极端情况下的整体市场风险敞口，动态跟踪各类风险指标的变化情况，通过针对性的风险管理限额压缩业务风险敞口，制定分层级的应对措施，确保持仓在面临隔夜风险、市场极端变化等情况下风险可控。

（二）完善资金运营管理，降低短期流动性风险

场外期权现金流一般依赖于标的价格表现，导致现金流具有时间节点和流出规模不确定的特点。若短期发生非预期大额现金流支出，可能会给证券公司流动性管理造成冲击。通过压力测试手段评估场外期权非预期现金流支出，可完善证券公司流动性风险管理，提升证券公司稳健经营水平。

（三）计量和评估交易对手履约保障能力

合理的履约保障管理机制是证券公司稳健开展场外衍生品业务的重要支撑，可通过设置合适的压力测试场景动态计量交易对手潜在信用风险敞口，有效降低交易对手信用风险。

三、场外期权压力测试应用举例

（一）损益类压力测试

损益类压力测试通常重点关注不同情景下持仓风险敞口的变化及可能承受的压力损失。证券公司应充分结合当前业务持仓结构设计特定压力测试场景，评估开盘跳空、尾盘集合竞价偏离、交易集中到期、大头针、防御性头寸构建失效等影响。

应用举例：网格场景是最为普遍的场外期权压力测试设计之一，具备场景搭建简单、适配性强等优点。

1. 投资组合假设

假设证券公司卖出 1 笔 2 年期的雪球期权，名义本金 1 亿元，75% 敲入、100% 敲出，票息为 23% 且为每月观察。

2. 压力情景设置

设置压力测试情景为标的下跌 30%（上涨容易敲出），波动率上、下变化 20%，同时基差率上、下变化 5%。

3. 压力测试结果（见表 1）

表 1　　　　　　　　期权估值金额及 Greeks 压力测试序列　　　　　　　（单位：万元）

压力情景	期权估值金额	期权 Gamma 金额
标的下跌 5%、波动率上升 15%、基差率上升 2%	1 031	336
标的下跌 5%、波动率上升 10%、基差率上升 2%	975	284
标的下跌 5%、波动率上升 5%、基差率上升 2%	928	246
标的下跌 5%、波动率下降 5%、基差率上升 2%	−745	115
标的下跌 10%、波动率下降 5%、基差率上升 2%	148	−133
标的下跌 20%、波动率下降 5%、基差率上升 2%	1 837	−120
标的下跌 5%、波动率下降 5%、基差率上升 4%	−1 009	282
标的下跌 5%、波动率下降 5%、基差率上升 6%	−1 244	398
标的下跌 5%、波动率下降 10%、基差率上升 2%	−1 150	261
标的下跌 5%、波动率下降 15%、基差率上升 2%	−1 972	960

注：表中仅选取部分情景结果。

通过压力测试结果我们注意到从标的价格 95% 左右开始，随着标的价格的逐步下跌，雪球的 Gamma 值由正转负，其估值在敲入前呈二元阶梯形态，并对标的指数基差率较为敏感，变化相关性较强。

奇异期权风险特征在不同的市场阶段下快速变化，从 Gamma 角度看，在市场大幅非连续变动时，交易头寸会较为敏感，为缓释 Gamma 亏损，建议业务部门根据压力测试结果提前构建 Gamma 转换的防御性头寸。

（二）流动性管理压力测试

流动性管理压力测试通过测算在遇到假设小概率极端不利情况时现金流的支出来评估风险。以雪球期权为例，未来一段时间内可能会到期或含有数个敲出观察日，一旦到期或敲出，证券公司需向客户返回预付金和支付期权收益，而期权收益随着期权存续时间变化而变化。因此，流动性压力测试需设定一个分析周期（1 个月、3 个月或 1 年等），并且分析这段时间内标的价格的可能变化情况，进而评估场外期权的现金流变化。

应用举例如下。

1. 投资组合的假设

为了简单起见，假设证券公司卖出 1 笔雪球和 4 笔看涨期权，标的均为中证 500 指数。其中，雪球期权要素为名义本金 100 亿元，期限 2 年，75% 敲入、100% 敲出，票息为 23%；看涨期权要素均为名义本金 100 亿元，执行价 100%，但到期时间不一样。

2. 压力情景设置

假设中证 500 指数当前波动率为 20%，流动性压力测试情景为标的波动率变为当前波动率×0.5（即10%）和当前波动率×2（即40%）。

3. 压力测试结果

由于雪球期权收益依赖于标的价格路径，不能仅简单设定标的价格的最终涨跌幅，所以使用蒙特卡罗模拟生成价格路径（见图1）。可以看出，大部分路径并没有穿过敲出价（虚线），而穿过路径显然有着不一样的时间节点。极端跌幅是最下面的浅色线，标的下跌将近30%。

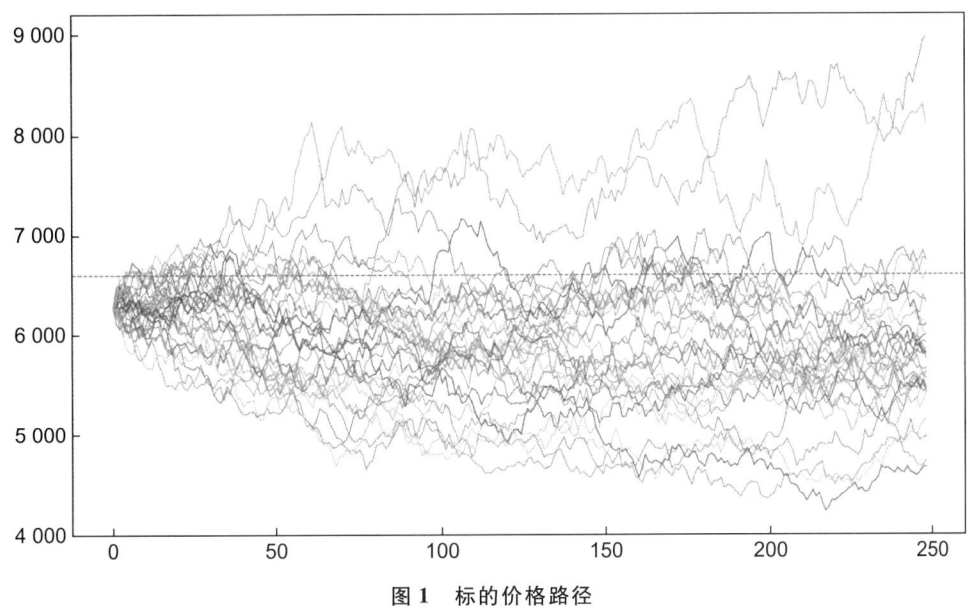

图1　标的价格路径

注：图中选取了波动率在20%的情况下，30条蒙特卡罗模拟生成的价格路径，实际情况和模拟极端情景可能存在差异。

结合每条价格路径信息，我们可以得出如下统计结果（见表2）。

表2　　　　　　　　　　　　流动性压力测试结果

压力情景		1个月以内	1至3个月	3个月至半年	半年至1年
当前波动率×0.5	现金流出概率（%）	2.04	9.66	13.40	79.88
	现金流出均值（亿元）	26.02	26.78	23.11	42.72
	1%概率下现金流出（亿元）	25.81	32.17	37.19	47.72
当前波动率	现金流出概率（%）	15.07	27.89	27.86	44.32
	现金流出均值（亿元）	27.87	24.30	20.07	32.20
	1%概率下现金流出（亿元）	32.50	40.19	44.05	55.13
当前波动率×2	现金流出概率（%）	28.98	37.44	35.38	34.51
	现金流出均值（亿元）	32.35	27.89	28.52	37.83
	1%概率下现金流出（亿元）	46.93	58.24	70.92	107.11

由表2可知，随着波动率增加，短期资金流出的概率增加，长期资金流出概率降低，现金流出均值和1%概率下现金流出值均会大幅增加。例如，500亿元名义本金场外期权在极

端情形下可能造成 40 多亿元短期资金流出、100 多亿元长期资金流出，这是一种有别于传统业务新增的大幅流出场景。证券公司业务部门应根据市场波动情况动态预估期权敲出概率和潜在的流出金额，提前向资金管理部门进行资金预约；资金管理部门也应结合公司其他各业务的资金需求、债务到期及正常运营开支等情况评估公司资金头寸及现金流，提前做好规划与安排，确保能够及时满足公司流动性需求。

（三）保证金压力测试

为保证对手方履约保障能力，通常要求对手方的留存权益、履约保障物价值、授信额度之和大于对手方信用风险敞口。由于场外衍生品标的及结构的多样性，合理测算信用风险敞口是正确评估对手方履约保障能力的前提。保证金压力测试与损益类压力测试机制类似，主要区别在于保证金压力测试侧重考虑同一对手的交易组合，并且考虑不同资产类别间的相关性。

保证金压力测试的主要步骤为：（1）对标的资产分类；（2）对涉及的风险因子建立压力情景；（3）计算投资组合在一系列压力情景下的最大风险敞口；（4）汇总各资产类别的风险敞口；（5）根据不同资产的相关性进行风险敞口修正。

应用举例如下。

1. 投资组合的假设

假设某交易对手向证券公司买入 1 笔雪球期权，卖出 1 笔障碍看涨期权，挂钩标的均为中证 500 指数。雪球期权名义本金为 100 亿元，期限 1 年，75% 敲入、100% 敲出，票息为 10%；障碍看涨期权名义本金 300 亿元，期限 3 个月，115% 敲出，敲出收益为 5%。

2. 压力情景设置

假设挂钩标的价格变化范围为 80%—120%，波动率变化幅度分为 -5%、0 和 +5% 三档。其中标的价格每 1% 为一个最小变化单位，结合波动率的三档情况，共计 63 个情景。

3. 压力测试结果

图 2 横轴为标的价格，纵轴为波动率，竖轴为场外衍生品的潜在敞口，图形展示了交易对手的持仓组合在不同情景下的敞口变化。

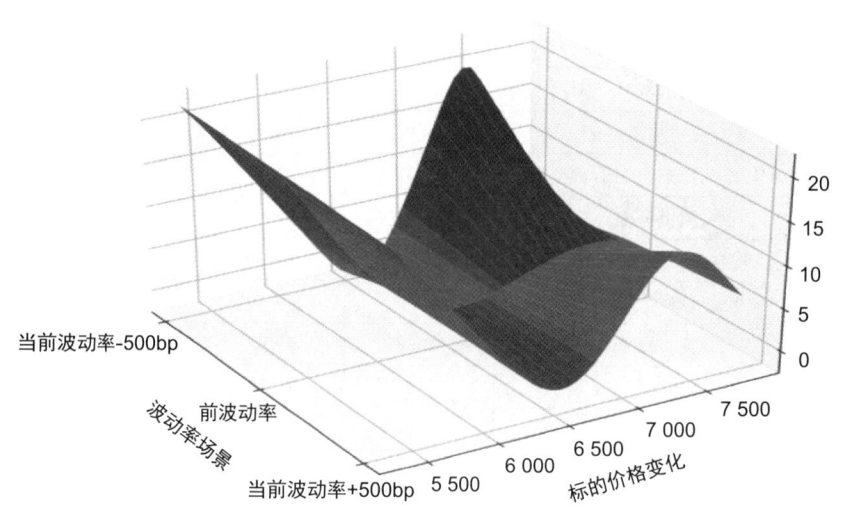

图 2 压力测试下信用风险敞口分布

情景区间中最大风险敞口情况见表3。

表3　　　　　　　　　　　同一对手最大信用风险敞口　　　　　　　（单位：亿元）

压力情景	标的价格区间		
	80%—100%	90%—110%	100%—120%
当前波动率-5%	22.09	0	14.51
当前波动率	20.92	12.80	12.80
当前波动率+5%	21.60	5.52	5.52

由表3可见，在不同的波动率水平和标的价格变动情景里，对手的潜在信用风险敞口可能会有较大变化。例如，100亿元名义本金雪球+300亿元名义本金障碍期权最大可有22亿元信用风险敞口。在客户新增交易前，证券公司应测算客户可用保证金是否充足，若保证金不足以支持新增开仓，则应要求客户增加保证金后方可开展交易；此外，对于客户存续的所有持仓头寸，证券公司应每日根据市场变化测算客户潜在信用风险敞口，评估客户保证金充足程度，当履约保障比例低于预警线时，应要求客户在规定时限内追加保证金或履约保障物，降低交易对手违约风险。

四、关于实施场外期权压力测试管理机制的建议

（一）基于业务模式与展业策略设置合适的压力情景

传统的压力测试场景一般只考虑标的价格和波动率变化，从而测算出场外期权估值的不利变动。随着期权结构日益复杂以及与其他业务交叉联动性的增加，期权集中敲出可能引发流动性风险，市场风险可能向交易对手信用风险转化，极端情形下不同标的或风险因子的相关性可能增加，这些新的变化应该纳入场外期权压力测试情景设计之中。证券公司应结合实际业务模式和展业策略设计场外期权压力测试场景，使得压力测试更能真实地反映持仓所面临的风险，为风险管理提供切实有效的参考。

（二）压力测试应以引导业务人员做好提前规划和应对为出发点

极端情景压力损失、基差率损失等指标由于产出存在滞后性且对冲难度较大，不适宜设置成超限后强制压降的限额，建议设置为观察类的指标限额，引导业务人员在新增交易前合理规划产品规模、期限和期权结构，提前控制风险点暴露程度。例如，若在压力测试中发现基差率收敛可能引发业务收入大幅回撤，则应提示业务人员合理控制雪球类期权的发行规模、间隔和期限。

（三）制定非预期场景发生时的应对机制

交易员可能更多地着眼于自身持仓所面临的短期市场波动和变化，对非预期场景下的极端损失评估及应对机制均可能准备不足；此外，若证券公司存在多个部门或交易台同时展业，单一交易台的视角可能缺乏全局性。风险管理部门应从公司层面评估极端损失，加强与各交易台的沟通与协调，制定相对统一的风险应对机制。例如，在损益类压力测试中，若在

非预期场景下 Gamma 由正转负并导致大幅亏损，应与交易台商讨制定控制 Gamma 暴露的措施，包括但不限于增加背靠背对冲、减少卖出期限短的香草期权等；在流动性管理压力测试中，可提前制定沟通触发机制，协调业务部门与资金管理部门的资金安排；在保证金压力测试中，对同一客户实行统一的履约保障管理，与各交易台约定好日常保证金监控、追保、客户关系维护的责任主体与工作流程。

证券公司股票质押式回购业务压力测试实践研究

广发证券股份有限公司风险管理部

一、证券公司股票质押式回购业务基本情况

2013年5月，为规范股票质押式回购交易，沪、深证券交易所及中国结算联合发布《股票质押式回购交易及登记结算业务办法（试行）》，自此拉开了场内股票质押业务发展序幕。证券公司股票质押式回购业务（以下简称"股票质押业务"）的发展经历了快速发展、风险集聚、规模压缩几个阶段，特别是2018年以来，为贯彻"控制增量、化解存量"的监管导向，证券公司逐步化解存量风险，对增量业务实施更严格的风控标准，股票质押业务规模呈收缩态势。2021年，沪、深证券交易所先后发布《股票质押式回购交易风险管理指引》，进一步对证券公司股票质押业务进行规范，以防范和化解业务风险。

证券公司股票质押业务面临的主要风险包括股价波动市场风险、融资人违约信用风险以及质押标的流动性风险等，各类风险相互影响和转化。

二、证券公司股票质押式回购业务压力测试实践

压力测试通过分析设定的、极端但可能发生的不利情景对金融机构整体或资产组合的冲击程度，进而评估其对金融机构资产质量、盈利能力、资本水平和流动性的负面影响，是传统风险计量模型的重要补充，广泛应用于金融机构监管、内部控制等领域。根据沪、深证券交易所《股票质押式回购交易风险管理指引》，证券公司应建立股票质押业务压力测试机制。

股票质押业务压力测试以合约为基本测试单元，基于每笔合约的融出资金、质押标的证券、平仓线、融资人，考虑税收、股利等因素，逐条进行测算后，再根据测试目的进行分类统计与分析。

(一)股票质押业务压力测试风险因子选取

根据股票质押业务风险特征,压力测试过程中通常选取经营风险、市场风险、信用风险、流动性风险等风险因子,并根据严重程度依次设置轻度、中度和重度情景。

1. 经营风险

宏观经济环境、监管政策、同业竞争等因素均会影响证券公司股票质押业务规模及资产质量,进而影响证券公司股票质押业务的净收入。经营风险因子主要包括:股票质押业务规模变化率、平均回购利率等,通常由业务、财务、风险管理人员基于宏观形势、公司战略、业务风险偏好及经营目标等多方面因素联合讨论后设定。例如,当预期宏观形势向好,公司整体资产配置及信用业务额度增加,业务经营目标提升时,股票质押业务规模变化率设为正数,反之相反。

2. 市场风险

履约保障比例是股票质押合约的主要风险衡量指标,当质押股票价格下跌时,履约保障比例下降;若市场连续下跌,造成履约保障比例突破平仓线,在融资方无法提升合约履约保障比例的情形下,对合约平仓后可能出现融出资金损失。对所有合约开展压力测试时,选取市场核心股指下跌幅度作为市场风险因子,通过历史数据得到个股与股指的相关系数 β,进一步计算得到个股的下跌幅度,冲击到具体合约。对单个客户、单个合约或单个行业开展压力测试时,可选取个股跌幅、行业指数跌幅作为市场风险因子。市场风险因子设置参数时,可选取历史法、模型法或结合历史数据、模型结果,综合专家分析进行判断。

3. 信用风险

根据股票质押业务规则,直接触发融资人的违约情形包括三类:一是付息日,融资人未按约定及时足额支付期间利息;二是到期购回日或延期购回日,融资人未按约定进行购回交易;三是履约保障比例跌破预警线或平仓线,融资人未按约定通过补充质押、部分或全部购回以及其他措施使履约保障比例回归至约定水平。前两种违约情形主要通过建立内评模型,对客户进行评级,由模型计算出违约概率。第三种情形属于市场风险传导至信用风险,用破线违约率来衡量,即跌破平仓线后,融资人未采取相应措施使履保比例提升的概率。该指标主要受融资方履约意愿、持股受限比例(履约能力)的影响,履约意愿通常与履约能力正相关,可按照历史数据设定统一的比例。

4. 流动性风险

股票质押回购属于有担保的债权,融资人违约时,可通过处置担保物即质押标的证券来实现质权,处置手段主要根据标的证券股份性质分为两类:一是若标的证券为无限售条件股票,可通过二级市场集中竞价、大宗交易、协议转让直接卖出标的证券。该情形下,处置标的证券的效率取决于融资人股东类型(受"减持新规"约束)、标的证券市场流动性、融资规模等;二是若标的证券为处于限售期的有限售条件股票,则可在解除限售后通过二级市场处置,也可以通过司法途径予以拍卖、变卖等。因此,计算担保品变现回收金额时,可以用市场流动性冲击(出清成本)、减持回收率、限售回收率三个因子来衡量流动性风险。

(1)市场流动性冲击回收率 R。对股票质押业务合约质押的流通股份采取集中竞价执行强制平仓时,需处置的担保品数量通常较大,更容易对标的股票的股价造成负面冲击,即变现股票质押合约担保品需要支付"出清成本"。证券公司可通过市场流动性深度指标——

流动性比率（当日振幅÷当日成交金额）来刻画强制平仓处置时担保品的变现能力，测算出清成本。指标越大，表示单位资金造成的股价冲击越大、流动性深度小、市场流动性越差。证券公司可通过对A股样本股票的流动性比率分布的刻画，进一步计算出清金额（股票质押合约的融资金额）对股价造成的振幅，即出清成本，最终用"1－出清成本"得到流动性冲击回收率R。同时，还可对前述出清金额进一步施加市场集中度压力，如可以取单笔合约对应的融资金额与通过全市场累计质押总市值测算的融资金额的固定比例（如1/5或1/10等）的孰高值。

（2）减持回收率Rsell。股票质押业务融资方通常是上市公司的大股东、董监高等客户，减持股份会受减持新规的限制。按照沪、深证券交易所减持新规的要求，股东在第1天完成集中竞价减持1%和大宗交易减持2%，第91天再减持1%，依次类推。假设在此过程中股价呈几何布朗运动，可计算一定置信区间下的减持回收率Rsell。一般情况下，所需减持比例越高、标的股票价格波动性越大，减持回收率Rsell越小。

（3）限售回收率Rlimit。股票质押业务部分融资方持有的股票属于限售股，由于无法及时卖出，需要承担期限更长的市场风险。在评估限售股回收风险时，可采用股价几何布朗运动模型，估计在限售期内股票价格在一定置信区间下的下跌幅度，进而得到限售股相对流通股的回收率Rlimit。一般情况下，标的股票的波动性越高、限售期限越长，限售回收率Rlimit越小。

（二）股票质押业务压力测试传导模型

1. 单笔合约损失

基于选取的风险因子及设定的压力参数，可以测算每笔合约在压力情景下的穿仓损失。传导路径为：股指及个股下跌，股票质押合约担保品市值相应下跌→合约履约保障比例下跌，部分客户未及时追保或回购，出现违约→证券公司对低于平仓线的全部合约从平仓线开始执行强行平仓操作→平仓过程中担保品市值受到流动性冲击、减持新规限制、限售股减持周期拉长等因素影响进一步下跌→出现穿仓损失。在市场下跌过程中，假定每笔合约的担保品品种、数量和融资负债均不发生变化。

从实践执行来看，首先根据股指和个股下跌幅度计算压力情景下单笔合约的履约保障比例，若低于合约约定的平仓线，则反推担保品在平仓时的价格。担保品能变现回收的金额取决于前述信用风险、流动性风险因子，计算公式如下：

（1）担保品能变现回收的金额＝平仓价格×担保品数量×破线违约率×（1－EAD比例），其中，EAD比例表示客户违约后质押物变现无法覆盖的风险敞口比例。

（2）有流通股时，EAD比例 ＝1－压力情景下履保比例×R×Rsell。

（3）无流通股时，EAD比例 ＝1－压力情景下履保比例×R×Rsell×Rlimit。

（4）损失＝max（未偿还本息－现金红利－从平仓线开始平仓时担保品能变现回收的金额，0）。

最后，汇总所有在压力情景下突破平仓线的合约对应的损失，得到证券公司在压力情景下的股票质押业务违约损失。

2. 业务风险对公司财务报表、风控指标报表的影响

股票质押业务风险对公司财务报表、风控指标报表的影响主要体现在以下几方面。

（1）经营风险因子主要影响利润表利息收入及资产负债表买入返售金融资产，如当股票质押业务规模变化率为负时，相较于测试基期，利息收入减少、买入返售金融资产规模减少。

（2）在市场风险、信用风险、流动性风险的共同影响下，股票质押业务减值损失、待回购规模均发生变化，进而影响利润表信用减值损失、资产负债表货币资金、买入返售金融资产等科目。具体来说，对于压力情景下突破平仓线的合约，平仓变现回收的部分增加货币资金，减少待回购金额，未回收的部分构成违约损失，通过信用减值损失影响当期利润；对于压力情景下未突破平仓线的合约，因其履约保障比例变化，减值随之变化。

（3）风控指标报表与财务报表相勾稽，相关科目随之变化。压力测试冲击的风控指标报表具体科目包括：风险资本准备计算表—信用风险资本准备—场内股票质押业务，流动性覆盖率计算表—融资类业务资金流出、货币资金，净稳定资金率计算表—股票质押式回购融出资金、货币资金。这些具体科目与资产负债表的股票质押回购融出资金、减值准备、货币资金相关联，由明细合约逐条冲击结果汇总而来。

（三）股票质押业务压力测试执行

统一的风险管理信息系统、高质量的数据是影响压力测试效率的重要因素。股票质押业务压力测试以每笔合约为基础，计算涉及较多参数和模型。若采用手工底稿，则执行难度大、计量效率低。为分析股票质押业务在压力情景下的风险暴露，可在业务风险管理系统中内嵌相关计算逻辑，定期计算压力测试指标。例如，设定股指下跌情景，按照前述计算逻辑，每日通过系统计算公司存量股票质押合约的三项指标值，即轻度、中度及重度情景下的穿仓损失。对于IT实力较强的公司，可开发独立的压力测试系统，灵活设定压力情景，选择冲击对象，全面分析对业务指标、风控指标、财务指标的影响。

三、证券公司股票质押式回购业务压力测试应用及展望

（一）股票质押业务压力测试应用

股票质押业务压力测试是为了测算极端情况下证券公司面临的业务风险情况，通过测试可得到压力情形下合约的履约保障比例、穿仓损失金额，主要应用领域包括：

1. 风险监控和报告

应用于日常的客户及业务风险监控，评估业务面临的压力下信用风险情况，对于在压力情景下履约保障比例较低甚至将出现穿仓损失的合约、客户或行业，应进行重点监控、预警和报告，特别是在行业或单只标的股价存在较大下行压力的情况下要加强防范。

2. 风险限额管理

压力情形下的穿仓损失可作为业务限额指标，通过监控和评估业务组合层面的极端损失情况，在指标接近预警值甚至限额值时及时梳理存量业务风险情况，并审慎新增股票质押融资规模。

3. 风险偏好设定

根据股票质押业务开展情况及未来规划，结合压力测试结果及风险管理需要，确定公司整体及股票质押业务信用风险偏好。

（二）股票质押业务压力测试改进及完善建议

结合实际处置情况、市场风险特征及客户差异性等来看，目前普遍采用的股票质押业务压力测试假设条件及传导模型存在一些局限性，主要体现在：（1）对于触及平仓线的合约按照历史数据设定统一的破线违约率，未精细化考虑融资人的主动行为，未进行分层分类评估；（2）仅用指数或个股的跌幅来衡量市场风险，未考虑市场波动情况。长期阴跌和短期急跌的压力测试结果相同，但是风险情况截然不同；（3）在流动性冲击中考虑了同一担保品在全市场的质押融资情况对股价的扰动，统一设定固定比例，未体现不同担保品的平仓风险差异。

为解决上述局限性问题，证券公司可以考虑：（1）通过融资人持股质押比例、其他资产情况、资产负债率等因素对融资人的补充质押和提前还款的主动行为进行差异化评估，提升融资人破线违约率风险精细化管理水平；（2）结合历史情景，尝试在传导模型中加入波动率因素；（3）结合公司风险偏好设定内部资产分类，在流动性冲击模型中设定差异化的档位，区分不同担保品的平仓踩踏风险。

此外，为有效识别、提前应对极端风险，证券公司应持续丰富压力测试情景、加强压力测试工具的应用；通过研究宏观经济、行业景气程度、上市公司基本面、融资人信用资质等方面的风险因子表现形式，设定多维度的压力测试情景；加强同一客户的识别与管理，对股票质押业务高风险同一客户及时开展个性化的压力测试，提前制订应急预案，采取必要的风险处置措施。

证券公司市场风险压力情景设置方法研究

海通证券股份有限公司风险管理部

一、设置压力情景时应考虑的关键要素

（一）压力测试对象

对于以公司整体资本充足情况或财务状况为对象的压力测试（如综合压力测试），情景设置应当全面覆盖流动性、信用、市场、操作等各个风险类型和不同业务种类；对于以特定风险类型或特定业务的风险指标、业务指标为对象的压力测试，情景设置应当更加突出具体业务特点。例如，对于场外期权业务，除了设定标的资产的压力情景外，还需考虑重要估值参数的变化（如波动率、分红率等）以及实际展业过程中使用的对冲工具因素（如股指期货流动性、期现基差率等）。

（二）压力测试目标

情景设置应与压力测试目标保持一致，通常，压力测试目标包括寻找风险点、评估风险承受能力、制定具体业务风险管理措施等。

在为新业务或结构复杂的业务寻找风险点时，往往需要设置多因素、多级别的压力情景类型，广泛寻找测试对象在不同情景下的受影响情况；评估公司风险承受能力时，可设定小概率发生的极端情景去寻找公司能够承担的底线风险；使用压力测试制定具体业务的风险管理政策时，压力情景设置应能够反映业务日常运作中可能出现的风险因素。

（三）业务经营过程中的具体特点

压力测试的情景设置应当与经营管理实践紧密结合，才能得到有效应用，这对于专项压力测试尤其重要。例如，在流动性压力测试中，为了衡量公司在未来一段期限内的流动性充足情况，设计压力情景时应当考虑公司未来一定时间区间内资产负债、现金流变化情况，因此使用动态的压力情景更加符合应用场景。

(四) 宏观经济与金融市场发展变化

为提升压力测试工作的前瞻性和有效性,在压力情景设置中可考虑当前环境下的宏观经济运行走势、金融市场行情、监管政策变化等因素,以及可能对经济和金融市场产生重大影响的事件。

例如,公司在编制资产负债配置方案时,需要根据具体的配置内容进行风控指标压力测试。资产负债配置方案通常会将未来宏观经济走向预判、市场发展变化、监管政策展望、公司资产负债结构和经营战略等重大因素考量在内。在设计压力情景时也应当充分纳入上述因素,从而评估极端情况下的资产负债变化及其对风控指标的影响。

二、市场风险压力测试情景设置方法案例

本文以场外期权业务市场风险压力测试和注册制下首次公开募股（IPO）包销压力测试为例,介绍上述压力测试关键要素的实际应用。

（一）场外期权业务市场风险压力测试情景设置

1. 业务模式和背景

近年来,以非保本雪球结构为主的股票指数自动赎回结构期权受到投资者热捧。虽然证券公司主要是以市场风险中性为目标进行业务运作,但由于期权结构的复杂特征,实际业务开展过程中期权组合还会受到各种不可对冲的风险因素的影响,这对风险的识别和计量提出了挑战。下文以"寻找风险点"为目标,介绍场外期权市场风险压力测试的情景设置。

2. 压力测试情景设置

（1）因子选取。开展场外期权业务市场风险压力测试时选取的风险因子主要包括标的资产的价格、波动率、分红率、无风险利率、对冲工具与标的资产间的基差率等。

（2）矩阵化压力情景设置。传统压力测试往往关注轻、中、重等几个极端情景下投资组合的受影响程度。但由于场外期权可以设定灵活的交易条款,如敲入、敲出条款以及观察日等,导致最大损失风险可能不会出现在标的资产价格发生最极端变化时,而是可能出现在其变化过程中的某一个中间点上,甚至于一条特定路径里。

为了实现"寻找风险点"的评估目的,可选择维度更加丰富的矩阵化压力情景设置方法。例如,选择标的资产价格和波动率作为压力测试因子时,可以先根据每项因子的分布特点设定其压力测试的边界,再在边界之间以微小的步长划分 N 个节点,这样对于两个压力测试因子的联合分布就形成一个矩阵化的压力情景,其中包含 N^2 个情景（如,以标的指数价格 S 在 5000 至 6000 之间每 100 点作为步长,波动率 σ 在 10% 至 20% 之间每 1% 作为步长,每组 S_i，σ_j 构成一项压力测试情景）。对矩阵中的每个情景,通过期权组合的重新估值,分析出损益变动情况,最终在整个矩阵中寻找到风险较大的情景,分析判断其分布规律（见表 1）。

（3）在情景设置中考虑对冲仓位的动态平衡。通常的压力测试分析往往假定持仓结构不变,重点考察市场变化因素的影响。但场外期权业务若采用以动态对冲为主的业务模式,交易员在标的资产变动一定的比例后,就需要根据投资组合的 Delta 敞口变动情况以及风险

表1　　　　　　　　　矩阵化压力情景设置示意表

	$\sigma_1 = 10\%$	$\sigma_2 = 11\%$	……	$\sigma_N = 20\%$
$S_1 = 5\,000$	S_1, σ_1	S_1, σ_2	……	S_1, σ_N
$S_2 = 5\,000$	S_2, σ_1	S_2, σ_2	……	S_2, σ_N
……	……	……	……	……
$S_N = 6\,000$	S_N, σ_1	S_N, σ_2	……	S_N, σ_N

限额主动调整对冲仓位以实现 Delta 中性。如果忽视这一特点，可能会导致在一个较大幅度的极端情景下，由于期权的 Gamma 因素，期权端和对冲端形成较大程度的不匹配，最终偏离业务实践和分析目标。

对于上述情况，证券公司需要在压力情景中假设一定的动态平衡策略。例如，假设标的价格的波动幅度为当前值的上下 20%，交易员在标的价格每变动 5% 时需要调整对冲仓位，使投资组合恢复 Delta 中性，并测算投资组合的整体损益。这样的压力情景更加符合实际业务开展的逻辑。考虑对冲端动态变动的压力情景见表 2。

表2　　　　　　　　　对冲持仓动态调整压力情景

压力情景	标的价格	对冲端持仓	对冲端估值	场外期权估值	投资组合估值
上涨 20%					
上涨 15%					
上涨 10%					
上涨 5%					
基准价					
下跌 5%					
下跌 10%					
下跌 15%					
下跌 20%					

3. 在情景设置中考虑基差率因素的趋势性变化

以股票指数为标的资产的场外期权业务，往往通过股指期货进行动态对冲，其盈利变动来源中很重要的一项影响因素是股指期货和股指点位之间的基差率水平。以中证 500 指数为例，自 2015 年中证 500 指数期货公布以来，其基差率主要以贴水为特征，但从历史趋势看呈现出持续收敛的特点。2022 年 11 月底，中证 500 期货各合约与指数的基差贴水率大约为 6%，已处于历史较低水平（见图 1）。出于前瞻性考量，在设置压力情景时应当考虑将基差率在极值基础上进一步收敛（甚至收敛为零或升水）的假设作为压力情景。

（二）注册制下 IPO 包销压力测试情景设置

1. 业务模式和背景

注册制放开了市盈率对新股定价的限制，对承销商的定价能力提出了更高要求。但若对新股的定价过高，容易造成申购量不足，承销商包销比例上升，从而被动承担新股带来的市

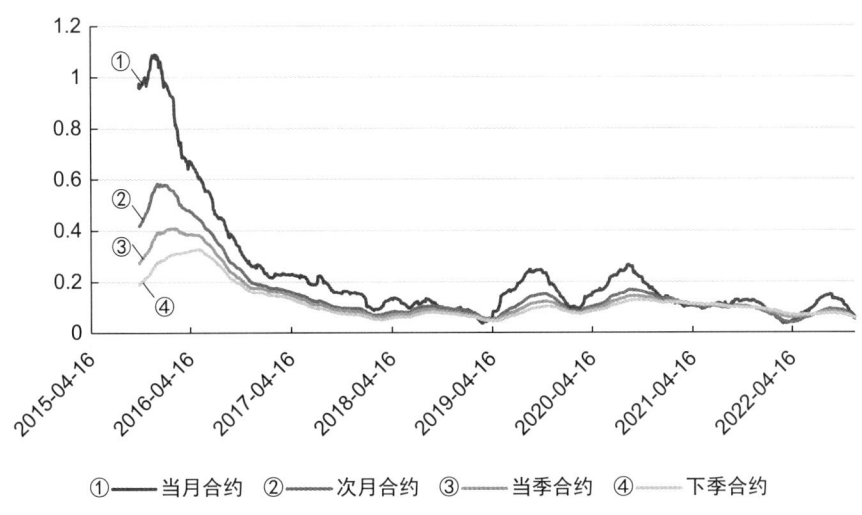

图 1　中证 500 期货年化基差贴水率历史趋势

资料来源：Wind。

场风险。IPO 包销压力测试以"制定具体风险管理措施"为目的，通过测算证券公司包销持仓可能承受的风险以及持续的时间，对包销决策以及处置时间节点提供依据。

2. 压力测试情景设置

（1）因子选取。IPO 包销压力情景中的风险因子主要包括新股发行后价格变化幅度和包销比例。新股发行价格的下跌幅度可以通过历史数据来确定。具体来说，可以将在注册制下上市的科创板、创业板新股发行价格作为样本，找出新股上市初期的收益率分布，然后通过研究分布的尾部形态数量特征来确定轻度、中度以及重度压力情景（见表3）。

表 3　　　创业板、科创板新股上市 5 日内涨跌幅分布（2022 年 1—9 月）

上市 5 日涨跌幅区间段	创业板		科创板	
	数量（只）	占比（%）	数量（只）	占比（%）
小于 -20%	8	6.78	3	3.13
大于等于 -20%，小于 -10%	31	26.27	17	17.71
大于等于 -10%，小于 0	39	33.05	27	28.13
大于等于 0，小于 10%	28	23.73	29	30.21
大于等于 10%，小于 20%	8	6.78	11	11.46
大于等于 20%	4	3.39	9	9.37
总计	118	100.00	96	100.00

资料来源：Wind。

对于包销比例因子，可以通过历史上科创板、创业板新股的包销比例分布特征，并结合公司具体 IPO 项目的特征来确定（见表4）。

表4　　　　　创业板、科创板新股包销比例分布（2022年1—9月）

包销比例区间段	创业板		科创板	
	数量（只）	占比（%）	数量（只）	占比（%）
大于等于0，且小于1%	67	56.78	45	46.88
大于等于1%，且小于2%	33	27.97	27	28.13
大于等于2%，且小于3%	9	7.63	10	10.42
大于等于3%，且小于4%	5	4.24	6	6.25
大于等于4%	4	3.39	8	8.33
总计	118	100.00	96	100.00

资料来源：Wind。

基于投行项目预计发行规模，结合相应假设下的包销比例以及新股上市涨跌幅，即可测算包销持仓可能承担的市场风险，为包销限额的设定和包销决策提供定量依据。

（2）包销处置期限的假设。承销保荐业务是一项典型的非资本业务，回归业务本源，证券公司不应主动在业务中承担市场风险。包销是发行环节的后续结果，如果发生了包销情形，从风险管理角度而言应当要求业务部门在一定的期限内对包销持仓进行处置。

公司对包销持仓处置时间的要求取决于公司的风险偏好。为了合理测算并评估持仓的处置时间，可以在压力情景设置中，对"新股发行后价格变化幅度"这个因子的观察期进行延长，引入动态压力情景。例如，可将压力情景按照5天、10天、20天等时间窗口进行划分，得到每个窗口期内新股上市后的收益分布，然后结合统计学方法设定相应的轻度、中度、重度情景。以压力测试的结果为出发点，根据包销持仓在不同窗口期内的表现，结合自身的风险偏好与业务需求，公司风险管理部门可以有针对性地制定包销持仓的最长处置期限，并将其纳入相关制度规定。业务部门需根据规定在指定期限内对包销持仓进行处置，以降低风险。

三、压力测试情景设置中面临的挑战与应对

（一）历史数据的局限与应对

在确定压力情景的极端程度时，通常依赖于风险因子的历史数据，这样的方式可能会使压力情景在前瞻性上有所欠缺。随着时间的推移，历史数据对于未来的借鉴意义可能会逐渐降低，从而削弱压力测试的有效性。

为了克服上述问题，可以利用统计学理论改进情景设置。目前比较具有实用性和具有借鉴意义的方法是极值理论（EVT）。极值理论研究的重点是数据分布的尾部，其核心思想是对分布中的极端值进行建模，当样本量足够大时，极端值会服从于极值分布。极值理论的优点在于能够模拟出历史数据样本中未曾发生过的极端事件的概率。

例如，选择科创50等新发布指数进行分析时，可能会遇到指数历史样本不足的问题。此时可以先选取指数一定时间区间内的日涨跌幅作为样本，通过Block Maxima或POT等方法构建极值样本。以Block Maxima方法为例，将日涨跌幅样本按照一定区间（如每周）进行划分，寻找区间内最大跌幅，构建极值样本，再借助统计学软件对极值样本进行拟合，得

到相应的极值分布,在该分布基础上使用蒙特卡罗方法生成压力情景。

(二) 压力情景中对于相关性的考虑

多个风险因子间的相关性以及不同类型风险之间的相互传染会对压力测试结果造成影响。通常而言,假设各个压力测试风险因子完全线性相关(即相关系数设定为1)是一种保守性的简化方案,这意味着各类因子的压力情景将同时发生。但这一假设忽略了不同因子间的性质与分布的区别,虽然压力测试的结果易于解释,但和金融市场的实际情况存在一定差异。

Copula 连接函数是一种可应用在多因子压力测试中的理论方法。其基本思想是通过不同风险因子的边缘分布和 Copula 函数,测算得到各因子的联合分布,从而用于生成多因子压力情景。

假设压力情景中的风险因子为上证指数与恒生指数的收益率。由于股票指数的收益率通常具有尖峰厚尾的特点,且压力测试重点关注两个分布在尾部的相关性,需要根据这些特点选取适当的 Copula 函数进行建模,如 t - Copula、Clayton Copula 等。在确定 Copula 函数后,可以使用统计学方法估计函数中的相关参数,得到联合分布,并使用蒙特卡罗方法生成压力情景。

使用 Copula 函数对联合分布进行建模的步骤并不复杂,但是难点在于模型中的假设较多,需要对假设的合理性进行严密论证,例如,对于每个风险因子采用何种边缘分布最为合理,以及风险因子间的相关性用何种 Copula 函数进行描述更加符合市场的实际状况。在生成压力情景后,需要结合市场状况与专家经验对模型结果进行回溯检验,确保压力情景合理审慎。

证券公司压力测试体系建设及情景设置研究
——中泰证券压力测试实践分享

中泰证券股份有限公司风险管理部

一、压力测试体系建设

中泰证券在压力测试体系建设过程中重视极端风险事件的影响和回测，及时对疫情反复、俄乌战争、美联储超预期加息等外部风险事件开展了公司层级专项压力测试，跟踪评估股、债、商、汇市场表现和公司业务条线的资产配置与交易，回顾情景假设与实际表现之间的差异，作为典型案例与情景入库，为日后类似情景发生提供参考标准；定期对专项压力测试覆盖全面性、情景设置审慎性等方面进行回测分析。

中泰证券压力测试体系重视同公司预算与大类资产配置的关联度。通过对大类资产配置的跟踪，分析资产负债配置潜在的变化空间，在测试情景制定时以模型法作为参考，调整空间的上下限以覆盖极端情况下业务条线逆势配置的冲击。例如，基于股债息差的大类资产配置模型提示在2022年4月、10月考虑资产逆周期调节的需求，基于极值理论的使用对股指下跌等情景设置提供参考（见图1）。

中泰证券将反向压力测试作为压力测试体系的重要组成部分，选择对测试结果有重大影响的风险因素开展反向测试，如市场指数变动、基础利率变动、自营业务规模等，为风险限额设定和资源配置等方面的决策提供重要依据。在重大资本支出、重大创新业务开展等压力测试中结合资产负债配置计划、次级债到期期限影响等因素，可视化年度净资本、风险覆盖率及流动性覆盖率等风控指标的变化，利用反向压力测试工具，对预期资本缺口进行提示，并提出相应的补充建议。

中泰证券采用自上而下的压力测试体系，每年制定统一情景并根据子公司业务实际予以完善后，对集团各公司开展年度预算及年度综合两次压力测试。同时，根据子公司业务和外部风险情况督导子公司开展专项压力测试，促进压力测试的全面性。

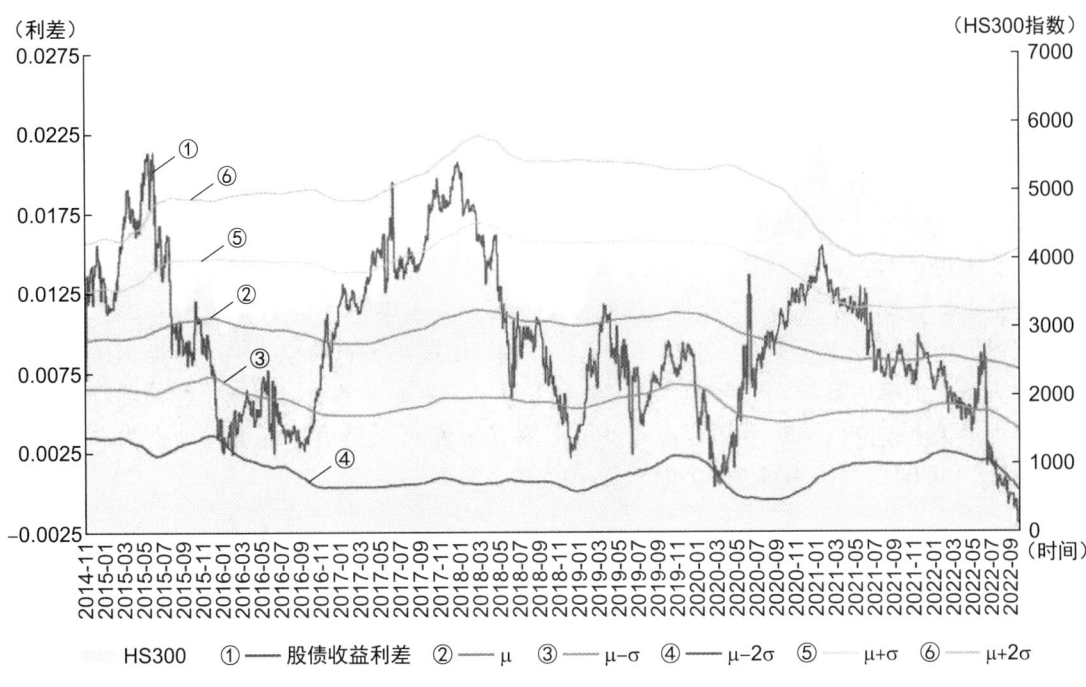

图1 沪深300股债收益差

二、市场风险压力测试

情景参数设置是压力测试结果的关键影响因素。复杂的国内外形势增加了压力测试情景设置的难度。中泰证券主要运用历史情景法设置市场风险压力测试参数，参考主要股指、基准利率及信用利差等风险因子三年最大不利方向变动，并结合公司预算情况及宏观环境因素对压力情景参数进行调整。

中泰证券借鉴美联储压力测试方案不断研究宏观风险因子的前瞻性影响。比如，基于自回归分布滞后（ARDL）模型研究发现，中美利差对美元兑人民币汇率及规模以上工业增加值增速对十年期国债收益率有显著影响。据此，通过中美利差和规模以上工业增加值增速的变化辅助设置汇率及利率的压力情景，提高压力测试的前瞻性和有效性，主要应用原因和方法如下。

受疫情期间实行的量化宽松政策和供应链约束等影响，美国通货膨胀持续攀升，达到近40年来的最高水平。为降低通胀，美联储在2022年进行了7次加息，使联邦基金利率上升了425个基点。相比较而言，我国面临着经济保增长压力，央行在2022年1月和8月分别下调了公开市场逆回购利率10个基点。导致中美利差不断收窄，人民币对美元汇率不断贬值。利率和汇率作为金融市场上重要的基础变量，其如何受到宏观经济的影响对有效制定市场风险压力测试参数有着重要的参考价值。

通过简单有效的模型刻画宏观变量对利率与汇率的影响，可以为市场风险防范提供直观高效的依据。利率和汇率的时间序列数据往往都呈现出很强的持续性，具有较明显的自回归特征，为此建立ARDL模型，在控制序列本身持续性的同时引入外生变量冲击。

(一) 中美利差与人民币汇率

中泰证券对于汇率情景设置的分析主要集中在美元指数、国际收支及中美利差三个角度。本文以分析中美利差角度为例。

2021 年下半年以来,中美国债收益率利差不断收窄,从短期国债收益率 (1 年期) 到中长期国债收益率 (5 年期和 10 年期) 全体倒挂,降至 10 年以来最低水平 (见表 1)。与此同时,人民币对美元汇率不断贬值,2022 年 10 月 18 日,人民币即期离岸汇率突破 7.2 关口。理论上,长期经济增长表现对汇率具有正向影响,短期内中美利差对汇率具有负向影响。因此,中泰证券建立了人民币即期离岸汇率的 ARDL 模型,考察中美十年期国债收益率利差对人民币汇率的影响。结果显示,中美利差对汇率有显著的负向影响,脉冲响应分析表明半年内中美利差降低 100 个基点对人民币汇率 (美元兑人民币) 的冲击分别为 -0.033、-0.041、-0.041、-0.039、-0.035 和 -0.032。

表 1　　　　　　　人民币离岸汇率与中美国债收益率利差的相关系数

期限	M1	M6	M12	M36	M60	M84	M120
相关系数	-0.75	-0.70	-0.67	-0.58	-0.47	-0.35	-0.21
p 值	0.00	0.00	0.00	0.00	0.00	0.00	0.01

(二) 工业产出增加值增速与十年期国债利率

一般来说,央行货币政策深刻影响利率期限结构的短端,但对于利率期限结构的中远端,其更多受到市场预期的影响,而央行货币政策的影响则十分有限。现有研究显示,收益率曲线的斜率 (长短期利差) 一方面对经济增长状况有着良好的预测力,另一方面也深受经济增长表现的影响。当经济活动强劲时,通胀预期增加、长期利率倾向于上行;而当经济表现低迷时,通胀预期以及长期利率有所降低。因此,在 ARDL 模型中引入代理经济增长表现的规模以上工业增加值 (IP) 增速,考察经济增长表现对长期利率的影响:

$$Y_{12,t} = 0.1013 + 1.281 Y_{12,t-1} - 0.3118 Y_{12,t-2} + 0.0303 IP_t - 0.0296 IP_{t-1}$$

结果显示,规模以上工业增加值增速对十年期国债收益率具有显著的同期正向影响,规模以上工业增加值增速每增长 1 个百分点会抬高十年期国债收益率 3 个基点。

中泰证券通过构建市场风险因子监测指标体系,并根据其历史表现及公司管理需要制定了压力测试触发机制。在压力情景设置时充分考虑市场压力引起的金融资产联动的影响,同时参考投资部门在相似历史情景下的交易行为,推导同期资产敏感度因子的变化可能,合理调整不同情景下敏感度因子的阈值 (比如调整久期、DV01 的变化等,避免忽略同等规模下加息对于长久期策略的额外影响),提高压力测试情景设置的有效性。

三、信用风险压力测试

在信用风险压力测试上一直存在两个难点:一是如何科学、全面地确定压力测试情景;二是如何在证券公司众多业务中保证压力测试情景和方法的统一。

首先,解决如上两个问题的基础是证券公司必须建立统一的内部评级体系。中泰证券融合银行、咨询公司等机构相关经验,建立了一套覆盖公司主要信用风险业务的内部评级体系。目前,公司内部评级数据库已经覆盖债券投资、交易对手、融资融券、股票质押等业务,并将全量市场主体根据行业属性划分为24个中泰自定义行业,积累了数千家发行人、交易对手等市场主体样本和20余万条有效数据。至此公司在主要信用风险业务上实现了客户、交易对手、发行人评级全覆盖,为后续精准定量开展压力测试夯实了基础。

其次,证券公司应建立一套统一的信用风险压力测试方法,包括触发情景、传导路径、结果应用。中泰证券结合实践经验建立了信用风险情景库,情景库包括宏观情景、境内大事件、境外大事件、公司重大事件、常规情景;结合各项业务与情景库的关系,建立情景库与业务情景及参数的传导路径,在业务内部基于情景参数,参考《巴塞尔协议》内部模型法理论形成以计量压力情景下信用风险违约暴露(EAD)、违约损失率(LGD)、违约概率(PD)为核心,进而实现测算预期损失、经济资本的信用风险压力测试体系;测试结束后,将测试结果应用于指导资产配置、指导业务进行风险处置、前瞻性测算风险损失等情景。

中泰证券选取 GDP、CPI、M2、汇率、利率、证券指数等多个重要宏观因子,在剔除相关关系明显的部分因子后,形成对应宏观因子库。基于历史极端情况下宏观因子变动,将10%、5%、1%历史数据分位点作为轻度、中度、重度宏观压力情景,并将以上情景作为各业务压力测试的统一情景;具体业务需要在统一情景基础上进行特殊调整,比如债券交易,需要在宏观因子基础上考虑特色因子以及特殊因素,根据综合因子结果确定内部评级的调整方向(见图2)。

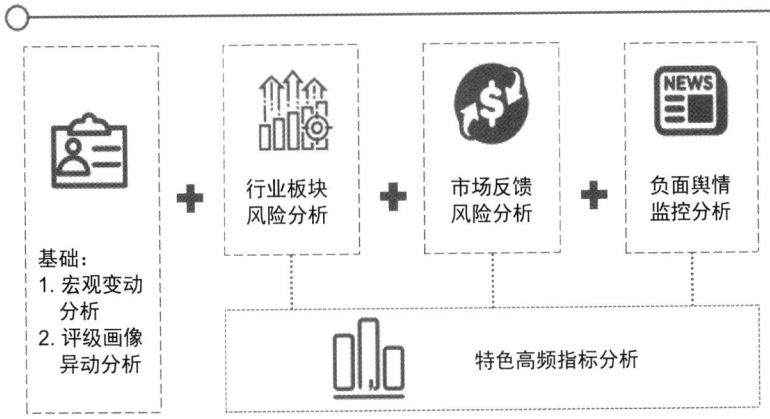

图 2 中泰证券信用风险压力测试体系

宏观压力情景设置好后,其变动影响需传导至具体承压指标,选取违约概率和违约暴露作为承压指标。

违约概率传导路径方面,结合客户、交易对手、发行人信用评级对应的违约概率,利用

Wilson 模型建立宏观因子与违约概率的传导关系，形成完整的轻度、中度、重度压力情景下各风险等级对应的调整后违约概率矩阵。

信用风险违约暴露传导路径方面，基于证券指数（如中证 500）宏观因子，利用其与其他指数或个股的相关关系，得到具体业务对应标的在轻度、中度、重度压力情景下的变动情况，根据具体业务开展情况，单独计算信用风险违约暴露情况。假定违约损失率保持不变，利用以上分析得到的违约概率、信用风险违约暴露，可以有效完成信用风险压力测试；尤其是针对场外衍生品类业务，中泰证券根据《巴塞尔协议》III 内部模型法设计预期损失、非预期损失计算标准，并基于其计算风险调整资本回报率：

$$UL = EAD \times \left\{ LGD \times N\left[\sqrt{\frac{1}{1-R}} \times G(PD) + \sqrt{\frac{R}{1-R}} \times G(0.999)\right] - PD \times LGD \right\} \times \left\{ \frac{1}{1-1.5 \times b} \times [1 + (M - 2.5) \times b] \right\}$$

最后，中泰证券根据压力测试结果的严重程度，按照分级授权原则将压力测试结果传递至相应管理层级应用于决策。

以上是中泰证券完整的信用风险压力测试过程，在不断使用的验证过程中，也发现一些不足，并建立了压力测试补充措施。例如，统一的压力情景可能并不适用于单独业务，专项业务压力应作为必要补充手段，设置单独的压力情景，可以展示极端情况对应业务的风险状况。另外，违约损失率是否需要考虑压力情景的影响仍存在争议，这需要在未来长期实践中不断去验证、调整。

证券公司从业人员执业领域违法犯罪及风险防范研究

中信证券股份有限公司　北京市天同律师事务所*

一、证券公司从业人员执业领域违法犯罪的现状与特点

（一）证券公司从业人员的范围

当前有关证券公司从业人员管理的规定①具有如下特点：一是"工作人员"比"从业人员"包括的范围更大；二是若管理对象为"人"，"从业人员"的使用频率高于"工作人员"，若管理对象为"事"，则相反；三是法律法规发布时间越晚，使用"从业人员"的频率越高。

本文认为有必要将证券公司从业人员进一步细分为管理类（包括董事、监事、高级管理人员、分支机构负责人和其他管理类人员）和业务类（包括投行、投资交易、资管、财富管理、投资咨询等业务人员）两个类型，分别对这两类不同从业人员的典型犯罪案件进行研究。

---

* 本文为中国证券业协会2022年优秀课题。课题负责人：张国明，中信证券股份有限公司合规总监、法律部行政负责人；周卫青，北京市天同律师事务所合伙人。课题组成员包括：徐伟、刘洋、沈永东，均供职于中信证券股份有限公司法律部；田园，供职于北京市天同律师事务所；张静，供职于广发证券股份有限公司合规与法律事务部；李俊琼，供职于东莞证券股份有限公司合规管理部；孙凌晨，供职于安信证券资产管理有限公司合规部；郑玉，供职于君合律师事务所；李元双，供职于开源证券股份有限公司合规法律部；丁丽琴，供职于德邦证券股份有限公司合规管理部；牛颖颖，供职于西南证券股份有限公司合规部；邢平，供职于中天证券股份有限公司合规法律部；包嘉佳，供职于长城证券股份有限公司法律合规部。

① 如依据中国证券业协会2022年发布的《证券公司董事、监事、高级管理人员及从业人员管理规则》第二条第三款的规定，"从业人员"是指在证券公司从事证券业务和相关管理工作的人员，包括从事证券经纪、证券投资咨询、与证券交易及证券投资活动有关的财务顾问、证券承销与保荐、证券融资融券、证券自营、证券做市交易、证券资产管理等业务和相关管理工作的人员。依据中国证券业协会2021年发布的《证券公司声誉风险管理指引》第三十三条的规定，"工作人员"是指以公司名义对外展业的人员，包括与公司建立劳动关系的正式员工、与公司签署委托协议的经纪人、劳务派遣至公司的客服人员等。

（二）证券公司从业人员犯罪的特点

本文通过公开途径搜集到自 2000 年至今涉及证券公司从业人员违法犯罪的案件共计 99 起[①]，总结发现证券公司从业人员犯罪特点如下：第一，案件数量波动上升（见图 1）；第二，罪名分布相对集中（见图 2）；第三，共同犯罪比例较高；第四，普遍依附业务犯罪。

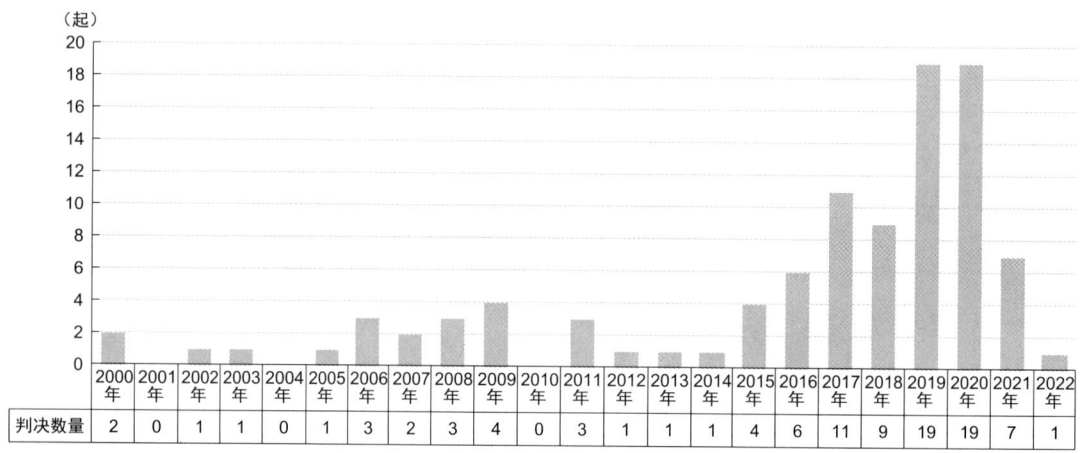

图 1　证券公司从业人员涉刑事犯罪数量分布

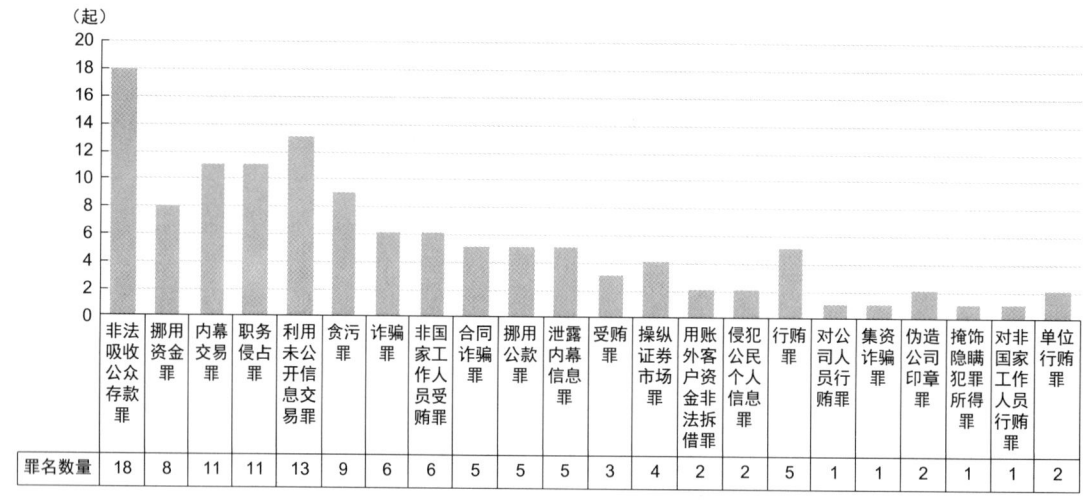

图 2　证券公司从业人员涉刑事犯罪罪名分布

---

① 该 99 起案件既包括已经公开的判决，也包括没有公开判决但有新闻报道的案件，对于存在同案犯（共同犯罪）的，计为一起案件。尽管最高人民法院自 2016 年开始，要求人民法院在互联网公布裁判文书，但实际上判决书并未被全部公布，刑事案件的判决书公开并不完全；并且，2016 年之前已经生效的裁判文书，也不一定被全部公布。因此，本文的统计并不周全，但现有案件可在一定程度上反映出实际情况，作为研究样本仍有较大的研究价值。

二、证券公司从业人员执业领域违法犯罪规制现状

(一) 证券公司从业人员执业领域犯罪的刑事规制现状

《刑法》统一规定了犯罪行为构成要件及其法律后果，是定罪量刑最重要的依据。实践中，司法解释、刑事政策与典型案件在证券公司从业人员执业领域违法犯罪的定罪量刑方面亦起到不可忽视的作用①。

就犯罪构成而言，本文总结发现证券公司从业人员执业领域犯罪在主体、客体、刑事责任方面具有如下特征：第一，该等犯罪大多属于身份犯②；第二，犯罪客体为我国市场经济秩序③；第三，刑事责任主刑基本采用自由刑，以罚金刑为附加刑。

(二) 证券公司从业人员行政违法与刑事犯罪的衔接

本文总结发现证券公司从业人员行政违法与刑事犯罪的衔接主要有四点：第一，主体衔接。行政处罚的对象基本不会超出《刑法》规定的范畴④。第二，实体衔接。或反映于行政规章⑤，或是刑事责任的认定依赖行政法律法规⑥。第三，程序衔接。行政违法未必构成刑事犯罪，刑事犯罪未必以行政处罚为前提。第四，惩罚衔接。《证券法》规定了警告、罚款、没收违法所得等行政处罚，《刑法》主要规定了徒刑、罚金刑和没收违法所得等。

(三) 证券公司从业人员犯罪的域外刑事规制情况

在证券市场较为发达的法域，其立法多为单行法案⑦，且集行政、刑事、民事等制裁手段一体。

---

① 规范证券公司工作人员执业领域犯罪相关的文件包括：《最高人民法院、最高人民检察院、公安部、中国证券监督管理委员会关于印发依法从严打击证券犯罪典型案件的通知》《中共中央办公厅、国务院办公厅关于依法从严打击证券违法活动的意见》《最高人民检察院、证监会联合发布12起证券违法犯罪典型案件》《最高人民法院发布7件人民法院依法惩处证券、期货犯罪典型案件》《最高人民法院、最高人民检察院关于办理操纵证券、期货市场刑事案件适用法律若干问题的解释》《最高人民法院、最高人民检察院关于办理利用未公开信息交易刑事案件适用法律若干问题的解释》《最高人民法院、最高人民检察院关于办理内幕交易、泄露内幕信息刑事案件具体应用法律若干问题的解释》《最高人民法院、最高人民检察院关于办理证券期货违法犯罪案件工作若干问题的意见》等。

② 又可细分为三类：一是因其属于特定金融机构的从业人员，具有特定从业资格可能构成刑法分则规定的相关罪名，如《刑法》第一百八十条第四款规定的利用未公开信息交易罪，第一百八十一条第二款规定的诱骗投资者买卖证券、期货合约罪。二是因其从业人员的特定身份产生的职务便利条件而可能构成的罪名，如《刑法》第一百八十条规定的内幕交易、泄露内幕信息罪。三是因其履行特定职责可能构成的罪名，如《刑法》第二百二十九条规定的提供虚假证明文件罪，于证券公司而言，主体限于履行保荐工作职责的从业人员。

③ 具体体现在刑法分则第三章"破坏社会主义市场经济秩序罪"中的"妨害对公司、企业的管理秩序罪""破坏金融管理秩序罪"以及"扰乱市场秩序罪"等罪名中。

④ 如《刑法》规定"从业人员"为犯罪主体的罪名仅有两个：一是利用未公开信息交易罪；二是诱骗投资者买卖证券、期货合约罪。

⑤ 行政规章中的"违反本规定的，证监会及其派出机构将视情况依法采取监管措施。违反法律法规的，依法进行行政处罚。构成犯罪的，移送司法机关处理"或类似表述。

⑥ 如《刑法》第一百八十条规定的内幕交易、泄露内幕信息罪，犯罪主体为证券、期货交易内幕信息的知情人员或者非法获取证券、期货交易内幕信息的人员。内幕信息、知情人员的范围，依照法律、行政法规的规定确定。

⑦ 此处论述是就美国整体法律特征而言，路易斯安纳州虽属美国领土，但该地区却存在明显的大陆法系法典化传统，因不涉及美国证券犯罪规范体系问题，本文不再详述。

以美国为例，其主要通过三种途径完成证券违法的制裁，即美国证券交易委员会（SEC）①、自律组织制裁②、当事人单独发起民事诉讼或参加代表人诉讼。此外，控辩双方常常达成"辩诉交易"以求尽快结案③。相比之下，我国对该类犯罪的刑事起诉率和定罪率都显著更高，打击力度更大④。

三、证券公司管理类从业人员执业领域违法犯罪分析

本文在公开途径共检索到 55 起证券公司管理类人员刑事犯罪案件（见图 3）⑤，依其职务可进一步区分如下（见图 4）。

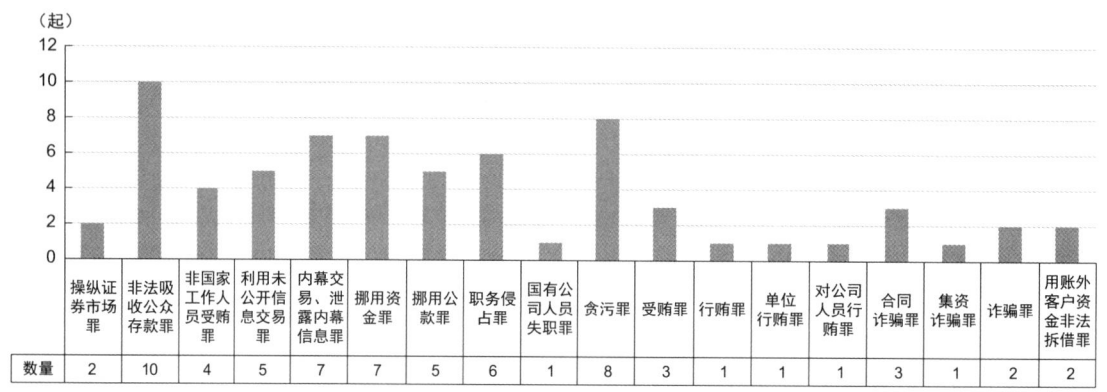

图 3　证券公司管理类人员涉刑事犯罪罪名分布

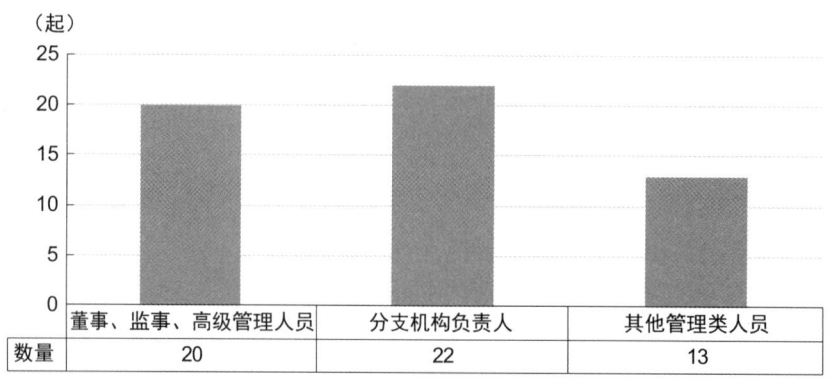

图 4　证券公司管理类人员涉刑事案件数量分布

---

① SEC 对证券违法行为予以调查并向法院起诉，或在其职权范围内予以处罚。但是 SEC 的处罚权是一种准司法权，更严厉的制裁手段只能通过向法院起诉、借助司法权才能实现。
② 由纽约证券交易所与纳斯达克等自律组织根据章程，对违法成员给予相应处分。
③ 美国证券交易委员会为尽快制裁证券公司，证券公司为尽快消除事件影响，双方出于不同目的都乐于接受辩诉交易或刑事和解。而且，很多证券公司、投资银行都储备大量风险准备金，以化解可能的诉讼风险。
④ 参见顾肖荣、陈玲：《惩治证券犯罪效果的反思与优化》，载《法学》2012 年第 10 期。
⑤ 在 55 起案件中，证券公司管理类人员涉及的刑事罪名有 20 多个，主要集中在《刑法》规定的"妨害对公司、企业的管理秩序罪"（第三章第三节）、"破坏金融管理秩序罪"（第三章第四节）、"侵犯财产罪"（第五章）、"贪污贿赂罪"（第八章）等章节，主要罪名包括内幕交易罪、利用未公开信息交易罪、非法吸收公众存款罪、挪用公款罪、挪用资金罪、职务侵占罪、贪污罪、受贿罪、非国家工作人员受贿罪等。

（一）证券公司董、监、高人员违法犯罪分析

就行为主体而言，在20起有效案例中，行为人犯贪污罪、内幕交易罪的数量最多，其次是犯非法吸收公众存款罪、受贿罪，而犯其他罪的数量均为1。这些罪名对于行为主体的身份均有特殊要求①，或为国家工作人员，或为其他证券公司从业人员，并且行为人均是在证券公司具有实际管理权力或者职责的人员，犯罪与其职务密切联系②。

就犯罪行为而言，行为人多利用其管理职务的便利实施犯罪，借机为自己牟利。如在吴某内幕交易罪一案中，吴某作为某证券公司副总裁，参与某公司资产重组项目，利用重组内幕信息，通过其实际控制的证券账户买入该公司股票，售出后非法获利702万余元③。

就刑事责任而言，证券公司董、监、高人员的刑事责任主要集中于有期徒刑、罚金刑，也有案件涉及没收财产、死刑和剥夺政治权利的刑罚④。

（二）证券公司分支机构负责人违法犯罪分析

就行为主体而言，在22起有效案例中，罪名集中于挪用资金罪和挪用公款罪、贪污罪，其次是非法吸收公众存款罪、合同诈骗罪、职务侵占罪、用账外客户资金非法拆借罪等，具有明显的分支机构的特殊性⑤。

就犯罪行为而言，由于证券公司分支机构直接面对广大客户、投资者，在证券公司内控、财务管理制度不健全的情况下，行为人通常将犯罪手段包装为与证券公司或者其分支机构有关的业务形式⑥。

就刑事责任而言，分支机构负责人被处以的刑罚仍然集中于有期徒刑和罚金刑，较少被处以没收财产刑，但其中有3起案件分支机构负责人被判处无期徒刑，并被剥夺政治权利终身，并有1起被判处死刑并执行的案件。

（三）证券公司其他管理类人员违法犯罪分析

就行为主体而言，在13起有效案例中，行为人担任的证券公司管理职务几乎均是证券公司的前台业务部门，集中在投资银行部、投资交易部门、财富管理产品销售部门，均为部门或者业务条线负责人、总经理，即"一把手"，直接管理着具体业务。证券公司的其他管

---

① 这类特殊身份要求，是指行为人在身份上的特殊资格，既包括刑法规定的身份犯中作为构成要件要求的自然人具备的特殊身份或者刑罚加重减轻上具有的特殊身份，也包括行为人因所任职务而具有的特殊主体地位。
② 如在胡某等贪污罪、挪用公款罪一案中，胡某担任某证券公司的董事长，该证券公司的性质为全民股份制非银行金融机构。参见胡某贪污罪、挪用公款罪一审刑事判决书，河南省鹤壁市人民法院（2002）鹤刑初字第2号。
③ 吴某内幕交易罪一审刑事判决书，北京市第二中级人民法院（2019）京02刑初157号。
④ 如在肖某受贿罪、内幕交易罪一案中，肖某的受贿金额被认定为900余万元；在王某贪污罪一案中，王某贪污金额被认定为1 100余万元；在胡某贪污罪、挪用公款罪一案中，胡某的贪污金额为261.8万元。3起案件均属于数额巨大、情节特别严重，符合判处死刑的标准。
⑤ 证券公司分支机构的负责人直接管理着所在证券公司在各地的分支机构。在我国的证券公司中，国有控股或者第一大股东为国有股东的证券公司占多数，相应地，证券公司的主要董事和高级管理人员由国有股东任命、提名、指派的占大多数，因而属于《刑法》规定的"国家工作人员"。但是，证券公司分支机构的负责人通常由证券公司总部任命，不会由证券公司的国有股东任命、提名、指派，因此，较难构成《刑法》规定的"国家工作人员"。
⑥ 如于某合同诈骗罪二审刑事裁定书，辽宁省高级人民法院（2019）辽刑终323号；许某合同诈骗罪二审刑事裁定书，山西省高级人民法院（2017）晋刑终226号。

理类人员和分支机构负责人一样,通常也难以构成国家工作人员,仅有受贿罪要求国家工作人员的身份。

就犯罪行为而言,行为人涉及的罪名较为集中,而犯罪行为更是类似,涉及较多的犯罪行为是内幕交易和利用未公开信息交易①,前者如谢某内幕交易罪一案②,后者如吴某利用未公开信息交易罪一案③。

就刑事责任而言,对其他管理类人员的刑罚措施集中在有期徒刑、罚金刑和没收财产刑,法院在具体案件中适用了一定数量的缓刑。

四、证券公司业务类从业人员执业领域违法犯罪分析

本文共检索到44起有效案例④。结合图5及图6,本文将依据行为人业务内容进一步分析。

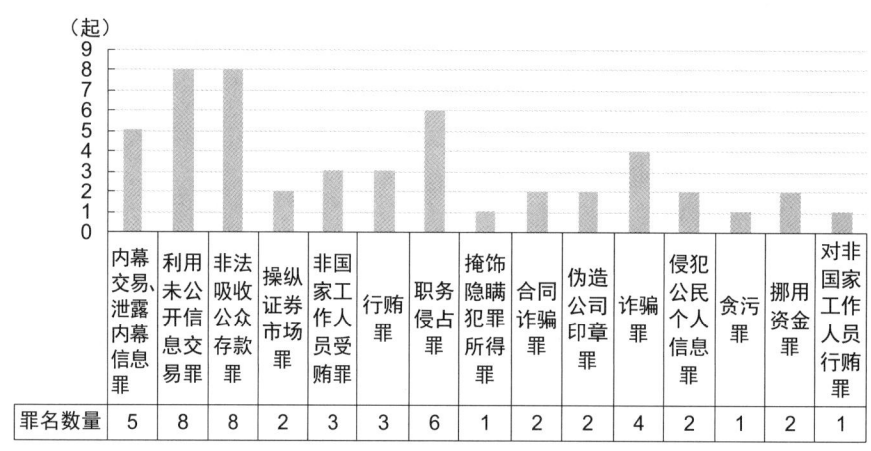

图5 证券公司业务类人员犯罪罪名分布

---

① 内幕交易罪和利用未公开信息交易罪均规定于《刑法》第一百八十条,后者是2009年《刑法修正案(七)》增设的罪名,重点为了打击证券公司等金融机构的从业人员利用职务获悉法定内幕信息以外的其他未公开的经营信息而违反规定从事相关交易活动,谋取非法利益或者转嫁风险的行为,俗称"老鼠仓"的行为。参见王欣元、康相鹏:《利用未公开信息交易罪疑难问题探析》,载《法学》2014年第6期。
② 谢某内幕交易罪一审刑事判决书,上海市浦东新区人民法院(2011)浦刑初字第2738号。
③ 吴某利用未公开信息交易罪一审刑事判决书,上海市第二中级人民法院(2017)沪02刑初35号。该案中,法院查明,吴某利用其对17只集合资产管理计划和4只私募基金所具有的投资指令、投资建议、查询等职务便利,通过其实际控制的在其他证券公司开户的证券账户,先于、同期于或稍晚于上述资产管理计划、私募基金同方向交易相同股票共计47只,趋同交易金额共计人民币1.8亿余元,非法获利共计774万余元。
④ 在44起案件中,虽然证券公司业务类人员涉及的刑事罪名多样,但主要集中在《刑法》规定的"妨害对公司、企业的管理秩序罪"和"扰乱市场秩序罪"(第三章第三节和第八节)、"破坏金融管理秩序罪"(第三章第四节)、"贪污贿赂罪"(第八章)等章节,主要罪名包括内幕交易、泄露内幕信息罪、利用未公开信息交易罪、非法吸收公众存款罪、操纵证券、期货市场罪、职务侵占罪、诈骗罪等。

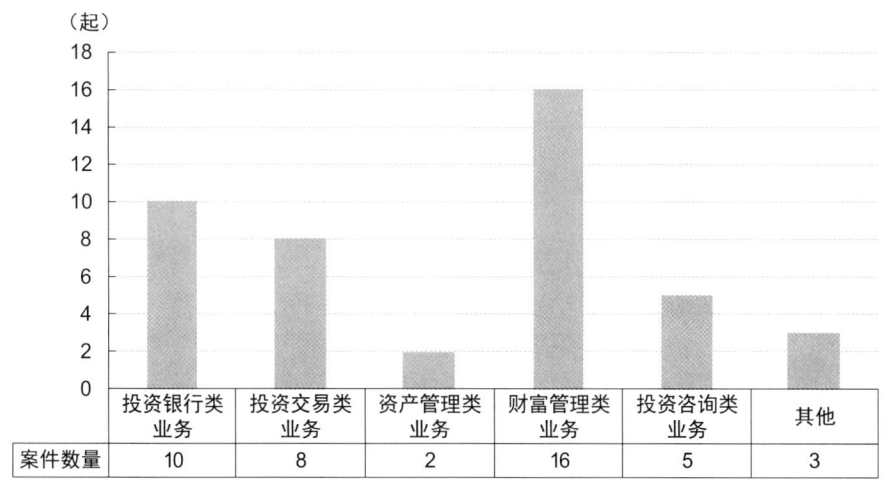

图 6　证券公司业务类人员违法犯罪数量分布

(一) 投资银行类业务人员违法犯罪分析

就行为主体而言，在 10 起有效案件中，4 起案件的行为人犯内幕交易、泄露内幕信息罪，行为人职务分别为证券公司投资银行事业部并购融资二部副总经理[①]、证券公司投资银行部副总监[②]、某项目重组小组工作人员[③]与证券公司上海分公司员工[④]；4 起案件涉及行贿，2 起案件涉及非国家工作人员受贿[⑤]。

就犯罪行为而言，行为人所为基本与其开展或接触的项目密切相关，都有一定的非法所得。如在葛某内幕交易、泄露内幕信息罪一案中，法院查明，葛某利用洽谈并购项目获得的信息，利用其实际控制的胡某证券账户多次买入某通讯公司股票[⑥]。

就刑事责任而言，投资银行类业务人员被处以的刑罚仍然集中于有期徒刑和罚金刑[⑦]，在特定案例中法院宣告行为人从业禁止[⑧]。

(二) 投资交易类业务人员违法犯罪分析

就行为主体而言，在 8 起有效案例中，5 起利用未公开信息交易罪的行为人为自营业务从业人员，如在白某利用未公开信息交易罪一案中，白某为某证券公司投资部业务交易员兼

---

① 葛某内幕交易罪、泄露内幕信息罪一审刑事判决书，重庆市第一中级人民法院 (2016) 渝 01 刑初 131 号。
② 广某内幕交易、泄露内幕信息罪二审刑事裁定书，广东省高级人民法院刑事裁定书 (2018) 粤刑终 1315 号。
③ 刘某内幕交易罪一审刑事判决书，河北省承德市中级人民法院 (2016) 冀 08 刑初 12 号。
④ 宁某等内幕交易、泄露内幕信息罪二审刑事裁定书，上海市高级人民法院 (2020) 沪刑终 71 号。
⑤ 刘某行贿罪一审刑事判决书，江苏省泰州市海陵区人民法院 (2017) 苏 1202 刑初 467 号；冯锦浩：《某证券被立案调查：前主管获刑，IPO 业务蒙阴影》，访问地址：http://finance.sina.com.cn/stock/quanshang/qsyj/2018-09-12/doc-ihiycyfx8059270.shtml?source=cj&dv=2，最后访问日期：2022 年 10 月 26 日；马某非国家工作人员受贿罪二审刑事裁定书，广东省深圳市中级人民法院 (2020) 粤 03 刑终 1615 号。
⑥ 葛某内幕交易罪、泄露内幕信息罪一审刑事判决书，重庆市第一中级人民法院 (2016) 渝 01 刑初 131 号。
⑦ 如马某非国家工作人员受贿罪二审刑事裁定书，广东省深圳市中级人民法院 (2020) 粤 03 刑终 1615 号；又如刘某行贿罪一审刑事判决书，江苏省泰州市海陵区人民法院 (2017) 苏 1202 刑初 467 号。
⑧ 宁某等内幕交易、泄露内幕信息罪二审刑事裁定书，上海市高级人民法院 (2020) 沪刑终 71 号。

投资决策委员会秘书①，在 2 起职务侵占罪案件中行为人为证券公司固定收益部交易员②，在杨某等挪用资金罪、对非国家工作人员行贿罪一案中，杨某为某证券公司固定收益部董事总经理③。

就犯罪行为而言，由于投资业务管控体系较为成熟，加之当前监管部门通过新技术和新方式增强打击力度，故投资业务人员未有涉及内幕交易罪的案件，更多的是利用未公开信息交易罪。如在白某利用未公开信息交易罪一案中④，白某在获取公司交易指令后，违反规定于当天或第二天、第三天使用其父白某 2、母董某和妹妹白某 1 的证券账户进行趋同交易。

就刑事责任而言，投资交易类业务人员被处以的刑罚仍然集中于有期徒刑和罚金刑。

（三）资产管理类业务人员违法犯罪分析

就行为主体而言，2 起有效案例均涉利用未公开信息交易罪，其中行为人分别是理财投资部投资经理⑤、证券公司研究员和投资经理助理⑥。

就犯罪行为而言，由于资管业务的主要特点决定了其对于投资者而言具有一定的黑箱效应，在产品的投资运作过程中，极大依赖从业人员的职业道德和职业操守，故行为人均系违反了相应义务⑦。

就刑事责任而言，本文检索到的资产管理类业务人员违法犯罪的刑罚均为有期徒刑和罚金刑，其中刘某被判处有期徒刑 3 年，缓刑 3 年，并处罚金 140 万元，杜某被判处有期徒刑 1 年 6 个月，并处罚金 1 000 元。

（四）财富管理类业务人员违法犯罪分析

就行为主体而言，在 16 起有效案例中，行为人主要涉及 7 种罪名，最多的是非法吸收公众存款罪和诈骗罪，其次是职务侵占罪。在财富管理业务中与客户密切接触和联系的营销人员、客户服务人员以及其他业务人员存在涉及营销、服务等领域的违法犯罪行为的情况⑧。

就犯罪行为而言，行为人多利用其了解客户的便利虚构各类金融产品投资信息，以高额回报诱导投资者投资，或是非法占用使用相关投资者的投资款，或是挪用客户资金导致重大

---

① 白某利用未公开信息交易罪一审刑事判决书，广东省深圳市中级人民法院（2018）粤 03 刑初 681 号。
② 杨某等职务侵占罪一审刑事判决书，江苏省徐州市泉山区人民法院（2018）苏 0311 刑初 94 号；张某等职务侵占罪一审刑事判决书，江苏省徐州市泉山区人民法院（2018）苏 0311 刑初 391 号。
③ 杨某等挪用资金罪、对非国家工作人员行贿罪二审刑事判决书，辽宁省本溪市中级人民法院（2014）本刑二终字第 00104 号。
④ 白某利用未公开信息交易罪一审刑事判决书，广东省深圳市中级人民法院（2018）粤 03 刑初 681 号。
⑤ 杜某利用未公开信息交易罪二审刑事裁定书，广东省高级人民法院（2020）粤刑终 436 号。
⑥ 刘某利用未公开信息交易罪一审刑事判决书，辽宁省朝阳市中级人民法院（2018）辽 13 刑初 36 号。
⑦ 如在杜某利用未公开信息交易罪一案中，杜某利用担任某证券公司资产管理总部投资部投资经理的职务便利，利用其负责管理的 26 个定向资产管理业务账户股票交易的非公开信息，操作 8 个账户同期或稍晚于其管理的定向资产管理业务账户交易相关股票，趋同交易股票 116 只，交易金额计约人民币 49 255.4 万元，亏损计约 394.51 万元。参见杜某利用未公开信息交易罪二审刑事裁定书，广东省高级人民法院（2020）粤刑终 436 号。
⑧ 如钱某合同诈骗罪二审刑事判决书，四川省成都市中级人民法院（2020）川 01 刑终 514 号；雒某非法吸收公众存款罪二审刑事判决书，北京市第三中级人民法院（2021）京 03 刑终 341 号。

亏损无法如期偿还①。

就刑事责任而言，在涉诈骗类犯罪中，相关案件的被告均被判处了 10 年以上有期徒刑并被处以罚金刑；在涉非法吸收公众存款罪中，相关案件的刑罚均为有期徒刑并被处以罚金刑。

（五）投资咨询类业务人员违法犯罪分析

就行为主体而言，在 5 起有效案例中，2 起涉及侵犯公民个人信息罪的行为人均为证券公司的投资顾问，而涉及内幕交易罪和利用未公开信息罪的行为人均为证券公司的研究员、分析师。前者行为人的学历均为专科或大专，后者行为人作为证券公司的研究员、分析师，学历则相对较高。

就犯罪行为而言，5 起案件的犯罪行为均具有典型的职务相关特征，行为人或利用职务便利获知内部信息操纵股票或期货交易价格，获取非法利益②，或利用职务便利非法获取客户信息③。

就刑事责任而言，该部分案件中均无重刑④。

五、证券公司从业人员执业领域违法犯罪的主要问题

（一）公司管理方面

当下证券公司内控管理部分环节执行力度尚待加强。以职务侵占罪为例，在行为人虚构第三方签署协议的情景下，若证券公司严审协议，显然能够发现第三方资质不足进而防范犯罪行为发生。

此外，证券行业业务竞争的白热化导致证券公司在从业人员招聘环节更加重视业务能力的考察，缺乏对应聘者不良诚信记录的核实以及潜在道德风险的评估。

---

① 如刘某诈骗罪、非法吸收公众存款罪二审刑事判决书，山东省泰安市中级人民法院（2021）鲁 09 刑终 159 号；如李某诈骗罪二审刑事判决书，天津市第一中级人民法院（2019）津 01 刑终 267 号；又如胡某合同诈骗罪二审刑事判决书，江苏省南京市中级人民法院（2019）苏 01 刑终 572 号。

② 在区某等利用未公开信息交易罪一案中，区某利用担任某证券公司研究员、受公司委派为某基金公司提供证券研究咨询的职务便利，长期向该基金公司的基金经理频繁推荐股票，提出具体买入或卖出的建议。该基金经理则将该基金公司的股票投资决策、交易等未公开信息反馈给区某，区某则利用获取的未公开信息，使用控制的他人账户，先于、同步或稍晚于该基金公司买卖相同的股票，趋同交易金额 2.81 亿余元，非法获利 324.03 万余元。参见区某等利用未公开信息交易罪二审刑事判决书，上海市高级人民法院（2018）沪刑终 95 号。

③ 黄某、曾某侵犯公民个人信息罪一审刑事判决书，湖南省长沙市开福区人民法院（2019）湘 0105 刑初 468 号；梁某等侵犯公民个人信息罪一审刑事判决书，浙江省宁波市海曙区人民法院（2019）浙 0203 刑初 1164 号。

④ 在区某等利用未公开信息交易罪一案中，区某被判处有期徒刑 3 年 6 个月，并处罚金 320 万元。参见区某等利用未公开信息交易罪二审刑事判决书，上海市高级人民法院（2018）沪刑终 95 号。在杨某内幕交易罪一案中，杨某被判处有期徒刑 3 年，并处罚金 5 万元。参见杨某内幕信息交易罪二审刑事判决书，《刑事审判参考》2015 年第 1 集，总第 100 集。在黄某、曾某等侵犯公民个人信息罪一案中，黄某被判处有期徒刑 3 年，并处罚金 1 万元。在梁某等侵犯公民个人信息罪一案中，梁某被判处有期徒刑 1 年 6 个月，并处罚金 1 万元。参见黄某、曾某侵犯公民个人信息罪一审刑事判决书，湖南省长沙市开福区人民法院（2019）湘 0105 刑初 468 号。

（二）行业规制方面

当前证券公司的企业文化、行业文化建设与证券业务的实际发展情况贴合度欠缺，行业合规诚信文化建设相对滞后。随着注册制改革推进和市场的高速发展，证券公司业务量的增长也会导致廉洁从业风险加大。

（三）立法执法方面

现有的法律法规体系、公司规章制度有一定的滞后性，存在监管的空白区域和灰色地带。

与此同时，证券刑事执法有待加强。证券行政执法数量与证券刑事执法数量本应呈正向关系，但实际是多年来证券行政执法的数量远远大于证券刑事执法的数量，证券刑事司法的实例数量相对较少[1]。

六、证券公司从业人员执业领域违法犯罪的防范措施

防范证券公司从业人员执业领域违法犯罪需要证券公司、证券行业及立法司法三方合力。

证券公司方面，尝试构建证券公司内部制度和追责体系，坚持"权责一致、违法必究"；打造证券公司犯罪防线，健全廉洁从业风险防范等机制，及时采取规避措施降低损失；筑牢从业人员道德底线，强化其法治意识，将职业道德和法治文化内化于心、外化于行；完善证券公司薪酬考核及激励机制，从薪资收益方面实施制约。

证券行业层面，拓宽监管部门打击犯罪权限，密切衔接司法程序；发挥行业自律组织犯罪预防作用，加强同执法部门沟通交流；构建从业人员行为监测预警机制，增强对证券公司从业人员违法犯罪行为的"围猎"力度。

立法司法视角，应优化证券犯罪的管辖机制和办案机构，统筹建立证券期货领域刑事、行政、民事案件的管辖和审理的联动机制；完善证券犯罪的立法体系与司法体系，统一金融犯罪的解释体系和法律适用；整合资本市场的追责体系和行刑衔接，拓宽投资者维权途径、优化维权程序。

---

[1] 根据本文统计，自 2000 年至今长达 20 余年时间，可检索到的证券从业人员执业领域刑事犯罪数量并不多，虽然存在一些案件未被公开的原因，但也可以表明涉及证券公司从业人员的刑事执法数量相对较少。

基于同群效应的上市公司财务舞弊的识别及防范研究

海通证券股份有限公司　复旦大学经济学院*

一、研究背景及研究目标

(一) 上市公司财务舞弊引发的风险和影响现状

历史上,典型的财务舞弊事件在国内外均屡见不鲜,安然(Enron)、世通(WorldCom)、环球电讯(Global Crossing)等事件都是国外市场耳熟能详的财务舞弊案件,而中国作为蓬勃发展的新兴市场,财务舞弊事件同样受人关注。近些年,瑞幸咖啡、獐子岛、康美药业等事件都造成了极为恶劣的影响。据媒体[①]不完全统计,仅在2021年,就有32家上市公司因财务舞弊被中国证监会实施行政处罚,其中深市主板17家,沪市主板9家,创业板6家。尽管各国政府、监管机构及专业组织一直努力采取多种措施遏制财务舞弊行为,但在巨大造假利益的诱惑和驱动下,财务舞弊行为仍呈现屡禁不止、手段日新的态势,给各相关方在识别、监测、防范财务舞弊行为上不断带来新的挑战。

因此,研究上市公司舞弊决策的潜在原因、提高财务舞弊的识别效率,对于治理和防范舞弊行为、保护投资者利益、维护资本市场稳序运行至关重要,有助于提升上市公司质量,充分发挥资本市场"晴雨表"功能。

(二) 上市公司财务舞弊识别方面的主要痛点

从财务舞弊识别方法的发展脉络来看,"专家循证"和"基于金融科技的专家规则"一脉相承,而"基于金融科技的机器学习技术"则是在人工智能领域的拓展应用,三者之间

---

* 本文为中国证券业协会2022年优秀课题。课题负责人:杜洪波,海通证券股份有限公司首席风险官。课题组成员包括:刘庆富,复旦大学经济学院教授,复旦—斯坦福中国金融科技与安全研究院执行院长;郑凯鑫,复旦大学博士;王岗、陆颂华、王晓平、张闻达、苏文博、马浩、章文利,均供职于海通证券股份有限公司。

① 参见《加强上市公司内部风控 提升市场信息披露质量》,中国经济网官方网址:http://views.ce.cn/view/ent/202204/10/t20220410_37475820.shtml,最后访问日期:2022年10月13日。

的关系可以理解为既层层递进又紧密相连。然而，在实际应用中，三者均有各自的应用难点和痛点。

"专家循证"模式下的舞弊识别，主要依托于财务专家经验判断、审计规范和程序来执行，主要难点表现为成本高、识别工作效率低下，对专业分析能力的依赖程度高。对于"基于金融科技的专家规则"技术，其虽然在舞弊识别的专业能力、工作效率上有所提升，但仍面临着在识别的全面性和前瞻性上存在局限性、财务异常点识别有效性不足等问题和挑战。对于"基于金融科技的机器学习技术"，其虽然在财务舞弊识别的前瞻性和准确性等方面有明显的提升，但是现阶段的研究还是以初阶算法为主，算法的不同方面均存在提升空间。更重要的是，现有研究和行业实践并没有深究舞弊行为更为底层的发生机理，如公司间财务舞弊行为的交互作用，而这些内在机理往往对舞弊识别有重大帮助。

（三）本文研究目标

针对上述财务舞弊识别存在诸多痛点问题，本文主要研究目标及内容如下：

第一，本文提出了财务舞弊测度的5S、FFPI和CCFI方法。其中，5S方法能够刻画财务舞弊相关事件的异质性，FFPI方法能够反映潜在的尚未揭露的财务舞弊行为，CCFI方法则综合了5S方法和FFPI方法的优点。第二，本文构建了以经营范围相似度为基础的上市公司关联网络，并基于此构建了财务舞弊行为在同群上市公司之间传导的理论模型，深刻揭示了财务舞弊传导作用存在的内在机理。第三，本文构建了SG—SAL财务舞弊识别模型，该模型包含底层机器学习算法和顶层机器学习算法两层结构，能够更好地识别上市公司的财务舞弊行为。

二、上市公司财务舞弊的内涵和测度

上市公司财务舞弊的测度是识别的前置性问题。在财务舞弊定义上，需要区分舞弊行为和现象。简而言之，财务舞弊现象是已经被揭露出来的财务舞弊行为，具体重合比例取决于社会的信息透明度。本文关注的重点为更为本质的财务舞弊行为。

（一）财务舞弊行为的内涵及异质性

要判断一家公司是否存在财务舞弊行为，需要从其被揭露的过程入手，揭露单位可以是各类利益及非利益相关方。但舞弊定性须以监管机构认定为准，新闻媒体等可能存在一定的误导性。因此，本文所论及的财务舞弊行为认定以中国证监会和证券交易所的公告为准。

此外，不同类型的监管措施实质反映了舞弊的严重程度，对上市公司股价的冲击程度也存在异质性。表1展示了各类型监管措施的事件数及占总财务舞弊事件数的比例。

表1　　中国证监会和证券交易所各类型监管措施的事件数和占比

监管措施	事件数（起）	占总样本比例（%）
财务舞弊（总样本）	5 823	100
其中，证监会监管措施	2 539	43.60

续表

监管措施	事件数（起）	占总样本比例（%）
市场禁入	164	2.82
行政处罚	993	17.05
非行政处罚性监管措施	1 382	23.73
证券交易所监管措施	3 284	56.40
纪律处分	798	13.70
自律监管措施	2 486	42.70

资料来源：国泰安 CSMAR 数据库中的上市公司违规信息，时间跨度为 2000 年 1 月 1 日至 2020 年 12 月 31 日。

本文将上市公司财报根据涉及财务舞弊的严重程度分为：正常类、关注类、一般欺诈类、严重欺诈类、恶劣欺诈类五种类型。此级别划分又称为五级事件严重性划分指标5S。

（二）财务舞弊行为的测度

目前，已有较多文献探讨了新闻媒体在发挥公司外部治理机制方面的作用。因此，可将新闻媒体报道作为测度财务舞弊行为的来源之一，实现传统二值划分中"0"这一端的拓展。如某上市公司当期和财务舞弊相关的新闻报道数量越多，则认为其存在舞弊的嫌疑越大。本文基于新闻媒体报道数量构建了"财务舞弊行为倾向性指数"（Financial Fraud Propensity Index，FFPI）。

FFPI 的构建过程包括数据来源选定、术语集确定、模型计算等步骤。FFPI 的具体计算见式1。

$$FFPI_{it} = \frac{\#fraud_{it}}{\#total_{it}} \times 100 \tag{1}$$

式中，$\#fraud_{it}$ 为上市公司 i 在 t 时期和财务舞弊相关的新闻报道数量，$\#total_{it}$ 为上市公司 i 在 t 时期所有新闻报道数量。

为解决新闻报道因媒体权威性和内容相关性不同使准确性存在差异这一问题，本文又进一步将上文提到的财务舞弊行为五级分类（5S）和财务舞弊行为倾向指数（FFPI）进行结合，构建了综合性财务舞弊行为指数（Comprehensive Financial Fraud Index，CFFI），见式2。

$$CFFI_{it} = (1 + S_{it}) \times FFPI_{it} \tag{2}$$

上式中，$FFPI_{it}$ 为财务舞弊行为倾向指数，S_{it} 为上市公司 i 在 t 时期对应的财务舞弊严重程度乘子，代表财务舞弊行为的级别。S_{it} 的取值分别对应财报五级分类——正常类、关注类、一般欺诈类、严重欺诈类、恶劣欺诈类。

三、财务舞弊行为和同群上市公司关系

上市公司的财务舞弊行为除了和自身的一些特征因素有关以外，还会受到其他上市公司的财务舞弊行为影响，本部分将探讨财务舞弊行为在同群上市公司之间的传导效应。其中，同群上市公司代表了经营业务相似度较高的上市公司组成的群体。本文采用经营业务文档的相似度构建上市公司之间的关联网络，并用复杂网络中的社团划分算法识别同群和异群的上

市公司。在此基础上构建财务舞弊行为在同群上市公司内部传导的理论模型,并通过实证检验同群效应是否存在。

(一) 基于文档相似度检验和复杂网络技术的上市公司群体划分

本文基于文档相似度分析和复杂网络技术中的社团识别方法,重新对上市公司进行同群企业划分。具体地,先根据上市公司年报中的经营业务概要文本构建上市公司相似度矩阵,而该相似度矩阵可以转化为加权网络图,再利用一种复杂网络技术中的社团识别方法——CNM算法进行社团识别,最后得到不同的企业群体,我们把隶属于同一社团的上市公司定义为同群企业。

(二) 上市公司的同群识别结果

如果多个上市公司在经营范围上具有高度的相似性,那么在上市公司关联网络中就表现为小范围聚集的高密度连接关系,这些小范围聚集的上市公司节点就组成了不同的群体。本部分将基于上述模型,采用CNM算法来对上市公司进行群体划分,进而识别出同群企业。图1展示了2000年、2004年、2008年、2012年、2016年和2020年上市公司关联网络的群体划分结果,不同的灰度表示不同的群体。可以发现,网络图中存在的多个连边密度较高的区域有着不同的灰度,而连边密度较低的区域灰度比较混杂,说明直观来看,CNM算法对于上市公司关联网络的群体划分具有较好的效果。

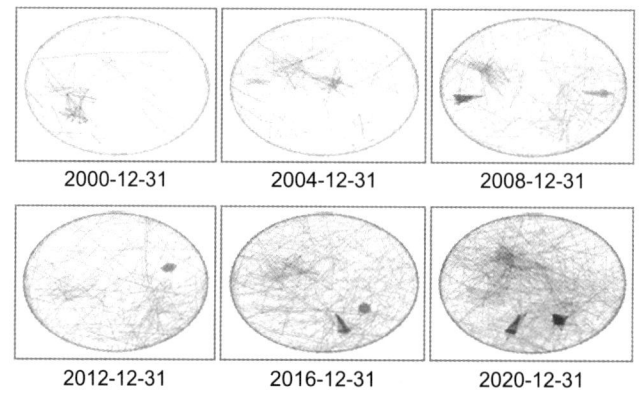

图1 上市公司关联网络基于CNM算法的群体划分结果示意

注:时间跨度为2000—2020年,示意图每隔4年展示。

(三) 财务舞弊行为在同群上市公司内部传导

要检验同群效应的存在性,需要考察上市公司的财务舞弊行为是否对同一群体内的其他上市公司的财务舞弊行为造成影响。例如,中美贸易摩擦使得家用电器等低端制造业的出口受到影响,一方面,对于美国市场依赖程度较高的中国企业在经历业绩大幅下滑后,可能会实施财务舞弊来粉饰业绩;另一方面,如果该企业发现或者预期同为家用电器生产的其他企业在业绩下滑后通过财务粉饰获得市场融资等不正当的竞争优势,那么也会实施财务舞弊来虚增业绩,从而避免陷入竞争劣势的局面。

实验表明，财务舞弊行为的同群效应确实存在，并且这种同群效应表现为相互促进的传染效应：某上市公司实施财务舞弊行为会导致同一群体内另一家上市公司实施财务舞弊行为，后者的财务舞弊行为又会反过来促进该公司或传导到其他上市公司。此外，这种财务舞弊行为并非需要被公开揭露或者被监管机构处罚才算定性，一些尚未形成广泛共识的财务舞弊端倪或者行业内的"潜规则"都可能增加上市公司实施财务舞弊行为的可能性。

四、基于上市公司同群效应和机器学习算法的财务舞弊行为识别

（一）财务舞弊识别模型的输入变量

本文构建了如表2所示的财务造假风险因子库，该因子库包括15个财务因子、13个治理因子、8个市场因子和3个情绪因子，总共39个因子，这些因子被证明具有很好的对财务造假行为的解释力度，作为本文的基础特征集。

表2　　　　　　　　　　　　部分财务舞弊风险因子的特征集

类别	符号	定义
财务因子	Lev	负债率，负债总额/股权价值
	ROA	资产收益率，净利润/总资产
	ROE	股权收益率，净利润/净资产
	2yLoss	是否持续两年亏损，是取1，否取0……
治理因子	TopHold	第一大股东持股比率
	Board	董事会规模，即董事会成员的人数
	IndDrc	独立董事占比，即独立董事人数占董事会规模的比例
	3yBC	过去3年是否更换过董事会成员……
市场因子	MrkVal	财报时期内的平均市值
	PE	财报时期最后一天的市盈率
	AnnRet	股票在财报时期内的年化收益率……
情绪因子	NewsSent	财务时期内负面新闻报道的数量，负面新闻的判断标准为情绪得分小于0.5……

从三个角度对上市公司的特征集进行优化：第一，比较上市公司和同群内其他上市公司在某一财务舞弊风险因子上的差异；第二，比较上市公司当期某一财务风险因子和上期该财务风险因子的变化；第三，同时考察年度财务报告和季度财务报告的财务舞弊风险因子。

（二）财务舞弊识别模型的选择与优化

本文使用了一种基于堆叠泛化和半监督适应性学习的融合算法（简称为"SG-SAL算法"），结合了堆叠泛化算法和半监督适应性学习各自的优点，并同时解决两种算法中一些参数设定过于主观的问题。SG-SAL算法的实现主要包括如下四个步骤，每个步骤都会产生一次训练集的拟合结果和测试集的识别结果，并以上一次的识别结果更新原数据集作为下一步骤模型训练学习的输入。

步骤1：多类学习算法预测。

步骤 2：集成整合识别结果。

步骤 3：反馈更新训练集。

步骤 4：循环迭代预测。直至满足结束循环条件，输出最后的识别结果。

SG-SAL 财务舞弊识别模型区别于传统识别模型的部分主要表现在特征集拓展和学习算法优化两个方面。实证研究发现，使用 SG-SAL 财务舞弊识别模型相比于以往研究所构建的财务舞弊识别模型获得的预测效果得到提升。

五、总结和政策建议

（一）主要研究结论

针对现有研究在财务舞弊样本选取或测度上较为单一、财务舞弊风险因子选择存在局限、财务舞弊识别模型的构建较为简单等问题，本文基于监管措施类型和新闻报道文本优化了财务舞弊的测度方式，并根据同群效应理论和实证检验扩展了财务舞弊风险因子库，最后基于元学习中的堆叠泛化算法和半监督适应性学习算法提高了财务舞弊识别模型的识别效率。

（二）未来政策建议

1. 基于财务舞弊识别完善上市公司信息披露管理体系

上市公司财务舞弊案件频出，使投资者蒙受了巨大损失。从信息披露管理角度来看，当前的各类监管规则已经对信息披露提出了严格、完整的管理要求。但是，由于财务舞弊手段频繁变化、模式日趋复杂，以及隐蔽性不断提高，上市公司公开披露的信息时常难以保障市场参与者在开展财务舞弊识别时获得及时、必要、充分的信息。为了满足投资者需求，提升财务舞弊识别的准确性、充分性，可基于对同群效应的研究，开展差异化信息披露管理，进一步规范信息披露标准，提升财务舞弊识别信息的丰富度，并且基于财务舞弊风险识别，加强信息披露管理执行力度。

2. 建立上市公司系统性舞弊风险研究和监测机制

习近平总书记在党的二十大报告中强调，"完善现代金融监管、强化金融稳定保障体系"是我国金融体制改革的重要任务之一，因此，对于可能导致资源配置扭曲、系统性金融风险上升的"同群""传染性"财务舞弊现象，建议从以下三个方面采取措施：一是进行深度研究，对查实的舞弊企业及时开展"同群效应"实证分析，建立财务舞弊识别的关联图谱体系，及时排查并锁定舞弊企业所属"群组"，通过"群组"发掘潜在舞弊对象；二是建立体系化的上市公司舞弊风险监控预警机制，通过建立"预警系统+人工排查+深层归因"的预警监控框架，实现舞弊风险监控工作的常态化和体系化；三是开展综合性防范治理，通过强化诚信文化建设、完善法律法规、加大个案惩处力度等"组合拳"方式开展舞弊风险的综合整治，多措并举筑牢系统性风险防范屏障。

证券公司自研指数合规管理研究

中信证券股份有限公司 *

一、指数的定义和研究范围

根据《欧盟基准指数监管条例》对指数（index）和基准指数（benchmark）的定义，指数是指以基础资产的价值或价格决定，通过方程式或其他方法计算得到，向社会公开发布的数字。指数体现了基础资产价格的波动趋势。基准指数是指数的一种，指用来确定金融工具价值或金融合同应付金额的指数，或用于衡量基金业绩的指数。

本文研究限于基准指数，主要集中于金融机构（证券公司）自研指数。金融机构自研指数是由金融机构自主设计、编制、维护并对外发布的基准指数，同时金融机构会配套发行指数相关产品。

二、指数研究的背景和意义

历经百年发展，境外指数已成为金融行业的重要基础设施，并被广泛应用在市场标准、业绩基准、挂钩标的、结算依据等金融活动当中。金融机构研究开发的指数在推进全球指数业务的发展当中起到了至关重要的作用。境外指数监管规则和金融机构指数管理架构相对成熟。而近年来，国内证券公司发布的自研指数开始崭露头角，主要用于发行挂钩指数的金融产品、作为场外衍生品的挂钩标的等满足投资者资产配置需求。指数产品凭借低成本、规则透明和投资风格稳定等特征，逐步获得了广大投资者的青睐。但境内证券公司自研指数监管政策缺乏，证券公司合规管理方案和管理措施尚处于探索阶段。

---

* 本文为中国证券业协会2022年优秀课题。课题负责人：周俊，中信证券股份有限公司合规部行政负责人。课题组成员包括：吴紫艳，中信证券股份有限公司合规部合规主管；张国静、廖若昕、刘斐然、宋融、施睿、吴京、张橙逸、陈文涛、黄怡欣、高智淳、江涵、张佳峥，均供职于中信证券股份有限公司。

本文研究旨在从四个方面对境内证券公司自研指数的发展提供借鉴和参考：规则建设方面，通过研究对比境内外市场指数监管规则，为境内指数业务监管政策提供参考建议；业务实践方面，通过境内外指数业务实践情况比较研究，为境内指数业务发展提供参考路径和模式；内控管理方面，借鉴境外监管规则和境外指数机构实践，完善和规范证券公司指数业务合规管理；投资者保护方面，防范指数相关金融风险，采取针对性措施保护投资者权益。

三、境内外市场金融机构自研指数发展概况

在境外，经过百年发展，指数业务已经相对成熟，金融机构曾参与开发了大量的市场基准重要指数，最近10年以来逐步转交独立指数公司运维，金融机构则转向开发更为适应投资者个性化需求的量化策略类指数，此类指数涵盖了股票、债券、大宗商品、外汇、多资产等各种资产类型。花旗银行、法兴银行等大型金融机构运营和管理的指数数量数以千计，对应的产品规模也达到了百亿美元甚至千亿美元的规模，在指数市场中发挥了重要作用。

目前，境内指数仍然以证券、期货交易所和权威指数公司发布的官方指数为主，此类指数主要用于市场表征，作为业绩比较基准，交易性相对不足。证券公司的自研指数已有初步发展，多家头部证券公司已经开始尝试运营自研指数，并开发挂钩指数的相关产品，如收益凭证。相比官方发布的表征性指数而言，证券公司自研指数更具有交易性，更适于定制化贴近客户需求。目前境内证券公司自研指数主要有与权威指数公司合作、与商业银行合作和证券公司独立开发三种模式。

四、境内外市场指数业务监管规则及实践

（一）境内外市场指数业务监管规则

1.《金融市场基准原则》

国际证监会组织（IOSCO）于2013年发布的《金融市场基准原则》（Principles for financial benchmarks）（以下简称《原则》），一共分为十九条，主要围绕指数管理人的内控管理和指数的全生命周期运作加以系统规制。《原则》是世界主要经济体制定符合本国特色的指数监管与自律规则的重要参考依据，也是各金融机构开展自研指数时建立内部管控机制的主要参考。

针对指数管理，《原则》要求指数管理人切实履行决策、设计、编制、运营、监督等核心职责，并从明确责任主体、可靠而透明的指数决策机制、有效的利益冲突防范机制、建立内部监督机制等方面对管理人进行规范。针对指数编制管理，《原则》要求对指数编制、发布、修改、应用、终止的全生命周期加以有效管理，包括指数编制规则应当公平公正、科学合理，指数的基础数据充分并体现活跃市场，指数编制方法、特殊情形下的处理措施、风险因素应当充分披露，指数编制规则修改、指数终止及替代安排应当谨慎并征求利益相关方意见。

2.《欧盟基准指数监管条例》

《欧盟基准指数监管条例》（以下简称《条例》）由欧盟理事会于2016年5月12日正式批准，是全球范围内以IOSCO《金融市场基准原则》为基础制定的第一部有关基准指数的官方监管规定。《条例》内容更为细化，更具有可操作性，因此各国独立指数公司和金融机

构在开展指数业务时,均主动借鉴其内容,规范自身业务发展。

《条例》主要内容包括以下六个方面:(1) 对基准指数进行分层管理,通过定量和定性的方法,将基准指数划分为关键指数、重要指数和非重要指数。关键指数的管理者受到严格的监管,指数管理人需要获得监管授权;重要指数和非重要指数的管理者适用相对宽松的监管规则,对指数管理人进行注册管理。(2) 规定了基准指数管理人应当履行一系列义务,包括建立持续有效的监督机制、控制利益冲突、保持独立性等。(3) 对原始数据提供者的行为进行规范,包括确保数据的准确性和可靠性、采取措施防止利益冲突、遵守基准指数管理者制定的行为准则等。(4) 对第三国基准指数的应用进行规制,包括第三国指数在欧洲经济区使用和发行产品应当遵守与《欧盟基准指数监管条例》等效的规定,且指数需要录入欧洲证券和市场管理局(ESMA)的登记册。(5) 关于基准指数产品化的要求:基准指数使用者只能使用获得 ESMA 登记的指数,这些指数是由获得监管授权或经过注册的欧洲经济区基准指数管理者提供的指数,或是符合《条例》标准的第三国指数。(6)《条例》要求指数管理者向投资者充分披露指数计算规则、指数变更或终止程序应当征求投资者意见等,旨在加强投资者保护。

3. 亚太市场主要以官方指数为主

日本市场、新加坡市场法律仅对重要的特定指数进行归管;境内市场尚未就指数监管形成一整套监管体系和规则,权威指数公司、证券公司等参照国际证监会组织《金融市场基准原则》完善内控管理。

(二)境内外市场指数业务实践

1. 欧洲市场

巴克莱银行作为欧洲市场的代表金融机构,其指数体系根据指数底层资产的不同,可分为商品类、信用类、货币类、权益类、基金类、利率类、跨资产类指数,各类指数共同组成巴克莱"指数家族"。为落实《英国基准指数监管条例》关于指数管理者的相关规定,巴克莱银行采取了如下合规管理措施:设立巴克莱指数委员会作为指数管理的专门机构,统筹管理具体指数的编制、发布、变更及终止流程;建立利益冲突管理机制,对自身的自由裁量权予以严格的限制;选择可信赖的第三方作为指数计算机构;严格限制原始数据来源;建立数据披露、指数修订与终止等管理流程,保护相关主体的利益。

2. 美国市场

摩根大通证券作为美国市场的代表金融机构,其作为国际知名的投资银行,在指数业务方面有着超过 30 年的经验。摩根大通作为金融指数管理人,主要通过采取以下措施对其指数业务进行管理,使之符合 IOSCO《金融市场基准原则》中的各项要求:设立指数管理委员会负责指数的创设、运营以及管理等所有事项;制定《Conflicts of Interest Disclosure Statement》(《利益冲突披露声明》)来管理指数业务中可能存在的利益冲突问题;建立信息披露和投诉处理机制,保护投资人利益。

3. 境内市场

尽管境内监管机构尚未出台证券公司自研指数监管规则,大部分发布自研指数的金融机构仍然参照 IOSCO《金融市场基准原则》的要求建立了相应的内控体系。境内市场,以中信证券为例,其采取的指数管理措施包括:成立指数专业委员会对自研指数进行统一管理;

建立利益冲突管理机制；根据产品化的形式和风险特征明确投资者适当性的管理要求，保护投资者权益；建立指数业务审查和监督机制。

可以看出，各金融机构基本围绕国际证监会组织《金融市场基准原则》的管理要求，从指数创设、指数运维、指数产品化和投资者保护等全流程对指数进行管理，通过设立指数委员会、建立利益冲突管理措施、确保原始数据来源独立、落实投资者保护等措施来确保指数业务独立、客观运行。

五、境外市场自研指数管理政策和实践对境内的借鉴意义

（一）对境内指数业务管理政策方面的借鉴意义

1. 对金融机构自研指数监管实行分层管理

建议我国指数监管规则可借鉴《欧盟基准指数监管条例》，按照指数应用定性和指数产品化定量的结合标准，将基准指数划分为重要指数和非重要指数进行分层管理，并以指数管理机构为主要监管对象，对发布、运营和管理不同类别指数的指数管理机构适用不同的监管要求，有效利用监管资源，节约指数各相关方的合规成本。建议对交易规模大、具有重要影响的重要指数，实行审批制等强化监管措施，要求重要指数的指数管理者应为已取得金融业务许可证或获得监管机构关于指数业务的专门授权。对非重要指数的指数管理者，建议豁免其资质审批，要求其编制和发布非重要指数应向监管机构进行注册或备案。

2. 从活跃市场的角度为证券公司自研指数提供政策支持

目前，国内指数市场仍然以交易所及权威指数机构发布的官方指数为主，主要是具有更强的表征意义的指数，但难以满足投资者多元化的投资需求。证券公司自研指数主要应用于投资者的定制化投资和交易需求，与官方表征类指数相辅相成，共同组成多层次指数市场，鼓励和支持证券公司自研指数发展有利于完善多层次指数市场。建议将证券公司自研指数纳入非重要指数进行自律管理，由行业自律组织进行规范引导，有利于鼓励证券公司为投资者提供丰富的自研指数。

（二）对境内证券公司内部管理措施的借鉴意义

1. 注重内控机制建立

主要包括：设立独立的指数委员会、重视利益冲突管理，确保指数运行的独立性和客观性、注重原始数据管控，保障指数计算基础的可靠性、运用内外部审计程序，实现对指数业务运行的有效监督。

2. 加强投资者合法权益保护

主要包括：充分披露指数的相关信息和揭示风险，加强对于指数编制方案变更或终止的管理，建立健全投诉纠纷解决机制。

六、证券公司自研指数监管政策建议

（一）建立和完善证券公司自研指数自律监管标准

相比于欧洲等境外成熟市场，境内证券公司自研指数市场呈现起步晚、规模有限、缺乏

监管标准等特征。鉴于缺少上位法，要制定指数管理的规章制度存在较大困难。可参考境外监管经验，从行业自律的角度制定标准，予以规范，能够在明确相关业务基本原则和要求的基础上，更好地推动证券公司自研指数市场发展。对于自律监管的内容，建议包括对指数管理机构进行准入管理、明确指数管理机构的职责、明确指数发布及产品化的报备机制、明确数据提供者的职责等。

（二）明确基础数据授权机制及后续管理规范

从境外的监管规则和实践经验可以看出，基础数据的独立性和准确性非常重要。目前境内在获得基础数据上，存在一定困难，境内交易所目前仅沪、深证券交易所有较为完整的对外授权机制，各大期货交易所尚无相关授权机制，因此，数据的合法使用存在一定障碍。建议进一步推动开放境内各大交易所的数据授权机制，明确证券公司数据取得及使用方式，建立数据授权行业规范，保护交易所对相关基础数据的合法权利。

七、健全证券公司自研指数合规管理措施

（一）建立指数管理委员会

证券公司设立相对独立的委员会来进行指数业务的统一管理、指数审批和监督，主要职责应包括指数设计与计算的监控、指数发布与终止的审批、监督指数运行与调整、危机应对等。

（二）完善利益冲突防范机制

证券公司建立有效的利益冲突防范机制，对其指数编制、发布和使用行为进行规范和约束，包括建立并严格履行业务隔离制度；提升指数及指数产品的独立性、公允性、透明度；指数计算机构独立，披露利益冲突情形；提升指数及指数产品的独立性、公允性、透明度等。

（三）加强指数原始数据管理

原始数据对于指数计算和编制机构是非常关键的数据资源，证券公司应对原始数据的数据来源、数据授权、数据校验、自由裁量权管控等进行严格合规管理。

（四）充分的信息披露和风险揭示

证券公司作为自研指数的开发者和管理人，应当公布自研指数的管理和运营制度；针对每个特定的自研指数，应当披露相关指数编制过程中使用的计算方法，指数编制方法应该简单明了，便于使用者理解，并对潜在风险充分揭示。

（五）建立指数产品化审核机制

证券公司应当建立指数产品化审核机制，由专门的人员和团队负责自研指数的产品化审核工作。指数产品化应当采用适当的结构，并且根据产品化的形式和风险特征明确投资者适当性的管理要求。

（六）建立内外部审查监督机制

证券公司作为自研指数的开发者和管理人，应当任用具有相应经验和能力的内部或者外部审计师，定期回顾、审查并披露相关自研指数遵守对应制度和原则的情况。通过内外部审查监督机制，确保自研指数内控管理机制健全，运行有效。

数字化转型与金融科技运用

生成式 AI 大模型在证券行业的应用研究

李剑戈　马金龙　蒋　卓　殷宪晨　曹　震[*]

一、生成式 AI 大模型的背景和现状研究

（一）AIGC 发展历程

生成式人工智能（Artificial Intelligence Generated Content，AIGC），是指基于预训练模型、生成对抗网络模型等人工智能技术方法，通过数据集学习，以一定的泛化能力生成相应内容的技术，其被认为是自专业生成内容和用户生成内容后，利用人工智能技术去自动生成内容的新型生产方式。随着 ChatGPT、Stable Diffusion 等领先技术的出现，AIGC 逐渐在文字、图像、音乐、视频等多种形式的内容生产上发挥作用。

（二）大语言模型技术简析

大语言模型（Large Language Model，LLM）是 AIGC 的重要分支，主流技术路线包括 Decoder–only、Encoder–only 和 Encoder–Decoder，其代表模型分别是 BERT、GPT 和 T5。Decoder–only 因结构简单、训练和推理速度快、自监督范式等优势，现已成为大语言模型的主流架构。

大语言模型最显著的特征是 Transformer 的神经网络结构，其核心是注意力机制，即训练模型使之更多集中于序列相关部分，这与人脑的认知机制十分类似。核心训练组成包括基于海量自然语言语料的预训练和基于人类反馈的强化学习（Reinforcement Learning from Human Feedback，RLHF）。RLHF 在一定程度上解决了大语言模型不理解用户意图的难题，使之具备响应人类指令、利用思维链进行复杂推理、无害化输出等能力。

---

[*] 本文写作于 2023 年 10 月。作者简介：李剑戈，中信建投证券股份有限公司信息技术部总监；马金龙、蒋卓、殷宪晨，中信建投证券股份有限公司信息技术部高级经理；曹震，中信建投证券股份有限公司信息技术部高级副总裁。

(三) 国内外大模型演进现状

AIGC 正处于蓬勃发展时期，国内外大型机构均加强投资布局，发布多类领域的预训练模型，主流大模型评测见图 1。

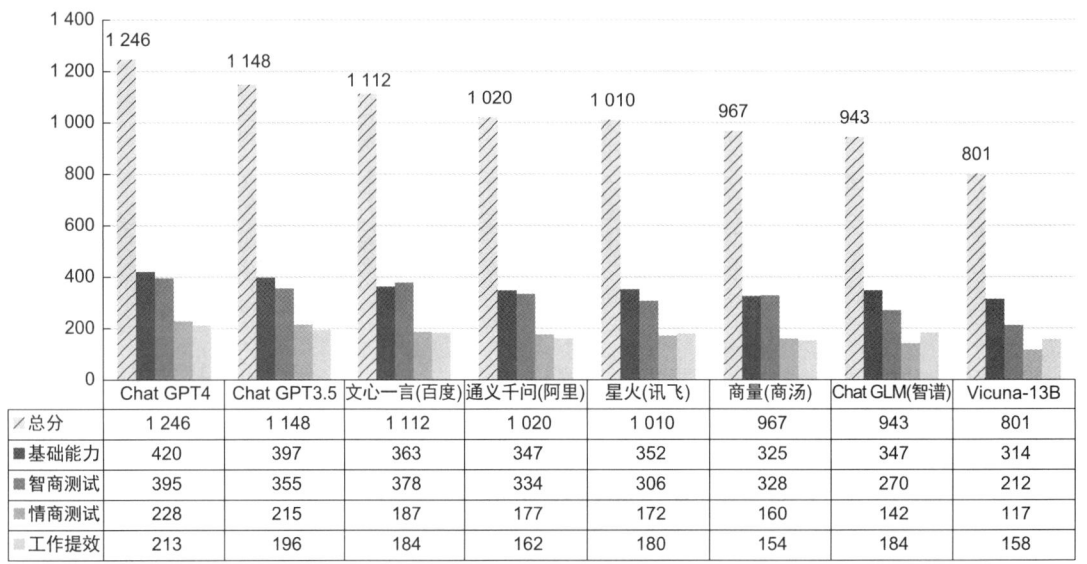

	Chat GPT4	Chat GPT3.5	文心一言(百度)	通义千问(阿里)	星火(讯飞)	商量(商汤)	Chat GLM(智谱)	Vicuna-13B
总分	1 246	1 148	1 112	1 020	1 010	967	943	801
基础能力	420	397	363	347	352	325	347	314
智商测试	395	355	378	334	306	328	270	212
情商测试	228	215	187	177	172	160	142	117
工作提效	213	196	184	162	180	154	184	158

图 1　主流大模型评测指数

1. 国外机构研究现状

国外企业以 OpenAI 和微软为代表，其相继发布了 ChatGPT 和 GPT-4，并围绕大模型能力开发各种场景应用，如 Office 全套插件、Github-Copilot 代码辅助、NewBing 聊天机器人等，侧重从日常办公场景提供应用服务能力。Meta 开源了 LLaMA 系列模型，包含 7B 到 70B 等不同参数规模，效果可媲美 GPT-3/3.5，具有较高的性价比和垂直场景应用能力。开源社区基于 LLaMA 也衍生出有价值的模型，如 Vicuna、Alpaca 等，提供各场景的解决方案。此外，google 发布的 Bard、PaLM-E，Anthropic 发布的 claude2，彭博发布的 BloombergGPT (500 亿参数金融垂类模型，用于智能投研、终端服务、智能对话) 等模型也相继投入使用。

2. 国内机构研究现状

国内各大机构在大模型领域的研究呈现出百花齐放的趋势。首先，在通用领域，代表厂商及模型包括百度的文心一言、科大讯飞的星火、阿里的通义千问、华为的盘古、清华大学的 ChatGLM 系列、复旦大学的 MoSS 等，此类模型主要基于互联网公开数据训练，对外提供基础的 AIGC 能力，如内容生成、逻辑推理、语言理解、交互问答等。其次，在垂直行业领域，代表厂商及模型包括度小满的轩辕、京东的言犀、马上消费的金融大模型，均是面向垂直行业提供行业知识增强的大模型能力。最后，在企业应用领域，主要面向企业内部业务场景，基于特定大模型提供增强服务能力，侧重降低大模型的应用成本和门槛。如平安银行的 BankGPT 金融场景大模型，面向行员提供智能辅助工具；中金公司官宣与阿里通义千问形成战略合作，改造投顾服务、客户运营等流程。

二、生成式 AI 大模型在证券行业的应用研究

(一) 拓展智能投研能力

立足行业投资研究禀赋，借助大模型技术持续拓展智能投研能力，主要有四个方面：第一，应用投研助手。快速理解行情数据、公告数据、舆情数据、研报数据等多源信息，辅助分析师、投研人员进行研报撰写、内容翻译、摘要提取、会议观点提取、智能文档搜索、微信机器人助理等工作，节约人工处理时间，提升工作效率。第二，实现智能问答。基于知识库、实时知识中心，从宏观经济分析、行业分析、个股分析、基金分析等方面辅助研究员、投顾人员进行智能问答，以客户需求为驱动，侧重中长期投资规划与资产配置，兼顾短期战术型投资交易机会。以通俗易懂、高效专业的方式，实现投研成果向客户服务能力转换。第三，提升风险识别能力。辅助合规等相关人员进行研报审核，使其满足监管要求，实现信息溯源、内容对比等智能审核能力，舆情预警、监测等舆情管理能力和合规预警能力，提升风险控制的数字化、智能化水平。第四，增强量化投研能力。辅助数据分析、策略生成、因子挖掘等，从海量历史数据中分析建模，选择有超额收益的量化策略，提升异类数据挖掘效果。

(二) 完善财富管理业务

持续提升对长尾客户财富管理的服务质量，实现深度客群经营、专业财富规划配置，以 AI 技术赋能营业部及投顾人员，主要有三个方面：第一，财富需求洞察。在账户全景分析上，进行财富数据整合，结合客户基本信息、持仓交易等数据，全面分析其财富现状和管理需求，做到真正"懂客户"。第二，丰富客户画像。除依托交互内容外，使用 Lang Chain 框架连接大模型，深层把握客户的金融认知、风险偏好、内容喜好、产品偏好、交易模式等个性化需求，为客群深度经营提供增益。第三，服务投资者教育。借助插件工具加强对客户全方位财富理念的教育，向不同知识储备的客户推送精准、个性化深度内容，将投资者教育贯穿投前、投中、投后全周期，帮助客户建立合理投资预期、长期投资理念、配置导向的财富管理方法，提升投资者获得感，为证券行业提升客户服务质量提供一套有效工具。

(三) 提升精准营销水平

依托大模型技术、业务数据、动态标签、向量数据库等能力，融合业务运营、分析决策等手段，提供匹配度高的营销服务，主要有两个方面：第一，提升营销自动化水平。根据热点动态自动生成营销文案、智能投放广告等客户运营素材，提升基础营销策略的自动化程度，实现智能营销的业务逻辑闭环。第二，实现智能客服。借助大模型的多轮对话能力，外挂专业知识库，使用领域内问答数据集进行微调等。提升其在外呼营销、员工培训、线上营业厅、智能语音助手等关键职能的应用能力，进一步降本增效，提高个性化服务效率，高效匹配不同类型的优质客群，让金融服务更有温度。

(四) 改善智能投顾服务

基于大模型的理解能力分析客户需求匹配金融资产，根据投资者的财务状况、理财目

标、风险偏好等，持续为客户提供智能投资顾问服务，实现服务流程标准化及投资决策纪律性，并降低管理费用。主要有四个方面：第一，实现财富定制方案。如客户持仓的大类资产配置分析，结合海量数据分析结果，使用大模型连接多源数据生成多类个性化解决方案。第二，拓展标准化配置服务。在服务流程中嵌入个性化内容，基于提示工程开发大模型风格转化能力，适配客户的个性化需求，进一步体现服务的规范性及差异性。第三，深度客户陪伴。定期生成推送个性化的深度内容，将投教贯穿于投资者的日常，建立长期、有目的、相互信任的陪伴关系。第四，提供智能理财与投资建议，通过数据分析深度了解客户，随行情市场变化及时提供投资建议，推荐适当的金融产品。

（五）优化客户服务体验

基于大模型的智能客服类应用，与机器人、数字人、元宇宙等先进技术相结合，打造智能虚拟管家形象，通过对证券具体业务的加强性定制化训练，不断提升金融场景下的语义理解、对话管理、专业服务等能力，从而提升问题回答的准确性、专业性、趣味性，为客户提供业务咨询和操作支持，降低人工客服运营成本，提升客户体验效果。

（六）提高人员办公效能

基于大模型的摘要总结、代码生成、理解分析等技术能力，提高人员的日常办公效能，主要有三个方面：第一，辅助开发编程，协助 IT 类员工进行代码编写、性能优化、质量速查、关键注释等功能，提升开发运维效率，优化项目管理流程，沉淀新技术视角下的效能提升手段。第二，提升数据建模效果，从庞大的非结构化数据中快速理解并提取关键信息，高效实现数据挖掘、建模分析等需求。第三，辅助内容生成，辅助员工日常办公，如会议纪要、计划总结、文档生成等工作，一方面解放人力占用，另一方面协助员工提升工作质量。

三、证券公司的 AI 大模型建设落地实践

（一）总体架构

大模型在证券公司的落地以企业自主建设的大模型平台为载体，建设集算力能力、平台能力和应用能力于一体的 AI 大模型平台，面向全公司提供统一、高效和专业的大模型服务能力。该平台旨在为证券公司提供自研或厂商的大模型私有化部署、二次训练、微调和模型接口服务的全流程支持，确保大模型服务的高效、稳定运行。此外，平台还能将厂商大模型 SaaS 服务纳入一体化管理，提供统一的服务接口以满足多元化的业务需求。通过该平台，证券公司能持续提升大模型应用能力，加速业务创新，提高服务质量和效率，助力公司和行业的数字化、智能化转型。

AI 大模型平台涵盖从底层硬件到上层应用的四层结构，通过统一的日志管理、权限控制等，确保各业务场景服务稳定、边界清晰、权责分明（见图 2）。

（二）平台组件

1. 算力层

平台的算力支撑主要通过在硬件集群上建设算力云服务来实现。算力资源池由私有化部

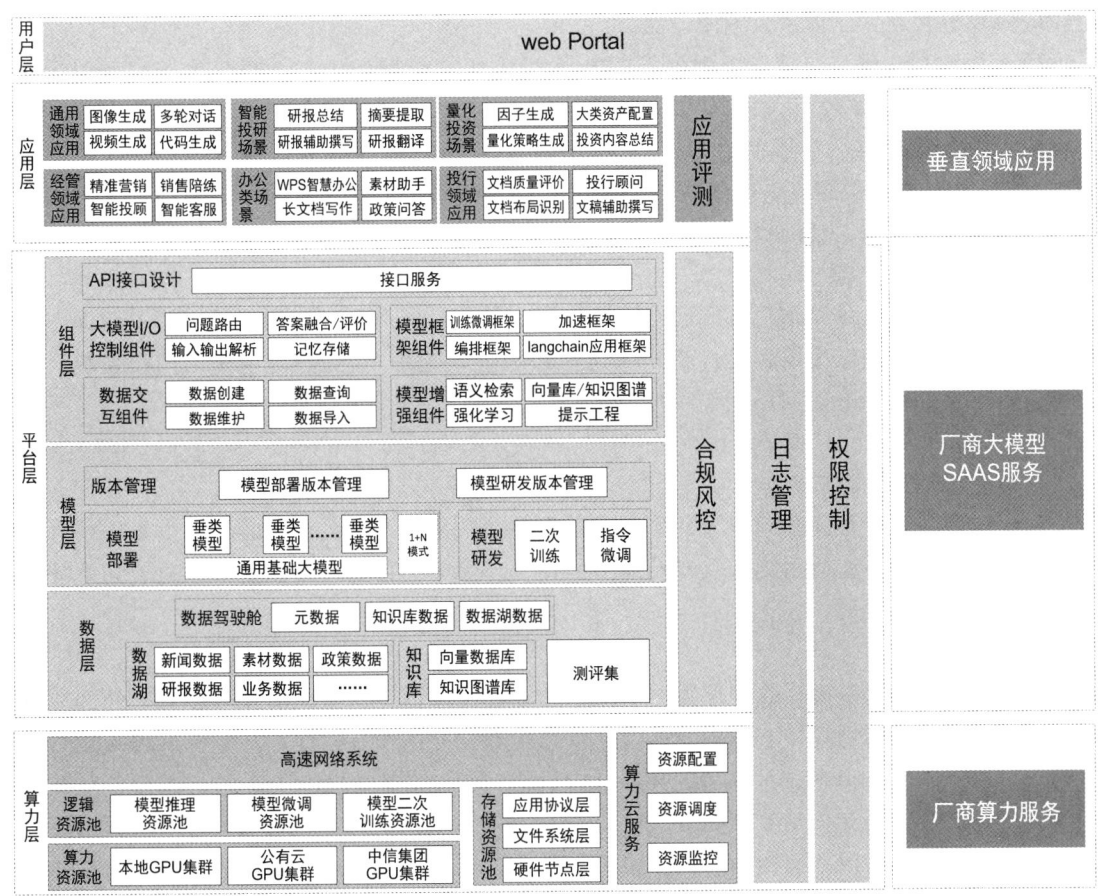

图2　AI大模型平台架构

署GPU集群及云端集群组成，依据大模型应用方式不同，进行逻辑层面划分：高算力需求的模型二次训练资源池、中算力需求的模型微调资源池和低算力需求的模型推理资源池。算力间通过高速网络系统实现高效连接。算力云服务实现算力资源配置、资源调度和资源监控。

2. 平台层

平台层划分为三层：数据层、模型层和组件层，并加入合规风控，保证大模型平台在使用过程中的合规性要求。

（1）数据层。数据层主要由数据湖、知识库、测评集组成，通过数据驾驶舱可视化展示数据元素。数据湖中存储模型二次训练、微调、模型蒸馏和反向蒸馏所需的数据资源；知识库存储向量数据和知识图谱，增强模型对于精确知识的回答能力；评测集主要存储公司统一的模型评测数据集，包括通用评测数据集和自由业务领域评测数据集。建设数据驾驶舱，展示元数据和数据湖、知识库和评测集的数据信息，提高数据管理效率。

（2）模型层。模型层主要对大模型进行部署、研发和管理。模型部署采用1+N模式，即一个大模型加垂直领域小模型的方式，构建各类模型相互联通的生态。根据不同垂直领域的业务场景，使用二次训练或微调的方式，增强模型的应用能力。针对模型的变更操作，进行相应的版本管理，并提供版本回退能力。

（3）组件层。组件层负责把大模型与实际应用和数据相连接，不同的组件经过组合和封装后，通过提供 API 接口，向业务方提供端到端的服务。由于不同的应用会使用到组件层的相同组件，此设计方案可以极大减少新应用的开发工作量，提高开发效率。组件层主要有四类组件：I/O 控制类组件、模型框架类组件、数据交互类组件和模型增强类组件，分别负责模型输入输出控制、基础功能辅助适配、平台层和数据层交互和模型能力增强等内容。

3. 应用层及用户层

针对公司不同业务需求，完成通用领域应用、量化投资应用、智能投研应用、辅助办公类应用、经纪业务领域应用和投行业务领域应用等垂类应用。通过构建统一的门户系统，集成各应用能力，以 web 访问形式供用户使用。

（三）大模型评测方案

大模型平台建设关注基础能力共享，应用更关注效果能否满足业务需求。垂直领域大模型的效果评测主要关注通用能力及专业能力的评价，参照业界先进评测方案探索了如下评测方案。

1. 评测数据

评测数据是评测基础，需确保数据的质量和多样性，以提供全面的评测环境。外部数据集提供了广泛的评测场景，考虑到外部公开数据集的广泛性和多样性，基于主流评测排行选择 SuperCLUE、c-eval 和 MMCU 数据集。针对证券行业领域评测，选择行业资格考试作为评测数据集，包括证券、基金和期货从业资格考试等。内部数据集反映了真实的业务场景，选择业务流程数据、内部文档和内部应用相关数据，所有内部数据均需严格脱敏和质检，确保数据的安全性和准确性，并对内部数据进行多轮检查，提升可靠性。

2. 评测标准

针对商用版本大模型，针对证券公司实际应用场景制定 POC 模型评测表，评价指标主要包括模型能力、可扩展与安全、配套三大类（见表 1）。

表 1　　证券公司商业大模型评测指标

评价指标大类	评价指标小类	评价指标细项
模型基本能力	性能及准确性	大模型参数规模
		单实例推理需求
		模型压缩
		性能评测
		推理时效
		上下文关联能力
		模型功能
	本地部署	私有化部署
		国产化支持
		技术支持
		模型更新优化

续表

评价指标大类	评价指标小类	评价指标细项
证券特色能力	金融知识能力	行业基础知识
		行业进阶知识
		行业高级知识
	金融观点分析和总结能力	情感分析
		舆情判断
		摘要和总结
	金融业务能力	营销内容生成
		投研分析
		投融资建议生成
可扩展与安全	可扩展性	模型可插拔
		可定制化开发
	安全性	安全性测试
		商业应用风险
配套平台与工具	语料库	挂载知识库
		语料库
		指令库
	配套平台	在线学习训练平台
		模型压缩平台
		模型部署平台
		模型评估平台
		模型推理服务平台

3. 评测计算方法

模型能力通过表1的评测指标计算和专家打分结合的方式进行。评测指能量化模型能力，如判断回答对错的功能可使用准确率、召回率、响应时间和吞吐量等指标。对于不能量化的模型功能，如生成、创作等，主要采用专家打分的方式进行，专家团队根据预先设定的标准，对模型的输出结果进行评估。

（四）应用效果

基于公司级自主建设的AI大模型平台，选择符合评测标准的基模型和垂类模型，为广大员工提供大模型能力，满足不同业务条线员工的辅助办公需求，以达到降本增效的目的。

1. AI办公助手

为提高文档类场景的办公效率，部署大模型AI办公助手，辅助公司员工自动化、智能化地完成日常办公任务，减少人工参与，降低错误率，提高文档类工作质量。其功能主要包括内容创作、PPT制作、智能表格和PDF阅读。内容创作能够根据用户输入的文字需求自动生成文档，其核心功能包括起草、改写、总结、润色、翻译和续写等，覆盖大部分办公场景；AI办公助手提供智能PPT制作工具，能够根据用户提供的主题或内容自动生成专业水准 PPT；在表格处理方面，用户可以通过提问获取表格内容的答案，协助操作表格；在 PDF 分析方面，帮助用户更快速、高效地处理 PDF 文档，以便阅读和理解。

2. AI 素材助手

为辅助员工进行多模态内容的生成和处理，部署大模型 AI 素材助手，提供文案生成、知识问答、海报生成和内容理解。通过集成大模型 API，实现与大模型间的对话、沟通及内容问答；通过 AI 画匠助手，提供多样化风格搭建和多类型能力供给，为用户提供通用、国风、水彩、水墨、写实等多种风格图片生成；通过图文音视频助手工具，实现对图文音内容智能提取、说话人识别、内容降噪、主要观点总结、专业脑图制作。

3. AI 智能陪练助手

为解决一线业务人员在海量金融产品中快速熟知产品的问题，部署 AI 智能陪练助手。AI 智能陪练助手利用大模型相关技术，快速在产品路演素材中抽取知识问答内容，自动生成多分支对练场景脚本。一线业务人员通过陪练助手进行文字、语音对答练习，大模型根据回答内容，从准确性、语速、情绪、是否抢答等维度，自动判定回答质量，给出扣分值及原因，提升一线业务人员对产品的熟知程度，提高其服务质量和专业水平，降低客户投诉风险。

四、生成式 AI 大模型在证券行业的总结展望

（一）问题与挑战

生成式 AI 大模型通过学习海量非结构化数据并建立复杂的内在参数关系，实现自动化的文本、语音、图像生成，从而辅助投资研究、客户服务、风险管理等业务过程。这虽然在证券行业的应用前景广阔，但也面临一定的问题和挑战。第一，数据安全和隐私问题。大模型的能力与训练所使用的数据集紧密相关，这些数据集不仅数量巨大且涵盖各个领域，难以完全排除敏感隐私数据泄露的风险。第二，模型可解释性不足。复杂的内部机制使得模型的预测过程不透明，无法解释输入特征与输出结果间的映射关系，这给风险控制和模型审计带来了挑战。第三，生成内容的质量难以控制。模型生成的内容不可避免会包含错误、偏见或误导性信息，虽然通过加强训练数据集监管、建立生成内容评估机制等手段可以减少上述现象，但仍旧无法彻底消除。第四，合规性和伦理风险。模型生成内容可能隐含违规信息，或存在欺诈、歧视、侵权等伦理风险，需要建立审查机制对生成内容进行审查，这也意味着额外的人力投入和成本。第五，数据和算力需求巨大。高水准的模型需要大规模、高质量的数据及强大算力，这也对金融机构在数据采集、存储和基础设施建设等方面提出了新的考验。

（二）应对与展望

大模型是证券行业转型升级的重要动力，除推动技术创新外，参与者还应以开放合作的态度引导大模型的技术应用和健康发展，积极把握机遇，应对挑战。第一，构建知识增强型的跨模型协同平台，以通用模型为支撑，通过知识迁移技术赋能各垂直行业的专业模型，实现大、小模型交互，使各类模型既保有自身优势，又可互补共享知识。第二，统一公共语料库标准、行业数据接口规范、关键技术工具链标准，开发、共享通用的模型构建、模型评测、可解释性等技术工具，关键模块向监管部门开放源代码，从而减少重复建设，提高可审

计性，降低应用门槛，有效规范应用秩序，也有利于技术快速迭代。第三，推进数据许可分级分域，按照数据敏感程度，行业各参与者申请使用许可，并使用授权范围内的数据进行模型开发与商业应用，同时积极披露数据使用、内部流转与外部共享情况。第四，建立人机协同监测体系，重要业务场景强制引入人工干预环节，模型生成内容必须经专业人士审核才可推向客户，同时建立内容抽检机制，定期评估应用服务的健康水平。第五，加强监管与行业自律并重，行业参与者应明确监管红线和处罚原则，约束从业人员的行为及道德规范，共同营造安全有序的发展环境。

生成式 AI 大模型具有学习能力强、泛化能力佳的特点，不仅广泛应用于证券行业的多个领域，也将催生更多的新业务模式，但应用中也需避免过度依赖技术的风险。参与者们应加快创新步伐，在鼓励技术进步的同时，不断完善应用规范与结果评估机制，推动生成式 AI 的安全、合规、可控发展，让科技创新成果更好地惠及实体经济与社会治理。总体而言，生成式 AI 大模型将深刻影响证券行业的业务生态，助力金融科技的提升。

参考文献

［1］孙柏林. ChatGPT：人工智能大模型应用的千姿百态［J］. 计算机仿真，2023，40（7）：1—7.

［2］Radford A，Narasimhan K，Salimans T，et al. Improving language understanding by generative pre‐training［J］. 2018.

［3］A. Vaswani, N. Shazeer, N. Parmar, J. Uszkoreit, L. Jones, A. N. Gomez, L. Kaiser, and I. Polosukhin. Attention is all you need［J］. In Advances in Neural Information Processing Systems, pages 6000—6010，2017.

［4］Ouyang L，Wu J，Jiang X，et al. Training language models to follow instructions with human feedback［J］. Advances in Neural Information Processing Systems，2022，35：27730—27744.

［5］Touvron H，Martin L，Stone K，et al. Llama 2：Open foundation and fine‐tuned chat models［J］. arXiv preprint arXiv：2307.09288，2023.

［6］姚前. 关于大模型生态建设的若干思考［J］. 中国金融，2023（13）：41—43.

人工智能技术在证券公司机构业务中的应用探索

张朝晖[*]

近年来，随着科技的飞速发展和金融行业的深刻变革，人工智能作为一项引领性的创新技术，正逐渐渗透和改变着传统的证券公司业务形态。人工智能技术以其强大的数据分析、知识洞察、智能决策和自动化处理能力，为证券公司业务发展提供了前所未有的机遇和挑战。

本文旨在探讨人工智能技术在证券公司机构业务中的应用现状与未来发展趋势，以期为业界和研究者提供一些启示。

一、研究背景

传统的证券公司业务模式复杂烦琐且高度依赖人工决策，然而金融市场的快速发展和金融业务不断提高的复杂性，使得人工决策变得越来越难以跟上业务发展的脚步。同时，监管要求和合规性压力不断上升，证券公司业务需要更加严密的风险管理和合规控制。此外，客户对更个性化、便捷的金融服务的需求也在不断增加。

上述这些问题推动了金融机构创新技术的发展，其中最引人瞩目的便是人工智能（Artificial Intelligence，AI）。AI 技术不仅可以处理庞大的数据集，还可以通过机器学习和深度学习等技术从中提取有价值的信息，作出智能决策。在金融领域，AI 已经开始被广泛应用于股票交易、风险管理、客户服务、合规监管等多个领域。

随着互联网技术和移动互联网的普及推广，证券公司经纪业务首先由营业部模式转换为 PC 端模式，同时快速进入移动端模式。由于经纪业务在形态上与电商运营模式相似，客户管理和业务经营往往可以借鉴发展成熟的互联网电商运营经验。与之相反，证券公司机构业务缺乏可借鉴模板，因此人工智能技术在证券公司机构业务的应用是一个全新的、待深入探索和讨论的课题。

---

[*] 本文写作于 2023 年 10 月。作者简介：张朝晖，平安证券股份有限公司首席信息官。

(一) 人工智能技术简介

人工智能是一种模拟人类智能行为的计算机技术，其目的是能够执行需要人类智慧的任务。以下是一些重要的人工智能技术的定义和应用场景：

1. 机器学习（Machine Learning）

机器学习是一种让计算机从数据中学习并改进性能的技术。

2. 深度学习（Deep Learning）

深度学习是机器学习的分支，通过神经网络模拟人类大脑的工作原理，在自然语言处理、图像识别和模式识别等领域有广泛应用。

3. 自然语言处理（Natural Language Processing，NLP）

NLP 技术使计算机能够理解和生成自然语言文本。NLP 可以用于分析新闻、社交媒体和公司报告。

4. 增强学习（Reinforcement Learning）

增强学习是一种与环境互动学习的方法，适用于自动交易系统的开发和优化。

5. 智能机器人和虚拟助手

AI 驱动的虚拟助手可以改善客户服务体验，提供实时市场信息，并回答客户的问题。

(二) 证券公司机构业务现状

人工智能技术已经在证券公司的各个业务领域得到广泛应用，为业务流程的优化和创新提供了新的可能性。以下是人工智能技术在证券公司机构业务中的几个典型应用现状。

量化交易：许多证券公司积极探索将机器学习算法应用于量化交易策略的优化。通过分析历史市场数据，人工智能技术可以识别潜在的交易信号和价格趋势，帮助证券公司制定更加精准的交易策略。在高频交易、统计套利等领域中，人工智能技术已经取得显著的成果，提升了交易效率和盈利能力，也催生了众多以机器学习为核心竞争力的量化交易私募机构。

风险管理与预警：人工智能技术在风险管理方面的应用也逐渐成为证券公司的关注重点。通过实时监测市场数据和社交媒体情绪，人工智能技术可以预测市场波动和风险事件，并为证券公司提供及时的风险预警，降低投资风险。

客户服务与智能助手：许多证券公司引入了基于自然语言处理的智能客服系统，使客户能够通过语音或文字与机器人进行交流。这些技术不仅可以解答客户的常见问题，还可以为客户提供个性化的投资建议和市场分析，提升客户体验。

数据分析与洞察：人工智能技术使证券公司能够更深入地分析大量的市场数据和交易数据，发现隐藏在数据中的模式和关联。这有助于证券公司更准确地评估投资机会、识别潜在风险，并为客户提供更具价值的市场洞察报告。

内部控制和反欺诈：在金融市场中，内部控制和反欺诈至关重要。人工智能技术可以分析交易数据，识别异常交易模式和行为，从而帮助证券公司及时发现潜在的违规行为和欺诈活动。

投资组合优化：人工智能可以帮助证券公司优化投资组合。通过分析资产的历史表现和市场趋势，人工智能技术可以为投资者提供智能化的资产配置建议，提升投资组合的收益表现。

尽管人工智能在证券公司机构业务中取得了显著的进展，但也存在一些挑战和限制，数据隐私、算法透明性、模型鲁棒性等问题仍然需要得到解决。此外，人工智能虽然能够承担很多任务，替代了大量的手工工作，但人类的专业知识和判断在金融领域仍然是不可或缺的。

综上，人工智能技术在证券公司机构业务中的应用已经取得了一些令人瞩目的成就，但其发展仍处于初级阶段。随着技术的不断进步和应用场景的扩大，人工智能技术将在证券公司机构业务中发挥越来越重要的作用，推动整个行业朝着智能化、高效化的方向发展。

下文重点探讨人工智能技术在证券公司机构业务中的创新应用，包括投行智能化、合规流程智能化、风险管理优化等方面的具体案例，以及其带来的潜在优势和挑战。通过深入分析，我们可以更好地理解人工智能技术如何推动证券公司机构在数字化时代的转型与发展，并探索人工智能技术的更广泛应用场景。

二、实施方案

（一）FAITH 平台架构

FAITH（Framework of Artificial Intelligence Technology Host）平台是平安证券自主开发的人工智能应用平台，其架构见图 1。

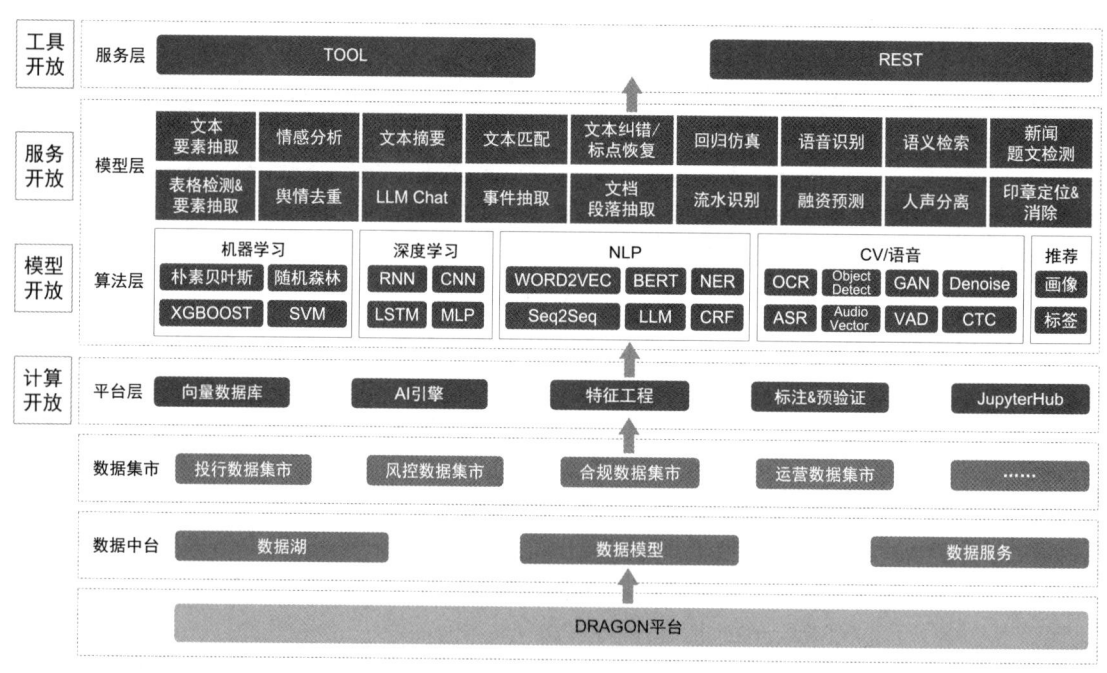

图 1　FAITH 平台架构

1. 数据收集与存储层

FAITH 平台以数据中台和各业务线数据集市为基础，数据包括市场交易数据、经济指标、新闻舆情、客户交互数据等。这些数据将输入人工智能模型，需要建立高效的数据收集和存储机制，确保数据质量和实时性。此外证券公司的数据是非常敏感的，以数据中台为基础可以基于其多重认证、数据加密等技术保证人工智能应用的数据安全性。此外统一的数据中台，可以避免多数据源造成的数据不一致等问题。

2. 平台计算引擎层

计算引擎是整个架构的核心，它负责执行各类人工智能算法和模型的训练与推理、模型压缩加速、特征工程处理以及基本的向量数据处理等工作。

3. 模型开发与训练层

算法、模型和功能建设需要充分考虑和平衡业务需求以及技术发展要求，针对不同的业务需求选择不同的算法和模型。例如，在投行承做领域，采用基于 BERT（Bidirectional Encoder Representations from Transformers）预训练模型并通过公司专有的财报、合同文本数据进行模型训练，从而实现对承做所需文档数据抽取和分析的自动化；在知识库问答领域，可以采用基于自然语言处理的算法和 LLM（Large Language Model）技术，对用户提出的问题进行智能回答。同时，平台建设需要充分考虑技术发展要求。随着人工智能技术的不断发展，新的算法和模型不断涌现，整个平台需要及时关注和采用这些新技术，以提高平台的竞争力和创新性。

4. 模型部署与实时推断层

完成模型的训练后，它们将被部署到实际的生产环境中，用于实时推断和决策。这一层基于先进的容器和云技术实现高度的可伸缩性和实时性，以应对不同证券公司业务应用场景。

5. 用户界面与接口服务

FAITH 平台除通过微服务方式将能力开放给外部系统使用以外，还可以提供用户界面，供公司各业务线员工使用。这些界面采用领航先进的微卡片技术，支持应用的快速组装，并可以便捷地内嵌到其他系统中。

（二）针对机构业务的解决方案

为了使人工智能技术更自然地融入机构业务流程中，需要设计一套切实可行的实施方案，以确保模型功能无缝融入现有业务流程。以 OCR（Optical Character Recognition，光学字符识别）服务在中后台业务的应用场景为例（见图2）。

业务需求分析：本需求的背景是中、后台条线日常需要处理和编辑大量的外来文档，这些文档中存在大量的扫描文档或图片文件（约占总数的 69.18%）。中、后台工作人员日常处理这些文档需要投入大量的人力和手工作业，因此其目标是希望通过人工智能技术将这些文档或图片自动还原成可编辑的格式，方便其进行下一步作业。

数据准备与清洗：模型的训练需要准备和清洗数据，确保数据的准确性、完整性和一致性。这可能涉及数据采集、数据清洗、特征工程和数据标记等步骤。而在本案例中，需要与业务方一起确定 OCR 服务模型微调所需的图片数据，以及进行必要的数据标注。

技术基础设施：需要选取适用于 OCR 模型运行和业务服务所需的硬件技术。目前 FAITH 的技术基础设施，包括硬件、云计算资源和网络基础设施。

选择合适的算法和模型：根据业务需求，需要选择合适的人工智能算法和模型。例如，对于本案例 OCR 服务，检测部分使用的是 DBNET（Differentiable Binarization Network），识别部分使用的是 RCNN（Regions with CNN features）+ CTC（Connectionist Temporal Classification）。

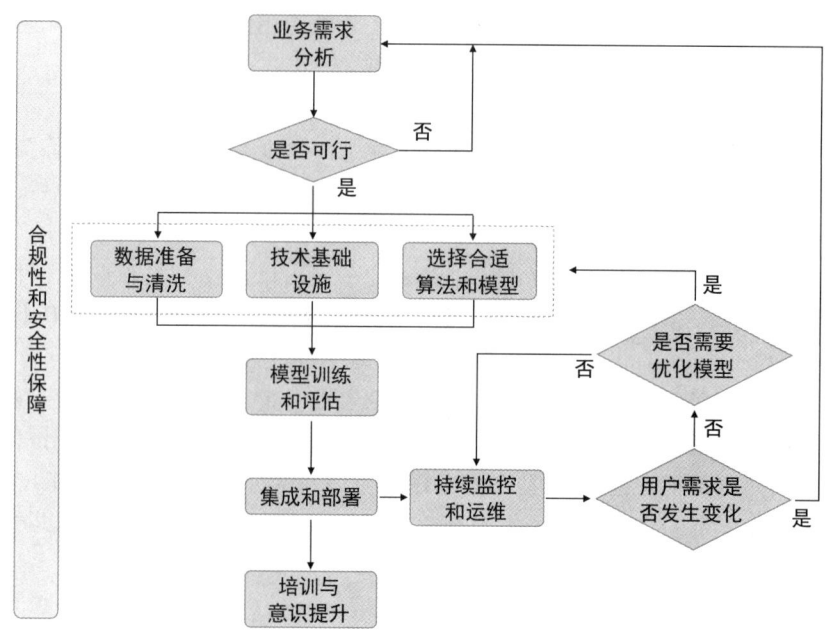

图 2 人工智能模型开发流程

此外，出于端到端解决方案的考虑，对于用于文档类的 OCR 识别还需要考虑一些周边补充算法，比如文档版式识别，表格检测和识别，印章定位和消除等。

模型训练和评估：在训练模型之前，需要将数据划分为训练集、验证集和测试集，并进行模型训练。同时，需要建立评估指标来评估模型的性能，如准确率、召回率、F1 分数等。此处 OCR 分为检测和识别两部分，检测使用的是 AP（Average Precision，平均准确率）值。

集成和部署：训练出的模型需要集成到实际业务流程中，并进行实时部署。这可能涉及开发 API、创建用户界面或与现有系统的集成。考虑业务的使用量情况，在部署阶段可以考虑静态占用资源或动态扩容方式。

持续监控和维护：模型部署后，人工智能平台需要持续监控和维护，包括模型性能的监测、数据漂移的检测以及模型更新和优化。

培训与意识提升：确保员工具备足够的技能和知识，以有效地使用人工智能平台。

在整个实施过程中，必须牢记数据隐私、合规性和安全性的重要性，确保平台的操作符合相关法规和政策，同时采取适当的安全措施来保护敏感数据。例如，在模型训练前，使用的数据如果来源于外部，应得到数据宿主的充分授权。

人工智能平台在证券公司机构业务中的使用需要综合考虑技术、业务和管理等因素。通过明确的实施方案，可以实现人工智能技术的有序应用，从而在竞争激烈的金融市场中获得持续的优势。

三、机构业务应用探索

（一）基于大语言模型技术的投行 AI 助手

投行业务涉及广泛的金融产品、市场动态以及客户需求。投行工作人员常常需要快速获取准确的信息,但是信息分散在多个内部系统和文件中,寻找所需信息可能耗费大量的时间。为解决上述问题,人工智能技术为投行业务带来了创新的解决方案,其中一项重要应用是基于 LLM 技术的本地知识库问答系统。

LLM 是指使用大量文本数据训练的深度学习模型,可以生成自然语言文本或理解语言文本的含义。大语言模型可以处理多种自然语言任务,如文本分类、问答、对话等,是通向人工智能的一条重要途径。在众多 LLM 中最著名的是 ChatGPT (Chat Generative Pre – trained Transformer),是 OpenAI 研发的一款聊天机器人程序,它能够基于在预训练阶段所见的模式和统计规律,来生成回答,还能根据聊天的上下文进行互动,真正像人类一样来聊天交流,甚至能完成撰写邮件、视频脚本、文案、代码、论文及翻译等任务。

投行 AI 助手整个工作流程如下:

首先,构建知识库。投行将内部的金融数据、市场分析、研究报告等信息整合到一个本地知识库中,每个信息都被标注为特定主题或领域。

其次,进行模型微调,即使用 LLM 预训练模型,对其进行微调以适应投行领域的问题和知识。模型需要理解金融术语、产品描述和市场趋势等内容。

再次,投行用户可以通过交互界面以自然语言提出问题,系统将问题传递给训练过的 LLM 模型。

最后,模型根据对问题的理解,从本地知识库中检索相关信息,生成准确的答案。如果答案需要进一步解释,模型可以同时提供背景知识。

采用该种方案建立的投行 AI 助手具有如下优势:

第一,快速信息检索。投行工作人员可以通过自然语言直接提问,迅速从本地知识库中获取到所需信息,节省时间和精力。相较于传统搜索引擎方式,本方案获得的答案更加精准和完整。

第二,客户服务升级。在用户互动中,AI 助手为用户提供即时、准确的回答,提升客户体验和满意度;同时交互更加人性化,如提问超出知识库范围,AI 助手可以有选择性地礼貌拒绝,并建议转到人工处理。

第三,知识共享与传承。该应用服务将项目经验和历史知识进行集中管理,特别方便帮助投行新员工更快地适应业务,促进知识传承。

第四,LLM 本地化部署,有效化解了公司内部数据和信息外传的风险,满足合规各项数据风险要求。

第五,通过引入 CoT (Chain of Thought,思维链)模式和插件机制,投行 AI 助手可以很方便地扩展到除问答以外的其他智能应用场景。比如年报数据解析、文档内容复核等。

基于 LLM 技术的投行 AI 助手应用为投行业务提供了高效的信息检索和客户服务工具,不仅提升了业务流程效率,还为投行在不断变化的金融市场中提供了更灵活和智能的支持。

(二) 合规智能语音质检

合规是中台业务一项重要且高度复杂的任务,其目的是确保业务操作遵守法规和公司内部规定。人工智能技术的创新应用可以显著提升合规工作的效率和质量,智能语音质检服务是一个重要的应用案例。

证券公司在客户服务、投资咨询、接收投诉建议等过程中,往往需要记录和存档电话录音。根据法规和监管要求，证券公司需要不定期对这些通话记录进行质检，以起到监督交易员行为、保护客户信息等目的。

传统的语音质检方式是抽样听取电话录音，需要大量的人力资源，不仅耗时、容易出现遗漏，而且监管要求的不断变化和不同语言的语音数据使质检变得更加复杂。证券公司可以采用 ASR + NLP 技术方案解决这个问题，结合了自动语音识别技术和自然语言处理技术，可以自动分析通话内容，识别关键信息并评估合规性，极大提升了质检效率和准确性。

ASR（Automatic Speech Recognition，自动语音识别）目标是将人类语音中的词汇内容转换为计算机可读的输入符号，如二进制编码或者字符序列。2019 年 8 月 17 日，北京互联网法院发布《互联网技术司法应用白皮书》，该白皮书阐述了十大典型技术应用，其中包括语音识别技术[①]。

该服务的整个流程如下：

一是通话录音收集。证券公司需要收集员工与客户之间的通话录音，将作为质检的基础数据。

二是对收集的语音文件进行编解码、降噪、人声分割等声学处理。

三是使用 ASR 技术自动识别语音，将通话录音转化为文本文件，便于在文本层面进行处理和分析。

四是利用 NLP 技术，对获取的文本进行诸如标点符号还原、文字校正等预处理，以期获得适合人工阅读的高质量文本内容。

五是利用 NLU（Natural Language Understanding）技术，理解和分析文本内容，识别和检索出与合规相关的关键词、短语和语境等。

六是基于合规标准，对通话内容进行评估。这里可能涉及情感分析、关键信息确认等任务。

七是如果通话中存在异常或不合规的情况，系统会自动标记，并生成详细的报告，以供合规团队进一步审查。

基于 ASR + NLP 技术的智能语音质检服务具有如下优势：

一是自动化处理大量通话录音，节省时间和人力资源，提升质检效率。

二是对所有通话进行质检，避免因为时间和人力的限制而漏检。

三是利用 NLP 分析内容，可以更准确地评估通话的合规性和服务质量。

四是客观地评估服务质量和客户满意度，避免了主观偏见的影响。

因此，人工智能技术的应用为合规工作带来了更高效、更准确的支持。这个创新应用结合了多种人工智能技术，为语音质检工作提供了强大的工具。

（三）平台智能运维

为了提高运维效率和预测潜在问题，基于人工智能技术的 AIOps（Artficial Intelligence for Operations，人工智能运维）是一个重要的场景。

证券公司依赖各种复杂的系统和平台来支持业务运作，而这些系统可能因为硬件故障、

---

① 资料来源：https://github.com/chatchat-space/Langchain-Chatchat. 2023 - 5 - 31.

软件错误或者其他问题而出现故障或不稳定，这些问题可能来自不同的源头，导致运维团队难以及时发现和处理。

AIOps结合了人工智能、大数据分析和自动化技术，能够实现更智能、高效的系统监控、故障预测和问题解决。

整个工作流程包括以下六个部分：

一是运维团队收集各个系统的数据，包括性能指标、日志、异常告警等，并将这些数据存储到数据中台；

二是运维团队与人工智能团队一起基于AI平台，利用机器学习技术，对收集到的数据进行分析，总结异常模式和不正常的行为，并训练异常检测模型；

三是基于历史数据和模型，AIOps服务可以预测可能的故障和问题，提前通知运维团队采取措施；

四是发生故障或问题时，AIOps服务可以自动触发响应措施，包括但不限于重启服务、切换备份系统建议等；

五是AIOps服务可以根据分析结果，向运维团队提供性能优化建议，帮助他们更好地管理系统；

六是运维团队解决问题后，AIOps系统会将问题和解决方案的信息整理并存入知识库，以便未来快速解决类似的问题。

通过引入AIOps应用，系统运维可以快速检测问题并自动采取措施，缩短故障的响应时间；对服务或节点的流量监控可以提前预测可能的故障，帮助团队采取预防措施。最终自动化的问题识别和解决减轻了运维团队的负担，使其能够更专注于战略性任务。目前平安证券系统运维通过使用AI技术告警量较传统模式下降59.36%，故障发现准确率高达85.23%。

四、总结和展望

本文讨论了人工智能技术在证券公司机构业务中的应用场景，展示了在前、中、后台等领域的多个应用案例。

在投行业务领域，基于LLM的本地知识库问答应用为用户提供了更迅速、精准的信息服务；在合规业务中，基于ASR和NLP技术的合规智能语音质检服务有效地提升了用户工作效率；而在平台运维领域，基于AIOps的智能运维使得系统管理更加智能和响应迅速。

尽管人工智能技术在证券公司机构业务中已取得了一些显著的成果，但仍然存在一系列挑战。数据隐私、安全性、模型解释性以及合规性等问题需要得到更好的平衡；此外，人工智能技术的引入还需要与人类专业知识相结合，才能发挥出最大的价值。

展望未来，证券公司机构业务领域将会涌现越来越多的应用场景。例如，在制定投资策略时，可以通过深度学习模型挖掘市场趋势和数据关联，为投资决策提供更精准的参考；在风险管理中，人工智能技术可以进一步加强对风险的识别和预测，帮助证券公司更好地管理市场波动和投资风险。

参考文献

[1] 董琦，黄汝南. 国君宏观：人工智能辅助人、替代人、成为"人"[DB/OL]. 券商研报精选，2023-4-5.

[2] ChatGPT来了 AI企业如何应对[DB/OL]. 中国青年报，2023-2-14.

[3] 最强聊天机器人ChatGPT面世，AI又来抢饭碗了？[DB/OL]. 每日经济新闻，2022-12-12.

[4] 萧雨. ChatGPT给总统写演讲稿 世界首位使用AI撰稿的领导人是他[DB/OL]. 凤凰网，2023-2-4.

[5] 孙莹，张晓宇. 北京互联网法院发布白皮书 互联网技术司法应用场景展现[DB/OL]. 央广网，2019-8-19.

基于大数据以及人工智能的持续督导合规科技平台建设研究

申万宏源证券承销保荐有限责任公司　深圳价值在线信息科技股份有限公司[*]

一、背景概述

2022年10月,党的二十大报告提出:实现高质量发展,建设制造强国、质量强国、数字中国、科技强国。习近平总书记提出金融工作"三大任务",即服务实体经济、深化金融改革、防控金融风险;坚持"四项基本原则",即回归本源、优化结构、强化监管、市场导向,为我国金融发展改革指明了方向。当前,我国金融部门合规科技,正与金融科技、监管科技持续发展同步推进,并进行顶层设计优化。作为资本市场中介机构,应牢记金融工作的政治性、人民性,秉承金融报国初心和金融为民情怀,增强金融服务普惠性、可及性和便利性,恪守资本市场看门人责任,切实加强风险管控,着力防范化解金融风险。

目前,新三板挂牌公司、北交所上市公司,与沪、深证券交易所上市公司、区域性股权市场共同形成"互联共通、错位发展"的格局,扩大了资本市场服务实体经济覆盖面,更好地发挥资本市场助力实体经济功能,促进科学技术与金融市场的深度融合,努力推动中小企业创新发展,特别是"专精特新"企业,开启了我国多层次资本市场高质量发展新征程。证券公司(即主办券商)持续督导为促进新三板挂牌公司质量提升发挥重要作用。

---

[*] 本文为中国证券业协会2022年优秀课题。课题负责人:张剑,申万宏源证券承销保荐有限责任公司党委书记、董事长;苏梅,深圳价值在线信息科技股份有限公司董事长。课题组成员包括:秦懿、金碧霞、仇进、陈青、朱睿、刘彪、谢日霞、韩伟承、彭超、孙莲珂、刘雄风、郁建超、黄谢意、朱磊,均供职于申万宏源证券承销保荐有限责任公司;薛自强、邵玥明,均供职于深圳价值在线信息科技股份有限公司。

二、主办券商持续督导现状

（一）信息披露质量

资本市场是以信息披露为基础的市场，中介机构发挥着重要的看门人作用。从统计数据来看（见表1），新三板公司披露补充更正公告的比例远高于沪、深、北上市公司，这在一定程度上说明新三板公司信息披露质量亟待提升。

表1　信息披露质量统计

2017年至2022年10月上市公司、新三板信息披露质量			
板块名称	公告总数（份）	补充更正公告数量（份）	占比（%）
沪、深、北上市公司	3 222 164	19 229	0.60
新三板公司	2 350 207	39 527	1.68

（二）资本市场板块情况

目前，我国资本市场由沪深主板、科创板、创业板、北交所以及新三板等组成。截至2022年10月31日，沪主板共有1 664家上市公司，深主板共有1 499家上市公司，科创板共有483家上市公司，创业板共有1 207家上市公司，北交所共有121家上市公司，新三板共有6 652家挂牌公司。从违规家数统计来看（见图1），2017年至2022年10月，违规企业数量呈现递增态势。

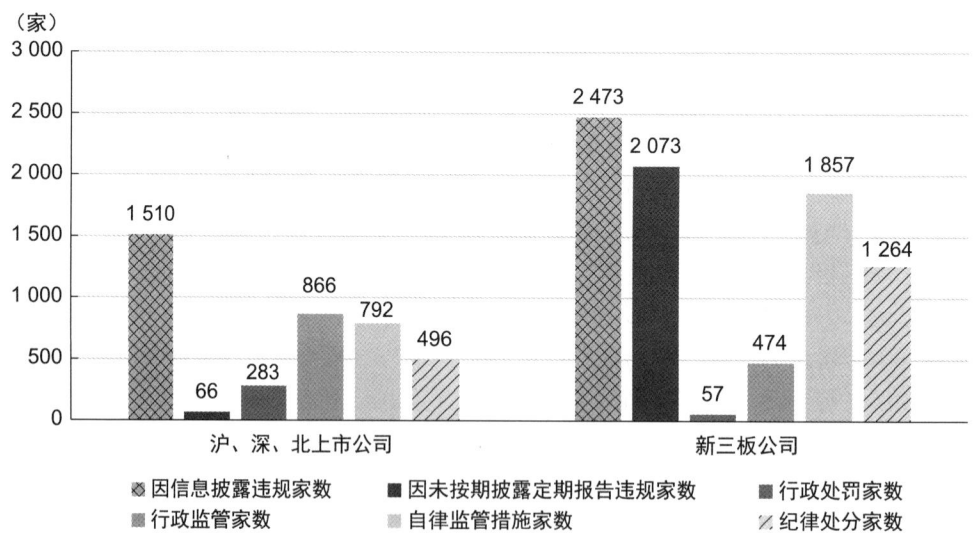

图1　2017年至2022年10月上市公司、新三板公司违规家数

三、主办券商持续督导职责、业务痛点

根据《主办券商持续督导工作指引》相关规定，持续督导职责主要包括六个方面（见图2）。

信息披露指导
包括日常"三会"、关联交易、并购重组、股票发行、年度报告、半年度报告；发布主办券商风险提示公告

公司治理规范
指导、督促挂牌公司完善公司治理机制，包括：公司"三会"运作、财务规范；董监高行为规范；公司风险控制等

日常业务办理
及时办理停复牌、权益分派、证券简称与全称变更、股票限售与解除限售、交易方式变更、分层、董监高报备

多层次业务培训
建立与挂牌公司的日常联系机制，借助网络与现场方式进行远程视频培训、辖区现场培训、特定事项专场培训；开展挂牌公司核查工作，督促挂牌公司进行整改

专项业务办理
对挂牌公司股份回购、股权激励、员工持股计划、终止挂牌等事项出具专项意见

关注重大事项并核查
关注挂牌公司重大变化，及时向全国股转公司报告挂牌公司重大事项，协助核查指定事项，配合中国证监会及全国股转公司开展日常监管工作

图 2　持续督导职责

持续督导业务痛点主要发生在主办券商、挂牌公司、入场沟通、技术支持四个层面上（见图 3）。

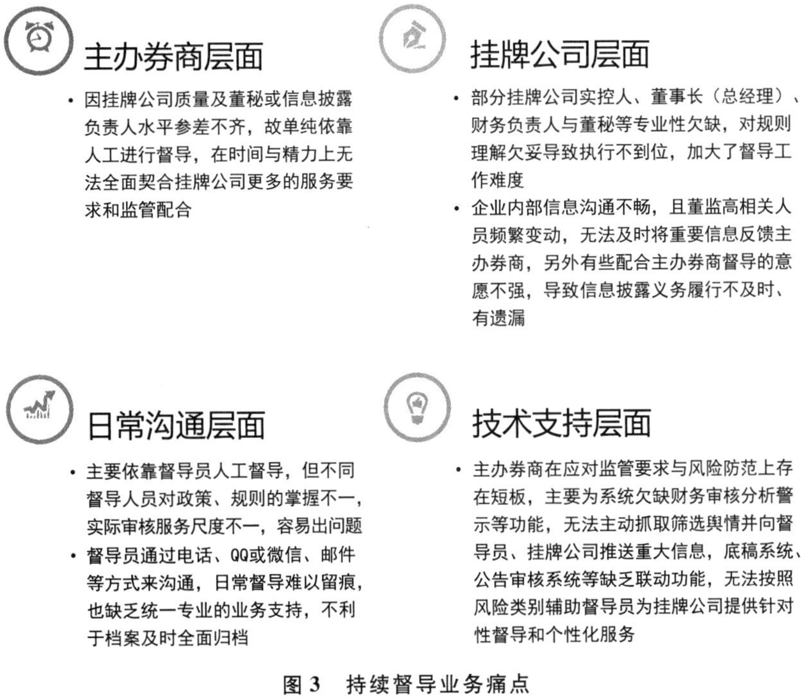

主办券商层面
- 因挂牌公司质量及董秘或信息披露负责人水平参差不齐，故单纯依靠人工进行督导，在时间与精力上无法全面契合挂牌公司更多的服务要求和监管配合

挂牌公司层面
- 部分挂牌公司实控人、董事长（总经理）、财务负责人与董秘等专业性欠缺，对规则理解欠妥导致执行不到位，加大了督导工作难度
- 企业内部信息沟通不畅，且董监高相关人员频繁变动，无法及时将重要信息反馈主办券商，另外有些配合主办券商督导的意愿不强，导致信息披露义务履行不及时、有遗漏

日常沟通层面
- 主要依靠督导员人工督导，但不同督导人员对政策、规则的掌握不一，实际审核服务尺度不一，容易出问题
- 督导员通过电话、QQ或微信、邮件等方式来沟通，日常督导难以留痕，也缺乏统一专业的业务支持，不利于档案及时全面归档

技术支持层面
- 主办券商在应对监管要求与风险防范上存在短板，主要为系统欠缺财务审核分析警示等功能，无法主动抓取筛选舆情并向督导员、挂牌公司推送重大信息，底稿系统、公告审核系统等缺乏联动功能，无法按照风险类别辅助督导员为挂牌公司提供针对性督导和个性化服务

图 3　持续督导业务痛点

四、持续督导智能化转型探讨

（一）主办券商持续督导核心

持续督导核心在于聚焦金融服务实体经济的主责主业，强化证券公司市场竞争力与综合金融服务水平，将挂牌公司最真实的生产经营和公司规范、内控管理等信息情况呈现在投资

者面前，以确保信息披露依法合规，更好地彰显公司股票价值，以减少、降低道德风险和市场失灵，有力提升公司治理水平，促进投资者进行甄选判断和价值投资，帮助企业开展融资活动。同时，借助金融科技和证券公司提供"经纪＋投资＋投行＋研究"等多层次、全方位综合服务，精准实现需求对接，全面助力高质量发展。

（二）持续督导系统建设必要性

当前，许多券商对持续督导系统建设给予较高的战略定位，在"人、财、物"各方面均加大了对投行系统的建设力度，协调前、中、后台等各部门参与建设。但投行系统建设大多聚焦项目管理阶段，主要功能包括：项目管理平台、底稿系统、股票发行系统、债券发行簿记系统、债券存续期管理系统等方面。大多系统以管控为主，核心功能在于提高项目管理效率，实现投行底稿电子化。针对持续督导业务痛点以及如何解决信息披露不及时、督促挂牌公司依法规范经营等，通过智能化全流程有效督导是券商投行系统转型升级的重点。

为此，在未来持续督导系统建设中可考虑引入"监管科技＆合规科技"，对持续督导重点工作、监管对象进行数字化改造与升级，以数据为核心驱动，以互联网、人工智能、区块链、云计算以及大数据等新一代技术为依托，打造以高效合规为目的并能够有效实施持续督导责任的合规科技平台，助力持续督导业务数智化发展。同时结合挂牌公司资本市场需求，增加"专精特新"相关服务内容，为广大中小企业提供专精特新申报、投融资对接、投资者交流等专业服务，深耕细作、孵化培育优质企业，不断扩充新三板持续督导服务延伸领域，助力中小企业实现高质量发展。

五、持续督导合规科技平台解决方案

（一）持续督导数智化平台规划

在新三板监管体系中，主办券商既要配合监管机构要求履行审核职能，又要辅助挂牌公司保证信息披露合规和资本市场合规运行，具有双重身份。构建满足双重职能的持续督导数智化平台，在具体表现形态上，既要及时执行监管部门规则、落实监管科技要求，又要运用合规科技督导挂牌公司规范运作，最终以更高效的合规和更有效的监管为持续督导服务提供解决方案。

平台通过创新应用与数字化服务满足挂牌公司信息披露、公司治理、辅导培训、专精特新申报、合规事项管理、投资者关系管理等日常业务需求，为主办券商提供智能应用，以满足督导过程中舆情风险识别、文档智能审核、财务异常识别等，从而提高督导效率与质量，全面助力持续督导业务高效保质落实，防范、化解执业风险（见图4）。

（二）持续督导合规科技平台建设

1. 平台整体框架搭建

平台围绕持续督导构建监管科技、合规科技生态，利用人工智能、大数据、云计算等金融科技搭建以微服务技术框架为核心的科技平台，以"数据＋合规引擎＋监管指引"为中心构建持续督导全链条生态圈，覆盖数据服务、平台应用以及合规服务等关键的核心诉求，促进数字化业务变革，搭建"持续督导＋合规服务"双向生态体系，实现科技价值赋能全

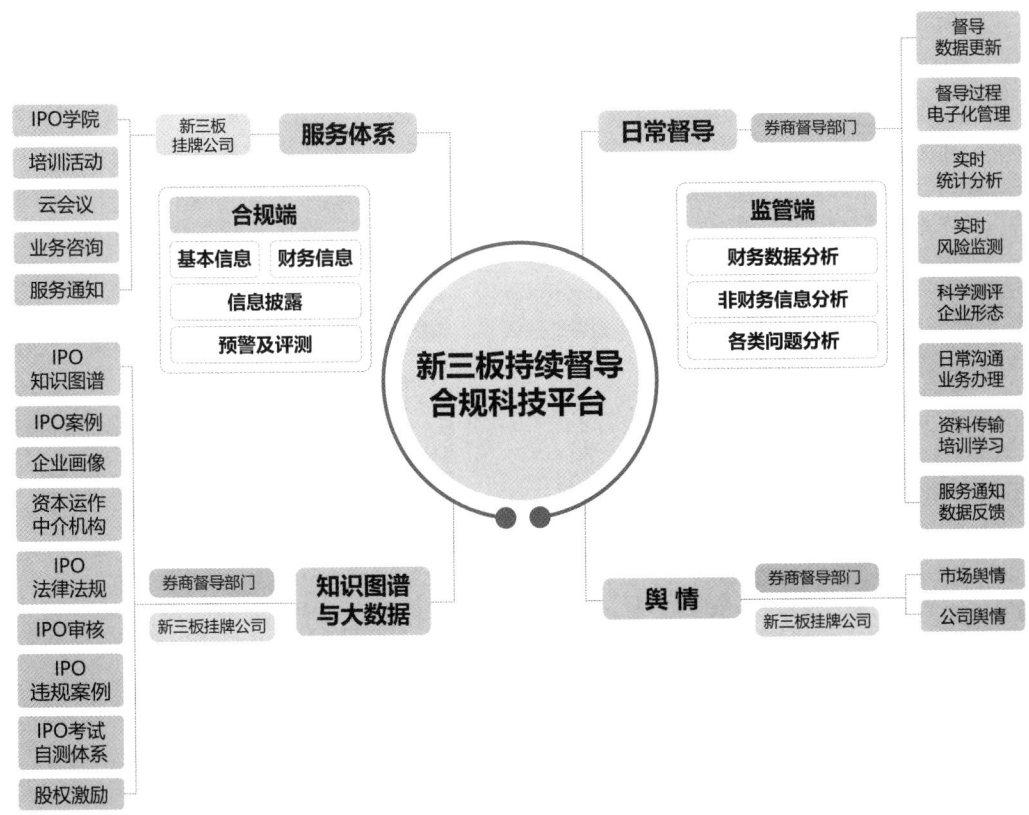

图 4 新三板持续督导合规科技平台

业务链条。整体架构分为三个层级：基础服务 + 中台服务 + 应用服务（见图 5）。

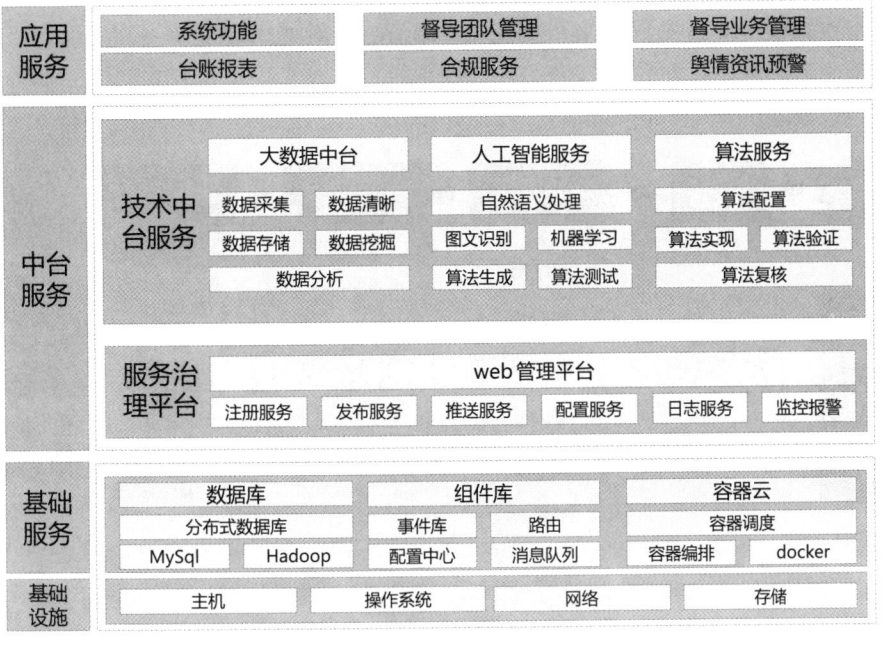

图 5 持续督导合规科技平台整体框架

2. 平台基础数据搭建

基于持续督导大数据平台体系支撑及掌握挂牌公司基本信息、舆情信息、融资信息以及企业所在行业大数据，通过图谱的方式实现数据治理、数据穿透与数据可视化，助力督导数字化、智能化。以数据完整性原则、数据安全性原则、数据可维护性原则以及结构优化原则为导向，搭建子数据库，包括挂牌企业信息库、督导业务管理信息库、督导服务信息库、数据分析信息库、舆情资讯库，以满足持续督导的要求。持续督导平台基础数据库架构如图 6 所示。

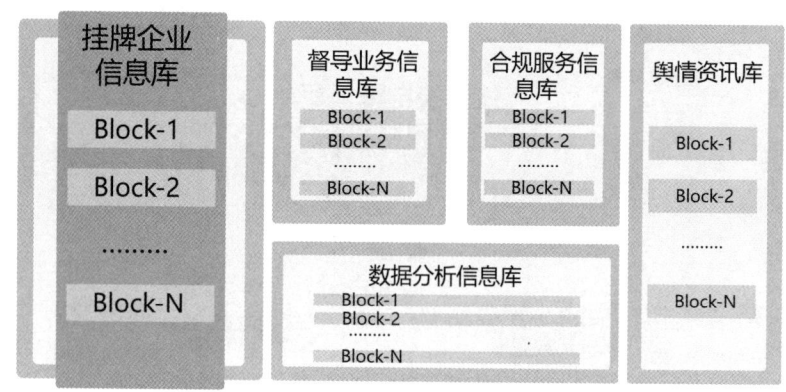

图 6 持续督导平台基础数据库架构

（三）平台特色应用

1. 基于"监管指引 + 合规引擎"的信息披露应用

在信息披露辅助方面：从公告撰写到信息披露流程发起，致力于帮助挂牌公司工作人员更快更好地完成信息披露工作，节省人力成本和时间成本。用户创建信息披露事项，选择对应公告类别，系统提供对应公告类别的文件模板、法律法规、披露要点、报批材料等信息参考。利用大数据技术对历史数据交互整合、归纳清洗。对纳入深度学习算法引擎下的法规拆解剖析，基于监管端角度对信息披露的合规性预警，从而实现上市公司与监管端的复合式技术应用及解决方案。其中，信息披露治理框架如图 7 所示。

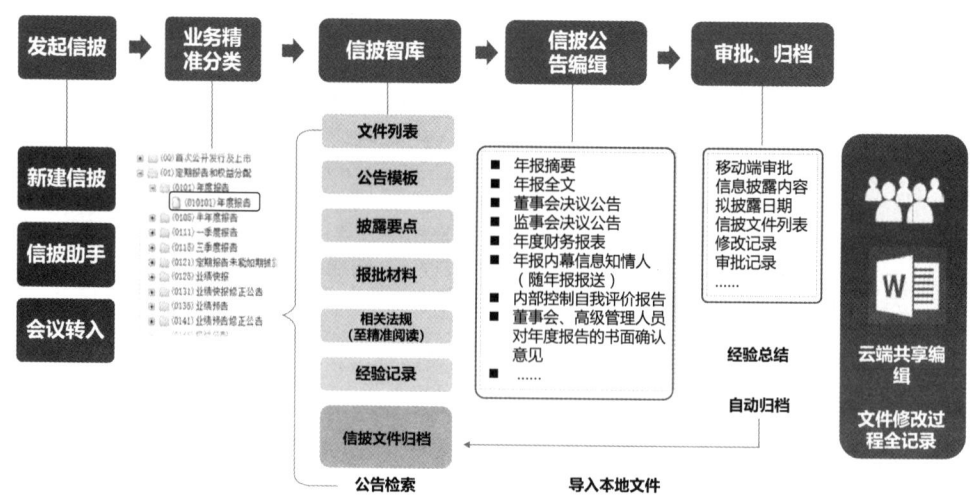

图 7 信息披露治理框架

2. 基于"智能化内容推荐"的培训与辅导体系应用

持续督导合规科技平台将收录官方培训信息进行抓取汇总，通过交互挖掘和个性化推荐算法实现培训活动的智能化推荐，构建千人千面的用户画像，为用户提供端到端的一站式推荐服务，实现精准匹配和培训辅导的价值转化，以方便挂牌公司及时了解培训内容、参加相关培训，提升用户对于持续督导平台的黏性。

此外，借助知识图谱的智能问答技术，回答培训期间简单的用户问题，实现实时交互。通过谷歌开源的 BERT 预训练语言模型训练下游分类模型和命名实体识别模型，识别用户输入问题的类型和涉及的实体、意图、约束条件或者属性，生成图谱查询语句，返回问题的答案。智能推荐算法引擎如图 8 所示。

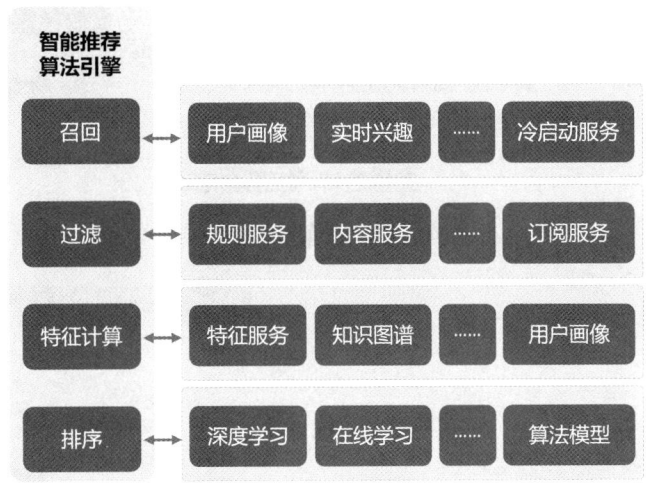

图 8　智能推荐算法引擎

3. 基于"人工智能、大数据、云计算"的舆情风险监控应用

舆情系统每天实时监控将市场海量舆情数据抓取并进行规范系统化处理，基于人工智能的深度模拟特性，对数据进行高精度解析，形成智能风险预警知识库，包括指标集、客户画像、预警信号集、预警规则等。

结合情感分析、文本分类、命名实体识别、摘要抽取、文本聚类等前沿技术能力，精准识别舆情内容，快速洞察舆情态势。辅助券商进行审批决策，设定阈值分级预警，可帮助券商有效地防范化解风险（见图 9）。

4. 基于"大数据"的合规知识图谱应用

建设持续督导合规知识图谱，需要将大量结构化和非结构化数据进行数据融合。利用深度学习中的联合抽取技术进行知识抽取来统一处理，从大量文本中抽取"实体—关系"三元组。利用远程监督方法和语义依存关联分析自动识别金融实体间的关系。

通过知识图谱表示学习算法，可以获得知识图谱中每个节点的向量表示，构建考虑层次传递、路径依赖的知识图谱表示方案，并将其作为节点特征应用于证券领域任务，如节点分类、链接预测和可视化等，为后续的股情预测和风险评估提供算法支持。通过事件分析法计算出事件造成非正常收益的比例，及时对风险程度做出判断，得出未来风险走向（见图 10）。

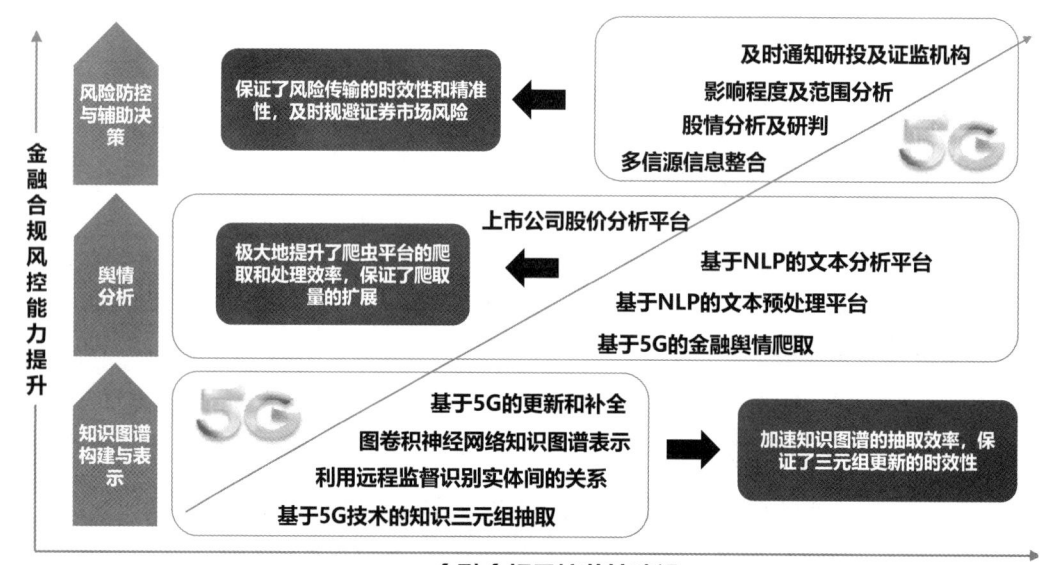

图 9　舆情风险控制体系

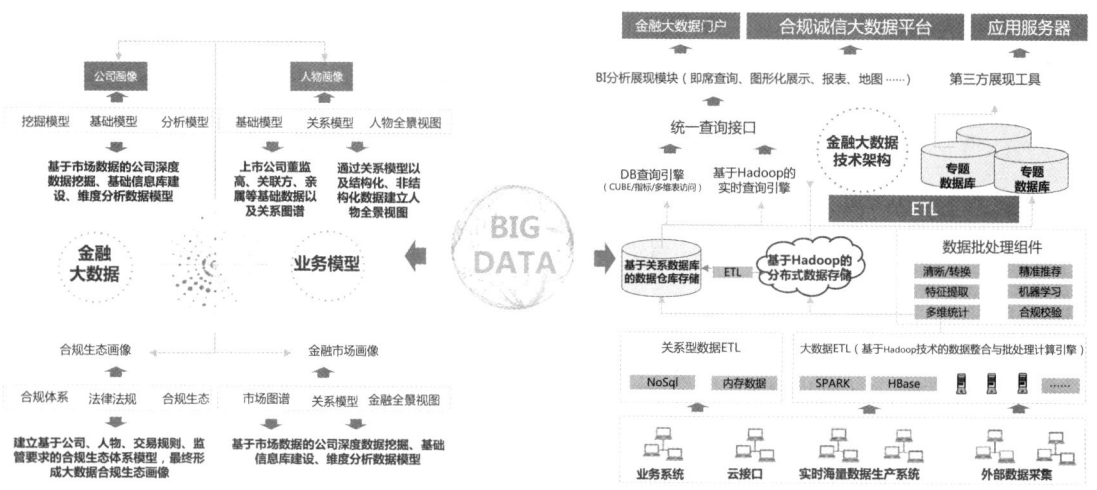

图 10　合规诚信大数据体系

六、持续督导合规科技平台未来规划展望

（一）关于风险预警与财务舞弊识别体系的规划设想

在注册制全面实施及依法全面从严监管的态势背景下，针对财务舞弊手段愈加隐蔽、舞弊方式多样化、单靠人工识别能力有限等现实状况，规划通过构建风险监控预警及财务舞弊识别平台，及时监控企业风险及财务状况，通过合规运作维度、财务维度、资本市场维度、舆情维度等，全面监控企业风险指标、财务指标，形成风险监控智能模型，及时发现风险及异常，为持续督导工作提供可靠支撑。

（二）关于区块链技术在持续督导平台中的规划设想

未来可实现持续督导合规科技平台与证联链对接，采用 RPC 跨链方式实现链上数据与监管系统对接，在准确、高效、合规条件下实现监管数据应报尽报，满足持续督导业务事后转事中监管数据报送要求，可以让监管机构足不出户完成精细化监管操作。同时，企业端也可以通过区块链把业务数据的 HASH 值传送至区块链节点，以此达到存证目的。

（三）关于挂牌公司投资者关系管理的规划设想

随着注册制改革不断深化，资本市场呈现"马太效应"，资金主要集中于头部大市值的公司，投资者也更倾向于头部公司。怎样助力新三板挂牌企业做好资本运作及投资者管理也是未来持续督导平台需要建设的重点。在持续督导合规科技平台的后续规划建设中，通过依托主办券商在服务投资者过程中积累的流量优势，为挂牌公司在平台端开辟与投资者直接沟通与交流的线上渠道，助力有需求的挂牌公司切实做好业绩说明会、投资者交流会等交流活动。

（四）关于北交所"领航计划"的规划设想

北交所正在研究推进"领航计划"，这一计划是北交所进一步优化各环节协同，夯实前端审核监管基础，提升后端上市审核效率，力争"少问询、少反馈"，以帮助优质企业上市预期更明确、上市时间更快速、上市过程更顺畅。

建立可与监管直接连接的持续督导平台，发挥主办券商在新三板持续督导与保荐中的客户优势，做企业与监管之间的通道，助力企业明确上市预期，缩短上市距离，既能服务于以信息披露为核心的注册制，也可发挥证券公司资本市场"看门人"的专业职责。

基于大数据和人工智能的特定股东股份智能管理系统研究

中国银河证券股份有限公司　深圳价值在线信息科技股份有限公司*

一、研究背景

中国资本市场历经30多年探索与发展,已成为全球重要的金融市场之一。股票市场基于其资源优化配置、"晴雨表"和价值发现等功能,能够反映实体经济的运行情况及市场对未来经济的发展预期,是金融市场的重要组成部分,也是资本配置的重要手段,在整个资本市场中占据了极其重要的地位。股份交易制度可以理解为市场参与者为实现特定目标在股票市场上进行股份交易活动或在交易过程中需要遵守的一系列法律法规的综合统称,是股票市场的核心制度之一,也是我国资本市场的根本性制度。股份增持、减持和回购这三个影响权益变动的交易行为,可以调整上市公司存量股份结构,优化市场资源配置,影响股票价格的合理定价和证券市场的运行效率。

股份交易的合规需求,推动了合规交易制度的完善,也对上市公司及其股东、董监高等市场关键主体的合规发展提出更高的要求。

二、股份合规交易概述及定义

(一) 特定股份定义

在本文中,特定股份指的是各类型股东的增持行为、减持行为、上市公司的回购行为因特定身份情形、持股比例、持股来源、承诺信息等影响,受不同合规交易规则组合限制的

---

* 本文为中国证券业协会2022年优秀课题。课题负责人:唐沛来,中国银河证券股份有限公司信息技术部原总经理。课题组成员包括:佟萌、刘冰、魏自恩、万锋宇、赵永强、郭儒佳、于泓、杜元锋、郭睿、张依雯,均供职于中国银河证券股份有限公司;苏梅、包荣鑫、张皓禹、赵俐怡、林希蔓,均供职于深圳价值在线信息科技股份有限公司。

股份。

限制特定股份的前置条件具体可见表1。

表1　　　　　　　　　　　　　限制特定股份的前置条件

股东类型	自然人、法人机构、资产管理计划、信托计划、机构投资者、基金管理人
股东身份	控股股东、实际控制人 特定股东（或其他特定股东，如创投基金股东） 股改前持股5%以上的非流通股东 董事、监事及高级管理人员 核心技术人员（科创板）
股东持股比例	持股5%以下、持股5%以上、持股30%以上、持股50%以上
是否计算一致行动人，一致行动人是否受控	
特定股份来源	是否属于首次公开发行前持有的股份，是否属于股份改制前持有的解除限售存量股份，是否是因特殊交易受让而来的股份等
关键信息节点	首次取得IPO股份日期 首次持股达30%日期 非公开发行股份解除限售日期（持有非公开发行股份数量）
窗口期信息	年度报告、半年度报告、季度报告、业绩快报、业绩预告、重大事项
限制交易信息	是否存在立案调查/立案侦查情形；是否存在行政处罚、刑事处罚情形；是否存在公开谴责情形；是否存在重大信息披露违法情形等
股东承诺信息	不可减持承诺、可减持承诺

（二）股份合规交易研究意义

在我国资本市场的发展中，增持、减持及回购这三方面行为的交易市场主体更具有信息优势，所以他们的交易行为通常也对特定的市场趋势有一定的影响。因此，研究国内的股份合规交易制度，主要围绕规范上市公司股东增持行为、减持行为及上市公司回购行为的相关制度，研究其制度发展历程中对资本市场的重大影响。

三、股份合规交易的现状分析与解决方案

（一）股份合规管理面临的困境

资本市场有关证券交易与管理等方面的制度架构虽已基本建成，但散见于各类法律法规、部门规章、业务规则等不同层级的规则之中，使得市场参与者在实际操作中往往顾此失彼或无意触限，以致违规交易，其本身乃至上市公司层面因此受到监管处罚，对股价波动造成影响，对证券市场的秩序造成扰乱（见图1）。

图2是关于A股市场上市公司近十年证券交易违规类型的统计。

通过图1可以看出，在金融监管逐步趋严的情况下，近十年来证券交易违规数量仍处于逐步上升的趋势。原因是：一方面，关键股东主体对于维持上市公司长远发展的意识不强，更倾向于短期的个人利益，有意导致违规情况的发生，致使违规情况居高不下；另一方面，

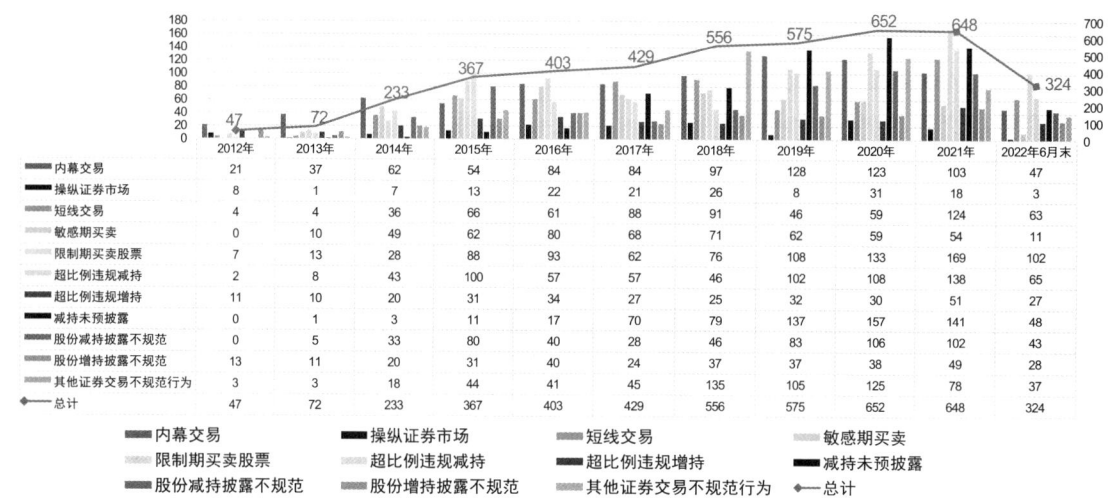

图1 股份合规管理的困境与难点

	2012年	2013年	2014年	2015年	2016年	2017年	2018年	2019年	2020年	2021年	2022年6月末
内幕交易	21	37	62	54	84	84	97	128	123	103	47
操纵证券市场	8	1	7	13	22	21	26	8	31	18	3
短线交易	4	4	36	66	61	88	91	46	59	124	63
敏感期买卖	0	10	49	62	80	68	71	62	59	54	11
限制期买卖股票	7	13	28	88	93	62	76	108	133	169	102
超比例违规减持	2	8	43	100	57	57	46	102	108	138	65
超比例违规增持	11	10	20	34	27	25	32	30	51	27	
减持未预披露	0	1	3	11	17	70	79	137	157	141	48
股份减持披露不规范	0	5	33	80	40	28	46	83	106	102	43
股份增持披露不规范	13	11	20	31	40	24	37	37	38	49	28
其他证券交易不规范行为	3	3	18	44	135	105	125	78	37		
总计	47	72	233	403	429	556	575	652	648	324	

图2 A股市场上市公司近十年证券交易违规类型统计

资料来源：易董，统计时间区间为2012年1月1日至2022年6月30日。

人为计算日期和股数的误差、规则理解应用的偏差、系统误操作等行为会产生无意的违规，因而受到监管警示等相关处罚的情形也占据多数。

（二）股份合规管理监管科技现状

在科技创新的助推之下，各行业领域均不断对科技应用监管领域进行探索。当前券商交易系统中，对股份交易的管控主要侧重在三个控制点上：其一是数量，对约定区间内的交易总量在交易期间进行控制；其二是交易方向，通过智能交易算法在当日有买入或卖出操作中，对其反向操作进行有限控制；其三是交易价格，通过智能交易算法提前约定价格区间，在区间范围内进行委托报单。系统上虽控制区间的交易总量，但并不会对权益变动交易过程中应停止的交易时点进行事前预警或拦截，不会根据账户持股数量对交易行为进行针对性控制。而交易方向上的限制，仅对当日反向交易行为进行严控，系统并未对如长达6个月的短线行为控制。监管规则治理虽具备一定优势，却无法动态适配股份交易实景，一旦涉及具体规则中的限制情形，则当前市场的风控合规系统无法有效地完全覆盖。此外，尽管证券交易所在监管股份交易上具有天然的优势，可以凭借其完善的交易系统及时发现股份交易的违规情况，但由于股份交易的复杂性以及自律管理的柔和性，刚性的监管措施往往在监测到可疑交易行为，或发生实质违规事件后才启动事后监管，以施加纪律处分的手段对违规情形进行警示，并未限制或禁止某些证券交易行为，往往会错失有效的监管时机。

（三）股份智能化方案的必要性及技术的可行性

随着大数据、AI、区块链、隐私计算应用得到深化，科技赋能金融业综合化特征明显，以科技辅助合规交易系统建设显得更为顺理成章。现有的合规风控系统往往存在控制延迟的困境，而在股份交易事前预警，交易事中实时监管，通过科技服务合规，能使股东在股份交易中更积极主动参与自治，使券商在交易管理中更具备效率。

特定股份管理合规科技平台（以下简称"特定股份管理平台"）是结合联邦学习、大数据、知识图谱、RPA 与 AI 等相关技术搭建的科技平台。经过账户数据交互整合、归纳清洗，对纳入算法引擎下的法规拆解剖析，从券商端角度出发对股份合规交易情景进行模拟，并基于监管端视角对违规交易管控提前预警，从而实现券商端、监管端的复合式技术应用及解决方案（见图3）。

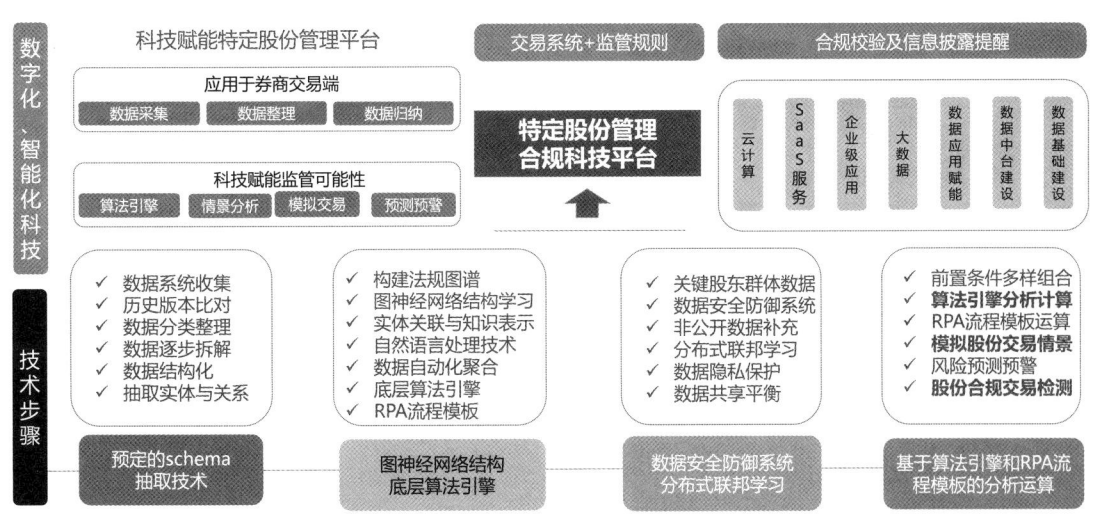

图3 特定股份管理合规科技解决方案

四、特定股份管理合规科技平台建设实践

（一）特定股份管理平台整体框架

平台整体架构分为三个层级：基础平台 + 中台服务 + 应用服务（见图4）。

平台从特定股份合规管理延展构建"合规 + 管理 + 交易"的生态体系，实现科技价值赋能全业务链条。

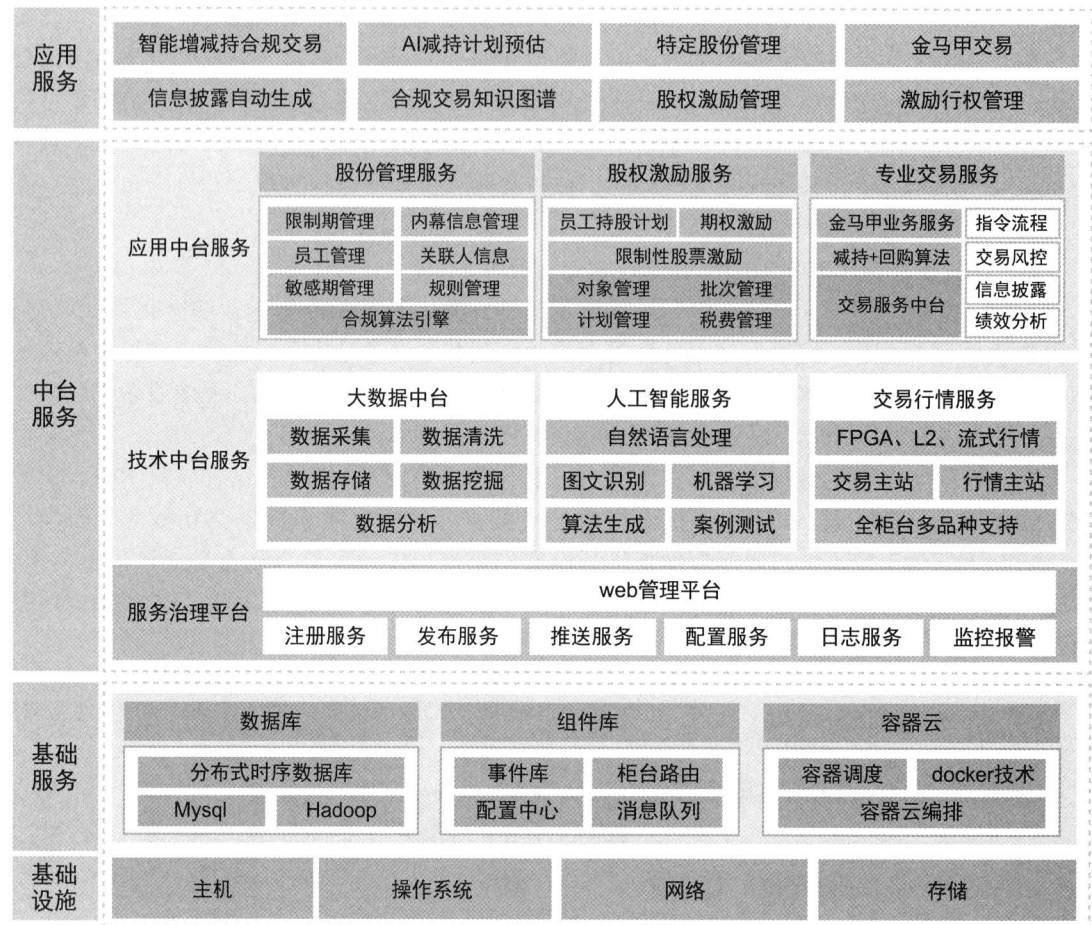

图 4 特定股份管理合规科技平台架构

（二）股份管理合规科技平台技术及业务创新点

股份管理合规科技平台的建设实践方案，由特定股份数据平台搭建、合规交易算法引擎建设、AI 减持预估方案实施三重维度构建而成，其技术方案与业务创新点如下。

1. 基于大数据技术搭建特定股份数据平台

将 Hadoop 数据库和传统 MySQL 关系型数据库联合，创造性地解决海量非结构化数据处理存储以及建立统一的数据模型的问题，多层次全方位保障其数据访问的时效性及安全性，有效支撑前端业务的发展和创新。平台重点完成三个阶段的数据处理：一是通过海量数据抓取和数据索引建立的技术完成原始数据的采集；二是对采集的数据进行预处理，采用抽象的数据挖掘算法，比如关联算法、聚类算法、分类算法、集成学习等适用于大数据分析的方法；三是基于数据挖掘分析结合特定股份的应用场景，如合规分析、减持预估、信息披露等建立抽象的数据模型。

2. 人工智能驱动合规算法引擎

（1）AI 合规算法引擎技术难点突破。AI 合规算法引擎突破了两大技术难点：应用 AI 技术实现用户身份与合规算法智能化匹配以及采用多线程软加速方法为合规交易算法提速。

合规算法引擎主要目的是对国家各层级的监管体系及时获取监管细则并自动转换为可识别的算法公式，能够将用户近期的交易行为作为输入条件，通过核心引擎的自动计算，给予交易合规建议。基于此，AI合规算法引擎核心有三个步骤：

第一，需要通过爬虫手段及时获取官方途径发布的法规条文及相关规定，并通过大数据处理技术进行初步数据处理，自动进行清洗、分析和整理，将法规拆分成章、节、条，提取规则中与特定股份交易相关的条例。

第二，通过命名实体识别（NER，Named Entity Recognition）提取规则中的适用板块、适用对象、买卖方向、股份变动方式、时间单位等核心边界条件，根据边界条件及规则语义自动赋予变量形成算法公式。

第三，利用AI分析匹配技术精准识别监管对象身份、交易行为等各项数据进行分析，并精准地判断出该人员适配哪些法规，通过聚类分析用户的任职类型、持股比例、是否为实际控制人和解除限售存量股份等，精确定位用户角色，匹配到对应的合规算法（见图5）。

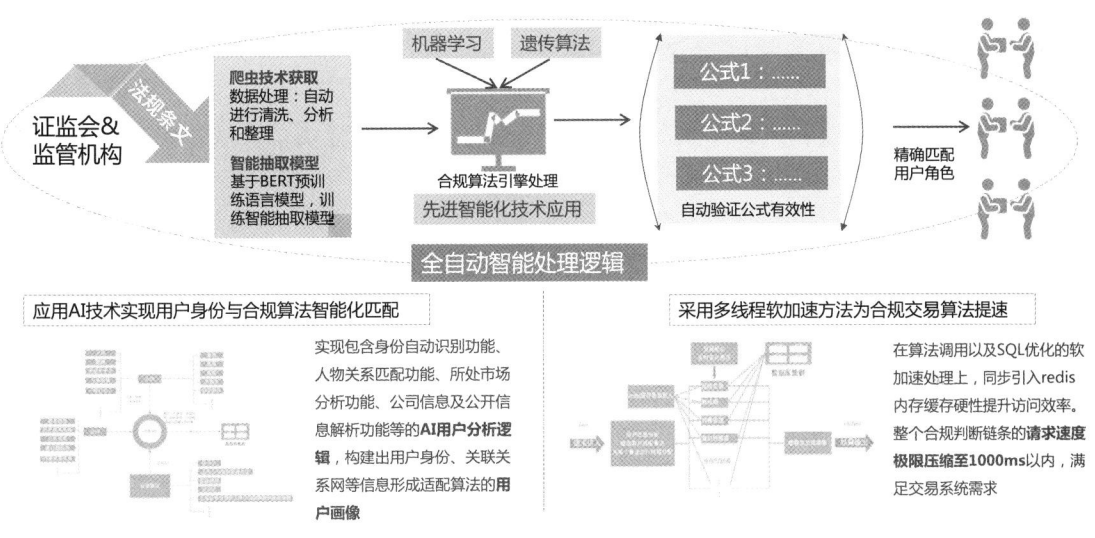

图5 人工智能驱动建设合规算法引擎

（2）AI合规算法引擎的实践情况。根据公开资料，目前已使用合规算法引擎的证券公司有10家，上线时间集中在2020年3月至2021年12月，并持续追踪交易所规定，不断丰富系统功能。针对不同客户对象，特定股份管理合规科技平台一共分为三个版本，包括针对大股东和董监高的个人版、针对上市公司主体的企业版以及针对创投基金的机构版，各证券公司已布局的版本有所不同。

3. AI减持预估规划方案的创新应用

合规算法引擎的建立是基于用户交易的最后一环，即在用户即将完成交易前一刻进行交易的合规性判断，而基于整个用户交易价值链条，股东或者上市公司增减持过程中对其特定股份进行前瞻性的事件测算更有需求。将合规风险智能判断前置，通过合规性的测算触达股份交易的临界点，合理安排特定股份的减持计划，同时结合收益测算，形成对其特定股份合规交易的充分预期空间。

五、股份合规服务生态体系构建探索

在新业态创新背景下，特定股份管理合规科技平台创设性地构建了三方监管服务模式，由证券公司、价值在线、上市公司三方签署合作协议，各方明确权责，构建完整的合规风控管理体系，强化完善内控制度。

股份合规服务生态体系是以特定股份管理平台为锚点，联通三方主体协调自治、分层合理管控、技术业务互促、多场景融合的新合作服务生态，以此共同促进业务多元发展，共享共建一体化闭环式的证券服务新模式。在流程管理上，平台囊括上市公司合规管理全流程，包括风险试算、账户监督以及内幕信息管控等。在运行模式上，平台由上市公司管理员统一处理账户信息，将个人层面的交易信息统一收束至上市公司层面管控，厘清各方交易权责，提升各方合规意识，加强故意违规行为约束管控，降低无意违规行为发生概率。

六、特定股份业务制度探讨与展望

本文从加强合规监管产品与相关技术的深度融合，促进建立类似合规管控服务一体化、数字化的综合金融服务平台方面提出几点展望。

（一）提升券商合规服务

发挥券商合规专业性深度，做好上市公司特定股份交易合规"看门人"，助力上市公司股份增减持的实施，协助维护上市公司与投资者良好关系，有效助力上市公司高质量发展。

（二）实现数据互通技术

在技术上增加特定股份管理合规科技平台的技术深度，实现各券商数据的互联互通，提升系统在一致行动人跨券商托管情形下的减持管理准确度，提升数据管理水平及系统响应力，增强系统的稳定性和安全性。

（三）深度融合技术与业务

深化智能风控、预警、信息服务关键技术研究，延伸服务深度、拓宽服务广度以满足不同适用主体、不同交易情形的监管要求，拓展服务场景。

（四）加强投资者教育

辅助上市公司举办规则解读与培训，编制相关推广课程并定期举办培训课程及相关规则解读研讨会，提高投资者风险识别与控制能力，保护投资者合法权益，实现市场各主体利益最大化。

基于区块链的数字证券交易系统设计研究

李爱娅*

一、背景及现存问题

互联网金融的快速发展，颠覆了传统的证券交易方式，将证券交易推向了新的历史发展阶段，极大地改变了证券业的成长模式，其中包括交易方式的变革、风险控制的改进、新投资方式的涌现等，使得证券市场交易降本增效，扩大了证券市场的规模，为证券行业带来了更多的发展机遇。2022年6月7日，中国证券业协会发文《大力推进证券科技领域团体标准化工作积极支持证券行业高质量发展》，旨在通过广泛协作吸收借鉴相关方面的先进技术经验和成果，更好地推动标准化与科技创新互动发展，积极支持证券行业高质量发展。但从整体上看，当下证券业在发展中，尚存一些待金融科技助力解决的问题。

（一）交易速度慢和交易成本较高

证券交易业务的交易速度较慢，数据传输时间较长。金融科技的出现和发展最明显的影响是提高了证券交易的速度。现在，交易所和经纪商都使用先进的交易系统和交易软件，能够实现极快的交易速度和实时数据传输。记录和处理交易的时间显著缩短，这让交易者可以进行更实时的决策，并能够快速响应市场变化。

证券交易业务的交易成本较高，突出体现在中介和人工成本方面。金融科技带来的另一个显著影响是降低了交易成本。传统证券交易通常由经纪人经手，这意味着需要为交易员提供佣金。但是，金融科技的出现，特别是在线交易和手机应用程序，让交易者能自主进行交易，减少了中介和人工成本。同时，金融科技降低了运作成本，包括强制性的交易软件和网络连接等，这使得运营证券交易所的费用大大降低。

---

* 本文写作于2023年10月。作者简介：李爱娅，光大证券股份有限公司研究所证券分析师。

（二）数据方面缺乏科学高效的治理方法

随着我国经济进入高质量发展阶段，证券行业发展至今已积累了海量的数据，而数据的价值在于关联，只有通过全行业内外部数据共享，才能满足证券科技创新带来的高附加值数据需求。但目前，我国证券公司在数据治理方面虽投入较大的治理成本，但收效较国际金融机构尚有差距，需要进一步探索建立符合数据科学特点的治理结构。证券公司依托金融科技的发展，可以更全局地制定公司层面的数据治理战略规划和建立数据治理组织架构，实现在数据标准、元数据、数据生命周期管理方面的进步。

（三）证券交易中风险管控尚待提高

证券交易过程中由于信息公开和透明度不够，使投资者在投资过程中面对着较大的投资风险。金融科技促进了证券公司在强监管下开展业务运行和信息系统建设时，更好地进行风险监测和预警，能保证交易在科技智能化的场景中高效进行。金融科技帮助投资者对他们自己的证券账户进行实时监控，将投资风险限制在可接受的范围内，带来收益的同时尽量规避风险。

二、区块链技术在证券业务智能化发展的应用探索

区块链技术是一种基于数学算法信任的分布式协作模式，应用在证券业务科技化智能化发展中，其特有的可追溯性特征具有缓解信息不对称及由信息不对称引起的道德风险等作用，促进证券交易业务降本增效。同时，区块链技术可以在证券市场应用于证券登记发行、证券清算和结算等业务，大大简化中间环节和交易流程，提高证券交易市场效率；将区块链技术作为证券市场的基础设施，实现信息上链和发行端的各参与方上链，将传统的证券交易业务数字化。下文旨在通过以数字证券为证券市场交易媒介，构建一个基于区块链技术的数字证券交易系统。

（一）数字证券化

数字证券是指以数字形式存储的证券，即证券发行、交易、结算等全过程都采用了数字化的模式。区块链技术可以更好地解决证券发行及交易环境中的风险和信任问题，使数字证券更加稳健和安全地在市场上运作。区块链技术在数字证券领域的应用主要表现在数字证券的发行、交易和结算几个方面。

1. 数字证券的发行过程

区块链技术可以将数字证券的发行过程全程数字化，并采用智能合约来自动化处理证券的发行、分配及交付等，解决了传统证券发行流程烦琐、成本高昂等问题。此外，区块链技术去中心化的特征，使得数字证券发行不再需要受到中介机构的干预，降低了中介机构及市场操作的成本及风险。

2. 数字证券的交易

区块链技术的分布式账本设计和智能合约功能为数字证券交易的效率、安全性和透明度提供了支撑。数字证券发行后的交易过程是公开透明、难以篡改的，交易时对区块链系统进

行验证和确认,每一笔交易都有独立的区块记录,交易方式更加灵活。

3. 数字证券的结算

区块链技术减少了传统证券交易结算环节中需要多个中介机构确认核实的时间和成本。交易过程中各方的信息都被保存在不同的区块中,智能化处理实现快速的交易结算。智能合约的设计解决了人为因素带来的错误及风险问题,大大提高了交易结算的安全性。

目前,数字证券生态正处于高速发展阶段,区块链技术为数字证券领域的发展带来了重要的技术支持,提高了数字证券交易的效率、安全性、可信度。

(二)基于区块链技术的数字证券交易系统的设计研究

区块链技术和智能合约、数字证券等工具为构建新型资本市场体系创造了可能性。智能合约和分布式账本技术使资产和金融机构实现有效连接。

证券交易作为金融领域的一个重要领域,也可以运用区块链技术,实现更为高效、安全的交易过程。下文将利用区块链技术设计一个高效安全的证券交易系统,并设计通过ABM和神经网络等技术方法检验其有效性的路径。

1. 数字证券交易系统的设计研究

(1)系统的设计背景和假设。区块链技术的去中心化、不可篡改的特性可以很好地解决当前证券交易市场中交易效率低、中介机构多、安全性差等问题。基于区块链的架构,本系统在区块链系统的各层次中完成算法协议的设计:在激励层设计对应的数字证券的发行机制和激励机制;在合约层通过智能合约,设计不同的交易和兑现策略。假设系统中的投资者都是理性和有效率的。本系统设计中交易标的主要为数字化股票、数字化债券、数字化商品(作为另类资产是对股票和债券等传统资产的补充)等(见图1)。

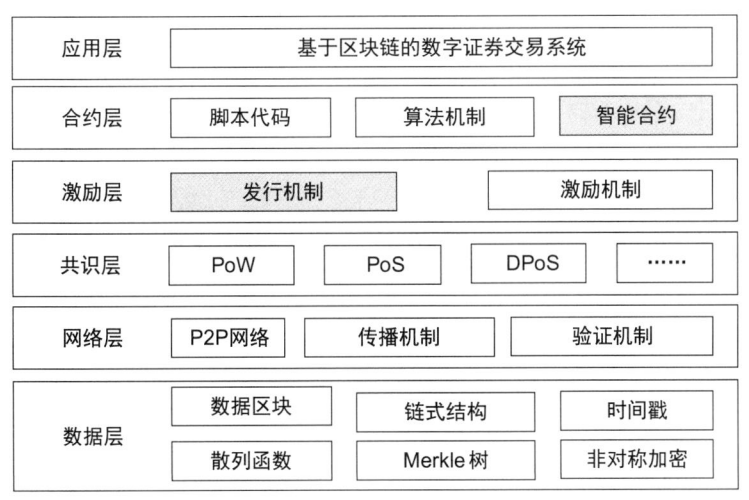

图 1　基于区块链的数字证券交易系统架构

(2)系统架构和功能设计。本数字证券交易系统的基本架构为区块链分布式账本+智能合约。其中,分布式账本是数据存储的基础,智能合约是交易的执行规则。本系统由网络节点、共识算法、协议规则、数据存储和智能合约五大模块构成。网络节点是系统的节点,用于接收、传输交易数据,并维护账本的一致性。共识算法是保证账本数据一致的核心技术，例如工作量证明（PoW）、权益证明（PoS）等。协议规则是指节点之间通信的规则，主要包括 P2P 协议、共识算法协议、存储协议等。数据存储是账本数据的存储模块，包括交易记录、节点状态等。智能合约是根据交易规则和条件预置的自动化程序，用于实现交易、撮合、结算等功能。

在技术路径方面，本系统可以分为三个部分：一是设计区块链底层算法协议，这是实现本系统的基础。鉴于当下比特币系统近乎"去中心化"的系统结构不太适用于需强监管和强风险管控的证券交易体系，所以，本系统可以参照采用以太坊、Hyperledger Fabric、EOS 等区块链框架。二是智能合约的设计是系统中交易标的发行和交易功能实现的核心部分，包括证券发行、交易撮合、交易结算、风险监控和信息透明等功能。其中投资者和机构之间每个交易和结算触发条件的设计是智能节约设计的要件。三是开发客户端及接口，可以采用 Web、移动端开发客户端，与区块链底层技术和智能合约进行交互，更好地形成数据和信息的联通，同时也是保证数字证券市场的再拓展或者国外交易链接的重要组件。

在本数字证券交易系统中，投资者分布式地存在于系统中，通过区块链网络交换层在各个交易所（国内外的）进行交易，并通过该层将交易信息和数据信息在"交易链"上进行储存，以及在整个数字证券市场体系中进行信息的调用、交互，完成投资者信息、交易信息的有效性记录（见图 2）。

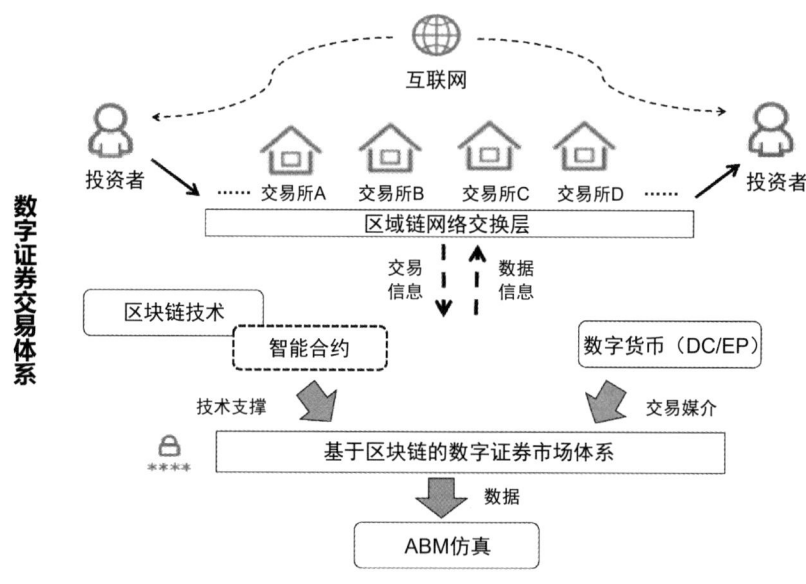

图 2　基于区块链的数字证券交易系统交易实现路径

2. 利用 ABM 建模进行系统仿真

ABM（Agent—Based Model，基于主体的模型）在研究复杂的社会、经济或生态系统的动态演化中具有较高的灵活性、模拟能力和可解释性。通过 ABM 建模，将个人投资者、机构投资者、交易所、数字证券交易系统分别设计为不同的 agent（自主行动者），模拟他们不同的属性和交易特征，输出结果是整个系统中交易成功的频次和交易成功的金额，从而，对本文设计的基于区块链的数字证券交易系统的效率进行验证。

本文设计的 ABM 模型中，系统中的 agent 分为数字证券交易系统（Trade System agent）、个人投资者（Individual Investors）、机构投资者（Institutional Investors）、系统（System Agent）。在本交易系统中，交易环节的设计如下：（1）Individual Investors agent 和 Institutional Investors agent 向数字证券交易系统中发出请求交易的信号；（2）System Agent 确认该系统中投资者的交易请求；（3）系统中的交易双方和交易请求达到交易智能合约的触发条件时，双方进行交易，系统执行并输出交易结果；（4）System Agent 验证交易结果的有效性，并反馈有效性验证的结果；（5）得到结果验证有效反馈时，数字证券交易系统向 Individual Investors agent 和 Institutional Investors agent 反馈交易结果，提示该笔交易完成；（6）System Agent 记录更新整个系统数据和信息。

3. 基于 BP 神经网络的有效性验证

在构建数字证券交易系统并验证效应后，以此为场景基础，以调整该市场中风险预警指标的动态值作为该市场体系风险规避有效性检验的输入参数，利用基于 BP 神经网络的风险预警体系评估模型的分析，评估出该数字证券交易市场的风险应对能力，并给出相应的风险管理建议（见图3）。

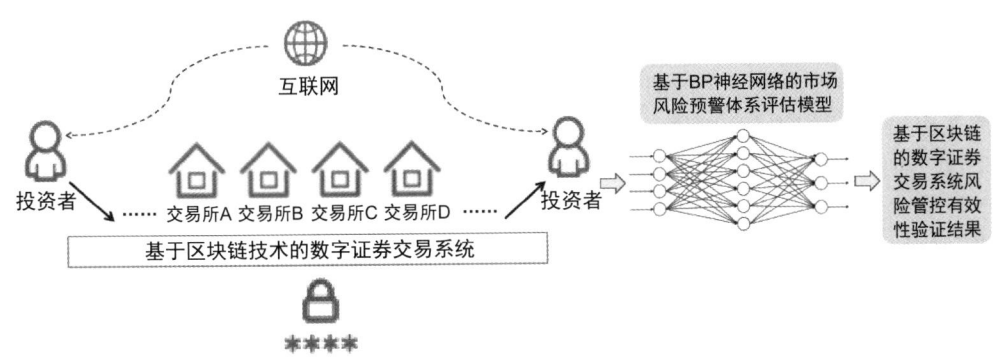

图 3　基于 BP 神经网络的系统有效性验证

本数字证券交易系统实现的主要功能是：证券公司在区块链上直接发行证券，为投资者提供了更为便捷、高效的资本市场融资模式；基于智能合约，证券买卖方可以直接进行交易，并自动进行撮合，去除中介机构的干预；交易完成后，智能合约自动进行结算，提高交易效率；通过区块链技术，实现交易数据的实时监控，预防和处理交易风险；所有交易信息都会被记录在区块链上，保障交易的公开透明。

基于区块链技术的数字证券交易系统的设计优势在于去除了中介机构，交易成本更低，交易效率更高；区块链技术的去中心化、不可篡改特性保障了交易安全；交易信息公开透明，利于监管和风险控制，为证券市场体系数字化转型提供了实现路径和借鉴。

三、管理启示

证券业与金融科技的深度融合是行业高质量发展的必由之路，数字证券化正在走向数字经济时代。区块链作为一种强大并可持续的技术工具，为证券业务的科技化、智能化发展带来了全新的证券交易方式，而更安全、高效的数字证券交易系统为数字化证券市场开启了新的视野，为更广泛的投资者和金融市场的进一步发展提供了必要的支持和动力。

（一）聚焦金融科技应用的顶层设计

证券公司应当更加广泛地运用新兴技术，探索创新发展的顶层设计方案，推动自身从传统的证券服务商向综合证券服务商转型，积极利用大数据、区块链、云计算、人工智能等新技术，在客户服务、市场分析、风险定价方面开展创新尝试，争取从投资顾问端、财富管理端、客户服务端等方面全方位向科技化、智能化转型，提升服务效能。

（二）关注金融科技与业务的深度融合

通过创建依赖区块链技术和智能合约的数字化公司组建和管理软件，投资者可以安全地开展、管理和追踪投资活动。数字证券的交易拓展能够较大程度地节省交易成本和人力资源。利用金融科技将知识产权安全地存储在公司架构中。数字化公司可能会改变企业在新兴市场开展业务的难易程度。

（三）不断提升数字治理能力和水平

证券金融科技运用的基础是数据治理和数据生态，数据治理是证券公司核心竞争力的重要体现，也是证券业高质量发展的重要基础设施。利用金融科技将证券市场上低成本流动的海量数据构建成高性能、高可靠、低时延的数据网络，与机器学习、匹配算法有机结合起来，形成一种全新的金融服务和一种新型的生产力，以满足证券交易的移动化、高频化和对交易时延极度敏感的诉求，从而实现金融业务端到端分钟级敏捷发放、资源池化能力、多中心业务的协同发展。

（四）强化交易的风控体系建设

证券公司既要积极利用金融科技推动业务模式创新，又必须严禁触碰法律底线和监管红线，必须高度重视证券科技带来的风险挑战。科技发展随之而来的问题也很多，如市场违规操作更加隐蔽化、智能化，新技术的运用使得业务设计更为复杂、交易速度和交易量呈几何级数增长、风险传播无时空界限、风险扩散更快、破坏性更强等，都需要证券公司做好相应的风险管控和闭环的风险应对措施。

（五）加快推进金融科技人才队伍建设

我国证券业迫切需要从战略发展的高度，提高对证券科技的重视程度，深刻理解证券金融科技的创新与进步的必要性。证券行业要不断补充壮大金融科技人才队伍，探索金融科技人才的成长路径，激发金融科技人才队伍的活力，形成创新驱动发展新格局。

参考文献

[1] Allen, Darcy WE, et al. Blockchain and the evolution of institutional technologies: Implications for innovation policy. Research Policy 49.1 (2020): 103865.

[2] Antonopoulos, A. M. & Wood, G. (2018). Mastering Ethereum: Building smart con-

tracts and DAPPs. O'Reilly Media.

［3］Ball, Marshall, et al. Proofs of Useful Work. IACR Cryptology ePrint Archive 2017 (2017).

［4］Beck, Roman, et al. Blockchain technology in business and information systems research. (2017): 381—384.

［5］Farmer, J. D. & Foley, D. (2009). The economy needs agent-based modelling. Nature, 460 (7256), 685—686.

［6］King, S. & Nadal, S. (2012). Ppcoin: Peer-to-peer crypto-currency with proof-of-stake. Tech. rep.

［7］黄璜. 社会科学研究中"基于主体建模"方法评述［J］. 国外社会科学, 2010 (05): 40—47.

［8］王童, 马文平, 罗维. 基于区块链的信息共享及安全多方计算模型［J］. 计算机科学, 2019, 46 (09): 162—168.

［9］周邺飞. 区块链核心技术演进之路——共识机制演进 (1)［J］. 计算机教育, 2017, No. 268 (4): 155—158.

证券公司数据安全管理体系建设研究

瞿任雄　陈海芳[*]

作为数字经济建设的关键要素，数据要素能够推动土地、劳动力、资本、技术等其他要素的流动，成为经济增长的重要助推剂。近年来，随着客户、交易、行情、资讯等数据的积累，数据已成为证券公司的重要资产和核心竞争力，利用数据驱动创新，实现高质量发展，并确保数据得到安全保护，已成为证券行业共识。

本文基于第一创业证券股份有限公司在数据安全管理方面的探索，主要从数据安全战略、数据分类分级、数据安全组织架构及制度、数据安全技术、数据安全运营和数据安全监督评价几个方面，结合证券公司的特点，阐述证券公司如何建设数据安全管理体系。

一、证券公司数据安全概述

（一）背景与形势

以大数据、云计算、人工智能、区块链、物联网等为代表的新兴技术打开了第四次工业革命的大门，数据开始呈指数级增长，并快速频繁地进行交互和流转。在此背景下，各行各业纷纷加入数字化转型浪潮中，构建了我国新的经济转型发展格局。

"无数据，不金融"，证券公司作为金融系统的重要分支，其海量的核心数据关乎着国计民生。证券数据处理不当，不仅会给客户带来巨大的财产损失，也会影响自身品牌声誉，甚至导致整个金融行业秩序的不确定和不稳定。基于国家数据安全保护要求，证券业颁布并实施了大量的政策法规，如《证券期货业数据安全管理与保护指引》《证券期货业网络和信息安全管理办法》等，以规范和指导证券公司及相关机构开展数据安全管理和保护工作，提升行业数据安全管理水平。

---

[*] 本文写作于 2023 年 10 月。作者简介：瞿任雄，第一创业证券股份有限公司信息技术中心数据中台部负责人；陈海芳，第一创业证券股份有限公司信息技术中心数据治理岗。

（二）面临的挑战

作为典型的数据规模大、价值高、应用场景复杂的行业，证券公司在开展数据安全管理和保护时，面临着诸多问题和挑战，具体如下：

1. 欠缺数据安全管理战略规划

数据安全管理涉及业务、技术、管理等多方面，各项工作的有效实施离不开科学的规划与全员的深度参与。然而证券公司数据安全管理通常由单个部门主导，并且以解决特定数据安全问题为导向，缺乏结合业务战略、IT战略、风险因素、合规遵从性等因素的全局数据安全管理规划，在遇到重大数据安全事项以及跨部门间争议的数据安全问题时，难以推动问题的解决。

2. 跨部门协同管理有待加强

证券公司业务庞大且复杂，内部数据与业务紧密联系，数据分散在不同的部门和系统中，导致内部协调和数据整合难度较大。这种主体和利益多元的特征使得数据的权属难以界定，如何确保在数据的使用过程中明确数据管理义务，是当前亟须解决的问题。

3. 数据分类分级智能化、精细化需要提升

数据分类分级是数据安全管理的基础，但由于目前大多数的元数据标准化程度较低，数据分类分级过程多依赖人工，智能化程度较低，导致数据分类分级的效率及准确率不高，数据分类分级覆盖范围不全。

4. 缺少体系化的数据安全管控

数据安全管控分散，缺少全局性体系化的数据安全管控及数据流转链路监控，数据安全管理能力成熟度较低。

二、证券公司数据安全管理体系建设

（一）数据安全管理概念

为解决证券公司当前所面临的数据安全挑战与需求，证券公司应围绕数据全链路进行总体布局和全面规划。在研究证券公司如何建设数据安全管理体系前，首先要了解数据安全管理的概念。

数据安全是指通过采取必要措施，确保数据处于有效保护和合法利用的状态，以及具备保障持续安全状态的能力，它强调了数据的处理活动需与场景化需求相适应并根据业务的发展而动态调整。管理是指为了实现共同的目标而进行的涵盖计划、组织、协调、控制、决策和执行的过程，更多强调的是控制与执行，通过多部门的协同配合实现安全保护目标。

结合数据安全和管理的定义，数据安全管理可以理解为公司通过多部门协同合作，推动数据安全合法使用的一系列协调活动。其核心在于将数据安全管理工作自上而下贯穿整个组织之中，全面落实数据安全风险的控制。

（二）数据安全管理体系框架

数据安全管理绝非平地拔高楼，证券公司必须在清晰合理的框架指导下，协调有序地开展工作。围绕数据安全管理的概念，数据安全管理体系包括数据安全战略、组织架构及管理

制度、数据分类分级、数据安全技术、数据安全运营和数据监督评价六大模块，通过融合和加强六大模块的管理，可以提升数据资产的体系化防护能力。

1. 数据安全战略

这是从顶层视角制定面向全局的方案规划，通过明确体系的建设目标和具体任务，合理分配资源，从而指导各部门在安全合法的前提下使用数据。

2. 组织架构及管理制度

建立覆盖决策、管理、执行与监督的多层级组织架构是数据安全管理体系成功建设的必要条件之一，清晰且敏捷的组织架构有助于推动数据安全战略有效执行与协同运作；同时，围绕数据处理活动，制定相关的管理制度、规范及策略，能够进一步强化风险意识和加强保障。

3. 数据分类分级

这是数据安全管理体系的基石和支撑。根据数据不同级别和敏感度制定不同的管理策略和要求，做到有针对性的安全防护，不仅能够实现资源的最优分配，同时也能够帮助证券公司合理利用数据资源进行业务创新。

4. 数据安全技术

使用数据安全技术是落实和提高管理效率的有效手段，通过融合数据管理要求与网络安全相关技术，构建完善的技术工具体系，才能高效、精准地解决数据安全生命周期各阶段的安全隐患和问题。

5. 数据安全运营

基于 PDCA 模型，数据安全运营从识别、防护、监测与响应、持续改进四个维度出发，形成持续、动态、闭环的数据安全防护。数据安全运营能够有效衔接管理与技术，实现事前预防、事中管控、事后审计。

6. 数据监督评价

数据安全监督评价在保障证券公司的数据安全方面发挥着重要作用，对数据安全管理情况进行总体的监督、审核与评价，可以提高证券公司数据的安全性，以降低风险。

（三）建设数据安全管理体系

数据安全管理体系并非一次性的工作，由于风险是不断变化的，安全政策和法规也在持续更新，伴随技术应用不断升级和优化，数据安全管理体系需要不断地进行迭代式建设，通过层层递进的方式，一步步落实各个阶段目标。

依据上述的建设思路，数据安全管理体系的建设可分为三个阶段。第一阶段主要以基础安全建设为主，包括规划数据安全战略、构建数据安全组织及管理制度、梳理数据资产，开展数据分类分级等；第二阶段主要以数据安全技术为主，通过引入自动化工具进一步推动制度及策略的落地，提升管理能力和效率；第三阶段主要以运营为主，根据业务场景、管理流程等，利用集中式管理平台统筹对数据生命周期全过程进行管控，实现数据流转实时监测、数据流向路径测绘、事件监控预警、审计溯源分析等。

1. 规划数据安全战略

数据安全战略的规划应考虑业务战略、IT 战略、安全风险（篡改、泄露、破坏、非法获取和利用）和合规遵从（法律法规、监管办法、标准）四个关键要素。

首先,由于业务发展离不开数据支撑,且证券业务的实时性要求很高并呈高度数字化、信息化的特征,因此数据安全战略首先需要与业务发展战略保持一致。其次,数据安全也是IT战略的重要部分,在制定数据安全战略时,应协同考虑IT战略,尤其是在技术选型和系统架构方面,这样可以确保数据的安全性和可靠性,同时有利于IT系统的集成和优化。最后,数据安全战略与安全风险控制、合规遵从也是相辅相成的,明确数据被泄露、滥用、窃取的安全容忍度并进行风险管控,同时遵守相关法律法规和标准,只有这样,才能保障证券公司的长期稳定发展以及用户的合法权益。

除了以上四个关键要素外,数据安全战略规划也应将经济因素纳入其中,平衡安全带来的成本、收益与效益,通过有限的资源投入实现最大的安全,以达到目标的安全水平。

2. 构建组织架构及管理制度

数据安全管理体系的建设离不开专业的数据安全管理组织架构以及明确的数据安全管理制度。

组织架构的设立旨在划分数据安全管理职责,建立数据安全工作分工协作机制。证券公司的数据安全组织架构自上而下可以设置决策层、管理层和执行层。决策层是数据安全管理的指挥棒,主要负责制定战略目标和任务、决策数据安全重大事项、协调和统筹各部门及资源等工作,确保各项工作有序开展。管理层是推进数据安全管理工作的核心与重要引擎,主要负责牵头承担数据安全管理工作、组织制定数据安全相关制度和规范等。执行层是落实数据安全管理的基石,需要在业务开展过程中了解并贯彻公司的各项数据安全需求,就数据安全执行情况进行细致的分析和评估,并将结果反馈给决策层(见图1)。

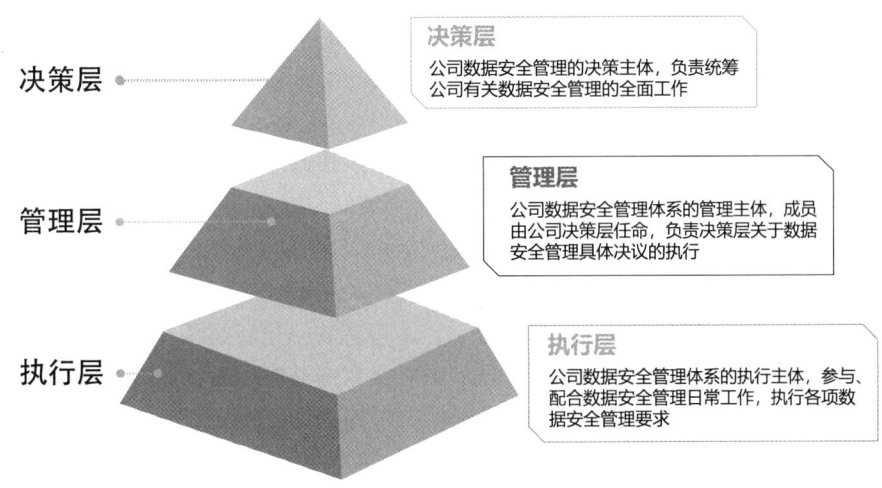

图1 数据安全管理组织

在数据安全组织架构中,人是很关键的因素。证券公司需要联合人力资源部在人员招聘、入职、转岗、离职等环节设置相关的风险管控措施,以降低因人员导致的数据安全风险,如开展数据安全文化建设、人员背景调查、建立精细化的数据安全绩效考核机制等。

除了组织架构,管理制度也需进行体系化建设。一般而言,管理制度可分为三级,每一级都可作为上一级的支撑。一级文件是数据安全管理的总体方针政策,用于明确数据安全的目标重点和管理总则;二级文件是根据方针和战略而制定的管理规范,用于规定具体的工作策略要求；三级文件一般由操作流程和手册组成，规定了各环节的具体操作流程。完善的制度体系架构和各级制度文档，能够从管理层面加快证券公司数据安全管理体系的落地。

3. 开展数据分类分级

证券行业更多是依据标准进行数据的分类分级，目前已出台《金融数据安全 数据安全分级指南》《证券期货业数据分类分级指引》《个人金融信息保护技术规范》等行业标准，各家证券公司可以根据自身特点和需求，选取适合的标准作为参考。

数据分类是依照数据的来源、内容和用途对数据进行分类。以《证券期货业数据分类分级指引》为例，数据分类可以分为业务细分、数据归类、级别判定三个阶段。通过对业务进行细分，梳理各个业务条线下的全部数据，以明确数据管理主体，之后再找到数据与各级业务之间的对应关系，最终确定数据的层级分类。

数据分级是依照数据的价值、敏感程度、影响等对数据进行敏感级别的划分。同样以《证券期货业数据分类分级指引》为例，此标准将数据级别从低到高分为 1—4 个等级，通过综合考虑影响对象、影响范围、影响程度，最终确定数据的安全级别。

随着证券业务的不断创新与发展，证券公司的业务及管理系统越来越庞大，数据分类分级的过程已无法完全依赖人工完成，需要借助智能化、自动化的手段高效准确地完成各类系统数据分类分级工作。例如，运用 ChatGPT 对自然语言的理解以及丰富的编码经验，结合元数据模型表上下文语境，可以完成对模型表的中文注释补充。基于完善的元数据信息、数据内容特征以及现有的数据分类分级清单样本，通过引入机器学习技术，构建有监督学习模型，可以更进一步提高数据分类分级效率与自动化程度。

4. 引入数据安全技术

数据安全管理体系的安全技术包括平台安全技术、数据全生命周期安全技术和通用安全技术。

在平台安全技术方面，建立可视化、集中化、合规化的数据安全管理平台需要将数据安全协同理念与隐私计算技术相结合。数据安全管理平台应具备从基础资源到计算引擎再到数据和应用服务的多层架构。

在数据全生命周期安全技术方面，数据按照生命周期分为采集、传输、存储、处理、共享、销毁六个阶段，每个阶段的安全管理要求都直接关系证券公司的数据安全管理水平。传统的数据安全更多关注数据的存储及使用安全，伴随着数字化转型浪潮，数据在证券公司内部跨部门、跨系统合作共享的场景逐渐凸显。为应对数据共享导致的风险，证券公司可以采用数据分发水印等技术。水印技术应具备隐蔽性、可追溯性、确定性等特点，通过将接收者信息植入对外共享数据的水印标记中，使数据能够识别发送者、发送对象、发送时间等信息。若发生数据泄露，证券公司可以从植入的数据水印追溯信息，识别泄露人员、泄露途径等情况。

在通用安全技术方面，身份认证、访问控制、公钥基础设施、数据安全审计和数据接口安全技术等都是大众所熟知的安全防护技术，这些是平台化和数据全生命周期防护的基础。证券公司后台数据库中储存着大量的敏感信息，在技术上可以主要使用加密、脱敏和认证技术确保数据得到有效的保护。在加密技术上，加密广泛使用在数据的多个环节中，一般来说可以使用两种方式进行加密：一种是对元数据加密，另一种是对整体数据库加密，即使有人想要进行反向解析，得到的也是一串乱码。由于加密势必需要解密，这"一加一解"的过程常常会导致证券业务效率的降低，因此证券公司也应建立一套包括网络加密通信协议、数据库存储加密等在内的统一标准。在脱敏技术上，根据不同的场景，证券公司可以使用静态和动态两种脱敏方式。静态脱敏主要面向开发测试活动，脱敏时对主关键字段采用相同含义的数据进行替换；同时，由于系统之间的关联关系，证券公司应制定统一的脱敏标准，保障数据的关系与格式，确保不会影响业务分析活动。在认证技术上，证券公司常常比较重视客户端的身份鉴别，对内部系统的身份认证比较容易忽视，然而内部特权、业务等账号往往容易获得大量的敏感数据，为此证券公司需要建立统一的身份认证管理系统，设置双因素认证、敏感数据访问二次认证等，实现访问控制和身份数据集中管理与审计。

5. 推动数据安全运营管理

数据安全运营包括由数据处理场景触发的数据安全风险评估和常态化运营。

数据安全风险评估主要是对数据的保密性、完整性、可用性以及数据处理活动的合理性进行分析和评价。传统的数据安全风险评估主要包括评估准备、识别数据及其处理活动、识别风险源、风险分析、总结评价五个环节，评估也主要是以人员访谈、文档审核、现场审核、系统核查为主，在实施过程中面临着工作量大、交付时间长、评估难以标准化开展等问题。若要解决这些问题，离不开自动化技术工具的结合，实现评估过程一体化线上管理，主要分为以下三个层面：一是基于相关的法律法规、监管要求及标准进行解读与分解，输出各项评估项，形成评估标准库及调查问卷库；二是根据不同的业务场景，借助底层的知识体系，形成个性化、体系化的数据安全评估方案；三是可以结合自动化的技术组件工具，智能输出评估报告，实现更便捷、更高效、更易控的风险评估管理。

常态化运营是围绕识别、防护、监测、响应的一系列管理活动。单一化的功能已很难满足目前的数据安全防护要求，证券公司需要建立一体化的运营平台进行持续化的运营管理。在识别方面，目前，国内外出台了多项关于数据安全的监管要求、管理方法论、架构体系等，证券公司可以参考这些方法论及框架，形成自身的数据安全策略；在防护方面，基于数据的跨生命周期流动，证券公司需要借助管理工具设定各环节的防护策略，如在数据传输中使用安全的通信协议；在监测方面，需要提升面向数据的风险监测管理，可以通过绘制数据流转图，实时研判和分析数据的流转风险；在响应方面，证券公司应建立安全事件应急响应机制，通过预警、响应、处置和恢复，快速对安全事件采取行动，同时结合安全策略、KPI指标分析等，对数据安全整体管理情况进行稽核和持续优化。

6. 落实数据安全监督评价

证券公司应积极配合相关部门的数据安全检查，这不仅有助于确认管理体系的有效性，同时也可以帮助发现潜在的安全隐患和问题。证券公司可以通过监测预警、事件调查处置、监督检查、评估认证和纠正问责等开展数据安全监督评价。

除国家法律法规外，中国证监会也出台了多项监管要求，强调建立数据处理活动安全风险监测和告警机制、制定数据安全事件定级判定标准和应急预案、开展应急演练和事件处置的重要性。证券公司可以建立数据安全运营监测中心，协助其全面、实时掌握数据安全情况。也可以利用第三方评估认证进行监督检查。目前国家陆续出台了多项政策，鼓励通过认证形式规范数据安全管理工作，如数据安全管理认证、个人信息保护认证、移动互联网应用程序（App）安全认证等。此外，建立严格的纠正问责力度也能起到很好的警示作用，如禁止违规人员从事数据安全保护工作，暂停或终止违规系统的服务。

三、总结与展望

人工智能、移动通信、量子计算等新技术的发展不断催生出越来越多的数据，高速释放了数据要素的价值，但同时数据的广泛流动与指数级增长也带来了相关的威胁与风险。随着国家数据安全相关法律法规的逐步完善，证券公司想要及时紧跟这些新举措要求，必须自上而下建立和完善数据安全管理体系，通过规划数据安全战略，设置具体的部门落地相关要求，同时结合完善的管理制度、成熟的安全技术、平台化的运营方式及规范的监督审查，全面推动数据的安全管理。数据安全管理体系的建设并非是静态的，在合规与风险的双驱动下，证券公司应化被动为主动，不断对体系进行完善，形成更精细与动态的管控，从而持续促进数据开发利用与安全防护的平衡发展。

参考文献

[1] 数据安全治理专业委员会. 数据安全治理白皮书3.0［R］. 北京：数据安全治理专业委员会，2021.

[2] 张莉. 数据治理与数据安全［R］. 北京：中国电子信息产业发展研究院，2020.

[3] 杨蕾，袁晓光. 数据安全治理研究［M］. 北京：知识产权出版社，2020.

[4] 董志强，张越，李雪妮等. 数据安全治理与实践白皮书［R］. 北京：腾讯科技（深圳）有限公司，中国信息通信研究院云计算与大数据研究所，2023.

证券行业智能化全生命周期数据治理建设实践研究

天风证券股份有限公司　北京数语科技有限公司

深圳市长亮数据技术有限公司[*]

一、引言

随着金融科技的飞速发展，证券行业生态和业务模式正发生巨大变化，同业竞争愈演愈烈；同时，监管机构积极鼓励和引导证券公司利用金融科技提升客户服务、经营管理和风险控制水平。但目前国内证券公司在数据管理方面普遍存在信息系统建设孤岛化、数据存储碎片化、跨平台数据口径不一致等问题，使得证券行业金融机构的数据治理能力成为数据向资产转化的短板（见图1）。推进金融科技创新体制改革、加速数字化转型，已成为业内转换发展动能和寻求发展突破的共识。

二、智能化全生命周期数据治理建设研究与应用现状

国际数据管理协会（Data Management Association，DAMA）定义了数据治理十大核心领域，为数据管理提供了完整的结构体系。我国工信部下属的电子工业标准化研究院充分结合国内数据治理现状，提出数据管理能力成熟度评估模型（Data Management Capability Maturity Assessment Model，DCMM），包括八个重点领域，成为指导数据治理工作的重要理论依据。

---

[*] 本文为中国证券业协会2022年优秀课题。课题负责人：蒋秋伟，天风证券股份有限公司首席信息官。课题组成员包括：黄红华，天风证券股份有限公司金融科技中心联席总经理；黄勇，天风证券股份有限公司机构科技部总经理；徐宇航，天风证券股份有限公司系统运维联席总经理；李兵、刘柄力，天风证券股份有限公司系统运维部副总经理；郭东、彭洋，天风证券股份有限公司数据金融部总经理助理；孙华、李鹏、何镛之、徐斌、曾凡宸，均供职于天风证券股份有限公司金融科技中心；王琤、朱金宝，均供职于北京数语科技有限公司；辛敏、陈悦，均供职于深圳市长亮数据技术有限公司。

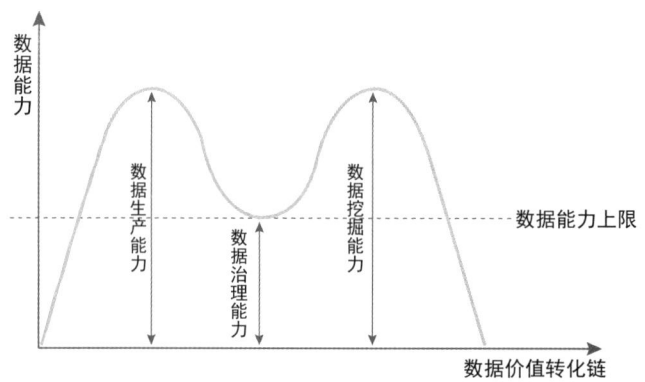

图 1　数据价值链与能力发展

国内银行和互联网行业的头部企业是数据治理实践的先驱者。中国建设银行股份有限公司（以下简称"建行"）的"新一代"核心系统建设项目，实现了统一数据架构、统一数据建模、统一数据标准、统一质量检核的目标。阿里巴巴提出的数据中台概念包括三大体系：OneData、One-Entity、OneService，组成了阿里巴巴数据中台框架体系。而证券行业由于缺乏公司级数据治理体系化的建设思路，数据治理实施成效依然亟待提升。

本文以证券行业面临的数据治理与数据管控需求为出发点，以 DAMA 数据管理体系、DCMM 的成熟度评估模型为理论指导，以建行和阿里巴巴的优秀实践案例为参照，以证券期货行业的共享成果为基础，从数据治理体系的保障机制和核心领域等角度进行研究，为证券行业的数据治理工作提供参考。

三、公司级数据治理体系及实施

（一）数据治理体系结构

公司级的数据治理体系应包含保障机制和核心领域两大方面，具体如图 2 所示。

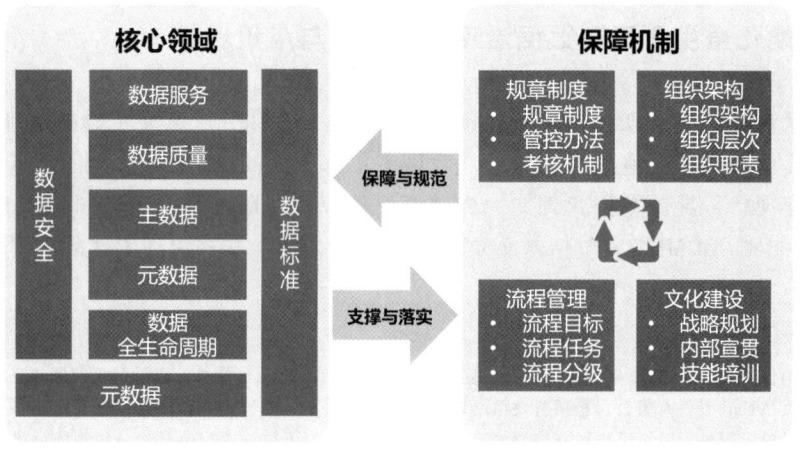

图 2　公司级数据治理核心体系

（二）数据治理保障机制

1. 组织架构

数据治理典型的组织架构由数据治理领导部门、数据治理工作部门以及数据治理的生产消费部门构成。

2. 规章制度

为实现数据治理体系化推进、责任落实到位，确保工作有规范、有依据、有抓手，需建立一整套完备的规章制度（见图3）。

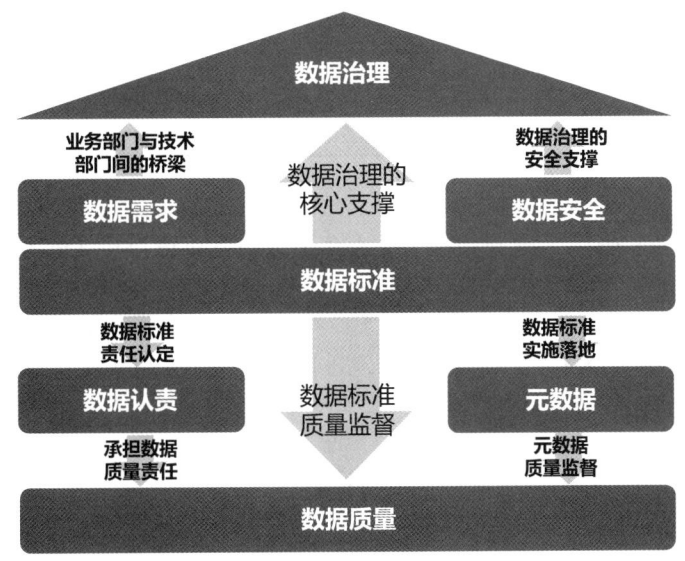

图 3 证券公司数据规章制度体系

3. 文化建设

数据文化建设就是通过自上向下，激发企业全员主观能动性，促使公司上下形成数据标准化、规范化、常态化的工作模式。

4. 流程管理

流程管理是遵循数据治理规章制度，建立标准工作流程，并结合平台工具进行管理。

（三）数据治理核心领域

数据治理的核心领域众多，受限于篇幅，以下着重介绍几个领域。

1. 数据模型

数据模型用于描述数据的概念、定义和关系，揭示了业务的本质，是业务域向数据域的投射，也是数据资产的战略地图。公司级数据模型构建步骤见表1。

2. 数据标准

数据标准是阐释数据业务和技术属性的规范文档，在全公司范围内实现对数据的理解和使用。通常分为基础、指标和标签数据标准。

表 1　　　　　　　　　　公司级数据模型实践步骤

模型层级	实施阶段	数据模型	模型特点	参考设计	参与方
公司级	规划设计	物理模型	高度抽象 高阶关系	SDOM 模型	治理组
公司级	核心设计	范式逻辑模型	无冗余 业务关系	SDOM 模型 FSDM 模型 FS – LDM 模型	业务组 治理组
应用级	应用设计	反范式逻辑模型	有冗余 可落地	数据架构经验 系统现状	项目组 治理组
应用级	落地实施	物理数据模型	物理化 增加索引等	DBA 性能经验 系统现状	项目组 治理组 DBA

由于存量系统、自研能力、业务习惯等因素的制约，数据标准实现真正落地十分困难。因此，本文对目标进行拆解，将数据标准分为系统级和公司级，并制定从系统级标准到公司级标准的过渡策略（见图 4）。

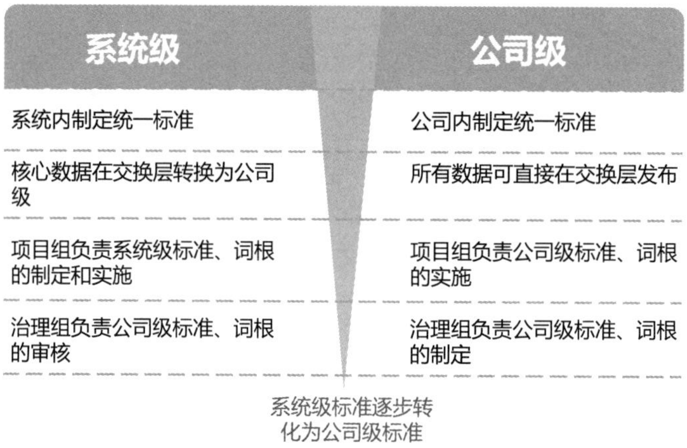

图 4　数据标准治理策略

3. 数据服务

数据服务可加速数据资产参与到业务场景之中。同时，只有构建标准的服务体系，才能真正打通数据应用的最后一公里。

数据服务较多以接口形式呈现，常与数据中台的建设紧密结合。根据以往建设经验，公司级数据服务包括以下六大要素：接口规范、服务网关、服务集市、数据缓存、逻辑模型、全链路监控。

4. 数据质量

业界普遍认可的数据质量定义是数据对其期望目的的适合度。数据质量管理流程要为确保数据满足其自身的预期目标提供相应的方法和手段。通常数据质量管理的步骤如图 5 所示。

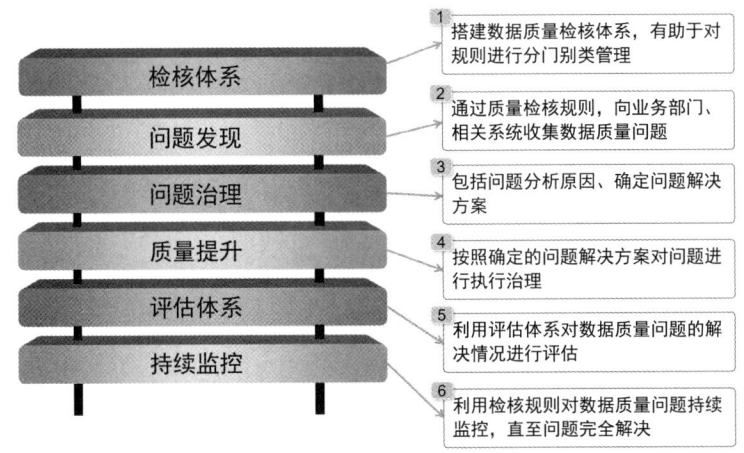

图 5 数据质量管理体系

5. 数据安全

近年来，数据安全问题频发，给相关公司甚至国家带来了损失。为弥补法律法规的缺失，国家相继出台了《等级保护条例》《数据安全管理办法》等条例法规，为数据安全提供了参考依据。

6. 治理评估

成效评估通过建立成本分析体系定量评估成本，同时结合推荐下线和生命周期管理等功能确定成本优化方向。成熟度评估结果还可以显示公司现状与其他同业间的差距，横向比较公司数据治理水平。治理评估体系至少涵盖数据质量、元数据治理、数据血缘、数据架构、数据模型以及整体成熟度评估六大方面。

四、智能化全生命周期数据治理实施

天风证券数据治理团队将数据资产管控平台、建模平台与研发过程中如何高效、智能地进行设计、采集和数据安全等工作解耦，进行自动化采集、智能化设计和分类分级，将研发人员从重复、烦琐的低技术含量的工作中解脱出来。

（一）数据治理实施步骤

证券行业数据治理的实施一般可分为"体系建设→管理实施→评估迭代"三个步骤进行（见表2）。由于实际情况的差异，证券公司可按照各自现状确定实施步骤和内容等。

表 2　　　　　　　　证券公司数据治理的实施步骤示例

实施阶段	实施内容	实施成果	责任方	经验总结
体系建设	建立组织架构	《数据治理组织架构建设报告》等	信息技术委员会	自上而下推进规章制度先行
	调研外部同业	《数据治理同业调研报告》等	数据治理组	
	评估数据现状	《数据治理现状调研报告》等		
	制定管理制度及规程	《数据治理管理办法》等6份文件		

续表

实施阶段	实施内容	实施成果	责任方	经验总结
管理实施	数据标准管理	通过数据资产管控平台线上化管理，落地有集团级/系统级数据标准	数据治理组	数据治理工具是管理实施的重要抓手
	数据模型管理	已规划采购专业数据建模工具，实现线上化管理		
	元数据管理	通过数据资产管控平台线上化管理，系统自动采集各系统元数据信息		
	数据质量管理	通过数据资产管控平台线上化管理，发布数据质量检核报告		
	数据服务管理	未来规划中		
评估迭代	数据质量评估	落地部分评估指标体系		量化的评估体系是必然发展阶段
	元数据质量评估			
	数据架构评估	初步设计		
	数据资产价值评估	初步设计		

（二）数据治理实施方式

1. 推动方式

数据治理推动主要包括自上而下和自下而上两种方式。在证券行业，数字化转型常常是证券公司战略规划的重要组成部分，可采取全员参与的推进策略，由决策层制定规划，管理层发布政策，执行层实施落地，故可以采用自上而下的建设策略实现公司级治理目标。

2. 切入方式

传统方案中，切入方式包括"生产切入"和"数据切入"两种方式。"生产切入"即在数据的生产端开展治理，依据数据建设标准并规范落地；"数据切入"即在数据的中游加工端开展治理，依据数据建设标准和规范转换。

根据证券行业的发展现状以及过往实践经验，本文提出"混合切入"的方式，将企业业务进行"敏稳双态切割"，对"稳态"特征的系统采用生产切入，而"敏态"特征的系统采用数据切入。混合切入方式具有投入适中、见效较快和建设可控等优点。

（三）数据治理实施流程

1. 数据管控流程概览

管理建在制度上、制度建在流程上、流程建在系统上、系统建在数据上——以上经验是我们总结的关于数据治理工作的"总诀式"（见图6）。

数据管控流程从数据全生命周期，即事前、事中、事后三个时间维度，八项数据管理职能维度提出要求，从而实现数据的标准化"存、管、用"。

2. 精准化管控

由于证券公司业务纷繁复杂，对所有建设系统开展全方位管控并不具备可操作性。因此标签化业务系统，并依此对各业务系统开展分级管控，是目前现状下各大证券公司可落地、

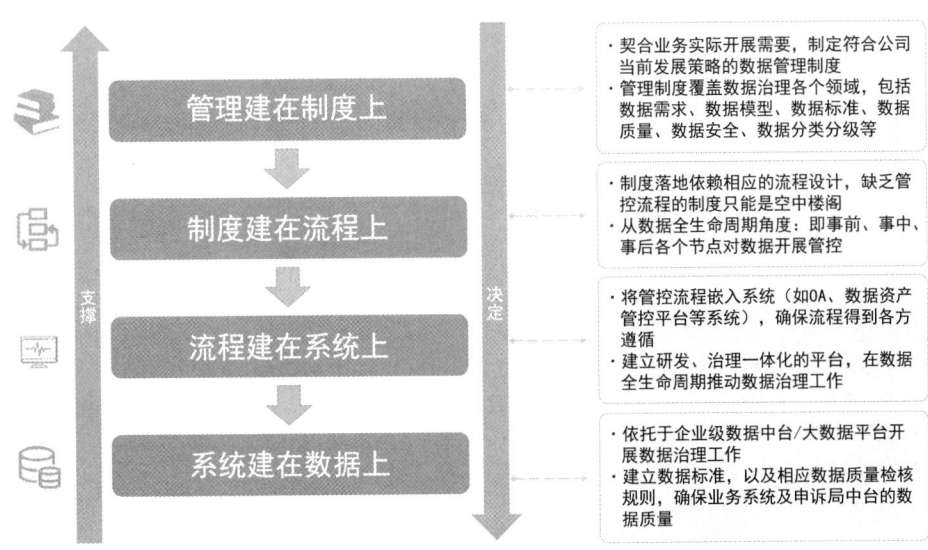

图 6 数据管控流程核心纲要

可操作的方法（见图 7 和图 8）。

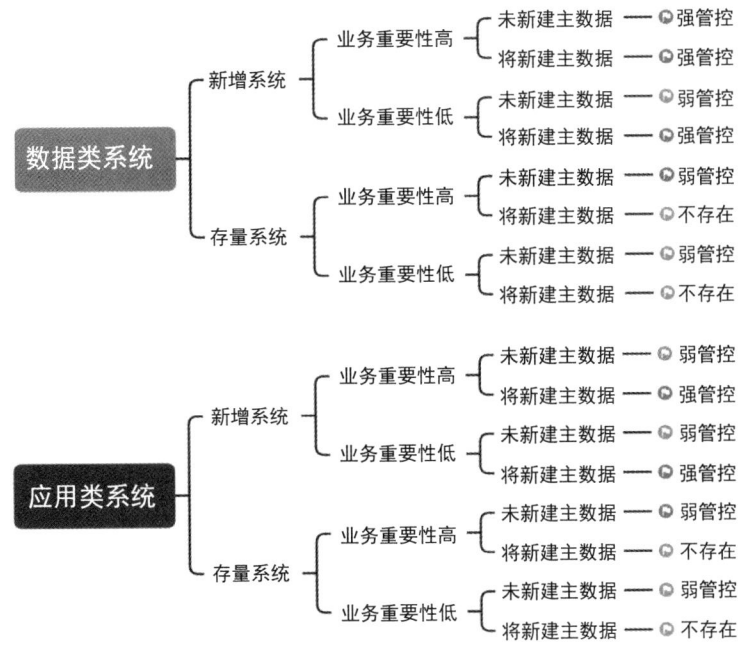

图 7 系统分类分级以及相应管控强度

（四）数据治理实施工具

在数据治理过程中，实施方积累很多规范和经验，但如果要形成落地、长久的运行机制，则必须把这些规范和经验沉淀到产品工具中，通过智能化、工具化的方式实现（见表 3）。

提交件名称	重要性	提供方	应用类系统		数据类系统	
			强管控	弱管控	强管控	弱管控
DG1 业务需求说明	★★★	业务人员	✓		✓	
DG2 基础标准收集模板	★★★	项目组	✓	✓	✓	
DG3 数据表结构	★★	项目组/自动化	✓	✓	✓	✓
DG4 指标标准收集模版	★★★	项目组	✓	✓	✓	
DG6 数据分类分级清单	★★	治理人员				
DG7 数据模型建模文档	★★★	项目组/治理人员	✓		✓	
DG8 接口设计文档	★★	项目组/治理人员			✓	
DG9 质量监控规则	★★★	项目组/治理人员	✓		✓	
DG10 数据质量分析报告	★★	治理人员				
DG11 数据质量问题跟踪表	★	治理人员				
DG12 数据架构图	★★	项目组/治理人员	✓		✓	
DG13 程序源代码	★★★	项目组/自动化	✓	✓	✓	✓

图 8 不同管控强度下项目组配合提交的管控提交件

表 3 实施工具栈

产品名称	核心功能	使用对象
数据资产地图模块	快捷的全司数据资产查询	所有人员
数据标准模块	查询、发布、引用、检核数据标准	项目组、数据治理组
数据建模模块	数据模型的线上化管理，与数据资产管控平台互通，保证模型符合数据标准规范	项目组、数据治理组
数据服务模块	服务接口的线上化管理，需符合数据标准规范	项目组、数据治理组
数据安全模块	数据资源的权限管控、访问监控、数据加密等	数据治理组、安全组
数据质量模块	检核各系统数据质量，发布报告	项目组、数据治理组
成效评估模块	经过量化的评估体系，包括数据/元数据质量评估、数据架构评估、数据价值评估	数据治理组
数据研发模块	目前包括自动化 ETL 工具、低代码 EDW 层开发等模块内容	项目组、数据治理组
进度管理模块（拟建）	整合项目管理工具，实现数据研发项目的进度管理	项目组、数据治理组

天风证券基于智能数据资产管控平台，整合数据建模、标准管控、安全脱敏等功能；并通过机器学习算法，为数据资产打上智能标签；支持业务人员根据语义查询包括指标标准、业务报表、分析报告等各类数据资产。

五、智能化全生命周期数据治理案例

（一）业务中台——资管运营一体化

1. 业务意义

随着资管业务的不断发展，证券公司需将线下管理的产品、账户、各类参与机构及联系人信息等核心数据资产建立线上管理和共享机制，减少手工操作，提高工作效率。

2. 建设方案

运营一体化需和现有资管的投资、账务、销售等系统进行底层数据打通和交互，系统之间通过数据接口进行数据推送。新建设的应用类系统，负责产品主数据管理，业务重要性高，属于强管控类系统。数据治理通过协同项目组人员开展源端数据治理。步骤如下：

事前：根据业务人员的需求确定业务口径，梳理基础数据标准和对应的数据字典，导入数据资产管控平台。

事中：协同项目组结合现有资管业务数据流和数据库结构，在数据建模平台上设计运营一体化数据模型，并根据模型审核结果进行开发。

事后：协助业务人员明确数据质检规则，在数据资产管控平台配置定期监控任务。

3. 项目成果

系统上线后，实现资管产品运营数字化/线上化管理、产品生命周期的流程管理、运营主数据规范化及标准化管理，以产品运营为主线，提升各部门间的协同效率，降低风险。

（二）数据中台——公司级数据资产建设

1. 业务意义

为打通母子公司各业务域的客户服务，加强风险管理和内部控制，需要一套公司级的、兼容性强的、完备的客户 OneID 及数据模型。

2. 建设方案

为了解决上述问题，项目组采用如下方案：

事前——识别客户信息相关的业务源系统，调研各系统中客户信息相关的数据表，再结合实际业务需求，设计客户 OneID 生成方案。

事中——为解决异构数据源之间的数据交互问题，通过大数据平台开发客户 OneID 方案，并通过数据建模工具完成公司级数据模型的设计，其具备以下主要特性：

拉通性：用"公司级客户编号"统一识别；

兼容性：通过系统客户层和账户层存储各异构系统的客户账户信息；

参考性：参考引用《证券期货业投资者权益相关数据》和《证券期货业数据模型》等设计而成。

开发过程中，通过拖拉拽的方式快速构建任务流，并借助低代码/零代码工具生成中间表，再使用 Spark Python 基于字段来源系统优先级配置表，一站式生成最终的目标表。

事后——落地客户 OneID 并持续开展公司级客户数据质量提升工作。

3. 项目成果

完成各个系统中客户信息的统一规范化处理，保证了同一个客户的属性在各个业务条线的数据一致性，为风控、展业、营销等提供数据支持。此外，客户数据模型具有较高的灵活性和扩展性，能快速适配新业务、新需求的迭代。

（三）数据应用——领导驾驶舱建设

1. 业务意义

驾驶舱是提供决策支持的信息管理中心系统，能够通过各种图表直观表达公司运营的关键指标，协助管理者获取公司的核心数据、洞察经营短板、及时预警异常数据，建立核心竞争力，从而夯实企业发展的根基。

2. 建设方案

项目整体建设框架如图9所示。

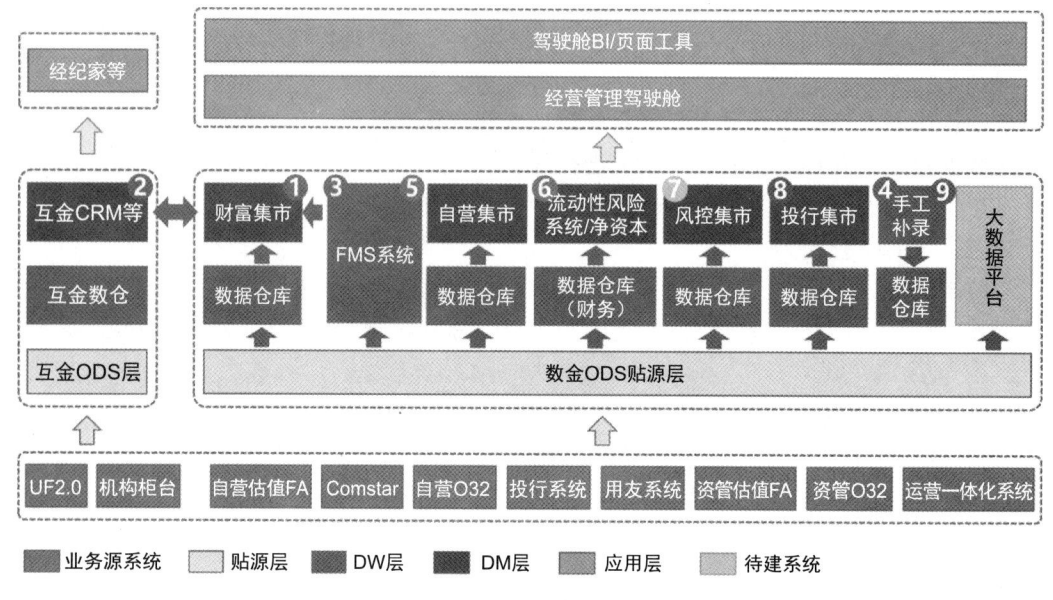

图9 项目建设框架结构

管理驾驶舱的数据化运营步骤如下：

事前——协同业务人员完成不同业务管理主题的"北极星指标"和过程指标梳理，并在数据资产管控平台上沉淀为公司级指标标准数据资产。

事中——通过梳理数据源，确定其主要涉及内部稳态和外部稳态（市场类）两大类。依此项目组完成数据模型设计、数据治理完成审核、中台人员开发。

事后——通过数据资产管控平台的检核规则，周期性地对驾驶舱数据进行质量检核。

3. 项目成果

系统上线后，公司管理层及各业务条线负责人，可通过PC端或移动端设备登录经营管理驾驶舱，大大加快响应速度。

六、总结

本文在DAMA数据管理知识体系、DCMM数据治理成熟度评估模型以及行业建模方法等理论指导下，结合证券公司数据治理的现状与问题开展研究和实践，从数据治理体系构建出发，提出适合证券公司的数据治理体系。一方面，本文更重视体系化地建立企业级数据治理机制；另一方面，重视自动化工具在整个数据治理工作中起到的重要作用，对同业基于数据治理的数字化建设具有重要的借鉴意义。

基于隐私保护计算的证券公司数据安全共享与实践研究

中信证券股份有限公司　上海富数科技有限公司[*]

一、研究背景与目的

随着数字化转型的逐步深入，证券行业数据管理所面临的挑战日益凸显。虽然相关政策逐渐推出，数据要素市场建设步伐加快，数字化改革已经贯穿于经济、政治、文化、社会和生态文明建设等各个方面，但数据也成为黑客和黑产的主要攻击目标，数据安全风险与日俱增。除外部风险之外，禁止数据流通的"一刀切"管理方式产生的内生弊端也逐渐显露：尽管这种方式避免了数据泄露，但是在公司内部形成了广泛的"数据孤岛"效应，导致无法充分发挥数据价值。如何在保证数据安全的同时，通过数据共享充分发挥数据要素流通价值，是包括证券行业在内的数据驱动型行业普遍存在的挑战。因此，数据安全共享能力逐步成为证券公司的核心竞争力之一。

为了满足证券行业内存在的大量数据要素安全流通需求，实现证券公司内外部数据穿透、协同与融合，以及数据价值的最大化，中信证券依托隐私保护计算技术，探索并落地了多个业务场景下的数据安全共享应用，具有显著的市场应用前景，以及良好的适配性和可行性，期望为推动证券行业数据共享生态建设作出贡献。

二、数据安全相关法律法规

逐步完善的境内外数据安全法律体系，为数据流通共享设立了基本原则与指导思想。秉持"合规创造价值"的理念，本文从合规角度出发，探索隐私保护计算数据共享应用的可行性。

---

[*] 本文为中国证券业协会2022年优秀课题。课题负责人：方兴，中信证券股份有限公司首席信息官、信息技术中心行政负责人。课题组成员包括：岳丰，刘殿兴，徐崚峰，罗安扬，郑植，均供职于中信证券股份有限公司。

(一)《数据安全法》：安全促使用

2021年开始施行的《数据安全法》，是"数据安全"在法制领域的里程碑，全面体现了我国数据安全监管思路，明确了数据安全监管和被监管主体应当承担的相应义务。

其中，《数据安全法》第十六条明确指出：国家支持数据开发利用和数据安全技术研究，鼓励数据开发利用和数据安全等领域的技术推广和商业创新，培育、发展数据开发利用和数据安全产品、产业体系，为隐私保护计算技术应用于证券行业的数据安全共享提供了法律支持，助力关键数据要素的依法有序流动和数字经济的发展。

(二)《个人信息保护法》：匿名化处理

我国重视公民个人信息保护，并在《个人信息保护法》中对个人信息权益、个人信息处理原则、个人信息处理者义务等方面作出了严格要求，为个人信息在使用、交换和交易过程的合法性提供了法律依据。

值得一提的是，在个人信息定义方面，《个人信息保护法》明确了无法识别特定自然人且不能复原的匿名化信息不再属于个人信息，这为隐私保护计算等技术留有操作空间。隐私保护计算相关技术能够从技术原理上保证涉及个人隐私的敏感数据均满足法条定义的匿名化要求，并且加密脱敏后的数据不再能够识别出特定个人且处理过程不可逆。

(三)《通用数据保护条例》：跨境数据流通基础

互联网技术的高速发展带来的网络安全挑战是全球国家和地区存在的共有问题，欧盟同样不断探索提高立法质量的有效途径，建立适用于新时代的公民隐私安全法律保障。2018年，在欧盟成员内《通用数据保护条例》（General Data Protecting Regulation，GDPR）正式施行，显著提升了欧盟对个人数据权利的保护，并且统一了欧盟范围内的数据标准，为跨境数据流通奠定了基础。

三、隐私保护计算主流技术路线与研究现状

隐私保护计算是融合了密码学、数据科学、人工智能、计算机硬件等多个学科的技术体系，可实现在不暴露原始数据的情况下对数据进行分析和计算，确保数据在生产、存储、计算、应用和销毁全生命周期中保持"可用不可见"的状态。经过长期的研究与发展，在隐私保护计算领域形成了三种主流技术路线：多方安全计算、联邦学习、可信执行环境。虽然底层逻辑不同，但在实际应用中通常会组合多种技术，共同实现数据隐私保护基础上的联合计算。目前，隐私保护计算已广泛应用于金融、政务、能源、医疗等行业。

(一)技术路线介绍

1. 多方安全计算

多方安全计算（Secure Multi-party Computation，MPC）是一种以密码学为基础的技术路线，包含多种经典密码学算法，如秘密分享、不经意传输、混淆电路、差分隐私等。多方安全计算的各参与方对自有数据进行加密或碎片化处理后分发给其他参与方，并通过预先约

定好的协同计算函数对获得的密态数据进行计算并汇总结果，可实现无须可信第三方的"去中心化"联合加密计算。总体而言，多方安全计算以密码学理论为基础原理，具有较高的安全性、计算精度，但复杂的加密算法和通信机制也降低了整体计算效率，适用于高安全性、低实时性的场景。

2. 联邦学习

联邦学习（Federated Learning）致力于解决人工智能领域的数据安全问题，本质上是一种分布式机器学习框架，可实现多方数据所有者在互不交换数据情况下的联合建模。根据联合建模参与方数据重叠程度，联邦学习可细分为横向联邦学习、纵向联邦学习、迁移联邦学习。数据所有者在本地服务器进行模型训练并将梯度等中间结果加密传输至中间服务器完成全局模型参数的汇总计算，中间服务器再将计算结果回传至各个数据所有者用于本地模型的更新，循环往复直至全局模型收敛。相比于多方安全计算，联邦学习的通信开销主要集中于传输建模过程中的中间变量，分布式计算性能更高，适用于大规模数据的联合机器学习场景。

3. 可信执行环境

可信执行环境（Trusted Execution Environment，TEE）与前两种技术路线存在较大差异，主要是基于可信硬件实现隐私保护，通过在数据计算平台构建内存隔离的安全环境，并对访问接口进行严格的权限控制，从硬件层面防止数据泄露风险，保证安全环境内的数据安全与数据完整，让数据所有者可直接在可信执行环境进行数据计算。但可信执行环境的安全性很大程度上依赖于硬件实现，导致安全边界定义模糊，并且不同厂商使用的可信执行环境技术各异，制定统一的行业标准存在较大难度。

（二）金融行业应用现状

根据中国信息通信研究院发布的数据，2019年至2022年上半年，金融行业隐私保护计算项目招标数量占比过半，达到53%，由此可见，金融行业对隐私保护计算有着蓬勃的应用需求，金融领域的主要应用场景集中于联合风控、联合营销、金融监管，具体包括贷前风控、贷后风控、信用评级、反欺诈识别、黑名单查询、合格投资者认证、供应链金融等联合风控场景，纳新拓客、存量客户营销、客户画像、个性化广告和名单共享等联合营销场景，以及监管方查询企业、资金监管、金融企业内部监管和金控企业内部监管等金融监管场景。目前，许多金融机构都致力于建设自有的隐私计算平台用于重要业务场景的持续发力。

四、中信证券隐私保护计算应用实践

中信证券自研的隐私保护计算平台包括联合建模、多方安全计算、匿踪查询等多种隐私保护计算应用，支持自建算子、自有模型、本地数据管理等定制化服务，具备权限管理、隐私数据隔离、日志留痕等完善的系统功能，全方位保障平台使用过程中的数据安全，现已在中信证券及其多家子公司服务器上完成部署，并投入生产使用。依托上述平台，中信证券在公司管理、风险控制、业务拓展三大场景上进行了探索与实践。

(一) 集团数据并表

授信余额、风险暴露总额等重要客户指标的定期监管报送，是大型集团公司的重要风控方式之一。传统做法是由各层级母公司收集所有子公司上报的明文原始数据，完成数据清洗、数据校验等规范化工作后，按不同统计口径进行最终数据并表结果上报，层层汇总，直至集团母公司。由于所有数据处理及汇总的工作都在各层级母公司本地进行，必然会暴露各家子公司客户的明细数据，无法充分保障操作过程中的数据应用合规性。

结合应用匿踪查询与多方安全计算的集团数据并表报送方案可有效解决监管报送流程中的隐私数据安全问题，具体分为两个阶段：数据联合治理和数据联合计算。在数据联合治理阶段，各子公司参与方通过匿踪查询获知母公司给定的校验规则与依赖数据后，在本地完成数据治理，保证了子公司明细原始数据不出库。在数据联合计算阶段，各子公司再对已完成治理的数据进行不可反推的碎片化处理，随后采用"秘密分享"理论向其他参与方进行分发，最终在密态下完成多方联合数据汇总。

(二) 风险客户名单共享

客户信用评价体系是常见的信用风险控制措施，其中包括对高风险客户的黑名单管理制度，金融机构一般会利用多种信息渠道建立和维护黑名单，例如政府部门公示的违法行为名单、监管机构发布的业内"黑名单"、同业信息共享平台以及历史信用违约事件等。然而，这些渠道提供的黑名单覆盖范围有限，难以满足业务需求，特别是针对新客户的信用风险评估。为此，金融机构需要"共享"各自的黑名单，以扩大黑名单数量，更好地控制风险。但由于法规和监管要求公开披露的信息有限，并且黑名单是涉及客户声誉的敏感信息，因此，公司之间共享黑名单的难度较大。

融合匿踪查询与区块链技术为"黑名单共享"提供了一种可行的解决方案：通过建立单个参与方可匿名查询其他参与共享结果的匿踪联盟链，在不暴露查询目标为某一客户的前提下，获悉该名客户在其他参与方的信用风险水平。此外，为防止非法查询等不良行为，对查询调用等信息进行脱敏后的链上存储，以便针对存证记录与各家调用方进行清算、结算。

(三) 基于隐私保护计算的精准营销

证券公司需要长期研究如何在严格监管的条件下，激发"增量"市场和深入"存量"市场，探索建立数据共享通道和业务协同的联合营销模式来保持市场核心竞争力。首先，数据安全合规是重中之重；其次，需要"因人而异"地选择营销策略。当合作方为互联网公司时，合作重心在于引流留存，通过优化互联网广告这一营销"利器"的投放模式，提高精准投放率，实现客群扩充的降本增效。当合作方为同业金融机构时，目标转变为对客户特征与客户画像的完善，通过联邦学习对参与方交集客户开展联合营销建模，在不暴露客户数据的前提下完成特征的补充增广，用于提升营销模型性能，实现更为精准的智能营销。

五、证券行业数据安全共享展望

本着推动证券行业数据安全共享的发展，以及为广大投资者和市场参与者提供更加安全、合规的证券服务的目的,以下对未来证券行业数据共享中需要完善与解决的问题进行展望。

(一) 建立统一的数据安全共享标准和监管机制

严格统一的数据安全共享标准和规范性监管机制是证券行业数据安全共享稳定运行的坚实基础之一。这些标准和规范应当具有普适性,适用于证券交易所、证券公司、基金公司等所有相关机构。同时,监管机构应当对证券行业数据共享的实施过程进行全程监管和调查,对在共享过程中出现的问题进行及时处罚和调整,确保数据安全和监管的有效性。

(二) 强化数据共享的风险评估

全面把控数据共享风险,定期开展数据共享风险评估工作,建立更加严格的数据安全共享体系。对数据存储、开放共享、外部接口、应用系统等方面的风险进行管控,及时发现和应对风险事件。加强对操作人员的数据安全意识和安全知识培训,提高相关人员的数据安全素养。

(三) 建设证券行业数据安全共享平台

以构建数据安全共享生态为目标,建设证券行业数据安全共享平台,促进证券行业内数据安全有序流通,充分发挥数据价值。建设完善的数据接口、数据识别标准和规范,为数据共享提供可靠的技术支持。重视合格准入规则与参与方操作留痕并定期开展安全审计工作,加强对行业数据安全共享的合规监管。

参考文献

[1] 中国信通院云计算与大数据研究所等. 隐私计算应用研究报告 (2022 年) [R]. 北京:中国信息通信研究院,隐私计算联盟,2022.

数字时代证券公司数据共享和跨境的法律困境与对策建议研究

国泰君安证券股份有限公司　上海市协力律师事务所[*]

一、数字时代证券公司数据共享与跨境的立法规制现状

随着《网络安全法》《数据安全法》及《个人信息保护法》的出台，相关配套法规、标准也日趋完善。

（一）数据共享的相关立法

本文对数据共享的定义较为宽泛，包括数据的共同处理、委托处理、对外提供以及数据交易等。

1. 法律层面的相关规定

在法律层面，尽管《数据安全法》对数据共享的规制不多，但《民法典》《反不正当竞争法》的相关条款均会规制数据共享活动。由于个人信息的共享可能对自然人造成较大的影响，故《个人信息保护法》对个人信息的共享作出了更为严格的要求。

2. 其他层面的相关规定

中国证监会《证券基金经营机构信息技术管理办法》对证券公司投资者信息共享也作出限制性规定。公开征求意见后尚未正式出台的《证券期货业网络安全管理办法（征求意见稿）》将履行监管要求明确为处理个人信息的合法性基础。另外，《网络数据安全管理条例（征求意见稿）》对重要数据和个人信息共享作出了更为细致的要求。

---

[*] 本文为中国证券业协会 2022 年优秀课题。课题负责人：张志红，国泰君安证券股份有限公司合规总监、工会主席。课题组成员包括：印钧，刘泽，李倩倩，潘骏，何琛，邱思捷，均供职于国泰君安证券股份有限公司；江翔宇，张玉燕，管心竹，均供职于上海市协力律师事务所。

(二) 数据跨境提供的相关立法

1. 法律层面的相关规定

《网络安全法》《数据安全法》《个人信息保护法》是我国数据立法领域的"三驾马车",对数据出境的规定是制度基石。

(1)《网络安全法》。《网络安全法》对数据出境的规制范围相对较窄。首先,对数据处理者而言,仅规制关键信息基础设施运营者(以下简称"CIIO"),其他数据处理者均不受调整;其次,对于数据类型而言,仅规制重要数据和个人信息,CIIO 境内运营产生的个人信息和重要数据均应境内存储。对 CIIO 的个人信息和重要数据出境,均须通过国家网信办的安全评估。

(2)《数据安全法》。《数据安全法》对 CIIO 的重要数据出境,直接引自《网络安全法》的相关规定。对于非 CIIO 的重要数据出境,由国家网信办制定相关的出境安全管理办法进行规制。而根据《数据出境安全评估办法》,所有重要数据的出境,无论处理者身份,均需进行安全评估。

(3)《个人信息保护法》。《个人信息保护法》第 38 条规定,在国家审批层面,对一般个人信息处理者而言共有三条路径:一是国家网信办组织的安全评估;二是按照国家网信办的规定经专业机构进行个人信息保护认证;三是签订网信办制定的标准合同。

《个人信息保护法》第 40 条规定,对于 CIIO 和达网信办规定数量的个人信息处理者,在境内收集的个人信息均应在境内存储;确需出境的,则应进行安全评估。

2. 其他层面的相关规定

为细化出境路径具体要求,2022 年以来网信办及相关部门陆续出台配套规则:《数据出境安全评估办法》《个人信息出境标准合同规定(征求意见稿)》以及《个人信息跨境处理活动安全认证规范》。

二、证券公司数据共享与跨境的主要场景与法律分析

(一) 集团化管理数据共享与跨境

1. 数据共享

证券公司根据监管要求和集团化管理需要,通常会基于高管委派、重大事项审批报备、财务与资产管理、全面风险管理、合规管理、声誉管理、关联方合作等原因在母子公司之间产生数据共享。目前法律法规关于数据共享的规定中,并未涉及集团化管理场景下的豁免。证券公司基于行业监管要求和自身管理需要所产生的实际现状与目前涉及数据共享的法律法规、监管规定如何协调,成为证券公司集团化管理的一个难题。

特别是,集团化管理中涉及的个人信息共享,可能构成共同处理、委托处理或对外提供中任一情形,需履行相关义务。对于非履行法定义务的数据共享场景,可能仍需取得单独同意。

2. 数据跨境

由于证券公司集团化管理覆盖境外子公司和跨境业务,集团化管理场景中也会产生很多数据出境需求,由于《个人信息保护法》及《数据出境安全评估办法》并未对母子公司集

团化管理作特殊豁免，若涉及重要数据出境，则需进行数据出境安全评估；若涉及个人信息出境，亦需根据《个人信息保护法》第38条选择合适的出境审批路径。

（二）展业中的数据共享与跨境

1. 数据共享

（1）实名验证委托第三方处理数据。证券公司对客展业时需要与公安部公民身份信息进行比对，以完成投资者身份验证。开展投资者实名认证需对接第三方服务，证券公司需将客户提供的实名要素，如证件信息、人像等提供给公安部授权的身份核验服务提供者获取实名制认证核验服务。

（2）金融产品代销场景下个人信息处理法律关系的认定。个人信息共享行为可分为共同处理、委托处理、对外提供等形式，不同性质的个人信息处理行为将导致不同形式的责任承担。在金融产品代销业务中，由于证券公司等代销机构与产品管理人对于代销过程中投资者信息处理行为构成何种情形难以达成一致，极大地影响《个人信息保护法》规定义务的落实及展业效率。

（3）期货IB业务客户数据共享给期货公司。证券公司为期货公司提供中间介绍业务（以下简称"期货IB业务"）是指证券公司接受期货公司委托，为期货公司介绍客户参与期货期权交易并提供其他相关服务的业务活动。

在明确期货IB业务中投资者个人信息的处理模式后，应签订相关补充协议，明确委托处理的目的、期限、处理方式、个人信息的种类、保护措施以及双方的权利和义务等，落实《个人信息保护法》的相关要求。

2. 数据跨境提供

（1）基金营运外包。证券公司作为从事金融产品代销、资产托管及机构营运外包的服务机构为很多外资管理人提供服务。基于外资管理人跨国一体化管理的需求，外资管理人可能会直接将其在证券公司营运外包平台的账号、密码提供给境外母公司的工作人员，从而构成数据出境，或要求营运外包服务机构将数据提供给其境外母公司。应在相关协议中明确管理人和证券公司（营运外包服务机构）间的委托关系，并由管理人履行数据出境的相关合规义务。

（2）场外衍生品等跨境交易。在场外衍生品等跨境交易中，相关合同中必然包含相关交易方法定代表人、员工的姓名、邮箱等个人信息，从而构成数据出境。这类信息重要性程度不高，且属于履行合同所必需，应在履行数据跨境相关前置程序方面予以适度豁免。

（3）境内企业赴境外上市。近年来，许多内地企业选择赴港、赴美上市。目前，关于境内企业在境外上市，《网络安全审查办法》第七条还要求"掌握超过100万用户个人信息的网络平台运营者赴国外上市，必须向网络安全审查办公室申报网络安全审查"。此外，中国证监会《关于加强境内企业境外发行证券和上市相关保密和档案管理工作的规定（征求意见稿）》对相关的数据跨境传输提出了进一步的要求，要求证券公司原则上需要将相关材料存储在境内，经过有关部门的事先批准方可向境外传输信息。

（三）风险管理与诉讼仲裁中的数据共享与跨境

1. 数据共享

（1）行业数据安全风险情报共享。证券公司在信息技术安全和数据安全等领域基于风险控制目的,将可能的风险信息向同一行业中的其他公司提供共享。此类风险情报一般不直接涉及个人信息和企业数据共享,如有涉及,证券公司应进行脱敏处理。

(2) 行业内业务黑名单共享。证券公司通常基于客户诚信情况、相关负面舆情信息,结合基本面数据、整体市场情绪指标等,定期生成高风险负面主体、个券清单,建立黑名单或风险准入机制。

2. 数据出境

(1) 跨境诉讼。在证券公司跨境诉讼中,出境数据主要是境内当事人的主体信息、诉讼申请信息、诉讼涉及的证据。依据2022年6月司法部官网发布的《国际民商事司法协助常见问题解答》,当事人在境内向境外另一方当事人提起诉讼,应当通过境内受理法院向境外送达司法文书的请求[①]。

(2) 跨境仲裁。与跨境诉讼不同,跨境仲裁虽然同属于跨境争议解决的方式之一,但由于商事仲裁具有民间属性,起源于双方当事人的自发自愿,具有灵活性,尤其是在国际商事仲裁领域。从法理上看,仲裁机构的法律属性和司法与执法机构存在本质差别,应当区分对待,因此《数据安全法》第三十六条中"外国司法机构或执法机构"的表述,不宜作扩大解释,境外仲裁机构不应当被认定为"外国司法机构或执法机构"。

三、我国证券公司数据共享与跨境制度建议

(一) 对证券公司的建议

1. 开展数据治理工作

只有开展数据治理工作,按照相关法律法规和行业标准对数据进行识别、分类分级和采取相应的保护措施,证券公司开展后续的数据共享及跨境等处理活动才有基础和保障。

2. 梳理数据共享、跨境场景并予以评估

证券公司应通过问卷、访谈等方式充分了解公司内数据共享及数据跨境的相关场景,评估是否已经履行相关义务。对于合规成本过高或存在较高风险的数据处理行为,则应评估业务开展的必要性。

3. 进行数据资产盘点和探索参与数据交易

证券公司应当关注数据交易,尤其是数据产品交易的合规性。证券公司实践中既可能作为数据产品的需求方,因为业务需求购买数据产品,也可能作为数据产品的提供方,将自身的数据资源加工成数据产品,通过交易方式实现数据资产化。

(二) 对立法和监管的建议

1. 数据共享相关建议

(1) 豁免集团化管理个人信息共享的"单独同意"义务。金融机构的集团化管理是我国金融行业降本增效、稳固发展、发挥协同效应的有效路径,证券公司基于集团化管理项下涉及的众多数据共享场景也是对证券公司风险管理、合规管理要求的具体落实。建议从立法

---

① 参见《国际民商事司法协助常见问题解答》,网址:http://www.moj.gov.cn/pub/sfbgw/jgsz/jgszzsdw/zsdws-fxzjlzx/sfxzjlzxxwdt/202206/t20220624_458335.html,最后访问日期:2022年9月26日。

层面将证券公司集团化管理所涉及的数据共享可豁免"单独同意"义务。

（2）明确个人信息共享活动性质并出台标准合同。代销、期货 IB、通过第三方实名验证等常见证券业务场景涉及的个人信息处理法律关系有待统一明确。依前文所述，个人信息共享行为可分为共同处理、委托处理、对外提供等形式，不同性质的个人信息处理行为将导致不同形式的责任承担。建议监管部门针对相关业务中的个人信息处理性质予以明确，降低不同机构间的磋商成本。

（3）推动建立行业数据安全风险信息共享机制。证券行业由于其专业性和业务模式的相似性，某一证券公司遇到的数据安全和业务风险问题可能成为业内普遍面临的问题。对于证券行业而言，还可考虑建立证券行业的风险事件库，证券公司向相关单位报送风险信息，再由相关单位对相关风险信息数据进行去标识化处理后向全行业发布。

（4）鼓励业务创新，探索证券行业数据有序共享。鼓励包括个人信息在内的数据流动，通过制度创新和技术安排来探索个人信息在守住法律合规底线前提下的合理利用。证券监管部门也在推行资本市场金融科技创新试点项目，鼓励隐私计算、区块链等技术在金融领域的运用，在保护好客户隐私的同时进行业务创新。我们建议大力开展类似的监管沙箱试点，增加批次和试点项目数，在监管指导下进行证券行业数据共享相关业务创新。

2. 数据跨境相关建议

（1）完善重要数据识别认定规则。建议尽早出台证券行业的重要数据目录及重要数据识别标准，从而降低证券公司因难以识别重要数据而产生的数据出境安全评估成本。

（2）探索粤港澳大湾区等特定区域金融机构数据跨境流动机制。由于香港、澳门均属于我国领土，数据发送至这两个地区对个人信息权益、国家安全等的影响将低于境外其他地区，而现阶段我国数据出境相关规则并未差异化对待，建议可借鉴其他区域性协定中对金融机构数据跨境的相关措施，探索粤港澳跨境金融数据流动的"中国方案"。此外，上海临港也是国内享有特殊政策制定权的区域，因此，在上海临港探索先行建立金融数据跨境流动的便捷通道也有重要意义。

（3）豁免履行业务合同所必需数据跨境的审批义务。如果证券公司基于履行业务合同，如跨境衍生品交易、跨境 IPO 等，必须进行个人信息跨境时，在依照《个人信息保护法》取得个人信息出境的合法性基础并对客户进行增强告知后，建议予以一定程度上的义务豁免。

我国证券期货基金行业数据跨境研究报告

中国证券业协会国际合作专业委员会专题研究小组[*]

2022年6月26日,中央全面深化改革委员会第二十六次会议审议通过《关于构建数据基础制度更好发挥数据要素作用的意见》,提出数据基础制度建设事关国家发展和安全大局,要维护国家数据安全,保护个人信息和商业秘密,强化分行业监管和跨行业协同监管,压实企业数据安全的责任,促进数据高效流通使用、赋能实体经济,加快构建数据基础制度体系。2023年9月28日,国家互联网信息办公室发布《规范和促进数据跨境流动规定(征求意见稿)》,旨在提高数据出境监管效率、促进跨国金融机构和跨境金融活动高效运营,对便利化的数据跨境流动安全管理机制做出有益探索,并明确"重要数据"的范围以有关地方、主管部门告知或者公开发布内容为准。当前,我国证券期货基金行业正处于持续推进国际化和数字化转型升级的新时期,资本市场互联互通进一步深化,证券公司跨境业务总体向好发展。同时,证券期货基金行业跨境数据交换呈现出规模大、复杂度高、多样性强等新特点。2023年8月国务院印发《关于进一步优化外商投资环境加大吸引外商投资力度的意见》,提出探索便利化的数据跨境流动安全管理机制。因此,加快探索实现证券期货基金行业跨境流动管理机制创新,对推动全球化数字监管协作、构建中国特色的跨境数据流动治理新框架,具有重要的时代意义和现实意义。

一、我国证券期货基金行业数据跨境管理现状和问题

从规则体系看,《网络安全法》《数据安全法》《个人信息保护法》及相关配套细则基本构成我国数据保护相关法律规则体系,为证券期货基金行业数据跨境规则的推出奠定了基础。

从现实需求看,不论中资券商还是外资券商,数据跨境流动都是集团化风险管理的重要

---

[*] 研究小组成员:高盛(中国)证券有限责任公司,大和证券(中国)有限责任公司,海通证券股份有限公司,安信国际金融控股有限公司。

前提和现实需求。对外资券商来说，一方面，由于受到国际监管、地方法规和上市公司信息披露要求等约束，境外控股股东或集团负有获取境内有关信息的法定义务；另一方面，外资券商作为国际金融机构在华的分支机构，境外母公司需要充分了解其在华资产、参与项目、融资渠道、交易对手等经营情况，以便能够独立持续充分地识别、计量、监测和管理其风险，满足集团实现同一客户、同一业务的全面风险管理需求和监管要求。对中资券商来说，数据跨境流动是境外业务发展的需求。近年来，中资券商加大海外业务布局，母公司对其境外子公司的业务运营数据统一管理方面存在数据跨境流动的需求。目前，我国金融行业数据出境监管规定和要求较严格，境外分支机构开展跨境业务，有向境外监管部门提供数据信息的义务，同时也要在跨境数据流通中接受境内相关监管部门的监督指导。

从实践看，我国现有的数据跨境配套规则与行业现实需求存在衔接不畅的问题。

一是缺少与上位法相衔接的操作性指引。《中华人民共和国证券法》第177条未明确"与证券业务活动有关的文件和资料"的定义、"文件和资料出境的前置流程"具体内容以及限制数据出境的目的是否仅限于为了限制境外监管机构的调查取证活动等，在实际操作中缺乏具体指引，难以满足复杂多样的证券数据跨境需求；另外，中国证监会虽强调《网络安全法》的落实工作[①]，但尚未明确《网络安全法》的相关要求对证券期货基金行业的适用条件，缺少操作指引。

二是缺少跨境数据的统一技术规范执行标准。《网络安全法》提出"重要数据"的概念，《数据安全法》将数据划分为国家核心数据、重要数据和一般数据，不同类型数据出境有不同的要求；而中国证监会《证券期货基金业数据分类分级指引》（JR/T 0158－2018）将数据基于影响范围、影响程度等分为1—4级共四级，未进行一般数据和重要数据的区分，人民银行《个人金融信息保护技术规范》（JR/T 0171－2020）将数据分为1—5级共五级。金融领域的四分法、五分法与国家层面的三分法有待统一衔接。《规范和促进数据跨境流动规定（征求意见稿）》进一步明确重要数据的出境安全评估应以相关部门、地区所告知或公布的指引为准，目前证券期货基金行业尚未出台关于本行业重要数据的标准，相关法律法规框架衔接性不足。

三是未明确关于境内企业境外上市涉及的数据跨境监管协调机制。《关于加强境内企业境外发行证券和上市相关保密和档案管理工作的规定》要求，"为境内企业境外发行上市提供相应服务的证券公司、证券服务机构在境内形成的工作底稿应当存放在境内。需要出境的，按照国家有关规定办理审批手续"。其中需要出境的"按照国家有关规定办理审批手续"目前尚未有明确的衔接安排。"在境内形成的工作底稿""存放在境内"缺乏明确解释。同时，境外证券监管机构对境外上市所需聘请的境外中介机构有勤勉尽职和在执业地存放工作底稿的基本要求。由于境外中介机构的服务器等数据存储和传输系统大多部署在境外，导致本条要求存在实操上的困难。因此，未能区分数据重要性而实施底稿出境限制，不仅容易引发潜在跨境监管冲突，也可能导致境外中介机构难以发表意见或发表的意见缺乏底稿支持、中国企业境外上市缺乏效率等问题，最终不利于提升中国企业境外上市的信息披露质量以及国际市场和全球投资者对境外上市的中国企业的信心。

[①] 2020年8月21日，中国证监会在《关于核准设立大和证券（中国）有限责任公司的批复》中要求大和证券应当严格落实《网络安全法》《证券法》等相关规定，加强对证券业务数据及投资者个人信息跨境流动的合规管理。

二、境外数据跨境监管实践比较和借鉴

(一) 国际数据跨境监管趋势

参考国际数据跨境监管的规则与实践,主要发达国家多以重要数据与个人敏感数据为监管的重点,通过统一、分业或多元化的监管模式,对数据进行分类监管,制定宽严不同的数据跨境流动管理政策。

数据跨境监管以重要数据和个人数据为核心。国际主要发达国家通过采取数据分类监管,形成宽严不同的数据跨境流动管控政策,个人信息、重要数据等不同数据类型涉及的法律风险和所需的保护要求各有不同。欧盟、美国和日本都针对以个人信息为核心的数据进行了分类分级,有些国家的标准制定组织还建立了相关标准,详细说明了建立、实施和维护信息安全管理体系的要求,指出实施机构应该遵循的风险评估标准。

建立统一数据跨境规范。随着数据跨境流动规模的扩大,由无形资产主导的新的数字世界亟待构建一个新的治理结构来最大限度地发挥其数据价值。亚太经合组织(APEC)等国际组织积极制定数据跨境流动规则框架,推动数据在国家(地区)间有序流动,提高组织内数据流通效率,减少数据跨境流动摩擦。

(二) 不同国家数据跨境制度安排

1. 主要监管体系

从全球范围来看,目前数据跨境监管体系主要有三种模式:统一监管模式、分业监管模式和多元化监管模式。

统一监管模式以欧盟为代表,由国家统一立法,设立单一监管机构,独立行使数据监管权力。跨境数据监管主体由欧盟层面的数据保护委员会和数据保护监管机构、成员国层面的数据保护机构及企业层面的数据保护官等各层面机构组成。

分业监管模式以美国为代表,不设立专门的监管机构,在各个领域分别立法,并由行业主管部门予以监管。作为美国事实上的、一般性的、综合性的数据保护和监管机构,美国联邦贸易委员会在个人隐私、数据安全、网络行踪等方面进行兜底式监管。

多元化监管模式以新加坡为代表,设立专门的监管机构,在借鉴统一监管模式和分业监管模式的经验和优势基础上,结合自身实践发展出独立监管机构和行业主管部门相辅相成的多元化监管模式。

2. 个人数据出境监管

(1) 美国个人数据跨境监管制度。美国将个人信息纳入市场经济中消费者保护的范畴,为鼓励企业自由发挥数据技术优势,美国没有联邦统一的个人信息保护立法,仅由美国联邦贸易委员会确保消费者对其信息数据的使用有知情和同意的权利。在州立法层面,美国各州出台相应的数据隐私法案,对于企业处理特定信息的限制和义务、数据泄露的通知义务等方面进行了规制和完善。考虑到市场失灵的风险,联邦法律及州立法均有针对部分特定行业的

专门规定。行业自律方面,企业制定隐私政策标准①,可以自愿接受行业隐私规则,也可以接受独立第三方隐私认证机构对其隐私政策的审核,并获得认证标识。

(2) 欧盟个人数据跨境监管制度。《通用数据保护条例》(GDPR)② 对个人数据跨境流动进行了规范。GDPR 旨在强化个人数据权利保护,多样灵活的出境规则极大促进了个人数据自由流通,为国际数据传输明确了规则。GDPR 允许个人数据向白名单国家或地区③进行自由传输,向白名单国家或地区转移数据无须获得事先特定的授权,也无须提供额外的数据保护补充措施;向非白名单国家或地区传输数据时,需要确定数据控制者或处理者提供适当的保障措施以合法进行数据出境传输。在未能满足白名单国家或地区、适当的保障措施的情况下,GDPR 仍允许特殊情形的数据出境。例如,数据主体在被告知转移行为由于缺乏充分性认定和适当的保护措施可能会对其带来的风险后仍明确同意转移的,数据可以出境等。

3. 重要数据出境监管

以美国为例,其通过对外国投资安全审查,对涉及美国公民敏感数据和重大非公开技术信息等的交易或安排进行审查,并对关键领域数据采取相应的出境限制措施。

《外国投资风险评估现代化法案》及配套实施的细则明确了美国外国投资委员会(CFIUS)对涉及美国公民敏感数据和重大非公开技术信息等的交易或安排进行审查的要求,其审查条件涉及重要数据出境的情形。CFIUS 还会采取一系列手段以确保包括上述重要数据出境管控在内的外国投资风险控制措施的有效实施④。

三、关于完善我国金融数据跨境监管体系的政策建议

(一) 平衡数据安全与数据流通价值

为有效促进数据安全和数据流通价值相平衡,应加快构建证券期货基金行业数据出境基础制度体系,明确证券业务数据出境要求。一方面,守住安全底线、明确监管红线,建议结合《数据出境安全评估办法》的要求,与《规范和促进数据跨境流动规定(征求意见稿)》关于重要数据的规定进行妥善衔接,对证券期货基金行业的重要数据进行界定,明确监管红线,增强行业对重要数据的安全防护意识,切实做到"把必须管住的坚决管到位"⑤;另一方面,应鼓励高效合规流通、释放数据要素价值,推动非重要数据安全高效跨境流动,通过行业数据资源的有序流动不断实现增值与赋能,提高证券期货基金行业对外开放水平。

(二) 构建跨部门沟通协调机制

证券期货基金行业数据保护及跨境流通具有复杂性和多变性等特征,建议建立并加强跨

---

① 最具代表性的是 ISO/IEC29100 系列标准。
② 欧盟于 2018 年 5 月 25 日颁布并生效。
③ 白名单国家或地区是指欧盟委员会认定的第三国、第三国内的特定地区和国家组织对个人数据可提供足够的保护(与欧盟成员国保护水平相当)的国家或地区。
④ 例如,要求相关公司向美国政府部门定期汇报管控措施执行情况,政府部门开展现场合规检查,聘请第三方进行审计或监督,在发现潜在违反行为时开展调查和采取补救措施等。
⑤ 2022 年 6 月 22 日下午,中共中央总书记、国家主席、中央军委主席、中央全面深化改革委员会主任习近平主持召开中央全面深化改革委员会第二十六次会议时的讲话。

部门合作机制，具体包括：强化行业监管部门对证券期货基金行业数据保护及跨境流通的监督管理职责；推进与上位法进一步衔接，规范数据处理活动，保障数据安全，保护个人、组织的合法权益，维护国家主权、安全和发展利益；建立并加强与国家互联网信息办公室等相关部门的跨部门合作机制，加强交流、推广行业数据跨境监管标准与经验，推进我国证券期货基金行业数据保护与跨境流通工作的顺利实施。

（三）完善技术手段，制订以数据安全为核心、以风险控制为目标的措施和方案

1. 监管层面制定以风险控制目标为导向的数据跨境管控具体技术规范

具体包括以下两点：

（1）协调统一证券期货基金领域与国家层面《数据安全法》三分法的衔接，明确证券期货基金行业内重要数据的范围或认定标准。

（2）明确数据跨境传输中数据加密安全最低控制目标。目前我国证券期货基金行业中不同经营机构规模及业务量差异明显，信息技术能力与投入的绝对水平差异较大，建议明确对不同重要程度数据跨境传输过程中的最低安全控制目标，提供分类技术控制措施供不同机构参考，证券公司可视自身情况在满足最低控制标准前提下采取最适合的解决方案和技术演进路线。

2. 证券公司层面定期开展以数据安全为核心的数据跨境管控技术评估

鼓励证券公司从集团层面采用统一的技术管理手段，提升集团内部的数据发送方和接收方对于数据保护的能力，以确保能够对数据跨境事前、事中、事后的全流程进行全方位的风险控制，系统性做好风险防范和应对，构建数据整体防护能力和安全框架。

（四）探索数据跨境管理模式，实施重要数据与非重要数据的多元化区分管理

在管理模式的选择上，建议采取审批与保护相结合的数据跨境管理模式，针对重要数据设置前置审批，针对非重要数据采纳多元化综合性数据出境保护手段，有效区分数据保护所涉及的公法和私法权益。

1. 建议明确证券期货基金行业重要数据的界定和跨境行为的审批、监管规则

由中国证监会对行业内涉及国家安全、国家秘密、社会公共安全等领域的重要数据范围进行界定，同时明确重要数据出境的具体审批流程。证券期货基金行业重要数据指金融机构提供金融产品和服务或者从其他渠道获取、加工和保存的，一旦其数据完整性、保密性和可用性遭到破坏，可能危害国家安全、金融秩序公共利益的各类数据。主要涉及下列类别：

（1）未公开的包括交易清算信息、交易日志信息、持仓交割信息、行情数据等达到一定数量可能对市场产生重大影响的证券期货基金市场交易信息。

（2）核心业务涉及国家安全的发行人，发行上市的工作底稿中涉及国家安全的信息。

（3）证券监管部门履行监管职责过程中依法采集汇总形成的涉及宏观统计等重要信息，包括证券公司上报汇总的业务开展情况、未公开行业经营数据、安全管理数据等信息。

（4）重要证券交易系统的系统缺陷、漏洞、防范措施等未公开数据或其他与证券期货基金行业监管机构进行安全管理相关的数据，包括安全策略、升级策略、安全相关配置等数据。

2. 非重要数据采用多元化综合性的出境保护手段

针对不属于重要数据的私法领域的数据类型，应认可数据所有人对数据的完整所有权，对其跨境流动应适用私法保护手段，在采取综合手段保障权利主体知情权、同意权等民商事权利的基础上，允许出境而无须监管机构前置审批或事后实质审核。建议参考境内外国家或地区监管实践经验，针对不同的数据类型、敏感程度、使用场景等提供数据出境保护机制，具体包括：

（1）制定白名单制度，建立双向对等自由流动的国际数据合作机制。建议融入各国际组织加强数据流通效率的合规框架中，并通过建立不同国家或地区证券监管机构之间国际合作监管机制的方式实现双向对等自由流动。考虑到我国香港、澳门地区等与内地证券业务联系紧密、信息安全保护水平相当，从数据跨境传输角度可首先考虑将其作为白名单地区管理。针对数据出境方，参考《规范和促进数据跨境流动规定（征求意见稿）》关于自由贸易试验区信息交互负面清单管理的思路，针对证券业务活跃的北京、上海、深圳等城市或其特定区域实施证券业务数据出境自由港制度。

（2）参考个人信息出境标准合同，制定证券期货基金行业出境数据标准合同范本，与境外数据接收方在开展数据交互前订立合同，约定双方的权利义务，并供中国证监会进行监督、查阅。

（3）基于中外资券商内部全球化的经营管理、风险管理、资金运营的渠道管理、客户交易和投行跨境融资等业务数据的跨境传输需求，以及监管部门对全球化运营的金融机构的统一化管理标准（如对同一客户的境内外业务需求落实证券公司同一业务同一客户风险管理），在满足合法性、正当性和必要性的前提下，保障跨国金融机构全球化风控管理需要，鼓励证券公司探索制定有可操作性的数据跨境机制，以满足金融企业基础的商业运营需求。实践中，可以参考境内外较为成熟的、可以满足金融公司多样化数据跨境展业需求的监管经验，如中国人民银行颁布的《关于发布金融行业标准做好个人金融信息保护技术管理工作的通知》第7.1.3（d）条规则为跨国金融集团内部的个人金融数据出境提供了路径；欧盟《通用数据保护条例》允许具备经欧盟成员国数据保护机构批准的有约束力的公司规则的跨国集团公司可直接将欧盟境内的数据传输到同一集团内的其他公司[①]。

（4）督促证券公司对于数据出境后的生命周期管理进行持续跟踪，确保数据接收方合理、正当使用。

---

① 花旗集团、PayPal等跨国金融集团目前适用该等规则进行集团内部数据分享和传输。

数字化转型提升证券公司企业级投研能力

国信证券股份有限公司投研中台（鑫投研）项目组[*]

一、背景与现状

数字化转型已经上升到国家战略。2023年2月，中共中央、国务院印发《数字中国建设整体布局规划》，提出"2522"整体框架，擘画数字中国宏伟蓝图。中国证监会发布《证券期货业科技发展"十四五"规划》，阐明了"十四五"时期证券期货业科技监管工作和行业数字化转型的指导思想。数字化转型的重要性已经成为共识。

与此同时，资本市场也在发生着深刻变革。注册制稳步推进、资管新规深入实施、重资本业务占比持续提升、财富管理深入发展，证券市场投资品种、产品数量不断丰富，机构化进一步加强，投研能力已成为证券公司核心竞争力，应用金融科技提升投研能力已经成为证券公司数字化发展的重点发力领域。

二、数字化投研解决方案思考

证券公司业务复杂，各业务线，如资管、自营、零售经纪、机构经纪、托管、期货子公司以及外部机构客户等均有投研需求，且呈现数据需求多源异构、数据质量要求高、需求非标、个性化程度高等特点。

为了快速满足某类业务或某类用户角色需求，往往选择建设多个竖井式系统，导致大量低水平重复建设、功能重复开发、信息互通与资源共享不畅等问题。

---

[*] 本文写作于2023年10月。项目组成员：刘汉西，国信证券股份有限公司首席信息官；吴士荣，国信证券股份有限公司金融科技总部总经理；何志强，国信证券股份有限公司金融科技总部运营系统开发部总经理；刘芳，国信证券股份有限公司金融科技总部运营支持开发组组长；燕振华，国信证券股份有限公司金融科技总部投研中台（鑫投研）技术负责人；周威萍，余才，国信证券股份有限公司金融科技总部产品经理。

为此，建设企业级投研中台，归纳共性、兼容个性、整合数据和资源、促进各业务条线投研能力复用和业务协同、发挥规模效应尤为必要（见图1）。

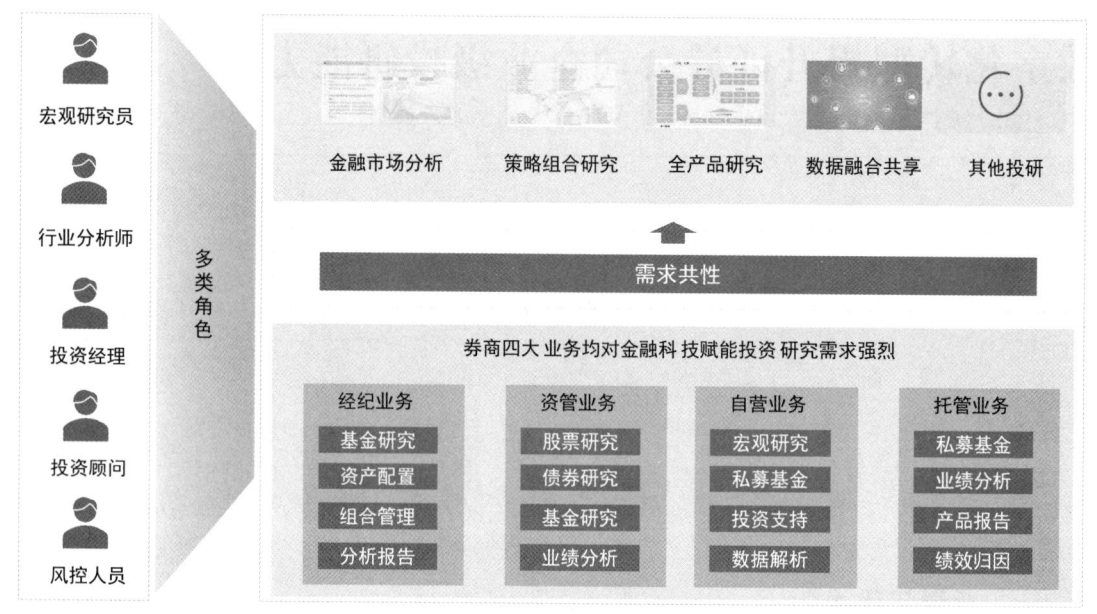

图1　企业级投研中台需求概览

（一）实现不同业务线之间多源异构数据的融合和复用共享，提升数据价值是企业级投研中台的基础特征

投研行为高度依赖丰富的数据与信息。资本市场是一个典型的非完美博弈市场，研究员和投资经理面临信息不对称和认知不对称的现状。数据作为信息的载体是投资研究的始发站。在现实的工作场景中，不同业务线面临不同的业务系统、不同的合作开发伙伴、不同的数据模型，数据碎片化严重、数据指标口径各异且相互无法验证，无法实现数据的共享、流动。

为实现数据联接、共享与服务，企业级投研中台首先要设计和构建投研数据底座。投研数据底座旨在对各业务所需数据统一进行融合、汇聚、建模和输出，打破数据孤岛，重构数据获取方式，并在不违反证券公司信息隔离规定的前提下，支持终端用户直接访问后台公共数据，提供企业级投研数据服务能力。

（二）建立算法融合复用引擎、标准化投研算法，实现组件复用和灵活切换，不同产品可灵活切换不同的归因、定价、风险计量算法

投资研究是一个快速变化的领域，市场变化快速，投资者需求也在不断变化，投资研究中涉及复杂的算法模型，如资产配置、风险绩效归因、金融风险评估等，不同投研角色、开发合作伙伴、外部机构均对算法的实现策略、参数、口径有不同的要求，因此需要快速响应业务需求，灵活调整算法模型，让投研人员从例行重复工作中解脱出来，帮助投资经理快速实现投研框架构建、投资逻辑表达、研究体系持续更新。

依托投研数据底座提供的丰富的生产要素，挖掘各业务线投研工作的痛点和难点，结合各业务领域的专家知识，建设投资决策引擎，实现模型算法灵活切换、组件化复用。投资决策引擎旨在解决共性问题，使投研工作流程规范化、标准化，提高投研生产效率，实现投研能力的沉淀、复用和共享，同时赋能前端投研应用快速响应市场变化。

这些特性构成了投研中台企业级特性的核心。

（三）深挖各业务线投研场景，稳态、敏态结合，以场景化、组件化灵活支持投研角色个性化需求，体现企业级投研中台数字化赋能价值

在前端投研应用方面，作为企业级投研中台，需支持证券公司各业务条线、外部机构客户不同的业务需求，适应不同投研角色人员的日常工作方式、工作流程和使用习惯。

为此，深挖投研应用场景，平台应将各类主题数据、模型算法、系统功能原子化、组件化，按业务场景输出，同时通过可自定义的前端应用支持用户自主拖拽、组合的数据组件和功能模块，灵活支持不同团队和角色个性化需求，实现投研场景驱动投资，创造直接 Digital Alpha。

三、企业级投研中台建设实践

企业级投研中台采取"规划统筹、以用促建、急用先建"的实施策略，围绕投研数据底座、投研决策引擎、投研服务场景三大内容展开，多个子系统相继上线投产，有力支持证券公司经纪、自营、资管、托管等业务开展。

（一）夯实数据底座，实现数据复用、共享与统一服务

1. 解决数据多源异构，统一数据管理

数据是企业最重要的资产。系统统一管理结构化数据、非结构化数据、内部数据和外部数据；明确数据的生产者、发布者，数据的业务系统源、外部资讯源、消费方，确保数据可追溯。

2. 优化数据供需策略，创新数据消费方式

为下游系统数据消费提供丰富的数据原材料、半成品和成品，通过数据发布订阅机制，实现单数据发布端、多数据消费端，厘清数据消费网络，解决数据点对点、多对多等数据冗余拷贝、数据截面不同的痛点。

3. 数据全链路监控，保障数据完整、一致

建立数据生产、消费的全链路血缘关系，监控数据加工处理各环节。从底层数据存储、数据融合、数据指标加工、数据发布到数据传输，诊断数据冗余，厘清数据指标加工关系、监控传输过程，降低数据使用和维护成本。

4. 流批一体，实现投研数据灵活、可扩展

为投资品种数据入仓制定基础原则，支持后续新增品种数据仓库的构建和入仓，实现投资品种可扩展；以不同投资品种数据底仓为基础，构建面向日间 ABOR、面向日内 IBOR 不同投资需求的数据集市，实现投资主题可扩展。

5. 后台公共数据直达终端用户，创新数据服务模式，实现数据自主、高效、复用

面向内外部客户、不同投研角色，提供多场景数据服务。不仅支持 Web 浏览器，Excel

插件的可视化数据服务,同时提供 Python SDK 和 HTTP API 接口,为内部用户、机构客户提供海量、多元、高质量的数据 API 服务。全方位助力研究员、投资经理、风控经理等用户的多样化需求。

投研数据底座由数据源、数据底仓、主题集市、数据服务及其相应的运营管理模块组成。系统将多源异构数据进行清洗、融合、重构,为投研人员投资决策、绩效分析提供可靠、及时、高质量的数据服务。

6. 成果总结

数据源方面,已覆盖三大来源:一是从金融数据供应商处采购的证券、机构基础数据和衍生数据;二是对接交易系统、O32、估值、多套 TA、运营等内部系统数据;三是业务人员通过邮件、产品尽调等收集的非结构化文件数据。

数据入仓方面,依托公司的数据集成平台,实现数据定时批量、准实时微批和实时数据入仓。入仓前满足四大前提:明确数据属主、明确数据源、注册元数据、制定监控规则,从而确认数据供需关系、确保数据可追溯。

数据底仓方面,按照投资品种(股票、基金、债券、衍生品、行业、宏观等)及投资阶段(委托交易、持仓、资产净值等)对多源异构数据整合建模,按投资品种、投资需求、计算指标、标签等对数据资产进行注册。

数据主题集市方面,按照投研场景、投研流程以及不同的用户角色对数据进行联接和规则计算,形成面向数据消费的主题数据。以常用的投资提醒为例,聚合新股申购、债券付息、转债的转股回售等不同品种标的,为投资经理及下游系统提供及时、全面的投资提醒服务。

数据服务方面,目前已建成 10 大类、60 小类、"1 000 +"的投研指标体系,对外提供批量日间、实时数据流、API 接口、页面集成、Office 插件、指标浏览器等多种服务方式,满足内外部用户及各下游系统多场景、多层次、不同粒度的数据需求。

(二) 打造投研决策引擎,实现算法模型灵活复用

投研决策引擎旨在提高投研数据的价值密度,把投研人员从例行重复的工作中解放出来,助力投研实现从"农业化"向"工业化"的跨越。国信证券的投研决策引擎充分应用大数据、并行计算、金融工程、机器学习等技术,建设了金融市场情景生成器、组合优化器、回测与模拟交易引擎、因子分析工具箱、实时盯盘引擎(实时估值、实时风控)、投后分析六大核心模块,助力不同投研角色、业务部门持续提升投研全要素生产效率。

1. 金融市场情景生成器,洞察各大类资产未来变动趋势

该模块首先基于利率、汇率、通胀、国内外股票、固定收益、商品市场等宏观历史数据,利用回归等模型,衡量各类资产之间的相互关系,建立资产收益及风险影响的概率分布,并对市场历史走势进行切片,生成不同的历史情景,包括上行、震荡、下行、股市异常波动、熔断、降息、加息等,分析不同资产在单一情景、多种情景以及极端情景的表现;之后,对历史情景进行重组,利用蒙特卡洛、回归等模型,生成未来各类资产走势的概率分布,模拟未来事件的相关性。通过市场情景生成器,对预测期内资产的走势和波动模拟上万种甚至几十万种情景,得出各类资产在不同时间段内的风险因子和资产回报的潜在未来分布,如均值、中值、标准差、VAR 值和 ES 等指标,辅助投研人员洞悉各类资产未来可能的

表现。

2. 投资组合优化器，为投资经理高效生成一站式投资组合解决方案

组合优化一直是投研领域常论常新的课题，业界知名的贝莱德阿拉丁、SimCorp – Dimension 等投研平台均把组合管理与优化作为其系统核心模块。国信证券投研中台的组合优化器将投资组合的研究、创设与管理过程规范化、标准化。组合创设类型支持比例型、资产型组合，支持指数组合、基金组合、场内组合；组合创设方式支持自下而上的手动创设、基于量化条件的自动筛选、自上而下的优化模型创设。组合优化方面，通过不同的资产配置算法对目标收益、目标风险、目标持仓、效应函数进行优化，通过标准化接口支持用户自定义资产配置模型。组合再平衡方面，支持通过偏离度、目标收益、目标风险、定期、手动、动态、量化规则等自动、半自动、手动的再平衡策略。组合优化器监控组合收益、风险、偏离度、集中度、持仓穿透等多种系统内置和用户自定义指标。组合管理方面，提供组合上下架、组合报告自定义等功能，助力研究人员和投资经理落地投研理念、研究、构建、调整、跟踪投资组合，把握组合走势。

3. 回测与模拟交易引擎，快速验证投资思想与投研框架

回测与模拟交易对真实市场进行仿真，需避免未来数据偏差（look – ahead bias）、数据透视偏差（data – snooping bias）和幸存者偏差（survivorship bias）。领先的回测与模拟交易引擎应具备不同粒度的行情数据，如 tick 级、bar 级、分钟级、日线级等；高速、准确、丰富的撮合算法，如盘口不带量撮合、盘口带量撮合、bar 行情撮合等；支持不同类别的交易品种，如股票、ETF、债券、可转债、期货等；高效、快速的运行效率，支持根据策略数据规模、用户并发数量进行资源弹性伸缩。

国信投研中台的回测与模拟交易引擎具备以下特征：回测和模拟盘加入时间/价格的撮合逻辑，遵循"价格优先，时间优先"原则；配置市场冲击模型，模拟静态行情发生类似真实行情震荡的效果，让回测更贴近实盘表现；开放价格滑点配置项，让用户为订单设置一个更为有效、合理的价格区间，促使订单更容易吃到市场价格；开放订单成交比例配置项，用户可以根据自己的经验或者市场的活跃程度自定义订单成交的百分比，尽可能还原真实市场中的成交份额。通过回测与模拟交易，打造了专属于投研人员的模拟交易所，让策略不再被回测的假象困扰。

4. 因子分析工具箱，挖掘、验证超额因子

一是挖掘计算新因子，包括技术面因子、基本面因子以及基于机器学习、深度学习挖掘的 AI 因子、基于另类数据挖掘的另类因子；二是对因子进行收益分析、IC 分析、换手率分析，检验因子有效性；三是建立因子出入库管理规范和流程；四是构建多因子模型，包括经典三因子、五因子、类 Barra 以及各投研团队个性化多因子模型；五是提供因子选股、多因子选债、因子选基、因子择时和风控等丰富的因子应用场景，形成因子投研的规范化、自动化流程，提高因子分析效率。

5. 实时盯盘，快速辅助投资经理决策

该模块对标 SimCorp – Dimension 投研平台 IBOR 模块。针对外部产品，结合实时行情、持仓穿透、持仓补全，通过 AI 算法进行实时估值；针对内部产品，盘中抽取行情中心、交易系统、O32 系统的实时交易委托等数据，根据 T – 1 日仓底，对不同的交易摘要进行会计核算和资产估值，实时计算投资组合风险敞口、头寸额度、信用、杠杆。系统通过实时分析

行情、资讯、交易、外部事件、突发政策对投资组合的影响，辅助投资经理进行投资决策。

6. 投后分析，实现所投所知

投后分析重点关注投资组合的绩效度量、风险计量、归因分析。绩效度量方面，分析各阶段投资组合区间收益、超额表现、持仓及交易统计、择股择时能力、板块风控偏好，衡量投资经理的投资风格和投资能力。风险计量方面，对投资组合进行穿透，汇总分析投资组合变现能力、未来现金流，评估流动性风险；对组合持仓标的、主体进行分析，评估投资组合信用风险；对投资组合进行利率敏感性、关键年久期、相关性、VaR 值分析，评估投资组合的市场风险；多方位、立体化对投资组合进行风控管理。归因分析方面，对不同类型资产运用不同的归因模型，通过相对归因、绝对归因，对收益和风险分别归因，辅助投资经理实现"所投所知"。

7. 成果总结

依托上述六大模块的有机结合，企业级投研中台已初步建立覆盖投前、投中、投后全流程的投资决策支持引擎。市场情景生成器支持 13 种历史情景；组合优化器支持 14 种组合优化算法、5 种组合再平衡策略；支持股票、公募基金、私募基金等多品种的回测与模拟交易。盘前汇聚资讯、外部事件、投资品种共 28 种投资事件，助力投资经理把握投资机会；盘中抽取 O32 实时交易委托，提供组合盯盘分析功能，对资管产品、基金、模拟组合进行实时估值，分析实时持仓和交易，实时掌控行情、资讯、交易对投资组合的整体影响；盘后提供指标视图、风险定量分析、组合分析功能，支持投资经理进行多维度、多周期自助分析，为后续投资决策提供参考。

（三）场景化赋能，助力研究框架灵活表达、持续更新

通过与各业务团队深入探讨业务需求，理解、抽象投研工作过程和应用场景，项目组构建了满足不同投研团队和投研角色的个性化投研服务，包括投研框架、报告工坊、投资提醒、个性化投研驾驶舱等（见图 2）。

图 2　投研服务场景概览

1. 灵活构建投研框架

依托国际宏观、国内宏观、行业、公司主体、市场行情等海量指标数据，利用拐点匹配、时序相关性分析、ICIR 等指标判断宏观因子有效性，根据确定的经济逻辑和有效因子，构建预测对象的逻辑分析框架。模型选择方面，支持动态多因子模型、PCA 模型筛选因子，合成单因子回归模型，利用回归算法计算因子权重；模式选择方面，支持收益预测、因子预测、景气度预测。基于得到的预测参数、未来不同事件发生的概率，构建蒙特卡洛模拟模型，得到未来预测的分布情况，基于预测结果与真实结果的对比与验证，不断优化模型，使模型持续进入正反馈。

2. 智能报告工坊，投研成果多维输出

将单产品、多产品、投资组合等对象的风险、收益、偏好、归因等分析维度组件化，投研人员按需拖动组件、设置组件参数，即可生成投资报告，输出投研成果。支持智能报告模板、素材库、在线图表库，提升报告生成效率和规范性。

3. 投资提醒，投资经理贴身助手

综合展示关注的、持仓的投资标的的公司行为、风险信息、合规信息、市场交易行为等重要提醒事项，覆盖股票、基金、债券、转债、回购、存款和组合等多品种，帮助投资经理防范投资风险、把握投资机会。

4. 投研驾驶舱，洞察价值点、风险点

支持投研人员在工作台画布上自由拖拽系统内置的模块、组件和指标数据，配置个性化投资看板，从宏观指标、市场行情变动、业绩穿透分析、全面风险分析等不同维度、模块，打造沉浸式投研工作体验。

除了上述四大服务场景外，系统还提供跨团队尽调、基金投顾高端定制、基金投顾总分协同营销、种子基金数据分享等 20 多种应用场景，支撑投资团队之间及研究团队内部的高效互动与协同。

四、企业级投研中台应用效果

企业级投研中台是一站式智能化投研平台，平台充分融合券商托管、自营、财富、资管等业务条线、内外部客户业务需求，应用金融工程、人工智能、容器化等技术，依托"Zebra 微服务 + Qiankun 微前端"技术架构，实现投前、投中、投后等多投资品种、多投研场景的赋能，开启智能投研新篇章。

（一）解放投研生产力，提高投研生产效率

传统投研人员通过手工、线下 Excel、邮箱等接收外部资讯、交易、估值等数据，手动整理、录入数据，通过各自的 VBA 或者 Python 脚本处理、分析数据，效率低下、耗时耗力。

企业级投研中台通过模板化配置、自动化解析数据入库数据底座，自动化进行指标计算，并自动化归类到平台已经建成的 10 个大类、60 个小类、"1 000 +"的投研指标体系中，使投研人员从例行重复性、琐碎性的工作中解放出来，把较多的精力放到更深入的投资机会的挖掘中，进行更深层次的投资价值挖掘。

(二) 投研经验数字化，投研成果沉淀，重构投研协作模式

过往投研人员、投资经理进行投资决策，往往依赖于自己个人的知识储备和历史经验。在投资领域，经验主义式的投资不是长久之计，无法做到投研结果的可解释、可复制、可延续。另外，投资经理人员的变动，往往会导致投资业务较大变化。

企业级投研中台抽象、沉淀各投研角色专家经验、领域知识，形成公司的"无形资产"。将业务投研过程中的数据、模型和流程落库定型，同时，投研人员可以通过推送分享，实现团队协作、团队决策，打造标准化、可复制的投资研究、投资决策流程，既减少人员流动带来的影响，又实现业务可复盘、继承与进一步发展，提升公司平台价值。

(三) 敏捷响应市场变化，实现投研成果的更高产出

在面对快速变化的市场行情以及稍纵即逝的投资机会时，投资经理往往无法快速响应变化，平台覆盖 28 种实时投资提醒事件，助力投资经理把握投资机会；盘中抽取实时交易委托，提供组合盯盘分析功能，对产品进行实时估值，分析实时持仓和实时交易，实时掌控行情、资讯、交易对投资组合整体的影响，快速响应市场变化。

企业级投研中台使无须掌握 Python、VBA、R 等编程技术的投研人员自由进行量化分析、探索投资思路、验证投研框架；投研人员只需要设计投资报告模板，平台即可自动填充、自动生成大类资产、金融产品相关的投资报告，投资报告的生成时间由以天为维度到分钟级。平台目前每月为"2 000 +"内部用户、"3 000 +"机构客户服务，月提供"4 000 +"投资报告，投研成果产出更高效。

五、总结展望

企业级投研中台建设在国内证券公司处于起步阶段，建设过程中往往会面临数据量大、数据类型多样、模型和算法有效性论证困难、个性化需求多、数据隔离要求高等诸多挑战。目前，投研系统建设正朝着智能化深水区推进，应用自然语言处理、知识图谱、深度学习等技术构建智能化投资研究模型是需要进一步积极探索和实践的方向。

证券公司数字化转型价值度量体系建设研究

董红涛　张洁玉　刘　迅[*]

近年来，数字化转型在金融行业持续升温，几乎所有的金融机构都在积极布局数字化转型。与银行业和海外投行相比，国内证券业在总体规划、系统建设、研发投入等方面仍存在一定差距，在数字化转型的风口浪尖，各家证券公司都在蓄势待发，新的赛道不断涌现，各种策略日益多元。证券公司利用金融科技引领转型优化和变革，推动以人工智能、大数据、云计算、区块链为代表的核心技术应用持续深化，力图争取数字化转型发展红利，提升管理效率，培育核心竞争力，以求在竞争激烈的市场中站稳脚跟并赢得一席之地。

数字化转型是一项系统工程，随着数字化转型的不断深入，证券公司需要及时评估转型效果并相应调整，最大限度保障转型目标的有效达成。因此，构建完善可靠的证券公司数字化转型评价体系显得尤为重要，本文着眼于证券公司数字化转型理论研究与评价体系的构建，首次提出建立系统化的证券公司数字化转型价值度量体系。

一、证券公司数字化转型现状及问题

当前，数字化与金融科技引领下的创新发展已成为最重要的趋势之一。根据中国证券业协会发布的《2021年中国证券业信息技术与服务发展综述》中数据，有77家证券公司将数字化转型列为公司战略，21家证券公司在2021年启动数字化转型战略，55家证券公司设立专门的组织统筹和推进。数字化战略主战场逐步由零售经纪业务扩展到机构业务、资产管理、投资银行、自营投资、中后台等。数字化转型考核机制方面，35家证券公司建立了以数字化战略推进的考核评价机制，37家证券公司建立了内部的数字化创新孵化机制。

证券公司推进数字化转型的过程并非一帆风顺，包括麦肯锡在内的咨询机构也指出证

---

[*] 本文写作于2023年10月。作者简介：董红涛，中泰证券股份有限公司金融科技委员会副主任、信息技术管理部负责人；张洁玉，中泰证券股份有限公司信息技术管理部副总经理；刘迅，中泰证券股份有限公司科技研发部高级副总裁。

公司在数字化转型中暴露的问题，具体如下。

（一）只有"数字化"，没有"转型"

部分证券公司理解的数字化转型仍然是传统 IT 转型，转型方向以优化工具效率、优化系统架构、引入新工具进行科技应用为主要目的，而非由业务战略驱动、与业务有机结合的数字化转型。虽然证券公司的单点单线技术能力有所提升，但顶层驱动力不足，业务参与感弱，组织支撑也不配套，因此很难取得可观的业务效果。

（二）从业务构想到数字化实现的传导走形

即使客户核心需求较为明确，但由于在能力角色、流程机制、交付标准等方面存在缺失，客户需求在转化为数字化产品的过程中层层失真，时常以"拼凑"功能模块交差，最后的产出成为"鸡肋"。以财富管理为例，大多数证券公司都提出"极致客户体验"，但落实到客户端 App 上的表现参差不齐。

（三）长期客户价值与短期业绩压力的矛盾

客户价值与短期业务增长有冲突，但长期看，客户价值增长会促进业务高速增长。业务部门有短期的业绩压力，倾向快速建设或者购买成熟系统，而忽视了基于客户体验的整体设计和系统产品的持续打磨。

（四）持续增长的业务需求与有限的信息技术资源的矛盾

证券业务变化快速，业务需求急迫，但证券公司的信息技术资源相对有限，信息技术资源投入分散，很难形成聚集优势效应，难以形成类似互联网行业的拳头产品。

二、证券公司数字化转型的逻辑和方法

证券公司数字化转型的本质在于提升企业核心竞争力，数字化转型过程中，新技术运用并不是目的，转型的根本目的是提升产品和服务的竞争力，让企业获得更大的竞争优势。

（一）数字化转型的逻辑

基于证券公司数字化转型的本质，数字化转型的内在逻辑是利用数字化实现企业业务转型。总体来说，数字化转型是新一代信息技术驱动下的一场业务、管理和商业模式的深度变革重构，技术是支点，业务是内核。数字化转型是一个不断迭代前进的系统工程，对于大多数企业而言，数字化转型面临的挑战来自方方面面：从技术驾驭到业务创新，从组织变革到文化重塑，从数字化能力建设到人才培养，因此数字化转型的成功不可能一蹴而就。

（二）数字化转型的方法

数字化转型是一项长期且艰巨的任务，确定一套行之有效的方法尤为重要，能够有效避免企业在错误的路径上前行，从而造成大量人力和财力的浪费。

1. 明确转型目标

数字化转型目标的确定要围绕公司战略定位,从战略目标出发以终为始,明确业务数字化转型目标。在思考业务目标、洞察业务方向时,可以通过波士顿矩阵确定业务目标(见图1)。

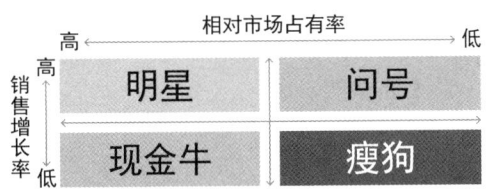

图 1 波士顿矩阵(BCG Matrix)

以上矩阵中,业务目标成功的顺序是:问号业务—明星业务—现金牛业务—问号业务。在这个循环中,有今天赚钱的业务(现金牛业务)、明天赚钱的业务(明星业务)和后天赚钱的业务(问号业务),确定业务目标就是通过创新将问号业务转变为明星业务,通过增长将明星业务转变为现金牛业务,通过投入不断试错来寻找问号业务的闭环。

在确定具体的业务目标和业务发展重心后,要匹配足够的信息化资源确保业务目标的达成。在这个过程中,数字化转型要更加关注持续提升赋能客户的能力、提升客户价值的能力,在能力增长的同时,逐步形成基于数字化产品的差异化优势,使业务进入高速增长的拐点。

2. 构建度量体系

著名的"现代管理学之父"彼得·德鲁克说过:"如果你不能度量它,你就不能改进它(If you can,t measure it, you can,t improve it)。"证券公司在数字化转型的过程中,要及时度量数字化转型的价值成效,及时对工作进行纠偏,确保数字化转型工作围绕业务目标推进。因此,建立数字化转型的价值度量体系成为证券公司重点关注的方向。

当前好的公司特别是互联网头部公司,都有核心的数字化产品作支撑,而且能通过产品带来直接的客户流量,好的产品甚至成为公司发展的命脉。分析发现证券行业优秀的产品非常少,产品建设不是简单地搭建系统,而是包括客户洞察、竞争格局分析、差异化竞争力的规划、品牌运营等,产品功能开发和用户体验是最消耗研发资源的,如何规划产品差异化价值、功能细节、用户体验决定了产品的成败,但是普遍不被业界重视。

证券公司打造数字化产品的过程是不断试错—改进—逐步提升的过程,好的产品是进化出来的而非规划出来的。在产品进化过程中,如何度量产品进化方向正确越来越重要,甚至是开发产品最需要考量的。

三、构建数字化转型价值度量体系

基于业务目标构建数字化产品的差异化竞争优势决定了证券公司数字化转型的成败,对数字化产品进行价值度量可以有效地对数字化转型成效进行评价,并根据分析结果驱动信息化资源的动态调整,确保企业的信息化资源投入更有价值的业务领域,围绕客户痛点形成数字化产品的"黏性和护城河"。

（一）价值度量体系的原则

证券公司数字化转型价值度量原则上应坚持"以客户为中心、以价值为导向"。"以客户为中心"是从关注收入增长转为关注提升客户价值能力的增长。从客户视角看业务，更多地关注客户资产保值增值、客户满意度、客户体验和客户黏性等；"以价值为导向"是以价值创造作为数字化转型工作开展的初心与起点，建立科学有效的数字化转型价值评估指标体系，推动数字化转型投入实现价值最大化。

（二）价值度量体系的组成

数字化转型价值度量体系主要面向证券公司核心的数字化产品，基于客户价值建立科学合理的可跟踪的指标体系，根据指标变化为数字化产品进化提供决策依据。

1. 价值度量的对象

证券公司价值度量体系的对象是核心的数字化产品。证券公司数字化产品基本可以分为两大类：战略产品和实用产品。其中战略产品包括对客服务、赋能员工营销等以打造差异化竞争优势为目标的产品，通常以自主研发为主，战略产品的优劣直接关系证券公司经营目标是否能够达成；实用产品包括维持证券公司日常管理的产品，包括办公系统、人力及财务系统、绩效考核系统等，通常以采购业界成熟系统为主，实用产品不会直接影响公司经营目标达成。

2. 价值度量的指标体系

战略产品和实用产品定位不同，价值度量的方式也不尽相同。

（1）战略产品的指标体系（北极星指标）。对于战略产品的价值度量要充分考虑客户价值的先见性指标，从获取客户、提升活跃度、提高留存率、获取收入、口碑传播等各个环节，找到能体现赢得客户的关键度量指标。《增长黑客》一书中提到最重要的先见性指标——北极星指标，这是度量数字化产品的客户价值、决定客户增长最核心的指标，像北极星一样在遥远的地方指引着我们前进的方向，避免被短期目标干扰。北极星指标反映了客户对产品的认同度，产品功能的新增和优化都围绕北极星指标的进步，减少信息技术资源投入在低价值的场景，减少试错成本，提高产品成功率。

综上所述，针对战略产品制定北极星指标，跟踪并驱动北极星指标增长以度量产品进化方向正确。北极星指标选定逻辑见表1。

表1　部分战略产品北极星指标选定逻辑

战略产品	北极星指标	选定逻辑
机构交易平台	量化私募数	客户的覆盖代表市场地位，远比交易量和收入重要
客户交易平台	客户在线时长	只有客户愿意多花时间在产品上，才能证明产品的内容对用户有吸引力，避免交易通道化
投顾平台	客户续约率	推荐组合的收益风险比越高，用户体验越好，带来的是续约率的提升
算法平台	日均交易量	交易量代表使用算法的客户的认同程度，同时交易量越大越能吸引更多的算法厂商
机构服务平台	协同收入占比	协同收入占比越高，说明对应的服务被接受的程度越高，包括以下几个要点：（1）客户在平台上的比例；（2）各项服务被曝光的程度；（3）服务被接受的比例

续表

战略产品	北极星指标	选定逻辑
员工营销平台	活跃员工的人均销售	高频使用的用户的营销金额更高,说明产品能更好地赋能展业,为了排除周期性任务的影响,实际指标是前50%活跃用户销售/后50%活跃用户销售
投研中台	推荐组合超额收益	投研能力体现在对于股票、债券、公募产品、私募产品的评价能力,评价能力具体体现在推荐组合的超额收益比

(2) 实用产品的指标体系(产出效益指标)。实用产品聚焦投入产出是否合理,在产出方面主要关注效益指标。每个产品的定位不同,其效益价值点也不同,可根据效益指标分类,针对性地制定业务价值指标,产出效益指标选定见表2。

表2　　　　　　　　　　　产出效益指标选定说明

指标大类	指标小类	指标细类	指标细类说明
经济价值	销售利润增加额	交易/销售量	业务产生的交易额、销售额等收入
		交易/销售净收入	业务总收入扣除成本的净收益
	经营成本节约额	交易/销售费用节约额	交易或销售支出成本的节约额
		客户服务费用节约额	服务客户支出成本的节约额
		营销推广费用节约额	营销推广支出成本的节约额
		管理费用节约额	内部管理支出成本的节约额
用户价值	增加用户量	增加用户数量	增加有效用户数量、日活用户数量
		扩大用户范围	扩大服务用户的范围、种类,增加系统可用范围
	提升用户服务及体验	提升用户服务能力	提升面向用户的服务效率、效果,以及用户可感知的服务体验
		对用户业务发展提供支持	有助于用户自身业务的开展或提高用户业务管理水平
		与用户共享信息及成果	与用户共享信息及成果,合作共赢,共同进步
时间价值	时间价值效益	增加系统可用时间	增加系统可用时间,比如从交易时间可用变成24小时
		缩短交付客户期限	缩短服务或成果交付给客户的时间,比如从T+1变成T+0
		缩短管理周期	缩短管理周期,比如业务流程时间缩短、跨部门协同时间缩短
业务/管理价值	对交易活动的支持	扩充交易品种、手段	扩充交易品种、扩大交易方式和手段
		提升交易能力和效率	提升交易能力和效率
		把握运用交易信息	提升运用用户交易等信息数据支撑业务开展的能力
	业务/管理效率提升	削减业务操作量、缩短操作时间	削减业务操作量,缩短操作时间
		推进业务标准化	推进业务标准化,统一操作流程操作步骤
	业务/管理品质的提升	减少错误和投诉量	减少业务或管理失误,降低用户的投诉量
		减少错误和投诉的响应时间	减少纠正错误和响应投诉的时间,优化处置效果

3. 价值度量体系的跟踪

价值度量指标体系的搭建不是一蹴而就的，需要定期对指标数据进行计算、展示并基于阈值进行动态预警，因此，构建一套简洁高效的跟踪系统是有意义的（见图2）。

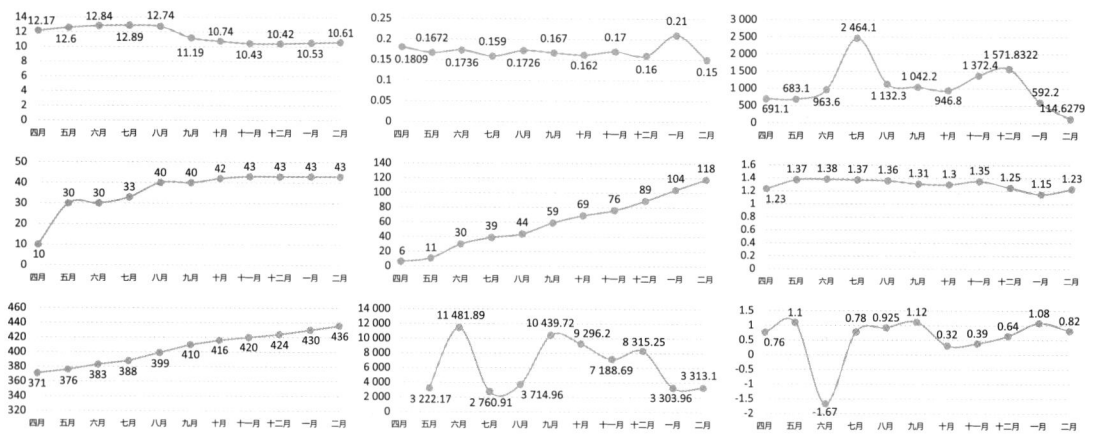

图 2　价值度量体系跟踪平台

（三）价值度量体系的建设

基于过往数字化转型推进经验，证券公司可利用"三个阶段"的实施步骤与方法，推动数字化转型价值度量体系建设项目有效落实。证券公司数字化转型价值度量体系建设分为"以点带面""全面深化""常态运行"三个阶段。"以点带面"阶段主要解决急需解决的问题、较为容易解决的问题，并完成项目全面铺开的基础性工作，具体包括数字化产品的梳理和试点选型、业务方与技术方共同确定试点产品的价值度量指标体系等。"全面深化"阶段就项目难点问题进行攻坚，并按照建设方案全面铺开相关工作，具体包括核心产品全量价值度量指标体系的确定、价值度量体系跟踪平台的搭建。"常态运营"阶段主要对已形成的价值度量体系进行常态化运营，并根据业务及管理需求变化对相应的指标体系进行增减和调整（见图3）。

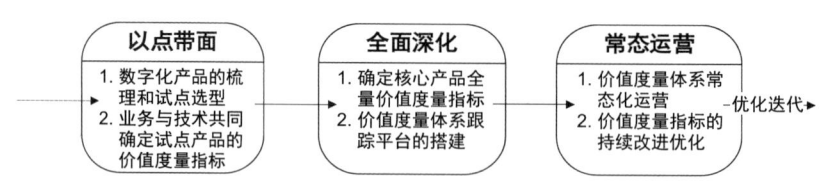

图 3　"三个阶段"建设过程

四、数字化转型价值度量体系的思考

（一）证券公司数字化转型价值度量应以终为始

证券公司数字化转型价值度量需要先明确数字化转型业务愿景和业务目标，价值度量体系应围绕业务的数字化转型目标，做到以终为始。业务数字化目标是有别于现状的更高追求,需要与公司业务战略保持一致,且在公司上下得到广泛的共识。数字化转型的价值度量以目标为驱动,如果仅基于现状和问题来描绘数字化转型的愿景,容易限于惯性思维,在规划时束手束脚。而先有目标再倒推到现在,则可以推导出如何通过度量和持续的优化,实现从现状到目标所描述的未来的正向转变。

(二)证券公司数字化转型价值度量维度多元化

从微观层面看,证券公司的数字化转型价值度量涉及众多维度,确定度量的价值取向是厘清关注重心、形成度量框架及相应方法的重要基础。随着证券行业对数字化转型的重视,秉持何种价值观、从何种维度衡量企业具体的数字化转型成效成为企业高层及数字化转型参与者共同关注的议题。本文的度量对象围绕数字化产品展开,虽然无法覆盖数字化转型涉及的方方面面,但是基于主要矛盾的建设思路,已经在证券公司进行了实际的落地尝试,并取得一定的效果。

(三)证券公司数字化转型价值度量需持续完善

证券公司数字化转型价值度量体系所采用的评价维度、评价指标、评价数据主要依托于业务目标和规划的确立,为证券公司数字化转型提供了具有可操作性的方法与度量依据。证券公司业务目标随着市场供需变化而进行调整,加之数字技术的持续迭代升级,市场需求、组织形态、商业模式将会出现新的变化,证券公司的数字化价值度量体系也要适应各种变化,并具备动态调整机制。

互联网视角下证券公司运营模式研究

张 彬 罗 叶[*]

一、证券目标客户及市场分析

据艾媒数据统计,近年来,中国互联网理财用户规模持续攀升,从2015年的2.4亿人增加至2021年的6.3亿人,增长超1.6倍(见图1)。伴随着居民收入的持续攀升,如何实现资产的保值增值成为人们普遍关心的问题,全新的财富管理大时代悄然开启。

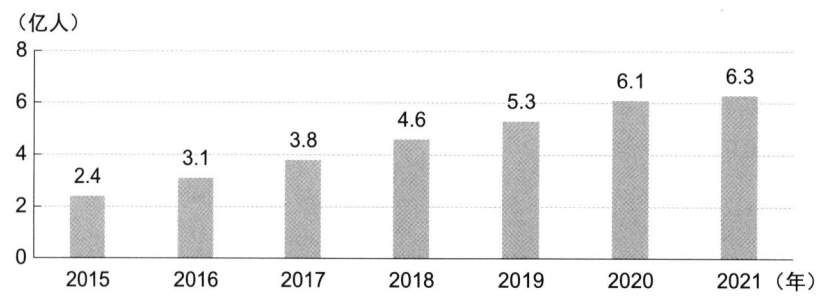

图1 2015—2021年中国互联网理财用户规模

互联网行业的飞速发展、用户行为的转变衍生了大量的线上金融资产配置需求,互联网财富管理市场规模逐渐扩大。2020年底,中国互联网财富管理市场规模已增长至约8.2万亿元。互联网金融降低了理财门槛,改变了金融机构传统的财富管理运营模式,同时也使证券行业内的竞争更加激烈。

从理财人群画像整体来看,"80后"依旧是理财主力,"90后"紧随其后。其中"90后""95后"年轻人对于互联网理财的接受度更高,超七成首次购买理财产品是在线上

---

[*] 本文写作于2023年10月。作者简介:张彬,湘财证券股份有限公司网络金融部总经理;罗叶,湘财证券股份有限公司网络金融部总经理助理。

（见图2）。

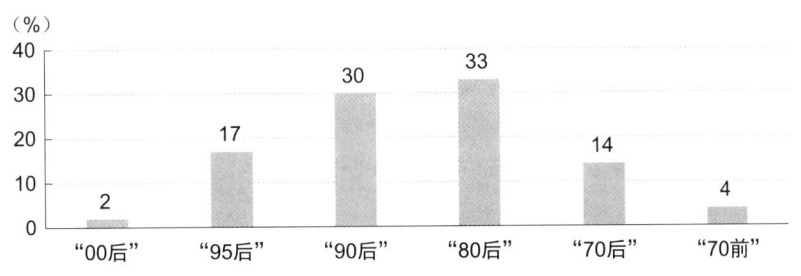

图 2　2022 年线上理财人数分布

据艾媒咨询数据显示，中国证券 App 用户规模增长迅速，从 2015 年的 4 000 万人增长至 2022 年的 1.8 亿人（见图 3），增加了 3.5 倍，平均增速为 31.2%。

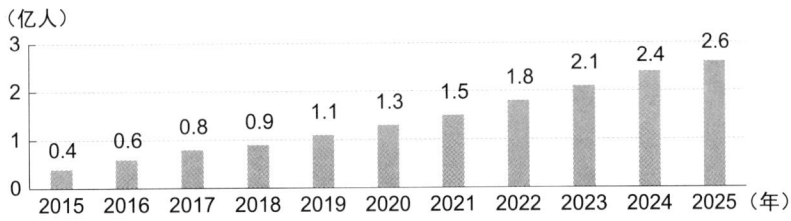

图 3　2015—2025 年中国互联网证券市场用户规模及预测

截至 2023 年 2 月，证券公司共拥有 App 数量 319 个，数量占前 3 位的证券公司为东方财富（7 个）、广发证券（5 个）、同花顺（5 个）（见表 1）。半数以上投资者下载 2 个证券 App，技术指标功能受欢迎程度高。

表 1　App 数量前 6 位的证券公司

排名	证券公司	App 数量（个）
1	东方财富信息股份有限公司	7
2	广发证券股份有限公司	5
3	浙江同花顺云软件有限公司	5
4	方正证券股份有限公司	4
5	华鑫证券有限责任公司	4
6	天风证券股份有限公司	4

2013 年标志着互联网金融的崭露头角，互联网的业务闭环模式创新了盈利方式，第三方支付和余额宝等互联网金融创新形式为证券行业提供了机遇和挑战。这些新形式推动证券行业朝互联网金融方向发展。互联网公司在打造业务闭环时的思路和运营模式，对证券公司的转型产生了深远的影响，使证券公司开始认真看待互联网运营的作用。

随着国内证券公司纷纷通过互联网技术实现"在线开户"，中国互联网证券业务进入了新时代。各大证券公司与互联网公司展开跨界合作，建立适应互联网时代的账户体系，形成了新的竞争优势。此外，加强数据资产的开发和利用，有助于优化甚至重构证券公司的运营策略和业务链，实现更好的资源配置和精准营销。

当下，互联网运营的战略作用不断扩大，以用户体验为核心，通过金融科技赋能，打造互联网运营闭环，为用户提供差异化、低成本的服务，实现数字化转型成为各大证券公司推动运营模式、业务模式、组织构架、企业文化等变革的核心目标。

二、人工智能为证券公司互联网运营带来新机遇

时下，随着人工智能技术的不断发展和应用，"AI+"证券已经成为备受关注的领域。在证券市场中，AI可以帮助投资者作出更加准确的决策，提高投资回报率，同时也可以帮助证券公司降低成本和风险，提高服务质量和效率。行业内已达成共识：人工智能在金融行业具备广阔前景，将对未来证券业态发展产生深远影响。乘着人工智能金融科技的暖风，不少大型证券公司着力布局人工智能应用。

目前，人工智能在证券领域的应用主要涉及算法、大数据等层面，包括用户行为和产品分析、精准服务、智能服务、智能工具、量化交易、高频交易等。不少大型证券公司布局人工智能应用，在智能投资顾问、智能客服、智能交易、智能投资研究等领域均有涉及。

在智能投资顾问领域，不少证券公司为客户提供了"个性化+场景化+智能化"的贴身财富管家服务。以中泰证券为例，中泰齐富通App主打账户诊断、个股诊断、因子选股和资产配置等多项功能，推出了"超级电波"等智能辅助决策工具。根据量化回测报告，这些智能辅助决策工具的成功率比当前市场同类产品更高，推出后得到了市场的回应。平安证券通过将资深投资顾问的价值判断逻辑与大数据筛选结合，分析客户的实际持仓和收益情况，为客户提供持仓诊断、个股诊断和换股建议。

在智能客服领域，国泰君安证券在行业内率先推出了线上智能客服"灵犀知道"，通过自然语言处理、深度神经网络、机器学习等先进技术，准确理解客户需求，为客户提供全天候无间断的智能化交互服务。

在智能交易领域，光大证券于2017年9月推出"智投魔方"，与交易、理财形成有机结合，构建生态化、场景化服务。通过对用户特征的精准刻画及深度挖掘，融合社区在线人工服务，实现精准服务、主动触达，为用户提供多场景、实时、个性化的金融服务和产品，并跟随用户行为、投资偏好、风险偏好等变化，及时调整金融产品和服务供给。

在智能投资研究领域，兴业证券研究管理平台已经可以实现数据自动筛选、模板应用和模型计算，并可自动化生成部分研究报告；同时，与高校共建了舆情监控系统，为行业研究提供了重要参考。

三、证券公司实现互联网化的成功案例分析

以东方财富证券为例（见图4），其拥有东方财富、天天基金两大资讯平台及股吧社区平台，且在移动端和PC端均具备较大流量。2020年，东方财富的月活跃用户人数（MAU）达到1 803万，同比增长209%，在所有投资资讯、社区、交易平台里，东方财富名列第4位。东方财富拥有互联网基因，不仅在用户体验层领先，还构建了"内容—投资决策—交易"的闭环产品链条。

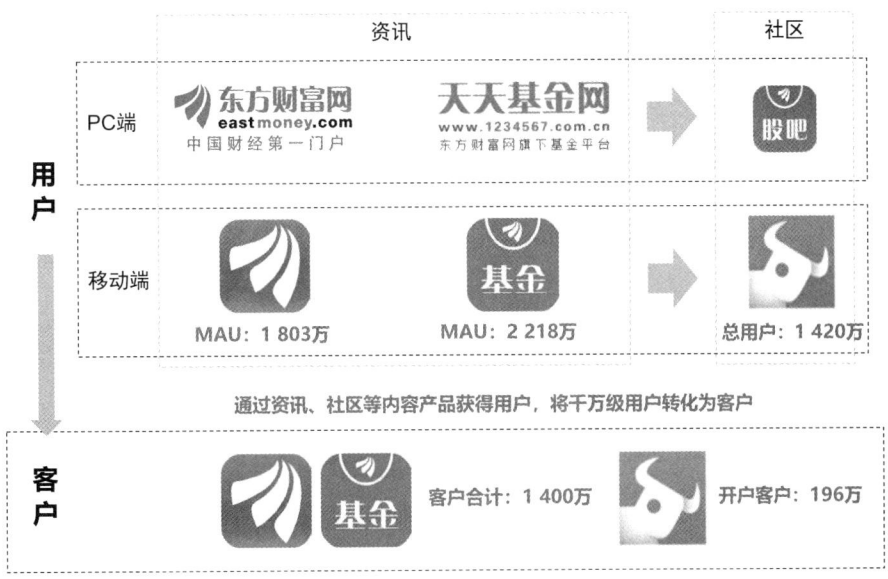

图 4　东方财富数字营销矩阵

内容层面，东方财富通过建立 UGC（普通用户制作的内容，如股吧用户讨论的信息）、PGC（专业用户制作的内容，如财经 KOL 写的文章）、OGC（职业人士制作的内容，如专业财经媒体、研究机构撰写的报告）等不同创作主体构成的内容矩阵，结合高质量的图文、短视频、直播等各种媒介内容，成为国内最大的垂直股票网站和基金网站，持续为用户提供股票和基金的资讯和交流服务，增强了用户黏性。

投资决策层面，东方财富拥有包括辅助自我决策的 choice 专业数据、交流决策的斗股等产品以及智能决策工具"智能选股"。这些帮助用户投资决策的服务构建了东方财富的用户流量池。

交易层面，东方财富拥有涵盖股票交易、基金、理财产品等多种现金管理工具。通过"内容—投资决策—交易"闭环链条，可以满足用户一站式投资需求，将用户始终留在平台内，进而实现良好的留存率，打通了流量池，能够有效变现，形成商业闭环。

以上可以看出，东方财富通过将线下营业部和移动端、PC 端、智能终端、微信生态等线上全渠道数据进行整合，大幅提升服务覆盖度和专业化程度，在线上获客、客户识别、客户运营、客户体验上已经形成完整的运营机制，将业务从传统的通道收费模式转向注重专业服务、深化客户关系和利用网络服务等多元化模式，成功实现转型。

各大证券公司在打造互联网运营闭环，这说明基于互联网开展金融业务的服务模式正在逐渐取代传统的金融模式，金融科技赋能业务高质量发展已成为各大金融机构寻求破局的重心。

四、证券公司的互联网运营模式发展

互联网运营新引擎，即互联网运营机制。建立完备的互联网运营机制是提升获客效率的前提，需要打通产品服务、渠道、内容、用户体验、数据等运营链路上的所有环节。其中，数据作为打通整条运营链路的黏合剂，在运营的各个环节都起到决定性的作用。

完备的互联网运营机制是证券公司建立客户全生命周期管理体系的核心要素。下文对如何打通互联网运营闭环中产品服务、渠道、内容、用户体验、数据五大环节进行论述。

（一）找准定位，做到产品差异化

对证券公司而言，产品与服务（以下统称"产品"）是用户需求与企业价值交换的必备载体，是获客的基础要素。总体来看，一个好产品有三大底层逻辑。

1. 好需求是好产品的前提

好产品，是以用户为核心、以增长为导向的全场景需求。需求是前提，没有需求就没有市场。但用户的需求五花八门，难以全部实现。

因此，一个好产品不仅需要了解用户需求，还要站在用户视角梳理重要性和优先级，知道"做什么"和"不做什么"，满足用户最迫切最普遍的核心需求，明确产品的市场区隔。

好产品还应该具备"与众相同"和"与众不同"两个属性。"与众相同"的部分，决定了好产品的行业属性，而"与众不同"的部分，则是好产品差异化的体现（见图5）。

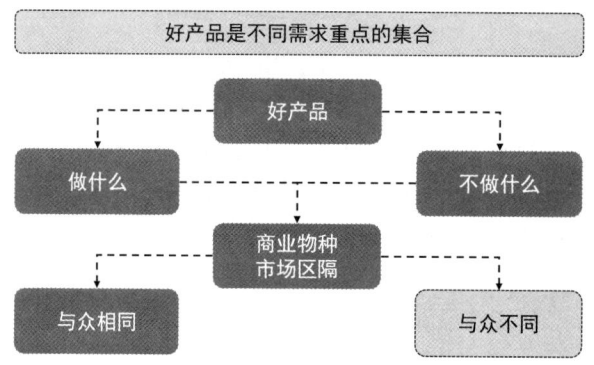

图5　好需求是好产品的前提

2. 好价值是好产品的内核

其实，很多时候商家认为的好产品与客户认为的好产品大不一样。对用户来说，好产品有两个特点：第一，用户价值高，即能解决问题；第二，认知容易，即容易理解和使用，体验感好。这里可以参照客户感知价值公式：

客户感知价值＝解决问题＋价值感知（锚定价值＋替换价值）

感知价值主要有锚定价值与替换价值两类。锚定价值，往往是产品某个方面的突出特点，而不是根据整体价值生成的。价值锚定之后，客户的忠实度会越高，因为作出新选择成本增高。因此，想要用户更好地理解产品的价值点，并且得到口碑传播，就需要有一个独特、突出、鲜明的价值锚。而替换价值，就是让用户清晰明确地认识到好产品能带来正向的改变和提升，感受到价值对比（见图6）。

3. 好增长是好产品的归宿

随着互联网运营的发展，各种产品层出不穷，供给端竞争日趋激烈，用什么方式去进行竞争是关键。从互联网角度来看，增长策略大致有四类（见图7）。

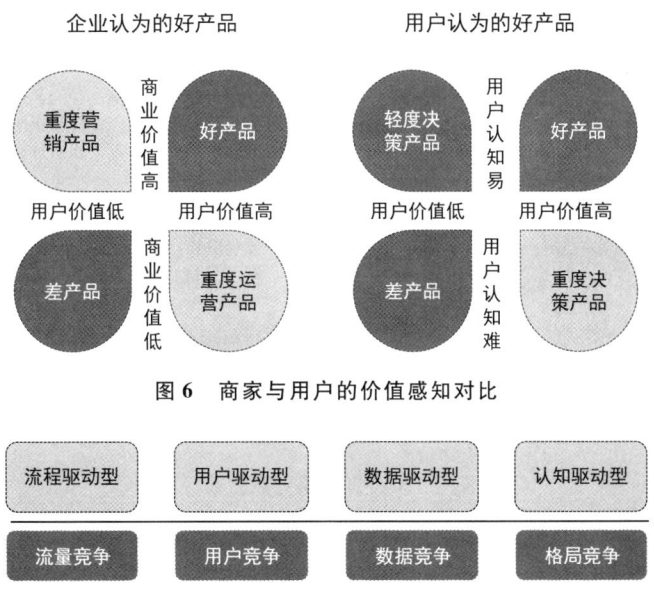

图 6 商家与用户的价值感知对比

图 7 增长策略分类

流量驱动型：通俗来说，就是到流量大的地方卖货，像线上的淘宝、天猫、京东、拼多多等，线下的大型商超等，都是显著利用流量优势。

用户驱动型：建立自己的私域流量池，通过用户运营，寻找增长点。

数据驱动型：通过数据来帮助决策，开发产品，通过缜密的逻辑性，挖掘潜在的增长线索。

认知驱动型：要能大胆设想，看到别人没看到的，甚至对用户进行认知教育，从跟随者变成引领者。

因此，做好一款好产品，需要具备好需求、好价值、好增长三要素。只有产出好产品，以多形式资讯促进客户活跃，以业务线上化提高办理效率，以工具类功能辅助客户决策，以投资结果反馈提升用户黏性，并从产品形态、服务功能、页面 UI、用户使用逻辑等用户体验上做出差异化，才能更好地实现获客目标。

（二）优化渠道，带动获客与转化

在拥有好产品后，推广好产品、实现获客，线上营销渠道选择尤为重要。打造渠道运营闭环，让产品快速到达用户，首先需要对产品到达用户前、中、后三个阶段的各运营节点就相关问题时刻跟进（见图 8）。

在产品到达用户前，需要对渠道进行筛选（针对行业常用推广渠道进行第一次筛选，针对目标人群进行第二次筛选）。比如，微博人群以"85 后""90 后""00 后"为主，人群偏年轻化，而传统教育行业针对人群大多是"70 后""80 后"，在做微博粉丝通的时候就需要考虑这个渠道是否有必要开拓。

在产品到达用户中，需要监控渠道数据。统计活跃用户成本时，有非常多时间周期的统计维度，取决于产品是什么样的形态。监控渠道数据的关键点在于：以最少的成本带来最优质的用户。这里可以参照渠道 ROI 公式（日活用户量）。

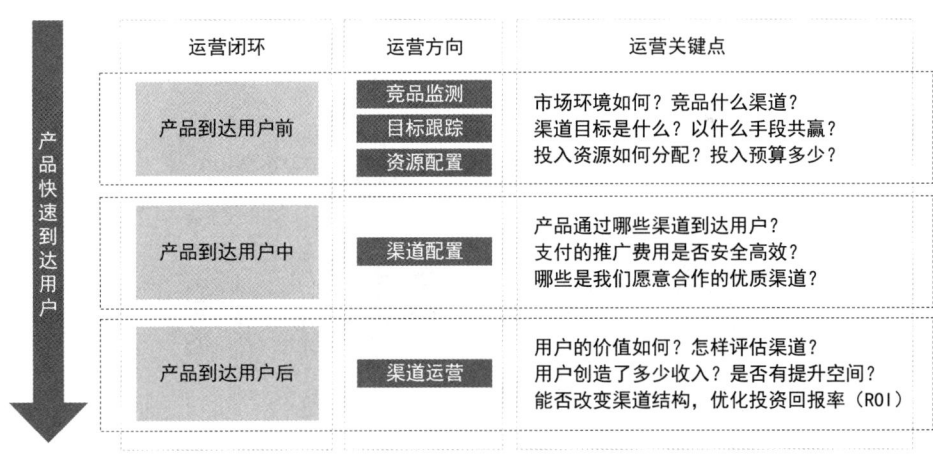

图 8 如何打造渠道运营闭环

渠道收入 = 新增用户 × DAU（日活用户量）转化率 × 平均 DAU 收益

渠道成本 = 新增用户 × 结算比例 × 单价

渠道 ROI = 渠道收入 ÷ 渠道成本

在产品到达用户后，需要建设评估体系，构建渠道评估模型。

第一步：定位推广阶段，明确业务目标。在推广的不同阶段，会有不同的渠道目标，也会导致最终渠道评估结果所要支撑的业务目标有所不同（见图9）。

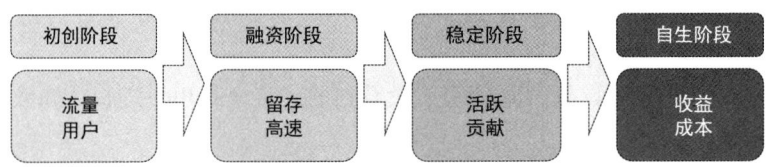

图 9 不同阶段的渠道目标

第二步：理解渠道带量漏斗（见图10）。明确：（1）渠道评估体系 = 渠道反作弊评估 + 渠道质量评估 + 合作价值评估；（2）渠道质量评估 = 渠道有效性评估 + 渠道留存评估 + 渠道 ROI 评估。

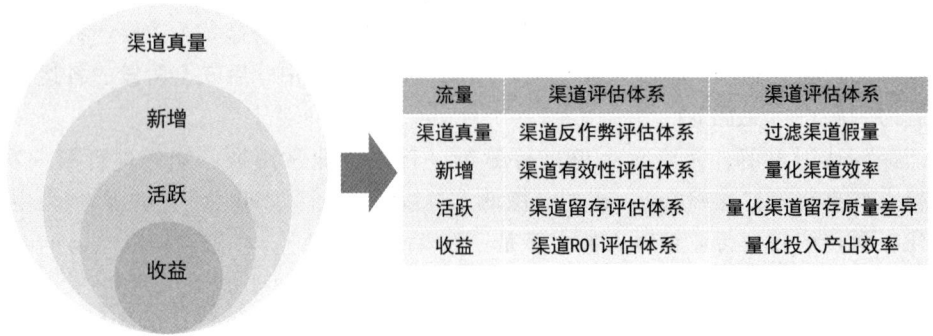

图 10 渠道带量漏斗

第三步：根据新增、活跃、收益三大业务目标设定渠道评估体系，构建评估模型，结合收益成本、用户质量、推广能力、战略价值等指标，评估渠道综合水平，完成渠道运营闭环（见图 11）。

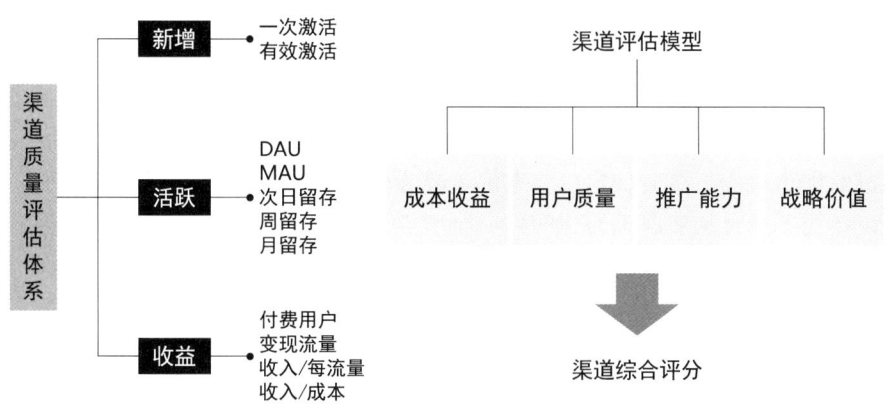

图 11 渠道评估体系建立方法

（三）打造高质量内容，降低运营成本

内容运营，即通过洞察用户类型，构建内容营销矩阵，制定不同属性客户的内容营销策略，并且对内容传播本质进行深刻洞察，打造高竞争壁垒。

对于运营来说，内容无处不在。小到文章的标题和 Banner（网页导航图片），大到网站的内容分类和目录，甚至包括一个活动的描述等都属于内容范畴。

宏观上看，内容运营其实就是持续关注内容从生产到消费再到流通和传播的全过程，并通过撰写、编辑、组织加工、外部渠道传播等一系列手段去更好地促进这个过程的发生。在整个过程中，需要持续关注并提升各类跟内容相关的数据（内容数量、内容浏览量、内容互动数、内容传播数等）。

而拆分到具体和微观落地的层面，为了避免事倍功半，内容的"定位"和"调性"是需要优先解决的问题。

内容，永远都需要关注长、短两条线。短线，是尽一切努力促进内容的被消费，好比绞尽脑汁地写一个笑话，用户看完忍不住捧腹大笑。而长线，则是以一系列长期、持续的内容为载体，面向用户建立起一种识别度和信任感。

所谓"定位"和"调性"，就是为了做好长线，必须明确内容的边界（什么能写、什么不能写），并给内容打上某种风格化的标签。其重要性在于：一旦成功确立调性，就可以在用户中牢牢占据一个位置，并进而大大降低今后建立用户认知的成本（见图 12）。

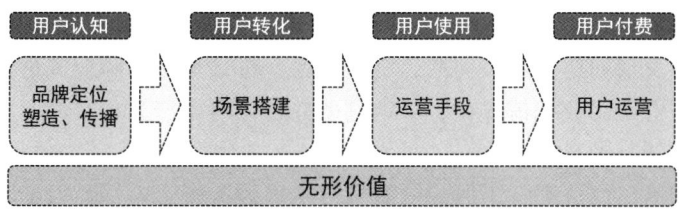

图 12 内容运营长线价值

(四) 聚焦用户体验, 实现口碑增长

好的产品能创造优质的用户体验,而优质的用户体验是拉开产品差距的关键。目前,多数证券公司已布局 App、小程序、网站等线上渠道,形成线上用户行为洞察机制,通过识别客户的基本属性和行为特征,提升用户体验,制定更有针对性的营销策略。

借助用户行为分析系统,证券公司可以按照客群的分类分级,根据不同生命周期、不同细分维度的客户特点,实现全景多维的运营资源匹配,形成立体化、多维度的用户洞察报告,从而帮助优化功能、服务,定位获客的关键步骤与机会。同时,帮助证券公司全面覆盖并追踪用户在线上平台从获取到转化的每一个节点,矩阵化定位特定人群在特定时点的真实诉求,从而结合互联网营销工具,实现千人千面场景化的精准服务(见图13)。

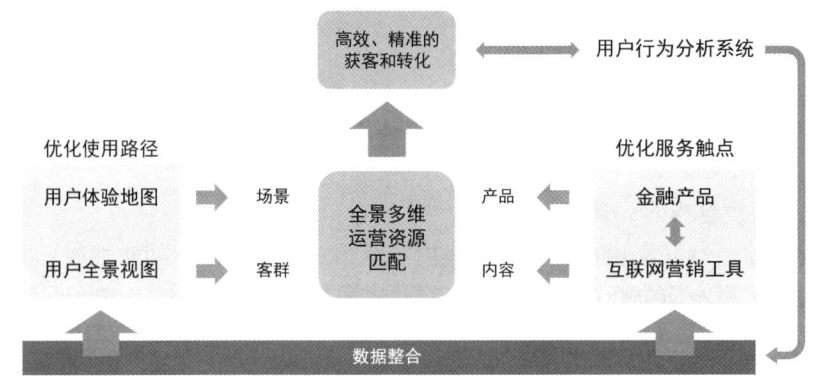

图 13 行为分析系统工作原理

以国泰君安为例,国泰君安基于用户旅程地图与用户全景视图,依托 "3A" "3R" 运营指标体系,聚合基础数据,对运营效果进行跟踪和监控,配以智能化规则引擎,营销素材标签、匹配产品标签和资讯标签,最终达到对不同人群在不同的投资阶段中进行精准匹配,使业务人员能在客群寻找、内容迭代、场景挖掘、算法调整上不断优化,最终整体提升转化效率和运营效果。

然而,证券公司业务生态中积累的庞大的用户画像和交易行为数据利用率依旧不高,还需进一步挖掘其价值。数据不仅是用户行为分析系统的核心要素,更是贯穿整个互联网运营的黏合剂。在业务纵深方面,数据能将客户价值最大化,帮助企业根据用户需求建立一站式服务平台;在互联网运营方面,数据则能帮助企业不断优化产品精准营销及优化用户实操体验。

(五) 以数据驱动, 实现精准营销

通过数据分析发现问题、解决问题、复盘问题,将数据与实际业务进行结合,深入了解业务背景,明确需求,将数据信息化、可视化,并转化为生产力,最终驱动精准营销,已经成为各大证券公司转型的目标。

不同的行业有不同的分类,不同的分类也有不同的运营策略。而对证券公司来说,从用户生命周期的角度来解析和管理投资者,是常见的数据分析方式之一。3A3R 体系涵盖了用

户生命周期的六大阶段，结合核心业务指标，能较为全面地洞察各个环节（见图 14）。

阶段	感知 Awareness	获客 Acquisition	活跃 Activation	留存 Retain	收入 Revenue	传播 Refer
核心业务关键指标	财富管理净收入行业排名； 财富管理净收入占比排名； App月活排名； 证券公司评级	新增客户数； 新增管理型基金投顾账户数； 单位获客成本； 开户转化率	活跃客户数； 各业务活跃人数	活跃用户留存率； 资产留存率； 显性流失客户数	财富管理收入占比； 代理销售金融产品收入占比； 总资产（AUM）； 客户AUM增长率； 客户资产收益率	分享用户数； 净推荐值（NPS）

图 14 用户生命周期的六大阶段

1. 感知环节

近年来，品牌护城河的建立愈发重要，须加强用户对公司的价值感知，进而提高用户对企业的价值认可和忠诚度、提升用户将公司作为首选的意愿，具体指标如财富管理净收入行业排名、财富管理净收入占比排名、App 月活排名、证券公司评级等。

2. 获客环节

随着流量红利逐渐消逝，平台获客的投资回报率越来越低，因此证券公司亟须关注渠道布局，优化渠道引流策略，评估各渠道获客数量和质量，降低单位获客成本，具体指标如新增客户数、新增管理型基金投顾账户数、单位获客成本、开户转化率等。

3. 活跃环节

随着获客成本越来越高，如何激活新的投资者、保持用户活跃，成为重要课题。不断优化用户体验、提供个性化产品与服务、开展营销活动是三大有效路径，具体指标如活跃客户数、各业务活跃人数等。

4. 留存环节

维护一个老用户的成本远低于获取一个新用户。通过给用户打标签，开展精细化运营，建立流失预警和召回机制，提高用户对平台的黏性和业务的黏性，从而延长其生命周期，具体指标如活跃用户留存率、资产留存率、显性流失用户数等。

5. 收入环节

我国证券公司经纪业务的盈利主要来源于佣金和息差，受二级市场影响较大。帮助投资者实现资产的保值增值，收取服务费与之共赢的模式，逐渐成为行业共识。因此在剖析收入时，不仅要关注公司收入，还要聚焦投资者收入，具体指标如财富管理收入占比、代理销售金融产品收入占比、总资产（AUM）、用户 AUM 增长率、投资者资产收益率等。

6. 传播环节

互联网时代，通过存量用户获取新用户或进行内容传播是营销的常用方式。运营的重点在于流程优化，以及输出符合用户需求的高质量内容，提升用户传播意愿，具体指标有分享用户数、NPS（净推荐值）等。

数据运营是企业贯穿整个互联网运营的工作，证券公司务必重视数据驱动的价值和地位，建立数据分析体系，洞察客户全生命周期，进行千人千面的精细化运营，进而提升获客效率，支撑战略决策，实现真正的运营闭环。互联网金融正引发证券行业商业模式从传统的通道型模式向注重专业服务、深化客户关系和利用网络服务等多元化模式变革。可以说，未来，互联网运营将会成为整个财富管理行业的基础要素与必然选择。

参考文献

[1] 诗文桑. 2022年度证券公司投资者服务与保护报告 [R]. 中国证券业协会, 2023-09-12.

[2] 李华林. 数字化助推财富管理转型 [N]. 经济日报, 2022-09-22.

[3] 叶丹. 超七成年轻人首次购买理财产品是在线上 [N]. 南方日报, 2019-03-06.

[4] 张欣培. 证券公司半年报: 银河冲进前三, 海通营收第九 [J]. 财经, 2022-09-08.

[5] 钟日昕. 东方财富网盈利模式分析 [J]. 雪球, 2019-06-15.

[6] 麦肯锡中国证券行业系列报告. 知易行难: 探索证券公司数字化转型成功之路 [R]. 2021-12-01.

[7] 中国信通院云计算与大数据研究所. 金融人工智能研究报告 (2022年) [R]. 2022-01-19.

[8] 严伟祥, 孟德锋. 金融科技在金融风险管理中的应用探讨来源 [J]. 当代经济, 2018 (23): 48-50.

[9] 黄有璨. 运营之光 [M]. 北京: 电子工业出版社, 2016-09-01.

[10] 殷振兴, 姚子骏. 证券机构数字化转型的发展模式研究 [J]. 金融纵横, 2020.

证券经纪业务数字化运营质量管理体系及实践研究

长江证券股份有限公司[*]

一、绪论

证券经纪业务领域交易品种不断丰富，业务规则日趋复杂，客户个性化诉求日益增多，这对证券公司的整体业务运营管理能力提出了更高要求。证券公司需要从多个维度来审视、评价和改进运营管理工作，建立起与之匹配的全局性质量管理体系，实现最佳业务流程设计、最优运营资源调配。本文立足于经纪业务集中运营模式，探索相应的运营质量标准及管理体系机制，内容囊括了运营管理流程闭环、业务运营作业模型、业务运营质量评价体系、运营类员工绩效评价体系、业务运营数据挖掘等方面的研究，通过建设数字化质量管理平台来实践并完善业务运营质量管理体系。

二、业务运营质量管理体系介绍

（一）全面质量管理理论

全面质量管理概念于 20 世纪中叶提出，其目标是使用最经济的生产成本为用户提供符合需求的产品和服务。全面质量管理强调了业务范围、管理内容以及参与人员的全面性，通过使用多种管理工具来实现目标。

在证券行业经纪业务运营管理领域，结合全面质量管理理论，需要针对业务流程中每个环节严格把关。例如，在新业务引入和业务规则更新时需要严密设计业务流程；在业务实际运营执行时对全业务链条做好业务监控与分析；同时还需考虑客户体验，满足客户个性化需

---

[*] 本文为中国证券业协会 2022 年优秀课题。课题负责人：周纯，长江证券股份有限公司副总裁。课题组成员包括：潘进、李启维、陈晋、傅博、程鹏、方军军、陈颖、蔡夏丰、赵文龙、林高、董娅利、段卉君、杨涛、谢旭徽、夏唯，均供职于长江证券股份有限公司。

求，由此不断精进业务运营质量管理能力。

（二）业务运营全生命周期管理

业务运营质量管理体系是围绕所有已开展的业务类别，实现从业务事前预测、事中监控到事后评价归因的运营作业全生命周期的闭环管理（见图1）。

图1 经纪业务运营全生命周期管理

事前阶段包括：（1）根据业务运营规范和操作风险防控，做好任务分配，并对重点作业环节进行监控提醒；（2）结合历史数据与当前运营特征预测未来业务运营态势，提前做好预防准备。

事中阶段包括：（1）业务监控与风险识别；（2）通过数据监控了解运营人员工作状态，实现过程管理。

事后阶段包括：（1）业务运营质量评价与归因分析；（2）人员运营绩效管理；（3）业务流程控制与优化。

（三）业务运营质量管理体系框架设计

业务运营质量管理体系框架采用三层架构，包括基础数据层、功能模块层和业务应用层。基础数据层主要依赖运营数据集市，数据来源于各类业务系统，如集中交易系统、柜面业务运营系统等。功能模块层包含识别与提取模块、监测与预警模块，提供全品类业务全生命周期管理工具。业务应用层将数据和工具提供给各项运营业务，全面实施运营质量管理（见图2）。

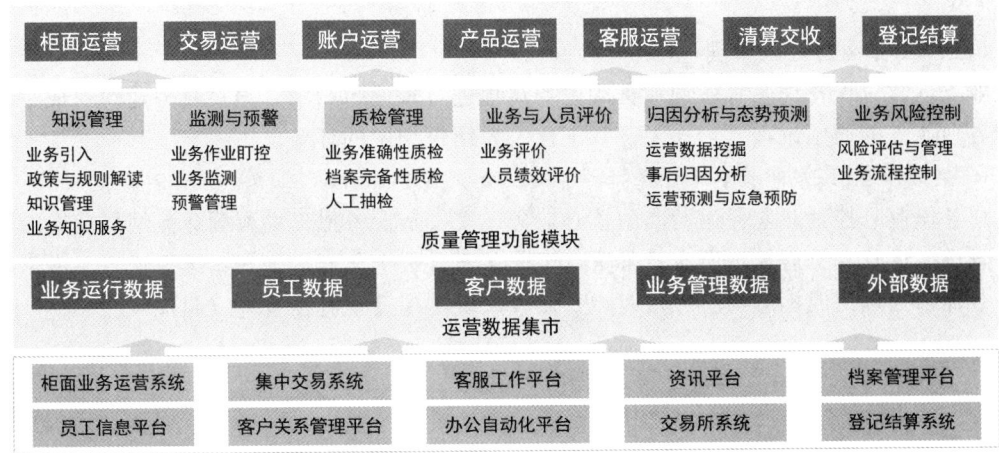

图 2　业务运营质量管理体系框架

三、数字化业务运营质量管理方案

（一）统一运营数据管理

统一运营数据管理是从运营人员视角，全面梳理各类业务流程与数据，做好数据抽象与结构化分类，形成适用于多业务种类的通用数据模型，与技术人员共同承担运营数据集市的建设与数据治理工作。

运营数据集市为多业务种类融合分析提供了统一的数据管理工具，便于业务方自主独立地开展业务数据应用、数据分析和算法研究工作。

（二）业务运营指标体系

数字化运营的核心关键是运营指标和数据，需要首先构建业务运营指标体系。可按照指标的业务范围与指标性质进行划分。根据业务范围可分为账户管理、会籍业务、交易运营、产品运营等细分业务类型；根据指标性质可划分为规范性、高效性等特征类型。指标体系如图 3 所示。

图 3　指标分类体系

（三）业务运营过程管理

业务运营过程管理是将各项业务的业务流程进行梳理与归纳，通过业务建模形成一套适用于各项业务的通用过程管理模型。以下逐一介绍模型中的环节。

1. 业务作业盯控

业务作业盯控针对业务运营类的核心业务，实现从业务操作提醒到业务结果反馈的闭环业务管理。运营人员需梳理所有日常重点工作，通过数字化盯控管理系统设置每一项工作的任务名称、处理完成标志及应完成时点，通过系统实现日常盯控管理（见图4）。

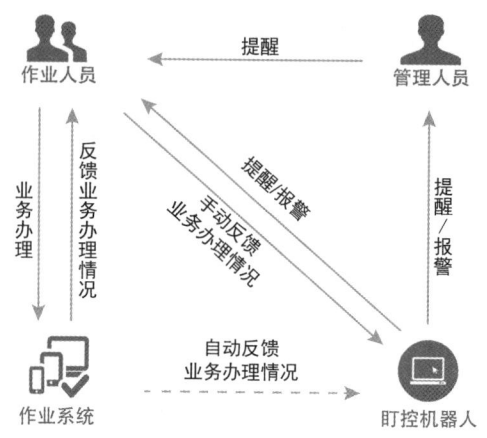

图 4 业务作业盯控管理闭环

2. 业务质检管理

业务集中运营模式提升了业务办理效率与风险防控水平。在实际业务运营过程中，由于可能出现业务系统运行缺陷或者员工核查失效等原因，会导致运营操作风险偶发，因此可增设自动质检功能，加固业务风险防控能力。

业务质检管理包括业务流程处理执行的准确性质检、关键业务节点留痕的完备性质检，以及必要业务材料存档的完整性质检（见图5）。

图 5 业务质检管理主要内容

3. 业务与员工运营评价

由于经纪业务运营管理的业务品类繁多，有必要建立一套通用的质量分析评价框架来提升业务质量分析效率。业务运营评价是将各项运营业务提炼出关键量化指标，设定业务运行质量标准，并运用数学工具计算运营质量得分，使所有运营人员能够迅速判断业务运行现状，便于及时管控业务运营质量。

由于运营员工是质量管理的核心要素，员工的运营能力、工作状态直接影响到最终的业务运营质量，因此需要针对运营人员的运营表现进行评价。员工评价在设计上需要明确落实到每一位员工的评价指标以及评价方法，一方面要着重保障运营数据的准确性与保密性，另一方面也要满足人员评价的开放性。员工运营评价如图6所示。

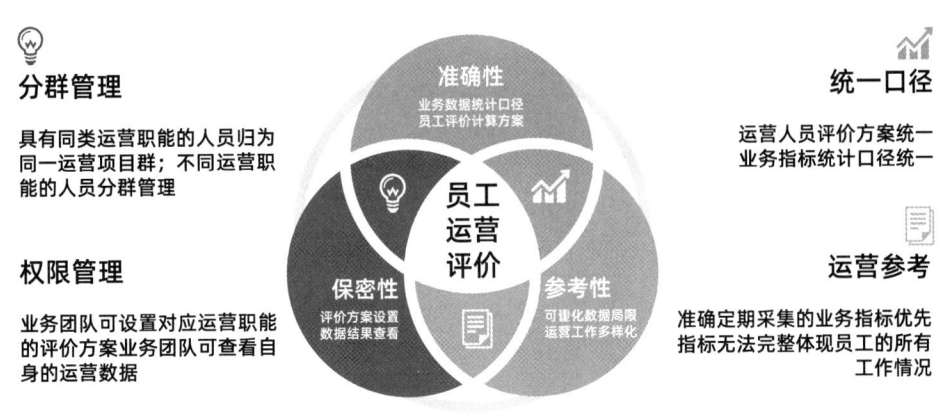

图6　员工运营评价主要内容

4. 运营归因分析

运营归因分析的目标是利用已有数据通过设计量化算法模型，针对业务运营质量评价结果，定位影响运营质量的关键因子，并通过溯源方法准确找到影响运行的核心原因。通过专家经验构建质量因子库，利用多因子模型可分析影响业务质量的关键因子。运营归因分析的前提需要有完整的基础运营数据、灵活的统计分析与算法工具（见图7）。

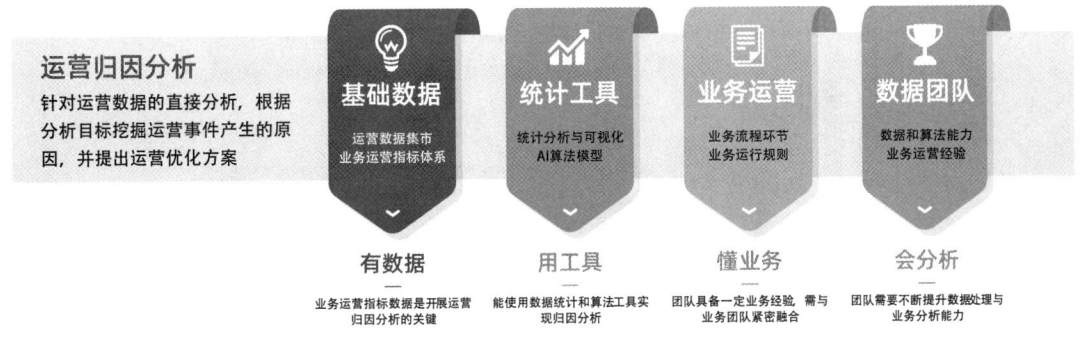

图7　运营归因分析主要内容

5. 运营态势预测

根据历史与当前的运营状态可预测未来的运营态势，以提前做好运营部署与应急准备。业务处理成功率、业务平均处理时长等业务运营指标相对稳健可控，可进行有效预测。对于业务处理量、业务发生风险时点等指标，这些指标与市场行情有关，或属于突发性内容，难以准确预测，因此需要深入理解数据间的因果逻辑与相关性，通过设置多层预警做好风险防范。运营态势预测内容如图8所示。

图8 运营态势预测主要内容

四、数字化业务运营质量管理实践

业务运营质量管理的数字化体系包括三大平台：一是业务运营质量管理平台，针对全量运营业务做好过程与结果管理；二是业务运营知识管理平台，针对增量和存量业务做好知识管理，为员工提供便捷的知识服务；三是业务运营数据管理平台，为质量管理工作的开展提供数据资产（见图9）。

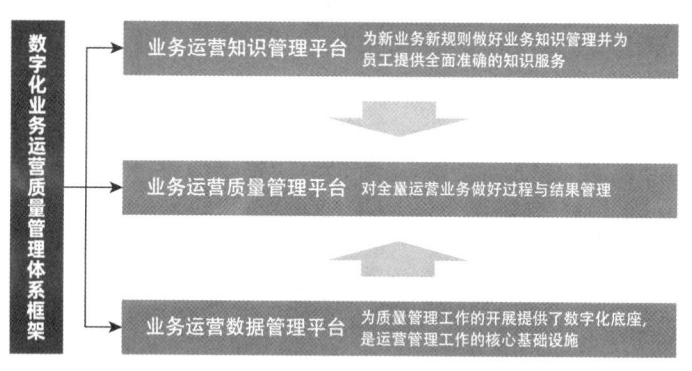

图9 业务运营质量管理的数字化体系

（一）业务运营质量管理平台

业务运营质量管理平台是针对全量业务全生命周期管理的数字化平台，该平台从全面质量管理视角，对全业务流程进行监控分析，提供运营风险控制和业务流程优化建议。根据业务运营全生命周期，平台亦可划分为相应的六大功能模块（见图10）。

其中，运营态势预测模块，主要功能为根据历史经验数据进行模拟推演，通过概率预测呈现业务变化趋势与资源的匹配情况。业务流程盯控模块，是对核心业务实现从操作提醒到业务结果反馈的监测管理，通过设置需要周期性执行的风险任务、执行时点以及任务目标，

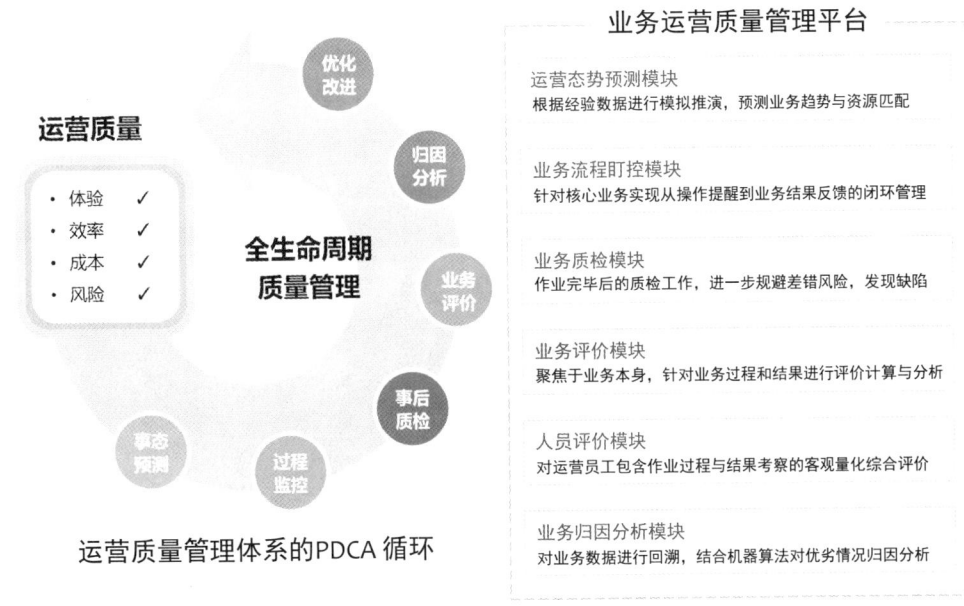

图 10　业务全生命周期质量管理及运营质量管理平台功能模块

由系统根据任务紧急程度对运营人员及不同级别范围的管理人员发出预警信号，督促按时执行任务。业务质检模块，面向已完成的业务流程支持机器全量质检与人工二次抽检，从而进一步规避差错风险：对于处理失败的业务，溯源失败原因，供管理人员针对性改进作业流程与优化作业系统；对于处理成功的业务，不仅检查了业务处理的逻辑正确性与功能完整性，还检查了业务档案归档的完备性。业务评价模块，聚焦于业务本身，对业务过程和结果进行评价计算与描述，它支持自动获取各项业务指标形成业务指标池，由管理人员在特定指标池范围内设置评价方案，并同步指标的统计频率和评价时间，计算指标得分，再将指标评价结果综合加权形成该业务的综合评价结果。人员评价模块，可供管理人员按照业务类别，通过"建群"的模式将同工种一线运营人员的特定时间窗口作业数据集中，形成相应评价项目，以实现对运营员工包含作业过程与结果考察的客观量化综合评价与比较。业务归因分析模块，则支持对业务数据进行回溯，结合一定机器算法对运营优劣情况展开归因分析。

（二）业务运营知识管理平台

业务运营知识管理平台是针对公司员工的知识服务平台，提供两类服务：一类是针对总部运营人员，通过制度文档解读分析与知识规整，明确业务规则与操作规范，引导运营人员高效合规地开展运营工作；另一类是针对分支人员在日常展业中遇到的业务疑难问题，利用 FAQ 自动应答等方式快速解决其具体问题，保障业务开展的连续性，提升对客服务质量。

（三）业务运营数据管理平台

业务运营数据管理平台集合了运营数据集市、BI 分析工具和 AI 算法模型工具三大工具。其中运营数据集市用于运营作业类数据、客户业务类数据、管理提升类数据和市场资讯类数据的采集与存储，并形成不同类型的指标；BI 分析工具用于数据统计分析与视图化呈现；AI 算法模型工具则用于数据挖掘，为业务归因与预测提供有力支持。三者关系如图 11 所示。

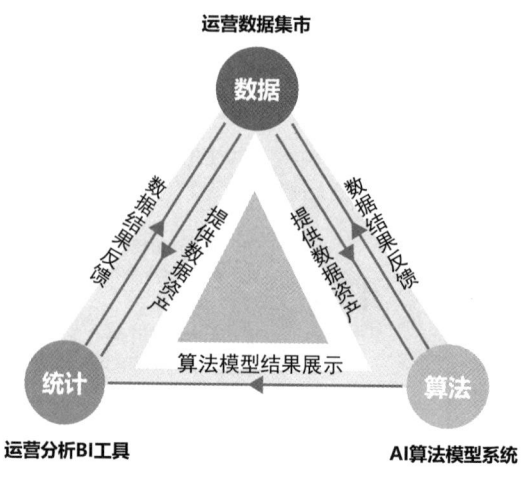

图 11　业务运营数据管理平台

（四）应用实践典型案例

1. 业务盯控闭环管理

在日常运营管理实践中，不乏因运营人员忘记处理重要业务而导致业务漏操作的案例。借助业务流程盯控模块，可使管理人员较为轻松地实现全业务、全流程的运行状态感知。系统通过多层级的扩大预警机制，有效防范了在业务执行规定时间内漏操作事件的发生。

2. 存量回访客户算法筛选

监管部门规定证券公司每年需完成不少于 10% 的存量客户回访，需要按一定规则筛选回访客户，应兼顾客户类型覆盖率、客户触达率、回访成功率等指标。如何选择适当的回访客群以提升回访效率，往往对回访管理人员提出较大挑战。借助运营数据集市与 AI 算法工具，通过机器算法筛选回访客群，相比人工筛选可显著提升回访成功率。

3. 柜面业务处理效率分析

对于采用总部集中运营模式的证券公司，柜面业务一般可以把业务流程划分为分支机构受理、总部人员办理与审核、系统业务批量处理等环节。当分支机构受理提交业务申请后，可以进一步将总部参与环节划分为办理等待、业务办理、审核等待、业务审核等细分环节。通过运营质量管理平台，将"切片"的数百类业务流在时间维度上做出对比分析，方便管理人员全面掌握柜面业务运营情况，并就不同环节的业务堵点采取针对性改进措施（见图 12）。

五、结语

业务数字化运营质量管理的体系构建是一项系统性的复杂工作，涵盖了业务系统平台建设、绩效管理方案更迭、运营人员管理方式优化等方面。围绕业务运营质量管理体系的持续建设，经纪业务运营管理模式也在数字化浪潮中不断创新。相对于传统运营管理模式，本文

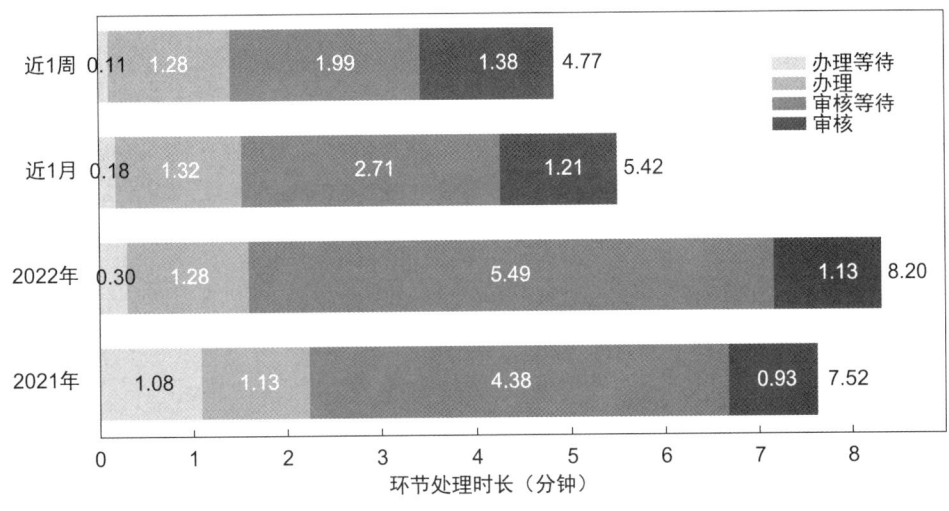

图 12　柜面处理效率分析（示例）

所描述的数字化运营质量管理体系具有以下特征：（1）运营质量管理体系强化了过程管理，即在过程中预防比在结果中纠错更有效；（2）运营质量管理除了关注风险，还同等关注客户体验、运营效率和成本资源等问题，这都是现代化金融服务业所必须考虑的；（3）随着运营工作日趋多样且复杂，运营管理的难度也显著提升，通过构建运营质量管理应用技术平台体系，为辅助运营管理人员全方位日常工作提供了实效性较强的数字化解决方案；（4）促进了运营管理人员决策习惯的改变，结合客观数据分析做出的管理决策比单纯依赖主观经验更加科学、快速、精确；（5）本体系形成的自适应优化闭环机制，可使业务问题的检查、发现、报告和控制不再全凭管理人员的主观能动性决定，为证券公司向自动化管理业态转变做出了有益的探索。

值得说明的是，业务运营质量管理体系是通过构建统一的业务管理模型、配套相应的技术平台以实现业务全生命周期的运营管理。鉴于其并不局限于特定业务类型，因此不仅适用于零售经纪、机构经纪范围内的各细分业务线条，还可以扩展至资产管理、股权项目投后管理、债券存续期管理等涉及流程化运营工作的业务领域，具备一定的借鉴参考价值。

参考文献

[1] 中国证券业协会. 关于发布《证券业务示范实践第 1 号——证券公司运营管理信息报告机制》的通知 [EB/OL]. [2020-07-13]. https://www.sac.net.cn/tzgg/202007/t20200713_143249.html.

[2] 吴哲锐. 证券公司运营平台建设探讨 [J]. 金融电子化, 2019（02）：42—43.

[3] 鲍清, 王东, 等. 金融科技助力证券公司智慧运营转型研究 [J]. 中国证券, 2018（11）：02—10.

[4] 邓曙光, 闫颖超, 等. 证券公司运营管理信息报告机制建设研究 [A]. 中国证券业协会. 创新与发展：中国证券业 2017 年论文集 [C]. 北京：中国财政经济出版社, 2018：1125—1130.

［5］郭东，孙华，等．证券公司的数据化运营体系建设研究［A］．中国证券业协会．创新与发展：中国证券业2020年论文集［C］．北京：中国财政经济出版社，2021：858—867．

［6］毛群，刘艳妮．商业银行数字运营体系构建的思考与实践［J］．现代金融导刊，2021（05）：31—36．

［7］李小庆．"5G＋AI"推动银行构建智能运营体系［J］．金融科技时代，2020（09）：36—40．

金融科技推动财富管理投顾线上化的五个关键方面

王洪涛　熊友根　李　艳　王青丹[*]

　　自2018年底以来，证券行业开始积极推动财富管理转型，将投顾作为证券公司实现转型的重要抓手。投顾作为一种新兴的服务模式，已成为许多证券公司长期规划和投入的重要方向。根据中国证券业协会公开数据，自2018年起，注册投资顾问的数量从4万多人已增长到7.5万人。相比之下，在美国这样较为规范的金融市场秩序和成熟的金融市场监管体系下，截至2022年，有超过13 000家在美国证券交易委员会（SEC）注册的独立投资顾问机构活跃在市场中，SEC注册投顾人数更是超过34万人。这些数据充分证明，中国的投资顾问行业还有巨大的增长潜力。

　　在投资者规模方面，截至2022年初，中国的股票投资者已经超过2亿人，基金投资者超过7亿人。与之相比，美国的投资者人数约为9 000万。中国的投顾数量与投资者数量存在严重不匹配的问题。这也意味着作为财富管理转型的必要因素，中国的投顾行业在服务投资者方面还有很大的空间和机会。面对庞大的市场空缺，让更多的普通投资者也能享受到投顾服务成为一个关键议题。众所周知，投顾本身存在一定的进入门槛，在短期内依靠投顾服务急剧增长的投资者可能性较小，因此，通过金融科技来解决这个问题，从而扩大投顾服务的覆盖范围，实现财富管理转型的目标，已经得到众多证券公司的广泛认同。

　　本文将围绕投顾服务的供应能力、展业效率、运营可视化、风控数字化四个维度，从科技赋能投顾线上化展业、TAMP（Turn‑key Asset Management Platform）系统及理念引入对投顾服务的积极作用、应用智能投顾从全新的维度解决投顾资源不平衡、可视化驾驶舱对投顾服务运营的积极作用、科技赋能数字化内控五个方面，阐述如何系统性地通过金融科技赋能投顾服务线上化，为财富管理转型提供动能。

---

[*] 本文写作于2023年10月。作者简介：王洪涛，国金证券股份有限公司首席信息官；熊友根，国金证券股份有限公司科技研发部总经理；李艳，国金证券股份有限公司科技研发部副总经理；王青丹，国金证券股份有限公司科技研发部产品经理。

一、科技赋能投顾线上化展业

互联网的广泛应用已经推动投资顾问服务逐渐转向线上化，从 2019 年开始，这一趋势已变得无法逆转。这种转型为传统的投资顾问服务模式注入了新的活力。线上化的投顾服务，从一对一的传统服务模式转变为一对多的新模式。在线下环境中，投资顾问的服务范围通常被限制在 50—100 人，然而线上化使得这个范围得以扩大，单个投顾可以覆盖的人数为几千甚至上万。

与传统的线下投顾服务相比，线上投顾服务具有更加显著的优势。首先，线上服务具备"在线"的特点，投顾可在任一时间内保持在线状态，为客户提供及时的问题解答。其次，线上投顾不受地域限制，客户可通过手机轻松建立联系。最后，相较于传统的线下面对面咨询或电话咨询，线上投顾可支持高并发处理，单个投顾可同时为多位客户提供咨询服务，从而大幅提升服务效率和覆盖范围。

如何将传统的线下投顾服务搬到线上？根据《证券基金投资咨询管理办法（征求意见稿）》对投顾服务的定义："证券投资顾问业务，是指接受客户委托，按照合同约定向客户提供证券及其衍生品以及中国证监会认可的其他投资品种的投资建议，辅助客户作出投资决策的经营性活动。"所以，投顾线上化展业的关键，是在原本线下投顾服务的范畴内、在合规的前提下，进行线上化改造的过程，主要包含以下四个方面：

第一，机会挖掘服务和交易决策建议是投资者的核心需求之一。客户期望通过投顾服务获取优质的投资机会，如组合调仓建议、研究报告以及资讯中的潜在机会等。对于缺乏投资建议能力的投顾来说，也可以利用公司总部提供的在线投研产品为客户提供投资建议。近年来，相关投顾服务系统的发展也十分迅速，咨询业务收入排名前 20 位的券商 App，呈现出投顾产品系统标准化、收费多元化的趋势，投顾业务的开展也有了更高效且丰富的基础支持。对行业较为领先的投顾业务研究发现，组合类和研报类产品是目前行业标准度极高的投顾产品形态，"人+工具"是较为主流的服务模式。随着恒生、金证等系统服务商对投顾服务模式支持的深入，原本前端收费模式普遍转向后端提佣收费模式。标准化的投顾产品和丰富的增值手段也为投顾服务供给侧的可持续发展奠定了基础。

第二，风险提醒服务是投顾服务重要的组成部分。"机会挖掘和交易决策建议"服务在行业中已有较多共识，风险预警对投顾服务来说同样重要。大多数投资者都是风险厌恶型的，由于对投资知识的理解和掌握程度不同，许多客户对风险的认知存在不足，这就需要专业的投资顾问通过系统及时向客户发出风险警告。但是，投资顾问的个人能力存在一定的差异化是现阶段行业面临的问题，所以推动系统化的风险预警机制的规划与建设是接下来的重要课题，也是金融科技发挥作用的方向之一。

第三，投教服务伴随着服务的各个环节。根据深交所发布的个人投资者状况调查结果显示，新入市投资者平均年龄在 30 岁左右，呈现出年轻化的趋势。相较于年长的投资者，年轻的投资者具备更强的学习能力和学习意愿。因此，投教服务的重要性日益凸显，其内容也趋向于系统化。此外，投教服务的核心意义在于帮助投资者建立起风险控制的意识，对市场走向成熟有着重要的价值；视频和直播的普及，让投教服务更加便利和场景化，也逐渐成为各大证券 App 的标配。

第四，陪伴服务是容易被忽视的环节。每个投资者都拥有独特的投资风格。追逐短线热点炒作的投资者更偏向于技术和资金面分析，长线价值投资的投资者则更注重基本面分析，趋势交易的投资者可能会结合技术面和基本面进行分析。因此，投资者有寻找匹配自己投资风格的人进行交流的需求。但大部分券商的这种系统化建设相对薄弱，也有个别券商通过"投资圈"类的产品形式对陪伴服务进行前瞻性的探索。

围绕上述四类投顾服务场景，不少券商在推进投顾线上展业平台的建设方面已经取得了阶段性的成果。除了文章观点、图文直播、投顾组合等，视频直播和企业微信几乎成了行业标配，这些在线服务工具的完善不仅提高了投顾服务的效率，也扩大了其影响力，使更多的投资者能够享受到专业的投资咨询服务。

二、TAMP系统及理念引入对投顾服务的积极作用

TAMP（Turn-key Asset Management Platform）全托资产管理服务平台，致力于为注册投资顾问（RIAs）、经纪人和家族办公室等提供全方位的资产管理服务。TAMP模式主要通过技术的手段和流程的优化，提高投资顾问的服务效率和质量。它主要解决了投资顾问在服务过程中的一些核心问题（见图1），如产品选择、服务流程、客户关系管理、合规性、培训等，帮助投资顾问专注于客户维护和组合投资，解决了投顾的后顾之忧，从而实现更好的投资收益。

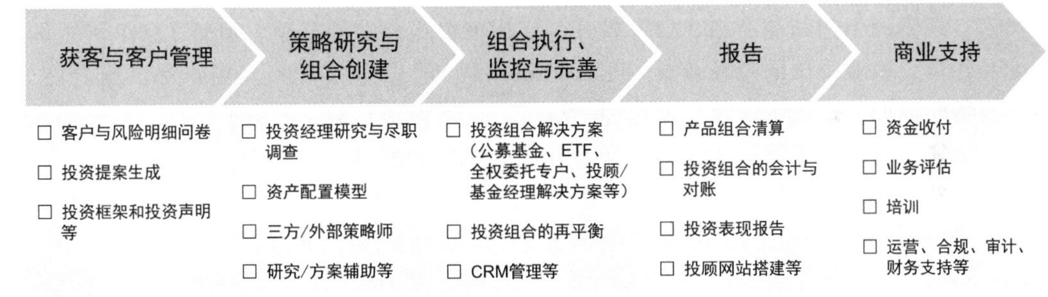

获客与客户管理	策略研究与组合创建	组合执行、监控与完善	报告	商业支持
□ 客户与风险明细问卷 □ 投资提案生成 □ 投资框架和投资声明等	□ 投资经理研究与尽职调查 □ 资产配置模型 □ 三方/外部策略师 □ 研究/方案辅助等	□ 投资组合解决方案（公募基金、ETF、全权委托专户、投顾/基金经理解决方案等） □ 投资组合的再平衡 □ CRM管理等	□ 产品组合清算 □ 投资组合的会计与对账 □ 投资表现报告 □ 投顾网站搭建等	□ 资金收付 □ 业务评估 □ 培训 □ 运营、合规、审计、财务支持等

图1 TAMP服务详细拆解

资料来源：Charles Schwab公开报告。

TAMP模式在美国已发展多年，模式和应用场景相对成熟，已经形成具有规模的市场。公开数据显示，截至2018年底，Charles Schwab总平台资产管理规模为3.25万亿美元，其中TAMP账户管理规模为1.55万亿美元，占同期美国TAMP市场资产管理规模的41.3%。

TAMP模式在美国得到了广泛的应用和发展，但如果完全照搬到中国并不完全可行。根据美国投资公司协会（ICI）发布的《2022美国基金业年鉴》（2022 *Investment Company Fact Book*），截至2021年底，在SEC注册的独立投资顾问机构超过13 000家，其中绝大部分投顾公司的投顾人数都少于50人，超过一半甚至不足10人。这为TAMP的发展提供了基础，但在中国暂时不具备这样的基础，完全照搬照抄可能会"水土不服"。对于中国的投顾业来说，如何借鉴并适应这一模式，使其更好地适应中国市场的特性，是一个值得深入探讨的问题。

首先，中国的金融市场结构与美国有很大的差异，A 股市场仍然以散户为主，美股市场以机构投资者为主，所以在开展 TAMP 模式探索时需要充分考虑自身投资者的需求和行为习惯。其次，中国的监管环境与美国有所不同，对投资顾问展业监管要求也有所不同，比如，美国投资顾问方式会提供自动跟随交易（代客理财）的服务，在国内这点是监管严令禁止的。因此，在引入 TAMP 模式的同时，确保其符合国内的监管规定是十分重要的。

2019—2022 年是投顾服务线上展业快速发展的阶段，行业也伴随着数字化转型的探讨，开始出现类 TAMP 模式的产品，如 Beta 理财师、探普学堂、iTrade、AI 理财师等 SaaS 平台，这些产品借着行业发展的东风也相继亮相，试图通过这样的方式推进 TAMP 模式的普及，从而实现助力财富管理转型的目的。但随着行业逐渐认识到财富管理转型是更加系统性的工程时，TAMP 模式在国内日渐式微。

Beta 理财师、探普学堂这类产品短期内无法形成规模主要有以下几点原因：首先，是现阶段券商合规、监管等核心问题。客户系统不可能以 SaaS 的方式去存储客户的相关信息和服务信息。其次，TAMP 模式本质上是通过 IT 能力去整合各个展业环节。和美国大部分投资咨询公司主要是小规模的机构不同，国内的投资顾问资源主要集中在券商，近年来，各大券商的科技研发投入不断加强，本身具有较强的自研能力，已经为投顾提供相关的客户管理系统、产品系统、营销系统、培训系统等，TAMP 模式的引入必然需要协调和这些已有系统之间的关系。所以，TAMP 模式在国内投顾服务场景下进行应用，需要自上而下地推动整合，一方面通过补齐现有系统的不足，完善在投顾展业过程中不同环节的能力支持，另一方面需要系统性规划，提升系统在本地部署的整合度，降低投资顾问使用系统的成本。

虽然，现阶段中国与美国在 TAMP 模式的应用上存在一定的差距，但是 TAMP 模式的核心理念和优势仍然对中国的投顾业具有很大的借鉴意义。了解客户、了解产品、组合能力、合规是投资顾问服务过程中最核心的能力，所以，如何利用好科技的力量，做好对这些流程的整合和集成，直接关系到未来投顾"单兵作战"的能力和效率。

三、智能投顾：从全新的维度解决投顾资源不平衡问题

智能投顾，结合大数据和智能算法，提供个性化的资产配置解决方案，战胜人性弱点、防止道德风险，以更低的成本惠及更多的投资者，在投顾服务资源不足的现状下具有显著优势。

从国外投顾业务的发展历程来看，其呈现出一种先由智能投顾企业引领，随后传统金融机构逐渐迎头赶上的格局。以 Betterment 和 Wealthfront 为代表的首批智能投顾创业公司，率先进入这一领域。随后在 2014 年，Vanguard 推出了其智能投顾平台 VPAS；2015 年，富达基金开始了一系列的合作与并购活动，与智能投顾创业公司紧密相连；2016 年，美林证券和巴克莱银行等传统金融机构也相继推出了数字服务平台。随着这些传统金融机构纷纷涉足智能投顾领域，传统投顾与智能投顾共同发展壮大的格局形成了。

对于国内而言，自 2016 年至今，众多公司已开始进行智能投顾的试点工作（见表1）。这些公司利用金融投资理论以及量化分析工具，并结合人工投顾的经验，实现了优势互补。这一做法不仅扩大了投顾服务的覆盖面，同时也有效地降低了服务成本，是推动投顾服务普及的利器。

表 1　　　　　　　　　　　国内投顾业务的发展历程

时间	公司	事件
2012 年	嘉实基金	嘉实投资者回报研究中心自主研发 FAS 系统，为投资者在全市场范围内优选一篮子基金组合，并提供多种组合建议 正式为投资者提供"嘉实定制账户服务" 子公司嘉实财富自主开发投资者 RPS 风险定位系统、全市场资产配置管理系统、海量投资者管理系统和交易流程监控系统，初步建立起基金投顾业务的"雏形"
2016 年	华夏财富	自行研发智能投顾系统
2016 年	中欧基金	推出"水滴智投"系列服务，已上线"水滴智投"和"水滴养老"两大产品线
2018 年 1 月	华夏财富	与母公司华夏基金共同推出华夏查理智投——市场上首个基于养老、教育、资产增值三大生活目标的场景化智投平台，通过客户画像和场景定位精准挖掘客户实际需求，借助算法和模型为其匹配合适的配置方案
2018 年初	易方达基金	通过旗下智选理财平台为个人投资者提供基金组合配置服务
2018 年末	易方达基金	进一步将覆盖范围拓展到全市场基金，与中国建设银行合作开发"建行龙财富"基金投资顾问服务业务
2019 年 10 月	5 家公司	嘉实基金、华夏基金、易方达基金、南方基金、中欧基金获得第一批基金投顾试点资格
2019 年 10 月	华夏财富	签订首单基金投顾授权委托协议
2019 年 11 月	南方基金	公布费用细则
2019 年 11 月	3 家机构	腾安基金（腾讯旗下）、盈米基金、蚂蚁基金（蚂蚁金服旗下）三家独立基金销售机构获得第二批试点资格

通过观察研究，现阶段市场上的智能投顾产品分为两条路线——机器人对话模式与投资组合模式。机器人对话模式主要模拟真人语义对话，比如同花顺问财机器人、九方智投都属于对话型智能投顾，通过文字或者语音问答，为客户提供大势研判、板块以及个股的诊断。而投资组合模式则主要通过数据模型，为客户提供资产配置组合，客户可以通过配置组合实现资产的增值。国外的智能投顾普遍是投资组合模式，Wealthfront、Betterment、Vanguard Personal Advisor Services（PAS）、Charles Schwab 是组合模式比较典型的代表，特别是 Schwab Intelligent Portfolios，是目前几家体验最佳的，客户无须注册，便可以完成对应的电子问卷，根据客户特点最终形成资产配置组合。

两种模式哪种更优尚未定论，但我们认为随着近期大模型的突破，两者必然会有更多的结合，产生新的模式。其根本是以客户更容易理解的方式，解决客户在各个投资环节中产生的问题。智能投顾以其独特的优势，为缓解投顾服务资源不足提供了新的可能性。当然，智能投顾的发展也面临着一些挑战，如数据安全、法律法规等问题。因此，在推动智能投顾发展的同时，也要关注这些问题，以确保智能投顾的健康发展。

四、可视化驾驶舱对投顾服务运营的积极作用

可视化驾驶舱可以帮助业务管理者了解各个业务的目标以及完成情况，为决策者提供客

观的决策依据。现阶段可视化驾驶舱的建设更多集中在业务的北极星目标方面，如开户数据、收入增长、客户活跃、市场份额等。对投顾产品和投顾展业来说，可视化驾驶舱的建设同样具有重要的意义。围绕着投前、投中、投后各个环节需要建立全生命周期的监控体系。建设可视化驾驶舱，可以一目了然地监控产品业绩、营销情况、客户跟随业绩、服务质量以及时效性，提前做好客户的预期管理。

第一，投顾产品质量。投研能力是证券公司的核心竞争力之一，投顾服务产品体系建设是证券公司投研成果的展现，是投顾服务的基础，所以投顾服务产品本身的质量是重中之重。这包括产品短期和长期的绩效指标，例如收益率、胜率、最大回撤和波动率等。通过可视化驾驶舱，可以实时观察这些关键指标的变化，一方面帮助生产者改进策略，另一方面帮助一线投顾或者是运营人员更深入了解产品状况，发现推广机会与潜在风险。

此外，作为产品生产者和运营者还会关注投顾产品的生命周期。根据市场板块的轮动，不同行情风格以及不同客户风格所需要的投顾产品会有所差异。通过可视化驾驶舱，产品生产者和运营者可以清晰地看到产品在各个阶段的绩效表现，从而作出更明智的决策。

第二，投资顾问画像与服务过程。在财富管理转型的大背景下，投资顾问是重要资产，我们认为为每个投资顾问建立画像是重要的基建，可以帮助总部更好地了解每位投顾的服务边界。招商证券研究报告《A股投资的九大流派：特征与策略》比较科学地将投资者分为九大投资流派（深度价值、类固收或高分红、长期价值、价值趋势、逆向投资、严格交易策略、热点追击、量化套利、高频交易），此分类方法对投资顾问同样适用。除了投顾画像，对投顾服务的过程也需要可视化。通过这一类系统的建设，一方面，帮助客户匹配合适的投资顾问，另一方面，也可以帮助运营人员更好地了解服务效果，对投顾在线服务的规范化具有积极的促进作用。

第三，客户在接受投顾服务后的行为。运营人员和投资顾问日常需要关注客户在接受投顾服务后的行为，例如，客户在跟随投资建议后的业绩情况以及客户接受服务后的满意度反馈等，是重要的投后服务环节。通过看板，可以实时监控这些关键环节的数据表现，更好地理解客户的问题与需求，从而服务人员也可以及时做出策略与服务的调整，优化服务过程，提前发现服务过程中的风险，做好客户的投教和预期管理。

总的来说，可视化驾驶舱不仅可以帮助公司领导、业务管理者、产品生产者、一线投顾以及运营人员更好地理解和管理产品绩效和服务质量，还可以帮助他们更好地理解并满足客户的需求。随着投顾服务系统完善度的提升、签约投顾服务客户数的增长，投顾服务可视化驾驶舱作为"决策智脑"承担着越来越多的功能。

五、科技赋能数字化内控

随着投顾线上化展业和智能投顾的普及，合规内控面临着更为复杂的监管场景。这些新的挑战，如客户签约投顾产品的适当性问题、投顾线上展业和服务的适当性问题、智能投顾算法的可靠性问题，甚至是投顾和用户在日常交流时是否符合相关监管等，使得传统的监管模式无法满足现代的需求。因此，建立更加统一的展业数据中台，对所有的展业行为进行全面、无死角的数据留痕，是必要的；同时，通过大模型和AI学习，能提前预防风险，有效防止不合规的内容扩散。

首先，投顾线上展业的适当性问题是一个典型的数字化内控挑战。在传统的投顾业务中，销售人员需要通过面对面的交流了解客户的风险承受能力和投资需求，从而为客户提供合适的投资建议。然而，随着线上投顾业务的普及，这种适当性问题变得更加复杂。因为在网络上，客户可能会隐藏自己的真实情况，导致销售人员无法准确评估客户的投资需求和风险承受能力。因此，需要一个统一的展业数据中台，对所有的客户行为进行数据留痕，以便监管部门能够及时发现并处理这种适当性问题。

其次，智能投顾带来的算法的可靠性问题也是一个严重的数字化内控挑战。智能投顾通过算法和大数据，可以根据客户的风险偏好和投资目标，自动为客户配置投资组合。然而，这种自动化的投资方式，也难免让人产生新的困惑——如何保证算法的可靠性，确保不会更加偏向推荐某个营销权重更高的产品，从而增加了投资风险。因此，需要一个统一的展业数据中台，对所有的客户投资组合进行数据留痕，以便合规监管部门能够及时发现并处理这种问题。

2023 年 8 月，科大讯飞推出了星火大模型。这个大模型可以通过 AI 学习，提前预判并阻断客户上传的违规头像和昵称，从而大大增强了合规的准确性和预判性。虽然暂时不完全适配于金融行业，但也给我们新的启发，未来可以通过对于不适当展业内容的大模型机器学习，阻断很大一部分投顾线上展业不合规内容的发布，做到提前预判、预防违规。

数字化内控的挑战是必然的，但也充满了机遇。只要我们能够及时调整监管策略，利用先进的技术手段，就可以有效应对这些挑战，让投顾线上展业、智能投顾这类新模式变得更加可控。

六、总结与展望

对财富管理转型的探索仍然是行业未来一段时间的重要投入方向，而金融科技对财富管理转型的支持是一个系统化的工程，非单方面的解决方案。投顾服务线上化和数字化是转型过程中取得竞争优势必然需要攻克的课题，面对现阶段投顾服务供给侧严重不足和质量参差不齐的现状，我们更需要运用好科技的能力，不断扩展服务的边界和提升服务的质量。2.0 阶段是金融科技赋能财富管理投顾业务发展，3.0 更应该是金融科技反哺财富管理投顾业务发展，通过对客户、产品（服务）、投顾、内控全面数字化，为形成更加可靠和有效的决策提供有力支持。

参考文献

[1] 华泰证券．吕程．美股投资者结构与变迁［R］．2019.
[2] NASAA．2022 年投资顾问年度报告［R］．2022.
[3] 郭雳，赵继尧．智能投顾发展及法律挑战［R］．2018.
[4] 海通证券．高道德．基金投顾系列（一）：全球投顾发展史［R］．2020.
[5] 艾瑞网．2019 年中国财富管理与 TAMP 商业模式研究报告［R］．2019.
[6] 林璐，程成，边梦梦．国金证券：金融科技在智能投顾上的应用研究［R］．2022.
[7] 招商证券．张夏．A 股投资的九大流派：特征与策略［R］．2020.

KYC 在场外衍生品业务中的应用

中国银河证券股份有限公司[*]

一、引言

近年来，我国证券行业场外衍生品业务发展迅速。场外衍生品业务已经成为证券公司营业收入的重要增长点。场外衍生品业务具备协同效应，能够把经纪业务、PB 业务、融资融券、自营业务等结合起来，促进证券公司各条业务线的齐头并进。但随着业务高速增长，与客户相关的法律问题逐渐暴露出来。衍生品业务要想长期保持健康发展，就必须高度重视与客户相关的监管要求和法律合规风险。

党中央和金融监管部门长期以来都对与客户相关的适当性管理、反洗钱和反恐怖融资活动等保持高度关注。2022 年 10 月，党的二十大提出"加强和完善现代金融监管，强化金融稳定保障体系，依法将各类金融活动全部纳入监管，守住不发生系统性风险底线"。为贯彻落实党的二十大精神，证券行业从业者需要对客户进行深入尽职调查。客户完整信息的获取是一个耗时耗力的过程，证券公司的传统做法需要人工审核大量纸质文件；客户的尽职审查需要执行人员从多方渠道搜集资料，较为依赖执行人员的经验；在后续交易过程中，证券公司需要与客户签订多种场景下的文本协议，传统的线下用印模式周期长、效率低，造成的人力成本消耗性价比较低。

随着业务的蓬勃发展，传统的线下模式已经无法支撑业务快速发展的需要，在执行效率、数据完整性、客户分析深度与广度等方面都有所限制，因此，自动化、数字化、智能化的系统建设成为场外衍生品业务快速响应市场变化的重要助力。

KYC 全称 Know Your Customer，意即"充分了解你的客户"。KYC 起源于国外，是一个

---

[*] 本文为中国证券业协会 2022 年优秀课题。课题负责人：张堃，英国华威大学商学院金融数学硕士和金融学博士，现任中国银河证券股份有限公司创新投资业务部负责人。课题组成员包括：丁晓乐、范中瑾、张帆、苏帅、牛宪龙、胡大伟、许文安、李鹏翔、尹航、杨伟航、刘华、余慧佳、许棪、李智强，均供职于中国银河证券股份有限公司。

由数据驱动的、不断确认客户身份和背景、了解客户交易行为和目的的过程。国外一些金融机构纷纷运用大数据、人工智能等金融科技对客户进行智能审查,收到了良好的效果。银河证券考察国外先进经验,结合自身经营现状,在国内证券行业中较早建设了 KYC 系统,并有力地支持了衍生品业务的高速增长。

二、设计与实现

(一)建设思路

KYC 的系统建设主要围绕降本增效、客户体验、合规风控等关键能力。系统旨在实现 KYC 全流程的线上化、自动化。通过数字化、智能化的方式,自动对客户的负面情况等进行计算评估。

1. 业务数字化实现降本增效

传统业务模式下,客户填写资料、用印材料的反复确认、修改、邮寄,都会花费大量的人力和时间成本。业务数字化之后,这部分工作完全可以由系统自动化替代,最大限度节约人力和时间成本。

在客户资料填写阶段,客户需要与运营人员反复沟通。引入 KYC 系统后,通过读取第三方提供的公开数据,部分信息可以直接获取,无须客户填写;客户填写部分通过系统交互的优化,可以实现客户学习成本最小化。

在审核阶段,客户资料填写不规范时,审核人员需要与客户反复沟通填写规范以及需要修改的位置。引入 KYC 系统后,审核人员可以在审核过程中同时在系统中批注,资料退回客户后,客户可以在对客平台直接跳转到批注位置,按照提示信息进行针对性修改。

在材料用印阶段,客户准入文件、签署协议等都需要客户手动填写,用印后邮寄给证券公司,证券公司再进行用印。引入 KYC 系统后,系统可在资料审核通过后自动生成准入材料文件、签署协议文件等,并且通过引入电子印章技术,一键进行在线签署。

引入 KYC 系统后,可实现自动打通交易。客户完成线上准入流程后,KYC 自动将客户资料关键信息同步至交易系统。

在后续监控阶段引入 KYC 系统后,一方面,可以充分利用大数据、人工智能等技术,对客户进行多维度的监控,例如公开数据变化、资产状况变化、交易行为异常等;另一方面,可以通过事件驱动的方式,在准确的时间点提醒客户或者证券公司业务人员有关客户的变动待办事项。

2. 一站式服务平台提升客户体验

首先,服务品类全。平台把证券公司相关服务资源整合为一个服务系统,只要企业有需求,各类服务问题都可以在平台上得到有效解决。

其次,服务效率高。企业在平台上搜索需求,即可获取海量服务信息资源,实现与证券公司的轻松对接,线上咨询沟通,线下享受服务,大大提高了企业服务效率。

最后,服务质量好。借助信息系统的力量,证券公司可为客户提供更加精准化、个性化的服务。

3. 大数据强化合规风控

相比于传统模式依赖人工的经验,基于大数据的监管、合规评估、风控能够在监控质量、监控效率、监控精准度等方面明显提升。

KYC 系统通过构建目标企业全息综合画像，涵盖机构 360 度综合评估方向，能够深入到金融业务过程中的综合能力评估、负面风险挖掘、目标企业动态监控等多方面，让金融机构时刻把控风险、及时决策。

（二）整体架构

KYC 系统围绕客户体验、运营管理、客户建模、能力建设四个层面，以技术驱动业务，推动场外衍生品数字化转型（见图 1）。

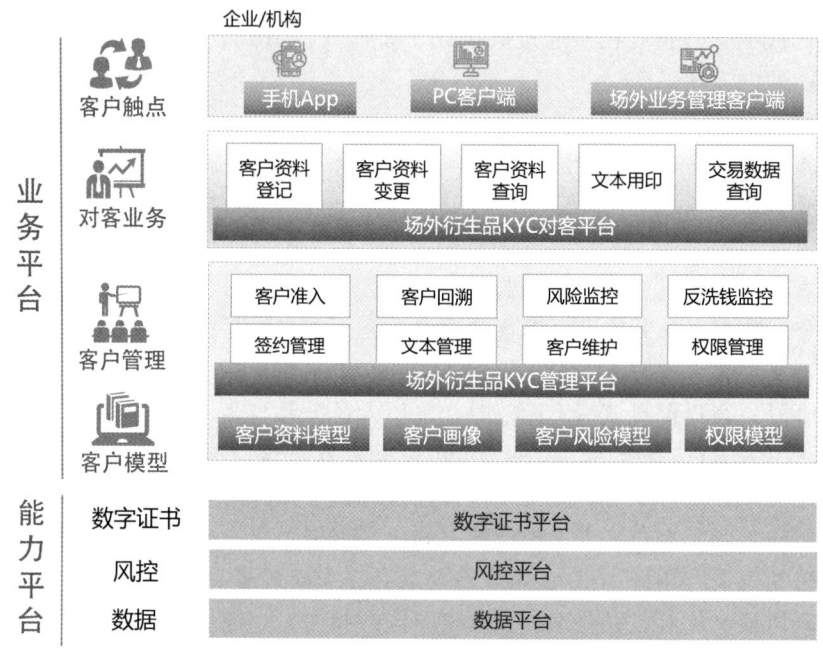

图 1　KYC 系统架构

1. 客户体验方面

（1）终端设计遵循简洁有序的原则，降低客户在平台上的操作门槛。

（2）建立跨平台无缝体验，一个终端不能解决客户全部的需求，通过跨平台之间数据同步等机制，保障客户在不同终端之间平滑无障碍切换。

（3）建立反馈机制，通过反馈和良好的互动，使产品迭代更加契合客户的需求。

2. 运营管理方面

（1）依赖大数据、人工智能的海量数据处理分析能力和计算能力，赋能运营管理，降本增效，提升业务运营效率及质量。

（2）在白名单邀请制的基础上，系统建立了多维度的认证机制，用以防范流程中的欺诈风险或网络风险。手段包括人脸信息识别、短信验证识别、移动设备识别、网络环境识别等。

（3）在与客户产生关系的全生命周期中，系统会对客户进行动态监测。系统主要包括两方面的动态监测措施：

第一，信息补全。持续地通过各个数据渠道收集客户的信息，进一步完善客户信息，完善且及时的信息数据是准确识别风险的基础条件。

第二，行为模型。系统建立了客户的行为模型，动态监测并识别客户的行为异常，并分析是什么原因导致的异常，最后结合归因分析的结果制定相应的解决措施。

3. 客户建模方面

系统建立了完整的客户模型，结合最新版本及历史快照维护功能，保证客户资料完整、准确、可追溯，为后续客户模型升级预留扩展点，保障机构客户数据沉淀的可持续性和低成本，为后续客户类业务开展打下坚实的基础。

4. 能力建设方面

通过 KYC 系统建设，沉淀数据处理能力、计算能力等能力中台，为后续的业务发展和业务系统的快速迭代提供基础。

（三）关键模块

1. 基于大数据的负面风险评估

负面风险评估的初步判断需要对客户有一个初步的了解，建立客户画像。通过客户画像能够知道客户多维度的属性信息，从而发现危险因素，进行风险提示。

系统从第三方机构数据中获取企业的公开信息，校验客户填写资料的真实有效性。通过大数据技术，系统能够识别企业在多维度的负面风险。

2. 基于模板引擎的文档生成技术

在文档生成方面，系统采用了 FreeMarker 模板引擎。KYC 系统选择了 FreeMarker 和 XML 相结合的文件生成方案，具有如下优势：FreeMarker 标记简单；仅使用基本的 XML 语法格式；动态更改模板操作简单；生成的文档与模板样式完全一致，打印不变形。

3. 基于数字签名的电子用印

可靠的数字签名，是指经过一定的技术安全手段，具有不可抵赖性的、能够实现传统签名功能的电子签名。

可靠的电子签名需要具备如下条件：

一是电子签名制作数据用于电子签名时，属于电子签名人专有；

二是签署时电子签名制作数据仅由电子签名人控制；

三是签署后对电子签名的任何改动能够被发现；

四是签署后对数据电文内容和形式的任何改动能够被发现。

可靠的电子签名实现方案包括：

主体真实：对接国家身份识别中心，并下发国家认可的数字证书，采用数字证书绑定合法自然人的身份。

意愿真实：签署前主体身份认证，浏览器强制阅读，以已识别的身份进行意愿确认，对签署过程中行为记录、确认记录进行固化，确认意愿真实。

签名未改：以数字证书作为签署工具，形成可靠的电子签名，严格把控合同及签约人的有效性，并支持签署后签名验签。

原文未改：以 PKI 技术为支撑，使用非对称密码技术，在文件传输中进行加密，提供相应的技术，并提供数字证书、签章、时间戳等服务，确保原文未改，使电子合同符合法律法规要求。

存证和留痕方案包括：

集中电子协议管理（事前）：协议模板管理、协议版本管理、协议&产品管理、协议&业务管理、业务类型管理、产品类型管理、协议预览设置、协议渲染合成、协议文件审批管理、协议归档管理。

集中电子协议签署（事中）：意愿认证、在线签署、批量签署、异步签署、状态跟踪、业务关联、服务监控。

集中电子协议存证（事中）：电子合同及签约行为数据哈希值提取保全、构造证据链、支持对接证券行业监管区块链、司法联盟区块链。

集中电子协议审计、取证（事后）：与现有业务系统打通，建立电子协议存储和留痕标准，实现电子协议数据审计标准，同时为最终用户提供电子协议取证服务。

4. 基于金融科技的反洗钱

打通KYC与反洗钱平台，实现反洗钱工作流程全覆盖，满足监管及金融机构的洗钱风险防控需求。充分利用大数据、云计算、机器学习等金融科技新技术，搭建数字化、智能化、开放化的智能反洗钱系统，实现高效、灵活、智能的洗钱交易全流程监控。

三、应用效果

引入KYC系统后，可以使场外衍生品业务客户准入时间由数天缩减为当天可准入、可交易。在监管、合规检查、风控等方面，无论是质量还是效率，都有了大幅度提升。

传统模式下，客户人工填写资料，后台人工审核，势必容易出现填错、漏审的现象。引入系统及大数据手段后，可以自动抓取公开数据，提升了数据的准确性。

传统模式下，依赖人工进行合规检查及风险评估，去各个平台检索效率低，且容易出现疏漏。引入系统及大数据手段后，根据客户风险模型，自动对客户的反洗钱、合规、风险进行评估，效率和准确率都有所提升。

KYC系统审核平台完整展示了客户资料，并且针对不同的审核角色有所侧重，突出每个审核角色关注的重点信息，降低了审核人员的信息获取成本。平台依赖大数据能力，自动对客户的负面情况进行评估，在出现风险时，给审核人员相应的提示，节约信息检索和评估的成本，提升效率，并且在风险把控方面更加准确，防止疏漏。

对客平台目前提供了客户准入和交易确认书维护两个模块，后续将围绕客户体验和服务提供更多的功能，打造一站式客户服务平台。客户在客户平台上可以按照导引提示一步步填写相关资料，在填错时，系统会给出相应的提示更正，避免错填资料导致反复修改。之后系统自动生成准入材料、签署协议等文件，在提升效率的同时，确保文件内容准确可靠。同时，所有信息、资料、文件、评估结果、审核过程在系统中留痕，可追溯。

通过引入电子印章技术，对文件、协议进行在线用印，节约了客户和金融机构的时间、人力成本。客户也可以在平台在线签署交易确认书。

四、结论与展望

KYC 在场外衍生品业务中的应用,大大提高了客户审核的效率,并且能够长期保持对客户行为的监控,随时发现潜在的违规行为,既降低了运营压力,又提升了客户体验,并沉淀了相关技术能力,推动了证券公司业务数字化和智能化建设,同时对证券公司其他业务线也形成了示范效应。

未来围绕场外衍生品的业务场景,KYC 平台可以在降本增效、客户体验、合规风控等方面持续优化。

在降本增效方面,KYC 系统可以通过大数据、人工智能等技术,进一步优化客户体验,降低运营人工成本。例如,通过引入智能机器人,自动完成客服问答、客户回访等场景,代替人工。

在客户体验方面,由于在客户准入后仍需对客户进行持续关注与跟进,因此 KYC 系统需要围绕客户的全生命周期建立客户画像,建立完整的运营管理体系及对客服务能力。

在合规风控方面,KYC 系统可以进一步加强合规评估、风控的智能化程度,除了获取基础数据外,还可进一步提供分析评估能力。

AI 学习视角下用户风险评级数据与投资者保护研究

刘汉西　李思成　王　莹[*]

一、引言

我国资本市场中的机构投资者占比逐年提高，但中小型投资者体量庞大，仍然占据着 A 股市场的半壁江山。与当今资本市场中多样化的金融产品伴生的是多样化的风险，由于信息不对称以及缺乏专业知识，个人投资者往往忽视专业金融机构的建议而在投资过程中存在一些非理性行为。更重要的是，投资者的非理性行为带来的后果往往会超出其实际风险承受能力，严重时或可能产生系统性金融风险。因此准确地评估投资者的风险承受能力，并合理引导其在投资过程中进行符合风险承受能力的决策，能够有效地提高投资者保护工作的效率，进而保障我国资本市场的健康发展。

证券投资者适当性管理制度是我国资本市场投资者保护机制的重要组成部分。该机制旨在通过按照风险偏好将投资者划分为不同的风险评级，来提高投资者的决策行为与其风险承受能力间的契合度，从而对投资者进行保护，也对维护市场秩序和防范系统性金融风险具有重要的意义。创业板和科创板的实践证明，投资者适当性管理通过突出风险提示、优化投资者结构等方式，有效地防范了盲目跟风炒作、冲动投资，为互联互通机制、全面注册制的实施提供了重要经验，是行之有效的投资者保护机制。

然而，学者通过研究发现，当前的投资者适当性管理制度在某些方面仍需持续优化：投资者适当性的具体内容不够完善，规则体系层次不全；投资者及产品的分类较为单一；缺乏灵活性，风险测评和产品适当性管理工作的持续性和有效性尚待加强；在一定程度上有失公平；金融机构的免责机制不够完善。尽管学者们已从多种角度阐述了当前投资者适当性管理制度需要完善之处，但由于投资者的风险评级数据体量极大且非结构化而不易获取和处理，导致上述文

---

[*] 本文写作于 2023 年 8 月。作者简介：刘汉西，国信证券股份有限公司首席信息官；李思成，国信证券股份有限公司金融科技总部研究员；王莹，国信证券股份有限公司金融科技总部工程师。

献难以通过更加直观的方式对投资者风险评级与实际操作是否匹配这一关键问题进行验证。

随着我国科技水平的发展，各类型的巨量信息高速传导给投资者带来的冲击更为迅速，在此条件下，金融科技在投资者保护工作当中的应用变得尤为重要。金融科技具有精准性、高效性及融合性等优势，能够有效解决投资者适当性管理研究中数据处理方面的困难，如高雅、熊熊和马俊俊（2020）利用大数据对投资者画像进行了改进，而陆蓉、李金龙和陈实（2022）则通过大数据对投资者非理性行为进行了更深入的刻画，从而启发了本文根据风险评级为投资者进行画像，对投资者适当性管理制度进行研究。首先，以散户投资者的风险评级数据为样本，从大数据视角更加直观地对不同风险评级的投资者进行刻画；其次，通过机器学习对风险评级的影响因素进行识别；最后，对投资者的风险评级与其投资行为中表现出的实际风险偏好间的一致性进行研究，以此检验当前投资者适当性管理制度的有效性，并针对性地提出投资者保护方案。

二、大数据视角下不同风险评级投资者的刻画

本文选取在某证券公司开户交易的投资者为研究对象。考虑到数据的完整性与完备性，选取 2019 年 1 月 1 日至 2021 年 12 月 31 日为样本周期，具体信息包括：（1）投资者的开户信息，主要包括风险等级、性别、年龄、开户时间、学历、职业等；（2）投资者的交易信息，具体包括交易时间、市场类型、股票代码、交易类型、交易金额、交易数量等；（3）投资者的持仓信息，具体包括持仓日期、股票代码、持仓数量、收盘持仓金额、前一日收盘持仓金额、浮动盈亏等；（4）我国沪、深两市 A 股融资融券标的股票交易数据，交易衍生数据（如流通市值、市盈率、市净率等），沪深 300 市场指数等，该部分数据均来源于 CSMAR 数据库。随后，在大数据环境下针对某证券公司的账户数据，按照风险评级从低到高将投资者分为 C1——保守型、C2——谨慎型、C3——稳健型、C4——积极型和 C5——激进型五类，并从性别、年龄、学历、职业四个角度对风险等级不同的投资者的个人特征进行了用户画像。

（一）投资者的风险评级分布

本文按风险评级对样本中的投资者进行分类后发现：C4——积极型投资者人数最多，占比 65.69%；C3——稳健型其次，占比 26.20%；C2——谨慎型占比 5.76%；C1——保守型与 C5——激进型两种极端类型占比均较少，仅为 0.54% 与 1.81%。上述结果表明，投资者为了在资本市场中获取收益而普遍具备一定承担风险的能力和意愿。

（二）投资者的性别、年龄与学历分布

研究发现，样本中的男性投资者（57.35%）明显多于女性投资者（42.65%），多出 15% 左右，这与以往大多数的研究结果相同[①]。投资者年龄段主要集中于青壮年，25—34 岁占比最多（约为 29.58%）。随着我国教育领域的快速发展，当代人的学历普遍高于过去，高中及以上学历的投资者数量高达 70%，研究生（硕士及博士）的人数较少，仅为 2.26%，

---

① 以 2016 年上海证券交易所统计年鉴统计数据为例，市场中交易的男性投资者占比为 56.24%，女性投资者占比为 43.76%。更多详细数据可以参考上海证券交易所官网。

这可能与其本身基数较小相关（见图1）。

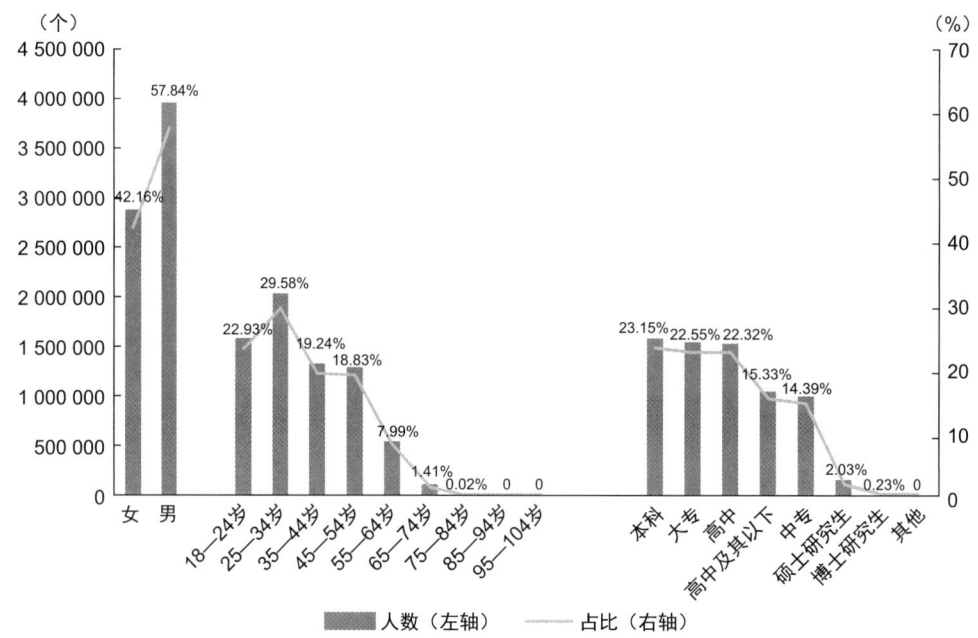

图1 投资者的性别、年龄与学历分类情况

本文对投资者的年龄和学历进行了进一步的分析。青壮年（25—34岁）投资者多集中于C4——积极型，25—34岁阶段投资者参与资本市场更为积极，在数量上明显超出其他年龄段投资者。这可能是由于这个年龄段的投资者正值青年，各方面压力较小且开始获得较为稳定的收入，因此风险承受能力较强，也更加偏好风险（见图2）。

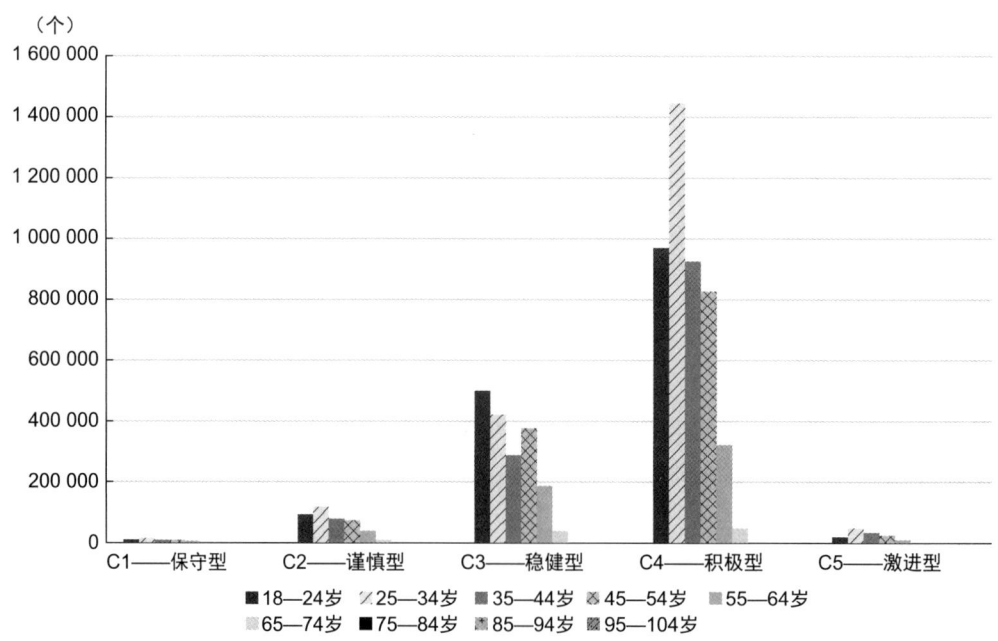

图2 不同风险评级投资者的年龄差异分析

本科学历的投资者在 C4——积极型投资者中的占比明显多于在其他类型中的占比。本科学历的投资者受过良好的教育，无论是从知识面广度还是心理接受能力上普遍强于更低学历的投资者，因此他们的风险承受能力也较强。更高学历也会给投资者带来更高的收入，高收入也会使他们的风险承受能力进一步增强（见图3）。

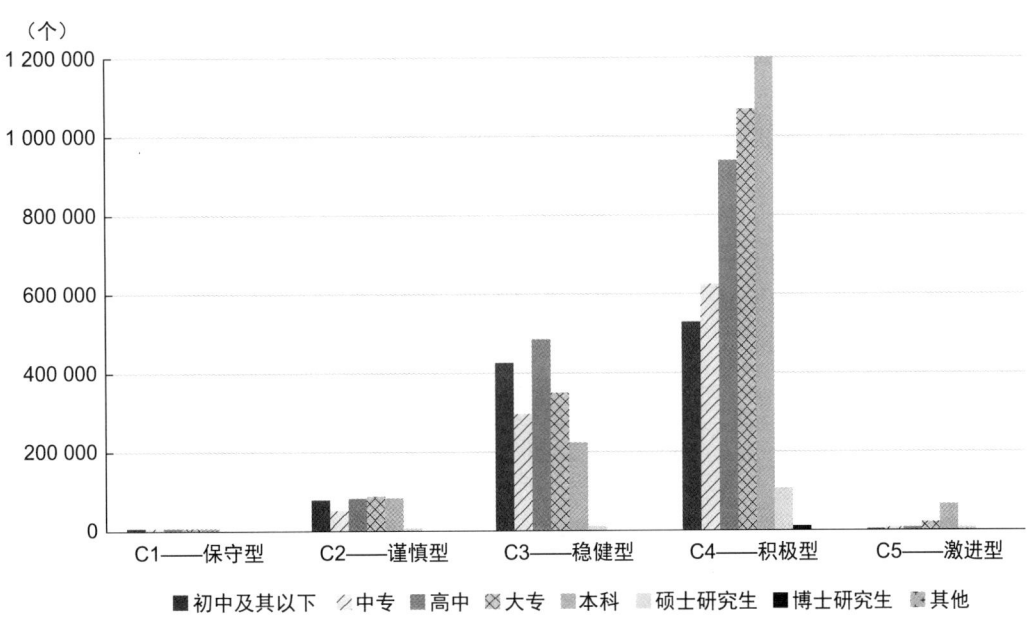

图3 不同风险评级投资者的学历差异分析

（三）投资者的职业分布

研究发现，投资者数量最多的 5 种职业依次是个体工商户（含淘宝店自营）、生产制造及相关人员、其他服务人员、自由职业者以及离退休人员，分别占比 14.80%、12.42%、11.66%、8.76% 和 4.99%。上述职业中，除生产制造及相关人员外，收入的弹性相对较大。由此可见，尽管风险评级结果表明投资者普遍具备一定的风险偏好，但职业分布统计结果说明市场参与者以收入弹性较大的群体为主。本文接下来将通过机器学习手段检验投资者风险评级的影响因素。

三、利用机器学习对投资者风险评级影响因素的分析

本部分综合了决策树可视化的优点和随机森林估计准确性的优点，通过两种金融科技方法研究了投资者风险评级结果的影响因素。研究发现，当前投资者适当性管理制度依次按照职业、学历、年龄和性别对市场参与者进行风险评级，其中性别的重要性接近于0，这可能是因为前三个变量与用户收入强相关，特别是职业，而性别的影响并不显著。此外，决策树和随机森林两种方法的重要性得分虽然略有不同但排序相同，从而证明了结论的稳健性。

（一）基于决策树的投资者风险评级影响因素识别

采用 CART 树算法对投资者适当性风险特征进行识别。原始数据挑选用户性别、开户年

龄、职业（按照《中华人民共和国职业分类大典》进行了集合处理）、学历作为变量 X，用户风险等级为因变量 Y，共计包含 6 838 045 条记录。首先对不可用数据进行处理，带有空值或是 NaN（非数值）值对应数据都进行删除。

实验主要使用 python 语言中的 sklearn 程序包中 tree 类函数对样本数据进行建模分析，特征选择算法为 Gini（基尼系数算法），为了在一定程度上避免模型过拟合和欠拟合，模型的复杂度需要适中，决策树最大深度设定为 6，最大节点数设定为 20。

决策树的第一个分支节点是能够最大程度降低基尼系数的节点，其判断条件为职业，在生成所有的 19 个节点中，有 13 个判断条件为学历，3 个判断条件是职业，3 个判断条件为年龄，判断条件中并未出现性别，说明性别这一变量对于用户风险等级的影响几乎没有。进一步地，通过表 1 也可以看出，各个变量对于分类结果影响大小从高到低排列为职业、学历、年龄和性别，其中性别的重要性为 0，很大程度上可能是因为前三个变量或多或少会引起用户收入的变化，而性别并不会引起这一变化。

表 1　　决策树模型变量重要性排序

变量排序	变量名称	得分
1	职业	0.50639
2	学历	0.45923
3	开户年龄	0.03438
4	性别	0.00000

模型的总体判断准确程度为 0.7167，训练后的模型混淆矩阵如图 4 所示。从混淆矩阵中可以发现，模型预测的风险等级只有 3 和 4 这两类，因为风险等级为 3 和 4 这两类的投资者在全体投资者中的占比分别达到了 26.20% 和 65.69%，两类的加总占比接近 92%，占绝大多数。

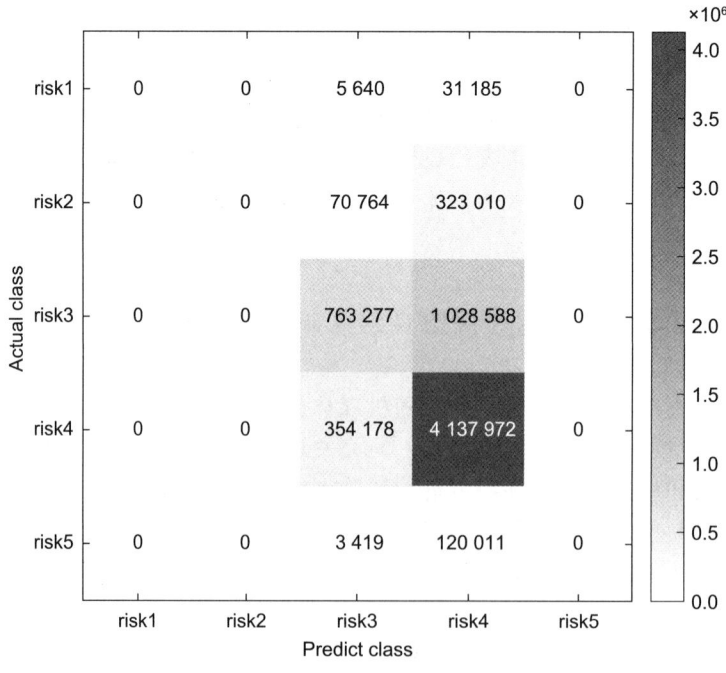

图 4　决策树分类混淆矩阵

（二）基于集成学习的投资者风险评级影响因素识别

随机森林是多个决策树组合的算法，采用 CART 决策树作为随机森林的元分类器，它的方式是多个决策树分类器组合随机地建立一个森林。本部分实验使用 python 语言中的 sklearn 程序包中 ensemble 类函数对样本数据进行建模分析，特征选择算法和上文的决策树保持一致，为 gini（基尼不纯度算法），为了减少模型预测时的方差，树的数量设置为 100，决策树最大深度设定为 8。

从表 2 中可以看出，随机森林中各变量的重要性顺序与决策树保持一致，依然是高到低排列为职业、学历、年龄和性别。图 5 为随机森林分类混淆矩阵，随机森林模型最终的分类准确率为 0.7227，相较于决策树的 0.7167 有略微的提升。

表 2　　　　　　　　　　　　　随机森林模型变量重要性排序

变量排序	变量名称	得分
1	职业	0.44569
2	学历	0.39674
3	开户年龄	0.15509
4	性别	0.00248

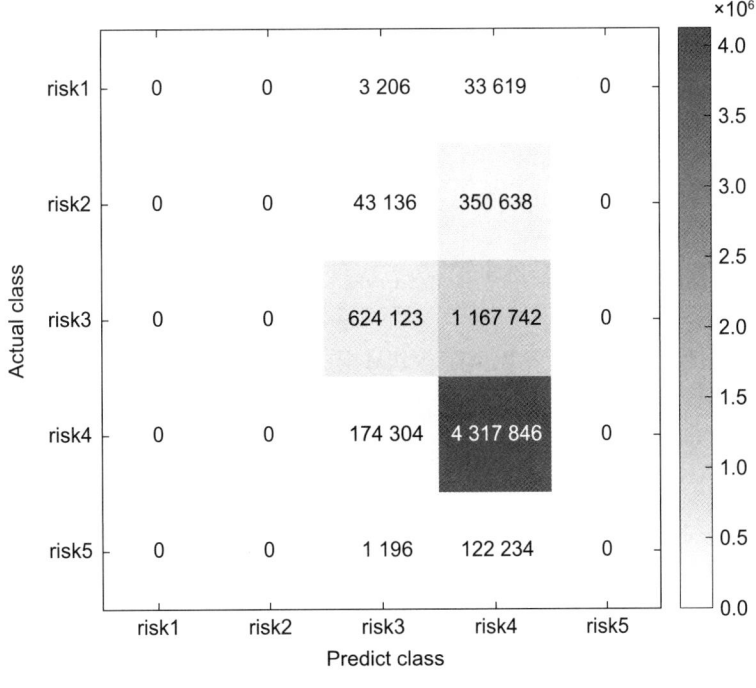

图 5　随机森林分类混淆矩阵

四、投资者风险评级与实际风险偏好的一致性

本文通过计算投资者的收益率表现和风险偏好，对投资者风险评级与其实际风险偏好的

一致性进行了研究,以此检验依据上述影响因素进行分类的投资者适当性管理制度是否有效。研究发现,C2——谨慎型投资者的风险评级与投资行为中的风险偏好存在着较大的偏差,尽管该类投资者的权重位列C4——积极型和C3——稳健型之后,但由于样本体量极大,使得该类投资者的绝对数量庞大,因而导致该现象不容忽视,同时研究还发现各类投资者收益表现之间的区分度较低。因此本部分的研究可能说明当前的风险评级制度设计对于投资者分类的准确性需要动态调整与完善。

(一) 描述性统计

利用2019—2021年投资者的交易及收益的日度数据,每日考虑0.75‰的交易成本,以投资者持仓金额为权重对持有组合中个股的收益率进行加权平均,确保没有极端值之后共计3 650条观测值。具体计算公式如下:

$$\text{Return}_{it} = \sum_{s=1}^{n} \frac{\text{hold}_s}{\Sigma \text{hold}_s} \times R_t - 0.75‰$$

其中,R_t为投资者所持有的第s只股票的日度收益率,数据来自国泰君安数据库。

投资者投资组合的日度收益率如表3所示,整体的日度收益率在 -8.97%到5.70%的范围内,最大值出现在C3——稳健型投资者中,最小值出现在C2——谨慎型投资者中。各类风险等级投资者的日度收益率均为尖峰厚尾的非正态分布。

表3 不同风险等级的投资者的日度收益率的描述性统计

投资者类型	Mean	Std. Dev.	Min.	Max.	Skewness	kurtosis
C1——保守型	0.0003	0.0122	-0.0858	0.0560	-0.5945	9.0348
C2——谨慎型	0.0008	0.0155	-0.0897	0.0537	-0.4827	5.6436
C3——稳健型	0.0004	0.0135	-0.0879	0.0570	-0.5777	7.4436
C4——积极型	0.0009	0.0139	-0.0852	0.0547	-0.5502	6.7313
C5——激进型	0.0010	0.0141	-0.0886	0.0504	-0.5359	6.8242

对其进行描述性统计分析,发现风险等级不同的投资者日度收益率呈现出不同的特点:从保守型到谨慎型,投资者风险等级越高,投资组合的收益率标准差越大,波动越大。稳健型、积极型、激进型这三类风险等级较高的投资者日度收益率的标准差逐步递增,这体现了投资者风险等级与风险承担行为的一致性。投资组合平均收益率与投资者风险等级呈现出交错关系,随着投资者风险等级增加,日度平均收益率先上升,随之下降,然后再次上升,在C2型投资者出现转折。C1型投资者的日均收益率为0.03%,比C2型、C4型、C5型投资者的日均收益率低,和C3型投资者收益率基本持平。总体来看,市场对投资者的风险溢价做出了相应的补偿,平均收益率与收益率波动的变化方向基本一致。以C3的风险等级为中心,收益率对标准差的变化敏感性(收益率变化/标准差变化)逐渐下降。

(二) 投资者的收益率表现分析

本文将不同风险等级投资者日度收益率数据进行累乘得到第t期的累计收益率并绘制时序图。发现不同风险等级的投资者累计收益率在样本时间段内呈现出相同的走势——在

2019 年保持较为缓慢的增长趋势,在 2020 年后特别是 2021 年增长速度加快,同时伴随着更加剧烈的波动。其中,C5 型投资者的累计收益率始终高于其他风险等级相对较低的投资者,在 2021 年 12 月 22 日达到了最初价值的 1.9170 倍,比风险等级最低、累计收益率最低的 C1 型投资者高出 71.76%。对于 C2 型、C3 型投资者,风险等级较高的投资者累计收益率反而显著低于风险等级较低的投资者。这种现象结合两类投资者的日度收益率来看,反映出投资者风险等级与实际风险承担行为的不一致性,即风险等级较低的 C2 型投资者选择了波动率较大、风险较大的资产组合,因而获得的日度收益率及累计收益率较高(见图 6)。

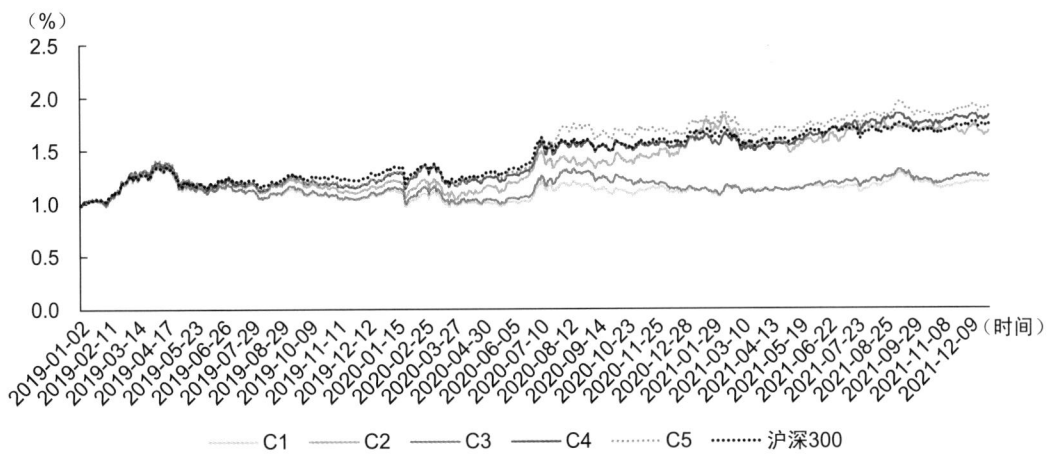

图 6 2019—2021 年不同风险等级投资者及沪深 300 日度累计收益率

同时,引入沪深 300 指数,考虑现金红利再投资的综合日市场回报率(利用总市值加权法)作为比较的基准指标,按照相同的方法计算其累计收益率,发现沪深 300 指数累计收益率的走势与不同风险等级投资者的累计收益率走势基本一致,在 2021 年 12 月 30 日达到原始价值的 1.7404 倍,业绩表现超过了 C1 型、C2 型与 C3 型投资者,低于 C4 型、C5 型投资者,揭示了风险等级与收益率之间高度的一致性,即风险等级较高的投资者获得了正的超额收益,而风险等级较低的投资者则相反。

(三)投资者的风险偏好分析

考虑市场风险因子、市值因子、账面市值比因子进行 Fama – French 三因子模型回归后,利用回归残差的样本标准差计算得到不同风险级别投资者在每个月投资组合的特质波动率,反映投资组合的非系统性风险水平。

C1 型、C3 型、C4 型、C5 型投资者投资组合的特质波动率随着投资者风险等级的升高有所增加,而 C2 型投资者投资组合的月度特质波动率数据显著高于其他类型的投资者。也就是说,无论是从日度收益率的标准差来看,还是特质波动率来看,C2 型投资者都承担着最大程度的风险。结合日均收益率和累计收益率来看,C2 型投资者承担的风险并未得到充分的补偿,且特质风险对我国股票市场上投资者收益率的预测存在一定程度的限制,这可能是受到我国股票市场上短期月收益反转效应的影响,也可能与异质信念、卖空限制、投资者情绪等因素有关(见图 7)。

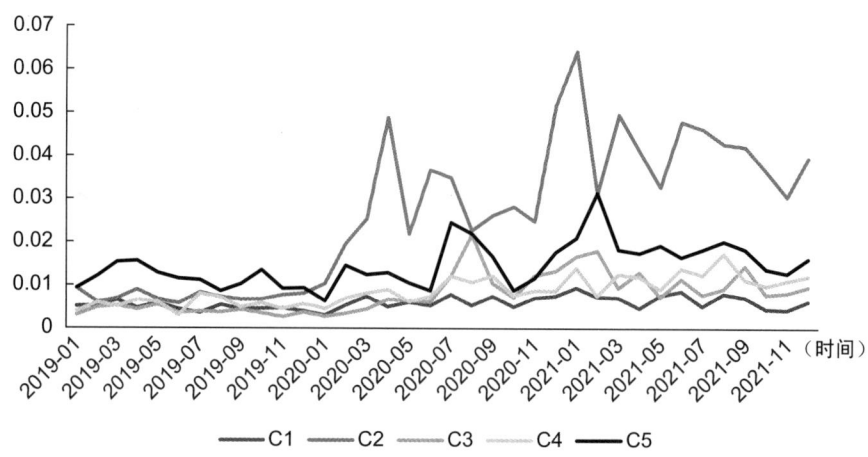

图 7 2019—2021 年不同风险等级投资者月度特质波动率

五、研究结论与政策建议

(一) 研究结论

本文从金融科技的视角出发，运用大数据、机器学习等方法对投资者进行精准画像，研究了当前投资者适当性管理工作中存在的有关问题，由此提出金融科技视角下证券投资者适当性制度完善和发展的具体路径。

主要研究结论如下：

第一，本文通过大数据对投资者进行了精准画像后发现，市场中大量的投资者具有承担风险的意愿，C1——保守型与C5——激进型两种极端类型占比均较少，C4——积极型投资者所占比重最大。另外，投资者数量最多的5种职业依次是：个体工商户、生产制造及相关人员、其他服务人员、自由职业者以及离退休人员。

第二，利用决策树、随机森林等机器学习方法，探究了投资者适当性的风险特征，发现在性别、年龄、学历及职业4个属性中，职业属性对投资者风险等级的影响最大，由此推断出投资者的个人收入情况与其风险等级的相关性最高。

第三，通过研究不同风险等级投资者的投资收益与其风险偏好之间的一致性，发现除谨慎型投资者外，其他投资者的风险评级与投资行为中的风险偏好表现出较强的一致性，当前投资者适当性管理制度基本有效。而C2——谨慎型投资者对个人风险承受能力的认知不够清晰，传统的风险测评方法并未能对谨慎型投资者的风险特征作有效评估。

(二) 投资者保护政策建议

1. 微观层面

一是职业方面。职业对于投资者风险等级划分的影响最显著，因此证券公司应对服务人员类投资者做好充分的风险和后果告知工作。

二是学历方面。大学本科及以上学历的人数在C4型、C5型中的占比显著增加，而C4型、C5型表现出了风险偏好与风险评级的一致性，说明大学本科及以上学历的投资者更有能力和意愿为了获得高预期受益而承担较高的风险进行投资。证券公司应当针对性加强对大学本科以下学历客户的投资者教育，从而使其具备更强的风险承受能力，减少投资过程中冲动交易的可能。

三是年龄方面。根据生命周期收入假说，各个年龄阶段的净现金流是不稳定的，且投资经验随着投资年限增长。证券公司可以通过模拟交易等方式对 18—24 岁的新手投资者的投资经验和金融素养进行全面提升。

此外，由于研究发现 C2——谨慎型表现出了风险等级与投资行为中风险偏好的不一致性，因此应加强对 C2 型客户的投资者教育，并重点关注 C2 型的大额交易变动，提醒其设置心理止损线，防止过度交易。

2. 宏观层面

首先，从客户全生命周期管理出发，做好投资者适当性管理的有效性评估和优化。具体来说，在客户关系的建立期，充分了解投资者，并对投资者做好风险告知工作。在客户关系的发展期，证券公司应该及时掌握客户的交易行为、交易频率及风险偏好等动态以便个性化服务。在客户关系的稳定期，证券公司需要依据客户分级分类而提供相应的服务分级分类产品，并定期对客户进行投资者教育。

其次，构建体系化的投资者画像方法论，实现精准的投资者风险评级。包括梳理业务场景、整合数据资源、挖掘重要特征、优化画像标签。

最后，培养金融科技复合型人才，有效管控技术风险。针对当前投资者适当性管理工作缺少有效顶层设计、测评机制落地缓慢等问题，应该着眼于人才队伍建设，将业务、技术难题转化为人才的成长发展问题。在投资者办理投资业务时，直接通过人工智能模型的分析得到投资者风险评级结果，再与问卷调查的结果有机融合。另外，在今后投资者适当性管理的过程中，仍需加强对各类金融科技新技术的管控，避免因模型误报误判造成的金融风险和法律风险。

参考文献

［1］徐阳，尹苑生，张艳峰．法律视角下投资者适当性研究——国外经验及借鉴［J］．金融理论与实践，2018（02）：68—72.

［2］葛永波，曹婷婷．我国衍生品市场投资者适当性管理制度体系解读及评价［J］．武汉金融，2019（05）：45—48.

［3］杨军，刘嘉瑶．证券投资者适当性制度比较与启示——兼评我国《证券期货投资者适当性管理办法》［J］．金融理论与实践，2019（10）：59—64.

［4］黄辉．金融机构的投资者适当性义务：实证研究与完善建议［J］．法学评论，2021，39（02）：130—143.

［5］陈瑜．投资者适当性管理制度及其完善策略［J］．企业改革与管理，2018（02）：22—23.

［6］李春凤，李镇华．证券市场产品适当性管理现状与改进建议［J］．证券市场导报，2010（07）：8—10+31.

［7］曾洋．投资者适当性制度：解读、比较与评析［J］．南京大学学报（哲学、人文

科学、社会科学版),2012,49(02):80—86.

[8] 胡改蓉,钱程.投资者适当性管理制度中金融机构的免责机制——以"信赖利益"判断为核心[J].证券市场导报,2021(10):61—70.

[9] 高雅,熊熊,马俊俊.寻找中国股票市场更优的投资者画像结构[J].管理评论,2020,32(10):47—58.

[10] 陆蓉,李金龙,陈实.中国投资者的股票出售行为画像——处置效应研究新进展[J].管理世界,2022,38(03):59—78.

联邦学习在证券公司适当性管理中的应用研究

方 程[*]

一、境内外证券公司投资者适当性管理发展概况

(一) 境内证券公司投资者适当性管理发展概况

2008 年发布的《证券公司监督管理条例》首次提出投资者适当性要求，在接下来的十多年时间里，创业板、股指期货、投资顾问、新三板、科创板等领域投资者适当性制度相继发布。随着一系列投资者适当性制度相关规定的出台，我国投资者适当性制度初步形成了规则体系和多元化的监管框架。2017 年实施的《证券期货投资者适当性管理办法》（以下简称《管理办法》）及配套自律规则《证券经营机构投资者适当性管理实施指引（试行）》（以下简称《实施指引》）标志着我国投资者适当性管理进入了一个全新的时代。

《管理办法》实施以来，市场参与主体在完善适当性管理制度上做出了不懈的努力，但仍存在着一些问题亟待解决完善。部分经营机构出于成本效率的考虑，追求短期效率，致使适当性管理工作仅仅达到了"表面合规"，为市场健康发展留下隐患。具体表现为投资者信息缺乏核查、客户评价结果失真、信息共享机制有待完善等。

适当性管理的核心是将合适的产品和服务推荐给合适的人。在对金融产品和服务的认知和了解上，投资者处于弱势地位；在对投资者的全面真实了解上，证券公司属于信息弱势的一方。这就形成了证券公司、投资者、产品之间的信息不对称。为落实适当性管理要求，证券公司需要在信息系统、内部机制、人员培训等方面投入大量的资源。这类成本投入很难给公司带来直接经济效益，这就使证券公司缺乏足够的主动性去完善、优化适当性管理要求。随着证券投资者数量和业务类型的快速增长，如果仍然采用传统模式和手段去推进适当性工作，很可能引发适当性成本和业务发展隐患的"双升"，因此证券公司乃至全行业必须借助先进的思路、技术和方法，寻找到一条降低适当性成本的可行路径。

---

[*] 本文写作于 2023 年 8 月。作者简介：方程，长城证券股份有限公司营运管理部柜台业务团队长。

（二）境外证券公司投资者适当性管理发展概况

投资者适当性管理起源于美国，对投资者适当性的监管，美国、欧盟、英国、日本等大多以原则监管为主，在适当性信息共享、管理工具创新等方面，境外资本市场积累了丰富的经验。

1. 信息共享机制

境外适当性信息共享机制在降低信息成本、提高管理效率、信息真伪验证等方面起到了良好的效果。例如，美国证券经营机构在向投资者披露隐私保护制度及措施后，便可与关联公司充分共享投资者非公开财务信息；欧盟的适合性、适当性及最佳执行指引规定了证券公司在进行适合性评估和适当性评估时，都可以采纳外部数据。

2. 工具创新

境外适当性管理多数创新做法主要体现在金融科技的运用上。例如，英国金融行为监管局于 2015 年首次提出监管科技的概念，提出了基于区块链技术的监管和合规项目（BA-RAC），以提升适当性工作的质量。英国 Onfido 公司运用人工智能技术为其他机构提供高效的员工及客户背景调查，通过与相关可信信息数据来源合作获取个人的详细信息，并通过交叉验证的方式核实用户的姓名、地址和出生日期等信息的准确性。毕马威发布了其在新加坡地区的 KYC（了解你的客户）实用程序案例，通过区块链、大数据等技术，使金融机构得以向 KYC 信息平台共享信息，该程序能减少重复工作并提供清晰的痕迹跟踪。综上所述，境外部分国家或地区已经充分认识到大数据、金融科技等手段的重要性并积极进行实践探索，为我国适当性管理提供了有益的借鉴。

二、联邦学习的发展及应用

（一）联邦学习概述

联邦学习（federated learning）指的是在满足隐私保护和数据安全的前提下，设计一个机器学习框架，使各机构在不交换数据的情况下进行协作。通过把不同机构的"数据孤岛"像独立的"国家"一样联合起来，组成一个数据"联邦"，彼此之间可以在不共享数据的前提下联合建模，共享收益。其实现机制如下：每个参与者都是数据"联邦"的成员，参与者共同建立一个虚拟的模型，该模型允许参与者在数据不离开本地的情况下，通过交换模型参数或者中间结果，得到理想的输出结果。

联邦学习分为横向联邦学习、纵向联邦学习和迁移联邦学习三类（见图 1）。

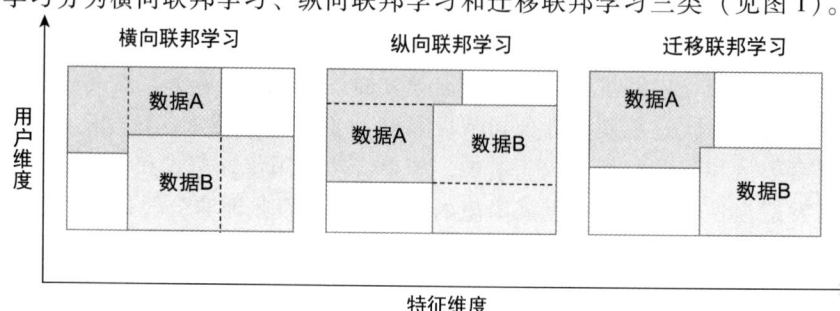

图 1 联邦学习的分类

在两个数据集的用户特征重叠较多而用户重叠较少的情况下，把数据集按照用户维度切分，并取出双方用户特征相同而用户不完全相同的那部分数据进行训练，这种方法称为横向联邦学习。横向联邦学习的本质是样本的联合，适用于参与者间业态相同但触达客户不同，即特征重叠多、用户重叠少时的场景。

在两个数据集的用户重叠较多而用户特征重叠较少的情况下，把数据集按照特征维度切分，并取出双方用户相同而用户特征不完全相同的那部分数据进行训练，这种方法称为纵向联邦学习。纵向联邦学习的本质是特征的联合，适用于用户重叠多、特征重叠少的场景。

在两个数据集的用户与用户特征重叠都较少的情况下，不对数据进行切分，而可以利用迁移学习来克服数据或标签不足的情况，这种方法称为联邦迁移学习。当参与者间特征和样本重叠都很少时可以考虑使用联邦迁移学习，迁移学习的核心是：找到源领域和目标领域之间的相似性，主要适用于以深度神经网络为基模型的场景。

（二）联邦学习在金融领域的应用现状

近年来，银行、保险、消费金融等金融公司联合科技类公司，积极开展联邦学习的应用研究，期望在保护数据隐私安全的前提下达到业务协同发展的目标，实现多方共赢。

美国为联邦学习的发源地，在信用卡反欺诈和跨行反洗钱领域，美国已有金融机构摩根大通（J. P. Morgan）、科技公司 IBM 以及学术机构开展了联邦学习的理论探讨和建模测试。中国在联邦学习金融应用上起步稍晚，但逐渐显示了后发优势。一方面，因为国家对金融科技的政策支持，鼓励金融科技创新，科技类公司存在政策红利；另一方面，我国征信体系数据维度不够、有效性不足，金融机构有强大的动力推动联邦学习技术的应用，实现机构间数据的联合，提升行业的竞争力。

我国已进入试点阶段的联邦学习平台包括腾讯"神盾－联邦计算平台"、微众银行 FATE、百度"百度金融安全计算平台"、京东科技 Fedlearn、平安科技"蜂巢联邦智能平台"和华控清交"PrivPy 多方计算平台"等。国内外金融业务联邦学习应用试点汇总见表 1。

表 1　国内外金融业联邦学习应用试点汇总

项目内容	平台/试点机构	领域	场景	地区
车险和健康险交叉营销 信贷互联网营销 线上信贷风控	百度金融安全计算平台（百度）	保险 银行	营销风控	中国
保险广告投放 RTA 银行卡全生命周期风控 网贷短信营销拉新 济宁银行线上信贷业务系统	神盾联邦计算平台（腾讯安全）	保险银行	营销风控	中国
保险产品定价	蜂巢联邦智能平台（平安科技）	保险	营销	中国
基于纵向联邦学习的信用卡评分建模	光大银行和某云支付公司	银行	营销风控	中国

续表

项目内容	平台/试点机构	领域	场景	地区
联邦学习+理财推荐 联邦学习+小微企业贷款风险管理	广州银行	银行	营销风控	中国
联邦模盒	FedLearn（京东科技）	银行	风控	中国
联邦信贷风控 反洗钱联合建模	FATE（微众银行）	银行	营销风控 反洗钱	中国
信用卡反欺诈	PrivPy（华控清交）	银行	风控	中国
Consilient	Consilient（Consilient 和 Intel）	银行	反洗钱	美国
基于差分隐私+MPC联邦学习信用卡反欺诈联合建模	JP Morgan、IBM 和佐治亚理工学院	银行	反洗钱	美国
基于联邦学习的银行间反洗钱分类信息共享	IBM、NICE Actimize、ING、Pwc、FCA Advanced Analytics	银行	反洗钱	英国
基于联邦图计算的联合金融犯罪侦查	IBM	银行	反洗钱	英国

三、联邦学习在适当性管理中的应用研究与展望

科创板、创业板、股转公司、北交所等业务适当性管理的核心，最终转化为对投资者资产和交易经验两个客观数据的验证。交易经验为投资者首次交易日与当前时间的差距，首次交易日中国结算向全市场会员公开提供，容易获取，但投资者资产的核实职责就交给了各证券公司，对于多头开户的投资者，证券公司核实其资产总额是一项费时、费力且风险较高的工作。自2015年A股市场放开一人一户限制后，投资者多头开户的情况非常普遍，加上A股市场投资者基数巨大，截至2021年底，投资者数量共计19 740.85万。如何为多头开户的投资者进行安全、准确、低成本的联合适当性管理，是各证券公司及监管机构需要共同解决的问题。

（一）联合适当性管理面临的问题

通过共享投资者信息，将众多机构的数据合并成大数据，的确可以让金融机构在投资者适当性管理上降低成本的同时提高管理效率，然而信息共享与投资者隐私保护之间存在巨大的冲突，可能面临违反法律法规的风险。2021年开始实施的《民法典》和《个人信息保护法》中分别指出，"信息处理者不得泄露或者篡改其收集、存储的个人信息；未经自然人同意，不得向他人非法提供其个人信息""个人信息处理者应当对其个人信息处理活动负责，任何组织、个人不得非法收集、使用、加工、传输他人个人信息，不得非法买卖、提供或者公开他人个人信息"。随着法律法规的完善和投资者隐私保护意识的加强，如何合法合规地联合多方数据、实现跨机构协同作战，是各金融机构亟待解决的问题。

客户信息是证券公司的机密数据，客户资产信息更是证券公司的核心机密，联合适当性管理首先面临数据安全的问题，在使用数据的过程中，必须要保证本公司数据不能被其他公司获取，也要保证数据不发生外泄。另外在数据联合使用过程中，由于某一个公司数据质量

出现问题导致结果出错,如何定位问题及划分责任,也是联合适当性管理必须要解决的问题。

(二) 联邦学习实现联合适当性管理的途径

1. 联邦学习实施联合适当性管理的技术优势

联邦学习的基本思想是"数据可用不可见,数据不动模型动",现有的联邦学习算法,在严格保证原始数据和模型私密参数数据都原地不动的前提下,通过模型的移动得到联合计算结果。因此在联合适当性管理过程中,证券公司 A 可以使用证券公司 B、C、D 的数据,但是由于在计算的过程中,数据"可用不可见",可以保证数据的安全性。

联合适当性管理,各证券公司使用同一个模型,相同的数据,任何一个参与者对他人都存在很强的依赖和制约,因此模型的决策机制应透明公开,且模型应可监控、可管理。即数据模型可溯源,数据归属可审计,数据质量可定责。在保证模型可监管的同时,应兼顾模型计算的效率,在参与方可接受的时间内,得出联合计算的结果。联邦学习可以实现数据安全、模型监管、计算效率三者之间的平衡,具备技术优势。

与其他行业相比,证券行业核心软件供应商单一,数据结构趋同,这为联邦学习的模型设计和算法设计提供了极大的便利,降低了设计的难度,联合适当性管理具有天然优势;证券行业是强监管行业,法律法规及规章制度完备,奖惩规则明确,会约束各参与方自觉维护联合学习体系的稳定,联合适当性管理具有外部优势。

2. 通过联邦学习计算多头开户投资者的总资产

多头开户投资者的资产明细分布在各证券公司,通过一码通可以查询到投资者在哪些证券公司开立了证券账户,在取得投资者授权后,业务受理的证券公司可向其他证券公司发起资产计算请求,通过联合学习模型计算出资产总值,但不应该把资产总值直接返回给发起人,因为这样发起人可以根据总资产和投资者在本公司的资产,倒推出投资者在其他证券公司的资产,会造成数据泄露。从数据使用的最小粒度看,模型计算结果只需返回投资者总资产是否满足某一业务的资产要求,即可达到发起人目的。

3. 通过联邦学习实现投资者适当性动态管理

监管机构一直要求各证券公司做好投资者动态适当性管理,但由于动态适当性管理成本高、措施少,监管也无具体指导细则,证券公司并无动力加强对这方面的投入,导致动态适当性管理一直停留在形式合规上,并未做到实质管理。采用联合学习模型,监管机构可以监控市场上所有投资者实时是否满足适当性管理要求。例如,每日日终校验投资者资产是否满足适当性要求,若投资者资产长期不满足适当性要求,可取消投资者开通的权限。这种方式可有效减少投资者为开通权限借入资金,而在开通权限后立即转出的现象;另外对于长期不满足适当性要求的投资者,取消其权限,防止其发生超出其承受能力的交易业务,也是对投资者的一种保护。从监控者角度看,实时、动态对市场投资者进行适当性管理,无疑能促进市场的健康、有序发展。

4. 联合学习为新业务适当性管理标准提供数据支持

交易所拟推出新业务时,根据新业务风险水平,其适当性管理标准一般参照现有类似业务标准,但原标准是否适合新业务有待商榷。在业务正式开展前,交易所会对市场上满足适当性管理要求的投资者进行数据统计,这些数据基本上由各证券公司上报。这种数据统计模式存在两个问题：第一是多头开户的投资者在不同的证券公司都满足条件，这样会造成数据统计的重复；第二是投资者在单独一家证券公司资产并不满足要求，但其在多家证券公司的总资产满足要求，这种情形会造成数据的漏报。而资产量大的投资者多头开户的情况非常普遍，多种因素的叠加影响，导致交易所数据统计的有效性大打折扣。另外由证券公司统计数据再上报的方式，耗时较长、成本较高且数据统计存在时延，对交易所政策的制定只能提供有限的支持。采用联邦学习模型，交易所可实时掌握市场上投资者资产全貌，将为新业务适当性管理规则的制定提供强有力的数据支撑。

（三）联邦学习在证券行业的应用展望

联邦学习的应用范围和场景，依赖于参与者提供的数据的有效产出，若将参与者的范围扩大，联邦学习的应用范围也会相应扩大。商业银行提供三方存管银行数据，可以得到投资者进入证券市场的资金来源，追踪投资者的资金是否为自有资金，从资金源头降低交易业务风险；中国人民银行提供征信数据，可以得到投资者信用情况及履约意愿，证券公司可以从信用维度对投资者进行风险预测，对高风险投资者进行有效控制；税务机构提供税务信息，可以明了投资者真实收入水平，可为证券公司进行投资者精准营销提供数据支持；通讯运营商提供手机号实名数据，可以核实投资者提供的手机号是否为本人拥有，证券公司可据此核查账户实名使用情况；还有公安机关提供的身份信息，人民法院提供的司法执行信息，都可以扩充联邦学习的应用范围。因此联邦学习在适当性管理取得一定成效后，可逐步扩大参与者范围，在金融行业进行推广，为金融行业的稳步、健康发展添砖加瓦。

参考文献

[1] 杨强. AI与数据隐私保护：联邦学习的破解之道 [J]. 信息安全研究，2019，5 (11)：961—965.

[2] 华泰证券课题组. 证券公司投资者适当性管理的大数据应用研究 [J]. 金融纵横，2019 (07)：13—21.

[3] 井漫. 投资者适当性制度构建：国际经验与本土选择 [J]. 证券市场，2020 (04)：65—77.

[4] 陈琨，李艺，王国赛等. 联邦学习在金融行业的应用分析 [J]. 征信，2021 (10)：29—36.

[5] 张海涛. 联邦学习在金融数据安全领域的研究与应用 [J]. 信息技术与网络安全，2022 (41)：3—9.

[6] 王国赛，李艺，陈琨，等. 隐私计算技术的金融应用思考 [J]. 金融发展研究，2022 (08)：31—37.

[7] 袁均良. 隐私计算在金融行业应用及其影响 [J]. 金融科技时代，2022 (10)：23—28.

[8] 徐葳. 联邦学习概念辨析与金融应用思考 [J]. 银行家，2022 (03)：102—106.

[9] Yang Q, Liu Y, Chen T, et al. Federated machine learning [J]. ACM Trans on Intelligent Systems and Technology, 2019, 10 (02): 1—19.

证券行业技术标准化提升金融科技系统交付能力的研究与实践

中信建投证券股份有限公司　中国标准化研究院[*]

一、企业技术标准化体系总览

为了实现标准在企业的顺利落地和执行,急需一个抓手以推动技术标准相关工作的开展,因此,本文提出了适合于证券行业的企业技术标准化体系(简称"企业技术标准化体系")(见图1),目的就是为了支持和推动证券行业的企业技术标准化建设和实施,助力企业和行业的发展。

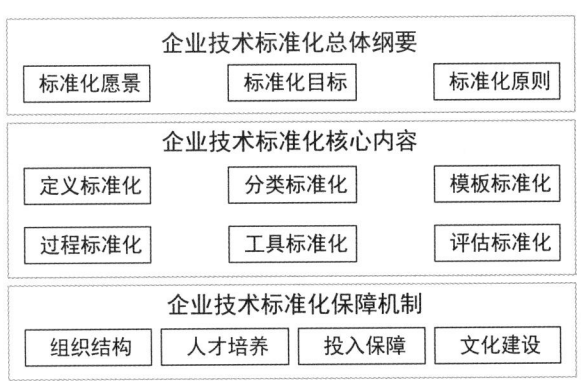

图1　企业技术标准化体系

---

[*] 本文为中国证券业协会2022年优秀课题。课题负责人:肖钢,中信建投证券股份有限公司执行委员会委员、首席信息官、信息技术部行政负责人。课题组成员包括:孟晋津、张建军、徐志彬、刘晨、贾彪、王洋、吴刚、宋璐璐、吴冰、闫竞彧,均供职于中信建投证券股份有限公司;王春艳、侯韩芳,均供职于中国标准化研究院。

该体系自上而下分别是企业技术标准化总体纲要、企业技术标准化核心内容和企业技术标准化保障机制。

企业技术标准化总体纲要提出了标准化愿景、标准化目标和标准化原则，从总体规划层面，指明企业技术标准化的发展方向。

企业技术标准化核心内容涵盖了定义标准化、分类标准化、模板标准化、过程标准化、工具标准化和评估标准化，通过实现这些过程，推动企业技术标准化的发展。

企业技术标准化保障机制包括组织结构、人才培养、投入保障以及文化建设，支持和保障企业技术标准化的发展。

二、企业技术标准化总体纲要

（一）标准化愿景

企业技术标准化的愿景是要构建和完善企业技术标准化体系，从多维度提升企业技术标准化水平，以标立业，以标强企，充分发挥标准的引领作用，加快标准数字化进程，以应对实现可持续、高质量发展目标所面临的挑战。

（二）标准化目标

企业技术标准化的目标是：针对企业内技术标准，建立健全完善的纲领内涵，建立行之有效的管理机制，建立切实高效的支撑体系。

通过实现企业技术标准化的目标，达到技术标准的"三覆盖"。

1. 信息系统全覆盖

技术标准化应该覆盖所有的信息系统，不应出现例外，所有的信息系统均按照统一的技术标准要求来建设，才能从整体上保障系统建设的质量。

2. 技术人员全覆盖

技术标准化应该覆盖技术组织内的全体员工，不应出现例外，参照统一的技术标准来指导工作，才能提高企业整体的技术标准化水平。

3. 系统建设周期全覆盖

企业系统建设周期的各个阶段，都应该有相应的技术标准支持，以规范和管控系统建设过程，满足系统建设的技术标准化需求。

（三）标准化原则

企业技术标准化工作需要遵从一定的工作原则（见图2）。

1. 全员覆盖

技术标准化工作的范围不是一两位员工、一两个团队的事情，而应该是技术组织内全体员工的事情，每一位员工都应该是技术标准化工作的参与者，虽然角色不同，但都能对技术标准化水平的提升作出自己的贡献。

2. 统一管控

在一个企业内部，无论是总公司、子公司，还是分支机构，不能出现不同团队有不同的技术标准化要求，而是要遵从统一的企业内的技术标准，技术标准化相关的制度、标准和规

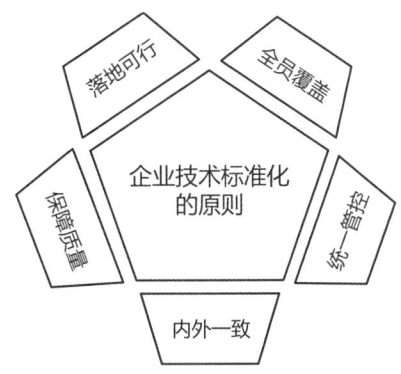

图 2 企业技术标准化的原则

范应该是统一的,没有差异性。

3. 内外一致

企业内技术标准的制定,需要与国际标准、区域标准、国家标准、行业标准、地方标准、团体标准等外部标准的目标保持一致。

4. 保障质量

为了使技术标准有效落地和实施,需要保证技术标准的编制处在高质量水平,例如行文组织、文本质量、表达清晰度等,标准的制定质量对标准的执行效果和执行意义有重要的影响。

5. 落地可行

需要着重考虑技术标准是否可以在企业内落地和执行,避免技术标准"重制定,轻实施",不要让技术标准仅仅成为一纸规范,失去它的应有作用和价值。

三、企业技术标准化核心内容

(一)定义标准化

企业内技术标准包含了两个部分(见图 3),一部分是可以直接采用的国际标准、区域标准、国家标准、行业标准、地方标准和团体标准等外部标准,另一部分是需要进行转换的外部标准,以及根据企业自身需求制定的标准。

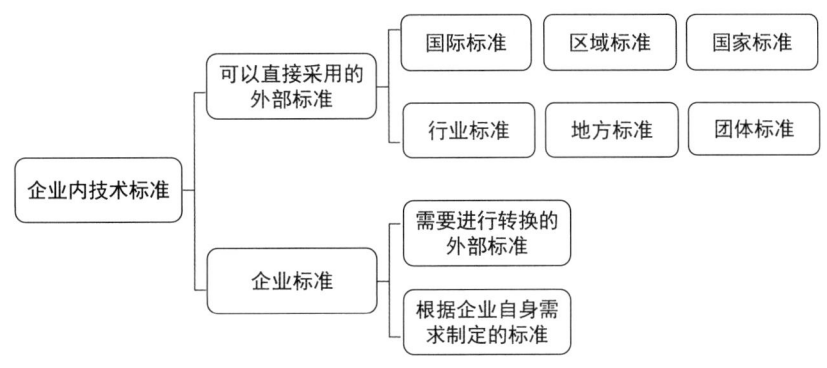

图 3 企业内技术标准

（二）分类标准化

结合企业自身的技术管理诉求和实际情况，可以对企业内技术标准进行分类管理，例如信息安全类、技术管理类、数据治理类等，每种类型中都包含了相应的具体的技术标准规范，一方面让技术标准的分类管理更清晰，另一方面更易于技术标准的针对性使用，有助于技术标准的实施和推广。

（三）模板标准化

针对技术的通用属性，可以制定提供相应技术标准的通用模板，让技术标准本身更加"标准"，主要体现选型标准、工具标准、环境标准、操作标准、依赖标准和内容标准等。

（四）过程标准化

建立标准的企业内技术标准生命周期，是保障标准在企业内顺利落地的重要前提。企业技术标准的生命周期包括标准制定、标准宣贯、标准执行、标准检查和标准反馈等几个阶段，它们之间是相互关联、相互影响、相互促进、相辅相成、缺一不可的关系，形成一个闭环（见图4）。

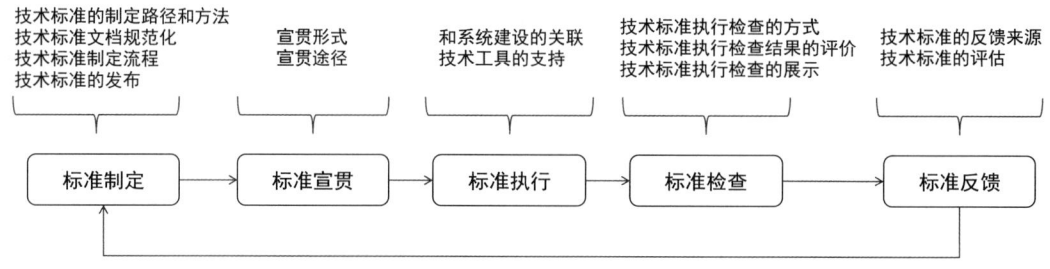

图 4　企业内技术标准的生命周期

对于不同的企业内技术标准，制定路径和方法会有所不同，需要技术标准制定者首先能识别出技术标准的制定路径，再进行技术标准的制定工作。

1. 可以直接采用的外部标准

对于能直接采用的国际标准、区域标准、国家标准、行业标准、地方标准和团体标准等外部标准，可以直接在企业内引入执行。例如，证标委 WG43 信息交换工作组发布的若干信息交换的行业标准，会涉及企业间信息交换的标准协议和接口规范，对于不同的企业都是适用的，不需要增加额外的个性化扩展，因此可以在企业内直接采用和执行。

2. 需要进行转换的外部标准

企业的设立、发展、管理存在差异，某些外部标准可能和企业实际的管理过程不相吻合，如果直接采用，可能会导致标准落地和执行难度较大。例如，证标委 WG41 信息安全工作组和 WG42 技术管理工作组发布的信息安全、技术管理相关的行业标准，通常提出的是较为通用的标准规范，但是到企业落地层面，由于不同企业在具体操作和执行路径上有所差异，因此行业标准需要结合企业实际的管理过程和自身特点，充分解读行业标准的内涵，了解该行业标准的强制性要求，在不违背行业标准的前提下，进行一些适配、扩展和转换，形成适合于企业的技术标准，使技术标准的执行更加具体化，更加可操作和可落地，同时便于技术标准的检查。

3. 根据企业自身需求制定的标准

对于尚无外部标准而企业又存在实际需求的技术领域和技术过程，需要企业结合自身特点和技术诉求，制定出适合于企业的技术标准，以满足技术标准化的要求。

（五）工具标准化

为了充分发挥技术标准的指导作用，还可以将技术标准的建设实施过程同流程管理平台、项目管理系统、CMDB、度量系统、研运一体化等工具平台集成。通过技术工具的支持，可以降低技术标准执行和检查的成本，提升技术标准的执行效果，让技术标准在系统建设周期各阶段的执行情况数字化、可视化、可度量、可分析，并在规范系统研运工作的同时，控制产品质量，提升交付能力，更好地支持业务的发展。

（六）评估标准化

为了充分了解企业内技术标准的质量和执行效果，可以制定技术标准化成熟度模型，进行定期评估，有助于针对性地提高企业技术标准化水平，促进技术标准对企业工作的指导。

本文提出的技术标准化成熟度模型包含两个维度：标准维度和系统维度。

1. 技术标准化成熟度模型（标准维度）

以指标体系的打分情况来衡量评估技术标准的成熟等级，由低到高一共5个等级（见图5），级别越高，说明该技术标准的成熟度相对越高。

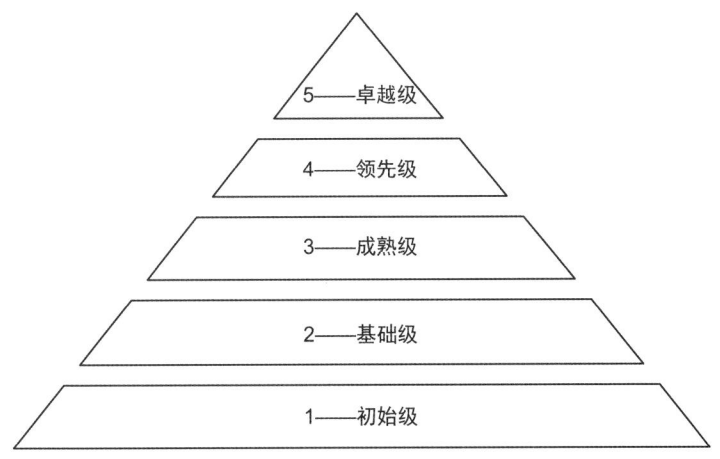

图5　技术标准化成熟度模型（标准维度）的等级

根据技术标准的评估等级和各项指标得分，可以定量了解技术标准的相关情况，有助于针对性地调整和修订，通过不断改进，逐渐提高技术标准的成熟度等级，更好地发挥技术标准的引领作用。

2. 技术标准化成熟度模型（系统维度）

成熟度模型旨在衡量评估系统遵从技术标准的成熟等级（见图6）。从需求、设计、开发、测试、投产和运维等系统建设周期各阶段遵从的技术标准数量、执行程度、执行效果等维度进行打分，以评估系统各建设周期对于技术标准的执行情况。

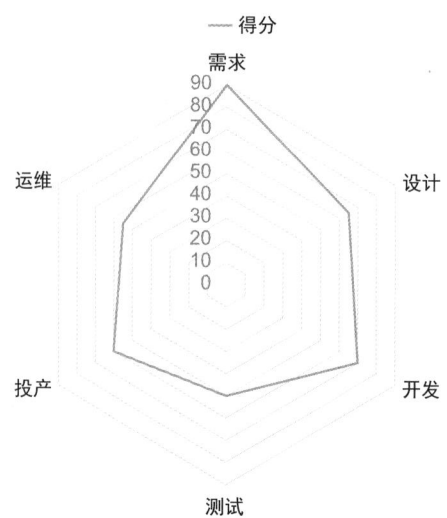

图 6　技术标准化成熟度模型（系统维度）

根据模型，可以定量和直观地了解系统建设过程中对技术标准的执行程度和薄弱环节，有助于针对性地进行调整，通过不断改进和优化，逐渐提升系统建设同技术标准的结合度，以充分利用技术标准的指导作用。

四、企业技术标准化保障机制

（一）组织结构

企业技术标准化的组织结构（见图7）采用分层结构，共分为两层，即管理层和执行层。其中，管理层包括企业技术领导者和工作组，工作组由技术标准制定者、技术标准管理者、技术标准检查者组成。执行层则是技术标准执行者。

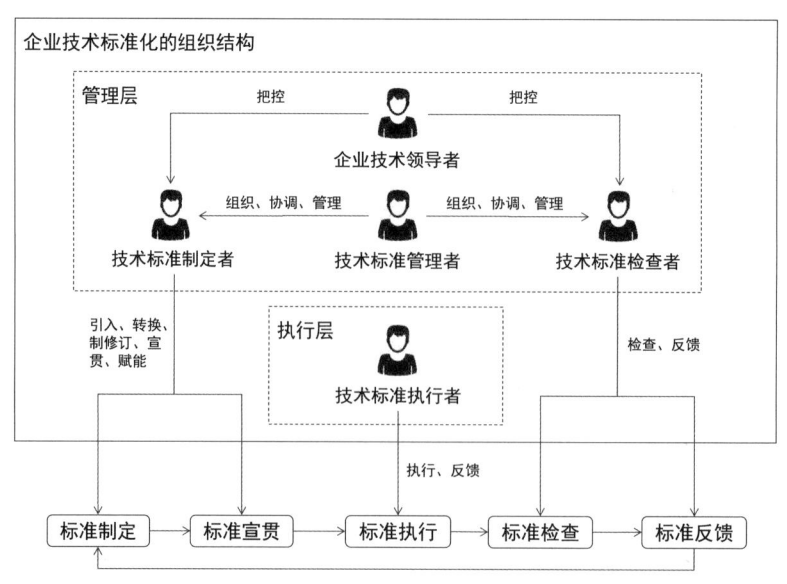

图 7　企业技术标准化的组织结构

(二) 人才培养

标准专家培养：构建行之有效的企业技术标准化人才培养机制，建立健全技术标准化人才的能力评价和激励机制，推进技术标准化专家团队和专家库的建设，为企业培养更多的标准化人才提供支持。

具备标准知识的专业技术人员：按层次、按需求组织专业技能培训，帮助企业员工提升自身技术水平，还可以开展技术标准化的知识培训，帮助企业员工有针对性地掌握标准化工作的基础知识、编制方式等，在提高企业员工技术标准化意识的同时，培养善于结合技术与标准化、推动企业内技术标准发展的标准化复合型人才。

(三) 投入保障

1. 组织保障

加强企业技术标准化组织结构的统一领导和协调，持续协调和完善技术标准的制定，统筹技术标准的发布，强化技术标准的宣贯，监督和检查技术标准的执行，动态反馈和评价技术标准的质量，提高技术标准化工作的协调性和体系性，营造企业重视和应用技术标准的良好氛围，保障技术标准在企业的有效落地和实施。

2. 能力保障

定期组织开展技术标准化专业培训，培养全员标准化意识，加强专业人员的技术标准化能力，持续完善企业技术标准化体系，带动企业技术标准化水平的整体提升。

3. 资金保障

加强对企业技术标准化工作的经费投入力度，设置标准化专项资金，为技术标准化工作提供充足的资金保障。

(四) 文化建设

提升企业的技术标准化水平，最重要的是全员参与和支持，无论是作为技术标准的制定者、技术标准的管理者、技术标准的检查者，还是技术标准的执行者，都可以对企业的技术标准化工作贡献自己的一分力量。要从组织级积极培养全员的技术标准化意识，努力打造全员标准化的文化氛围，通过宣讲、认证、竞赛等多种形式，提高全员对技术标准化工作的理解和参与度，让技术标准化真正融入实际工作当中。同时，为了促进技术标准化工作的开展，还可以设立一系列的激励奖惩制度。但是，奖惩不是目标，更多的是希望通过这些机制，提升全员对技术标准化工作的认可度和支持度，助力企业技术标准化的推进和发展。

五、技术标准化与金融科技系统交付的结合

虽然系统交付只是金融科技系统建设周期的一个节点，但需求、设计、开发、测试、投产各阶段的工作质量，直接影响着系统交付的质量，而系统交付之后的运维环节，同样会影响系统的持续交付，可以说系统交付效率和质量的高低是其他各阶段工作的综合表现。技术标准化对于各阶段工作质量的提升起到了促进作用 (见图8)。

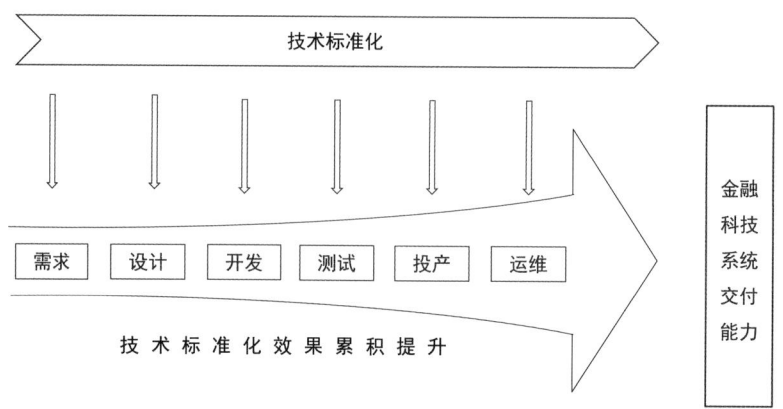

图 8　系统建设周期和系统交付的关系

通过技术标准化同金融科技系统建设各阶段工作的结合，潜移默化地做到企业内的技术标准"无处不在"，依靠技术标准的指引和指导，让系统建设的各项工作顺利而规范地开展和推进，提高系统研运效能和建设质量，提升系统交付的能力；同时，在工作过程中发现的一些与技术标准化相关的问题，可通过长效的反馈和评价机制、及时调整和修订，促进技术标准化工作不断完善，推动技术标准编制质量不断提升。因此，技术标准化是提升金融科技系统交付质量和能力的基石，两者相辅相成，互相促进。

六、实践和成果

为了在中信建投证券落地企业技术标准化体系，结合实际情况和自身特点，我们设计并实现了中信建投证券的企业技术标准化体系工作机制（见图9）。

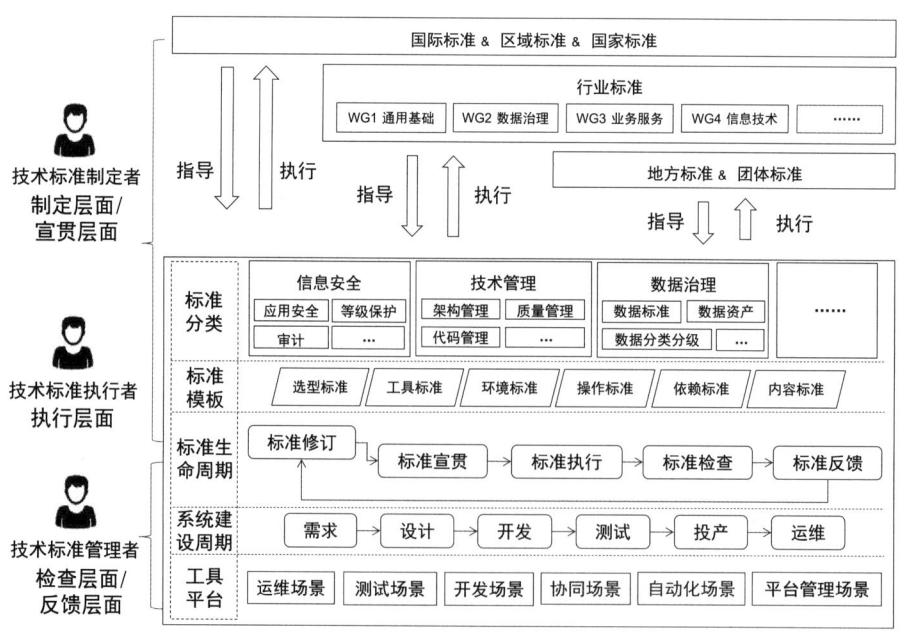

图 9　企业技术标准化体系工作机制

在中信建投证券的企业技术标准化组织结构中，管理层的企业技术领导者是公司首席信息官（CIO），负责把控技术标准化推进的整体进程。技术标准制定者由部门内的技术专家团队组成。技术标准管理者和技术标准检查者则由信息技术部的信息技术规划组统一承担。技术标准执行者是信息技术部的全体员工（见图10）。

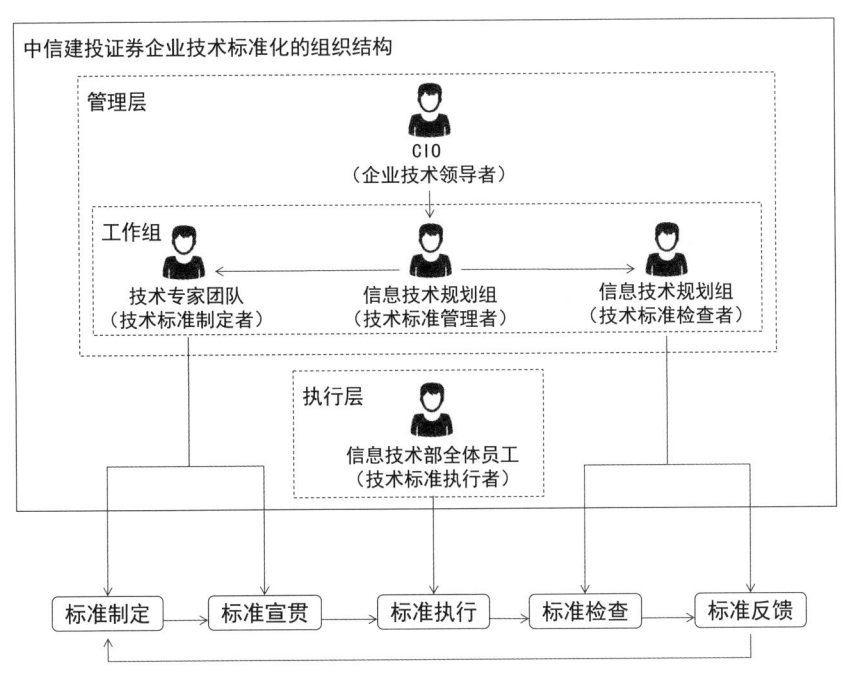

图10 中信建投证券企业技术标准化的组织结构

以某系统为例，通过落地技术标准化，该系统的交付周期已经从原先的31天下降到16天（见图11），系统交付能力显著提升。

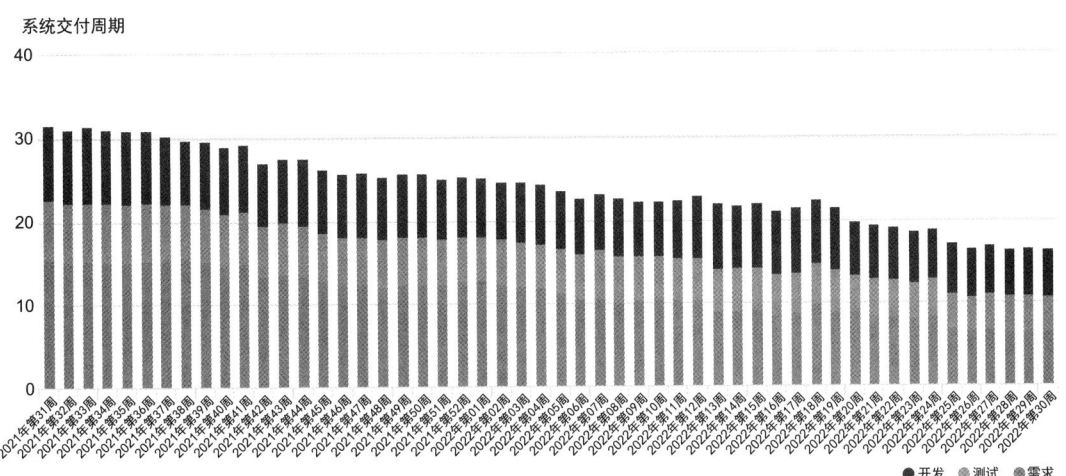

图11 某系统交付周期的变化

中信建投证券在对标落地国际标准方面也有诸多实践，相继通过了 ISO20000 和 ISO27001 两项国际标准认证体系。在企业内部全面推广技术标准的同时，中信建投证券还积极参与证券行业的技术标准化工作，入围企业标准"领跑者"名单，努力为行业技术标准化水平的整体提升做出贡献。

为了推动技术标准化工作，实现对技术标准执行效果进行自动化检查，中信建投证券通过自研、采购、整合等多种形式，搭建了技术标准检查的平台工具链。通过和技术标准化工具平台的结合，让技术标准融入日常研发过程，更好地支持技术标准化的落地。

分布式数据库在行业信创核心系统的研究与应用

国泰君安证券股份有限公司[*]

一、概述

当前证券行业核心系统主要基于 X86 服务器、小型机和 SQLServer、DB2 或 Oracle 数据库构建。在当下综合类业务越来越复杂的趋势下,这种传统架构的不足愈加明显。一是分库分表架构下,应用耦合度高,系统扩展复杂;二是跨库操作复杂,全局的查询及汇总操作不便;三是运维成本高,多个核心节点组件都需要单独监控、运维及升级;四是依赖国外数据库产品,在信息安全保护和信创要求的背景下,需要寻找可替代的国产化产品。

为了解决上述问题,证券行业核心系统也在转型,分布式架构、低时延消息技术等,已成为证券行业高度关注和普遍认同的下一代核心技术趋势。分布式数据库作为系统中的重要基础组件,也成为证券行业信创解决方案的核心内容,需在证券行业核心系统中找到解决方法并成功实践。

根据国泰君安证券中长期战略及业务发展规划,我们提出了建设新一代分布式核心交易系统的构想,基于松耦合组件化设计思想重新设计开发,采用账户、交易、清算相分离的思路,支持证券经纪、融资融券等业务。

研究方案计划采用分布式数据库,完成国泰君安新一代信创分布式核心交易系统传统数据库的替代,发挥分布式数据库高性能、高可靠、可横向扩展、自主掌控的优势,匹配低延时交易平台的数据入库、转换、查询、下场等一系列业务场景的性能要求,完成业务端到端的全栈分布式改造。同时研究数据库即服务的能力(DBaaS),将分布式数据库资源包装为标准服务形式,为其他系统提供灵活、可靠的数据库服务。

根据新一代信创分布式核心交易系统和其他核心系统(平台)的建设场景需求,期望

---

[*] 本文为中国证券业协会 2022 年优秀课题。课题负责人:王姝旸,国泰君安证券股份有限公司信息技术部副总经理。课题组成员包括:刘传友、尚留金、张忍、张伦鸿、毛大成、田永航、吕楠,均供职于国泰君安证券股份有限公司。

选型的分布式数据库具有以下能力：一是高度兼容 Oracle 或者 Mysql 语法；二是交易业务中支持 500W/s 的数据入库吞吐，支持 30W/s 以上的交易数据旁路落库；三是 OLAP 类业务秒级返回；四是数据库高可用层面 RPO=0，RTO<30s；五是实现全栈信创软硬件的替换；六是建设数据库即服务（DBaas）或者多租户的能力。

二、分布式数据库研究

（一）数据库架构比对

分布式数据库采用多种模式实现数据的分散存储，将数据库的读写压力分散到不同的服务器上。与集中式数据库相比，分布式数据库可以均衡交易负载，并采用高并发的架构提升系统的交易处理能力，而其统一的资源管理机制也使得数据库的性能扩展不再是设备的垂直替换升级，而是通过增加存储或者计算节点来实现弹性升级，极大地节约了升级成本。

从技术实现方式看，当今国内的分布式数据库产品主要有三大类：一是中间件型分布式数据库，如 GoldenDB、TDSql、GaussDB 分布式等；二是原生分布式数据库产品，如 OceanBase、Tidb 等；三是非对称计算节点与分布式存储实现的数据库。结合当前核心系统的开发运行状况与分布式数据库的优劣性，并综合考虑 IT 系统实际运行情况，我们决定在中间件型分布式数据库和 NewSQL 中各选其一进行探索和使用，分别是 GoldenDB 和 OceanBase。

（二）分布式数据库研究

1. 功能研究

基础 SQL 功能研究基于 SQL—2003 的标准，开展一系列的 DDL 和 DML 测试，针对引入数据分片后的特殊性能加以重点验证。

2. 性能研究

通过对核心系统数据交互和数据落库关键业务场景的抽象，共抽象出 T1—T5 表，开发 Java 代码模拟真实业务操作，并以多线程并发的方式进行性能测试。为了验证分布式数据库的扩展性，搭建了 3 节点、6 节点、9 节点、22 节点的环境，比对不同机器节点数量下性能提升的情况。

3. 分布式事务研究

分布式数据库由于数据分布在不同的节点上，引入了分布式事务的概念。为了保证分布式系统中数据的一致性，分布式事务比集中式事务的实现要复杂得多，所以需要设计专门的案例来测试分布式事务的功能以及性能，以评估是否满足核心交易场景的需求。

4. 高可用研究

分布式数据库集群一般机器数量比较多，存在跨两地三中心部署的情况，面临着复杂的、不可预知的软硬件故障和网络故障，所以整个集群高可用的测试非常重要。针对可能发生的硬件故障、软件故障、网络抖动故障等，我们梳理了完备的测试点，并采用各种方式去完成全覆盖的测试。

5. 监控运维研究

分布式数据库由于集群庞大，组件较多，整体的监控、运维复杂度相比传统数据库要高一些。目前国产分布式数据库的监控工具都是与厂商的产品配套一起推出的，主要从运维人员的角度出发，评估监控组件、运维组件是否完备、便捷，指导说明文档是否完备、可快速掌握等。

6. 信创软硬件适配研究

根据前期对国产芯片和操作系统的研究结果，我们投入专项资金采购国产化软硬件设备，开展分布式数据库与全栈信创软硬件适配的功能和性能测试。

从分布式数据库对接鲲鹏芯片、海光芯片、麒麟操作系统的测试结果来看，国产软硬件平台在基础的功能和稳定性方面已经可以满足金融行业核心系统的需求，可以在实践中进行一定的推广应用；但在追求极致性能方面，国产软硬件平台与主流的软硬件相比有一定的差距，还需要进一步发展完善。另外在实际使用中，国产化的平台由于起步较晚，缺乏足够的软件应用的支撑，导致应用兼容度和广度不够全面完善，会遇到一些问题需要特殊处理。

三、核心系统适配研究

（一）低延时交易平台对接研究

低延时交易平台中交易相关的业务只在内存上进行处理运算，不强依赖于数据库，从而极大地提高了委托速度。底层数据库系统用来将清算数据、账户数据、权限数据等文件经过一系列操作之后，生成交易组件所需的文件数据。

低延时交易平台提供完整的证券交易功能、业务管理功能、运维管理功能，包括以下功能组件：交易引擎、交易网关、报盘服务、查询引擎、业务和运维管理系统。其中与数据库有关的业务功能包含 DA 业务、DP 业务、BSS 业务、OSS 业务、BSSAPI 业务、MDD 行情数据服务等。具体与数据库交互的组件如图 1 所示。

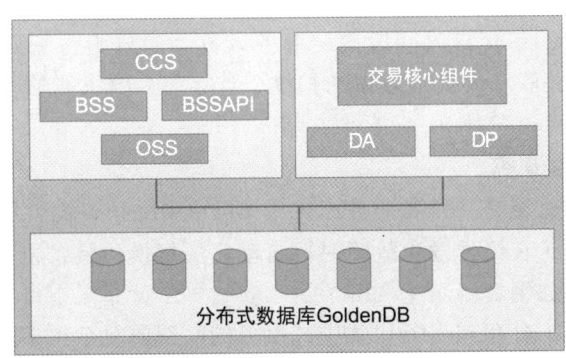

图 1　低延时交易组件与数据库交互关系

其中 DA 组件需要在盘前短时间内将大批量的数据写入和读出数据库，DP 组件需要将大批量交易数据实时地旁路至数据库，行情组件实时最新的行情数据。

整个数据交互的数据流程如图 2 所示。

在业务流程中涉及的性能指标数据为：

1. DA 性能指标

盘前数据写入压力：在 4 分钟内上场"1 500 +"万账户数据量，要求持续写入吞吐量超过"500 万行 +"/秒。

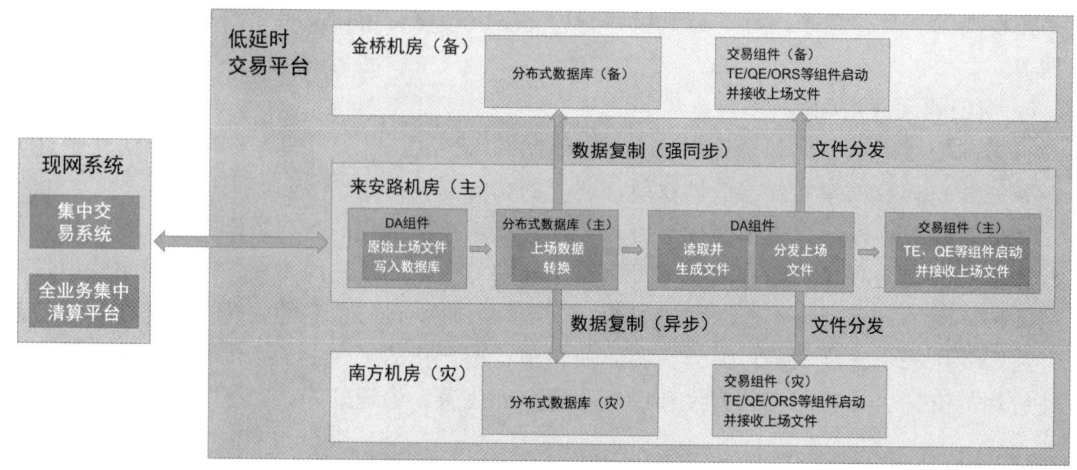

图 2 数据交互流程

盘前读压力：在 3 分钟内读取 "70GB +" 数据用于生成交互文件，要求持续读取吞吐量超过 "500 万行 +" /秒。

盘后数据下场压力：在 2 分钟内将当天的委托、成交、持仓、资产等数据从数据库中读出并生成本地近 600 个文件，超过 12G 大小。

2. DP 性能指标

盘中数据写入压力：在交易时间段内，需要持续不断地将委托、查询、成交、回报、行情、持仓等数据旁路到分布式数据库中，要求大吞吐量下的写库时延越低越好，目前压测到超过 30 万笔交易流水单/秒的数据刷盘速度，相比上场步骤来看，压力整体小于上场。

3. BSSAPI 性能指标

统一数据查询压力：在交易时间段内，业务人员会通过柜台端发起各类统计分析查询 SQL，其中涉及多表的关联及大批量数据的扫描、计算等，要求能够在秒级的时间内返回。

（二）并网切换流程研究

部署架构上，低延时交易平台各业务组件及 GoldenDB 分布式数据库在两地三中心机房均部署为多实例的模式，在组件发生故障时可自动完成切换，具备机房级的高可用能力。分布式数据库的部署拓扑如图 3 所示。

项目初期采取 Mysql 和 GoldenDB 双轨运行的模式，低延时交易系统将新增并行组件用于连接 GoldenDB 数据库。此阶段，在盘中实时交易业务，保证业务数据同时落入 Mysql 与 GoldenDB 中；盘前和盘后，运维人员需要通过新增的 OSS 界面并行完成日常运维操作（见图 4）。

在业务并轨过程中发现的问题，将及时反馈至开发人员进行确认和修复，整个并行期持续几个月。在连续多周观测与比对数据无误后，正式启动数据库切换工作，将分布式数据库切换为主库运行，原 Mysql 作为备库运行，最终完成数据库的切换工作。切换方案如图 5 所示。

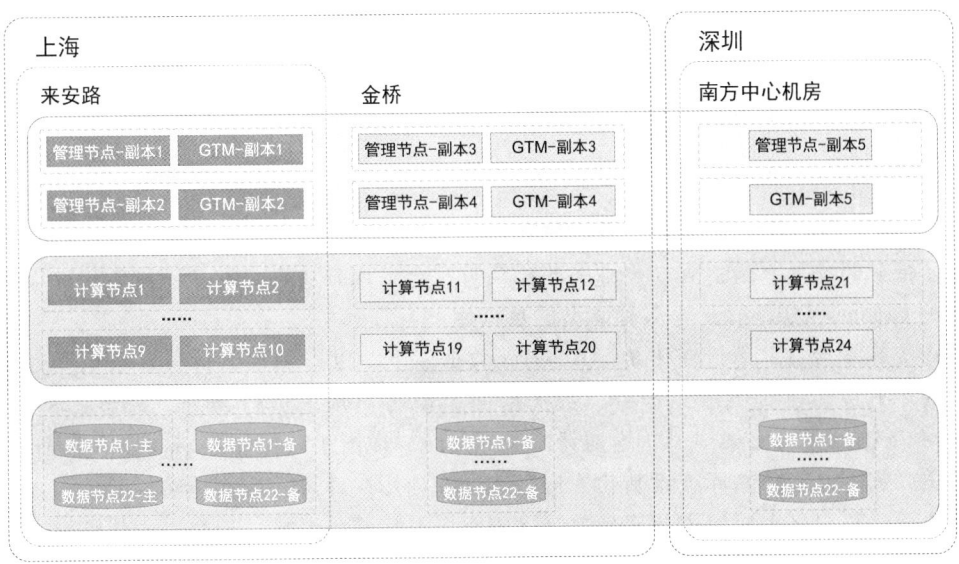

图 3　分布式数据库部署拓扑图

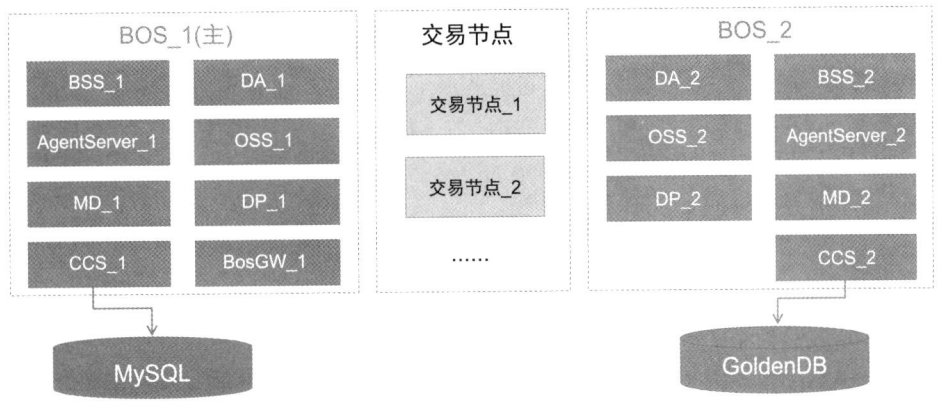

图 4　并网运行拓扑图

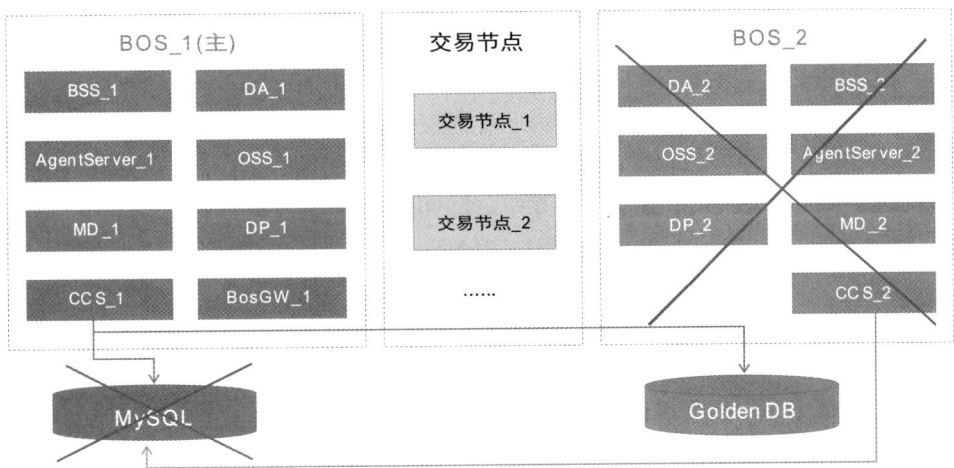

图 5　切换分布式数据库

在整个并行和切换过程中，为了防止分布式数据库在核心系统应用中引入系统风险、操作风险，形成了下列应急保障机制：组建由开发人员和运维人员组成的保障团队，建立完善安全保障制度；设计业务层异构交易系统备份机制；应用端采取主备异构库双写并网运行机制。

（三）其他核心系统（平台）对接研究

除了低延时交易平台之外，全业务集中清算平台、用户中心、账户系统等也建设和运行在传统的 Oracle、SQLServer 等多种类型的数据库上。

集中清算平台目前运行在传统 SQLServer 数据库上，以应用垂直拆分、数据库分库分表的形式为千万级客户提供清算服务。数据层面根据客户账户进行切分，分布在底层 10 个 SQLServer 数据库中，此架构下，增加新的业务分区，横向扩展操作烦琐，分库分表的模式，使跨库关联需要复制公共库或者转化为内存形式在应用中计算，应用逻辑复杂。引入分布式数据库之后，可以将上层应用与底层数据库隔离开，构建一个统一的数据库集群对上层业务提供服务。

用户中心系统作为互联网入口与后台业务系统之间缓冲的中间系统，提供用户认证、用户管理、业务办理、交易订单以及在其他服务上提供相应的系统功能，当前也是以 SQLServer 分库分表的模式运行。随着互联网金融业务的发展，用户中心的业务呈现多元化，在面对跨库数据汇总、分析、查询的时候，当前分库模式难以实现，制约了部分业务功能的实现。通过构建一个统一的分布式数据库，且具有高性能、大容量、可扩展的特性，来满足未来的业务发展需求。

四、研究应用成果

（一）GoldenDB 助力新一代信创分布式核心交易系统成功上线

采用 GoldenDB 分布式数据库集群支撑新一代信创分布式核心交易系统的上线，使泰君安证券成为行业首家切换千万级客户至低延时交易平台的券商，支撑每日亿级的客户数据、交易所数据上场，支撑每日的全量交易数据，数据交互性能提升 10 倍，将整个上场的耗时时间从小时级降低为 15 分钟级。提升了系统效率，可以满足现代金融核心业务系统对高可用、高并发、低时延、水平扩展等特性的要求。

（二）全栈信创 GoldenDB 集群助力核心交易系统全栈信创域上线

采用全国产化软硬件设备建设全栈信创 GoldenDB 集群，将底层的芯片、服务器、操作系统、网络设备等软硬件全部替换为国产化的硬件，完成新一代信创分布式核心交易系统全栈信创域的建设。支持一定比例的客户迁移至全栈信创域平台进行灰度验证，支撑每日客户数据上下场、每日的全量交易数据等，将客户的单笔委托时延降低为 2 毫秒级。

（三）信创 OceanBase 集群助力多业务系统迁移上线

采用全国产化软硬件设备建设 OceanBase 分布式数据库集群，将底层的芯片、服务器、操作系统、网络设备等软硬件全部替换为国产化的硬件。我们建设了多套 OceanBase 的集群，用于支持公司用户中心、账户系统和其他业务系统建设，利用多租户、高可用、高性能的特性支撑近 20 套业务系统迁移并上线，降低硬件成本，减少运维成本，减少传统软件的授权费用。

五、总结

国泰君安证券采用分布式数据库建设新一代信创分布式核心交易系统，构建上层核心应用配套分布式数据库设计模式，支撑超千万级的客户服务，同时打造公司级的主流数据库，满足公司各类业务场景使用，输出数据库即服务（DBaaS）的能力。

在经济效益上，打破了传统金融机构核心系统中 Oracle、SQLServer 等传统数据库占垄断地位的现状，证明了分布式数据库的稳定性、可靠性等，满足了金融行业的需求，可以应用于生产系统。在运维上统一的监控运维管理系统，降低了运维成本。在开发上使得开发人员可以关注业务逻辑处理本身，简化开发过程，提高开发效率，降低研发成本。

在社会效益上，国泰君安证券为全行业首家切换全量千万级客户到低延时交易平台的公司，国泰君安新一代信创分布式核心交易系统助力公司数字化转型，并为国内证券行业核心交易场景下的分布式技术应用打造了样板和示范工程，促进了行业的技术发展。与数据库厂商建立联合实验室，共同研发并率先使用分布式数据库到核心系统上，推动信创产业发展。

在实践中也发现，分布式数据库与传统数据库有较大的差异，分布式数据库有其擅长的业务场景，也有无法覆盖的场景。国产分布式数据库的产品成熟度还有欠缺，软件存在漏洞、部分高级特性缺失、监控运维工具不够完善、产品生态系统不活跃、产品文档不完善等，也是当前国产分布式数据库面临的普遍问题。此外分布式数据库运行的长期稳定性也需要重视，特别是对于业务连续性要求高的系统。

国产分布数据库产品不断更新和优化，高可用能力的提升、混合负载能力的提升、生态的建设，未来可以为金融行业带来越来越多的可应用价值，创造更多的应用空间。

零信任在证券行业中的应用探索

西南证券股份有限公司网络安全课题组

一、背景

随着《金融科技发展规划（2022—2025年）》和《证券期货业科技发展"十四五"规划》等陆续发布，证券行业数字化转型正加速推进，并不断推动业务与技术的融合。证券公司数字化转型重点在于更好地连接客户、实现产业协同、提升生产和办公效率。然而，随着业务系统的开放性增加、终端类型的多样化和办公方式的日趋灵活，传统的网络安全边界逐渐瓦解，基于边界的网络安全架构已经难以应对如今的网络威胁，数据安全面临巨大的挑战。

证券公司应用系统常常存在内、外网同时访问的情况，形成无边界的企业网络。在传统网络架构下，证券公司为了保障边界安全，在新设立分支机构时需要建设一套完整的边界安全设备，并进行权限管理和策略配置，导致扩建成本高、迁移困难。

不仅如此，在云化趋势的背景下，业务的部署变得更分散，传统的网络边界变得越来越模糊，业务信息被大量暴露在互联网上，以数据和业务为攻击目标的APT攻击仍然能轻易找到各种漏洞突破证券公司的网络边界。内部业务的非授权访问、内部员工违规、有意的数据窃取等内部威胁愈演愈烈，来自内、外部的风险尤其突出。简而言之，数字化转型带来了新的挑战，证券公司需要重新构建网络安全架构，重视数据安全，以适应现代企业网络的需求。

传统安全架构失效的根源是"信任"。基于边界的网络安全架构在某种程度上假设或默

---

* 本文写作于2023年10月。课题组成员：华明，西南证券股份有限公司首席信息官，中国证券业协会证券科技专业委员会委员；李鲁川，西南证券股份有限公司信息技术部总经理；刘洪，西南证券股份有限公司信息技术部副总经理；唐培竣，西南证券股份有限公司信息技术部网络安全组组长；符胜辉，西南证券股份有限公司信息技术部网络安全运维岗；罗梓露，西南证券股份有限公司信息技术部网络安全组副组长。

认了内网的人和设备是值得信任的，认为边界安全就是构筑证券公司数字化网络安全的"护城河"，因此将建设重点放在通过防火墙、WAF、IPS等边界安全设备对证券公司网络边界进行重重防护。

而未来的安全架构应该在三个假设下构建：假设系统一定有未被发现或已发现但仍未修补的漏洞；假设内部终端或系统已经被渗透；假设内部人员或终端都不可靠。"三个假设"彻底推翻了传统边界安全架构下对"信任"的假设和滥用。

二、零信任安全架构概述

（一）什么是零信任

零信任（Zero Trust）是一种网络安全理念和架构，强调在网络和系统中不信任任何用户、设备或应用程序。传统的安全模型通常依赖于边界防御，即将"信任"赋予企业网络内部，而零信任模型则认为威胁可能存在于任何位置。因此需要对所有网络流量和访问进行持续的验证和授权，基于"持续验证+动态授权"的模式构筑企业的安全基石。

零信任模型基于以下几个关键原则：

1. 最小特权原则

用户和设备只能访问其所需的最低权限资源，以减少潜在的攻击面。

2. 多因素认证

要求多种验证方法，包括账号、密码、指纹、智能卡、短信验证码等。

3. 微粒度访问控制

基于用户和设备的身份、位置、时间和其他上下文信息来动态调整权限和访问控制。

4. 实时监测和分析

持续监测和分析网络流量、用户行为和设备活动，以及检测异常活动和潜在的威胁。

5. 加密通信

在数据传输过程中使用加密来保护敏感信息，防止数据在传输途中被窃取或篡改。

6. 集中化的身份和访问管理

通过集中化的身份验证和访问管理系统来管理和控制用户和设备的访问权限。

7. 网络分割和隔离

将网络内部划分为多个安全区域，每个区域都有严格的访问控制和监控机制，并使用隔离技术（虚拟化、容器化等）来防止恶意用户或设备对整个网络造成危害。

零信任模型旨在提高网络安全性，减少安全漏洞和数据泄露的风险。通过将安全策略应用于用户、设备和应用程序之间的每个交互，零信任模型可以提供更加灵活、精确和可靠的安全保护。

（二）零信任发展历程和现状

零信任的早期雏形源于2004年成立的耶利哥论坛，提出要限制基于网络位置的隐式信任。2010年，著名研究机构Forrester的首席分析师JohnKindervag提出零信任概念，并由谷歌在BeyondCorp项目中率先得到规模化应用。

随着云计算、移动设备和远程工作的普及，零信任的理念逐渐被广泛接受和采纳。在过去的几年，零信任在网络安全领域取得了较大的发展。

1. 认知增强

零信任的概念逐渐被更多的企业接受。越来越多的安全专家开始讨论如何实践应用零信任原则，许多技术解决方案也应运而生。包括身份认证、访问管理工具、行为分析系统、网络分割技术等，用于实现零信任模型的各个方面。

2. 供应商生态系统

零信任理念的兴起，出现了越来越多的安全技术供应商，提供各种与零信任相关的解决方案和工具。越来越多的企业开始实践零信任模型，调整安全策略，采用多层次的验证和访问控制，以降低潜在的风险。

（三）零信任相关标准

在零信任领域尚未出现统一的国际、国内标准，一些组织和机构提出了与零信任相关的指导指南和框架，以帮助企业实施零信任策略，并推动落地。

1. 国际方面

美国国家标准与技术研究院 NIST 于 2020 年发布的《零信任架构》，提供了一系列概念和思想，详细描述了设计、实施和维护零信任架构的信息，包括核心概念、组件和原则，帮助企业理解和采纳零信任模型。

2. 国内方面

国内网络安全领域也逐渐关注零信任模型，并开始提出相关的指南：

《信息安全技术零信任体系指南》（GB/T 35273），由中国国家标准化管理委员会发布，涵盖了零信任的概念、基本原则、体系结构等内容，旨在为零信任体系建设提供指导。

《政务信息系统安全基线零信任专题》（GB/T 51707），由中国电子标准化协会发布，针对政务信息系统提供了基于零信任的安全基线指南。

《零信任系统技术规范》（T/CESA 1165—2021），由中国电子工业标准化技术协会发布，是国内首个零信任技术实现标准，填补了国内零信任领域的技术标准空白。

《信息安全技术 零信任参考体系架构》（报批稿），由 2022 年全国信息安全标准化技术委员会归口管理，目前处于意见征求和审批阶段，尚未正式发布。

三、证券行业业务访问现状及安全挑战

证券行业数字化转型是数字时代的内在要求，也是金融机构实现降本增效和高质量发展的必经之路。证券行业数字化转型面临以下安全挑战。

（一）新技术应用存在安全隐患

金融应用微服务化后的服务治理存在难题，海量多源的金融业务数据面临安全挑战，新技术在快速演进，其安全问题亟须及时处理。

（二）网络攻击范围不断扩大

远程办公逐渐成为常态，接入金融机构网络的人员和终端规模激增。同时，云、网、

边、端等复杂网络架构的应用以及新业态的发展,导致金融机构网络边界模糊化,使金融机构服务系统对互联网暴露的范围扩大。

(三) 内部威胁的精细化防御能力亟待提高

证券行业具备较强的安全监管要求,证券公司通常通过划分外网、内网、DMZ区等不同区域隔离的方式来抵御外部攻击。但随着业务的发展,内、外部业务往来逐步增多,网络安全运营暴露出"访问控制列表难管理"与"缺乏对访问主体安全状态的可见性"两大问题;同时,由于内部人员熟知内网拓扑和弱点,来自内部攻击或泄密的风险大大增加。

(四) 网络攻击手段和复杂性上升

金融机构往往是高价值的攻击目标,针对金融系统的APT攻击频频发生。金融机构面临攻击链条复杂、持续时间长的局面,且已出现针对国家级金融系统的严重攻击,仅依靠传统防御手段难以应对。

随着信息化的深入发展,证券行业普遍采用互联网和专网部署的办公业务应用系统。移动化的信息系统提高了办公效率,但多样化的移动接入方式和复杂的网络环境也带来了安全挑战。

一是接入终端设备多样性。证券公司用户既需要使用移动终端访问业务,也存在使用PC终端访问内网B/S、C/S业务系统的需求,接入终端类型各式各样,并且接入的终端数量持续增长。

二是业务系统访问入口多样化。主要以OA系统作为统一访问入口,OA系统内发布各业务系统资源链接(如CRM、SOM等),同时部分业务系统通过端口映射方式直接面向互联网开放,可通过业务系统域名进行直接访问,访问入口方式多样。

三是部分办公业务系统通过端口映射直接暴露在互联网上,受到来自全球各地的网络爬虫以及黑客的扫描攻击,从而造成核心数据泄露。

四是部分未映射到公网的业务系统,仅能从内网或者通过VPN接入访问。一旦VPN被攻陷,可能会暴露整个内网资源;同时VPN在使用过程中还存在连接慢、易掉线等情况,使用体验较差。

五是内网环境存在过度的信任,缺少动态的安全风险评估机制,内网环境一旦遭到入侵,内部资源将无阻拦地全盘暴露。

六是员工在访问业务系统时,无论是通过PC端访问还是移动端访问,可能会通过截屏、复制、转发等方式主动泄露敏感数据,存在数据泄露的风险。

因此需要建立新的能够满足移动办公安全、缩小暴露面、最小权限控制、数据访问安全、行为安全控制的一套安全架构来促进证券行业的信息安全建设。

四、零信任建设思路

(一) 理论模型

理论模型参照基于业内通用的NIST零信任架构标准。

1. 以身份为中心

零信任关注基于用户身份的信任模式。

2. 强化访问控制

对网络中的每一个访问请求都进行细致的审核和授权，确保只有经过授权的用户和设备可以访问网络资源。

3. 实时行为监控

对用户和设备的行为进行实时监控，通过采集和分析用户和设备的活动数据，对潜在的威胁进行预测和阻止，降低安全风险。

4. 基于策略的数据保护

将数据保护纳入整个安全架构的考虑范围，采用加密、数据分段、访问控制等手段，保护数据在传输和存储过程中的安全。

5. 随时响应和恢复

零信任要求建立强大的安全事件响应和恢复机制。通过及时发现和应对安全事件，迅速恢复受损的系统和数据，最大限度地减少安全事故的影响。

6. 持续验证和改进

零信任建设是一个持续的过程，需要不断地进行验证和改进，并及时调整和改进安全策略，以应对不断变化的威胁环境。

（二）明确建设目标

让正确的人，使用合法的终端，在任意位置，使用正确的访问权限，来访问正确的业务，并获得正确的数据。

（三）落地思路

重新评估信任，不再默认信任任何用户或网络连接；强制身份验证和授权，采用多因素身份验证；为每个用户分配最小的必要权限；终端环境检测，配置适当的安全策略和准入控制；所有访问经过认证、授权和加密，持续监控和审计用户行为；整合其他安全能力，如威胁情报和自动化响应；提高员工的安全意识和合规性等。

零信任建设需要综合考虑业务需求、安全风险和技术实施等方面，定制适合的架构和策略，不断进行评估和改进，同时提高审计和合规性可见性，并降低证券公司的风险，有效解决证券公司数字化转型过程中带来的复杂性和成本。

五、零信任应用场景

（一）在证券行业，零信任模型可以应用于多个场景，以提升安全性和保护客户资产

1. 身份验证和访问控制

通过强化身份验证和访问控制，确保只有授权的用户和设备能够访问敏感的证券系统和数据。其基于多因素身份验证、设备健康检查和动态访问策略，确保每个用户和设备的合法性和权限，并防止非法访问。

2. 交易授权和风险评估

在证券交易过程中，零信任模型可以用于动态授权和风险评估。每个交易请求都会经过细粒度的验证和授权，包括验证用户身份、检查交易合规性和评估风险水平。这有助于防止

未经授权的交易减少潜在的市场风险。

3. 数据保护和隔离

零信任模型可以通过数据加密、数据分类和隔离策略来保护客户数据和交易信息。确保只有经过授权的用户和应用能够访问和处理数据，防止数据泄露和篡改。

4. 内部安全和特权访问管理

零信任模型可以帮助实施最小特权原则，并确保每个用户只能访问其工作所需的资源；还可以监控特权用户的行为并检测异常活动，以减少内部威胁和滥用权限的风险。

5. 第三方风险管理

对第三方进行严格的身份验证、访问控制和监控。通过确保合作伙伴的安全性和合规性，可以减少供应链攻击和数据泄露的风险。

（二）以远程办公场景为例

证券行业作为强监管行业，要求应采取有效措施防范风险，保障远程办公信息安全，将远程办公纳入合规风险管理体系。我们以证券公司分支机构访问公司总部 OA 系统这种典型应用场景为例来进行阐述（见图1）。

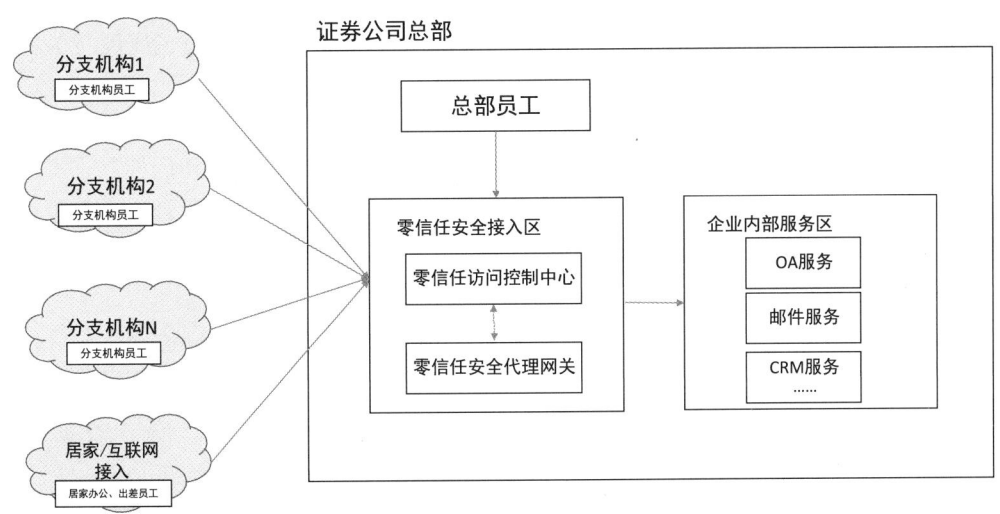

图1　证券公司远程办公典型场景

分支机构需要访问公司总部的内部 OA 系统时，通常会选择使用 IPsec VPN 设备与总部建立安全隧道。然而，这种方法会导致一些问题，如每次新增一个分支机构都需要购买专门的 VPN 设备，这无疑增加了证券公司的运营成本。

对于远程办公的员工来说，他们通常使用 SSL VPN 等方式来访问证券公司 OA 系统。SSL VPN 主要依赖于对网络边界内部用户的信任，这也带来了一些潜在的问题：如果个人终端遭受木马病毒入侵、账号密码泄露等安全事件，就存在对总部系统造成损失或破坏的风险，可能导致严重的数据泄露或其他安全威胁。因此，证券公司需要考虑采用更安全和可靠的解决方案来保护证券公司内部系统和数据的安全。

而零信任模型由于其独特的功能和技术特点，能够弥补上述不足，并在满足证券公司安全需求的同时实现成本的降低和效率的提升。

1. 多维度终端环境检测与准入

零信任客户端支持终端环境检测，根据安全级别配置适当的安全策略控制终端准入。对于 B/S 业务访问，使用零信任 B/S 无感知访问办公应用。对于敏感业务系统，可以要求员工安装零信任客户端，既能帮助员工访问 C/S 应用，也能通过客户端检测终端环境并建立终端资产库。

零信任客户端能够完整检测以下终端环境信息：浏览器名称、版本；客户端 MAC 地址、IP 地址、计算机名称、计算机硬件特征码、计算机域、操作系统、操作系统版本等。通过终端环境检测的信息，结合动态访问控制，可以实现终端准入。

2. 多种身份认证方式结合实现流量身份化

零信任安全网关要求所有访问必须认证、授权和加密。支持与证券公司微信、钉钉等办公用户体系对接，以及统一身份认证平台对接，实现统一账号管理、单点登录和账号全生命周期管理。

3. 精细化权限控制

确保只有具有权限的用户才能访问业务系统，减小信息暴露面。通过可信访问网关的动态访问策略，强制执行证券公司设定的安全基线，防止开发人员直接连接生产数据库，防止将高危协议，如 RDP 暴露在互联网或危险环境中，并保护免受高危行为、风险行为、高危环境和风险环境的影响。

4. 统一内外网访问控制

用户从任何时间、地点、终端和网络接入时，都需要接受零信任的访问控制，实现统一的权限访问体系。还可以集成外部安全能力，对接风险评估体系，统一管理安全和策略，有效解决网络管理成本中的权限和策略冗余问题。

5. 单包授权实现业务隐身（SPA）

采用 UDP 敲门和 TCP 握手结合的单包授权机制，先进行鉴权再进行认证。非授权客户端无法打开零信任系统的认证界面，也无法访问任何业务相关接口，有效保护办公业务系统及零信任设备本身的安全。

6. 访问行为审计留存

对用户的访问行为进行审计，详细记录访问者的身份、时间、终端、认证方式、访问的业务系统以及进行的操作等信息。

7. 安全工作空间保护终端数据防泄密

通过为员工的办公终端配置沙箱策略，在安全工作空间中对办公文件进行加密和隔离，将工作空间与个人空间的网络隔离。可开启防截屏和防录屏功能，并限制拷贝、打印等操作，防止数据泄露。

六、零信任带来的价值

经历了十多年的研究和演化，云计算、大数据和人工智能等技术的发展为零信任模型的实现提供了强大的技术支持。零信任模型已经在理论、实验验证和实践方面积累了丰富的经验，在证券行业中部署零信任模型可带来以下诸多价值。

（一）提升安全性

零信任模型的核心理念是不信任任何用户或设备，要求对每个访问请求进行严格的验证和授权。这种逐步授权和细粒度访问控制极大地提升了系统的安全性，减少了未经授权访问和数据泄露的风险。

（二）保护客户数据

证券行业处理大量敏感客户数据，如交易记录、账户信息等。零信任模型通过数据加密、细粒度访问控制和身份验证等措施，确保只有授权人员能够访问和处理这些数据，有效保护客户隐私和敏感信息的安全。

（三）强化风险管理

零信任模型的实施使证券公司能够更好地识别和管理风险。通过实时监测用户和设备的活动，并采用行为分析技术，及时发现异常行为和潜在的安全威胁，从而能够迅速采取适当的措施来减轻风险和防范攻击。

（四）提高合规性

证券行业受到广泛的法规和合规性要求的监管，零信任模型的实施可以帮助证券公司满足这些要求，并确保数据的保密性、完整性和可用性。这有助于降低合规性风险和相关罚款的可能性。

（五）增强业务连续性

证券行业对业务连续性的要求非常高。采用零信任模型可以减少系统被入侵和数据泄露的风险，确保关键业务的可靠性和持续性。

（六）塑造良好声誉

零信任模型的实施显示了对安全的重视和对客户数据保护的承诺，这有助于建立良好的声誉和信任。这为证券公司赢得竞争优势和可持续发展提供了支持。

综上所述，零信任模型为证券行业带来了重要的价值，包括提升安全性、保护客户数据、强化风险管理、提高合规性、增强业务连续性和塑造良好声誉。通过实施零信任模型，证券公司能够更好地应对不断演变的威胁环境，为客户提供更安全、可靠的服务。

七、零信任在证券行业的应用建议

（一）加强对零信任应用实践的总结和推广

当前，零信任已经在金融、政府、企事业单位等行业得到应用和实施，但仍需进一步总结和梳理应用中的需求场景、优缺点、实践经验等，将零信任与数字化转型中的安全需求广泛对接，指导证券行业零信任的应用推广，可以促进更广泛地采用并确保成功实施。这将有助于提高网络安全性、降低风险，并构建一个强大的安全基础来应对不断增长的威胁。

（二）加强金融零信任应用政策引导

结合金融科技发展规划和金融数字化转型政策，建议制定证券行业的零信任安全政策，并增加对零信任框架的研发投入，促进技术创新和应用部署。收集金融行业内已实施零信任的证券公司或机构的实践经验和成功案例，总结关键要素和成功经验，形成实践指南或最佳实践。通过各种渠道和媒体宣传推广金融领域零信任的成功案例和经验，例如行业峰会、专业论坛、技术媒体等平台，发布文章、演讲或举办研讨会。同时，关注合规要求，在零信任应用中加强安全合规措施，确保遵循相关法规和标准，保护用户隐私和数据安全，提高风险管理能力。

（三）加强零信任技术标准规范发展

加快研制适应证券行业的零信任安全技术标准，建立评估评价机制，制定金融零信任产品和解决方案的标准。成立专项标准制定工作组或专家委员会，聚焦金融领域的零信任应用，制定相应的技术标准和规范。通过标准加强产业界的技术协同与产品互联互通，推动国内零信任产业有序发展。同时建立金融领域零信任技术的模型标准，明确相关概念、组件、过程和控制要求。该模型标准可指导金融机构根据自身需求建立、采购和实施零信任技术方案，并提供评估和合规性验收的依据。

零信任已经在我国部分行业得到应用和实施。尽管零信任的安全理念在业界已经形成了基本共识，但是在零信任及其架构方面仍存在认识不统一和概念混淆的问题。业内厂商都基于自身的技术研发和实践经验在独立开展工作，导致缺乏共同的话语体系，这给零信任的推广带来了一定的阻力。面对市场秩序的混乱和技术标准的欠缺，通过标准手段构建生态，对于引导产业技术发展以及证券公司开展零信任实践，都具有很强的借鉴意义和参考价值。

参考文献

[1] 虎符智库账号. 国内首份零信任安全白皮书：全面解读零信任安全架构 [R]. 2020-4-13，安全内参网站，https：//www.secrss.com/articles/18624，最后访问时间：2023年9月3日.

[2] NIST SP 800-207. 零信任架构.

[3] 启明星辰. 读懂零信任：起源、发展与架构，2021-4-1，极客帮网站，https：//www.infoq.cn/article/9k4PmXl3GLiXh6LOQWMU，最后访问时间：2023年9月5日.

[4] 20220158-T-469. 信息安全技术 零信任参考体系架构.

证券反洗钱工作的数智化实践与展望

东莞证券股份有限公司金融科技应用研究课题组[*]

一、引言

随着我国进入全面深化改革的新时期，经济迈入新常态，金融安全和金融风险的防范和化解变得日益重要。在改革开放进程中，金融领域的重要性不断增强，伴随而来的是金融犯罪威胁的不断升级。为了维护金融秩序和国家安全，反洗钱工作的内涵与外延需进一步扩展，不再仅限于预防和打击洗钱犯罪，还扩展到了国家治理体系的完善、金融安全的维护以及促进改革开放的深化等更广泛的领域。

与此同时，金融领域各种新型犯罪与洗钱活动交织在一起，对金融安全和社会稳定构成了威胁。这使得反洗钱工作面临更大的挑战，金融机构作为国家反洗钱工作的第一道防线，应承担更多的责任和使命。不仅要预防洗钱活动，还需要遏制洗钱、恐怖主义融资以及其他相关违法犯罪活动，以维护国家安全和金融秩序。近年，我国证券行业的创新步伐也在加快，非经纪业务蓬勃发展，业务结构的变化为洗钱犯罪提供了新的空间。面对当前复杂的形势，我们亟须从证券业的角度，深入研究其反洗钱的关键问题和难点，并结合证券业特点，落实反洗钱的数智化实践，为行业深入开展反洗钱工作提供参考，以推动我国资本市场健康、稳定、持续发展。

二、证券反洗钱工作的困难与挑战

（一）反洗钱建设过于依赖外部支持，缺乏个性响应

在当前金融市场的复杂背景下，证券公司反洗钱工作的重要性愈发凸显。然而，大多数

---

[*] 本文写作于 2023 年 10 月。课题组成员：曾志凯，东莞证券股份有限公司金融科技管理总部应用开发部副经理；丁满泉，东莞证券股份有限公司金融科技管理总部总经理助理；舒飞燕，东莞证券股份有限公司金融科技管理总部数据管理部经理；李焕华，东莞证券股份有限公司金融科技管理总部应用开发部副经理；汤洁，东莞证券股份有限公司金融科技管理总部数据管理部副经理；黄奕澎，东莞证券股份有限公司金融科技管理总部研发人员。

证券公司选择采用采购标准化产品的方式来构建其反洗钱系统，这一模式虽然提供了基本的解决方案，但也带来了一系列挑战和限制。首先，标准化产品通常无法完全满足证券公司内部各项制度和需求的个性化要求。不同的证券公司可能有不同的业务流程、合规标准和审查程序，而标准化产品往往难以与这些多样性需求完美契合。因此，证券公司往往不得不调整其内部流程，以适应外部系统的局限性，这可能导致效率下降和合规风险增加。其次，面对监管新规的不断出台和变化，证券公司需要不断调整其反洗钱系统以满足法规要求。然而，外购系统的改造通常需要经过一系列复杂的流程，耗时耗力，难度较大。这意味着证券公司可能无法及时响应新规的要求，存在合规风险。另外，标准化产品的限制也可能导致证券公司难以实现个性化的使用场景，需要反洗钱人员适应系统，而不是系统满足需求，这极大降低了工作效率和员工满意度。

（二）反洗钱数据标准不一，缺乏有效治理

反洗钱工作中通常需要处理来自各种渠道和系统的数据，包括客户的个人信息、交易记录、资金流动、跨境交易等。这些数据通常以不同的格式和结构存储，可能位于不同的数据库和系统中，因此难以实现快速整合和分析。这就意味着反洗钱团队必须花费大量的时间和精力来收集、清洗和整理数据，以便进行有效的分析。此外，客户的交易活动也可能非常复杂，涉及多种金融工具和资产类别，包括股票、债券、衍生品等。了解客户的真实意图和交易背后的目的需要深入分析和模式识别，而传统的数据分析方法耗时耗力。洗钱者往往会采取复杂的手法来掩盖其行为，会故意分散交易、隐瞒真实身份、模糊资金流向，以逃避监测和识别，这使得反洗钱工作更加困难。

（三）反洗钱监控科技手段不足，缺乏数智化

传统的反洗钱系统通常依赖于指标式预警，即设定一系列阈值和规则，当客户的交易或行为超过这些阈值或符合规则时触发预警。然而，这种方法存在一些明显的缺点和挑战。首先，洗钱者通常会采取复杂的手法来规避指标式预警。他们可能会分散交易、控制交易金额、避免触发阈值，以使其洗钱行为不容易被系统检测到。其次，由于指标式监测产生大量的警报，反洗钱团队需要处理大量的虚警（误报），这不仅浪费了时间和资源，而且很难准确地区分哪些是真正的风险，哪些是误报。此外，反洗钱工作也依赖于人工分析，工作人员需要对大量的警报进行筛选和分析。这是一项繁重的工作，容易导致分析质量的下降，同时也限制了工作效率。

（四）反洗钱处置流程冗长，缺乏机制化

反洗钱处置流程的冗长和不集中是反洗钱工作中的一个显著挑战。通常情况下，可疑交易被识别后，需要经过多轮审核、分析、审批和决策，然后才能采取相应的措施。整个处理流程涉及多个部门和岗位，包括合规团队、客户服务部门、运营部门等。

反洗钱预警通常由合规团队或反洗钱部门生成，并需要提交给相关部门进行审核。然后，客服团队需要与客户联系，以获取更多的信息或解释交易细节。接下来，运营团队会对交易进行进一步的分析和审批。最后，决策者根据收集到的信息和分析结果来决定是否采取进一步的行动，例如冻结账户、报告给监管机构等。系统无法形成闭环管理，不同部门之间

的信息传递和协调，可能会导致不同步和滞后，决策者无法获得全面的信息，从而影响最终的决策结果。

三、反洗钱数智化实践

（一）建设敏捷型系统，实现快速响应

为解决传统反洗钱系统功能过于僵化、同质化严重、不切合业务实际需求等问题，打造一套完全可自主掌控的、满足业务管理需求的新一代反洗钱系统，是证券公司进一步深化反洗钱工作的重点内容。过去，随着系统模块不断增多，各模块间存在一定的耦合，出现无法及时响应功能变化的困境。因此，反洗钱系统在技术架构演进过程中，应以自主掌控为起点，总结过去平台的功能特性，通过服务拆分达到"高内聚、低耦合"，从而建设起覆盖前台、中台、数据、服务等可伸缩的微服务架构。基于此架构，实现反洗钱监测的原子化、风险评估的模型化以及业务流程组件化，推动新一代反洗钱系统具备可配置性的特点，允许金融机构结合业务实际需求灵活调整系统行为。通过配置，金融机构可以根据不同的监管要求和业务管理需要来自定义系统的行为，而不必依赖繁重的编码工作。同时，具备低代码特性，允许开发人员使用可视化工具和预定义组件来构建和定制系统，减少了人工编码的需求。这不仅提高了开发速度，而且降低了错误的风险，减少了系统维护的复杂性。此外，系统采用主流的工作流引擎，实现了系统自动化的工作流程，包括警报处理、客户尽职调查、可疑交易审查等反洗钱活动。这使得整个反洗钱流程更加高效、透明，减少了人为干预和潜在的疏漏，有助于确保反洗钱工作的合规性和准确性（见图1）。

图1 数智化反洗钱系统架构

反洗钱管理系统不仅覆盖了经纪和非经纪业务，而且包括客户洗钱风险等级分类管理、客户尽职调查、可疑（大额）交易监测和黑名单管理等多个模块。通过结合自身对反洗钱工作的理解与需要，完善了反洗钱系统。在客户身份信息识别方面，以客户为单位，综合客户身份信息、账户信息、资产信息、交易信息等构成客户信息池；同时，为了提高身份信息的准确性，利用 RPA（机器人流程自动化）技术实现了智能回访和人工回访相结合的策略。智能回访主要依赖于先进的技术和算法，可以自动化地对客户身份信息进行验证。这种方式能够快速识别出潜在的身份问题，提供了高效的信息识别工具。与第三方企业数据接口进行对接，以获取外部数据源的信息，自动识别机构客户信息，提升了客户身份信息的质量，对客户身份信息的准确性和完整性提供了有力的支持。

（二）强化数据底座建设，将数据治理有效融入反洗钱管理

反洗钱工作对数据的完整性、准确性等要求较高，而且高质量数据将逐渐成为反洗钱监管履职的重要基础。这需要进一步加强数据治理在反洗钱方面工作的探索（见图 2）。

图 2　大数据平台

为进一步加强数据治理在反洗钱工作的实践，反洗钱系统以大数据平台数据底座为基础，构建反洗钱数据集市，实现统一数据标准、数据模型和指标口径。大数据平台汇集了来自不同业务线的数据，并按照行业主题模型思路，组织成"主体""账户""交易""资产"等主题域。在此基础上，建设服务反洗钱工作的数据集市，实现对客户风险等级指标、可疑交易业务处理以及客户行为分析、交易模式识别等有效落实反洗钱分析工作。借助大数据平台具备高性能计算能力和出色的数据处理速度，反洗钱数据集市可以通过迅速访问和分析大规模数据，快速响应新的风险情况和模式，保证海量数据处理的全覆盖，缩短数据处理时长，显著提高了反洗钱业务工作的时效性和准确性，使系统更加精准地识别潜在的洗钱行为。

数据治理在反洗钱系统建设中有助于提高数据质量、加强数据分析能力、提高效率、降低风险，并确保合规性，从而有效地应对洗钱风险。通过设立一致性数据标准，在数据前期处理和提取到公司数据库的过程中，确保了数据的一致性、事务一致性和应用一致性。这一措施有效地减少了数据转换的时间,提升了数据的准确性,保障了反洗钱系统及时鉴别可疑交易的能力,有助于确保反洗钱系统在履行其职责时拥有高质量的数据支持。同时,通过数据安全管理,实行严格的数据分类分级管控,对客户敏感信息的输出进行严格控制,以确保数据的安全和合规使用,从而保护客户隐私和敏感信息。

(三)深化数字技术场景应用,实现精准评估与预警

基于大数据平台,反洗钱系统构建了更全面且更准确的客户风险特征,采用有监督模型以及无监督模型的机器学习算法,动态计算更新客户的洗钱风险评分,显著提升了风险评估与预警的准确性(见图3)。

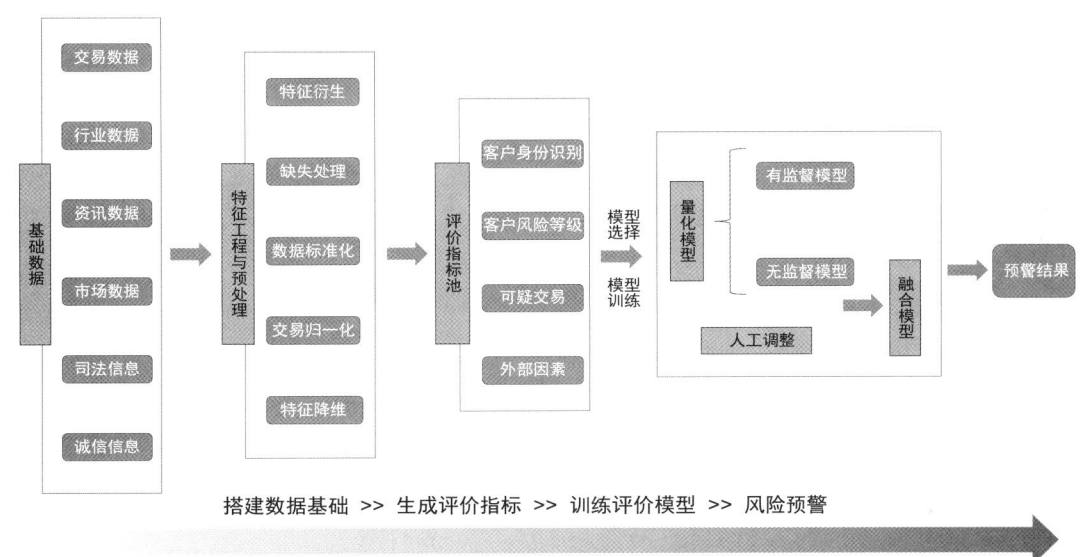

图3 洗钱评估与预警

借鉴实际案例和行业专家的经验,我们总结了一套用于监控和分析的思维框架和核心要点。这套框架从多个方面(如客户身份、资金来源、交易目的等)进行分析,并运用统计学中的均值、方差等概念,设计出针对洗钱和相关非法活动的100多个机器学习特征。通过大数据技术,我们能有效地处理大规模、多维度的数据,包括客户信息、交易数据和第三方信息,以便快速而准确地计算这些复杂特征。

针对现有的可疑交易预警机制中的不足,基于行业内洗钱和相关犯罪的典型场景,我们开发了有监督和无监督的模型。在有监督模型中,我们使用XGBoost和逻辑回归算法,并以已确认的可疑交易案例为训练样本,生成了动态更新的洗钱风险评分和阈值。高风险评分的客户需要进行人工分析。无监督模型则基于证券行业常见的犯罪类型和交易特性,针对特定和相似的非法行为设计了监控场景,并应用标签传播算法和快速社区发现算法等。

采用"定性+定量"的评估方法,结合人工分析和数学模型的结果,以进一步完善模型性能。依据模型特征的贡献度进行特征简化,并使用ROC曲线等指标来评价模型。由于有监督模型相对复杂,我们对重要特征的异常分布进行了分析,并提供了易于理解的文本提示,以方便分析人员进行后续核查。

对每个由机器学习预警模型标出的可疑客户，我们生成详细的核查报告，包括基本信息、案件情况和分析要点。出于数据保密和安全性的考虑，所有接触这些数据的用户都需经过严格的身份验证和权限校验。这不仅丰富了现有的反洗钱特征库，还通过引入第三方数据和运用大数据技术，扩大了监控的时间和空间范围。

（四）健全协同配合机制，推动反洗钱工作提质增效

反洗钱系统的工作流程是高度自动化和智能化的，通过对多个业务场景的自动化操作，完成洗钱风险识别、洗钱风险预警、洗钱预警处理、洗钱结果跟踪等一系列工作的闭环管理，实现信息和资源的闭环流动，实现反洗钱工作的全场景覆盖，减少管理环节和冗余，提高决策的准确性和时效性。

系统一旦触发风险预警，意味着可能存在洗钱行为。系统会立即自动采取一系列操作，一是向客户所在的分支机构发起客户身份信息的识别指令，要求分支机构对客户的身份信息进行核实和验证；二是自动汇总客户的各种信息，包括账户信息、资产信息、交易记录等；三是将客户信息自动提交给人工分析团队；四是推送客户回访任务，以进一步确认客户的身份以及对客户进行投资者教育，并告知客户根据相关法律法规，确认其是否存在可疑行为；五是根据人工分析团队的结论自动采取相应的措施，如限制交易、冻结账户等（见图4）。

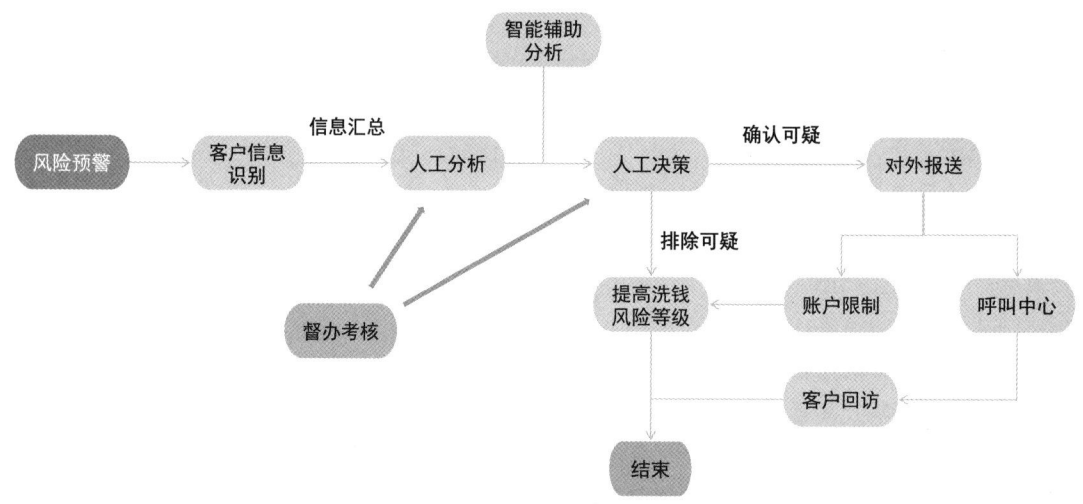

图4　预警处置流程

从监测交易和客户活动开始，系统通过自动化的方式确认客户身份和合法性，通过智能化的方式形成客户画像，为人工分析提供数据支持。然后根据人工分析团队的结论自动采取相应的措施，确保了整个流程的效率和准确性。同时，系统会对每个人工节点进行督办和考核，进一步确保了流程的效率和准确性。

四、未来发展趋势

随着人工智能技术的快速发展，反洗钱工作正朝着更加智能化的方向迈进。例如，区块链、大模型、自然语言处理（NLP）、联邦学习等技术的快速发展应用，对提高反洗钱工作的效率和精确性、减少人工错误、应对日益复杂的洗钱威胁都具有重要意义。

运用大数据和人工智能技术，通过分析客户的行为数据，可以帮助识别异常活动，包括异常的交易模式和资金流动；有助于识别可疑交易和客户行为，提高反洗钱系统的效率和准确性；还可以用于构建更全面的客户画像，帮助更好地了解客户的行为模式，从而更容易识别异常活动。其中大模型可用于智能化的可疑交易识别和风险评估，这将减少误报率，提高反洗钱工作效率。同时也可以用于分析大量的文本信息，包括新闻、社交媒体和公共记录，以寻找与洗钱行为相关的线索。区块链具有去中心化特性，交易数据不易被篡改，将帮助改进交易追踪和审计，这将有助于更好地追踪可疑交易和洗钱行为。同时，区块链可以用于共享可疑交易信息，促进金融机构之间的合作。

在新技术的驱动下，洗钱行为也可能变得更加隐秘和复杂，不断演变以逃避反洗钱监测。这意味着金融机构需要不断升级反洗钱系统，以保持对新型洗钱行为的识别和防范能力。反洗钱工作将是一场持续不断的挑战，需要各方金融机构和监管机构不断合作，共同应对。同时，监管机构也需要跟进新技术的发展，更新法规和法律框架，以确保金融体系的安全和合规性。面对不断变化的洗钱手法，反洗钱工作将是一场"智力较量"。